산업 및 조직심리학 제11판

Paul M. Muc   KB090314   ₹ 옮김

Σ 시그마프레스

산업 및 조직심리학, 제11판

발행일 | 2016년 2월 29일 초판 1쇄 발행
2016년 7월 29일 초판 2쇄 발행
2018년 2월 20일 초판 3쇄 발행
2021년 3월 5일 초판 4쇄 발행

저자 | Paul M. Muchinsky, Satoris S. Culbertson
역자 | 유태용
발행인 | 강학경
발행처 | (주)시그마프레스
디자인 | 강경희
편집 | 김성남

등록번호 | 제10-2642호
주소 | 서울시 영등포구 양평로 22길 21 선유도코오롱디지털타워 A401~402호
전자우편 | sigma@spress.co.kr
홈페이지 | http://www.sigmapress.co.kr
전화 | (02)323-4845, (02)2062-5184~8
팩스 | (02)323-4197

ISBN | 978-89-6866-667-4

Psychology Applied to Work, Eleventh Edition

＊ 책값은 책 뒤표지에 있습니다.

＊ 이 도서의 국립중앙도서관 출판예정도서목록(CIP)은 서지정보유통지원시스템 홈페이지(http://seoji.nl.go.kr)와 국가자료공동목록시스템(http://www.nl.go.kr/kolisnet)에서 이용하실 수 있습니다.(CIP 제어번호 : CIP2016004169)

산업 및 조직심리학은 심리학의 기본원리를 기업, 정부조직, 군대 등 다양한 형태의 조직 운영에 응용하는 학문이다. 2014년 1월 미국 노동부가 선정한 앞으로 20년 동안 가장 빠르게 성장할 직업 분야 중 산업 및 조직심리학이 1위를 차지할 정도로 산업 및 조직심리학의 중요성이 급속하게 부각되고 있다. 이 책은 미국에서 학부용 산업 및 조직심리학 교재로 가장 많이 사용되는 *Psychology Applied to Work*, 제11판(2016년)을 번역한 책이다.

역자가 석사과정 때 이 책의 초판(1983년)을 인상 깊게 읽고 영향을 받아 미국으로 유학을 가서 이 책의 저자 뮤친스키(Dr. Muchinsky) 교수에게 박사과정 지도를 받았다. 1992년 8월 박사학위를 받고 귀국하면서 뮤친스키 교수에게 그동안의 배움에 대한 작은 보답으로 이 책의 한국어판을 내겠노라고 약속하였다. 늦었지만 2000년 8월에 원서 제6판에 대한 한국어판을 출간하면서 지도교수와의 약속을 지켰고 그 후로 새로운 판이 나올 때마다 한국어판을 출간하였다. 안타깝게도 뮤친스키 교수는 폐섬유증으로 2015년 9월 향년 67세로 별세했다. 1983년 초판이 나온 후 뮤친스키 교수는 3~4년 간격으로 꾸준하게 개정판을 내서 산업 및 조직심리학 교육에 큰 공헌을 했다. 이번 판이 뮤친스키 교수의 생애 마지막 유작이 되었지만 이번 판에 공동저자로 합류한 컬버트슨 교수가 앞으로도 이 책을 계속 이어 가기를 기대한다.

이 책은 역자와 특별하고도 긴 사연이 있는 책이기 때문에 책의 내용을 독자들에게 정확하고 쉽게 전달하기 위해 매번 번역 작업에 많은 시간과 노력을 기울였다. 다행스럽게도 동료 교수들과 학생들로부터 번역서임에도 불구하고 우리말 책처럼 쉽게 읽을 수 있었다는 과분한 피드백을 많이 받았다. 이번 판도 독자들이 이 책의 내용을 쉽게 이해할 수 있도록 원문에 충실하면서도 우리말답게 표현하고자 많은 노력을 기울였다. 산업 및 조직심리학을 전공하는 대학원생들이 독자 입장에서 원고를 비판적으로 읽고 어색한 부분을 지적해 주었고, 이를 최대한 반영하여 수정하였다. 이처럼 번역서의 딱딱함과 읽기 어려움을 극복하고자 많은 시간과 노력을 투자하였지만 여전히 개선되어야 할 부분이 많이 있을 것이다. 독자들의 애정 어린 충고와 지적을 부탁드린다.

이 책의 원서는 총 14개 장으로 되어 있지만, 번역서는 우리나라 실정과 다소 차이가 있는 노사관계와 관련된 내용을 제외하고 총 13개 장으로 구성하였다. 이 책의 내용은 매우 방대하고 깊이가 있지만 전반적으로 평이하게 서술되었기 때문에 학부와 대학원에서 교재로 사용하기에 적합하다. 이 책은 인적자원관리 및 개발과 관련된 분야의 학부생과 대학원생은 물론, 기업의 인적자원관리 및 개발 담당자나 일터에서 심리학이 어떻게 응용될 수 있는지에 관심이 있는 일반인 모두에게 유용한 정보와 지식을 담고 있다.

이 책이 나오기까지 역자가 지도하고 있는 연구실(youthlab) 학생들이 많은 도움을 주었다. 광운대 산업심리학과 대학원 박사과정 김도영, 김영일, 장선애, 이서진, 이현준, 배성호, 석사과정 고예영, 김성빈, 마효항, 이채령, 권세미, 오주영, 유재민, 전재성, 최민식은 번역 과정에 도움을 주었을 뿐만 아니라 번역 원고를 돌려 보며 어색한 부분을 꼼꼼하게 지적해 주었다. 항상 학문의 길에 나태함이 없도록 지켜봐 주시고 이번 번역작업에도 많은 관심을 보이시고 격려해 주신 부모님께 진심으로 감사드린다. 또한 언제나 나에게 힘이 되어 주고 편안함을 주는 아내와 항상 삶의 활력을 주는 사랑스러운 혜미와 석원에게도 고마운 마음을 전하고 싶다. 아무쪼록 이 책이 조직 효율성과 종업원 복리향상이라는 두 가지 목적을 모두 달성하는 데 기여하기를 간절히 바라며 존경하는 스승 故 뮤친스키 교수께 이 책을 바친다.

2016년 2월

유태용

홈페이지 : *http://tyy.kw.ac.kr*

이메일 : *tyyoo@kw.ac.kr*

산업 및 조직심리학 역사상 교재로 가장 많이 사용되고 있는 산업 및 조직심리학, 제11판을 출간하였습니다. 존경하는 동료이자 친구인 故 폴 뮤친스키 교수를 대신해서 저는 한국 독자들이 이 책을 읽는다는 것에 대해 큰 기쁨을 느낀다고 말하고 싶습니다.

전 세계 노동력은 매우 복잡하고 상호의존적으로 변하고 있습니다. 이처럼 복잡한 일의 세계를 이해하고 헤쳐 나가기 위해서 심리학을 정확하게 이해하는 것이 필요합니다. 일터에서 심리학 원리를 과학적으로 연구하는 산업 및 조직심리학은 21세기에 매우 중요한 학문입니다. 여러분이 이 책을 읽고 나면 전 세계 인류의 삶을 더 좋게 만드는 데 산업 및 조직심리학이 왜 중요한지를 이해하게 될 것입니다.

故 폴 뮤친스키 교수의 박사과정 제자였던 유태용 교수가 헌신적으로 이 책을 번역해 준 데 대해 감사의 마음을 전하고 싶습니다. 한국에서 산업 및 조직심리학을 공부하는 학생들이 이 책을 읽는다는 것은 저에게 무한한 영광입니다. 이러한 것을 가능하게 해 준 유태용 교수에게 다시 한 번 진심으로 감사드립니다.

이 책을 재미있게 읽고 산업 및 조직심리학 세계로의 여행이 즐거운 경험이 되기를 바랍니다!

새토리스 컬버트슨(Satoris S. Culbertson, Ph.D.)

Greetings Korean students!

Welcome to the 11th edition of Psychology Applied to Work©, the most widely read industrial/ organizational psychology textbook in history. On behalf of myself and my dear friend and colleague Paul Muchinsky, I want to say what a pleasure it is to know that you are reading our book.

The global workforce has become increasingly complex and interdependent. Comprehending and navigating this intricate world of work requires a keen understanding of psychology. As the scientific study of psychological principles within the workplace, I/O psychology is of vital importance to the 21st century. After you read this book you will understand why I/O psychology is critical to creating a better life for people of all nations.

We wish to express our gratitude to Dr. Tae-Yong Yoo, one of Paul's former doctoral students, for his hard work and dedication in translating this edition. It is an honor to know that students of I/O psychology in Korea can read our work. This would not have been possible without Dr. Yoo's efforts, and for that we are truly grateful.

We hope you enjoy this book, and that your journey into the world of I/O psychology is a positive experience!

Satoris S. Culbertson, Ph.D.

약35년 전에 나는 산업 및 조직심리학 교재를 저술하기로 마음먹었다. 책의 수준은 높지만 이 분야를 처음 접하는 독자들이 쉽게 읽을 수 있는 책을 쓰는 것이 목표였다. 수준 높은 책은 대부분 어렵기 때문에 이러한 목표를 달성하는 것이 불가능하다는 이야기를 들었다. 하지만 이러한 것이 가능하다는 것을 보여 주고 싶었다. 산업 및 조직심리학은 심리학을 일에 응용하는 학문이기 때문에 책 제목을 'Psychology Applied to Work'로 정했다. 산업 및 조직심리학에 기여한 많은 사람들의 연구를 토대로 이 책에서 산업 및 조직심리학에 관한 이야기를 해 주고 싶었다. 이와 더불어 산업 및 조직심리학이 실생활과 밀접하게 관련되어 있다는 것을 보여 주고 싶었다. 그래서 연구 결과에 생기를 불어넣는 '현장기록'을 포함하였다. 그 후로 "비교 문화적 산업 및 조직심리학", "산업 및 조직심리학과 경제"라는 두 가지 내용을 추가하였다. 이러한 내용은 끊임없이 변하는 일의 속성을 포착하기 위해 추가했다. 지난 35년 동안 이 책은 10판까지 출간되었고, 여러 다른 나라 언어로 번역되었고, 수많은 학생들이 이 책을 읽어서 정말 기쁘다. 2014년 1월에 미국 노동부는 산업 및 조직심리학을 향후 20년 동안 가장 빠르게 성장하는 직업 분야 1위로 선정했다. 이처럼 산업 및 조직심리학의 가치가 사회에서 빠르게 인정받는 데 이 책이 기여했기를 바란다.

산업 및 조직심리학이 매우 빠르게 발전하고 있기 때문에 이 분야의 최근 성과들을 빠짐없이 포함하기 위해서 두 명의 저자가 필요하다고 느꼈다. 산업 및 조직심리학에 대해 열정을 지니고 산업 및 조직심리학에 관한 내용을 쉽게 서술할 수 있는 공동저자가 필요했다. 캔자스주립대학교의 새토리스 컬버트슨 교수가 이 책의 11판을 쓰는 데 합류한 것을 영광스럽게 생각한다. 컬버트슨 교수는 이 분야에 대한 깊은 지식과 저술에 대한 예리한 통찰력을 가지고 있다. 오래전부터 이 책에 있던 "현장기록"은 그대로 포함했지만, 나머지 부분은 둘이 합작해서 이번 제11판을 완성했다.

Paul M. Muchinsky

* * *

나는 대학교 마지막 학기 때 산업 및 조직심리학에 매료되었다. 내 강의시간표에 비어 있는 시간을 채우기 위해 산업 및 조직심리학 과목을 우연히 수강하였다. 산업 및 조직심리학의 매력은 개인의 삶에 직접적으로 적용할 수 있다는 것이다. 산업 및 조직심리학에서 다루는 모든 주제가 전 세계 수많은 사람들과 관련되어 있다는 사실은 나를 흥분시키고 활기를 불어넣는다. 산업 및 조직심리학에 관한 이야기를 독자들에게 전해 주기 위해 정말 신이 나서 뮤친스키 교수의 제11판 작업에 동참하였다. 이번 제11판 발간을 위해 뮤친스키 교수와 공동 작업을 하면서 나의 바람은 이 분야에 대해 내가 가지고 있는 열정을 다른 사람들에게도 전해 주고 싶다는 것이었다.

제11판에서 나는 일터에서 소셜 미디어의 역할을 논의한 "소셜 미디어와 산업 및 조직심리학"이라는 새로운 내용을 추가하였다. 소셜 미디어는 사람들이 다른 사람들과 의사소통하는 방식을 획기적으로 바꾸어 놓았다. 다양한 출처에서 정보를 쉽게 얻을 수 있기 때문에 이러한 변화는 일의 세계에도 분명한 시사점을 준다. "소셜 미디어와 산업 및 조직심리학" 코너는 소셜 미디어의 출현이 산업 및 조직심리학의 다양한 주제에 어떤 방식으로 영향을 미치는지를 논의한다. 새로 추가된 이 코너뿐만 아니라 이번 제11판에 포함된 전체 내용이 독자들의 호기심을 자극하고 활발한 토론을 유발하기를 기대한다.

Satoris S. Culbertson

이번 제11판의 각 장에 새로 추가하거나 개정한 내용은 다음과 같다.

- **第1장** 인도주의 작업 심리학에 관해 새로 중요한 부분을 추가하였다. 미국 노동부는 산업 및 조직심리학을 앞으로 20년 동안 미국에서 가장 빠르게 성장할 직업 분야로 선정하였다. 세계사와 산업 및 조직심리학 역사에서 중요한 사건들에 관한 연대표, 산업 및 조직심리학의 발전, 산업 및 조직심리학자들의 연봉에 관한 내용을 개정하였다.
- **第2장** 데이터 마이닝, 조직 신경과학, 연구에서 인과관계 결정에 관한 내용을 새로 추가하였다. 질적 연구와 통합분석에 관한 내용을 많이 개정하였다.
- **第3장** 작업분석, 반생산적 작업행동, 정서노동, 적응행동에 관한 내용을 개정하였다.
- **第4장** 성격 검사에서 거짓응답, 세 가지 부정적 성격, 검사에 대한 회고 내용을 새로 추가했다. 개인의 운명을 결정하는 중요한 검사, 상황판단 검사, 평가센터에 관한 내용을 개정하였다.
- **第5장** 조직의 전략과 충원에 관해 새로운 내용을 추가했다. 차별수정 조치, 불리효과, 다양성, 다양성-타당도 딜레마에 관해 새로운 자료를 추가하였다. 보호집단에 대한 공정하지 않은 차별에 관한 동등고용위원회의 통계, 모집, 타당도 일반화에 관한 내용을 개정하였다.
- **第6장** 교육 필요성 분석과 능동적 학습 방법에 관한 내용을 새로 추가하였다. 자기조절 교육에 관해 새로운 자료를 추가하고, 다양성 교육과 멘토링에 관한 내용을 개정하였다.
- **第7장** 직무수행관리 절차, 직무수행관리 시스템의 목적, 직무수행관리 시스템에 대한 반응을 새로 추가하였다. 피드백에 대한 반응뿐만 아니라 피드백 제공과 피드백 추구에 관한 새로운 자료를 추가하였다. 평가자 오류와 편파, 상대적 및 절대적 평가시스템, 평가자 교육과 동기에 관한 내용을 개정하였다.
- **第8장** 개인-조직 부합에 관해 새로운 내용을 추가했다. 조직 문화, 수직적 및 수평적 감축, 회사 내 자원봉사, 기업의 사회적 책임에 관해 새로운 자료를 추가하였다.
- **第9장** 작업 팀의 특성에 관한 정의와 팀 생애주기에 관한 내용을 새로 추가하였다. 전환, 실행, 대인 과정과 같이 팀이 순조롭고 효율적으로 운영될 수 있는 과정에 관해 새로운 자료를 추가하였다.
- **第10장** 일터에서의 정서, 기분, 감정의 역할에 관해 새로운 부분을 추가했다. 일 몰입과 종업원 몰입에 관한 내용을 개정하였다. 직무만족과 관련된 신혼 숙취효과에 관해 새로운 자료를 추가했다. 일터에서의 괴롭힘과 조직 내 정치적 행동에 관한 내용을 개정했다.
- **第11장** 일터에서의 스트레스와 지저분한 일에 대한 낙인을 새로 추가했다. 심리적 자본,

일-가정 충실, 일-가정 개입에 관해 새로운 자료를 추가했다. 일-가정 갈등, 일터에서 알코올과 약물남용, 실업의 심리적 효과에 관한 내용을 개정했다.

■ **제12장** 시간이 작업동기에 미치는 영향, 네 가지 동기 이론인 생물학 기반 이론, 몰입 이론, 자기결정 이론, 형평 이론을 새로 추가하였다. 목표설정 이론과 작업동기 이론의 통합에 관한 내용을 개정했다.

■ **제13장** 리더십의 부정적 측면과 팀에서의 리더십을 새로 추가했다. 리더십에 대한 상황 연계 접근, 전 범위 리더십 이론, 진정성 리더십, 서번트 리더십을 새로 추가하였다. 리더-부하 교환 이론에 관한 내용을 많이 개정하였다.

각 장에 "현장기록", "비교 문화적 산업 및 조직심리학", "산업 및 조직심리학과 경제", "소셜 미디어와 산업 및 조직심리학" 코너를 넣었다. "소셜 미디어와 산업 및 조직심리학" 코너는 이번 판에 새로 추가하였다. 다른 코너의 일부 내용도 수정하거나 최신 것으로 바꾸었다. 이러한 내용들은 사회가 변함에 따라 산업 및 조직심리학이 어떻게 진화하고 있는지에 대한 흥미롭고도 새로운 통찰력을 제공한다. 독자들이 이번 제11판의 최신성, 포괄성, 가독성에 대해 정말로 만족하기를 바라며 독자들의 피드백을 기대한다.

차례

3   준거 : 의사결정을 위한 기준

4   예측변인 : 심리평가

8 조직과 조직 변화

9 팀과 팀워크

산업 및 조직심리학의 역사적 배경

이 장의 학습 목표

- 산업 및 조직심리학이 심리학이라는 학문 전
 체와 어떻게 관련되어 있는지를 설명한다.
- 산업 및 조직심리학의 주요 분야들이 무엇
 인지를 이해한다.
- 심리학자가 왜 면허를 받아야 하고 어떻게
 면허를 받는지를 이해한다.
- 산업 및 조직심리학의 역사상 주요 인물, 사
 건, 연대기를 파악한다.
- 산업 및 조직심리학에서 비교 문화적 관심
 사를 이해한다.
- 인도주의 작업 심리학의 기초를 이해한다.

심리학(psychology)은 행동과 정신 과정을 과학적으로 연구하는 학문이다. 과학적 탐구를 하는 다른 학문처럼 심리학자들은 엄격한 연구방법을 사용하기 때문에 심리학은 과학이다. 어떤 심리학 연구(예 : 쥐의 뇌 손상이 음식 섭취 행동에 미치는 영향에 관한 연구)는 생물학적이기도 하고, 어떤 연구(예 : 방관자의 무관심을 일으키는 요인들을 밝히는 연구)는 사회학적이기도 하다. 심리학이 이처럼 광범위한 영역들을 망라하고 있기 때문에, 심리학자가 무엇을 하는지에 관하여 분명하고 정확한 개념을 가지기 힘들다. 많은 사람들은 심리학자에 대해 "정신이상자를 치료하는 사람이다", "내담자를 앉히는 검은색의 안락의자를 가지고 있다", "사람들이 왜 이상한 행동을 하는지를 밝히는 것을 좋아한다"는 등의 생각을 한다. 사실 심리학자에 대한 이러한 진술들은 정신질환이나 이상행동의 진단과 치료를 하는 임상심리학자들에 대해 언급할 때 사용하는 것이다. 대부분의 심리학자들은 정신질환을 치료하지 않으며 심리치료를 하는 것도 아니다. 실제로 심리학자들은 서로 다른 전문 분야에 관심을 가지고 매우 다양한 일을 하고 있다.

많은 심리학자들이 1892년에 창립된 미국 심리학회(American Psychological Association, APA) 회원으로 가입되어 있고, 학회를 통해 서로 학문적 교류를 하고 있다. 2014년 미국 심리학회에는 13만 명 이상의 회원들이 가입되어 있다. 미국 심리학회 내에 특수한 관심사를 가지고 있는 사람들로 구성된 54개 분과 학회는 심리학자들의 다양한 관심사를 잘 나타내고 있다. 심리학 내에 실제로 그렇게 많은 수의 서로 다른 학문 분야가 있는 것은 아니고, 심리학의 기본 원리들이 적용되는 분야의 수가 그만큼 많다. 어떤 회원들은 어느 분과 학회에도 가입되어 있지 않지만, 어떤 회원들은 하나 이상의 분과 학회에 가입되어 있기도 하다. 심리학자들의 연구 결과를 다른 학자들에게 알리기 위하여 미국 심리학회는 여러 종류의 학술 잡지를 출판하고 있다. 또한 미국 심리학회는 지역적 또는 국가적 학술발표회를 개최하고, 심리학의 특정 분야(즉 임상, 상담, 학교 심리학)에서 대학원 교육을 위한 기준을 설정하고, 심리학자의 직업적 윤리 규정을 마련하여 시행하고, 심리학자들이 직장을 구하는 것을 도와준다. APA가 심리학 분야 중에서 정신질환 치료에 주안점을 두고 회원들도 이러한 분야에 종사하는 사람들이 많아짐에 따라, 심리학의 실천적 측면보다는 과학적 측면을 더 강조하는 미국 심리과학회(Association for Psychological Science, APS)가 1988년에 창립되었다. APS의 목적은 주로 과학적인 관점에서 심리학을 발전시키는 데 있다. 따라서 APS 회원들의 대부분은 대학교수처럼 학계에 있는 심리학자들이다.

1. 산업 및 조직심리학

심리학의 전문 분야 중 하나가 산업 및 조직심리학(Industrial/ Organizational Psychology, I/O Psychology)이고, **산업 및 조직심리학 회**(Society for Industrial and Organizational Psychology, SIOP)는 미국 심리학회의 제14 분과 학회이다. 2014년 산업 및 조직심리학회에

> 산업 및 조직심리학회 : 미국의 산업 및 조직심리학자들로 구성된 학회

는 약 8,000명의 회원들(대략 남성 50%, 여성 50%)이 가입되어 있다. 지난 10년간 산업 및 조직심리학 분야에서 여성이 차지하는 비율이 크게 늘었다. 미국에서 산업 및 조직심리학회(SIOP)는 산업 및 조직심리학자들이 활동하는 가장 중요한 학회이다. SIOP는 www.siop.org 라는 인터넷 웹사이트에서 산업 및 조직심리학에 관한 많은 정보를 제공하고 있다. 미국에서는 산업 및 조직심리학이라고 부르지만 다른 나라에서는 다른 명칭을 사용하고 있다. 영국에서는 **직업심리학**(occupational psychology)이라고 부르고, 유럽의 많은 나라에서는 **작업 및 조직심리학**(work and organizational psychology)이라고 부르고, 남아프리카에서는 **산업심리학**(industrial psychology)이라고 부른다.

지난 10년 동안 산업 및 조직심리학에서 세계화에 대한 관심이 급증하였다. Kraut(2010)는 2000년 이후 미국 산업 및 조직심리학회(SIOP) 국제 회원의 수가 두 배로 늘어서 현재는 전체 회원의 15%를 차지한다고 보고하였다. 미국 이외에 다른 지역의 산업 및 조직심리학회로는 유럽 작업 및 조직심리학회, 일본 산업 및 조직심리학회, 호주 조직심리학회 등이 있다. 비즈니스에서 세계화가 이루어지면서 산업 및 조직심리학도 전 세계에 걸쳐 가치 있는 학문으로 인정받게 되었다. 미국 노동부(2014)에 따르면 2012년부터 2022년까지 가장 빠르게 성장하는 20개 분야 중 산업 및 조직심리학이 53%의 성장률로 1위를 차지했다. 국가 상호 간 공동 관심사에 대해 산업 및 조직심리학이 더 강한 목소리를 내기 위해 SIOP는 다른 나라의 산업 및 조직심리학회들과 동맹을 맺어 가고 있다(Griffith & Wang, 2010). 오늘날 산업 및 조직심리학은 바야흐로 '글로벌 산업 및 조직심리학'의 시대로 접어들었다.

심리학자들 중에 약 6%가 산업 및 조직심리학자들이다. 전체 심리학자들 중에서 산업 및 조직심리학자들이 차지하는 비율이 상대적으로 작기 때문에 일반인들이 산업 및 조직심리학을 잘 모르는 경우가 많다. Campbell(2007)이 지적한 것처럼, 다양한 방면에 심리학을 응용하는 것은 개인이나 기관(예 : 학교 또는 기업 조직)의 복리 향상에 기여한다. 예를 들어, 임상심리학은 개인의 삶을 향상시키는 데 기여한다. 산업 및 조직심리학은 기관과 개인 둘 다의 복리 향상에 목적을 두고 있다. 하지만 일반인들은 산업 및 조직심리학이 개인보다는 기관의 복리 향상에 초점을 두는 학문으로 알고 있는 것 같다.

가장 최근까지도 산업 및 조직심리학자들은 산업 및 조직심리학을 일반인들에게 알리는 문제에 대해 오랫동안 고민해 왔다. 사람들이 임상심리학은 알고 있지만 산업 및 조직심리학에 대해서는 잘 모른다. 산업 및 조직심리학에 대한 사회적 인지도가 낮은 이유를 알아보기 위하여 산업 및 조직심리학자들은 다양한 노력을 하고 있다. Payne과 Pariyothorn(2007)은 미국에서 매년 약 150만 명의 학생들이 심리학 개론 강의를 듣고 있다고 보고했다. 그러나 학생들이 심리학 개론 강의에서 심리학의 다양한 분야에 대해 배우긴 하겠지만, 강의에서 산업 및 조직심리학에 대해서는 많이 다루지 않거나 관심을 덜 기울이는 것 같다. 이런 흐름에서, Culbertson(2011)은 일반 심리학 과목을 가르치는 강사의 49%만이 강의에서 산업 및 조직심리학을 단순하게 언급하고 있으며, 오직 16%만이 산업 및 조직심리학을 별도로 상세하게 다룬다고 보고하였다.

심리학에서 다루는 주제들은 대부분 감각과 인지처럼 과정에 초점을 두거나 지능과 성격처럼 개념에 초점을 두고 있고, 일(work)과 같이 삶의 중요한 활동에 초점을 두고 있지는 않다(Vinchur & Koppes, 2011). 따라서 산업 및 조직심리학이 전통적인 심리학과 다르다는 인식이 존재한다. Zickar와 Gibby(2007)는 산업 및 조직심리학이 어떻게 잘못 인식되고 있는지에 대해서도 언급하였는데, 이는 부분적으로 심리학을 떠올릴 때 산업 및 조직심리학의 관심사가 반영되지 않기 때문이다. "어떤 산업 및 조직심리학자는 단순히 '심리학'이라는 말 한마디만 하더라도 사람들은 흔히 프로이트, 심리치료용 안락의자, 정신분석학, 심지어는 성적장애 치료까지 떠올린다고 불평을 털어놓는다"(p. 76). 특히 임상심리학에 비해 산업 및 조직심리학은 수십 년간 잘 알려지지 않은 학문 분야였지만, 최근에 학문에 대한 인지도와 가치가 증가하고 있다.

> **산업 및 조직심리학** : 일의 세계에서 심리학적 개념과 원리를 설명하기 위하여 과학적인 연구를 수행하고 연구로부터 얻은 지식을 실제로 적용하는 학문

전문 분야로서 **산업 및 조직심리학**(I/O psychology)은 심리학 전체에 비해 보다 제한된 정의를 가지고 있다. 오래전에 Blum과 Naylor(1968)는 산업 및 조직심리학을 "심리학적 사실과 원리를 기업이나 산업체에서 일하는 사람들에 관한 문제에 단순히 적용하거나 확장하는 것"(p. 4)이라고 정의하였다. 광범위하게 말하자면, 산업 및 조직심리학자는 작업 상황에서의 인간 행동에 관심을 갖는다. 산업 및 조직심리학은 과학(science)과 실천(practice)이라는 두 측면을 지닌다. 산업 및 조직심리학은 작업 장면에서 인간에 관한 지식을 증진하기 위하여 과학적 탐구를 하는 학문이다. 과학의 다른 분야처럼, 산업 및 조직심리학자들은 연구를 위하여 의문을 제기하고 답을 얻기 위해 과학적 방법을 사용한다. 그들은 행동을 설명하는 데 도움이 되는 의미 있는 연구 결과들을 얻고, 그 결과들을 일반화하기 위하여 연구를 반복한다. 이러한 측면에서 산업 및 조직심리학은 과학적 성격을 지닌다.

Hulin(2014)은 "작업심리학은 상당히 오랫동안 천대받아 왔지만, 이제 지적 연구단체의 정식 일원으로 가입하는 것을 환영해 주어야 한다…(중략) 일은 대다수 사람들의 핵심 활동이며 이를 연구하는 것은 생산량 증가를 위한 응용만을 목적으로 하는 것은 아니다"(p. 15)라고 언급하였다.

산업 및 조직심리학의 다른 측면(즉 실천의 측면)은 일의 세계에서 발생하는 현실적 문제들을 해결하기 위하여 연구로부터 얻은 지식을 실제로 적용하는 것이다. 산업 및 조직심리학의 연구 결과들은 보다 우수한 종업원을 선발하고, 결근을 줄이고, 의사소통을 개선하고, 직무 만족을 증진시키고, 이 외에도 헤아릴 수 없을 정도로 많은 일터에서의 문제들을 해결하는 데 사용될 수 있다. 대부분의 산업 및 조직심리학자는 과학과 실천 두 측면이 매우 밀접하게 관련되어 있다고 생각한다. 따라서 산업 및 조직심리학자를 양성하기 위한 교육은 과학적 탐구와 실제적 적용 둘 다 가르치는 **과학자 - 실천가 모델**(scientist-practitioner model)에 기초하고 있다. Ployhart(2014)는 과학자 - 실천가를 "과학의 모든 도구, 특히 과학적 이론과 과학적 방법을 응용하여 실세계의 현상을 이해하려고 노력하는 사람"(p. 259)으로 묘사했다.

> **과학자 - 실천가 모델** : 과학적 원리와 연구로부터 얻어진 결과를 이해하고 이러한 원리와 연구 결과를 실제로 어떻게 적용하는지를 가르치는 교육의 모델 혹은 틀

산업 및 조직심리학자는 연구에서 얻은 결과가 실제 현장에서 문제 해결에 사용될 때 기쁨을 느낀다. 하지만 연구에서 얻은 지식이 현장에서 왜 효력을 발휘하는지 그리고 어떤 결과가 나타나는지에 대해서는 전혀 모르면서 오로지 문제의 해결책만을 찾아내려고 하지는 않는다. 산업 및 조직심리학은 기업 경영자들이 회사를 보다 효율적으로 만들기 위하여 사용하는 실천의 측면만을 지니는 것은 아니다. 따라서 산업 및 조직심리학자는 과학과 실천 두 측면 모두에 관심을 기울여야 한다. 교육을 잘 받은 산업 및 조직심리학자는 지식의 효과적인 적용은 오직 이론적으로 옳은(sound) 지식으로부터 나올 수 있다는 것을 알고 있으므로 그들은 지식을 적용하는 것뿐만 아니라 지식을 창출하는 데도 공헌한다.

산업 및 조직심리학자는 대학, 자문회사, 기업체, 정부 및 공공기관과 같은 네 가지 주요 장면에서 일하고 있으며, 이들 중에서 대학과 자문회사에서 일하는 사람들이 가장 많다. 네 가지 장면에서 실제 적용보다 과학을 지향하는 산업 및 조직심리학자의 수와 과학보다 실제 적용을 지향하는 사람의 수가 동일하게 분포되어 있지 않다. 대학에는 과학을 지향하는 사람이 더 많고, 자문회사에는 실제 적용을 지향하는 사람이 더 많고, 기업체와 정부에는 양쪽의 수가 비슷하다. 2012년도 통계에 따르면, 산업 및 조직심리학에서 석사 학위를 받은 사람들의 연평균 수입은 약 84,000달러이고, 박사 학위를 받은 사람들의 연평균 수입은 약 124,000달러였다(Khanna et al., 2013). 하지만 산업 및 조직심리학자들의 연평균 수입은 대학에서 일

하는지 아니면 회사에서 일하는지에 따라 크게 차이가 난다. 산업 및 조직심리학을 전공하고 자문회사에서 일하고 있는 일부 사람들은 1년에 100만 달러 이상을 받고 있다.

1) 산업 및 조직심리학의 분야

일반 심리학처럼 산업 및 조직심리학도 여러 가지 다양한 전문 분야를 포함하는 학문이다. 산업 및 조직심리학자의 전문적 활동은 일반적으로 다음과 같은 다섯 가지 분야로 나뉜다.

선발과 배치 이 분야에서 일하는 산업 및 조직심리학자는 종업원의 선발, 배치, 승진을 위한 측정 방법을 개발하는 데 관심이 있다. 그들은 직무를 연구하고 검사가 이러한 직무에서의 수행을 얼마나 잘 예측할 수 있는지를 연구한다. 또한 그들은 개인의 기술과 흥미에 가장 적합한 직무를 찾아내서 종업원들을 배치하는 데 관심이 있다.

교육과 개발 이 분야에서는 직무수행을 개선하기 위하여 종업원의 기술 향상에 관심이 있다. 이 분야는 전문적 기술의 향상(예 : 컴퓨터 조작), 관리자 개발 프로그램, 종업원들이 효과적으로 함께 일하도록 하는 교육을 포함한다. 이 분야에서 일하는 산업 및 조직심리학자들은 교육 및 개발 프로그램이 성공적이었는지를 알아볼 수 있는 평가 방법을 설계해야만 한다.

직무수행관리 직무수행관리는 조직의 목표 달성을 촉진하기 위하여 종업원들의 기여를 향상시키는 과정이다. 직무수행관리는 종업원의 작업 행동을 평가하는 방법을 고안하고 종업원의 수행 향상을 위해 도움이 되는 피드백을 제공하는 것을 포함한다. 이 분야에서 일하는 산업 및 조직심리학자들은 개인과 작업팀에 대한 평가의 정확성과 가치에 관심이 있다.

조직 효과성 이 분야는 산업 및 조직심리학자의 전문 활동 중 가장 광범위한 영역이다. 이 분야는 조직 내 노동력의 질뿐만 아니라 조직의 지속적 성장을 위해 고객과 납품 업체들과의 관계의 질을 유지하거나 향상시키는 데 관심이 있다. 종업원들의 동기, 리더십, 지속적 변화에 대한 조직의 적응 등이 이 분야에서 가장 중요한 주제이다.

작업 생활의 질 이 분야에서 일하고 있는 산업 및 조직심리학자는 건강하고 생산적인 일터를 만드는 데 기여하는 요인들에 관심이 있다. 종업원들이 언제, 어디서, 어떻게 일을 할 때 개인 혹은 가정의 욕구를 가장 충족시킬 수 있을지를 알아낸다. 높은 작업 생활의 질은 조직의 생산성을 더욱 향상시키고 개인의 정서적 건강에도 기여한다.

요약하면, 심리학은 많은 전문 영역으로 구성되어 있으며, 그중 하나가 산업 및 조직심리학이다. 산업 및 조직심리학도 여러 개의 하위 분야로 구성되어 있다. 따라서 산업 및 조직심리학은 실제로 하나의 단일 학문이 아니라 일터에서 인간 문제의 해결이라는 공통 관심사를 가지고 여러 전문 분야가 하나로 결합되어 있는 것이다. 앞으로 이 책에서 산업 및 조직심리학의 하위 분야 각각에 대해 보다 상세하게 살펴볼 것이다.

2. 심리학자의 면허

어떻게 하면 심리학자를 자타가 공인하는 진정한 심리학자로 만들 수 있을까? 어떻게 하면 심리학 교육을 받지 않은 사람들이 심리학자처럼 행세하는 것을 방지할 수 있을까? 전문가들만이 일반인들에게 양질의 서비스를 제공할 수 있는 한 가지 방법은 전문가가 되기 위한 자격 규정을 두는 것이다. 전문가에게만 자격증을 줌으로써 고객들에게 막심한 피해를 주는 것을 방지하고 전문가들의 명예를 훼손하는 돌팔이 심리학자나 사기꾼으로부터 일반인들을 보호할 수 있다.

　미국의 모든 주는 심리학에 관한 전문지식을 가지고 직업적으로 개업하는 것에 관한 법을 제정해 놓고 있다. 심리학자의 자격과 개업에 관하여 제정되어 있는 법률을 면허법(licensing law)이라고 부른다. 미국은 주의 법에 의해 심리학자로서 개업할 자격을 갖춘 사람들에게만 **면허**(licensure)를 준다. 각 주는 면허를 주는 자체 기준을 가지고 있고, 이러한 기준들은 규정 위원회가 심의한다. 이러한 위원회의 주요 기능은 전문가에게 자격을 부여하는 기준을 설정하고 이러한 기준을 위반했을 때 징계 조치를 취하는

> 면허 : 일반인들을 보호하기 위하여 직업적으로 개업하는 데 요구되는 개인의 자격기준을 법률로 규정하는 과정

것이다. 일반적으로 면허를 따기 위해서는 교육, 경험, 시험, 그리고 행정적 요건들이 필요하다. 전문가의 지도를 1년 혹은 2년간 받는 실무 경험뿐만 아니라 공인된 교육과정으로부터의 심리학 박사 학위가 요구된다. 또한 시험문제의 대부분이 정신 건강(즉 임상 및 상담)과 관련되어 있기는 하지만, 지원자는 심리학의 많은 분야를 망라하는 객관식 필기시험을 통과해야만 한다. 일반적으로 특정 전문 분야(예 : 산업 및 조직심리학)에 관한 지식만을 검사하는 시험은 보지 않는다. 최근에는 심리학자들이 면허를 따기 위해 국가에서 일괄적으로 시행하는 국가시험을 통과해야 한다. 마지막으로, 지원자는 미국 시민권과 영주권을 가지고 있어야 하며 도덕적으로 훌륭한 성격의 소유자여야 한다.

　최근에는 산업 및 조직심리학자의 개업 면허에 관해 논란이 있다. 면허의 원래 목적은 임상이나 상담과 같은 정신 건강과 관련된 심리학 분야에서 일반인들을 보호하는 것이다. 산업

및 조직심리학자는 정신 건강과 관련된 서비스를 제공하지 않기 때문에 일반인을 보호하기 위해 면허가 그만큼 절실히 필요하지 않다(Howard & Lowman, 1985). 또한 일부 산업 및 조직심리학자들은 면허를 받는 과정에서 임상 및 상담심리학을 지나치게 강조하는 것에 대해 반대한다. 미국의 대부분 주는 산업 및 조직심리학자를 일반인들에게 서비스를 제공하는 일종의 응용심리학자로 간주하고 그들에게 면허를 요구한다. 하지만 소수의 주에서는 산업 및 조직심리학자에 대해 완전히 다른 시각을 가지고 있어서 오히려 산업 및 조직심리학자들의 면허 취득을 금지하고 있다. 산업 및 조직심리학자들 사이에 면허 문제는 여전히 논의가 진행되는 관심거리이다(Macey, 2002).

3. 산업 및 조직심리학의 역사

서로 다른 관점이 존재할 수 있고 강조하는 부분도 서로 다르기 때문에 어떤 것에 관해서든지 역사를 쓰기란 항상 어렵다. 어떤 학문의 역사적 발전을 몇 개의 시대로 나누는 것도 마찬가지로 어려운 과제이다. 어떤 경우에는 편의상 시간에 의해 10년 혹은 100년 단위로 나누기도 하고, 어떤 경우에는 중요한 사건들을 분기점으로 하여 나누기도 한다. 산업 및 조직심리학의 경우에는 두 차례에 걸친 세계대전이 학문의 변화에 주요 촉매제 역할을 했다. 다음에 기술된 역사적 개관은 산업 및 조직심리학이 현재까지 어떻게 발전해 왔으며 중요한 인물과 사건들이 산업 및 조직심리학의 형성에 어떻게 기여했는지를 보여 줄 것이다.[1]

1) 초창기(1900~1916)

오늘날 우리가 산업 및 조직심리학이라고 부르는 학문은 처음에는 그 이름조차도 없었다. 산업 및 조직심리학은 1900년 이전에 있었던 두 가지 움직임이 합쳐져서 생겨났다. 첫 번째 움직임은 기초 심리학 연구의 일부가 실용적 성격을 지니기 시작한 것이다. 그 당시 대부분의 심리학자들은 철저하게 과학적이었고 순수 연구 영역을 벗어난 문제들을 연구하는 것을 의도적으로 회피했다. 하지만 심리학자 W. L. Bryan은 전문적인 전보 기사가 모스 부호를 보내고 받는 기술을 어떻게 개발하는지에 관한 논문(Bryan & Harter, 1897)을 발표했다. 몇 년 후인 1903년에 미국 심리학회 회장 연설사에서 Bryan(1904)은 심리학자들이 "우리의 일상생활에서 일어나는 구체적 활동과 기능들"(p. 80)을 연구해야 한다고 언급하였다. Bryan은 산

---

1 산업 및 조직심리학의 역사에 관한 보다 상세한 내용은 Koppes(2007)가 쓴 책에서 찾아볼 수 있다.

업 장면에서 발견되는 문제들을 연구해야 한다고 직접적으로 주장하기보다는 과학적 심리학을 발전시키기 위한 기초로서 현실적인 문제들을 연구할 것을 강조하였다. 따라서 Bryan을 산업 및 조직심리학의 진정한 창시자라기보다는 선각자로 간주한다.[2]

산업 및 조직심리학이 태동하게 된 두 번째 움직임은 효율성을 증진하기 위한 산업공학자들의 노력으로부터 비롯되었다. 그들은 주로 제품 생산의 경제성과 산업체 종업원들의 생산성에 관심을 가졌다. 산업공학자들은 특정 과업을 수행할 때 시간당 가장 효율적인 신체 동작을 알아내기 위하여 '시간 및 동작' 연구를 수행하였다. 예를 들어, 조립할 부품들을 특정한 순서로 배치해 둠으로써 작업자는 6초마다 1개씩, 즉 1분에 10개씩 볼트에 너트를 끼워 넣을 수 있었다.

심리학의 응용에 대한 관심과 산업 효율성 증진에 대한 관심은 산업 및 조직심리학이 탄생하기 위한 원동력이 되었다. Koppes(2002)는 19세기 후반에 산업화, 외국으로부터의 이주, 높은 출생률, 교육, 도시의 성장 때문에 미국 사회는 급격한 변화와 발전을 겪었다고 지적하였다. 사회 개혁을 위한 욕구가 팽배하였고, 미국인들은 과학을 실용적 해결책으로 간주하였다. 이러한 사회적 욕구에 힘입어 심리학자들은 일반인들에게 심리학을 널리 알릴 수 있었고, 심리학이 우리 생활의 실제 문제를 해결하고 사회에 도움을 줄 수 있다는 것을 보여 줄 수 있었다.

Koppes와 Pickren(2007)이 설득력 있게 말한 것처럼, "그 당시 사람들은 미국을 더 살기 좋고 더 안전한 곳으로 만들고 싶어 했다. 일상생활에서의 문제들을 실제적으로 해결하기 위하여 과학에 더 많은 관심을 가졌다. 작업의 질을 향상시키는 것을 삶의 질을 향상시키기 위한 광범위한 사회적 노력의 한 부분으로 여겼다"(p. 10). 산업 및 조직심리학은 이러한 사회적 욕구를 달성하는 데 기여하였다. 1910년에 '산업심리학'은 합법적으로 심리학의 하나의 전문 분야가 되었다(요즘은 산업 및 조직심리학이라고 부르지만 학문 명칭에 '조직'이라는 단어를 1973년까지는 공식적으로 사용하지 않았다).

다음 네 명이 미국 산업 및 조직심리학의 창시자로 간주된다. 그들은 서로 독립적으로 활동했는데, 이들의 주요 공헌을 간략히 개관해 보면 다음과 같다.

2 산업심리학(industrial psychology)이라는 용어는 분명히 Bryan의 1904년 논문에서 처음으로 사용되었다. 흥미롭게도 이 용어는 오타에 의해 탄생하였다. Bryan은 개인(individual)심리학에 관하여 보다 많은 연구가 필요하다고 자신이 5년 전에 언급한 연구(Bryan & Harter, 1899)에서 사용하였던 문장을 인용하는 과정에서 'individual' 대신에 'industrial'이라고 썼으나 자신의 실수를 알아차리지 못했다.

Walter Dill Scott

Walter Dill Scott 심리학자인 Scott은 시카고의 기업 경영자들에게서 심리학을 광고에 응용할 필요성에 관한 강연 요청을 받았다. 그의 강연은 반응이 매우 좋았고 이를 계기로 광고론(*The Theory of Advertising*)(1903)과 광고심리학(*The Psychology of Advertising*)(1908)이라는 두 권의 책을 출간하였다. 첫 번째 책은 사람들에게 영향을 미치기 위한 수단으로 사용되는 제안과 주장을 다루었다. 두 번째 책은 인간의 효율성을 증진시키는 데 사용되는 모방, 경쟁, 충성, 정신집중과 같은 책략을 다루었다. 이 분야에 관한 관심이 더욱 고조되면서 그는 1911년에 **기업에서 사람들에 대한 영향력 발휘**(*Influencing Men in Business*)와 기업에서 인간의 효율성 증진(*Increasing Human Efficiency in Business*)이라는 두 권의 책을 더 발간하였다. 제1차 세계대전 동안 Scott은 미 육군의 인사 절차에 심리학을 적용하는 데 기여하였다. Landy(1997)는 Scott이 과학과 실천이라는 두 가지 전문적 활동 영역 모두에서 매우 존경을 받을 만큼 과학자와 실천가의 두 가지 역할을 완벽하게 해냈다고 기술하였다. Scott은 대중들에게 산업심리학의 존재를 널리 인식시키고 산업심리학에 대한 신임도를 높이는 데 크게 기여하였다.

Frederick W. Taylor

Frederick W. Taylor Taylor의 직업은 공학 기술자였다. 그는 학교에서 공식적으로 교육을 받지는 않았지만 경험과 독학으로 배운 공학으로 많은 특허를 받았다. 한 회사에서 작업자, 감독자, 그리고 마지막에는 공장장으로 일하면서 Taylor는 회사의 생산량과 종업원의 임금을 동시에 향상시키기 위해서 작업환경의 재설계가 중요하다는 것을 깨달았다. 잘 알려진 그의 업적은 1911년에 출간된 **과학적 관리 원칙**(*The Principles of Scientific Management*)이라는 저서이다. Van De Water(1997)는 이러한 원칙들이 (1) 주먹구구식이 아닌 과학적 방법, (2) 과학적 선발과 교육, (3) 개인주의가 아닌 협동심의 고취, (4) 경영층과 종업원들의 일을 최적화하기 위한 작업의 균등 분배라고 보고하였다. 그가 제안한 방법 중 가장 유명한 예는 작업 중 휴식을 도입함으로써 무거운 주물을 다루는 작업자가 보다 생산적으로 될 수 있다는 것을 보여 준 것이었다. 언제 일하고 언제 휴식하는지에 관하여 종업원을 교육시킴으로써 피로를 덜 느끼면서 작업자의 평균 생산성을 하루에 12.5톤에서 47톤으로 증가시켰고, 결과적으로 그들의 임금을 인상시켰다. 회사 역시 톤당 비용을 9.2센트에서 3.9센트로 감소시킴으로써 효율성을 극적으로 향상시켰다.

그러나 이 방법을 사용한 결과, Taylor는 돈을 더 벌기를 원하는 작업자들을 비인간적으로 착취했고 적은 수의 사람들만으로도 작업이 이루어질 수 있었기 때문에 많은 수의 작업자들이 일자리를 얻지 못하게 되었다는 비난을 받았다. 그 당시 실업이 만연되었기 때문에 Taylor에 대한 비난은 맹렬했다. 결국 미국 주간 통상 위원회(Interstate Commerce Commission, ICC)와 미국 하원에서 그의 방법을 조사하게 되었다. 이에 대해 Taylor는 효율성의 향상이 종업원들의 복리를 줄이는 것이 아니라 더욱 증가시키고, 어떤 한 직무에 고용되지 않은 작업자들은 그들의 잠재력을 더욱 활용할 수 있는 다른 직무에서 일할 수 있다고 반박했다. 이러한 논쟁은 완전한 해결점을 찾지 못한 채 제1차 세계대전이 발발하면서 시들해졌다.

Lillian Moller Gilbreth

Lillian Moller Gilbreth Koppes(1997)는 Lillian Gilbreth가 산업 및 조직심리학의 초창기에 많은 공헌을 한 몇 명의 여성 심리학자들 중 하나라고 보고하였다. 남편인 Frank와 함께 그녀는 오늘날까지도 사용되는 산업 장면에서의 관리 기법을 창안했다. 그녀의 남편은 작업 효율성의 기술적 측면에 보다 관심을 가진 반면, 그녀는 시간 관리에 관한 인간적 측면에 더 관심이 있었다. Lillian Gilbreth는 스트레스와 피로가 작업자에게 미치는 영향을 처음으로 인식한 사람 중 한 명이다. Koppes는 Gilbreth가 1908년에 산업공학자들의 모임에서 역사적인 연설을 했다는 것에 주목하였다. 그녀는 회의에 참석한 유일한 여성이었기 때문에 참가자들은 그녀에게 의견을 이야기해 달라고 요청했다. Yost(1943)에 따르면, Lillian Gilbreth는

… 자리에서 일어서서 무엇보다도 인간이 산업에서 가장 중요한 요소이지만 지금까지 마땅히 받아야 할 관심을 받지 못했다고 언급했다. 그녀는 공학자들이 받은 과학적인 교육은 생명력이 없는 대상을 다루기 위한 것이었다고 말했다. 그녀는 심리학이 빠르게 과학으로 변모하고 있으며 심리학은 경영공학자들이 지금까지 무시했던 것들에 대해 많은 것을 제공하고 있다는 점을 상기시켰다. 그녀의 이러한 즉흥적인 발언은 그 당시 새로운 분야였던 과학

적 관리법에서 산업공학자들이 어떤 일을 하더라도 심리학이 필요하다는 시각을 갖도록 했다(Koppes, 1997, p. 511).

12명의 자녀를 둔 어머니로서 Gilbreth는 일과 가정생활 둘 다 슬기롭게 꾸려 나갔기 때문에 "삶의 기술에 있어서의 천재"라고 불리기도 했다. 그녀의 자녀 중 2명은 그녀의 일생에 관하여 12명의 개구쟁이들(Cheaper by the Dozen)이라는 책을 저술하였는데, 이 책의 내용은 1950년에 영화로 만들어졌고 2003년에 다시 제작되기도 하였다.

Archives of the History of American Psychology at the University of Akron

Hugo Münsterberg

Hugo Münsterberg Münsterberg는 정통적인 교육을 받은 독일 심리학자였다. 저명한 미국 심리학자인 William James는 Münsterberg를 실험적 방법을 지각과 주의를 포함하는 다양한 문제에 적용했던 하버드대학교로 초대했다. William James는 미국 교육계에서 유명한 인물이자 타고난 대중 연설가였으며, 대통령이었던 테오도어 루즈벨트의 절친한 친구이기도 했다. Benjamin(2006)은 "Münsterberg의 성격이 과학 분야 전문가로서의 역할에 적합했다 … (중략) … 그는 권위가 있었고 심리학의 응용을 촉진시켰다. 그는 심리학의 응용이 기업과 일상생활에서 성공에 반드시 필요하다고 주장했다"(p. 420)고 진술하였다. Münsterberg는 전통적인 심리학의 방법을 실제 산업의 문제들에 적용하는 데 관심을 가졌다. 그의 저서인 **심리학과 산업 효율성**(Psychology and Industrial Efficiency)(1913)은 종업원 선발, 작업환경 설계, 판매에서 심리학의 응용을 다루는 세 부분으로 구성되어 있었다. Münsterberg의 가장 유명한 연구 중 하나는 시내 전차 운전자의 안전 운행에 영향을 미치는 요인에 관한 연구이다. 그는 이 직무의 모든 면을 체계적으로 연구하고 독창적인 시내 전차 모의 실험실을 개발해서 훌륭한 운전자는 전차를 운행하는 데 영향을 미치는 모든 요인을 동시에 이해할 수 있는 사람이라고 결론 내렸다. 어떤 저자들은 Münsterberg를 산업심리학의 아버지로 간주한다. Landy(1992)는 20세기에 뛰어난 많은 산업 및 조직심리학자들의 학문적 뿌리를 Münsterberg로부터 찾을 수 있다고 보고하였다. 이 분야의 역사에서 Münsterberg의 영향력은 그의 가르침을 직접 받은 많은 산업 및 조직심리학자들의 학문적 인맥에 잘 나타나 있다.

Salgado 등(2010)은 Münsterberg를 과학적 종업원 선발의 창시자로 간주하는 것은 잘못이라고 최근에 보고하였다. 그들은 Münsterberg보다 10년 더 먼저 종업원 선발 분야에서 연구를 수행했던 유럽의 몇몇 심리학자들을 언급하였다. 이러한 자료를 근거로 Salgado 등은 과학적 종업원 선발을 처음으로 시작한 곳이 미국이 아니라 유럽이라고 주장하였다. 하지만 유럽의 초창기 심리학자들 중에는 Münsterberg가 미국의 산업심리학에 영향을 발휘한 만큼 강한 영향력을 행사한 선도적인 인물은 없는 것 같다.

유럽에서 제1차 세계대전이 일어났을 때, Münsterberg는 독일을 지지했다. 독일에 대한 그의 충성 때문에 그는 미국에서 추방되었고, 아마도 이로 인한 정서적 긴장이 1916년에 그의 죽음을 가져온 것 같다. 미국은 전쟁에 관여함으로써 산업심리학자들이 결속할 수 있는 기회를 가졌다. 산업 및 조직심리학의 초기 연구에서는 심리학의 개념이나 방법을 기업이나 산업의 문제에 적용하여 얻게 되는 경제적 이득에 주로 관심을 가졌다. 기업 경영자는 심리학자들을 고용하기 시작했고 일부 심리학자들은 응용 분야의 연구를 했다. 하지만 제1차 세계대전은 산업심리학 연구에 있어서 방향 전환의 계기가 되었다. 〈그림 1-1〉은 1900년부터 현재까지 산업 및 조직심리학 역사와 세계사에서 중요한 사건들을 연도순으로 보여 주고 있다.

2) 제1차 세계대전기(1917~1918)

제1차 세계대전은 심리학이 사회적으로 인정과 명망을 얻는 강력한 계기가 되었다. 심리학자들은 그들이 국가에 가치 있는 봉사를 할 수 있다고 믿었으며, 일부 심리학자들은 전쟁이 심리학의 발전을 가속화시킬 수 있는 수단이라고 생각했다. Robert Yerkes는 심리학을 전쟁에 적용하는 데 가장 큰 도움을 준 심리학자였다. 미국 심리학회(APA) 회장으로서 그는 심리학이 전쟁 수행에 도움을 주도록 심리학자들에게 과제를 부여하였다. APA는 신병 모집 시에 정신적 능력이 부족한 사람들을 가려내고 선발된 신병들을 군대 내의 적절한 직무에 배치시키는 방법을 포함하여 많은 제안을 했다. 심리학자로 구성된 위원회는 신병의 동기, 사기, 신체적 무능력으로부터 오는 심리적 문제들, 그리고 규율에 관하여 연구하였다. Yerkes는 전쟁 동안 심리학이 미국에 큰 도움을 줄 수 있다는 견해를 계속해서 피력하였다.

반면에 군대 쪽에서는 심리학자들의 주장에 약간은 회의적이었다. 결국 주로 신병 선발에 관련된 약간의 제안들만을 받아들였다. Yerkes와 다른 심리학자들은 일련의 일반 지능검사들을 개관하여 마침내 **군대 알파**(Army Alpha)라는 검사를 개발했다. 그러나 그 당시 신병들의 30%가 문맹자임을 알았기 때문에 영어를 읽지 못하는 사람들을 위하여 특별히 만들어진 검사인 **군대 베타**(Army Beta) 검사를 개발하였다. 제1차 세계대전 때 미국의 많은 신병들이 외국에서 태어났기 때문에 영어를 읽고 쓰는 능력에 문제가 있었다. 군대 베타 검사는 이런 신병

> **군대 알파** : 제1차 세계대전 때 군대 인력의 선발과 배치를 위하여 산업 및 조직심리학자들이 개발한 지능검사
>
> **군대 베타** : 제1차 세계대전 때 글을 읽고 쓰지 못하는 사람들의 징집을 위하여 산업 및 조직심리학자들이 개발한 문맹자용 비언어적 지능검사

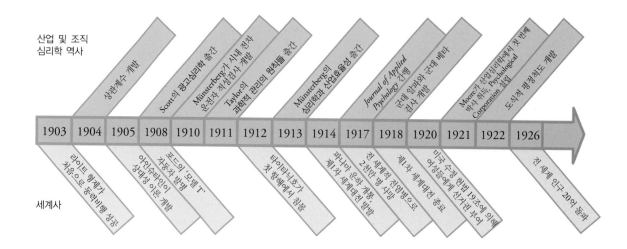

산업 및 조직
심리학 역사

상관계수 개발

Scott의 광고심리학 출간

Münsterberg가 시내 전차
운전자 적성검사 개발

Taylor의
과학적 관리의 원칙들 출간

Münsterberg의
심리학과 산업효율성 출간

*Journal of Applied
Psychology* 간행

군대 알파와 군대 베타
검사 개발

Moore가 산업심리학에서 첫 번째
박사 취득, Psychological
Corporation 설립

도식적 평정척도 개발

| 1903 | 1904 | 1905 | 1908 | 1910 | 1911 | 1912 | 1913 | 1914 | 1917 | 1918 | 1920 | 1921 | 1922 | 1926 |

라이트 형제가
처음으로 동력비행 성공

아인슈타인의
자동차 발명

포드의 '모델 T'
상업적 이동 개발

타이타닉호가
첫 항해에서 침몰

파나마 운하 개통,
제1차 세계대전 발발

제2차 발칸 전쟁

제1차 세계대전 전함병으로,
여성들에게 선거권 부여

미국 수정 헌법 19조에 의해
제1차 세계대전 종료

전 세계 인구 20억 돌파

세계사

그림 1-1 **산업 및 조직심리학 역사와 세계사에서 중요한 사건들의 연도**

들을 평가하기 위해 검사 문항을 그림과 그래프로 구성하였다(Salas et al., 2007). 이 기간 동안 Walter Dill Scott은 군대 내에서 병사들을 가장 적절하게 배치하는 것에 관하여 연구하였다. 그는 배치 대상이 되는 병사들을 분류하여 배치하고, 장교에 대한 수행 평가를 실시하고, 500개 이상의 직무들의 임무와 자격 요건에 관한 기술서를 마련하였다.

징집된 사람들을 대상으로 검사를 실시하는 계획이 빠르게 실행되지는 못했다. 군 당국에서는 각 부대에 검사 장소를 따로 건설하도록 지시했고 모든 현역 장교들, 장교 후보자들, 그리고 새로 징집한 병사들을 대상으로 검사를 실시하도록 명령했다. 집단 지능검사인 군대 알파와 군대 베타 검사를 주로 사용하였고, 소수의 개인 검사들도 사용하였다. 1918년 8월에 마침내 검사 프로그램에 권위를 부여하고 검사를 공식화하라는 명령이 군 당국으로부터 내려졌다. 하지만 그로부터 단지 3개월 후에 휴전협정이 이루어졌고 제1차 세계대전은 끝이 났다. 검사 실시에 대한 체계가 잡히고 절차가 공식화되었지만 전쟁이 끝나서 아쉽게도 더 이상 검사를 실시하지 못했다. 결과적으로 지능검사 프로그램은 Yerkes가 원했던 만큼 전쟁 수행에 기여하지 못했다. 모두 합하여 1,726,000명이 검사를 받았지만 검사 결과의 실제 사용은 많지 않았다.

심리학자들이 전쟁에 미친 영향력은 그리 크지 않았지만, 전쟁을 통하여 심리학자들에게 많은 인정과 권한이 부여되었다는 것 자체가 심리학에 큰 원동력이 되었다. 심리학자들이 사회에 가치 있는 기여를 할 수 있고 기업의(전쟁 중에는 국가의) 번창에 기여할 수 있다는 것이 알려지게 되었다. 또한 1917년에 산업 및 조직심리학 분야에서 가장 오래되고 대표적인 학술 잡지인 *Journal of Applied Psychology*가 출간되기 시작했다. 창간호에 실린 논문들은 G. S.

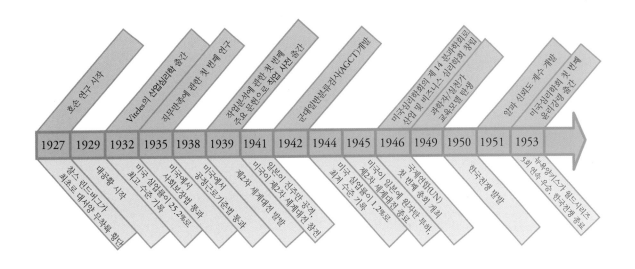

Hall의 "심리학과 전쟁 간의 실용적 관계", W. V. Bingham의 "대학생의 정신 능력 검사", F. Mateer의 "전쟁에서 정신박약자 문제"와 같은 것들이었다. *Journal of Applied Psychology*에 발표된 첫 번째 논문은 그 당시 산업심리학에서 관심사가 되었던 주제들을 잘 나타내고 있을 뿐만 아니라 오늘날에도 산업 및 조직심리학자들이 여전히 당면하고 있는 '과학 대 실천'의 문제를 다루었다.

> 과거 몇 년 동안 심리학을 인간 활동의 다양한 분야에 응용하는 것을 확장하는 데 전례 없는 관심이 쏠렸다. (중략) 심리학의 연구 방법과 결과들을 활용하려는 가장 두드러진 시도는 아마도 기업 장면에서 최초로 이루어졌을 것이다. 이러한 움직임은 광고심리학에서부터 시작되었다. (중략) 그 후 응용심리학자의 관심은 개인이 지니고 있는 정신적 자질들의 세부 목록을 만들고, 특정 직업에서 성공적인 업적을 내는 데 필수적인 자질을 발견하고, 개인에게 가장 잘 맞는 직업으로 배치하는 문제와 같이 직업 선택과 관련된 보다 포괄적이고 기본적인 문제로 옮겨 갔다. (중략) '순수 과학자'로 간주되는 모든 심리학자들은 학문적 문제를 밝히는 것과 더불어 그들이 밝힌 연구 결과가 인류 전체의 행복에 부분적으로나마 기여하기를 바라는 마음을 지니고 있다. 이러한 마음은 네모난 못을 둥근 구멍에 어떻게든 맞추어 보려고 쓸데없이 노력하는 것과 같은 경우를 직접적으로 감소시킴으로써 인간의 효율성과 행복을 증진시키는 데 관심을 갖고 있는 모든 사람들에게 설득력을 지닐 것이다(Hall et al., 1917, pp. 5-6).

전쟁이 끝난 후 심리학 지식을 응용하는 자문 회사와 연구 기관이 갑작스럽게 많이 생겨났

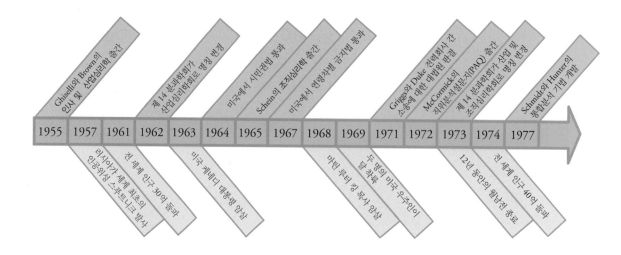

다. 이러한 기관들의 탄생은 산업 및 조직심리학에 있어서 다음 시대의 개막을 가져왔다.

3) 두 세계대전 간기 : 제1차 세계대전 후부터 제2차 세계대전 전까지(1919~1940)

제1차 세계대전을 계기로 응용심리학 분야가 일반에게 알려졌다. 사람들은 산업심리학이 실용적 문제들을 해결할 수 있다고 인식하기 시작했다. 전쟁 후에 몇 개의 심리학 연구기관들이 전성기를 맞게 되었다. 판매 기술 연구소(The Bureau of Salesmanship Research)가 Walter Bingham에 의해 카네기 공대에 세워졌다. 이전에는 대학과 산업체 간에 이런 종류의 산학 협동이 거의 없었다. 이 연구소는 그때까지 과학적으로 연구하지 않았던 문제들을 심리학적 연구 기법들을 사용하여 해결하려고 시도하였다. 응용심리학 연구를 재정적으로 지원하기 위해 27개 회사가 1년에 각각 500달러씩 기부함으로써 Bingham에게 도움을 주었다. 이 연구소의 초기 업적들 중 하나가 판매원 선발을 위한 방법(Aids in Selecting Salesmen)이라는 저서의 출간이었다. 몇 년 동안 이 연구소는 판매원뿐만 아니라 사무원 및 간부 사원의 선발, 분류, 능력 개발에 관하여 집중적으로 연구하였다.

이 기간 동안 영향력이 있었던 또 다른 회사는 1921년 James Cattell에 의해 설립된 Psychological Corporation이었다. Cattell은 이 회사를 하나의 기업으로 만들고 심리학자들에게 회사 주식을 사도록 요청했다. 이 회사의 설립 목적은 심리학을 발전시키고 심리학의 유용성을 산업계에 알리는 데 있었다. 또한 이 회사는 심리학자에 관한 정보를 제공하는 역할도 했다. Psychological Corporation은 그 당시 급속도로 만연되었던 사기꾼과 돌팔이 심리학자들로부터의 피해를 막기 위하여 회사들에게 자격을 갖춘 심리학자에 대한 신원 조회를 제공해 주었다. 그 당시의 많은 기관들과는 달리 Psychological Corporation은 없어지지 않고 오

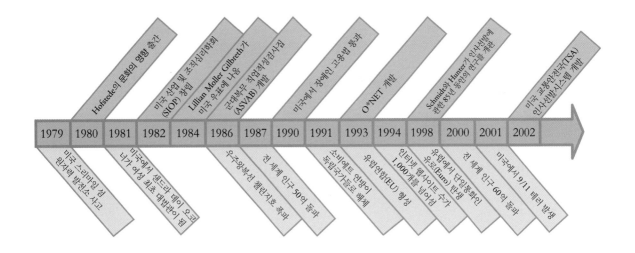

랫동안 지속되었다. 그동안 초창기의 설립 목적이 바뀌어서 오늘날에는 미국 내에서 심리검사를 출간하는 가장 큰 출판사 중 하나가 되었다.

1924년에 일련의 실험들이 웨스턴 전기회사의 호손(Hawthorne) 공장에서 시작되었다(그림 1-2 참조). 처음에는 이러한 실험들의 과학적 중요성이 사소한 것으로 여겨졌지만, 나중에는 산업심리학 역사에서 가장 대표적인 연구 중 하나가 되었다. 많은 저자들은 **호손 연구**(Hawthorne study)가 "생산의 효율성에 관한 문제가 매우 복잡하다는 것을 보여 준 가장 중요한 연구였다"(Blum & Naylor, 1968, p. 306)고 서술하였다.

> **호손 연구** : 조직 내에서 작업 행동이 어떤 형태로 표출될 수 있는지에 대하여 산업 및 조직심리학자들의 관심을 끌었던 일련의 연구

호손 연구는 웨스턴 전기회사와 하버드대학교의 연구자들(이들이 받은 교육적 배경으로 볼 때 산업심리학자는 한 명도 없었다)이 공동으로 수행하였다. 이 연구에서는 원래 조명과 작업 효율성 간의 관계를 밝히려고 했었다. 연구자들은 전기기구를 생산하는 작업실에 다양한 종류의 전구들을 설치했다. 어떤 경우에는 조명이 강렬했고 어떤 경우에는 달빛처럼 약했다. 연구자들의 예상과는 달리 생산성은 조명 수준과 아무런 관계가 없는 듯했다. 조명 수준이 감소되든 증가되든 혹은 그대로 유지되든지 간에 작업자들의 생산성은 증가되거나 혹은 만족스러운 상태로 그대로 유지되었다. 연구자들이 예상치 못했던 이상한 결과가 나왔기 때문에 연구자들은 다른 요인들이 생산성에 영향을 미친다고 가정했다.

그림 1-2 웨스턴 전기회사의 호손 공장 방문객들이 착용하는 배지

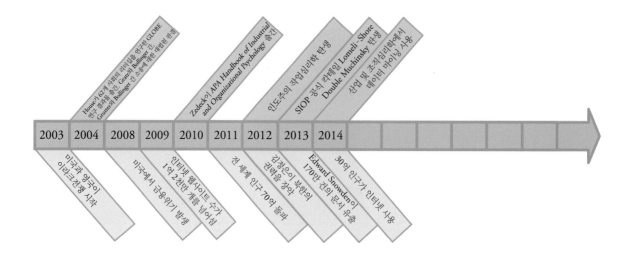

행동 변화의 정확한 이유(예컨대 상황의 신기함, 특별한 관심, 연구를 위해 선발되었다는 자부심)는 아직까지 명확하지 않다. 때때로 행동 변화가 실험적으로 조작된 변인(예 : 조명도)에 의해서 발생하는 것이 아니라 단지 환경의 변화(예 : 연구자의 존재)에 의해서 일어난다. 이러한 현상을 심리학에서 호손 효과라고 부른다.

호손 연구는 종업원 태도의 중요성, 동정적이고 이해심 많은 감독자의 중요성, 작업자를 인간으로서 대우해 줄 필요성을 인식시켰을 뿐만 아니라 비공식적 작업 집단의 존재와 그들이 생산성에 미치는 영향을 밝혔다. 호손 연구는 인간 행동의 복잡성을 밝힘으로써 거의 40년 동안 주로 회사의 효율성을 증진하는 데 관심을 가졌던 산업심리학에 새로운 시각을 부여하였다. 오늘날 일부 심리학자들은 호손 연구를 방법론적으로 결함을 지닌 연구로 간주하기도 하지만, 산업심리학의 형성기에 있어서 단일 연구로서는 가장 영향력 있는 연구로 여겨진다. 또한 호손 연구는 연구자들이 때로는 전혀 기대하지 않았던 결과들을 얻을 수 있다는 것을 보여 주었다. 연구자들이 현상에 대한 한 가지 설명에만 얽매이지 않았기 때문에 호손 연구는 이전의 산업심리학에서 연구된 적이 없는 영역에 관심을 갖게 했고, 그렇게 하지 않았으면 관심을 가지지 않았을 연구 문제들을 제기하였다. 이를 계기로 산업심리학이 과거와는 다른 모습을 보이게 되었다.

1932년 Morris Viteles는 산업심리학의 범위를 인사 선발뿐 아니라 동기, 직무 만족, 리더십으로까지 확장한 고전적 교재를 집필했다(Viteles, 1932). 그의 책은 산업심리학에서의 교육 프로그램에 지대한 영향을 주었다. Mills(2012)가 언급하였듯이, Viteles는 학계와 산업계 모두에서 일한 모범적인 과학자-실천가였다.

산업심리학에 있어서 이 시대는 호손 연구가 종결되고 제2차 세계대전이 발발함과 동시에 끝이 났다. 산업심리학자들은 세계대전을 위하여 미국을 전시체제로 편성하는 것을 돕는 막대한 과제에 직면하게 되었다.

4) 제2차 세계대전기(1941~1945)

미국이 제2차 세계대전에 개입했을 시기에는 산업심리학자들이 1917년의 제1차 세계대전에 비해 전쟁에 기여할 준비가 더 잘되어 있었다. 그때까지 심리학자들은 종업원 선발과 배치에 관한 문제들을 연구해 왔고 그들이 사용하는 기법들도 상당히 세련되어 있었다.

Walter Bingham은 미 육군의 요구에 의해 신병 분류와 훈련을 위해 구성한 군대 인력 분류 자문 위원회 회장직을 맡았다. 제1차 세계대전과는 달리 그 당시 미 육군은 심리학자들에게 먼저 접근하였다. 위원회에 주어진 최초의 임무 중 하나는 신병들을 군인의 책임과 의무를 배울 수 있는 능력에 따라 다섯 가지 집단으로 분류하는 검사를 개발하는 일이었다. 이로부터 마침내 개발된 검사가 집단검사 역사상 하나의 이정표가 된 **군대일반분류검사**(Army General Classification Test, AGCT)이다. Harrell(1992)은 자신이 50년 전에 AGCT의 개발에 관여했던 것을 회고하면서 1,200만 명의 군인들이 이 검사에 의해 군대 내의 직무에 배치되었다고 보고하였다. 이 위원회는 장교 교육에 적합한 사람을 선발하는 방법, 작업 유능성 검사, 보조적인 적성검사의 개발과 같은 연구 프로젝트도 수행하였다.

> 군대일반분류검사 : 제2차 세계 대전 동안 군대 인력의 선발과 배치를 위하여 산업 및 조직심리 학자들이 개발한 검사

심리학자들은 미국 전략 사무국(Office of Strategic Services, OSS)이 실시한 프로젝트인 상황적 스트레스 검사의 개발과 사용에도 참여하였다(Murray & MacKinnon, 1946). 이 검사 프로그램의 목적은 군 정보부대에서 임무를 수행할 후보자들을 평가하는 것이었다. 3일간의 집중적인 검사와 관찰 기간 동안 후보자들은 평가자들의 지속적인 관찰하에서 소집단으로 함께 생활하였다. 독일과 영국 육군에서 개발된 기법들을 많이 모방하여 특별하게 구성한 상황적 검사는 전통적으로 해 오던 방식과는 다른 방식으로 후보자들을 평가하였다. 예를 들어, 한 가지 검사는 나무막대기, 나무못, 나무토막들을 결합하여 5피트짜리 정육면체를 만드는 것이었다. 한 사람이 제한된 시간 내에 이러한 정육면체를 조립하는 것이 불가능하므로 두 명의 보조자가 도와주었다. 사실 보조자들은 사전에 짜인 각본대로 자신의 역할을 수행하는 심리학자였다. 한 보조자는 매우 수동적으로 행동했고 정육면체를 만드는 데 거의 기여하지 않았다. 또 다른 보조자는 비실용적인 제안들을 하고 후보자를 조롱하고 비난함으로써 그의 수행을 방해했다. 물론 어떤 후보자도 이런 종류의 도움으로는 정육면체를 만드는 일을 완수하지 못했다. 이 검사의 진짜 목적은 후보자들이 정육면체를 만들 수 있는가를 보는 데 있는

것이 아니라 스트레스와 좌절에 대한 그들의 정서적 반응과 보조자들에 대한 반응을 평가하는 데 있었다.

전쟁을 통하여 산업심리학이 일반인들의 생활에도 적용되었다. 산업 장면에서는 채용 검사의 사용이 크게 증가하였다. 국가는 노동 인력을 보다 생산적으로 만들기 위하여 심리학자들에게 종업원 결근을 감소시키는 방법을 마련하도록 부탁하였다. 산업계에서는 산업심리학자들이 사용하는 많은 기법들이 선발, 훈련, 기계 설계의 영역에서 특히 유용하다는 것을 깨달았고 산업계의 지도자들은 사회심리학의 응용에 특별한 관심을 가졌다. 군인의 태도와 사기를 측정하는 새로운 방법들은 산업체에도 그대로 적용될 수 있었다. 요약하자면, 전쟁 중에 개발된 기법들이 평화로운 시기에는 기업과 산업체에 적용될 수 있었다. 제2차 세계대전은 산업심리학의 기법들을 정교화하고 응용심리학자들의 지식을 연마시켜서 산업심리학이 발전하기 위한 도약대 역할을 했다.

두 번의 세계대전은 각각 다른 방식으로 산업심리학에 중요한 영향을 미쳤다. 제1차 세계대전은 산업심리학을 형성하고 산업심리학이 사회적으로 인정받도록 도와주었고, 제2차 세계대전은 산업심리학이 발전하고 정교화되도록 도와주었다. 산업 및 조직심리학의 역사에서 다음 시대에서는 산업 및 조직심리학이 세부 전문 분야로 나뉘었고 더 높은 수준의 학문적 및 과학적 엄격함을 지니게 되었다.

5) 학문 영역 세분화기(1946~1963)

사회로부터 인정된 전문적인 일을 하는 분야로 이미 자리를 굳힌 산업심리학은 이 시대에는 과학적 탐구를 하는 정통적인 학문으로 발전하였다. 많은 단과대학과 종합대학들이 산업심리학 교과목들을 개설하기 시작했고 곧이어 대학원 학위(석사 학위와 박사 학위)를 수여하였다. 미국 심리학회 내에 산업심리 분과 학회가 1946년에 창립되었다. Benjamin(1997)은 초창기에는 산업 및 조직심리학자들이 학문적 정체성을 덜 가지고 있어서 '응용심리학자'군으로 분류되었다고 보고하였다.

어느 학문의 발전 과정에서나 있는 것처럼, 산업심리학의 세부 전문적 관심사들이 차차 형태를 갖추기 시작했고 이에 따라 산업심리학은 분화되기 시작했다. 인사 선발, 분류, 훈련을 전문적으로 다루는 산업심리학의 하위 분야도 역시 '인사심리학'이라는 고유한 정체성을 갖게 되었다. 1950년대의 어떤 시점에서부터 조직에 관한 연구에 관심이 생겨나기 시작했다. 오랫동안 사회학자들의 영역이었던 이 분야가 심리학자들의 관심을 끌기 시작했다. Elton Mayo는 인간관계 연구라고 알려진 분야의 창시자였다. 호손 연구의 결과에 기초하여, 그는 조직에서 개인행동의 근원으로서 개인의 욕구, 비공식 집단, 사회적 관계를 강조하였다.

1960년대에는 산업심리학 연구에 있어서 조직에 대한 관심이 더욱 고조되었다. 연구자들은 조직 내 행동에 영향을 미치는 사회적 영향력에 보다 많은 관심을 가지게 되었다. 조직 변화와 조직 개발 같은 용어들이 문헌에 자주 등장했고 산업심리학은 보다 광범위한 주제들을 다루었다. 산업심리학은 1973년에 공식적으로 '산업 및 조직'심리학이라는 명칭으로 바뀌었다. Ghiselli와 Brown(1955)이 쓴 인사 및 산업심리학(*Personnel and Industrial Psychology*)과 같은 1950년대의 고전적 교재들은 내용뿐만 아니라 제목에 있어서도 조직을 보다 강조한 책들에게 자리를 양보하기 시작했다. 학문 간에 있었던 전통적인 영역의 구분이 전쟁 후 이 기간 동안 불분명해지기 시작했다. 학문 간의 이러한 융합은 복잡한 연구 영역들을 설명하는 데 좁고 편협한 시도를 할 가능성을 줄여 주었기 때문에 바람직한 것으로 여겨졌다.

6) 정부 개입기(1964~1993)

1950년대 말과 1960년대 초에 미국은 '시민권 운동'이라는 소용돌이에 휘말렸다. 국가가 주거, 교육, 고용을 포함한 생활의 여러 부문에서 제도적으로 평등한 기회가 박탈되었던 소수집단의 권리에 보다 더 관심을 기울이게 되었다. 1964년에 국회는 소수집단에 대한 불공정한 차별을 줄이기 위해 만들어진 광범위한 입법안인 시민권법(Civil Rights Act)을 통과시켰다. 시민권법의 한 조항인 제7장은 고용에 있어서 차별에 관한 문제를 다루고 있다. 이 법은 산업 및 조직심리학에 중대한 영향을 미쳤다. 오랫동안 산업 및 조직심리학자들은 채용 결정을 위한 다양한 종류의 심리적 평가 도구(즉 검사나 면접 등)를 개발함에 있어서 비교적 제약을 받지 않았다. 이러한 채용 결정의 결과로, 직장 내에서 소수집단(주로 흑인과 여성)이 차지하는 비율이 불균형을 이룰 정도로 작았고, 이러한 현상은 특히 높은 직급의 직무에서 더욱 그러하였다. 따라서 산업 및 조직심리학자들이 채용 결정을 내리는 데 공헌하기는 했지만 역사적으로 이러한 결정들이 소수집단에 대한 차별을 가져온 경향이 있었기 때문에, 정부가 고용주들의 인사 결정을 감독하기 위하여(그리고 필요하다면 바로잡기 위하여) 개입하게 되었다.

1978년에 정부는 고용주들이 지켜야 할 하나의 획일적인 고용 지침을 만들었다. 회사들이 그들의 채용 검사가 어떠한 소수집단도 획일적으로 차별하지 않았음을 보여 주는 것이 법적으로 의무화되었다. 부가적으로, 정부의 새로운 규정은 단지 지필검사나 혹은 인사 선발에만 국한된 것이 아니라 모든 종류의 인사 결정(선발, 배치, 승진, 해고 등)에 사용되는 모든 도구(면접, 검사, 지원서)에 적용되었다.

오늘날 산업 및 조직심리학은 두 가지 궁극적 임무를 지닌다. 첫 번째 임무는 모든 학문이 지녀야 하는 것으로서 과학적 연구를 엄격히 수행하고 정확한 연구 결과를 제공해야 하는 것이다. 하지만 두 번째 임무는 정부의 조사와 평가에서 문제가 일어나지 않도록 하는 것이다.

오늘날 산업 및 조직심리학자들은 그들이 취한 행동에 대해 법적으로 책임질 각오를 해야 한다. 산업 및 조직심리학자들 스스로도 자신의 행동을 평가하지만, 정부 정책과 기관 역시 산업 및 조직심리학자들이 취한 행동을 판단한다. 조지 부시 미국 대통령은 1990년에 장애인 고용법 통과에 서명하였고 1991년에는 새롭게 개정된 시민권법 통과에 서명했다. 두 가지 법은 모두 직장에서의 불형평을 없애기 위해 마련된 것이다. 1993년에 윌리엄 클린턴 미국 대통령은 종업원들이 가정을 돌보고 치료를 위하여 최대 12주까지 무임금 휴가를 가질 수 있는 가정과 의료 휴가법 통과에 서명하였다.

이 시기에도 산업 및 조직심리학은 군대에 크게 공헌하였다. Campbell과 Knapp(2010)은 군대 인력의 선발과 분류에 사용할 검사를 개발하는 산업 및 조직심리학자들의 노력을 기술하였다. 많은 심리학자들이 이 대규모 연구 프로젝트에 참여하였으며 완성하기까지 12년이 걸렸다. "프로젝트 A"라고 부르는 이 연구에서 **군대복무 직업적성검사집**(Armed Services Vocational Aptitude Battery, ASVAB)을 개발하였다. 매년 ASVAB는 30만~40만 명에게 시행하여 그중 12만~14만 명을 군대 인력으로 선발한다. 선발된 인력은 미 육군의 다양한 직무에 배치되었다. 프로젝트 A는 산업 및 조직심리학의 가장 훌륭한 공헌 중 하나로 간주되고, 과학적 지식을 실생활에 적용하여 중요한 실용적 요구를 충족시킨 좋은 사례이다.

> **군대복무 직업적성검사집 (ASVAB)** : 1980년대에 군대 인력의 선발과 배치를 위하여 산업 및 조직심리학자들이 개발한 검사

7) 정보화 시대(1994~현재)

1980년대 초에 개인용 컴퓨터가 출현하면서 과거에는 큰 기업에서만 사용할 수 있었던 기술들을 개인도 사용할 수 있게 되었다. 1990년대 초에는 인터넷 덕분에 개인과 기업이 전 세계적으로 전자 수단에 의해 서로 교류하는 것이 가능해졌다. 정보화 시대의 시작 시점을 언제로 할지 여러 가지 기준을 잡을 수 있겠지만, 전체 웹사이트의 수가 최초로 1,000개를 넘어선 1994년을 기점으로 선택하였다. 지난 10년 동안 그 수는 4,500만 개를 넘어설 정도로 증가하였고(Zakon, 2004), 10년 후에는 30억 인구가 인터넷을 사용할 것으로 추정된다(Internetworldstats, 2014). 세상이 돌아가는 방식에 있어서 중요한 변화가 생겼는데, 이것은 주로 정보의 폭발적인 증가와 그러한 정보가 우리의 삶을 변화시킨 것과 관련이 있다. Kapp과 O'Driscoll(2010)은 페이스북에 가입한 모든 사람들이 하나의 새로운 국가를 형성한다면 세계에서 세 번째로 인구가 많은 나라가 될 것이라고 보고했다. 페이스북, 링크드인, 트위터와 같은 소셜 미디어 사이트는 사회 구성원들이 상호작용하는 방식을 혁신적으로 변화시켰고, 정보를 사회적 교환의 가장 중요한 매개체로 만들었다. 소셜 미디어의 영향력을 깊이 있

게 이해하기 위해서 이 책에서는 매 장마다 **"소셜 미디어와 산업 및 조직심리학"**을 추가하였다(**"소셜 미디어와 산업 및 조직심리학 : 웹 2.0과 일의 세계"** 참조). 아마존, 구글, 이베이는 정보를 자신에게 편리하게 사용하고자 하는 인간의 욕구를 충족시키기 위해 창립된 매우 성공적인 회사들이다. Kapp과 O'Driscoll은 오늘날의 세상을 다음과 같이 묘사하였다. "우리는 사회와 기술이 동시에 빠르게 진화하는 것을 목격하고 있다. 우리가 지금 살고 있는 사회 기술적 시스템에서 정보는 유통되는 통화이고, 사람들은 정보를 운송하는 기제이고, 사람들 간의 상호작용은 정보를 전달하는 기제이고, 통찰력은 가치가 부가된 결과물이다"(p. 5). 오늘날 중요한 화두는 변화, 그것도 극적인 변화이다. 따라서 조직과 종업원들은 급격하게 변화하는 세상에 적응할 수 있는 방식을 찾아야만 한다.

Murphy(1999)는 조직이 당면한 급격한 변화(예 : 시장의 변화하는 요구에 맞추어 제품과 서비스를 빈번하게 변화시킬 필요성의 증가)가 종업원들의 의무나 과업, 작업과의 관계에 어떤 변화를 유발하는지를 기술하였다. 직무를 맡은 종업원이 해야 할 일을 엄격하게 명시해 놓은 조직은 변화에 빨리 적응해야 하는 환경 속에서 다른 조직과 경쟁하기가 힘들다. 조직은 할 일이 미리 설정되어 있는 단일 직무를 수행할 사람들을 뽑기보다는 지적이고, 야심이 있고, 변화의 요구에 기꺼이 적응할 사람들을 채용할 가능성이 크다. 인터넷과 같은 전자 의사소통은 비즈니스와 고객에 대한 서비스에 있어서 개혁을 일으켰다. 'e-비즈니스'라는 개념은 제품을 만들고 서비스를 제공하는 공급자 및 유통자와 고객 간에 정보를 온라인으로 교환함으로써 새로운 네트워크를 만들었다(Pearlman & Barney, 2000). 이와 더불어, 제품과 서비스를 빨리 배달하기 위한 필요성이 증가하였다. 과거에는 조직을 평가하기 위한 전형적인 기준이 제품이나 서비스의 질과 양이었다. 하지만 정보화 시대에는 중요한 새로운 준거로서 배달 속도가 추가되었다.

'직무(job)'는 일(work)을 정의하는 전통적 단위이고 개인과 조직을 연결하는 수단이다. 개인은 자신의 직무에 대한 사회적 정체감을 갖고자 한다. 하지만 정보화 시대에는 과업과 임무가 지속적으로 변하므로 이러한 과업과 임무를 수행하는 데 필요한 지식이나 기술도 달라진다. 따라서 수행할 일을 기술하는 데 유용하고 의미 있는 '직무'라는 개념은 서서히 퇴색하기 시작했다.

Cappelli와 Keller(2013)는 전일제 정규직 근로자 이외에 현대 사회의 직무에 얼마나 많은 변화가 있는지를 기술하였다. 주당 20시간을 일하는 시간제 근로자와 회사가 필요로 할 때만 일하는 근로자도 있다. 또한 기업이 지정한 용역 회사가 고용한 임시직 근로자와 기업에 정식으로 고용되지 않아서 어떤 복리후생 혜택도 받지 못하는 계약직 근로자도 있다. 일부 근로자들은 필요에 따라 한 기업의 여러 지점에서 순환근무를 하기도 한다(예 : 한 은행의 여

소셜 미디어와 산업 및 조직심리학
웹 2.0과 일의 세계

이 책의 독자 중 상당수는 인터넷 없는 세상을 상상하기 어려울 것이다. 1998년에 Ron Nief 와 Tom McBride는 그 당시 대학에 입학한 학생들의 사고방식을 조사해서 흥미로운 사실 을 기록한 벨로이트대학 사고방식 목록(Beloit College Mindset List)을 만들었다. 이러한 목록을 만든 목적은 교수들이 신입생의 사고와 세계관을 이해하기 위해서였다. 이 목록을 매년 작성하였 는데, 2011년에 입학한 학생들(2015년 졸업)은 인터넷 없는 세상을 상상도 못하는 것으로 나타 났다. 이 학생들은 대부분 1993년에 태어났는데 이들은 "정보 고속도로로 진입할 수 있는 인터 넷 통로가 항상 존재해 왔다"고 생각했다(www.beloit.edu/mindset/previouslists/2015/).

오늘날 우리가 알고 있는 것처럼 인터넷은 상당히 진화했다. Richards(2012)는 웹 1.0으로 알 려진 초기 형태의 인터넷은 상당히 정적이어서 소수만이 다른 사람이 볼 수 있도록 정보를 게시 할 수 있다고 지적하였다. 그 후로 인터넷은 웹 2.0으로 진화하여, 사회적 상호작용과 더불어 모 든 사람이 게시된 정보를 소비만 하는 것이 아니라 생산에도 기여할 수 있다. Richards는 웹 1.0 에서 웹 2.0으로의 이동이 "블로그와 마이크로 블로그, 소셜 네트워킹 사이트, 가상 세계, 사용자 간 자료 공유 사이트와 위키의 증가"(p. 24)에 반영되어 있다고 하였다.

소셜 미디어의 출현으로 우리가 알고 있는 일의 세계가 변화하고 있고 앞으로도 계속 변화할 것이다. Richards에 따르면, 인터넷은 과거에는 "전문적 지식이 필요한 엘리트의 도구"(p. 36)였 지만, 이제는 쉽게 접근 가능하고, 사회적으로 조직화된 행동을 유발하고, 종업원 중심의 대화와 지식 공유를 촉진하며, 노동조합의 전략에 영향을 준다. 또한 일과 사생활 간의 경계가 모호해져 서, 과거 수십 년 동안에는 없었던 일과 사생활 간 경계에 관한 문제를 유발하고 잠재적인 법적 · 윤리적 우려를 증가시켰다. 미래를 예측하기는 힘들지만, 소셜 미디어를 통해 개인들 간의 연결 수 준이 증가할 가능성이 크다. 따라서 조직과 종업원 모두는 소셜 미디어가 그들에게 미치는 부정적 결과보다는 긍정적 결과를 얻기 위해 소셜 미디어의 장 · 단기 영향력을 고려해야 한다.

러 지점에서 일하는 창구 직원).

집에서 근무하면서 컴퓨터를 사용하여 회사와 전자적으로 의사소통하는 재택근무, 가상적 인 작업 팀과 사무실, 무선통신 덕택에 일을 물리적 공간에서 할 필요가 없어졌다. 더 나아 가, 빠른 전송 속도 덕분에 서로 다른 대륙 간에도 동시적이고 통합적으로 일을 수행할 수 있 게 되었다. 예를 들어, 환자가 진찰을 위해 의사를 찾아갔다고 가정해 보자. 의사는 포켓용

소형 녹음기에 환자의 상태와 처방에 관한 내용을 녹음한다. 당일 진료를 마치기 바로 전에, 그날 진료한 환자들에 대해 녹음한 내용을 지구 반대쪽 지역으로 전송한다(시차 때문에 이 지역은 근무가 막 시작되는 시간이다). 이러한 녹음 내용을 타이피스트가 문자로 옮겨 다음 날 진료 시간 전까지 의사에게 문서 파일로 전달한다. 음성을 문자로 옮기는 작업은 80%나 저렴한 인건비 때문에 미국보다도 해외에서 이루어진다. 의사는 전송된 문서 파일을 자신의 사무실에서 인쇄해서 환자의 진료 장부에 보관해 둔다. 이처럼 일을 수행함에 있어서 이제 국경은 더 이상 장애가 되지 않는다. 오늘날 일을 수행할 때 정보는 매우 중요한 역할을 하기 때문에 많은 조직들은 '정보 기술(information technology, IT)'을 담당하는 부문이나 부서를 두고 있다. 이러한 부문의 장을 흔히 '최고 정보관리자(chief information officer, CIO)'라고 부른다. Hesketh(2001)는 역사적으로 개인에게 적합한 직업을 안내하는 데 도움을 주었던 직업심리학의 목적이 이제는 일터에서의 급진적이고 빠른 변화로 말미암아 야기되는 스트레스에 작업자들이 적절하게 대처하도록 도와주는 것으로 바뀌어야 한다고 주장했다.

지난 20년간을 돌이켜 볼 때, 일의 의미는 변하지 않았더라도 일을 수행하는 방식과 장소에 극적인 변화가 있었다. 오늘날 종업원들이 자신의 일터에서 경쟁력을 유지하기 위해서는 변화를 기꺼이 수용하고 변화를 효과적으로 다룰 수 있는 능력을 지니고 있어야 한다. 이러한 변화는 산업 및 조직심리학이 다루는 내용 자체에 영향을 미치고 있다.

8) 개관

산업 및 조직심리학의 역사는 화려하고 다양하다. 산업 및 조직심리학은 여러 가지 계기가 복합되어 탄생되었고, 지구상의 갈등(전쟁)을 통하여 자라나고 발전되었으며, 오늘날 우리가 살고 있는 사회에 필요한 학문으로 정착되었다. 산업 및 조직심리학의 역사는 비교적 짧고 산업 및 조직심리학자들 수도 그리 많은 편은 아니지만 산업 및 조직심리학자들이 경제적 및 개인적 번영 모두에 크게 공헌하고 있다. 산업 및 조직심리학 역사에는 과학적 기여와 실천적 기여가 지속적으로 함께 어우러져 있다. 역사의 어떤 시점에서는(특히 전시에는) 산업 및 조직심리학의 실천적 측면이 보다 두드러졌다(**"현장기록 : 산업 및 조직심리학과 2001년 9월 11일 테러 사건"** 참조).

다른 시점에서는 산업 및 조직심리학에서 과학적 진보가 보다 두드러졌다. 하지만 이 장의 앞에서 언급한 것처럼, 산업 및 조직심리학의 과학적 측면과 실천적 측면은 결코 서로 분리될 수 있는 것이 아니다. Katzell과 Austin(1992)은 산업 및 조직심리학의 초창기 개척자들 중 한 명인 Morris Viteles가 산업 및 조직심리학의 두 가지 서로 맞물린 측면을 잘 표현한 다음의 기억할 만한 문장을 인용하였다. "만일 그것이 과학적이지 않으면 실용적이지 못한 것이

현장기록

산업 및 조직심리학과 2001년 9월 11일 테러 사건

산업 및 조직심리학자들은 국가의 안녕에 오랫동안 기여해 왔다. 제1차 세계대전과 제2차 세계대전 때 산업 및 조직심리학자들의 역할에서 알 수 있듯이, 산업 및 조직심리학자들은 특히 국가적 위기 때 많은 공헌을 했다. 2001년 9월 11일에 미국에서 발생했던 9/11 테러 이후에도 산업 및 조직심리학자들은 많은 공헌을 했다. 2001년 11월 19일에 미국의 조지 W. 부시 대통령은 항공 및 운송 안전법을 통과시켜서 입법화하였고, 이에 따라 교통 안전국(Transportation Security Administration, TSA)이 새로 설립되었다. 이 법은 사람과 물자의 자유로운 이동을 보장하면서도 안전한 항공 여행 체계를 수립하기 위하여 고안되었다.

교통 안전국은 매우 힘들고 큰일에 직면하였다. 교통 안전국은 몇 달 내에 공항의 보안 검색 인력을 선발하기 위한 효과적인 기준을 설정하고, 승객과 짐을 검색하는 새로운 절차를 설계해야만 했다. 국가적으로 매우 시급한 이러한 새로운 프로그램을 실행하는 데 있어서 산업 및 조직심리학자들은 핵심적인 역할을 수행하였다. 새롭게 선발할 교통 안전국의 보안 검색원들은 매우 숙련된 인력이어야 하기 때문에, 채용 당시에 특수한 기준을 충족하고 있어야 하고 1년에 한 번씩 그러한 기준에 대한 자격 검증을 받아야 하고 지속적으로 교육을 받아야 한다.

Kolmstetter(2003)는 보안 검색원 직무에 지원한 사람들을 평가하는 하루 동안의 절차에 대해 기술하였다. 검사에는 영어 능력 평가(예 : 읽기, 쓰기, 듣기), 성격검사(예 : 성실성, 긍정적인 직업윤리, 고객 서비스 지향성), 기술에 관한 적성검사(예 : X-ray 이미지에 대한 시각적 관찰 능력)가 포함되었다. 또한 평가

절차에 구조화된 면접, 신체 능력 검사(예 : 짐을 들어 올리고 검색하는 것), 신체검사도 포함되었다. 선발된 후보자에게는 보안 검색원에게 요구되는 중요한 다섯 가지 업무를 교육시켰고, 여러 근무 시간대에 걸쳐 일할 수 있도록 근무를 순환시켰다.

2002년 3월까지 약 1,300명의 보안 검색원을 선발하였다. 교통 안전국은 2002년 11월까지 180만 명 이상의 지원서를 받아서 이들 중 약 34만 명에게 검사를 실시하였고 최종적으로 약 5만 명의 보안 검색원을 채용하였다. 이렇게 채용된 보안 검색원들은 미국 전역의 429개 공항에 배치되었다. 보안 검색원 중 여성이 38%였고, 소수 민족이 44%였다. 교통 안전국의 전체 인원수(58,000명)는 FBI, 관세청, 경호국의 인원을 모두 합친 것보다도 더 많다. 전문가들(이들 중 많은 수가 산업 및 조직심리학자였다)의 지식과 기술, 노력, 헌신에 의해 국가적 임무를 달성하기 위하여 매우 중요한 국가 기관이 새로이 창설되고 직원이 충원되었다. 산업 및 조직심리학자로서 국가의 안전을 보장하는 데 산업 및 조직심리학자들이 기여할 수 있었다는 사실이 매우 자랑스럽다.

9/11 테러 10주년에 Silver(2011)는 테러리즘을 다루는 데 있어서 심리학의 역할에 대해 다음과 같이 요약하였다. "과거를 돌이켜 볼 때 9/11 공격이 우리 나라에 어떤 변화를 가져왔는지를 명확하게 알 수 있다. (중략) 테러리스트들은 광범위한 사회적, 정치적, 심리적, 경제적 영향을 미치는 공포와 불안을 조성함으로써 분열을 야기하려고 한다. 따라서 심리학자들은 개인과 사회 전반에 영향을 미친 그날의 테러의 장·단기 영향을 분석하는 데 많은 기여를 해야 한다"(p. 427).

며, 만일 그것이 실용적이지 않으면 과학적이지 못한 것이다"(p. 826). 이와 유사하게, Farr와 Tesluk(1997)은 미국 산업 및 조직심리학회 초대회장이었던 Bruce Moore가 산업 및 조직심리학이 가지고 있는 과학과 실천이라는 양면성에 관해 언급한 것을 다음과 같이 인용하였다. "극단적으로 응용을 추구하는 실천가는 시야가 좁고 근시안적인 사고를 할 위험이 있지만, 극단적으로 순수과학을 추구하는 사람은 사실로부터 동떨어질 위험이 있다"(p. 484).

오늘날 산업 및 조직심리학은 내용과 연구방법을 고려해 볼 때 다학문적인 성격을 띤다. 돌이켜 보면, 현재의 산업 및 조직심리학은 광고 연구, 산업 효율성, 정신 능력 검사 실시에 관심을 가졌던 20세기 초와 유사하다. 어떤 의미에서 보면, 산업 및 조직심리학의 학문적 진화의 역사는 소수의 획기적 사건들에 의해 나누어진 몇 개의 시대에서 그때마다 부각된 학문적 관심사들의 연대기이다. 최근에 '국제화 시대'를 맞이하면서 국가 간 또는 문화 간 장벽이 점점 허물어지고 있고, 이에 따라 산업 및 조직심리학도 학문적 관심 영역을 확장시켜 가고 있다. '국제화 시대'를 맞이하여 산업 및 조직심리학자들은 자기 문화뿐만 아니라 다른 문화에 대해서도 잘 알아야 한다. 서로 다른 문화에 속한 사람들은 인생에서 일이 차지하는 중요성을 상당히 다르게 지각한다.

산업 및 조직심리학은 일의 세계를 연구하는 학문이기 때문에 당면한 경제 상황과 산업 및 조직심리학에서 다루는 내용 간에는 강한 관련성이 존재한다. 이러한 관계를 더 자세하게 파악하기 위하여 경제 상황이 각 장에서 다루는 주제에 어떤 영향을 미치는지를 설명하는 "산업 및 조직심리학과 경제"라는 내용을 추가하였다(**산업 및 조직심리학과 경제 : 경제 호황과 불황**" 참조).

4. 비교 문화적 산업 및 조직심리학

비교 문화적 심리학(cross-cultural psychology)은 "다양한 문화와 민족에 있어서 개인의 심리적 및 사회적 기능 간의 유사성과 차이"(Kagitcibasi & Berry, 1989, p. 494)를 연구한다. 산업 및 조직심리학의 탐구 영역을 확장할 때 일이 이루어지는 맥락(환경)을 고려해야 한다. 비즈니스의 세계화에 따라 산업 및 조직심리학의 이론

> **비교 문화적 심리학** : 심리적 개념과 연구 결과들이 서로 다른 문화나 사회의 사람들에게 얼마나 일반화될 수 있는지를 연구하는 분야

과 실제가 북미나 서유럽 이외의 문화에도 적용 가능한지를 검토할 필요가 있다. 일터에서의 문화적 다양성의 증가, 해외에서 비즈니스를 하는 미국 기업의 증가, 서로 다른 나라 기업들 간의 동반 관계(partnership)나 공동 벤처 사업의 증가, 국가 간의 지리적 경계를 의미 없

산업 및 조직심리학과 경제

경제 호황과 불황

경제가 호황일 때는 비즈니스가 성장한다. 새로운 조직이 설립되고 기존 조직은 규모가 커진다. 비즈니스의 성장은 새로운 일자리를 창출하고 일할 사람을 필요로 한다. 생산성이 증가하고 실업은 감소한다. 조직은 더 많은 자재나 장비를 구입하고, 더 많은 광고를 하고, 새로 고용한 종업원들의 인건비에 더 많은 비용을 지출하기 때문에 조직의 성장을 촉진하기 위해 많은 돈을 쓴다. 호황기에는 일이 늘어나기 때문에 산업 및 조직심리학자들이 할 일도 늘어난다.

하지만 경제가 불황일 때는 비즈니스가 축소된다. 제품이나 서비스에 대한 수요가 적기 때문에 조직은 더 적게 팔고, 매출이 줄어들기 때문에 구입도 더 적게 한다. 제품이나 서비스에 대한 수요가 감소할 때 조직은 더 적은 수의 종업원만을 필요로 한다. 따라서 경제가 위축될 때 실업률이 증가하게 된다.

경제학자들은 여러 가지 지수에 관심이 있지만, 그들이 관심을 가지는 세 가지 주요 지수는 국내 생산 총액, 소비자 지출 총액, 실업률이다. 두 분기(즉 6개월) 이상 국내 생산 총액과 소비자 지출 총액이 감소하고 실업률이 증가하면 불경기로 간주한다. 역사적으로, 국가 경제는 불황기였다가 다시 회복하여 호황기에 들어서곤 했다. 하지만 2008년부터 2009년 사이에 미국은 대부분의 다른 나라와 마찬가지로 여섯 분기 동안 불황기였다. 불황 정도가 심각해서 '대공황(Great Recession)'으로 불렸다.

우리는 더 이상 불황 속에 있지 않지만, 호황 수준은 그다지 크지 않다. 즉 국가 생산성과 소비자 지출이 증가했지만 그 규모가 크진 않았다. 실업률이 감소했지만 여전히 경제적으로 건강한 수준은 아니다. 현재 경제에 대해 기술하자면 "부진하고", "완전히 회복되지 않았다"고 할 수 있다. 요약하면, 우리는 대공황 때만큼 경제가 위태롭진 않지만, 그렇다고 해서 튼튼한 상태도 아니다.

추가적으로 두 가지 문제에 주목해야 한다. 첫째, 경제 지표는 과거를 반영하는 것이지 미래를 반영하진 않는다. 즉 우리는 불경기가 발생하고 나서야 비로소 불경기를 겪고 있음을 인식한다. 둘째, 경제 지표는 지역과 산업에 따라 계산된다. 따라서 국가 경제는 불황을 겪지 않더라도 개별 지역이나 산업은 불황을 겪을 수 있다.

게 만든 새로운 전자 의사소통 수단의 출현은 비교 문화적 산업 및 조직심리학에 대한 관심을 증가시켰다. Smith 등(2001)은 다음과 같은 기본적인 의문을 제기하였다. "산업 및 조직심리학은 조직이 어디에 존재하더라도 그 조직에 최상의 도움을 줄 수 있을 정도로 훌륭한 연구에 기초한 지식 체계를 보유하고 있는가?"(p. 148) 과학적 학문으로서 산업 및 조직심리학은 문화적 차이가 어느 정도로 그리고 어떤 방식으로 일의 세계에 영향을 미치고 있는지를 연구하고 있다.

사람들이 일에 종사하는 시간도 문화에 따라 큰 차이가 난다. Brett과 Stroh(2003)는 미국 근로자들이 일본 근로자들보다 1년에 137시간 일을 더 하고 프랑스 근로자들보다는 1년에 499시간 일을 더 한다고 보고하였다. 프랑스의 공식적인 주당 근로시간은 35시간이고(미국은 40시간), 모든 직급에서 유럽인들은 1년에 보통 4주에서 6주의 휴가를 갖는다. 연구에 따르면 미국 관리자들은 1주일에 50~70시간 일을 한다. 미국인들의 근로시간은 미국의 문화와 관련되어 있고 다른 문화는 다른 가치를 가지고 있기 때문에 근로시간이 다를 수 있다. 미국인들보다 더 적게 일하는 문화에 속한 종업원들을 "게으르다"고 표현하는 것은 옳지 않다. 마찬가지로 미국 근로자들을 "강박적이다"라고 묘사하는 것도 옳지 않다. 근로시간은 각 문화마다 일에 부여하는 의미와 가치를 반영하고 있다. 국적이 다른 근로자들이 함께 일할 때와 다른 나라의 일에 대한 관행을 다룰 때는 이러한 문화 간 차이를 고려해야만 한다.

이 책을 통해 앞으로 알게 되겠지만, 산업 및 조직심리학자들이 다루는 다양한 주제는 문화 간 차이에 의해 영향을 받는다. 이러한 주제들은 종업원 선발을 위해 선호하는 방법, 종업원들 간의 경쟁 혹은 협동 정도, 바람직한 리더십 스타일 등을 포함한다. 비교 문화적 산업 및 조직심리학 주제들이 부각되고 있기 때문에 다음 장부터는 그 장에서 다루는 주제와 관련된 비교 문화적 이슈를 다룬다. Aycan과 Kanungo(2001)가 적절하게 요약한 것처럼, "비즈니스를 함에 있어서 우리는 국가 간의 실제적 혹은 가상적 경계를 초월하여 서로 다른 나라 사람들을 만나게 될 것이다. 앞으로는 문화가 조직의 다양한 측면과 관행에 미치는 영향을 이해하는 것이 국가 간 혹은 국내 인력의 시너지, 생산성 및 복리를 향상시키는 것보다도 더 중요해질 것이다"(p. 385).

5. 인도주의 작업 심리학

한 세기 전에 시작된 이후로, 산업 및 조직심리학은 조직이 보다 효과적으로 되는 데 도움을 주는 학문으로 간주되어 왔다. 실제로 실무자로 일하는 산업 및 조직심리학자들은 조직 효과성을 높이기 위해 조직에 고용된다. 산업 및 조직심리학자를 고용한 조직을 살펴보면 주로 규모가 큰 사기업이고, 판매량, 이익 수준, 시장 점유율과 같은 재무 지표로 기업의 효과성을 측정한다. 이러한 사실을 모든 산업 및 조직심리학 실무자들에게 일반화할 수는 없지만, 이로부터 산업 및 조직심리학이 사회에서 어떻게 인식되고 있는지를 엿볼 수 있다.

최근에 판매량이나 수익과 같은 재무 지표로 조직의 효과성을 측

인도주의 작업 심리학 : 전 인류의 고용을 증진하는 사회적 목표를 지향하는 산업 및 조직심리학의 새로운 흐름

정하지 않는 비영리 조직으로부터 산업 및 조직심리학이 깊게 관여해 달라는 요청이 들어오고 있다. 구체적으로, 이 요청은 산업 및 조직심리학의 지식과 기술을 활용해서 세상을 더 나은 곳으로 만드는 데 도움을 주는 것으로 학문의 영역을 확장하는 것이다. 산업 및 조직 심리학의 이러한 새로운 방향을 **인도주의 작업 심리학**(humanitarian work psychology)이라고 부른다(Carr et al., 2012).

'인도주의'라는 단어는 종종 '구호'나 '원조'라는 단어와 함께 쓰인다. 이는 일반적으로 지진이나 홍수가 발생했을 때 긴급한 도움이 필요한 사람들에게 자원(예 : 음식, 옷, 피난처)을 제공하는 것을 의미한다. 인도주의 작업 심리학은 산업 및 조직심리학의 자원(우리가 알고 있고 할 수 있는 것)을 세계 빈곤 해소, 조직의 사회적 정의 고양, 근로자의 권리 보호 등에 활용하는 것을 지향한다(Reichman & Berry, 2012). 인도주의 작업 심리학에 대한 요구가 증가된 이유는 전 세계 인구를 오랫동안 괴롭혀 온 병폐를 인식했기 때문이다. 이것은 심리학자 윤리 규정과 행동 수칙(APA, 2002)에 수록된 '인류를 위한 선(善)의 증진'과 일맥상통한다.

모든 사람은 생활하는 데 필요한 임금을 벌어야 한다. 인도주의 작업 심리학은 산업 및 조직심리학이 모든 사람의 생활수준을 향상시키기 위해 더욱 적극적인 역할을 하도록 요구한다. 즉 산업 및 조직심리학은 개인과 조직의 요구뿐만 아니라 국가와 사회의 요구도 다루어야 한다(Gloss & Thompson, 2013). 따라서 산업 및 조직심리학은 도덕적으로 옳은 일을 하기 위해서 사명을 확장해야 한다. Lefkowitz(2012)는 "모든 명망 있는 조직은 핵심 목표 자체가 인도주의적이 아니더라도 인도주의적인 성격을 띨 수 있으며 반드시 그래야 한다"(p. 104)고 주장하였다.

6. 산업 및 조직심리학의 당면 과제

오늘날 노동 인력과 일터 모두가 매우 빠르게 변화하고 있기 때문에 산업 및 조직심리학은 둘 사이의 조화를 증진해야 하는 어려운 과제에 직면해 있다. 오늘날의 노동 인력은 과거와 매우 다르다. 과거 어느 때보다 더 많은 사람들이 직장을 찾고 있고, 그들의 교육 수준은 어느 때보다도 높다. 오늘날 직장에 정규 직원으로 취업하는 여성 노동자가 많아졌고, 맞벌이 부부가 늘어났고, 영어가 모국어가 아닌 작업자들이 늘어났다. 이와 마찬가지로 일의 성질도 변화하고 있다. 서비스 산업에서의 직무, 컴퓨터 지식이 필요한 직무, 전자 의사소통에 대한

지식이 필요한 직무의 수가 증가하고 있다. 직장에서 약물복용과 폭력이 지속적으로 늘어나는 것에서 알 수 있듯이 사회적 변화는 채용에도 영향을 미친다. 기후 변화로 인하여 조직의 운영 방식도 바뀌기 시작했고 산업 및 조직심리학자들은 사람들이 일터에서 이러한 변화에 효과적으로 대처할 수 있도록 도움을 줄 수 있다. Huffman 등(2009)은 산업 및 조직심리학이 기후 변화에 대한 조직의 대처에 어떻게 도움을 줄 수 있는지를 설명하기 위해, 산업 및 조직심리학이 조직의 '친환경적인' 비즈니스 관행에 기여할 수 있는 종업원들을 모집하고 채용하는 데 도움을 주는 것을 예로 들었다. 이 주제는 제8장에서 자세히 다룰 것이다.

산업 및 조직심리학이 다루는 주제 중에서 과거에 경험한 적이 없는 일부 분야는 이제 막 시작 단계에 있다. 산업 및 조직심리학 주제는 매우 다양하고 학문적인 자극의 원천이 되기 때문에 산업 및 조직심리학은 도전해 볼 만한 가치가 있고 매우 흥미진진한 학문이다. 일부 학문은 그 내용이 거의 변하지 않지만, 산업 및 조직심리학은 현재 내용이 과거의 내용과는 확실히 다르다. 산업 및 조직심리학만큼 인간 복지에 중요한 분야도 드물다. 우리는 일생 동안 다른 어떤 활동보다도 일하는 것에 보다 많은 시간을 보낸다. 따라서 산업 및 조직심리학은 우리의 일생에 있어서 가장 중요한 임무인 일을 이해하는 데 공헌하고 있다. 이 책을 끝까지 다 읽었을 때 독자들은 일터에서의 인간 행동을 보다 잘 이해하게 될 것이다. 어쩌면 독자들 중 일부는 학문적 자극을 많이 받아서 산업 및 조직심리학을 더 깊게 공부해 보고자 할지도 모르겠다. 산업 및 조직심리학은 매우 매력적이고 보람 있고 유용한 학문이다.

01 이 장의 요약

- 산업 및 조직심리학은 심리학이라는 보다 넓은 범위의 학문에 속하는 한 전문 분야이다.
- 산업 및 조직심리학자는 일반적으로 과학자 또는 실천가라는 두 가지 역할 중 한 가지를 수행한다.
- 산업 및 조직심리학은 전 세계에 걸쳐서 연구되고 실제로 적용되고 있다.
- 산업 및 조직심리학은 몇 가지 하위 전문 분야를 포함하고 있다.
- 산업 및 조직심리학의 역사는 일곱 가지 시대로 구분되고, 가장 최근은 정보화 시대(1994년부터 현재까지)이다.
- 오늘날 비즈니스는 세계를 상대로 이루어지고 있고, 이러한 환경 변화는 산업 및 조직심리학자들에게 많은 전문적 기회를 제공하고 있다.
- 인도주의 작업 심리학은 산업 및 조직심리학이 사회적 선(善)을 지향해야 한다고 주장한다.

- 산업 및 조직심리학의 당면 과제는 노동 인력과 일터 모두가 빠르게 변화하는 환경 속에서 이 둘 간의 조화를 증진하는 것이다. 우리의 삶에서 일의 역할이 점점 더 중요해지고 있기 때문에, 일과 가정 간의 균형을 유지하기 위한 산업 및 조직심리학의 필요성이 계속 증가할 것이다.

산업 및 조직심리학의 연구방법

이 장의 학습목표

- 실증적 연구의 과정을 이해한다.
- 실험실 실험, 유사 실험, 설문조사, 관찰 연구방법의 상대적 장점과 단점을 안다.
- 통합분석과 데이터 마이닝을 이해한다.
- 조직 신경과학의 목적을 이해한다.
- 질적 연구방법의 가치를 이해한다.
- 상관의 개념과 해석방법을 이해한다.
- 인과성 추론의 한계를 이해한다.
- 산업 및 조직심리학 연구에 관한 윤리적 문제를 인식하고 이해한다.
- 학문 중심 연구와 실무 중심 연구 간 차이를 이해한다.

우리 중 일부는 빨간 머리카락을 가진 사람은 변덕스럽고, 박력 있는 지도자는 몸집이 크고, 육체노동자는 포도주보다 맥주를 좋아하고, 인간이 일하는 단 한 가지 이유는 돈을 벌기 위한 것이라고 믿는다. 우리가 믿는 이러한 신념을 말하자면 끝이 없다. 이러한 신념 중 무엇이 진실인가? 이것을 알아낼 수 있는 유일한 방법은 과학적 원리에 근거하여 현상에 대해 **연구**(research)를 체계적으로 수행하는 것이다. 이 장의 대부분은 산업 및 조직심리학이 사용하는 연구방법을 다룬다. 연구과정에 대한 이해는 사람들로 하여금 실제적인 문제를 해결하고, 타인들이 보고한 연구 결과를 적용하고, 새로운 기법이나 장비 등에 관한 주장이 정확한지를 평가하도록 도와준다.

> 연구 : 지식을 창출하고 이해하는 공식적 과정

산업 및 조직심리학자는 계속해서 수많은 실생활 문제를 접한다. 연구방법에 관한 지식은 문제를 우연히 해결하는 것이 아니라 유용한 해결책을 찾을 더 좋은 기회를 제공한다. 또한 연구방법에 대한 이해는 우리가 타인들이 보고한 연구 결과들을 적용하는 것을 도와준다. 어떤 요인들은 연구 결과의 일반화가능성을 촉진하고 다른 요인들은 퇴보시킨다. **일반화가능성**(generalizability)이란 한 연구의 표본으로부터 얻은 결론을 다른 표본이나 규모가 큰 전집에 적용하거나 일반화할 수 있는 정도를 말한다. 사람들은 흔히 어떤 새로운 기법이나 방법의 우월성을 주장한다. 이러한 경우에 연구방법에 관한 지식은 어느 것이 정말로 가치 있는지를 가려내는 것을 도와준다.

> 일반화가능성 : 한 연구로부터 도출된 결론을 규모가 큰 전집에 적용할 수 있는 정도

과학은 기술, 예측, 설명이라는 세 가지 목표를 가지고 있다. 기술은 마치 사건의 상태에 관하여 사진을 찍는 것과 같다. 연구자는 생산성 수준, 1년 동안 직장을 그만둔 종업원의 수, 직무만족의 평균 수준 등에 관하여 기술한다. 두 번째 기능은 예측이다. 연구자는 어떤 종업원이 생산적인 종업원이 될 것인지, 어떤 종업원이 그만둘 가능성이 높은지, 어떤 종업원이 불만족을 느낄 것인지 등을 예측하려고 노력한다. 이러한 정보는 지원자 중에서 보다 나은 종업원을 선발하는 데 사용된다. 설명 기능은 사건들이 왜 그러한 형태로 일어나는지를 진술하는 것으로, 아마도 가장 어려운 기능일 것이다. 설명 기능은 생산이 왜 어떤 수준에 있는지, 종업원들이 왜 그만두려는지, 그들이 왜 불만족을 느끼는지 등과 같은 사건의 원인을 찾으려고 한다.

이 장은 산업 및 조직심리학에서 이루어지는 연구과정에 관한 통찰력을 제공할 것이다. 연구과정은 문제의 진술로 시작해서 연구의 결론 도출로 끝난다. 이 장은 산업 및 조직심리학 연구를 이해하고 실제로 연구를 잘 수행할 수 있도록 도와줄 것이다.

1. 실증적 연구과정

〈그림 2-1〉은 실증적 연구를 수행할 때 과학자들이 밟는 단계들을 보여 주고 있다. 연구과정은 기본적으로 다섯 단계와 피드백 요인으로 구성되어 있다. 피드백 요인은 다섯 번째 단계로부터의 결과가 앞으로 연구의 첫 번째 단계에 영향을 미치는 과정을 나타낸다. 연구과정은 문제 진술로부터 시작한다. 이 단계에서는 어떤 질문이나 문제에 대하여 답을 찾을 것인지를 진술한다. 두 번째 단계에서는 질문에 답하기 위하여 연구를 어떻게 설계할 것인지를 결정한다. 세 번째 단계에서는 변인들을 어떻게 측정하고 필요한 자료를 어떻게 수집할 것인지를 결정한다. 네 번째 단계에서는 자료를 분석하기 위하여 어떤 통계적 절차들을 사용할 것인지를 결정한다(달리 표현하면, 수집된 모든 정보로부터 어떻게 의미를 찾아낼 것인지를 결정한다). 마지막 단계에서는 자료 분석으로부터 어떤 결론을 내릴 것인지를 결정한다. 이러한 단계들 각각을 좀 더 자세히 살펴보자.

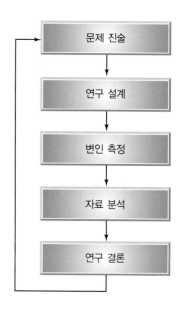

그림 2-1 실증적 연구과정

1) 문제 진술

연구를 시작하기 위한 질문이 저절로 생기지는 않는다. 질문은 어떤 문제에 대한 자신이나 타인의 경험, 개인의 직관이나 통찰 혹은 이론과 같은 기존 지식으로부터 나온다. **이론**(theory)이란 현상들 간의 관계를 설명하기 위해 제안된 진술이다. 사람들 간에 형성되는 매력을 설명하기 위해 제안된 대인매력 이론을 한 가지 예로 들 수 있다. 연구자가 연구를 수행하면서 연구문제에 점점 친숙해지고 질문영역을 확장할 수도 있다. 한 사람의 연구가 다른 사람이 유사한 연구를 하도록 자극할 수도 있다. 이와 같이 연구자는 흔히 동료 연구자의 연구에서 도움을 얻는다. 하나의 주제에 관해 많은 연구를 실시한 후에, 연구자는 어떤 행동이 왜 일어나는지에 관한 하나의 이론을 제안할 수도 있다. 자료로부터 시작해서 이론 수립으로 끝나는 절차를 **귀납적 방법**(inductive method)이라고 한다. 반대 절차는 연역적 방법이다. **연역적 방법**(deductive method)에서는 연구자가 직관이나 과거 연구에 기초하여 먼저 이론을 수립한 후, 자료를

> **이론** : 관심의 대상이 되는 현상들 간의 관계를 설명하기 위해 제안된 진술
>
> **귀납적 방법** : 연구 대상이 되는 특수한 구성원들에 대한 지식에 기초하여 일반적인 부류의 사물이나 사람에 대한 결론을 도출하는 연구과정
>
> **연역적 방법** : 연구 대상이 되는 일반적인 사물이나 사람들에 대한 지식에 기초하여 그 부류에 속한 특수한 사물이나 사람에 대한 결론을 도출하는 과정

수집하여 그 이론을 검증한다. 만일 이론이 옳다면 자료가 이론을 지지할 것이고, 이론이 틀린 것이라면 자료가 이론을 지지하지 않을 것이다.

과학에서 이론의 가치는 많은 양의 정보를 통합하고 요약하며 연구를 위한 하나의 틀을 제공하는 데 있다. 하지만 Campbell(1990)은 과학적 학문으로서 심리학이 물리학이나 화학과 같은 학문보다 연구하기가 힘들다는 것을 지적했다. 사람은 너무나 변화무쌍하여, 사람들 간에 차이가 있고 동일한 사람도 때에 따라 다르게 행동하기 때문에 하나의 단일한 공식이나 방정식으로 정의할 수 없다. 하지만 물리학이나 화학에서는 상황이 다르다. 물의 분자는 세상 어느 곳에서나 동일한 구조를 가지고 있다. 심리학에는 뉴턴의 운동의 세 가지 법칙과 같은 보편적인 자연의 법칙이 없다. 다음 세 가지 인용은 각기 다르기는 하지만 이론에 대하여 모두 저마다의 타당한 견해를 나타내고 있다.

■ "좋은 이론보다 더 실용적인 것은 없다."
  – Kurt Lewin, 사회심리학자
■ "이론에 기초하여 설계된 연구는 쓸모없을 가능성이 크다."
  – B. F. Skinner, 실험심리학자
■ "이론은 안경에 서린 김처럼 사실을 흐리게 한다."
  – Charlie Chan, 소설 속의 유명한 탐정

Lewin의 진술은 심리학에서 자주 인용된다. 그의 요지는 이론은 연구를 수행하는 데 유용하다는 것이다. 이론은 정보를 통합하고, 정보를 논리적인 요소로 조직화하고, 앞으로의 연구 방향을 제시한다. 그러나 Skinner는 이론을 증명하는 데 너무 많은 노력을 소모하고 있다고 생각한다. 즉 이론이 연구를 지배하고 있다고 믿는다. Skinner는 대부분의 이론이 결국은 그 영향력을 잃고 생산적인 연구는 이론을 필요로 하지 않는다고 생각한다. 그의 입장은 경험주의의 극단적인 경우를 나타내고 있다. Charlie Chan은 연구자들이 이론을 증명하는 데 너무 몰두하고 그들이 믿고 있는 것을 확증해 주지 않는 정보에는 눈이 멀게 된다고 생각한다.

훌륭한 연구자는 이론 때문에 사실을 직시하지 못하는 것은 아니다. 그들은 이론이 '맞느냐' 혹은 '틀리냐'를 생각하기보다는 이론의 유용성에 근거하여 이론을 판단한다. 유용한 이론은 문제에 의미를 부여하는 것을 도와주고 연구문제를 보다 잘 이해하도록 도와준다. 이론수립 또는 이론 개발은 멈추지 않고 계속 진행되는 과정이다. 하나의 이론이 제기되면 실증적 자료에 의해 검증되고, 이러한 결과에 의해 이론은 점점 더 세련되고 견고해진다. 이론은 처음부터 의문의 여지가 없이 완벽한 상태로 탄생되는 것이 아니라 계속해서 과학적 검증과 평가를 받는다. 따라서 어떤 이론은 실증 자료에 의해 광범위한 지지를 얻게 되지만, 어떤 이론은 반복해서 지지를 얻지 못하고 과학자들에 의해 결국 폐기처분된다. Vancouver(2005)는 이러한 이론 개발 과정을 다음과 같이 표현했다.

> 명백하게 어떤 이론이든지 엄격한 검증 절차를 밟아야 한다. 이러한 절차는 과학자들에 의해 이루어진다. (중략) 현재 관심을 끌고 있는 어떤 이론이든지 간에 지속적으로 검증을 받아야 한다. 우리는 그 이론이 지지를 받을지 아니면 기각될지 모른다. 또한 그 이론에 대한 과거, 현재, 미래의 수정이 그 이론을 더 좋게 만들지 아니면 더 나쁘게 만들지에 대해서도 모른다(pp. 49-50).

Campbell(1990)은 이론이 단지 목적을 위한 하나의 수단에 불과하기 때문에 특별한 가치가 없다고 믿는다. 그는 이론이 "보다 나은 연구문제들을 개발해 내는 것을 도와주고, 자료에 대해 보다 유용한 해석을 제공하고, 연구자원을 어디에 투자할지에 대한 방향을 제시해야 한다"(pp. 66-67)고 진술하였다. 이론은 연구문제를 구체화하는 데 사용되는 중요한 도구이다. 그럼에도 불구하고 이론은 연구문제를 정형화하기 위한 한 가지 방법일 뿐이며 다른 방법들도 높은 수준의 연구를 가능하게 한다. 연구문제들이 산업 장면에서의 일상경험으로부터 나오는 산업 및 조직심리학과 같은 실용적 분야에서는 특히 그러하다. 만일 어떤 회사에서 노동력의 50%가 매년 그만둔다면, 이것이 심각한 문제라고 인식하기 위해 이론이 필요하지는 않다. 하지만 이직을 설명하는 이론은 이직 현상이 왜 일어나는지를 설명해 줄 수 있다.

2) 연구 설계

연구 설계(research design)는 연구를 수행하기 위한 계획이다. 연구자들은 여러 가지 전략을 쓸 수 있으며 연구문제의 성질을 고려하여 적합한 연구방법을 선택한다. 연구전략은 여러 가지 차원에서 비교될 수 있지만 가장 중요한 두 차원은 (1) 연구 장면의 자연스러운 정도와 (2) 연구자가 연구에 대해 통제를 가하는 정도이다. 모든 조건에서 가장 좋은 한 가지 전략이 있는 것은 아니고, 항상 득실의 상쇄효과가 있다. 이러한 두 차원은 연구의 내적타당도와 외적타당도 모두에 영향을 미친다. **내적타당도**(internal validity)란 특정 연구에서 변인들 간의 관계가 정확하거나 진실이라고 믿을 수 있는 정도이다. **외적타당도**(external validity)란 한 연구에서 얻은 결과를 다른 사람이나 다른 장면에 적용할 수 있는 정도를 말한

연구 설계 : 관심을 가지고 있는 현상을 이해하기 위한 목적으로 과학적 연구를 수행하는 계획

내적타당도 : 특정 연구에서 변인들 간의 관계가 정확하거나 진실이라고 믿을 수 있는 정도

외적타당도 : 특정 연구에서 얻은 변인들 간의 관계를 다른 맥락이나 장면에 일반화할 수 있는 정도

다. 외적타당도는 일반화가능성과 동일한 개념으로, 연구 설계의 현실성과 연구 대상자들의 대표성을 나타낸다("**소셜 미디어와 산업 및 조직심리학 : 소셜 미디어를 통한 자료수집**" 참조). 만일 어떤 연구가 내적타당도를 지니지 못한다면 외적타당도도 지닐 수 없다.

 소셜 미디어와 산업 및 조직심리학
소셜 미디어를 통한 자료수집

산업 및 조직심리학은 심리학의 다양한 하위 분야 중 하나이기 때문에 심리학에 대한 비판 점들이 산업 및 조직심리학에도 똑같이 적용된다. 비판점들 중 하나는 연구문제에 대한 답을 얻기 위해 사용하는 연구 대상자들의 표본에 관한 것이다. Henrich 등(2010)에 따르면, 심리학자를 포함한 대부분의 행동과학자들은 그들이 '보편적이지 않은(WEIRD)' 사람들이라고 칭한 사람들에게 지나치게 의존하고 있다. 여기서 WEIRD는 서양(Western), 고학력(Educated), 선진국(Industrialized), 부유층(Rich), 민주주의 국가(Democratic)를 의미하는 영어 단어의 맨 앞 철자의 조합으로서, 연구 대상자들의 일반적인 인구통계적 속성을 나타낸다. 그들은 많은 연구자들이 이러한 사람들로부터 얻은 연구 결과를 다른 사회에 속해 있는 사람들에게 일반화하는 오류를 자주 범하고 있다고 주장한다. 그들은 이러한 연구 대상자들이 예외적인 사람들이고, 세상의 나머지 사람들과는 매우 다르다고 지적한다. 따라서 다양한 현상을 이해하기 위해서는 보다 다양한 표본을 사용할 필요가 있다.

산업 및 조직심리학 연구도 다양한 종류의 사람들을 대상으로 연구하지 못했다는 한계를 지니고 있다. 최근까지 다양한(즉 WEIRD가 아닌) 표본들로부터 자료를 얻기 어려웠고, 특히 연구자 자신들이 WEIRD에 해당할 경우 더욱 어려웠다. 소셜 미디어는 연구를 수행하는 새로운 수단으로서 연구 대상 집단을 확장하고 보다 이질적인 표본으로부터 자료를 모을 수 있는 기회를 제공한다. Gregori와 Baltar(2013)는 페이스북과 같은 SNS(social network sites)가 "표본 크기와 연구 영역을 확장시킬 뿐만 아니라 연구에 포함시키기 어려운 사람들에게 접근하기 쉽게 해 준다"(p. 134)고 언급했다. 이와 유사하게, Bhutta(2012)는 연구자들이 페이스북을 통해 다른 어떤 방법보다 빠르게 연구 참가자를 모을 수 있다고 말하였다. 그녀는 페이스북 사용자가 매우 친한 친구들뿐만 아니라 단순히 알고 있는 사람들이나 심지어는 낯선 사람들과 같이 약한 유대관계가 있는 사람들과도 연결되어 있다고 밝혔다. 그녀는 "약한 유대관계에 있는 사람들은 절친한 친구들로 구성된 소규모 집단 간의 가교 역할을 하며, 사회적 관계의 정교한 거미줄을 형성하여 사람들을 서로 연결시켜 준다"(p. 80)고 기술하였다. 페이스북의 그룹 공지사항에 연구 참가자 모집에 관한 내용을 올리고 참가자를 눈덩이처럼 불어나게 함으로써(참가 요청 메시지를 첫 번째 사람에게 보내면, 동일한 메시지를 첫 번째 사람이 두 번째 사람에게, 두 번째 사람은 세 번째 사람에게, 이렇게 꼬리에 꼬리를 무는 방식으로), 연구자는 보다 다양하고 WEIRD에 해당하지 않는 사람들로부터 자료를 수집할 수 있다.

최근 들어 인기가 있는 또 다른 자료수집 수단은 인터넷 서점으로 유명한 아마존의 MTurk(Mechanical Turk)이다. MTurk은 연구자가 온라인에서 전 세계적으로 다양한 많은 사람들을 연구 참가자로 모집하고 그들에게 연구 참가에 따른 보상을 제공하는 웹사이트이다. Buhrmester 등(2011)에 따르면, MTurk을 통해 사람들은 즐겁게 연구에 참여했다. 더 나아가 그들은 MTurk을 이용한 연구 참가자들이 "기존의 인터넷 표본보다 인구통계학적으로 더 다양하고, 전형적인 미국 대학생 표본보다 훨씬 다양하다"(p. 4)는 것을 발견했다. 산업 및 조직심리학자들도 MTurk을 사용하여 표본을 얻기 시작했다. 예를 들어, Phillips 등(2014)은 채용 모집공고에 실린 출장 의무에 관한 정보에 사람들이 어떻게 반응하는지를 알아보기 위하여 MTurk을 통해 연구 참가자들을 모집했다.

요약하면, 세상의 모든 사람을 대표하지 못한다는 한계를 지닌 WEIRD 표본을 사용한 연구 결과는 산업 및 조직심리학을 포함한 심리학의 모든 분야의 과학과 실천에 있어서 의문을 갖게 한다. 보다 다양한 표본을 모집할 수 있는 소셜 미디어를 사용함으로써 일터에서 일어나는 다양한 문제들을 더 잘 이해할 수 있게 될 것이다.

연구 장면의 자연스러운 정도 어떤 연구전략은 자연스러운 환경 속에서 문제를 연구한다. 이러한 연구전략은 연구하고자 하는 현상을 파괴하거나 왜곡시키지 않는다는 측면에서 바람직하다. 반면 어떤 연구전략들은 자연스럽지 않은 상황에서 문제를 연구하기 때문에 인위적 성격을 띤다. 예를 들어, 호손 연구는 실제 종업원들이 그들의 일상 직무를 수행하는 공장 내에서 이루어졌다. 하지만 어떤 연구에서는 연구 장소에 따라 연구대상자들의 행동이 달라지지 않을 것이라고 가정할 수 있기 때문에 연구를 반드시 자연적 환경에서 수행할 필요는 없다. 예컨대, 사람들이 빨간색 불과 녹색 불 중 어느 것에 더 빨리 반응하는지를 실험하는 공학심리학 연구는 실험실 내에서도 실생활 장면에서 이루어지는 것과 마찬가지로 적절하게 수행할 수 있다.

통제 정도 어떤 연구전략에서는 연구자가 연구 수행에 대하여 강한 통제력이 있다. 반면 다른 연구전략에서는 연구자가 통제를 가하는 것이 거의 불가능하다. 호손 연구에서 조명 이외의 다른 요인들이 작업자의 수행에 영향을 미친다는 것이 밝혀지기는 했지만, 연구자들은 전구를 설치(혹은 제거)하여 작업장의 조명량을 정확하게 통제할 수 있었다. 그러나 당신이 사람들의 나이와 산업 및 조직심리학에 대한 그들의 태도 간의 관계를 연구한다고 가정해 보자. 이 연구에서 당신은 40세 이상의 사람들과 40세 미만의 사람들의 태도를 비교하는 데 특히 관심이 있다고 하자. 당신은 산업 및 조직심리학에 대하여 그들이 가지고 있는 의견(흥미 있다, 이해하기 어렵다 등)을 묻는 설문지를 개발하여 당신의 급우들에게 나누어 줄 것이다. 그러나 같은 반에 있는 모든 사람들이 40세 미만이라면 40세 이상의 집단에 관한 정보는 하나도 얻지 못할 것이다. 따라서 당신은 이 연구문제에 대한 답을 얻을 수 없다. 이 경우에는 연구자가 연구에 대하여 통제할 수 있는 정도가 약하다(이 연구에서 당신은 사람들의 나이를 통제할 수 없다). 설문지를 이용한 조사 연구방법은 통제가 매우 힘들다.

2. 일차적 연구방법

여기서는 산업 및 조직심리학에서 사용되는 네 가지 일차적 연구방법을 논의한다. **일차적 연구방법**(primary research method)은 특정한 연구문제에 관하여 독자적이고 일차적인 자료를 제공해 주는 방법을 말한다. 어떤 방법도 모든 면에서 완벽하지는 않다. 즉 자연스러운 정도와 통제 정도 모두 강한 연구방법은 없다. 다음에서는 각 방법을 설명하고 각 방법의 장단점을 잘 보여 주는 연구 사례도 함께 제시할 것이다.

> **일차적 연구방법** : 특정 연구문제에 관한 새로운 정보를 창출하는 연구방법

1) 실험실 실험

실험실 실험(laboratory experiment)은 실생활 속의 자연스러운 장면에서 하는 것이 아니라 특별히 고안한 장소에서 실시한다. Stone-Romero(2011)는 실험실이 연구를 하기 위한 분명한 목적을 가지고 있기 때문에 실험실을 "특별한 목적을 지닌 장소"라고 언급했다. 실험실에서 연구자는 연구 수행에 대하여, 특히 행동 관찰과 관련된 조건들에 대하여 강한 통제력을 갖는다. 실험자는 실제 어떤 작업환경 요인이 행동에 영향을 미치는지를 알아보기 위해 연구를 설계한다. 실험실 장면은 행동이 자연스럽게 일어나는 실생활에서의 특정 차원을 그대로 반영해야만 한다. 잘 설계된 실험실 실험은 자연 환경이 가지고 있는 조건을 지녀야 하며 자연 환경에서 존재하지 않는 조건은 제거해야 한다. 더 나

> **실험실 실험** : 연구자가 독립변인을 조작하고 피험자를 실험조건과 통제조건에 할당하는 연구방법

아가 실험실 실험에서는 연구자가 연구 참가자를 다양한 처치조건에 임의로 배정함으로써 통제 정도를 높이고 인과관계에 대한 추론을 용이하게 한다.

Streufert 등(1992)은 알코올 섭취가 시각과 신체 간 협응 운동수행에 미치는 영향을 연구하기 위하여 실험실 실험을 하였다. 성인 남자들이 이틀 동안 연구에 참가했는데, 하루는 알코올을 섭취하고 다른 날은 알코올 냄새가 나도록 약한 에탄올 스프레이를 뿌려 알코올처럼 위장한 탄산수를 마시고 실험에 참가하였다. 피험자들은 혈중 알코올 농도가 .05%와 .10%(알코올 섭취 증거로 관례적으로 사용하는 법적 기준)가 나오도록 알코올을 섭취하였다. 시각과 신체 간의 협응 운동수행은 비디오 게임과 유사한 과제를 사용하여 측정하였다. 연구자들은 피험자들의 모험 감행과 실수와 같은 수행의 여러 측면을 연구하였다. 각 사람마다 알코올 섭취 후의 수행과 통제조건(탄산수)에서의 수행을 비교하였다. 그 결과, 알코올 섭취 조건에서 실수율이 극적으로 높게 나타났다. 낮은 알코올 섭취 수준(.05%)에서조차도 심각한 수행 저하가 나타났다. 알코올 섭취 상태에서 일부 사람들은 시각과 신체 간의 협응 과제에서 지나치게 신중함(즉 너무 느린 반응)을 보임으로써 실수는 덜 범하였다. 연구자들은 이 과제에서 범하는 실수는 항공관제사가 항공기가 서로 너무 가까이 비행하도록 항로를 잘못 유도하는 실수와 유사하다고 간주하였다. 느리게 반응하는 것이 실수를 줄일 수 있지만, 한편으로는 방어적 조치를 빨리 취하지 못하게 하는 부정적인 면도 있다.

이 연구는 실험실 실험의 특징을 예시해 주고 있다. 다른 요인들을 통제함으로써 연구자들은 알코올 섭취와 시각-신체 협응 과제에서의 수행 간의 인과관계를 알 수 있었다. 그들은 또한 알코올의 양을 일상생활에서 알코올을 마신 증거로 관례적으로 사용하는 혈중 알코올 농도인 .05%와 .10%로 정확히 나오도록 통제할 수 있었다. 그럼에도 불구하고 이 연구에서 채택한 시각과 신체 간 협응 과제를 수행할 때 필요한 기술들이 현실세계의 실제 직무에서 얼마나 필요한지(일반화가능성)에 대하여 의문을 제기할 수 있다. 어떤 직무(예 : 외과의사)에서는 매우 높은 집중력과 신체기관 간의 협응력이 필요하다. 이러한 경우에 알코올 섭취가 일으키는 실수의 영향은 치명적일 것이다. 다른 직무(예 : 육체 노동자)에서는 시각과 신체 간 협응 기술이 덜 필요하기 때문에 직무수행에서 알코올 섭취가 일으키는 실수가 상대적으로 적을 것이다. 요컨대, 이 연구로부터 나온 결과는 알코올이 시각-신체 협응 과제수행에 미치는 효과에 관한 것이지 수많은 직무수행에 필요한 광범위하고 다양한 기술에 미치는 영향에 관한 것은 아니다. 그럼에도 불구하고 실험실 실험은 매우 구체적인 연구문제에 대하여 답을 얻을 수 있는 전통적인 연구방법이며, 실험에서 얻은 결과에 대해서는 매우 명료하게 해석할 수 있다.

2) 유사 실험

유사 실험 : 연구자가 실험실이 아닌 현장상황에서 독립변인을 조작하여 연구를 수행하는 방법

유사(quasi)라는 용어는 '그런 것같이 보이지만 실제로는 아닌' 것을 뜻한다. 따라서 **유사 실험**(quasi-experiment)은 실험과 거의 유사하지만 실제로는 연구대상이 되는 변인에 대한 통제 정도가 약한 것을 의미한다. 유사 실험은 자연스러운 장면(즉 연구에 참여하는 사람들이 상황이 연구를 수행하기 위하여 일부러 만들어졌다고 지각하지 못하는 장면)에서 독립변인을 조작하는 연구전략이다. 실험실 실험처럼 연구자는 소수의 변인이 피험자의 행동에 미치는 효과를 검증한다. 그러나 실험실 실험보다는 통제가 덜 이루어진다. 실험실 실험에서는 모든 변인을 연구자의 재량으로 조작하고 연구 설계에 따라 변인을 포함하거나 배제한다.

하지만 유사 실험에서는 자연 상황에서 발생하는 변인도 실험의 일부가 된다. 이러한 변인이 연구의 윤택함과 현실성을 증가시키기는 하지만, 한편으로는 연구자의 실험에 대한 통제를 낮추기도 한다. 더 나아가 현장에서는 흔히 연구 참가자들에 대한 무선할당이 불가능하기 때문에 연구에서 얻은 결론을 일반화하기가 상대적으로 어렵다(Shadish, 2002).

Latham과 Kinne(1974)는 유사 실험을 사용하여 연구를 수행하였다. 이 연구는 목표 설정에 관한 하루 동안의 교육프로그램이 펄프용 나무를 자르는 작업자들의 수행에 미치는 효과를 조사하였다. 이 연구의 피험자는 펄프용 나무를 자르는 20명의 작업자였다. 숲 속에서 목재를 베는 그들의 일상적 업무수행을 자연스럽게 관찰하였다. 연구자들은 피험자를 10명씩 두 집단으로 나누었다. 두 집단이 능력과 경험 면에서 동일하도록 많은 요인에서 유사한 피험자들을 짝 지어서 두 집단으로 나누었다. 한 집단은 작업 목표를 설정하는 방법에 관하여, 즉 한 시간당 몇 그루의 나무를 벨 것인지에 관하여 하루 동안 교육을 받았다. 다른 집단은 어떤 특별한 지시도 받지 않고 원래 하던 대로 일했다. 연구자들은 그 후 3개월 동안 벌목 작업자들의 직무수행을 관찰하였다. 그 결과, 스스로 수행목표를 설정하도록 교육받은 작업자들이 다른 작업자들보다 유의하게 더 많은 수의 나무를 베었다. 이 연구는 산업 장면에서 목표 설정의 유용성을 지지해 주었다.

유사 실험법의 예를 잘 나타내고 있는 이 연구의 가장 큰 장점은 연구 장면이 매우 현실적이라는 것이다. 실제 작업자가 평소에 일하는 장면에서 연구를 실시하였다. 연구 장면은 피험자가 마치 숲 속에 있는 것처럼 느끼도록 꾸민 실험실이 아니라 실제 숲 속이었다. 이 연구 설계가 관찰된 행동에 대한 다른 설명들을 완전히 배제할 수 있을 정도로 정교하지는 않지만 목표 설정 기법이 직무수행의 증가를 초래했을 것이라고 결론 내릴 수 있게 한다. 또한 이 연구는 현장 실험법의 약점을 보여 주기도 한다. 목표 설정 집단에 참여하기로 되어 있던 일부 작업자들은 참여하지 않았다. 이런 경우에 연구자는 연구의 일부분을 재설계해야 한다. 또한

연구를 수행하기 위하여 소수의 산업 및 조직심리학자만이 회사의 작업활동을 변화시키도록 회사에 영향력을 발휘할 수 있다(사실 이 연구의 연구자들 중 한 명은 목재회사에서 일하는 사람이어서 회사가 기꺼이 연구에 참여하도록 확실한 영향력을 행사하였다).

3) 설문조사

설문조사(questionnaire)는 자기보고 방법으로 자료를 수집한다. 이 방법은 독립변인을 통제하지 않으므로 비실험적 연구방법으로 분류된다. 조사대상이 되는 사람의 읽기 능력 수준에 맞추어 설문지를 작성해야 한다. 만일 연구에서 알고자 하는 내용이 민감한 것

> 설문조사 : 조사 대상자들이 설문지에 제시된 질문에 응답하는 연구방법

이라면 설문조사에서는 응답자의 익명성을 보장할 수 있다. 이러한 비실험적 연구방법은 산업 및 조직심리학에서 가장 자주 사용된다(Stone-Romero, 2011). Murphy 등(1991)은 종업원에 대한 약물검사의 정당성을 알아보기 위하여 설문조사를 실시하였다. 연구자들은 두 집단의 표본(정상적 나이의 대학생들과 나이 많은 만학의 대학생들)을 대상으로 35개 직무(영업사원, 외과의사, 기계 수리공, 여객기 조종사 등) 각각에서 불법약물 복용 여부를 알아보는 검사가 얼마나 정당한지를 알아보았다.

각 직무에 대해 약물검사를 실시하는 것이 얼마나 정당한지를 낮은 정당성에서 높은 정당성까지 7점 척도로 평정하였다. 직무가 수행되는 물리적 환경뿐만 아니라 성공적인 직무수행에 필요한 기술과 성품이 서로 다르도록 용의주도하게 다양한 직무를 선정하였다. 그 결과, 작업자, 동료작업자 또는 일반 대중에게 위험을 초래할 수 있는 가능성이 큰 직무에서는 종업원에 대하여 약물검사를 실시하는 것이 정당화될 수 있는 것으로 나타났다. 연구자들은 어떤 직무에서는 상대적으로 약물검사가 정당화되기 쉬운 반면, 다른 직무에서는 약물검사에 대한 저항감을 극복하기 위해서 많은 노력이 필요하다고 결론 내렸다. 더군다나 두 집단의 응답자로부터의 반응이 실질적으로 동일하였다. 즉 정상적 나이의 대학생들의 태도가 나이 든 학생들(평균 나이 35세)에게도 일반화될 수 있었다. 하지만 두 집단구성원들의 약물검사에 대한 태도에서 개인차도 존재한다는 것이 밝혀졌다. 어떤 사람들은 모든 직무에 대하여 약물검사를 해야 한다고 한 반면, 다른 사람들은 어떤 직무에서도 약물검사를 하지 말아야 한다고 했다.

설문조사는 산업 및 조직심리학에서 가장 흔히 사용하는 연구방법이지만 몇 가지 제한점이 있다. 어떤 사람들은 설문지에 응답하여 연구자에게 돌려보내기를 꺼린다. Roth와 BeVier(1998)는 설문조사 연구에서 회수율이 적어도 50%는 되어야 한다고 말했지만, 우편으로 하는 설문조사의 회수율은 흔히 50% 미만이다. 예를 들어, Murphy 등(1991)의 연구에

서 나이 든 대학생의 집에 우편으로 보낸 설문지의 회수율은 31%였다. 이렇게 낮은 회수율은 집단의 반응들이 전반적으로 얼마나 대표성이 있는가 혹은 왜곡되어 있는가에 대하여 의문을 제기한다. 실제로 Rogelberg 등(2000)은 조직에서 실시한 설문조사에 응답하지 않은 종업원들이 응답한 종업원들보다 그들이 하는 일의 다양한 측면에 대하여 더 부정적인 태도를 나타낸다는 것을 발견하였다. 연구자들은 두 집단 모두 면접을 실시하여 두 집단이 일에 대하여 가지고 있는 태도를 확인해 볼 수 있었다. 이러한 결과는 설문조사에서 얻은 응답자들의 반응을 정말로 관심의 대상이 되는 전집으로 일반화하는 것에 문제가 있음을 보여 준다. Stanton(1998)은 인터넷을 통해 설문조사를 실시하면 동일한 설문조사를 우편으로 했을 때보다 불완전한 응답이나 미응답이 더 줄어든다는 사실을 발견하였다. 그는 설문조사 자료를 수집하기 위한 효율적인 수단으로 인터넷을 사용하는 것의 장점을 보여 주었다. Church(2001)는 다양한 설문조사 방법에 의해 수집한 자료가 질에 있어서 차이가 거의 없기 때문에 연구자들이 실시하기에 편리한 방법을 선택할 것을 제안하였다.

또 다른 문제는 설문조사에 응답한 사람들의 응답의 진실성이다. 연구에 따르면, 응답자들에게 민감하거나 위협적인 질문은 답하기 쉬운 질문에 비해 왜곡된 반응을 일으킬 가능성이 크다. 예를 들어, Tourangeau와 Yan(2007)은 소변검사에서 마약 사용에 관해 양성 반응이 나온 사람들의 70%가 불법약물 복용에 관한 설문조사에서는 복용하지 않았다고 답했다고 보고했다.

이러한 제한점에도 불구하고 설문조사는 광범위한 연구문제를 해결하기 위하여 산업 및 조직심리학에서 널리 사용된다("**비교 문화적 산업 및 조직심리학 : 비교 문화 연구**" 참조).

4) 관찰

관찰(observation)은 밖으로 드러나는 행동을 연구하고자 할 때 사용할 수 있는 방법이다. 자연스러운 실생활에서 행동을 오랜 시간 동안 관찰하고, 기록하고, 범주화한다. 관찰은 많은

> 관찰 : 연구자가 종업원들의 행동과 문화를 이해하기 위한 목적으로 그들을 관찰하는 연구방법

시간과 노력이 필요하기 때문에 산업 및 조직심리학에서 매우 자주 사용되는 연구방법은 아니다. Komaki(1986)는 효과적인 작업감독자와 비효과적인 작업감독자를 구분하는 행동들을 찾아내려고 했다. 그녀는 관찰자들로 하여금 24명의 관리자들의 행동을 기록하도록 했다. 이들 중 12명은 부하에게 동기를 부여하는 데 있어서 효과적인 관리자로 이전에 평가되었던 사람들이었고, 다른 12명은 상대적으로 비효과적인 관리자로 평가되었던 사람이었다. 각 관리자의 행동을 7개월 동안 한 번에 대략 30분씩 20번을 관찰하였다(24명 전부에 대하여 총 232시간의 관찰을 실시). 관찰자는 관리자가 일상적인 업무를 수행하는 것을 관찰

비교 문화적 산업 및 조직심리학

비교 문화 연구

제1장에서 언급한 것처럼, 우리는 세계화 시대에 살고 있다. 서로 다른 나라와 문화들 간의 교류가 활발히 이루어지고 있다. 산업 및 조직심리학자들은 산업 및 조직심리학 지식이 서로 다른 문화에 보편적으로 적용될 수 있는지 아니면 특정 문화에만 적용될 수 있는지를 이해할 필요가 있다. Gelfand 등(2002)은 산업 및 조직심리학자들이 일과 관련된 여러 나라의 행동을 이해하는 데 있어서 비교 문화 연구가 어떻게 도움을 줄 수 있는지를 논의하였다. 서구 문화에 속한 산업 및 조직심리학자들에 의해 개발된 개념이 다른 문화에 똑같이 적용되지 않을 수도 있다. 연구에 참여하는 과정조차도 문화에 따라 다르다. 미국에서는 연구를 수행할 때 설문조사를 매우 자주 사용한다. 이 방법은 개인주의, 기본적 인권인 언론의 자유, 의사표현의 자유를 중요시하는 미국의 문화적 가치와 잘 맞는다. 하지만 이러한 가치가 전 세계적으로 보편적인 것은 아니다. 한 연구에서는 연구자가 응답자들에게 설문지에 각자의 의견을 표시하도록 지시했음에도 불구하고, 러시아 사람들은 함께 논의하며 공동으로 설문지에 응답하였다. 그들은 모여서 각 설문 문항을 큰 목소리로 읽고 그 문항에 대한 하나의 응답을 결정한 후 그 문항에 대해서 모두가 똑같은 선택 항목에 표시하였다. 이러한 참가자들은 개별적으로 설문에 응답하는 방식이 그들의 문화적 경험이나 가치와 불일치된다고 생각하였기 때문에 집단의 합의를 도출하기 위하여 연구자의 지시를 따르지 않았다. Gelfand 등은 다른 언어로 번역된 개념과 원래 개념 간 동등성, 응답자들이 솔직하게 응답할 것이라는 것에 대한 연구자들의 믿음, 평정척도에서 응답자들이 양극단에 있는 범주(예 : 매우 만족이나 매우 불만족)에 표시하는 경향성과 같은 비교 문화적 연구 이슈들에 관해 부가적으로 논의하였다. Brutus 등(2010)과 Shen 등(2011)은 많은 산업 및 조직심리학 연구 결과가 영어권 국가의 사람들로부터 얻어졌기 때문에 잠재적으로 편파되어 있다고 결론내렸다. 이러한 연구 결과를 다른 문화에 그대로 적용할 수 있는지는 알 수 없다.

하였다. 관찰자는 관리자와 어느 정도 떨어져 있었지만 관리자의 목소리를 들을 수 있는 정도의 거리에서 관찰하였다. 관찰자는 관찰내용을 기록하고 표시하기 위하여 특별히 고안된 관찰 양식을 사용하였다. Komaki는 효과적인 관리자와 비효과적인 관리자를 구분하는 중요한 행동이 종업원 수행을 감독하는 빈도라는 것을 발견하였다. 비효과적인 관리자에 비해 효과적인 관리자는 종업원들의 작업을 감독하는 데 보다 많은 시간을 보냈다. 이러한 결과로부터 효과적인 감독자가 되기 위해서는 종업원들의 중요한 행동을 감독하는 것이 중요하다고 결론 내렸다. 하지만 이 연구에서는 결과에 영향을 줄 수 있는 다른 변인을 통제하지 않고 두 집단의 관리자 행동을 단순히 관찰하였기 때문에 이러한 결론을 확증할 수 있는 실증적 증거가 필요하다.

관찰은 나중에 다른 연구방법을 사용하여 검증하게 되는 연구 아이디어를 얻어 내기에 유용한 방법이다. 관찰법은 관심이 되는 행동이 일어나는 환경으로부터 자료를 얻기에 좋은 방법이다. 하지만 관찰자가 타인의 행동을 관찰할 때 마치 '벽에 붙어 있는 파리'처럼 그 사람의 행동에 영향을 주지 않고 행동을 얼마나 성공적으로 관찰할 수 있을까? 이 연구에서 관리자들은 관찰당하고 있다는 사실을 매우 의식하였다. 이런 상황에서 관리자들은 사회적으로 바람직한 행동(예 : 부하를 감독하는 것)을 보여 주기 위하여 평소와 다른 행동을 했을 가능성이 있다. 아마도 효과적인 관리자는 비효과적인 관리자보다 사회적 단서에 더 민감하게 반응할 것이며 자신이 타인에게 긍정적으로 지각되도록 행동하는 것을 더 잘할 것이다. 우리가 연구에서 알고자 하는 것은 단순히 행동 그 자체(어떤 행동을 했는지)가 아니라 행동에 대한 해석(왜 그러한 행동을 했는지)이다. 관찰법이 성공하기 위해서는 연구 참가자가 관찰자를 수용하고 신뢰하는 것이 가장 중요하다. Stanton과 Rogelberg(2002)는 웹카메라와 스마트카드를 사용하여 관찰을 실시하는 연구에서 인터넷이 유용한 수단이 될 수 있다는 것을 제안했다.

〈표 2-1〉은 두 가지 중요한 차원인 연구에 대한 통제 정도와 현실성 차원에서 네 가지 일차적 연구방법을 비교한 것이다. 어떤 방법도 두 요인 모두에서 높을 수 없고 항상 상쇄효과가 있기 마련이다. 연구자는 연구목적에 따라 통제를 위해 현실성을 희생할 수도 있고 반대로 현실성을 위해 통제를 희생할 수도 있다. Dudley-Meislahn 등(2013)은 연구자가 새로운 지식을 찾아내기 위해 어떤 방법이 가장 적합한지를 결정해야 한다고 진술했다. 교육을 잘 받은 산업 및 조직심리학자는 각 방법의 장점과 단점을 잘 알고 있다.

표 2-1 일차적 연구방법의 비교

	실험실 실험	유사 실험	설문조사	관찰
통제 정도 (인과관계를 검증할 수 있는 정도)	높음	중간	낮음	낮음
현실성 (상황의 자연스러움)	낮음	높음	중간	높음

3. 이차적 연구방법

1) 통합분석

일차적 연구방법은 특정 연구문제에 관한 새로운 정보를 수집하거나 산출해 내는 방법인 반면에, **이차적 연구방법**(secondary research method)은 일차적 연구방법을 사용한 연구에서 얻은 기존 정보를 분석하는 방법이다. 한 가지 특수한 이차적 연구방법은 산업 및 조직심리학에서 사용 빈도가 점차 증가하는 통합분석(Hunter & Schmidt, 1990; Rosenthal, 1991)이다. **통합분석**(meta-analysis)은 독립적으로 수행된 많은 개별적인 실증 연구 결과들을 하나의 결과로 통합하기 위하여 고안된 통계절차이다. 통합분석의 논리는 단일 연구 결과에 의존하기보다 동일한 주제를 설명하는 많은 연구 결과들을 결합하거나 통합하면 특정 연구주제에 관하여 보다 정확한 결론에 도달할 수 있다는 것이다.

> 이차적 연구방법 : 일차적 연구방법을 사용한 연구에서 얻은 기존 정보들을 분석하는 연구방법
>
> 통합분석 : 실증적인 일차적 연구에서 얻은 결과들을 요약하고 통합하기 위한 수량적인 이차적 연구방법

   통합분석 연구 결과는 어느 한 연구에서 발견한 결과보다 더 '진실'에 근접한 것으로 간주하기 때문에 흔히 이것을 연구된 변인들 간에 존재하는 "진정한 관계 추정치"라고 부른다. 예를 들어, 통합분석 연구에서는 25개의 개별적인 실증 연구로부터의 결과들을 통합할 수도 있다. 이러한 이유로 통합분석 연구는 때때로 "연구들에 대한 연구"라고 언급된다. 통합분석에서 행해지는 통계 공식에 대한 설명은 이 책의 영역을 넘어서는 것이지만, 그러한 공식들은 연구 결과에 영향을 주는 것으로 알려진 연구의 여러 특성(예 : 연구에서의 측정의 질과 표본의 크기)을 조정하는 것을 포함하고 있다. Cohn과 Becker(2003)는 통합분석이 측정오차를 감소시킴으로써 개별 연구에서 내리는 결론보다 어떻게 더 정확한 결론을 내릴 가능성을 증가시키는지를 설명했다.

   이 방법의 외현적인 객관성에도 불구하고 연구자는 통합분석을 수행하면서 많은 주관적 결정을 내려야만 한다. 예를 들어, 어떤 실증적 연구를 통합분석에 포함시킬 것인지를 결정해야 한다. 동일한 주제에 관하여 지금까지 수행한 모든 연구를 포함할 수도 있고 혹은 연구의 질이나 엄격성에 관한 몇 가지 준거를 충족하는 연구만을 포함할 수도 있다. 통합분석에 포함된 원래 개별 연구들의 질이 좋을 때 통합분석의 결과도 좋기 때문에 후자에 의한 접근은 전자보다 더 바람직할 것이다. 질이 낮은 실증적 연구들을 무분별하게 모두 포함시키는 것은 통합분석으로부터 도출되는 결론의 질을 낮출 수 있다.

   또 다른 문제는 "서류 서랍 효과(file drawer effect)"라고 부르는 것이다. 부정적이거나 기존 연구는 지지하지 않는 결과가 나온 연구는 긍정적인 결과가 나온 연구만큼 논문으로 자주 출

판되지 않아서 다른 연구자들에게 잘 알려지지 않는다. 따라서 출판되지 않은 연구는 서류 서랍 속으로 들어가 버리고 결과적으로 출판된 연구들은 긍정적 결과가 나오는 방향으로 왜곡될 수 있다. 이처럼 출판된 연구만을 사용하여 통합분석하는 것은 출판되지 않은 부정적인 결과를 보고한 연구들을 상대적으로 제외하여 왜곡된 결론에 도달할 수 있다. McDaniel 등(2006)은 전문적인 검사 판매기관이 수행한 통합분석에서 서류 서랍 효과의 증거를 발견하였다. 그 기관은 자신들이 판매하는 검사에 관하여 부정적인 결과가 보고된 연구를 의도적으로 배제하여 통합분석 결과를 자신들에게 유리한 방향으로 왜곡하였다. 그러나 통합분석에서 서류 서랍 효과의 크기에 대해서는 서로 다른 의견이 있다(예 : Dalton et al., 2012; Ferguson & Brannick, 2012).

분석 수준 : 연구자가 관심을 가지고 있고 연구에서 얻은 결론이 적용되는 단위 또는 수준(개인, 팀, 조직, 국가 등)

또한 Ostroff와 Harrison(1999)은 유사한 주제에 관한 일차적 연구들이 때로는 연구자들이 사용하는 **분석 수준**(level of analysis)이 서로 다를 수 있다고 지적하였다. 예를 들어, 한 연구는 작업 팀에 속한 종업원의 태도를 연구한 반면에, 다른 연구는 함께 일하는 다른 팀에 대한 태도를 연구할 수 있다. 이 경우, 첫 번째 연구에서의 분석 수준(혹은 분석 대상)은 개인이지만 두 번째 연구의 분석 수준은 작업 팀이기 때문에 두 연구에서 얻은 결과를 통합분석하는 것은 부적절하다. Ostroff와 Harrison은 다른 주제를 다루는 일차적 연구들에서 얻은 결과를 통합분석할 때는 각별한 주의를 기울여야 한다고 주장하였다.

이러한 결정을 내려야 하는 어려움에도 불구하고 통합분석은 산업 및 조직심리학에서 인기가 있는 연구절차이다. 최근에 통합분석 기법이 정교화되고 이론적 확장이 이루어지면서 심리학의 여러 분야에서 이 방법에 대한 관심이 지속적으로 유지되고 있다. Schmidt와 Oh(2013)는 '이차(second order)' 통합분석을 제안했다. 이것은 동일한 변인들 간의 관계를 다루었지만 통계적으로 독립적이고 방법론적으로 비교 가능한 다수의 통합분석 결과들을 사용하여 통합분석을 다시 실시하는 것으로, 다른 문화나 국가처럼 다른 맥락에서 얻어진 결과들을 통합하는 분석이다. 예를 들어, 많은 연구가 직무 태도와 리더십 간의 관계를 검증하였다. 미국 표본을 사용한 이러한 연구 결과를 기반으로 통합분석이 이루어졌다. 만약 다른 여러 나라에서도 이러한 관계에 대한 통합분석이 이루어졌다면, 이차 통합분석은 국가별 차이가 연구 결과에 미치는 영향을 밝혀낼 수 있을 것이다.

많은 회사가 종업원의 건강을 증진시키고 의료비용을 낮추기 위하여 금연 프로그램을 실시하고 있다. Viswesvaran과 Schmidt(1992)는 7만 명 이상의 흡연자를 포함한 금연에 관한 633개의 연구 결과를 통합분석하였다. 그 결과, 금연 프로그램에 참가한 후 흡연자의 18.6%

가 금연하였지만 결과는 프로그램 종류에 따라 달랐다. 교육 프로그램이 약물 프로그램보다 두 배나 더 효과적이라는 것이 밝혀졌다. 이러한 통합분석 결과는 조직이 종업원을 위한 효과적인 금연 프로그램을 개발하는 것을 도와줌으로써 상당한 실용적 가치를 유발한다는 것을 보여 준다. 이 책에 제시된 많은 과학적 결과는 통합분석에 바탕을 두고 있다. Schmidt와 Hunter(2001)는 "심리학이 지식을 축적하는 데 통합분석이 중요함을 아무리 강조해도 지나침이 없다"(p. 66)고 결론 내렸다.

2) 데이터 마이닝

'빅 데이터'라고도 알려져 있는 **데이터 마이닝**(data mining)은 소비자의 구매 의사결정을 연구하기 위해 사용되어 왔다. 슈퍼마켓의 계산대에 있는 스캐너가 바코드를 찍을 때마다 소비자의 구매 패턴에 관한 데이터 베이스에 새로운 정보가 입력된다. 슈퍼마켓 한 개 매장에서 하루에 팔리는 물품의 수는 약 25만 개에 달한다. 데이터

> 데이터 마이닝 : 방대한 데이터 집합에서 측정한 항목들 간의 연관된 형태를 파악하는 산업 및 조직심리학에서 떠오르고 있는 이차적 연구방법

마이닝은 다양한 구매자의 일정한 물품 구매 패턴을 알려 준다. 예를 들어, 생수를 구매하는 사람은 신선한 야채를 함께 구매할 가능성이 높다거나, 세탁기 세제 구매계층이 매우 넓다는 등의 정보를 알려 준다. 고용, 범죄, 교육 등에 관한 데이터를 기록하는 정부의 다양한 부처도 빅 데이터를 만들어 낸다. George 등(2014)은 데이터 마이닝의 가치가 데이터 집합에 있는 사람의 수가 아니라 개인별로 분석할 수 있는 정보의 양에 있다고 진술했다.

Stanton(2013)은 미국 노동부에서 98,000명의 직장인을 대상으로 실시한 설문조사에서 데이터 마이닝의 여러 단계를 기술하였다. 이 설문조사는 사람들이 업무 수행, 출퇴근, 육아 활동 등에 얼마나 많은 시간을 보내고 있는지를 조사했다. 이 연구의 목적은 업무 활동과 업무와 관련 없는 활동에 보내는 시간을 설명하는 인구통계적 변인과 배경 변인이 무엇인지를 확인하는 것이었다. 첫 번째 단계는 데이터 분석 준비 단계이다. 이 연구에서 중요한 변인에 결측치가 지나치게 많았고 기타 통계적인 문제로 인하여 38,000명의 데이터가 분석 대상에서 제외되었다. 두 번째 단계는 데이터 집합을 좀 더 처리하기 쉽게 만드는 단계로, 연구자가 가장 관심이 있는 변인에 초점을 두고 원래의 설문조사 134개 문항을 39개로 줄였다. 세 번째 단계는 변인들 간 관계의 패턴을 파악하기 위해 수학적 알고리즘이나 법칙을 사용하는 통계 프로그램을 활용하여 데이터를 분석하는 단계이다. 마지막 단계는 연구자가 제기한 연구문제에 답하기 위해 데이터를 해석하는 단계이다. 이 연구에서 6만 명의 데이터를 분석해서 업무 활동과 업무와 관련 없는 활동에 시간을 보내는 여섯 가지 다른 유형이 있음을 밝혔다.

데이터 마이닝이 산업 및 조직심리학의 이차적인 연구방법으로 자주 사용될지를 판단하는

것은 아직 너무 이르다. 통합분석이 처음 나왔던 시기에는 극소수의 연구자들만이 통합분석을 사용했고 상당한 비판점들이 제기되었다. 하지만 오늘날 통합분석은 널리 인정받고 있으며 연구방법으로 자주 사용되고 있다. 아마도 머지않아 데이터 마이닝도 산업 및 조직심리학에서 통합분석에 필적할 만한 인정을 받을 것이다.

그러나 산업 및 조직심리학의 다른 연구방법들과 비교할 때 데이터 마이닝은 세 가지 중요한 문제점이 있다. 첫째, 산업 및 조직심리학에서 연구하는 대부분의 개념들은 직무수행이나 언어 능력에서의 개인차처럼 높은 값에서 낮은 값까지 폭넓은 범위의 척도 값을 지닌다. 하지만 데이터 마이닝에서 변인들은 특정 제품을 구매했는지 여부, 40대 이상인지 아닌지와 같이 단순히 '예'와 '아니요'로 기록된다. Stanton의 연구에서 원래의 139개 변인을 모두 '예'와 '아니요'로 측정했다. 일반적인 산업 및 조직심리학 연구는 이보다 훨씬 적은 수의 변인을 측정하지만, 대부분의 변인은 척도 값의 범위를 지닌다.

둘째, 산업 및 조직심리학 연구에서 사용하는 전통적인 통계 지수는 상관 계수이다. 데이터 마이닝도 상관 계수를 사용하지만 산업 및 조직심리학에서 일반적으로 사용하지 않는 다른 통계 지수를 사용하기도 한다. 한 가지 예는 유사 지수(affinity index)로서, 둘 또는 그 이상의 항목들이 함께 짝을 이룰 확률에 근거한 통계치이다. 예를 들면, 소비자 연구에서 맥주를 구매하는 사람은 안주로 프레첼(독일인들이 맥주 마실 때 안주로 즐겨 먹는 8자 모양의 과자)도 함께 구매한다는 사실이 밝혀졌다. 이러한 유형의 연구 결과는 새로운 정보를 제공해 주기는 하지만 산업 및 조직심리학에서 일반적으로 얻는 정보는 아니다.

마지막으로, 산업 및 조직심리학 연구에서 최근 유행은 이론을 검증하는 것이다. Stanton의 연구는 데이터 마이닝이 산업 및 조직심리학에서 어느 정도의 잠재적인 가치를 지니고 있는지를 보여 주었지만 이론을 검증하지는 않았다. 전통적인 방법에서와 마찬가지로, 데이터 마이닝에서도 의미 있는 패턴을 찾기 위해서는 데이터를 '체로 걸러야' 한다. 미래의 데이터 마이닝 연구는 이론 검증을 포함할 수도 있겠지만, 지금과 같은 초기 단계에서는 탐색적인 특성을 지니고 있다.

미국 노동부의 설문조사는 실명으로 실시하지 않았다. 슈퍼마켓에서 구매하는 경우도 구매자의 개인정보를 입력하지 않는다. 하지만 개인의 이름, 생년월일, 주소 등과 같은 개인의 신상정보가 데이터 집합에 포함되어 있을 경우에는 연구자가 반드시 따라야 할 엄격한 사생활 보호 규정이 있다. 개인 신상정보 취급 및 보안에 대한 책임은 조직에 있다(Reynolds, 2010). 미국 상무부는 개인 정보의 국제적 이전이나 교류를 위한 '안전한 항구(safe harbor)' 협정에 따라 접근, 보안, 이행 등에 관한 일곱 개 원칙을 세웠다(U.S. Safe Harbor Framework, 2014). 미국과 유럽연합(EU)에 있는 3,000개 이상의 조직은 이 원칙을 준수하고 있다. 데이터 마이닝의 출현으로 데이터 분석에 대한 윤리적 문제가 심리학 연구에서 매우 중요해졌다.

4. 조직 신경과학

신경과학은 뇌를 과학적으로 연구하는 학문이다. 지난 20년 동안 여러 과학적 학문은 삶의 다양한 영역에서의 의사 결정과 태도 형성과 관련한 신경 활동에 대해 연구해 왔다. 신경 활동 연구에서 사용하는 기본적인 과학적 절차는 여러 학문 분야에서 동일하지만, 용어는 서로 다르다. 예를 들어, 투자에 대한 의사 결정 방식을 연구하는 분야에서는 "신경경제학"이라고 부르고, 사람들이 광고에 어떻게 반응하는지를 연구하는 분야에서는 "신경마케팅"이라고 부른다(Becker & Cropanzano, 2010). 산업 및 조직심리학에서는 이를 **조직 신경과학**(organizational neuroscience)이라고 부른다. 보다 일반적인 용어는 '사회인지적 신경과학'이다.

> **조직 신경과학** : 조직에서 인간의 태도와 행동에 대한 증거로서 신경 활동을 과학적으로 연구하는 학문

Adis와 Thompson(2013)은 "산업 및 조직심리학은 뇌 없는 과학이다"(p. 405)라고 관심을 끄는 발언을 했다. 이 말은 사실이다. 산업 및 조직심리학은 일터에서 심리학을 이해하는 데 있어 신경 활동을 전혀 고려하지 않았다. 최근에 와서야 산업 및 조직심리학은 다른 과학적 학문들과 함께 신경과학적 관점에서 인간 행동을 연구하기 시작했다.

신경과학 분야는 가장 기초가 되는 생리학적 수준에서 인간 행동을 연구한다. 뇌를 연구하는 세 가지 주요 장비는 다음과 같다(Adis & Thompson, 2013).

- 뇌 구조를 확인하는 구조적 자기 공명 영상(MRI)
- 뇌 활동 과정을 확인하는 기능적 자기 공명 영상(fMRI)
- 뇌의 전기적 출력을 기록하는 뇌전도(EEG)

이런 장비는 서로 다른 목적으로 활용한다. 예를 들어, 창의성 연구에 관심이 있는 연구자는 새로운 과제를 수행할 때와 일상적인 과제를 수행할 때 뇌의 활성화되는 부위가 서로 다르다는 것을 밝히는 데 MRI를 사용했다. EEG는 자극에 대한 반응 시간을 측정하는 데 유용하다. 인간은 다른 어떤 색상보다도 빨간색에 반응하는 시간이 가장 빠르다. 정지등이나 경고등이 빨간색인 이유가 바로 여기에 있다. 그러나 산업 및 조직심리학에서는 fMRI가 전망이 가장 밝을 것으로 예상한다. Adis와 Thompson(2013)이 언급한 바와 같이, "fMRI에서 '기

능적(functional)'의 의미는 활동하고 있는 뇌를 검사하는 측정 방법을 의미한다"(p. 413). 성격에서의 차이처럼, 리더십에서의 차이는 신경 활동의 다양한 패턴에 기인한 것으로 가정한다. 그러나 Lee 등(2012)이 언급한 것처럼, 자극에 노출되었을 때 뇌의 어떤 부위가 순서대로 활성화되는지를 fMRI가 알려 주지만 fMRI가 그 원인을 밝혀 주지는 못한다.

Becker와 Cropanzano는 조직 신경과학을 "떠오르는 학문"(p. 1055)이라고 언급했다. 신경과학 기법이 곧바로 산업 및 조직심리학의 전통적인 연구방법을 쓸모없게 만들지는 않을 것이다. 왜냐하면 산업 및 조직심리학의 전통적인 연구방법에 비해서 신경과학에서 사용하는 장비의 가격이 매우 비싸기 때문이다. 예를 들어, MRI의 가격은 약 100만 달러이고, 뇌를 한 번 촬영하기 위한 비용은 약 3,000달러이다(Burghart & Finn, 2011). 또한 MRI 데이터를 해석하는 데 매우 숙련된 전문가가 필요하다. 그럼에도 불구하고 산업 및 조직심리학에서 고위직 선발 시스템의 일부분으로 신경과학적 평가를 포함하는 것은 매우 흥미로울 것이다. 이 평가의 가장 큰 가치는 만약 선발되었을 경우 다른 사람들에게 심각한 피해를 줄 수 있는 지원자들을 미리 걸러낼 수 있다는 것이다. 조직 내 역기능적(dysfunctional) 성격에 대해서는 제4장에서 논의할 것이다.

5. 질적 연구

질적 연구 : 연구자가 연구하고자 하는 대상들과 적극적으로 상호작용하는 연구방법

최근에 일부 학문에서 **질적 연구**(qualitative research)라고 부르는 것에 대한 관심이 고조되고 있다. 질적 연구가 완전히 새로운 것은 아니다. Locke와 Golden-Biddle(2002)이 지적한 것처럼, 질적 연구는 인간의 역사를 기록하기 시작했던 고대 그리스 시대에 근원을 두고 있다. Gephart(2013)는 질적 연구를 "단어를 이용해서 수행하는 연구"(p. 265)라고 간단하게 설명했다. 질적 연구는 연구문제를 이해하는 새로운 방식을 포함하고 있고, 이러한 방식은 연구 대상이 되는 주제에 대하여 우리가 내리는 결론에 영향을 준다. 전통적인 연구방법과 비교해 볼 때 질적 연구는 연구자가 제3자의 입장에서 객관적으로 연구과정을 진행하는 것이 아니라 전체 연구과정에 보다 개인적으로 관여한다. 예를 들어, Harms와 Lester(2012)는 이라크전에 참전한 미국 육군 장교들에 대한 연구를 제시했다. 그들은 다음과 같이 한 장교를 연구한 연구자의 일화를 소개했다.

내가 아주 잘 알고 지내던 한 중위와 인터뷰를 했었다. 하지만 인터뷰한 지 10일 후에 그 장

교는 매복해 있던 적의 공격으로 전사했다. 그래서 나는 이 젊은 중위의 생전의 마지막 목소리가 담긴 녹음 파일을 가지고 있게 되었다. 그가 전사했다는 소식을 들었을 때, 나는 아프가니스탄에 있었다. 그래서 나는 그 녹음 파일을 usb 메모리에 다운로드받아, 그의 어머니께 편지와 함께 보내드렸다. 당신은 이와 같은 상황에 어떻게 대응해야 할지 대학원에서는 배우지 못했을 것이다(p. 18).

Maxwell(1998)은 연구자가 질적 연구를 수행하고자 할 때는 먼저 자신이 왜 이 연구를 하고자 하는지에 대한 검토로부터 시작해야 한다고 진술하였다. 그는 과학적 연구를 수행하는 세 가지 목적이 개인적 목적, 실용적 목적, 연구 목적이라고 주장했다. 개인적 목적은 연구자에게 연구를 수행하도록 동기를 부여하는 것으로서, 현재 자신이 처한 상황을 바꾸고자 하는 욕망이나 연구자로서의 경력을 향상하고자 하는 욕망을 포함한다. 이러한 개인적 목적은 흔히 실용적 목적이나 연구 목적과 겹친다. 연구자는 개인적 목적을 인식하고 개인적 목적이 어떻게 자신이 하는 연구에 영향을 주는지를 인식하는 것이 매우 중요하다. Maxwell은 연구자들이 연구를 하는 여러 가지 목적을 충분히 인식하고 이러한 목적들이 서로 상호작용하여 연구에서 얻은 결론에 영향을 줄 수 있다는 것을 깨달아야 한다고 충고했다.

Wanberg 등(2012)은 실업의 장기적인 영향에 대한 질적 연구를 수행했다. 연구 표본은 재무, 마케팅, 운영, 판매 등과 같은 분야에서 성공적인 경력을 지닌 72명의 남성이었다. 그들은 전문직에 종사하였었고, 실직 전 마지막 평균 연봉은 136,000달러였다. 그들은 경기침체로 인해 직장을 잃었고 새로운 일자리를 찾고 있었다. 연구자들은 시간이 다소 소요되는 전화 면접을 위한 질문을 개발했다. 면접할 때마다 녹음하고 평균 10쪽 분량의 녹취록을 작성하였고, 많은 시간을 투입해서 녹취록을 분석하였다. 아래에 두 개의 실제 녹취내용의 일부를 그대로 제시하였다.

회사 동료 모두 같은 배를 타고 있다고 느끼고 있었기 때문에, 이들과의 유대 관계는 구멍난 튜브처럼 가라앉아 버렸어요. 우리 모두가 몸담았던 회사는 더 이상 우리를 받아 주지 않았어요. 그들은 모두 그저 살아남기 위해 몸부림치고 있어요(p. 890).

힘들죠. (웃음). 정말이지, 너무 힘들어요. 너무 힘들어서 어떨 때는 죽고 싶다는 생각마저 들기도 했어요. (중략) 동료 중 어떤 사람은 대안이 없어서 대형마트에서 일하고 있기도 하고, 가족 품으로 다시 돌아가도 스스로 실패자라고 여기고요. 이렇게 마치 블랙홀의 소용돌이 한가운데 빠져 있다고 느끼고 있기 때문에 평소 자살에 대해 상상도 못해 봤던 사람들이 지금은 자살을 심각하게 고민하고 있어요(p. 903).

인터뷰 답변을 분석해서 연구자들은 장기적인 실업이 미치는 심리적 영향에 대해 보다 구체적인 지식을 알아냈다. 연구자들은 반복적인 채용 탈락이 인격 상실감을 느끼게 하고 가정에 부정적인 영향을 준다는 것을 알 수 있었다. 질적 연구의 가치는 연구에 참가한 사람들이 회상하는 강력한 영향력을 지닌 단어들을 통해 분명하게 드러난다.

질적 연구의 핵심은 현상을 이해하는 다양한 방식이 있다는 것을 인식하는 것이다. 우리는 관찰하고, 듣고, 어떤 경우에는 우리가 이해하고자 하는 현상에 참여하여 배운다. Madill과 Gough(2008)는 우리 삶의 문제들을 이해하는 많은 방법이 있다고 지적하였다. 그들은 인간이 다양한 방식의 삶을 경험하고 그러한 삶을 이해하는 방법도 다양하기 때문에 심리학이 다원성을 받아들여야 한다고 주장하였다. 그래서 이 책에서는 산업 및 조직심리학에서의 주제를 보다 잘 이해하기 위하여 실증적 연구 결과와 함께 사례연구와 현장기록을 함께 제시하였다. Kidd(2002)는 "질적 연구는 사람들이 그들의 경험을 어떻게 해석하고, 그러한 경험이 그들에게 어떤 의미를 지니는지를 이해하는 데 좋은 방법이다. 통계적 혹은 수량적 방법을 사용해서는 이러한 내용을 알아내기 힘들다"(p. 132)고 언급하였다.

질적 연구법 중 하나는 **민속학**(ethnography)이다. Fetterman(1998)은 민속학을 집단이나 문화를 기술하는 인문학이라고 하였다. 작업집단이나 조직과 같은 집단에 대해서도 기술할 수 있다. 민속학자는 보다 예측가능한 행동양식에 초점을 두면서 집단 속에 있는 사람들의 반복적인 일상생활을 상세히 기술한다. 민속학자는 연구하고 있는 집단에 대해 열린 마음을 가지려고 노력한다. 집단구성원이 어떻게 행동하는지와 무슨 생각을 하는지에 대한 선입관은 연구 결과를 심각하게 왜곡할 수 있다. 연구자가 기존의 문제나 이론을 염두에 두지 않고 탐구를 시작한다는 것이 불가능한 것은 아니지만, 그렇게 하기가 상당히 어렵다. 민속학자들은 발생하는 일들에 대한 집단 구성원들의 관점과 외부 연구자들의 관점을 모두 고려해야만 집단을 보다 잘 묘사할 수 있다고 믿는다. 내부사람의 관점은 **주관적 관점**(emic perspective)이라고 부르는 반면, 외부로부터의 과학적인 관점은 **객관적 관점**(etic perspective)이라고 부른다. 집단 속에는 많은 구성원이 있기 때문에 집단 내부에 있는 사람들이 어떤 방식으로 생각하고 행동하는지에 대하여 서로 다른 다양한 주관적 관점이 존재한다. 대부분의 민속학자는 주관적 관점으로부터 연구과정을 시작한 다음, 과학적이고 객관적인 관점에 의해 그들이 수

민속학 : 한 사회의 문화를 연구하기 위하여 그들의 삶의 현장을 관찰하는 연구방법

주관적 관점 : 어떤 문화를 이해하기 위하여 그 문화 속의 구성원들로부터 얻은 지식을 강조하는 접근법

객관적 관점 : 어떤 문화를 이해하기 위하여 연구자의 객관적인 관점으로부터 얻은 지식을 강조하는 접근법

집한 자료를 이해하려고 시도한다. 높은 수준의 민속학 연구는 두 가지 관점을 모두 필요로 하기 때문에 집단 과정에 대한 자료수집과 통찰력 있는 주관적 해석을 혼합해서 사용한다.

Rennie(2012)는 질적 연구를 과거보다는 호의적인 시선으로 바라보고 있지만, 여전히 전통적인 양적 연구와 비교해 보면 사용 빈도는 낮은 편이라고 언급했다. 질적 연구보다는 양적 연구가 연구의 질을 평가하는 보다 명확한 기준(대규모 표본 크기, 실험 연구에서 통제 집단 등)을 가지고 있는 것도 사실이다(Cassell & Symon, 2011). 하지만 산업 및 조직심리학에서 조직의 문제를 보다 잘 이해하기 위하여 질적 방법을 사용하는 경우가 증가하고 있다. 최종 분석 단계에서 질적 방법과 전통적인 양적 방법 중 굳이 어느 하나만을 선택해야 할 필요는 없다. 우리가 관심을 가지고 있는 주제를 이해하는 데 두 가지 접근법 모두 도움을 준다는 것을 인식할 필요가 있다. Lee 등(2011)은 "질적 연구가 행동적 현상을 다양하고 풍부하게 관찰할 수 있도록 하고 혁신과 창의적 사고가 필요한 주제에 대하여 과거와는 다른 관점을 제공하기 때문에 매우 가치 있다"(p. 82)고 결론 내렸다.

6. 측정과 분석

1) 변인 측정

연구 설계를 결정한 다음, 연구자는 그것을 실행에 옮기기 위해 관심을 가지고 있는 변인을 측정해야 한다. **변인**(variable)은 다양한 수량적 값을 가질 수 있는 기호로 표현된다. **양적 변인**(quantitative variable)(나이, 시간 등)은 본질적으로 수량적 성격을 띤다(예로서, 21세 혹은 16분). **범주 변인**(categorical variable)(성, 인종 등)은 본질적으로 수량적인 것이 아니라 여자는 0, 남자는 1 혹은 백인은 0, 흑인은 1, 라틴계는 2, 동양계는 3과 같이 숫자를 이용하여 '부호화'될 수 있는 것들이다. 이러한 숫자들이 단지 대상을 분류하기 위한 목적으로만 사용하기 때문에 범주 변인에 부여되는 숫자는 특별한 의미를 지니는 것이 아니다.

> 변인 : 둘 이상의 다양한 값을 지닐 수 있는 연구 대상
>
> 양적 변인 : 본질적으로 수량적 값을 지니고 있는 연구 대상
>
> 범주 변인 : 본질적으로 수량적 값을 지니고 있지 않은 연구 대상

산업 및 조직심리학 연구에서 사용하는 변인 산업 및 조직심리학 연구에서 변인이란 용어는 흔히 다른 용어들과 결합하여 사용한다. 이 책에서 변인과 결합하여 사용할 네 가지 용어는 독립변인, 종속변인, 예측변인, 준거변인이다. 독립변인과 종속변인은 특히 실험 연구방법과 관련되어 있다. **독립변인**(independent variable)은 연구자가 조작하거나 통제하는 변

> 독립변인 : 종속변인의 값을 예측하기 위하여 연구자가 조작하는 변인

인이다. 독립변인은 실험자가 선택하고 어떤 특정 수준으로 설정하거나 조작하고 그것이 다른 변인에 주는 효과를 평가한다. Streufert 등(1992)이 행한 실험실 실험에서 독립변인은 알코올 섭취 수준이었다. Latham과 Kinne(1974)에 의한 유사 실험에서 독립변인은 목표 설정에 관한 하루 동안의 교육 프로그램이었다.

실험에서는 독립변인이 종속변인에 미치는 효과를 평가한다. **종속변인**(dependent variable)은 연구자가 관심을 갖는 변인이다. 종속변인은 일반적으로 행동의 어떤 측면(혹은 어떤 때는 태도)이 된다. Streufert 등의 연구에서 종속변인은 시각-운동 협응과제에서 피험자의 수행이었다. Latham과 Kinne 연구에서 종속변인은 벌목하는 사람이 벤 나무의 수였다.

> 종속변인 : 독립변인의 값에 의해 그 값이 예측되는 변인

동일한 변인을 연구 목적에 따라 종속변인 혹은 독립변인으로 선택할 수도 있다. 〈그림 2-2〉는 하나의 변인(종업원 수행)을 어떻게 독립변인이나 종속변인으로 사용할 수 있는지를 보여 주고 있다. 전자의 경우, 연구자는 다양한 리더십 유형(독립변인)이 종업원 수행(종속변인)에 미치는 효과를 연구하고자 한다. 연구자는 두 가지 유형의 리더십(엄한 리더 유형과 방임적 리더 유형)을 선택하고 이러한 두 유형의 리더십이 직무수행에 미치는 효과를 평가하게 된다. 후자의 경우는 연구자가 종업원의 수행(독립변인)이 교육에 대한 수용능력(종속변인)에 어떤 영향을 미치는지를 알고자 한다. 종업원들을 '수행이 높은 집단'과 '수행이 낮은 집단'으로 나눈다. 그다음, 수행이 높은 사람들이 낮은 사람들보다 더 빨리 배우는지를 알아보기 위해 두 집단 모두 교육 프로그램에 참가한다. 어떤 변인이 원래부터 독립변인이나 종속변인으로 정해져 있는 것이 아니다. 어떤 변인이 독립변인으로 되느냐 종속변인으로 되느냐는 연구자의 연구 설계에 달려 있다.

예측변인과 준거변인은 산업 및 조직심리학에서 흔히 사용하는 것이다. 한 변인의 점수

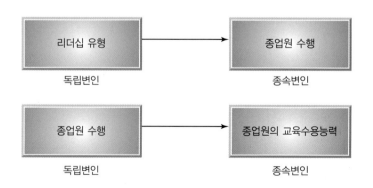

그림 2-2 종업원 수행이 종속변인 혹은 독립변인으로 사용되는 예

가 다른 변인의 점수를 예측하기 위해 사용될 때, 전자를 **예측변인**(predictor variable)이라고 하고 후자를 **준거변인**(criterion variable)이라고 한다. 예를 들어, 어떤 학생의 고등학교 때의 평균점수가 대학에서의 평균학점을 예측하기 위해 사용될 수 있다. 이때 고등학교 평균점수는 예측변인이고 대학학점은 준거변인이다. 일반적으로 준거변인이 연구의 초점이 된다. 예측변인은 우리가 알고자 하는 것(준거)을 예측하는 데 성공적일 수도 있고 그렇지 않을 수도 있다. 예측변인은 독립변인과 유사하고 준거변인은 종속변인과 유사하다. 둘 간의 구분은 연구방법에 따라 달라진다. 독립변인과 종속변인은 실험 장면에서 사용된다. 연구의 목적이 한 변인(준거변인)에서의 피험자들의 특성이 다른 변인(예측변인)에서의 특성에 따라 결정되는지를 알고자 하는 경우라면 어떤 연구방법에서도 예측변인과 준거변인이 사용될 수 있다. 독립변인은 인과적 추론을 하는 것과 관련되어 있는 반면에 예측변인은 그렇지 않다.

> 예측변인 : 준거변인을 예측하는 데 사용되는 변인
>
> 준거변인 : 연구에서 관심의 대상이 되는 변인. 예측변인에 의해 예측되는 변인

2) 상관계수

Vinchur와 Bryan(2012)은 대부분의 산업 및 조직심리학 지식이 Karl Pearson과 Charles Spearman과 같은 통계학자들이 100년 전에 개발한 자료 분석 방법에 기초한다고 지적했다. 해가 갈수록 더욱 복잡한 분석 방법이 생겨나고 있지만, 산업 및 조직심리학은 여전히 학문 초창기에 개발한 통계적 기법에 크게 의존하고 있다. 산업 및 조직심리학 연구에서 우리는 두 개의(혹은 그 이상의) 변인들 간에 존재하는 관계에 관심이 있다. 특히 우리는 한 변인(예측변인이나 독립변인)에 관한 지식에 기초하여 다른 변인(준거변인이나 종속변인)을 얼마나 이해할 수 있는지에 관심이 있다. 이러한 관계를 결정하는 데 유용한 통계적 절차를 상관계수라고 부른다. **상관계수**(correlation coefficient)는 X와 Y로 나타내는 두 변인 간의 선형적 관계의 정도를 나타낸다. 상관을 나타내는 기호는 r이고 -1.00에서부터 $+1.00$까지의 범위를 지닌다. 상관계수는 두 변인 간의 관계에 관하여 두 가지를 알려 주는데, 하나는 관계의 방향이고 다른 하나는 관계의 크기이다.

> 상관계수 : 두 변인 간의 관계 정도를 나타내는 통계지수

관계의 방향은 정적이거나 혹은 부적이다. 정적 관계는 한 변인의 크기가 증가함에 따라 다른 변인의 값도 증가하는 것을 의미한다. 정적 상관의 예로 키와 몸무게 간의 관계를 들 수 있다. 대체적으로 키가 큰 사람일수록 체중도 더 나가므로 키의 증가는 몸무게의 증가와 관련되어 있다. 부적 관계는 한 변인의 크기가 증가함에 따라 다른 변인의 값이 감소하는 것을 의미한다. 부적 상관의 예로서 생산 작업자들의 효율성과 불량률 간 상관을 들 수 있다. 보다

효율적인 작업자일수록 불량품 발생률이 낮고 효율적이지 않은 작업자일수록 불량품 발생률이 더 높다.

상관의 크기는 관계의 강도를 나타내는 지수이다. 큰 값의 상관은 작은 값의 상관보다 더 큰 강도를 나타낸다. .10의 상관은 매우 약한 관계를 나타내는 반면, .80의 상관은 매우 강한 관계를 나타낸다. 크기와 방향은 서로 독립적이어서 −.80의 상관은 +.80의 상관만큼 강한 관계를 나타낸다.

산업 및 조직심리학에서 상관계수는 중요한 지수로 사용된다. Zickar와 Gibby(2007)는 산업 및 조직심리학 역사에서 수량화와 상관분석을 지속적으로 강조해 왔음을 확인하였다. 산업 및 조직심리학자들은 채용검사 점수와 직무수행 간의 관계에 대한 통계적 분석에 기초하여 지원자에 대하여 더 나은 의사결정(예 : 인사선발에 대한 결정)을 내릴 수 있다고 오랫동안 믿어 왔다. 이러한 수량화는 인사선발 결정에 있어서 인상에 의한 판단이나 '직감'에 의한 접근보다 더 올바르고 정확한 판단을 가능하게 한다. 수량적 접근방법은 실증 자료에 의해 이루어지기 때문에 산업 및 조직심리학자가 인사선발에서 내리는 결정(예 : 채용검사에 의한 직무 지원자 평가)에 정당성을 부여한다. 상관계수는 두 가지 변인들 간의 통계적 관계를 밝히기 위하여 산업 및 조직심리학에서 가장 자주 사용되는 방법이다.

〈그림 2-3〉에서 〈그림 2-6〉까지 다양한 상관계수를 나타내고 있다. 상관을 나타내는 첫 번째 단계는 연구변인의 모든 짝을 점으로 나타내는 것이다. 100명의 표본에서 각 사람의 키와 몸무게를 기록하고 각 사람에 대하여 키와 몸무게에 의해 결정되는 점을 찍어 본다. 두 변인 간의 관계가 강하면 강할수록 산점도를 관통하는 최적의 직선 주위에 자료 점들이 더 가까이 모여 있다.

〈그림 2-3〉은 높은 정적 상관을 나타내는 두 변인 간의 산점도를 나타내고 있다. 자료 점들을 관통하는 직선의 기울기가 정적 방향을 나타내고 있고 자료 점들의 대부분이 직선 주위에 밀접하게 모여 있음을 주목하라. 〈그림 2-4〉는 높은 부적 상관을 나타내는 두 변인 간 산점도를 나타낸다. 다시 한 번 직선 주위에 자료 점들이 밀집되어 모여 있음에 주목하라. 그러나 이 경우에는 직선의 기울기가 부적 방향으로 되어 있다. 〈그림 2-5〉는 낮은 정적 상관이 있는 두 변인 간 산점도를 나타낸다. 직선이 정적 방향의 기울기를 가지지만 자료 점들이 산점도 전반에 걸쳐서 상당히 넓게 흩어져 있다. 마지막으로, 〈그림 2-6〉은 낮은 부적 상관이 있는 두 변인 간 산점도를 나타낸다. 자료에 가장 잘 부합되는 직선은 부적 방향으로 기울어져 있고 자료 점들은 직선 주위에 밀접하게 모여 있지 않다.

정적이든 부적이든 간에 두 변인 간 상관이 강하면 강할수록 한 변인이 다른 변인을 보다 정확하게 예측할 수 있다. 상관을 계산하는 공식은 통계 교재에서 찾아볼 수 있고 독자들이

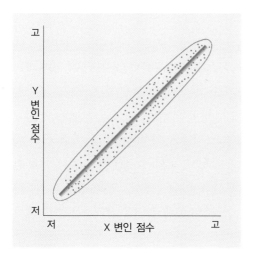

그림 2-3 높은 정적 상관이 있는 두 변인 간 산점도

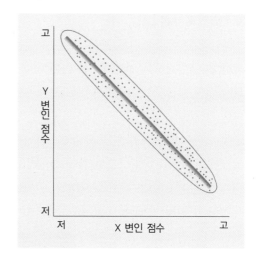

그림 2-4 높은 부적 상관이 있는 두 변인 간 산점도

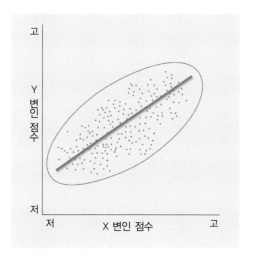

그림 2-5 낮은 정적 상관이 있는 두 변인 간 산점도

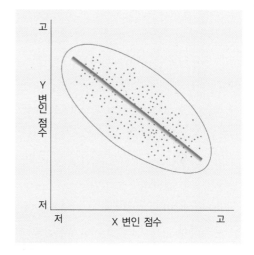

그림 2-6 낮은 부적 상관이 있는 두 변인 간 산점도

이 책을 읽으면서 직접 상관을 계산해야 할 필요가 없으므로 이 책에서 상관을 계산하는 통계 공식은 제시하지 않았다. 하지만 상관이 무엇이고 어떻게 해석하는지를 아는 것은 중요하다. 정확한 상관 값을 구하는 유일한 방법은 통계공식을 사용하는 것이다. 산점도를 눈짐작으로 살펴보는 방법은 상관이 무엇인지에 관하여 어느 정도 개념을 가질 수는 있지만, 이 방법에 의해 상관의 크기를 추론하는 것은 일반적으로 그렇게 정확하지 않다.

3) 인과관계 추론

인과관계 추론은 아마도 모든 과학적 연구가 추구하는 최상의 목표일 것이다. 어떤 현상에 대한 완전한 이해는 인과관계를 아는 것에 기초한다. 그러나 행동과학 분야에서는 인과관계를 밝히기가 상당히 어렵다. 예를 들어, 수년 동안 광범위한 연구를 통해 흡연이 암을 유발한다는 결론을 이끌어 냈다. 이 연구 결과는 담뱃갑에 강력한 경고 문구를 넣는 근거가 되었다. 흡연이 폐암을 일으키는 원인이라고 할지라도 둘 간의 관계가 항상 성립하는 것은 아니다. 왜냐하면 흡연을 하더라도 폐암에 걸리지 않는 사람도 있고, 폐암에 걸린 사람 중 흡연을 전혀 하지 않은 사람도 있기 때문이다. 하지만 이러한 인과관계는 법과 조직의 정책을 수립하는 기초가 된다. 담배에 높은 세금을 부과하거나, 공공장소에서 흡연을 금지하는 법을 제정하거나, 흡연자의 보험 가입을 거부하는 규정 등을 예로 들 수 있다.

산업 및 조직심리학은 인과관계에 대해 얼마나 알고 있을까? 산업 및 조직심리학은 많은 요인이 개인에게 동시에 영향을 미치는 일터에서의 인간 행동을 이해하는 데 관심이 있다. 그런 요인에는 일시적인 기분, 성격 특성, 스트레스에 대한 내성, 가족 문제, 경제적 상황 등이 있다. 요약하면, 우리는 복잡하고 항상 변화하는 환경 속에서 살고 있다. Hanges와 Wang(2012)은 한꺼번에 맞추어야 할 "움직이는 조각들"이 너무 많아서, "무엇이 원인이고 결과인지" 알아내기가 상당히 힘들다고 지적했다. 인과관계를 알아내기 위해서는 실험실에서 행동에 영향을 미칠 수 있는 다른 변인들은 제거하고 하나의 변인만을 따로 떼어 내서 영향력을 알아볼 수 있도록 해야 한다. 이와 같이 오직 통제된 환경에서만 인과관계를 확인할 수 있다. 하지만 안타깝게도 산업 및 조직심리학에서 이해하고자 하는 행동은 인위적으로 통제하기 힘든 일터에서 발생한다.

Lilienfeld(2012)는 심리학이 인과관계를 추론할 수 없기 때문에 대중들은 심리학이 화학이나 물리학과 같은 학문만큼 사회적인 가치가 없다고 인식한다고 지적했다. 개인의 특정 행동을 정확하게 예측하지 못하기 때문에 대중에게 실망을 줄 수 있다. 예를 들어, 어떤 사람이 강력 범죄를 저질렀을 때 사람들은 "왜 이런 행동을 예측하고 예방할 수 없을까?"라고 묻는다. Lilienfeld는 이 질문이 물리학자에게 눈송이 하나가 떨어지는 것을 예측할 수 있는지를 묻는 것과 동일하다고 말했다.

산업 및 조직심리학 연구는 상관 개념에 크게 의존하고 있다. 일부 산업 및 조직심리학 연구는 실험 연구방법을 사용하지만 대부분은 상관 연구이다. 상관계수로는 어떤 변인이 원인이고 어떤 변인이 결과인지에 대한 인과관계를 추론할 수 없다. 심지어 두 변인 간에 인과관계가 있다 하더라도 단순히 상관계수를 계산하는 것으로는 인과관계를 알 수 없다.

당신이 도시에서 소비되는 알코올 양과 그 도시에서 교회에 다니는 사람 수 간의 상관을 계산하기를 원한다고 가정하자. 당신은 당신이 거주하는 지역 내의 많은 도시에서 이러한 변인 각각에 관한 자료를 수집할 것이다. 상관이 .85라고 밝혀졌다고 하자. 이러한 높은 상관에 기초하여 당신은 사람들이 일주일 내내 술을 마시기 때문에 회개하기 위하여 교회에 간다(즉 알코올 소비가 교회에 출석하도록 한다)고 결론 내릴 수도 있다. 하지만 당신의 친구들은 반대 관점을 가질 수 있다. 그들은 사람들이 교회의 비좁고 딱딱한 나무의자에 앉아 있어야 하기 때문에 예배 후에 술을 마심으로써 긴장을 푼다(교회 출석이 알코올 소비를 야기한다)고 말할지도 모른다. 누가 옳은가?

하나의 상관계수로부터 인과관계를 추론할 수 없기 때문에 우리가 가지고 있는 자료에 기초해서 누가 옳다고 말할 수 없다. 인과관계를 밝히기 위해서는 실험 연구를 실시해야 한다. 의심할 바 없이 앞서 언급된 두 가지 견해 모두 원인과 결과에 대한 설명을 하지 못한다. 사실 이러한 상관이 나온 이유는 외식을 하거나 영화관람을 하는 사람의 수가 다른 변인과 상관이 있을 수 있는 것처럼, 이 연구에 포함된 많은 도시가 이러한 두 변인 간에 체계적 관계를 산출하는 다양한 인구집단을 나타내고 있기 때문이다. 이 예에서 상관만으로는 교회에 다니는 사람이 술을 마시는 사람인지조차도 밝히기 힘들다. 순수한 상관연구에서는 제3의 변인이 상관관계에 있는 두 변인에 영향을 미치는 경우도 있기 때문에 상관관계에 있는 변인 간의 관계에 대한 해석을 어렵게 만들기도 한다.

일부 연구자는 통계기법의 최근 발전에 기초해서 비실험 연구방법에 의해 수집한 자료로부터 인과관계를 추론할 수 있다고 주장한다. 하지만 이 주장에 반대하는 사람들은 인간 행동의 원인이 매우 다양하고 복잡해서 통계적 계산으로는 밝힐 수 없다고 비판한다. Stone-Romero(2011)는 이러한 회의적 관점을 "통제된 실험을 하지 않고 비실험 상관자료로부터 인과적 추론을 하는 것은 통계적 환상에 불과하다"(p. 61)는 문장으로 압축해서 표현하였다. 산업 및 조직심리학 연구에서 인과관계를 파악하는 것은 "성배(Holy Grail)"라고 표현할 정도로 가치 있는 일이다(Hanges & Wang, p. 79). 인과관계를 파악하지 못하고 요인 간의 통계적 관련성만을 이해하는 것은 일터에서 입증된 인과관계에 기초한 정책을 시행하기 힘들게 만든다(Jaffe et al., 2012). 이 책에 제시된 대부분의 연구 결과는 상관 분석에 기반하고 있다.

앞에서 언급한 것처럼, 비실험 연구방법(예 : 설문조사)이 산업 및 조직심리학에서 가장 자주 사용된다. 비실험 방법으로 수집한 자료로부터 인과관계를 추론하는 데 한계가 있기 때문에 대부분의 산업 및 조직심리학자들은 연구에 포함된 변인 간의 명확한 인과관계를 강하게 주장하지 않는다. 상관계수는 변인 간의 통계적 관련성을 나타내는 것이지 이러한 변인 간의 인과관계를 나타내는 것은 아니다.

7. 연구 결론

자료를 분석한 후 연구자는 결론을 내린다. 자료를 분석한 결과 알코올 섭취가 특정한 기술을 저하시킨다고 결론 내릴 수 있다. 이로부터 알코올 섭취로 인해 수행이 심각하게 낮아지는 직무에서는 그렇지 않은 직무보다 더 엄격한 기준을 적용할 수 있다. Latham과 Kinne의 연구는 목표 설정이 목재 벌목률을 증가시킨다고 결론 내렸다. 따라서 한 회사가 회사 전체에 걸쳐서 목표 설정 절차를 도입하기로 결정할 수도 있다. 일반적으로 단지 하나의 연구 결과에 기초하여 어떤 중요한 변화를 도입하는 것은 현명하지 못하다. 대체적으로 우리는 많은 연구들로부터의 결과를 알기 원한다. 우리는 어떤 조직 변화가 반복될 수 있고 일반화될 수 있는 결과에 근거를 두고 있다는 것에 가능한 한 확신을 갖고 싶어 한다.

때때로 한 연구로부터 도출한 결과가 문제에 관한 신념을 수정하기도 한다. 〈그림 2-1〉에서 '연구 결론'에서 '문제 진술'에 이르는 피드백 연결고리가 있다. 한 연구로부터 얻은 결과는 향후 연구문제에 영향을 미친다. 만일 실증 연구가 설정한 가설의 일부를 지지하지 못했다면 이론이 바뀔 수도 있다. 연구를 수행함에 있어서 중요한 문제 중 하나는 연구에서 얻은 결과의 일반화가능성이다. 한 연구에서 얻은 결론을 보다 다양한 사람이나 장면에 일반화할 수 있는 정도는 많은 요인에 의해 결정된다. 한 가지 요인은 연구의 피험자로 참여한 사람들의 대표성이다. 많은 연구가 대학 장면에서 이루어지고, 자료수집의 편리함 때문에 대학생을 흔히 조사 대상자로 사용한다. 대학생 집단에서 얻은 결론을 보다 규모가 크고 다양한 사람들로 구성된 전집으로 일반화할 수 있는지는 심리학의 전 분야에서 뜨거운 논쟁거리이다. 이 문제에 대한 간단한 답은 존재하지 않는다. 이에 대한 답은 연구주제에 따라 달라질 수 있다. 대학생에게 그들이 바라는 직업에 대한 포부를 묻는 것은 매우 적절하다. 하지만 대학생에게 지금으로부터 50년 후에나 있을 법한 은퇴 후의 생활에 대해 묻는 것은 제한된 과학적 가치를 지닌다. 산업 및 조직심리학은 일의 세계를 다루고 연구의 주 관심 대상이 현재 일하고 있는 성인 집단이기 때문에, 대학생을 대상으로 한 연구에서 얻은 결과를 일반화하는 데 매우 세심한 주의를 기울여야 한다.

연구는 누적되는 과정이다. 연구자는 다른 연구자들의 선행연구에 기초하여 새로운 연구문제를 제기한다. 그들은 학술지에 논문을 발표하여 연구 결과를 다른 사람들에게 알린다. 유능한 연구자는 다른 연구자가 이미 한 연구를 반복하는 것을 피하기 위하여 전문영역의 최근 지식을 항상 알고 있어야 한다. 연구로부터 내려진 결론은 우리 생활의 많은 면에 영향을 미칠 수 있다. 연구는 산업현장에 있어서 중요한 부분이며, 재화와 용역에서의 변화의 기초가 된다. 연구과정에서 재미없고 딱딱한 이론을 검증하기 위해 메마른 통계를 사용하고 결국

무미건조한 결론에 도달하기 때문에 연구가 그저 지루한 활동처럼 보일지 몰라도, 연구는 진정으로 흥미진진한 활동이 될 수 있다.

　Daft(1983)는 연구가 일종의 공예와 같으며 연구자는 예술가나 장인처럼 우수한 작품을 만들어 내기 위하여 광범위하고 다양한 인간 경험을 결집해야 한다고 하였다. 훌륭한 연구자가 되기 위해서는 단순히 지침서를 따라가기보다는 신비의 세계를 풀어 가야 한다. 하지만 연구는 일시적인 전율을 추구하는 것이 아니라 불굴의 노력, 정신적 수양, 인내를 포함한다. 또한 열심히 연구하는 것을 대체할 어떤 것도 존재하지 않는다. 오랫동안 연구한 결과를 알려 주는 컴퓨터 분석 결과를 보기 위해 조바심을 가지고 기다렸던 때가 기억난다. 기다릴 때의 감정이 연구의 묘미이고, 연구자를 장인에 비유한 Daft의 관점에서 볼 때 연구능력은 내가 학생들에게 전수하고자 하는 비장의 기술이다.

　Klahr와 Simon(1999)은 여러 다양한 학문에서 사용하는 방법이 서로 다르더라도, 과학적인 학문을 하는 모든 연구자는 기본적으로 모두 문제해결자라고 믿는다. 연구방법은 연구자가 관심이 있는 문제에 해답을 제공한다. 연구자는 마치 세상에 대해 알고자 하는 어린아이처럼 많은 호기심에 의해 연구를 수행한다. Klahr와 Simon(1999)은 "무엇이든 알고자 하는 어린아이와 같은 성향이 창조적인 과학자나 예술가가 흔히 지니고 있는 고유한 특성"(p. 540)이라고 언급하였다. Grant 등(2011)은 "만일 우리가 하는 행동을 모두 알고 있다면 굳이 연구가 필요하겠어요? 그렇지 않아요?"(p. 444)라는 아인슈타인의 말을 인용하였다.

　McCall과 Bobko(1990)는 과학적 연구에서 기대하지 않은 횡재(serendipity)의 중요성에 주목하였다. 기대하지 않은 횡재는 연구과정에 영향을 주는 우연한 일이나 결과를 말한다. "과학의 역사는 우연한 발견들로 점철되어 있다. 예로서, Alexander Fleming은 우연히 오염된 배양균으로부터 결국 페니실린의 속성을 알게 되었다"(p. 384). 그는 오염된 배양균을 버리지 않고 어떻게 그렇게 되었는지를 이해하려고 하였다. 이것이 주는 교훈은 우리는 항상 운 좋은 일이나 기대하지 않았던 관찰이 일어날 가능성을 염두에 두고 그러한 일이 일어나는 경우 끝까지 탐구하는 자세를 가져야 한다는 것이다.

8. 연구의 윤리적 문제

미국 심리학회(APA, 2010)는 연구를 수행하는 모든 미국 심리학회 회원들이 지켜야 할 윤리 강령이 있다. 윤리강령은 피험자들의 권리를 보호하고 연구가 자격 없는 사람에 의해 수행될 가능성을 없애기 위하여 만들어졌다. 과학적 연구를 할 때 연구자가 윤리적으로 지켜야 할 사항과 연구에서 참가자로부터 얻어 내야 할 사항 간의 균형을 유지해야 한다. 심리학자는 연구를 수행함에 있어서 윤리적인 갈등에 자주 직면하게 된다.

Aguinis와 Henle(2002)가 언급한 것처럼, 심리학 연구 참가자는 윤리강령에 명시되어 있는 다음과 같은 다섯 가지 권리를 가지고 있다.

1. **사전 동의에 관한 권리.** 연구 참가자는 연구의 목적을 알 권리, 아무런 불이익이 없이 언제라도 연구 참여를 거절하거나 도중에 그만둘 수 있는 권리, 연구에 참여하면서 참가자가 겪을지도 모르는 위험에 관하여 사전에 알 권리를 지닌다. 대부분의 연구는 참가자의 요구가 아니라 연구자의 요구를 충족시키기 위해 수행되기 때문에 이러한 권리는 가장 기본적인 것이다.

2. **사생활 보장에 대한 권리.** 연구 참가자는 자신에 관한 사적인 정보를 노출하지 않을 수 있는 권리를 지닌다. 사적인 정보의 노출 정도와 이러한 정보의 민감성은 연구 참가자의 참가 가능성을 감소시킬 것이다.

3. **비밀보장에 대한 권리.** 비밀보장은 연구자료를 볼 수 있는 사람, 자료를 관리하는 방법, 참가자의 익명성 보장과 관련되어 있다. 참가자는 자신의 사적인 정보를 볼 수 있는 사람을 제한할 수 있는 권리를 지녀야만 한다. 연구자는 참가자에게 비밀보장을 약속함으로써 보다 솔직한 응답을 얻을 수 있다.

4. **기만으로부터 보호받을 권리.** 기만은 연구자가 참가자에게 연구 목적을 의도적으로 거짓으로 알려 주는 것을 말한다. 예로서, 정보를 알려 주지 않거나 혹은 잘못된 믿음이나 가정을 알려 주는 것을 들 수 있다. 연구자 입장에서 관심을 가지고 있는 현상을 밝히기 위해서는 참가자를 기만하는 것이 반드시 필요한 경우가 가끔 있다. 참가자를 기만하는 것이 연구에 포함되어 있는 경우에 연구자는 이러한 연구의 가치가 참가자에게 줄 수 있는 해로움보다 더 크다는 것과 다른 방식으로는 이러한 현상을 연구할 수 없다는 것을 연구윤리심사위원회에 보여 주어야만 한다. 하지만 참가자 기만이 참가자의 권리, 존엄성, 참가를 거절할 수 있는 자유를 침해하고, 기만 때문에 참가자가 심리학 연구에 대해 의심을 가질지도 모른다는 주장이 제기되고 있다. 요컨대, 연구에 기만을 사용할 수도 있지만 연구 목적상 어쩔 수 없는 경우에 사용하는 마지막 수단으로 간주해야 한다.

5. **사후 설명을 받을 권리.** 연구가 끝난 후에 연구에 대한 참가자의 질문에 답해 주고, 기만으로 인하여 참가자의 자존심이 손상되었다면 자신에 대한 평소의 자존감을 회복할 수 있도록 연구에 대하여 사후 설명을 반드시 해 주어야 한다. 연구에 대하여 사후 설명을 할 때는 이 연구가 새로운 지식의 창출에 어떤 기여를 하는지, 이 연구의 결과가 어떻게 적용될

수 있는지, 이러한 종류의 연구가 얼마나 중요한지를 참가자에게 알려 주어야 한다.

특히 신체적 혹은 심리적 위험이 포함된 연구에서 위와 같은 참가자의 권리를 위반한 연구자는 학문적 견책과 법적 소송에 휘말릴 수 있다. Aguinis와 Henle는 많은 나라가 연구에 관한 윤리강령을 개발하였다는 점에 주목하였다. 각 나라마다 다루고 있는 연구주제가 다르더라도, 모든 나라는 사전 동의, 기만, 위험으로부터의 보호, 비밀보장에 관한 윤리강령에 의해 연구 참가자의 복리와 존엄성을 강조하고 있다.

연구 참가자가 회사의 종업원일 때 연구자는 부가적 문제들에 직면할 수 있다. 경영자들이 연구를 허락했을 때조차도 기업에서 이루어지는 연구는 문제를 야기할 수 있다. 연구목적에 관하여 잘 모르고 있는 종업원들은 연구에 참여하게 될 때 흔히 연구에 대하여 의심하게 된다. 그들은 자기가 어떻게 연구에 참여하도록 선정되었는지에 관해 곰곰이 생각하고 어려운 질문들에 대답해야 하는 것은 아닌지에 관해 걱정한다. 어떤 사람들은 심리학자가 그들의 마음을 읽을 수 있어서 자신들의 모든 개인적인 생각을 밝혀낼 수 있다고까지 생각한다. 종업원들의 정서적 반응을 불러일으키는 연구 프로젝트는 이러한 연구를 허락한 경영자를 불편한 대인관계 상황에 처하도록 만들기도 한다.

종업원을 대상으로 연구를 수행하는 것과 관련된 부가적인 문제들이 있다. 대부분의 문제는 연구자가 훌륭한 교육을 받았지만 회사의 기준과 전문가로서의 기준 모두를 충족시켜야 하는 진퇴양난의 역할 갈등을 포함한다. 예로서, 내가 산업체 종업원을 대상으로 연구할 때 당면했던 역할 갈등의 문제를 들어 보자. 경영층이 나에게 연구를 부탁해서 종업원들의 의견과 사기를 측정하기 위해 설문조사를 실시했다. 연구 설계의 일부분으로 모든 종업원에게 응답에 관하여 비밀이 보장된다고 이야기해 주었다. 한 설문지의 응답에서 종업원의 절도행위가 있음을 알아냈다. 그 종업원이 누구인지는 확인할 수 없었지만 주어진 정보를 이용하고 경영층으로부터 약간의 도움만 얻었다면 그 사람을 밝혀낼 수 있었을 것이다. 종업원들과의 약속을 어기고 이 정보를 경영층에 넘겨주어야 할 것인가 아니면 종업원들의 절도행위가 일어나고 있지만 누가 절도행위를 하는지 찾아낼 수 없다고 경영층에 거짓말을 할 것인가? 아니면 알고 있는 것을 무시해 버리고 회사의 이러한 심각한 문제를 경영층에 이야기하지 않을 것인가? 나는 절도행위가 있다는 사실을 회사에 알렸지만 절도행위를 하는 사람을 찾아내는 개인적 정보는 제공하지 않았다. 이것은 나에게 연구를 의뢰한 고객의 욕구를 충족시키는 것과 정보출처의 비밀을 유지하는 것 둘 다를 충족시키기 위한 불편한 타협이었다("**현장기록 1 : 윤리적 딜레마**" 참조).

심리학에서 윤리 문제는 연구에 국한되어 있지 않다. 윤리강령을 준수하는 것은 이해의

현장기록 1
윤리적 딜레마

대부분의 윤리적 문제들이 명쾌한 해결책을 가지고 있지 않다. 내가 경험한 한 가지 사례를 여기에 소개한다. 나는 한 회사에서 장래의 판매사원들을 선발하는 데 유용한 심리검사를 찾아내려고 한 적이 있었다. 연구의 일부분으로 판매부서에서 일하는 모든 종업원들에게 검사를 실시하였다. 나는 회사의 동의를 받아서 종업원들에게 검사 결과에 대하여 비밀이 보장된다고 확신시켰다. 그들에게 검사를 실시하는 목적은 단지 검사의 유용성을 알아보려는 것이고 회사 내의 누구도 종업원들을 평가하기 위하여 검사 결과를 사용하는 일은 결코 없을 것이라고 설명하였다. 사실 회사 내의 누구도 검사 점수를 몰랐다. 연구의 결과는 매우 성공적이었다. 회사에 들어와서 성공할 가능성이 높은 판매원들을 선발하는 데 유용한 검사를 찾아낼 수 있었다.

몇 주가 지난 후에 그 회사의 경영층이 나를 찾아와서 이번에는 판매사원들을 바로 윗자리인 판매관리자로 승진시키기 위하여 심리검사를 사용하고 싶다고 하였다. 사실 그들은 새로운 판매사원들을 선발하기 위한 검사 결과에 매우 만족했으며 훌륭한 판매관리자들을 찾아내는 데도 그 검사가 유용한지를 알고 싶어 했다. 나는 이미 기존의 판매사원들을 대상으로 검사를 실시하여 그들의 점수를 가지고 있었기 때문에 내가 그 점수를 회사 측에 주면 경영층은 그 점수들에 기초하여 판매관리자로의 승진 가능성을 간단히 결정할 수 있었을 것이다. 하지만 내가 점수를 회사 측에 넘겨주는 것은 결과에 대한 비밀을 보장하고 회사 내의 어느 누구도 종업원들이 그 검사에서 어떤 점수를 받았는지에 관해 모를 것이라고 말한 나의 약속을 어기는 것이기 때문에 나는 검사 결과를 넘겨줄 수 없다고 말하였다. 나는 두 가지 대안을 제시하였다. 하나는 종업원들에게 동일한 검사를 다른 검사조건, 즉 회사가 검사 결과를 보고 실제로 그 결과에 의해 승진결정을 내릴 수 있다는 조건으로 검사를 재실시하는 것이었다. 두 번째 대안은 그 검사 결과를 그대로 사용하되 승진결정을 회사가 하지 않고 내가 하는 것이었다. 이러한 방법을 사용하면 내가 종업원들의 검사 점수에 대하여 비밀을 유지할 수 있다. 경영층에서는 동일한 검사를 동일한 사람들에게 재실시하는 것은 터무니없는 일이라고 말하면서 첫 번째 안을 전적으로 반대했다. 내가 이미 검사 결과들을 가지고 있는데 왜 원점으로 돌아가서 검사 점수들을 다시 얻느냐는 것이었다. 그들은 두 번째 안도 받아들이지 않았다. 외부의 도움이나 추가비용 없이도 그들이 완벽하게 승진에 관한 결정을 내릴 수 있음에도 불구하고 내가 회사로부터 다시 돈을 받아내기 위하여 두 번째 자문프로젝트를 의도적으로 만들려고 하고 있다고 말하였다. 사실 그들은 내가 검사 결과들을 '인질'로 잡고 놓아주지 않는다고 말하였다. 회사의 경영층이 그 검사를 처음에 실시하였을 때의 약속을 어기고 다른 목적으로 검사 결과를 사용하려고 했기 때문에 나는 회사가 나의 전문가로서의 양심을 손상시켰다고 생각하였다.

실제로 이 논쟁은 해결되지 않았다. 회사는 곧 경쟁회사들로부터 야기된 중요한 판매문제들에 직면하게 되어서 승진을 시킬 판매관리자들을 찾아내기 위하여 심리검사를 사용하는 데 관심을 잃게 되었다. 경영층에서는 내가 그들의 검사 결과들에 대하여 소유권을 주장하고 있다고 말하면서 아직까지도 나의 결정에 분개하고 있다. 그 후로 그들이 나에게 다른 자문에 관한 일을 요청하지 않았지만 내가 그때 검사 결과를 넘겨주었다 하더라도 그들이 나에게 더 이상의 도움을 필요로 하지 않았을 가능성도 크다.

상충, 표절, 고객에 대한 처우와 같은 이슈와도 관련되어 있다. 미국에서 9/11 테러 발생 이후, 미국 심리학회는 테러 용의자들을 심문하는 데 있어서 심리학자의 역할에 대한 윤리적 시사점을 조사하기 시작했다(Behnke & Moorehead-Slaughter, 2012). 응용심리학자는 국가 안보와 관련된 요구와 테러 용의자를 포함하여 모든 사람에게 어떤 위해도 가하지 말아야 한다는 윤리적 의무 간에 갈등을 느낄 수 있다. Lefkowitz(2003)는 산업 및 조직심리학이 때로는 가치와 무관한 학문으로 잘못 이해되기도 한다는 점을 지적하였다. 산업 및 조직심리학이 경쟁이 매우 심한 비즈니스 세계에 서비스를 제공하고 있음에도 불구하고, 가치와 무관하다는 견해는 산업 및 조직심리학이 전적으로 객관적이라고 믿는 사람들에 의해 파급되었다. Reynolds(2008)는 사람들이 윤리를 위반하는 행위를 보게 될 때 윤리의 중요성을 더 인식하게 된다고 하였다. Reynolds는 윤리적 민감성에 있어서 개인차가 있음을 발견하였다. 윤리적으로 행동하기 위해서는 먼저 윤리적인 이슈들에 대해 민감해야 한다. 심리학이 학문적으로 고결함을 유지하기 위해서는 심리학자들의 윤리적 행동이 매우 중요하다.

9. 학문 중심 연구와 실무 중심 연구

어떤 학문(예 : 의학)에서는 과학적 연구를 하는 사람(예 : 의학 연구자)과 실무를 담당하는 사람(예 : 내과의사)이 서로 밀접하게 관련되어 있다. 예를 들어, 의학 연구자는 새로운 약품을 개발하고 그 효능을 검사한다. 만일 그들의 연구 결과가 긍정적이면 제약회사가 새로운 약을 개발할 것이다. 그리고 제약회사는 새로운 약이 개발되었다는 사실을 내과의사들에게 알려 줄 것이다. 마지막으로 내과의사는 질병을 치료하기 위해 환자들에게 새로운 약을 처방할 것이다. 요약하면, 약품은 연구를 통해 실용화되기 위하여 개발 및 승인 과정을 거친다. Pfeffer(2007)는 내과의사들이 의학연구로부터의 결과물을 활용했기 때문에 지난 수십 년간 심장질환에 의한 사망률이 50% 줄었다고 보고했다.

연구를 하는 산업 및 조직심리학자는 조직의 경영자가 자신들의 연구 결과를 사용하기를 원한다. 하지만 의학 분야와는 달리 산업 및 조직심리학에서는 연구 결과와 조직에서의 실제 적용 간의 관련성이 그다지 강하지 않다. 조직에 관한 과학적 연구 결과와 그러한 결과의 실제 적용 간의 차이를 **과학자-실천가 간 괴리**(scientist-practitioner gap)라고 부른다. 과학자-실천가 간 괴리는 경영자가 산업 및 조직심리학의 연구 결과를 잘 모르고 있거나 연구자가 조직에서 매일 당면하는 실제 문제와 별로 관련이 없는 주제를 연구하기 때문에 발생

> 과학자-실천가 간 괴리 : 조직에 관한 과학적 연구 결과와 그러한 결과의 실제 적용 간 차이

한다. 이러한 괴리가 발생하는 이유에 대하여 몇 가지 설명이 존재한다. Hambrick(2007)은 연구자가 무엇이 유용한 연구인지를 결정함에 있어서 이론의 중요성을 지나치게 강조한다는 점을 주목했다. 이론이 과학적 연구에 중요하기는 하지만 이론에 의해 조직이 운영되는 것은 아니다. 조직은 조직을 유지하고 개선하기 위하여 의사결정을 내리는 리더에 의해 운영된다. Hambrick은 조직의 리더가 우연히 학문적 이론과 일치되게 행동한다고 하더라도, 이때 이론은 리더 행동의 원인이 아니라 필연적인 결과일 뿐이라고 주장하였다. Suddaby 등(2011)은 과학자–실천가 간 괴리는 일터에서의 행동을 설명하기 위한 목적으로만 특별히 개발된 이론이 없기 때문에 발생한다고 주장했다. 대부분의 심리학 이론들은 일반적인 인간 행동(예 : 동기)을 설명하기 위해 개발되었고, 이와 같은 이론들이 일터(예 : 작업 동기)에 적용 가능한지를 검증한다. 그래서 Suddaby 등은 일터에서 일어나는 전형적인 문제들을 설명하기 위한 이론을 개발해야 한다고 제안했다.

Cascio(2007)는 조직 경영이 의학과 다른 점을 지적하였다. 경영자는 내과의사처럼 면허증을 가지고 있지 않고 그들이 활동하는 분야에서 새로 발견된 과학적 연구 결과들을 알아야 할 필요성을 강하게 느끼지 않는다. 또한 경영자가 산업 및 조직심리학 분야의 과학적 연구 결과를 아는 데도 어려움이 있다. 대부분의 과학적 논문은 비즈니스 경영자들을 위한 것이 아니라서 매우 전문적인 내용을 담고 있고 학계 연구자들에게 정보를 제공하는 데 목적이 있다. Lawler(2007)는 복잡한 과학적 연구 결과를 비과학자(즉 경영자)들이 쉽게 이해할 수 있도록 보다 이해하기 쉬운 용어를 사용하여 전달하는 출판물이 없다고 지적하였다. 또한 내과의사들에게 새로 개발된 약품을 알려 주는 '제약회사 담당자'와 같은 역할을 하는 사람도 경영 분야에는 없다. Lawler는 "연구 결과가 알려졌고 실무에 분명한 시사점이 있음에도 불구하고 연구 결과가 실무자들이 선호하거나 옳다고 믿는 것과 다르다(연구 결과가 발표되면 모든 사람이 전문가인 양 한마디씩 한다)는 이유로 연구 결과가 실무에 적용되지 않는다"(p. 1033)고 하였다. Cascio와 Aguinis(2008)는 산업 및 조직심리학 분야에서 지난 45년간 출간된 연구들을 검토하여 학문적 연구가 경영 실무에 그다지 큰 영향을 주지 않았다고 결론 내렸다. 그들은 산업 및 조직심리학 연구자들이 그들의 연구 결과가 실무에 사용되기를 바란다면 연구에 대한 접근방법(즉 연구주제나 연구방법)을 바꾸어야 한다고 주장했다.

학문 중심 연구가 경영 실무의 일부 영역에는 그다지 큰 영향을 주지 못했지만 실무에서 활동하는 많은 산업 및 조직심리학자도 연구를 수행한다. 산업 및 조직심리학에서 공헌도가 높은 일부 훌륭한 연구는 실무에 매우 강한 영향력을 발휘했기 때문에 명성을 지니고 있다. 역사적으로 볼 때, 군대일반분류검사(AGCT)와 군대복무 직업적성검사집(ASVAB)을 예로 들 수 있다. 최근에 많은 대형 컨설팅회사는 큰 규모의 회사처럼 산업 및 조직심리학자들을 고용하고 연구부서를 따로 두고 있다("**산업 및 조직심리학과 경제 : 경제가 연구에 미치는 영향**" 참조). 이러한 컨설팅회사들이 하는 연구는 학문 중심의 학자들이 하는 연구와는 달리 조직이 당면한 특정 문제를 해결하는 데 초점을 둔다.

과학자와 실무자가 관심이 있는 연구 결과의 종류도 차이가 있다. 이 장의 앞부분에서 언급한 것처럼, 산업 및 조직심리학 연구자들이 가장 자주 사용하는 통계지수는 상관계수이다. Bazerman(2005)은 경영자들이 "만일 X가 발생한다면, Y를 실행하라"는 것처럼 문제를 해결하는 데 유용한 처방적(prescriptive) 결과를 선호하지만, 상관연구 결과들은 "X와 Y 간에는 통계적 관련성이 있다"는 식의 기술적(descriptive) 특성만을 지니고 있다고 지적하였다. 예를 들어, 과학자는 종업원의 직무수행과 자발적 이직 간에 관련이 있는지(즉 수행이 나쁜 종업원이 직무를 그만둘 가능성이 더 큰지)를 알고 싶어 한다. 반면에 경영자는 수행이 좋은 종업원을 어떻게 하면 이직하지 않도록 할 것인지에 더 관심이 있다. 이러한 두 가지 관심사가 모두 중요하지만 각각은 서로 다른 연구문제를 나타낸다. 전자는 두 가지 변인 간의 관계를 알아내는 데 관심이 있지만 후자는 어떤 조치를 취하기 위한 기초 지식을 알아내는 데 관심이 있다("**현장기록 2 : 작은 것은 얻었지만 큰 것을 잃었다**" 참조). Rynes(2012)가 지적한 것처럼, 과학자는 현상에 대한 수량적 정보에 치중하는 반면, 실무자는 현상에 대한 언어적 설명을 더 선호한다. 이와 유사하게, Brandon(2011)은 복잡한 연구 결과를 실행 가능한 경영 정책으로 '변환'하는 어려움에 대해 기술했다.

결론적으로, 과학자와 산업현장이나 컨설팅회사에서 일하는 실무자는 모두 산업 및 조직심리학 연구를 수행한다. 학문 중심의 연구와 실무 중심의 연구 목적은 서로 다르지만 모두 이 장에서 제시한 연구방법과 연구 결과 해석에 대한 지식을 필요로 한다.

산업 및 조직심리학과 경제
경제가 연구에 미치는 영향

경제 상태는 비즈니스 활동의 수준과 밀접한 관련이 있다. 컨설팅회사와 기업체에서 일하는 많은 산업 및 조직심리학자는 그들의 고객이나 고용주의 비즈니스 요구를 해결하기 위해 연구를 수행한다. 경제적 상황은 연구주제에 강한 영향을 미친다.

경제가 호황일 때는 비즈니스가 커지고 기업은 인적자원을 개발하기 위해 많은 금전적 자원을 투입한다. 이런 상황에서 산업 및 조직심리학자들은 종업원 모집과 선발을 위한 새로운 방법을 개발하거나 새로운 교육 프로그램을 개발해 달라는 요청을 받게 된다. 산업 및 조직심리학자들은 조직이 비즈니스 성장 기회를 충분히 활용할 수 있도록 종업원

(계속)

들을 선발하고 교육시키는 데 중점을 둔다. 경제 상황이 좋을 때는 자원이 풍부하고 성장에 대한 기대감이 존재한다.

하지만 경제가 불황일 때는 비즈니스 활동이 위축되고, 일할 사람이 적게 필요하고, 조직이 자유재량으로 지출할 수 있는 돈이 줄어든다. 이처럼 경제적으로 불황일 때 산업 및 조직심리학자들이 하는 연구는 호황일 때 하는 연구와 상당히 다르다. 첫째, 연구 방향은 비용 절감에 초점을 둔다. 산업 및 조직심리학자들은 종업원을 모집하고 선발하기 위하여 비용이 더 적게 드는 방법을 개발하거나 여러 개의 교육프로그램을 통합하는 방법을 찾아내거나 종업원들이 다른 직무를 배우는 방법을 개발해 달라는 요청을 받게 된다. 예를 들면, "시간은 돈이다"라는 격언에 따라 새로운 직무 기술을 배우는 데 걸리는 시간을 줄이는 방향으로 연구가 진행된다. 연구의 전반적 관심사는 '연구를 저렴하게 하거나 빨리 하는' 방법을 찾는 데 있다.

둘째, 비용절감을 위해 조직의 예산 중 흔히 연구비가 가장 첫 번째로 삭감되는 항목이다. 연구가 소규모로 진행되거나 극단적인 경우에는 전혀 이루어지지 않는다. 만일 산업 및 조직심리학자들이 조직 내에서 연구 이외에 다른 일을 하는 것이 없다면 전반적인 비용절감을 위해 해고될 수도 있다.

셋째, 많은 조직은 산업 및 조직심리학이 조직의 복리를 향상시킬 수 있다는 것을 알고 있다. 하지만 이러한 인식이 반드시 산업 및 조직심리학자를 종업원으로 고용해야 한다는 것을 의미하지는 않는다. 조직은 그들의 문제를 해결하기 위하여 컨설팅회사로부터 산업 및 조직심리학 전문지식을 빌려 쓸 수도 있다. 조직이 산업 및 조직심리학자를 지속적으로 많이 쓸 필요가 없다면 컨설팅회사로부터 컨설턴트를 일시적으로 고용하는 것이 비용이 더 적게 든다. 따라서 최근에는 20년 전에 비해 산업 및 조직심리학자들이 기업보다 컨설팅회사에서 더 많이 일하고 있다. 또한 최근에 많은 컨설팅회사들이 자체 연구부서를 두고 있다. 컨설팅회사에서 연구를 담당하는 산업 및 조직심리학자들은 새로운 제품(예 : 새로운 리더십 개발 방법)을 개발하고 컨설턴트 역할을 하는 산업 및 조직심리학자들은 이러한 제품을 고객에게 판매한다.

어떤 조직도 경제적 영향으로부터 자유로울 수 없다. 변화하는 경제 상황 속에서는 어떤 연구도 경제적 영향력을 벗어나기 힘들다. 경제 상황은 산업현장과 컨설팅회사에서 일하는 산업 및 조직심리학자들이 수행하는 연구의 속성과 영역에 영향을 미친다.

현장기록 2
작은 것은 얻었지만 큰 것을 잃었다

산업현장에서 이루어지는 연구는 항상 큰 맥락 속에서 이루어지며 특별한 목적을 가지고 수행된다. 전쟁에서 이길 때도 있고 질 때도 있는 것처럼, 어떤 때는 연구가 성공적일 수도 있지만 어떤 때는 실패하기도 한다. 내가 자문을 했던 회사들 중 하나는 종업원들을 더 많은 보수를 받는 높은 자리로 승진시킬 때 승진검사를 실시하였다. 그러한 검사를 통해서만 승진될 수 있었기 때문에 그 검사는 종업원들에게 매우 중요한 것이었다. 회사는 태도조사를 실시하였는데 많은 종업원들이 그 검사를 싫어하고 있다는 것을 알았다. 종업원들은 검사문항의 대부분이 시대에 맞지 않는 낡은 것들이고 일부 문항은 정답도 없고 대부분 문항의 표현도 형편없다고 하였다. 이러한 잘못된 문항 때문에 종업원들은 검사에서 나쁜 결과를 얻었고 결국 승진하지 못했다고 생각했다. 나는 회사로부터 승진검사(75개의 검사가 있었다)를 최신의 것으로 개정해 달라는 의뢰를 받았다. 심리학 연구에서 사용하는 모든 방법을 사용하여 모든 검사의 전체 문항을 분석하고 나쁜 문항들은 제외하고 새로운 문항을 개발하고 전반적으로 검사들 각각을 쇄신하였다. 알려져 있는 모든 기준으로 볼 때 검사들은 매우 높은 질을 지니게 되었다.

회사의 경영층과 나는 종업원들이 이러한 개정된 검사들에 만족할 것이라고 확신했다. 그러나 우리의 생각은 틀렸다. 회사에 의해 실시된 태도조사에서 종업원들은 새로운 검사들을 여전히 신통치 않게 생각했다. 하지만 그 이유는 전과 달랐다. 이번에는 검사들이 너무 어렵고 너무 정교하고, 통과하기에 너무 많은 전문지식을 요구한다고 불평했다. 종업원들은 그들이 과거 검사들에서 실패했던 횟수와 동일하게 새로운 검사들에서도 실패했으며 옛날 검사와 같은 정도로 새로운 검사에 대해서도 불만족스럽게 생각했다. 사실 종업원들은 검사가 개정된다는 것을 알고 있었기 때문에 검사가 더 좋아지리라는 기대감을 가지게 되어서 그들이 새로운 검사에 오히려 더 불만족스러워했는지도 모른다. 나는 검사를 개정하는 데 있어서 내가 할 수 있는 한도 내에서 최선을 다했다고 느꼈지만 최종적으로 평가해 볼 때 나는 회사의 문제를 진정으로 해결하지 못했다. 회사는 나에게 검사들을 개정하도록 요청하였지만 경영층에서 진정으로 원했던 것은 종업원들이 검사에 만족할 수 있도록 하는 것이었고 결론적으로 나는 그렇게 하지 못했다.

02 　　　　이 장의 요약

- 연구는 산업 및 조직심리학자가 일터에서 사람들과 관련된 문제들을 이해하는 데 사용하는 수단이다.
- 산업 및 조직심리학자가 사용하는 네 가지 중요한 연구방법은 실험실 실험, 유사 실험, 설문조사, 관찰이다.

- 네 가지 중요한 연구방법은 통제 정도(인과관계 검증 가능성)와 현실성(연구 장면의 자연스러움)에서 서로 다르다.
- 산업 및 조직심리학자는 관심이 있는 변인을 측정하고 변인 간의 관계를 이해하기 위하여 통계분석을 실시한다.
- 통합분석은 이전에 수행된 연구들로부터의 결과를 통합하는 데 유용한 이차적 연구방법이다.
- 데이터 마이닝은 산업 및 조직심리학에서 비교적 최근에 사용하는 이차적 연구방법이다.
- 조직 신경과학은 산업 및 조직심리학에서 새롭게 떠오르는 과학적 방법이다.
- 질적 연구 결과는 현상을 보다 풍부하고 구체적으로 이해할 수 있게 해 준다.
- 모든 심리학 연구는 연구 참가자의 권리를 보호하기 위한 윤리강령을 지켜야 한다.
- 연구는 대학과 같은 학교 장면과 기업체와 같은 응용 장면에서 서로 다른 목적으로 수행된다.
- 산업 및 조직심리학은 학계와 응용 장면에서 연구로부터 도출된 광범위한 지식체계를 가지고 있다.
- 연구 참가자가 연구에 기꺼이 참가하고자 하는 의향과 그들의 응답에는 문화 간 차이가 존재한다.

준거 : 의사결정을 위한 기준

이 장의 학습목표

- 개념준거와 실제준거 간 차이를 이해한다.
- 준거결핍, 준거적절성, 준거오염의 의미를
  이해한다.
- 작업분석의 목적과 다양한 작업분석 방법을
  설명한다.
- 산업 및 조직심리학자들이 연구에 사용하는
  아홉 가지 중요한 직무수행 준거를 설명한다.
- 역동적 준거의 개념을 이해한다.

우리는 어떤 사람이나 사물을 평가할 때마다 준거를 사용한다. **준거**(복수형은 criteria, 단수형은 criterion)는 평가할 때 사용하는 기준으로서 판단을 할 때 참조점으로 사용한다. 준거가 우리의 판단에 영향을 미치고 있다는 사실을 의식하지 못하는 경우에도 준거는 여전히 존재한다. 우리는 다양한 종류의 사물이나 사람을 평가하기 위하여 준거를 사용한다. 즉 우리는 어떤 것이 훌륭한(혹은 나쁜) 영화, 저녁식사, 야구경기, 친구, 배우자 혹은 선생님인지 결정하는 데 여러 가지 기준을 사용한다. 산업 및 조직심리학에서 준거는 어떤 종업원, 어떤 프로그램, 조직 내의 어떤 부서가 훌륭한지를 정의하기 위하여 매우 중요하다.

> **준거** : 사물, 사람 혹은 사건을 평가할 때 사용하는 기준

어떤 것을 평가하는 데 있어서 당신과 당신의 친구들이 의견이 다르다면 그 원인은 무엇일까? 준거와 관련된 두 가지 형태의 문제들 중 하나로부터 불일치가 발생할 가능성이 크다. 예로서, Jones 교수를 평가하는 경우를 들어 보자. 한 학생은 그가 훌륭한 교수라고 생각하지만 다른 학생의 의견은 다를 수 있다. 첫 번째 학생은 '교수의 훌륭함'을 (1) 강의 준비 정도, (2) 강의 적절성, (3) 강의 명료성으로 정의하였다. 첫 번째 학생은 Jones 교수에게 이러한 준거에서 매우 높은 점수를 주고 그를 긍정적으로 평가하였다. 두 번째 학생은 교수의 훌륭함을 (1) 열정, (2) 학생들의 의욕을 북돋우는 능력, (3) 학생들과 사적으로 친하게 지낼 수 있는 능력으로 정의하였다. 이 학생은 이러한 준거들에서 Jones 교수에게 낮은 점수를 주었으며 그를 부정적으로 평가하였다. 여기서 불일치가 왜 일어났을까? 그 이유는 두 학생이 교수의 훌륭함을 정의하는 데 서로 다른 준거를 가지고 있었기 때문이다.

의사결정에서 적절한 준거가 무엇인가에 관해 의견이 일치하지 않는 경우가 상당히 자주 있다. 흔히 사람들의 가치나 취향에 따라 사람들의 준거 선택이 달라진다. 돈을 적게 가지고 있는 사람에게는 휘발유가 적게 드는 차가 훌륭한 차일 수 있다. 그러나 부유한 사람에게는 신체적 편안함이 자동차 선택의 중요한 준거가 될 수 있다. 하지만 모든 의견 불일치가 다른 준거를 사용하기 때문에 발생하는 것만은 아니다. 앞서 언급한 학생들의 교수평가 예에서 두 학생 모두 교수의 훌륭함을 강의 준비 정도, 강의 적절성, 강의 명료성으로 정의한다고 가정해 보자. 첫 번째 학생은 Jones 교수가 강의 준비를 잘하고, 과목에 적절한 강의를 하고, 명쾌한 강의를 한다고 생각한다. 그러나 두 번째 학생은 그가 강의 준비를 잘 안 하고, 과목에 걸맞지 않는 강의를 하고, 명쾌한 강의를 못한다고 생각한다. 두 학생 모두 동일한 평가기준을 사용하고 있지만 동일한 판단을 내리지 않았다. 이 경우에 의견의 차이는 Jones 교수의 행동에 부여하는 의미의 차이로부터 나온다. 이러한 불일치는 지각적 편파, 서로 다른 기대, 준거에 대한 서로 다른 조작적 정의에 기인할 수 있다. 이와 같이, 판단을 내리는 데 있어서 동일한 기준을 사용하는 사람들이 항상 동일한 결론에 도달하는 것은 아니다("**소셜 미디어와 산업**

및 조직심리학 : '별 다섯 개' 조직을 평가하는 준거" 참조).

　Austin과 Villanova(1992)는 지난 75년 동안 산업 및 조직심리학에서 준거측정에 관한 역사를 개관하였다. 오늘날 우리가 직면하고 있는 준거의 개념이나 측정과 관련된 문제들이 산

소셜 미디어와 산업 및 조직심리학
'별 다섯 개' 조직을 평가하는 준거

　소셜 미디어의 특징은 개인이 정보, 생각, 의견을 창조하고 다른 사람들과 공유하는 것이 가능하다는 점이다. 사람들은 자신의 의견을 표현하고, 다양한 주제에 관한 정보를 얻고, 다양한 문제에 대해 타인들로부터 피드백을 얻기 위해 소셜 미디어 사이트를 사용한다. 그러나 소셜 미디어를 통해 타인들로부터 조언을 얻고자 할 때, 무엇이 중요한지에 대해 사람들마다 서로 다른 개념을 가지고 있다는 점을 명심해야 한다. 예를 들어, 자녀를 위한 도시락 통을 구매하고자 할 때, 아마존 닷컴에서 별 한 개부터 별 다섯 개까지 평점이 매겨진 고객 상품평을 참고할 수 있다. 상품평을 구체적으로 살펴보면, 별 다섯 개를 매긴 많은 사람들은 도시락 통이 귀엽고 튼튼하다고 평가하였다. 별 한 개를 부여한 사람들은 단열 부족(음식물이 오랫동안 차갑게 유지되지 않음)과 작은 크기(너무 작아서 주스통과 샌드위치를 함께 넣으면 샌드위치가 으깨짐)와 관련된 불만을 작성하였다. 이처럼 구매자들은 '좋은' 도시락 통이 어떤 것인지에 대해 서로 다른 생각을 가지고 있다.

　사람들은 직장을 선택할 때도 다른 사람들의 의견을 참고한다. 예를 들면, 글래스도어 닷컴(Glassdoor.com) 사이트는 전·현직 종업원들이 익명으로 자기 조직의 급여와 복리후생, 문화와 가치, 경력기회 등에 관한 정보를 제공한다. 이러한 정보는 그 회사에 지원하고자 하는 사람이나 이미 그 회사로부터 합격통보를 받은 사람이 그 회사로 갈지를 결정할 때 유용하게 사용된다. 글래스도어는 실제 종업원이 이러한 정보를 작성했는지를 확인하지만 작성자가 누구인지는 밝혀지지 않게 한다. 또한 글래스도어는 작성된 내용을 임의로 편집하거나 바꾸지 않는다. 이런 방식을 통해 작성자들은 회사로부터의 불이익에 대한 공포를 떨칠 수 있고, 작성자들의 진정한 감정이 반영되어 그러한 정보를 믿을 수 있다. 그러나 내용을 살펴보면 작성자들마다 조직에 대한 의견을 작성할 때 서로 다른 준거를 사용하고 있음을 알 수 있다. 작성자에 따라 조직의 장점과 단점에 대한 내용이 상당히 다르다. 어떤 사람은 복리후생과 급여에 근거해서 자기 회사를 '별 다섯 개' 조직이라고 평가한 반면에, 어떤 사람은 리더십과 조직 문화를 근거로 동일하게 '별 다섯 개' 조직이라고 평가한다. 평가의 유용성은 평가할 때 작성자가 어떤 준거를 사용했는지에 따라 달라진다.

업 및 조직심리학의 초창기에 직면하였던 문제들과 전혀 다르지 않다. 준거와 관련된 문제들이 산업 및 조직심리학만의 전유물은 아니다. 이러한 문제들은 대인관계를 판단하는 데 사용되는 준거(예 : 의사소통, 신뢰, 존경)로부터 국가의 복지를 판단하는 데 사용되는 준거(예 : 문맹률, 1인당 소득, 유아 사망률)에 이르기까지 우리의 생활 전반에서 볼 수 있다. 중요한 많은 결정들이 준거에 기초하여 이루어지기 때문에 의사결정 과정에서 그 중요성을 아무리 강조해도 지나치지 않는다. 준거는 광범위한 판단을 내리는 데 사용되기 때문에 사물, 사람, 절차 혹은 집단의 질을 결정하기 위한 목적으로 사용되는 평가적 기준으로 정의된다. 준거에 관한 문제들은 산업 및 조직심리학 분야에서 매우 중요하다.

1. 개념준거와 실제준거

심리학자들이 준거가 가장 중요한 것이라고 항상 생각했던 것은 아니다. 제2차 세계대전 전에 그들은 "준거는 신에 의해 주어지는 것 혹은 그저 세상에 존재하는 것"(Jenkins, 1946, p. 93)이라고 여기는 경향이 있었다. 불행하게도 이것은 사실이 아니다. 우리는 성공적인 작업자, 성공적인 학생, 성공적인 부모가 무엇을 의미하는지를 곰곰이 생각해 보아야 한다. 우리가 측정하고자 하는 성공, 훌륭함 혹은 질을 구성하고 있는 요인들이 적어도 이론적으로 무엇인지에 관해 상당히 많이 알기 전까지 그것들을 측정하려고 무턱대고 성급하게 달려들어서는 안 된다.

| 개념준거 : 연구자가 연구를 통하여 이해하고자 하는 이론적인 기준 |

측정을 하기 위해서는 개념준거를 먼저 설정해야 한다. **개념준거**(conceptual criterion)는 이론적 개념, 즉 실질적으로는 결코 측정할 수 없는 추상적인 개념이다. 심리학자가 마음속으로 생각하고 있는 성공적인 사람(혹은 사물이나 집단)을 구성하고 있는 개념적 요인들이다. 성공적인 대학생이 어떤 사람인가를 정의하는 경우를 생각해 보자. 지적 성장을 첫 번째 요인으로 들 수 있다. 즉 능력이 있는 학생들이 능력이 없는 학생들보다 지적으로 더 성장해 있을 것이다. 또 다른 요인으로 정서적 성장을 들 수 있다. 대학교육은 학생들이 그들 자신의 가치와 신념을 명확하게 할 수 있도록 도와주어야 하고 또한 정서적 발달과 안정성을 도와주어야 한다. 마지막으로, 훌륭한 대학생은 시민활동에서 어느 정도 자기 목소리를 낼 수 있어야 하고, 훌륭한 시민이어야 하고, 자신의 지역사회의 복지에 공헌해야 한다. 교육받은 사람으로서 훌륭한 대학생은 사회를 보다 살기 좋은 곳으로 만드는 것을 돕는 데 적극적인 역할을 할 것이다. 이러한 차원을 훌륭한 대학생을 정의하는 시민의식 요인이라고 부를

수 있다.

이와 같이, 세 가지 요인이 '훌륭한 대학생'을 정의하기 위한 개념준거가 될 수 있다. 이와 똑같은 과정을 '훌륭한 종업원', '훌륭한 부모' 혹은 '훌륭한 조직'을 정의하는 데 적용할 수 있다. 하지만 개념준거들은 이론적인 추상적 개념이기 때문에 그것들을 측정 가능하고 현실적인 요인들로 바꾸는 방법을 찾아야만 한다. 즉 우리가 측정하기를 원하지만 측정할 수 없는 개념준거를 실제로 측정하기 위하여 **실제준거**(actual criterion)를 얻어야만 한다. 따라서 다음으로 해야 할 결정은 어떤 변인을 실제준거로 선택할 것인가이다.

> 실제준거 : 연구자가 측정하거나 평가하는 데 사용하는 조작적 혹은 실제적 기준

어떤 심리학자는 지적 성장의 측정치로 평균학점을 선택할 수도 있다. 물론 평균학점이 지적 성장과 완전히 같은 것이라고는 할 수 없어도 아마 그것이 어느 정도는 지적 성장의 정도를 나타낼 것이다. 정서적 성장을 측정하기 위하여 심리학자는 학생의 지도교수에게 학생이 대학생활 동안 얼마나 정서적으로 성숙해졌는지 물어볼 수 있다. 여기서도 마찬가지로 성숙이 정서적 성장과 정확하게 같은 것은 아니지만, 정서적 성장이라는 추상적인 개념보다는 아마도 정서적 성장을 파악하고 평가하기에 더 쉬운 개념일 것이다. 마지막으로 시민의식의 측정치로서 심리학자는 학생이 대학생활 동안 가입한 자원봉사 조직(학생회, 자선단체 등)의 수를 알아볼 수 있다. 여기서도 마찬가지로 가입한 조직의 수가 이러한 조직에서의 활동의 질과 동일하지 않으며 '훌륭한 시민의식'은 참여의 수보다는 질에 의해 더욱 적절하게 정의될 것이라고 주장할 수도 있다. 그럼에도 불구하고 참여의 질을 측정하는 것은 본질적으로 힘들고 어느 정도의 양 없이는 질에 관해 말할 수 없으므로 심리학자는 이러한 측정치를 사용하기로 결정하였다. 〈표 3-1〉은 성공적인 대학생을 정의하기 위한 개념준거와 실제준거 간의 관계를 나타내고 있다.

이론적으로 '훌륭한' 대학생을 어떻게 정의할 것인가? 평가기준으로서 개념준거를 사용하여 훌륭한 대학생은 높은 수준의 지적 및 정서적 성장을 나타내고 지역사회에서 책임감 있는 시민이라고 정의할 수 있다. 실제적으로 훌륭한 대학생을 어떻게 조작적으로 정의할 것인

표 3-1 성공적인 대학생을 정의하기 위한 개념준거와 실제준거

개념준거	실제준거
지적 성장	대학 평균 학점
정서적 성장	정서적 성숙에 대한 지도교수의 평정치
시민의식	대학에서 가입한 자원봉사 조직의 수

가? 평가기준으로 실제준거를 사용하여 훌륭한 대학생은 학점이 좋고 대학의 지도교수가 정서적으로 성숙되어 있다고 평정하고 대학생활 동안 많은 자원봉사 조직에 가입한 학생이라고 정의할 수 있다. 두 가지 준거(개념준거와 실제준거) 간의 관계를 살펴볼 때 우리의 목표는 우리가 생각하기에 적절한 하나 이상의 실제준거를 선택하여 개념준거와 근사한 추정치를 얻는 것임을 명심해야 한다.

2. 준거결핍, 준거적절성, 준거오염

개념준거와 실제준거 간의 관계를 결핍, 적절성, 오염의 세 가지 개념을 사용하여 표현할 수 있다. 〈그림 3-1〉은 개념준거와 실제준거가 겹치는 정도를 나타내고 있고, 원은 각 준거의 내용을 표시하고 있다. 개념준거가 이론적인 추상적 개념이기 때문에 실제준거와 얼마나 겹치는지는 정확히 알 수 없다. 선택된 실제준거들은 우리가 마음속에 지니고 있는 개념준거들과 결코 완전히 같지는 않기 때문에 구체적으로 말할 수는 없어도 어느 정도의 결핍, 적절성, 오염이 항상 존재할 것이다.

준거결핍 : 개념준거의 영역 중 실제준거에 의해 측정되지 않는 부분

준거결핍(criterion deficiency)은 실제준거가 개념준거를 나타내지 못하고 있는 정도, 즉 실제준거에 개념준거가 얼마나 결핍되어 있는지를 나타낸다. 실제준거에는 어느 정도 결핍이 항상 존재한다. 실제준거를 신중하게 선택하더라도 준거결핍을 완전히 제거할 수

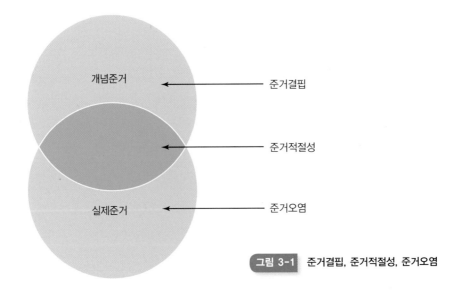

그림 3-1 준거결핍, 준거적절성, 준거오염

는 없지만 그래도 감소시킬 수는 있다. 반대로, 실제준거들이 개념준거들과 얼마나 일치되는지에 주의를 기울이지 않고 실제준거들을 단지 얻기에 편리하다는 이유만으로 선택했다면 그러한 실제준거에서 결핍의 정도는 매우 클 것이다. **준거적절성**(criterion relevance)은 실제준거와 개념준거가 일치하는 정도이다. 개념준거와 실제준거 간의 일치가 크면 클수록 준거적절성은 더 커진다. 개념준거는 이론적이고 추상적인 개념이기 때문에 적절성이 어느 정도나 되는지는 정확히 알 수 없다.

> 준거적절성 : 실제준거와 개념준거가 일치하거나 유사한 정도
>
> 준거오염 : 실제준거가 개념준거와 관련되어 있지 않은 부분

준거오염(criterion contamination)은 실제준거가 개념준거와 관련되어 있지 않은 부분이다. 이것은 실제준거가 개념준거가 아닌 다른 어떤 것을 측정하고 있는 정도를 나타낸다. 오염은 두 가지 부분으로 구성되어 있다. **편파**(bias)라고 부르는 한 부분은 실제준거가 체계적으로 혹은 일관성 있게 개념준거가 아닌 다른 것을 측정하고 있는 정도이다. **오류**(error)라고 부르는 두 번째 부분은 실제준거가 어떤 것과도 관련되어 있지 않은 정도를 나타낸다.

오염과 결핍은 둘 다 실제준거에서 바람직하지 못한 것들이고 둘 다 개념준거를 왜곡시킨다. 실제준거에 포함되지 말아야 하는 요인들이 포함되어 있기 때문에(즉 그 요인들이 개념준거에는 없기 때문에) 준거오염은 실제준거를 왜곡시킨다. 또한 개념준거의 중요한 차원들이 실제준거에는 포함되어 있지 않기 때문에 준거결핍도 실제준거를 왜곡시킨다.

훌륭한 대학생에 대한 준거들을 설정하는 예에서 어떠한 준거결핍과 준거오염이 있을 수 있는지를 고려해 보자. 우리가 선택한 실제준거들이 개념준거들을 나타내는 데 어떤 결핍이 있을 수 있을까? 일반적으로 학생들이 과목을 수강하기 전에 그 과목에 대하여 가지고 있는 사전지식의 정도가 다르다. 어떤 학생은 과목내용을 전혀 모를 수도 있고 다른 학생은 그 과목내용에 매우 친숙할 수도 있다. 학기말에 전자의 학생은 후자의 학생보다 더욱 지적으로 성장할 수 있지만 과목의 학점에서는 후자의 학생이 더 높은 점수를 받을 수 있다. 준거로서 평균학점을 사용한다면 후자의 학생이 지적으로 더 성장했다고 잘못된 결론을 내릴 수 있다. 따라서 학점이 지적 성장을 완벽하게 나타내고 있지 않다(즉 결핍되어 있다). 학생의 정서적 성숙에 관한 지도교수의 평정은 지도교수가 가장 이상적인 판단자가 아니기 때문에 결핍된 것일 수 있다. 지도교수는 학생에 대하여 단지 제한된 면만을 관찰할 수 있다. 마지막으로 학생이 얼마나 많은 수의 자원봉사 집단에 속해 있느냐를 단순히 세는 것만으로 그 학생의 시민의식을 아는 것은 충분하지 않다. 참여의 질도 양과 마찬가지로 혹은 그 이상으로 중요하다.

이러한 실제준거들이 어떻게 오염될 수 있을까? 만일 어떤 전공이 다른 전공보다 더 어렵

다면, 학점은 지적 성장에 관한 오염된 측정치가 될 것이다. 쉬운 전공을 공부하는 학생들이 어려운 전공의 학생들보다 학점이 더 잘 나와서 지적 성장을 더 경험한 것으로 판단될 것이다. 이것은 평균학점과 학생의 전공 난이도 간에 존재하는 편파이다. 이러한 편파의 근원은 실제준거(학점)에 영향을 미치지만 개념준거(지적 성장)에는 영향을 미치지 않는다. 지도교수가 학생의 정서적 성숙도를 평정한 것은 그 학생의 학점에 의해 오염될 수 있다. 지도교수는 학점이 높은 학생이 학점이 낮은 학생보다 정서적으로 더 성숙되어 있다고 믿을지 모른다. 이와 같이 평균학점은 정서적 성장이라는 개념준거와는 아무런 관계가 없지만 평균학점 때문에 지도교수가 편파적인 평정을 내릴 수 있다. 마지막으로 학생이 가입한 자원봉사 조직의 수는 학생의 인기에 의해 오염될 수 있다. 많은 자원봉사 조직에 가입한 학생이 정말로 우리가 측정하고자 하는 훌륭한 시민이라기보다는 단지 남에게 인기가 더 있는 학생일 수도 있다.

만일 우리가 이러한 준거들이 오염되었다는 것을 안다면 어떻게 해야 할까? 사실 연구자가 어떤 형태의 오염이 존재한다는 것을 안다면 실험적 혹은 통계적 절차를 통하여 그 영향력을 통제할 수 있다. 현실적인 문제는 어떻게 오염시키는 요인들의 발생가능성을 미리 예견하고 그에 대한 조치를 취할 것인지에 있다. Komaki(1998)는 어떤 준거는 평가 대상이 되는 사람들이 직접적으로 통제할 수 없다는 문제점을 지적하였다. 예를 들어, 두 명의 영업사원의 영업실적은 개인의 영업능력에서의 차이가 아니라 각자가 맡은 영업지역의 크기에 따라 달라질 수 있다.

심리학자들은 실제준거들을 측정하기 위한 새롭고 보다 나은 방법들을 발견하려고 많은 시간을 보내 왔다. 그들은 보다 정확한 측정치들을 얻으려고 다양한 분석방법과 계산절차들을 사용해 왔다. Wallace(1965)는 심리학자들이 실제준거를 측정하는 새로운 방법을 발견하는 데 심사숙고하기보다는 그들이 진정으로 알려고 하는 개념준거들을 적절하게 측정할 수 있는 실제준거가 무엇인지를 찾아내는 데 더 많은 시간을 보내야 한다고 권고했다. 개념준거의 측정치로서 실제준거가 얼마나 적절한지는 항상 전문가적 판단의 문제이다. 어떤 방정식이나 공식들이 실제준거의 적절성을 결정해 주지 않는다. Wherry(1957)는 "만일 우리가 잘못된 것을 측정하고 있다면, 그것을 더 잘 측정하려고 아무리 노력해도 소용이 없을 것이다"(p. 5)라고 말했다.

3. 작업분석

어떤 일을 누가 하는지에 관한 논의는 기원전 5세기 소크라테스 시대로부터 시작되었다 (Primoff & Fine, 1988). 하지만 공식적인 작업분석은 20세기 초에 시작되었다. 두 명의 초창기 산업 및 조직심리학자가 산업효율성 을 향상시키기 위한 방법으로 작업분석이라는 개념을 제안하였다. Frederick Taylor는 과학적 관리 원칙의 주춧돌로서 **작업분석**(work analysis)을 제시하였다. Lillian Moller Gilbreth와 그녀의 남편은 직 무수행에 요구되는 작업 단위들을 찾아내기 위하여 시간 및 동작

> 작업분석 : 작업에서 수행하는 활동과 작업을 수행하는 데 필 요한 인적 속성을 분석함으로써 작업 내용을 정의하는 공식적인 절차

연구를 사용하였다. 그들은 이 방법을 "Therblig"라고 불렀는데 이는 자신들의 성인 Gilbreth 를 거꾸로 발음하여 만든 명칭이다. 오랫동안 산업 및 조직심리학에서 작업분석을 "직무분 석(job analysis)"이라고 불렀다. 하지만 최근 산업 및 조직심리학에서는 "작업분석"이라는 용 어를 더 선호한다(예 : Morgeson & Dierdorff, 2011; Pearlman & Sanchez, 2010). 직무가 작업분 석의 핵심에 있지만 오늘날 일의 세계가 지속적으로 변하고 있기 때문에 직무(즉 특수한 기술 이 요구되는 과업들의 표준화된 집합)의 심리적 의미는 퇴색하였다. Sanchez와 Levine(2001)이 표현한 것처럼, "과거에는 정적인 '직무'가 존재했지만, 작업절차와 작업에 대한 연구는 현 재와 미래의 어떤 인적자원 시스템에서도 기본적인 것으로 계속 지속될 것이다"(p. 86).

산업 및 조직심리학자들은 종종 효과적인 수행의 준거들을 알아내야 한다. 이러한 수행 준거들은 능력에 기초하여 사람들을 선발하고, 작업에서 중요한 것을 수행할 수 있도록 교 육하고, 개인의 수행수준에 맞게 보수를 지급하는 기초가 된다. 작업분석은 직무의 준거 혹 은 수행차원을 알아내는 데 유용한 절차이며, 작업분석가에 의해서 이루어진다. Pearlman과 Sanchez(2010)는 작업분석을 "(a) 조직에서 사람들이 수행하는 작업의 내용(예 : 과업, 책임, 혹은 작업 산출물), (b) 수행과 관련된 작업자 속성(지식, 기술, 능력, 기타 개인적 특성들), (c) 작업 환경(작업을 하는 물리적 및 심리적 환경과 보다 광범위한 조직 및 외부 환경 포함)에 관한 정보를 수집하고, 문서화하고, 분석하는 체계적 절차"(p. 73)라고 언급하였다.

이러한 기본 정보는 인사결정을 내릴 때 많이 사용된다. 작업분석을 의무적으로 하도록 법 으로 정하고 있고, 큰 조직에서는 작업분석에 드는 비용이 1년에 100만 달러가 넘는 것으로 추정된다. Wilson(2007)은 산업 및 조직심리학에서 작업분석이 차지하는 역할에 대하여 통 찰력 있는 언급을 하였다. "작업분석은 산업 및 조직심리학의 많은 하위분야에서 선구자적 역할을 했기 때문에 매우 중요하다. 연구자의 주요 관심이 다른 분야에 있다고 하더라도 작 업분석은 흔히 가장 먼저 해야 하는 중요한 절차이다"(p. 219). 작업분석이 "가장 먼저 해야

하는 중요한 절차"라는 Wilson의 언급은 정말로 정확한 표현이다. 제1장에서 인용했던 나무 못과 구멍 간의 비유를 사용해서 표현하면, 작업분석은 '구멍의 모양'을 묘사하거나 정의하는 절차이다. 작업분석을 실시하지 않는다는 것은 크기나 모양을 알지 못하는 구멍에 나무못을 억지로 끼워 넣고자 하는 것과 같이 무모한 행동이다. 이처럼 산업 및 조직심리학의 많은 하위분야에서 작업분석은 실무적, 이론적, 법률적인 이유 때문에 가장 먼저 필수적으로 해야 하는 절차로 간주된다. Levine과 Sanchez(2012)는 "작업분석이 종업원에 대한 선발, 보상, 교육, 수행 평가와 같은 영역에서 중요한 직무의 근본적 구성개념을 성공적으로 파악해야 한다. 하지만 분석을 잘했다고 해서 분석 결과를 사용해서 만든 프로그램이 반드시 만족스러울 것이라고 보장할 수 없다"(p. 129)고 언급하였다. 즉 정교하게 작업분석을 했다고 하더라도 실제로 선발이나 교육에서 작업분석 결과를 적용하는 데 많은 노력을 기울여야 한다(Gutman & Dunleavy, 2012).

1) 작업정보 출처

작업분석에서 가장 중요한 문제는 작업에 관한 정보의 정확성과 완전성이다. 작업정보를 제공하는 세 가지 중요한 출처들이 있고, 각 출처들은 모두 **주제관련 전문가**(subject matter expert, SME)이다. 주제관련 전문가라고 부를 수 있는 자격요건이 정확하게 정해져 있는 것은 아니지만, 최소 요건으로 작업에서 수행되는 모든 과업에 대하여 익숙할 정도로 오랜 시간 동안 과업을 직접 수행한 경험이 있고 과업에 대한 최근 경험을 가지고 있어야 한다.

> 주제관련 전문가 : 어떤 주제에 대하여 잘 알고 있기 때문에 정보를 제공해 줄 수 있는 자격을 갖춘 사람

작업정보를 얻는 데 가장 흔히 사용되는 출처는 현직자(job incumbent)로서 직무에 현재 종사하고 있는 사람이다. 주제관련 전문가로 현직자를 사용하는 것은 그들이 자신의 직무에 관하여 암묵적으로 가장 잘 알고 있기 때문이다. Landy와 Vasey(1991)는 현직자들 중 누구를 주제관련 전문가로 선정할 것인지에 관한 표집방법이 중요하다고 믿는다. 그들은 경험 많은 현직자들이 가장 가치 있는 정보를 제공한다는 것을 발견하였다. Sanchez(2000)는 어떤 경우에는 현직자가 가장 적절한 주제관련 전문가가 아닐 수 있다고 주장하였다. 분석 대상이 되는 직무가 조직 내에 존재하지 않고 현직자도 없는 새로운 직무를 분석해야 하는 경우도 있기 때문이다. 기술의 발전이 작업수행 방식을 변화시킴에 따라 Sanchez는 장래에 요구되는 종업원들의 특성을 예측하기 위하여 통계적 방법을 사용할 것을 제안하였다. 두 번째 주제관련 전문가는 현직자의 상사이다. 상사(supervisor)는 현직자들이 직무에서 무엇을 하는지를 알려 주는 데 중요한 역할을 하기 때문에 정보를 제공하는 신뢰로운 출처이다. 상사들이 현직

자들보다 직무를 어느 정도는 보다 객관적으로 기술할 수 있지만, 현직자들과 상사들 간에는 정당한 의견 차이가 있을 수 있다. 이들이 의견 차이를 보이는 대부분은 직무에서 무엇을 수행하는지에 관한 것이 아니라 직무수행에서 실제로 요구되는 중요한 능력에 관한 것이다. 작업정보의 세 번째 출처는 훈련받은 **작업분석가**(work analyst)이다. 많은 직무를 비교할 때 작업분석가들을 주제관련 전문가로 사용한다. 그들은 작업분석 방법에 익숙하기 때문에 흔히 여러 직무에 대하여 가장 일관된 평정을 내린다. 작업분석가의 전문성은 다양한 직무 그 자체에 관한 내용을 알고 있는 데 있는 것이 아니라 직무에서 수행되는 작업활동이나 수행에 요구되는 인적 속성에서 직무들 간의 유사성과 차이점을 이해하는 능력에 있다.

　일반적으로 현직자들과 상사들은 작업정보에 관하여 가장 좋은 출처인 반면, 작업분석가들은 여러 직무들 간의 관계에 관하여 가장 정확한 정보를 주는 출처이다. 직무를 이해하기 위한 가장 바람직한 전략은 오직 하나의 출처에 전적으로 의존하는 것이 아니라 가능한 한 자격을 갖춘 여러 출처로부터 정보를 수집하는 것이다.

2) 작업분석 절차

작업분석의 목적은 직무에서 수행하는 활동과 직무를 수행하는 데 요구되는 인적 요건들을 알아내는 것이다. 작업분석을 분명하게 이해하기 위해서는 〈그림 3-2〉에 제시되어 있는 작업과 관련된 네 가

> 과업 : 작업의 기본요소로서, 작업 연구에서 가장 낮은 수준의 분석 단위

지 개념을 알아야 한다. 개념 체계에서 가장 하위 수준이 **과업**(task)이다. 과업은 구체적인 작

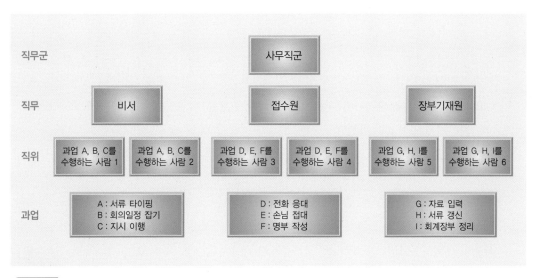

그림 3-2 과업, 직위, 직무, 직무군 간 관계

업 목표를 달성하기 위한 가장 기본적 작업단위이다. **직위**(position)는 단일 종업원이 수행하는 과업들의 집합으로 정의된다. 조직에는 종업원의 수만큼 직위의 수가 존재한다. 하지만 많은 직위는 서로 유사할 수 있다. 이 경우에 유사한 직위들은 합쳐지거나 통합되어서 **직무**(job)를 형성한다. 예로서 비서의 직무를 들 수 있다. 또 다른 예로는 장부기재원을 들 수 있다. 직무내용에서의 전반적 유사성에 기초하여 유사한 직무들을 합쳐 **직무군**(job family)을 형성할 수 있는데, 이 경우에는 비서와 장부기재원 등이 합쳐져서 사무직군을 형성한다.

> **직위** : 단일 종업원이 수행하는 과업의 집합
>
> **직무** : 조직 내에서 유사한 직위들의 집합
>
> **직무군** : 조직 내에서 유사한 직무들의 집합

작업을 과업 지향적 관점에서 이해할 수도 있고 작업자 지향적 관점에서 이해할 수도 있다. 작업분석을 실시할 때 두 가지 절차를 모두 사용한다.

> **과업 지향적 절차** : 수행하는 작업을 이해하기 위하여 작업에서 중요하거나 자주 수행하는 과업들을 찾아내는 작업분석 절차

과업 지향적 절차　**과업 지향적 절차**(task-oriented procedure)는 일반적으로 직무에서 무엇을 하는지, 즉 직무에서 수행하는 과업들이 무엇인지를 조사하여 직무를 이해한다. 과업 지향적 절차는 작업수행에 관한 활동에 초점을 둔다. 이러한 절차는 작업의 의무, 책임, 기능을 고려하는 것으로부터 시작된다. Williams와 Crafts(1997)는 의무를 "직무에서의 목표를 달성하기 위하여 현직자가 수행하는 일련의 과업으로 구성되어 있는 작업의 주요 부분"(p. 57)이라고 정의하였다. 이처럼 과업들은 과업 지향적 절차를 사용하여 작업을 이해하는 데 기본적인 분석단위가 된다. 작업분석가는 수행하는 과업들을 간결하게 표현해 놓은 일련의 **과업 진술문**(task statement)을 개발한다. 과업 진술문의 예는 "고압전선을 잇는다", "재료와 물건을 주문한다", "시험을 채점한다"와 같은 것이다. 과업 진술문을 너무 일반적인 용어로 기술해도 안 되고 너무 전문적인 수준으로 기술해도 안된다. 그것들은 서로 구분되는 작업단위들을 나타내도록 적절하게 세분화되어 있어야 한다. Clifford(1994)는 대부분의 직무를 기술하는 데 필요한 과업의 수가 일반적으로 300개에서 500개 사이에 있다고 추정했다.

과업 진술문을 개발한 다음, 주제관련 전문가(흔히 현직자)는 몇 개의 척도나 차원을 사용하여 과업 진술문을 평정한다. 척도는 직무에 대한 이해를 촉진시키는 중요한 차원들을 반영하고 있다. 과업 진술문을 평정하는 데 흔히 사용되는 척도는 빈도, 중요도, 난이도 등이다. 예를 들어, 빈도 척도는 특정 과업을 매우 드물게(1년에 한두 번 정도) 수행하는지 아니면 매우 자주(하루에도 여러 번) 수행하는지를 나타낸다. 직무를 구성하고 있는 과업들의 빈도, 중요도, 난이도 등에 대한 평정을 분석한 결과에 기초하여 직무를 이해할 수 있다.

과업 지향적 작업분석 방법의 고전적인 예는 Fine과 Cronshaw(1999)가 개발한 **기능적 직무**

분석(functional job analysis, FJA)이다. 기능적 직무분석으로부터 두 가지 종류의 과업정보를 얻는데, 하나는 작업자가 과업을 수행하는 절차나 과정에 관한 정보이고 다른 하나는 작업자가 과업을 수행하는 물리적 및 정신적 환경과 대인관계에 관한 정보이다. 이러한 종류의 정보는 작업자가 무엇을 하고 그러한 직무행동의 결과가 무엇인지를 아는 데 사용된다. 아마도 기능적 직무분석의 가장 두드러진 특징은 과업을 사람(people), 자료(data), 사물(things)과 같은 세 가지 차원을 사용하여 평정한다는 것이다. 과업이 사람과의 상호작용을 필요로 할 때, 작업자는 대인 민감성이나 동정과 같은 대인관계 자원이 필요하다. 과업이 자료를 다루는 것을 포함하고 있으면, 지식이나 추론과 같은 정신적 자원이 필요하다. 과업이 주로 사물을 조작하는 것을 포함하고 있으면, 작업자는 힘이나 신체협응과 같은 물리적 자원이 필요하다. 이러한 세 가지 차원(사람, 자료, 사물) 각각은 높은 복잡성 수준으로부터 낮은 복잡성 수준으로 위계구조를 이루고 있다. 예를 들어 어떤 직무는 사람 차원에서는 중간 수준, 자료 차원에서는 높은 수준, 사물 차원에서는 낮은 수준으로 정의될 수 있다. 기능적 직무분석은 우리 사회에 존재하는 다양한 분야에서의 직무를 분석하는 데 사용되었지만 그중에서도 연방정부에서 가장 자주 사용되었다. 이 방법은 직무를 연구하기 위한 중요한 체계적 접근법들 중 하나로 간주되고 있다.

> **기능적 직무분석(FJA)** : 직무의 내용을 사람, 자료, 사물에 의해 기술하는 작업분석 방법

작업자 지향적 절차 작업자 지향적 절차(worker-oriented procedure)는 작업을 성공적으로 수행하는 데 요구되는 인적 속성들을 조사함으로써 작업을 이해한다. 인적 속성은 지식(knowledge, K), 기술(skill, S), 능력(ability, A), 기타 특성(other characteristic, O)이라는 네 가지 범주로 분류된다. 지식은 작업을 수행하기 위해 요구되는 특수한 종류의 정보를 말한다. 어떤 지식은 작업자가 직무에 채용되기 전에 갖출 필요가 있는 반면에 어떤 지식은 작업을 수행하면서 얻을 수 있다. 기술은 과업을 수행하는 데 요구되는 숙련성이라고 정의된다. 예를 들어, 타자 기술이나 자동차 운전기술처럼 기술은 보통 연습을 통해 향상된다. 능력은 일반적으로 오랫동안 고정되어 있고 비교적 지속적인 속성이라고 정의된다. 인지 능력, 신체 능력, 공간 능력을 예로 들 수 있다. 하지만 일생 동안 어떤 능력(예 : 체력)은 다른 능력(예 : 언어력)보다 더 빨리 쇠퇴한다. 기술과 능력은 흔히 쉽게 혼동되며 그 구분이 항상 명확하지 않다. 기술을 선천적인 능력이 개발된 것으로 간주하면 둘 간의 구분이 약간은 명확해질 것이다. 일반적으로 말하면, 높은 수준의 타고난 능력이 높은 수준의 기술로 개발될 수 있다. 예를 들어, 음악적 능력이 높은 사람은 악기를 매우 능숙하게 연주하게 될 가능성이 높다. 하지만 낮은 수준의 능력을 가진 사람은 높은 수준의 기술을 개

> **작업자 지향적 절차** : 수행하는 작업을 이해하기 위하여 작업에서 중요하거나 자주 사용하는 인적 속성들을 찾아내는 작업분석 절차나 과정

발하기가 힘들다. 기타 특성들은 모든 다른 인적 속성들인데 그중에서 가장 자주 언급되는 것이 성격요인(예 : 비상사태에서도 침착함을 유지하는 것)과 잠재능력(예 : 혹독한 온도 조건에서 참기)이다. Foster 등(2012)은 다양한 직무(예 : 고객서비스 직무)에서 사람을 뽑을 때 성격 검사를 사용하는 경우가 증가하고 있기 때문에, 작업분석을 통해 직무에서 요구되는 필수 성격 특성을 찾아낼 필요가 있다고 언급하였다. 이러한 네 종류의 속성들을 모두 합하여 KSAO라고 부르는데, KSAO는 작업을 수행하는 데 요구되는 인적 속성들을 분석함으로써 작업을 이해하려는 접근에서 흔히 사용된다.

> KSAO : 지식(K), 기술(S), 능력 (A), 기타 특성(O)을 나타내는 영어 약자

과업 진술문과 유사하게 KSAO 진술문도 직무를 수행하는 데 요구되는 인적 속성들을 이해하기 위한 수단으로 사용된다. 이러한 진술문은 "~에 관한 지식", "~을 하는 기술", "~을 하는 능력"과 같은 표현을 사용하여 표준화된 형태로 기술된다. 예를 들면, "도시의 건물 주소에 관한 지식", "공기압축에 의해 작동하는 드릴을 사용하는 기술", "50파운드의 물건을 머리 위까지 들어 올리는 능력"과 같은 것이다. 직무를 수행하는 데 있어서 이러한 KSAO 진술문들이 매우 중요한지 아니면 전혀 중요하지 않은지를 주제관련 전문가들이 평정한다. 과업 진술문들에 대한 평정을 분석하는 것과 유사하게, 직무를 성공적으로 수행하는 데 요구되는 인적 속성들에 기초하여 직무를 이해하기 위하여 KSAO 진술문에 대한 평정을 분석한다.

> 연관 분석 : 작업에서 수행하는 과업과 그 작업을 수행하는 데 요구되는 인적 속성 간의 관련성을 설정하는 작업분석 기법

직무에 대하여 더 많은 정보를 얻기 위하여 추가로 다른 분석절차를 사용할 수 있다. **연관 분석**(linkage analysis)은 작업분석의 두 가지 기본 절차인 과업 지향적 절차(즉 작업활동)와 작업자 지향적 절차(즉 인적 속성)로부터 얻은 정보를 서로 연결시키는 것이다. 연관 분석은 KSAO와 수행하는 과업들 간의 관계를 분석한다. 이러한 분석 결과로부터 특정 KSAO가 중요하고 자주 수행하는 어떤 과업과 관련되어 있는지를 알 수 있다. 직무에서 중요하고 또 자주 사용되는 과업과 관련되어 있는 KSAO는 종업원을 선발하기 위한 검사에 포함된다. 연관분석은 성공적 직무수행에 필요한 KSAO와 종업원 선발검사 문항 간의 관계를 설정하는 데 유용하다(Doverspike & Arthur, 2012). 직무를 수행하는 데 높은 수준의 기계 능력이 요구된다면 기계 능력을 측정하는 검사 문항과 직무수행 간의 연관성이 높아야 한다.

현재 직무를 수행하고 있는 현직자들이 그들의 직무에 관하여 가장 믿을 만한 정보를 제공하는 사람들로 간주되지만, 작업에서 수행할 과업과 KSAO를 연결시켜 주는 연관분석을 할 때는 현직자보다 작업분석가가 더 신뢰할 수 있는 정보를 제공한다는 것이 밝혀졌다(Baranowski & Anderson, 2006). 이러한 결과에 대한 한 가지 가능한 설명은 인적 요건과 작업

활동 간의 관련성을 추론할 때 '추론적 비약'이 개입될 수 있다는 것이다. 과업활동이 타이핑하는 것이고 이러한 활동에 필요한 인적 요건이 손가락 정교성이라고 가정해 보자. 손가락 정교성과 타이핑 간에는 직접적인 연관성이 존재하기 때문에 이러한 판단에서 추론적 비약이 필요 없다. 하지만 전화를 걸어 상품을 파는 과업활동(즉 텔레마케터 직무)에 요구되는 인적 요건이 사교성이라고 가정해 보자. 전화를 걸어 물건을 사도록 설득하기 위해서는 매우 사교적이어야 한다고 추론하기 때문에 이 경우에는 추론적 비약이 개입된다. 텔레마케터는 컴퓨터 화면에 적혀 있는 각본을 그대로 읽으면서 직무를 수행한다. 사전에 짜인 각본에 따라 이야기하고, 고객이 거절하거나 구입을 망설일 때 어떻게 대응해야 하는지도 대부분의 경우 각본에 적혀 있다. 따라서 사교적인 성격이 직무수행을 낮추지는 않지만 텔레마케터에게 사교성이 성공적인 직무수행에 필요한 유일한 요인은 아니다. 매우 사교적인 성격, 다른 사람을 설득하는 능력, 고객의 거절을 슬기롭게 극복하는 능력 등에 의해 텔레마케터의 성공이 결정된다.

어떤 직무들은 작업자 고유의 행동 스타일을 허용하기 때문에 성공적인 직무수행은 여러 가지 요인에 의해 결정된다. Lievens 등(2010)은 장비를 사용하는 직무에서 활동과 필요한 인적 요건 간의 관련성에 대하여 현직자들의 동의 정도가 가장 높다고 보고했다. 이러한 결과는 장비를 성공적으로 조작하는 방법이 여러 가지 있는 것이 아니라는 것을 시사한다. 과업을 수행하는 방법이 여러 가지인 직무에서는 어떤 KSAO가 성공적인 수행과 관련되어 있는지를 찾아내는 데 있어서 판단자들 간에 높은 동의를 얻기가 어렵다.

3) 작업분석 정보 수집 방법

작업분석을 수행하는 첫 단계는 직무에 관한 정보를 포함하고 있는 문서로 된 자료들을 검토하는 것이다. 이러한 자료는 조직이 가지고 있는 과업요약서, 교육편람, 기타 정보를 포함한다. 이러한 자료를 읽음으로써 작업분석가는 분석할 직무에 대하여 보다 광범위한 정보를 얻을 수 있다.

정보수집 방법 일반적으로 면접, 직접관찰, 설문지와 같은 세 가지 방법을 사용한다. 첫 번째 방법인 면접에서는 작업분석가가 종업원들에게 그들이 하는 일의 성질에 관하여 묻는다. 종업원들을 개인적으로 혹은 소집단으로 면접하거나 또는 여러 번의 집단토론을 통하여 면접할 수도 있다. 작업분석가는 작업에서 수행하는 활동이나 작업을 수행하는 데 요구되는 KSAO를 이해하기 위하여 종업원들에게 질문을 한다. 현재 직무를 수행하고 있는 사람을 그 직무에 관하여 가장 좋은 정보를 주는 주제관련 전문가(SME)로 간주하여 면접 대상자로 선정한다. 주제관련 전문가 중에서도 언어 능력, 좋은 기억력, 협조성을 지니고 있는 사람들을 선정하는 것이 보다 바람직하다. 주제관련 전문가들이 작업분석을 하는 이유에 관해 의심하는 경우에 그들은 자기방어 전략으로 자신들의 능력의 중요성이나 일에서의 애로점을 과장하여 말하는 경향이 있다("**현장기록 1 : 기억할 가치가 있는 교훈**" 참조).

현장기록 1
기억할 가치가 있는 교훈

종업원들을 대상으로 그들이 하는 직무에 관하여 면접을 할 때, 작업분석가는 그들에게 무엇을 질문하는지 그리고 작업분석을 왜 하는지를 설명해야 한다. 만일 작업분석가들이 그들이 하는 역할을 충분히 설명하지 않으면 종업원들은 위협을 느낄지도 모르고, 작업분석가들이 자신들의 수행을 부정적으로 평가하고, 자신들의 임금을 낮추고 해고시키는 등 자신들의 입지를 어느 정도 위태롭게 할지도 모른다고 걱정할 수 있다. 작업분석가들은 이러한 것들을 할 권한을 가지고 있지 않지만 일부 종업원들은 최악의 경우를 가정한다. 종업원들이 위협감을 느낄 때 그들은 보통 자신들을 보호하려고 조직에 대한 그들의 공헌의 중요성이나 애로사항을 과장하여 말한다. 그러므로 정확하고 정직한 반응들을 얻어 내기 위해서 모든 작업분석가들은 최선을 다해서 종업원들의 의심이나 두려움을 제거하도록 해야 한다.

나는 일찍이 이러한 점의 중요성을 깨달았다. 내가 처음으로 해 본 작업분석들 중 하나는 하수구 청소부의 직무를 분석하는 것이었다. 나는 세 명의 하수구 청소부들을 만나 그들의 작업에 관하여 면접하기로 되어 있었다. 하지만 면접 전에 그들에게 나 자신에 관하여 충분한 정보를 주는 것, 즉 내가 왜 그들과 면접하고 있는지 그리고 내가 하고자 하는 것이 무엇인지에 관해 그들에게 알려 주는 것을 소홀히

했다. 나는 그저 작업장소에 도착해서 나 자신을 소개하고 내가 그들의 직무에 관하여 이야기하기를 원한다고만 말했다. 무엇인가 심상치 않다고 느꼈는지 하수구 청소부들은 나에게 면접에서 처음에 위협적이지 않은 분위기를 설정해야 하는 중요성에 관하여 기억에 남을 만한 교훈을 주었다.

한 하수구 청소부가 나에게 다가와서 이렇게 말했다. "만일 우리가 우리의 직무를 하지 않으면 어떤 일이 발생하는지를 말하겠습니다. 만일 우리가 나뭇가지, 녹슨 자동차 바퀴덮개, 낡은 타이어와 같은 물건들을 하수구에서 청소하지 않으면 하수구는 막힙니다. 하수구가 막히면 하수는 흐르지 않습니다. 하수가 흐르지 않으면 그것이 역류합니다. 역류한 하수 오물은 주택의 지하실로 차오를 것입니다. 맨홀 뚜껑이 열리고 도시는 하수오물로 뒤덮일 것입니다. 하수오물은 결국 고속도로, 공항활주로, 기차철로를 덮을 것입니다. 사람들은 하수오물로 뒤덮인 집에 갇혀 버릴 것입니다. 시 전체는 하수오물로 뒤덮일 것이고 사람들은 갇혀서 어느 누구도 꼼짝달싹 못할 것입니다. 이것이 우리가 하수구를 청소하지 않으면 일어날 일들입니다." 면접을 하면서 이러한 어려움을 겪으며 나는 종업원들에게 그들의 직무에 관하여 과장되게 말할 빌미를 제공하지 말아야 하는 것의 중요성을 깨달았다.

두 번째 방법은 **직접관찰법**이다. 이 방법에서는 종업원들의 수행을 있는 그대로 관찰한다. 관찰자는 종업원의 수행을 방해하지 않고 그들이 평소대로 하는 것을 관찰한다. 관찰자는 종업원들과의 대화가 그들의 수행을 방해하기 때문에 종업원들과 이야기하지 않는다. 때때로 관찰을 용이하게 하기 위하여 촬영기기나 녹화장비를 사용한다. 직접관찰법은 직무에서 어떤 행동을 '왜' 하는지를 이해하는 데 좋은 방법은 아니지만 열악한 조건(소음이나 고열과 같은)에서 수행하는 작업을 음미하고 이해하는 데 탁월한 방법이다.

작업에 관한 정보를 수집하는 세 번째 방법은 구조화된 **설문지**를 이용하는 것이다. 분석가는 분석을 위하여 기존에 있는 지식이나 작업정보에 관한 분류체계를 사용한다. **분류체계**(taxonomy)는 정보(이 경우에는 직무에 관한 정보)를 조직화하는 데 유용하다. 직무에 관하여 수집된 정보는 기존의 측정체계에 의해 자동적으로 조직화되고 이러한 점수는 이전

> **분류체계** : 분류하고자 하는 대상들에 대한 이해를 증진시키기 위한 구분체계

에 분석된 다른 여러 직무를 기술하는 점수로 구성된 데이터베이스에 추가된다. Peterson과 Jeanneret(1997)는 작업분석가가 기존에 있는 작업분석의 틀로부터 작업의 내용을 연역할 수 있기 때문에 이러한 절차를 그 성질상 **연역적** 방법이라고 불렀다. 이와 대조적으로 면접과 직접관찰법은 작업분석가가 분석할 작업에 관하여 정보를 새롭게 창출해야 하기 때문에 그 성질상 귀납적이다. 작업분석가들은 흔히 하나 이상의 직무를 이해하는 데 관심이 있기 때문에 구조화된 설문지법이 여러 직무들 간의 관계를 조사하기 위하여 가장 유용한 방법이다. 산업 및 조직심리학 분야의 작업분석에서 최근에 개발된 방법들의 대부분은 연역적 방법을 사용하고 있다.

분류정보 작업분석을 위해 사용하는 분류정보의 몇 가지 예가 있다. 첫 번째 예는 **직위분석설문지**(Position Analysis Questionnaire, PAQ)(McCormick & Jeanneret, 1988)로서 직무수행에 요구되는 인간의 특성을 기술하는 데 사용되는 195개의 진술문으로 구성되어 있

> **직위분석설문지(PAQ)** : 약 200 개 문항으로 구성된 설문지를 사용하여 직무의 내용을 파악하는 작업분석 방법

다. 진술문들은 6개의 주요 범주로 조직화되어 있는데, 그것들은 정보 입력, 정신과정, 작업결과, 타인들과의 관계, 직무맥락, 기타 직무요건이다. 타인들과의 관계 범주에 포함되어 있는 몇 개의 견본 문항이 〈그림 3-3〉에 제시되어 있다. PAQ를 사용하여 분석된 수많은 유사 직무들의 데이터베이스에 의해 작업분석가는 관심의 대상이 되는 직무를 이해할 수 있다.

분류정보를 사용한 접근법의 두 번째 예는 과업수행에 요구되는 인간 능력에 대한 분류체계에 관하여 Fleishman과 그의 동료들이 개발한 연구이다(Fleishman & Quaintance, 1984). Fleishman은 광범위하고 다양한 과업을 수행하는 데 요구되는 52개의 능력을 찾아냈다. 이

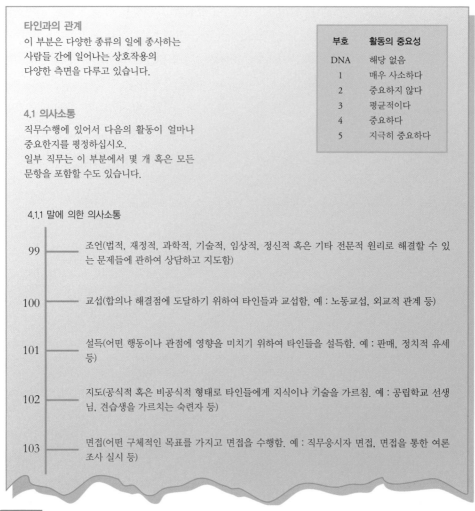

그림 3-3 **PAQ 견본 문항**

러한 능력의 예는 말로 표현하는 능력, 손과 팔의 안정성, 손과 발의 협응력, 반응시간, 선택적 주의력, 야간시력 등이다. Fleishman은 과업을 수행하는 데 필요한 각 능력의 정도를 측정하는 척도를 마련했다. 예를 들어, 다음에 나열된 과업수행에 요구되는 손과 팔의 안정성 정도를 1(낮음)부터 7(높음)까지의 척도를 사용하여 측정한 결과는 다음과 같다.

다이아몬드 표면 깎기	6.32
바늘에 실 꿰기	4.14
담배에 불 붙이기	1.71

Fleishman의 방법을 사용하면 수행하는 과업과 과업을 수행하는 데 요구되는 능력과 그 수준에 의해 직무를 기술하는 것이 가능하다.

작업분석을 위하여 분류정보를 사용하는 세 번째 예는 미국 노동부에서 사용하는 체계이다. 수백만의 현직자들에 대한 작업분석에 기초하여 축적된 대량의 정보는 사용자들에게 광범위한 직무와 직업에 대한 측정치들을 제공해 준다. **직업정보망**(Occupational Information Network, O*NET)은 작업자 특성과 직무특성에 관하여 전 국가적인 데이터베이스를 포함하고 있다. 직업정보망은 KSAO, 흥미, 일반적 작업활동, 작업환경에 관한 정보를 포함하고 있다. 이러한 데이터베이스는 경력상담, 교육, 고용, 훈련활동을 용이하게 해 주는 매우 유용한 정보를 제공해 준다. O*NET에 관한 부가적 정보는 www.onetcenter.org에서 찾아볼 수 있다. 유럽에도 이와 유사한 데이터베이스가 존재한다(The International Standard of Occupational Classifications and EurOccupations).

> **O*NET** : 직무에 관한 정보를 컴퓨터를 통하여 온라인으로 제공해 주는 시스템

〈그림 3-4〉는 O*NET의 기초가 되는 개념적 모델을 보여 주고 있다. 세 가지 작업자 지향적 정보와 세 가지 작업 지향적 정보를 포함하여 총 여섯 개 영역에 대한 정보가 제시되어 있다. 작업자 지향적 영역은 작업자 특성(능력, 흥미, 가치, 성격과 같이 개인의 안정적 속성), 작업자 요건(지식이나 기술과 같이 교육을 통해 향상될 수 있는 개인의 특성), 경험 요건(입사 전에 갖출 요건이나 면허)을 포함한다. 작업 지향적 영역은 노동력 특성(예 : 급여 수준), 직업 요건(예 : 수행하는 활동, 작업을 수행하는 환경), 세부적 직업 자료(예 : 도구와 테크놀로지)를 포

작업자 지향적

작업자 특성	작업자 요건	경험 요건
능력 흥미 작업 가치 작업 스타일	지식 기술 교육	경험 및 교육 입사 전에 갖출 요건 면허

노동력 특성	직업 요건	세부적 직업 자료
노동시장 정보 급여 직업 전망	일방적인 활동 세부적인 활동 조직환경 작업환경	도구와 테크놀로지 세부적 직업정보

작업 지향적

그림 3-4 O*NET의 내용을 구성하고 있는 모델

함한다. Morgeson과 Dierdorff(2011)가 언급한 것처럼, O*NET의 내용모델은 "개인과 조직 모두가 관심을 가지고 있는 모든 종류의 작업 관련 자료를 개념화하기 위한 포괄적인 정보를 포함하고 있다"(p. 15). 저자들은 O*NET이 약 900개 직업에 대한 광범위한 평가 결과를 제공해 주기 때문에 작업분석을 하고자 할 때 첫 단계로 O*NET을 사용할 것을 권고했다. 특정 조직에만 맞는 맞춤형 작업분석 정보가 필요한 경우에는 O*NET 결과를 보완하기 위하여 조직에 맞는 세부 자료를 수집하면 된다.

예를 들어, 〈표 3-2〉는 직업분석 전문가가 보육기관 교사에게 가장 중요한 작업 스타일(혹은 성격요인)을 100점 만점으로 평정한 결과를 보여 준다. 이 표에 작업 스타일, 정의, 중요도 평정이 제시되어 있다. 만일 이러한 결과가 특정 보육기관에서 일하는 교사의 성공적인 수행에 필요한 성격요인들을 정확하게 포함하고 있지 않다면, 필요에 따라 결과를 수정하거나 조정할 수 있다. 결과를 대폭 수정해야 하는 경우는 흔하지 않지만, 어떤 보육기관에서는 여기에 제시된 요인 이외에 다른 성격요인(예 : 인내력)이 매우 중요할 수도 있다. 보육기관 교사를 선발하는 과정에서 여기에 제시된 성격요인을 중심으로 지원자들을 평가할 수 있다("**비교 문화적 산업 및 조직심리학 : 작업분석과 개인주의**" 참조).

표 3-2 보육기관 교사에게 가장 중요한 작업 스타일

작업 스타일	정의	중요도 평정
신뢰성	직무는 신뢰할 만하고, 책임감 있고, 믿을 만하고, 의무를 완수할 것을 요구한다.	92
자기통제	직무는 매우 어려운 상황에서도 평상심을 유지하고, 감정을 억누르고, 분노를 통제하고, 공격적 행동을 하지 않을 것을 요구한다.	89
타인에 대한 관심	직무는 타인의 요구와 감정에 민감하고, 타인을 이해하고, 직무에서 타인을 도와줄 것을 요구한다.	86
정직성	직무는 정직하고, 윤리적일 것을 요구한다.	86
협조성	직무는 타인에게 상냥하고, 온화하고, 협조적인 태도를 보일 것을 요구한다.	82
스트레스 인내성	직무는 비난을 수용하고, 스트레스가 많은 상황을 침착하고 효과적으로 다룰 것을 요구한다.	81
사회 지향성	직무는 혼자 일하는 것보다는 타인들과 함께 일하는 것을 선호하고, 직무에서 타인들과 사적으로 교류하는 것을 요구한다.	78

비교 문화적 산업 및 조직심리학

작업분석과 개인주의

앞서 언급한 것처럼, 작업분석 정보는 다양하게 활용된다. 예를 들면, 직무수행의 구체적 기준을 수립하고 과업수행에 필요한 인적 특성을 찾아내고, 만족스러운 직무수행과 불만족스러운 직무수행을 구분하는 합리적 근거를 제공한다. 작업분석 정보는 매우 높은 수준의 정확도를 지니고 있다. 예를 들면, 인적 특성에 대한 평정 값을 소수점 둘째 자리까지 보고하고, 한 직무에서 수행하는 수많은 과업에 관한 정보를 제공한다. 작업분석에는 경쟁, 구체적 수행 목표 설정, 개인적 성취, 목표달성에 따른 보상 배분(예 : 임금인상, 승진)을 강조하는 서구의 개인주의적 문화가치가 반영되어 있다. 이처럼 작업분석은 개인주의 문화 내에서 인사 결정을 내릴 때 사용하는 논리적 기초를 제공한다.

하지만 작업분석이 모든 문화에 걸쳐 보편적이지는 않다. 사실 작업분석에 포함된 가치는 다른 문화권의 가치와 상반될 수 있다. 많은 비서구문화권에서는 사람들 간에 공통성, 단합, 응집성을 강조한다. 정확한 수행기준을 명시하면 기준을 충족한 종업원과 충족하지 못한 종업원이 자연스럽게 구분된다. 개별 직무수행에 필요한 속성들은 모든 직무에 걸쳐 공통적으로 필요한 속성들과는 다르다. 따라서 결속과 단합을 강조하는 문화권에서는 과업수행에 필요한 서로 다른 인적 요건을 강조하는 방법을 적용하기 어려울 것이다. 개인별로 차별화된 보상을 지급하는 것은 집단 내 응집력을 떨어뜨린다. 개인주의 문화는 의도적으로 승자와 패자를 만들고, 남아 있을 사람과 나갈 사람을 구분하고, 더 받을 사람과 덜 받을 사람을 결정한다.

작업분석은 개인들 간의 차이를 찾아내고자 하는 개인주의 문화적 가치와 매우 일치한다. 따라서 종업원들 간 결속과 단합을 강조하는 문화권에는 작업분석을 사용하기 어렵다.

Jeanneret 등(2004)은 텍사스 주에서 실직한 사람들이 재취업하는 것을 돕는 데 O*NET이 사용된 예를 기술하였다. 이 과정은 몇 가지 단계를 포함하고 있다. 직업을 구하는 사람들은 자신의 흥미, 능력, 기술 수준에 따라 새로운 직업을 탐색한다. 첫 단계에서 개인들은 자신의 직업가치와 흥미에 맞는 조직을 찾기 위해 온라인 검사를 받는다. 다음 단계에서는 능력, 흥미, 일반적 작업활동, 직업가치에 기초하여 자신에게 맞는 잠재적 직업들을 찾아낸다. 세 번째 단계에서는 개인의 가치와 기술에 가장 적합한 직업을 결정한다.

O*NET은 직업의 세계의 지속적인 변화에 발맞추어 계속 개정되고 있다. Levine과 Oswald(2012)는 온라인 모집 회사들이 O*NET의 직무분류 시스템을 활용하여 직무에 적합

한 사람을 효과적으로 찾아내고 있다고 보고하였다. 예를 들어, 몬스터닷컴(Monster.com)은 O*NET을 활용하여 취업 또는 재취업을 원하는 6천만 명 이상의 지원자들의 이력서를 분류하였다. O*NET은 매우 높은 전문적 명성을 얻고 있다. Peterson과 Sager(2010)는 O*NET을 "산업 및 조직심리학에서 획기적인 업적"(p. 906)으로 간주하였다.

4) 관리직 작업분석

전통적 작업분석 방법은 직무에서 수행하는 작업활동을 파악하는 데 초점을 두기 때문에, 일반적으로 육체적 노동을 필요로 하는 직무나 단순사무직을 분석할 때 매우 적합하다. 이러한 직무에서는 망치로 치기, 용접, 전선 잇기, 타이핑, 서류정리처럼 밖으로 드러나는 행동에 의해 작업이 수행된다. 이러한 행동들은 관찰 가능하고, 작업 결과(예 : 타이핑한 글자)는 작업자가 가지고 있는 기술(예 : 타이핑 실력)과 직접적인 관련성을 지닌다. 하지만 관리직무에서는 KSAO와 작업 결과 간의 관계가 그렇게 직접적이지 않다. 관리업무는 기획, 의사결정, 예측, 조화로운 대인관계 유지와 같은 요소들을 포함하고 있다. 관리업무는 관찰하거나 확인하기가 어렵고, 주로 인지적이고 사회적인 기술을 포함한다. 이처럼 작업수행과 KSAO 간의 관계를 직접적으로 추론하기 어렵기 때문에 관리직에 대하여 정확한 작업분석을 실시하기가 어렵다.

관리직무를 이해하기 위한 몇 가지 작업분석 방법이 개발되었다. Mitchell과 McCormick (1990)은 직무복잡성, 조직의 영향, 책임수준의 차원에서 업무를 분석하는 전문직 및 관리직 직위분석 설문지(Professional and Managerial Position Questionnaire)를 개발하였다. Raymark 등 (1997)은 직무를 수행하는 데 요구되는 성격요인에 기초하여 작업을 분석하는 직위요건 성격조사지(Personality-Related Position Requirements Form)를 개발하였다. 이 조사지는 일반적 리더십, 협상에 대한 흥미, 타인의 관심사에 대한 민감성, 꼼꼼함 및 세심함, 아이디어 산출에 대한 욕망과 같은 성격차원을 측정한다. 이러한 성격차원은 이전 연구들에서 관리직 업무활동과 관련되어 있다고 밝혀진 것들이다. 하지만 관리직 작업분석에서는 측정되는 변인들이 추상적이기 때문에 관리직에 대한 작업분석의 정확성은 일반적으로 사무직에 비해 떨어진다.

5) 작업분석 정보의 용도

작업분석 정보는 다음에 이어지는 장들에서 볼 수 있듯이 산업 및 조직심리학의 다양한 분야에서 광범위하게 사용되는 준거를 얻는 데 사용된다. 작업분석 정보의 용도에 관하여 간략히 설명한다.

첫째, KSAO 분석을 통해 직무를 처음 시작할 때 요구되는 인간적 속성을 포함하여 직무를 성공적으로 수행하기 위하여 요구되는 속성들을 알 수 있다. 이러한 속성들을 알아냄으로써 인사선발에서 검사가 무엇을 측정해야 하는지를 실증적 기초에 근거하여 결정할 수 있다. 육감이나 가정에 근거하여 선발검사를 구성하기보다는 이처럼 작업분석 정보에 의해 검사를 합리적으로 구성할 수 있다. 이러한 주제는 제4장에서 다룰 것이다. 둘째, 작업분석 정보는 서로 다른 직위들을 직무로 묶고 서로 다른 직무들을 직무군으로 묶기 위한 기초를 제공한다. 임금을 결정하는 한 가지 요인이 직무를 수행하는 데 필요한 인적 특성의 가치이기 때문에 이러한 직무들의 묶음에 관한 정보는 임금의 수준을 결정하는 기초를 제공한다. 셋째, 작업분석 정보는 직무수행에 필요한 교육의 내용을 결정하는 데 기여한다. 가장 자주 수행하거나 가장 중요하다고 밝혀진 과업들은 교육에서 다룰 가장 중요한 내용이 된다. 이러한 주제는 제6장에서 논의할 것이다. 마지막으로, 작업분석 정보는 수행평가의 내용을 결정하기 위한 기초를 제공한다. 작업분석을 통해 직무에서의 성공에 가장 중요한 과업들을 알 수 있고, 이에 따라 수행평가를 할 때 이러한 중요한 과업을 종업원들이 얼마나 잘 수행하고 있는지를 평가한다. 이 주제는 제7장에서 다룰 것이다. 이러한 용도 이외에 다양한 직업에서 성공적인 수행에 필요한 KSAO들을 알려 줌으로써 작업분석 정보를 직업상담에도 사용할 수 있다.

작업분석은 조직에 가치 있는 정보를 제공한다. 미국의 장애인 고용법에 따르면 고용주는 장애인들을 위한 편의시설을 제공해야 한다. Brannick과 Levine(2002)이 기술한 것처럼, 작업분석은 고용주가 장애인들을 위한 '합당한 편의시설'을 제공해야 할지 아니면 그러한 편의시설 제공이 고용주에게 '지나친 부담'을 주는 것인지에 대한 결정을 도와줄 수 있다. 어떤 것을 '합당한' 시설로 간주할지에 대해서는 의견 차이가 있지만, 예를 들어 고용주는 장애가 있는 작업자에게 작업을 원활하게 할 수 있도록 휠체어 램프와 유동적 작업스케줄을 제공할 수 있다. 많은 조직에서 그들의 목적을 달성하기 위한 수단으로 작업 팀을 사용하는 빈도가 증가하였다(작업 팀에 관해서는 제9장에서 다룬다). 작업 팀은 한 사람이 할 때보다 더 높은 질과 더 빠른 작업속도를 내기 위하여 다양한 기술을 가진 여러 명의 활동을 조정하고 통합한다. Brannick 등(2007)은 개인 수행에 대한 작업분석보다 팀 수행에 대한 작업분석이 훨씬 더 복잡하다고 언급하였다. 팀의 새로운 구성원을 선발할 때는 단일 직무를 수행하는 개인을 선발할 때보다 더 많은 요인을 고려해야 한다.

6) 작업분석 방법에 대한 평가

다양한 작업분석 방법을 비교한 연구에 따르면, 목적에 따라서 각 방법의 효과성과 실용성이 다르다. 어떤 하나의 방법도 모든 면에서 가장 우수하지는 않다. 잘 훈련된 작업분석가는 작업분석 방법 중 어느 하나를 사용하더라도 정확한 추론과 결론을 내릴 수 있다. 하지만 그

반대의 경우도 있을 수 있다. 즉 작업분석에 관하여 경험이 없는 사람은 어떤 작업분석 방법을 사용하더라도 정확한 결과를 얻을 수 없다. Harvey와 Lozada-Larsen(1988)은 이를 지지하는 견해를 가지고 있는데, 그들은 가장 정확한 작업분석 평정은 작업에 관하여 가장 잘 알고 있는 평정자에 의해 이루어진다고 결론 내렸다. Morgeson과 Campion(1997)은 작업분석가가 분석하는 작업에 관하여 정보를 처리하는 방법이나 주제관련 전문가가 작업분석에 열정을 가지고 참여하고자 하는 동기의 결여와 같은 요인에 의해 작업분석 정보가 정확하지 못할 가능성이 있음을 언급하였다. Morgeson과 Campion은 작업자 지향적 작업분석보다는 과업 지향적 작업분석에서 정보가 정확할 가능성이 상당히 더 높을 것이라고 믿었다. 즉 관찰 가능하고 분리되어 있는 과업에 대한 평정이 추상적인 KSAO에 대한 평정보다 오류를 범할 가능성이 더 낮다. Dierdorff와 Morgeson(2009)은 대부분의 현직자들이 작업분석가가 생각하는 방식으로 작업을 수행하지 않는다고 결론 내렸다. 현직자들은 수행하는 활동이나 과업으로써 그들의 직무를 묘사하며, 작업을 수행하는 데 필요한 KSAO로 직무를 묘사하지는 않는다. 작업자의 스타일에 따라 서로 다르게 일을 하는 경우에는 현직자들이 KSAO와 과업활동 간의 연관성을 판단하기 어렵다. 따라서 판단에 주관이 개입된다. Sackett과 Laczo(2003)는 작업분석에서의 이러한 주관성에 대해 다음과 같이 요약하였다.

> "작업분석은 연구자가 다음 단계로 무엇을 할지에 대한 의사결정을 도와주는 정보수집 수단이다. 작업분석은 항상 주관적 판단을 내포하고 있다. 어떤 정보를 어떻게 수집할지를 신중하게 선택해야만 신뢰롭고 유용한 정보를 얻을 수 있다. (중략) 작업분석에서 결정을 내려야 할 때 건전하고 전문적인 판단을 사용하는 것이 최상의 선택이다"(pp. 34-35).

7) 역량모델링

역량모델링 : 조직에서 성공적인 수행을 하는 데 필요한 인적 특성(즉 역량)들을 찾아내는 과정

종업원들에게 요구되는 바람직한 속성들을 찾아내기 위한 최근의 추세를 **역량모델링**(competency modeling)이라고 부른다. 역량(competency)은 조직 내 종업원들에게 요구되는 바람직한 특성이나 자질이다. 전통적인 작업분석에서 사용하는 용어로 표현하자면, 역량은 중요한 KSAO이다. 모델링(modeling)은 조직 내 종업원들에게 요구되는 역량의 목록들을 찾아내는 것을 의미한다. 전문가들(예 : Schippmann, 1999; Schippmann et al., 2000)은 작업분석과 역량모델링이 방법에 있어서 유사성을 지니고 있다고 여긴다. 작업분석은 직무에서 수행하는 작업과 그러한 작업을 수행하는 데 필요한 인적 특성 둘 다를 알아내는 반면에, 역량모델링은 직무에서 수행하는 작업은 고려하지 않는다. 두 가지 접근법은 크게 세 가지 면

에서 차이가 있다. 첫째는 얻어진 정보를 조직 내 여러 직무에 일반화시킬 수 있는 정도이고, 둘째는 인적 속성을 도출하는 방법이고, 셋째는 찾아낸 인적 특성을 조직차원에서 수용할 수 있는 정도이다.

작업분석과 역량모델링의 구체적 차이는 다음과 같다. 첫째, 작업분석에서는 조직 내에 존재하는 서로 다른 직무들 각각의 수행에 요구되는 독특한 KSAO를 찾아낸다. 예를 들어, 비서에게 필요한 KSAO는 무엇이고, 관리자에게 필요한 KSAO는 무엇인지를 알아낸다. 반면에 역량모델링에서는 조직에 존재하는 모든 직무에서 일하는 종업원들 모두에게 일반적으로 적용될 수 있는 역량을 찾아낸다. 이러한 역량은 KSAO보다 더 보편적이고 추상적인 성격을 지니며, 이것을 흔히 조직에서 요구되는 '핵심역량(core competency)'이라고 부른다. 종업원들에게 요구되는 역량의 몇 가지 예를 들면 다음과 같다.

- 직무에서 항상 높은 성실성을 발휘하기
- 다른 종업원들을 배려하고 존중하기
- 끊임없이 학습하여 항상 자기 분야에서의 최신 기술을 습득하기
- 자신의 개인적 성공보다는 조직의 성공을 우선적으로 생각하기

위의 예에서 알 수 있듯이, 이러한 역량들은 여러 다른 직무에 공통적으로 적용될 수 있으며 포괄적인 성격을 지닌다. 반면에 작업분석을 통해 얻어지는 KSAO는 각 직무마다 다르다. Schippmann 등(2000)은 "작업분석이 가끔은 분석의 단위를 크게 잡기도 하지만(예를 들어, 직무군에 대한 분석), 직무들을 묶기 위해 사용하는 문항들은 대부분의 역량모델링에서 사용하는 것보다 일반적으로 더 구체적인 성격을 지닌다"(p. 727고 언급하였다.

둘째, 작업분석 전문가들은 직무정보를 도출하기 위한 전문적 방법을 사용하여 각 직무에서 요구되는 KSAO를 밝혀낸다. 따라서 종업원들은 작업분석의 전체 과정에 대하여 잘 모른다. 반면에 역량모델링에서는 조직에 중요한 언어나 정신을 역량이 잘 반영하고 있는지를 확인하기 위하여 많은 수의 종업원들과 집단적으로 회의를 하면서 검토하는 과정을 거친다. 따라서 종업원들은 추출된 역량을 쉽게 확인할 수 있고, 역량이 자신과 어떻게 관련되어 있는지를 안다. 하지만 작업분석에서는 이런 과정을 거치는 경우가 드물다.

셋째, 역량모델링에서는 종업원들의 개인적 자질을 조직의 전반적 사명과 연관시키고자 한다. 역량모델링의 목적은 종업원들이 어떤 활동이든지 기꺼이 하도록 만드는 특성들을 찾아내고, 종업원들이 조직의 작업문화에 부합하도록 만드는 것이다(Schippmann et al., 2000). 제8장에서 조직문화라는 중요한 주제를 논의할 것이다. 반면에 작업분석에서는 조직의 비전

이나 가치와 같은 조직수준의 문제들을 다루지 않는다. 전통적 작업분석은 조직구성원들이 역량모델링에 대하여 느끼는 '대중적 매력'을 지니고 있지 않다.

역량모델링이 작업분석만큼 엄격함과 정확도를 가지고 있지 않지만, 많은 조직들이 역량 모델링의 유용성을 인정해서 사용하고 있다. 예를 들어, Campion 등(2011)은 역량모델링을 잘 사용하고 있는 사례를 조사하였다. 그들은 한 선도기업이 "역량모델링을 통해 직무와 조 직성과를 높이고, 조직 내 고수행자를 찾아내고, 역량을 종업원 관리(즉 선발, 승진, 유지, 개 발)에 직접적으로 사용한다"(p. 248)고 보고하였다. 앞으로 역량모델링과 작업분석 방법이 점점 진화하면서 둘 간의 분명한 경계가 모호해질 가능성이 크다.

4. 직무수행 준거

Bartram(2005)은 준거를 예측하기 위한 심리검사를 개발하기 전에 준거 자체를 먼저 이해하 는 것이 중요함을 설득력 있게 진술하였다.

> "아마도 우리는 인간의 다양한 측면을 측정하기 위해 개발한 훌륭한 성격 검사와 능력검사 에 너무 오랫동안 몰두해 있었던 것 같다. 이러는 동안 이러한 특성을 측정하는 것이 왜 중 요한지를 간과해 왔다. 그 결과, 산업 및 조직심리학 분야의 실무자들은 그들의 고객들에게 제공해야 하는 가치가 무엇인지를 설명하는 데 종종 어려움을 겪어 왔다. 이러한 이유가 고 객들이 진정으로 관심을 가지고 있는 직무수행과 수행의 결과들을 설명해 주지 못했기 때문 이라는 것을 인식할 필요가 있다"(p. 1200).

직무수행을 평가하기 위해 어떤 준거를 사용할 것인가? 모든 직무에 동일하게 적용할 수 있는 단일한 보편적 준거는 없다. 어떤 직무에서의 성공의 준거는 그 직무가 조직의 전반적 성공에 어떻게 기여하는지에 따라 다르다. 그럼에도 불구하고 여러 직무에 공통적으로 사용 할 수 있는 몇 가지 전형적 준거들이 있다. 이러한 준거를 사용하여 종업원들의 직무수행을 평가할 수 있다. 하지만 성공적 수행은 이 외에 부가적인 준거에 의 해 정의되기도 한다.

직무수행 준거는 객관적일 수도 있고 주관적일 수도 있다. **객관 적 수행준거**(objective performance criteria)는 조직의 기록(급여지급 장 부나 인사기록 장부)으로부터 얻어지고 어떤 주관적 평가도 포함되

> **객관적 수행준거** : 상대적으로 객관적이거나 사실적인 성격을 지니는 직무수행을 평가할 때 사 용하는 요인

지 않는다. **주관적 수행준거**(subjective performance criteria)는 상사가 부하에 대하여 평가하는 것처럼 개인의 수행에 대한 판단적 평가이다. 객관적 준거들에 주관적 판단이 결여되어 있기는 하지만, 객관적 준거들에 의미를 부여하기 위해서는 어느 정도의 평가가 이루어

> 주관적 수행준거 : 사람들(예 : 상사나 동료)의 주관적인 평정에 의해 직무수행을 평가할 때 사용하는 요인

져야만 한다. 어떤 종업원이 하루에 18개를 생산한다는 것을 아는 것만으로는 그가 어느 정도의 수행을 하고 있는지를 정확히 알 수 없다. 왜냐하면 이러한 생산량이 다른 작업자들이 생산하는 양과 비교되어야만 수행의 정도를 판단할 수 있기 때문이다. 만일 하루 평균이 10개라면 18개는 명백하게 '훌륭한' 수행을 나타내는 것이다. 만일 하루 평균이 25개라면 18개는 그다지 좋은 수행이 아니다.

1) 아홉 가지 직무수행 준거

생산량 제조업 직무에서는 생산량을 준거로 사용하는 것이 가장 일반적이다. 하나의 전체 조직에 오직 한 종류의 직무만 존재한다면 생산의 준거를 설정하기는 쉽다. 그러나 대부분의 회사에서 많은 종류의 생산직무가 존재하므로 생산량은 공정하게 비교되어야 한다. 즉 어떤 직무에서 하루 평균생산량이 6개이고 다른 직무에서는 하루 평균생산량이 300개라면, 이러한 차이를 조정하기 위하여 생산량은 공정하게 비교되어야 한다. 이를 위해 일반적으로 통계적 절차가 사용된다. 몇 가지 요인들이 직무수행의 준거인 생산량의 가치를 감소시킬 수 있다. 조립선 작업에서는 조립선이 돌아가는 속도가 하루에 생산되는 양을 결정한다. 조립선의 속도를 증가시킴으로써 생산량을 늘일 수 있다. 더군다나 한 조립선에서 일하는 모든 사람들이 동일한 수준의 생산량을 나타낼 것이다. 이러한 경우에는 생산량이 개별 작업자와는 관련 없는 요인들에 의해 결정된다. 따라서 직무수행의 준거로서 작업자가 범한 오류 수가 측정될 수 있다. 하지만 이것 역시 준거문제에 대한 완전한 처방책이 결코 아니다. 어떤 직무에서 다른 직무들보다 오류가 일어날 가능성이 더 크다면 오류 수가 공정한 준거가 아니다. 자동화와 작업단순화 덕택에 어떤 직무에서는 실수가 거의 일어나지 않는다. 실수가 일어나지 않는 작업에서는 인간적 요인이 거의 관련되어 있지 않다.

판매액 판매액은 도매와 소매업 직무에서 흔히 사용되는 수행준거이다. 판매직에서 일하는 사람들은 판매에 따른 수수료, 즉 전체 판매액에 대한 퍼센트로 보상을 받는다. 예를 들어, 부동산 판매원은 집 한 채를 팔았을 때 집값의 8%의 수수료를 받는다. 만일 20만 달러에 집이 팔렸다면 1만 6천 달러의 수수료를 받는다.

 판매액은 매우 객관적인 준거이지만, 판매원의 수행과 관련이 없는 다른 요인들에 의해 오염될 수 있다. 일반적으로 판매원들에게 담당 지역을 할당해 준다. Hausknecht와

Langevin(2010)이 언급한 것처럼, 담당 지역은 시장 잠재력(예 : 인구, 사회경제적 지위), 전반적인 경제 상황, 회사의 기반시설(즉 A/S 센터의 존재 여부)에서 차이가 날 수 있다. 또한 판매원마다 판매를 위해 이동해야 하는 거리가 다를 수 있고, 기존 고객을 대상으로 판매하는지 아니면 신규 시장을 개척해야 하는지도 판매원마다 다를 수 있다. 만일 판매원들 간에 이러한 차이가 있다면 판매액을 직무수행 준거로 공정하게 사용하기 위해서는 통계적 조정이 필요하다(McManus & Brown, 1995). 판매수행에서의 차이는 전적으로 판매원의 능력에 따라서만 달라져야 한다.

근속기간 혹은 이직 근속기간은 산업 및 조직심리학 연구에서 매우 자주 사용되는 준거이다. 회사의 전체 종업원들 중에서 회사를 그만둔 비율을 1년마다 계산하여 이직률을 구한다. 예를 들어, 한 회사의 종업원이 200명이고 1년 동안의 이직률이 4%라면, 1년에 8명이 회사를 그만둔 것이다. 이직은 이론적으로뿐만 아니라 실무적으로도 관심거리이다. 많은 고용주들은 회사에 오래 남아 있을 사람을 뽑기를 원한다. Hom 등(2012)은 종업원들이 일을 하면서 즐거움과 의미를 느끼고, 다른 회사로 옮길 기회가 없고, 배우자나 자녀를 부양해야 하는 등 다양한 이유 때문에 이직하지 않는다고 보고하였다. 실용적 이유 때문에 고용주들은 만성적으로 회사를 이리저리 옮겨 다니는 사람을 고용하기를 원치 않는다. 모집을 하고, 선발을 하고, 새로 뽑은 사람을 교육시키는 데 비용이 많이 들기 때문이다. 일부 업계(예 : 패스트푸드 업계)의 이직률은 1년에 200~300% 정도로 매우 높다. 이처럼 높은 이직률은 대부분의 회사에 심각한 타격을 주기 때문에 패스트푸드 업계 직무에서는 신규 종업원 채용과 교육에 드는 비용을 최소화한다. 이직은 고용의 안정성을 측정하기 때문에 매우 귀중하고 유용한 준거이고, 국가 수준에서도 중요한 지표이다. 재고용 없이 일자리가 줄어들면 실업률이 증가한다(**"산업 및 조직심리학과 경제 : 실업"** 참조). Campion(1991)은 이직을 측정하는 데 많은 요인들이 고려되어야 한다고 주장했다. 한 가지 요인은 **자발성**(voluntariness)으로서, 종업원이 해고된 것인지 아니면 승진기회가 더 많은 다른 직무를 갖기 위해 스스로 그만둔 것인지 아니면 다른 불만족 요인이 있어서 그만둔 것인지를 고려해야 한다. 또 다른 요인은 종업원의 **효능성**(functionality)으로서, 그만둔 종업원이 직무를 효과적으로 수행했는지 아니면 효과적으로 수행하지 못했는지를 고려해야 한다. Williams와 Livingstone(1994)은 이직과 수행 간의 관계를 살펴본 연구들을 통합분석하여 수행이 나쁜 사람들이 수행이 좋은 사람들보다 자발적으로 직무를 그만둘 가능성이 더 크다고 결론 내렸다.

결근 이직과 마찬가지로, 결근은 종업원 안정성과 관련된 지표이다. 수행이 나쁜 종업원들의 이직이 조직에 도움이 될 수도 있지만, 정당한 이유 없이 종업원이 결근하는 것은 조직

산업 및 조직심리학과 경제
실업

국가의 실업률은 그 나라의 전반적 경제 상태를 나타내는 지표이다. 산업화된 모든 국가는 실업률을 계산한다. 실업률이 낮을 때는 일자리가 많고 구직자들은 일자리를 선택해서 가는 행복을 누릴 수도 있다. 하지만 실업률이 높을 때는 많은 사람들이 실직하고 일자리를 갖게 될 때도 자신이 일자리를 선택할 수 있는 가능성은 상당히 줄어든다. 요약하자면, 실업률은 일자리를 구할 때 구직자들이 직면하는 경쟁 정도를 나타내는 전반적 지표이다.

 신문이나 방송과 같은 매체에서 실업률 수준을 많이 언급하기 때문에 한 국가의 실업률이 어떻게 계산되는지를 아는 것은 도움이 된다. 미국에서 실업률은 노동부 산하기관인 노동통계국의 협조를 얻어 인구조사국에서 조사한다. 매달 50개 주의 3,000개 행정구역에서 6만 가구를 조사한다. 6만 가구는 상당히 큰 표본이기 때문에 국가 전체로 일반화될 수 있는 정확한 정보를 제공한다. 조사대상이 되는 가구는 매달 동일하지 않다. 이렇게 매달 실시하는 조사를 '현재 인구 조사(Current Population Survey)'라고 부르며, 조사결과는 매달 첫 주 금요일에 발표된다.

 노동통계국은 16세 이상의 인구 중 노동 능력 및 노동 의사를 가지고 있는 사람들을 경제활동인구로 간주한다. 경제활동인구에는 취업자와 실업자가 모두 포함된다. 실업률은 경제활동인구 중 실업자가 차지하는 비율을 나타낸다. 실업상태이면서 지난 4주 동안 구직활동을 적극적으로 한 사람만이 공식적으로 실업자로 분류된다. 적극적 구직활동이란 취업을 위해 회사에 이력서를 제출하고, 일자리를 찾아보고, 직업소개소에 연락해 보고, 취업을 위해 친구나 친척과 이야기한 활동을 모두 포함한다. 하지만 다음과 같은 부류의 사람들은 실업자로 분류되지 않는다.

- 실업상태이지만 지난 4주 동안 구직활동을 하지 않은 사람. 이런 부류에는 구직활동을 장기적으로 포기한 사람도 포함된다. 이러한 사람들을 '취업의욕을 상실한 (discouraged)' 노동자라고 부른다.
- 정규직 취업을 원하지만 현재 잡다한 여러 가지 일을 하고 있는 사람. 이러한 사람들은 닥치는 대로 무작정 어떤 일이든지 하고 그 일들을 대부분 짧은 기간만 한다.
- 정식으로 취업하였지만 하고 있는 일이 자신의 지식이나 기술에 비해 매우 낮은 수준을 요구하거나, 자신이 받을 수 있는 수준에 비해 급여를 낮게 받고 있는 사람. 경제학자들은 이러한 사람을 '능력 이하의 일을 하는(underemployed)' 노동자라고 부르고, 산업 및 조직심리학자들은 '일에 비해 과도한 능력을 가진(overqualified)' 노동자라고 부른다.

(계속)

20세기 이후로 미국의 최고 실업률은 1930년대 대공황 때의 25%였다. 역사상 실업률이 0%였던 적은 없었다. UN의 국제노동기구(International Labor Organization)에 따르면, 현재 미국의 실업률 수준은 6.1%이고 캐나다는 7.1%, 중국은 4.6%, 프랑스는 10.5%, 멕시코는 5.0%, 스페인은 26.7%이다. 실업률 수치는 매달 변하고, 모든 나라가 같은 방식으로 실업률을 계산하지는 않는다. 많은 나라들이 실업률을 지역별, 산업별, 노동자 연령대별로 구하기도 한다.

실업률을 해석하거나 실업률로부터 추론을 할 때는 주의해야 한다. 실업률이 6.1%라고 할 때 경제활동인구의 93.9%가 정식으로 안정적인 일자리를 가지고 있다고 해석해서는 안 된다. 이러한 실업률에는 앞에서 기술한 취업의욕을 상실한 사람, 산발적으로 가끔씩 일하는 사람, 능력 이하의 일을 하는 사람의 비율이 배제되어 있다. 더군다나 생계를 위해서 동시에 여러 가지 잡다한 일을 하는 사람들도 실업률을 계산할 때 실업자로 분류되어 있지 않다. 다른 많은 준거 측정치와 마찬가지로, 실업률도 훨씬 복잡한 의미를 지니고 있고 정확하게 계산하기가 생각보다 쉽지 않다.

에 항상 나쁜 결과를 초래한다. 합당한 이유가 있는 결근(예 : 공식적으로 인가받은 개인적 휴가)은 조직으로부터 공식적으로 허가를 받은 것이기 때문에 문제가 되지 않는다. Rhodes와 Steers(1990) 그리고 Martocchio와 Harrison(1993)은 사람들이 직장에서 왜 결근하는지에 관한 많은 연구들을 개관하였다. 결근은 가정불화, 직무불만족, 알코올과 물질남용, 성격 등을 포함하는 많은 요인들의 결과로서 생기는 것 같다. 하지만 Johns(1994)가 지적한 것처럼, 종업원들은 자신의 결근에 대하여 그럴듯한 이유를 대서 스스로를 정당화하는 경향이 있다. 예를 들어, 약물사용과 같이 분명한 일탈행동보다 아픈 아이를 간호하기 위해 결근했다는 것이 사회적으로 더 용납된다. 따라서 결근 이유에 대한 종업원의 자기보고는 매우 부정확할 수 있다. 결근은 산업체에서 만연되어 있는 문제이다. 결근은 효율성을 저하시키고 비용을 증가시킴으로써 고용주에게 수십 억 달러의 비용을 부과한다. 결근은 사회적, 개인적, 조직적 원인을 가지고 있으며 개인, 회사, 더 나아가 전체 산업사회에까지 영향을 미친다.

사고 사고는 많은 제한점을 지니고 있기는 하지만 직무수행의 준거로서 때때로 사용된다. Tetrick 등(2010)은 사고의 80%가 사람의 실수로 인해 발생한다고 보고했다. 첫째, 사고는 주로 생산직을 위한 측정치로 사용된다(사무직 근로자들이 직장에서 상해를 입을 수 있지만 그러한 사고의 빈도는 적다). 따라서 사고는 단지 제한된 종업원들 집단에서만 직무수행의 측정치가 된다. 둘째, 사고는 예측하기 힘들고 그 발생에 있어서 개인별로 안정성이나 일관성이 없다(Senders & Moray, 1991). 셋째, 사고는 작업시간당 사고 수, 운전한 거리당 사고 수, 운행횟수당 사고 수 등과 같이 많은 방식에 의해 측정될 수 있다. 사고통계치가 어떻게 계산되느냐에 따라 다른 결론이 도출될 수 있다. 넷째, 사고는 부상과 동의어가 아니다. 사고는 부상뿐만 아니라 경미한 재산 피해부터 대재앙에 가까운 재산 피해까지 포함하는 개념이다. 사고로 인해 사람이 다치는 부상은 경미한 것부터 심각한 것까지 정도가 다양하다. 어떠한 이유에서든지 고용주는 직무와 관련된 사고를 일으키는 사람들을 고용하기를 원치 않는다. 그러나 직무수행을 전체적으로 파악해 볼 때 사고는 준거로서 생산량, 이직 혹은 결근처럼 자주 사용되는 것은 아니다.

절도 종업원 절도는 조직이 당면하고 있는 하나의 중요한 문제이다. Harris 등(2012)은 수백 개 미국 기업의 54%가 다음 해에 종업원들이 회사의 자금, 장비, 제품들을 훔쳐 갈 것으로 예상한다고 보고하였다. 종업원 절도로 인한 비용은 매년 500억~2,000억 달러 사이로 추정된다. Avery 등(2012)은 1년간 종업원 절도로 인한 손실이 고객 절도로 인한 손실보다 크다고 보고하였다. 산업 및 조직심리학자의 관점에서 보면 사고를 낼 가능성이 낮은 사람을 고용하는 것이 바람직한 것처럼 회사의 물품을 훔칠 가능성이 적은 사람을 고용해야 한다. 준거로서 절도가 지니고 있는 문제점은 절도행위를 하는 종업원이 누구인지를 확인할 수 있는 정보가 거의 없다는 것이다. Greenberg와 Scott(1996)은 어떤 종업원들은 회사에 대하여 자신들이 지각하고 있는 불공정성을 상쇄하기 위한 수단으로 절도행위를 한다고 보고했다. 〈그림 3-5〉는 한 소매회사에서 종업원들의 절도를 줄이기 위해 사용하는 프로그램을 보여 주고 있다. 포상금을 걸고 종업원들이 회사의 물건을 훔치는 동료종업원들을 신고하도록 하는 프로그램이다.

준거로서 절도를 사용하는 것의 결점은 단지 소수 종업원들의 절도행위만 발각된다는 것이다. 절도의 발생은 흔히 회사의 재료나 물품의 재고를 계산할 때 부족한 양으로 추론한다. 부수적으로 많은 회사들이 절도에 관한 어떤 정보도 회사 밖의 사람들에게 폭로하지 않을 것이다. 회사들이 결근이나 이직과 같은 준거에 관한 정보는 종종 외부에 알려 주지만, 절도에 관한 기록은 너무도 민감한 문제라서 밝히지 않는다. 이러한 제한점들에도 불구하고 산업 및 조직심리학자들이 절도를 고용 적절성의 지표로 간주하고 있기 때문에, 앞으로 우리는 절도에 관한 보다 많은 연구를 볼 수 있게 될 것이다(**"현장기록 2 : 잘못 인쇄된 우표 훔치기"** 참조).

반생산적 작업행동 반생산적 작업행동(counterproductive work beha-vior)은 일탈적 작업행동(deviant work behavior)으로 불리기도 하며, 조직에 해를 끼치는 종업원의 광범위한 행동을 포함한다. Rotundo

> **반생산적 작업행동** : 다른 종업원이나 조직에 해를 끼치는 종업원의 광범위한 행동

목격자 포상 프로그램

목격자 포상 프로그램은 모든 종업원에게 현금으로 포상을 받을 수 있는 기회를 주고, 동시에 정직하지 못한 종업원에 의해 야기되는 회사의 손실을 줄일 수 있습니다.

포상금
100달러에서 1,000달러

참가방법

어떤 종업원이 우리 회사에 의도적인 손실을 초래했을 경우에 그 종업원은 변상을 해야 합니다. 만일 당신이 회사에 손실을 초래하는 종업원을 보았거나 알게 되었다면 회사에 이러한 사실을 즉시 보고해야 합니다. 회사 내 손실 방지 부서는 현금이나 물품의 절도, 계산대에서 의도적으로 상품의 가격을 낮추어 입력하는 것, 신용카드 사기와 같은 모든 종류의 손실을 조사합니다.

보고할 정보

1. 사건에 관여한 종업원　　이름 _____
2. 그 종업원의 근무 장소　　매장 _____　　　사무실 _____
3. 그 종업원의 행동　　　　 a) 현금 절도　　　　　　b) 물품 절도
　　　　　　　　　　　　　　c) 상품 가격을 낮추어 입력　d) 신용카드 사기
4. 초래된 손실 추정액　　　 _____ 달러
5. 기타 추가로 언급할 사항 _____

그림 3-5 종업원 절도를 보고한 목격자를 포상하는 프로그램

와 Spector(2010)는 반생산적 작업행동을 "종업원과 고객을 포함하는 사람들과 조직에 실제로 해를 끼치거나 혹은 해를 끼치려고 종업원이 하는 의도적 행동"(p. 489)이라고 정의했다. 절도는 반생산적 작업행동의 한 가지 예이지만, 조직에 미치는 치명적인 영향력 때문에 앞에서 별도의 준거로 논의했다. Berry, Ones 및 Sackett(2007)은 반생산적 작업행동을 개인에 대한 반생산적 작업행동과 조직에 대한 반생산적 작업행동으로 나누어서 보다 정교한 분류체계를 제안하였다. 개인에 대한 반생산적 작업행동은 다른 사람들에게 하는 행동으로 험담, 협박, 절도 등을 포함한다. 조직에 대한 반생산적 작업행동은 조직에 해가 되는 행동으로서 의도적으로 천천히 일하는 것, 회사 재산에 대한 손상, 회사의 비밀정보를 폭로하는 것 등이 포함된다. 이러한 반생산적 행동의 공통점은 의도성이 포함되어 있다는 것이다. 즉 종업원이 의도적으로 이러한 행동을 한다는 것이다. Wu와 LeBreton(2011)은 이상한 성격을 가진 사람들이 반생산적 행동을 한다고 주장하였다. 몇 가지 성격 검사(예 : 제4장에서 다룰 정직성 검사)는 이처럼 성격이 이상한 사람들을 가려낼 수 있다. 인사선발 관점에서 보면, 조직의 목표

현장기록 2
잘못 인쇄된 우표 훔치기

많은 조직이 종업원 절도 문제를 겪고 있다. 종업원은 고객에게 판매하는 물건뿐만 아니라 스테이플러나 셀로판 테이프와 같이 작업에서 사용하는 사무용품을 훔치기도 한다. 때로는 현금이 없어지기도 한다. 이러한 물품의 공통점은 회사의 자산이나 자원이라는 것이다.

나는 한때 종업원들이 회사의 자원을 훔쳐서가 아니라 작업 오류로부터 발생되는 폐품을 훔쳐서 골머리를 앓고 있는 회사 이야기를 들어 본 적이 있다. 이 회사는 미국에서 사용하는 우표를 인쇄하는 회사였다. 우표 한 장의 값어치는 표면에 인쇄되어 있는 가치로서, 1온스 무게에 해당하는 빠른 우편의 우표 값은 49센트이다. 종업원들이 이러한 우표를 사적으로 사용하기 위하여 훔칠지도 모른다는 염려가 있기는 했지만, 더 심각한 문제는 작업 오류에 의해 잘못 인쇄된 우표를 훔치는 것이었다.

인쇄 오류는 우표가 제 위치에 인쇄되지 않아서 발생하는데, 심한 경우에는 우표에 있는 그림이 완전히 거꾸로 인쇄되기도 한다. 거꾸로 인쇄된 49센트 우표 한 장은 우표수집가들에게는 수천 달러를 호가할 정도로 가치 있는 것이다. 우표를 인쇄할 때, 다른 인쇄작업을 할 때와 똑같은 확률로 인쇄 오류가 발생한다. 하지만 이 경우에는 오류가 매우 높은 시장 가치를 지닌다. 원래는 파기해야만 하는 잘못 인쇄된 우표를 종업원들이 훔치는 것을 막기 위하여, 회사는 퇴근하는 종업원들에 대하여 정교하고 철저한 세 가지 검색 및 보안절차를 마련하였다. 역설적으로, 이 회사에 들어가는 사람에 대해서는 어떤 보안검색도 없었다. 매우 가치 있는 폐품 또는 파지(잘못 인쇄된 우표)에 대한 절도를 찾아내기 위하여 모든 보안검색 절차는 회사 건물에서 나가는 사람에게만 적용되었다.

는 이러한 행동을 할 가능성이 있는 지원자들을 가려내는 것이다. 긍정적이고 바람직한 행동을 나타낼 지원자들을 선발하는 데 사용되는 준거와는 달리, 반생산적 작업행동은 직무에서 이러한 행동을 나타낼 가능성이 있는 지원자들을 배제하는 데 사용되는 준거이다. 반생산적 작업행동에 대하여 제10장에서 보다 자세하게 논의할 것이다.

정서노동　정서노동(emotional labor)이라는 용어는 정서행동이라는 용어와는 달리 종업원이 직무에서 반드시 해야 하는 귀찮은 의무 또는 수고라는 뜻을 내포하고 있다. 대부분의 직무는 종업원들에게 일터에서 긍정적인 정서를 표현하기를 요구한다. 이러한 정서의 예

> 정서노동 : 종업원들이 직무를 수행하면서 자신이 느끼는 본래 정서와는 다른 정서를 고객에게 의무적으로 표현해야 하는 행동

는 친절함, 상냥함, 고마움 등이다. 이러한 정서를 나타내야 하는 종업원들은 **표현 규칙**(display rule)을 따르도록 교육을 받는다. 표현 규칙은 고객들이 기대하는 정서를 종업원들에게 표현하도록 하는 구체적인 행동 규정이다. 예로 미소 짓기, 부드러운 억양, 눈 마주침 등을 들 수 있다. 이러한 표현 규칙과 긍정적 정서를 서비스 산업에서 주로 볼 수 있으며, "미소 지으며

서비스하기"라는 말이 일반적으로 사용된다(Grandey et al., 2005). 하지만 Groth 등(2009)은 종업원들이 표현하는 정서를 고객들이 해독할 수 있다는 것을 밝혔다. 고객들은 억지로 꾸민 듯한 부자연스러운 것보다는 진정한 정서적 표현을 선호한다. 고객과의 상호작용에서 상황 파악을 못하고 항상 억지로 웃는 종업원을 예로 들 수 있다.

정서가 행동에 어떻게 반영되는지를 연구하는 분야는 산업 및 조직심리학에서 빠르게 성장하고 있다. 디즈니 회사가 설립한 테마파크에서는 종업원이 고객과 상호작용하는 것을 가장 중요하게 여긴다. 테마파크에 온 고객을 "손님(guest)"이라고 부르고 종업원을 "출연진(cast member)"이라고 부른다. 종업원이 고객을 대하는 방법에 관해 디즈니 교육 지침서에 나와 있는 내용은 다음과 같다(Pugh et al., 2013).

> 눈을 마주치고 웃어라. (중략) 손님과 눈을 마주치고 웃는 것은 긍정적 상호작용이다. 웃어라! 우리는 예의 바르고 친절한 것으로 유명하다. 적절한 몸동작을 보여 주어라. (중략) 구부정하게 있지 마라. 웃고 행복하게 보여라. (중략) 너무 심각한 표정을 짓지 마라. (중략) 즐거운 표정을 지어라. 손님들에게 감사해라. (중략) 진정성을 가지고 항상 웃으며 일해라 (p. 199).

Groth 등(2013)이 지적한 것처럼, 긍정적인 감정 표현은 고객을 만족하게 해서 다시 오게 만들고 긍정적 경험을 다른 사람들에게 퍼뜨린다.

고객 서비스 종업원들은 고객이 나타내는 정서적 표현에 의해 영향을 받는다. 예를 들어, Côté 등(2013)은 물건을 구매한 후 취소하고자 하는 고객은 자신이 충동구매를 한 것에 대해 후회의 감정을 나타낸다고 보고했다. 고객의 얼굴 표정을 직접 보지 못하는 콜센터 종업원들조차도 전화상으로 고객의 불만을 능숙하게 처리해야만 한다. 일부 콜센터는 고객의 목소리 음색, 어조, 억양, 사용단어를 기초로 고객의 정서를 분석하는 컴퓨터 정서 탐지 시스템을 사용한다. 이 시스템의 목적은 콜센터 종업원의 정서를 고갈시키는 극성 불만 고객을 관리자에게 알려 주는 데 있다. 관리자는 전화 도중에 개입해서 종업원 대신 극성 불만 고객의 전화를 받으며 화난 고객에게 보다 효과적으로 대응한다(van Jaarsveld & Poster, 2013).

직무에서 요구되는 모든 정서가 긍정적일 필요는 없다. 보안 요원이나 세금 징수원과 같은 직무에서는 공격성, 의심, 회의 등이 바람직한 정서이다. 이러한 직무에 적합한 표현 규칙은 단호한 어조로 말하고, 얼굴을 찌푸리고, 방어적 태도를 나타내기 위하여 팔짱을 끼는 자세를 취하는 것이다(Beal et al., 2006). Trougakos 등(2011)은 긍정 혹은 부정적 감정을 표현하는 것이 아니라 아무런 감정도 나타내지 않는 세 번째 유형의 정서표현이 존재함을 발견하였다.

이런 유형의 정서표현은 "다른 사람을 다룰 때 냉정을 유지하고 감정적으로 되지 않고 감정 표현을 하지 않는 것이 매우 중요한"(p. 350) 법 집행 장면에서 볼 수 있다.

Rupp과 Spencer(2006)는 표현 규칙을 사회적 행위의 한 가지 형태로 간주할 수 있다고 하였고, 표면 행위(surface acting)와 내면 행위(deep acting)를 구분하였다. 이러한 두 가지 행위 간의 중요한 차이는 '행위자(종업원)'가 행동을 해야 하는 시간의 길이에 있다. 예를 들어, 음식점에서 일하는 종업원은 주문을 받고 음식을 테이블에 갖다 주는 몇 분 동안만 손님에게 친절하고, 명랑하고, 상냥하게 행동하면 된다. 하지만 장례식장 직원은 몇 시간 동안 계속 고인의 유족들과 슬픔, 동정, 감정이입의 정서를 함께 나누어야만 한다. Rupp과 Spencer는 음식점 종업원이 표현 규칙을 준수하기 위하여 간헐적이지만 만성적으로 긍정적 정서를 표현해야 하기 때문에(예를 들어, 많은 다른 손님들과 짧은 시간 동안의 상호작용을 반복적으로 해야 하기 때문에) 이들이 나타내는 표면 행위가 스트레스를 더 느끼게 한다고 주장하였다. 반면에 장례식장 직원이 나타내는 내면 행위는 그들의 내적 정서를 조절할 수 있도록 한다. 장례가 치러지는 몇 시간 동안 장례식장 직원은 자신의 직무에서 요구되는 행동을 하기 위하여 고인의 유족들과 상호작용하면서 슬픈 감정을 공유하기 때문에 정서적으로 깊게 몰입된다. 표면 행위와는 달리 이러한 정서가 종업원들에게 내면화되기 때문에 내면 행위는 종업원들의 스트레스를 줄여 준다. 요약하면, 직무에서 표현 규칙을 준수하기 위해 특정 정서를 나타내야 하는 종업원들은 고객에게 자신이 진정으로 느끼는 정서상태와는 다른 정서를 표현해야만 한다.

적응행동과 시민행동 마지막 준거는 관심의 초점이 **직무**를 벗어나 확장된 개념이기 때문에 앞에서 논의하였던 직무수행 준거와 약간 다르다. 적응행동과 시민행동은 자신이 맡고 있는 구체적인 직무를 초월하여 종업원들이 **조직**의 복리에 기여하는 행동이다.

제1장에서 논의한 것처럼, 과거 35년 동안 조직을 둘러싼 환경은 지속적으로 변했고 종업원들은 이러한 변화에 적응할 필요가 있기 때문에 **적응행동**(adaptive behavior)의 중요성이 부각되었다. Dorsey 등(2010)이 언급한 것처럼, "오늘날 일하는 환경이 매우 빠르게 변

> 적응행동 : 종업원들이 조직 변화에 효과적으로 대처하는 행동

화하고 역동적이기 때문에 종업원들은 다양한 종류와 수준의 유연성, 적응력, 다재다능성을 갖추어야 한다"(p. 463). Huang 등(2014)이 성격요인과 적응행동 간 관계에 대해 통합분석을 실시한 결과, 정서적 안정성과 야망이 적응행동을 가장 잘 예측하는 것으로 나타났다. 적응행동의 핵심은 작업환경의 변화를 인식하고 보다 효과적인 수행을 할 수 있도록 그러한 변화에 적응하는 것이다. 고객의 새로운 요구와 새로운 테크놀로지 시스템으로 인하여 변화한 작

업환경에 종업원들은 적응해야만 한다. 더 나아가 종업원들은 변화에 저항하거나 불만을 표시하지 않고 변화에 지속적으로 적응해야 할 필요성을 인정해야 한다. Pulakos 등(2012)은 기술의 발전과 세계화로 인하여 조직이 빠른 속도로 변하기 때문에 변화에 잘 적응하는 종업원이 가장 가치 있는 사람이라고 언급하였다.

종업원들이 조직에서 자신이 맡고 있는 직무가 있지만, 다른 한편으로는 조직이라는 사회에서 생활하는 '시민'이기도 하다. **시민행동**(citizenship behavior)은 종업원이 직무에서 수행하는 업무를 초월하여 하는 행동을 의미한다. 종업원들이 하는 이러한 행동은 조직의 향상에 기여한다. 이처럼 조직에 기여하는 행동을 하는 사람

> **시민행동** : 개인이 자신의 직무에서 요구되는 의무 이상의 행동을 함으로써 조직의 전반적 복리에 기여하는 행동

은 조직에서 '훌륭한 시민'으로 간주된다. 시민행동을 크게 개인에 대한 지원과 조직에 대한 지원 차원으로 구분할 수 있다. 개인에 대한 지원은 다른 종업원들이 직무를 보다 효과적으로 할 수 있도록 도와주는 행동을 포함한다. 타인이 하는 작업에 대해 아이디어나 조언을 제공하여 도와주거나 타인을 배려하고 정중하게 대하는 행동을 예로 들 수 있다. 조직에 대한 지원은 조직의 사명과 목적에 대해 공개적으로 지지를 표명함으로써 조직에 대한 충성을 보여 주고, 조직이 성취한 업적을 널리 홍보함으로써 조직의 훌륭한 '대사(ambassador)' 역할을 하는 것을 말한다. 시민행동을 하는 종업원들은 조직에서 일반적으로 더 좋은 평가를 받는다. Bolino 등(2013)은 결혼하지 않은 종업원들은 결혼한 종업원들에 비해 직무 외 활동에 참여할 수 있는 시간이 더 많아서 조직에서 시민행동을 더 많이 할 것으로 기대한다고 언급하였다. Rynes 등(2002)은 인적자원관리자들을 대상으로 실시한 설문조사 결과에서 지원자들의 직무와의 부합뿐만 아니라 조직과의 부합 정도가 지원자들에 대한 인사선발 결정을 내리는 데 점점 중요해진다는 사실을 발견하였다. 실제로 종업원의 작업수행에 대한 상사들의 전반적인 평가에서 성공적인 과업수행보다 긍정적인 시민행동이 더 큰 비중을 차지한다는 증거도 존재한다. 시민행동에 대한 주제는 제10장에서 보다 상세하게 논의할 것이다.

직무수행 준거 요약　아홉 가지 중요한 직무수행 준거를 살펴봄으로써 이러한 준거들이 측정하는 내용뿐만 아니라 측정방법에서도 큰 차이가 난다는 것을 알았다. 이러한 준거들은 객관성과 주관성 차원에 있어서도 서로 다르다. 어떤 준거는 매우 객관적이라서 매우 정확하게 측정될 수 있다. 예로서 생산량, 결근 횟수, 판매액을 들 수 있다. 수량, 횟수, 돈은 쉽게 셀 수 있으므로 이러한 측정치에 대해서는 이견이 거의 없다. 그럼에도 불구하고 객관적으로 산출된 숫자의 의미와 해석에 대해서는 의견의 불일치가 있을 수 있다. 덜 객관적인 준거들도 있다. 예를 들어, 절도는 실제로 발각된 훔친 행동과는 다르다. 회사의 물품기록에 근거하여

조직은 종업원들의 절도가 일어나고 있다는 사실을 알 수 있지만 실제로 누가 훔치는지는 알수 없다. 앞에서 지적한 것처럼 종업원 절도가 심각한 문제이지만 매우 적은 수의 종업원들만이 발각된다.

반생산적 작업행동의 광범위한 준거는 매우 주관적인 차원을 포함하고 있다. 예를 들어, 우리 모두는 직무에서 약간의 시간을 쓸데없이 보내기도 하지만 과연 어느 정도 시간을 허비할 때 '일탈적'이라고 할 것인가? 마찬가지로 '솔직하게 말하기'(자신의 감정과 의견을 표현하는 것은 바람직하다)와 '논쟁적으로 따지기'(진행을 방해하는 것은 바람직하지 못하다)를 어떤 기준으로 정확하게 구분할 수 있을 것인가? 고객서비스 행동은 매우 주관적 준거이다. 종업원의 고객서비스 수행은 엄격히 말하자면 다른 사람들의 지각으로부터 나오는 결과이기 때문에 종업원의 행동에 대하여 고객마다 서로 다른 판단을 내릴 수 있다. 마찬가지로, 일터에서 적응행동을 얼마나 하는지와 조직에서 시민행동을 얼마나 하는지도 다른 사람의 판단에 의해 결정된다. 조직 내에서 우리 스스로 판단하는 것과 다른 사람들이 판단하는 것은 매우 다를 수 있다. 직무수행을 평가할 때 나타날 수 있는 평가자 간의 일치 또는 불일치에 관해서는 제7장에서 다룰 것이다.

이러한 논의에 의하면, 직무수행을 측정하기 위한 하나의 완벽한 준거는 없다. 각 준거가 장점을 지니고 있는 반면 다른 차원들에서는 동시에 약점도 지니고 있다. 예를 들어, 많은 사람들이 종업원의 결근이 전반적 직무수행과 관련되어 있다고 말할지 모르지만 어느 누구도 결근이 직무수행의 완벽한 측정치라고는 말하지 않을 것이다. 생산량이나 직무수준처럼 결근은 직무수행을 전체적으로 파악하는 데 있어서 일부분에 지나지 않는다. 어떤 하나의 준거가 모든 기준을 충족시킬 수 없다고 실망할 필요는 없다. 정확히 말하자면 직무수행은 다차원적이고 각각의 단일 차원은 전반적 수행에 대한 불완전한 지표이기 때문에 준거들을 설정할 때 수행과 관련된 많은 측면을 포함해야만 한다. 모든 직무수행 준거는 어느 정도의 결핍과 오염이 존재하기 때문이다.

2) 역동적 직무수행 준거

역동적 직무수행 준거(dynamic performance criteria)의 개념은 시간이 경과함에 따라 직무수행의 수준이 변화하는 것을 의미한다. 어떤 경우는 직무수행이 오랫동안 안정적이거나 일관된 성격을 띠는 것이 아니라 역동적 성격을 띠기 때문에 인사결정을 내리는 것을 더

> **역동적 직무수행 준거** : 시간의 경과에 따라 개인의 직무수행이 변하기 때문에 미래의 수행을 예측하기 힘든 직무수행

욱 어렵게 만든다. Steele-Johnson 등(2000)은 시간이 지남에 따라 직무수행이 체계적으로 변하는 세 가지 잠재적 이유를 밝혔다. 첫째, 종업원들이 반복적인 작업을 하기 때문에 그들이

작업하는 방식을 변화시킬 수 있다. 둘째, 과업수행에 필요한 지식과 능력 요건이 작업에서 사용하는 기술의 변화에 따라 달라질 수 있다. 셋째, 종업원들의 지식과 기술이 부가적인 교육훈련에 의해 변화할 수 있다.

〈그림 3-6〉은 8년 동안 세 가지 직무수행 준거인 생산성, 결근, 사고의 수준을 나타내고 있다. 이 그림은 한 개인의 8년 동안의 직무수행에 관한 기록을 나타내고 있다. 시간 경과에 따라 세 가지 준거에서 행동의 패턴이 다른 것을 알 수 있다. 개인의 사고 수준은 시간의 경과에도 불구하고 안정적이다. 이 경우에 사고는 안정적인 성격을 띠기 때문에 역동적 준거가 아니다. 하지만 다른 두 가지 준거는 매우 다른 패턴을 보이고 있다. 개인의 생산성 수준은 시간이 흐름에 따라 증가하는데, 처음 몇 년 동안은 서서히 증가하다가 나중 몇 년 동안에 급격하게 증가한다. 반면에 결근은 정반대의 양상을 띠고 있다. 종업원의 결근은 고용된 첫해에 가장 많고 시간이 흐름에 따라 점차적으로 감소한다. 사고는 안정적인 준거인 반면에 결근과 생산성은 역동적 준거를 나타낸다.

어떤 사람이 조직에 취업하려고 지원하였을 때, 조직은 그 사람이 직무에서 일을 얼마나 잘할 것인가를 예측하려고 시도한다. 그 사람을 고용할 것인지 말 것인지에 관한 결정은 이러한 예측에 기초하여 이루어진다. 〈그림 3-6〉에서 사고의 경우처럼, 만일 직무수행 준거들이 안정적이라면 행동의 안정성 때문에 정확한 예측이 가능할 것이다. 하지만 만일 직무수행 준거들이 역동적이라면 결정을 위하여 시간이라는 중요한 새로운 요소를 고려해야 할 것이다. 처음에는 종업원의 생산성이 그다지 좋지 않지만 시간이 흐름에 따라 종업원의 수행이 좋아져서 결국은 매우 만족스러운 수준으로 될 수도 있다. 예측하고자 하는 행동의 수준이 지속적으로 변하기 때문에 역동적 준거의 개념은 '움직이는 목표물을 맞추는 것'과 동일하

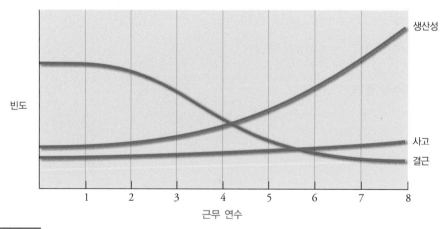

그림 3-6 8년 동안 세 가지 준거에서의 수행 변화

다. 더군다나 변화의 패턴이 사람마다 다를 수 있다. 즉 어떤 사람들은 생산성이 처음에는 낮다가 점점 높아지는 반면에 어떤 사람들은 그 패턴이 완전히 반대일 수도 있다.

Sturman(2007)은 역동적 수행준거가 학습곡선에 의해 설명될 수 있다고 주장하였다. 작업생산성은 경험이 축적됨에 따라 향상되는데, 경험에 의한 학습 속도는 종업원들마다 다르다. 반면에 직무수행에서 개선 속도가 느린 사람들은 상대적으로 평평한 학습곡선을 나타낸다. Sonnentag와 Frese(2012)는 지식획득이나 기술개발로 인해 수행이 점점 향상되거나 혹은 피로나 스트레스로 인해 수행이 점점 감소하는 학습곡선을 '수행 탄도(performance trajectories)'라고 부른다. 실증적 관점에서 보면, 개인의 학습곡선을 이해하고 예측하기 위해서는 오랜 시간 동안 종업원의 행동을 연구해야만 한다. 하지만 실제로는 종업원 행동에 관한 대부분의 연구가 횡단적으로(즉 시간적으로 한 시점에서) 이루어지는 경향이 있다.

03 이 장의 요약

- 준거는 판단에서 참조점으로 사용하는 평가기준이다.
- 준거에는 개념준거(우리가 측정하기를 원하는 준거)와 실제준거(우리가 실제로 측정하는 준거)가 있다. 모든 실제준거는 개념준거를 측정함에 있어 오류를 포함하고 있다.
- 작업분석은 직무에서 수행하는 일과 직무수행에 필요한 작업자 특성을 이해하기 위한 절차이다. 작업분석을 통해 직무수행 준거를 설정한다.
- 작업자 특성은 조직에서 요구하는 역량뿐만 아니라 직무지식, 기술, 능력, 기타 특성(KSAO)에 의해 가장 잘 이해된다.
- 직업정보망(O*NET)은 작업자 특성과 작업 특성에 관한 전 국가적 데이터베이스이다. 산업 및 조직심리학자들은 O*NET을 광범위한 목적으로 사용한다.
- 직무수행 준거에는 일반적으로 생산량, 판매량, 이직, 결근, 사고, 절도, 반생산적 작업행동, 정서노동, 적응행동, 시민행동이 있다.
- 직무수행 준거 측정치는 시간이 지남에 따라 변할 수 있기 때문에 직무수행에 대한 장기적 예측 정확성은 감소한다.

예측변인 : 심리평가

이 장의 학습목표

- 신뢰도 종류를 알고 각각이 무엇을 측정하는지를 이해한다.
- 타당도 종류를 알고 각각이 무엇을 측정하는지를 이해한다.
- 심리검사 유형을 검사 내용으로 분류하여 알아본다.
- 사람을 평가하는 심리검사의 역할, 윤리 문제, 예측 정확성을 설명한다.
- 면접, 평가센터, 신체능력 검사, 작업표본, 생활사 정보, 추천서와 같은 검사 이외의 예측변인을 설명한다.
- 논쟁 중인 평가방법들을 이해한다.

예측변인(predictor)은 준거를 예측할 때 사용하는 변인이다. 날씨 예측에서 기압은 강우를 예측하는 데 사용할 수 있다. 의학적 예측에서는 체온이 질병을 예측(혹은 진단)하는 데 사용될 수 있다. 산업 및 조직심리학에서는 생산량, 결근, 이직 등의 직무수행 준거를 예측하는 변인들을 찾고자 한다. 이러한 목적으로 우리가 사용할 수 있는 변인들은 무수히 많다. 우리는 운세를 점치는 사람들처럼 찻잎이나 점성학적인 징표를 사용하지는 않지만, 연구자들은 직무수행 준거에 대한 잠재적인 예측변인으로 사용할 수 있는 많은 도구를 탐구해 왔다. 이 장에서는 전통적으로 사용되었던 예측변인들을 개관하고, 예측변인의 예측력을 검토하고, 예측변인의 적용에 관한 전문적인 문제들을 논의한다.

1. 예측변인의 질 평가

다른 측정도구들처럼, 모든 예측변인을 질이나 양호도에 의해 평가할 수 있다. 훌륭한 측정도구가 지녀야 할 몇 가지 속성이 있다. 측정도구는 일관성과 정확성을 지녀야 한다. 즉 예측변인들은 반복적으로 정확한 측정치를 산출해야만 한다. 심리학에서 우리는 두 가지 **심리측정**(psychometric) 준거인 신뢰도와 타당도로 측정도구의 질을 판단한다. 만일 하나의 예측변인이 신뢰롭지도 않고 타당하지도 않다면 그것은 쓸모없는 것이다.

> 심리측정 : 심리평가 도구의 질을 측정할 때 사용하는 기준

1) 신뢰도

신뢰도(reliability)는 측정의 일관성, 안정성 혹은 동등성을 나타낸다. 측정되는 특성이 변하지 않는다면 반복해서 측정해도 동일한 추정치를 산출해야만 한다. 추정치가 정확하지는 않더라도 신뢰할 만한 측정치라면 항상 일관된 값을 지닐 것이다. 측정도구의 일관성 혹은 안정성을 평가하기 위하여 심리학에서는 세 가지 신뢰도가 주로 사용되며, 산업 및 조직심리학에서는 네 번째로 제시되어 있는 평가자 간 신뢰도 측정치가 흔히 사용된다.

> 신뢰도 : 검사 점수의 일관성, 안정성, 동등성에 의해 검사를 평가하는 기준
>
> 검사-재검사 신뢰도 : 검사를 반복해서 실시했을 때 얻어지는 검사 점수의 안정성을 나타내는 신뢰도의 한 가지 종류

검사-재검사 신뢰도 검사-재검사 신뢰도(test-retest reliability)는 아마도 측정도구의 신뢰도를 평가하는 가장 단순한 방법일 것이다. 두 시점에서 어떤 것을 측정하고 그 점수들을 비교한다. 동일집단에게 동일한 지능검사를 두 번 실시하고 두 점수의 집합 간의 상관을 낼 수 있다. 이러한 상관은 시간경과에 따른 안정성을 반영하기 때문에 안정계수(coefficient of stability)라고 부른다. 만일 검사가 신뢰롭다면 첫 번

째 시점에서 높은 점수를 받은 사람들은 두 번째 시점에서도 높은 점수를 받을 것이고 그 역도 성립한다. 만일 검사가 신뢰롭지 않다면 두 번의 검사에 있어서 개인의 점수 간에 어떤 유사성도 존재하지 않으며 두 점수 간에 어떤 규칙성을 찾아볼 수 없을 것이다.

어떤 검사(혹은 측정)가 **신뢰할 만하다**고 말하려면 신뢰도 계수가 어느 정도로 높아야 할까? 정답은 "높으면 높을수록 좋다"는 것이다. 검사는 신뢰로우면 신뢰로울수록 더욱더 좋은 검사가 된다. 검사가 학문적으로 받아들여지려면 일반적으로 .70가량의 신뢰도 계수를 가져야 한다. 검사-재검사 신뢰도를 해석할 때는 두 번의 검사 실시간 시간간격을 고려해야만 한다. 일반적으로, 시간간격(예 : 한 주 또는 6개월)이 짧으면 짧을수록 검사-재검사 신뢰도는 높아진다.

동등형 신뢰도 신뢰도의 두 번째 형태는 평행형 혹은 **동등형 신뢰도**(equivalent-form reliability)이다. 이러한 신뢰도를 알아보기 위해서 심리학자는 동일한 속성을 측정하기 위한 검사를 두 가지 다른 형태로 만들어 사람들에게 두 가지 형 모두를 실시한다. 그런

> **동등형 신뢰도** : 두 개의 검사 점수 간 동등성을 나타내는 신뢰도의 한 가지 종류

다음 각 사람으로부터 얻은 두 가지 점수의 상관을 구한다. 이렇게 계산된 상관을 **동등계수**(coefficient of equivalence)라고 부르는데, 이것은 두 가지 형의 검사가 동일한 개념을 어느 정도나 일관되게 측정하고 있는가를 나타낸다. 두 가지 형태의 검사를 개발하는 것은 고사하고 일반적으로 하나의 좋은 검사를 마련하는 것도 매우 어렵기 때문에 신뢰도의 세 가지 주요 형태 중 동등형 신뢰도가 가장 덜 사용된다. 많은 검사가 '동등형'을 가지고 있지 않다. 더군다나 연구(예 : Clause et al., 1998)에 따르면 두 검사 점수가 동일한 의미를 지니고 두 검사가 통계적으로 진정으로 동등한 속성을 지니도록 두 개의 검사를 구성하는 것이 결코 쉽지 않다. 하지만 지능과 성취검사 분야에서는 한 가지 검사에 대한 동등형 검사를 가끔씩 발견할 수 있다. 만일 산출된 동등계수가 높다면 검사들은 동일한 개념에 대하여 동등하고 신뢰할 만한 측정치가 된다. 만일 낮다면 그렇지 못할 것이다.

내적일치 신뢰도 신뢰도의 세 번째 주요 형태는 검사가 얼마나 동질적인 내용을 지니고 있느냐에 관한 검사의 **내적일치 신뢰도**(internal-consistency reliability)이다. 일반적으로 두 가지 형태의 내적일치 신뢰도가 있다. 하나는 반분 신뢰도라고 부른다. 여기서는

> **내적일치 신뢰도** : 검사 내 문항들 간의 동질성을 나타내는 신뢰도의 한 가지 종류

한 검사를 집단에게 실시하지만 검사를 홀수문항과 짝수문항으로(검사는 한 번 실시하지만) 반으로 나누어 채점한다. 반으로 나눈 검사문항들로부터 각 사람마다 두 가지 점수를 얻어서 이러한 점수집합 간의 상관을 구한다. 만일 검사가 내적으로 일관성이 있다면 홀수문항과 짝

수 문항에 대한 반응이 맞든 틀리든 간에 매우 유사해야 한다. 모든 다른 조건들이 동일하다면 검사가 길면 길수록 신뢰도는 더 높아진다.

내적일치 신뢰도를 평가하기 위한 두 번째 기법은 Cronbach 알파(α)나 Kuder-Richardson 20(KR20) 계수를 계산하는 것이다. 통계적으로 동일하지는 않지만 두 절차가 유사하다. 개념적으로 각 검사문항을 하나의 작은 검사로 취급한다. 즉 100개 문항을 가진 검사는 100개의 작은 검사들로 구성된 것으로 취급한다. 각 문항에 대한 반응과 모든 다른 문항들에 대한 반응과의 상관을 구한다. 이와 같이 문항 간 상관들의 행렬을 구하고 이러한 상관의 평균이 검사의 동질성을 나타내는 지표가 된다. 만일 검사가 동질적이라면(문항내용이 유사하다면), 검사는 높은 내적일치 신뢰도를 가지게 될 것이다. 만일 검사가 이질적이라면(문항들이 광범위하게 다른 개념들을 다루고 있다면), 내적으로 일관성이 없고 계산된 계수도 낮을 것이다. 산업 및 조직심리학에서 내적일치 신뢰도는 검사내용의 동질성을 평가하는 데 자주 사용된다.

평가자 간 신뢰도 평가자들의 판단에 기초하여 평가가 이루어질 때 평가자 간에 불일치가 일어날 수 있다. 두 명의 다른 평가자가 같은 행동을 관찰하더라도 다르게 평가할 수 있다. 다른 평가자들의 판단이나 점수들 간의 일치 정도를 **평가자 간 신뢰도**(inter-rater reliability)라고 부른다. 다수의 평가자가 직무를 분석할 때나 다수의 면접관이 직무지원자들을 평가할 때 평가자들은 자신의 판단에 따라 점수를 매긴다. 이러한 점수나 평정은 직무나 지원자에 따라 달라지기도 하지만 평가자들의 판단에 의해서 달라지기도 한다. 평가자 특성에 의해 그들의 판단에서 왜곡이나 오류가 일어날 수 있다. 평가자 간 신뢰도에 대한 추정은 보통 상관계수로 표현되고 이러한 추정치는 평정치들 간의 일치 정도를 나타낸다. 평가자들 간에 일치도가 높은 것은 행동이 신뢰롭게 관찰되었다는 증거이기 때문에 우리는 그러한 관찰이 정확하다고 결론 내릴 수 있다. 산업 및 조직심리학에서는 작업분석을 할 때 주제관련 전문가(SME) 간 동의 정도를 판단하기 위해 평가자 간 신뢰도를 자주 사용한다. 요약하자면, 네 가지 종류의 신뢰도는 모두 다른 의미를 지니기 때문에 서로 바꾸어서 사용할 수 없다.

> **평가자 간 신뢰도** : 두 명 이상의 평가자들로부터의 평가가 일치하는 정도를 나타내는 신뢰도의 한 종류

2) 타당도

신뢰도는 측정의 일관성과 안정성을 나타내는 반면에 타당도는 정확성을 나타낸다. 타당한 측정은 측정하고자 하는 것에 대한 '정확한' 추정치를 산출한다. 하지만 타당도와 신뢰도를 구분하는 또 다른 요인이 있다. 신뢰도는 측정도구 자체와 관련되어 있지만 타당도는 검사

의 사용과 관련되어 있다. **타당도**(validity)는 준거를 예측하거나 준
거에 관한 추론을 도출하기 위한 검사의 적절성을 나타낸다. 어떤
검사가 종업원의 생산성을 예측하는 데는 매우 타당할 수 있지만
종업원의 결근을 예측하는 데는 전혀 타당하지 않을 수 있다. 다른

> 타당도 : 검사 점수로부터 도출
> 되는 추론의 정확성과 적절성에
> 의해 검사를 평가하는 기준

말로 표현하면, 검사로부터 종업원의 생산성에 관한 추론을 유도해 내는 것은 적절할지 몰라
도 결근에 관한 추론을 유도하는 것은 부적절할 수 있다. 타당도를 나타내는 몇 가지 방법이
있는데 그것들 모두 준거에 대한 추론을 목적으로 하는 측정(검사)의 적절성을 나타낸다.

타당도라는 용어는 '타당화(validation)'와 '타당화하다(validate)'라는 단어와 관련이 있다. 타당
화란 검사 점수가 준거 점수와 통계적으로 얼마나 관련되어 있는지를 알아보는 실증적 절차
이다. '검사를 타당화한다는 것'은 검사가 하나 이상의 준거를 얼마나 예측하는지를 알아보
는 것이다. 타당화 결과에 의해 어떤 검사가 준거와 관련되어 있지 않다고 결론 내릴 수 있다.

일상생활에서 사용하는 '타당하다(valid)'는 단어는 심리학에서 다른 의미를 지니고 있다. 일
상생활에서 우리는 어떤 사람이 가지고 있는 운전면허증이 타당한 것인지 타당하지 않은 것
인지와 같이 '타당하다'는 단어를 이분법적 의미로 사용한다. 이러한 이분법적 사고를 심리
학에서 사용하는 '타당하다'라는 단어의 의미를 이해하는 데 적용할 수 없다. 준거를 예측하
는 심리적 검사의 정확성은 "타당하지 않다 또는 타당하다"가 아니라 "타당하지 않다"에서
"매우 타당하다"까지의 연속선상에 위치한다. 이처럼 심리학에서 검사의 타당도는 연속선상
에 존재하기 때문에 심리학자들은 어떤 검사가 사용하기에 충분한 타당도를 가지고 있는지
를 판단해야 한다. 검사를 타당하다 또는 타당하지 않다로만 판단하는 것은 지나치게 단순
한 생각이다.

일상생활에서 '타당화'와 '타당화하다'라는 단어는 심리학에서 사용될 때와 다른 의미를
지니고 있다. 〈그림 4-1〉은 캘리포니아 주에 있는 팔로알토라는 도시의 소매점에서 일하는
판매원들이 다는 배지이다. 이 배지에 "We Validate"라는 말과 "Free with Validation"이라는
말이 적혀 있다. "We Validate"라는 말은 고객이 이 가게에서 물건을 사면 판매원이 고객의
주차권에 확인 도장을 찍어 준다는 것을 의미한다. 그리고 "Free with Validation"이라는 말
은 확인 도장을 받으면 고객이 주차비를 낼 필요가 없다는 것을 의미한다. 이 경우에 '타당화
하다'라는 단어는 고무도장을 사용하여 확인해 주는 행동을 나타내고, 주차권에 확인 도장을
받으면 고객이 무료로 주차할 수 있다. 무료 주차가 가능한지 여부는 고객이 확인을 받은 타
당한 주차권을 가지고 있느냐에 달려 있다. 하지만 심리학에서는 정교하게 개발된 과학적 방
법을 사용하여 검사를 타당화하고, 타당화 절차를 거쳐 검사가 어느 정도 타당도를 지니고
있는지에 대해 결론을 내린다.

그림 4-1 '타당화하다'와 '타당화'라는 단어가 포함되어 있는 판매원이 다는 배지

심리학 분야에서 타당도에 대하여 많은 논쟁이 있어 왔다(Newton & Shaw, 2013). 여러 종류의 신뢰도(검사-재검사 신뢰도, 내적일치 신뢰도 등)가 있는 것처럼, 오랫동안 심리학자들은 타당도에도 여러 가지 종류가 있다고 믿었다. 하지만 최근에 심리학자들은 오직 한 가지 개념의 타당도만이 존재한다고 믿기 시작했다. 심리학자들은 구성개념을 진술하고, 측정하고, 해석한다. **구성개념**(construct)이란 행동의 여러 측면을 설명하기 위해 제안된 이론적 개념이다. 산업 및 조직심리학에서 사용하는 구성개념의 예로 지능, 동기, 기계적성, 리더십 등을 들 수 있다. 구성개념은 추상적인 성격을 띠기 때문에 구성개념을 측정하기 위해서는 현실적이고 측정 가능한 방법을 사용해야 한다. 즉 우리는 제안된 구성개념에 대한 실제적인 측정치가 필요하다. 예를 들어, 지능이라는 심리적 구성개념을 측정하기 위하여 지능검사를 사용할 수 있다. 실제 측정치(예 : 지능검사)가 이에 대한 구성개념(예 : 지능의 구성개념)을 얼마나 정확하고 충실하게 나타내고 있는지를 포괄적으로 설명하는 것이 **구성타당도**(construct validity)이다.

> **구성타당도 :** 검사가 측정하고자 하는 구성개념을 얼마나 정확하고 충실하게 측정하고 있는지를 나타내는 정도

구성타당도 구성타당도를 알아보는 과정은 검사가 측정하고자 하는 것과 이론적 구성개념 간의 관계를 알아보기 위한 탐구 과정이다. 우리가 지능이라는 구성개념을 이해하기 위해 이러한 구성개념을 측정하는 지필검사를 개발한다고 가정해 보자. 우리가 개발한 이 검사의 구성타당도를 알아보기 위해 지능의 측정치로서 일반적으로 알려져 있는 언어력, 수리력, 문제해결력 점수와 이 검사의 점수들을 비교할 수 있다. 만일 이 검사가 지능을 충실하게 측정하고 있다면 이 검사의 점수들은 지능에 관한 측정치로 알려져 있는 다른 검사 점수들과 유사한 값을 나타낼 것이다. 보다 전문적으로 이야기하자면, 우리가 개발한 새로운 지능검사 점수와 지능에 관한 기존의 측정치들 간에는 높은 상관이 존재할 것이다. 이러한 상관계수는 이러한 점수들이 지능이라는 공통개념을 측정하는 데 있어서 수렴하는(같은 방향의 값을 나타내는) 정도를 나타내기 때문에 **수렴타당도 계수**(convergent validity coefficient)라고 부른다.

마찬가지로, 우리가 개발한 검사 점수들은 신체적 힘, 눈의 색깔, 성별과 같이 지능과 관련없는 개념과는 상관이 없어야 한다. 즉 이 검사에서의 점수들은 지능과 관련이 없는 개념과는 확산(분리)되어야 한다. 보다 전문적으로 이야기하자면, 우리가 개발한 새로운 지능검사 점수와 이러한 개념들 간에는 상관이 낮아야 한다. 이러한 상관계수는 서로 관련이 없는 개념들을 측정하는 점수들이 서로 확산되어 있는 정도를 나타내기 때문에 **확산타당도 계수**(divergent validity coefficient)라고 부른다. 한 검사의 구성타당도를 알아보기 위하여 다른 통계적 절차들을 사용할 수도 있다.

검사에 관해 많은 정보를 수집하고 평가한 후에, 검사가 어떤 심리적 구성개념을 측정하고 있다는 사실을 지지하는 일련의 증거들을 축적하게 된다. 이렇게 되면 우리는 그 검사가 구성타당도를 가지고 있다고 말할 수 있다. 산업 및 조직심리학에서 가장 널리 인정받고 가장 자주 사용되는 측정도구들은 대개가 높은 구성타당도를 지닌 검사들이다.

Binning과 Barrett(1989)은 〈그림 4-2〉에 제시되어 있는 것처럼 구성타당화가 다섯 가지 연결 혹은 추론에 대한 증거를 제시하는 과정이라고 기술하였다. 〈그림 4-2〉는 두 개의 실증적 측정치와 두 개의 구성개념으로 이루어져 있다. X는 구성개념 1에 대한 측정치인데, 예를 들면 지능이라는 심리적 구성개념을 측정하기 위한 지능 검사에 해당한다. Y는 구성개념 2에 대한 측정치인데, 예를 들면 직무수행이라는 구성개념을 측정하기 위한 상사에 의한 평가에 해당한다. 연결 1만이 직접적으로 측정된 두 변인(X와 Y) 간의 관계에 대한 추론이기 때문에 직접적으로 검증할 수 있는 것이다. X와 Y의 구성타당도를 평가하기 위해서 우리는 연결 2와 연결 4에 관심을 가질 것이다. 즉 실증적 측정치인 X와 Y가 측정하고자 하는 구성개념 1과 2에 대하여 충실하고도 정확한 측정치인지를 알고자 할 것이다.

우리가 사용하는 실증적 측정치는 우리가 이해하고자 하는 구성개념에 대하여 결코 완벽한 지표가 될 수 없기 때문에, Edwards와 Bagozzi(2000)는 연구자들이 연결 2와 연결 4를 평가하는 데 보다 많은 관심을 기울여야 한다고 주장하였다. 직무수행에 관한 이론을 구성하기 위해서는 두 개의 구성개념 간의 관계를 나타내고 있는 연결 3에 관심을 가질 것이다. 마지막으로 Binning과 Barrett은 인사선발에서는 채용검사 점수와 직무수행 영역 간의 관계에 대한 추론인 연결 5에 관심을 가진다는 것에 주목했다. 이처럼 구성타당화 과정은 우리가 관심을 가지고 있는 다수의 개념들 간의 연결을 연구하는 것을 포함한다. 우리는 항상 실증적 수준인 X와 Y를 다루지만 궁극적으로는 개념적 수준인 구성개념 1과 2에 대해 추론하기를 원한다. 구성타당화는 이러한 개념들을 보다 잘 이해하기 위해 개념들 간 추론의 정확성을 입증하려는 지속적인 과정이고, 추론에 대한 확신 정도는 수집된 증거의 강도와 직접적으로 관련되어 있다(Schmitt et al., 2010).

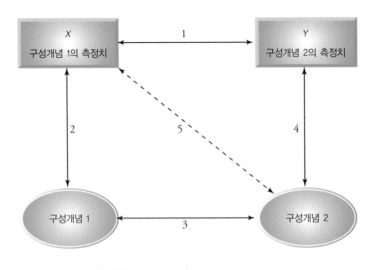

그림 4-2 구성타당화에서 추론적 연결

준거관련 타당도 구성타당도를 나타내는 한 가지 방식은 검사의 **준**

거관련 타당도(criterion-related validity)이다. 이름이 암시하는 바와 같이, 준거관련 타당도는 예측변인이 준거와 얼마나 관련되어 있느냐를 나타낸다. 산업 및 조직심리학에서 이것은 자주 사용되고 있으며 타당도를 나타내는 중요한 방식이다. 준거관련 타당도의 두 가지 종류는 동시적 준거관련 타당도와 예측적 준거관련 타당도이다. 동시적 타당도는 어떤 준거에서의 현재 상태를 진단하기 위해 사용되는 반면에, 예측적 타당도는 미래의 상태를 예측하기 위해 사용된다. 둘 간의 중요한 차이는 예측변인과 준거자료를 수집하는 시점 간 시간간격이다.

동시적 준거관련 타당도(concurrent criterion-related validity)를 측정할 때 우리는 한 예측변인이 준거를 동일 시점에서 어느 정도나 예측할 수 있는지에 관심을 갖는다. 예를 들어, 검사 점수에 기초하여 한 학생의 평점평균을 예측하기를 원할 수 있다. 이때 우리는 많은 학생들의 평점평균에 관한 자료를 수집한 후 평점평균을 예측하기 위하여 검사를 실시한다. 만일 예측변인으로 사용하는 검사가 학점에 대한 타당한 측정치라면 검사 점수와 학교성적 간에 상당히 큰 상관이 있을 것이다. 작업 장면에서도 같은 방법을 사용할 수 있다. 검사(예측변인)에 기초하여 작업자의 생산성 수준(준거)을 예측할 수 있다. 현재의 작업자 집단들로부터 생산성 자료를 수집하고 그들에게 검사를 실시하고 그 점수들과 생산성에 관한 기록들과의 상관을 구한다. 만일 검사가 가치가 있는 것이라면 검사 점수에 기초하여 작업자의 생산성에 관한 추론을 할 수 있다. 동시적 타당도를 측정하는 데 있어서 예측변인과 준거자료를 수집

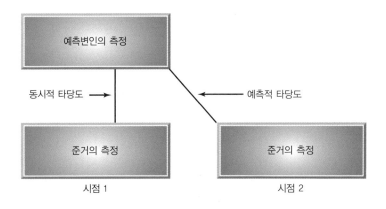

그림 4-3 동시적 준거관련 타당도와 예측적 준거관련 타당도 간 차이

하는 시점 간에 시차가 없다. 두 변인이 동시에 측정되는데 이러한 이유 때문에 이 방법의 명칭에 동시적이라는 용어를 쓴다. 이처럼 동시적 준거관련 타당도를 알아보는 목적은 이 검사가 준거를 예측할 수 있다는 지식에 근거하여 나중에 이 검사를 사용하기 위해서다.

예측적 준거관련 타당도(predictive criterion‑related validity)를 측정할 때는 예측변인에 관한 정보를 수집하고 이 정보를 준거수행을 예측하기 위해 사용한다. 대학에서 학생들의 4년 후의 전체 학점평균이라는 준거를 예측하기 위해 학생들의 고등학교 학급석차를 사용할 수 있다. 회사에서는 지원자들이 6개월 과정의 교육프로그램을 통과할 것인지를 예측하기 위하여 검사를 사용할 수도 있다. 〈그림 4-3〉은 동시적 준거관련 타당도와 예측적 준거관련 타당도 간의 차이를 도식적으로 나타내고 있다.

준거관련 타당도의 논리는 단순명료하다. 예측변인 점수와 준거 점수 모두를 가지고 있는 종업원들의 표본에 기초하여 이들 둘 간에 관계가 존재하는지를 알아본다. 만일 어떤 관계가 존재하면 지원자들의 준거 점수를 모르더라도 예측변인 점수에 기초하여 선발할 수 있다. 그러므로 준거관련 타당도를 통해 알 수 있는 관계에 기초하여 지원자들의 검사 점수로부터 그들의 장래의(따라서 알려져 있지 않은) 준거수행을 예측할 수 있다.

예측변인 점수들이 준거자료와 관련이 있을 때 이로부터 나오는 상관을 **타당도 계수**(validity coefficient)라고 부른다. 받아들일 만한 신뢰도 계수는 .70~.80의 범위에 존재하지만 바람직한 타당도 계수는 .30~.40 범위 내에 존재한다. .30보다 작은 타당도 계수를 흔

> **타당도 계수** : 두 변인 간의 관련성 정도를 나타내는 통계지수 (흔히 상관계수를 사용하여 표현함)

히 볼 수 있지만 .50 이상의 타당도 계수는 드물다. 예측변인의 신뢰도가 높으면 높을수록 좋듯이 타당도도 높으면 높을수록 좋다. 예측변인과 준거 간의 상관이 높으면 높을수록 예

측변인에 기초하여 준거에 대해 더 많이 알 수 있다. 상관계수의 크기(r)를 제곱함으로써 예측변인에 의해 설명되는 준거에서의 변량이 얼마인지를 계산할 수 있다. 예를 들어, 예측변인이 준거와 .40의 상관을 가지고 있다면 예측변인을 앎으로써 준거변량의 16%(r^2)를 설명할 수 있다. 수행에 영향을 미치는 여러 가지 요인이 존재하기 때문에, 대부분의 심리학자들은 한 요인이 설명하는 이러한 수준의 예측력(16%)을 만족스러운 것으로 여긴다. 1.0의 상관은 완벽한 예측(그리고 완벽한 지식)을 나타낸다. 하지만 Lubinski와 Dawis(1992)가 지적한 것처럼 타당도 계수가 크지 않은 검사라 하더라도 반드시 결함이 있거나 부적절한 것은 아니다. 이러한 결과는 인간 행동의 복잡성의 영향을 받는다. 우리의 행동은 동기나 운처럼 검사로는 측정되지 않는 요인들의 영향을 받는다. 따라서 이러한 요인들을 고려하여 검사의 타당도에 대해 현실적인 기대를 가져야 한다.

예측변인을 사용하더라도 어떤 준거는 예측하기 힘들고 어떤 준거는 상당히 예측하기 쉽다. 이와 유사하게 어떤 예측변인은 항상 타당해서 상당히 자주 사용되는 반면, 다른 예측변인은 준거가 무엇이든 간에 그다지 예측력이 없어서 별로 사용되지 않는다. 하지만 일반적으로 특정 예측변인들은 단지 특정 준거들을 예측하는 데만 타당하다. 이 장의 후반에서 산업 및 조직심리학에서 전형적으로 사용되는 예측변인들을 개관하고 그것들이 준거를 예측하는 데 있어서 얼마나 타당한지를 살펴볼 것이다.

> **내용타당도** : 검사문항이 검사가 측정하고자 하는 영역의 지식을 대표하는 문항으로 구성되었는지에 대해 주제관련 전문가들이 동의하는 정도

내용타당도 구성타당도를 나타내는 또 다른 방식은 **내용타당도**(content validity)이다. 내용타당도는 예측변인이 측정하고자 하는 행동을 얼마나 잘 대표하는 것으로 구성되어 있는지를 나타낸다. 이것은 주로 심리검사와 관련되어 있지만 면접이나 기타 예측변인들에까지 확장될 수 있다. 역사적으로 볼 때, 내용타당도는 성취검사와 가장 관련이 깊다. 성취검사는 개인이 특정 지식 영역을 얼마나 숙지하였는지를 알아보기 위해 고안된 것이다. 예를 들어, 미국의 남북전쟁사에 관한 성취검사가 '내용적으로 타당한' 검사가 되기 위해서는 여러 전쟁, 군사적 및 정치적 인물 등과 같은 남북전쟁사의 영역을 포괄하는 대표적인 내용이나 검사문항을 골고루 포함하고 있어야 한다. 만일 모든 문제가 유명한 전쟁의 날짜를 묻는 것이라면 이 검사는 남북전쟁사의 전반적인 내용을 균형 있게 포함하고 있지 못한 것이다. 남북전쟁사에 관하여 내용적으로 타당한 검사에서 어떤 사람이 높은 점수를 받았다면 우리는 그가 남북전쟁에 관하여 매우 많이 알고 있다고 추론할 수 있다.

내용타당도를 어떻게 측정할 것인가? 준거관련 타당도와는 달리 상관계수를 계산하지 않는다. 검사가 다루고 있는 분야에서의 전문가들이 내용타당도를 평가한다. 남북전쟁사에 관한 전문가들은 먼저 남북전쟁의 영역을 정의하고 그다음 그것을 다루는 검사문항들을 작성

한다. 그다음 전문가들은 검사가 내용적으로 얼마나 타당한가를 결정한다. 그들의 판단은 "전혀 타당하지 않다"에서부터 "매우 타당하다"까지의 범위에서 이루어진다. 검사는 매우 높은 내용타당도를 나타낼 때까지 개정된다.

이와 유사하게, 사람들의 판단에 기초한 또 다른 타당도를 **안면 타당도**(face validity)라고 부른다. 안면타당도는 검사문항들의 외관, 즉 그것들이 특정 검사문항들로서 적절해 보이는지와 관련되어 있다. 내용타당도 추정치는 검사 개발자들로부터 얻지만 안면타당도 추정치는 보통 검사를 받는 사람들로부터 얻는다. 어떤 검사문항이 내용적으로는 타당하지만 검사를 받는 사람들이 보기에는 타당하지 않을 수 있고 그 반대의 경우도 있다. 그러한 경우에 검사 개발자들과 검사를 받는 사람들은 검사에서 측정하는 영역에 관한 문항의 적절성이나 관련성에 대하여 의견이 서로 다를 수 있다.

> 안면타당도 : 검사문항들이 검사 사용도에 적절한지에 대하여 검사를 받는 사람들이 느끼는 정도

심리학 분야에서는 일반적으로 안면타당도보다 내용타당도를 더 중요하게 여긴다. 하지만 검사의 안면타당도는 검사를 받는 사람들이 검사가 적절하다고 여기는지, 채용과 같은 중요한 결정을 위해 검사가 개인을 평가하는 정당한 수단이라고 여기는지에 대해 큰 영향을 미친다. 사람들은 안면타당도가 없는 검사를 사용하는 회사에 대해 법적 소송을 제기할 가능성이 크다. 이처럼, 내용타당도 문제는 일반적으로 산업 및 조직심리학의 과학적 측면과 보다 더 관련되어 있는 반면에, 안면타당도 문제는 산업 및 조직심리학의 실천적 측면과 보다 더 관련되어 있다.

내용타당도가 한때는 학업성취검사에 주로 사용되었지만 채용검사와도 관련되어 있다. 제 3장에서 논의했던 작업분석 과정과 내용타당도 개념 간에는 강력하고도 분명한 관계가 존재한다. 내용타당도의 논리는 만일 검사가 특정 직무와 관련된 지식을 측정한다면 그 검사의 내용은 직무 내용과 관련되어 있으므로 그 검사는 직무수행에 대한 유용한 예측변인이 된다는 것이다. 택시기사를 대상으로 거리 위치나 지리에 대한 지식을 측정하는 검사를 예로 들 수 있다. 이러한 논리가 지니는 문제점은 검사 점수와 직무수행 간의 실증적인 관련성(즉 전자가 후자를 예측한다는 것)을 보여 줄 수 없다는 것이다. 이러한 관련성은 검사의 준거관련 타당도를 통해서 알 수 있다. 검사내용이 직무를 잘 반영하고 있다면 채용을 위해 그 검사를 사용하는 것은 괜찮다. 하지만 직무내용과 검사내용이 유사하다는 것 자체는 선발된 지원자들의 직무수행에 관해 아무런 정보를 제공해 주지 못한다. 직무지원자들에게 검사를 실시하는 근본적인 목적은 그들의 직무수행을 예측하는 데 있다.

Murphy 등(2009)은 직무내용을 잘 반영하고 있는 검사가 그렇지 못한 검사보다 준거관련 타당도가 더 높게 나오는 것은 아니라고 보고했다. 실제로 검사내용이 직무를 잘 반영하고

있지만 준거관련 타당도가 낮은 검사가 존재할 수 있다. Murphy(2009)는 산업 및 조직심리 학자들 사이에 지배적인 견해를 다음과 같이 요약했다. "내용타당화는 여러모로 유용하다. 하지만 타당도를 나타내기에는 그다지 유용하지 않다"(p. 453). '타당도'라는 용어는 심리학 자들에게 매우 중요한 의미를 지닌다. 왜냐하면 타당도는 사람에 대한 추론의 의미와 정확성 을 나타내는 개념이기 때문이다. 채용검사의 내용이 직무의 내용을 잘 반영하고 있다면, 대 부분의 산업 및 조직심리학자들은 그 검사가 '내용타당도'를 지니고 있다고 표현하기보다는 '내용대표성'을 지니고 있다고 묘사하는 것을 더 선호한다. 이러한 구분은 미묘하지만 매우 중요한 의미를 지닌다.

2. 예측변인 개발

심리평가의 목적은 개인에 대한 추론을 하기 위하여 개인을 측정하여 정보를 얻는 것이다. 산업 및 조직심리학에서 흔히 하는 추론은 개인이 어떤 직무에서 수행을 잘 할 가능성이 있는 지에 관한 것이다. 우리가 알고자 하는 것은 직무에서의 성공에 중요한 구성개념이다. 개인 의 지능, 야망, 대인관계 기술, 실패에 대처하는 능력, 새로운 개념이나 절차를 학습하고자 하는 의지 등이 직무에서의 성공과 관련되어 있다. 개인의 이러한 특성을 어떻게 평가할 것 인가? 산업 및 조직심리학자들은 개인에 대한 결정(예 : 채용 여부)에 사용되는 다양한 종류 의 예측변인 측정치들을 개발하였다. 이러한 예측변인 측정치들에 대해서는 이 장의 나머지 부분에서 논의할 것이다. 대개의 경우, 예측변인 측정치들을 두 차원으로 분류할 수 있다.

첫 번째 차원은 예측변인이 측정하고자 하는 심리적 구성개념(예 : 기계 이해)을 직접적으 로 측정하는지 아니면 직무에서 수행하는 것과 동일한 행동의 일부를 측정하는지에 관한 것 이다. 예를 들어, 기계를 정비하는 직무에 적합한 사람을 찾아내는 경우를 가정해 보자. 작 업분석에 기초하여, 기계를 정비하는 사람은 공구와 장비를 능숙하게 다루어야 하고, 기계 의 고장을 정확하게 진단하는 능력을 지녀야 한다는 것을 알 수 있다. 기계를 정비하는 능력 을 평가하기 위해 기계 이해력을 측정하는 지필검사를 사용할 수 있다. 이러한 검사를 사용 하면 개인이 기계에 대한 지식을 얼마나 가지고 있는지를 알아낼 수는 있지만, 이 검사가 지 필검사이기 때문에 공구를 얼마나 능숙하게 사용할 수 있는지는 평가하지 못한다. 검사를 사 용하는 것의 대안으로, 파손된 기계를 제시하고, "이 기계가 고장 난 것 같다. 문제가 무엇인 지를 찾아내서 고쳐 보라"고 할 수도 있다. 기계에 대해 잘 아는 전문가(예 : 주제관련 전문가) 는 이처럼 고장 난 기계를 진단하고 수리하는 행동을 관찰하고 평가를 내린다. 직무에서 수행하는 행동의 일부를 표집(이 경우에는 고장 난 기계를 진단하고 수리하는 행동)하여 평가하기 때문에 이러한 평가방법을 '행동표집'이라고 부른다. 이러한 평가방법은 기계를 진단하고 수리하는 데 사용하는 도구들을 개인이 얼마나 능숙하게 다룰 수 있는지를 측정한다. 하지만 이 방법은 고장 난 특정 기계를 수리하는 능력을 측정하는 데에만 적용될 수 있다. 이 방법은 기계에 대한 지식을 측정하는 지필검사처럼 광범위하게 적용될 수 없는 한계를 지닌다. 더군다나 행동표집에 의한 평가방법은 개인의 진단 및 수리능력을 측정하는 것이지, 앞으로 적절한 훈련을 받은 후에 그러한 것을 학습할 수 있는 능력을 측정하는 것이 아니다. 이러한 주제들에 대해서는 예측변인으로 사용되는 방법에 관한 논의에서 다룰 것이다.

예측변인 측정치를 구분하는 두 번째 차원은 예측변인이 개인의 현재 상태를 측정하는 것인지 아니면 과거에 관해 측정하는 것인지와 관련되어 있다. 채용면접에서 면접자는 피면접자의 목소리, 대인관계, 자세처럼 개인이 현재 가지고 있는 특성을 측정한다. 이러한 특성에 대한 평가는 개인이 앞으로 직무에서 성공할지를 예측하는 데 사용된다. 이와 대조적으로, 예측변인은 개인이 현재가 아니라 과거에 이러한 행동을 보였는지를 측정하기도 한다. 지원자의 이전 직무에서의 상사가 작성한 추천서를 이러한 경우의 예로 들 수 있다. 이 경우에는 과거 직무에서의 행동에 기초하여 새로운 직무에서의 미래 행동을 예측한다. 이처럼 예측변인 측정치는 현재 혹은 과거의 행동에 기초하여 미래 행동을 추론하는 데 사용한다. 어떤 경우에는 예측변인 측정치를 과거와 현재 행동 둘 다를 측정할 수 있도록 개발할 수도 있다. 채용면접을 한 가지 예로 들 수 있다. 면접자는 면접이 진행되는 동안 피면접자의 행동을 측정하고, 또한 피면접자의 과거 직무경력에 관한 질문을 할 수도 있다.

모든 예측변인 측정치가 구성개념 또는 행동표집 범주와 개인의 과거 또는 현재 특성에 대한 측정 범주로 분명하게 구분되는 것은 아니다. 하지만 이러한 분류는 다양한 예측변인 측정치와 각 측정치의 의도를 이해하기 위한 합리적인 접근방식이다. 모든 경우에 있어서 예측변인 측정치들은 미래의 행동을 예측하기 위해 고안된 것이다. 이러한 것들은 예측을 위해 사용하는 접근방식이 서로 다르다. 이러한 접근방식들이 신뢰도, 타당도, 공정성, 사회로부터의 인정, 법적 방어, 실시시간, 실시비용에서 어떻게 차이가 나는지는 산업 및 조직심리학에서 광범위하게 연구해 온 주제이다.

3. 검사 목적

검사는 개인의 지식, 기술, 능력, 성격을 알 수 있는 방법 중 하나로, 사람에 대한 정보의 원천이다. 개인에 대한 정보를 알 수 있는 또 다른 방법은 직접 대화하기, 다른 사람들에게 물어보기, 과거 행동을 알아보기 등이 있다. 여기서 기억해야 할 점은 우리가 평가하고자 하는 인간의 속성과 평가 방법 간에는 차이가 존재한다는 것이다. 인간의 모든 속성을 측정하는 데 있어서 가장 우수한 한 가지 방법이 있는 것은 아니다. 쉽게 말하면, 어떤 평가 방법이 가장 좋은지는 우리가 측정하고자 하는 속성에 따라 다르다. 이러한 평가 방법이 일터에서 미래 행동을 예측하는 예측변인으로 사용된다. 예측변인에 대한 첫 번째 내용으로 먼저 검사를 다룰 것이다.

　심리검사는 검사(test)와 조사(survey)로 진행된다. 조사는 설문조사(questionnaire) 또는 문항조사(inventory)라고 부른다. 옳거나 그른 답이 존재하는 검사와 달리 조사는 옳거나 그른 답이 없다. Pearlman(2009)은 평가 결과의 사용 목적에 근거하여 조직 내 검사를 세 가지 유형으로 분류했다. 저부담(low-stakes) 검사는 조직 내 종업원의 지위에 어떠한 영향도 주지 않고 종업원을 도와주는 목적으로 사용된다. 종업원들이 선호하는 회의시간을 조사하는 것을 예로 들 수 있다. 중부담(moderate-stakes) 검사 결과는 조직 내 종업원의 지위에 영향을 미친다. 교육 프로그램에 대한 참가 의사를 조사하는 것을 예로 들 수 있다. 고부담(high-stakes) 검사는 조직에 채용되거나 조직에서 승진하는 것처럼 개인에게 직접적인 영향을 미친다. 검사의 부담이 높을수록, 검사를 실시하는 조직은 검사가 개인에 대한 정확하고 공정한 평가를 제공할 수 있도록 신경을 써야 한다. 개인 역시 고부담 검사에서는 원하는 결과를 얻기 위해 좋은 점수를 받으려고 노력한다.

4. 검사 내용

검사가 측정하는 내용에 따라 검사를 분류할 수 있다. 이 절에서는 고용을 위해 사용하는 검사가 측정하는 중요한 구성개념의 종류에 대하여 논의할 것이다. 또한 검사에 관한 심리학 문헌으로부터의 정보에 기초하여 인사선발 장면에서 다양한 검사가 얼마나 타당한지에 대하여 논의한다.

1) 지능

지능이나 인지능력은 아마도 심리학의 모든 분야에서 가장 많은 연구가 이루어진 구성개념일 것이다. 지능 측정에 대한 관심은 100년 전에 시작되었다. 지능이라는 구성개념을 측정한지가 오래되었음에도 불구하고 아직까지 지능을 측정하기 위한 유일한 혹은 표준적인 수단이 없다. 더 나아가 최근의 연구들은 지능이 과거에 우리가 생각했던 것보다 훨씬 더 복잡하다고 주장한다.

지능에 관하여 일반적으로 동의하는 개념은 무엇일까? 전통적으로 지능은 단일하고 일원적인 개념으로 개념화되었다. 이러한 개념은 일반정신능력(general mental ability)이라고 알려졌고 g라는 기호로 표시되었다. g를 평가함으로써 우리는 개인의 지적 능력의 일반

> g : 대부분의 직무에서의 성공을 예측하는 것으로 밝혀진 '일반정신능력'을 나타내는 기호

적 수준을 알 수 있다. g를 측정하는 검사들을 사용하여 다양한 직업에 걸쳐 수행을 예측할수 있다는 것이 밝혀졌다(예 : Ree et al., 1994). g의 준거관련 타당도는 매우 높은 편이서 흔히 .40~.50 사이의 값을 가진다. 많은 연구자들은 장래의 직무수행을 가장 잘 진단하는 단일한 예측변인이 g라고 믿는다. 간단히 이야기하면, 만일 우리가 직무지원자의 장래 수행을예측하기 위하여 오직 한 가지 속성만을 알아본다면 그것은 지능에 대한 측정이 될 것이다. Brand(1987)가 "화학과 탄소 간의 관계는 심리학과 g 간의 관계와 같다"(p. 257)라고 말할 정도로 일반지능은 모든 다양한 수행준거들을 예측하는 데 포괄적으로 사용할 수 있는 것으로여겨진다. Reeve와 Hakel(2002)은 일반정신능력이 지니고 있는 과학적 위상을 다음과 같이요약하였다. "인지적 기능이 최소로 요구되는 경우라 하더라도 인간의 개인차를 예측할 수있는 g가 예측하지 못하는 결과나 준거는 사실상 없다는 것을 많은 자료들이 입증해 주고 있다"(p. 49).

연구들이 예측변인으로 사용되는 일반지능의 타당도를 분명히 지지해 주고 있지만, 일부연구자들은 지능을 단순히 g로만 개념화하는 것은 지능에 내재되어 있는 복잡성을 지나치게단순화시키는 것이라고 주장한다. Murphy(1996)는 지능이 단일한 현상이 아니기 때문에 지능의 다른 차원들도 고려할 가치가 있다고 주장하였다. 예를 들어, Ackerman(1992)은 항공관제사 직무처럼 복잡한 정보를 처리하는 과업에서는 일반지능보다 다른 여러 능력들의 예측력이 더 우수하다고 보고했다. Ackerman과 Kanfer(1993)는 주로 공간 지각력의 평가에 기초하여 항공관제사 선발에 사용하는 유용한 검사를 개발했다. 따라서 산업 및 조직심리학의관점에서 보면, 지능의 측정에 대한 논쟁은 직무행동을 예측하기 위하여 일반지능(g)만을 측정하는 것이 적절한지 아니면 여러 개의 인지능력을 측정하는 것이 적절한지와 관련되어 있다. 최근의 연구 추세에 의하면, 대부분의 경우에 지능의 g 요인이 대부분의 직무수행에서의

표 4-1 전형적인 지능검사에서 사용하는 검사문항 예

1. 다음의 숫자배열에서 (　　) 안에 들어갈 숫자는?
3 - 8 - 14 - 21 - 29 - (?)

2. 삽과 도랑을 파는 사람 간의 관계는 수술용 칼과 무엇 간의 관계와 같나?
(a) 칼 (b) 예리한 물건 (c) 도살자 (d) 외과의사 (e) 절단

성공을 정확하게 예측한다.

Daniel(1997)이 진술한 것처럼, 지능을 측정하는 수단(즉 검사)은 우리가 측정하고자 하는 지능을 보는 시각에 따라 매우 달라질 수 있다("**현장기록 1 : 지능이란 무엇인가?**" 참조). 학업지능(academic intelligence)은 단어나 숫자에 대한 유창성과 같이 전형적으로 지능검사에서 측정하는 것이다. 〈표 4-1〉은 전형적인 지능검사의 검사문항 예를 보여 주고 있다. 실용지능(practical intelligence)은 일상생활에서 능력을 발휘하기 위해 필요하고 학업지능과는 상관이 그다지 높지 않은 지능을 말한다. 창의적 지능(creative intelligence)은 새로운 방식으로(즉 독창적이거나 기대하지 못했던 방식으로) 적절하게(즉 유용하게) 작업을 하는 능력을 말한다. 지능을 주로 학업지능으로만 간주하면 지능검사에서 실용지능과 창의적 지능을 측정하는 검사는 배제될 것이다. Hedlund와 Sternberg(2000)는 요즘 기업들에서는 빠르게 변화하는 환경에 잘 적응할 수 있는 종업원들을 원한다고 주장하였다. 실생활에서 접하는 문제들은 분명하게 정의되어 있지 않고, 모호하고, 역동적이기 때문에, 전통적으로 지능검사에서 측정하던 문제의 유형들과는 다르다. Hedlund와 Sternberg는 실용지능이라는 개념이 g요인에 기초한 지능이론의 좁은 관점과 상충되는 것이라기보다는 이러한 관점을 보완할 수 있는 것이라고 생각한다.

앞에서의 논의로부터 추론할 수 있듯이 지능이라는 구성개념은 매우 복잡하다. Scherbaum 등(2012)은 일반 인지능력에 대해 보다 잘 알 필요가 있다고 언급했다. 그 이유는 직무가 점점 복잡해지고 있어서 g요인으로 생애 전반에 걸친 직무수행을 잘 예측할 수 있기 때문이다. 산업 및 조직심리학에서는 인지능력이 직무수행을 얼마나 예측하는지에 관심을 가지고 있다. Murphy는 "직무수행을 예측하기 위한 인지능력의 타당도에 관한 연구는 산업 및 조직심리학에서 '성공사례'들 중 하나이다"(p. 6)라고 언급하였다. 각 직무마다 서로 다른 능력과 특성이 요구된다. 하지만 "일반 인지능력이라는 개념에 대하여 완전할 정도로 충분한 정보를 가지고 있지는 않더라도, 산업 및 조직심리학자들은 인지능력검사가 타당하고, 공정하고, 유용한 정보를 제공한다는 데는 일반적으로 동의한다"(Murphy et al., 2003, p. 670).

현장기록 1
지능이란 무엇인가?

지능의 구성개념은 매우 복잡하고, 아마도 연구자들이 과거에 생각했던 것보다 더 복잡할 것이다. 이론가들은 지능이 단일개념인지 아니면 언어력이나 수리력처럼 다양한 형태의 지능이 존재하는지에 대하여 오랫동안 논쟁해 왔다. 지능검사는 이러한 이론적 틀에 기초하여 고안되고 해석되었다. 전통적인 지능검사 문항에는 정답이 있고 그것도 오직 하나의 정답만 존재한다. 수리력이나 어휘력에 관한 질문에 대한 답을 예로 들 수 있다. 하지만 연구는 다른 종류의 지능이 존재한다는 것을 시사한다. 생활에서 접하는 많은 문제는 오직 하나의 정답만 가지고 있는 것이 아니라 하나 이상의 정답을 가지고 있다. 즉 실생활에서 문제에 대한 해결책은 옳거나 그른 것으로 판단할 수 있는 성질이 아니라 실행가능성이 얼마나 있는지로 판단할 수 있는 것이다. 개인수준에서 대인관계 문제나 국가수준에서 국제적 문제를 다루는 것을 예로 들 수 있다. 이러한 문제를 풀기 위해 지능이 필요하지만 이러한 유형의 문제는 전형적

인 지능검사에서 출제되지 않는다. "젊은 사람은 총명하고 늙은 사람은 현명하다"는 속담이 있다. 아마도 지혜는 단일한 정답이 존재하지 않는 문제를 오랫동안 성공적으로 다룬 경험으로부터 유래된 지능의 형태인 것 같다. 심리학자들은 실제 문제를 해결하는 지식을 절차 지식 또는 암묵 지식이라고 부른다. Sternberg와 Horvath(1999)는 암묵 지식이 법률, 의학, 군대, 교육 장면의 다양한 직업에서의 성공에 어떻게 기여하는지를 기술하였다. Marchant와 Robinson(1999)이 법률에 관한 전문지식에 관하여 언급한 것처럼, 모든 변호사는 법률에 대해 잘 알고 있다. 이러한 지식은 법대에서 배운 것들이다. 그러나 정말로 성공한 변호사는 법률을 어떻게 해석하는지를 알고, 또한 전체 법률시스템의 역학구조를 이해하고 있다. 최근의 연구들이 주장하는 것처럼, 단일한 정답을 가지고 있지 않은 복잡한 문제에 대하여 현실적이고 실현가능성이 있는 해결책을 내놓는 능력도 지능의 한 가지 형태로 볼 수 있다.

2) 기계적성

기계적성검사는 피검사자가 검사문항에 포함된 기계적 원리를 얼마나 이해하고 있는지를 측정한다. 이러한 문항들이 측정하는 개념은 소리와 열의 전도, 속도, 중력, 힘 등이다. 기계 추리력을 측정하는 유명한 검사 중 하나는 Bennett의 기계 이해력 검사(Bennett, 1980)이다. 이 검사는 기계적 사실과 원리에 관한 다양한 문제를 포함하는 일련의 그림들로 구성되어 있다. 이 외에 다른 기계 이해력 검사들도 개발되어 있다.

　Muchinsky(2004)는 기계적성검사가 제조 및 생산 직무의 수행을 잘 예측한다고 보고하였다. 하지만 기계적성검사에서 일반적으로 여성들의 점수가 남성들보다 더 낮다. 최근에 주방 도구나 여성들에게 더 친숙한 주제(예 : 굽이 높은 구두)에 관한 문항을 검사에 포함시킴으로써, 남녀 간의 점수 차이를 완전히 제거하지는 못하더라도 줄이려는 시도가 이루어지고 있다

(Wiesen, 1999).

3) 성격

이전에 인용된 객관적인 답이 있는 검사들과는 달리 성격 검사는 옳고 그른 답이 없다. 피검사자들은 어떤 진술문(예 : "열심히 일하는 사람들이 성공한다.")에 대하여 어느 정도나 동의하는지에 관해 응답한다. 성격 검사는 일반적으로 개인의 내향성, 지배성, 자신감 등과 같은 특성을 나타내는 척도점수를 측정하기 위하여 각 척도 내에 유사한 종류의 질문들이 포함되어 있다. 문항에 대하여 어느 한쪽이나 혹은 다른 쪽으로 응답하면 각 척도에서 높거나 낮은 점수가 나오도록 미리 마련되어 있는 방식에 의해 문항들을 채점한다. 성격 검사에서 옳고 그른 답은 없지만, 이러한 점수들은 직무에서의 성공을 예측하는 데 사용된다. 기본적인 이론적 근거는 성공적인 종업원들은 특정한 성격구조를 가지고 있고 이러한 구조를 나타내는 척도들이 새로운 종업원을 선발하는 기초가 된다는 것이다.

> **성격 5요인 이론** : 성격을 정서적 안정성, 외향성, 경험에 대한 개방성, 원만성, 성실성과 같은 다섯 개의 중요한 요인으로 정의하는 이론

성격측정은 인사선발에서 가장 빠르게 성장하고 있는 분야 중 하나이다. 5요인 성격모델은 학문적으로 많은 지지를 받고 있다. 이것을 흔히 **성격 5요인 이론**(Big 5 personality theory)이라고 부른다. 성격의 5요인은 다음과 같다.

- **정서적 안정성**(Emotional stability) − 침착하고, 차분하고, 정서적으로 균형 잡힌 경향성
- **외향성**(Extraversion) − 사교적이고, 주장이 강하고, 적극적이고, 말이 많고, 정열적이고, 외향적인 경향성
- **경험에 대한 개방성**(Openness to experience) − 호기심이 많고, 상상력이 풍부하고, 틀에 박히지 않은 성향
- **원만성**(Agreeableness) − 협조적이고, 도움을 주고, 함께 지내기 편한 성향
- **성실성**(Conscientiousness) − 목적의식이 분명하고, 의지가 강하고, 계획적이고, 자제력이 강한 성향

McCrae와 Costa(1987)와 Hogan(1991)은 이 모델의 타당도를 지지하는 광범위한 실증적 결과들을 제공하였다. 예를 들어, NEO-PI(P. T. Costa, 1996)와 Hogan Personality Inventory(Hogan & Hogan, 1992)와 같은 성격 검사들이 이 모델에 기초하여 개발되었다. Barrick과 Mount(1991)는 통합분석을 통하여 외향성이 관리자나 영업사원과 같이 사회적 상호작용을 포함하고 있는 직업들의 수행에 대한 타당한 예측변인이라고 결론 내렸다. Tokar

등(1998)은 성격이 직무수행, 경력의 진보, 직업에 대한 흥미를 포함하는 작업행동의 많은 측면과 관련되어 있다는 사실을 밝혔다. 성실성은 모든 직업과 서로 다른 여러 문화에 걸쳐 직무수행 준거들과 일관된 상관을 나타내고 있다(Salgado, 1997). 이러한 5요인은 여러 나라 사람들의 성격구조를 알아보기 위하여 사용할 수 있는 견고한 이론적 틀이기 때문에 McCrae와 Costa(1997)는 성격에서의 이러한 구조를 "인간에게 보편적인 것"이라고 언급하였다. 더나아가 이러한 성격 측정치들은 지능 측정치가 수행을 예측하는 부분 이외에 독자적인 부분을 추가로 예측함으로써 직무수행 예측에 있어서 **증분적**(incremental) 예측 타당도를 가지고 있다(Judge et al., 1999).

개념적인 수준에서는 지능과 성격이 서로 구분되는 구성개념으로 여겨진다. 지능은 전통적으로 개인이 '할 수 있는(can do)' 차원을 나타낸다. 즉 개인이 충분한 수준의 지능을 가지고 있다면 어떤 일을 "할 수 있다." 반면에 성격은 전통적으로 개인이 '하고자 하는(will do)' 차원을 나타낸다. 즉 개인이 하고자 하는 의지를 가지고 있다면 어떤 일을 "하고자 할 것이다." Kehoe(2002)는 지능과 성격이 각각 직무수행을 어떻게 예측하는지를 설명하였다. 성격검사와 인지능력검사가 직무수행과 동일한 정도로 관련되어 있다고 가정해 보자. 성격 검사와 인지능력검사 각각에 의해 선발된 종업원들은 똑같은 유형의 사람이 아닐 것이다. "성격검사에 의해 선발된 종업원들은 보다 신뢰할 만하고, 인내심 있고, 주의 깊고, 타인에게 도움을 줌으로써 자신의 수행목표를 달성할 것이다. 반면에 인지능력검사에 의해 선발된 종업원들은 보다 정확하고, 빠르고, 효과적으로 문제를 해결함으로써 자신의 수행목표를 달성할 것이다"(pp. 103-104). Hofstee(2001)는 지능에서의 g요인에 비유될 수 있는 'p요인'(일반 성격요인)의 존재를 제안하였다. 앞으로의 연구에서는 지금까지 구분된 개념으로 여겨졌던 이러한 두 구성개념 간의 융합을 시도할지도 모른다.

성격 장애의 진단과 치료는 전통적으로 임상심리학의 영역이다. 극심한 성격 장애를 가지고 있는 사람들을 채용할 수 없지만, 정도가 심하지 않은 사람들은 직장에 고용된다(Wille et al., 2013). O'Boyle 등(2012)은 **어둠의 3요인**(dark triad)이라는 세 가지 성격 장애를 제시했다.

> **어둠의 3요인** : 마키아벨리즘, 나르시시즘, 사이코패스와 같은 반생산적 작업 행동과 관련되어 있는 세 가지 성격 장애군

첫 번째는 마키아벨리즘(Machiavellianism)으로, 이는 약 500년 전 이탈리아의 Niccolo Machiavelli가 저술한 책에서 사용된 단어이다. 이 책은 정치적 권력의 획득과 사용에 초점을 두고 있다. 마키아벨리즘은 인간 본성에 대한 어둡고 냉소적인 해석에 근거하고 있다. 이러한 성격 장애를 보이는 사람들은 다른 사람들을 조종해서 자신의 이상을 이루는 것이 삶의 목적이며, 원하는 것을 이룰 수 있다면 어떠한 부적절한 행동이나 전략도 꺼리지 않는다.

두 번째는 나르시시즘(narcissism)이다. 이 용어는 그리스 신화 속에서 자신의 신체적 매력에 빠져 있던 나르키소스라는 청년의 이름과 관련 있다. 나르시시즘을 가진 사람들은 매우 높은 자존감을 보인다. 그들은 다른 사람들을 통제하려고 하고 다른 사람들로부터 존경을 받고 싶어 한다. 또한 끊임없이 자신이 잘났다는 것을 드러내려고 하며 타인의 비판에도 신경 쓰지 않고, 교묘하게 자신의 오만함을 나타낸다.

세 번째는 사이코패스(psychopath)이다. 고대 그리스 용어로, *pathos*는 고통받고 있는 것을 의미하며 *psycho*는 정신 속성을 가리킨다. 사이코패스는 가끔 영화나 드라마에서 정상이 아닌 살인자로 나온다. 사이코패스는 본질적으로 폭력적인 성향을 지니고 있지 않고 타인에게 관심이 결여되어 있다. 그들은 말솜씨가 좋지만 감정적으로는 메마른 성향을 지니고 있다. 카리스마를 보여 주기 때문에 다른 사람들은 그들에게 끌리는 이유도 모른 채 그들에게 빠져들 수 있다.

산업 및 조직심리학자들은 최근에서야 일터에서 어둠의 3요인에 대해 연구하기 시작했다. 어둠의 3요인에 대한 평가 점수가 제3장에서 논의한 반생산적 작업 행동을 예측한다는 것을 발견하였다. 하지만 역설적인 것은 그들이 끊임없이 자기향상을 추구하기 때문에 어떤 조직은 이러한 어둠의 3요인과 관련된 행동을 보이는 종업원들을 처음에는 오히려 좋게 평가한다는 점이다. 이러한 조직은 특정 수행 목표(예 : 판매량)를 달성한 종업원들을 높게 평가하지만, 그 과정에서 그들이 다른 사람들에게 피해를 주는 것에는 관심을 두지 않는다. Babiak과 Hare(2006)는 사이코패스를 "양복 입은 독사"로 묘사했다. 그들은 사이코패스가 리더로서 어떤 리더십을 발휘하는지 그리고 그들의 파멸적 성격이 조직 내 다른 사람들에게 얼마나 심각한 피해를 초래하는지를 기술하였다. "일부 회사들은 아무것도 모른 채 사이코패스 성향을 지닌 사람들을 고용하기도 한다. 왜냐하면 실제로 일부 채용 담당자들은 사이코패스 유형의 사람들이 나타내는 행동을 리더십 역량이라고 잘못 생각하고 있기 때문이다. 예를 들어, 책임을 지고, 결정을 내리고, 다른 사람을 통해 자신이 원하는 것을 달성하는 행동은 리더십과 관리의 고전적 특성이다. 사이코패스 성향의 사람들은 타인을 강압적으로 설득하고, 지배하고, 조종하는 것을 잘한다"(p. xi).

Babiak과 Hare가 시사했듯이, 이러한 어둠의 3요인 성격 장애를 가진 사람들과 정상적인 성격을 보유하고 있는 사람들을 구분하기가 쉽지 않다. 세 가지 성격 장애 특성은 인식하기 힘들기 때문에 오랜 시간이 지난 후에야 비로소 드러난다. Guenole(2014)은 이러한 성격 장애를 가진 사람들을 대상으로 실시하는 성격 검사의 목적은 채용 과정에서 그들을 가려내는 데 있다고 언급했다. 어둠의 3요인 성격 특성을 지닌 사람들은 은폐에 능하기 때문에 공식적으로 철저히 조사한다 해도 밝혀내기 힘들다.

4) 성격 검사에서 거짓응답

인사선발에서 성격 검사를 사용하는 것에 대해 오래전부터 가지고 있던 우려는 직무지원자들이 진실한 응답을 하지 않을지도 모른다는 것이었다. 지원자는 오히려 그들이 생각하기에 사회적으로 바람직한 반응을 함으로써 그들의 반응을 속일 수 있다. Morgeson 등(2007)은 직무지원자들이 합격을 위해 자신에 대하여 매우 긍정적인 인상을 주려고 애쓰는 것은 자연스러운 행동이기 때문에 성격 검사에서 지원자의 **거짓응답**(faking)이 불가피하다고 결론 내렸다. '인상 관리(impression management)'란 다른 사람들과 관계를 맺을 때 자신에 대한 긍정적인 인상을 주고자 하는 개인의 능력과 소망을 의미한다. Barrick과 Mount(2012)

> **거짓응답**(faking) : 직무지원자들이 좋게 보이려고 성격 검사 문항에 거짓으로 응답하는 행동

는 "성격 검사의 응답으로부터 개인이 어떤 인상을 보여 주고자 하는지를 알 수 있으며, 이는 사람들이 평소 다른 사람들과 어떻게 상호작용하는지를 그대로 보여 준다"(p. 240)고 언급했다. 미묘한 인상 관리와 노골적인 응답 왜곡은 자신을 긍정적인 방식으로 묘사하는 것과 거짓으로 응답하는 것 간의 차이와 같이 아주 미세한 차이만이 있다. 채용과정에서 발생하는 직무지원자들의 응답왜곡에 대하여 다양한 이슈가 논의되었다. McGrath 등(2010)은 이러한 이슈들을 (a) 지원자 모두가 응답왜곡을 약간씩 하는지, (b) 어떤 사람들이 응답왜곡을 더 자주 하는지, (c) 어떤 상황에서 응답왜곡이 더 많이 발생하는지, (d) 어떤 사람들이 응답왜곡을 더 심하게 하는지로 나누어 제시하였다. 보다 구체적으로 Berry와 Sackett(2009)은 경쟁률이 높을 때, 그리고 검사에서 측정하고자 하는 것이 무엇인지를 지원자들이 명백하게 알 수 있을 때 응답왜곡이 더 많이 발생한다고 가정하였다. Komar 등(2008)은 거짓응답이 직무수행의 예측변인인 성실성의 타당도에 미치는 영향을 추정하기 위하여 컴퓨터 시뮬레이션을 사용했다. 지원자들 중에서 거짓응답을 한 사람들의 비율과 거짓응답의 강도에 의해 타당도가 가장 크게 감소하였다.

McFarland(2013)는 역설적으로 성격 검사의 문항 구조가 오히려 거짓응답을 부추길 수 있다고 언급했다. 성격 검사 문항에 대한 응답만으로는 지원자가 자신을 설명하거나 자신이 자격을 갖추었다는 것을 보여 주기 힘들다. 예를 들어, 성격 검사에 "나는 일반적으로 매사에 열심히 한다."와 같은 문항이 있다면, 지원자는 예/아니요 또는 동의 정도로만 응답을 해야 하기 때문에 직무에서는 열심히 하지만 여가 활동은 열심히 하지 않는다와 같이 자세한 사항을 설명할 수 있는 기회가 없다. 따라서 지원자들은 직무에서 열심히 하지 않는다는 인상을 주지 않으려고 매사에 열심히 한다는 점을 보여 주려고 한다. 그 결과, 거짓응답으로 의심될 가능성이 높은 응답(예 : "예"또는 "매우 그렇다")을 하게 된다.

산업 및 조직심리학자들은 성격 검사에서 발생하는 응답왜곡의 빈도와 심각성에 대해 서

로 다른 의견을 가지고 있다. 그뿐 아니라 지원자들의 거짓응답에 대응하기 위하여 조직이 취하는 행동에 대해서도 일관된 의견을 가지고 있지 않다. 응답왜곡을 알아내기 위하여 성격 검사에 특수한 문항들을 포함시킬 수 있다. 거짓응답에 대응하기 위한 세 가지 방법이 제안되었는데, 첫 번째 방법은 거짓으로 응답한 지원자들을 가려내서 채용하지 않는 것이다. 이 방법에 대한 실무적 우려는 지원자들 중에서 지나치게 많은 사람들을 제외시킬 수 있다는 것이다. 두 번째 방법은 거짓응답 정도를 반영하여 검사 점수를 통계적으로 교정하는 것이다. 이 방법에 대한 실무적 우려는 거짓으로 응답한 지원자들의 점수를 얼마나 교정할 것인지에 있다. 하지만 거짓응답으로 드러난 지원자들의 점수를 얼마나 낮추어야 하는지를 결정하기 어렵다. 세 번째 방법은 거짓응답을 알아내기 위한 특수한 문항들을 검사에 포함하지 않고, 지원자들에게 거짓으로 응답하지 말라고 강력하게 경고를 주는 것이다. 이 방법이 지니는 문제점은 지원자들이 거짓응답으로 인하여 얻게 되는 부정적 결과보다 거짓으로 응답하여 합격한 후 얻게 되는 잠재적 이득을 더 강하게 지각한다는 데 있다(Oswald & Hough, 2011). Fan 등(2012)은 온라인 성격 검사에서 지원자가 거짓응답을 하고 있다고 판단될 경우 지원자에게 경고를 주는 시스템을 개발했다. 지원자의 응답이 거짓응답을 하는 사람들의 패턴과 유사하다고 경고를 준다. Fan 등은 거짓응답이 이미 발생한 후가 아니라 평가 과정에서 거짓응답에 대해 대처하는 것이 최선의 방법이라고 언급하였다. Landers 등(2011)은 지원자가 거짓응답을 했을 때 심각한 불이익을 받는 결과(예 : 거짓응답을 한 지원자는 더 이상 고용 대상으로 고려하지 않음)로 이어지지 않는다면 거짓응답을 계속할 것이라고 주장했다. Griffith와 Robie(2013)는 또한 거짓응답을 해결할 수 있다고 학문적으로 인정된 방법은 없다고 결론지었다. 채용 결정을 위해 다수의 평가방법을 사용하는데, 지원자가 일부 평가방법(예 : 능력 검사와 성적증명서)에서 거짓응답을 할 수 없지만 다른 평가방법(예 : 성격 검사와 면접)에서는 거짓응답을 할 수도 있다.

요약하자면, 성격 검사가 직무수행을 예측하는 데 있어서 인지능력검사와 작업경험이 예측하는 것 이상으로 부가적인 역할을 한다는 것이 많은 연구에서 밝혀졌다. 하지만 실무적인 문제는 지원자들의 응답왜곡 없이 성격을 측정할 수 있는 방법을 찾아내는 것이다(Hough & Dilchert, 2010). 최근 연구는 이러한 시도를 하고 있다. 성격 검사에서 거짓응답이 문제가 되기는 하지만 성격은 일터에서의 수행과 관련이 있다(Murphy et al., 2013). Murphy는 "나는 성격의 측정 방법보다 성격의 구성개념 자체에 대해 믿음을 가지고 있다. (중략) 어떤 사람의 성격을 알고 싶다면 그냥 그 사람의 동료에게 물어보라"(Morgeson et al., 2007, p. 719)고 말하였다. 다음에 제시하는 두 연구는 전반적인 직무수행 준거를 예측하는 데 있어서 성격에 대한 자기보고식 평가와 관찰자 평가의 타당도를 비교하였다. Oh 등(2011)은 성격 5요인에 대한 성격 검사 점수의 타당도에 비해 관찰자 평정의 타당도 계수가 더 높다는 결과를 얻었다. 관찰자 평정의 타당도 계수는 성실성이 .32로 가장 높게 나타났다. Oh 등은 동료가 평정한 점수를 사용했지만, Connelly와 Ones(2010)는 개인의 성격을 평가하기 위해 가족, 친구, 룸메이트를 사용할 수 있다고 언급했다. 이 외에도 온라인에서 자신을 어떻게 표현하는지에 대한 정보를 수집해서 성격을 파악할 수도 있다(**"소셜 미디어와 산업 및 조직심리학 : 페이스북을 통한 성격 평가"** 참조). 이와 같이 성격 검사에서 발생하는 지원자의 거짓응답 문제는 다양한 방식으로 성격을 측정함으로써 어느 정도 해결될 수 있다. 하지만 성격에 대한 관찰자 평정이 해결책이 될 수 있을지라도, 채용 장면에서 인사선발 결정을 내릴 때 관찰자 평정 정보를 얻는 것은 현실적으로 어렵다.

소셜 미디어와 산업 및 조직심리학

페이스북을 통한 성격 평가

페이스북에 담겨 있는 내용을 통해 그 사람의 특성을 알 수 있을까? 어떤 사람들은 온라인에서 자신의 정치적 견해, 최근 뉴스에 대한 자신의 의견, 가족 행사에 대한 세부 사항, 심지어 저녁으로 먹은 음식을 공유하는 등 스스로를 보여 주는 데 있어서 상당히 개방적이다. 이에 반해 어떤 사람들은 사생활을 중요시하기 때문에 자신에 대한 상세한 내용을 게재하기보다는 단지 다른 사람들이 어떻게 지내는지 알아보기 위한 수단으로 페이스북을 사용하기도 한다. 페이스북에 업데이트되는 내용을 통해, 어떤 사람은 짜증을 잘 내는 사람인지 아니면 세상 만사에 대해 일관되게 긍정적인 시각을 가지고 있는 사람인지를 알 수 있다. 페이스북에서 자신을 어떻게 표현하는지를 앎으로써 정말로 그 사람의 성격을 파악할 수 있다.

실제로 연구자들은 이러한 사실을 발견하였다. 연구자들은 페이스북 친구 수, 글을 올리는 빈도, 게재하는 글의 내용이 개인이 스스로 보고한 자신의 성격과 관련되어 있다는 것을 발견하였다. 예를 들면, 많은 연구들은 친구 수와 글의 게재 빈도가 그 사람의 외향성과 정적으로 관련되어 있다는 것을 보여 주었다. 또한 나르시시즘과 사이코패스 성향이 높은 사람은 긍정적인 것보다 부정적인 내용의 글을 게재하는 경향이 있었고, 경험에 대한 개방성이 높은 사람은 이성 친구가 많았다. 연구자들은 페이스북을 사용하는 사람과 사용하지 않는 사람 사이에 차이점이 있다는 사실까지도 발견하였다.

온라인에서는 사람들이 자신이 원하는 방식대로 자신을 보여 줄 수 있으며, 손쉽게 자신의 이미지를 만들고 가꿀 수 있다. 데이트 사이트에서 자신의 장점만을 부각할 수 있고, 링크드인에서

(계속)

사실 여부와 상관없이 고용주에게 자신의 특정 기술을 강조할 수 있으며, 페이스북에서는 자신이 신나는 삶을 살고 있는 것처럼 보여 줄 수도 있다. 그럼에도 불구하고 페이스북에 게재하는 글의 수와 내용을 보면 그 사람의 성격을 알 수 있다. 예를 들면, 어떤 연구는 게재된 글의 구체적인 내용을 보기보다는 문장 구조를 분석해서 사람들 간의 성격 차이를 발견하였다. 종업원을 고용하기 위해 소셜 미디어 사이트로부터 정보를 사용할 때 고려해야 하는 분명한 이슈들(예 : 지원자가 조직을 바라보는 시각에 영향을 줄 수 있는 사생활 침해와 같은 이슈)이 존재하기는 하지만, 페이스북과 다른 소셜 네트워킹 사이트가 개인의 성격에 관해 간접적으로 정보를 얻을 수 있는 수단이 될 수 있다.

5) 정직성

정직성 검사 : 지원자의 정직성이나 진실성을 평가하는 검사

인사선발을 위한 성격평가가 다시 부각되는 경향은 최근에 정직성 검사들의 발전과 그 사용이 늘어나는 데서도 알 수 있다. **정직성 검사**(integrity test)는 직무지원자들 중에서 누가 앞으로 회사 물건을 훔치지 않을지 혹은 누가 직무에서 반생산적인 행동을 할 것인지를 알아내기 위하여 고안되었다. 이러한 검사들은 지필검사이고 일반적으로 두 가지 유형 중 하나로 되어 있다(Sackett & Wanek, 1996). 첫 번째 유형은 외현적 정직성 검사(overt integrity test)로서 직무지원자는 검사의 의도가 정직성을 평가하는 것인지를 명확하게 파악할 수 있다. 이러한 검사는 전형적으로 두 가지 부분으로 되어 있다. 하나는 절도나 다른 형태의 비정직성에 대한 태도(즉 종업원 절도의 빈도나 그 정도, 절도에 대한 처벌, 절도에 대한 지각된 용이성, 절도에 대한 일반적인 합리화의 인정 등에 관한 신념)를 다루고 두 번째 부분에서는 절도나 기타 불법행위(예 : 작년에 훔친 돈의 양, 마약 사용, 도박)에 대한 자백을 다룬다. 지원자들이 자신에 대한 인상을 좋게 하려고 이러한 검사에 대한 반응을 거짓으로 한다는 증거(Cunningham et al., 1994)가 일부 있다. Alliger 등(1995)은 정직성 검사에서의 질문들에는 가치가 개입되어 있고 질문의 의도가 뻔히 들여다보이기 때문에(예 : 당신은 생산적인 사람입니까?), 지원자들이 바람직한 결과를 얻으려고 응답을 왜곡하기가 쉽다는 것을 발견하였다. Berry 등(2007)은 정직성 검사에서 응답자들에게 거짓으로 응답하도록 지시했을 때 실제로 그들은 거짓으로 응답할 수 있다고 결론 내렸다. Berry 등은 '솔직하게 응답하도록 지시한 조건'에서의 검사 점수와 '합격을 위해 애쓰는 직무지원자처럼 응답하도록 지시한 조건'에서의 검사 점수를 비교함으로써 이러한 결론을 내렸다. 성격에 기초한 검사(personality-based measure)라고 부르는 두 번째 유형의 검사는 절도 자체에 대해서는 전혀 묻지 않는다. 이러한 검사들은 절도를 예측하는 것으로 밝혀진 전통적인 성격평가 문항들을 포함하고 있다. 이러한 유형의 검사는 절도에 관한 분명한 언급을 포함하고 있지 않기 때문에 직무지원자들의 기분을 상하게 할 가능성이 적다.

연구 결과에 따르면, 정직성 검사는 타당도를 지니고 있다. Collins와 Schmidt(1993)는 조직 내 상위직급에서 근무하면서 공금횡령이나 사기와 같은 범죄를 저질러서 형을 받고 복역 중인 사람들을 대상으로 연구를 하였다. 조직 내 상위직급에서 근무하는 통제집단의 사람들과 비교할 때, 이러한 범죄자들은 책임감을 훨씬 덜 느끼는 성향을 지녔고, 신뢰성이 없었으며, 규칙이나 사회적 규범을 무시하는 성향을 지녔다. Van Iddekinge 등(2013)은 메타분석을 통해 정직성 검사가 직무수행이나 이직보다 반생산적 작업 행동 준거를 보다 정확하게 예측한다는 것을 밝혔다. 이러한 연구 결과는 정직성 검사의 유용성을 보여 주는 것이다.

6) 상황판단

검사에서 사용하는 질문의 형태도 발전되었다. 전통적으로 사용되고 있는 객관식 검사문항에는 하나의 정답이 존재한다. 이러한 특성 때문에 질문에 대하여 오직 하나만의 정답이 존재하도록 검사문항을 제작해야 한다(Haladyna, 1999). 하지만 실생활에서의 많은 문제는 오직 하나의 정답을 가지고 있지 않다. 단지 가능한 여러 가지 대안 중에서 어떤 답이 다른 답보다 더 실현가능성이 있거나 적절할 뿐이다. 문제해결을 위한 적합성에 근거하여 피검사자가 여러 가지 가능한 대안(모든 대안이 어느 정도는 가능한 답이 될 수 있다)을 평정하는 방식의 검사에 대해 관심이 증가하고 있다. 이러한 측정 방식을 **상황판단 검사**(situational judgment test)라고 부른다(McDaniel et al., 2001). 상황판

> **상황판단 검사** : 검사 대상자에게 문제의 상황을 제시하고 이에 대한 여러 가지 가능한 해결책의 실현가능성이나 적용가능성을 평정하도록 하는 검사

단 검사 문항의 예가 〈표 4-2〉에 제시되어 있다. 이러한 형태의 검사에 대한 연구는 이 검사가 지능과 유사한 개념을 측정하지만, 전통적인 g 개념을 측정하는 것은 아니라는 사실을 밝혔다. 상황판단 검사는 이 장의 앞부분에서 논의한 실용지능에 이론적 근거를 두고 있다. 상황에 대한 다양한 반응의 바람직한 정도는 상황판단 검사 개발과정에 주제관련 전문가로 참여한 현직자들이 결정한다. 상황판단 검사에 사용하는 문항들은 현직자들의 실제 작업경험으로부터 도출된다. Ployhart와 MacKenzie(2011)는 상황판단 검사에서 높은 점수를 받는 지원자들은 문제상황에 대하여 현직자들이 지니고 있는 가치와 인식과 가장 유사한 사람들이기 때문에 상황판단 검사는 조직의 현재 상태를 더 강화한다고 제안하였다.

McDaniel 등(2007)은 상황판단 검사가 인지능력 검사와 성격 검사가 수행을 예측하는 부분에 추가하여 증가된 타당도를 나타내기 때문에 상황판단 검사가 사람에 대한 평가에 있어

표 4-2 상황판단 검사 문항 예

당신은 대형 기계를 사용하여 작업하는 제조 팀의 리더이다. 당신 팀의 한 작업자가 자신이 가동하고 있는 기계에 갑자기 이상이 생겨서 당신 팀의 안전을 위협하고 있다고 보고해 왔다. 다음에 제시된 가능한 행동들을 읽고 이 문제에 효과적으로 대처하기 위하여 가장 바람직한 것에서 가장 바람직하지 않은 순서로 순위를 매기시오.

1. 이 문제에 대해 당신 팀원들과 논의하기 위하여 회의를 소집한다.
2. 이 문제를 안전부서 책임자에게 보고한다.
3. 해당 기계의 작동을 즉시 중지시킨다.
4. 다른 작업자들이 가동하고 있는 기계에도 문제가 있는지 작업자들에게 개별적으로 물어본다.
5. 당신 팀을 생산현장으로부터 대피시킨다.

서 가치 있는 도구라고 결론 내렸다. Christian 등(2010)은 상황판단 검사를 지필검사 형태나 비디오 방식으로 제시할 수 있고, 두 가지 방식 모두 지원자를 유용하게 평가할 수 있다고 보고했다. 실제로 Lievens와 Sackett(2012)은 의대 1학년에게 실시하는 비디오 방식의 상황판단 검사를 개발했다. 의대생들은 비디오로 의사가 환자를 진료하는 행동을 보고 의사가 대처하는 네 가지 방식의 적절성을 평가했다. 이러한 상황판단 검사 점수는 7년 후 인턴 때의 수행과 9년 후 의사로서의 직무수행을 예측하였다.

상황판단 검사는 인지 능력보다는 특성을 측정하기 위해 개발된 평가 도구이다. 성격 검사 역시 특성을 측정하는 평가 도구이다. 이러한 평가 도구들은 직무수행 준거를 예측함에 있어서 인지 능력이 예측하는 것과 다른 추가적인 예측력을 지니고 있다는 사실이 밝혀졌다. 하지만 이러한 사실이 상황판단 검사 결과가 g요인과 관련이 없다는 것을 의미하지는 않는다. Bobko와 Roth(2012)는 g요인이 성격 검사와 상황판단 검사에서 간접적으로 측정된다고 언급했다. 성격 검사에서 문항을 읽고 해석하는 데는 인지 능력이 필요하다. 마찬가지로, 인지 능력이 없으면 우수한 판단력을 발휘하기 힘들다. 요약하면, 인지 능력은 일상생활에서 전반적으로 필요한 능력일 뿐만 아니라 g요인이 아니라 다른 특성을 측정하는 데도 필요한 평가 요소이다.

5. 컴퓨터 사용 검사

심리검사에서 중요한 발전 중의 하나는 **컴퓨터 사용 검사**(computerized adaptive testing, CAT) 혹은 '맞춤검사(tailored testing)'라고 부르는 것이다(Wainer, 2000). 실시 절차는 다음과 같다.

CAT는 컴퓨터를 사용하여 검사 실시를 자동화한 체계이다. 검사 문항이 컴퓨터 단말기의 화면에 나타나고 피검사자는 자판을 이용하여 응답한다. 각각의 검사질문은 이전 질문에 대한 응답이 있은 후에 제시된다. 피검사자에게 주어지는 첫 번째 질문은 중간정도의 난이도를 지니고 있다. 만일 반응한 답이 맞으면 미리 마련되어

> **컴퓨터 사용 검사(CAT) :** 난이도가 다른 문제들이 미리 마련되어 있어서 한 질문에 대한 정답 여부에 따라 다음 질문이 결정되도록 컴퓨터를 사용하여 검사하는 방식

있는 문제은행으로부터 약간 더 어려운 문제가 두 번째 문제로 제시된다. 만일 그 문제에 대하여 반응한 답이 틀리면 컴퓨터에 의해 선택된 세 번째 문제는 약간 쉬운 것이 된다. 이러한 방식으로 계속 진행된다.

 CAT의 목적은 문제 난이도 수준과 피검사자의 능력수준을 가능한 한 비슷하게 맞추려는 것이다. 문제 난이도를 신중하게 조정함으로써 정답을 맞힌 문제의 난이도 수준으로부터 피검사자의 능력수준을 추론할 수 있다. CAT 체계는 복잡한 수학 모델에 기초하고 있다. CAT를 지지하는 사람들은 이러한 방식을 사용하여 측정을 보다 정확하게 할 수 있기 때문에 전통적인 지필검사보다 검사가 짧아지고 비용도 덜 들며 보안이 더 잘 유지된다고 믿는다. 군대에서 CAT 체계를 가장 많이 사용하는 데 매달 수천 명에게 검사를 실시한다. Tonidandel 등(2002)은 ASVAB의 CAT 형태의 검사를 통해 미국 육군 지원자들의 3분의 2를 평가한다고 보고하였다. 기업체에서 CAT를 사용한 한 가지 예로서, Overton 등(1997)은 CAT 체계가 전통적인 지필검사보다 검사에 대한 보안을 더 잘 유지할 수 있다는 것을 발견했다. SAT(Scholastic Aptitude Test)와 GRE(Graduate Record Exam)와 같은 전통적인 학업능력 검사도 이제는 온라인을 통해 CAT 방식으로 응시할 수 있다. CAT의 부가적인 장점은 검사가 끝나자마자 즉시 응시자의 검사 결과가 나온다는 것이다.

6. 인터넷 사용 검사

최근 심리검사에서 가장 큰 변화는 검사를 실시하고 채점하는 방식에 있다. 심리검사는 지필검사 형태에서 컴퓨터를 이용한 온라인 검사방식으로 급속하게 변화하고 있다. Thompson 등(2003)이 묘사한 것처럼, '종이에서 화소(pixel)로' 바뀌는 현상은 측정의 모든 면에 영향을 미치고 있다. 우리가 일상생활에서 컴퓨터에 기초한 서비스를 더 선호함에 따라 심리측정 방식도 변하고 있다. Naglieri 등(2004)은 어떻게 인터넷이 보다 신속하고 저렴한 검사 서비스를 제공하는지를 기술하였다. 검사 출판사들은 자신들의 인터넷 사이트에 새로운 검사들을 손쉽게 올려놓을 수 있고 피검사자들은 정해진 인증 절차를 거쳐 검사를 받을 수 있다. 온라

인 검사방식을 사용하면 새로운 검사가 나왔을 때 검사지, 답안지, 매뉴얼을 다시 인쇄할 필요가 없기 때문에 검사 개정이 훨씬 더 쉬워진다.

그럼에도 불구하고 컴퓨터를 이용하는 검사는 잠재적 문제도 함께 지니고 있다. 첫 번째 문제는 검사보안에 관한 것으로 검사내용이 유출될 수 있다. 두 번째 문제는 검사실시에 대한 감독이다. 응시자는 인터넷 접속이 가능한 어떤 장소에서든지 웹에서 감독자가 없이 온라인으로 검사를 받을 수 있다. 하지만 어떤 경우에 응시자는 회사가 지정한 장소에서 감독자가 있는 상태로 웹에서 온라인으로 검사를 받기도 한다. Ployhart 등(2003)은 앞으로 많은 조직들이 감독자가 있는 상태로 웹에서 검사받은 결과만을 인정할 것이라고 보고하였다. 앞으로 온라인 검사 실시가 더욱 증가할 것이기 때문에 산업 및 조직심리학은 이러한 새로운 측정방식과 관련된 새로운 문제들에 대처해 나가야 할 것이다. 인터넷 검사가 증가하면서 연구자들은 인터넷 검사와 전통적인 지필검사를 비교하는 연구를 수행하였다. Tippins 등(2006)은 인터넷 검사 목적 중 하나는 지원자에 대한 검사와 인사선발 결정 사이의 시간을 줄이는데 있다고 진술하였다. 이처럼 지원자는 아무 때나 인터넷으로 검사를 받을 수 있기 때문에 감독자가 없는 상태에서 검사를 받는다. Tippins 등은 감독자 없이 실시되는 인터넷 검사에서는 지원자가 다른 사람들의 도움을 받을 수 있기 때문에 이러한 인터넷 검사에 대하여 심각한 문제점을 제기하였다. 보안 문제가 발생할 수 있기 때문에 Scott과 Lezotte(2012)는 입사시험과 같은 고부담(high-stakes) 검사 상황에서는 감독 없이 실시하는 인터넷 검사를 사용하지 말 것을 권고했다("산업 및 조직심리학과 경제 : 인터넷의 영향력" 참조).

Potosky와 Bobko(2004)는 인터넷 검사와 지필검사 간의 많은 실질적 차이점을 연구하였다. 예를 들어, 지필검사에서는 지원자들이 검사지를 앞뒤로 넘기며 자기가 원하는 순서대로 문제에 답할 수 있다. 하지만 인터넷 검사에서는 지필검사처럼 검사지를 앞뒤로 넘기지 않고 모니터 화면을 아래위로 옮겨야 하기 때문에 시간이 더 걸린다. 더군다나 컴퓨터를 사용하는 어떤 검사는 앞부분에 제시된 모든 문제에 답을 하지 않으면 다음 부분의 문제를 볼 수 없다. 따라서 일반적으로 지필검사가 인터넷 검사보다 검사의 이곳저곳을 옮겨 다니며 보기가 더 쉽다. Potosky와 Bobko는 이러한 차이가 두 가지 형태의 검사 점수에 영향을 미칠 수 있기 때문에 이러한 검사 점수에 의해 이루어지는 선발 결정에도 영향을 미칠 수 있다고 믿는다.

산업 및 조직심리학과 경제

인터넷의 영향력

정보화 시대에 성인이 된 사람들은 인터넷이 있기 전의 세상에 대해 상상조차 하기 힘들 것이다. 인터넷이 우리 삶의 다양한 영역을 어떻게 변화시켰는지는 이 책에서 다룰 내용이 아니다. 그러나 산업 및 조직심리학에서 인터넷이 평가와 인사선발 분야를 어떻게 변화시켰는지 알 필요가 있다. 경제적인 이유 때문에 인터넷이 탄생하였다는 것은 놀랄 일이 아니다.

인터넷은 1990년대 초에 세상에 선을 보였다. 그때는 경제적으로 번창한 시대였다. 그때는 일자리도 많이 늘어났고 특히 새로운 기술을 포함하는 분야에서 일자리가 많이 창출되었다. 고용주들은 인재를 확보하기 위해 다른 회사들과 치열한 경쟁을 해서라도 새로운 직무 기술을 빨리 배울 수 있는 우수한 사람들을 찾아내서 이들을 고용할 필요가 있었다. 채용 결정을 빨리 하기 위하여 지원자들을 신속하게 평가할 방법으로 인터넷이 부각되었다.

그 시대의 지배적인 비즈니스 사고방식은 '핵심 비즈니스 기능'에 조직의 모든 자원(특히 재정적 자원)을 집중하고 비핵심 활동에는 상대적으로 자원을 덜 투자하는 것이었다. 인사평가와 채용은 핵심 비즈니스 기능이 아니다. 인사평가와 채용은 조직에서 일할 우수한 사람들을 뽑을 목적으로만 이루어진다. 이러한 상황에서 인터넷은 조직에 필요한 인적 자원들을 빠르고 저렴하게 충원하기 위한 수단이 되었다. 요컨대 지원자들에 대한 평가와 채용은 목적을 달성하기 위한 수단이었고 인터넷은 매우 효율적인 수단으로 활용되었다.

인터넷이 탄생한 이후로 사회는 정보 격차가 심화되었다. 자기 회사의 웹사이트를 갖는 것이 기술적으로 가능하지만 웹사이트가 비즈니스를 더 잘되게 해 준다는 것을 인식하지 못해서 많은 조직이 자체 웹사이트를 개발하기를 꺼렸다. 마찬가지로 많은 사람들은 전화를 걸거나 직접 편지를 쓰는 대신 컴퓨터를 사용하는 것에 대해 불편함을 느꼈다. 하지만 젊은 사람들은 나이 든 사람들에 비해 전자 장비를 더 잘 다루고 인터넷을 더 많이 사용한다. '디지털 장벽(digital divide)'은 인터넷의 가치를 인식하고 있는 개인이나 조직과 인식하지 못하는 개인이나 조직 간에 존재하는 차이를 의미한다. 인터넷의 진정한 영향력은 매우 강력하기 때문에 사회의 다양하고 광범위한 영역에서 변화를 일으키고 있다. 제1장에서 인용했듯이, 인터넷 사용자 수는 20년이 채 안 되는 기간 동안 약 30억 명으로 증가했다. 인터넷 사용을 꺼렸던 회사와 개인은 인터넷을 받아들일 것이냐 아니면 시대에 뒤처질 것이냐와 같은 분명한 선택의 기로에 직면했다. 오늘날은 '온라인(online)'이라는 말을 너무나도 흔하게 듣지만, 불과 25년 전만 해도 온라인이라는 개념은 존재하지도 않았다.

(계속)

인터넷과 같은 기술의 발전 덕분에 경제적 활동 영역은 더 넓어졌다. 작은 회사들도 큰 회사들처럼 비즈니스를 향상시키기 위해 인터넷을 쉽게 사용할 수 있다. 채용검사를 인터넷으로 실시하는 것은 아직까지 초기 단계이다. 검사를 인터넷으로 실시할 때는 지필검사에서 발생되지 않던 문제점들이 나타날 수 있다. 하지만 최근에 지원자들을 평가할 때 광범위하게 인터넷을 사용하는 회사들이 늘고 있다. 인터넷을 사용하여 검사를 실시할 경우 비용보다 경제적 이득이 크다면 다른 분야에서 인터넷 사용이 증가하는 추세와 마찬가지로 앞으로 인터넷을 사용하는 검사도 늘어날 것이다.

7. 검사 되돌아보기

이 장에서 개관한 것처럼 심리검사가 절대적인 신빙성을 지닌 것이 아닌데도 불구하고 일반인들은 심리검사가 어떤 신비한 힘을 가지고 있는 것으로 여기는 경향이 있다. 심리검사는 어떤 신비스러운 것이 아니라 단지 검사를 사용하지 않고 결정을 내리는 것보다 더 나은 결정을 내리도록 도와주는 도구에 불과하다. 심리검사 분야는 많은 비판을 받고 있다. Sackett 등(2008)이 지적한 것처럼, "검사는 심리학에서 사실상 모든 일반인과 관련되어 있는 분야이다"(p. 215). 개인의 전 생애에 걸쳐 중대한 영향을 미치는 결정들(예 : 대학이나 전문학교의 입학허가)이 오직 한 가지 검사 결과에 의해 이루어진다는 사실에 근거하여 많은 사람들이 '검사의 횡포'를 비난했다. 검사는 진단을 위한 도구 중 하나이며 우리의 결정에 보조적인 정보를 제공하는 것이지 결코 우리의 결정을 전적으로 좌우하는 것이 아니다. 이것은 심리학자들이 오랫동안 주장해 온 올바른 충고이다. 하지만 심리검사 개발자와 사용자 모두 때때로 이러한 충고를 무시하거나 잊어버리기도 한다. 또한 많은 사람들이 검사받기를 싫어하고, 검사과정에서 두려움과 불안을 느끼고, 검사 결과가 어떻게 사용될지에 대해 매우 걱정한다. 조직이 뽑고자 하는 인원보다 더 많은 지원자들이 있을 때는 누구를 뽑고 누구를 탈락시킬지를 결정해야 한다.

선발 결정을 내리기 위해 흔히 검사 결과를 사용한다. 선발 결정 결과에 대해 모든 사람이 만족할 수는 없기 때문에, 검사를 사용하여 원하는 사람들을 뽑지 못했다고 해서 향후에 검사를 사용하지 않고 타당도가 더 낮은 다른 방법을 사용한다는 것은 어리석은 판단이다. 검사사용을 포기하는 것은 전달자가 나쁜 메시지를 전달했다고 해서 엉뚱하게 전달자에게 화풀이를 하는 것에 비유할 수 있다. 다르게 표현하자면, "검사를 합법적으로 비판할 수 있다. 하지만 검사가 완벽할 수는 없기 때문에 결함에 대해 비판해야지 검사 자체를 철폐하라고 비판해서는 안 된다"(Gottfredson, 2009, p. 14). 검사가 못마땅하다고 해서 검사를 실시하지 않을 수는 없기 때문에, 우리 사회에서 검사를 완전히 철폐하는 것은 심각하게 고려해 보아야 한다. 우리가 할 수 있는 최선의 노력은 검사가 매우 정확하고 관련된 모든 사람에게 공정하도록 만드는 것이다.

경쟁이 심한 취업 시장에서는 검사 점수에 따라 취업이 결정될 수 있다. 따라서 채용 검사에서 부정행위가 발생할 가능성이 크다. Bartram과 Burke(2013)는 최근 부정행위를 시도하는 사례가 늘었으며 특히 감독관이 없는 인터넷 검사에서 증가세가 더욱 두드러진다고 보고했다. Foster(2013)는 커닝 페이퍼, 신분증 위조, 감독관 매수 등 다양한 유형의 부정행위가 있다고 언급했다. 그리고 채용 검사 결과가 지원자에게 중대한 영향을 미치기 때문에 지원자가 다른 사람보다 더 나은 점수를 받을 수 있도록 '경쟁 우위'를 제공해 주는 회사들도 많이 생기고 있다. Foster는 이러한 시장 상황을 묘사하면서 시험에 어떤 문제들이 나왔는지 정보를 수집하기 위한 목적으로 검사에 응시하는 사람들이 있다고 지적했다. 이 사람들은 검사를 받으면서 암기했던 문제들을 온라인 회사에 판매하고, 문제를 구입한 회사는 '검사 준비 자료집'의 형태로 대중에게 다시 판다. Foster는 이처럼 온라인에서 '기출문제를 파는 사이트(braindump site)'는 기업화된 부정행위를 하는 것이라고 언급했다.

산업 및 조직심리학 관점에서 볼 때 심리검사에 관해 우리가 깨달은 것은 어떤 검사들은 직무에서의 성공을 예측하는 데 유용하지만 어떤 검사는 그렇지 않다는 것이다. 전반적으로 평가해 볼 때, 예측변인으로서 심리검사는 직무수행에 관하여 중간정도의 예측력을 가지고 있다. 그러나 일부 연구자들은 모든 것을 고려할 때 심리검사가 모든 종류의 직무에 걸쳐서 다른 유형의 모든 예측변인보다 더 낫다고 믿는다. 단일검사의 타당도 계수가 .50이 넘는 것은 검사의 초창기와 마찬가지로 오늘날에도 흔한 일이 아니다. 한 가지 방법이 지니는 예측력은 한계가 있기 때문에 예측을 위해 일반적으로 여러 가지 방법을 함께 사용한다. 준거를 예측하기 위해 여러 가지 방법을 함께 사용하는 이유는 각 방법이 우리가 관심을 가지고 있는 준거를 예측함에 있어서 추가적인(증분) 예측력을 지니고 있기 때문이다(Arthur & Villado, 2008). 심리검사의 타당도 계수가 우리가 원하는 만큼 높은 것은 아니지만 이러한 사실에 근거하여 검사가 쓸모없다고 단정 짓는 것은 정당하지 못하다. 또한 타당도 계수가 예측변인과 준거변인 모두에 의해 결정된다는 사실을 염두에 두어야 한다. 준거를 엉터리로 정의하고 준거가 부적절하다면 예측변인이 무엇인가에 관계없이 낮은 타당도 계수를 산출할 것이다. 그러나 검사의 예측력이 제한되어 있기 때문에 심리학자들은 직무수행을 예측할 수 있는 다른 변인들을 찾아내야 했다. 따라서 다음에는 심리학자들이 연구해 온 다른 예측변인들을 살펴볼 것이다.

8. 면접

채용면접은 인사선발에서 가장 자주 사용되는 방법이다. 면접은 다양한 직무, 조직, 문화에서 보편적으로 사용된다. Barrick 등(2010)은 채용면접을 면접관과 지원자 간의 사회적 교환으로 묘사했다. "면접은 처음 보는 사람들 간의 목적 중심적인(agenda-driven) 사회적 교환이다. 면접관의 중요한 목적은 지원자가 해당 직무에 적합한지 판단하는 것이다. 반대로, 지원자의 중요 목적은 일자리를 얻는 것이다"(p. 1171). 따라서 지원자의 객관적 자격요건 이외에 다양한 사회적 요인들이 면접 결과에 영향을 미칠 수 있다. 예를 들어, 면접자와 지원자 간의 성, 인종, 태도 유사성 정도, 비언어적 행동(미소, 고개를 끄덕임, 손동작), 언어적 단서(말소리의 높이, 말의 속도, 말의 끊김, 말소리 크기의 변화)가 면접 결과에 영향을 미칠 수 있다. 이처럼 면접 결과(합격 또는 불합격)가 다양한 요인에 의해 달라질 수 있기 때문에, 면접은 전통적인 검사(예 : 일반정신능력검사)보다 더 역동적인 측정 방법이다. 따라서 면접에서 묻는 질문들은 작업분석 결과에 기초하여 도출되어야 한다. 면접이 채용 결정에 있어서 매우 자주 사용되기 때문에 산업 및 조직심리학자들은 면접에 관하여 상당한 관심을 갖고 연구를 진행하고 있다.

1) 구조화 정도

면접은 구조화된 정도에 따라 분류될 수 있는데, 여기서 구조화란 모든 직무지원자들에게 면접이 동일한 절차를 사용하여 이루어지는 정도를 말한다. 매우 **비구조화된 면접**(unstructured interview)에서는 면접자가 일반적으로 지원자에게 "자신에 대해 말해 보세요"라는 질문을 하고 지원자는 취미와 삶의 목적에서부터 과거의 작업경험에 이르기까지 다양한 대답을 한다. 면접자는 추가 질문을 할 수도 있고 묻는 질문에 대하여 상당한 재량권을 가진다. 매우 **구조화된 면접**(structured interview)에서는 면접자가 지원자로부터 응답을 받아내고, 관찰하고, 평가하는 절차가 미리 정해져 있다(Levashina et al., 2014). 질문은 사전에 결정되어 있고 모든 지원자에게 똑같은 질문을 한다. 면접자가 각 지원자의 대답을 평가하기 위하여 흔히 표준화된 평정척도를 사용한다. 실제로 대부분의 채용면접은 매우 비구조화된 면접에서부터 매우 구조화된 면접에 이르기까지 다양하며 양극단의 중간적인 형태를 띠기도 한다. 연구 결과에 따르면, 구조화된 면접의 타당도가 비구조화된 면접의 타당도보다 더 높다. Huffcutt 등(2001)은 면접자가 지원자를 평가할 때 가장 자주 사용하는 예측변인 구성개념은 지원자의 성격 요인(성실성, 원만성 등)과 사회적 기술(대인관

> 비구조화된 면접 : 모든 지원자에게 서로 다른 질문을 하는 면접 방식
>
> 구조화된 면접 : 모든 지원자에게 똑같은 질문을 하는 면접 방식

계, 팀에서의 협조성 등)이라고 하였다. 하지만 매우 비구조화된 면접과 매우 구조화된 면접에서 동일한 구성개념을 측정하는 것은 아니다. 매우 비구조화된 면접에서는 주로 일반지능, 교육수준, 작업경험, 흥미와 같은 구성개념을 측정하는 반면에, 매우 구조화된 면접에서는 주로 직무지식, 대인관계 및 사회적 기술, 문제해결 능력과 같은 구성개념을 측정한다.

Maurer와 Solamon(2006)은 지원자들이 사전에 효과적인 지도를 받음으로써 채용면접을 더 잘할 수 있다고 보고하였다. 인상관리는 영향력을 지닌 사람에게 바람직하거나 좋은 인상을 주기 위해 노력하는 것이다. Barrick 등(2009)이 기술한 것처럼, 면접과 같은 사회적 상호작용에서 원하는 결과를 얻을 가능성을 높이기 위해 상대방에게 의도적으로 긍정적인 이미지를 주려고 노력한다. 영악한 지원자들은 면접을 앞두고 구체적인 인상관리 전략을 반복해서 연습한다. 비슷한 능력을 지닌 최종 후보자들 중에서 흔히 면접 결과에 의해 누구를 뽑을지에 대한 최종적인 선발 결정을 내린다.

면접관은 면접에 앞서 지원자의 긴장을 풀기 위해 '가벼운 대화'를 통해 지원자와 편안한 관계를 구축한 후에 공식적인 질문을 한다. 이 짧은 시간 동안 면접관은 지원자의 표정, 옷차림, 말하는 방식, 악수의 강도 등을 통해 지원자에 대해 대략적인 판단을 한다. 이러한 대화는 면접 초반에 2~3분 동안 이루어진다. Barrick 등(2010)은 이 과정이 짧긴 하지만 면접관이 지원자에 대해 느끼는 인상이 인턴십 제의와 면접에서의 공식적인 질문에 대한 답변의 질을 예측한다는 것을 밝혀내었다. 지원자는 면접관을 만났을 때 어떻게 하면 자신에 대해 좋은 인상을 줄 수 있는지를 알고 있다. 하지만 Dipboye 등(2012)은 면접관 역시 지원자가 어떤 방식으로 인상을 관리하는지를 알고 있다고 언급했다. "지원자의 인상관리 시도가 눈에 거슬리거나 노골적으로 꾸며내는 모습은 오히려 역효과를 가져올 수 있다. 예를 들어, 자기자랑을 통해 자신의 역량을 보여 주고자 하는 시도는 오히려 오만한 인상을 줄 수 있다. (중략) 가장 효과적인 인상관리는 일부러 꾸며 내거나 의도적으로 보여 주는 것보다는 자연스럽게 서로 대화를 주고받는 것이다"(p. 342).

앞에서 지적한 것처럼, 채용면접은 인사선발에서 가장 광범위하게 사용되는 방법이다. 실제로 어떤 문화에서는 채용을 위해 면접만을 사용한다. 면접이 가장 자주 사용되기 때문에 인사선발 결정을 내리는 데 있어서 면접이 가장 타당한 도구라고 결론 내리고 싶지만 사실은 그렇지 않다. 면접의 타당도는 일반정신능력검사보다 낮다. Huffcutt과 Culbertson(2011)은 선발 결정을 내릴 때 면접에 의존하는 것에 대하여 다음과 같은 통찰력 있는 지적을 하였다.

실무적인 관점에서 볼 때, 중요한 KSAO는 보다 정확한 다른 방법에 의해 평가되기 때문에 면접은 필요하지 않다. 다른 방법에 의해 검증되었다 하더라도 중요한 자리에 앉히기 전에 그 사람을 직접 보고 싶은 것은 인간의 기본 욕구인 것 같다. 선발 결정을 내리는 인사담당자들도 예외는 아닐 것이다. 직접 얼굴을 보는 것이 결코 믿을 만한 객관적인 정보를 제공하지 않는다. 설령 다른 방법으로 정확한 사실을 안다고 하더라도 직접 만나서 검증하고 싶은 인간의 기본 욕망을 대체할 수는 없다(p. 185).

2) 상황 면접

상황 면접(situational interview)은 지원자에게 상황을 주고 그 상황에서 어떤 행동을 취할지를 기술하도록 하는 것이다. 어떤 유형의 상황 면접은 지원자가 주어진 문제에 당면했다고 가정하고 어떻게 반응할지를 묻는 것처럼 가상적이고 미래 지향적인 맥락에 초점을 둔다. Pulakos와 Schmitt(1995)는 상황 면접 질문으로 다음과 같은 예를 들었다.

> **상황 면접** : 지원자들에게 가상 문제 상황을 제시하고 어떻게 대처할지를 묻는 면접 방식

"어떤 작업을 하기를 매우 싫어하는 종업원과 당신이 함께 일하고 있다고 가정해 보시오. 당신은 이 작업을 반드시 완수할 필요가 있고, 이 사람이 당신의 일을 도와줄 수 있는 유일한 종업원입니다. 이 종업원이 작업을 수행하도록 동기를 부여하기 위해서 당신은 어떻게 하겠습니까?"(p. 292)

이러한 질문에 대한 지원자의 반응을 〈그림 4-4〉에 제시되어 있는 유형의 척도를 사용하여 점수를 매긴다. 질문에 대하여 분명한 하나의 정답이 없기 때문에 지원자의 반응을 평가하기 위하여 면접자는 자신의 판단력을 사용해야 한다. 따라서 상황판단 면접은 지필검사인 상황판단 검사를 말로 바꾼 것이라고 할 수 있다. 각 지원자는 이러한 몇 가지 상황에 대한 질문에 대답하고 각 질문에 대한 답은 '주도성'이나 '문제진단'과 같은 다양한 차원에서 평가

낮음	중간	높음
직면할 가능성이 있는 문제를 제대로 인식하고 있지 못한다. 상황에 대하여 많은 생각을 하지 않아서 응답이 비교적 단순하다.	직면할 가능성이 있는 문제를 어느 정도 인식하고 있다. 응답이 주어진 상황에 대한 합리적인 사고에 기초하고 있다.	직면할 가능성이 있는 문제를 매우 잘 인식하고 있다. 응답이 주어진 상황에 대한 포괄적이고 사려 깊은 생각에 기초하고 있다.
1	2 3 4	5

그림 4-4 상황 면접에서 채점을 위해 사용하는 평정척도 예

된다. McDaniel 등(1994)은 직무수행을 예측하기 위한 상황 면접의 준거관련 타당도가 .39 라고 추정하였다. 이러한 수준의 예측 정확성은 일반정신능력검사보다 낮다("**비교 문화적 산업 및 조직심리학 : 직무지원자 평가의 문화적 차이**" 참조).

비교 문화적 산업 및 조직심리학

직무지원자 평가의 문화적 차이

비교 문화적 산업 및 조직심리학에 대한 관심이 증가함에 따라 몇 개의 연구가 직무수행을 예측할 때 사용하는 예측변인에 대한 국가 간 차이를 조사했다. 그 결과, 국가 간에 상당한 차이가 있을 뿐만 아니라 한 국가 내에서도 차이가 있었다(즉 한 국가 내의 모든 회사가 동일한 예측변인을 사용하지 않았다). Newell과 Tansley(2001)는 다음과 같은 차이를 보고하였다.

- 상황판단 검사와 평가센터는 프랑스와 벨기에보다 영국, 독일, 네덜란드에서 더 자주 사용하고, 스페인에서는 평가센터를 전혀 사용하지 않는다.
- 검사는 영국과 독일보다 프랑스와 벨기에에서 더 많이 사용한다.
- 프랑스, 독일, 벨기에와 비교해 볼 때, 영국 회사들이 추천서를 더 많이 사용하고 있다.
- 다른 유럽나라들에 비해 그리스에서 사용하는 선발방법은 초보적이고 단순하다.
- 미국에서는 약물검사와 정직성 검사를 자주 사용하고 있지만, 다른 나라들은 거의 사용하고 있지 않다.
- 중국에서는 채용 결정을 할 때 개인적 정보와 경제적 정보를 중요시하고, 지원자가 직무를 수행할 역량을 지니고 있는지에 대한 평가를 덜 중요하게 여긴다.
- 이탈리아 회사들은 면접 이외의 다른 방법을 거의 사용하지 않는다.

Newell과 Tansley는 비즈니스의 세계화에 따라 타당한 예측변인들에 대한 정보가 다른 나라에도 알려질 것이고, 이로 인해 나라마다 서로 다른 채용 결정에서의 차이가 줄어들 것이라고 믿는다. 하지만 이러한 나라들에서 사용되는 서로 다른 선발방법이 각 나라의 문화의 일부라면 이러한 국가 간 차이는 앞으로도 계속될 것이다.

9. 작업표본과 상황연습

1) 작업표본

Motowidlo 등(1997)은 **작업표본**(work sample)을 "매우 현실성이 있는 모의상황"이라고 분류했는데, 여기서 **현실성**(fidelity)이란 측정에 있어서 현실감의 수준을 말한다. 작업표본은 작업과 관련하여 정교하게 개발된 문제의 예들을 지원자들에게 제시하고 실제 직무를 수행하는 장면은 아니지만 현장과 비슷하게 만들어 놓고 실제로 직무를 수행할 때처럼 문제를 해결하도록 시키는 것이다.

> **작업표본** : 지원자가 직무에서 수행하는 대표적인 작업을 얼마나 능숙하게 처리할 수 있는지 알아보기 위해 실제로 작업을 시켜 보는 방식의 인사선발 검사

기계공의 직무수행에 대한 예측변인을 개발하고자 했던 Campion(1972)은 작업표본의 훌륭한 예를 보고했다. 그는 직무분석 기법을 사용하여 기계공의 직무가 도구의 능숙한 사용, 작업의 정확성, 전반적 기계능력으로 구성되어 있음을 알았다. 다음으로 그는 이러한 세 가지 영역에서 지원자의 수행을 알아볼 수 있는 과제를 설계했다. 그는 직무 현직자들의 협조를 얻어 도르래와 벨트의 설치, 기어박스의 분해와 수리 같은 전형적인 과제들이 작업표본에 포함되도록 설계하였다. 이러한 과제들을 수행하는 데 필요한 적절한 단계들을 알아내어 지원자들의 행동의 적절성에 따라 점수를 부여하였다(예를 들어, 눈금 표시계를 이용하여 모터를 정비하면 10점, 감에 의해서만 정비하면 1점, 모터를 그저 보고만 있으면 0점). Campion은 이 연구에서 실제 작업장에서의 기계공들이 작업표본 과제를 수행하도록 함으로써 작업표본의 동시적 준거관련 타당도를 알아보았다. 그들의 점수와 그들의 평상시 직무수행에 관한 감독자의 평가에 의한 준거와의 상관을 구하였다. 작업표본의 타당도는 훌륭했는데 도구의 사용과는 .66의 상관, 작업의 정확성과는 .42의 상관, 전반적 기계능력과는 .46의 상관을 나타냈다. Campion은 기계공들의 작업표본 과제에 대한 수행과 실제 직무에서의 수행 간에는 상당한 관계가 있음을 보여 주었다. 일반적으로 작업표본은 인사선발에서 가장 타당한 도구 중 하나이다.

그러나 작업표본도 제한점을 지닌다(Callinan & Robertson, 2000). 첫째, 작업표본은 주로 기계를 다루는 직무(예를 들어, 기계공, 목수, 전기공)나 사물의 조작을 포함하는 육체 노동직에 효과적이다. 사물을 다루지 않고 사람과의 접촉이 많은 직무에서는 그다지 효과적이지 않다. 둘째, 작업표본은 개인이 현재 무엇을 할 수 있는지를 평가하는 것이지 미래의 잠재력을 평가하는 것이 아니다. 작업표본은 훈련생보다는 경험이 있는 작업자를 선발하는 데 가장 적합한 듯하다. 마지막으로 작업표본은 실시하는 데 시간이 많이 걸리고 비용도 많이 든다. 작업표본은 개인검사이기 때문에 많은 감독과 통제가 요구된다. 한 시간 이내에 끝낼 수 있도

록 고안된 작업표본 검사는 드물다. 예로서 5명을 충원하기 위하여 100명의 지원자 모두에게 작업표본 검사를 실시하는 것은 바람직하지 못하다. 아마도 다른 선발도구를 사용하여 1차적으로 지원자 집단을 줄일 수 있을 것이다(예를 들어, 과거의 작업경력을 검토하여). 그러나 이러한 제한점들에도 불구하고 작업표본 검사는 인사선발에서 매우 유용한 도구이다.

2) 상황연습

상황연습(situational exercise)은 사무직에서 사용하는 작업표본 검사라고 말할 수 있다. 즉 주로 관리직과 전문직에 일할 사람들을 선발하는 데 사용된다. 직무수행 상황을 그대로 복제하기 위해 설계된 작업표본과는 달리 상황연습은 단지 직무의 일부분만을 반영하

> **상황연습** : 지원자에게 문제 상황을 제시하고 어떻게 대처할지를 물어서 지원자를 평가하는 방식

고 있다. 이에 따라 Motowidlo 등(1997)은 상황연습이 지원자들에게 작업에서 일어나는 상황의 일부분만을 제공하고 이러한 상황을 어떻게 다룰 것인지를 기술하도록 하기 때문에 상황연습을 "현실성이 낮은 모의상황"이라고 불렀다.

상황연습은 문제해결 능력을 평가하는 일련의 검사들을 포함한다. 두 가지 좋은 예가 서류함 검사(In-Basket Test)와 리더 없는 집단 토론(Leaderless Group Discussion, LGD)이다. 서류함 검사에서는 정교하게 고안된 편지, 메모, 간단한 보고서와 같은 내용물이 담긴 서류들을 지원자에게 준다. 이러한 서류들은 지원자가 바로 관심을 가지고 즉각적으로 처리해야 하는 내용을 담고 있다. 지원자는 제시된 문제를 해결하기 위하여 내용물을 훑어보고 전화를 걸거나, 이메일을 보내고, 회의를 소집하는 것과 같은 적절한 행동을 취한다. 관찰자들은 생산성(어느 정도의 일을 완수했는지)과 문제해결의 효과성(문제해결에 있어서의 능숙함)과 같은 요인에 근거하여 지원자에 대한 점수를 매긴다. 서류함 검사는 전통적으로 선발하기 까다로운 집단인 관리자 및 간부들의 직무수행을 예측한다. 그러나 이 검사의 중요한 문제점은 작업표본 검사처럼 시간이 3시간까지 걸리고 개인검사라는 것이다. 만일 많은 지원자들이 있다면 검사를 실시하는 데 시간이 아주 많이 걸린다. Schippmann 등(1990)은 서류함 검사의 전형적인 타당도 계수가 대략 .25라고 보고하였다.

리더 없는 집단 토론(LGD)에서는 대표자나 집단의 리더를 지정하지 않고 지원자 집단(보통 2명에서 8명)이 직무에 관한 토론을 한다. 평정자는 관찰하면서 개인의 특출성, 집단 목적 달성의 촉진, 사교성과 같은 요인에서 지원자 각각을 평가한다. 이러한 요인에서의 점수가 채용을 위한 자료로 사용된다. LGD의 신뢰도는 집단 내에 사람들이 많을수록 증가한다. 전형적인 타당도 계수는 .15~.35 범위 안에 있다.

서류함 검사나 LGD 둘 다 전형적으로 작업표본만큼 높은 타당도를 가지고 있지는 않지

만, 관리자의 성공에 대한 준거를 정의하기가 일반적으로 더 어렵다는 것을 감안해야 한다. 관리직을 담당할 사람의 선발에서 상황연습을 사용할 때 일반적으로 타당도가 낮게 나오는데, 그 이유는 준거의 선정과 준거에 대한 적절한 개념설정의 문제에 기인한다. 하지만 Lievens와 Patterson(2011)이 지적한 것처럼, 현실성이 높은 모의상황(예 : 작업표본)은 개발하고 사용하는 데 비용이 매우 많이 든다. 따라서 이러한 것을 사용함으로써 타당도를 증가시키려면 비용이 많이 든다. 이에 따라 그들은 현실성이 낮은 모의상황이 다양한 직무에 적용될 수 있고, 또한 비용이 적게 들기 때문에 현실성이 높은 모의상황을 대체할 수 있는 가능성 있는 대안이 될 수 있다고 생각한다.

10. 평가센터

평가센터는 많은 방법과 다수의 평가자들을 사용하여 주로 관리직급의 직무지원자들을 평가한다. Highhouse와 Nolan(2012)은 약 100년 전 제1차 세계대전 때 독일과 영국 군대 장교를 대상으로 평가센터를 처음으로 사용하였다고 보고했다. 하지만 기업과 산업체에서 평가센터를 사용한 역사는 경력 전 과정에 걸쳐 관리자들의 삶을 연구하는 데 관심이 있던 AT&T로부터 시작되었다. 그 후로 많은 기업과 산업체가 평가센터를 지원자를 평가하는 데 인정된 도구로 사용하고 있다. **평가센터**(assessment center)는 조직 장면에서 작업수행과 관련된 것으로 여겨지는 인간 행동을 판단하거나 예측하기 위한 기초정보를 제공하기 위하여 집

> 평가센터 : 구조화되어 있고, 집단으로 진행되는 활동을 통해 평가자가 직무지원자들을 평가하는 방식

단지향적이고 표준화된 활동을 사용한다. 이러한 평가센터의 운영비용이 비싸기 때문에 주로 대규모 조직이 평가센터를 운영한다. 하지만 최근에는 사설 전문기관들이 소규모 회사들을 위하여 평가센터를 사용하여 평가를 대행하고 있다.

평가센터의 전형적인 다섯 가지 특징은 다음과 같다.

1. 평가센터에 참가하도록 선정된 종업원들(피평가자들)은 보통 회사가 선발, 승진, 교육을 위해 평가하고자 하는 관리직급에 있는 사람들이다. 이처럼 평가센터는 신규채용을 위하여 직무지원자들을 평가하거나, 승진 결정을 위하여 현재 종업원들을 평가하는 데 사용할 수 있다.

2. 피평가자들은 10명에서 20명으로 구성된 집단 속에서 평가된다. 다양한 과제 수행을 위해 보다 작은 집단으로 나뉘기도 하지만 기본적인 평가방식은 집단 내의 다른 사람들

의 수행과 비교하여 개인의 수행을 평가하는 것이다.

3. 다수의 평가자들이 평가를 한다. 그들은 팀을 이루어 평가작업을 하며 집단적으로나 혹은 개별적으로 인사결정(예 : 선발이나 승진)에 관한 정보를 제공한다. 평가자는 심리학자일 수도 있지만 통상적으로 피평가자와 안면이 없는 회사의 다른 종업원이다. 평가자는 수행평가를 어떻게 해야 하는지에 관하여 교육을 받는다. 교육은 짧게는 몇 시간부터 길게는 며칠 동안 계속되기도 한다.

4. 평가자들은 관리 직무에 요구되는 다양한 수행차원에 대해 피평가자들을 평가한다. 이러한 차원들은 일반적으로 리더십, 의사결정, 실제적 판단, 대인관계 기술 등이다.

5. 다양한 수행평가 방법을 사용한다. 실행과제에 대한 참여를 통해 리더가 자연스럽게 출현하는 리더 없는 집단토론과 같이 집단 간의 상호작용을 포함하는 활동을 한다. 다른 방법으로 구두 발표, 사례연구, 역할수행, 서류함기법, 면접 등이 있다. 일반적으로 각 실행과제에서 복수의 수행차원에 대한 평가가 이루어지지만, 한 실행과제에서 평가할 모든 수행차원을 평가하는 경우는 드물다(Arthur & Day, 2011). 평가는 보통 하루에서 며칠까지 걸린다. 평가센터는 산업 및 조직심리학자들이 개발한 가장 비싼 평가 도구이다.

Klimoski와 Strickland(1977)는 평가센터 평정에 있어서 편파가 존재할 수 있다고 주장했다. 그들은 평가자들과 회사의 상사들이 효과적인 종업원에 대하여 공통된 고정관념을 가지고 있기 때문에 평가센터에 의한 평가가 예측력을 가지고 있는 것처럼 보인다고 주장한다. 평가자들은 훌륭한 관리 능력을 가지고 있는 것처럼 보이는 사람들에게 높은 평가를 주고, 상사들은 자신의 회사에서 훌륭한 인재상처럼 보이는 사람들에게 높은 평가를 준다. 만일 두 집단의 고정관념이 동일하다면 편파된 평가센터 평가가 편파된 직무수행 평가와 높은 상관을 보일 것이다. 따라서 조직이 성공적인 종업원 상과 일치되는 사람들을 채용하거나 승진시킬 가능성이 커진다. Lievens와 Klimoski(2001)가 언급한 것처럼, "평가자들은 미리 정의된 차원들에 의해 피평가자들을 판단할 뿐만 아니라 지원자가 조직문화와 얼마나 부합되는지를 고려한다"(p. 259). 이러한 것의 장기적인 효과는 조직이 매우 유사한 유형의 사람들로만 채워지는 것이다. 조직문화와 맞지 않지만 기회가 주어지면 효과적으로 일할 창의적인 사람들이 채용될 수 있는 기회가 심각하게 제한될 것이다.

평가센터는 직무지원자에 대한 복합적 평가 정보를 제공해 준다. 평가에서의 차이는 이상적으로는 지원자(즉 평가 대상자) 간 차이 때문에 발생하지만, 평가센터에서 평가 점수의 차이는 평가자, 평가에 사용하는 과제(예 : LGD, 면접), 평가하고자 하는 행동 차원(예 : 동기, 문제해결능력)에 따라 발생하기도 한다(Putka & Hoffman, 2013). 또한 평가센터는 동일한 행동 차원을 다양한 과제로 측정하기 때문에 서로 다른 과제에서 평가한 행동 차원 점수가 어느 정도 일치하는지에 대한 이론적 쟁점이 존재한다(Speer et al., 2014). 서로 다른 과제에서 평가한 동일한 행동 차원 점수가 서로 일치하지 않는다면 이는 평가하고자 하는 행동의 심리적 복잡성 때문이라고 할 수 있다. 또한 평가자와 평가 대상자들이 면대면으로 상호작용하는 대신 평가 대상자들이 서로 다른 장소에서 웹캠을 통해 평가센터에 참여하는 가상적인 평가센터를 만들 수도 있다(Porah & Porah, 2012). 평가센터는 인사평가 도구 중에서 가장 비용이 많이 드는 방법이지만, 평가센터의 전반적인 예측력에 대한 우려가 증가하고 있다(Kuncel & Sackett, 2014). 따라서 가상적인 평가센터 기법을 사용한다면, 아마도 비용대비 효과성을 더 높일 수 있을 것이다.

11. 신체능력 검사

심리평가는 오랫동안 인지능력과 성격특성에 대한 측정을 중심으로 이루어져 왔다. 하지만 신체능력에 대한 평가, 특히 이러한 신체능력들이 어떤 직무에서의 수행과 관련되어 있는지를 알아내기 위한 연구들(예 : Fleishman & Quaintance, 1984)도 수행되었다. Gebhardt와 Baker(2010)가 말한 것처럼, 육체노동이 요구되는 직무에서는 신체능력 검사를 실시함으로써 생산성을 향상시키고 작업자들의 시간손실과 부상을 줄일 수 있다. Fleishman과 Quaintance(pp. 463-464)는 작업수행과 관련되어 있는 능력들을 제시하였다. 몇 가지 중요한 신체적 능력은 다음과 같다.

- **근력** – 물건을 들고 밀고 당기고 운반하기 위해 근육의 힘을 사용하는 능력
- **순발력** – 자신의 몸이나 물건을 빨리 움직이기 위해 근육의 힘을 순간적으로 사용하는 능력
- **전반적인 신체 조정능력** – 몸 전체를 움직이는 활동에서 팔, 다리, 몸통의 운동을 조정할 수 있는 능력
- **체력** – 오랫동안 작업을 효율적으로 수행하기 위한 신체의 호흡기관과 혈액 순환기관의 능력

많은 연구(예 : Courtright et al., 2013)에 따르면 공통적으로 남성이 여성에 비해 더 강한 근력과 순발력을 지니고 있다. 신체능력 검사는 지원자에 대한 평가 과정에서 지능이나 성격과 더불어 평가의 한 요소로 사용될 수 있다. 작업분석 결과를 토대로 신체능력 검사를 평가에 얼마나 반영할지 결정할 필요가 있다. Baker와 Gebhardt(2012)는 직무가 매우 다양한 업무를

포함하고 있다면 근력과 순발력이 덜 필요한 업무에 여성을 배정할 수 있다고 제안했다. 신체능력 검사는 직무에 적합한 사람을 선발하거나, 기존 종업원들 중 부적격자를 가려낼 때 사용한다. 법 집행 분야에서 테이저 총과 같은 새로운 장비가 도입됨에 따라 범죄 용의자를 진압하는 데 있어서 과거에 비해 신체적 힘의 중요성이 상대적으로 낮아졌다.

　일반적으로 신체능력에 관한 연구는 신체능력이 소방관, 경찰관, 건설현장 근로자와 같이 육체적인 일을 하는 직무에서의 성공적인 수행과 관련되어 있다는 것을 밝혔다. 하지만 신체능력 검사는 측정의 관점에서 해결할 과제를 지니고 있다. 예를 들어, 25파운드짜리 시멘트 포대를 반복적으로 들고 2분마다 40피트 떨어진 곳으로 옮겨야 하는 육체노동 직무를 상상해 보자. 이 직무에서 신체적으로 요구되는 중요한 능력은 25파운드를 드는 것도 아니고 40피트 떨어진 곳으로 옮기는 것도 아니다. 중요한 신체능력은 이러한 행동을 1시간에 30번, 하루에 240번을 하는 데 요구되는 지구력이다. 만일 선발검사가 25파운드 물건을 들어서 40피트 떨어진 곳으로 한 번 옮기는 것이라면, 대부분의 지원자들은 통과하고 이러한 검사는 직무에서 요구되는 중요한 신체능력인 지구력(오랜 시간 동안의 수행)을 측정하지 못한다. 효과적인 선발검사가 지녀야 할 필수요건 중 하나는 검사시간의 적절성이다. 육체노동 직무에서 실시하는 신체능력 검사는 일반적으로 검사시간이 길지 않다. 신체능력 검사에서 해결해야 할 과제는 직무에서 수행하는 지속적인 행동을 비교적 짧은 시간의 선발검사에서 어떻게 정확하게 예측할 것인가이다.

12. 생활사 정보

인사선발 방법으로서 생활사 정보에 관한 이론은 개인의 성장과정에 기초하고 있다. 우리의 일생은 성장과정을 나타내는 일련의 경험, 사건, 선택으로 점철되어 있다. 과거와 현재의 사건들은 우리의 행동양식, 태도, 가치를 형성한다. 일생 동안 우리의 행동, 태도, 가치는 일관성을 지니기 때문에 과거 경험으로부터 이러한 요인들을 평가하면 미래의 경험들을 예측할 수 있을 것이다. **생활사 정보**(biographical information)는 사교성과 야망과 같이 우리의 행동을 형성하고 있는 구성개념들을 측정한다. 이러한 구성개념들이 미래의 직무수행을 예측할 수 있다는 전제하에 우리는 이러한 구성개념들을 나타내고 있는 과거의 생활 경험들을 평가한다.

> 생활사 정보 : 과거 활동, 흥미, 일상생활에서의 행동에 관한 정보에 기초하여 개인을 평가하는 방법

　생활사 정보는 흔히 응시원서에 기록된다. 제시된 정보에 기초하여 응시원서는 선발도구

로 사용된다. 응시원서에서 묻는 질문들이 직무수행 준거들을 예측할 수 있다. Mael(1991)은 생활사에 관한 모든 질문이 개인이 생활에서 실제로 겪은 사건들에 관해 물어보아야지 가상적 상황에서의 행동의도나 가상행동에 관해 질문해서는 안 된다고 권고한다. 〈표 4-3〉에는 Schoenfeldt(1999)가 보고한 생활사 정보의 16개 차원과 각 차원에 포함되어 있는 예시 문항이 제시되어 있다.

생활사 정보에 관해 묻는 질문이 사생활을 침해해서는 안 된다. 사생활 침해 문제는 응답자가 질문의 내용이 사생활을 침해하는 것이라고 생각하는지에 달려 있다. Nickels(1994)가 지적한 것처럼 종교, 결혼 여부, 연애 습관 등을 묻는 문항들은 사생활을 침해할 가능성이 있다. Mael 등(1996)은 사생활을 침해하는 것으로 여겨지는 두 가지 생활사에 관한 질문이 있다고 하였는데, 한 가지는 지원자에게 해명할 기회도 주지 않고 지원자가 겪은 과거의 치욕적인 사건에 관하여 질문하는 것이고 다른 하나는 그러한 사건 이후에 지원자가 현재는 어떤 다른 유형의 사람이 되었는지를 묻지 않고 다른 질문을 하는 것이다. 직무지원자들이 질문이 사생활을 침해하고 있다고 지각하면 고용하고자 하는 조직을 상대로 법적 소송을 제기할 수

표 4-3 생활사 정보의 16개 차원

차원	예시 문항
대인관계	
1. 사교성	봉사집단에서 자원 봉사한다.
2. 호감성/협조성	다른 사람에 비해 많이 다툰다.
3. 인내심	법을 어기는 사람을 보면 참지 못한다.
4. 좋은 인상	사람이 어떤 옷을 입고 있는지가 중요하다.
인생관	
5. 침착성	자주 서두른다.
6. 스트레스에 대한 인내	좌절에서 벗어나는 데 걸리는 시간
7. 낙천성	모든 사람은 어느 정도 좋은 면을 가지고 있다고 생각한다.
책임감/신뢰성	
8. 책임감	과거 직무에서 감독 경험
9. 집중력	조용한 작업환경의 중요성
10. 작업윤리	고등학교 때 자신이 번 돈에서 쓴 돈이 차지하는 비율
기타	
11. 인생에 대한 만족	전반적으로 얼마나 행복한가
12. 성취욕구	과거 직무에서의 서열
13. 부모의 영향	어릴 때 엄마가 직장을 다녔는가
14. 학교성적	수학 성적
15. 직무능력	과거 직무의 좋은 점과 나쁜 점
16. 인구통계적 정보	가족의 수

있다("**현장기록 2 : 과연 부적절한 질문인가?**" 참조).

개인이 사회적으로 보다 바람직한 인상을 주기 위하여 어느 정도까지 그들의 응답을 왜곡할까? 연구(Becker & Colquitt, 1992; Kluger et al., 1991)에 따르면, 거짓응답이 특정 유형의 질문에 대한 응답에서 발생한다는 것이 밝혀졌다. 사회적으로 바람직한 방향으로 속여서 응답할 가능성이 큰 질문은 응답의 진위를 밝히기 어려운 것이거나 직무와 매우 관련되어 있을 것 같은 문항이다. Levashina 등(2012)은 생활사 정보 질문에 대해 응답을 할 때 사실임을 증명할 수 있는 근거를 자세하게 적도록 하면 지원자가 거짓응답을 할 가능성이 줄어든다는 것을 발견하였다.

생활사 정보는 인사선발에서 논리적으로 방어할 수 있는 전략을 제공한다. Mumford와 Stokes(1992)는 생활사 정보를 우리가 일생 동안 겪는 일관된 행동양식을 밝혀 주는 것으로

현장기록 2
과연 부적절한 질문인가?

생활사 문항들은 실증적 준거관련 타당도를 나타내지만 때로는 관심의 대상이 되는 직무에 대하여 내용타당도가 결여되어 있다. 생활사 질문들의 잠재적인 비관련성은 인사선발에서 항상 걱정거리이다. 여기에 한 가지 사례를 소개한다. 한 도시에서 경찰관을 평가하여 형사로 승진시키기 위하여 심리검사와 함께 사용할 생활사 정보 문항들을 개발하였다. 생활사 설문지에 포함된 모든 질문은 준거관련 타당도 연구에 의해 형사로서의 직무수행을 예측하는 것으로 밝혀진 문항들이었다. 이들 중의 한 질문은 "당신은 16세 이전에 처음으로 성경험을 했습니까?"였다. 이러한 승진시험을 보고 떨어진 일부 경찰관들은 고용검사에 이러한 질문이 포함된 것에 대하여 시를 상대로 소송을 제기했다. 경찰관들은 이 질문이 형사의 직무수행과 전혀 관련성이 없거니와 이것은 그들의 사생활 침해라고 말하였다. 전적으로 부적절한 질문 때문에 형사직무로 승진하지 못했다고 주장하여 그들은 모든 검사 결과를 무효화하기를 원했다. 이 사례에 대하여 지방법원에서 재판이 열렸다. 판사는 이 질문이 내용타당도가 전혀 없고 사생활을 침해했다고 말하면서 경찰관들에게 승소판결을 내렸다. 따라서 이러한 방법을 사용하여 경찰관들을 형사로 승진시키는 것을 재고해야 했다. 시에서는 이러한 판결에 대하여 주의 최고법원에 항소했다. 최고법원의 판사는 하위법원의 판결을 뒤집어서 검사 결과는 유효하며 떨어진 경찰관들을 승진시킬 수 없다고 판결하였다. 주의 최고법원 판사는 이 질문에 대한 응답이 형사의 직무수행과 상관이 있다는 것에 근거하여 이러한 결정을 내렸다. 이 사례에서 기나긴 법정 싸움이 결국은 시에 유리한 결정으로 종결되었지만, 실제적이고 법률적인 관점에서 볼 때 우선은 사생활을 침해하는 이러한 질문을 하지 않는 것이 바람직하다.

묘사했다. 우리가 지금까지 어떤 행동을 했는지를 평가함으로써 앞으로 어떤 행동을 할 것인지에 대한 굉장한 통찰력을 얻을 수 있다.

13. 추천서

가장 널리 사용되지만 모든 예측변인 중에서 가장 타당도가 낮은 것이 추천서이다. 추천서는 인사선발에서 면접과 응시원서만큼 광범위하게 사용된다. 불행히도 추천서는 통상적으로 다른 것에 비해 타당도가 떨어진다. 일반적으로 지원자에 대해 현재의 고용자, 전문성을 지닌 동료, 개인적으로 아는 친구가 추천서를 써 준다. 추천서 작성을 의뢰받은 사람은 리더십 능력과 문서와 말에 의한 의사소통 기술과 같은 차원에서 추천대상자를 평가한다. 추천대상자에 대한 이러한 평정이 채용을 위한 기초 정보로 사용된다. 추천서의 전형적인 타당도 계수는 .13으로 추정된다.

추천서는 직무수행을 예측하는 데 있어서 가장 덜 정확한 방법 중 하나이다. 추천서의 최대 문제는 범위의 축소현상이다. 기대할 수 있는 것처럼, 거의 모든 추천서가 지원자에 대해 긍정적으로 기술하고 있다. 대부분의 경우에 지원자들 스스로 추천서를 써 줄 사람을 선택하기 때문에 지원자들이 그들에게 유리하게 써 줄 사람을 선택하는 것은 놀랄 일이 아니다. 이러한 범위의 축소현상(즉 거의 모든 지원자들이 긍정적으로 기술되는 현상) 때문에 추천서의 예측능력은 매우 낮다. 추천서의 대부분은 거의 유사하기 때문에 추천서를 읽고 지원자들을 평가하는 사람들은 문장의 이면에 숨겨져 있는 의미를 찾을 수 있도록 노력해야 한다. 추천서를 읽고 평가하는 사람들은 추천서에 포함된 내용을 토대로 지원자에 대한 평가를 내려야 할 뿐만 아니라 추천서에 언급되지 않은 내용에 대해서도 관심을 기울여야 한다. Madera 등 (2009)은 대학교수 직무에 지원한 남성과 여성 지원자에 대한 추천서에서 전통적인 성역할과 일치하는 미묘한 성차를 보고했다.

14. 약물검사

약물검사 : 지원자의 불법약물 사용을 탐지하기 위해 소변을 분석하는 검사

약물검사(drug testing)는 물질남용을 탐지하는 검사를 말할 때 통상적으로 사용하는 용어이다. 물질남용이란 불법약물의 사용, 약물이나 알코올이나 기타 화학물질의 과용 및 불법적인 사용을 말한다. 물질남용은 사회적, 도덕적, 경제적 결과에까지 영향을 미치는 매우 포괄적인 문제이다. 이렇게 광범위하고 복잡한 문제에 대해 산업 및 조직심리학이 할 수 있는 역할은 직장에서의 물질남용을 탐지하는 일이다. 물질남용에 탐닉하는 종업원들은 자신의 복지뿐만 아니라 잠재적으로 동료 종업원과 타인의 복지도 위태롭게 한다. 산업 및 조직심리학자들은 직무지원자들과 현재 종업원들 모두를 대상으로 물질남용자를 찾아내는 데 관여한다. 인지 및 운동 능력에 대한 추정을 포함하여 산업 및 조직심리학자들이 사용하는 다른 형태의 측정과는 달리 약물검사는 화학적 평가를 포함한다. 평가방법은 전형적으로 소변검사에 기초한다(머리카락을 샘플로 사용하기도 한다). 이론적 근거는 개인의 소변에서 약물의 존재를 밝힐 수 있다는 것이다. 따라서 개인이 약물을 섭취했다면 소변의 샘플을 화학물질로 처리하여 약물의 존재를 밝힐 수 있다. 두 가지 형태의 기본적인 평가가 있다. 색출검사(screening test)는 다양한 화학물질의 잠재적 존재를 밝힌다. 동일한 소변 샘플에 대한 확인검사(confirmation test)는 처음의 색출검사에서 의심이 갔던 화학물질의 존재를 확인한다. 이러한 검사가 특별한 전문적 교육을 받은 사람들에 의해 화학실험실에서 이루어지기 때문에 산업 및 조직심리학자들은 이러한 검사에 직접적으로 관여하지는 않는다. 산업 및 조직심리학자들은 약물검사의 신뢰도, 타당도, 법률적 적합성, 비용을 고려하여 약물검사가 채용을 위하여 적합한지를 평가한다.

　Normand 등(1990)은 약물검사의 효과에 관한 연구를 수행해서 사실 그대로의 결과를 보고했다. 총 5,465명의 직무지원자들이 불법 약물사용에 대하여 검사를 받았다. 채용 후 1.3년이 지났을 때 불법 약물에 대하여 양성반응을 보였던 종업원들은 음성반응을 보였던 종업원들보다 결근율이 59.3% 더 높았다. 약물사용자들이 약물을 사용하지 않는 사람들보다 비자발적 이직률(즉 해고된 종업원)이 47% 더 높았다. 그 당시 신입사원으로 채용한 집단에서 약물사용자들을 탈락시켰더라면 결근과 이직 비용이 줄어들 것이고 이로부터 추정되는 비용 절감 효과는 5,275만 달러였다. 이러한 액수는 매년 새로 들어오는 종업원들에게 약물검사를 실시하여 계속 누적한 비용절감액이 아니라 한 해에 절약되는 돈이다. 지금까지 살펴본 것처럼 약물검사는 매우 복잡하고 논쟁의 여지가 있는 검사이다. 소변 검사가 산업 및 조직심리학의 범위를 벗어나는 것이지만 지원자의 채용적합성을 결정하는 것은 산업 및 조직심리학의 영역이다. 산업 및 조직심리학은 사회 전체에 영향을 미치는 복잡미묘한 문제들을 다루기도 한다. 오늘날 산업 및 조직심리학은 우리가 100년 전에는 상상조차 못했던 문제들에 대한 해결책을 내놓아야 할 때도 있다.

15. 논쟁이 되는 평가방법

이 절에서는 마지막으로, 직무지원자를 평가하는 데 있어서 아직까지 논쟁의 여지가 있는 두 가지 방법을 제시하였다.

1) 거짓말 탐지기

거짓말 탐지기 : 질문에 대하여 거짓응답을 하는지를 알아내기 위하여 인간의 자율신경계의 특성(심장박동, 호흡, 발한 등)을 측정하는 도구

거짓말 탐지기(polygraph)는 심장박동이나 발한과 같은 신체의 생리적 반응을 포함하여 자율신경계의 여러 측면을 측정하는 도구이다. 이론적으로 이러한 자율반응들은 거짓말을 할 때 드러난다. 거짓말을 할 때 일어나는 생리적 반응들을 탐지하기 위하여 전자 감지기를 몸에 부착시킨다. 거짓말 탐지기는 직무에서 사람들을 선발할 때 사용하기도 하지만, 이보다는 채용 후에 종업원들의 범죄행위(예 : 회사 내에서 일어난 도난사건)를 알아내기 위하여 더 자주 사용한다.

거짓말 탐지기의 결과는 절대 틀리지 않을까? 그렇지 않다. 사실은 위법행위를 했더라도 거짓말 탐지기의 결과에 따르면 결백한 것처럼 보일 수도 있다. 범죄에 대한 모의상황에 기초하여 미국 연방수사국(FBI)에서 행한 연구(Podlesny & Truslow, 1993)는 거짓말 탐지기가 범죄 집단의 84.7%, 결백 집단의 94.7%를 찾아냈다. 많은 심리학자들은 거짓말 탐지기의 과학적 가치에 대하여 회의적이며, 사람들이 결과를 왜곡하는 방법을 쉽게 배울 수 있다고 믿는다. 1988년에 레이건 대통령은 사기업의 고용주들이 채용검사로서 거짓말 탐지기를 사용하는 것을 금지하는 법안의 통과에 서명했다. 하지만 Honts(1991)가 보고한 것처럼 연방정부에서는 거짓말 탐지기의 사용이 계속 증가되고 있다. 경찰과 같이 법을 집행하는 기관뿐만 아니라 국가보안을 다루는 정부기관의 채용과정에서 거짓말 탐지기가 광범위하게 사용되고 있다. 미국의 공동 안전보장위원회는 인사선발 방법으로 거짓말 탐지기에 대하여 다음과 같이 요약하였다. "거짓말 탐지기에 대한 논란에도 불구하고 위원회가 찬성과 반대 입장을 면밀히 검토한 결과, 거짓말 탐지기를 적절하게 표준화하고, 철저한 감독하에 사용하고, 남용을 막는 교육을 시킨다면 거짓말 탐지기를 계속 사용할 수 있다고 결론 내렸다. 중앙정보국(CIA)과 국가안전보장국(NSA)에서 거짓말 탐지기는 채용과 인사보안 프로그램 운용에 있어서 가장 중요한 요소가 되었다"(Krapohl, 2002, p. 232).

2) 정서지능 검사

최근에 산업 및 조직심리학은 기분, 감정, 정서처럼 역사적으로 개인차의 '연성적(soft)'인 측

면으로 간주되었던 것을 연구하기 시작했다. 오랫동안 이러한 개념들이 일의 세계와는 관련이 없는 것으로 여겨졌었다. 이러한 개념들은 능력(예 : 지능)과 수행 간의 관계에 일시적인 영향만을 미치는 것으로 간주되었다. 하지만 우리는 기분, 감정, 정서가 일상생활에서 중요한 역할을 하듯이 일터에서도 중요한 역할을 한다는 것을 깨닫기 시작했다. **정서지능**(emotional intelligence)의 개념은 Salovey와 Mayer(1990)에 의해 처음으로 제안되었다.

> **정서지능** : 사회적 상황에서 정서적 반응을 관리할 수 있는 개인의 능력을 나타내는 구성개념

그들은 개인이 정서를 어떻게 다루는지에 있어서 개인차가 있다고 주장하였고, 자신의 정서를 효과적으로 다루는 사람을 "정서지능이 있는 사람"이라고 불렀다. 일부 이론가들은 '정서'와 '지능'을 독립적이거나 상반된 것으로 보지 않고 정서가 지능의 영역 안에 존재하는 것으로 생각한다.

Perrewé와 Spector(2002)는 "심리학에서 정서지능만큼 많은 논쟁을 불러일으킨 개념은 별로 없다. 일상생활과 경력성공에 있어서 정서지능의 중요성과 관련성에 대한 과장된 주장이 많은 학자들을 과학적 연구주제로서 정서지능의 가치에 대하여 회의적으로 만들었다"(p. 42)고 언급하였다. 정서지능이라는 구성개념에 대해 많은 논쟁이 있다. 정서지능은 처음에 능력으로 제안된 개념이다. 정서지능은 정서에 관한 정보를 처리하고 이러한 정보가 자신의 사고와 행동에 영향을 미칠 수 있도록 정보를 활용하는 능력을 말한다(Mayer et al., 2008). 일부 연구자들은 정서지능을 성격에 가까운 차원으로 해석하고 정서지능이 정서적 건강, 특히 사회적 적응성과 어떤 관련성이 있는지에 관심을 가지고 있다(Lievens & Chan, 2010). Joseph과 Newman(2010)은 정서지능의 준거관련 타당도를 다룬 연구들을 대상으로 통합분석을 실시하였다. 그 결과, 정서지능은 정서노동이 많이 요구되는 직무에서의 수행과 정적으로 관련되어 있었다. 정서지능을 측정하는 소수의 상업화된 검사(예 : Mayer et al., 2002)가 개발되어 있지만, 인사선발 결정을 내리기 위해 정서지능에 대한 측정이 광범위하게 사용되고 있지는 않다.

16. 예측변인 개관과 평가

인사선발 방법은 많은 기준에 의해 평가될 수 있다. 예측변인들에 관하여 우리가 수집한 모든 정보를 조직화하는 데 유용하다고 생각되는 네 가지 중요한 기준이 있다.

1. 이 책에서 정의한 것처럼, 타당도(validity)는 예측변인이 준거수행을 정확하게 예측하는

능력을 나타낸다. 권위 있는 많은 학자들이 타당도가 선발방법들을 판정하는 데 있어서 가장 중요한 평가기준이라고 주장하지만 다른 세 가지 기준도 마찬가지로 중요하다.

2. **공정성(fairness)**은 예측변인이 성, 인종, 연령 등에 따라 다양한 하위집단으로부터의 지원자들의 직무성공을 예측함에 있어서 편파적이지 않음을 나타낸다. 이러한 공정성에 관한 주제는 제5장에서 상세하게 논의할 것이다.

3. **적용성(applicability)**은 선발방법이 다양한 직무들 모두에 적용될 수 있는지를 나타낸다. 어떤 예측변인들은 다양한 직무들 모두에서 사용하기에 적당하기 때문에 광범위한 적용성을 지닌다. 반면에 어떤 방법들은 특별한 제한점을 지니기 때문에 적용성이 낮다.

4. 마지막 기준은 각 방법을 실시하는 데 드는 **비용(cost)**이다. 다양한 인사선발 방법이 비용에서 현저한 차이가 나며 이러한 비용의 문제는 그 방법의 전반적 가치와 직접적으로 관련된다.

〈표 4-4〉에는 네 가지 평가기준에 따라 12개의 인사선발 방법을 평가한 결과가 요약되어 있다. 각 기준에서 낮음, 중간, 높음의 세 가지 수준을 사용하여 평가하였다. 이러한 분류체계가 지나치게 단순화되어 있는 면이 분명히 있고 어떤 경우에는 선발방법의 평가를 획일적으로 하기에 어려움이 있다. 그럼에도 불구하고 이러한 평가가 모든 인사선발 방법을 대략적으로 개관하는 데 도움을 줄 것이다.

표 4-4 네 가지 평가기준에 따른 12개 인사선발 방법에 대한 평가

선발방법	평가기준			
	타당도	공정성	적용성	비용
지능검사	높음	중간	높음	낮음
기계적성 검사	중간	중간	낮음	낮음
성격 검사	낮음	높음	중간	중간
신체능력 검사	높음	중간	낮음	낮음
상황판단 검사	중간	중간	높음	낮음
면접	중간	중간	높음	중간
평가센터	높음	높음	낮음	높음
작업표본	높음	높음	낮음	높음
상황연습	중간	(알려져 있지 않음)	낮음	중간
생활사 정보	중간	중간	높음	낮음
추천서	낮음	(알려져 있지 않음)	높음	낮음
약물검사	중간	높음	중간	중간

평균적인 타당도가 .00~.20 미만까지를 낮음, .20~.40 미만까지를 중간, .40 이상을 높음으로 분류하였다. 선발방법이 공정성에 문제가 많은 경우를 낮음, 약간 있는 경우를 중간, 거의 없는 경우를 높음으로 분류하였다. 하나의 단일 차원에서 평가하기에 가장 어려운 적용성 기준은 여러 직무에서 얼마나 쉽게 사용할 수 있는지와 여러 직무에 대한 일반화가능성에 따라 분류하였다. 마지막으로 각 선발방법마다 직접적인 비용추정을 하였다. 각 지원자당 50달러 미만의 비용이 들 것이라고 추정한 방법은 낮음, 51달러에서 100달러 미만까지는 중간, 100달러 이상은 높음으로 분류하였다. 가장 이상적인 인사선발 방법은 타당도, 공정성, 적용성이 높고 비용은 낮은 것이다. 하지만 〈표 4-4〉에서 알 수 있듯이 어떤 방법도 이러한 이상적인 형태를 띠지 않는다. 12개 방법은 타당도, 공정성, 적용성, 비용에 있어서 서로 상쇄효과를 가진다. 만일 오직 하나의 이상적인 인사선발 방법만이 존재한다면 아마도 다른 11개 방법을 고려할 필요가 전혀 없을 것이기 때문에 이러한 사실이 그렇게 놀랄 만한 것이 아니다.

타당도를 고려할 때 최상의 방법은 지능검사, 작업표본, 생활사 정보, 평가센터, 신체능력검사이다. 하지만 이러한 방법들 각각이 공정성, 적용성, 비용에서 문제가 있기 때문에 제한점을 지닌다. 역설적으로 타당도에서 최악의 방법인 추천서가 가장 자주 사용되는 방법 중 하나이다. 이 방법은 적용성이 높고 비용이 적게 들기 때문에 자주 사용된다.

공정성은 성이나 인종처럼 어떤 집단의 소속에 관계없이 선발방법이 편파적이지 않은 평가를 할 가능성을 말한다. 공정성 문제가 많은 논쟁을 불러일으키고 있지만 어떤 방법도 〈표 4-4〉에서 낮은 공정성을 지닌 것으로 분류되지는 않는다. 두 가지 방법(상황연습과 추천서)에 대해서는 공정성을 평가하기에 충분한 정보가 없지만 전반적으로 공정하지 않다고 판단될 가능성은 적어 보인다. 몇 가지 방법이 공정성에서 약간의 문제를 나타내고 있지만(따라서 사용에 주의가 요구되지만), 이러한 방법을 사람을 선발하기 위한 수단으로 사용할 수 없을 정도로 문제가 심각하지는 않다.

적용성 차원은 평가하기에 가장 어렵고, 이 차원에 대한 평가를 하기 위해서는 조건들을 가장 꼼꼼하게 따져 보아야 한다. 예를 들어, 작업표본은 특정한 직무들(즉 사물에 대한 기계적 조작을 포함하는 직무들)에서만 사용할 수 있기 때문에 적용성이 낮다. 하지만 이러한 제한점은 이 방법의 높은 타당도와 공정성에 의해 충분히 상쇄되는 것 같다. 다시 말하면, 이 방법이 가지고 있는 문제점은 단지 선택된 직무들에서만 사용할 수 있다는 것이다. 이와 대조적으로 다른 방법들(예 : 면접)은 적용성이 높아서 거의 모든 직무에서 사용할 수 있는 선발수단으로 인정받고 있다.

비용 차원은 아마도 가장 임의적일 것이다. 각 방법에 있어서 간접적이고 밖으로 드러나지 않는 비용이 있을 수 있다. 즉 평가에는 포함되어 있지 않지만 감추어진 비용이 있을 수 있다. 분류체계에서 사용한 액수의 구분점 역시 주관적이다. 예를 들어, 나는 각 지원자당 60달러의 비용이 든다면 중간으로 분류했지만 다른 사람들은 낮거나 높다고 말할지 모른다. 그럼에도 불구하고 〈표 4-4〉에서는 각 방법마다 비용 추정치가 서로 다른 것을 볼 수 있다. 어떤 방법들은 비용이 그다지 들지 않지만(예 : 추천서), 다른 기준들을 고려할 때 그다지 가치 있는 방법처럼 보이지 않는다.

이 장에서는 인사선발에서 사용되는 몇 가지 중요한 형태의 예측변인들을 살펴보았다. 다양한 직업집단에서 이러한 예측변인들과 다양한 준거들 간의 관련성이 연구되었다. 어떤 예측변인들은 다른 것들보다 더 광범위하게 사용되고 있다. 더군다나 심리검사의 역사를 돌이켜 볼 때 어떤 예측변인들은 다른 것들보다 더 높은 타당도를 나타내고 있다. 이상적인 예측변인은 준거를 정확하게 예측해야 하고, 다양한 집단에 대해 동일하게 적용할 수 있어야 하고, 실시하기에 너무 길거나 비용이 많이 들어서는 안 된다. 그러나 실제로 이러한 기준들을 모두 충족시키는 예측변인은 좀처럼 찾아보기 힘들다. 더군다나 이러한 예측변인들의 사용빈도도 나라마다 다르다.

이 장에서는 어떤 사람들이 직무에서 성공할지를 예측하기 위해 조직에서 사용하는 다양한 방법을 기술하였다. 이러한 방법들(예 : 검사, 면접, 작업표본 등)을 사용하여 지원자들을 검사하여 점수를 얻고, 채용담당자는 지원자의 점수가 조직의 선발기준에 적합한지를 검토하여 채용 결정을 내린다. 하지만 지원자에 대한 채용적합성을 판단하는 또 다른 방식이 있는데, 이러한 방식에서는 지원자의 작업경험을 검토하여 채용 결정을 내린다(Quiñones et al., 1995). 이러한 선발 방식의 논리는 철학자인 Orison Swett Marden이 기술한 다음과 같은 문장에 잘 나타나 있다.

> 인생에서 겪는 모든 경험과 인생에서 접하게 되는 모든 것은 우리 인생의 모습을 조각하고, 형상을 만들고, 수정하고, 틀을 잡는 정(chisel)과 같다. 우리의 지금 모습은 인생에서 우리가 접한 모든 것에 의해 형성된 것이다. 우리가 보고, 듣고, 느끼고, 생각했던 모든 것이 우리 인생의 모습을 만들어 낸 것이다(p. 485).

Levine 등(2004)은 직무와 관련된 경험을 판단하기 위한 세 가지 차원을 제안했다. 첫째는 개인적 속성(personal attribute)으로서, 개인의 속성은 일과 관련하여 개인이 어떤 장면에서 어떤 경험을 했는지에 의해 결정된다. 둘째, 경험에 대해 지각한 결과(perceived outcome of experience)는 경험에 부여하는 의미로서, 동일한 경험이라도 판단자의 지각에 따라 결과가 달라질 수 있다. 마지막으로, 직무와 관련이 있고 중요하다고 판단하는 경험의 측면(aspect of experience judged relevant and important)으로서, 평가자가 어떤 관점에서 경험을 평가하느냐에 따라 중요하게 여기는 경험이 다를 수 있다. 종업원들을 채용할 때 조직은 지원자들의 과거 경험이 미래의 직무수행과 어떻게 연관될지를 이해하려고 노력한다. 다른 모든 인사선발 방법과 마찬가지로, 지원자의 교육이나 경험에 대한 평가 역시 검사의 공정성에 관하여 미국 연방정부에서 정한 기준을 따라야 한다. Buster 등(2005)은 지원자의 교육과 경험에 관하여 미국 연방법원이 승인한 최소 자격요건을 평가하기 위하여 내용적으로 타당한 절차를 개발하였다.

Tesluk과 Jacobs(1998)가 언급한 것처럼, 산업 및 조직심리학은 이제 막 작업경험과 미래의 직무행동 간의 관계를 이해하기 시작했다. 풍부하면서도 장기간의 작업경험을 가지고 있지만, 심리검사에서 낮은 점수를 받은 지원자를 어떻게 처리할 것인지에 대해 우리는 많은 연구를 해야 한다. 현재 우리는 이러한 두 가지 방식으로부터의 점수를 통합할 수 있는 공인된 어떤 전문적 시스템도 갖추고 있지 못할 뿐만 아니라, 심리검사 점수를 작업경험과 비교할 수 있는 시스템조차도 가지고 있지 않다.

종업원 선발에 사용하는 방법이 문화마다 서로 다를 수 있지만, 공통점은 모든 조직이 훌륭한 인사결정을 내리기를 원한다는 것이다. 다음 장에서 이러한 과정에 대해서 다룰 것이다.

04 이 장의 요약

- 예측변인(검사, 면접, 추천서 등)은 준거변인을 예측하는 데 사용하는 변인이다.
- 좋은 예측변인은 심리측정에 있어서 두 가지 기준인 신뢰도와 타당도를 지니고 있어야 한다.
- 심리검사와 문항조사는 일터에서 예측변인과 관련된 준거를 예측하는 데 100년 이상 사용하고 있다.
- 심리평가는 시장이 매우 큰 사업분야이다. 채용을 위해 지원자들을 평가하는 심리검사를 출판하는 회사들이 많이 있다.
- 가장 자주 사용하는 예측변인은 일반정신능력검사, 성격 검사, 적성검사, 작업표본, 면접, 생활사 정보, 추천서이다.
- 산업 및 조직심리학자들은 성격 검사, 정직성 검사, 면접, 생활사 정보와 같은 평가 방법에서 지원자들이 거짓으로 응답하는 것을 우려한다.
- 예측변인을 타당도(정확성), 공정성, 적용성, 비용에 의해 평가할 수 있다.

- 심리평가에 있어서 중요한 변화 추세는 컴퓨터를 사용한 온라인 검사이다.
- 아직까지 논쟁이 있는 예측변인은 거짓말 탐지기, 정서지능 검사이다.
- 직무지원자를 평가하는 데 사용하는 예측변인의 수용도에 있어서 광범위한 문화적 차이가 존재한다. 하지만 면접은 전 세계적으로 가장 보편적인 방법이다.

인사결정

이 장의 학습목표

■ 인사결정의 사회적 및 법률적 맥락을 설명
한다.

■ 인사모집 과정과 차별수정 조치를 기술한다.

■ 조직전략이 인사결정에 어떤 영향을 미치는
지를 이해한다.

■ 타당도 일반화 개념과 중요성을 설명한다.

■ 종업원 선발과 직무지원자 평가 과정을 기
술한다.

■ 합격점 결정과 관련된 주제를 안다.

■ 검사 효용성 개념과 중요성이 조직 효율성
과 어떻게 관련되어 있는지를 설명한다.

■ 배치와 분류의 인사기능을 기술한다.

1. 인사결정의 사회적 맥락

역사적으로 볼 때, 산업 및 조직심리학자들은 평가도구를 개발하고, 검사의 유용성을 알아보기 위하여 타당화 연구를 수행하고, 검사 결과에 대한 설명을 제공함으로써 인사결정을 내리는 과정에 기여해 왔다. 인적자원 전문가, 새로 채용된 종업원을 관리할 사람, 새로 채용된 종업원과 함께 일할 동료작업자를 비롯하여 많은 조직구성원이 인사결정을 내리는 데 관여한다. 더 나아가 인사결정은 조직이 바라는 인재상에 맞는 지원자만 선발하는 것과 같은, 조직이 추구하는 가치에 의해서도 영향을 받는다. 조직은 사회적 또는 문화적 맥락 속에서 운영된다. 이러한 사회적 또는 문화적 맥락은 지원자 중 누구를 선발하고 누구를 선발하지 않을지에 직접적인 영향을 준다. 예를 들어, 최고의 능력을 갖춘 사람만 채용한다면 능력이 떨어지는 사람들은 만성적으로 실업상태로 있을 것이다. 이 책의 제11장에서 논의할 주제인 실업은 개인과 사회 모두에 심각한 영향을 미친다.

누가 더 바람직한 종업원이라고 생각하는지에 대해서도 문화적 차이가 존재한다. 서구 문화에서는 종업원들의 친인척을 고용하는 것에 대해 부정적인 견해가 있다. **연고주의**(nepotism)라는 용어는 친인척 고용에 대한 호의적인 견해를 의미한다(Jones, 2012). 연고주의는 모든 직무지원자들에게 공정한 채용기회를 제공하지 않기 때문에, 미국에서는 일반적으로 연고주의에 대해 부정적인 시각을 가지고 있으며 금기사항으로 여긴다. 하지만 일부 비서구 문화권에서는 채용에서 연고주의를 긍정적으로 본다. 이러한 견해의 논리는 가족구성원들이 아무런 정보가 없는 익명의 지원자가 아니라 잘 알려져 있는 믿을 수 있는 사람이라는 것이다. 따라서 조직 내 구성원과 관련이 있는 친인척을 채용하는 것을 긍정적으로 여긴다. 인사결정은 항상 조직이 속한 사회적 맥락의 영향을 받는다. 인사결정을 보다 큰 사회적 시스템과 전혀 관련 없는 진공상태에서 하는 것은 아니다.

> 연고주의 : 출생이나 결혼으로 맺어진 친인척에게 혜택을 주는 인사선발 방법

기록된 역사에서 최초의 인사선발 검사는 성경(구약성서 사사기 12장 4~6절)에서 찾아볼 수 있다. 전쟁을 하던 두 부족이 '쉬볼렛(shibboleth)'이라는 단어를 발음할 수 있는 능력에서 차이가 있었다. 한 부족은 "쉬(sh)" 발음을 못해서 이 단어를 '시볼렛(sibboleth)'이라고 발음했다. 이 단어를 발음하지 못한다는 것은 적군임을 나타냈다. 이 단어를 제대로 발음하지 못해서 적군으로 밝혀지면 그 자리에서 바로 처형했다. 이러한 유래로 인하여 오늘날 '쉬볼렛'이라는 단어는 중요한 인사결정을 내릴 때 사용하는 검사를 의미한다.

〈그림 5-1〉에 제시되어 있는 것처럼, Guion(1998a)은 인사결정에 영향을 미치는 요인들을 도식적으로 표현하였다. 그림의 제일 위에는 조직과 조직의 요구가 놓여 있는데, 이것은 모

든 인사결정이 조직의 요구를 충족하기 위해 이루어진다는 것을 의미한다. 산업 및 조직심리학에서는 검사도구를 개발하고 타당화 연구를 수행할 때, 과학적 이론(예 : 타당도 개념)을 사용한다. 도구를 사용하여 지원자들을 검사하고 지원자들에 대해 판단을 내리고, 최종적으로 누구를 채용할지를 결정한다. 〈그림 5-1〉에 제시되어 있는 요인들 중에서 위로부터 다섯 가지 요인은 인사결정을 내릴 때 산업 및 조직심리학자들이 전통적으로 고려했던 것들이다. 하지만 이 그림에는 일반적으로 산업 및 조직심리학자들의 관심을 끌지 못했던 다른 중요한 개념이 포함되어 있다. 그것은 조직이 속한 사회적 및 문화적 맥락이다. 인사선발 과정의 최종산물은 누구를 채용할 것인지에 대한 결정이다. 이러한 최종결정에 영향을 미치는 어떤 요인들은 과학적인 영역을 벗어난 것이다.

인사선발에서 사용하는 과학적 측면들이 때때로 '실생활'에서 이루어지는 채용방식을 반영하지 못하기 때문에 과학이

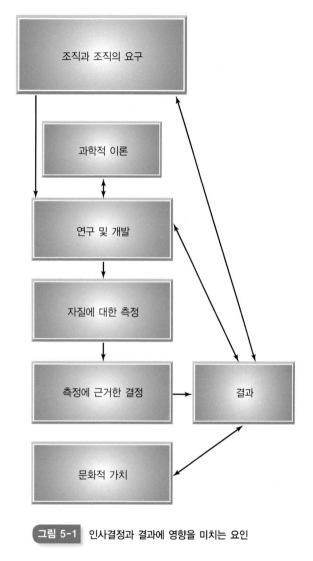

그림 5-1 인사결정과 결과에 영향을 미치는 요인

효력을 발휘하지 못하는 경우도 있다. 어떤 조직은 〈그림 5-1〉에 제시되어 있는 요인들을 무시하고 채용 결정을 내리기도 한다. Guion(1998b)은 일부 조직들이 종업원을 채용할 때 직관에 의존하고, 수량적 자료를 사용하지 않고, 실증적으로 타당화되지 않은 요인들을 사용하는 경향이 있다고 지적하였다. Highhouse(2008)가 언급한 것처럼, 심리검사의 타당도가 실증적으로 밝혀졌음에도 불구하고 일부 경영자들은 인사선발에 관한 결정을 내릴 때 이러한 검사를 사용하기를 꺼린다. 그 대신, 그들은 자신의 예감이나 직관에 의존하여 채용 결정을 내린다. 과학적인 방법을 사용하지 않고 예감만을 사용해서는 올바른 선발 결정을 내릴 수 없다. 이 장에서는 일부 조직들의 채용관행이 과학적이지 않다는 것을 염두에 두고, 인사결정의 과

학과 실천의 측면을 검토할 것이다.

　인사선발에서도 문화적 차이가 존재한다("**비교 문화적 산업 및 조직심리학 : 이상적인 직무지원자에 대한 문화적 차이**" 참조). 또한 아주 오래전부터 사람과 일 간의 부합을 찾아내는 데 관심을 가져왔다. Salgado(2000)는 다음과 같은 옛날 이야기를 인용하였다.

> 한 농부는 자기 아들이 어떤 직업을 선택해야 할지 몰랐다. 어느 날, 어떤 직업이 좋을지를 결정하기 위해 아들에게 성경책, 사과, 동전을 주었다. 농부는 만일 아들이 사과를 먹으면 장차 정원사가 될 것이고, 성경을 읽으면 성직자가 될 것이고, 동전을 주머니에 넣으면 상인이 될 것이라고 생각했다. 잠시 후에, 농부는 자기 아들이 돈을 주머니에 넣고 성경책을 깔고 앉아서 사과를 먹고 있는 것을 발견하였다. 이것을 보고 농부는 "아! 영리한 아이구나. 내 아들은 정치가가 될 소질이 있어."라고 말하였다(p. 191).

　어떤 사람들은 단순히 '사람이 일자리를 구하거나, 일자리가 사람을 찾는 것' 이상으로 특정한 일에 대해 강한 매력을 느끼는 경우도 있다. 사람과 직업 사이의 강한 매력을 흔히 '소명(calling)'이라고 하는데, 이는 성직자들이 왜 종교와 관련된 일을 택했는지에 대한 연구에서 비롯된 것이다. 소명은 주로 직업적 진로 선택에 대한 운명적 결정을 뜻한다. Dobrow(2013)는 소명을 특정 활동에 대한 "강렬하고 뜻깊은 열정"으로 묘사했다. Dobrow와 Tosti-Kharas(2011)는 사람들이 자신의 소명을 "탐색"하고 "발견"하는 과정을 통해 자신의 일이 특별한 의미가 있다고 생각하게 된다고 보고했다. 소명은 다른 요인에 의한 결과물이 아닌 직업 선택의 원인으로 간주된다. 소명은 사람들에게 명확성과 개인적 사명감을 느끼게 한다. 소명은 어떤 직업에서든지 일어날 수 있지만, 친사회적 목적(예 : 좋은 세상 만들기)이나 예술적 표현을 하는 직업에서 가장 분명하게 나타난다.

비교 문화적 산업 및 조직심리학
이상적인 직무지원자에 대한 문화적 차이

　Nyfield와 Baron(2000)은 전 세계의 선발관행에 대하여 기술하였다. 보편주의 문화에서는 관행과 규칙에 있어서 보편적인 방식을 따른다. 이러한 문화에서는 이성적이고 합리적인 논리를 선호한다. 반면에 특수주의 문화에서는 관계를 더 강조하고 선발 결정에 있어서 예외를 인정하는 융통적인 법칙을 선호한다. 이러한 문화에서는 정해진 규칙이나 절차보다는 양자 간의

(계속)

특수한 관계를 더 중요하게 여긴다. 미국, 캐나다, 호주는 보편주의 문화에 해당하고, 프랑스, 그리스, 이탈리아는 특수주의 문화가 강하다. 특수주의 문화에서는 두 사람 간에 개방된 대화가 오고가는 면접방식을 더 선호한다. 따라서 면접을 구조화하거나 공식화하는 것을 꺼릴 가능성이 크다. 또한 양자 간에 조용하고 중립적인 상호작용을 선호하는지 아니면 정서적으로 강하게 개입된 상호작용을 선호하는지에 대해서도 국가별 차이가 존재한다. 중립적인 상호작용을 선호하는 경우에는 면접자가 지원자의 지적능력에 초점을 둔다. 반면에 정서적 개입을 선호하는 경우에는 지원자가 지니고 있는 실제 능력보다는 지원자에 대한 면접자의 정서적 반응이 더 큰 영향을 미친다. 일본이나 중국은 중립적이고 차분한 방식을 선호하지만, 남유럽이나 남미 국가들은 보다 정서적인 방식을 선호한다. 정서적인 면접자는 지원자가 차분하고 이성적인 방식으로 이야기하면 지원자에게 별로 관심을 가지지 않고 지루하게 느낄 수 있다. 지원자가 자신이 경험한 사실에만 초점을 두고 이야기하면 면접자는 지원자가 그러한 경험의 정서적 영향력을 이해하지 못하는 것으로 해석할 가능성이 크다. 이와 반대 현상도 발생할 수 있다. 중립적인 면접자는 정서적인 지원자를 지나치게 흥분을 잘하고 믿을 수 없는 사람으로 여길 가능성이 있다. 지원자가 자신의 경험에 대하여 지나치게 정서적으로 개입된 발언을 하면 면접자는 지원자가 경험한 사실 그 자체를 이해하는 데 어려움을 겪을 수 있다. Nyfield와 Baron이 결론 내린 것처럼, 선발방법에서 문화 간 유사성이 존재할 수 있지만 지원자의 바람직한 수행에 대해서는 문화 간 차이가 강하게 나타날 수 있다.

2. 인사결정의 법률적 맥락

1) 1964년의 시민권법

산업 및 조직심리학이 생긴 이후 60년 동안은 심리학자들과 법률 공동체 간에 실질적으로 어떤 관련성도 없었다. 심리학자들이 심리검사를 개발하고 실시하고 해석하였으며 심리학자들이 전문적으로 모든 것을 관장했었다. 그러나 1950년대 후반과 1960년대 초반에 미국 정부는 시민권 운동에 휩싸였다. 그 당시 시민권은 주로 미국에 살면서 일하고 있는 흑인들의 제약조건의 폐지와 관련되어 있었다. 흑인들은 대학이나 식당을 들어가는 데 제약이 있었고 직업을 갖는 데도 제약이 있었다. 즉 그들의 시민권에 제약이 있었다. 케네디 대통령과 존슨 대통령은 미국 사회의 이러한 면을 변화시키는 데 관심을 가졌다. 생활의 모든 면에서의 차별을 줄이기 위한 목적으로 제정된 연방정부의 중요한 입법안인 시민권법이 1964년에 통과되었다. Zedeck(2010)이 지적한 것처럼, 차별은 법률적인 문제에 근거하기 때문에 근본적으로 심리학적 개념이 아니다. 고용에 있어서의 차별과 관련된 법률은 제7장으로서, 이 부분이 산업 및 조직심리학과 가장 관련되어 있다. 미국 내 개인기업이나 공공기관 모두에서 주로 하위직을 제외한 상위 직급의 직무에서 흑인들의 고용률이 매우 낮았다. 시민권법의 목적 중 하나로서 고용에서의 차별을 줄이기 위해 연방정부는 채용과정에 개입하기 시작했다. 즉 연방정부가 선발에서의 공정성을 보장하기 위하여 채용의 전 과정을 감독하기 시작했다. 이처럼 1960년대에는 인사결정이 법률적인 맥락에 의해 큰 영향을 받게 되었다. Guion(1998a)이 주장한 것처럼, 과거부터 연방정부가 여러 가지(예 : 식품이나 의약품)를 규제하였지만 시민권법은 인간의 행동을 규제하는 것이었다. 시민권법은 흑인 이외의 다른 부류의 사람들도 보호하기 위해 확장되었다. 구체적으로 인종, 성, 종교, 피부색, 국적 5개 특성들에 따라 보호대상 집단이 지정되었다. 인종, 성, 종교 등과 관계없이 모든 사람은 동등하게 법적인 보호를 받는다. 이처럼 법적인 보호를 받도록 지정된 사람들을 **보호대상 집단**(protected group)이라고 부른다. 시민권법은 선발뿐만 아니라 교육, 승진, 고용유지, 근무평가와 같은 모든 인사기능에까지 적용되었다. 더 나아가 인사결정을 내리는 데

> **보호대상 집단** : 인종, 성, 국적, 피부색, 종교, 나이, 장애와 같은 인구통계적 특성들에 의해 법적인 보호를 받도록 지정된 집단

사용되는 어떤 방법(예 : 검사, 면접, 평가센터 등)에서도 똑같은 법률적 기준이 적용되도록 확장되었다.

시민권법의 제7장은 다음과 같은 몇 가지 불법적인 고용관행을 명시하고 있다.

- 고용주가 어떤 사람이 다섯 개 보호집단에 속한다는 이유만으로 그 사람을 채용하지 않거나 해고해서는 안 된다.
- 고용주가 종업원이나 지원자들이 다섯 개 보호집단에 속한다는 이유만으로 그들의 고용기회를 박탈하기 위하여 그들을 소외시키거나 구분해서는 안 된다.
- 채용 광고나 교육 기회가 어떤 특정집단에 대한 선호를 나타내서는 안 된다. 예를 들어, "남자 구함" 혹은 "여자 구함"과 같이 특정 집단만을 지칭하는 광고를 해서는 안 된다.

1967년에 고용에서 연령차별 금지법(Age Discrimination in Employment Act, ADEA)이 통과되어서 40세 이상의 사람들도 시민권법에서 제정하고 있는 다섯 개 보호집단과 똑같은 법적 보호를 받도록 하였다. 이와 같이 40세 이상의 사람들도 여섯 번째 보호대상 집단이 되었다.

2) 장애인 고용법

1990년에 장애인 고용법(Americans with Disabilities Act, ADA)이 부시 대통령에 의해 통과되었다. 그리고 그의 아들인 부시 대통령에 의해 2008년 ADA 개정법이 통과되었다. 장애인 고용법은 장애인이 일곱 번째 보호대상 집단이 된 것을 포함하여, 장애인들을 위해 제정된 법률들 중에서 가장 중요한 법안이었다(O'Keeffe, 1994). 장애인 고용법에 의하면 장애는 "생활에서 중요한 하나 이상의 활동을 하는 데 상당한 제약을 주는 신체적 혹은 정신적 손상, 그러한 손상에 관한 기록, 그러한 손상이 있는 것으로 간주되는 것"으로 정의한다. 생활에서 중요한 활동들은 보기, 듣기, 걷기, 배우기, 숨쉬기, 일하기 등을 포함한다. 장애를 지닌 사람을 가려내는 채용검사는 직무와 관련이 있어야 하고 사업의 필요성과 일치해야 한다. 이 법에 따르면 고용주는 장애인들에게 채용검사 장면과 실제 직무수행 장면에서 편의시설을 제공해야 한다. 고용주들은 장애인들의 이러한 필요성을 충족시키기 위해 합리적인 방식으로 사업장을 변화시키거나 편의시설을 구비해야 한다. 걷지 못하는 사람이 건물로 쉽게 들어올 수 있도록 엘리베이터나 계단이 없는 경사로를 설치하거나 난독증이나 시력장애를 지닌 사람들을 위해 판독기를 제공해야 한다.

이 법의 기본적 전제는 장애인들도 노동인력으로서 효과적으로 기여할 수 있으며 그들이 장애 때문에 채용 결정에서 차별을 당해서는 안 된다는 것이다. 장애인 고용법은 장애인들이 노동인력으로 기여하기 위해 고용주가 편의시설을 구비하도록 규정하고 있다. Santuzzi 등(2014)은 주의력 결핍 및 과잉행동 장애(ADHD)나 외상 후 스트레스 장애(PTSD)와 같이 눈에 보이지 않는 심리적 장애를 가진 종업원들을 법적으로 보호하는 방법에 관해 논의하였다. 장애인 고용법에서 고용주들이 해결해야 할 과제는 장애인 지원자가 검사 장면에서 직무에서 요구되는 자신의 능력을 발휘하는 데 불편함이 없는 여건을 제공해 주면서도 그 직무에 대한 지원자의 자질을 타당하게 평가하는 것이다.

2001년 미국의 대법원은 Martin과 미국 프로골프협회(PGA) 간의 소송에 대한 판결을 내렸다. Martin은 오른쪽 다리에 신체적 장애가 있어서 골프코스를 걸어 다니기 힘든 프로골프선수이다. 그는 골프경기 때 전동카트를 타는 것을 허락해 달라고 미국 PGA에 요청했다. 그러나 PGA 규정에 의해 골프코스를 걸어 다니면서 경기를 하는 다른 선수들에 비해 Martin에게 카트를 타도록 허용하는 것은 그에게 부당한 혜택을 주는 것이라는 이유로 PGA는 이러한 요청을 받아들이지 않았다. Martin은 자신이 골프로 돈을 버는 직업적인 프로선수이기 때문에 자신의 경우에 골프카트는 장애인고용법에 명시된 합당한 편의시설에 해당한다고 주장하면서, 카트를 사용하게 해 달라고 PGA를 상대로 소송을 제기하였다. 또한 Martin은 PGA가 자신에게 카트를 탈 수 있도록 허용하는 것이 PGA에 '지나친 부담(고통)'으로 작용하지는 않을 것이라고 주장했다. 미국 대법원은 프로골퍼에게 가장 필수적인 직무요건이 골프공을 치는 것이지 골프코스를 걷는 것이 아니라고 언급하면서, Martin에게 승소판결을 내렸다.

요약하자면, 사회 내 특정 집단에 영향을 미치는 문제들을 해결할 필요성이 인식됨에 따라 차별금지법이 통과되었다.[1] 이러한 집단은 법의 보호를 받기 때문에 "보호대상 집단"이라고 부른다. 현재 연방차별금지법에 의해서 보호를 받는 보호대상 집단은 일곱 개이다. Steiner(2012)에 의하면 다른 국가는 성적 지향성, 노조 가입, 정당, 결혼 등을 포함한 추가적인 집단에 대해 법적 보호를 제공한다. 또한 주마다 고용 차별에 관한 보호대상 집단과 관련된 서로 다른 법이 존재한다고 보고했다. Colella 등(2012)은 미국의 21개 주가 성적 지향성에 따른 차별을 금지하는 법을 가지고 있다고 보고했다. 2010년 오바마 대통령은 레즈비언, 게이, 양성애자, 트랜스젠더(LGBT)가 군 복무를 하는 데 제한을 두는 것을 모두 없애는 법을 승인했다(Estrada, 2012). 고용차별에 대한 추가적인 연방법의 통과는 입법에 대한 사회적 압력과 정치적 결단에 따라 좌우될 것이다.

3) 불리효과

> **불리효과** : 특정 인사선발 방법을 사용하여 선발한 결과, 다수 집단 구성원들에 비해 보호대상 집단의 구성원들이 적게 선발되는 불이익을 당하는 불공정한 차별의 형태
>
> **불공평 처우** : 채용과정에서 다수집단 구성원에 비해 보호대상 집단의 구성원을 차별적으로 대우하는 불공정한 차별의 형태

시민권법이 발효되어 있는 상태에서 차별은 두 가지 법률이론에 의해 제재를 받게 된다. 하나는 **불리효과**(adverse impact, 불공평 효과라고 부르기도 한다)로서, 특정 집단(즉 보호집단)에 대해서 차별이 있는 경우를 말한다. 한 집단(예 : 여성)이 전체적으로 다른 집단의 구성원(예 : 남성)들과 비교하여 덜 고용된다는 것은 차별당하고 있다는 증거이다. 두 번째 이론은 **불공평 처우**(disparate treatment)로서, 보호집단의 구성원들이 채용과정에서 다른 지원자들과 다르게 취급되는 것을 말한다. 모든 직무지원자는 채용에 있어서 똑같은 대우를 받아야 한다. 예를 들면, 어느 정도 신체적 능력을 요구하는 직무에서는 평균적으로 남성이 여성보다 신체적 힘과 지구력이 뛰어나기 때문에, 고용주는 남성이 여성보다 이 직무에 적합하다고 여길 것이다. 하지만 이러한 직무에서 처음부터 여성을 배제하면 안 되기 때문에 고용주는 평가절차의 일부로서 여성 지원자들에게만 신체능력검사를 실시한다. 이러한 평가절차는 동일 직무에서

---

1 '차별한다(discriminate)'라는 단어는 변별한다는 의미의 중립적인 단어이다. 채용 검사를 실시하는 목적은 직무에서 수행을 더 잘하는 사람과 잘하지 못하는 사람을 변별하는 것이다. 고용법은 보호대상 집단(예 : 인종, 성별, 연령 등)에 속하는 지원자를 불합격시키는 불공정한 차별을 금지하기 위해 제정된 것이다. 고용 맥락에서 이 단어를 사용한 이래로, 사회는 줄임말을 선호하면서 '불공정한 차별'이란 용어에서 '불공정'이란 단어를 생략하고 사용했다. 따라서 현대의 언어에서 '차별'은 '불공정한 차별'의 줄임말이 되었다. 일상생활에서의 의미와 동일하게 이 책에서도 '차별'이라는 용어는 '불공정한 차별'을 나타내는 의미로 사용할 것이다.

여성과 남성 지원자를 다르게 평가하기 때문에 불공평 처우의 명확한 사례이다. 즉 종업원을 선발할 때 서로 다른 채용절차를 사용하는 것은 불공평 처우에 해당한다.

차별에 대한 두 가지 법적 근거 중에서 불리효과가 산업 및 조직심리학자들의 더 많은 관심을 끌었다. 고용절차가 보호대상 집단과 다수집단 구성원들 간에 차별적인 효과를 초래하는 경우에 불리효과가 존재한다. 불리효과의 개념을 조작적으로 정의하기 위하여 '80% 법칙'(혹은 4/5 법칙)이라고 부르는 간단한 법칙이 만들어졌다. 이 법칙은 만일 어떤 하위집단(예 : 흑인집단)의 선발비율(즉 선발된 사람 수를 지원한 사람의 수로 나눈 비율)이 다른 집단의 선발비율의 80%보다 작은 경우에 불리효과가 발생한다고 규정하고 있다. 어떤 직무에 100명의 백인이 지원해서 20명이 선발되었다고 가정해 보자. 선발비율은 20/100, 즉 .20이다. .20에 80%를 곱하면 .16이 된다. 이 경우 만일 흑인 지원자들 중 16%보다 적은 수가 채용되었다면 그 선발검사가 불리효과를 가지고 있다고 말할 수 있다. 따라서 만일 50명의 흑인들이 직무에 지원했고 최소한 8명(50×.16)이 채용되지 않는다면 이 검사는 불리효과가 있다고 말할 수 있다.

만일 불리효과가 존재하는 것으로 밝혀지면, 조직은 다음의 두 가지 방법 중 한 가지를 선택해야 한다. 한 가지는 검사가 직무수행을 예측하는 타당한 예측변인이라는 증거를 보여 주는 것이다. 다른 대안은 불리효과가 없는 다른 검사를 사용하는 것이다(그러나 이 검사는 불리효과가 있는 검사보다 타당도가 더 떨어질 수도 있다). Pyburn 등(2008)이 지적한 것처럼, 불리효과를 줄이기 위해 타당도가 낮은 측정치를 사용함으로써 법을 위반하지 않을 수 있지만 그 대가로 조직이 최상의 지원자들을 선발하지 못하는 희생을 치르게 된다. 만일 선발방법으로부터 불리효과가 나타나지 않았다면 조직은 그 선발방법의 타당성을 입증할 의무는 없다. 하지만 조직은 언제라도 선발방법의 타당성을 입증할 필요가 있다. 회사에서는 그들이 사용하는 선발방법이 지원자들 중 가장 훌륭한 사람들을 가려내는 것인지를 항상 알고 싶어 한다. Gutman(2004)이 지적한 것처럼, 법원의 판결에 의해 불리효과에 대하여 여러 가지 법적 해석이 가능하다. 80% 법칙 외에도 불리효과를 평가하는 다른 방법이 존재한다. 하지만 이러한 것들의 공통점은 지원자들 중 한 집단이 다른 집단에 비해 비율적으로 불공평하게 더 많이 떨어지는 것을 방지한다는 데 있다.

시민권법의 일부로서, 고용에서 법으로 금지되어 있는 것을 위반한 것을 조사하고 고용차별을 줄이기 위한 목적으로 동등고용기회위원회(Equal Employment Opportunity Commission, EEOC)가 창설되었다. EEOC는 조직이 고용결정을 할 때 준수해야 할 종업원 선발절차에 관한 표준 고용지침(Uniform Guidelines on Employee Selection Procedures)을 만들었다. 고용차별 혐의가 있다고 결론 내리면 EEOC는 연방법원에 소송을 제기할 수 있다. 그래도 조직이 고용

관행을 바꾸지 않으면 이 문제는 판결을 받기 위해 법정까지 가게 된다. 판결에서 패한 조직은 그들의 고용관행으로 인해 피해를 본 사람들에게 재정적 손해에 대한 배상을 해줄 의무가 있다. 이러한 경우의 금전적인 배상은 집단적인 방식(고소한 사람은 유사한 피해를 본 사람들의 대표로 간주되어 유사한 사람 모두에게 배상해야 한다)이나 소급방식(조직은 피해자들이 고용되었다면 지금까지 벌었을 금액을 지불해야 한다)의 형태로 이루어지거나 두 가지 모두를 합친 방식으로 이루어진다. 법원은 재판에서 진 회사에게 수천만 달러에 달하는 금액을 지불하도록 판결을 내리기도 한다. 하지만 고용검사에서 떨어진 모든 사람이 법정에서 자동으로 승소하는 것은 아니다. 소송은 정당한 이유에 근거해야 하고 법에 의지하지 않고도 쌍방이 합의를 볼 수 있다.

〈표 5-1〉은 일곱 개의 보호대상 집단에 대하여 불리효과와 불공평 처우(예 : 보복)로 제기된 미국 내 다양한 고용차별 사례의 2013년 EEOC 통계치를 보여 주고 있다. 표에서 볼 수 있듯이 인종, 성별, 장애의 세 가지 보호대상 집단의 사례가 가장 많았다. 2013년에 보고된 모든 고용 차별 사례 중 80%가 불리효과에 관한 것으로 밝혀졌고, 20%는 불공정 처우에 관한 것이었다. Lindsey 등(2013)은 〈표 5 – 1〉의 수많은 사례(1년에 15만 사례 이상)가 시민권법이 통과하고 50년이 지난 현재까지도 고용차별을 줄이지 못했음을 증명하는 것이라고 주장한다. Offerman과 Basford(2014)는 "불행하게도 미국이 몇십 년간 평등한 고용기회를 늘리고 편견과 차별을 줄이려고 노력했음에도 불구하고, 직장에서의 차별에 대해 보고되는 사례는 줄어들지 않고 오히려 악화되었다. EEOC에 따르면 지난 10년이 넘는 기간 동안 접수된 사례가 실제로 증가하고 있다"(p. 231)라고 결론 내렸다. EEOC에 관한 부가적 정보는 www. eeoc.gov에서 찾아볼 수 있다.

종업원 선발절차에 관한 표준 고용지침은 1978년에 발표되었다. 고용지침은 검사타당화에 관하여 당시 지배적이었던 과학적 지식을 반영하였다. 하지만 고용지침이 발표된 지 거의 40년이 지난 지금, Banks와 McDaniel(2012)은 고용지침이 시대를 반영하지 못하고 있고, 타당도에 관한 과학적 지식에 대해서도 의문이 제기되고 있기 때문에 고용지침을 없애거나 새롭게 개정해야 한다고 주장하였다. McDaniel 등(2011)은 현재의 고용지침을 사용해서는 오늘날 실제로 달성하고자 하는 채용 결과를 얻기 어렵다고 주장하였다. Sharf(2011)는 고용지침이 과학적 연구보고서가 아니라고 믿는다. 따라서 검사타당화 분야에서의 새로운 연구들이 고용지침의 개정에 과연 도움을 줄 수 있을지 의심하였다. Sharf는 고용지침이 시민권법의 목적을 달성하기 위해서 만들어진 것이기 때문에 정치적 지지를 받기 위한 도구에 불과하다고 주장하였다. 이 문제의 핵심은 과연 우리가 평등한 기회(예 : 모든 보호대상 집단의 구성원들이 모든 직무에 들어가기 위해 평등한 대우를 받는 것)를 추구하는지 아니면 평등한 고용(예 :

표 5-1 고용차별에 관한 2013년 EEOC 통계

		보호 대상 집단	관련 법	접수 건수	비율(%)
법 적 이 론	불리효과	인종	CRA	32,727	26.3%
		성별	CRA	27,343	22.0%
		국적	CRA	10,467	8.5%
		종교	CRA	3,658	2.9%
		피부색	CRA	3,100	2.6%
		연령	ADEA	21,157	17.0%
		장애	ADA	15,744	20.7%
		합계		124,196	80.0%
	불공평 처우		CRA	31,084	20.0%

* CRA = 시민권법(1964), ADEA = 연령차별 금지법, ADA = 장애인 고용법

모든 보호대상 집단의 구성원이 모든 직무에 실제로 고용되는 것)을 추구하는지에 관한 것이다. 이러한 구분은 가치의 문제이고 과학적 증거로는 해결할 수 없다.

결론적으로, 고용차별의 문제는 복잡하다. 이러한 문제를 해결하기 위한 간단한 답이나 쉬운 해결책은 없다. Bobko와 Roth(2010)가 적절하게 요약한 것처럼, 산업 및 조직심리학자들은 법조계 구성원이 아니다. 따라서 법률적인 문제를 해결할 위치에 있지 않다. 하지만 산업 및 조직심리학자들은 선발검사와 관련된 심리학적 이슈들(예를 들어, 검사의 신뢰도, 타당도, 합격점수 등)이 고용차별에 미치는 영향을 법률시스템이 이해할 수 있도록 도와줄 수 있다.

4) 다양성

다양성(diversity)이라는 단어는 일반서적이나 과학적 문헌에서 자주 인용된다. 다양성이라는 단어는 서로 다르다는 의미를 지닌 '다양한'이라는 형용사로부터 유래하였다. 인사선발 분야에서 다양성은 조직이 사람들을 충원할 때 지향할 목표를 나타낸다.

> 다양성 : 사회의 인구통계적 다양성이 조직의 인력구성에 반영되도록 충원하는 것

조직이 인력을 충원할 때 목표로 하는 다양성의 논리적 근거는 사회가 많은 종류의 사람들로 구성되어 있다는 것이다. 사람들은 성, 인종, 민족, 나이 등과 같은 인구통계적 변인을 포함하여 많은 면에서 서로 다르다. 우리 사회에서 사람들이 많은 면에서 다르기는 하지만, 공통점도 존재한다. 한 가지 공통분모는 우리 모두가 생계를 위해 일을 한다는 것이다. 삶을 영위하기 위해 돈이 필요하고, 일을 해서 돈을 번다. 이처럼 모든 사람이 지니는 공통점은 삶을 영위하기 위해 돈을 벌 필요가 있다는 것이다.

어떤 사회는 다른 사회보다 인종이나 민족에 있어서 더욱 다양하다. 조직에서 이루어지는 인사선발은 선택을 하는 것이다. 즉 고용을 위해 누구를 선발하고 누구를 배제할 것인지를 결정한다. 많은 심리학 연구에 따르면, 사람들은 일반적으로 예측가능하고 납득할 만한 환경을 선호한다. 과거에 접해 본 경험이 있어서 자신에게 친숙한 것을 선호한다. 인사선발에서도 친숙한 것에 대해 더 편안함을 느낀다면, 조직은 새로운 종업원을 뽑을 때 현재 종업원들과 유사한 사람을 선발하고자 할 것이다. 이처럼 조직은 기존 종업원들과 유사한 사람들로만 충원되는 경향이 있다.

만일 선발된 종업원들이 모두 자격을 갖춘 것으로 판명되었다 하더라도 선발된 사람들이 모두 동일한 인구통계적 특성(예 : 모두 남성)을 가졌다면 어떤 문제가 있을까? 다른 특성을 가진 사람들(예 : 여성)이 직무를 수행할 수 있는 동등한 자격을 갖추고 있지만 현재 종업원들과 다른 특성을 지녀서 선발하지 않았다면 문제가 될 수 있다. 단지 성, 인종, 민족 등이 다르기 때문에 선발하지 않는 것을 금지하는 고용법이 실행되고 있다. 개인이 인구통계적 특성과 관련 없이 공정하게 평가받을 수 있는 권리를 법으로 보장하고 있다. 따라서 다양한 인구통계적 특성을 지닌 직무지원자들이 회사에서 요구하는 자격을 갖추고 있다면, 회사의 인력도 다양한 인구통계적 특성에 비례하여 구성해야 한다. 다양한 특성을 지닌 종업원들을 충원한 조직은 사회의 다양한 인구통계적 특성을 그대로 반영하고 있다. 조직은 직무지원자들을 뽑거나 탈락시킨 타당한 근거를 가지고 있어야 한다.

요약하자면, 우리 모두는 생계를 위해 일자리가 필요하고, 조직은 우리에게 고용 기회를 제공한다. 인구통계적 특성이 다른 지원자들이 일을 수행할 수 있는 자격을 동일하게 갖추고 있다면, 조직은 인구통계적 특성이 다양한 종업원들을 선발해야 한다.

다양성은 전형적으로 조직의 노동력에서 연방법에 의해 보호받는 일곱 개 그룹의 비율을 계산하여 측정된다(Ryan & Powers, 2012). 다양성은 변량(variance) 혹은 분산(dispersion) 같은 통계적 개념을 지칭하는 용어이다. 일터에서의 다양성에는 근본적인 모순이 존재한다. 조직은 종업원들 간 직무수행의 차이, 즉 수행에 대한 변량을 줄이려고 노력한다. 즉 조직은 종업원들 모두가 동일하게 높은 수준의 수행을 보이길 원한다. 실제로 모집, 선발, 교육 그리고 직무수행 관리의 목적은 여러 조직 내 모든 종업원의 수행 수준이 더 높거나 혹은 비슷한 수준이 되도록 하는 것이다. 하지만 일터에서의 다양성이 추구하는 목적은 사회 내 서로 뚜렷하게 구분되는 여러 집단을 통해 모든 이가 동일하게 높은 수행을 달성하도록 하는 것이다. 다시 말해, 조직이 추구하는 최종 목적은 높은 인구통계학적 변량을 가진 노동인구를 통해 낮은 직무수행 변량(예 : 모두가 직무수행을 잘하는 것)을 얻는 것이다(Ostroff & Fulmer, 2014). Roberson(2012)은 법적 보호대상 집단으로 사람들 간의 차이를 측정하기보다는 새로운 측정

방법을 개발해야 한다고 주장한다. 집단 내에도 개인 간의 차이가 분명히 존재할 수 있다. 특정 집단(예 : 아시아인)의 모든 구성원이 동일한 기술과 가치, 의견 등을 갖는다고 가정하는 것은 잘못된 생각이다. 집단 간의 차이만큼이나 집단 내 구성원들 간의 속성에 상당한 변량이 존재할 수 있다. 그렇기 때문에 다양성을 측정하는 다른 방법을 개발할 필요가 있다.

앞서 말했듯이, 조직은 다양성이 고용주의 사회적 책임을 나타내는 지표임을 분명하게 인식하고 있다. 조직마다 다양성 추구 전략을 성공적으로 수행하는 정도가 다르며, 다양성 추구 노력을 외부로 홍보하는 것에도 차이가 있다. Jonsen과 Ozbilgin(2014)은 〈그림 5-2〉처럼, 다양성 차원에서 조직 간의 차이를 보여 주는 분류체계를 구성했다. "현실(Reality)"은 조직이 실제로 다양한 노동인구를 확보했는지를 보여 주며, "미사여구(Rhetoric)"는 조직이 다양성을 확보하기 위한 노력을 얼마나 적극적으로 홍보하는지를 보여 준다.

좌측 상단의 사분면("언행일치")은 외부로 다양성 추구 노력을 알리는 것 외에도 실제로 다양성을 확보한 조직을 나타낸다. 우측 하단의 사분면("낮은 우선순위")은 다양성 추구를 위해 노력하지 않으며 외부로 알리지도 않는 조직을 뜻한다. 우측 상단의 사분면("공허한 미사여구")은 외부로 다양성 추구 노력을 알리기만 할 뿐 실제로는 다양성을 확보하지 못한 조직이다. 그리고 좌측 하단의 사분면("실천 중심")은 다양성 추구 노력을 외부로 알리지는 않지만 실제로는 이미 다양한 노동력을 확보하고 있는 조직을 말한다. Jonsen과 Ozbilgin은 조직이 실제로 행하는 것과 말하는 것이 한 방향으로 정렬되어 일관성을 가져야 한다고 믿는다. 만약 다양성을 추구하지 않는 조직이라면 다양성이 마치 중요한 가치인 것처럼 내세우지 말아야 할 것이다. 하지만 다양성이 회사의 정체성을 좌우하는 핵심 가치라면 이를 널리 알려야 한다.

마지막으로 Winters(2014)는 다양성보다 **포용**(inclusion)에 집중하는 것이 더 큰 의미를 갖는다고 주장한다. Winters는 "다양성은 혼합체이다. 포용은 이 혼합체가 제대로 운영되게 하

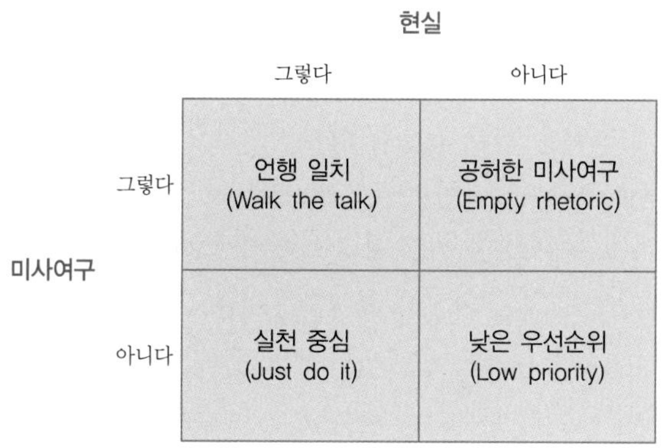

그림 5-2 조직 다양성 추구 전략의 유형

는 것이다"(p. 206)라고 다양성과 포용을 구분하였다. 다양성은 총 노동인구 크기를 집단별로 구성원을 나누어 각각의 비율을 구하는 계산방법으로 쉽게 측정이 가능하다. 반면에 포용은 성취하기 어렵고 측정 또한 쉽지 않다. 포용이란 구성원들마다 자신이 속한 집단의 고유한 정체성을 유지하면서 동시에 조직 전체에 기여한다고 느끼는 것을 말한다. 비유를 통해 설명하자면, 50개 주는 각 주마다 다른 명칭과 정체성을 갖지만 미국이라는 하나의 국가적 정체성에 모두 포함되어 있다. 포용은 조직구성원 모두가 자신이 기여한 바에 따라 신뢰받고 존중받는 진정한 구성원이 되었다는 감정을 갖게 한다. 포용은 겉으로만 드러나는 소속감을 초월하여 자아존중감을 갖도록 다양성의 개념을 한 단계 더 발전시킨다. 그렇지만 Winters가 지적했듯이, 포용의 목표는 매우 훌륭하지만 실제로 현실에서 포용을 달성하기는 쉽지 않다.

5) 다양성 – 타당도 딜레마

다양한 인구통계적 집단 구성원들의 직무를 수행하는 능력이 평균적으로 동일하지 않다면 충원으로 다양성 목표를 달성하기가 어렵다. 일부 직무에서는 더욱 그렇다. 예를 들어, 건설 직무와 육체노동을 하는 직무는 무거운 것을 들고, 순발력과 신체적 지구력이 필요하다. 평균적으로 남성이 여성보다 팔, 다리, 등에 더 많은 근육을 가지고 있다. 따라서 남성이 여성보다 육체노동을 하는 직무에서 능력이 더 있는 것으로 판단될 가능성이 크다. 직무가 신체적 힘이 아닌 다른 능력을 필요로 한다면 인구통계적 집단들 간의 능력 차이를 밝히기는 더어렵다. 지식, 정신 능력, 성격 등을 측정하여 고용 적합성을 결정한다면, 점수가 낮은 집단보다는 높은 집단이 선발되기 때문에 검사 점수에서의 집단 차이에 따라 집단의 고용률이 달라진다. 집단의 검사 점수 평균이 차이가 나는 이유는 검사가 결함을 지니고 있거나(일반적으로 검사가 낮은 점수 집단에 편파적으로 불리하게 작용하거나) 아니면 정말로 집단 간에 차이가 있기 때문이다. 즉 사회에 존재하는 다양한 인구통계적 집단은 측정된 값이 동일하지 않다. 제4장에서 논의했듯이, 다양한 직무에서 수행을 가장 잘 예측하는 속성은 일반정신능력(g)이라고 밝혀졌다. 하지만 수많은 경험적 연구는 다양한 보호대상 집단이 일반정신능력 검사에서 동일한 점수를 받지 않는다는 것을 보여 주었다.

집단의 점수 차이를 제거하는 한 가지 전략은 검사 점수를 통계적으로 조정하는 것이다. 1991년에 조지 부시 대통령은 집단 차이를 없애는 방법으로 검사 점수를 조정하는 것을 금지하는 시민권법 개정안 통과에 서명하였다. 구체적으로 개정된 시민권법은 고용주가 "지원자들 중에서 채용하거나 후보자들 중에서 승진자를 결정할 때 인종, 피부색, 종교, 성, 국적에 따라 검사 점수를 조정하거나 다른 합격점을 적용하거나 또는 채용과 관련된 검사 결과를 조작하는 것"을 불법으로 규정하고 있다.

충원의 두 번째 목표는 조직의 성공에 기여할 가능성이 가장 큰
능력 있는 지원자를 선발하는 것이다. 성공 가능성이 가장 큰 지원
자를 선발하고 동시에 매우 다양한 인력을 충원하는 두 가지 목표
를 모두 달성하고자 하는 바람을 나타내는 용어가 **다양성 – 타당도
딜레마**(diversity-validity dilemma)이다. 사회에 존재하는 모든 집단

> 다양성 – 타당도 딜레마 : 조직
> 이 가장 능력 있는 지원자들을
> 선발하면서 동시에 사회의 다양
> 한 인구통계적 집단 구성원들을
> 선발하지 못하는 패러독스

에 속한 사람들이 인사선발 검사에서 똑같은 점수를 받지 않기 때문에 딜레마가 존재한다.
따라서 어떤 집단에 속한 구성원들이 다른 집단 구성원들보다 더 많이 선발될 가능성이 있
다. Schmitt와 Quinn(2010)이 언급한 것처럼, "일터와 학교를 다양한 사람들로 구성하고 다
른 인종이나 민족을 공정하게 대우하면서 동시에 조직이 기대하는 수행을 최대로 할 것인지
가 딜레마이다"(p. 426). 사회적으로뿐만 아니라 법적으로도 이러한 두 가지 목표를 달성하
고자 한다. 사회적 목표가 달성될 수 있도록 법이 통과되었고 인사선발 결정은 이러한 법적
기준을 따라야 한다.

미국의 인구는 매우 다양한 인종, 민족, 종교 집단으로 구성되어 있다. 따라서 일터의 인력
구성에도 이러한 다양성이 반영되기를 원한다. 인사선발에서 미국이 당면하고 있는 지속적
인 문제는 어떻게 하면 능력 있는 지원자를 선발하는 목표와 인력의 다양성을 달성하는 목표
를 두 가지 다 충족할 수 있느냐이다. Sackett 등(2001)은 인생에서 중요한 결정(예 : 학교입학
이나 취업)이 흔히 검사 결과에 의해 좌우되기 때문에, "고부담 검사(high-stakes testing)"라는
표현을 쓰기도 했다. 검사가 타당도를 지니고 있기는 하지만 채용 결정에서 불리효과를 일으
키는 경우에는, 이로부터 야기되는 문제를 피하기 위하여 일부 조직들은 타당도가 떨어지더
라도 불리효과가 적은 검사를 찾고자 한다. 하지만 이러한 검사를 사용하면 능력 있는 지원
자를 선발할 가능성이 줄어든다. Sackett 등(2001)은 심리평가에 관한 많은 연구 결과들에 근
거하여, 매우 다양한 노동력(혹은 학생집단)을 구성하고 가장 우수한 지원자를 선발하는 두
가지 목표를 동시에 달성할 수 없다고 주장하였다.

그럼에도 불구하고 타당도와 다양성 간의 상쇄를 줄이기 위해 다양한 전략을 사용한다. 이
러한 전략에는 지필검사 외에 대안적인 검사의 사용, 검사시간 연장, 검사 불안을 줄이기 위
한 코칭, 재검사 등이 있다. Arthur와 Woehr(2013)는 동일한 구성개념에 대해 평가방법을변
경(예 : 검사를 면접으로 대체)하더라도, 하위집단 간의 결과점수 차이는 줄지 않는다고 보고
했다. 동전 던지기처럼 하위집단 간의 결과점수 차이가 발생하지 않는 방법을 개발할 수 있
지만, 이처럼 임의로 측정된 값은 직무수행과 관련이 없다. Wee 등(2014)은 종합 일반정신능
력검사를 개별 하위검사로 분리하여 사용(예 : 첫 번째 검사에서는 언어능력, 두 번째 검사에서
는 수리능력 검사를 실시함)함으로써 불리효과를 줄이고 타당도를 확보하려고 노력했다. 또

한 불리효과를 줄이고자 개별 하위검사에 대해 다른 가중치를 부여하였다. 기존에 사용하던 일반정신능력에 대한 종합평가와 새로운 방식을 비교한 결과, 소수집단 지원자에 대한 직무 제의가 8% 증가했다.

De Corte 등(2011)은 선발 장면에서 타당도와 다양성을 동시에 극대화하기 위해 복잡한 수리 모형을 사용하였고, 두 가지 조건 모두를 극대화할 수는 없다는 결론을 얻었다. 가장 타당한 예측변인은 불리효과를 가졌으며, 다양성을 극대화하는 예측변인은 낮은 타당도를 나타냈다. 저자들은 타당도와 다양성 중 하나만 일방적으로 추구한다면 다른 하나는 달성할 수 없기 때문에 두 가지 목표 사이에는 상쇄효과가 존재한다고 결론 내렸다. 마지막으로 Hausknecht 등(2007)은 재검사가 인지능력 검사 점수에 미치는 영향을 연구하였다. 그들은 지원자들이 검사에 관한 코칭을 받고 동일한 형태의 검사를 두 번 보면 점수가 올라간다고 결론 내렸다. Schleicher 등(2010)은 재검사에 의해 점수 향상이 선발 결정 결과에 얼마나 영향을 주는지를 추정하였다. 그들은 재검사에서 향상된 점수로 인해 지원자들의 약 20% 정도가 이전과는 다른 선발 결과(불합격에서 합격)를 얻게 된다고 보고했다. Van Iddekinge 등(2011)은 재검사에서 점수가 향상된 이유는 평가에 대한 불안이 줄고 수행 수준을 높이려는 동기가 더 커졌기 때문이라고 가정했다.

여기서 추론할 수 있듯이, 타당도와 다양성을 동시에 달성할 방법이 없다는 사실로 인해 산업 및 조직심리학자들은 좌절을 느끼게 되었다. 사회적 목적으로 고용차별을 근절하는 것은 고귀한 목표이다. 그러나 우리가 추구하는 사회적 목적이 검사 점수에서 불리효과를 근절하는 것이라면, 특정 속성에서 집단 간에 경험적으로 입증된 차이(예 : 남자가 여자보다 상체 근력이 뛰어난 것)를 무효화시켜야 할 것이다.

산업 및 조직심리학자들이 다양성을 위해 시도한 대부분의 노력은 동일한 구성개념을 평가하기 위해 다른 선발방법을 사용하고, 검사 점수의 가중치를 다르게 하는 등 예측변인에만 초점을 두었을 뿐 준거에 대한 연구는 거의 하지 않았다. 일부 직무에서는 과업을 수행할 때 서로 다른 행동방식을 사용하기도 한다. 즉 직무를 성공적으로 수행하는 데 있어서 여러 가지 방식이 존재할 수 있다. 직무에서 다양한 방식으로 과업을 수행할 수 있기 때문에 다른 행동방식이 모두 효과적일 수 있다. 뿐만 아니라 행동방식은 서로 다른 인적 속성에 따라 다르게 나타날 수 있다. 만약 여러 가지 인적 속성이 다양한 보호대상 집단에게 골고루 분포되어 있다면, 어느 한 집단의 구성원들은 하나의 인적 속성을 보유한 덕분에 높은 수행을 보일 수 있고 다른 집단의 구성원 역시 또 다른 인적 속성을 갖췄기 때문에 높은 수행을 보일 수 있다. 예측변인보다 준거변인에 집중할 때 잠재적으로 더 많은 이득을 기대할 수 있지만, 현실에서 얼마나 많은 직무가 다양한 방식을 통해 성공적으로 수행될 수 있는지에 대해서는 알려져 있지 않다. 또한 어떤 행동방식이 사용되었든 간에 일반정신능력이 필수적으로 요구된다면, 여전히 골치 아픈 다양성 – 타당도 딜레마를 벗어나기 힘들다.

6) 주요 판결사례

만일 어떤 사례가 재판까지 가게 된다면 법원은 제출된 사실들을 검토하여 최종적으로 판결을 내리는데 이러한 판례가 법률적 해석이 된다. 법원에서 내려진 결정들이 **판례법**(case law)이라고 부르는 것의 일부가 된다. 미국의 대법원에서 내려진 몇 가지 획기적인 결정들이 시민권법에 대한 해석을 잘 나타내고 있다. 1971년에 Griggs와 Duke 전력회사 간의 소송에서 대법원은 회사를 상대로 소송을 제기한 개인들이 회사의 고용검사가 불공평하다는 것을 입증해야 하는 것이 아니라 회사가 그 검사가 공정하다는 사실을 입증해야만 한다고 판결 내렸다. 이처럼 검사의 질을 입증할 의무가 고용주에게 있다. 이러한 판결 결과를 "Griggs가 준 부담(Griggs' Burden)"이라고 부른다. Griggs 소송 사례가 미친 한 가지 영향은 1970년대에 조직들이 불법적인 차별로 인해 소송에 휘말리는 것을 두려워해서 선발 결정을 하기 위한 채용검사의 사용이 줄어들었다는 것이다.

Albemarle와 Moody 간의 소송에서는 대법원이 고용지침서가 진정으로 어느 정도의 법률적 힘을 지니고 있는지에 관해 판결하였다. 지침서라고 불리기는 하지만 법원은 이러한 지침들이 '법적인 복종력'을 지닌다고 판결하였는데 이는 이러한 지침들이 사실상 고용검사에 관한 법률임을 의미한다. Bakke와 캘리포니아대학교 간의 소송에서, 법원은 흑인뿐만 아니라 백인도 차별의 희생자가 될 수 있다고 판결 내렸다. 백인 남자인 Bakke는 자신의 인종 때문에 캘리포니아대학교 의대에 입학이 거절되었다는 이유로 캘리포니아대학교를 상대로 소송을 제기했다. 법원은 Bakke에게 승소판결을 내렸고 캘리포니아대학교가 Bakke를 의대에 입학시키도록 요구하였다. 이 사례는 '역차별(reverse discrimination)'의 대표적인 사례로 알려져 있지만 엄밀히 따져 보면 이것은 틀린 말이다. 왜냐하면 첫째, 이 용어는 단지 흑인들만이 불리하게 차별당할 수 있다는 것을 암시하고 있지만 분명히 이것은 사실이 아니다. 둘째, 차별의 반대를 나타내기 위해서는 역차별보다는 무차별(nondiscrimination)이라는 말이 더 적절할 것이기 때문이다.

철강노조와 Weber의 소송에서는 차별수정 조치의 위헌 여부가 제기된 바 있다. 백인 남성 Weber는 Kaiser Aluminum & Chemical에서 근무하였고, 미국노동조합 산하의 철강노조 조합원이었다. 회사는 일대일 방식으로 진행되는 감독자 양성교육 프로그램에 백인과 흑인이 골고루 참여할 수 있도록 연공서열 기준을 사용했다. Weber는 교육 프로그램에 참여하게 된 흑인 노동자보다 자신이 더 연장자임에도 불구하고 교육 기회를 얻지 못했다고 주장했다.

그림 5-3 차별 수정조치 지지자들이 달았던 배지

Weber의 주장은 인종이 교육 프로그램 대상자를 선발하는 요인으로 사용되었고, 시민권법을 위반했다는 것이었다. 반면 회사와 노조의 입장은 과거 흑인에 대한 고용 차별을 막기 위한 해결책으로 차별수정 조치를 사용했다는 것이다. 대법원은 Weber의 주장을 기각했고 회사의 손을 들어주었다. 즉 대법원은 차별수정 조치 계획이 노동인구 내 인종 불균형을 바로잡기 위한 임시 대책이기 때문에 합법적 조치라고 해석했다.

〈그림 5-3〉은 이 사례에서 차별수정 조치 지지자들이 달았던 배지를 보여 준다. Watson과 Fort Worth Bank & Trust 간의 소송에서 대법원은 선발방법을 결정할 때 대안적 선발절차의 비용을 고려해야 한다고 판결 내렸다. 과거에는 비용의 문제가 법원이나 EEOC의 관심사가 아니었다. 미국 대법원은 Wards Cove 포장회사와 Antonio 간의 소송에 대한 판결을 통해 고용주가 검사의 타당도를 입증해야 하는 의무와 지원자의 의무 둘 다 수정하였다. 지방법원, 고등법원, 주의 최고법원, 연방정부 대법원에서 고용법과 관련되어 제기된 소송에 대한 판결사례가 정말로 수천 개는 될 것이다. 앞에서 언급한 여섯 가지 사례(모두 미국 대법원의 판례)는 단지 일부분에 지나지 않는다.

이러한 법정사례에 대한 검토를 통해, 채용을 위해 검사를 실시하는 것이 위험부담이 많기 때문에 현명한 고용주는 인사결정을 내리기 위한 검사 실시를 포기할지도 모른다는 결론을 내릴 수도 있다. 하지만 전적으로 그런 것은 아니다. Sharf와 Jones(2000)는 다음과 같이 진술하였다.

직무와 분명하게 관련된 채용검사를 사용하는 것은 채용에 관하여 소송에 휘말릴 가능성을 최소화할 수 있는 전략이다. 민간 기업에서 이루어지는 채용 결정의 40% 이상이 채용검사 결과에 기초하고 있다. 채용검사를 사용함으로써 발생할 수 있는 소송건수는 전체 차별 소송건수의 0.5% 이하이다. 따라서 Griggs에 대한 판결 이후에 고용주가 채용검사의 사용을 포기했던 시대도 있었지만 최근에 다시 채용검사의 사용이 증가하고 있다. 법적으로 방어할 수 있는 채용검사는 동등고용기회와 관련된 집단소송의 거센 강풍으로부터 피난처를 제공하는 안전한 항구와도 같다(p. 314).

Zickar와 Gibby(2007)는 연방정부 고용법이 산업 및 조직심리학에 어떤 영향을 미치게 되었는지를 다음과 같이 적절하게 요약하였다.

> 1964년의 시민권법과 지속적인 미국 대법원 판결들은 보호대상 집단들에게 불리효과를 초래하는 채용검사의 사용을 명백하게 금지하고 있다. (중략) 검사를 사용하여 어떤 인사결정을 내릴 때 검사가 타당하다는 것을 보여 주어야만 한다. 이러한 규정 때문에 고용주가 채용검사를 사용할 때 소송에 휘말리지 않기 위하여 여러 가지 신경을 써야 하지만, 이러한 규정은 잘 개발된 선발검사 사용의 중요성을 부각시켰다. 이로 인하여 산업 및 조직심리학자들은 어떤 검사가 사용 목적에 맞게 적절하게 사용되고 있는지를 판단하는 전문가의 역할을 하게 되었다(p. 71).

고용 차별과 관련된 여러 소송 사례를 살펴본 후, Gutman(2012)은 다음과 같이 결론 내렸다.

> 법정 판결은 고용주가 범한 실수, 고용주의 올바른 결정, 혹은 종업원들이 잘못 이해한 것을 명확히 보여 준다. (중략) 종업원들의 불만을 없애고, 법적 소송에 휘말릴 가능성을 줄이는 최선의 방법은 잠재적 문제들을 예방할 수 있는 정책을 만드는 것이다. 이러한 정책의 목표는 종업원들에게 그들이 갖는 권리에 대해 알려 주고, 관리자와 감독자에게는 그들의 책임에 대해 알려 주는 것이다(p. 715).

7) 차별수정 조치

차별수정 조치(affirmative action)는 이전에 있었던 차별에 의해 발생되었던 효과를 감소시키기 위한 사회정책이다. 이 조치가 동등고용기회위원회(EEOC)의 지침에는 포함되어 있지만 시민권법에 규정되어 있는 법률적 요건은 아니다. 차별수정 조치는 새로운 종업원

> **차별수정 조치 :** 보호대상 집단의 구성원들을 적극적으로 모집하고 채용해야 한다고 주장하는 사회정책

을 모집하는 것과 주로 관련되어 있다. 즉 조직이 과거에는 배제하였던 소수집단의 구성원들을 조직의 노동력으로 끌어들이기 위하여 긍정적인(혹은 적극적인) 행동을 취하는 것이다.

Campbell(1996)은 차별수정 조치의 네 가지 목적을 다음과 같이 기술했다.

1. **현재의 불형평을 교정한다.** 만일 한 집단이 현재의 차별적 관행 때문에 직무나 교육기회에서 공정한 몫보다 더 많은 몫을 차지하고 있다면 차별조치의 목적은 이러한 불형평을

개선하고 차별적 관행을 제거하는 것이다.

2. **과거의 불형평을 보상해 준다.** 현재의 관행이 차별적이지 않더라도 과거에 행해졌던 오랫동안의 차별로 인해 소수집단의 구성원들이 불이익을 당했으므로 이를 보상해 준다.

3. **역할모델을 제공해 준다.** 역할모델로 여겨질 수 있는 소수집단의 구성원들의 인원을 증가시킴으로써 소수집단에 속한 젊은이들의 경력에 대한 기대, 교육에 대한 계획, 구직행동을 잠재적으로 변화시킬 수 있다.

4. **다양성을 촉진한다.** 학생회 기구나 노동력에서 소수집단이 차지하는 비율을 증가시킴으로써 조직의 문제나 목적과 관련된 아이디어, 기술, 가치의 다양성을 증가시킬 수 있다.

이러한 목적이 겉으로는 단순해 보이지만, 이러한 목적을 추구하는 데 사용되는 운영절차에는 매우 큰 차이가 있다. 가장 수동적인 조치는 소수집단 구성원들이 볼 가능성이 가장 큰 매체에다 폭넓게 광고를 하는 것처럼 모집과 관련된 절차를 엄격히 지키는 것이다. 이러한 목적을 달성하기 위한 보다 강력한 조치는 우선 선발(preferential selection)로서, 소수집단 구성원들이 소수집단이 아닌 지원자들과 거의 같은 자질을 가지고 있다고 판단되면 조직은 지원자 집단에서 소수집단 구성원을 우선적으로 선발하는 것이다.

가장 극단적인 조치는 특정 보호집단의 구성원들을 위하여 직무에서 선발할 구체적인 인원이나 승진시킬 인원을 미리 할당해 놓는 것이다. 이것을 차별수정 조치 중에서 **할당적 해석**(quota interpretation)이라고 부른다. 이런 해석을 적용하는 조직은 정해진 시간 안에 지역적 혹은 국가적인 규준에 근거하여 다양한 보호집단의 구성원들이 전체 종업원들 중에서 명시된 일정한 비율을 차지하도록 충원한다. 어떤 조직의 구성원들의 분포가 심한 불균형을 이루고 있다면, 이러한 분포를 수정하기 위하여 이 조직에서 선발해야 할 할당인원이 법적으로 부과된다. 선발할 인원을 할당해야 한다는 것이 차별수정 조치에 대한 일반적인 해석은 아니다. 차별수정 조치가 채용에서 개인의 능력을 무시하는 것이라는 공통된 믿음이 존재하기도 한다. 하지만 차별수정 조치가 능력이 떨어지는 사람들을 채용하도록 억지로 강요하는 것이라기보다는 노동시장에서 특정집단이 차지하는 비율에 기초하여 그들 중에서 자격을 갖춘 사람들을 채용하기 위한 시도로 간주해야 한다.

차별수정 조치를 주장하는 사람과 비판하는 사람들 간에 뜨거운 논쟁이 계속되고 있다. 특히 과거 30년 동안 차별수정 조치는 중요한 정치적 이슈가 되었다(Crosby & VanDeVeer, 2000). 할당적 해석을 비판하는 사람들은 이 조치가 능력이나 성과를 무시한다고 주장한다. 그들은 이러한 조치의 목적이 단지 "필요한 만큼 머릿수를 채우는 것"이라고 비판한다. 반면에 차별수정 조치를 주장하는 사람들은 특정 보호집단에 대해 과거에 오랫동안 행해졌던 차별의 효과를 상쇄하기 위해서 이러한 조치가 필요하다고 믿는다. 일부 몇몇 주는 최근에 학생들에게 대학입학 허가를 해 주는 데 있어서 차별수정 조치를 적용했던 것을 파기했다. 이러한 새로운 입학정책이 전체 학생구성 중 일부 소수집단 구성원들이 차지하는 비율의 감소를 초래했다는 몇 가지 증거가 있다.

차별수정 조치가 고용에 있어서 모든 사람에게 번영을 가져다주려는 국가의 목적을 달성하는 데 얼마나 효과적이었을까? 일부 전문가들(예 : Guion, 1998a; Heilman, 1996)은 차별수정 조치가 처음 시작되었던 40년 전보다 현재 어떤 집단(특히 흑인집단)에서는 실업률이 오히려 더 높고 평균수입은 더 낮다고 주장하면서 차별수정 조치의 전반적 효과에 대해 의문을 제기한다. 차별수정 조치가 원래 의도했던 목적을 달성하지 못했다는 데 의견의 일치가 있는 듯하지만(Lindsey et al., 2013), 이 조치를 완전히 폐기하는 것에 대해서는 상당한 반발이 있다. 클린턴 대통령은 "국가가 이 조치를 수정해야지 완전히 폐기해서는 안 된다"고 말하였다. 차별수정 조치가 결함이 있기는 하지만 이 조치가 없어지면 존재할 때보다 사회적으로 더 바람직하지 못한 결과가 나타날 것이라는 우려가 있다. Dovidio와 Gaertner(1996)는 차별수정 조치가 막연한 의도보다는 실제적인 결과를 강조하였고 책임감을 불러일으키는 통제체계를 설정하였다는 점에서 도움을 주었다고 주장했다.

미국 시민권 연구소의 창립자이자 소장인 Ward Connerly는 선발 결정에 있어서 인종이나 성에 따라 특혜를 주는 것에 대해 신랄하게 비판했다. 그는 차별수정 조치가 수혜자들에게 무능하다는 낙인을 찍는다고 주장하였다. Connerly는 차별수정 조치로 인해 혜택을 받은 사람이 가지고 있는 감정을 다음과 같이 표현하였다(Evans, 2003). "나는 매일 강의실에 들어갈 때마다 다른 사람들이 내가 차별수정 조치 때문에 입학했다고 색안경을 끼고 보는 시선을 느낀다. 나는 이런 오점을 가지고 있다. 이것은 분명히 나의 오점이고 다른 사람들도 나의 이런 오점을 알고 있다"(p. 121). Heilman 등(1992)은 차별수정 조치를 통해 채용되었다고 생각하는 사람들은 채용과정에서 회사가 자신들이 가지고 있는 능력에는 그다지 관심을 두지 않았다고 보고했다. 무능력에 대한 이러한 오점이 상당히 치명적인 것으로 밝혀졌으며, 연구자들은 개인에게 씌워진 무능력에 대한 오점을 반증하는 정보가 있더라도 과연 그러한 정보가 오점을 씻을 수 있을 것인지에 대하여 의문을 제기했다. Heilman과 Alcott(2001)도 이와 유사한 결과를 보고했다. Highhouse 등(1999)은 직무에 대한 모집공고를 할 때 차별수정 조치에 대한 회사 정책을 표현하는 방식에 있어서의 미묘한 차이가 그 회사에 지원하고자 하는 흑인 엔지니어들의 태도에 영향을 미친다는 사실을 발견하였다. Highhouse 등은 소수집단 지원자들이 그들의 모집과 선발에 대하여 회사가 표방하는 방식에 매우 민감하게 반응한다고 결론 내렸다. Kravitz와 Klineberg(2000)는 소수집단 내에서도 차별수정 조치에 대한 지지도가 서로 다르다는 것을 발견하였다. 흑인들이 라틴계 사람들보다 차별수정 조치를 더 강력하게 지지하는 것으로 밝혀졌다. White 등(2008)은 조직이 차별수정 조치 필요성을 수동적으로 받아들이기보다는 차별수정 조치를 실행함으로써 얻게 되는 혜택을 적극적으로 설명하여 이러한 조치에 대한 긍정적인 태도를 효과적으로 형성할 수 있다고 결론 내렸다.

2003년 6월에 미국 대법원은 차별수정 조치와 관련된 두 가지 중요한 사례에 대해 판결을 내렸다. 두 사례 모두 미시간대학교 입학허가와 관련되어 있다. 첫 번째 사례는 Gratz와 Bollinger 간의 소송으로서, Gratz는 미시간대학교가 학부과정 지원자들에게 입학허가를 해 주는 과정에 대해 소송을 제기했다. 미시간대학교는 지원자들의 SAT 점수, 고등학교 내신 점수, 교과목 외 특별활동 점수 등을 고려하여 입학 결정을 내렸다. 입학허가를 받기 위해서는 총 150점 만점에 100점 이상이 되어야 하는데, 미시간대학교는 소수민족 학생의 수를 증가시키기 위해 차별수정 조치를 적용하여 소수민족 지원자에게 일률적으로 20점(입학에 필요한 점수의 5분의 1에 해당하는 점수)의 가점을 부여했다. 대법원은 미시간대학교가 특정 인종에게 가점을 주는 것은 위헌이라고 판결했다.

두 번째 사례는 Grutter와 Bollinger 간의 소송으로서, Grutter는 미시간대학교가 법대 지원자들에게 입학허가를 해 주는 과정에 대해 소송을 제기했다. 법대는 입학 결정에 인종을 고려하기는 했지만 가점을 부여하는 방식과 같은 점수 체계를 사용하지는 않았다. 지원자들을 평가할 때 인종은 한 가지 고려사항이기는 했지만, 전반적인 선발체계는 각 지원자의 다양한 자질을 고려할 수 있도록 융통적으로 운영되었다. 대법원은 미시간대학교 법대의 입학허가 절차에 문제가 없다는 판결을 내렸다. 두 가지 사례를 종합적으로 고려해 볼 때, 대법원은 지원자들 중에서 다양한 집단의 학생들을 선발하는 것이 필요하다는 것은 인정했지만, Gratz의 사례처럼 인종에 따라 어떤 집단에게는 가점을 주고 어떤 집단에게는 주지 않는 방식과 같이 전적으로 특정 집단 소속에 근거하여 다르게 점수를 주는 것은 부당하다고 판결했다.

대법원이 내린 두 가지 반대되는 판결은 차별수정 조치에 의해 제기되는 문제들의 복잡성을 잘 나타내 준다. 우리 사회를 구성하고 있는 다양한 집단의 사람들이 대학 입학이나 취업의 혜택을 동등하게 누리는 것이 바람직하다. 하지만 어떤 지원자가 단지 특정 집단에 속해 있다는 이유만으로 특혜를 받는다는 것(즉 이로 인해 다른 집단은 피해를 본다는 것)은 공정하지 못하고 합법적이지 않다. 다른 어떤 나라보다도 미국은 여러 다른 나라에서 이민 온 사람들이 함께 어울려 사는 사회이다. 다양한 인종, 문화, 종교를 고려할 때, 사회적 혜택(교육이나 취업)을 받는 사람들과 그렇지 못한 사람들 간의 갈등은 불가피하다. 차별수정 조치의 목적은 이러한 혜택을 사회의 모든 구성원이 공평하게 받을 수 있도록 하는 것이다. 그럼에도 불구하고 이러한 목적을 어떻게 달성할 것인지에 대해서는 명확한 해결책이 없고 이에 대한 의견도 일치되지 않고 있다. Gutman(2003)이 지적한 것처럼, 법대 지원자가 4,000명인 경우에는 모든 혹은 대부분의 지원자의 서류를 꼼꼼하게 검토할 수 있지만, 학부과정 지원자가 5만 명인 경우에는 모든 지원자의 서류를 꼼꼼하게 보는 것이 불가능하다.

3. 인사결정 모델

〈그림 5-4〉는 인사결정과 관련된 요인들을 순차적으로 나타내고 있는 모델을 묘사하고 있다. 이러한 요인들 중 몇 개는 이전 장들에서 논의하였다. 제3장에서 제시하였던 직무 및 조직분석 과정이 가장 먼저 이루어진다. 이러한 분석의 결과는 직무수행을 예측하는 데 유용

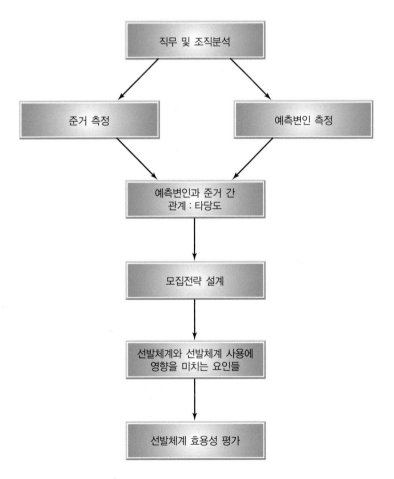

그림 5-4 조직에서 인사결정 모델

한 예측변인의 개념(제4장에서 논의)에 대한 통찰력을 제공할 뿐만 아니라 직무수행의 준거(제3장에서 논의)를 결정하는 데 유용한 정보도 제공한다. 예측변인과 준거 간의 관계는 타당도의 핵심으로서 예측변인이 직무수행을 얼마나 잘 예측하는지를 결정한다(제4장에서 논의). 미국 산업 및 조직심리학회는 인사선발 절차의 타당화와 사용에 관한 원칙을 설정하였다(SIOP, 2003). 이러한 원칙은 인사선발 분야에서 밝혀진 과학적 결과와 일반적으로 받아들여지는 전문적 관행에 근거하고 있다. 채용 결정에 있어서 추론의 정확성을 높이기 위하여 이러한 원칙은 작업행동과 관련된 구성개념을 측정하기 위한 인사선발 절차의 선택, 개발, 평가, 사용에 대해 기술해 놓고 있다. 이러한 원칙들은 산업 및 조직심리학자가 정확하고 공정한 인사선발 결정을 내릴 수 있도록 도와준다. Boutelle(2004)은 "우리는 검사 결과에 기초하여 사람들의 능력과 특정 직무수행 적합성에 대해 판단을 내린다. 이러한 판단은 사람들의 경력에 지대한 영향을 미치기 때문에 산업 및 조직심리학자로서 우리는 검사 결과에 의한 판단을 지지하는 강력한 증거를 가지고 있을 필요가 있다"(p. 21)고 언급하였다.

4. 조직전략과 고용

조직전략은 어떻게 조직의 목표를 달성할 것인가를 뜻한다. 이 주제는 경영학에서는 비중 있게 다뤄진 바 있으나, 산업 및 조직심리학에서는 가장 최근까지도 다뤄지지 않았다(Ployhart & Schneider, 2012; Hausknecht & Wright, 2012).

사람이 금전적 예산을 가지고 있는 것처럼 조직도 마찬가지이다. 대부분의 사람들이 자신의 예산에서 주거관련 비용을 가장 큰 항목으로 꼽는다. 하지만 조직은 추구하는 전략에 따라 인적자원에 소요되는 비용이 달라진다. 어떤 조직에서는 인적자원이 그들의 예산에서 가장 큰 지출 항목일 수 있지만, 다른 조직에서는 그렇지 않을 수 있다. 조직의 전략에 기초하여 인적자원에 얼마나 많은 비용을 투입할 것인지를 결정한다.

패스트푸드 산업에서 고객이 바라는 것은 값싼 음식이 빠르게 제공되는 것이다. 따라서 고객의 주문을 받고, 계산을 하고, 음식을 주는 매우 규격화된 시스템이 마련되어 있다. 이러한 시스템에서 인적 요소(예 : 이러한 과업을 수행하는 사람들)는 고객의 단순한 요구를 충족시켜주는 것이므로 중요성이 낮다. 패스트푸드 산업 내 직무들은 낮은 수준의 KSAO를 요구한다. 과업은 매우 구조화되어 있고 짧은 시간의 교육만 받는다. 패스트푸드 산업 내 대부분의 직무는 최저임금만을 지급한다. 패스트푸드 산업에서 근무하는 사람들은 대부분 방과 후, 또는 여름방학 중 잠깐, 혹은 더 나은 직장을 구하기 전과 같이 단기간 동안만 근무한다. 이러한 직무가 요구하는 과업은 상대적으로 단순해서 이를 수행할 수 있는 사람들은 충분히 확보되어 있다. 경력을 쌓기 위해 패스트푸드 산업에서 일하는 사람은 극히 드물 것이다(관리직으로 승진하려는 사람을 제외하면). 패스트푸드 산업에서의 이직률은 연간 300% 정도로 매우 높은데, 이는 종업원들의 평균 근무기간이 4개월 정도밖에 되지 않는다는 것을 의미한다. 이직으로 인한 공백을 얼마든지 대체할 수 있을 정도로 노동인력이 충분하기 때문에 이직률은 문제가 되지 않는다. 이로 인해, 신입직원의 모집과정은 형식이 갖춰져 있지 않고 선발과정 또한 부실하다. 이와 같은 모집 및 선발 방식은 조직의 전략에 부합하기 때문에 패스트푸드 산업은 이를 사용한다. 고객은 값싼 음식이 빠르게 제공되는 것에 매력을 느낄 뿐 주문을 받고 서빙하는 직원에겐 관심을 갖지 않는다. 인적자원 비용을 최소로 함으로써 패스트푸드 산업은 원가를 낮게 유지할 수 있으며, 이는 사업 전략의 핵심 요소이다.

의료분야에서는 앞서 말한 패스트푸드 산업과 전혀 다른 조직 전략을 찾아볼 수 있다. 의료분야는 질병을 예방하고 아프고 다친 사람을 치료하는 데 전념한다. 인적자원에 있어 의료분야의 조직 전략은 패스트푸드 산업과 완전히 반대된다. 의료분야는 인적자원 비용을 최소화하기보다는 인적자원을 투자로 간주한다. 의료분야에 종사하려면 높은 KSAO를 지녀야 하기 때문에 자격을 갖춘 인력에 대한 수요는 많지만 공급은 낮다. 의료분야 내 인적자원의 수준은 조직 목표를 달성하는 데 매우 중요하다. 의사가 되기 위해 요구되는 교육과 훈련은 단순히 며칠이나 몇 주가 아닌 몇 년에 걸쳐 이뤄진다. 의료분야에 입문하게 되면 대부분 평생 직업이 된다. 의료분야에서는 모집, 선발, 교육비용을 감안하여 이직률을 최소화하려고 노력한다. 패스트푸드 산업에서는 연간 300%의 이직률을 용납하지만, 의료분야에서 10% 이직률은 일반적으로 수긍하기 어려울 정도로 높은 수치이다. 결과적으로 의료분야에 속한 많은 직무의 보상 수준이 높다. 의사 외에 진단 및 전문 케어가 가능한 인력에게도 높은 임금이 책정된다. 요약하면, 의료분야(그리고 전문 기술직에 의존하는 다른 산업들)의 인적자원들은 투자 대상으로 여겨지며, 조직은 이에 대한 비용 최소화를 고려하지 않는다. 만약 조직의 전략이 인적자원의 가치를 중요하게 여기는 것이라면, 조직은 종업원들의 모집, 선발, 교육, 보상, 관리에 많은 투자를 해야한다. 이와 같이 종업원의 수준은 조직의 자산이 되고(Ployhart, 2012), 인적자원 비용은 흔히 가장 큰 예산 항목이 된다.

패스트푸드 산업과 의료분야는 인적자원의 중요성 측면에서 상반되는 조직 전략을 나타내지만, 대부분의 조직은 양극단 사이 어딘가에 위치하게 된다. 이 경우에도 조직 내 직무에 따라서 인적자원의 중요성이 달라진다. 금융산업이 바로 그러한 예이다. 창구직원처럼 고객서비스 관련 직무는 금융투자가보다 낮은 KSAO를 요구한다. 따라서 은행은 주요 투자 결정을 내리는 사람들에 비해 은행창구 직원들을 모집, 선발, 교육하는 데 크게 투자를 하지 않을 것이다.

조직의 성공을 위해 종업원의 질을 중요하게 여기는 조직 전략은 산업 및 조직심리학의 실천적 측면에 관련된 새로운 용어를 탄생시켰다. 이러한 용어의 탄생은 조직이 조직 목표를 달성하기 위해 인적자원이 얼마나 중요한지에 대해 서서히 인식하고 있음을 반영한 결과라 하겠다. 산업 및 조직심리학에서 KSAO는 인적 속성을 나타내기 위한 전통적 용어라면, 새로운 용어는 바로 '인재(talent)'이다. 모집과 선발 절차는 새로운 종업원의 '확보(acquisition)'로 이어진다. 즉 '인재 확보(talent acquisition)'란 산업 및 조직심리학의 실천적 측면에서 최근 등장한 개념이다. 지원자가 신규 입사 종업원이 되면 '온보딩(onboarding)'이 시작된다.

기존에 '조직 사회화'라고도 불리던 '온보딩'은 신규 입사자들이 조직 내에서 환영받으며, 새로운 직무를 준비할 수 있게 도와주는 과정이다. 성공적인 온보딩은 새로운 종업원이 조직에 보다 빨리 기여할 수 있도록 자신감을 주고 자원을 제공한다. 온보딩은 고용되는 시점부터 높은 수행을 보이기까지의 기간을 줄여 준다. 하지만 이 개념은 조직이 종업원을 비용 최소화를 위한 대상으로 여기는지 아니면 미래를 위한 투자 대상으로 여기는지에 따라 조직마다 다르게 적용될 것이다. 모든 조직이 우수한 종업원을 보유하고 싶어 하지만, 우수한 종업원들이 조직의 성공에 결정적인 영향을 미치는 정도는 조직마다 다르다.

Crook 등(2011)은 종업원의 질과 조직 수행 간의 관계를 알아보기 위해 통합분석 연구를 실시하였다. 연구 문제는 종업원의 질이 조직의 수행과 관련이 있는지에 관한 것이다. 조직의 전반적 수행을 개선하기 위해 회사는 인적자원을 유인하고, 유지하고, 개발해야 하는지를 연구한 결과, 그들은 다음과 같은 결론에 도달하였다. "높은 수행을 달성하기 위해 회사는 이용 가능한 최고의 인적자본을 확보하고 육성할 필요가 있고, 회사는 이러한 투자를 지속해야 한다는 것은 의심할 여지가 없다"(p. 453). 요약하자면, 종업원의 질이 조직의 성공에 아주 중요하다면, 종업원을 유지하는 것에 노력을 기울이는 것과 마찬가지로 종업원 모집과 선발에도 심혈을 기울여야 한다.

5. 모집

모집 : 사람들을 직무에 지원하도록 끌어들이는 과정

모집(recruitment)은 사람들을 직무에 지원하도록 끌어들이는 과정을 말한다. 조직은 지원한 사람들만을 대상으로 선발하게 된다. 유능한 종업원을 끌어들이고 유지하는 것은 조직의 성공을 위해 매우 중요하다. 조직이 새로운 종업원을 모집하는 방법은 많은 요인에 따라 달라진다. 새로운 종

업원들에게 요구되는 기술, 필요한 인재를 찾기 위해 물색하는 지리적 범위, 조직이 비어 있는 자리를 공고하는 방법, 조직이 매력적인 회사라는 것을 알리기 위해 모집에 사용하는 메시지, 모집에 투자하는 예산 등에 따라 모집방법이 달라진다. 과거에는 가게 유리창에 손으로 "사람 구함"이라고 쓴 모집공고를 붙여서 필요한 사람을 모집할 수 있었다. 일자리를 찾고 있던 사람들이 길을 가다가 이러한 공고를 보고 지원했다. 오늘날에도 작은 회사들은 이러한 모집방법을 사용할 수 있지만, 이 방법으로는 조직이 원하는 능력 있는 인재를 모집하기 힘들다("**소셜 미디어와 산업 및 조직심리학 : 소셜 미디어를 활용한 모집**" 참조). 잠재력 있는 지원자 집단을 길 가던 행인들에서 시, 주, 나라 전체로 확장할 필요가 있기 때문에 모집을 위해 인재를 물색하는 범위와 방법이 달라져야 한다. 앞에서 지적한 것처럼, 경제상황은 얼마나 많은 사람들이 일자리를 갖기 위해 모집공고에 관심을 가질지에 강력한 영향력을 발휘한다.

소셜 미디어와 산업 및 조직심리학
소셜 미디어를 활용한 모집

매일 소셜 미디어 사이트를 사용하는 사람들의 숫자가 급증하고 있다. 따라서 조직이 많은 사람들에게 널리 알려야 할 소식이 있다면 이를 전파하기 위해 소셜 미디어를 사용하는 것은 당연한 선택이다. 채용공고 역시 마찬가지인데 2012년 Jobvite에서 실시한 조사에 따르면, 채용모집을 위해 가장 많이 사용한 소셜 미디어는 링크드인으로, 93%에 달하는 조직들이 링크드인를 활용한다고 설문에 응답했다. 또한 잠재적인 지원자들에게 다가가기 위해 페이스북을 통한 입소문 방식을 주로 사용했다. 종업원 추천을 통해 우수인력 채용이 가능할 것이라는 강한 확신에 힘입어 채용담당자들의 3분의 2가량이 인기 있는 소셜 미디어를 활용하며, 소셜 미디어를 통해서만 접할 수 있는 사람들과 인맥을 쌓고 있다. 대부분의 조직에서 이러한 노력에 도움을 주는 종업원들을 격려하고자, 잠재력 있는 지원자를 확보하는 데 도움을 준 종업원에게 추천 보너스를 제공하고 있다. 트위터 역시 채용모집 장면에서 조직이 애용하는 도구인데, 채용담당자의 54%가 우수인력을 찾기 위해 트위터를 활용하고 있었다. 시티크룹, 가르민, 워너브라더스, 스타벅스, 페덱스, 홀마크 등이 트위터를 사용하는 대표적인 기업들로, 이들은 현재는 물론 곧 다가올 채용 공고에 대한 트윗을 올리는 등 소셜 미디어의 힘을 활용하여 잠재적 지원자들과 접촉하고 있다.

물론 채용모집 목적으로 소셜 미디어를 활용하는 것이 조직에게만 이로운 것이 아니며 지원자에게도 도움이 된다. 예를 들어, 트위터상에서 관심 있는 회사를 팔로잉함으로써 지원자들은 과

(계속)

거와 달리 채용공고가 게재된 즉시 정보를 얻을 수 있다. 게다가 Jobvite의 조사에 따르면 채용 모집 과정에서 소셜 미디어를 사용하면 소셜 미디어를 사용하지 않을 경우보다 채용에 소요되는 전체 시간이 줄어드는 것으로 나타났다. 여기에는 조직은 물론 빠른 취업을 희망하는 지원자 역시 좀 더 서둘러 일을 시작할 수 있다는 장점이 있다. 요약하자면, 링크드인에 올려진 이력서를 지속적으로 업데이트하고 자신의 전문성을 드러나게 관리하는 것이 꿈꾸는 일자리를 갖기 위한 첫걸음이 될 수 있다는 것이다.

Osicki와 Kulkarni(2010)는 모집에 드는 비용을 보고했다. 시간당 임금 근로자를 모집하는 데 약 1천 달러, 연봉으로 급여를 주는 근로자를 모집하는 데 7천 달러, 임원급 종업원을 모집하는 데 2만 3천 달러가 든다. 직급에 따라 다른 모집방법이 사용되고, 모집을 위해 신문이나 잡지와 같은 인쇄매체, 라디오와 TV, 직업박람회, 인터넷 등을 사용한다. 사람과 일자리를 연결시켜 주는 것을 전문으로 하는 '서치펌(search firm)'이라는 회사가 있지만, 이러한 회사는 주로 높은 직급의 공석에 적합한 사람들을 찾아 주는 일을 한다. 서치펌이 어떤 회사에 적합한 사람을 연결해 주면 그 회사는 서치펌에 그 사람 연봉의 50%를 대가로 지급한다. 조직의 성공에 기여할 능력 있는 인재를 선발하는 데 있어서 모집은 매우 중요하다. Osicki와 Kulkarni가 언급한 것처럼, "모집을 통해 회사가 원하는 능력 있는 지원자들을 많이 확보하지 못한다면, 아무리 정확한 선발 절차를 사용하더라도 좋은 사람을 뽑을 수 없을 것이다"(p. 113).

하지만 Breaugh(2012)가 지적한 것처럼, 지원자 수가 많다고 반드시 좋은 인력을 선발할 수 있는 것은 아니다. 지원자 수가 많지만 부적합한 지원자 수가 많다면, 선발된 종업원의 질은 향상되지 않는다. 반대로 지원자들 중에 적합한 지원자가 많다면, 고용주들은 성공가능성이 높은 종업원들을 선별적으로 선발할 수 있다.

조직이 지원자들을 모집하는 과정에서 다음과 같은 세 가지 경우가 있을 수 있다. 실업률이 높을 때 조직은 광부들이 금덩어리를 발굴하는 방식으로 능력 있는 인재를 찾는다. 조직은 금덩어리(우수한 인재)를 찾기 위해 많은 지원자들을 체로 걸러내고, 금덩어리를 발견하면 그 사람을 뽑는다. 실업률이 낮을 때는 이러한 과정이 역전된다. 이때는 지원자들이 어느 회사가 금덩어리(훌륭한 회사)인지 알아내기 위해 많은 조직을 체로 걸러낸다. 하지만 이러한 두 가지는 지나치게 극단적인 경우이다. 흔히 모집은 이 두 가지 경우의 중간 형태를 띠어서 조직과 개인이 잘 맞는지를 서로 따져 본다. 이러한 모집 과정에서 조직과 개인이 서로의 욕구를 어떻게 충족시키는지를 가장 합리적으로 이해할 수 있다.

모든 짝 맞추기 과정이 그렇듯이, 서로에게 그들 자신의 호감도를 높이려는 의도로 조직과 개인은 서로에 대한 정보를 주고받는다. 지원자들은 모집자가 듣고 싶을 것이라고 생각하는 정보를 제공하는 방법으로 인상관리를 시도한다. 지원자들은 그들이 할 수 있는 어떤 방법을 이용해서든지 경쟁자들과 차별적인 모습을 보이려고 한다(Bangerter et al., 2012). 예를 들어, 학교 성적이 우수한 지원자들은 학교 밖의 다양한 과외 활동을 강조할 것이다. 이는 사회적 핸디캡 전략(social handicapping)으로, 학교 밖에서 다른 활동을 활발히 했음에도 불구하고 학문적으로 좋은 성과를 얻었다는 것을 강조하는 것이다. 이러한 절차는 반대로 이루어지기도 한다. 지원자에게 좋은 인상을 주기 위해, 조직이 다양성을 추구하고 환경적 책임을 다한다는 것과 같은 사회적으로 바람직한 기업의 활동을 강조한다(Jones et al., 2014). Griepentrog 등(2012)은 조직이 잠재적 종업원들을 유인하기 위한 방법을 지속적으로 사용하여 회사의 이미지를 관리해야 한다고 진술했다. 대학 행사를 후원하고, 일하기 좋은 곳이라고 홍보하고, 장학금을 제공하는 것은 간접적인 모집 방법이다. 이러한 활동을 통해 잠재적 지원자들이 조직에 대해 좋은 인상을 형성하고 나중에 많이 지원하기 때문에 조직은 종업원을 선발할 때 선택의 폭을 넓힐 수 있는 이점이 있다(p. 744).

모집을 위해 세련된 첨단 방법이 개발되었음에도 불구하고 지원자들의 입소문에 의한 옛날 방법이 여전히 사용되고 있다. Van Hoye와 Lievins(2009)는 친구, 친척, 이웃을 통한 입소문에 의한 긍정적 정보가 조직에 대한 매력도와 행동 결과(즉 지원하는 행동)와 관련되어 있다고 보고했다. 회사가 모집을 위해 지원자들에게 단순히 전화만 걸지 않고 회사를 한번 방문하도록 초대하면 지원자들은 회사가 자신들에게 많은 관심을 가지고 있고 자신들을 중요하게 여긴다고 느낀다(Breaugh et al., 2008). 회사 방문은 회사와 지원자에게 서로에 대한 정보를 제공해 줄 뿐만 아니라 서로가 지니고 있는 가치를 확인할 수 있도록 해 준다. 하지만 Dineen과 Soltis(2011)가 지적한 것처럼, 모집활동을 통해 지원자들이 조직에 대해 많은 관심을 갖도록 한다고 해서 조직이 반드시 공석인 자리를 채울 수 있는 것은 아니다. 실업률이 높은 시기에 어떤 회사들은 모집에 많은 노력을 기울였음에도 불구하고 공석인 중요한 자리에 새 사람을 채우는 데 많은 어려움을 겪기도 한다.

Gilliland와 Steiner(2012)는 지원자들이 선발 장면에서 사용된 방법의 공정성에 대해 여론을 형성한다고 서술하였다. Schuler(1993)는 지원자들이 받아들일 수 있을 만한 선발과정의 질을 "사회적 타당도(social validity)"라고 언급하는데, 이것은 제4장에서 논의한 안면타당도가 보다 확장된 개념이다. 공정성에서 높은 점수를 받은 선발 방법들은 다음과 같은 특징을 갖는다. 1) 직무와 관련이 있다(겉으로 보기에 직무에서 수행하는 과업과 관련이 있다). 2) 지원자에게 직무 수행능력을 증명할 기회를 제공한다. 3) 지원자들의 수행에 대해 즉각적인 피드백을 제공한다. McCarthy 등(2013)은 선발 검사에서 지원자들의 수행과 지원자들이 느끼는 공정성 간에 정적 상관이 있음을 발견하였다. Ployhart와 Ryan(1998)은 직무지원자들이 심지어는 채용된 후에도 공정하지 못한 선발절차를 사용하는 자신의 조직에 대해서 부정적인 견해를 지닌다는 것을 발견했다.

어떤 지원자도 불합격되는 것을 원치 않기 때문에 조직은 불합격된 지원자들에게 왜 불합격하였는지 사려 깊은 설명을 해 주어야 한다(Truxillo & Bauer, 2011). 평가절차에 대한 지원자들의 반응은 흔히 상당히 개인적이고 매우 정서적이다. Harris(2000)는 불합격된 사람들의 회사에 대한 부정적 감정과 자존심의 손상을 줄이기 위하여 그들에게 왜 불합격되었는지를 설명해 주는 것이 나중에 있을지 모르는 법적 소송을 줄이는 현명한 방법이라고 언급하였다 (**"현장기록 1 : 왼손잡이 치과의사"** 참조).

현장기록 1
왼손잡이 치과의사

내가 지금까지 해 본 인사선발에 관한 특이한 자문 프로젝트 중 하나는 치과의사를 채용하는 것이었다. 내가 사는 도시의 한 치과의사는 그와 함께 일하는 동료의사와 불편한 마찰을 경험하였다. 그들은 예방적 치아관리와 치료에 대한 상대적 중요성, 환자를 위한 통증처치 등과 같은 치과의술에 관한 중요한 문제들에 관해 의견이 서로 달랐다. 결국 그들은 동업관계를 끝내고 갈라섰다. 남게 된 한 명의 치과의사는 새로 동업할 의사를 구하기 위해 나에게 도움을 요청했다. 그는 새로 동업할 의사가 갖추어야 할 특성들을 장황하게 기술하였다. 어떤 것은 특정한 치과적 기술을 소유하고 있는지에 관한 것이었지만 어떤 것은 치과술에 관한 태도나 철학적 관점에 관한 것이었다. 그가 바라는 특성이 합리적으로 보였기 때문에 나는 새로운 동업자를 뽑는 것에 큰 문제가 없다고 생각했으며 치과대학이 매년 많은 졸업생들을 배출하는 것을 알고 있었다(따라서 대규모의 지원자 집단을 가질 수 있다).

그러나 나는 처음에는 예상하지도 못했고 이해하기도 힘든 난관에 부딪혔다. 그 치과의사는 나에게 "물론 나의 새로운 동업자는 왼손잡이어야 합니다."라고 말하였다. 치과의사는 나의 멍한 표정을 보고 내가 왼손잡이의 중요성을 제대로 짐작하지 못하고 있다고 생각했던 것 같았다. 그 치과의사는 내가 치과 진료를 받은 경험이 많음에도 불구하고 깨닫지 못했던 것을 설명해 주었다. 치과 동업자들은 흔히 진료 시에 의료도구들을 함께 써야 하는데 왼손잡이용과 오른손잡이용이 따로 있었다. 그 치과의사는 왼손잡이였으므로 그의 새로운 동업자 역시 왼손잡이여야 했다. 나는 치과의사들 중에서 왼손잡이가 차지하는 비율이 얼마나 되는지를 물었다. 그는 확실히는 모르지만 매우 적을 것이라고 말했다. 갑자기 내가 맡은 일이 훨씬 더 어렵게 되어 버렸다. 치과의사로서 전문적인 지식을 갖추고 있고 아이오와 주의

(계속)

작은 도시에서 개업하고 싶어 하는 새로운 치과의사를 찾아야 했다. 설상가상으로 새로 뽑을 치과의사는 왼손잡이여야 하기 때문에 잠재적인 지원자들의 숫자가 매우 적었다. 이 경우에 왼손잡이여야 한다는 조건은 전문적인 용어로 '선의의 자격차별(bona fide occupational qualification, BFOQ)'에 해당한다.

BFOQ로 인정받기 위해서는 그러한 자격요건이 특정 사업이나 기업의 운영에 정말로 필요한 것이어야 한다. 따라서 치과의사의 고용에 관한 이 사례에서는 왼손잡이 요건이 BFOQ가 될 수 있지만 회계를 담당하는 사람을 고용할 때는 왼손잡이 요건이 BFOQ가 될 수 없을 것이다.

6. 인사선발

인사선발(personnel selection)은 모집한 지원자들 중에서 실제로 채용할 사람들을 결정하는 과정이다. 고용하고자 하는 인원보다 지원자들이 더 많은 경우에는 일부 지원자들만이 채용되고 나머지는 채용되지 못한다. 선발은 지원자들 중에서 합격자와 탈락자를 구분해 내는 과정이다. 선발이 성공적으로 되면, 선발된 종업원은 직무에서 성공적인 수행을 보이고 조직의 복리증진에 기여할 것이다. 새로 선발된 종업원들의 질을 결정하고 조직에 영향을 미치는 두 가지 중요한 요인은 예측변인의 타당도와 선발률이다.

> **인사선발** : 지원자들 중에서 누구를 뽑고 누구를 떨어뜨릴지를 결정하는 과정

예측변인 타당도 〈그림 5-5〉는 예측변인과 준거 간 상관이 .80인 관계를 나타내고 있는데, 예측변인 점수와 준거점수에 의해 구성되는 점들이 이루는 타원형의 산점도가 그려져 있다. 예측변인의 점수를 나타내는 축에서 **예측변인 합격점**(predictor cutoff)은 합격자와 불합격자를 구분하는 수직선이다. 합격점 이상의 점수를 받은 사람들은 채용되고 그 점수 미만의 사람들은 탈락된다. 따라서 예측변인의 합격점은 종업원들의 채용 합격점수라고 생각할 수 있다. 또한 세 개의 수평선 중에서 실선은 전체 분포에서 준거 수행점수의 평균을 나타낸다. 아래에 있는 점선은 탈락된 집단의 준거수행의 평균을 나타내고 위에 있는 점선은 합격된 집단의 준거수행의 평균을 나타낸다. 직무에서 훌륭한 수행을 나타내리라고 기대되는 사람들은 예측변인에서 합격점 이상의 점수를 받은 사람들이다. 단순하게 생각해 보면 이러한 사실은 타당한 예측변인이 인사선발에서 어떤 역할을 하는지를 보여 주고 있는데 타당한 예측변인은 전체 집단 중에서 보다 능력 있는 사람들을 가려낸다.

> **예측변인 합격점** : 합격자와 불합격자를 구분하는 검사 점수

〈그림 5-6〉에는 준거와 전혀 상관이 없는 예측변인을 나타내는 그림이 제시되어 있다. 여

기서도 예측변인 합격점은 합격자와 불합격자를 구분한다. 하지만 이번에는 세 개의 수평선이 모두 겹쳐 있다. 즉 합격한 사람들의 준거수행, 불합격한 사람들의 준거수행, 그리고 전체집단의 수행이 모두 똑같다. 예측변인의 가치는 합격한 사람들의 평균 수행과 전체 집단의 평균 수행 간의 차이에 의해 측정된다. 〈그림 5-6〉에서는 이러한 두 값이 같아서 차이가 0이다. 다시 말하면 타당도가 없는 예측변인들은 아무런 효용성도 가지지 못한다.

이러한 예에 기초하여 예측변인의 가치와 타당도 간의 직접적인 관계를 알 수 있다. 예측변인의 타당도가 크면 클수록, 전체 집단의 평균적인 준거수행에 비해 합격한 집단의 평균적인 준거수행이 점점 더 높아지기 때문에 예측변인의 가치가 더 커진다.

선발률   예측변인의 가치를 결정하는 두 번째 요인은 **선발률**(selection ratio, SR)이다. 선발률은 직무에서 선발하고자 하는 사람 수(*n*)를 지원자 수(*N*)로 나눈 것이다.

> 선발률(SR) : 조직에 필요한 사람을 충원할 때 얼마나 선택적으로 하는지를 나타내는 수리적 지표. 0~1 사이의 값을 지니며, 어떤 직무에 채용한 사람 수를 그 직무에 지원한 전체 사람 수로 나눈 값

$$SR = \frac{n}{N} \qquad [식 5-1]$$

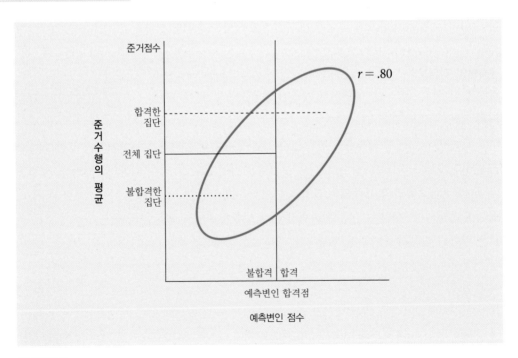

그림 5-5   높은 타당도(*r* = .80)를 가지고 있는 예측변인이 검사 효용성에 미치는 효과

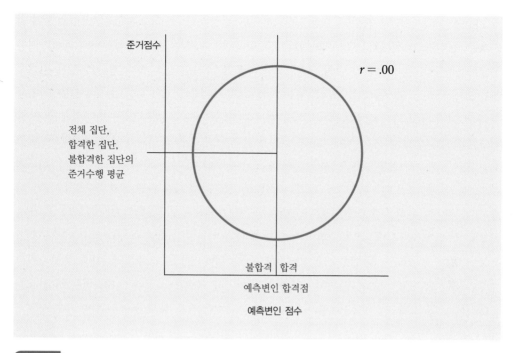

전체 집단,
합격한 집단,
불합격한 집단의
준거수행 평균

준거점수

$r = .00$

불합격 | 합격

예측변인 합격점

예측변인 점수

그림 5-6 타당도가 전혀 없는($r = .00$) 예측변인이 검사 효용성에 미치는 효과

    선발률이 1.00일 때(선발하고자 하는 사람 수와 지원자 수가 같을 때) 또는 1보다 클 때(선발하고자 하는 사람 수가 지원자 수보다 많을 때), 선발도구의 사용은 아무런 의미가 없다. 회사는 지원한 사람들 중에서 아무 사람이나 선발하면 된다. 그러나 대부분의 경우에 선발하고자 하는 사람 수보다 지원자 수가 더 많아서(SR이 0~1 사이) 인사선발에서 선발률이 의미를 갖게 된다.

    선발률이 예측변인의 가치에 미치는 효과를 〈그림 5-7〉과 〈그림 5-8〉에서 볼 수 있다. 예측변인의 타당도 계수가 .80이고, 선발률이 .75라서 평균적으로 네 명 중 세 명을 선발한다고 가정해 보자. 〈그림 5-7〉은 예측변인과 준거 간의 관계를 나타내고 있는데, 예측변인의 합격점은 모든 지원자들 중에서 상위 75% 이내에 드는 사람들이 합격하도록 설정되어 있고, 전체 집단의 평균적인 준거수행과 합격한 집단의 평균적인 준거수행이 각각 표시되어 있다. 상위 75%까지 선발하면 이 집단의 평균적인 준거수행이 전체 집단의 평균 준거수행(지원자들 중 하위 25% 사람들의 준거수행이 포함된 수준)보다 더 높다. 여기서도 마찬가지로 이러한 두 가지 평균 준거점수들 간의 차이에 의해 예측변인의 가치를 측정한다. 하위 25%에 속하는 사람들을 떨어뜨려서(평균적으로 네 명 중 한 명의 지원자를 떨어뜨려서) 전체 집단의 평균 준거수행보다 합격한 집단의 평균 준거수행을 더 높일 수 있다.

〈그림 5-8〉은 타당도 계수(r = .80)가 동일하지만 선발률이 .25라서 평균적으로 네 명의 지원자들 중 한 명만 선발하는 경우를 나타내고 있다. 이 그림은 지원자들 중 상위 25%까지만 선발하는 예측변인 합격점의 위치, 전체 집단의 평균 준거수행, 합격한 집단의 평균 준거수행을 보여 주고 있다. 합격한 집단의 평균 준거수행이 전체 집단의 평균 준거수행보다 더 높을 뿐만 아니라 그 차이도 선발률이 .75일 때보다 훨씬 더 크다. 다시 말하면 지원자들 중 상위 25%까지만 선발할 때가 상위 75%까지 선발할 때보다 그들의 평균적인 준거수행이 더 높고, 이러한 두 가지 값은 모두 전체 집단의 평균 수행보다 더 높을 것이다.

선발률과 예측변인의 가치 간의 관계는 선발률이 낮으면 낮을수록 예측변인의 가치가 더 커진다. 이러한 사실은 직관적으로도 이해할 수 있다. 사람들을 뽑을 때 더 까다로운 기준을 적용하면 할수록(즉 선발률이 낮으면 낮을수록) 뽑힌(즉 선발된) 사람들의 수준은 더 높아질 가능성이 크다. 중요도는 상대적으로 떨어지지만, 세 번째 요인도 노동력의 질을 향상시키는 데 있어서 예측변인의 가치에 영향을 미친다. 이러한 세 번째 요인을 **기초율**(base rate)이라고 부르는데, 현재 종업원들 중에서 성공적으로 직무를 수행한다고 판단되는 종업원의 비율을 나타낸다. 어떤 회사의 기초율이 99%라면(즉 100명의 종업원 중에서 99명이 그

> **기초율** : 현재 종업원들 중에서 성공적으로 직무를 수행한다고 판단되는 종업원의 비율

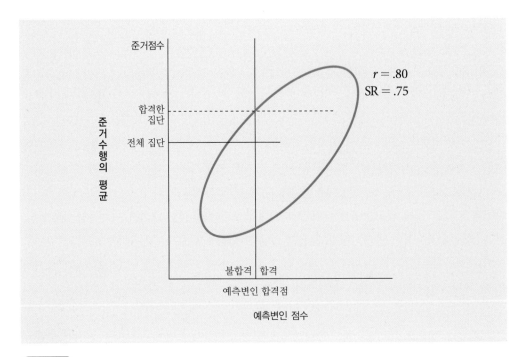

그림 5-7 높은 선발률(SR = .75)이 검사 효용성에 미치는 효과

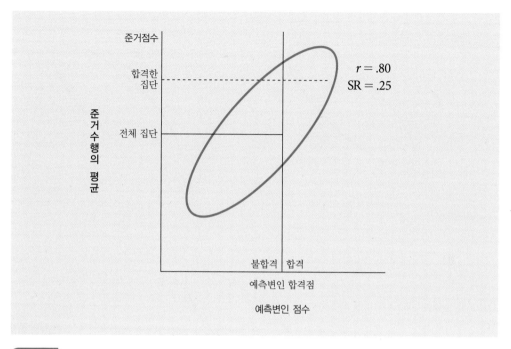

그림 5-8 낮은 선발률(*SR*=.25)이 검사 효용성에 미치는 효과

들의 직무를 성공적으로 수행하고 있다면), 이미 매우 만족스러운 상태로 되어 있기 때문에 어떤 새로운 선발방법을 사용하더라도 더 나은 상태로 향상시킬 가능성이 적다. 만일 기초율이 100%라면, 분명히 어떤 새로운 선발시스템도 더 완벽하게 만족스러운 상태로 향상시킬 수 없다. 이 경우에 새로운 검사를 도입함으로써 유일하게 개선할 수 있는 점은 검사 실시 시간의 단축이나 실시 비용의 감소뿐이며, 검사의 예측 정확성은 여전히 이전과 동일하다.

7. 선발 결정

선발에 사용되는 예측변인이 완벽한 타당도(*r*=1.00)를 갖지 않는 경우에는 인사선발을 위한 결정에서 항상 오류를 범하게 된다. 따라서 인사선발 결정에서의 목표는 가능한 이러한 오류를 덜 범하는 것이다. 산점도를 사용하여 선발 결정에서 어떤 종류의 실수를 범할 수 있는지를 알아볼 수 있다.

〈그림 5-9〉의 (a)는 예측변인과 준거 간 관계가 대략 .80 정도이며, 준거점수가 **준거 합격점**(criterion cutoff)에 의해 나뉘어 있는 것

> **준거 합격점** : 성공적인 수행과 성공적이지 못한 수행을 구분하는 기준

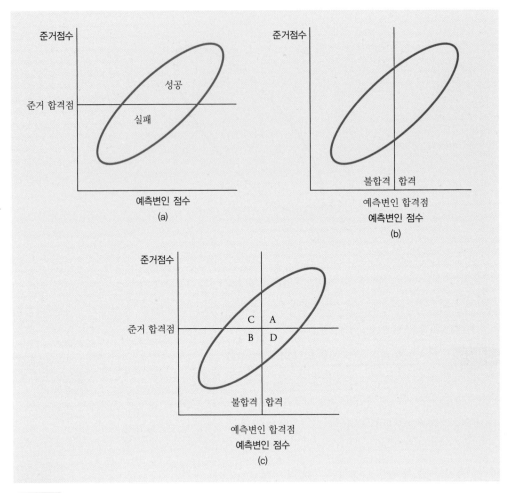

그림 5-9 (a) 준거 합격점, (b) 예측변인 합격점, (c) 예측변인 합격점과 준거 합격점을 함께 표시한 그림

을 보여 준다. 준거 합격점은 성공적인 종업원들(위쪽)과 성공적이지 못한 종업원들(아래쪽)을 구분하는 점수이다. 여기서 성공적인 수행과 성공적이지 못한 수행을 구분하는 수준은 회사의 경영층에서 결정한다. (b)는 예측변인과 준거 간의 관계가 .80 정도이며, 예측변인 점수가 예측변인 합격점에 의해 분리되어 있는 것을 보여 준다. 예측변인의 합격점은 지원자들 중 합격자(오른쪽)와 불합격자(왼쪽)를 구분하는 점수이다. 이 점수는 선발률, 검사 실시비용, 혹은 법률[2]에 의해 결정된다. (c)는 두 가지 합격점에 의해 예측변인과 준거 간의 관계가 나뉘어 있는 것을 보여 준다. 산점도의 네 부분은 각각 다른 부류의 사람들을 나타내고 있다.

----

2 일부 공공 조직(예를 들어, 주 정부)에서는 검사의 합격점을 법률에 의해 결정한다. 일반적으로 합격점을 70%를 맞춘 점수로 설정한다.

A부분 : **올바른 합격자**(true positive)라고 부르는 부분으로서 예측변인과 준거점수 모두에서 합격점 이상의 점수를 받은 사람들이다. 이들은 선발 검사에서 합격점 이상을 받았기 때문에 직무에서 성공하리라고 예측하였고(예측적 준거관련 타당도 설계를 사용하여) 실제로도 성공적인 종업원으로 판명된 사람들이다. 이들을 채용하기로 결정한 것은 옳았기 때문에 이러한 집단은 올바른 결정을 나타내고 있다.

> 올바른 합격자 : 검사에서 합격점을 받아서 채용되었고 채용된 후에도 만족스러운 직무수행을 나타내는 사람들
>
> 올바른 불합격자 : 검사에서 불합격점을 받아서 떨어뜨렸고 채용하였더라도 불만족스러운 직무수행을 나타냈을 사람들

B부분 : 이 집단의 사람들은 선발 검사에서 불합격하였기 때문에 직무에서 성공하지 못할 것이라고 예측하고, 만일 채용한다면 예상대로 불만족스러운 수행을 나타낼 사람들이다. 이들이 직무에서 성공하지 못할 것이라고 정확하게 예측했기 때문에 이러한 집단은 올바른 결정을 나타내고 있다. 이러한 사람들을 **올바른 불합격자**(true negative)라고 부른다.

C부분 : 선발 검사에서는 불합격하였지만(따라서 직무에서 성공하지 못할 것이라고 예측했지만) 이들에게 기회가 주어졌다면 성공하였을 사람들을 **잘못된 불합격자**(false negative)라고 부른다. 이러한 사람들에 대해서는 의사결정 과정에서 실수를 범한 것이다. 이들을 채용하였다면 훌륭한 종업원으로 판명되었겠지만 성공하지 못할 사람들이라고 잘못 판단하였다. 이러한 사람들은 '놓쳤지만 훌륭한 사람들'이다.

> 잘못된 불합격자 : 검사에서 불합격점을 받아서 떨어뜨렸지만 채용하였다면 만족스러운 직무수행을 나타냈을 사람들
>
> 잘못된 합격자 : 검사에서 합격점을 받아서 채용되었지만 채용된 후에는 불만족스러운 직무수행을 나타내는 사람들

D부분 : 선발 검사에서 합격하였지만(따라서 직무에서 성공할 것이라고 예측했지만) 채용된 후에 불만족스러운 수행을 나타내는 사람들을 **잘못된 합격자**(false positive)라고 부른다. 이러한 사람들에 대해서도 역시 실수를 범한 것이다. 이들은 정말로 효과적이지 못한 종업원들이기 때문에 채용하지 말았어야 했는데, 성공하리라고 잘못 생각해서 채용한 사람들이다. 이들은 '들어왔지만 불만족스러운 사람들'이다.

합격자(positive)와 불합격자(negative)라는 말은 예측변인 검사에서 통과했는지 아니면 탈락했는지를 의미하고, 올바른(true)과 잘못된(false)이라는 말은 사람들을 채용하기 위한 결정이 잘된 것인지 아니면 잘못된 것인지를 나타낸다. 우리는 인사선발에서 잘못된 합격자들과 잘못된 불합격자들을 최소화하기를 원한다.

합격점을 다르게 설정하면 잘못된 합격자와 잘못된 불합격자가 차지하는 비율이 달라진다(즉 불만족스러운 작업자가 들어올 가능성과 훌륭한 작업자를 놓쳐 버릴 가능성이 달라진다).

〈그림 5-9〉의 (c)에서 예측변인 합격점을 낮추면(수직선을 왼쪽으로 이동하면) C부분(잘못된 불합격자들)의 크기가 감소할 것이다. 그러나 잘못된 불합격자들의 수를 감소시키면 D부분(잘못된 합격자들)의 크기가 증가된다. 예측변인 합격점을 높이면(수직선을 오른쪽으로 이동하면) 반대의 현상이 나타난다. 또한 분류오류(잘못된 합격자와 잘못된 불합격자)는 기초율에 의해서도 영향을 받는다. 예를 들어, 예측하고자 하는 행동이 매우 드물게 일어나는 경우에는(직장에서의 폭력 행동처럼) 한 종류의 오류가 다른 종류의 오류보다 커질 가능성이 매우 크다(Martin & Terris, 1991). 하지만 합격점은 잘못된 합격자들과 잘못된 불합격자들을 최소화하기 위한 목적으로만 설정될 수는 없다. 예를 들어, 만약 직장 내 폭력을 행사하는 종업원에 대한 기초율이 1%라면, 모든 지원자를 선발하더라도 합격자의 99%가 올바른 합격자가 될 수 있다. 하지만 작업장에서 폭력이 발생했고, 수많은 종업원들 중 단 한 사람만이 가해자라 해도 이는 전혀 위안거리가 될 수 없다. Cascio 등(1988)은 합격점과 검사의 목적 간에 어떤 합리적인 관계가 존재해야 한다고 지적하였다. 합격점에 관한 문제들은 다음 절에서 논의할 것이다.

> 다중 상관 : 두 개 이상의 변인에 기초하여 준거를 예측할 때 예측 가능성의 정도를 나타내기 위해 사용하는 통계적 지수(0~1.00의 범위를 지님)

단일 정보보다 다양한 정보를 사용하면 더 나은 인사결정을 내릴 수 있다. 두 개 이상의 예측변인을 사용하면 준거에 대한 예측력을 향상시킬 수 있다. 두 개 이상의 예측변인과 준거변인 간의 관계를 **다중 상관**(multiple correlation)이라 부르는데, 이를 R로 표기한다. r과 R의 개념적 차이는 R의 범위는 0부터 1.00까지인 반면, r의 범위는 -1.00부터 1.00까지라는 것이다. R을 제곱한 R^2값은 두 개 이상의 예측변인에 의해 설명되는 준거 내 총변량을 나타낸다. 두 개 이상의 예측변인을 사용하여 예측 정확도를 증가시키면 선발과정의 실수(잘못된 불합격자와 잘못된 합격자)가 더 줄어들게 된다. 그렇기 때문에 인사선발 결정을 위해서 다수의 예측변인을 사용해야 한다.

오랫동안 고용주들은 잘못된 합격자와 잘못된 불합격자에 대한 잘못된 판단에 관심을 두었다. 대부분의 고용주들은 형편없는 작업자를 채용하는 것이 좋은 작업자를 놓쳐 버리는 것보다 더 심각한 문제라고 생각한다. 왜냐하면 좋은 사람을 놓치더라도 다른 좋은 사람들을 채용할 수 있다고 믿기 때문이다. 그러나 사람을 잘못 뽑으면 교육비용이 많이 들고, 효율성이 떨어지고, 이직이 많이 발생하기 때문에 잘못된 합격자들은 매우 바람직하지 못하다. 대부분의 고용주들이 여전히 잘못 합격시킨 사람들이 없기를 바라지만 잘못 불합격시킨 사람들도 골칫거리이다. 예측변인 검사에서 떨어진 사람들이 검사가 공정하지 못하다고 고용주를 상대로 소송을 제기하면 회사는 많은 비용을 지불할지도 모른다. 만일 사람들이 고용검사에서 떨어지면 대부분 고용주들은 불합격자들이 공정하지 못한 검사나 차별 때문에 떨어진 것이 아니라는 것을 확신시키려고 한다. 자격을 갖춘 지원자가 떨어지는 것은 불행이며, 특히 자격을 갖추었지만 보호집단에 속한 지원자가 떨어지는 것은 불행인 동시에 회사가 많은 비용을 지불할지도 모른다. 두 가지 종류의 선발 오류는 예측변인 검사의 타당도를 높임으로써 감소시킬 수 있다. 예측변인의 타당도가 높으면 높을수록 사람들이 잘못 분류될 가능성이 줄어들게 된다. 경제적 요인은 조직이 인사선발 결정에 투자하는 시간과 돈에 영향을 미칠 수 있다(**"산업 및 조직심리학과 경제 : 경제가 평가와 선발에 미치는 영향"** 참조).

산업 및 조직심리학과 경제
경제가 평가와 선발에 미치는 영향

실업률이 낮을 때는 우수한 직무지원자가 적을 수 있다. 일자리가 많기 때문에 지원자들은 자신이 가고 싶은 직장을 선택해서 갈 수도 있다. 우수한 지원자를 뽑아야 하는 조직 입장에서는 지원자들에게 회사가 일하기 좋은 곳이라는 인상을 심어 주기 위해 노력한다. 조직은 좋은 사람을 다른 조직에 빼앗기지 않기 위해서 지원자들 중에서 최종적으로 뽑을 사람을 빨리 가려내야 한다. 조직은 많은 시간을 들여 지원자들 중 좋은 사람을 철저하게 가려낼 시간적 여유가 많지 않다. 조직은 서둘러서 성급한 선발 결정을 내리는 것을 원치 않지만, 좋은 사람들을 선발하기 위해 시간이 많이 걸리고 정교한 방법을 사용할 시간적 여유가 없다. 우수한 지원자들은 한 회사의 합격 여부를 기다리기보다는 이미 합격통보를 받은 다른 회사를 선택할 가능성이 크다.

반면에 실업률이 높을 때는 조직이 지원자들 중에서 선발할 때 다른 상황에 처하게 된다. 많은 사람들이 일자리가 없고 심지어 취업한 사람조차도 더 나은 일자리를 가지려고 하기 때문에 조직에 많은 지원자들이 몰리게 된다. 예를 들어, 실업률이 높지 않을 때는 한 명을 뽑는다고 할 때 20명이 지원하던 일자리에 실업률이 높을 때는 100명이 지원할 수도 있다. 한 명을 뽑고자 하는데 100명이 지원한다면 조직은 어떻게 할 것인가? 해결책은 다양한 종류의 예측변인을 연속적으로 사용하여(즉 장시간 동안 여러 단계를 거쳐) 지원자들을 평가하는 것이다. 조직은 최종적으로 합격자를 결정하기 위해 충분한 시간적 여유를 가질 수 있다. 예를 들어, 100명의 지원자들의 이력서에 제시된 학력과 경력을 보고 일차적으로 적합한 사람들을 가려낼 수 있다. 이러한 절차를 통해 상위 40명만이 다음 평가 단계로 넘어갈 수 있다. 이러한 40명의 지원자들을 대상으로 10분 동안의 간단한 전화면접을 실시할 수 있다. 다음으로는 상위 20명만을 대상으로 지능검사나 성격검사를 실시한다. 이러한 검사 결과에 따라 상위 10명만을 대상으로 보다 길게(예 : 45분 동안) 면접을 실시한다. 면접 결과에 따라 10명 중 상위 3명을 결정하여 3명 중 가장 우수한 사람에게 합격 통보를 한다. 이 사람이 입사를 수락하면 마지막으로 이 사람에게

(계속)

약물검사를 실시한다. 만일 이 사람이 약물검사에서 불합격하거나 합격을 통보했음에도 입사를 거절한다면 2순위 사람을 대상으로 동일한 절차를 진행한다. 최종적으로 해당 직무에 사람을 뽑을 때까지 이러한 절차를 반복한다.

실업률이 높은 경우 지원자들을 평가할 때 선발절차는 다음의 두 가지 특징을 지닌다. 첫째, 지원자들을 평가할 때 여러 다른 종류의 선발방법들을 사용할 수 있다. 앞에서 든 예에서는 조직이 (1) 학력과 경력에 대한 평가, (2) 간단한 전화면접, (3) 심리검사, (4) 장시간의 면접, (5) 약물검사를 사용했다. 둘째, 지원자들을 평가하는 데 걸리는 시간이 길다. 일자리를 구하려는 지원자들이 많고 채용에 걸리는 시간이 중요한 이슈가 아니기 때문에 조직은 충분한 시간적 여유를 가지고 채용절차를 진행할 수 있다. 반면에 실업률이 낮을 때는 지원자들을 평가하는 데 걸리는 시간이 매우 중요한 이슈가 되기 때문에 평가의 전 과정을 매우 빠르게 진행해야 한다. 예상할 수 있듯이, 조직은 이러한 상황에서 채용을 위해 서두르기 때문에 선발 결정에 있어서 오류를 범할 가능성이 커진다.

8. 사람 관점의 인사선발

통계 공식, 벤다이어그램, 그래프에만 관심을 가지다 보면 인사선발이 실생활에서 조직에 들어가고자 지원한 사람들 중에서 누구를 선발할 것인지를 다루는 주제라는 사실을 잊어버리기 쉽다. '인사(personnel)'라는 말은 '사람'을 의미한다. 인사선발에 대한 통계적 접근을 실제 사람을 대상으로 설명하기 위해 〈그림 5-10〉을 사용하고자 한다.

〈그림 5-10〉은 네 명의 실제 이름이 포함된 것을 제외하면 앞에서 제시한 〈그림 5-9〉와 유사하다. 이 그림은 대학에서의 선발 결정을 나타내고 있다. 대학에서 성공적 수행에 대한 준거는 학생들의 학점평균이다. 이 그림에서 학점평균의 최댓값은 4.0이고 성공적 수행의 최소 기준인 준거 합격점은 2.0(평균 C 학점)이다. 예측변인은 표준화된 언어능력 검사이다. 이 대학은 언어능력 검사에서 500점을 합격점으로 설정하였다. 500점이 넘는 지원자들은 합격하고 500점을 넘지 못한 지원자들은 떨어진다. 〈그림 5-10〉에 제시된 네 개의 점은 이 대학에 지원한 네 명의 고등학생을 나타낸다.

지원자들 중 두 명의 점수는 400점으로 동점이다. 이 두 학생의 이름은 팻과 존이다. 팻과 존은 합격점인 500점보다 낮은 점수를 받았기 때문에 이 대학에 불합격하였다. 하지만 그들의 시험점수를 고려하지 않고 둘 다 입학시켰다면 대학에서 받게 될 학점에서 매우 다른 결과가 발생할 수 있다. 존의 대학 학점평균은 1.50으로 준거 합격점보다 낮다. 이 경우에 존은

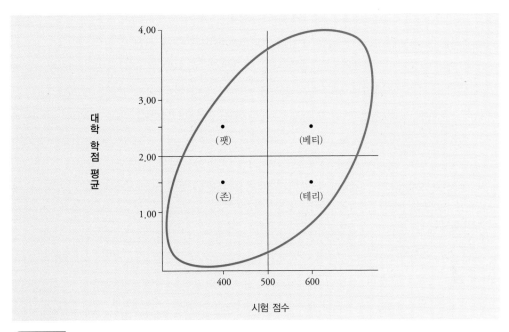

그림 5-10 4명의 고등학생의 입학시험 점수와 대학 학점 간 관계

대학이 요구하는 성공적 수행의 최소 학점평균을 넘지 못하였을 것이기 때문에 대학이 존을 불합격시킨 것은 올바른 결정이다. 인사선발에서 사용하는 용어로 표현하자면, 존은 올바른 불합격자(true negative)이다. 이와 반대로, 시험에서 똑같이 400점을 받은 팻은 대학에서 성공적인 수행을 보일 수 있는 학생이다. 팻의 대학 학점평균은 2.50으로 대학이 요구하는 성공적 수행의 최소 학점평균인 2.00보다 더 높았을 것이다. 대학이 팻을 불합격시킨 것은 오류를 범한 것이고, 팻은 잘못된 불합격자(false negative)에 해당한다. 이 대학이 존은 입학 후에 성공적인 수행을 보이지 못할 것이지만, 팻은 성공적인 수행을 보일 것이라는 사실을 왜 미리 알지 못했을까? 인사선발에서 정확한 예측을 하기는 힘들다. 그래도 〈그림 5-10〉을 보면, 시험에서 400점을 받은 다른 많은 지원자들이 잘못된 불합격자(더 작은 영역)보다 올바른 불합격자(더 큰 영역)로 판명될 가능성이 더 크다. 대학은 팻과 존에 대한 올바른 입학 결정을 내리기 위하여 이용가능한 모든 정보를 최대한 사용하였다. 그럼에도 불구하고 존을 불합격시킨 것은 올바른 결정이었지만, 팻을 불합격시킨 것은 잘못된 결정이었다.

시험에서 합격점인 500점 이상을 받아서 이 대학에 합격한 다른 두 명의 지원자에 대해서도 살펴보자. 두 학생의 이름은 테리와 베티이다. 두 명의 시험점수가 똑같지만 입학 후 대학에서 받은 학점평균은 상당히 다르다. 베티의 학점평균은 성공적 수행의 최소 학점평균인 2.00보다 높은 2.50이다. 이 경우 대학이 베티에 대해 올바른 입학 결정을 내렸기 때문에 베티는 올바른 합격자(true positive)에 해당한다. 하지만 테리는 대학에서 성공적 수행의 최소 학점평균인 2.00보다 낮은 1.50을 받았다. 대학이 테리에 대해 잘못된 입학 결정을 내렸기 때문에 테리는 잘못된 합격자(false positive)에 해당한다. 이 대학이 베티는 입학 후에 성공적인 수행을 보이지만, 테리는 성공적인 수행을 보이지 못할 것이라는 사실을 왜 미리 알지 못했을까? 앞에서 설명한 팻과 존의 사례와 마찬가지로 인사선발에서 이런 정확한 예측을 하기가 힘들다. 그렇다 하더라도 시험에서 600점을 받은 다른 많은 지원자들은 잘못된 합격자(더 작은 영역)보다 올바른 합격자(더 큰 영역)로 판명될 가능성이 더 크다.

네 명의 고등학생이 이 대학에 지원해서 두 명은 합격하고 두 명은 떨어졌다. 합격한 두 명 중 한 명(베티)은 입학 후 성공적인 수행을 보였다. 불합격한 두 명 중 한 명(팻)은 만일 합격시켰더라면 성공적인 수행을 나타냈을 것이다. 존, 팻, 테리, 베티는 모두 대학이 내린 입학 결정에 의해 인생의 방향이 달라질 수 있다. 〈그림 5-10〉에서 알 수 있듯이, 이 대학은 지원자 전체를 대상으로 보면 잘못된 결정(잘못된 합격자와 잘못된 불합격자)보다는 올바른 결정(올바른 합격자와 올바른 불합격자)을 더 많이 내렸다. 그럼에도 불구하고 입학 결정에 사용하는 검사의 완벽하지 않은 타당도 때문에 두 학생(팻과 테리)에 대해서는 대학이 잘못된 결정을 내렸다. 예측변인으로 사용하는 어떤 검사도 완벽한 타당도를 가지고 있지 않기 때문에 선발에서 실수(잘못된 결정)는 항상 발생할 수 있다. 하지만 그렇다 하더라도 이 대학이 검사 점수에 근거하여 잘못된 결정을 하는 횟수보다는 올바른 결정을 하는 횟수가 상대적으로 더 많다. 선발검사의 타당도가 증가할수록 잘못된 결정을 내리는 횟수는 감소한다.

예측변인으로 사용되는 어떤 검사도 완벽한 타당도를 가지고 있지 않기 때문에, 하나의 선발검사를 사용해서는 완벽한 예측을 할 수 없다. 하지만 여러 개의 선발검사를 함께 사용함으로써 인사선발 과정의 타당도를 증가시킬 수 있다. 왜냐하면 각각의 검사는 예측정확성을 높이는 데 독자적인 기여를 할 수 있기 때문이다. 우리가 관심을 가지고 있는 준거에 대해 예측을 얼마나 잘할 수 있을까? 관심의 대상이 되는 준거가 상황에 따라 다르기 때문에 이 질문에 대하여 하나의 답이 있는 것은 아니다. 〈그림 5-11〉에서 원은 우리가 예측하고자 하는 준거의 전체 변량을 나타낸다. 예를 들어, 준거가 대학에서의 성공적인 수행이라고 가정해 보자. 다섯 개 예측변인이 이러한 준거를 예측하는 데 타당하다고 밝혀졌고, 다섯 개 예측변인이 예측하는 변량이 원 안에 진한 색깔로 표시되어 있다. 다섯 개 예측변인 각각이 준거를 예측하는 부분은 원 안에 선으로 구분되어 있다. 다섯 개 예측변인은 (1) 표준화된 언어능력 검사, (2) 표준화된 수리능력 검사, (3) 고등학교 성적, (4) 자기소개서, (5) 추천서이다. 각 예측변인이 대학에서의 학업 능력을 예측하는 정도는 원 안에 각각이 차지하는 영역(조각)으로 표시되어 있다. 다섯 개 예측변인 모두가 통틀어 예측하는 정도를 알아본 결과, 다중상관계수(R)는 .70이었다. 다중상관계수의 제곱(R^2)은 .49이다. 원 안에서 진하게 표시되지 않은 부분은 다섯 개 예측변인으로 예측되지 않는 준거변량을 나타낸다. 원 안에서 이 부분은 예측되지 않는 영역이기 때문에 물음표(?)로 표시하였다. 다중상관계수의 제곱은 예측변인들에 의해 결정되는 준거변량의 양을 나타내기 때문에 통계 용어로 결정계수(coefficient of determination)라고 한다. 이 경우 결정계수가 .49이므로 준거변량의 49%가 이러한 예측변인들에 의해 예측되거나 설명된다고 해석한다. 예측되거나 설명되지 않는 준거변량의 양은 통계 용어로 비결정계수(coefficient of non-determination)라고 한다. 이 값은 1.00에서 결정계수 값을 빼서 간단하게 구할 수 있다. 이 경우에

$$1.00 - .49 = .51$$

이고, 준거변량의 51%가 예측변인들에 의해 설명되지 않는다고 해석한다. 따라서 이 경우 우리가 알고자 하는 준거의 49%는 예측할 수 있지만 51%는 예측할 수 없다.

인사선발에서 통계치에 대하여 낯설은 사람들은 "내가 동전 던지기를 해서도 50% 정도 올바른 인사결정을 내릴 수 있다"고 말할 수 있다. 하지만 인사선발 방법으로 동전 던지기는 전혀 타당도가 없는 방법이다. 즉 동전의 앞면이 나왔느냐 아니면 뒷면이 나왔느냐로 인사결

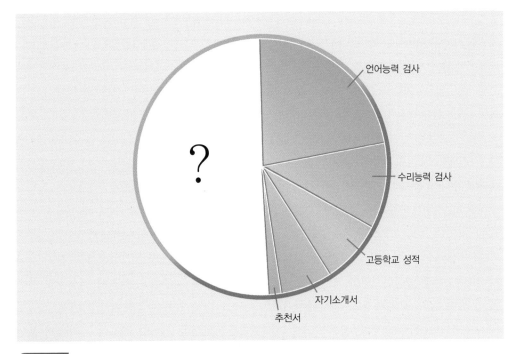

그림 5-11 다섯 가지 평가방법을 사용한 대학 학점평균 예측

정을 내리는 경우 준거변량을 전혀 예측할 수 없기 때문에 예측력이 0%이다. 동전을 던져서 앞면이 나올 확률이나 뒷면이 나올 확률(p)이 .50이라는 것과 결정계수(R^2)가 .50이라는 것을 혼동해서는 안 된다. 동전 던지기에서 .50이라는 확률이 결정계수가 .49인 인사선발 방법의 확률보다 약간 더 높다고 해서 동전 던지기가 더 정확한 인사선발 방법이라는 것을 의미하지 않는다. 동전 던지기에 의한 인사선발은 임의로 채용 결정을 내리는 것이기 때문에 '최악의 방법'이다. 타당한 인사선발 검사를 개발하기 위하여 산업 및 조직심리학자들이 지난 100년 동안 노력해 온 이유는 임의로 채용 결정을 내리는 것보다 더 나은 방법을 찾아내기 위함이었다. 선발검사 점수가 실제 직무수행과 관련성이 높을수록 보다 정확한 선발 결정을 내릴 수 있다. 동전을 던져서 선발 결정을 내리는 경우에는 올바른 결정을 내릴 확률과 잘못된 결정을 내릴 확률이 똑같다. 산업 및 조직심리학에서 인사선발의 역사를 살펴보면 잘못된 선발 결정을 줄이고 올바른 결정을 더 많이 하는 데 지속적으로 관심을 가져왔다. 아무리 훌륭한 검사를 사용한다고 하더라도 잘못된 인사결정은 여전히 있게 마련이다. 그러나 이 경우 잘못된 인사결정의 빈도는 임의로 선발할 때보다 훨씬 더 적어진다.

〈그림 5-11〉에서 보면, 대학에서의 성공을 예측하는 부분(49%)보다 예측하지 못하는 부분(51%)이 약간 더 많다. 설명하지 못하는 변량이 존재하는 이유는 무엇일까? 심리평가 방법이 처음으로 고안된 이후로 지난 100년 동안 이 주제는 논쟁의 대상이었다. 설명하지 못하는 변량에 대하여 단 한 가지 이유가 존재하는 것은 아니다. 인간 행동은 매우 복잡해서 예측하기 어렵다. 하지만 우리는 '할 수 있는(can do)' 요인과 '하고자 하는(will do)' 요인이 복합적으로 작용하여 일상생활에서의 성공이 결정된다는 것을 알고 있다. 이 예에서 최상의 예측변인은 전형적인 '할 수 있는' 요인인 언어능력 검사와 수리능력 검사이다. 인간 행동을 예측하는 데 있어서 '하고자 하는' 요인을 측정하는 타당도 높은 검사가 없다는 것이 골칫거리이다. '하고자 하는' 요인을 측정하는 검사는 야심과 같은 성격요인을 평가하는데, 야심을 측정하는 검사 문항에 대해 지원자들이 쉽게 거짓으로 응답할 수 있다. '하고자 하는' 요인은 대학에서의 성공적 수행에 중요한 영향을 미치지만, 거짓응답 때문에 측정이 어렵다는 문제를 지닌다.

어떤 학생들은 대학에서 성공할 수 있는 능력을 가지고 있지만 성공하고자 하는 야심이 부족할 수 있다. 어떤 학생들은 졸업에 필요한 평균학점을 얻지 못해서 퇴학당하기도 하고, 어떤 학생들은 대학에 대한 흥미를 상실하여 자퇴하기도 한다. 대학에서의 성공은 전공 분야에 의해 영향을 받을 수 있고, 학위 취득에 필요한 시간과 돈과 같은 자원에 의해서도 영향을 받을 수 있다. 요약하자면, 대학에서 학업 성공이라는 준거를 예측함에 있어서 능력 이외에 성격을 비롯한 다양한 변인이 존재한다. 대학에서 학생을 선발할 때보다 조직에서 종업원을 채용할 때 예측변인의 전반적 예측력은 보통 $R^2 = .25$ 정도로 일반적으로 더 낮다. Van

Iddekinge 등(2011)은 작업 준거를 예측함에 있어서 직업 흥미는 인지검사와 성격검사가 설명하는 변량에 추가하여 4~8% 정도의 변량을 더 예측한다고 보고했다. 하지만 성격 검사와 마찬가지로 직업 흥미 검사에서도 직무나 조직과의 부합을 더 높이려는 지원자들이 거짓으로 응답할 가능성이 크다.

마지막으로 존, 팻, 테리, 베티의 경우를 다시 예로 들어 보자. 베티는 대학에 합격하여 성공적인 수행을 나타냈다. 존은 불합격하였고 만일 합격하였더라도 성공적인 수행을 보이지 못했을 것이다. 팻은 합격하였더라면 성공적인 수행을 보였을 것이다. 팻이 '할 수 있는' 요인은 부족했지만 '하고자 하는' 요인에 해당하는 야심이 있어서 성공적인 수행을 보였을 가능성이 있다. 테리는 시험점수가 합격점 이상이라서 입학하였지만, 성공에 대한 야심이 부족하여 대학에서 성공적인 수행을 나타내지 못했을 수 있다. 능력이 조금 떨어지더라도 야심이 있는 지원자가 입사 후에 성공할 가능성이 있지만, 일반적으로 종업원들을 선발할 때 조직은 지원자의 능력을 더 중요하게 고려한다. 이처럼 조직은 인사선발에서 능력 측정치에 더 많은 비중을 두지만 실용적이고 효율적인 선발 결정을 위해서는 지원자의 다양한 요소를 고려할 필요가 있다.

9. 타당도 일반화

Outtz(2011)가 지적한 것처럼, 역사상 특정 사건들이 인사선발과 타당도 개념에 영향을 미칠 수 있다. 타당도 일반화 개념은 연방법의 통과로 인해 산업 및 조직심리학자들이 인사선발의 타당도를 과거와는 다른 방법으로 보여 주어야 하는 필요성에 의해 제안되었다. **타당도 일반화**(validity generalization)란 예측변인의 타당도가 입증된 직무가 아닌 다른 직무나 다른 맥락까지 그 예측변인의 타당도를 확장하거나 일반화하

> **타당도 일반화** : 예측변인의 타당도가 입증된 직무가 아닌 다른 직무나 다른 맥락까지 그 예측변인의 타당도를 일반화할 수 있는 정도를 나타내는 개념

는 것을 말한다. 예를 들어, 어떤 검사가 한 회사에서 비서를 채용하는 데 타당한 것으로 밝혀졌다고 하자. 만일 동일한 검사가 다른 회사에서도 비서를 채용할 때 유용하다고 밝혀졌다면 그 검사의 타당도가 일반화될 수 있다고 말할 수 있다. 똑같은 검사가 사무원과 같은 다른 직무에 종사하는 사람들을 채용할 때도 유용할 수 있다. 이것은 그 검사의 타당도를 일반화할 수 있는 또 다른 경우이다. Murphy(2003)는 "타당도 일반화는 특정 분야에서 누적된 연구 결과들의 의미를 추론하기 위하여 사용되는 통합분석의 특수한 적용 사례를 나타낸다"(p. 3)고 진술하였다. Schmitt와 Landy(1993)는 〈그림 5-12〉에 제시한 것처럼 타당도를 일반화

할 수 있는 다양한 영역을 도식적으로 묘사하였다. 타당도 일반화 개념은 분명히 산업 및 조직심리학자들의 일을 보다 쉽게 해 주기 때문에 산업 및 조직심리학자들이 오랫동안 추구한 목적이었다. 하지만 검사의 타당도가 여러 회사나 여러 직무에 걸쳐 일반화될 수 있는지를 연구한 결과, 흔히 일반화되지 않는다는 것이 밝혀졌다. 즉 검사의 타당도는 원래 타당화하였던 상황에서만 존재한다고 밝혀졌다. 물론 검사의 타당도가 일반화될 수 있는지를 알아보기 위해서는 그 검사가 사용된 모든 상황에서 타당도를 검토해 보아야 한다. 그렇지 않으면 그 검사의 타당도가 일반화될 수 있다고 가정할 수 없다.

Schmidt와 Hunter(1978, 1980)는 인사선발의 수단으로서 타당도 일반화를 지지한다. 그들은 검사의 타당도가 그것이 타당화된 특정 상황에서만 있는 것으로 밝혀지는 이유는 대규모 표본에서 얻어진 결과가 소규모 표본에서도 그대로 얻어진다는 '소수의 법칙(law of small numbers)'에 대한 심리학자들의 잘못된 신념 때문이라고 주장한다. 소수의 표본은 매우 불안정해서 매우 변화무쌍한 검사타당도를 산출하기 때문에 그들은 이러한 신념이 잘못된 것이라고 생각한다. Schmidt와 Hunter는 심리학자들이 검사의 타당도를 알아보기 위하여 대부분의 경우에 소수의 표본(40~50명)을 사용한다고 믿는다. Salgado(1998)는 준거관련 타당도를 알아보는 대부분의 연구에서 사용한 표본 크기의 평균이 너무 작아서 안정적이고 일반화시킬 수 있는 결론을 도출하기 어렵고, 따라서 검사의 타당도가 상황마다 달라진다는 잘못된 결론을 내리게 된다고 보고하였다. Schmidt와 Hunter는 만일 큰 표본을 사용하여 검사의 타당도를 알아본다면 특수한 상황에만 국한되지 않고 타당도를 일반화시킬 수 있다고 주장한다.

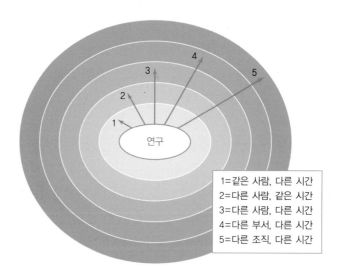

1=같은 사람, 다른 시간
2=다른 사람, 같은 시간
3=다른 사람, 다른 시간
4=다른 부서, 다른 시간
5=다른 조직, 다른 시간

그림 5-12 타당도를 일반화할 수 있는 다양한 영역

타당도 일반화는 검사와 직무수행 간에 하나의 '진정한' 관계가 존재한다는 것을 의미 한 다. 수천 명의 피험자를 포함하는 타당도 연구에 기초하여 .40의 상관관계가 존재한다고 가 정해 보자. 이론적으로, 우리는 엄청나게 큰 표본으로부터 얻어진 이러한 타당도를 적은 표 본을 사용하는 보다 전형적인 고용상황에 일반화시킬 수 있다. 매우 큰 표본을 사용하는 조 직(예 : 군대나 연방정부)은 특정 검사의 타당도를 입증할 수 있으며 나머지 소규모 조직들은 채용을 위해 그 검사를 사용하는 근거로서 이러한 타당도를 그저 빌려 쓰기만 하면 된다. 또 한 대안적으로, 많은 소규모 연구들로부터 얻어진 결과를 한데 합쳐서 통합분석을 함으로써 많은 수의 사례를 확보하여 타당도를 알아볼 수도 있다.

　　Schmidt와 Hunter(1978)는 그들의 주장을 지지하기 위해 1만 명 이상의 표본크기에 기초 한 자료를 제시하였다. 이러한 표본은 군대로부터 얻은 것이었다. 35개 직무에서의 성공을 예측하기 위해 사용하였던 10개의 예측변인에 관한 자료를 보고하였다. 그 결과에 따르면 다른 직무들 간에 매우 유사한 타당도 계수가 나왔는데 이것은 직무들 간의 차이에 따라 예 측변인과 준거 간의 관계가 달라지지 않는다는 것을 의미한다. 연구자들은 충분히 큰 표본에 서는 상황에 따라 타당도가 달라지는 효과가 사라진다고 결론 내렸다. 모든 직무에서의 성공 에 공통적으로 관련되어 있다고 추정되는(타당도가 확장되거나 일반화될 수 있는) 한 가지 심 리적 개념은 일반정신능력(g)인데, 특히 정보처리와 관련된 지능 차원의 타당도가 일반화될 수 있다.

　　인지능력 검사와 직무수행 간의 관계에 대한 통합분석은 지능의 타당도가 다양한 직업 에 걸쳐 정말로 일반화될 수 있다는 증거를 일관성 있게 보여 주고 있다. Schmidt와 Hunter (1981)는 "전문적으로 개발된 인지능력검사는 모든 직무에 있어서 직무수행과 교육수행 에 대한 타당한 예측변인이다"(p. 1128)라고 진술했다. 이러한 결론은 직무수행을 예측하 기 위하여 g(일반정신능력)의 측정에 더 많이 의존할 필요가 있다는 것을 시사한다. 하지만 Guion(1998a)이 관찰한 것처럼, 인지능력에 대한 타당도 일반화로부터의 결론은 모든 인지 능력검사가 모든 직무, 모든 준거, 모든 상황에서 똑같이 타당한 예측변인이라는 것을 의미 하지는 않는다. 이처럼 인지능력이 많은 직업에 걸쳐 직무수행을 예측하기는 하지만 모든 경 우에 대하여 똑같이 예측하는 것은 아니다. 하지만 낮은 수준의 직무에서조차도 인지능력은 여전히 상당한 수준의 예측타당도를 나타낸다. 산업 및 조직심리학자들이 검사의 타당도가 상황마다 달라진다고 믿지는 않지만, 검사 타당도가 여러 가지 다른 직무와 조직에 걸쳐 완 벽하게 일반화될 수 있을지에 대해서는 의문이 있다(James & McIntyre, 2010).

　　Muchinsky와 Raines(2013)는 타당도 일반화가 특정 직업에서의 수행을 예측하는 g의 능력 을 '지나치게 일반화'한 것은 아닌가라는 의문을 제기했다. 음악가, 가수, 배우 같은 예술가나 운동선수 같은 직업군은 산업 및 조직심리학에서 거의 연구되지 않았다. 타당도 일반화에 대한 법조계의 반응은 그다지 긍정적이지 않다. 선발방법의 타당도를 법적으로 입증하도록 요구받은 회사들은 법정에서 타당도 일반화 이론이 잘 받아들여지지 않는다는 것을 알게 된다 (Biddle, 2008). 학문적인 지지에도 불구하고 타당도 일반화를 법적으로 방어하기는 어렵다. Hoffman과 McPhail(1998)은 "검사 사용을 주장하기 위하여 전적으로 타당도 일반화에만 의존하는 것은 아마도 시기상조인 것 같다"(p. 990)고 언급하였다. Newman 등(2007)은 법적 요건과 회사 목표 둘 다 만족시킬 수 있는 인사선발 시스템의 타당도를 보여 주기 위해서는 개별 타당화 연구와 타당도 일반화에 의한 결과를 모두 사용해야 된다고 제안하였다. 저자들은 개별 타당화 연구와 타당도 일반화는 각각 의미 있는 정보를 제공한다고 주장하였다.

Murphy(1997)는 타당도 일반화 연구가 주는 가장 중요한 메시지는 "소규모 표본과 신뢰롭지 않은 측정치에 기초한 타당화 연구는 단지 나쁜 아이디어에 불과하다"(p. 337)고 결론 내렸다. 이러한 연구는 타당도가 상황에 따라 크게 변한다고 믿는 잘못된 결론에 도달할 가능성이 크다. 타당도 일반화 연구는 연구자가 타당화 연구를 설계하는 방식을 개선하도록 하는 데 영향을 미쳤다. 연구가 부적절하게 설계되었을 때, 잘못된 결론에 도달할 가능성이 매우 크다. Guion(1998a)은 타당도 일반화가 과거 35년 동안의 인사선발 연구에서 매우 중요한 방법론적 발전들 중 하나라고 여긴다.

g의 타당도 일반화에 대한 상반된 판단은 산업 및 조직심리학의 과학과 실천 간 차이에 기초하고 있다. 과학의 관점에서 타당도 일반화는 많은 실증적 지지를 받았다. 하지만 실천적 관점에서 타당도 일반화는 조직이 차별적 인사선발 절차를 사용했다는 혐의를 벗겨 주기에 충분한 법적 방어력을 지니고 있지 않다.

10. 합격점 결정

합격점이나 합격점이 어떻게 결정되는지에 관하여 궁금해한 적이 있을 것이다. 즉 검사에 합격하려면 왜 70% 이상을 맞혀야 하는지(운전면허 시험에서처럼), 교육기관에서는 통상적으로 90%, 80%, 70% 이상을 맞히는 점수에 각각 A, B, C 등급을 부여하는지 궁금할 것이다. 수천 년 전에 중국의 한 황제는 어떤 시험을 성공적으로 통과하려면 70% 이상을 맞혀야 한다고 법령으로 포고하였다고 전해진다. 정확히 70%를 맞혀야 한다는 기준이나 혹은 이와 유사한 기준은 역사적으로 볼 때 다양한 검사 장면에서 통과와 탈락을 구분 짓는 기준으로 사용되어 왔다. 산업 및 조직심리학자들은 고용 장면에서의 선발 결정을 주로 다루지만, 합격점을 몇

점으로 할지 그리고 검사 점수에서의 차이를 어떻게 해석할지와 같은 문제에 대해서도 관심을 가져야 한다(예 : Strickler, 2000).

Cascio 등(1988)은 합격점의 결정에 관한 법적, 심리측정적, 전문적 문제들을 상세히 기술하였다. 연구자들이 보고한 것처럼, 설정된 합격점의 적합성을 평가하는 데 사용하는 적절한 기준에 관하여 상당한 의견의 차이가 존재한다. 일반적으로 합격점은 직무에서 만족할 만한 직무 유능성에 대한 기대수준에 맞추어 합리적으로 설정되어야 한다. Zieky(2001)는 "합격점을 임의로 설정하면 두 가지 유형의 분류 오류를 범하게 된다. 만일 합격점을 상대적으로 높게 설정하면, 합격할 사람이 떨어지게 된다. 반면에 합격점을 상대적으로 낮게 설정하면, 떨어질 사람이 합격하게 된다. 한 가지 유형의 오류를 줄이기 위하여 합격점을 올리거나 내리면 자동적으로 다른 유형의 오류가 증가한다는 것을 염두에 둘 필요가 있다. 합격점을 현명하게 설정하기 위해서는 어떤 유형의 오류가 더 치명적인지를 판단해야 한다"(p. 46)고 언급하였다. 따라서 항공기 조종사 선발에서는 높은 합격점을 설정하고 육체노동자 선발에서는 낮은 합격점을 설정하는 것이 현명할 것이다.

유일하고 획일적이고 정확한 합격점은 존재하지 않는다. 뿐만 아니라 모든 상황에서 합격점을 설정하기 위한 최상의 한 가지 방법이 있는 것도 아니다. Cascio 등(1988)은 합격점 설정에 관한 몇 가지 안을 제시했다. 그것은 다음과 같다.

- 합격점을 설정하는 과정은 직무에서 요구되는 중요한 지식, 기술, 능력(KSA)을 알아내는 작업분석으로부터 시작해야 한다.
- 가능하다면 검사 점수와 직무수행에 관한 준거 측정치 간의 실제 관계에 관한 자료를 주의 깊게 고려하여야 한다.
- 합격점은 직무수행에 대한 최소한의 기준이 충족되도록 높게 설정해야 한다.

합격점을 결정하는 과정을 요약하면서 Ebel(1972)은 다음의 사실을 지적하였다. "정말로 옳은 합격점을 찾기를 기대하는 사람은 … (중략) … 실망하게 될 것이다. 왜냐하면 그러한 합격점은 찾으려 해도 존재하지 않기 때문이다. 검사를 실시하는 사람들이나 검사를 받는 사람들 모두가 바라는 것은 합격점을 결정하는 근거가 명확하게 정의되어 있고 그 정의는 가능한 한 합리적이어야 한다는 것이다"(p. 496).

광역화(banding)는 합격점을 설정하는 대안적 방법이다(Murphy et al., 1995). 인사선발에서 전통적인 접근은 지원자들의 검사 점수에 기초하여 지원자들에게 순서를 매기고 높은 점수를 받은 지원자를

> **광역화** : 일정한 범위 내에 있는 검사 점수들은 크기가 다르더라도 똑같은 점수로 해석하는 방법

선발하는 것이다. 대안적 접근은 검사 점수에서 약간의 차이는 무시하는 검사 점수 광역화인데, 같은 점수대에 속한 사람들을 검사 점수가 아닌 다른 근거(예를 들어, 성이나 인종)에 의해 선발함으로써 불리효과를 제거하거나 크게 감소시킬 수 있다. 광역화에서 사용하는 검사 점수대의 폭은 검사의 신뢰도에 따라 달라진다. 검사가 매우 신뢰로울 때는 상대적으로 좁은 점수대를 사용하고 검사가 덜 신뢰로울 때는 보다 넓은 점수대를 사용한다. 이처럼 검사 점수에서 1점 차이(예로서 90점과 89점 간의 차이)가 지원자들의 능력에서 의미 있는 차이를 반영할 정도로 크지 않다고 판단한다. 이러한 논리는 검사 점수에서 2점 차이, 3점 차이 등으로 확장될 수 있다. 결국 검사에서 어느 정도의 차이가 능력에서 의미있는 차이를 반영하는 것인지가 결정된다. 이러한 점수의 차이로부터 점수대가 결정되는데 검사 점수의 분포에 따라 다른 점수대가 결정될 수도 있다.

Arnold(2001)는 검사 점수의 광역화가 대학에서 알파벳 등급으로 학점을 부여하는 것과 똑같은 논리라고 언급하면서 채용 장면에서 검사 점수의 광역화를 인정한 최근의 한 가지 판결 사례를 보고했다. 이 사례에 대하여 법원은 "검사 점수의 광역화는 검사 점수의 해석을 도와준다는 점에서 합법적이며 학문적으로나 상식적으로나 적절하다"(p. 153)고 판결하였다. 하지만, 이러한 법원의 판결은 검사에서 합격점을 결정하는 데 있어서 전문가들이 모두 동의하는 한 가지 방법은 없다는 Ebel(1972)의 지적을 다시 한 번 강조하고 있다. 더 나아가 때로는 선발 결정이 합격점수와는 전혀 관계없는 다른 이유에서 이루어지기도 한다("**현장기록 2 : 지저분한 정치적 행동**" 참조).

11. 검사 효용성과 조직 효율성

다양한 자원이 조직의 성공에 기여한다. 종업원들도 이러한 자원 중 하나이다. 각 자원은 조직 전체의 성공에 기여해야만 한다. 만일 회사가 영리조직이거나 운영의 효율성을 향상시키기를 원한다면, 개선된 인사선발 기법이 전체 이윤과 효율성의 향상에 얼마나 기여했는지를 알아볼 필요가 있다. 만일 새로운 선발 기법을 사용하여 보다 생산적인 작업자들이 선발되었다면, 이러한 선발 기법이 회사에 대해 어느 정도의 가치나 효용성을 가지고 있을까? 검사의 **효용성**(utility)은 문자 그대로 금전적 혹은 경제적 단위로 측정된 검사의 가치를 의미한다. 몇 가지 연구들은 타당한 검사 프로그램이 어느 정도의 효용성을 제공하는지를 보여 주었다.

효용성(utility) : 인사결정이 지니는 경제적 가치를 나타내는 개념

예를 들어, Cascio와 Fogli(2010)는 은행 창구직원 선발검사에서

현장기록 2
지저분한 정치적 행동

이 장에서는 인사결정이 어떻게 이루어지는지를 설명하고 있다. 많은 요인들이 밝혀졌고 설명되었지만 한 가지 요인이 남아 있다. 나는 인사선발에 관한 어떤 책이나 논문에서도 이것에 관하여 논의한 것을 보지 못했다. 그러나 불행히도 이것은 때때로 매우 중요한데 바로 정치적 행동(politics) 요인이다. 내가 경험한 다음의 사례를 소개한다. 나는 대도시의 경찰서장을 뽑는 매우 중요한 자문프로젝트를 맡았다. 이 프로젝트는 매우 투명하게 이루어져야 하고, 매우 영향력이 크고, 막중한 책임이 부여되어 있는 것이었다. 그래서 나는 이 프로젝트를 멋지게 해내고 싶었다. 시에서는 모집공고를 냈고 총 50명의 지원자들이 시에서 설정한 최소 자격요건을 충족시켰다. 나는 50명에 대한 지원서류를 넘겨받아 이들 중에서 가장 훌륭한 후보자들을 가려내야 했다.

나의 첫 작업은 지원서에 적힌 내용을 가중치를 부여하여 채점하는 절차를 통해 각 지원자의 교육배경과 경험을 평가하는 것이었다. 이러한 절차에 의해 지원자들 중에서 25명을 추려냈다. 이러한 25명의 후보자들에게 경찰이 지니고 있는 어려운 문제들을 어떻게 다룰 것인지에 관한 세 가지 논술형 문제를 주고 답안을 적어 내도록 했다. 이들의 답안지를 평가하여 15명의 후보자들을 다시 추려내었다. 다음으로 이들에게 성격검사와 지능검사를 실시하였다. 이러한 결과에 기초하여 최종적으로 10명을 뽑아 이들에게 장시간의 구술면접을 실시하였다. 이러한 모든 평가 결과에 기초하여 나는 최종후보자 10명의 순위를 매겨서 새로운 경찰서장을 인준하는 법적 권한을 가지고 있는 시의회에 그 명단을 제출하였다. 1순위 후보자는 다른 주 출신이었고, 2순위 후보자는 그 시의 경찰 권력순위 2인자인 현직 부서장이었다. 1순위

후보자가 분명히 그 직무에서 최상의 사람이었고 평가점수도 다른 후보자들보다 훨씬 더 좋았다. 나는 7명으로 구성되어 있는 시의회가 새로운 경찰서장으로서 1순위 후보자를 승인하는 쉬운 일만 남아 있다고 생각했다. 그러나 여기에 정치적 행동이 개입되면서 일은 지저분하게 되어 버렸다. 현재 부서장은 세 명의 시의회 의원들과 가까운 친구 사이였다. 그들은 카드놀이를 함께 했고 그들의 부인들도 함께 카드놀이를 하는 사이였다. 처음부터 세 명의 시의원들은 부서장이 선발과정에서 유리하게 평가받을 것이라고 알고 있었다. 사실 거의 대부분의 사람들이 그가 차기 서장이 되리라고 생각하고 있었다. 내가 10명의 후보자들의 명단을 시의회에 제출했을 때 그들은 예상과는 달리 그가 1순위가 아님을 알게 되었다. 이것이 특종 기삿거리였기 때문에 언론은 선발과정을 철저하게 추적 조사하였다. 매체에서는 최종후보 10명의 순위를 공개하였다. 시민들의 일반적인 반응은 시의회가 1순위 후보자를 인준해야 한다는 것이었다. 그러나 시의회 의장은 그의 오랜 친구인 2순위 후보자를 포기하려고 하지 않았다.

시의회 의장(시의회의 세 명의 친구들 중 한 사람)은 다음과 같은 깜짝 놀랄 만한 발표를 하였다. 경찰서에 근무하는 모든 신임 경찰관은 언젠가는 자기도 서장이 되기를 꿈꾸기 때문에 '외부 사람(즉 그 도시 출신이 아닌 후보자)'에게 서장 자리를 주면 경찰의 사기가 떨어지고 모든 신참 경찰관들의 꿈이 영원히 날아가 버릴 것이라고 말하였다. 따라서 그는 차기 경찰서장으로 1순위 사람(외부 사람)이 아니라 2순위 사람(그의 친구인 부서장)을 선발하여야 한다고 시의회 의원들을 설득하였다. 내부 사람과 외부 사람을 구분하는 이러한 발언을 한 것은 처음 있는 일이

(계속)

었다. 명단에 1순위로 있는 후보자에게 흠집을 내기 위해 막판에 새로운 조건을 들고 나온 것이었다. 지역사회의 일부 인사들은 이러한 발언이 시의회 의원들로 하여금 사적인 선택을 하도록 한다면서 거칠게 항의했고 매체에서도 똑같은 이유로 항의하였다. 세 명의 시의원들이 할 수 있는 일은 2순위 후보자가 서장이 되게 하기 위하여 다른 한 명의 시의원이 그에게 표를 던지도록 설득하는 것이었다. 시의회가 열리는 회의장은 보도진들과 사진기자들로 꽉 들어찼으며 시의원들은 공개적으로 투표를 했다. 4 대 3으로 제1순위 후보자(외부 사람)가 새로운 경찰서장으로 인준되었다.

나는 일곱 명 중 네 명의 '찬성'표가 1순위 후보자의 자질을 인정하는 사람들로부터 나왔다고 믿고 싶지만 사실은 그렇지 않았다. 정치적 행동이란 원래 미묘해서 이상한 일들이 벌어질 수 있다. 그들은 단순히 강력한 후보자를 지지해서 그에게 표를 던진 것이 아니라 바로 전에 있었던 정치적인 안건의 처리에서 세 명의 시의원들에게 당했던 것을 앙갚음하기 위해서 그에게 표를 던졌다. 요약하자면, 올바른 결정이 내려지기는 했지만 잘못된 이유에서 그러한 결정이 내려졌다.

나는 대학원 과정에서 교육을 받으면서 이러한 상황에 대하여 전혀 들어 본 적이 없었다는 것을 강조하고 싶다. '조직 내 정치적 행동'에 관한 주제는 제10장에서 논의할 것이다. 정치적 행동은 모든 조직의 모든 수준에서 발생할 수 있다. 이러한 사실을 인정할 때, 나는 가끔 산업 및 조직심리학자들이 어떻게 그들의 임무를 완수할 수 있을지 의문이 들기도 한다.

백분위로 상위 20번째 사람과 하위 20번째 사람의 직무수행을 비교한 연구를 기술하였다. 백분위로 상위 20번째 사람은 한 달에 평균적으로 1,791명의 고객에게 서비스를 제공했지만, 백분위로 하위 20번째 사람은 한 달에 평균적으로 945명의 고객에게 서비스를 제공했다. 검사 점수가 높은 사람들이 명백하게 더 우수한 수행을 보여 주었다. 하지만 타당한 채용검사를 사용함으로써 직무수행이 얼마나 향상되었는지를 측정하는 것과 향상된 직무수행으로 인하여 조직에 어느 정도의 금전적 이득이 발생했는지를 측정하는 것은 다르다. 은행 창구직원의 경우, 한 달에 846명(1,791명-945명)의 고객에게 서비스를 더 제공함으로써 은행에 어느 정도의 금전적 이득이 발생했는지를 알 필요가 있다.

산업 및 조직심리학자들은 검사를 사용하여 우수한 종업원들을 선발하여 얻게 되는 효용성을 조직을 운영하는 리더들에게 알기 쉽고 믿을 만하게 보여 주는 방법을 찾기 위해 오랫동안 노력해 왔다(Winkler et al., 2010). 우수한 종업원들을 가려내는 타당한 선발 방법의 효용성은 복잡한 통계분석을 사용하여 추정할 수 있다. 채용된 종업원의 수와 조직에서 그 직무가 지니는 가치에 따라 금전적 이득은 1년에 수백만 달러가 될 수도 있다. 하지만 검사를 사용하여 얻게 되는 효용성을 추정하기 쉬운 정도는 직무의 종류에 따라 다르다. 예를 들어, 사회복지기관에서 일하는 상담자 직무보다는 공장에서 일하는 생산근로자 직무의 효용성을 추정하기가 더 쉽다(Yoo & Muchinsky, 1998). 더군다나 많은 비즈니스 리더들은 복잡한 통계분석으로부터 산출된 결과를 잘 이해하지 못하거나 받아들이지 않는다. 요컨대 산업 및 조직심리학자들은 타당한 선발방법을 사용하여 종업원들의 직무수행을 향상시킬 수 있다는 것을 성공적으로 보여 주었지만, 이러한 직무수행 향상을 믿을 만한 금전적 지표로 환산하는 것에 대해서는 더 많은 노력을 기울일 필요가 있다.

    자기 회사의 제품이나 절차를 동종 업계에서 앞서가는 회사의 제품이나 절차와 비교해 보는 과정을 **벤치마킹**(benchmarking)이라고 한다. Jayne과 Rauschenberger(2000)는 "최고경영자들은 자기 회사의 관행과 다른 회사들의 관행을 비교해 보는 데 많은 관심을 가지

> **벤치마킹** : 자기 회사의 제품이나 절차를 동종 업계에서 앞서가는 회사의 제품이나 절차와 비교해 보는 과정

고 있다. 이 과정에서 다른 회사에서 효과를 보고 있는 새로운 절차를 알게 되면 자기 회사에서도 실시해 보도록 지시를 내린다"(p. 140)고 진술하였다. 요약하자면, 기업의 리더들은 선발검사를 사용하여 얻게 되는 금전적 가치를 정확하게 평가할 수 있는 능력에 대해 회의적이다. 하지만 동종 업계에서 앞서가는 다른 회사들이 검사를 사용하여 좋은 결과를 얻고 있다는 것을 알게 된다면, 회의적이었던 리더들도 다른 회사의 관행을 따라가게 될 것이다.

12. 배치와 분류

산업 및 조직심리학에서 대부분의 연구들은 지원자들을 채용하는 과정을 다루는 선발에 관한 것이다. 선발보다 덜 사용되기는 하지만 또 다른 인사기능은 사람들을 채용한 다음에 어떤 직무에 배정할지를 결정하는 배치이다. 사람들을 배정할 때 사용하는 변인의 개수에 따라 이러한 인사기능을 배치 혹은 분류라고 부른다. 많은 경우에 선발과 배치는 서로 분리되어 있는 절차가 아니다. 일반적으로 사람들은 특정한 직무에 지원한다. 만일 그들이 채용되면 그들이 지원한 직무에서 일한다. 하지만 일부 조직에서는(그리고 미국의 역사상 어떤 시기에는) 선발과 배치에 관한 결정이 따로 이루어진다.

    사람들을 직무에 배정할 때 사용하는 예측변인의 수에 따라 배치와 분류가 개념적으로 구분된다. **배치**(placement)는 하나의 예측변인 점수에 기초하여 사람들을 두 개 이상의 집단(직무)으로 배정하는 것이다. 많은 중학교 학생들은 수학 적성검사에 기초하여 다양한 수준의 수학반으로 배치된다. **분류**(classification)는 두 개 이상의 타당한 예측변인 요인들에 기초하여 사람들을 직무로 배정하는

> **배치** : 하나의 검사 점수에 기초하여 사람들을 직무로 배정하는 과정
>
> **분류** : 두 개 이상의 검사 점수에 기초하여 사람들을 직무로 배정하는 과정

것이다. 따라서 분류가 보다 복잡하다. 하지만 분류는 배치보다 사람들을 보다 잘 배정한다.

분류는 배치보다 더 낮은 선발률을 사용하기 때문에 효용성이 더 크다. 분류가 배치보다 덜 사용되는 이유는 사람들을 직무로 배정하는 데 사용하는 둘 이상의 타당한 예측변인을 찾기가 상당히 힘들기 때문이다. 분류에 관한 대부분의 연구는 군대로부터 나온 것이다. 군대에서 신병들은 지능, 능력, 적성과 같은 영역을 측정하는 다양한 검사를 받는다. 이러한 점수에 기초하여 신병들은 보병, 위생병, 첩보병 등의 직무에 배정된다. 많은 사람들을 많은 직무에 배정해야 하는 다른 조직들도 이러한 절차를 사용한다. 이러한 제약 때문에 상대적으로 소수의 회사들만이 분류 절차를 사용한다.

군대에서 채용 관련 문제는 민간 분야보다 훨씬 더 복잡하다. 미 육군은 우수한 인재를 유치하기 위해 다른 고용주들과 경쟁해야 한다. De Angelis와 Segal(2012)에 따르면, 군대에서 채용할 때는 직무 요건을 갖추었는지를 보고, 인종과 성별에서 다양성을 고려해야 할 뿐만 아니라 지원자의 직업 흥미도 고려하는 지침을 따르도록 되어 있다. 미 육군은 현재 140만 명의 현역 군인과 80만 명의 예비역을 보유하고 있으며, 전체 인원의 20%는 인종적 소수집단에 속하고 15%는 여성으로 구성되어 있다. 해마다 평가받는 지원자 집단의 규모가 증가하고 무기에 관한 기술 발달과 복잡성 증가로 인해, 미 육군은 신병 충원을 위해 매우 고도화된 분류방법을 사용하고 있다(Rumsey, 2012). 더군다나 민간 분야에서의 고용과 달리, 군대는 중간 또는 상위계층의 직무에 사람을 충원하기 위해 군대 밖의 인력(즉 민간 인력)에서 사람을 채용하지 않는다. 군대에서의 직무는 현역 군인들에 의해 채워지기 때문에 직무에 가장 적합한 사람들을 배정하는 것이 매우 중요하다.

05 이 장의 요약

- 인사결정은 조직에서 이루어지는 선발, 배치, 분류처럼 개인의 직장생활에 영향을 주는 결정을 말한다.
- 모든 기업조직은 종업원들에 대해 인사결정을 내려야 한다. 인사결정을 내릴 때, 어떤 조직은 다른 조직들보다 덜 공식적이고 덜 과학적인 방법을 사용한다.
- 대부분의 국가에서처럼 미국에서는 인사결정이 강한 법률적 맥락 속에서 이루어진다. 많은 법률이 종업원의 권리를 보호하고 있다.
- 차별수정 조치는 다양하고 생산적인 노동력을 만들기 위하여 고안된 사회적 정책이다. 차별수정 조치의 장점에 관하여 뜨거운 사회적 논쟁이 존재한다.
- 모집은 개인으로 하여금 직무에 지원하도록 끌어들이는 과정이다. 지원한 사람들 중에서

적합한 사람들을 선발한다.

- 조직 전략은 인적자원을 어떻게 관리할지에 중대한 영향을 미친다.
- 타당도 일반화는 검사의 예측력이 다양한 직무지원자들과 고용 장면에 일반화되거나 적용될 수 있다는 것을 나타내는 개념이다.
- 검사가 완전한 타당도를 가지고 있지 않기 때문에 채용에 있어서 오류나 실수가 발생한다. 형편없는 종업원을 잘못 채용할 수도 있고, 채용하면 훌륭한 종업원으로 밝혀졌을 지원자를 잘못해서 떨어뜨리기도 한다. 따라서 선발 결정에서는 올바른 합격자, 올바른 불합격자, 잘못된 합격자, 잘못된 불합격자가 존재한다.
- 효용성 분석에 의하면, 타당한 인사선발 방법은 조직에 막대한 경제적 이득을 가져온다.
- 배치와 분류는 종업원들을 가장 적합한 직무에 배정하는 것이다.

조직학습

이 장의 학습목표

- 학습과 과업수행 간의 관계를 설명한다.
- 조직 내에서 교육 필요성을 분석하는 단계를 기술한다.
- 중요한 교육방법의 내용 및 각각의 장점과 단점을 파악한다.
- 능동적 학습 방법의 이점을 파악한다.
- 다양성 교육, 해외 파견근무 교육, 성희롱 방지교육의 중요성을 기술한다.
- 관리능력 개발을 위한 멘토링과 임원 코칭의 역할을 기술한다.
- 교육을 통해 획득된 지식과 기술이 어떻게 직무로 전이되는지 설명한다.
- 교육 및 개발 프로그램에 대한 평가를 설명한다.

이 책에서 지금까지 논의한 것처럼, 일의 세계는 급격하게 변화하고 있다. 조직 외부로부터의 경제적 및 사회적 압력은 일을 수행하는 방식에 영향을 미치고 있고, 이에 따라 종업원들은 기업의 전략적 니즈에 맞추어 일을 수행해야 할 필요가 생겼다. 한 세대 이전의 종업원들은 주로 KSAO가 분명하게 정의되어 있는 직무와 정해진 과업을 수행하기 위해 조직에 채용되었다. '둥근 구멍(직무)에 맞는 둥근 나무못(사람)'을 찾기 위해 선발이 강조되었다. 비유적으로 이야기하자면, 오늘날 구멍의 모양은 끊임없이 변하고 있기 때문에 '직무'의 의미는 과거에 비해 많이 약화되었다. 이처럼 변화하는 일의 세계가 주는 한 가지 시사점은 개인의 기술 향상(enhancement)에 더 큰 비중을 두어야 한다는 것이다. 조직은 외부환경에 의해 달라지는 새로운 기술을 기꺼이 배우고자 하는 지적인 사람들을 고용할 필요가 있다. 오늘날 조직에서는 새로운 기술 습득이 빠르고, 팀워크를 잘하고, 다양한 고객을 상대할 수 있고, 조직의 성공에 기여할 수 있는 여러 가지 능력을 갖춘 사람을 요구한다. 간단하게 이야기하자면, 조직과 조직의 종업원들은 빠르게 변화하는 일의 세계에 적응하기 위한 새로운 기술을 끊임없이 학습해야 한다.

이 장에서는 인력을 **교육**(training)시키고 **개발**(development)하는 다양한 주제를 다루고 있기 때문에 이 장의 제목을 '조직학습'이라고 붙였다. 간략하게 설명하자면, 교육과 개발은 종업원의 KSAO를 향상시키는 데 초점을 두고 있다는 점에서는 같지만, 이러한 KSAO의 즉각적인 활용 여부에서 차이가 있다. 즉 교육은 즉각적으로 수행해야 할 직무나 역할에 필요한 KSAO를 향상시키는 데 목적이 있는 반면에, 개발은 즉각적인 목적이 아닌 장기적인 관점

> 교육 : 즉각적으로 직무 혹은 역할을 수행하기 위해 종업원들에게 필요한 지식과 기술을 향상시키는 과정
>
> 개발 : 종업원에게 필요하지만 즉각적으로 활용하지는 않는 지식과 기술을 향상시키는 과정

에서 필요한 KSAO를 향상시키는 것을 의미한다. 뿐만 아니라 조직에서 공식적으로 실시하는 교육에 의한 학습과 비공식적 혹은 비의도적 학습 간에는 중요한 차이가 존재한다. 비공식적 혹은 비의도적 학습은 우리의 삶을 개선하기 위하여 우리가 처한 환경에 주의를 기울이고 적응함으로써 지식을 습득하고 사용하는 것이다. 학습자가 스스로 학습하고 학습할 내용을 선택하기 때문에 비공식적 학습은 자율적이고 학습자 주도적인 특징을 지닌다. Tannenbaum 등(2010)은 조직 내에서 이루어지는 학습에 있어서 공식적 교육이 약 10%밖에 기여하지 못한다고 추정했다. 나머지 학습은 비공식적으로 이루어진다. 오늘날 조직은 지속적으로 학습하고 발전하는 것이 중요하기 때문에 구성원들의 학습의지와 능력의 역할이 점점 더 커지고 있다. 따라서 오늘날 일의 세계에서 요구되는 능력을 개발하기 위하여 공식적 교육 프로그램의 중요성과 가치가 더 높아지고 있다.

조직학습의 중요성은 빠른 속도로 부각되고 있다. 조직 내에서 이러한 교육 및 개발을

책임지고 있는 사람의 직무 명칭이 "교육 및 개발 담당임원"에서 "최고 학습관리자(Chief Learning Officer)"로 바뀌고 있다(Danielson & Wiggenhorn, 2003). 이처럼 최고 학습관리자는 조직에서 재무를 담당하는 최고 재무관리자나 운영을 담당하는 최고 운영관리자와 동등한 위치로 지위가 격상되었다. Danielson과 Wiggenhorn(2003)은 조직학습의 중요성에 대하여 다음과 같이 언급하였다.

> 오늘날 진보적인 기업들은 학습을 비용의 요소로 보지 않고 기업 간 전쟁에서 경쟁우위를 확보하기 위한 무기로 간주한다. (중략) 기업들이 학습에 대한 투자를 증가시켰고, 이러한 투자의 결과로 기업의 수행이 향상되었고, 이러한 기업들은 학습의 결과가 현장에 전이되는 것을 평가하고 전이를 향상시키기 위한 모델이나 방법을 찾는 데 많은 노력을 기울이고 있다(p. 17).

제1장에서 산업 및 조직심리학의 역사를 다루면서 현재를 정보화 시대이며, 경제 기반 지식으로의 전환이 특징이라고 언급하였다. 우리는 일상생활에서 정보의 홍수 속에서 살고 있으며, 이러한 정보를 사용 가능한 지식으로 전환하는 것이 매우 중요하다. Tannenbaum(2002)은 "일터에서 정보나 아이디어를 다루고 문제를 해결하고 창의적인 업무를 수행하는 지식근로자가 차지하는 비중이 증가하고 있다"(p. 15)고 언급하였다. 미국 노동부는 1970년대에는 12~15년마다 종업원들의 지식이나 기술의 50%가 쓸모없게 되었지만, 오늘날에는 평균적으로 30~60개월마다 50%가 쓸모없게 된다고 추정했다. 모든 일이 정보와 관련된 일처럼 빠르게 변하는 것은 아니지만, 우리는 직무를 처음 시작할 때 사용했던 기술들이 쓸모없어지고 새로운 기술을 끊임없이 배워야 하는 '평생학습 시대'에 살고 있다. Molloy와 Noe(2010)는 인터넷이 출현하기 전에는 사람들이 직업을 갖기 위해 필요한 지식을 학습함으로써 삶의 초반에 평생 직업이 결정되었다고 하였다. 하지만 인터넷이 생긴 이후의 지식기반 사회에서는 사람들이 일생 동안 여러 개의 경력을 가질 가능성이 있기 때문에 지속적으로 학습을 해야 한다. Molloy와 Noe가 언급한 것처럼, "성공적인 경력에 관한 연구에 있어서 심리적 성공을 위하여 자기 자신의 모습을 바꾸고 재정립하는 이슈보다 더 중요한 주제는 없다"(p. 355).

1. 학습과 과업수행

학습 : 교육이나 경험을 통해 지식이나 기술에서 변화가 일어나는 과정

선언적 지식 : 사실이나 사물에 관한 지식

지식 통합 : 학습의 결과로 획득된 지식

절차적 지식 : 어떤 주제를 설명하거나 문제를 해결하기 위하여 정보를 어떻게 사용해야 하는지에 관한 지식

학습(learning)은 정보의 입력, 보존, 사용의 과정으로 정의할 수 있다. 학습에 대한 이러한 관점으로부터 Howell과 Cooke(1989)은 개인을 '인간 정보 처리자'라고 언급하였다. 정보를 단기적으로나 장기적으로 사용하기 위하여 처리하는 특수한 절차는 인지심리학에서 광범위하게 연구하는 주제가 되었다(Weiss, 1990). 이 절에서는 학습이 교육 및 개발과정에 미치는 영향에 관한 이해를 촉진시키기 위해 이러한 연구들로부터 얻어진 몇 가지 유용한 결과들을 살펴볼 것이다.

Anderson(1985)은 기술 획득이 선언적 지식, 지식 통합, 절차적 지식이라는 세 가지 단계로 나뉜다고 언급하였다. **선언적 지식**(declarative knowledge)은 사실이나 사물에 관한 지식이다. 기술 획득에 있어서 선언적 지식은 개인이 과업을 기본적으로 이해하는 데 사용하는 기억과 추리과정을 포함한다. 이 단계에서는 개인이 과업에 대한 시범을 관찰하고 과업을 수행하는 일련의 법칙들을 배운다. 개인은 과업을 이해하고 수행하는 데 거의 모든 관심을 집중하여야 한다. 선언적 지식 단계에서의 수행은 느리고 실수를 범할 가능성이 있다. 개인이 과업을 충분히 이해한 다음에는 기술 획득의 두 번째 단계인 **지식 통합**(knowledge compilation) 단계로 넘어갈 수 있다.

지식 통합 단계에서는 개인이 과업 수행에 필요한 인지적 및 신체적 운동 과정의 순서들을 통합한다. 과업을 단순화하거나 능률적으로 수행하는 다양한 방법을 시도하고 그 결과를 평가해 본다. 선언적 지식 단계보다 수행이 점점 빨라지고 더 정확해진다. 과업의 목표와 절차가 단기기억에서 장기기억으로 옮겨 가면서 개인이 주의를 집중해야 하는 정도가 줄어든다.

절차적 지식(procedural knowledge)은 다양한 인지적 활동을 실제로 어떻게 수행하는지에 관한 지식을 말한다. 본질적으로 개인이 기술을 자동으로 수행할 수 있을 때 기술 획득의 이러한 마지막 단계에 도달하는 것인데 개인은 주의를 거의 기울이지 않고도 과업을 효율적으로 수행할 수 있게 된다(Kanfer & Ackerman, 1989). 상당한 연습을 한 후에는 다른 과업에 주의를 돌리면서도 실수할 가능성이 거의 없이 과업을 수행할 수 있다. DuBois(2002)는 전문가들이 자신만이 알고 있는 지식을 정확하게 묘사하지 못하기 때문에 이러한 절차적 지식이 그들에게는 '제2의 천성'이라고 보고했다.

Ackerman(1987)은 기술 획득을 위한 세 단계에서 세 가지 능력이 매우 중요하다고 제안하였다. **일반정신능력**(general mental ability, g)은 선언적 지식을 획득할 때 가장 중요한 요인이다.

새로운 과업을 처음으로 접할 때는 많은 주의를 기울여야 한다. 그러나 과업에서 요구되는 것을 이해하기 시작하고 수행전략을 개발함에 따라 주의를 기울여야 하는 정도가 줄어들고 과업수행을 위한 지적 능력의 중요성도 감소된다.

개인이 기술 획득의 선언적 단계에서 절차적 단계로 옮겨 가는 과정에서는 **지각속도 능력**(perceptual speed ability)의 중요성이 더욱 증가된다. 개인은 과업수행 방법에 대하여 기본적으로 이해하기 시작하면서 최소한의 주의를 기울이면서도 과업을 수행할 수 있는 보다 효율적인 방법을 찾으려 한다. 이 단계에서 지각속도 능력은 정보를 보다 빨리 그리고 보다 효율적으로 처리하는 데 가장 중요하다.

마지막으로 기술 획득의 마지막 단계로 넘어가면서 개인의 **심리적 운동 능력**(psychomotor ability) 수준이 그들의 수행에 영향을 미친다. "이처럼 최종적으로 숙련된 수행에서의 개인차는 반드시 과업수행의 최초 수준이나 기술 획득의 속도에 영향을 미치는 능력에 의해서만 결정되는 것이 아니다"(Kanfer & Ackerman, 1989, p. 664). Farrell과 McDaniel(2001)은 이러한 기술 습득 모델이 타당하다는 것을 실증적으로 밝혔다. 따라서 절차적 지식 단계에서는 심리적 운동 능력(예 : 신체협응 능력)이 과업수행의 최종 수준을 결정한다.

인지심리학으로부터의 이러한 연구 결과들에 근거할 때, 개인 능력과 과업수행 단계 간에 복잡한 관계가 존재한다는 것이 명백하다. 이러한 결과들은 어떤 사람들이 과업수행에 필요한 최소한의 능력을 빨리 획득하더라도 그다음에 높은 수준의 과업 유능성을 개발시키지 못하는 이유에 대한 설명을 제공해 준다. 반대로 다른 사람들은 처음에는 과업을 천천히 배우지만 점진적으로 높은 수준의 과업 유능성을 나타낸다. 이러한 결과들은 왜 사람마다 학습 속도가 다른지를 설명해 줄 뿐만 아니라 개인의 능력을 향상시키기 위하여 교육 및 개발 과정을 어떻게 구성해야 하는지를 알려 준다.

학습이 이루어지는 과정과 학습된 것이 직무로 전이되는 과정을 밝히기 위하여 몇 개의 중요한 연구들이 수행되었다. Ford와 Kraiger(1995)는 어떤 분야에서 전문가라고 여겨지는 사람과 초심자를 구분해 주는 두드러진 세 가지 특징을 발견하였다. 첫 번째는 절차화와 자동성이다. **절차화**(proceduralization)란 일련의 조건화된 행동규칙으로서, 만일 조건 A가 존재하면 행동 B가 발생한다는 것이다. **자동성**(automaticity)은 인지적 노력이 거의 요구되지 않을 정도로 빠른 수행의 경지를 말한다. 자동성은 개인으로 하여금 의식적인 통제 없이 과업을 수행할 수 있도록 해 주기 때문에, 동시에 다른 부가적인 과업을 수행하는 것이 가능하다. 전문가는 사물에 대한 지식을 가지고 있을 뿐만 아니라, 언제 그러한 지식이 적용될 수 있는지에 대해서도 알고 있다. 초심자가 어떤 특정한 정보를 회상해 내는 것은 전문가만큼 할 수 있을지 몰라도, 전문가들은 이러한 정보들을 원인과 결과의 관계로 연결 짓는 데 있어서는 초심자보다 탁월한 능력을 발휘한다. 두 번째 특징은 **정신모델**(mental model)로서, 지식을 조직화하는 방식을 의미한다. 전문가의 정신모델은 학습에서 의미 있는 패턴을 찾아내기 위한 진단적 단서들을 초심자보다 더 많이 가지고 있기 때문에 초심자의 정신모델보다 질적으로 우월하다. 전문가들은 보다 복잡한 지식구조를 가지고 있기 때문에 초심자보다 문제해결을 훨씬더 빨리 한다. 세 번째 특징은 **초인지**(meta-cognition)로서, 개인이 자신의 인지를 파악하고 통제하는 것을 의미한다. 전문가들은 과업에서 요구되는 것과 그들 자신의 능력을 매우 잘 알고 있다. 전문가들은 나중에 성공적이지 못한 것으로 판명될 가능성이 큰 문제해결 전략은더 이상 사용하지 않을 것이다.

    Salas 등(2012)에 따르면, "전문지식은 오랜 시간 동안 계획적으로 훈련해 온 결과물이다"(p. 356). 종업원이 전문성을 갖추기 위해 필요한 지식과 기술은 일터에서의 교육 프로그램과 개발기회를 통하여 얻을 수 있다. 이 장에서는 이러한 기회들에 대해 다룰 것이다.

2. 교육 필요성 분석

교육 프로그램을 개발하기에 전에 개인, 팀, 조직 수행에 있어서 무엇이 부족한지 파악하는 것이 중요하다. Surface(2012)에 따르면, **교육 필요성 분석**(training needs assessment)이란 구체적인 교육 목표를 설정하고 어떤 교육방법과 기법이 수행에서의 결함을 줄이거나 제거하는 데 가장 효과적인지를 알아내기 위해 교육의 필요성을 찾아내고 구체화하는 체계적인 과정이다. 요컨대 교육 필요성 분석은 교육이 필요한지 아닌지, 필요하다면 어느 정도 필요한지를 이해하는 데 도움을 준다.

> **교육 필요성 분석** : 교육 필요성을 밝혀내고 구체화하는 체계적인 과정으로 조직분석, 과업분석, 개인분석으로 구성됨
>
> **조직분석** : 조직의 전략적 목표와 자원 및 지원의 사용 가능성을 밝히는 교육 필요성 분석의 한 부분

    교육 필요성 분석에는 세 단계가 있다. 첫 번째 단계는 **조직분석**(organizational analysis)이다. 조직분석의 목적은 조직의 주요 전략적 목표를 확인하고, 교육 개발 및 실시에 필요한 자원이 있는지 파악하며, 경영층과 종업원들이 교육 실시에 대해 호의적인 태도를 지니고 있는지를 분석하는 데 있다. Salas 등(2012)에 따르면, 교육은 여러 장애물과 제약사항 때문에 실패할 수 있다. 조직분석을 통해 이런 장애물들을 확인하고 교육 전에 개선할 수 있다. 예를 들어, 교육 실시를 위한 적절한 자원이 없다면 성공적인 교육을 기대할 수 없다. 이와 반대로 교육에 투자하는 조직은 교육을 통해 많은 보상을 얻을 수 있다. Sung과 Choi(2014)는 내부 교육 프로그램에 투자한 조직은 교육 실시 후 2년간 조직 혁신에서 상당한 성과를 거두었다는 것을 발견하였다.

두 번째 단계는 **과업분석**(task analysis)이다. 과업분석의 목적은 종업원들이 직무를 수행함에 있어 부족한 KSAO가 있는지, 어떤 과업에서 지속적으로 낮은 수행을 보이는지를 알아내는 데 있다. Arthur 등(2003)에 따르면, 과업분석은 개인이 자신의 직무를 효과

> 과업분석 : 교육이 필요한 과업을 밝히는 교육 필요성 분석의 한 부분

적으로 하기 위해 반드시 알아야 할 것이 무엇인지 밝히는 것이다. 또한 Salas 등(2012)은 과업분석이 교육 목표를 명확하고 포괄적으로 설정하는 데 도움을 준다고 하였다. 제3장에서 논의한 작업분석으로부터 얻어진 정보가 유용하게 사용된다. 작업분석을 통해 알게 된 과업과 KSAO는 교육 목표를 설정할 때 도움을 주는데, 수행이 낮은 것으로 밝혀졌을 때 특히 그러하다. 직무수행평가를 통해 수행이 낮다는 것이 밝혀지거나 일터에서 사고(예 : 사고가 발생하거나 외부감사로부터 규정 미준수 지적을 받는 경우)가 발생할 때는 교육이 필요하다. 예를 들어, 어떤 식당이 위생 검사관에게 낮은 판정 등급을 받았다면, 그 식당 종업원에게는 위생 규정과 절차에 대한 교육이 필요하다.

마지막 단계는 **개인분석**(person analysis)으로, 개인분석의 목적은 어떤 종업원에게 교육이 필요한지를 알아내는 데 있다. Salas 등 (2012)이 요약한 것처럼, "개인분석은 교육이 필요한 사람이 필요

> 개인분석 : 누가 교육을 받을 필요가 있는지를 밝히는 교육 필요성 분석의 한 부분

한 교육을 받을 수 있도록 하는 데 목적이 있다"(p. 340). 모든 종업원이 나쁜 수행을 보이거나 KSAO가 부족한 것은 아니다. 또한 조직에서의 교육이 모든 종업원에게 유익한 것은 아니다. 예를 들어, 과업분석을 통해 종업원들의 판매기술이 결여되어 있다는 것을 알았더라도 모든 종업원이 판매기술을 지닐 필요는 없다. 따라서 개인분석의 목적은 교육을 필요로 하지 않은 사람까지 교육에 참여시켜 자원을 낭비하기보다는 교육을 반드시 받아야 할 사람을 알아내는 데 있다.

Kraiger와 Culbertson(2013)에 따르면, 개인분석은 "교육을 효과적으로 설계하고 전달하기 위해 학습자의 특성(예 : 학습자 적성 혹은 학습자 동기)을 찾아내는 것이다"(p. 245). Surface(2012)가 언급했듯이, 학습을 통해 수행에서의 결함이 모두 해결되는 것은 아니다. 실제로, 종업원들은 그들이 무엇을 해야 하는지 알고는 있지만 그것을 효과적으로 하기 위한 능력과 동기가 부족할지도 모른다. 예를 들어, 이 책의 저자들에게 덩크 슛을 가르치는 것은 시간과 돈을 낭비하는 것이다. 왜냐하면 저자들은 덩크 슛을 하기에 신체적인 한계를 지니고 있기 때문이다.

교육 필요성 분석이 학습자의 동기와 자원 사용의 효율화를 촉진시킨다는 이점이 있음에도 불구하고, 실제로 교육 프로그램 설계와 실시에 앞서 필요성 분석은 그리 자주 실시되지는 않는다. Surface(2012)는 교육 필요성이 명백할 때는 교육 필요성 분석을 간략하게 하거나

완전히 생략하는 경우도 있다고 하였다. 필요성 분석을 하지 않고 교육을 실시하는 또 다른 경우는 법적 혹은 자격요건을 충족하기 위해 교육을 실시하는 경우이다. 예를 들어, 동등고용기회위원회(Equal Employment Opportunity Commission, EEOC)는 작업장에서 성희롱을 근절하기 위한 최선의 해결책은 예방이기 때문에 조직에서 성희롱은 용납되지 않는다는 것을 종업원들에게 분명하게 알릴 것을 권고하였다. 더 나아가 이 장의 뒷부분에서 자세히 기술할 성희롱 방지교육을 제공하는 것이 성희롱을 예방하는 한 가지 방법이라고 하였다. 이처럼 많은 조직은 종업원들의 법에 대한 이해나 이러한 학습에 대한 동기와 상관없이 모든 종업원에게 성희롱 방지교육을 받을 것을 요구한다.

3. 교육방법과 기법

Kraiger(2008)는 학습이론들이 오랫동안 진화되어 왔기 때문에 산업 및 조직심리학자들이 제안한 교육방법도 함께 발전되었다고 보고했다. 과거에 사용된 교육방법은 종업원들이 자신들의 직무를 수행하는 데 필요한 지식의 양이나 종류가 정해져 있다고 가정했다. 따라서 이러한 지식을 종업원들에게 어떻게 하면 가장 잘 전수할 수 있을지가 최대 관심사였다. 이러한 지식을 충분히 습득하면 종업원들은 직무를 수행할 충분한 자격을 갖춘 것으로 여겨졌다. 하지만 학습에 관한 최근의 관점에 따르면, 과목을 이수하거나 워크숍에 참가하여 지식을 습득하는 것만이 학습이 아니다. 오늘날 대부분의 직무에서 성공하기 위해서는 다양한 행동들이 필요하다. 요컨대 직무를 수행하는 한 가지 방식만이 존재하지 않는다. Kraiger에 따르면, 직무에서 달성할 목표가 중요한 것이지 목표를 어떻게 달성할 것인지는 상대적으로 덜 중요하다. 학습을 이런 관점에서 보면, 교육의 역할은 목표를 달성하는 다양한 방법을 가르치는 데 있다.

정보화 시대에 직무수행에 요구되는 지식은 고정되어 있지 않다. Kraiger가 언급한 것처럼, "학습과 직무수행 간의 구분은 점점 불분명해지고 있다"(p. 462). Salisbury(2009)는 오늘날 일의 세계를 새로운 정보를 학습하기 위해 "지속적인 몰입(continuous immersion)"이 필요한 세상으로 묘사함으로써 이러한 관점을 지지했다.

여기서 다 소개할 수 없을 만큼 여러 종류의 교육방법이 존재한다. 교육방법은 그것이 향상시키고자 하는 기술의 폭이 다르다. 다음에 자세하게 기술하겠지만 행동 모델링과 같은 방법은 교육에서 다루는 기술의 폭이 좁은 반면, 경영 게임과 같은 방법은 교육에서 다루는 기술의 폭이 넓다. 또한 교육방법은 향상시키고자 하는 기술의 유형도 다르다. 역할연기 같은 방법은 주로 대인관계 기술을 향상시키고자 설계된 반면에, 인공지능형 개인교습 시스템과 같은 방법은 인지적 기술을 향상시키는 것에 초점을 두는 경향이 있다. 교육방법에서 가장 강력한 추세는 컴퓨터 기반 교육으로의 전환이다. 따라서 컴퓨터 기반 교육을 먼저 소개하고 그다음에 컴퓨터를 사용하지 않는 교육을 다룰 것이다.

1) 컴퓨터 기반 교육

컴퓨터와 인터넷이 일하는 방식을 바꿔 놓은 것처럼, 컴퓨터와 인터넷은 조직학습을 향상시키는 데도 획기적인 방식을 제공했다. 오늘날 의사소통 기술의 발달로 인하여 심리학자들은 지식이 행동에 미치는 영향과 학습이 이루어지는 과정에 관한 새로운 이론들을 만들어 내고 있다. 새로운 학습 방법을 이러닝(e-learning)이라고 부른다(Clark & Mayer, 2008). 학습매체 자체로는 컴퓨터가 책보다 특별히 더 나은 점은 없다. 예를 들어, 책의 내용을 단순히 컴퓨터 모니터로 본다고 해서 책의 교육적 가치가 더 높아지는 것은 아니다. 또한 종이에 적힌 내용을 컴퓨터 화면으로 변환하여 본다고 해서 학습이 향상되는 것도 아니다. 컴퓨터를 강력한 매체로 만들어 주는 것은 책과 같은 다른 매체로는 가능하지 않은 방식으로 학습을 용이하게 해 주는 데 있다.

교육의 역할은 목표를 달성하는 다양한 방법을 가르치는 데 있다. Kraiger(2008)는 **컴퓨터 기반 교육**(computer-based training)이 교육에 대한 이러한 관점에 가장 잘 부합한다고 주장하였다. 학습은 화상회의, 온라인 방식의 주제토론, 온라인 채팅, 파일 공유처럼 다양한 방식으로 이루어질 수 있다. 웹 기반 교육(web-based training)의 다양한 활용성은 직무 수행을 성공적으로 하기 위해 개인이 상황에 따라 다양한 행동을 하는 것과 같다. 이처럼 컴퓨터 기반 학습은 직무를 수행하는 한 가지 방식만을 학습하는 것이 아니라 각자에게 가장 적합한 방식이 무엇인지를 알 수 있도록 한다. 컴퓨터 기반 교육은 매우 역동적이고, 이러한 교육에서 학습자는 학습에 적극적으로 참여한다.

> 컴퓨터 기반 교육 : 지식과 기술 습득을 향상시키기 위하여 컴퓨터를 사용하는 교육방법

Blanchard와 Thacker(2004)는 컴퓨터에 기초한 다양한 교육방법에 대해 포괄적으로 기술하였다. 1990년대 초에 인터넷이 출현한 이후에 전자공학이나 통신의 발전으로 인하여 컴퓨터에 기초한 다양한 교육방법이 생겨났다.

프로그램화된 교육 **프로그램화된 교육**(programmed instruction)은 모든 컴퓨터 기반 교육의 기초를 제공한다. 컴퓨터가 출현하기 오래전부터 사용되어 왔던 방법이다. 이 방법은 교육생과 컴퓨터 시스템 모두가 학습속도를 조절할 수 있는 자기 진도 조절 학습(self-paced learning) 방법이다. 프

> 프로그램화된 교육 : 교육생이 학습 진도를 조절할 수 있는 가장 기본적인 컴퓨터 기반 교육

로그램화된 교육은 교육생에게 정보를 제공하고, 질문을 하고, 응답에 따라 다음 질문이 결정되는 방식으로 진행된다. 교육생이 정답을 말하면 다음에는 새로운 정보와 관련된 새로운 질문을 제시한다. 하지만 교육생이 틀린 답을 말하면 다시 기존 정보를 학습하기 위해 기존의 정보와 관련된 질문을 제시한다. 따라서 교육생은 자신의 학습속도에 맞추어 학습을 진행할 수 있다. 정답을 많이 맞힌 교육생은 진도를 더 빨리 나갈 수 있다. Van Buren(2001)은 앞서가는 기업들의 80%가 프로그램화된 교육방법을 사용하고 있다고 추정했다.

교육 장면에서 Stanisavljevic과 Djuric(2013)은 강의법보다는 프로그램화된 교육이 더 효과적이라는 것을 발견하였다. Martin 등(2014)은 프로그램화된 교육은 "융통성이 있고 반복 학습을 가능하게 하며, 일관된 운영은 학습 경험을 표준화하고, 다중감각적 특징(색, 소리, 문자, 애니메이션, 그래픽, 특수효과)을 지니고 있다"(p. 27)고 하였다. 그러나 이러한 이점에도 불구하고, 컴퓨터를 사용하는 것이 익숙하지 않은 학습자들에게는 프로그램화된 교육이 좌절감과 낮은 학습동기를 야기할 수 있다. 또한 쉽게 부정행위를 하거나 다른 사람들이 모르게 일부 교육 내용을 학습하지 않은 상태로 넘어갈 우려가 있기 때문에 다른 방법들보다 더욱 자기통제가 필요하다.

인공지능형 개인교습 시스템 | 개인에게 맞춤형 학습을 제공하기 위하여 인공지능을 사용하는 정교화된 컴퓨터 기반 교육

인공지능형 개인교습 시스템 인공지능형 개인교습 시스템(intelligent tutoring system)은 프로그램화된 교육보다 더욱 정교하며 교육생을 개인지도하기 위해 인공지능을 사용한다. 인공지능 시스템은 교육생에게 적합한 수준의 교육을 선택하고 교육생의 학습진도에 맞추어 교육을 진행한다. 즉 이러한 시스템은 교육생에게 어떤 방식이 효과적인지 아닌지를 알아내서 교육방식을 적절하게 수정한다. 이 방법은 몇 가지 요소를 포함하고 있다. 영역 전문 지식은 이 시스템에서 가르칠 내용에 대한 일련의 지식들이다. Blanchard와 Thacker(2004)는 "교육생 모형은 교육생들이 교육기간 동안 어떤 수행을 보이는지에 관한 다양한 정보가 저장되어 있는 모형이다. 교육생이 질문에 어떤 답을 하느냐에 따라 교육생을 개인지도하기 위해 교육생 모형에 저장되어 있는 정보를 사용한다. 교육과정 관리는 교육생의 응답을 해석하고, 그에 따라 더 많은 정보를 제공하고, 교육생이 학습주제에 대해 더 탐구할 수 있도록 도와주고, 교육생이 정답을 알아낼 수 있도록 지도해 주는 요소이다"(pp. 246–247)라고 언급하였다.

인공지능형 개인교습 시스템은 제시하는 질문의 순서와 난이도를 자유롭게 변화시킬 수 있다. 이 방법은 프로그램화된 교육과는 달리 교육생의 응답패턴에 따라 학습과정을 자유롭게 변경시킬 수 있기 때문에 프로그램의 정교화 수준에 있어서 프로그램화된 교육과 구별된다. Salas와 Kozlowski(2010)는 인공지능형 개인교습 시스템은 "충실하고, 효과적이며, 효율

적인 방법으로 교육을 운영하기 위한 강력한 도구를 제공할 수 있다"(p. 473)고 하였다

상호작용적 멀티미디어 교육 상호작용적 멀티미디어 교육(interactive multimedia training)은 인공지능형 개인교습 시스템보다 기술적으로 더 정교하다. '멀티미디어'라는 용어가 시사하듯이, 이 교육은 실제 상황과 유사한 교육환경을 제공하기 위해 교재, 사진, 그래프, 비디오, 그래프, 애니메이션, 소리를 종합적으로 사용한다. Cannon –Bowers와 Bowers(2010)는 상호작용적이고 가상적인 교육방법을 "인위적 학습 환경"이라고 불렀다. 이 방법을 사용하면 교육생들이 마치 실생활의 직무상황에 놓인 것처럼 느끼고, 실생활의 특정 문제를 다루고, 즉각적인 피드백을 받을 수 있다. 상호작용적 멀티미디어 교육에서는 실수를 하더라도 그 결과가 실생활에서만큼 심각하지 않기 때문에 위협적이지 않은 환경에서 기술들을 배울 수 있다. Blanchard와 Thacker(2004)는 의과대학 학생들에게 멀티미디어 교육을 적용한 한 가지 사례를 다음과 같이 기술하였다.

> 상호작용적 멀티미디어 교육 : 교육생에게 현실적이면서도 위협적이지 않은 환경을 제공하기 위하여 시각 정보와 청각 정보를 함께 사용하는 컴퓨터 기반 교육

전적으로 컴퓨터를 사용하는 이 교육에서는 의대 학생들이 가상적인 환자의 병력을 검토하고, 진찰하고, 검사를 실시한다. 진찰하는 과정에서 의대 학생들은 환자의 흉부를 검사하는 것을 선택할 수도 있다. 학생이 '흉부검사' 버튼을 누르면, 컴퓨터는 어떤 종류의 검사(육안 검사, 심박 검사, 청진 검사)를 실시할지를 묻는다. 학생이 청진 검사(폐의 작동소리를 듣는 것)를 선택했다고 가정해 보자. 그 학생은 환자의 흉부에서 발생하는 소리를 들을 수 있다. 소리에 대한 해석을 토대로 진단을 내리고, 그 진단에 해당하는 버튼을 누른다. 그러면 그 학생이 내린 진단의 정확성에 대하여 피드백이 바로 주어진다. 학생의 진단이 틀린 경우에는 그 이유에 대한 설명이 제공되고, 올바른 진단을 내리기 위해 필요한 지식을 담고 있는 보충교재를 학습하도록 한다(p. 248).

가상현실교육 Noe(2010)는 모의상황의 효과를 향상시키고 학습의 전이 가능성을 높이기 위해서 교육생들에게 즉각적인 피드백을 주어야 하고 모의상황이 현실과 유사해야 한다고 하였다. **가상현실교육**(virtual reality training)은 가상적인 3차원 환경 속에서 작업환경을 실제처럼 구현하는 것이다. 가상('거의 비슷한'을 의미하는)현실교육은 교육생이 실제 작업환경에서 학습하면 교육생이 위험에 처하거나 장비 등을 망가뜨릴 수 있는 기술을 배울 때 유용하다. 예를 들어, Blanchard와 Thacker(2004)는 교육생이 다치거나 자동차를 망가뜨리는 것을 걱정할 필요 없이 경찰관들에게 과속하는 차량을 안전하게 정지시키는 방법을 교육하

> 가상현실교육 : 컴퓨터가 구현하는 3차원 영상을 사용하는 컴퓨터 기반 교육

는 데 가상현실교육이 사용되었다고 보고하였다. 교육생은 인위적인 환경 속에서 '가상적인 자기존재(telepresence)'를 체험하기 때문에 이 방법은 효과가 있다. 가상현실교육에서는 시각 및 청각 정보를 받기 위한 헤드셋, 촉각 정보를 받기 위한 장갑, 움직임을 느끼기 위한 발판과 같은 기구들이 사용된다. 교육생들이 위 또는 아래를 보거나, 왼쪽 또는 오른쪽을 볼 때, 그들은 서로 다른 시각적 이미지를 경험하게 된다. 이러한 가상현실에 대한 교육생의 반응은 감각 장비에 의해 모니터링된다. Salas와 Kozlowski(2010)는 가상현실교육과 같이 실감 나는 모의상황은 "학습자들이 깊게 몰입할 수 있게 하고, 정서적으로나 생리적으로 흥미진진한 경험을 제공하고, '즐거운 학습'을 촉진시키고, 현실적으로 의미 있는 작업 상황을 만들어 낸다"(p. 473)고 하였다. 그럼에도 불구하고 가상현실교육은 매우 높은 비용으로 인해 용도가 한정적이기 때문에 아직까지는 가장 드물게 사용되는 컴퓨터 기반 교육 방법이다.

2) 컴퓨터를 사용하지 않는 교육

최근의 교육방법들에서는 컴퓨터를 사용하는 것을 선호하지만, 컴퓨터를 사용하지 않는 교육방법들도 여전히 존재한다.

경영게임 **경영게임**(business game)은 회사의 운영을 가상적으로 해 보는 것이다. 이 방법에서는 가상적인 회사를 설정하고, 경영목표(예 : 정해진 수준의 이윤을 달성하기)를 세우고, 교육생들이 따라야 할 규정과 절차를 알려 준다. 또한 교육생들에게 회사가 처한 상황을 기술하는 정보를 제공하고 의사결정 규칙을 알려 준다. 또한 사전에 설정한 조직의 목표(이윤 달성)가 달성되거나 정해진 수의 의사결정을 내릴 때까지 게임은 계속된다. 어떤 경영게임에서는 교육생이 비윤리적이고 비정상적인 방법을 사용하면 손쉽게 이윤을 얻을 수 있는 기회가 주어지기도 한다. 따라서 교육생들은 목표달성을 위하여 이와 같은 갈등 상황에 처하기도 하고 게임이 진행되는 동안 자신이 내린 의사결정을 방어해야만 한다. 또한 경영게임에서 다른 사람들이나 팀과 경쟁해야 하는 경쟁의 요소가 포함되기도 한다. 실제로

> 경영게임 : 교육생이 따라야 할 규정과 달성할 구체적인 목표를 설정하고 기업을 가상적으로 운영해 보도록 하는 교육방법
>
> 역할 연기 : 교육참가자가 집단적으로 이루어지는 활동에서 다양한 역할을 해 봄으로써 대인관계 기술을 향상시키는 교육방법

Martin 등(2014)은 경영게임이 지니는 경쟁 요소나 응용 가능성은 참가자의 동기를 향상시킬 수 있다고 하였다. 잘 짜인 게임에는 교육생들이 경험하게 되는 반전, 상호의존적인 성과, 우여곡절 등이 포함되어 있다.

역할 연기 **역할 연기**(role playing)는 인간관계 기술이나 판매기법을 향상시킬 목적으로 자주 사용되는 교육방법이다. 역할 연기는 흔히 많은 사람을 포함한다. 이 방법은 원래 임상심리

학에서 유래되었는데, 실제 혹은 상상적인 대인 간 상호작용의 문제를 제시하고 이러한 상황에 자발적으로 행동하도록 하는 것이다. 실제로 행동을 해 본 후에 일반적으로 그러한 행동이 어떠했고 왜 그런 행동을 했는지에 관하여 토의가 이루어진다. 참가자들은 장차 이러한 문제를 어떻게 보다 효과적으로 해결할 수 있을지를 제안한다.

역할 연기는 연극에서 배우들이 정해진 대사대로 말하는 것처럼 완전히 각본이 짜여 있는 것이 아니다. 대신에 참가자들은 시나리오에서 정해진 배역을 할당받는다. 예를 들면, 시나리오에서의 장면이 백화점이 될 수도 있다. 한 사람은 최근에 구매한 제품에 대해 불만을 가지고 있는 성난 고객의 역할을 맡는다. 다른 사람은 고객의 불평에 주의를 기울여야 하는 점원의 역할을 맡는다. 미리 정해진 일반적인 지침을 준수하는 것만을 제외하고 참가자들은 그들이 원하는 대로 자신들의 역할을 자유롭게 연기할 수 있다. 그들의 수행은 역할 연기에서 적극적인 역할을 맡지 않는 사람들에 의해 평가된다. 교육 장면에서는 학급의 학생들이 관찰자가 될 수 있고, 기업 장면에서는 상사가 관찰자가 될 수도 있다.

다양한 방식의 역할 연기가 있을 수 있다. 어떤 때에는 참가자들이 연기를 여러 번 반복하지만 배역을 서로 바꿔 가면서 한다. 어떤 경우에는 감독자가 노조대표의 역할을 하는 것처럼 실생활에서 그들이 하는 역할과 정반대의 역할을 하기도 한다. 이러한 역할을 해 봄으로써 참가자는 다른 사람의 편에 서서 그들의 입장을 이해하는 기회를 갖는다.

행동 모델링 행동 모델링(behavior modeling)은 수행이나 업무가 뛰어난 사람들의 행동을 모방하는 기법이다. 모방할 행동의 모델로서 전문가를 사용한다. 이 방법에서는 전문가의 행동을 적절하게 모방하는 경우에 보상을 제공한다. 일반적으로 이 방법은 구체적인 행

> 행동 모델링 : 인간 행동을 수정하기 위하여 모방학습과 강화를 사용하는 교육방법

동기술을 교육시키기 위해 좁은 범위의 행동에 초점을 둔다. 행동 모델링은 대인관계 기술, 판매, 산업현장에서의 안전, 채용면접 등과 같은 교육에 사용된다. 이 방법의 한 가지 변형으로, 교육생의 수행을 비디오로 녹화해서 전문가의 행동과 비교해 보기도 한다. 한 화면을 반으로 나누어 한쪽에는 전문가의 행동을 다른 쪽에는 교육생의 행동을 보여 주고 교육생은 자신이 무엇을 개선해야 하는지를 알 수 있게 한다. 행동 모델링은 교육생의 개인적 속성(예 : 나이나 성별)에 관계없이 성공적으로 모방할 수 있는 일련의 행동(예 : 화난 고객을 효과적으로 다루는 영업사원의 행동)에 기초하고 있다. Taylor 등(2005)은 행동 모델링 교육에 대한 통합분석을 실시했다. 그들은 학습내용에 대한 일반적인 설명보다는 구체적인 행동에 근거한 지침들을 제시할 때 기술이 최대로 향상된다고 결론 내렸다. 예를 들어, 교육생들에게 "주의 깊게 들어라"라고 가르치는 것보다 "마음의 문을 열기 위해 잘 듣고 공감하라"고 가르칠 때 교육이 더 효과적이다.

4. 능동적 학습 방법

수동적 학습 방법과 능동적 학습 방법이 있다. Kraiger와 Culbertson(2013)에 따르면, 능동적 학습 방법을 사용하는 교육 프로그램은 "교육생이 질문을 하고, 탐구하고, 피드백을 추구하고, 결과를 생각해 보도록 함으로써 지식의 습득을 촉진시킨다. 따라서 교육생의 역할을 강조한다"(p. 250). Bell과 Kozlowski(2010)는 능동적 학습 방법이 전통적인 수동적 학습 방법 (예 : 강의나 비디오 시청)과 두 가지 측면에서 다르다고 하였다. 첫째, 수동적 학습 방법에서는 학습자들이 단지 정보를 받는 사람에 불과한 반면, 능동적 학습 방법에서는 학습자들이 스스로 학습을 통제한다. 능동적 접근법에서는 학습자들이 어디에 관심을 둘 것인지, 학습에서의 진전을 어떻게 알아볼 것인지, 그들의 노력에 대한 효과를 어떻게 판단할 것인지를 스스로 결정하고 학습에 대한 책임을 진다. 둘째, 능동적 접근법에서는 학습자가 스스로 환경을 조작하고 결론에 도달할 수 있기 때문에 학습이 귀납적으로 이루어진다고 가정한다. 반면에 수동적 접근의 경우는 개인이 교육강사나 컴퓨터 프로그램과 같은 외부 요인으로부터 지식을 습득하기 때문에 학습이 연역적으로 이루어진다고 가정한다. Bell과 Kozlowski(2010)가 언급했듯이, 능동적 학습 방법에서는 "개인들이 효과적인 수행을 위한 규칙, 원리, 전략을 추론하기 위한 과업을 스스로 탐구하고 실험한다"(p. 266). 학습자들은 교육 내용에 능동적으로 관여함으로써 중요한 개념에 대해 더 풍부한 이해를 하고, 심지어 교육 동안 경험하지 않은 상황을 작업 현장에서 겪게 되더라도 학습한 것을 쉽게 전이시킬 수 있을 것이다. 다음에는 두 가지 능동적 학습 방법인 실수 관리 교육과 자기조절 교육에 대해 논의할 것이다.

1) 실수 관리 교육

일상생활에서 위대한 진리 중 하나는 경험으로부터 배운다는 것이다. 특히 실수로부터 배우는 것은 매우 강력한 학습의 한 가지 방식이다. 그러나 우리가 실수로부터 배우기는 하지만 실수를 하면 벌을 받기 때문에 실수를 범하는 것에 모순이 존재한다. 학교에서 실수를 하면 낮은 학점을 받게 된다. 직장에서 종업원들이 실수를 하면 징계를 받거나 심하면 해고되기까지 한다. 이처럼 처벌을 받지 않기 위해 실수를 하지 않도록 교육받는다. 하지만 심리학적 관점에서 보면 실수는 학습을 향상시키기 때문에 교육에서 한 가지 전략적 요소로 간주될 수 있다. 이러한 원리로부터 참가자들에게 오히려 실수를 하도록 권장하고 실수로부터 배우는 **실수 관리 교육**(error-management training)의 개념이 나오게 되었다. Ellis 등(2006)은 사람들이 실수로부터 배울 수 있고, 개인의 어떤 구체적 행동이 실수를 유발했는지를 신중

> **실수 관리 교육** : 종업원들에게 실수를 권장하고 실수로부터 배우도록 하는 교육시스템

하게 검토하고 분석한다면 미래의 수행을 향상시킬 수 있다고 하였다. van Dyck 등(2005)은 실수를 했을 때 처벌하지 않는 조직문화를 만드는 것에 대해 제안하였다. 그들은 실수에 대한 개방적인 의사소통과 실수에 대한 조기발견 및 복구라는 두 가지 요인이 이러한 조직문화에서 매우 중요하다고 주장하였다.

실수 관리 교육은 학습에서 매우 유용한 접근 방법이다. 하지만 두 가지 문제를 반드시 염두에 두어야 한다. 첫째, 실수 관리 교육은 회사 내에서 수행이 좋은 사람에 대한 우리의 고정관념을 뒤엎는 것이다. 따라서 실수를 거의 하지 않기 때문에 수행이 좋은 종업원보다는 오히려 실수를 많이 하지만 실수로부터 배우는 종업원을 더 높게 평가하는 결과가 발생할 수 있다. 둘째, 어떤 실수라도 조직에 해를 끼쳐서는 안 된다. '가장 좋은' 실수는 조직에 전혀 해로운 영향을 미치지 않거나 혹은 나쁜 영향을 최소화하는 것이다. 실수로부터 배울 수 있는 학습 효과가 커야 하고, 다른 상황에도 이러한 학습이 적용될 수 있어야 하고, 조직의 다양한 이해관계자들이 수긍할 수 있어야 한다. 따라서 이런 종류의 실수는 조직에 대한 부정적 영향을 인위적으로 통제할 수 있는 모의상황이나 연습과 같은 교육 상황에서 더 유용할 것이다. Keith와 Frese(2008)는 교육 목적이 한 가지 업무를 수행하는 데 필요한 특정 기술을 배우는 것일 때보다는 많은 업무에 일반화될 수 있는 기술을 배우는 것일 때 실수 관리 교육이 더 효과적이라고 결론 내렸다.

요컨대 실수로부터 배운다는 실수 관리 교육의 기본적 전제는 타당하다. 하지만 실수로부터의 학습 효과가 있음에도 불구하고 실수의 부정적 결과가 치명적인 상황에서는 실수를 좀처럼 하지 않는 종업원에게 업무를 맡길 가능성이 크고, 실수를 많이 하는 종업원은 '실수투성이'라는 오명을 얻을 가능성이 있다. 실수 관리 교육의 효과는 종업원 특성에 따라 다르게 나타난다. 예를 들어, Cullen 등(2013)은 성실성과 외향성이 낮은 사람들보다 높은 사람이 실수 관리 교육 프로그램에서 더 나은 수행을 보인다고 밝혔다. 따라서 실수 관리 교육과 같은 능동적 학습 방법이 유익하다 할지라도 모든 사람에게 항상 적절하거나 효과적인 것은 아니다.

2) 자기조절 교육

자기조절이란 과업 요건을 충족시키기 위해 개인이 스스로 자신의 생각, 기분, 행동을 수시로 관찰하고 조정하는 과정을 의미한다. 학습자들이 교육 동안 자신의 행동과 반응을 자기조절할 수 있도록 하여 과업에 몰입하고 스스로 문제를 해결할 수 있도록 하여 학습된 지식과 기술을 교육 밖의 특정 상황에 적용시킬 수 있도록 돕는다. Bell과 Kozlowski(2010)에 따르면, **자기조절 교육**(self-regulatory training)은 〈그림 6-1〉처럼 세 부분으로 구성되

> **자기조절 교육**: 종업원이 교육 기간 동안 자신의 행동과 반응을 관찰하고 조절하는 교육시스템

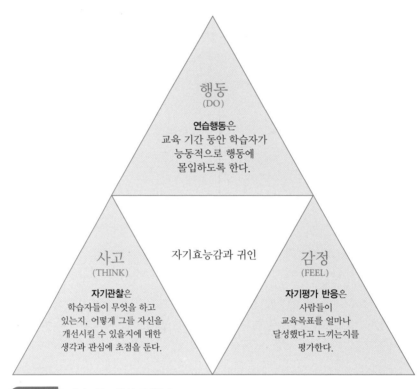

그림 6-1 자기조절 교육의 구성요소

어 있다. 첫 번째는 교육 동안의 **연습행동**(practice behavior)이다. 이것은 학습자가 기술 향상에 집중할 수 있도록 능동적으로 과업에 몰입하는 것이다. 두 번째는 **자기관찰**(self-monitoring) 로서, 교육목표에 자기 자신이 얼마나 도달했는지에 관심을 두는 것이다. 교육에서 자기관찰은 자신이 지금 무엇을 하고 있는지, 그리고 자신의 노력을 개선하기 위하여 무엇을 할 수 있을지를 능동적으로 생각하도록 요구하는 인지적 요소이다. 세 번째는 **자기평가 반응**(self-evaluation reaction)으로, 이것은 학습효과에 대해 학습자가 느끼는 정서적 반응이다.

Bell과 Kozlowski(2010)는 더 나아가 자기조절 교육이 효과적이기 위해서 학습자들은 과업 성공을 위한 능력, 즉 **자기효능감**(self-efficacy)에 대해 높은 수준의 자신감을 가져야 하고, 결과가 발생한 원인에 대해 적절한 귀인을 해야 한다고 하였다. 즉 만약 개인이 그들의 성공을 운 때문이라고 생각하거나 실패의 이유를 불친절한 강사 탓으로 돌린다면, 지속적으로 몰입하고 유지되는 자기조절 과정이 줄어들 것이다. 이는 학습자들이 성공이나 실패에 대해 외부 귀인하기 때문이다. 학습자들은 수행 결과에 대해 외부 귀인하기보다는, 성공적인 수행은 자신의 근면함 때문이고, 나쁜 수행은 부적절한 노력과 잘못된 과업전략 때문이라는

> **자기효능감** : 성공적으로 수행할 수 있다는 자신의 능력에 대한 신념

것을 명확하게 인식해야 한다.

자기조절 교육의 효과는 고무적이다. Sitzmann 등(2009)은 교육 동안 자신의 생각과 행동을 자기 조절하는 사람들은 그렇지 않은 사람들보다 선언적 지식과 절차적 지식을 더 많이 획득한다는 것을 발견하였다. Sitzmann과 Ely(2010)는 교육 동안 학습자에게 자기조절을 하도록 하는 것은 과업에 더 많은 시간을 할애하도록 만들어서 결과적으로 더 많은 것을 학습한다고 보고하였다. 제12장에서 동기의 자기조절 이론을 다룰 때 자기조절 주제에 대해 다시 논의할 것이다.

5. 특별 교육 주제

교육 주제는 조직 내에서 매우 다양하고, 대체로 조직분석과 개인분석에 의해 결정된다. 교육은 반드시 배워야 하는 다양한 기술에 필요한 특정 지식에 초점을 둔다. 조직 내에서 교육을 통해 폭넓게 다루어야 할 세 가지 주제가 있다. 이 세 가지는 다양성 교육, 해외 파견근무 교육, 그리고 성희롱을 예방하고 단절하는 교육이다.

1) 다양성 교육

조직 내 인력구성이 매우 다양해지고 있다. 기술의 진보와 글로벌화에 따라 우리가 만나는 동료, 고객, 고용주가 매우 다양하다. 다양성에는 육안으로 쉽게 볼 수 있는 인구통계적 차이와 같은 **표면적 수준의 특성**, 그리고 처음 봤을 때는 알 수 없는 성격이나 가치와 같은 **내면적 수준의 특성**이 있다. 조직은 다양성의 증가에 대해 수동적으로 대응하기보다는 다양성을 주도적으로 관리해야 한다. Chrobot-Mason과 Quiñones(2002)는 일터에서 다양성의 실제적 중요성에 대하여 다음과 같이 요약하였다.

> 일터에서의 노동력이 점점 더 다양해짐에 따라, 조직은 이러한 추세를 무시하고 이전처럼 운영을 계속할 것인지 아니면 다양성에 대처할지를 결정해야만 한다. 노동력 구성에 있어서 인구통계적 변화를 무시하면 소수민족 종업원들을 유치하거나 유지하는 것이 어려워지고 소송에 휘말릴 가능성이 높아질 것이다. 반대로, 다양한 노동력을 구성하기 위하여 조직의 관행이나 정책을 변화시키면, 차별로 인한 소송 가능성을 최소화할 수 있을 뿐만 아니라 다양한 노동력이 조직의 창의성이나 문제해결에 도움을 주는 부가적 혜택을 누릴 수 있다(p. 151).

다양성 교육(diversity training)의 목적은 조직의 목표달성과 개인 개발을 위한 종업원의 기여를 방해하는 가치관, 고정관념, 관리 관행과 같은 장벽을 줄이는 것이다(Noe & Ford, 1992). Roberson 등 (2012)은 다양성 교육이 다양성에 대한 지식을 향상시키고, 교육생들의 다양성에 대한 태도를 개선하고, 교육생들이 다양성을 다루는 기술을 개발할 수 있도록 하는 것이라고 하였다. Hayles(1996)는 다양성 교육은 "머리(지식), 손(행동과 기술), 마음(감정과 태도)을 포함한다"(p. 106)고 하였다.

이러한 목표를 성취하기 위하여 많은 다양성 교육 프로그램은 주로 다양성 인식에 초점을 둔다. Roberson 등에 의하면, 다양성에 대한 인식 향상은 세 가지 주요 목적을 가지고 있다. 첫째, 다양성에 대한 교육생의 지식을 향상시키는 것이다. 조직이 다양성에 대해 어떤 시각을 가지고 있는지를 알려 주고, 다양한 집단에 대한 잘못된 신념을 없애고, 사회 내 인구통계적 변화에 관한 사실을 알려 주며, 고정관념과 편견이 어떻게 생기게 되는지 이해시킨다. Chrobot-Mason과 Quiñones(2002)는 이러한 시도가 종업원들에게 정서적인 부담을 주고 저항이나 거부반응을 유발할 수 있다고 하였다. 따라서 전통적인 강의실 방법으로 다양성 교육을 실시할 때는 경험이 많은 강사를 써야 한다,

다양성 인식의 두 번째 목적은 교육생들이 사람들을 분류하고, 자신과 다른 사람들 간의 공통점을 찾는 데 있다. 여기서 중요한 것은 '내집단(in-group)'인 사람과 '외집단(out-group)'인 사람이 따로 있다는 믿음을 약화시키는 것이다. 교육생들이 다른 사람들과의 유사성을 찾도록 하고 집단의 특성보다는 개인의 정체성을 볼 수 있도록 교육시킨다. Roberson 등에 의하면, 교육생들이 사람들을 어떻게 범주화해 왔는지를 다시 생각하도록 하기 위해 사용하는 일반적인 과제는 "나는 누구인가?"에 대해 답해 보는 것이다. 이 활동에서 참가자들은 자기 자신을 어떻게 바라보는지를 적고 사람들과 논의한다. 이러한 과정을 통해 참가자들은 그들의 자아정체성에 대한 생각이 겉보기에는 다른 사람들이 그들에 대해 생각하는 것과 실제로 매우 유사하다는 것을 발견하게 된다.

마지막으로, 다양성 인식은 개인들이 가지고 있는 그들 자신에 대한 지식과 믿음 체계에 대한 변화를 유도한다. 이것의 목적은 사람들이 그들 자신의 태도와 행동을 이해하고, 다른 사람들을 어떻게 바라보고 대해야 하는지를 알도록 하는 데 있다. Roberson 등은 참가자의 자기이해를 향상시키기 위한 교육방법들은 자기 스스로를 되돌아보도록 한다고 하였다. Pendry 등(2007)은 사회적 특권을 이해하는 데 유용한 활동과제를 소개하였다. 이 과제에서 참가자들은 방 한쪽 편에 한 줄로 선 다음, 여러 진술문(예 : "나는 사립학교에 다녔다.")에 자신이 해당하는 경우(즉 특권을 지닌 경우) 한 발짝 앞으로 나간다. 일반적으로 지배적인 인종

집단에 속하는 참가자들은 다른 민족 혹은 인종 집단보다 여러 발짝 앞으로 나아갔고, 이러한 활동과제는 "실제 사회에서 존재하는 현상을 실감 나게 보여 주었다"(p. 32). 참가자들은 앞으로 한 발짝 나아가는 것뿐만 아니라, 만약 진술문이 참가자가 지닌 불리한 사항을 포함하고 있는 경우에는 뒤로 한 발짝 가도록 하였다. 이 활동 과제에 성별, 성적 성향, 사회경제적 지위, 다른 사람들에 비해 더 가지고 있는 사회적 이득과 관련된 기타 특성에 관한 진술문을 포함할 수 있다. 〈표 6-1〉은 이러한 활동과제의 예시 문항을 보여 주고 있다.

Roberson 등(2012)에 따르면 일반적으로 단기간, 장기간의 다양성 프로그램은 둘 다 참가자들의 지식을 향상시킬 뿐만 아니라 다양성에 대한 일반적 태도를 변화시키는 데도 성공적이었다. 그러나 특수 집단에 대한 태도 변화를 가져오는 데는 덜 효과적이었다. Rynes와 Rosen(1995)은 인적자원 전문가들을 대상으로 조직 내 다양성 주제에 관하여 중요한 설문조사를 실시하였다. 다양성 프로그램을 성공적으로 적용한 조직들은 최고 경영층으로부터 강력한 지원을 받았고 조직의 다른 목표들에 비해 다양성에 높은 우선순위를 두었다. 또한 다양성 교육의 성공은 모든 관리자의 의무적인 참석, 교육 결과에 대한 장기적인 평가, 다양성 증진을 위한 관리적 보상, 조직에서 다양성의 의미에 대한 매우 포괄적인 정의와 관련되어 있었다.

그러나 모든 교육이 긍정적인 효과를 나타내는 것은 아니다. 다양성 프로그램이 때때로 교육생의 거부반응과 부정적인 행동을 유발하는 경우도 있다(예 : Sanchez & Medkik, 2004). 실

표 6-1 다양성 인식 향상을 위한 특권 활동과제의 예시 문항

특권 진술문
1. 만약 당신의 가족이 건강보험에 가입했다면, 앞으로 한 발 가시오.
2. 만약 당신이 장애를 가지고 있다면, 뒤로 한 발 가시오.
3. 만약 당신이 고등학교를 졸업하였다면, 앞으로 한 발 가시오
4. 만약 당신이 밤에 혼자 걸어 다니는 것이 위험하다고 느낀 적이 있다면, 뒤로 한 발 가시오.
5. 만약 당신이 여러 권의 책이 꽂혀 있는 서재가 있는 집에서 자랐다면, 앞으로 한 발 가시오.
6. 만약 당신이 학자금 대출을 받은 적이 있다면, 뒤로 한 발 가시오.
7. 만약 당신과 같은 인종이나 민족성을 가진 사람들이 TV 프로그램이나 영화에서 영웅으로 나오는 것을 자주 보았다면, 앞으로 한 발 가시오.
8. 만약 당신이 친구나 가족 덕분에 높은 임금의 직장을 가져 본 적이 있다면, 앞으로 한 발 가시오.
9. 만약 당신이 이혼을 한 적이 있거나 이로 인해 충격을 받았다면, 뒤로 한 발 가시오.
10. 만약 당신의 부모님이 대학을 졸업하였다면, 앞으로 한 발 가시오.

제로 몇몇 비평가들로부터 다양성 교육이 성공적이지 못했다는 비판도 존재한다. Hemphill 과 Haines(1997)는 텍사코 정유회사가 인종차별 소송에서 1억 7,600만 달러의 기록적인 합의금을 지불했고, 미 육군도 5천 명 이상의 여성들로부터 성희롱과 관련된 소송의 가능성에 직면하고 있다는 사실을 인용했다. 이러한 두 조직은 과거에 이미 다양성 교육을 실시한 적이 있었다. 그들은 조직이 조직 내 사람들 간에 서로 어떻게 느끼는지를 강제로 변화시킬 수는 없지만 차별이나 성희롱을 그냥 묵과하지 않는 정책을 채택해야만 한다고 주장했다.

2) 해외 파견근무 교육

해외 파견근무자(expatriate)라는 용어는 보통 2~5년 정도 정해진 기간 동안 해외 근무를 위해 파견하는 종업원을 의미한다. 해외 파견근무 교육의 필요성은 두 가지 이유에서 증가되고 있다. 첫 번째 이유는 해외로 파견되는 사람들의 수가 증가하고 있다는 것이고, 두 번째 이유는 파견된 사람들이 적응하지 못해서 실패하는 경우가 많기 때문이다. 예를 들어, Wildman 등(2010)에 따르면, 해외파견 관리자의 3분의 1이 해외 근무기간을 다 채우지 못하고 조기에 그만둔다. 관리자들이 근무기간을 다 채우더라도 그들의 역할수행이 성공적이지 않을 수 있다. 해외 파견근무자들의 적응실패로 인한 1년간 비용은 약 20억 달러로 추산된다.

> 해외 파견근무자 : 정해진 기간 동안 다른 나라에서 파견근무를 하는 사람

글로벌 조직에서는 종업원들이 여러 지역을 돌며 연속해서 해외근무를 하는 경우가 흔하므로 이런 사람들은 계속 이 지역 저 지역을 옮겨 다닌다. Fan과 Wanous(2008)는 이런 사람들을 "일시 체류자(sojourner)"(즉 여행자)라고 불렀다. 그러나 개인이 해외 출장이나 근무를 얼마나 자주 또는 얼마나 오래 하는지와는 상관없이, 해외 파견근무자의 성공적인 수행을 위해서는 교육이 필요하다. Caligiuri와 Hippler(2010)가 지적한 것처럼, 해외근무를 하는 것과 다른 문화에 대한 역량을 개발하는 것 간에는 차이가 있다. 해외근무를 한다고 모든 사람이 다른 문화에 대한 이해 역량이 개발되는 것은 아니다.

해외 파견근무자 교육의 핵심 내용은 비교 문화적 이슈에 집중되어 있다. 프로그램의 대부분은 개인이 파견근무지에서 어떤 차이를 경험하게 되는지 그리고 이러한 차이를 어떻게 다룰 것인지를 교육한다. 교육생들은 비즈니스 관습, 에티켓, 의사소통에서의 장애와 같은 주제에 대해 배운다. 문화에 따라 다른 표현과 제스처를 알게 되면 모르는 것에 대한 두려움이 감소되고 불미스러운 사고도 피할 수 있을 것이다. 이러한 내용의 교육은 해외 파견근무자가 그 나라의 구성원들과 편안하게 상호작용할 수 있도록 함으로써 해외 파견지에서의 적응을 도와준다. Stahl과 Caligiuri(2005)는 일본과 미국에 파견된 독일 종업원들을 대상으로 연구하였다. 그들은 적응을 잘 못하는 해외 파견근무자들이 파견국의 사람들과 교류하는 것을 불

편하게 여기기 때문에 파견근무하는 독일 동료들과만 어울리는 경향이 있다는 것을 발견하였다. Moon 등(2012)은 교육 내용의 폭을 넓히는 것이 교육 기간보다 더 중요하다고 지적하였다.

언제 교육을 실시하고 누구를 교육시키냐에 따라 해외 파견근무자의 적응과 수행이 달라진다. 예를 들어, 206명의 해외 파견근무자 표본에서 Wurtz(2014)는 파견지 도착 후 비교 문화적 교육을 받은 사람들은 교육을 받지 않거나 혹은 출발 직전에 교육을 받은 사람들에 비해 더 나은 수행을 보인다는 것을 밝혔다. 누구를 교육시킬 것인지도 중요하다. Nam 등 (2014)에 따르면, 가족 구성원이 파견지에 적응하는 것도 해외 파견근무자의 주요 성공 요인이다. 이와 같이 Arthur와 Bennett(1995)은 비교 문화 교육에 해외 파견근무자의 배우자나 다른 가족 구성원들을 포함시키고, 만약 가능하다면 그들을 파견지에 한번 가 보게 해서 새로운 환경을 경험하게 하는 것도 좋은 방법이라고 하였다.

3) 성희롱 방지 교육

제5장에서 우리는 시민권법 7장에 대해서 논의하였고, 일곱 개의 보호 집단 중 한 가지는 성별이었다. 요약하면, 시민권법 7장은 남성과 여성 모두 그들의 성별에 의해 직장에서 차별대우를 받으면 안 된다는 것을 규정하고 있다. 이러한 대우(treatment)는 성희롱을 포함한다. 동등고용기회위원회(EEOC, 1980)는 **성희롱**(sexual harassment)을 다음과 같이 정의한다.

> 성희롱 : 상대방이 원치 않는 성적 접근, 성적인 호의를 베풀도록 요구하는 것, 기타 성과 관련된 언어적 또는 신체적 행위를 함으로써 작업환경을 적대적이거나 모욕적으로 만드는 것

상대방이 원치 않는 성적 접근, 성적인 호의를 베풀도록 요구하는 것, 기타 성과 관련된 언어적 또는 신체적 행위로서, 이러한 행위를 허락하거나 거절하는 것이 명시적 혹은 묵시적으로 개인의 고용에 영향을 미치고, 개인의 작업수행을 불합리하게 방해하거나, 위협적이고 적대적이고 모욕적인 작업환경을 만드는 것이다.

이러한 정의는 연방법에서 발효되고 있는 두 가지 성희롱, 즉 보복적 성희롱과 적대적 환경에 의한 성희롱을 나타낸다. **보복적 성희롱**(quid pro quo harassment)은 성적 복종이 승진, 특혜, 직무의 유지를 위해 강제로 이루어질 때 일어난다. **적대적 환경에 의한 성희롱**(hostile-environment harassment)은 보복적 성희롱보다는 덜 분명하지만 직장에서 원치 않는 신체적 접촉이나 상스러운 농담과 같이

> 보복적 성희롱 : 조직에서 구체적인 보상을 받기 위한 대가로 성적 호의를 억지로 요구하는 성희롱을 나타내는 법률적 용어
>
> 적대적 환경에 의한 성희롱 : 작업환경을 적대적으로 만드는 성희롱(예 : 원치 않는 신체적 접촉이나 상스러운 농담)을 나타내는 법률적 용어

상대방을 불편하게 만드는 경우를 말한다. 2013년에 7,000건 이상의 사례가 동등고용기회위원회(EEOC)에 접수되었으며(사례의 17.6%는 남성이 제기했다), 합의비용으로 446만 달러가 지급되었다. 대부분의 성희롱 사례는 여성이 남성을 상대로 문제를 제기하지만 반대의 경우도 있다. 뿐만 아니라 1998년 미국 대법원에서는 동성 성희롱에 관한 판결도 있었다. 이전에 언급했던 것처럼, 조직에서 성희롱이 발생하는 것을 막는 방법은 사전에 예방 조치를 취하는 것이다. 이에 따라 동등고용기회위원회는 조직이 종업원에게 어떤 행동이 성희롱으로 간주되는지를 교육시키고, 성희롱은 용납되지 않는다는 것을 명확하게 전달하도록 권장한다. Berdahl과 Raver(2011)는 조직이 성희롱에 대해 어떤 태도를 취하느냐에 따라 조직이 "성희롱을 조장하거나 심각한 수준으로 만들거나 확산시킬 수도 있다고 하였다"(p. 641). 이러한 이유로 조직들은 직장에서 성희롱 발생 가능성을 미연에 방지하기 위하여 상당한 교육자원을 투자하고 있다.

Berdahl과 Aquino(2009)가 언급한 것처럼, 일터에서 성적 행동은 일반적으로 해롭고 모욕적이고 해서는 안 되는 행동으로 묘사된다. 하지만 어느 시점에선가 '성적 행동'과 '성희롱' 간의 구분이 모호해졌고, 더군다나 성희롱이라고 여겨지는 행동이 본질적으로 항상 성적이지는 않다. 더 나아가 성희롱이 항상 모욕적이거나 성적인 것은 아니고 다른 사람들을 괴롭히는 것도 아니다. 일터에서 우스갯소리나 성적 농담처럼 모든 성적 행동이 모욕적인 것은 아니고, 이성에 대한 추파는 사랑이나 연애로 발전할 수 있다. 괴롭힘, 위협, 사회적 무시처럼 성적이지 않은 형태의 괴롭힘도 존재한다. 만일 이성을 대상으로 이러한 괴롭히는 행동을 한다면 모욕적 행동이 비로소 '성적(sexual)'인 속성을 지니게 된다. 직장에서 나타나는 성희롱의 개념이 단순하지 않기 때문에 이러한 행동의 발생빈도를 줄이기 위하여 조직이 어떤 내용의 교육을 시켜야 하는지 명확하지 않다.

성희롱 분야에서의 교육은 흔히 다른 사람들의 가치와 선호에 대한 민감성을 가르치는 내용으로 구성된다. 예를 들어, 대화할 때 사람들이 손이나 팔로 접촉하기를 좋아한다고 가정해서는 안 된다. 또한 사람들 간에 어느 정도의 신체적 접촉을 받아들일 만한 것으로 여기는지에 있어서 광범위한 문화적 차이가 존재한다. 그뿐 아니라 남을 모독하는 것과 같은 언어적 진술이 공격적이거나 부적절한 것으로 여겨지는 정도에 있어서 사람들 간에 차이가 존재한다. 대부분의 성희롱 방지교육은 종업원들에게 성희롱 예방을 위한 지식을 전달하는 데 초점을 둔다. 교육 참가자들에게 어떤 행동이 성희롱에 해당하는지를 가르치고 이러한 행동이 상대방에게 어떻게 피해를 주는지를 인식시킨다. 이러한 교육에도 불구하고 일부 종업원들은 목적을 가지고 의도적으로 성희롱을 하기도 한다. 이 경우에 지식에 기반을 둔 성희롱 방지 교육은 성희롱을 줄이는 데 효과가 없으므로 조직은 직무정지나 해고와 같은 처벌을 통해 성희롱 발생을 줄여야 한다.

성희롱에 관한 최근 연구는 성희롱이 발생하는 조직의 환경적 요인까지 포함하고 있다. 예를 들어, Gettman과 Gelfand(2007)는 성희롱이 발생하는 또 다른 조직적 요인을 발견하였다. 서비스 산업이 증가하면서 조직은 종업원들에게 고객욕구 충족에 많은 관심을 기울이도록 한다. 하지만 서비스직에 종사하는 사람들은 고객들로부터 성희롱을 당할 수 있다. 따라서 종업원에 대한 성희롱은 조직 내의 전통적인 영역을 초월하여 조직이 직접 통제할 수 없는 사람들에 의한 성희롱으로까지 확장되었다. 더욱이 종업원들 간에 사내 연애가 많아지고 기술의 발달로 인해 공간 간의 구분이 사라지면서 일과 일이 아닌 것 사이의 경계가 모호해졌다. 이처럼 조직에서 성희롱 이슈는 점점 더 복잡해지고 있다("**소셜 미디어와 산업 및 조직심리학 : 사내 연애, 소셜 미디어, 성희롱에 대한 우려**" 참조).

소셜 미디어와 산업 및 조직심리학
사내 연애, 소셜 미디어, 성희롱에 대한 우려

사람들이 매우 많은 시간을 직장에서 보내는 것을 고려하면, 동료들 사이에서 우정이 형성되는 것은 놀라운 것이 아니다. Mainiero와 Jones(2013)에 따르면, "동료들은 페이스북에서 '친구'가 되고, 링크드인에서 서로 연결되고, 점심 약속을 하기 전에 포스퀘어에서 서로의 위치를 확인한다"(p. 187). 때때로 이러한 '친구관계'는 로맨틱한 관계로 발전한다. 2013년 미국 직장인 3,000명 이상을 대상으로 설문조사를 실시한 결과, 38% 이상의 사람들이 동료와 데이트를 해 본 적이 있었고, 24%의 사람들이 조직에서 자기보다 직급이 더 높은 사람과 데이트를 한 적이 있다고 답했다(CareerBuilder, 2013).

그러나 모든 관계가 지속되는 것은 아니다. 만약 연애가 끝났지만 소셜 미디어상의 관계는 여전히 연결되어 있다면 어떤 일이 벌어질까? 동료의 페이스북에 추파를 던지는 글을 남기는 것은 좋은 관계가 유지되는 동안에는 문제가 없지만, 관계가 깨어진 후에는 그 글이 근무시간에 작성되었거나 회사 컴퓨터로 작성되었다면 성희롱의 근거가 될 수 있다. 더 나아가 그 글이 근무시간이 아닐 때 작성된 것이라 하더라도 문제가 될 수 있다. Mainiero와 Jones에 따르면, "페이스북, 링크드인, 트위터와 같은 새로운 소셜 미디어가 종업원들의 사무실 밖에서의 업무환경을 적대적으로 만들었고 이러한 소셜 미디어는 사무실 내 종업원들의 행동에도 영향을 미친다"(p. 190).

성희롱 발생 가능성을 줄이기 위해 조직은 무엇을 해야 할까? 인적자원관리학회(SHRM, 2013)가 실시한 조사에 의하면, 조직의 42%가 직장 내 연애에 관해 문서 또는 구두 규정을 두고

(계속)

있다. 직장에서의 연애와 관련된 규정이 전혀 새로운 것은 아니다. 일부 조직은 심지어 연애관계에 있는 구성원들에게 그들의 관계는 서로 동의한 것이고 업무에 지장을 초래하지 않겠다는 것을 약속하는 '연애 계약서'에 서명하도록 한다. 그러나 SHRM 설문조사 결과, 소수의 인사관리 실무자들만이 연애 계약서를 사용하며 대부분은 효과가 없었다. 새로 관심을 가져야 할 내용은 사내 연애와 소셜 미디어 사용의 접점에 관한 것이다. Mainiero와 Jones는 "현대의 디지털 및 소셜 미디어 트렌드, 사내 연애의 증가, 사내 연애가 성희롱으로 변할 수 있는 위험을 고려할 때, 누가 소셜 미디어를 사용하는지 그리고 이러한 접촉이 사무실 안 혹은 밖에서 이루어지는지와 관계없이 기업은 모든 소셜 미디어 사용을 포함하기 위해 성희롱 규정을 새로 업데이트해야 한다"(p. 192)고 하였다.

소셜 미디어는 사생활과 직장생활 간의 경계를 모호하게 만들었다. 사내 연애가 안 좋게 끝난 경우 소셜 미디어에 남겨진 글로부터 초래되는 성희롱 발생을 방지하기 위해 어떻게 해야 할지에 대해서는 아직까지 해결해야 할 과제가 많이 남아 있다. 이러한 과제가 해결되기 전까지는 사내에서 동료와 사적인 관계로 발전하더라도 회사 내에서 전과 동일하게 처신하는 것이 현명할 것이다.

6. 관리능력 개발 이슈

> **관리능력 개발** : 관리직이나 리더의 위치에 있는 사람들이 보다 나은 직무수행을 하도록 그들의 능력을 향상시키는 과정

관리능력 개발(management development)은 개인이 관리자로서의 역할을 효과적으로 수행하는 것을 배우는 과정이다. Kraiger와 Culbertson(2013)에 따르면, "관리능력 개발의 학습목표는 전형적으로 조직에서 미래에 맡게 될 직위(보통 높은 직급)에서 요구되는 지식, 기술, 역량을 배우는 데 있다"(p. 245)는 점에서 일반적 교육 프로그램과 다르다. 관리능력 개발에 관하여 조직이 관심을 갖는 이유는 주로 조직의 수행을 향상시키기 위한 전략으로서 그 가치를 인정하고 있기 때문이다. Kotter(1988)는 초우량 기업과 그렇지 않은 기업을 구분하는 한 가지 요인은 개발활동을 계획하고, 설계하고, 실행하는 시간과 노력의 양이라고 주장했다. Tharenou(1997)는 많은 관리자들이 조직에서 높은 자리에 오르기 전에 평소에도 지속적으로 자기개발을 추구하고 있다고 보고했다. 그들에게 있어서 성공적인 개발활동들은 Tharenou가 "경력 속도(career velocity)"라고 부른 것에 매우 큰 영향을 미치기 때문에 특히 중요하다. 인사교육에 관한 문헌들이 특수한 교육방법이나 기법에 보다 관심을 두는 반

면에, 관리능력 개발에 관한 문헌들은 관리자들이 전문가로서 성장하기 위해 필요한 중요 주제나 과정에 초점을 두는 경향이 있다. 하지만 필요성 분석, 기술향상, 전이와 같이 포괄적인 주제들은 교육과 개발 모두에 똑같이 관련되어 있다.

Whetten과 Cameron(1991)은 중요한 관리기술들을 발견하고 이러한 관리기술과 성공적인 직무수행과의 관계를 밝혔다. 그들이 발견한 세 가지 개인적 기술(personal skill)은 자의식의 개발, 스트레스 관리, 창의적 문제해결이다. 네 가지 대인 간 기술(interpersonal skill)은 지지적 의사소통, 힘과 영향력의 획득, 타인에 대한 동기부여, 갈등관리이다. 그들은 이러한 기술들이 서로 중첩되며 관리자로서의 역할을 효과적으로 수행하기 위해서는 이러한 모든 기술을 갖추어야 한다고 지적하였다. Yukl 등(1990)은 이러한 기술에 기초하여 관리적 역량을 평가하는 설문들을 개발하였다. 부하들과 동료들은 관리자가 이러한 기술들을 얼마나 사용하는지를 기술하고 관리자의 행동방식이 바뀔 필요가 있는지에 관하여 조언을 해 준다. 관리자는 이러한 피드백을 자신의 행동에 대한 자기평가와 비교한다. 관리자의 직무에서 이러한 행동들의 중요도 평정은 적절한 개발활동을 알아내는 데 부가적인 정보를 제공한다. Lombardo 와 McCauley(1988)는 관리자들이 가지고 있는 관리기술과 능력을 충분히 활용하지 못하게 되면 관리자들이 탈선할 가능성이 있다고 주장하였다. 높은 자리로 올라갈 능력이 있다고 평가된 관리자가 자신의 잠재력을 충분히 발휘하지 못해서 해고되거나 좌천되어서 기대 이하의 수행을 지속적으로 나타낼 때 탈선할 가능성이 크다.

관리기술은 전통적인 방식으로 교육하기 어렵다. 그래서 관리능력 개발을 위해 주로 사용되는 두 가지 형태의 특별한 교육인 멘토링과 임원 코칭을 다루고자 한다.

1) 멘토링

멘토링은 1980년경부터 관리자들을 개발하기 위한 수단으로 사용되었다. 멘토링은 우리 삶의 여러 단계에서 다음 단계로 옮겨 가는 것을 촉진하는 과정으로 간주될 수 있고, 부모, 선생님, 혹은 개인에게 긍정적 영향을 미치는 역할모델과 같은 사람들이 멘토링을 제공해 줄 수 있다. 직장에서의 멘토링은 이러한 개념을 직장으로 확장한 것이다(Eby, 2011).

> 멘토 : 경험이 적은 사람(지도대상자)을 전문적으로 교육하고 개발하는 나이가 많거나 경험이 많은 사람
>
> 지도대상자 : 경험이 많은 사람(멘토)으로부터 경력개발에 대한 도움을 받는 젊고 경험이 적은 사람

멘토(mentor)는 신입사원들의 경력 초기에 **지도대상자**(protégé)에게 조언을 해 주고 이끌어 주는 나이가 많고 경험도 많은 사람들이다. Eby(2012)에 따르면, 전형적으로 멘토는 조직에서 지도대상자보다 높은 직급을 가지고 있기는 하지만, 숙련된 종업원이 멘토로서 조금 덜 숙련된 동료를 멘토링하는 경우도 흔히 있다. 멘토링은 비공식적일 수 있는데, 이

는 멘토와 지도대상자 간의 관계가 자발적으로 형성되거나 상호 간의 매력과 공유된 관심에 기반하여 형성되기 때문이다. 반면 공식적인 멘토링은 조직에 의해 관계가 형성된다.

Kram(1985)은 멘토링 관계가 전형적으로 네 단계를 통하여 진전된다고 하였다. 〈그림 6-2〉에서 볼 수 있는 것처럼, 첫 번째 단계는 관계 개시(relationship initiation)이다. 이 단계에서 공식적 혹은 비공식적으로 두 사람의 관계가 형성되고, 멘토링 관계가 가치 있을지 아닐지가 결정된다. Eby(2012)는 어떤 경우에는 이러한 관계가 피상적인 대인 간 상호작용을 넘어서지 못한다는 점에서 이 단계를 "멘토링 관계가 '형성되거나 깨지는'"(p. 616) 단계라고 설명하였다. 두 번째 단계는 발전(cultivation)으로서, 본격적인 멘토링이 진행된다. 이 단계에서 멘토는 지도대상자에게 지시, 지원, 조언을 제공하고, 지도대상자는 멘토링 과정에 몰입하고 멘토에게 존경을 표시한다. 멘토와 지도대상자는 이 시점에서 서로 도움을 주는 파트너로 간주된다. 세 번째 단계는 분리(separation)로서, 지도대상자가 더 이상 멘토의 지속적인 지원을 필요로 하지 않은 때이다. 분리 단계는 멘토와 지도대상자 간의 관계가 성공적이지 못하거나 상호 간 믿음이 깨져 버렸을 때 발생한다. 마지막 단계는 재정립(redefinition)이다. 여기서 멘토와 지도대상자는 그들의 관계를 계속적으로 유지할지를 결정한다. 만약 파트너 관계가 성공적이었다면, 멘토와 지도대상자는 이전보다 더 친근한 관계를 지속하거나 동료와 같은 우정

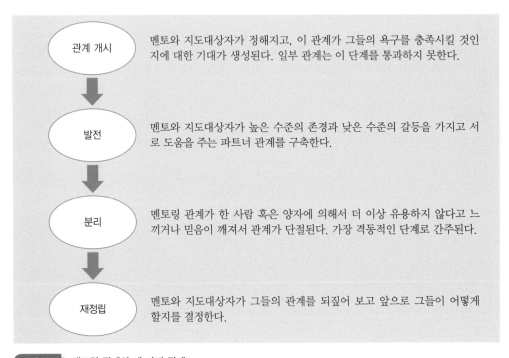

그림 6-2 멘토링 관계의 네 가지 단계

을 쌓게 될 것이다. 그러나 그들의 관계가 성공적이지 못하였다면, 적대감과 분개가 두 사람의 관계를 갈라 버릴 것이다.

Wanberg 등(2003)은 멘토링 관계에 대한 3요인 모델을 개발했다. 빈도(frequency)는 멘토와 지도대상자가 만나는 횟수이며, 두 사람이 함께 보내는 시간에 영향을 미친다. 범위(scope)는 멘토링 과정에서 지도대상자가 지도를 받는 주제의 다양함과 관련되어 있다. 영향의 강도(strength of influence)는 멘토에 의해 지도대상자가 영향을 받는 정도를 말한다. 어떤 멘토는 지도대상자에게 피상적인 아이디어나 제안만을 제공한다. Allen 등(2004)은 업무관련 멘토링과 사회심리적 멘토링을 구분하였다. 일에 대한 지원, 새로운 경험 제공, 비전 제시, 코칭과 같은 멘토링 행동은 지도대상자의 객관적인 경력 성공을 촉진시켜 주기 때문에 업무 향상과 직접적으로 관련되어 있다. 역할 모델링, 인정과 지지, 상담, 우정과 같은 사회심리적 멘토링 행동은 경력 성공보다는 멘토에 대한 만족과 더 높은 관련성을 지니고 있다("비교 문화적 산업 및 조직심리학 : 멘토링에 대한 문화적 차이" 참조).

비교 문화적 산업 및 조직심리학
멘토링에 대한 문화적 차이

개인의 능력을 개발하기 위한 수단으로 사용되는 멘토링의 수용성에 있어서 국가 간 차이가 존재한다. 이러한 수용성에서의 차이를 설명하는 한 가지 요인은 세력 차이(power distance)이다. 세력 차이는 사람들 간의 불형평성에 근거하는 것으로, 사람들은 명예, 부, 세력에 있어서 차이가 있다. 세력 차이는 상사와 부하 간의 관계에서 매우 분명하고 공식적으로 존재한다. 멘토링의 효과는 세력, 지위, 전문지식을 더 많이 가지고 있는 사람이 지도대상자를 개발시키기 위하여 이러한 자원을 어떻게 사용하느냐에 달려 있다. 더 나아가 멘토가 기꺼이 멘토링을 하고자 하는 의지가 있는지에 따라서도 효과가 달라진다. 세력 차이가 작은 문화에서는 멘토링이 개인에 대한 개발 수단으로 흔히 사용된다. 직장에서 멘토가 지도대상자보다 더 많은 공식적 세력을 가지고 있지만, 이러한 세력 차이가 두 사람 간에 거리를 두는 데 사용되지는 않는다. 반면에 세력 차이가 큰 문화에서는 상사와 부하 간의 불형평성은 두 사람 간의 관계를 정의하는 자연스러운 특성이다. 따라서 이러한 문화에서 멘토링이 효과를 발휘하려면 멘토링을 하는 상사는 먼저 부하와의 거리감을 줄여야 한다.

Hofstede(2001)의 연구에 따르면, 세력 차이가 작은 나라는 북유럽(예 : 오스트리아, 덴마크, 영국)과 북미에 있는 나라들이다. 일반적으로 세력 차이가 크게 나타나는 나라들은 아시아(예 :

(계속)

말레이시아, 필리핀, 싱가포르)와 남미(예 : 과테말라, 파나마, 멕시코) 나라들이다. 큰 세력 차이가 있는 경우에는 멘토링이 상대적으로 어렵고, 특히 심리사회적 차원의 멘토링이 어렵다. 멘토가 상담자, 고충을 털어놓을 수 있는 대상, 친구와 같은 사람이 되면 두 사람 간에 세력에 있어서의 불형평성이 줄어든다. 세력 차이가 작은 문화에서는 멘토링을 통해 부하가 도움이 필요한 경우에 도움을 줄 수 있기 때문에 멘토링이 세력을 나타내는 한 가지 방법이다. 하지만 세력 차이가 큰 문화에서는 멘토링을 하지 않음으로써 상사와 부하 간에 세력 차이를 유지할 수 있기 때문에 멘토링을 하지 않는 것이 세력을 나타내는 한 가지 방법이다.

대부분의 관계에서처럼, 멘토링은 멘토와 지도대상자에게 긍정적 영향과 부정적 영향을 동시에 준다. 멘토보다 지도대상자가 누리는 혜택이 더 많은 것은 분명하다. 둘 간의 관계의 본질은 멘토가 어떤 방식으로든 지도대상자를 도울 수 있다는 전제에 기반하고 있다. Eby 등(2013)은 멘토가 지도대상자에게 경력 관련 지원과 심리사회적 지원을 제공한다고 하였다. 경력관련 지원은 경력에 대한 증가된 가시성, 조직정책으로부터의 보호, 경력코칭과 같은 것을 포함한다. 심리사회적 지원은 지도대상자의 자기존중과 자기효능감 향상에 초점을 둔다. 그러나 멘토의 성별에 따라 지원의 정도가 다를 수도 있다. O'Brien 등(2010)의 통합분석 연구는 남성 멘토보다 여성 멘토가 지도대상자에게 심리사회적 지원을 더 많이 제공한다는 것을 보여 주었다.

Eby(2011)는 멘토링을 받는 지도대상자는 멘토링을 받지 않는 동료들에 비해 승진이 빠르고, 동기가 높고, 보다 긍정적인 대인관계를 형성한다고 보고했다. 그러나 멘토 입장에서의 혜택은 지도대상자를 도와주는 데서 오는 직장생활에서의 개인적 만족으로 한정되어 있다. 멘토링에 대한 그들의 노력을 조직이 인정해 준다 하더라도 그것은 공식적인 것이 아니며 특히 정보 멘토링 관계에서는 더욱 그렇다. 멘토와 지도대상자 모두 멘토가 멘토링 스킬을 가지고 있기를 원하지만, 훌륭한 멘토로서의 지식과 능력을 갖추고 있지 않은 멘토와 짝이 된 지도대상자는 혜택을 누리지 못한다. 멘토와 지도대상자는 가치, 성격, 작업방식이 다를 수 있고, 이러한 불일치는 지도대상자에게 더 부정적인 영향을 미칠 수 있다. 멘토 입장에서 실망스러운 경우는 지도대상자가 배우려는 의지가 없고, 신뢰를 저버리고, 질투심이 많고, 지나치게 경쟁적일 때(멘토가 지도대상자의 직속 상사인 경우에 지도대상자가 나중에 멘토가 맡고 있는 직무를 맡을 수도 있기 때문)이다. 요약하자면, 멘토와 지도대상자가 서로 좋은 관계를 형성하지 못하면 두 사람 모두에게 상당한 부정적 영향이 있지만, 두 사람이 서로 도움을 주는 유익한 파트너가 되었을 때는 두 사람 모두 많은 혜택을 누릴 수 있을 것이다.

2) 임원 코칭

관리능력 개발을 위한 또 다른 방법으로 **임원 코칭**(executive coaching)이 있다. 멘토는 상사나 나이 많은 동료처럼 조직 내부에 있는 사람이지만, 코치는 조직 밖에 있는 사람이다. Salas 등(2012)은 "멘토와는 달리 코치는 의사소통과 리더십과 관련된 광범위한 기

> **임원 코칭 :** 전문적인 교육자(코치)가 회사의 임원들을 개별적으로 지도하는 개발과정

술을 개발하는 데 초점을 두는 경향이 있기 때문에 코칭 대상자가 일하는 산업과 현장에 대한 전문지식을 반드시 가지고 있을 필요는 없다"(p. 356)고 말하였다. Grant 등(2010)은 미국의 글로벌 회사들 중 93%가 코칭을 활용한다고 보고하였다. 용어가 시사하는 것처럼, 임원 코칭은 조직에서 상위층에 있는 종업원들을 대상으로 한다. Bono 등(2009)은 임원 코칭을 개인에게 맞춤형으로 제공하는 교육이라고 표현하였다. 코치 역할을 하는 산업 및 조직심리학자와 코칭을 받는 임원 간의 상호작용을 통해 코칭이 진행된다. 코칭과 상담은 유사점을 지니고 있지만 코칭은 상담 이상의 활동을 포함한다. 상담과정에서 상담자는 내담자에게 말하기 편안한 환경을 만들어 주기 위하여 내담자의 말을 적극적으로 경청하지만, 내담자는 흔히 스스로 문제에 대한 해결책을 찾아낸다. 하지만 코칭에서는 코치가 경청을 하고 말하기 편한 환경을 만들어 줄 뿐만 아니라, 코치는 임원이 해결책을 마련하고 앞으로의 행동계획을 개발하는 데 적극적이고 직접적인 역할을 한다.

Sperry(2013)에 따르면, 임원 코치는 임원들이 새로운 기술을 학습할 수 있도록 하고(기술 코칭), 현재 직무에서 수행을 더 잘할 수 있도록 하고(수행 코칭), 혹은 미래의 리더십 역할을 준비할 수 있도록 돕는다(개발 코칭). 그러므로 코칭의 기본은 학습이다. Peterson(2002, p. 173)은 코칭을 통하여 향상시킬 수 있는 기술의 종류를 다음과 같이 기술하였다.

- 타인과의 관계구축, 타인 감정 파악, 민감성, 단호함, 갈등관리, 권한을 행사하지 않으면서도 타인에게 영향을 미치기와 같은 대인관계 기술
- 경청, 발표, 말하기와 같은 의사소통 기술
- 우선순위 결정, 의사결정, 전략적 사고와 같은 인지적 기술
- 권한위임, 멘토링, 타인에 대한 동기부여와 같은 리더십 기술
- 시간관리, 정서 및 분노관리, 일과 생활과의 균형과 같은 자기관리 기술

코칭은 개인이 지니고 있는 문제와 요구에 맞추어 이루어진다는 점에서 가치를 지닌다("**현**

장기록 1 : 첨단 장비에 익숙하지 않은 CEO" 참조). 코칭은 코치와 임원 간에 일대일로 진행되기 때문에 모든 사람에게 공통적으로 적용할 수 있는 일반적 커리큘럼이 존재하지 않는다. 뿐만 아니라 코칭은 면허가 필요 없고 규제를 받는 활동이 아니기 때문에 코치가 되기 위한 공식적인 기준이나 요건이 있는 것은 아니다. 예를 들어, 코치는 코치 자격증 제도와 윤리강령을 가지고 있는 국제코치협회(International Coach Federation)의 회원이 될 수는 있지만, 실제로

현장기록 1
첨단 장비에 익숙하지 않은 CEO

조직학습의 원칙 중 하나는 끊임없이 변화하는 일의 세계에서 경쟁력을 갖추기 위해 고위 경영층을 포함하여 모든 종업원이 지속적으로 새로운 기술을 개발할 필요가 있다는 것이다. CEO도 예외 없이 새로운 기술을 배워야 하지만, 높은 지위로 인한 특권을 가지고 있다.

어떤 회사가 매우 정교한 멀티미디어 커뮤니케이션 시스템을 구입하였다. 이 시스템을 사용하여 전 세계에 흩어져 있는 직원들이 동시에 화상을 통해 보고 들을 수 있었다. 이 시스템은 전화통화를 여러 사람이 들을 수 있는 스피커폰과 같은 기본적인 기능도 갖추고 있었다. 어느 날 늦은 오후에 CEO와 판매직원은 최첨단 커뮤니케이션 룸에서 회의를 했다. 이 회사의 위치는 동부에 있었는데, 회의를 하면서 서부에 있는 중요한 납품업체에 문의할 건이 생겼다. CEO는 새로운 커뮤니케이션 시스템을 본 적이 없는 판매직원에게 이 시스템을 자랑하고 싶었다. CEO는 시스템을 켜고 납품업체의 번호가 저장되어 있는 단축키를 누르자 몇 초 내에 납품업체 담당자와 연결이 되었다. 짧게 통화하고 회의도 끝났다. CEO와 판매직원은 커뮤니케이션 룸을 나가 바로 퇴근하였다.

다음 날 아침 9시에 CEO는 커뮤니케이션 룸에서 고위간부들과 회의를 했다. 이 회의의 목적은 글로벌 시장에 제품을 팔기 위한 극비 계획을 논의하는 것이었다. 회의에서 전략이 도출되면 전 세계 지사들은 이러한 전략을 실행하기로 되어 있었다. CEO는 행정비서에게 회의가 진행되는 동안 자신을 절대 찾지 말라고 말해 두었다.

동부 시간으로 10시 50분경에 CEO 사무실로 긴급한 전화가 걸려왔다. 전화를 건 사람은 긴급한 일로 CEO와 통화하기를 원했다. 행정비서는 CEO의 지시를 지키기 위해 CEO가 현재 자리에 없어서 통화할 수 없다고 말했다. 전화를 건 사람은 매우 긴급한 일로 통화를 해야 한다고 다시 말했다. 행정비서는 CEO가 지금 통화할 수 없다고 다시 말하면서, 현재 그는 매우 중요한 회의를 하고 있으며 회의를 방해하지 말라는 지시를 받았다고 말해 주었다. 전화를 건 사람은 CEO가 회의 중이고 극비의 글로벌마케팅 전략을 논의하고 있다는 것을 자신도 알고 있다고 냉담하게 말했다. 행정비서는 전화를 건 사람이 중요한 회의와 극비의 안건을 알고 있다는 데 놀랐다. 전화를 건 사람은 몇 분 전에 자기 사무실로 출근했을 때 최첨단 커뮤니케이션 시스템을 통해 회의에서 오고가는 말을 그대로 들을 수 있었다고 말했다. 행정비서가 커뮤니케이션 룸으로 달려 들어가서 CEO에게 귓속말을 하자마자 CEO는 "여기 있는 사람 중에

(계속)

이 시스템을 끌 수 있는 사람 있어요?"라고 큰 소리로 물었다. CEO는 어제 오후에 납품업체와 통화를 한 후 스피커폰 시스템을 끄지 않았던 것이다. 전화를 건 사람은 어제 통화했던 서부에 있는 납품업체 담당자였다. 그는 오전 7시 50분에 출근했는데 이 시스템이 켜져 있었고 동부와 서부의 3시간 시차 때문에 본의 아니게 고객 회사의 극비 회의를 엿듣게 된 것이다. 글로벌마케팅 계획은 이 납품업체와 아무 상관이 없지만, 만일 경쟁회사들이 안다면 이 회사의 매출에 큰 타격을 줄 수도 있다. CEO는 회의 내용이 무단으로 방송된 것에 대해 모든 책임을 졌다. 하지만 그는 커뮤니케이션 시스템을 작동하는 방법을 배우기보다는 앞으로 다시는 이 시스템을 혼자서 작동시키지 않겠다고 다짐했다.

코치에게 필요한 것은 전문성을 바탕으로 코칭 대상자들에게 신뢰를 주는 것이다. 코칭은 실제로 만나 이루어질 수도 있고, 컴퓨터를 통한 온라인이나 전화를 통해 이루어질 수도 있다.

코칭에 대해 알려진 대부분은 주로 코치의 관점과 코칭 절차에 관한 것이다. 하지만 최근에 코칭을 받는 사람들에게 관심이 쏠리고 있다. Peterson(2011)은 코칭 대상자들을 코칭 가능성 수준에 의해 분류하는 체계에 대해 기술하였다. 가장 낮은 수준의 대상자들은 코칭이 불가능한 사람들로 간주되고, 가장 높은 수준의 대상자들은 평생 동안 주도적으로 학습에 참여한다. 코칭 가능성이 낮은 사람들은 어떤 방법을 사용하더라도 코칭에 의한 혜택을 보지 못할 것이다. 반면에 코칭 가능성이 높은 사람들은 평생 동안 지속적으로 성장하고 자기 자신을 개발할 것이다.

Bono 등(2009)은 428명의 코치를 대상으로 실시한 연구에서 코치의 시간당 평균 임금이 237달러라고 밝혔다. 이러한 높은 비용을 고려하면, 그 비용이 그만한 가치를 하는지 의문을 가질 수 있다. 다행히도 코칭이 효과적이라는 증거가 있다. Theeboom 등(2013)은 통합분석을 통하여 코칭이 수행을 상당히 개선한다는 것을 밝혔다. 또한 그들은 코칭이 웰빙, 현재와 미래의 직무요구를 다루는 능력, 일에 대한 긍정적인 태도와 관련이 있다는 것을 발견하였다. 마지막으로 그들은 코칭이 목표 설정과 목표 달성과도 관계가 있다는 것을 밝혔다.

7. 교육의 전이

교육 프로그램의 성공 여부는 교육 프로그램이 종료되었을 때 알 수 있는 것이 아니다. 교육생들은 교육에서 배운 내용을 직무 현장으로 전이해야 한다. Beier와 Kanfer(2010)는 새로운 행동을 유지하려는 개인의 동기가 **교육의 전이**(transfer of training)에 큰 영향을 미친다는 것을 확인하였다. 조직이 지속적 학습을 지원하는 문화를 가지고 있을 때 동기가 향상되고, 조직의 성과는 교육의 성공 여부에 달려 있다. 어떤 종업원들은 교육이 끝난 후에 새로운 기술을 익히고 그러한 기술을 자신의 직무에 적용하고자 하는 강한 의지를 가지고 직무로 복귀하지만 교육 후 환경에서의 제약들이 교육의 실제적 전이를 방해한다("**현장기록 2 : 교육을 받고자 하는 의지**" 참조). Machin(2002)이 언급한 것처럼, "교육이 전이되지 않으면 종업원들은 교육을 시간낭비로 생각하고 고용주는 교육에 투자함으로써 얻게 되는 혜택에 대

> **교육의 전이** : 교육에서 배운 지식과 기술을 실제 직무에 적용하는 것

현장기록 2
교육을 받고자 하는 의지

대학원생일 때, 나는 교수님의 석탄 채취업체에서의 교육에 관한 연구를 도왔다. 석탄 채취를 하는 직무에서 사고가 많이 일어났기 때문에 우리의 임무는 사고를 줄일 수 있는 안전교육 프로그램을 개발하는 것이었다. 나의 임무는 석탄을 채취하는 광부를 관찰하고 그들의 일에 관해 면접을 하는 것이었다. 광구에 내려가 있는 동안 나는 광부들이 위험한 행동을 하고 있음을 알아챘다. 예를 들면, 안전모를 쓰지 않는다든지, 마스크를 벗는다든지(마스크는 석탄먼지를 걸러 준다), 광구에서 담배를 피우는 것이었다(거기서는 작은 불씨가 폭발을 일으킬 수 있다). 이러한 행동들은 안전하지 않을 뿐만 아니라, 안전규칙을 분명히 위반하는 것이었다.

광부들이 작업을 끝낸 후에 나는 그들과 직무에 대해서 이야기를 나누었다. 나는 특히 그들이 왜 그토록 위험한 행위를 하는지 그 이유가 무척 궁금했다. 우리의 목표는 사고를 줄일 수 있는 교육 프로그램을 개발하는 것이었기 때문에 이러한 안전하지 못한 행동들을 없애는 것이 가장 급선무였다. 그래서 나는 그들에게 때때로 안전장비를 왜 사용하지 않는지를 물었다. 그들은 광구에서 그들이 하는 행동과 그들에게 무슨 일이 일어나는지와는 전혀 관계가 없다고

믿는다고 이야기했다. 그들의 목숨은 행운, 운명, 하나님의 손에 달려 있다고 생각했고, 따라서 그들 스스로가 어떻게 행동하는지는 별로 중요한 문제가 아니라고 믿고 있었다.

안전에 대하여 평소에 굉장히 신경을 썼지만(즉 모든 안전장치를 항상 갖추었고 지나칠 정도로 조심스럽게 행동했지만) 갱도의 붕괴처럼 자신의 과오가 아닌 사고로 인하여 심각한 사고를 당하거나 사망한 다른 광부들에 관한 개인적 일화를 그들 모두는 알고 있었다. 요컨대 광부들은 극도로 숙명론적이었다. 그들은 숙명적으로 자신의 차례가 되었다면 다치거나 죽을 수도 있으므로 자신들이 할 수 있는 일은 아무것도 없다고 믿었다. 안전모를 착용하면 안전하기는 하겠지만 만일 5톤이나 되는 바위가 위에서 떨어진다면 그것은 무용지물이라고 생각했다. 그러므로 그들이 어떤 행동을 하는지에 별로 신경을 쓰지 않기 때문에 안전수칙을 준수하는 것에 관심이 없었다.

이런 경험은 나에게 교육에 관한 많은 교훈을 주었다. 중요한 것은 만일 사람들이 교육을 받거나 새로운 행위를 배우기 위해 동기부여가 되어 있지 않다면 교육을 실시하는 것은 무의미하다는 것이다. 모든

(계속)

선생님들이 말하는 것처럼, 만일 학생들이 배우고 싶어 하지 않거나 관심이 없는 경우에 그들을 강제로 배우게 할 수는 없다. 석탄 채취 광부들은 그들의 생명과 행복이 그들이 통제할 수 없는 요인들에 의해 결정된다고 생각하였기 때문에 새로운 행동을 배우고 싶어 하지 않았다. 교육자는 요리사와 같다. 그들은 가장 훌륭한 식사를 준비할 수는 있지만 배고프지 않은 사람에게 강제로 먹게 할 수는 없다.

하여 계속 의문을 제기할 것이다"(p. 263). Baldwin 등(2009)은 행동변화가 오랜 시간이 지난 후에 일어나고, 어떤 때는 이러한 변화도 예상보다 훨씬 더 오래 있다가 일어난다고 하였다. 저자들은 교육의 전이를 세 가지 단계를 거치는 변천과정으로 간주하였다. 첫 단계에서는 과거 행동이 새로운 행동으로 대체되고, 두 번째 단계에서는 과거 행동이 없어지기는 하지만 아직까지 새로운 행동이 자리를 잡지 못하고, 마지막 단계에서는 새로운 행동이 정착되고 생산적인 방식으로 새로운 행동을 한다. 세 번째 단계에서 비로소 교육의 전이가 이루어진다.

Holton과 Baldwin(2003)은 〈그림 6-3〉에 제시한 것처럼, 교육이 두 단계를 거쳐 다른 장면으로 전이될 수 있다고 주장하였다. 이러한 두 단계에는 인지적 학습으로부터 광범위한 수행에 대한 적용까지 여섯 가지 과정이 포함되어 있다. Baldwin과 Ford(1988)는 교육받은 기술과 행동들이 실제 현장에서 발휘되는 정도를 나타내는 일반화(generalization)와 교육받은 기술과 행동들이 직무에서 지속적으로 사용되는 기간을 나타내는 유지(maintenance) 간의 개념을 구분해야 한다고 지적하였다. 그들은 상사의 지원이 전이과정에 영향을 미치는 중요한 환경요인이라고 믿었다. 교육 후 환경에서 상사의 지원은 교육받은 행동을 강화해 주거나 본보기를 보여 주거나 목표설정을 해 주는 것 등을 포함한다. 전이에 영향을 미칠 수 있는 다른 요인은 교육 후 환경이 교육생이 배운 것을 실제로 적용할 수 있는 기회를 제공해 주는 정도

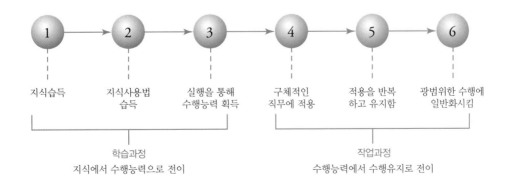

그림 6-3 교육이 지식 습득에서 수행유지로 전이되는 과정에 대한 개념적 모델

이다. Ford 등(1991)은 기술교육을 받은 후에 나타나는 교육생들의 행동을 연구하여 교육에서 배운 내용을 적용할 수 있는 기회에서 매우 큰 차이가 있고 교육에서 배운 내용을 자신의 일에서 처음으로 적용하는 시기에서도 큰 차이가 있다는 것을 발견하였다. Tracey 등(1995)은 사회적 지원체계가 강한 조직에서는 교육에서 습득한 지식과 행동이 더 오래 지속된다고 결론 내렸다. 특히 지속적 학습의 중요성을 인식하고 있는 문화를 가지고 있다고 스스로 간주하는 조직에서는 교육의 전이도가 더 높았다.

8. 교육 프로그램에 대한 평가준거

어떤 측정이나 평가에서와 마찬가지로 교육 장면에서도 수행에 대한 측정이 이루어져야 한다. 수행의 측정치를 준거라고 하는데 인사선발에서 사용되는 준거와 마찬가지로 교육의 효과를 평가하기 위한 준거도 매우 중요하다. 준거는 적절하고, 신뢰롭고, 편파가 없어야 한다. 인사선발에서 사용되는 준거와 교육의 효과를 평가하기 위한 준거 간의 한 가지 구분은 교육에서의 준거가 보다 다양하고 교육 프로그램의 다양한 측면을 평가하는 데 사용된다는 것이다.

가장 일반적인 교육 평가 방법은 Kirkpatrick(1976)의 고전적 분류 체계로서, 수준이 높아질수록 복잡성이 증가하는 반응, 학습, 행동, 결과의 네 가지 교육준거로 구성되어 있다. **반응준거**(reaction criteria)는 참가자의 프로그램에 대한 반응을 말한다. 이러한 준거는 교육에 대한 인상과 느낌을 측정한다. 예컨대 프로그램이 유용했는지 혹은 지식의 확장에 도움이 되었는지를 묻는다. 반응준거는 교육 프로그램의 안면타당도 측정치로 사용된다. Sitzmann 등(2008)은 교육생들의 반응은 대부분 교육내용에 의해 결정되지만, 개인의 교육 및 교육 전 동기와 관련된 불안 수준에 따라서도 반응이 달라진다고 결론 내렸다. Salas 등(2012)에 따르면, 대부분의 평가는 교육생의 반응을 평가하지만 완벽한 평가는 이러한 단순한 반응 이상의 것을 포함해야 한다.

학습준거(learning criteria)는 교육의 결과로 어떤 지식을 획득하고, 어떤 기술이 향상되고, 어떤 태도가 변화했는지를 말한다. 이를 위해 세 가지 측정치를 사용할 수 있다. 첫 번째는 교육 종료 후에 배운 지식을 즉각적으로 측정하는 것이다. 두 번째는 지식의 보유상태를 측정하는 것으로서, 배운 지식에 대해 평가자가 나중에 측정하는 것이다. 세 번째 측정치는 행동과 기술을 실제로 사용하는 것을 측정하

> **반응준거** : 교육을 받은 사람들이 교육에 대하여 느끼는 감정이나 반응을 통해 교육의 효과를 판단하는 기준
>
> **학습준거** : 교육을 통해 습득한 새로운 지식, 기술, 능력의 양으로 교육의 효과를 판단하는 기준

는 것이다. 이러한 측정치는 지식을 측정하는 검사에서의 점수가 아니라 교육에서 배운 지식과 기술, 변화된 태도를 행동으로 표현하는 역할 연기나 모의상황에서 실제행동을 측정하는 것이다. 반응과 학습준거를 통틀어 내적 준거(internal criteria)라고 부르는데, 이러한 준거는 교육 프로그램 그 자체와 관련된 내부적인 것을 평가한다.

행동준거(behavioral criteria)는 종업원이 원래의 직무로 되돌아왔을 때 수행에서의 실제적 변화를 말한다. 이러한 준거는 교육의 전이와 깊은 관련이 있다. 이 준거는 교육 프로그램에 의해 교육자의 직무행동에서 바람직한 변화가 얼마나 나타났는지를 설명해 준다.

> 행동준거 : 교육의 결과로 직무에서 나타나는 새로운 행동에 의해 교육의 효과를 판단하는 기준

만일 교육 프로그램의 목표가 생산성을 증가시키는 것이라면 행동준거는 교육 전과 후의 결과를 측정한다. 다른 유형의 행동준거는 결근, 오류, 사고, 불만 등이다. 이들 모두는 객관적 준거이다. 이러한 것들은 제3장에서 논의한 것처럼 쉽게 측정될 수 있고 비교적 분명한 정의를 가지고 있다. 그러나 만일 교육 프로그램의 목표가 장애가 있는 사람들에 대한 관리자들의 태도 변화를 일으키는 것이라면 '변화된 태도'를 알기 위해서 몇 가지 객관적인 행동준거를 사용해야 한다. 학습준거와 행동준거에 관한 점수가 항상 일치되는 방향으로 나오지는 않는다는 점에 주목할 필요가 있다. 교육을 받을 때 수행이 좋았던 사람이 자신의 직무로 돌아가서도 교육에서 습득한 새로운 지식과 기술을 반드시 잘 사용하는 것은 아니다. 태도나 감정의 변화를 목적으로 하는 교육 프로그램의 경우에는 특히 더 그러하다.

결과준거(results criteria)는 교육 프로그램이 회사에 가져다주는 경제적 가치와 관련되어 있다. Van Iddekinge 등(2009)은 패스트푸드 회사의 2주 교육 프로그램의 효과를 기술하였다. 1년 동안 각 지역 단위로 이득을 여러 번 측정하였다. 저자들은 교육이 고객에 대한

> 결과준거 : 직무에서 하는 새로운 행동으로 인하여 조직에 이익을 주는 경제적 가치에 의해 교육의 효과를 판단하는 기준

서비스를 향상시켰고 궁극적으로 각 지역의 이득을 증가시켰다고 결론 내렸다. 하지만 교육이 조직의 전반적인 목표를 얼마나 향상시켰는지를 보여 주는 것은 결코 쉽지 않고 일반적으로 정확하지도 않다. Brown과 Sitzmann(2011)은 다음과 같이 언급하였다. "교육 효과를 평가하는 사람들은 교육의 가치를 확인하기 위해 오랜 시간 동안 자료를 수집하는 어려운 일을 하지만, 이러한 자료들은 교육의 가치를 판단하기에 불충분하고 심지어 관련이 없기도 하다"(p. 492). 더군다나 가장 성공적인 교육 프로그램에서조차도 숨은 비용이 존재할 수 있다.

행동준거와 결과준거를 통틀어 외적 준거(external criteria)라고 부르는데, 이러한 준거는 교육 프로그램 그 자체가 아니라 외부적인 것을 평가한다. 교육의 효과를 평가할 때 이러한 네 가지 준거는 때때로 서로 일치되기보다는 서로 다른 결론을 낳는다. 예를 들어, Warr 등(1999)은 반응준거가 실제 직무에서의 행동준거보다는 학습준거와 더 밀접하게 관련되어 있

다는 사실을 발견하였다.

Arthur 등(2003)은 조직에서의 교육 효과성에 대한 통합분석을 실시하여 조직에서의 교육이 반응, 학습, 행동, 결과준거에 중간 정도의 효과를 발휘했다고 결론 내렸다. 다양한 형태의 교육에 따라 효과가 다르기는 하지만, 종합적으로 분석해 보면 조직에서의 교육은 성과를 향상시키는 데 있어서 중간 정도의 효과를 지닌다. 큰 효과를 발휘하는 교육 프로그램은 비교적 드문 편이다.

어떤 교육 및 개발 프로그램의 성공은 조직의 문화와 밀접하게 관련되어 있다("**산업 및 조직심리학과 경제 : 경제가 고용에 미치는 영향**" 참조). 조직은 종업원들의 기술을 향상시키는 것의 상대적 중요성과 필요성을 나름대로 설정하고 있다. 교육 및 개발활동들은 조직의 기본적인 가치를 그대로 반영하고 있다. Smith 등(1997)은 조직의 문화와 교육의 주안점이 서로 잘 맞도록 할 필요가 있다고 역설하였다. 예를 들어, 전통적으로 권위주의적인 조직은 위험을 무릅쓰고 새로운 전략을 시도하는 사람들에 대하여 지지적인 입장을 보이지 않는다. 실수나 오류를 새롭게 배우고 발전하는 과정에서 일어날 수 있는 것으로 간주하는 것이 아니라 가급적 피해야 하는 것으로 간주한다. Kraiger와 Jung(1997)은 교육목표와 교육효과를 평가하는 준거 간의 연결이 중요함을 기술하였다. 우리가 어떻게 학습하고, 무엇을 학습하고, 학습이 얼마나 지속되는지에 관한 복잡미묘함을 고려할 때 학습을 평가하는 방법이 더욱 정교해져야 한다. 학습은 교육 및 개발의 기초이고, 조직학습은 조직이 성장하기 위한 토대이다.

산업 및 조직심리학과 경제

경제가 고용에 미치는 영향

조직에서 어떤 직무에 사람을 충원해야 할 경우 두 가지 전통적인 방법이 있다. 첫 번째 방법은 적합한 사람을 선발하는 것이다. 해당 직무를 수행하는 데 요구되는 지식과 기술을 갖춘 사람을 선발한다. 개인은 조직에 들어오기 전에 교육을 통해 필요한 지식과 기술을 이미 갖추고 있다. 비서과정을 이수한 타이피스트나 직업학교를 졸업한 전기 기술자를 예로 들 수 있다. 이러한 사람들은 직무를 수행할 준비가 다 되어 있기 때문에 채용 즉시 직무에 투입할 수 있다.

두 번째 방법은 조직에서 교육을 통해 충원하는 것이다. 조직에서 특정 직무를 수행하는 데 요구되는 지식과 기술을 직업학교나 대학에서 일반적으로 가르치지 않을 수 있다. 따라서 조직에 필요한 지식과 기술을 이미 갖춘 사람을 뽑는다는 것은 불가능하다. 이러한 경우에 조직은 신입사원들을 대상으로 필요한 지식과 기술을 자체적으로 교육해야

(계속)

만 한다. 이 경우 조직은 직무 지원자들의 학습 능력과 학습 의지를 눈여겨본다. 학습에 필요한 높은 수준의 지적 능력을 지니고 있고 폭넓은 분야에 대해 지속적으로 학습할 수 있는 사람이 바람직한 지원자이다.

요약하자면, 조직이 충원을 할 때 보통 두 가지 근본적인 선택에 직면하게 되는데, 한 가지는 지식과 기술을 이미 갖춘 사람을 선발하는 것이고 다른 방법은 지식이나 기술을 향후에 갖출 가능성이 높은 사람을 선발하는 것이다. 오늘날 경제적 불황으로 인하여 1930년대 대공황 이후로 가장 높은 실업률을 기록하고 있다. 일자리를 구하기 위해 수많은 사람들이 지원하기 때문에 조직은 지원자들 중에서 우수한 사람을 골라서 뽑을 수 있다. 최근의 정보화 시대와 경제적 불황의 시대에 조직은 지식과 기술을 이미 갖춘 지원자나 혹은 잠재력이 큰 지원자 중에서 선택해서 뽑기보다는 지원자들에게 두 가지 모두를 요구할 수 있다. 선발된 지원자는 입사 후 매우 간단한 오리엔테이션을 거친 후 직무를 성공적으로 수행할 수 있어야 할 뿐만 아니라 새로운 지식과 기술을 쉽게 습득할 있어야 한다. 오늘날의 경제 상황은 많은 지원자들에게 심한 좌절감을 안겨 준다. 지원자가 오랫동안의 근무경력이 있다면, 교육을 통해 새로운 지식이나 기술을 개발할 수 있는 가능성이 부족할 것이라고 여겨서(또한 경력이 있는 지원자를 뽑은 후 그들을 교육하는 데 투자한 비용을 회수할 수 있는 시간이 짧다고 판단하여) 조직은 경력이 있는 지원자를 오히려 불합격시킬 수도 있다. 만일 지원자가 학교를 최근에 졸업한 사람이라면 무한한 가능성을 가질 수도 있지만 일에 대한 경험이 없기 때문에 조직에 당장 필요한 지식과 기술을 가지고 있지 않다. 많은 조직은 교육을 통해 종업원의 재능을 개발하는 것을 더 선호하고 노동시장에서 보다 젊은 근로자들을 선호한다. 하지만 경제적 불황은 지원자들이 회사에 들어갈 수 있는 문턱(기준)을 지나치게 높게 만든다. 지식과 기술을 이미 가지고 있는 사람들이나 현재는 지식과 기술이 없지만 장래에 성공할 가능성이 높은 사람들 모두에게 가장 이상적인 상황은 경제적 호황으로 인하여 각자가 가지고 있는 능력의 가치를 인정해 주는 조직을 선택해서 갈 수 있는 경우이다.

06 이 장의 요약

- 조직학습은 종업원뿐만 아니라 조직 전체가 급변하는 일의 세계에 보다 잘 적응하기 위하여 새로운 기술을 습득하는 과정이다.
- 기술 습득은 개인이 선언적 지식과 절차적 지식을 습득하는 과정이다.
- 종업원에게 새로운 기술을 효과적으로 교육하기 위해서는 조직이 종업원의 학습을 격려하고 새로운 기술을 직무에서 사용할 수 있는 기회를 제공해야 한다.

- 개인과 팀 수행에 어떤 결점이 존재하는지, 교육 프로그램을 개발하기 전에 조직에서 어떤 자원과 지원이 존재하는지 이해하는 것이 중요하다.
- 최근에 많은 교육방법은 컴퓨터 기술을 활용하고 있다. 자주 사용되는 방법은 프로그램화된 교육, 인공지능형 개인교습 시스템, 상호작용적 멀티미디어 교육, 가상현실 교육 등이다.
- 능동적 학습 방법은 학습자가 질문하고, 피드백을 추구하고, 수행 결과를 생각해 보도록 권장함으로써 학습자의 역할을 강조한다.
- 관리능력 개발은 많은 종업원의 생활에 영향을 미치는 상위수준의 관리자에게 필요한 기술을 교육하는 과정이다.
- 다양성 교육은 서로 다른 배경과 경험을 가지고 있는 종업원이 조직의 복리에 어떻게 기여할 수 있는지를 종업원에게 교육하는 것이다.
- 해외 파견근무 교육은 해외에서 근무할 종업원의 적응을 돕기 위한 교육이다.
- 성희롱 방지를 위한 교육은 종업원에게 직장에서 성적으로 용납될 수 없는 행동들이 어떤 것인지를 교육하는 것이다.
- 멘토링은 상대적으로 나이가 더 많고 경험이 더 많은 종업원(멘토)이 젊은 종업원(지도대상자)의 경력개발을 도와주는 과정이다.
- 임원 코칭은 임원의 경력개발을 도와주기 위하여 코치와 임원 간에 일대일로 진행되는 개발 과정이다.
- 성공적인 학습의 핵심은 교육과정에서 학습한 내용이 직무 행동으로 전이되는 데 있다. 교육의 효과를 평가하는 데 사용하는 네 가지 중요한 준거는 반응, 학습, 행동, 결과이다.

CHAPTER

7 직무수행관리

"**조**직의 성공을 위해서 사람을 최우선으로 해야 한다"라는 논문에서, Pfeffer와 Veiga(1999)는 우수한 인력을 보유하고 있는 조직이 성공가능성이 더 크다는 설득력 있는 주장을 했다. 사실 종업원들이 좋지 않은 수행을 보이는 조직은 결코 성공할 수 없다. 종업원들의 훌륭한 수행이 조직성과에 크게 기여할 수 있다. 이처럼 종업원의 개별수행은 조직성과의 원동력이다. 따라서 조직은 종업원들이 얼마나 잘하고 있는지에 대해 관심을 가져야 한다.

그렇다면 조직의 의사결정자들은 종업원들이 얼마나 잘하고 있는지를 어떻게 알 수 있을까? 그리고 종업원들이 잘하고 있지 않을 경우, 그들은 어떤 조치를 할 수 있을까(혹은 해야 할까)? 이 질문들에 대한 답은 직무수행관리 개념에서 찾을 수 있다. Aguinis(2013)에 따르면, **직무수행관리**(performance management)는 "개인과 팀의 직무수행을 파악하고, 측정하며, 개발하는 지속적인 과정이고, 직무수행과 조직의 전략적 목표를 일치시키는 것"(p. 2)이다. 이 정의는 두 가지 중요한 개념을 포함한다. 첫째, 직무수행관리는 지속적인 과정이다. 이는 개인과 팀의 수행을 관리한다는 것이 일회성 행사가 아니라는 의미이다. 더 정확히 말하면, 이는 목표 설정, 직무수행의 관찰 및 평가, 개인의 지속적인 개발을 위한 피드백 제공이나 코칭 등이 포함되어 있는 계속 진행 중인 과정이라는 의미이다. 직무수행관리와 직무수행평가(performance appraisal) 간 차이는 이 둘 간의 관계를 살펴보면 알 수 있다. 흔히 실무에서는 이 용어들을 상호 교환적으로 사용하고 있지만, 이 둘 간에는 분명한 차이가 있다. 이 둘의 관계는 더 큰 개념인 직무수행관리가 직무수행평가를 포함하는 관계이다. 일반적으로 말하면 직무수행평가는 조직 내에서 일정한 기간 동안 개인의 직무수행에 대한 평가를 일컫는다. 직무수행평가는 개인의 강점과 약점을 파악하고, 이를 통해 개발이 필요한 영역을 알려 준다. 한편 직무수행관리는 종업원이 목표를 설정한 방향으로 개발해 나아가기 위한 지속적인 활동이다(den Hartog et al., 2004). Aguinis(2013)는 "직무수행평가는 직무수행관리의 중요한 요소 중 하나이다. 직무수행관리는 직무수행 측정보다 훨씬 더 큰 개념이기 때문에 직무수행평가는 직무수행관리의 한 부분일 뿐이다"(p. 3)라고 말하였다.

직무수행관리의 정의에 포함된 두 번째 중요한 개념은 일치(alignment)이다. Fletcher(2008)는 직무수행관리를 조직 내에서 비전을 공유하는 것이라고 묘사하였다. 직무수행관리 개념은 암묵적으로 여러 개의 목표를 내포하고 있다. 특히 조직의 전반적 목표와 종업원들의 구체적인 목표를 내포하고 있다. 조직 목표와 종업원의 목표가 일치할 때, 종업원의 개별수행은 조직성과에 기여한다(Andrews et al., 2012). 하지만 두 가지 목표가 일치하지 않으면 둘 간에 연관성이 존재하지 않을 것이다. 따라서 이런 상황에서는 모든 종업원이 자신의 직무를

> **직무수행관리** : 조직이 높은 성과를 달성하기 위하여 모든 자원을 관리하고 정렬하는 절차

잘 수행하더라도 조직은 실패할 수 있다. 조직이 성취 불가능한 목표를 세웠거나 목표를 달성하기 위한 계획이 효과적이지 않으면 이런 일이 발생할 수 있다. 이처럼 개별 종업원이 조직의 번창에 기여하지 못할 수 있다.

반대의 경우도 있을 수 있다. 개별 종업원의 수행이 나쁨에도 불구하고 조직이 성공할 수도 있다. 이 경우에 조직은 달성 가능한 목표를 가지고 있고 목표달성 계획이 효과적이기 때문에 종업원의 나쁜 수행에도 불구하고 성공할 수 있다. 이 경우에 만일 종업원이 자신의 직무를 잘 수행한다면 조직의 성공 가능성은 훨씬 더 높을 것이다. 목표 간 일치(alignment) 정도를 측정하기가 어렵기는 하지만, 조직은 종업원의 개별 수행이 조직의 전반적 성과와 별로 일치하지 않는다고 인식하는 것 같다. Aguinis(2009)는 조직 리더들을 대상으로 설문조사를 실시하여 조직의 약 12%만이 두 가지 목표가 성공적으로 일치하였다고 보고했다. Schiemann(2009)은 목표들 간의 불일치 징후를 묘사하였다. 종업원들이 중요하지 않지만 긴급하게 해야 하는 많은 일에 매달려 있고, 열심히 하기는 하지만 성취한 것이 없어서 탈진감을 느끼고, 조직 내 부서들 간에 갈등이 심한 것이 이러한 징후에 해당한다.

1. 직무수행관리 절차

Kinicki 등(2013)에 따르면, 직무수행관리 절차는 "종업원에게 바라는 직무수행을 정의하고, 측정하고, 동기부여하고, 개발하는 것"(p. 4)이다. 그들은 현존하는 수많은 절차 모델들을 통합하여 직무수행관리 절차 모델을 제시하였다. 〈그림 7-1〉에서 보듯이, 직무수행관리 절차는 수행에 대한 목표를 설정하고 기대하는 수행에 대해 의사소통하는 것에서 시작한다. 여기에서 관리자들은 종업원들이 달성하기를 바라는 것을 확인한 다음 그들이 종업원들에게 기대하는 것에 대해 의사소통한다. 성공적인 직무수행에 대한 준거는 철저한 작업분석을 통해 설정한다. 제3장에서 논의한 작업분석과 직무수행 준거를 다시 한 번 회상해 보기 바란다.

직무수행관리 절차의 두 번째 단계는 직무수행에 대한 평가이다. 이러한 평가를 통해 종업원이 정해진 수행기준에 비해 어떤 수행을 나타내는지 혹은 다른 종업원들과 비교해서 어떤 수행을 보이는지를 파악하고, 종업원의 강점과 약점을 이해한다. 이 장에서는 이 주제에 대해 중점적으로 다룰 것이고 다음 절부터 보다 세부적으로 논의할 것이다.

직무수행에 대한 평가가 완료되고 나면, 세 번째 단계는 종업원의 직무수행에 대한 피드백을 제공하는 것이다. 일반적으로 상사와 부하 모두 이 단계에 대해 매우 불편해한다. 종업원들은 흔히 부정적인 수행에 관한 피드백에 방어적으로 행동한다. 상사들은 흔히 종업원들과

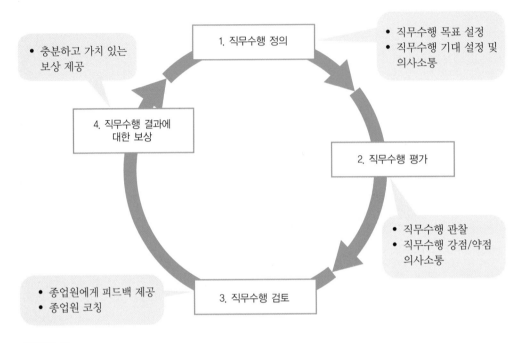

그림 7-1 직무수행관리 통합 프로세스

직접 마주 앉아 부정적인 평가를 알려 주는 것에 대해 불편하게 생각한다. 그렇다고 피드백을 제공하지 않거나 잘못 제공하게 되면, 종업원들의 직무수행은 개선되기는커녕 오히려 더 나빠질 것이다. 평가정보의 피드백에 대해서는 이 장의 후반에서 더 세부적으로 논의할 것이다. 세 번째 단계에서는 추가적으로 종업원들에게 미래 성공을 위한 코칭과 개발의 기회도 제공한다. 이와 같은 개발활동들에 대해서는 제6장에서 다룬다.

직무수행관리 프로세스의 마지막 단계는 종업원의 행동을 강화하기 위해 보상을 제공하는 것이다. 보상 제공은 조직에서 가치를 두는 것이 무엇인지를 강조하는 데 도움을 주는 동시에 종업원들이 적절한 업무에 지속적인 노력을 기울일 수 있도록 하는 데도 도움을 준다. 좋은 수행에 대해 보상을 제공하고 나쁜 수행에는 보상을 주지 않는 것은 거래적 리더십에서 핵심적인 부분이다. Barling(2014)은 종업원의 수행 결과에 따른 보상 제공은 관리자와 종업원 사이의 '중요한 거래'라고 했다. 제13장에서 거래적 리더십에 대해 다룰 것이다.

보상을 제공하고 나면 다시 새로운 목표를 설정하고, 종업원들과 변경된 기대에 대해 의사소통한다. 그런 다음, 새로운 목표와 기대에 대한 평가, 피드백, 코칭을 제공하고, 새로운 보상을 다시 제공한다. 이와 같이 직무수행관리 절차는 이 책의 전반에 걸쳐 논의하는 수많은 주제를 지속적으로 되풀이하는 과정이다.

2. 직무수행관리 시스템의 목적

Cleveland 등(1989)에 따르면 직무수행평가 결과는 크게 네 가지 목적으로 사용된다. 1) 누구를 승진시키고 누구를 해고시킬지를 결정하는 것과 같이 개인에 대한 의사결정을 위한 목적, 2) 한 사람의 강점과 약점을 파악하는 것과 같이 개인 내의 의사결정을 위한 목적, 3) 조직에서 교육의 필요성 파악이나 인사 시스템에 대한 평가와 같이 시스템 유지에 대한 의사결정을 위한 목적, 4) 소송을 대비해서 업무 활동이나 결정을 기록하는 것과 같은 문서화 목적이다.

　Aguinis(2009)는 Cleveland 등의 네 가지 구분에 기초하여, 직무수행관리 시스템의 여섯 가지 목적을 기술했다. 여섯 가지 목적은 다음과 같다.

전략적 목적　조직에서 인적자원관리 기능의 목적은 조직목적에 대한 종업원들의 기여를 최대화하는 것인데, 종업원에 대한 직무수행평가는 이러한 기능을 달성하는 데 중요한 역할을 할 수 있다. 앞서 논의한 조직 목표와 종업원 목표 간의 일치가 가장 중요하다. 개인과 조직의 목표가 일치할 때, 직무수행관리 시스템은 개인에게 가장 중요한 것이 무엇인지를 알려 주고 보상을 제공한다. 개인이 이와 같은 목표를 달성했을 때 조직도 성공한다.

행정적 목적　직무수행관리 시스템은 급여 조정, 승진이나 포상 대상자 결정, 해고 대상자 선별 등을 위한 정보의 중요한 출처이다. 직무수행평가를 해서 직무수행을 잘하는 종업원을 파악하고, 현재 직무에서 수행이 나쁜 종업원은 승진이나 임금인상과 같은 긍정적 성과를 받지 못할 것이다. 예를 들어, 전체 종업원 중에서 상위 10%에 해당하는 수행을 한 종업원에게는 12%의 임금인상을 해 주고, 반대로 하위 10%에 해당하는 수행을 한 종업원에게는 단지 2%의 임금인상을 해 줄 수 있다.

의사소통 목적　직무수행관리 시스템은 종업원들에게 명확한 정보를 알려 준다. 종업원들에게 기대하는 바가 어떤 것인지, 수행을 얼마나 잘하고 있는지, 어디에 더 집중해야 하는지에 대해 알려 준다. 공식적 그리고 비공식적인 토론을 통해 상사들은 어떤 활동이 결정적으로 중요한지, 어떤 활동에 주의를 덜 기울여도 되는지에 대해 의사소통할 수 있다.

개발 목적　DeNisi와 Pritchard(2006)에 따르면, 직무수행관리의 궁극적인 목표는 직무수행을 개선하는 데 있다. 이와 관련하여, 성공적인 직무수행관리 시스템의 핵심 요소는 종업원들에게 직무와 관련된 강점과 약점에 대한 피드백을 제공하는 것이다. 평가를 실시한 후에는 종업원들의 결점이나 약점을 개선하기 위해 코칭이나 교육을 실시한다. 그러나 나쁜 수행의 원인을 작업환경이 아니라 개인의 탓으로 돌릴 수 있는 분야에 대해서만 코칭이나 교육을 해야 한다. 직무수행관리 시스템의 역할에는 제10장에서 다룰 종업원 몰입을 높이는 것도 포함되어 있다. 많은 학자들(Gruman & Saks, 2011; Mone & London, 2010)은 종업원 몰입에 초점을 둔 직무수행관리 시스템을 설계해서 직무수행 수준을 높일 수 있다고 제안했다. Gruman과 Saks는 "종업원 몰입에 초점을 둔 직무수행관리 절차는 직무수행 자체에 초점을 둔 전통적인 절차보다 훨씬 더 높은 수준의 직무수행을 초래한다"(p. 124)고 기술했다.

조직 유지 목적 직무수행관리 시스템은 승계계획이 포함된 인력수급 계획에도 자주 사용된다. 승계계획(succession planning)은 현재 종업원들의 앞으로 예상되는 승진에 기초하여 회사 전체의 장래 충원 필요성에 대해 상당히 장기적인(보통 3~5년) 계획을 수립하는 개념이다. 직무수행관리 시스템으로부터 얻은 정보는 조직 내의 종업원들이 전반적으로 얼마나 직무를 잘하고 있는지를 알려 주고, 차후에 있을 승진에 대비해서 개인이나 작업집단에 필요한 교육이 무엇인지를 알려 준다. 또한 직무수행관리 시스템은 다양한 개입 프로그램에 대한 평가에도 도움을 준다. 예를 들어, 한 조직에서 영업사원들에 대한 교육 프로그램에 투자했을 때, 교육받은 영업사원들의 직무수행이 개선되었는지 여부를 확인해 볼 수 있다. 만약 영업실적이 향상되었다면, 해당 교육 프로그램이 성공적이었다고 간주할 수 있다. 만약 실적이 똑같거나 오히려 낮아졌다면, 해당 교육 프로그램이 의도한 효과가 나타나지 않았다는 증거의 일부로 활용된다.

문서화 목적 준거관련 타당도에 관한 많은 연구에서 준거에 대한 측정은 수행평가로부터 얻는다. 준거는 직무수행 측정치이고 수행평가에서 측정하고자 하는 것이다. 산업 및 조직심리 학자들이 새로운 예측 검사의 타당도를 알아보고자 할 때, 그들은 회사의 수행평가 자료에서 얻은 준거 측정치와 검사 점수 간의 상관을 구할 것이다. 이렇듯 직무수행관리 시스템은 지원자 선발에 사용하는 예측 측정치들의 타당도 작업에 대한 증거 자료를 제공한다. 또한 공식적인 직무수행평가는 인사결정에 대한 법적 방어 자료도 제공한다. 제5장에서 논의하였듯이, 인사결정은 기분에 의해서가 아니라 이성적으로 해야 한다. 어떤 종업원들이 왜 승진되고, 해고되고, 다른 사람에 비해 더 높은 급여인상이 있었는지에 대해 설득력 있는 설명을 해야 한다. 나중에 논의하겠지만 직무수행평가에서 인사결정도 검사의 기준과 동일한 법적 기준을 적용한다. 검사와 직무수행평가는 둘 다 인적자원을 개선하기 위하여 사용하는 기법이다. 직무수행평가가 일부 종업원들에게 반발을 불러일으킬 수 있지만, 그렇다고 해서 합리적인 근거 없이 인사결정을 내리는 것은 용납할 수 없는 일이다.

직무수행관리 시스템을 동시에 다양한 목적을 충족하기 위해 사용한다는 점에 주목할 필요가 있다. 예를 들면, 수행평가 정보를 단순히 개발 목적의 피드백 제공으로만 활용하기보다는 개발 목적과 급여 결정 목적으로 동시에 활용한다. 불행하게도 수행평가의 '인력개발' 측면과 '급여행정' 측면은 흔히 서로 상충된다. 많은 종업원들은 임금인상이 더 즉각적이고 현실적이기 때문에 직무에서 자신의 약점이 무엇인지를 아는 것보다 임금인상에 더 많은 의미를 부여한다. 만일 두 기능이 동일 시점의 평가과정에서 함께 이루어진다면 종업원들이 방어적으로 될 수 있다. 자신의 약점을 인정하는 것이 임금인상의 폭을 줄이는 것을 의미한다면 평가의 인력개발 기능은 뒷전으로 밀리게 된다.

Meyer 등(1965)은 그들의 고전적인 논문에서 수행평가를 함에 있어 상사가 '분리된 역할'을 할 필요가 있다고 언급하였다. 한 가지 역할은 종업원 개발이나 수행개선에 관하여 종업원들과 함께 논의하는 상담자나 지도자의 역할이며, 다른 역할은 급여결정을 내리는 판단자의 역할이다. 현장자료에 의하면 대부분의 상사가 두 가지 역할을 동시에 할 수 없다. 이러한 문제는 두 번의 수행평가를 함으로써 해결할 수 있다. 예를 들어, 종업원 개발을 위한 평가는 1월에 하고 급여결정을 위한 평가는 6월에 할 수 있다. 혹은 상사는 종업원 개발만을 다루고 인사부서에서 급여를 다룸으로써 이러한 문제를 해결할 수 있다. 두 가지 기능이 모두 중요하지만, 두 기능이 동일한 사람에 의해 동일한 시기에 실행되지 않는 것이 관례이다.

3. 직무수행평가와 법률

공정한 고용에 관한 연방법도 직무수행평가와 관련되어 있다. 공정하지 못한 차별은 예측변인(검사)에서뿐만 아니라 검사가 예측하고자 하는 직무행동에서도 발생할 수 있다.

Malos(1998)는 차별당했다고 제소한 많은 법정 사례들을 개관하여 차별을 당했다고 주장하는 근거가 종업원의 직무수행평가와 빈번하게 관련되어 있다는 사실을 발견했다. 차별 여부는 제5장에서 논의했던 1964년의 시민권법, 1991년의 시민권법, 고용에서의 연령차별금지법, 장애인고용법 등에 근거하여 판단한다. 소송은 고용주의 태만(수행평가를 정기적으로 실시해야 하는 의무를 위반), 명예훼손(종업원의 명예를 훼손하는 근거 없는 악의적인 수행정보를 폭로), 오보 유출(특정 종업원에 대하여 근거 없이 호의적인 수행정보를 유출함으로써 장래가 촉망되는 종업원이나 제3자가 피해를 보는 것)로부터도 발생할 수 있다.

Malos는 수행평가와 관련된 많은 법정 사례들로부터의 결과를 종합하여 수행평가의 내용과 절차에 관하여 고용주가 참고할 만한 권고사항들을 제시하였다. 수행평가의 내용은 직무수행평가에서 사용하는 준거를 말한다. 〈표 7-1〉에서 보듯이 Malos는 법적으로 안전한 수

표 7-1 법적으로 정당한 수행평가를 위한 내용에 관한 권고사항

평가 준거
• 주관적이기보다는 객관적이어야 한다.
• 직무와 관련되어 있거나 직무분석에 근거해야 한다.
• 특성보다는 행동에 근거해야 한다.
• 피평가자가 통제할 수 있어야 한다.
• 전반적 측정이 아니라 구체적인 기능과 관련되어 있어야 한다.

표 7-2 법적으로 정당한 수행평가를 위한 절차에 관한 권고사항

평가 절차
• 직무군 안에 모든 종업원에게 표준화되어 있고 동일해야 한다.
• 종업원들에게 공식적으로 전달되어야 한다.
• 수행에서의 결함에 대한 지적을 해 주어야 하고 고칠 수 있는 기회를 주어야 한다.
• 종업원들에게 자신의 평가 결과를 볼 수 있는 기회를 주어야 한다.
• 종업원들이 의견을 제시할 수 있는 공식적인 항의절차를 마련해야 한다.
• 다수의, 다양한, 편파되지 않은 평가자들을 사용해야 한다.
• 평가자 교육을 위하여 문서화된 자료를 마련해야 한다.
• 개인의 지식에 기초하여 평가자들이 철저하고도 일관성 있는 평가를 할 수 있도록 수행의 구체적인 예를 포함하는 문서화된 자료를 마련해야 한다.
• 잠재적인 차별 가능성이나 체계 전체의 불합리성을 감지할 수 있는 체계를 설립해야 한다.

행평가를 하기 위한 권고사항들을 제시하였다. 일반적으로 직무분석으로부터 유래되는 직무 관련 요인들에 근거하여 평가를 실시하는 것이 매우 중요하다. Werner와 Bolino(1997)도 마찬가지로 회사가 직무분석으로부터 유래된 준거에 기초하여 수행평가를 하는지의 여부가 흔히 법정에서의 판결에 결정적인 요인으로 작용한다는 사실을 발견하였다. Malos는 또한 법적으로 안전한 수행평가 절차에 대한 권고사항들도 제시하였다. 이러한 권고사항들이 〈표 7-2〉에 제시되어 있다. Malos는 우리의 경제가 지속적으로 서비스와 정보를 강조하는 쪽으로 바뀜에 따라 주관적 수행준거를 사용하는 경향이 더 늘어나고, 특히 전문직과 관리직에서 더 그러할 것이라고 진술하였다. 또한 보다 많은 조직들이 수행평가를 할 때 여러 개의 출처(고객, 부하, 동료)를 사용하는 경향이 늘어나고 있다. 주관적 준거와 교육받지 않은 평가자을 사용하는 것은 차별에 대한 소송에서 방어하기 힘든 결과를 초래할 수 있다. 그러한 준거와

평가자들을 사용할 때는 객관적 준거와 교육을 받은 평가자들도 함께 사용하고 교육을 받은 평가자의 평가에 더 많은 비중을 두는 것이 바람직하다.

4. 판단적 평가

1) 평정오류와 편파

직무수행을 평가할 때 가장 흔히 사용하는 방법은 판단적 평정이다. 평가를 할 때 오류가 발생할 수 있기 때문에 평정오류의 종류와 평가에 영향을 미치는 편파를 이해하는 것이 중요하다. 평가할 때 평가자는 자신도 모르는 사이에 판단오류를 범할 수 있다. 순서에 의한 위치 오류는 전달받는 정보의 순서로 인해 발생한다. 대비 오류는 두 명(혹은 그 이상)에 대한 잘못된 비교의 결과로 인해 발생한다. 후광 오류, 관대화 오류, 중앙집중 오류 등은 평가에 사용하는 평정 척도로 인해 발생한다. 이러한 오류들은 평가자 편파와 잘못된 지각에 의해 발생한다.

    순서 위치 오류(serial position error)는 연속된 순서(예 : 첫 번째, 두 번째, 마지막)에서 특정 위치에 제시되는 정보를 기억하는 개인적 경향성을 반영한다. 연구 결과에 따르면 사람들은 순서상 첫 번째(초두 효과) 또는 마지막(최신 효과)에 제시되는 정보를 더 잘 회상할 수 있다. 이는 평가자들이 맨 처음 혹은 맨 마지막에 관찰한 피평가

> **순서 위치 오류** : 평가자들이 순서상 처음과 마지막에 제시된 정보를 더 많이 회상하고 중간에 제시된 정보를 가장 잘 회상하지 못하는 평정오류

자에 대한 정보를 회상하기 더 쉽다는 것을 의미한다. 즉 평가자들은 타인과의 관계에서 초기 정보(예 : 첫인상) 혹은 가장 최근에 발생한 사건에 관한 정보를 더 잘 기억할 수 있다. 따라서 수행평가를 6개월에 단 한 번만 실시한다면, 다른 시기에 보인 행동보다 가장 최근의 행동에 더 큰 가중치를 부여할 수 있다.

    대비 오류(contrast error)는 평가자들이 평가할 때 어떤 사람과 다른 사람을 비교(혹은 대조)할 때 발생한다. 이것은 피평가자들을 사전에 정한 절대적 기준과 비교하기보다는 다른 사람과 비교하는 경우에 발생하는 오류이다. 대비효과는 관리자들이 짧은 기간 동안 여러 명을 평가해야 할 때 발생하기 쉽다. 만약 한 관리자가 능력이 탁월한 종업원을 평가했다면, 그다음 차례에 평가받는 종업원은 앞선 사람과 비교되어 실제

> **대비 오류** : 평가자들이 매우 나쁜(혹은 좋은) 수행을 보인 다른 사람과 비교를 함으로써 평가 대상자의 실제 수행보다 더 좋은(혹은 나쁜) 평가를 하는 평정오류

보다 더 낮은 평가받을 수 있다. 만약 그 관리자가 두 번째 종업원을 평가할 때 바로 앞에서 탁월한 종업원을 평가하지 않았을 경우보다 그 사람의 능력을 실제보다 더 낮게 평가했다면

대비효과가 발생한 것이다. 반대로 어떤 종업원이 저조한 수행을 나타내는 종업원과 비교되어 실제보다 더 높은 평가를 경우에도 동일한 대비효과가 발생한다.

후광 오류(halo error)는 평가자가 종업원에 대한 전반적인 느낌에 기초하여 평가할 때 일어난다. 후광 오류는 평가자가 일반적으로 특정 종업원에 대한 모든 평가에 영향을 미치는 호의적인 태도를 지닐 때 발생한다. 반대로 평가자가 일반적으로 한 종업원에 대해 비호의적인 태도를 지니고 있어서 모든 평가를 부정적으로 할 때 미운털 오류(horn error)라고 부른다. 전형적으로, 평가자는 종업원의 수행에 대하여 적어도 한 가지 중요한 측면에 강한 느낌을 가질 수 있다. 이 경우에 이러한 느낌이 다른 수행요인에 대한 판단에도 일반화되어 그 종업원을 획일적으로(여러 요인들 모두에서) 좋거나 또는 나쁘게 평가한다.

> 후광 오류 : 평가자가 평가대상자의 수행에 대하여 제한된 지식을 가지고 있음에도 불구하고 다양한 수행차원 모두에서 획일적으로 좋거나 또는 나쁜 수행을 나타낸다고 평가하는 평정오류

한편 한 종업원이 여러 영역에서 진정으로 우수하거나 형편없는 사람이라고 하더라도, 이러한 평가가 불충분한 정보에 근거했을 때에는 오류로 간주한다. 예를 들어, 종업원의 탁월한 아이디어에 강한 인상을 받은 평가자가 리더십, 협조성, 동기 등과 같은 다른 요인을 평가할 때도 그러한 느낌을 가지고 평가한다. 이러한 일은 '훌륭한 아이디어'가 다른 요인들과 전혀 관련이 없을 때조차도 일어난다. 일반적으로 후광 오류는 모든 평정오류 중에서 가장 심각하고 만연되어 있는 오류이다(Cooper, 1981).

후광 오류에 관한 최근 연구는 처음에 생각했던 것보다 이것이 훨씬 더 복잡한 현상이라는 것을 밝혔다. Murphy와 Anhalt(1992)는 후광 오류가 평가자나 피평가자의 안정적인 특성이 아니라 평가자, 피평가자, 평가상황들 간 상호작용의 결과라고 결론 내렸다. Balzer와 Sulsky(1992)는 후광 오류가 타인에 대한 판단을 하기 위하여 인지적으로 정보를 어떻게 처리하는지를 나타내는 것으로 볼 수 있기 때문에 이것이 평정오류가 아니라고 주장했다. 즉 후광이 존재한다고 해서 반드시 평정이 부정확하다고 말할 수는 없다는 것이다.

관대화 오류(leniency error)는 평가에 영향을 주는 평정오류의 또 다른 유형이다. 어떤 선생님들은 점수를 후하게 주고, 어떤 선생님들은 박하게 주기 때문에 평가자들이 관대성에서 서로 다른 특징을 지닐 수 있다. 점수를 박하게 주는 평가자는 진짜 능력 수준보다 더 낮은 평가를 내린다. 이를 엄격화(severity) 또는 부적 관대화(negative leniency)라고 부른다. 점수를 후하게 주는 평가자는 진짜 능력 수준보다 더 높은 평가를 내린다. 이를 정적 관대화(positive leniency)라고 부른다. 이러한 오류들은 일반적으로 평가자가 자신의 가치나 과거 경험으로부터 유래된 개인적 기준을 적

> 관대화 오류 : 평가자가 평가대상자의 진짜 수행수준과는 달리 지나치게 많은 사람들의 수행을 높게 평가하든지(정적 관대화) 또는 낮게 평가하는(부적 관대화) 평정오류

용하기 때문에 발생된다. Kane 등(1995)은 관대화 오류를 범하는 경향이 개인에게 있어서 안정적이라는 사실, 즉 사람들은 평정을 할 때 일관성 있게 관대하게 하거나 또는 엄격하게 하는 경향이 있다는 사실을 발견하였다. Bernardin 등(2000)은 성실성이 낮고 원만성이 높은 성격적 특성을 지닌 사람들이 가장 관대하게 평가한다는 사실을 발견하였다.

중앙집중 오류(central-tendency error)는 평가자가 극단적으로 높거나 낮은 평정을 꺼리는 경향성을 말한다. 종업원들을 정당하지 않게 높거나 낮게 평가하는 관대화나 엄격화 오류와는 대조적으로, 중앙집중 오류는 모든 사람을 '보통'이라고 평가하고 척도의 오직 가운데(중앙) 부분만을 사용하는 것이다. 이러한 현상은 평가자들

> 중앙집중 오류 : 평가자가 평가 대상자의 진짜 수행수준과는 달리 지나치게 많은 사람들의 수행을 분포의 중간이나 보통이라고 평가하는 평정오류

이 수행에서 친숙하지 않은 면을 평가할 때 일어난다. 평가자들이 자신이 잘 모르는 능력에 대해서 판단을 유보하기보다는 피평가자가 그냥 보통 수준이라고 평가하는 것이다.

여기에서 주목할 점은, 이러한 평정오류가 없다고 해서 반드시 평정을 정확하게 했다고 말할 수는 없다는 것이다. 직무수행평가에서 정확성은 측정하고자 하는 '진짜' 변인을 얼마나 타당하게 측정하고 있는지를 말한다. '진짜' 변인은 전반적 직무수행과 같은 전체적 개념일 수도 있고 대인관계 능력과 같은 직무수행의 한 차원일 수도 있다. 이러한 평정오류가 있다면 평정이 부정확하다는 것을 의미하지만, 평정이 정확하다고 말하기 위해서는 이러한 세 가지 평정오류를 제거한 후에도 다른 문제들을 해결해야 한다. 산업 및 조직심리학자들은 평정의 정확성을 통계적으로 나타내는 지표들을 개발하고 있으며, 이러한 지표들의 일부는 측정에 대한 고전적 이론에 기초하고 있다.

2) 평정척도

수행평가에서 적절한 객관적 측정치를 얻기가 힘들기 때문에 판단적 자료를 흔히 사용한다. 주관적 측정치는 거의 모든 직무에서 사용할 수 있다. 평가를 하는 사람은 주로 상사이지만 어떤 경우에는 자기평가나 동료평가를 사용하기도 한다. 다양한 측정치가 개발되었는데, 모두 수행을 정확하게 측정하기 위한 것이다(Pulakos, 1997). 다음에는 직무수행평가에서 사용하는 세 가지 주요 평정척도가 제시되어 있다.

1. 도식적 평정척도
2. 종업원 비교법
   a. 순위법
   b. 짝 비교법

      c. 강제배분법

3. 행동 체크리스트와 척도

      a. 중대사건법

      b. 행동기준 평정척도(BARS)

도식적 평정척도(graphic rating scale)는 수행평가에서 가장 자주 사용하는 방법이다. 다수의 특성이나 요인에서 개인이 어떤 상태에 있는지를 평정한다. 평가자는 개인이 각 요인을 얼마나 가지고 있는지를 판단한다. 일반적으로 수행을 5점 또는 7점 척도상에서 평정하고 요인의 수는 5~20개 사이이다. 자주 평정하는 차원은 작업의 양, 작업의 질, 실제적 판단력, 직무지식, 협조성, 동기 등이다. 도식적 평정척도의 전형적 예가 〈그림 7-2〉에 제시되어 있다. 도식적 평정척도에서는 평정오류가 일어나기 쉽다. 이 때문에 다른 직무수행평가 방법들이 개발되었다.

종업원 비교법(employee-comparison method)은 정의되어 있는 기준을 사용하여 종업원들을 평가하는 평정척도와 다르게 개인들을 서로 비교함으로써 평가에서 개인 간의 차이가 생기도록 하는 방법이다. 이렇게 해서 척도의 한 부분에만 평정이 집중되는 오류를 방지한다. 종업원 비교법에서는 평가자들이 평가대상자들을 어떻게든 구분해서 평가해야 하기 때문에 이 방법의 주요 장점은 중앙집중 오류와 관대화 오류를 제거한다는 것이다. 하지만 어떤 한 사람을 항상 다른 사람보다 높게 평가할 수 있기 때문에 후광 오류는 여전히 존재할 수 있다. 또한 모든 종업원 비교법은 이러한 개인 간 차이가 수행에서의 진정한 차이를 나타내는 것인지 아니면 실제로는 작지만 큰 차이가 나는 것처럼 부풀려서 잘못된 인상을 조성하는 것인지에 대한 문제를 포함하고 있다. 세 가지 종업원 비교법이 있는데, 그것은 순위법, 짝 비교법, 강제배분법이다.

순위법(rank-order method)에서는 평가자가 주어진 수행차원에서 제일 높은 사람부터 제일 낮은 사람까지 순위를 매긴다. 첫 번째 순위에 있는 사람이 '수행이 가장 좋은 사람'이고 제일 마지막 순위에 있는 사람이 '수행이 가장 나쁜 사람'이다. 하지만 '수행이 가장 좋은 사람'이 과연 얼마나 잘하는 사람인지 또는 '수행이 가장 나쁜 사람'이 과연 얼마나 못하는 사람인지를 모른다. 즉 수행의 수준을 알 길이 없다. 예를 들어, 어떤 해의 노벨상 수상자들을 대상으로 누가 과학의 발전에 전반적으로 더 공헌했는지에 따라 순위를 매긴다고 가정하자. 이때 가장 낮은 순위를 받은 노벨상 수상자가 과학에 가장 낮은 기여를 했다고 결론 내릴 수는 없다. 이처럼 순위자료는 모두 어떤 기준에 있어서 상대적 정보만을 제공한다. 앞에서 든 예에서 순위는 단지 과학적 연구의 탁월성이라는 평가기준에서 상대적 정보만을 제공한다. 또 다

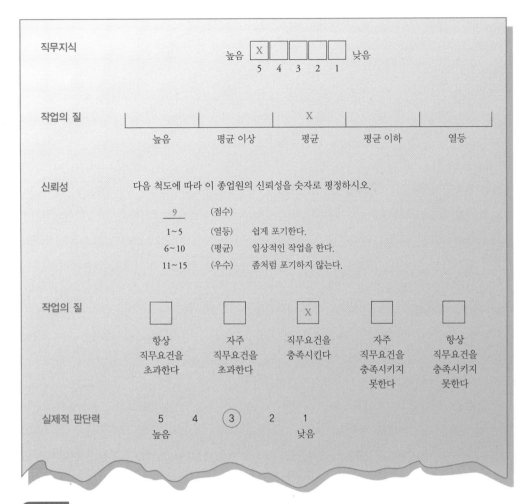

그림 7-2 다양한 수행차원을 측정하기 위한 도식적 평정척도 예

른 문제는 많은 사람들에게 순위를 부여하는 것이 매우 지루하고 아마도 의미 없는 일일 수 있다. 통상적으로 평가자가 평가대상이 되는 전체 사람들 중에서 최고와 최저를 가려낼 수는 있지만, 수행이 그다지 차이 나지 않는 나머지 사람들의 순위를 매기는 것은 어느 정도 임의적일 수 있다.

짝 비교법(paired-comparison method)은 평가하고자 하는 집단에서 각 종업원들을 모든 다른 사람과 짝을 이뤄 비교하는 방법이다. 평가자가 할 일은 평정하고자 하는 차원에서 둘 중 더 나은 사람을 선택하는 것이다. 이 방법은 전형적으로 전반적 직무수행능력처럼 하나의 단일 차원에서 종업원들을 평가할 때 사용한다. 평가할 짝의 수는 $n(n-1)/2$의 공식으로 계산하는데, 여기서 n은 평가할 사람의 수이다. 예를 들어, 한 집단에 10명이 있다면 비교할 짝의 수는 10(9)/2 = 45이다. 평가를 통해 결론을 내리기 위하여 각 사람이 다른 사람들과의 비교에서 더 낮다고 선택된 횟수가 기록된다. 개인별로 이러한 횟수가 많을수록 더 높은 순위가 매겨진다.

이 방법의 중요한 제한점은 종업원의 수가 많으면 비교할 짝의 수가 기하급수적으로 늘어난다는 것이다. 만일 50명을 평가해야 한다면 비교의 수가 1,225가 되고, 평가하는 데 시간이 매우 많이 걸린다. 짝 비교법은 평가대상이 비교적 적을 때 가장 적합하다.

강제배분법(forced-distribution method)은 다른 종업원 비교법을 사용하기가 어려울 때, 즉 평가대상이 많을 때 가장 유용하다. 강제배분은 전형적으로 평가자가 단일 차원에서 종업원들을 평가할 때 사용하지만 여러 개의 차원에서 평가할 때도 사용할 수 있다. 이 절차는 정상분포에 기초하고 있고 종업원의 수행이 정상분포를 이루고 있다고 가정한다. 분포는 다섯에서 일곱 개 범주로 나뉜다. 사전에 결정되어 있는(정상분포에 기초한) 백분율을 사용하여 평가자는 종업원들을 이들 중 하나의 범주로 분류한다. 모든 종업원을 이러한 방식으로 평가한다. 이 방법은 평가자로 하여금 '강제로' 종업원들을 모든 범주에 걸쳐 골고루 배분하도록 한다. 이렇게 하기 때문에 이 방법을 강제배분법이라고 한다. 따라서 모든 종업원을 우수하다고, 또는 평균적이라고, 또는 형편없다고 평가하는 것이 불가능하다. 50명의 종업원에 대하여 이 절차를 적용한 예가 〈그림 7-3〉에 제시되어 있다.

어떤 평가자들은 이 절차가 종업원들 간에 인위적인 구분을 강요한다고 말하면서 이 방법에 대해 부정적인 견해를 가지고 있다. 이러한 평가자들은 종업원들의 수행이 정상분포가 아니라 부적 편포를 이루고 있다고 생각한다. 즉 이러한 평가자들은 대부분의 종업원들이 수행을 매우 잘하고 있다고 느끼기 때문에 종업원들을 강제로 배분하는 것에 대하여 부정적인 견해를 가지고 있다. 만일 하위 10%에 해당하는 사람들이 다른 사람들에 비해 상대적으로 잘하지는 못해도 반드시 수행이 나쁜 사람들은 아니라는 것을 알게 되는 경우에는 이 방법에 대한 불만이 결코 수그러들지 않을 것이다. 모든 비교방법과 마찬가지로 이 방법의 문제는 수행이 정의된 기준과 비교되지 않는다는 것이다. 종업원들 간의 차이가 무엇을 의미하는지를 알려면 다른 출처로부터의 정보가 반드시 있어야 한다.

> **최하 등급 축출법** : 조직에 대한 종업원들의 전반적 기여에 근거하여 등급을 매기고 매년 하위 10%에 해당하는 종업원들을 해고하는 직무수행 관리 방법

강제배분법에 근거하여 직무수행평가에서 자주 사용하는 방법이 **최하 등급 축출법**(top-grading)이다(Smart, 2005). 이 방법은 회사 종업원들 중에서 하위 10%에 해당하는 사람들을 가려내어 해고하는 것이다. 하위 10%에 해당하는 종업원들을 해고함으로써 수행이 나쁜 종업원들을 없앨 뿐만 아니라 나머지 90%의 종업원들이 더 열심히 일하도록 자극을 준다. 이러한 강제배분 평가 방법은 매년 시행되기 때문에 종업원의

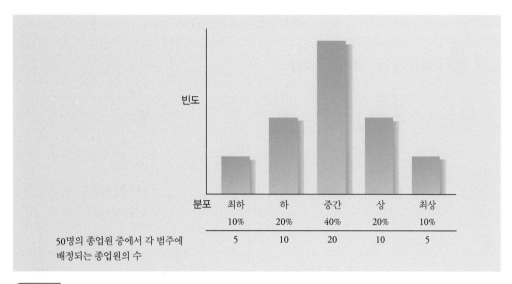

분포	최하	하	중간	상	최상
	10%	20%	40%	20%	10%
50명의 종업원 중에서 각 범주에 배정되는 종업원의 수	5	10	20	10	5

그림 7-3 수행평가를 위한 강제배분법

수가 점점 줄어들고 인력의 질은 점점 좋아진다. 이러한 방법을 속어로 "등급을 매겨 내쫓기(rank and yank)"라고 부른다. Scullen 등(2005)은 최하 등급 축출법의 효과성을 연구하였다. 그 결과, 인력의 질은 향상되었으나 이 방법을 시행한 지 불과 몇 년이 지나서 그 효과가 현저하게 감소하였다. Dominick(2009)은 이 방법이 실제 수행과는 관련 없이 관리자들의 정치적 술수에 악용될 수도 있다고 보고했다. 예를 들어, 관리자들이 수행과 관련 없이 특정 종업원들을 나쁘게 평가하여 쫓아내고 수행이 나쁘지만 자신과 친한 종업원들을 보호하는 데 악용될 수도 있다. 이 방법을 적용하면 모든 종업원이 아무리 잘한다고 해도 그중에서 매년 10%는 하위 등급을 받을 수밖에 없다. 지속적으로 하위 10%에 해당하는 종업원들을 쫓아내면 매년 10%씩 줄어드는 인력의 공백을 메우기 위하여 남아 있는 종업원들이 과연 얼마나 많은 일을 감당할 수 있을지에 대하여 논쟁이 있다("**산업 및 조직심리학과 경제 : 최하 등급 축출법의 역설**" 참조).

　행동 체크리스트와 척도(behavioral checklist and scale)는 수행평가에서 가장 최근에 개발되었다. 여기서 핵심용어는 행동이다. 행동은 다른 요인들(예 : 야망, 협조성)보다 상대적으로 덜 모호하다. 평가할 수행의 의미에 대하여 의견이 일치되면 될수록 평가가 정확해질 가능성은 더 크다. 이 범주에 있는 모든 방법은 직접 혹은 간접적으로 중대사건법에 뿌리를 두고 있다.

　중대사건(critical incident)은 좋거나 나쁜 직무수행을 초래하는 행동이다. 상사들이 종업원의 직무수행에 큰 영향을 미치는 행동들을 기록한다. 상사들이 그러한 중대사건이 직무에서 일어날 때마다 그

> 중대사건 : 좋거나 나쁜 직무수행을 나타내는 구체적인 행동

산업 및 조직심리학과 경제
최하 등급 축출법의 역설

직무수행평가 중 "등급을 매겨 내쫓기"와 같은 방법은 직접적인 경제적 효과를 지니고 있다. 이 방법은 역설적으로 조직의 경제적 상황에는 이득을 가져오는 긍정적인 경제적 효과와 국가의 경제적 상황에는 해를 끼치는 부정적인 경제적 효과를 동시에 지니고 있다.

조직이 종업원들 전체에 대해 순위를 매겨 하위 10%를 해고시킨다고 가정해 보자. 조직은 전체 인건비를 줄일 수 있기 때문에 경제적인 이득이 발생한다. 인건비 절감의 크기는 어떤 종업원들을 해고시키냐에 달려 있다. 만일 조직 내에서 평균보다 높은 급여를 받던 종업원들을 해고시킨다면 인건비 절감은 10%보다 클 것이다. 만일 평균보다 낮은 급여를 받던 종업원들을 해고시킨다면 인건비 절감은 10%보다 작을 것이다. 해고로 인해 인건비의 10%를 절감할 수 있다고 가정해 보자. 이론적으로, 남아 있는 나머지 90% 종업원들은 해고된 10% 종업원들이 했던 일까지 분담해서 해야 한다. 예를 들어, 인건비를 10% 줄였음에도 불구하고 작업 생산성이 3%밖에 줄지 않았다면 조직은 '경제적 효율성'을 달성한 것이다. 해고되지 않은 종업원들은 자신이 내년도 "등급 매겨 내쫓기"의 대상자가 될지도 모른다는 두려움에 떨게 된다. 따라서 더 열심히 일하고 더 잘하려고 노력할 것이다. 다음 해에 또 하위 10%를 해고해서 인건비를 10% 줄였지만 이번에는 생산성이 8% 감소했다고 치자. 이러한 과정이 반복되어 궁극적으로 조직생산성 감소로 인한 손실 금액이 인원 감축을 통한 인건비 절감 액수를 초과한다면, 지속적인 인원 감축으로부터 얻게 되는 경제적 이득을 더 이상 기대할 수 없다.

조직이 인원 감축을 통해 인건비를 줄임으로써 경제적 이득을 얻을 수 있더라도 그와 동시에 종업원들의 실직으로 인하여 실업률이 증가하기 때문에 국가 경제는 어려움에 처하게 된다. 해고된 종업원들이 계속 실업상태에 있게 되면 국가로부터 실업급여를 받게 될 것이다. "등급 매겨 내쫓기"를 하는 조직의 수가 증가할수록 실업자 수도 증가할 것이다. 해고된 사람들이 다른 데서 새로운 일자리를 가져야만 국가 경제가 어려움에 처하지 않게 된다. 경제적 효율성에 있어서 과연 누구를 위한 효율성인지에 대한 문제가 제기될 수 있다. 회사가 경제적 이득을 얻고자 취하는 행동이 국가 수준에서는 정반대의 부정적 효과를 야기할 수 있다. 이러한 상황은 조직의 생산성이 매우 높고 국가의 실업률이 매우 낮은 경제적 호황일 때와는 뚜렷한 차이를 나타낸다.

자리에서 기록해 놓을 수도 있고 나중에 회상해 낼 수도 있다. 중대사건은 일반적으로 직무 지식, 의사결정능력, 리더십 등과 같이 수행의 여러 측면에 의해 범주화된다. 마지막으로, 효과적인 직무수행과 비효과적인 직무수행을 구성하는 좋거나 나쁜 행동목록들을 얻는다.

이러한 중요한 행동들의 발생으로 각 종업원의 수행을 기술할 수 있다. 상사는 종업원이 나쁜 행동을 하지 않고 좋은 행동을 계속 하도록 조언을 해 줄 수 있다. 예를 들어, 기계를 조작하는 사람에게 나쁜 행동으로 여겨지는 중대사건은 "주의를 기울이지 않고 기계가 그냥 돌아가도록 방치한다"와 같은 것이다. 좋은 행동으로 여겨지는 중대사건은 "직무에서 항상 보안경을 착용한다"와 같은 것이다. 이렇게 분명한 용어에 의해 수행을 논의하는 것이 "나쁜 태도"나 "부주의한 작업습관"과 같이 모호한 진술을 사용하는 것보다 이해하기 더 쉽다.

행동기준 평정척도(behaviorally anchored rating scale, BARS)는 중대사건법과 평정척도법을 혼합한 것이다. 수행은 척도상에 평정되지만 척도점에 행동적 사건들이 제시되어 있다. 행동기준 평정척도를 개발하는 데 시간이 많이 걸리고, 특히 기대되는 직무행동에 대하여 합의를 도출할 때 더욱 그렇다.

이 방법의 중요한 장점 중 하나는 수행평가 자체와 관련된 것이 아니다. 이 척도를 개발하는 과정에서 종업원들이 깊게 관여하게 된다. 참가자들은 효과적인 수행을 일으키는 구체적인 행동들을 세

> 행동기준 평정척도(BARS) : 직무수행평가에 사용되는 평정척도로서, 척도 점수나 값에 해당하는 행동진술문이 함께 제시되어 있는 척도

심하게 검토해야 한다. 이렇게 하면서 그들은 비효과적인 수행에 관하여 잘못된 고정관념을 버릴 수 있다. 이 방법은 평가자와 피평가자 모두에게 안면타당도를 지니며 평가자 교육에도 유용한 듯하다. 하지만 한 가지 단점은 개발된 행동기준 평정척도를 모든 직무에서 사용할 수 없고 모든 직무마다 서로 다른 행동기준 평정척도를 개발해야 한다는 것이다. 더구나 종업원들이 동일한 수행차원에서도 상황의 위급함과 같은 상황적 요인에 따라 서로 다른 행동을 나타낼 가능성이 있다.

판단적 자료의 적절성을 평가하는 한 가지 방법은 객관적 생산 자료처럼 다른 방법으로 얻은 수행평가 자료와 판단적 자료 간의 상관을 알아보는 것이다. 이러한 종류의 분석을 실시한 연구들에서 계산된 상관의 크기는 그다지 크지 않았다. 이러한 결과가 판단적 자료의 적절성이 그다지 크지 않다는 것을 의미한다고 해석할 수 있지만, 보다 핵심적인 문제는 객관적 생산 자료가 개인의 '진짜' 수행을 나타내고 있다고 가정할 수 있느냐이다. 객관적 생산 자료들도 불완전할 수 있으며 판단적 자료와 별로 관련되어 있지 않을 수 있다. 개념준거(즉 '진짜' 수행) 측정치를 얻는 것이 불가능하기 때문에 당연히 불완전한 결과를 낳는 불완전한 측정치를 사용할 수밖에 없다. Weekley와 Gier(1989)는 정확한 평가를 내리도록 집중적인 교육을 받은 올림픽 경기의 심판과 같은 전문적 평가자들조차도 의견이 불일치되고 후광 오류를 범한다는 것을 보여 주었다. DeNisi와 Peters(1996)는 평가자들에게 수행을 지속적으로 기록하기 위하여 구조화된 일지를 사용하도록 했을 때가 과거 기억을 떠올려서 평가했을 때보다 종업원들에 대하여 더 정확한 평가를 내렸다고 보고하였다.

직무수행평가에 사용되는 다양한 종류의 평정척도에 대한 오랜 연구("**현장기록 1 : 훌륭한 연구는 비용을 치른다**" 참조) 끝에, 산업 및 조직심리학자들은 평정척도의 유형으로부터 비롯되는 수행평정의 변량 크기가 보통 5% 미만으로 작다고 결론 내렸다. 수행평정 변량의 대부분은 다른 출처에 의해 비롯된다. 이러한 주제에 대해 다음 절에서 논의할 것이다.

현장기록 1
훌륭한 연구는 비용을 치른다

많은 경우에 수행평가와 관련해서 기대하지 않았던 비용이 발생한다. 이러한 비용들 중에서도 내가 들어본 적이 있는 매우 흔하지 않은 비용에 관한 이야기를 여기에 소개한다.

수행평가 정보의 용도 중 하나는 직무수행의 준거로 사용하는 것이다. 이러한 직무수행 준거는 선발검사의 타당도를 알아보는 데 사용할 수 있다. 나의 동료는 한 회사의 선발검사를 개발하기 위하여 수행평가(준거) 자료와 검사 점수(예측변인) 자료를 둘 다 수집할 필요가 있었다. 그는 회사를 방문해서 회사의 구내식당으로 모든 상사들을 소집했다. 그는 그들이 해야 할 수행평가의 내용을 설명했다. 그다음 그는 모든 부하들이 30분짜리 검사를 받을 것이고, 동시적 준거관련 타당도 연구를 수행할 때 하는 것처럼, 이 검사 점수와 상사의 수행평가 간의 상관을 구한다고 설명하였다. 나의 동료는 상사들이 검사가 어떤 것인지를 직접 느껴 보기 위해 부하들에게 실시할 검사와 동일한 검사를 한번 받아 보지 않겠느냐고 제의했다. 그들은 모두 동의했다. 그는 검사를 배포하고 검사시간이 30분이라고 알려 주었다. 그는 검사를 정확하게 실시하기 위하여 모든 사람에게 30분의 시간을 주기로 했다. 그의 손목시계는 초바늘이 없어서 다른 사람의 시계를 빌리려고 하는 순간 식당 안에 있는 전자레인지를 발견하였다. 그는 전자레인지로 가서 타이머를 30분으로 맞추고 상사들에게 검사를 시작하라고 하면서 전자레인지를 작동하였다.

20분쯤 지나서 고약한 냄새가 나기 시작했다. 어떤 사람이 그 냄새가 전자레인지에서 난다는 것을 알아차렸다. 나의 동료가 전자레인지를 작동시킬 때 그 안에 아무 음식물도 넣지 않아서 20분 동안 전자레인지가 과열되었고 결국은 단자가 녹아버렸다. 전자레인지를 다시 사 주는 데 800달러가 들었는데 이렇게 지불한 비용은 검사타당화에 드는 비용에 관하여 내가 들어 본 것 중에서 매우 흔치 않은 비용이었다. 우연히도 이 검사는 부하들의 수행을 매우 잘 예측하는 것으로 판명되어서 상사들을 대상으로 미리 검사를 실시하였던 것이 결코 완전한 낭비는 아니었다.

5. 평가자 교육

수행평가를 더 잘할 수 있도록 평가자들을 교육할 수 있다. 가장 보편적인 두 가지 평가자 교육에는 평가자 오류 교육과 참조의 틀 교육이 있다. **평가자 오류 교육**(rater error training)은 평가자들이 후광 오류, 관대화 오류, 중앙집중 오류를 덜 범하도록 교육시키는 공식적 과정이다. Zedeck과 Cascio(1982)는 평가자 교육의 효과가

> **평가자 오류 교육** : 후광 오류, 관대화 오류, 중앙집중 오류의 빈도를 줄여서 평가자들이 수행 평정을 보다 정확하게 하도록 평가자들을 교육하는 과정

수행평가를 하는 목적(성과급 지급, 고용의 유지, 개인의 개발)에 따라 서로 다르다는 것을 발견하였다. 교육은 전형적으로 수행평가의 정확성을 향상시킬 뿐만 아니라 평가받는 사람들의 수행평가에 대한 수용성도 높여 준다.

　평가자 오류 교육에 대해 제기되는 한 가지 우려는 오류를 줄인다고 반드시 평가자 교육의 궁극적인 목표인 평정의 정확성이 높아지지는 않는다는 것이다. 예를 들어, Hedge와 Kavanagh(1988)는 어떤 종류의 평가자 교육은 후광 오류나 관대화 오류와 같은 고전적인 평정오류를 감소시키지만 평정의 정확성을 증가시키지는 않는다고 결론 내렸다. 이와 같은 효과들에 대한 평가자의 인식을 증진함으로써 평가자들은 오히려 자신의 행동을 과잉수정할 (예 : 관대화 방지를 위해 더욱 엄격해질) 가능성이 있다. 또한 종업원이 실제로 모든 차원에서 뛰어난 경우에도 후광효과에 대해 교육받은 평가자들은 자신의 평가를 수정해서 차원들에 대한 평정의 차이가 더 나도록 평가할 수도 있다. 이로 인해 결과적으로 평가 정확성이 증가하기보다는 감소한다. 우리는 '진실'이 과연 무엇인지를 모르기 때문에, 평정오류와 정확성 간에 어떤 관계가 존재하는지를 정확하게 모른다(Sulsky & Balzer, 1988).

　Smither(2012)에 따르면, 앞서 기술한 문제점들로 인해 평가자 교육은 오류를 감소시키는 것보다는 정확성을 증진시키는 데 초점을 두어야 한다. 이러한 목적을 달성하기 위해 **참조의 틀 교육**(frame -of-reference training)은 수행을 평가할 때 공통적으로 참조하는 기준(즉 틀)을 평가자에게 제공한다(Sulsky & Day, 1992). 평가자들에

> **참조의 틀 교육** : 평가자들의 평정 정확성을 높이기 위해 모든 평가자가 공통된 관점과 기준을 설정하도록 평가자들을 교육하는 과정

게 훌륭한, 형편없는, 보통의 수행을 나타내는 사람들을 보여 주고 그들에 대한 평가자들의 평정이 얼마나 정확했는지에 관하여 피드백을 준다. 교육의 목적은 각 수행차원에서 어떤 수행이 효과적인지에 대한 판단이 일치되도록 하기 위하여 평가자들을 교육시키는 데 있다. Gorman과 Rentsch(2009)에 따르면, 참조의 틀에 관한 교육의 목적은 수행평가를 위해 평가자들에게 동일한 기준(참조의 틀)을 제공하는 데 있다. 이러한 교육을 통해 평가자들이 평가에 대해 많은 지식을 가지고 있는 전문가와 동일한 기준을 사용하여 판단할 수 있도록 한다.

참조의 틀 교육은 평가자들이 수행을 판단할 때 무엇을 봐야 하는지를 가르친다. Uggerslev 와 Sulsky(2008)는 이상적인 기준과 비교하여 직무행동의 특정 차원(예 : 의사소통)에 가중치 를 높게 주거나 혹은 낮게 주기 때문에 판단오류가 발생한다고 지적했다. 저자들은 참조의 틀 교육이 특정 차원에 가중치를 높게 주지 않도록 하는 것(관심을 덜 기울이도록 함)보다는 낮게 주지 않도록 개선(관심을 더 기울이도록 함)하는 데 더 효과적이라는 것을 발견하였다. Roch 등(2012)은 참조의 틀 교육에 대한 통합분석을 통해 참조의 틀 교육이 평가의 정확성을 향상시키는 효과적인 평가자 교육 방법이라는 것을 밝혔다.

6. 평가자 동기

회사에서 대부분의 종업원들이 매우 높은 수행평가를 받는 것은 흔히 있는 일이다. 이처럼 부풀려진 평정은 흔히 평가자 오류(즉 관대화나 후광)가 만연되어 있거나 수행평가체계가 제 대로 작동하지 않는다는 증거로 해석된다. 과대평정에 대한 조직의 전형적인 반응은 평정척 도의 양식을 수정하거나 평가자를 위하여 새로운 교육 프로그램을 실시하는 것이다. 하지만 과대평정이 평가자 오류와 관련이 없다는 견해가 존재한다.

　Murphy와 Cleveland(1995)는 획일적으로 높은 점수를 주는 경향이 평가자의 입장에서 보 면 분명히 논리적인 행위로서 평가자 적응행동의 한 가지 예라고 가정했다. 평가에서의 이 러한 경향은 정확하게 평가하는 능력이 없어서라기보다는 정확하게 평가하고자 하는 의지가

> **평가자 동기** : 평가자들의 평가 를 왜곡하도록 만드는 조직의 압력을 일컫는 개념

결여되어 있어서 그럴 가능성이 크다. 이러한 상황을 평가자 입장 에서 본다면 그들이 부정확한 평정을 내릴 그럴듯한 이유들이 많 이 있다. **평가자 동기**(rater motivation)는 의도적인 **평가 왜곡**(Spence & Keeping, 2011)이라고도 부르며, 평가에 대해 고의적으로 왜곡하는

것을 일컫는다. 이러한 왜곡은 평가자들이 피평가자들에게 의도적으로 실제보다 더 높거나 낮은 점수를 줄 때 발생한다. 또한 이러한 왜곡은 일반적으로 어떤 특정한 결과를 성취하기 위해 발현된다.

　평가자가 정당화할 수 없는 관대한 평정을 하는 이유는 많이 있다. 첫째, 일반적으로 조직 에서 정확한 평정을 하는 데 대한 보상이 없으며 부정확한 평가를 했다 하더라도 처벌이 거 의 없다. 회사의 공식적인 정책은 흔히 정확한 수행평가에 대하여 높은 가치를 두지만 이처 럼 가치를 두는 활동에 대하여 보상을 주는 구체적인 절차가 없다. 둘째, 과대평가를 하는 이 유로서 가장 자주 인용되는 것은 승진, 급여인상, 기타 가치 있는 보상을 보장받기 위하여 높

은 점수가 필요하다는 것이다. 반면에 낮은 점수를 주면 부하들이 이러한 보상을 받을 기회를 잃게 되는 결과를 초래한다. 따라서 평가자들은 그들의 부하들에게 가치 있는 보상을 주고자 하는 동기를 가지게 된다. 셋째, 부하들이 받는 평정이 평가자의 직무수행을 반영하고 있기 때문에 평가자들은 사실보다 과장된 평정을 하고자 하는 동기를 가진다(Latham, 1986). 관리자 책무 중 하나는 부하를 육성하는 것이다. 만일 관리자들이 지속적으로 그들의 부하들에게 낮은 점수를 준다면 관리자들이 그들의 직무를 성실히 하고 있지 않다는 인상을 줄 수 있다. 이처럼 높은 점수는 평가자에 대하여 좋은 인상을 주고 낮은 점수는 나쁜 인상을 준다. 넷째, 평가자들이 낮은 평정으로부터 야기되는 부정적인 반응을 회피하기를 원하기 때문에 실제보다 더 높은 점수를 주는 경향이 있다(Klimoski & Inks, 1990). 부정적인 평가는 일반적으로 부하들의 방어적인 반응을 초래하고 이로부터 평가자는 매우 고통스러운 상황에 처할 수 있다. 평가 결과를 알려 주는 면담에서 불쾌하거나 방어적인 반응을 피하기 위한 가장 간단한 방법은 획일적으로 긍정적인 피드백(즉 실제보다 높은 점수)을 주는 것이다. 평가자들이 모두에게 높은 점수를 주는 것은 종업원들의 사기를 높이고 이들과 좋은 대인관계를 유지하기 위한 방안으로 비칠 수 있다(Barnes-Farrell, 2001). 예를 들어, Wong과 Kwong(2007)의 연구 결과에 따르면, 평가자들은 때때로 집단의 화합 증진이라는 목표를 가지고 있는 경우가 있다. 특히 이 목표를 지니고 있을 때 평가자들은 종업원들에게 더욱 획일적으로 과대평가를 하는 경향이 있음이 밝혀졌다.

또한 평가자들이 종업원들에게 과소평가, 즉 실제보다 더 낮은 점수를 주려는 이유들도 많이 있다. Aguinis(2013)는 평가자들은 종업원들에게 충격을 주고 꼭 지적해야 할 문제가 있음을 경고하기 위해 일부러 낮은 평정을 한다고 제안했다. 더욱이 평가자들은 종업원들을 훈계하여 가르치기 위해서 또는 다른 일자리를 찾아보라는 신호를 보내기 위해서 낮은 평정을 한다. 마지막으로, Aguinis는 머지않아 해고할 종업원들에 대해서는 그들이 저항할 수 없도록 문서화를 위해 훨씬 더 냉혹한 평가를 할 것이라고 기술했다. 평가자들은 수행이 낮은 종업원에 대해 문서로 기록을 남김으로써 나중에 문제가 발생했을 때 자신의 행동을 정당화할 수 있다. 이러한 방법으로 평가자들은 정당한 이유 없이 해고한 경우에 발생할 수 있는 법적 분쟁 가능성을 미연에 방지하고자 한다.

Kozlowski 등(1998)은 조직에서의 '정략적 평가(appraisal politics)'의 과정을 기술했다. 대부분의 다른 평가자들이 그들의 부하들을 실제보다 더 높게 평정한다는 것을 알게 되면 정확하게 평정하는 사람도 자신의 부하들이 경력관리에서 불이익을 당하지 않도록 하고 그들에게 혜택을 주기 위하여 정략적으로 행동할 수밖에 없다. 실제보다 더 높게 평정하는 것이 정말로 부하들의 장래를 더 유리하게 만들어 준다면, 평가자들은 조직이 이러한 과대평정을 조장하고 있다고 해석할 수 있다. Kozlowski 등은 "실제로 왜곡된 평정을 하는 것이 보편화되면, 전략적으로 평가하지 않는 것이 오히려 부적응 행동으로 인식될 가능성이 있다("p. 176)고 언급했다. 이러한 결론을 지지하는 연구로서, Jawahar와 Williams(1997)는 행정적 목적(예 : 승진)과 개발이나 연구목적으로 이루어진 수행평가에 관한 연구들을 통합분석하였다. 그 결과, 행정적 목적으로 이루어진 수행평가에서 얻어진 점수가 개발이나 연구목적으로 얻어진 수행평가 점수보다 평균이 1/3 표준편차만큼 높았다. 이 연구자들이 언급한 것처럼, 수행평가가 '기득권을 유지'하기 위해 이루어질 때 훨씬 더 관대하게 될 것이다("**현장기록 2 : 높은 평정을 문제로만 여길 것인가?**" 참조). Wang 등(2010)은 평가자들이 바라는 목적을 달성하기 위하여 평가를 왜곡할 수 있다고 결론 내렸다. 평가자들은 공정성을 높이기 위하여(즉 평가대상자들 간에 차이를 줄이기 위하여) 고성과자에 대한 평가점수를 낮추었고 저성과자에게 동기를 부여하기 위해 평가점수를 높였다.

과대평정을 하려는 평가자의 동기에 대처할 수 있는 간단한 방법은 없다. 이 문제가 단순

현장기록 2
높은 평정을 문제로만 여길 것인가?

전형적으로 수행평가에 관한 연구들은 높은 평정을 일종의 오류로 간주한다. 이러한 오류는 고쳐야 할 행위로 여겨져서 평정 점수를 낮추기 위한 방법(즉 다른 평정기법, 평가자 교육)이 적용된다. 하지만 평정이 이루어지는 조직맥락을 고려하지 않고 단지 평정의 통계적 속성만 검토하면 왜 이러한 오류가 일어나는지를 파악할 수 없다. 최근 연구들이 밝힌 것처럼, 종업원들에게 높은 점수를 주는 관리자들은 오류 자체를 범하고 있는 것이 아니라 분명히 합리적인 방식으로 행동하는 것이다. 관리자들(혹은 상사들)은 자기 부하들의 직무수행에 많은 관심을 가지고 있다. 부하들은 직무에서 바람직한 행동을 나타내도록 사회화되고 그러한 가르침을 받는다. 이러한 행동을 나타내지 못하는 사람들은 흔히 해고된다. 반면에 이러한 행동을 하는 사람들은 사회적 인정이라는

보상을 받으며, 설령 보상을 받지 못하더라도 최소한 그들의 직무를 그대로 유지할 수 있다. 부하들의 수행은 또한 관리자 직무수행의 측정치로도 여겨진다. 관리자는 부하들이 효율적인 수행을 하도록 육성할 책임을 지고 있기 때문이다. 마지막으로 관리자들은 흔히 그들의 종업원들에 대하여 후원자로서의 책임을 느낀다. 그들은 자신의 종업원들이 일을 잘하기를 원하고 실제로 그러한 수행 결과가 나오도록 상당한 시간과 노력을 쏟는다. 부하들의 수행을 공식적으로 평가하는 시기가 오면, 관리자들은 흔히 부하들에게 높은 점수를 준다. 높은 점수를 주는 것이 판단의 오류라기보다는 그처럼 높은 수행을 달성하기 위한 사회화 과정이 성공하였다는 것을 나타낸다고 볼 수도 있다.

히 평가자들의 능력을 향상함으로써 해결되지는 않는다. 이와 더불어 평가자들이 정확하게 평가하려는 동기를 지니도록 환경을 바꾸어야만 한다. Murphy와 Cleveland(1995)는 환경에서 다음과 같은 조건이 존재할 때 정확한 평정이 이루어질 가능성이 크다고 믿었다.

- 좋은 수행과 나쁜 수행이 분명하게 정의되어 있다.
- 작업자들의 수행수준에 의해 그들을 구별하는 것이 널리 받아들여진다.
- 수행평가 체계에 대한 신뢰가 높다.
- 낮은 평정이 자동적으로 가치 있는 보상의 손실을 초래하지 않는다.
- 수행평가를 정확하게 하면 분명히 가치 있는 보상을 받는다.

　그들은 이러한 조건들을 전혀 갖추고 있지 않은 조직들은 많이 있지만 모든 조건을 다 갖추고 있는 조직은 없다고 지적하였다. 수행평가가 이루어지는 조직맥락에 관하여 보다 많은 연구가 이루어질 필요가 있다. Mero 등(2007)은 평가가 이루어지는 맥락의 중요성을 강조한 연구 결과들을 보고하였다. 이 연구자들은 평가자들이 그들보다 더 높은 지위에 있는 사람들에게 자신들이 내린 평가 결과를 설명해야 할 책임이 있는 경우에 더 정확한 평가를 한다는 것을 발견하였다. 그러나 평가자들이 자신보다 낮은 지위에 있는 평가대상자들에게 평가 결과를 설명해야 할 책임이 있는 경우에는 과대평정을 하는 경향이 있었다. 이러한 경향성은 평가 결과를 종업원들에게 서면으로 알려 줘야 할 때보다 그들을 직접 만나서 알려 줘야 할 때 더욱 강하게 나타났다. 과대평정의 문제는 평가자나 평정척도를 바꾸기보다는 평정이 이루어지는 맥락을 변경함으로써 궁극적으로 해결할 수 있을 것이다.

7. 동료평가와 자기평가

판단적 수행평가에 관한 대부분의 연구는 윗사람(상사, 관리자)에 의한 평가를 다루고 있다. 하지만 수행평가에 관해 친구나 동료가 제공하는 정보도 있다. 또한 자기평가가 이루어질 수도 있다. 개인의 수행에 관한 우리의 지식은 한계를 지닌다. 하지만 이처럼 다양한 방법이 개인의 수행을 이해하는 데 필요한 부가적인 정보를 제공한다.

1) 동료평가

동료평가(peer assessment)에서는 집단구성원들이 자신의 동료들의

> **동료평가**: 개인이 자신의 동료의 행동을 평가하는 방법

동료지명 : 집단구성원들 중에서 우수한 사람을 지명함으로써 동료의 수행을 평가하는 방법

동료평정 : 집단구성원 각각의 직무행동을 주어진 차원에서 평정함으로써 동료의 수행을 평가하는 방법

동료순위 : 집단구성원 각각의 직무행동을 주어진 차원에서 순위를 매김으로써 동료의 수행을 평가하는 방법

수행을 평가하는데, 세 가지 기법을 흔히 사용한다. 하나는 **동료지명**(peer nomination)으로서 각 사람이 집단구성원들 중에서 정해진 수의 사람을 특정 수행차원에서 가장 우수한 사람으로 지명한다. 두 번째는 **동료평정**(peer rating)으로서 집단의 각 구성원은 몇 가지 평정척도 중 하나를 사용하여 특정 수행차원에서 다른 사람들을 평정한다. 세 번째 기법은 **동료순위**(peer ranking)로서 각 구성원은 하나 이상의 수행차원에서 최고와 꼴찌까지 모든 사람에게 순위를 부여한다.

이 방법의 신뢰도는 평가자 간 일치도를 측정해서 알 수 있다. 대부분의 연구는 높은 신뢰도(.80~.90대의 계수)를 보고하는데, 이는 동료들이 집단구성원들의 직무수행에 대하여 서로 의견이 일치한다는 것을 의미한다. 동료평가의 타당도는 동료평가와 나중에 얻어지는 준거측정치와의 상관에 의해 결정된다. 이때 준거측정치는 누가 교육 프로그램을 성공적으로 이수하였는지, 누가 제일 먼저 승진하였는지, 누가 어느 정도의 급여인상을 받았는지와 같은 것이다. 신기한 일은 서로 비교적 짧은 시간 동안(2주 내지 3주) 알고 지낸 집단구성원들이 서로에 대한 장기적인 예측을 상당히 정확히 할 수 있다는 것이다. 타당도 계수도 상당히 높아서 보통 .40~.50의 범위에 이른다. 동료지명 기법은 집단의 다른 구성원들과 비교하여 지극히 높은 수준의 속성을 가지고 있는 사람들을 찾아내는 데 가장 적합한 것 같다.

Luria와 Kalish(2013)는 동료지명은 사회적 상호작용의 복잡성을 반영하지 못하는 한계를 지니고 있다고 지적하였다. 고려해야할 속성과는 전혀 관련 없는 이유로 동료가 어떤 사람을 지명할 수 있다. 예를 들어, 과거에 진 사회적 빚을 갚기 위해서(예 : "너에게 신세진 적이 있잖아"), 상호 이익을 위해서(예 : "네가 나를 지명하면, 나도 당신을 지명할게"), 혹은 미래의 사회적 빚을 만들어 놓기 위해서(예 : "내가 과거에 너를 지명했으니 이번에는 네가 나를 지명해") 동료를 지명할 수 있다. 동료평정은 적용하기 가장 쉽지만 이 방법을 지지하는 실증적 증거는 별로 없다. 이 방법은 다른 사람들이 종업원들을 어떻게 생각하고 있는지에 대한 피드백을 주는 용도로만 제한적으로 사용될 수 있다. 동료순위는 전반적인 직무수행을 측정하는 데 가장 좋은 방법이지만 그 가치에 대해서는 비교적 적은 지지 자료만이 존재한다.

직무수행에 기초하여 친구관계가 형성되고 이러한 친구관계에 의해 동료평가가 왜곡된다(즉 종업원들이 자기 친구들을 매우 좋게 평가한다)는 증거가 있다. 또한 많은 작업 집단구성원들은 서로를 평가하는 것을 싫어하므로 이 방법의 성공은 참가자들에게 이 방법의 가치를 부각시키는 데 달려 있다. Cederblom과 Lounsbury(1980)는 이 방법이 좋은 방법이기는 하

지만 사용하는 사람들이 이 방법에 대해 느끼는 거부감이 가장 심각한 장애물이 될 수 있다는 것을 보여 주었다. 그들은 대학 교수들이 동료평가가 친구관계에 의해 심하게 왜곡된다고 느낀다는 것을 발견했다. 그들은 동료들이 실제보다 더 유리하게 서로를 평가한다고 생각했다. 동료평가는 평가대상이 되는 사람을 알고 있고 또한 '서로 존경하는 사회'를 조성하는 문제를 지니기 때문에 교수들은 이 방법의 가치에 대하여 의구심을 가졌다. 그들은 또한 이 방법이 급여인상이나 승진을 위해서가 아니라 피드백을 위해서 사용되어야 한다고 느꼈다. Dierdorff와 Surface(2007)는 동료들이 같거나 유사한 직무를 맡고 있더라도 직무마다 처한 환경이 다르므로 동료로서의 동등성에서 차이가 난다고 주장하였다. 예를 들어, 인적자원 관리자, 영업 관리자, 재무 관리자는 모두 관리자이다. 하지만 조직에서 직급이 관리자로 똑같음에도 불구하고 그들은 상당히 다른 책임과 시각을 가질 수 있기 때문에 동료로서의 동등성에서 차이가 있을 수 있다. 행정적 목적으로 동료평가를 사용하는 것에 대한 거부감에도 불구하고 이 방법의 예측 정확성을 지지하는 연구들이 계속 나오고 있다. Shore 등(1992)은 승진 예측에 있어서 동료평가가 자기평가보다 더 우수하다는 것을 발견했다.

2) 자기평가

자기평가(self-assessment)는 각 종업원이 스스로의 수행을 평가하는 것이다. 자기평가는 자신이 노력을 어디에 기울여야 하는지, 얼마나 많은 노력을 기울여야 하는지를 스스로 결정하는 데 도움을 준다(Bell & Federman, 2010). 사람들은 자기가 생각하기에 부족한 영

> 자기평가 : 개인이 자기 자신의 행동을 평가하는 방법

역에 더욱 주의를 기울이고, 개선이 필요 없는 영역은 무시하는 경향이 있다. 그렇지만 불행하게도 사람들은 자신의 강점과 약점을 잘 이해하지 못하는 것 같다. Meyer(1980)는 기술자들이 회사 내 다른 기술자들의 수행에 비해 자신의 수행이 어떤지를 스스로 평정한 연구를 보고했다. 평균적으로 각 기술자들은 자기가 전체 기술자들의 75%보다 더 나은 수행을 하고 있다고 생각했다. 이러한 결과는 전체 인력(100%)을 구성하고 있는 사람들이 모두 상위 25%에 속한다는 것을 의미하므로 통계적인 측면에서 보면 전혀 말이 안 되는 이야기이다. 이러한 결과가 자기평가가 가지고 있는 가장 심각한 문제인 정적 관대화를 잘 나타내 주고 있다. 대부분의 사람들이 타인의 수행보다 자신의 수행을 더 높게 평가한다.

　Anderson 등(1984)은 능력에 대한 자기평가에서 과장편파가 얼마나 지배적이고 만연되어 있는지를 예시해 주는 연구를 수행하였다. 그들은 지원자들에게 실제로 존재하는 사무 업무에서의 능력뿐만 아니라 실제로 존재하지 않지만 그럴듯하게 들리는 가상 업무에서의 능력을 스스로 평가하도록 했다. 가상적인 업무의 예는 "대학입학시험 기계 작동하기", "오디오

- 포트란 보고서 타이핑하기", "일반적인 회의 기록부에 선 긋기"와 같이 실제로 존재하지도 않는 엉뚱한 것이었다. 사무직 지원자들은 실제 업무에 대해서 스스로를 높게 평정했을 뿐만 아니라(그들의 능력이 검증되지 않았음에도 불구하고) 실제로 존재하지도 않는 업무에 대해서도 높게 평정했다.

　Beehr 등(2001)은 직무수행에 대한 종업원들의 자기평가는 입사 시 받았던 인사선발 검사 점수와 부적으로 관련되어 있다고 보고했다. Mount(1984)는 관리자들이 스스로를 평가할 때가 자신의 상사들을 평가할 때나 그들의 상사가 자신들을 평가할 때와 비교해 볼 때 더 관대하게 평가한다는 것을 발견하였다. Bernardin 등(1998)은 이러한 이유는 개인이 통제할 수 없는 요인에 대한 지각과 관련되어 있다고 주장했다. 우리가 스스로를 평가할 때, 수행에서의 어떤 결함이 우리가 통제할 수 없는 요인에 의해 발생했다고 지각하면 자신에 대한 평가를 낮게 하지 않는 경향이 있다. 하지만 다른 사람들이 우리를 평가할 때 그들은 우리의 수행에 대한 책임은 우리가 져야 한다고 지각하는 경향이 있다. Greguras 등(2003)은 자기평가가 행정적 목적보다는 개발 목적을 위해 사용될 때 더 가치가 있다고 결론 내렸다.

8. 360도 피드백

> 360도 피드백 : 일반적으로 상사, 동료, 부하, 자기 자신과 같이 다수의 평정 출처를 사용하여 종업원을 평가하는 과정

360도 피드백(360-degree feedback) 기법은 다중출처 피드백(multisource feedback, MSF)이라고도 부른다. 개인을 평가할 때 다른 관점의 다수의 평가자들을 사용하는 방식을 말한다. '360도 피드백'이라는 명칭은 〈그림 7-4〉에서 보듯이 다수의 평가자들에 의한 평가를 기하학적으로 나타낸 것으로부터 유래되었다. 평가대상이 되는 관리자는 사회적 연결망에서 상호작용하는 다른 사람들에 의해 평가된다. 예를 들어, 평가대상 종업원의 동료, 부하, 고객, 그리고 상사들에게 해당 종업원에 대한 피드백을 요청할 수 있다. 또한 해당 종업원은 자기평가도 실시한다. 다수의 평가자들이 해당 종업원에 대한 각자의 평가를 실시한 다음, 그 평가 결과들을 비교한다. 360도 피드백의 원래 목적은 관리자들에게 각자의 개발 계획을 알려 주기 위해 그들의 강점과 약점에 대한 인식을 향상시키는 데 있었다. 하지만 최근에 직무수행을 평가하기 위한 방법으로 사용되는 경우가 증가하고 있다(Bracken et al., 1997). Tornow(1993)에 따르면 360도 평가 활동은 보통 두 가지 중요한 가정에 기초하고 있다. 첫 번째 가정은 우리가 우리 스스로를 어떻게 보는지와 다른 사람들이 우리를 어떻게 보는지 간의 차이점을 인식함으로써 자기인식을 향상시킨다는 것이고, 두 번째 가정은 향상된

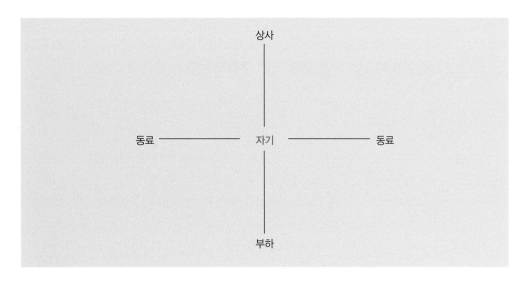

그림 7-4 360도 피드백 관계

자기인식은 관리자로서 최대수행을 하기 위한 관건이므로 이것은 관리 및 리더십 개발 프로 그램을 위한 주춧돌이 된다는 것이다.

360도 피드백에서 평가자들 간의 불일치를 어떻게 해석하는지를 이해하는 것은 특히 교육 적 가치가 있다. 고전적인 측정의 관점은 평가자들 간의 불일치를 오차변량으로 간주한다. 즉 이러한 불일치가 평가자들 간의 신뢰도를 떨어뜨리기 때문에 바람직하지 않은 것으로 간 주한다. 그러나 360도 피드백에서는 평가자의 관점의 차이를 잠재적으로 가치 있고 유용한 것으로 간주하며 감소시켜야 할 오차변량으로 취급하지 않는다. 그러한 차이는 개인에 대한 발전의 기회를 제공하고, 개인에 대하여 다른 사람들이 왜 다르게 지각하는지를 이해할 수 있는 학습의 기회로 간주된다("**비교 문화적 산업 및 조직심리학 : 다중출처 피드백 수용성에 대한 문화적 차이**" 참조).

Scullen 등(2000)은 다중출처 피드백의 정확성에 대하여 부정적인 결과를 보고하였다. 대 규모의 360도 평가 자료에 기초하여 그들은 측정치의 전체 변량을 세 요소로 분할하였다. 세 요소는 대상인물의 실제 직무수행, 수행에 대한 평가자의 지각 및 회상에 있어서의 편파, 통 제불가능한 무선적 측정오차였다. 결과에 따르면, 다중출처 피드백의 전체변량의 오직 25% 만이 평정 대상이었던 사람의 실제 직무수행으로부터 비롯되었다. 이러한 변량의 두 배 이상 (54%)은 수행을 평가하는 평가자의 편파로부터 비롯되었다. 이처럼 대상인물의 진짜 수행과 관련된 변량은 그다지 크지 않았고, 평가자가 지니고 있는 관점에 따라 달랐다. 이 연구자들 은 다중출처 피드백 측정치는 평가자들이 지니고 있는 고유한 평정 경향성에 의해 좌우된다

비교 문화적 산업 및 조직심리학
다중출처 피드백 수용성에 대한 문화적 차이

제6장에서 논의한 것처럼, 개인의 능력을 개발하는 한 가지 방법인 멘토링의 수용성과 유용성에 대한 판단에 있어서 문화적 차이가 존재한다. 이와 마찬가지로, 특정 수행평가 방법에 대한 수용성과 유용성에 있어서도 문화적 차이가 있을 수 있다. 다중출처 피드백은 강한 개인주의와 참여적 민주주의와 같은 미국의 문화적 가치를 반영하는 '미국적 산물'이다. 이러한 문화에서는 개인적 성취가 미덕으로 간주되고, 사회문제를 해결하는 데 있어서 다양한 부류의 사람들의 의견을 존중한다. 이전에 논의한 것처럼, 세력 차이에 있어서 국가 간에 차이가 있으며 개인주의 정도에 있어서도 국가 간 차이가 있다. 세력 차이는 조직 내에서 누가 수행평가 권한을 가지고 누가 피드백을 주는지에 영향을 미친다. 세력 차이가 큰 나라에서는 일반적으로 평가대상이 되는 사람보다 세력을 더 많이 가지고 있는 사람이 수행평가 권한을 가지고 있다. 상사와 부하가 서로 다른 세력을 가지고 있다고 지각하기 때문에 세력을 적게 가지고 있는 종업원들이 그들의 상사를 평가하는 것을 부적절하다고 여길 수 있다. 이와 대조적으로, 세력 차이가 작은 나라의 종업원들은 그들의 상사에게 상대적으로 덜 종속되어 있기 때문에 자신들이 상사를 평가하는 것을 포함하는 다중출처 피드백 시스템을 큰 부담 없이 받아들일 가능성이 크다.

수행평가의 본질은 종업원들을 서로 비교하고 대조해 보는 것이다. 이러한 본질을 잘 반영하는 방법이 강제배분 평정기법이다. 좋은 평가를 받은 종업원들은 나쁜 평가를 받은 종업원들보다 흔히 더 많은 보상(예 : 급여 인상)을 받는다. 개인주의 문화에서는 보상을 얻기 위하여 개인들이 서로 경쟁하는 것을 인정하기 때문에 종업원들 간의 수행을 변별하는 이러한 평가 방식이 거부감 없이 사용된다. 하지만 개인주의 정도가 낮은 문화(즉 집단주의 문화)에서는 개인보다는 집단을 더 강조하고 집단 내에서 개인들이 조화로운 관계를 유지하는 것을 중요하게 여긴다. 집단 내에서 종업원들을 변별하는 수행평가시스템은 조직의 전체 목표를 달성하는 데 별로 유용하지 않은 것으로 여겨진다. 미국에서 개발된 수행관리 시스템을 다른 문화적 가치를 지닌 나라들에 비판 없이 그대로 적용하는 것은 실패할 가능성이 크다. 수행평가와 같은 관리적 기법은 그 나라의 문화적 가치와 일치될 때에만 효과를 발휘한다.

고 결론 내렸다. 이와 유사하게, Hoffman 등(2010)은 수행평가에서 평가되는 행동의 구체적 차원(예 : 리더십, 대인관계 기술 등)보다 평가자의 고유한 평정 경향성과 평가하는 사람들(동료, 부하, 상사)이 더 강한 영향을 미친다고 보고했다. 이와 유사하게, Ng 등(2011)은 부하들이 동료나 상사보다 더 관대하고 후광 오류에 쉽게 빠지는 경향이 있다는 것을 발견하였다.

Hoffman과 Woehr(2009)는 관리자의 전통적 행동차원(예 : 리더십, 사교성 등)에 대한 다중출처 피드백이 직무수행을 향상시키는 데 도움이 되지 않는다고 결론 내렸다. 즉 관리자들이 이러한 차원들을 개선하기 위해(예 : 더욱 사교적인 사람이 되려고) 피드백을 활용 할 수는 있지만 이러한 개선의 결과가 반드시 직무수행 향상으로 나타나는 것은 아니다. 다중출처 피드백을 개발 목적으로 사용하는 이유는 행동변화가 직무수행을 향상할 것이라고 기대하기 때문이다. 하지만 직무수행을 향상시키기 위해서는 다른 종류의 피드백이 더 효과적인 것 같다.

종업원 개발 목적과 행정적 목적 둘 다를 충족시키기 위해 360도 피드백을 사용하는 것에 대해 산업 및 조직심리학자들은 다양한 의견을 가지고 있다. 피드백이라는 용어가 시사하는 것처럼, 360도 피드백의 원래 목적은 능력개발을 위하여 종업원들에게 피드백을 제공하는 것이다. 하지만 최근에 일부 조직에서는 종업원 개발목적과 행정적 목적 둘 다를 충족하기 위해 360도 피드백을 사용하는 경향이 있다. Balzer 등(2004)은 〈표 7-3〉에 제시되어 있는 것처럼, 두 가지 목적을 위하여 360도 피드백을 사용하는 것과 관련된 다양한 이슈를 제시했다. 두 가지 목적 간에 중요한 실제적 차이는 평가출처(예 : 동료나 부하)의 익명성, 부정적 피드백의 영향, 법률적 지침에 대한 준수 등이다. 요약하면, 고용주의 책임과 종업원의 적응 행동은 조직이 다중출처 피드백을 어떻게 사용하는지에 따라 달라진다. Balzer 등은 다중출처 피드백 시스템에 대해 다음과 같이 진술하였다. "피드백 목적이냐 아니면 행정적 목적이냐에 따라 다중출처 피드백 시스템의 설계와 실시가 상당히 달라질 수 있다. 따라서 다중출처 피드백 시스템의 목적을 신중하게 결정해야 하고, 이러한 목적을 다중출처 피드백 시스템에 참가할 사람들에게 알리고, 이러한 목적이 잘 지켜지고 있는지를 면밀히 관찰해야 한다"(p. 405). 간단히 말하면, 다중출처 피드백이 오로지 종업원 개발 목적으로만 사용된다고 말해 놓고 나서 동료로부터 낮은 평가를 받았다고 종업원을 해고해서는 안 된다. 어떤 전문가들은 다중출처 피드백이 오로지 개발목적으로만 사용되던 추세에서 점차 행정적 의사결정

표 7-3 다중출처 피드백의 두 가지 목적 간 차이

비교차원	피드백 목적	행정적 목적
1. 평가하는 내용	종업원의 장·단기적 개발 중요성	직무기술 혹은 설정한 수행목표
2. 사용빈도	필요할 때마다	조직에서 정한 수행평가 횟수와 일치
3. 출처의 익명성	별로 중요하지 않음	매우 중요함
4. 부정적 피드백의 영향	낮음(미미한 영향)	높음(심각한 영향)
5. 평가자료의 소유자	피드백을 받는 개인	조직
6. 법률적 지침 준수	별로 중요하지 않음	매우 중요함

에도 사용되는 방향으로 바뀌게 될 가능성이 있다고 생각한다. 하지만 다른 전문가들은 이러한 가능성이 희박하다고 믿는다.

9. 직무수행관리에서의 피드백

앞서 언급했듯이 피드백 제공은 직무수행관리 절차의 세 번째 단계이다. 피드백 제공 없이는 종업원의 수행은 개선되기는커녕 실제로 감소될 수 있다. 직무수행에 관한 피드백에는 정보와 동기라는 두 가지 속성이 있다. 즉 피드백은 종업원에게 어떻게 하면 수행을 더 잘할 수 있는지를 알려 줄 뿐만 아니라 수행을 잘하고자 하는 동기를 증가시켜 준다. 여기에서는 피드백 제공, 피드백 추구, 그리고 피드백에 대한 전형적인 반응에 관한 연구에 대해 논의할 것이다.

1) 피드백 제공

피드백을 제공하는 과정은 직무수행관리 절차에서 필수적인 요소이다. 피드백의 특성상 모든 피드백이 긍정적이지 않기 때문에 피드백 제공은 상사와 종업원 모두가 가장 어려워하고 꺼리는 활동 중 하나이다. 부정적인 피드백이 수준 이하의 직무수행을 끌어올리거나 피드백 이후의 종업원 개발을 안내하는 역할을 함에도 불구하고, 상사들은 피드백을 제공하기를 싫어하는 경향이 있다. 종업원들에게 나쁜 정보를 전달하기를 꺼리거나 아예 못하는 현상을 '함구효과(mum effect)'라고 하며, 이는 조직에 만연되어 있고 문제가 있는 현상이다(Rosen & Tesser, 1970). Marler 등(2012)은 사람들은 그들 자신을 보호하고 조직의 규범을 준수하기 위해서 부정적인 피드백을 주는 것을 흔히 회피한다고 했다. Baron(1990)에 따르면, 부정적인 피드백 제공을 바로 주지 않고 지연하는 것은 역효과가 나타나기 쉽다. "관리자들은 흔히 자신의 부하들이 직무수행에 심각한 문제가 자주 발생할 때까지 질타하는 것을 자제하다가, 부하들에 대한 짜증이 극에 달하는 수준으로까지 높아지게 된다"(p. 235). 상사들이 마침내 피드백을 제공하는 순간에는 상사들의 감정이 격앙되어 피드백을 "흔히 매섭고, 신랄하며, 가혹하게"(p. 235) 제공한다고 Baron은 지적하였다. 피드백의 파괴적인 특성 자체로도 메시지의 목적이 손상되기도 하지만, 대부분은 피드백 제공의 회피 때문에 손상된다.

직무수행에 대한 피드백의 효과를 다룬 대규모의 통합분석에서 Kluger와 DeNisi(1996)는 비록 피드백이 일반적으로 수행을 개선하기는 하지만 피드백 중 대략 1/3은 수행을 올리기보다는 떨어뜨린다는 것을 발견했다. 그들은 피드백이 과업이 아니라 사람에 초점을 두고 있을 때 피드백의 효과성은 감소한다고 밝혔다. 그러므로 피드백이 성공적이고 수행 개선으로 이어지기 위해서는 반드시 행동과 과업에 초점을 두어야 하며, 피드백을 받는 사람의 성격 특질이나 개인적인 특성에 초점을 두지 말아야 한다. 또한 Raver 등(2012)은 특히 경쟁심이 매우 높은 사람들에게 인신공격으로 받아들일 수 있는 부정적인 정보를 제공할 때에는 반드시 주의를 기울여야 한다고 했다. 그들은 조직 내 모든 구성원에게 신중하고 위협적이지 않게 피드백을 전달하는 방법을 교육시킬 것을 권고했다.

2) 피드백 추구

종업원들은 수동적으로 피드백을 받지 않고 적극적으로 피드백을 추구할 수도 있다. 컴퓨터를 통해 가상으로 업무를 수행하고, 상사와 동료들과 직접적인 접촉이 적은 업무를 수행하는 사람들의 수가 증가함에 따라 많은 사람들이 얼마나 일을 잘하고 있는지 알 수 있는 유일한 방법은 바로 다른 사람들로부터 피드백을 적극적으로 구하는 것이다. Ashford 등(2003)에 따르면, 다른 사람들로부터 피드백을 추구하는 사람에게는 세 가지 동기가 있다. 이런 동기는 개인의 피드백 추구 여부, 추구 방법, 다른 사람들로부터 얻는 정보에 영향을 미친다.

1. **도구적 동기** : 종업원들은 자신의 수행을 개선하기 위해 다른 사람들에게 피드백을 추구할 수 있다. 자신의 수행을 다른 사람들이 어떻게 보는지를 앎으로써, 종업원들은 그들의 주의를 어디에 집중해야 하는지를 더 잘 이해할 수 있다. 이와 같은 맥락에서 조직에서 신입사원들은 초기에는 피드백을 상대적으로 자주 추구하다가 점차 그들이 "요령을 터득함"에 따라 추구하는 빈도는 낮아진다(Ashford & Cummings, 1985). 또한 사람들은 믿을 수 있는 출처로부터의 피드백이 더 높은 가치가 있을 것으로 생각하기 때문에 믿을 만한 출처로부터 피드백을 추구하려는 경향이 있다(Vancouver & Morrison, 1995).

2. **자아 기반 동기** : 사람들은 또한 자신에 대한 관점을 방어하거나 강화하기 위해 피드백을 추구한다. 피드백은 사람들에게 매우 위협적일 수 있다. 부정적인 정도에 따라 자신의 자아 이미지가 손상될 가능성도 있다. 결과적으로 수많은 사람들이 피드백을 회피하는 것은 놀라운 일이 아니다. 또한 종업원들이 피드백에서 자신의 긍정적 이미지를 확인하지 못하면 자아 보호적 관점을 강화하기 위해 피드백을 왜곡하거나 무시해 버릴 수 있다. 일반적으로, 자신감이 있고 자기 자신을 높게 평가하는 사람들이 피드백을 더 추구하는 경향이 있다.

3. **이미지 기반 동기** : 마지막으로, 사람들은 자신을 다른 사람들에게 보다 더 잘 보이기 위해 피드백을 추구하고자 한다. 예를 들어, 사람들은 기분이 좋을 때나 또는 자신을 좋

게 보이게 하는 긍정적인 피드백을 줄 수 있는 친구들이 있을 때 피드백을 추구하고자 한다. 하지만 피드백이 자신을 나쁘게 보일 수 있다고 생각하면 피드백 추구를 덜 하게 될 것이다.

피드백을 추구하는 동기뿐만 아니라 조직 환경도 사람들의 피드백 추구의 정도를 결정하는 데 중요하다. 예를 들어, Steelman 등(2004)은 지원적인 피드백 환경에서 피드백을 추구하기 훨씬 더 쉽다는 것을 발견했다. 지원적인 피드백 환경이란 피드백의 질이 높고, 피드백의 출처가 믿을 만하며, 피드백을 쉽게 얻을 수 있고, 피드백을 주는 사람들이 배려적이고, 피드백 추구를 독려하는 환경을 의미한다. van der Rijt 등(2012)은 종업원들의 실수나 그들이 지니고 있는 문제점이 그들에게 불리하게 작용하지 않을 것이라고 생각할 때 그들의 동료와 상사들에게 피드백을 추구하는 경향이 더 높다는 것을 발견했다. 조직문화는 피드백 추구행동을 어떻게 보는지에 영향을 미칠 수 있다. London과 Smither(2002)에 따르면, 일부 문화에서는 피드백 추구행동이 불안의 징표라는 인식이 형성되어 있다. 그럼에도 불구하고 Ashford와 Northcraft(1992)는 지금까지 저조한 수행을 보였던 사람이 아니라면, 사람들은 다른 사람들로부터 피드백을 추구하는 것에 대해 부정적이라기보다는 훨씬 더 긍정적으로 바라보는 경향이 있음을 밝혔다.

3) 피드백에 대한 반응

Anderson과 Jones(2000)에 따르면, "조직행동과 의사결정에 관한 피드백에 대한 반응은 일터에서 가장 중요한 관심사 중의 하나이다"(p. 130). Ilgen과 Davis(2000)는 부정적인 피드백의 반응에 대한 귀인을 구체적으로 설명하면서 피드백에 대한 반응의 중요성에 대해 논의하였다. 예를 들어, 연구자들은 부정적 피드백을 "수행하는 사람의 통제/영향력 아래에 있는 노력이나 상황적 조건들로 귀인하면 향후 수행에서 개선이 있을 가능성이 매우 높다"(p. 555)고 제안했다. 즉 부정적인 피드백이 그들의 통제 범위 내에 있다고 귀인하면, 개선하기 위한 노력을 기울일 가능성이 높다. 하지만 부정적인 피드백이 그들의 통제 범위 밖에 있다고 여긴다면 그들의 행동을 변화시켜야 할 이유가 없기 때문에 수행은 개선되기 어렵다. Nease 등(1999)도 피드백에 대한 반응을 수행에 대한 중요한 예측변인으로 생각했다. 그들은 최초의 부정적 피드백은 노력을 증가시켰지만, 반복적인 부정적 피드백은 노력의 감소, 목표의 저하, 피드백 거부, 또는 과업으로부터 철회와 같은 결과를 가져온다고 기술했다.

Kinicki 등(2004)은 "종업원들은 타당하지 않거나 부정확한 수행평가 시스템에서 나온 정보에 기초한 피드백에 대해서는 수용하거나, 반응 또는 대응하려 하지 않을 것이다"(p. 1067)

라고 주장했다. 개인의 역량은 피드백 수용과 자기 개선을 추구하려는 욕구에 영향을 미친다. Sheldon 등(2014)은 일련의 연구를 통해 가장 낮은 기술을 보유하고 있는 사람들은 그들의 수행에서의 결함을 가장 자각하지 못하고, 그들이 실제로 보이는 수행보다 훨씬 더 잘한다고 믿고 있다는 것을 발견하였다. 그들의 수행에서의 결함에 대해 명확한 피드백을 제공했을 때, 낮은 기술을 보유한 사람들은 이러한 피드백을 폄하하거나 무시하는 경향이 있었고, 자기 개선을 위한 계획을 더 적게 세웠다.

10. 직무수행관리 시스템에 대한 반응

직무수행평가는 "관리자와 종업원들 모두가 싫어하는 조직의 관행이다"(Culbertson et al., 2013, p. 35)라고 표현된다. 정말로 직무수행평가에 대한 반감이 극심해서 사람들은 조직에서 직무수행평가를 없애거나(예 : Culbert & Rout, 2010) 과감한 개혁("**소셜 미디어와 산업 및 조직심리학 : 군중 소싱에 의한 수행평가**" 참조)을 요구한다. Pulakos(2009)는 전체 종업원들 중 1/3에도 못 미치는 종업원들만이 조직의 시스템이 직무수행을 향상시키는 데 실제적인 도움이 된다는 결과를 보고하면서, 종업원들이 직무수행관리 시스템의 가치를 잘 파악하지 못한다고 지적했다.

직무수행관리 시스템 전체에 대한 종업원들과 관리자의 반응에 관한 연구 이외에 연구자들은 직무수행평가에 대한 반응을 조사하였다. 이러한 반응은 다음과 같다.

- 직무수행평가에 대한 지각된 정확성 혹은 일치도
- 직무수행평가 이후의 종업원 동기
- 직무수행평가에 대한 공정성 지각
- 직무수행평가에 대한 만족도
- 직수행평가의 지각된 효용성(혹은 유용성)

Keeping과 Levy(2000)는 직무수행평가 시스템에 대한 구성원들의 반응이 항상 가장 중요하며, 매우 잘 구성된 직무수행관리 시스템이라 하더라도 그 시스템에 대한 구성원들의 반응이 나쁘면 아무 소용이 없다고 결론 내렸다. 다행히도 관리자들이 이러한 반응에 긍정적으로 영향을 미칠 수 있는 여러 가지 방안이 있다. 예를 들어, Cederblom(1982)은 일관성 있게 효과적인 수행평가 면담이 되도록 하는 세 가지 요인이 있다는 것을 발견하였다. 그것들은 부

소셜 미디어와 산업 및 조직심리학
군중 소싱에 의한 수행평가

군중 소싱(crowdsourcing)이라는 용어는 '군중(crowd)'과 '아웃소싱(outsourcing)'의 합성어로, 특정 목표를 달성하기 위해 대규모 집단의 사람들로부터 정보를 얻고 도움을 받는 활동을 일컫는다. 어떤 제품을 구매해야 할지, 저녁은 어디에서 먹을지, 휴가 동안 어느 호텔에서 숙박할지 등을 결정하는 데 도움을 얻으려고 의견을 요청하는 사람들을 온라인 커뮤니티에서 쉽게 접할 수 있다. 소프트웨어 솔루션 업체인 Globoforce의 최고경영자인 Eric Mosley는 "아마존 닷컴의 제품 페이지에 있는 '별 개수'에서부터 앤지스 리스트, 자갓닷컴 그리고 트립어드바이저와 같은 서비스에 이르기까지 이제는 어디서든 군중 소싱을 접할 수 있다. 사람들은 이제 수십, 수백, 수만 명의 다른 사람들의 피드백을 기반으로 의사결정을 내리게 되었다"(Mosley, 2013, p. 4)고 기술했다.

Mosley는 '군중의 지혜(wisdom of crowds)'는 종업원들에 대한 직무수행평가에도 큰 영향을 미칠 수 있다고 주장했다. 그는 모든 유형의 정보에 대해 군중 소싱이 광범위하게 활용되고 있고 군중 소싱이 소셜 미디어를 통해 이루어지기 때문에 일터에서도 이 둘을 통합해서 사용할 수 있다고 했다. 그는 관리자가 종업원에 대한 수행평가를 1년에 단 한 번 하기보다는 "종업원의 성취, 기술, 그리고 행동에 대해 1년간의 계속되는 이야기 형식으로 이루어진 정보에 근거해서"(p. 3) 수행평가를 해야 한다고 제안했다. 이와 같은 이야기들은 동료, 고객, 다른 부서의 관리자, 부하 등으로부터 나온 것으로, 이는 종업원이 수행을 얼마나 잘하고 있는지에 대한 계속되는 기록이다. 그는 이와 같은 다양한 이야기를 "사회적 인식"이라 부르며, 이 사회적 인식을 직무수행관리 시스템에 통합하여 평가를 위한 협업 문화를 창조해야 한다고 제안했다. 그는 더 나아가, 수행 자료를 수집하는 데 군중 소싱을 활용하는 것이 오직 관리자의 수행평가 자료에만 의존하는 전통적인 접근법보다 더 정확하고 의미 있다고 지적했다. 또한 그는 "사회적 인식은 수많은 개인들의 의견과 생각들을 반영하기 때문에 한 사람이 혼자서 내리는 결론보다 훨씬 더 정확할 수 있다"(p. 51)고 기술했다.

Mosley는 직무수행관리에 군중 소싱 접근법을 적용할 때, 부정적인 정보보다는 긍정적인 정보를 더 많이 입력해야 한다고 했다. 그는 가끔씩 부정적인 피드백도 제공해야 하지만, 공개적으로 하지 말아야 하고 가급적 긍정적인 문화를 조성해야 한다고 했다. 그는 관리자들은 "칭찬은 공개적으로, 비판은 사적으로" 해야 한다고 언급하였고, 그렇지 않으면 "육성하려는 문화를 저해하는 독소"를 키울 위험이 있다고 기술했다(pp. 165-166).

(계속)

군중 소싱 평가와 가장 가까운 개념은 360도 피드백이다. 이 둘 간의 가장 큰 차이점은 360도 평가는 여러 사람이 단 한 사람을 평가하지만, 군중 소싱 접근법은 여러 사람이 서로를 평가한다는 것이다. 또한 360도 피드백은 일반적으로 긍정적인 인식에만 초점을 두지 않으며, 자신의 피드백을 타인에게 알리기를 원하지 않는다면 좀처럼 공개되지 않는다. 따라서 군중 소싱 직무수행평가의 개념은 전통적인 직무수행평가와의 과감한 결별로 간주된다. 과연 일터에서 이 접근법이 탄력을 얻어 자주 사용될 것인지는 시간이 말해 줄 것이다.

하의 직무와 수행에 관한 상사의 지식, 부하에 대한 상사의 지원, 부하의 참여를 권장하는 것이다. 특히 Cawley 등(1998)은 종업원들이 자신들의 최종적인 평가 결과에 영향을 미치기 위하여 수행평가 과정에 참여하는 것보다 자신들이 의견을 표명할 수 있는 기회를 갖기 위하여 참여하는 것을 더 중요하게 여긴다는 사실을 발견하였다. 하지만 단순히 수행평가 면담을 실시하는 것 자체만으로는 부하의 수행을 평가하는 데 있어서의 모든 문제점을 해결하지 못할 것이다. Ilgen 등(1981)은 수행평가 면담 후에도 부하와 상사 간에는 부하의 수행수준에 관한 의견의 불일치가 존재하고 부하는 상사가 알려 주는 것보다 자기의 수행수준이 더 높다고 여긴다는 것을 발견했다.

수행평가를 개관하면서 Greenberg(1986)는 종업원들이 자신에 대한 평가를 받아들이고 평가가 공정하다고 느끼도록 하는 다음과 같은 일곱 가지 특징을 발견하였다.

1. 평가를 하고 평가결과를 사용하기 전에 평가에 관해 종업원들이 말할 수 있는 기회를 준다.
2. 평가면접을 하는 동안 양방적인 의사소통을 한다.
3. 평가 결과에 대해 도전하거나 반박할 수 있는 기회를 준다.
4. 피평가자의 작업에 대해 평가자가 잘 알고 있다.
5. 수행기준을 일관성 있게 적용한다.
6. 실제로 성취한 수행에 기초하여 평정한다.
7. 평정에 기초하여 급여나 승진에 대한 결정을 내린다.

이와 유사하게 Kavanagh 등(2007)의 연구에서도 직무수행관리 시스템을 상사들이 중립적인 시각으로 바라보고, 종업원들이 목표 설정에 참여하며, 시스템이 투명하고 이해하기 쉬우면 직무수행관리 시스템을 공정하게 지각한다는 것을 보여 주었다. 직무수행관리는 평가도구에 단순하게 표시를 하는 것 이상의 의미를 분명히 가지고 있다. Russell과 Goode(1988)는 직무수행관리 시스템에 대한 관리자들의 반응은 시스템에 대한 전반적인 만족(즉 부하들의 수행을 평가하기 위한 시스템에 대한 관리자들의 태도)과 평가가 수행을 개선시키는 정도에 의해 영향을 받는다고 결론 내렸다. 또한 Dickinson(1993)은 수행평가에 대한 종업원들의 태도에 가장 큰 영향을 미치는 것이 상사라는 사실을 발견했다. 종업원들이 상사가 신뢰할 만하고 지원을 제공해 준다고 지각할 때 수행평가에 대하여 호의적인 태도를 가지게 된다.

Pulakos와 O'Leary(2011)는 "직무수행관리를 효과적으로 하면, 조직에서 무엇이 중요한 것인지를 알려 주고, 종업원들이 결과를 달성할 수 있고, 조직의 전략을 실행할 수 있다. 하지만 직무수행관리를 잘 못하면, 이러한 혜택을 얻지 못할 뿐만 아니라 종업원의 신뢰를 떨어뜨리고 그들과의 관계가 손상된다"(p. 147)고 주장하였다. 종합적으로, 분명한 목적 없이 기계적으로 직무수행평가를 해서는 아무런 이득이 없다. 어떤 경우에는 직무수행평가에서 얻은 정보의 활용보다 직무수행평가를 실시하는 데 더 많은 노력을 기울이기도 한다. DeNisi와 Sonesh(2011)가 언급한 것처럼, "평가를 해서 얻는 것이 별로 없지만 평가는 반드시 해야 하기 때문에 한다는 인식이 조직의 모든 수준에 걸쳐 존재한다"(p. 255). 개인 수행과 조직성과가 잘 연결되어 있을수록 조직 전체에서 직무수행관리 시스템을 더 긍정적으로 받아들일 것이다. 이렇게 함으로써 직무수행관리 개념의 근본인 개인과 조직 목표 간 일치가 이루어질 것이다(Hauenstein, 1998).

07 이 장의 요약

- 직무수행관리는 높은 조직성과를 달성하기 위하여 조직의 모든 요소를 정렬하는 과정이다.
- 직무수행평가는 조직 내에서 종업원들을 평가하는 것이다.
- 직무수행관리 시스템은 해고나 승진과 같은 중요한 인사결정에 사용되기 때문에 공정성에 관한 고용법의 영향을 받는다.
- 상사평정은 직무수행평가 방법 중 가장 일반적인 것이다.
- 산업 및 조직심리학자들은 직무수행을 평가하기 위하여 다양한 척도를 개발했고, 평가과정에서 발생할 수 있는 평정오류들을 발견했다.
- 정확한 평정을 하도록 평가자를 교육할 수 있다. 따라서 종업원의 수행을 판단하는 것은 학습 가능한 기술이다.

- 조직은 평가자들이 종업원를 정확하고 솔직하게 평가하는 것을 저해하는 요소들을 가지고 있을 수도 있다.
- 상사뿐만 아니라 자기 자신, 부하, 동료들이 수행평가를 하기도 한다.
- 360도 평가는 조직에서 다양한 수준에 있는 사람들이 수행을 평가하는 방법이다. 이 기법은 종업원을 개발하는 목적으로 사용하기도 하고 행정적 목적으로도 사용한다.
- 피드백을 제공하고 받는 절차는 많은 스트레스를 유발할 수 있으며 종업원들이 평가에 어떻게 반응하는지와 관련되어 있다.
- 직무수행관리 시스템이 잘 작동하는 경우에는 조직, 관리자, 종업원들에게 유익한 영향을 줄 수 있으나 그렇지 않은 경우에는 오히려 역효과를 낳을 수 있다.

조직과 조직 변화

이 장의 학습 목표

- 조직에 관한 고전 이론과 구조 이론을 설명한다.
- 사회 체계의 요소인 역할, 규범, 조직 문화를 기술한다.
- 개인 – 조직 부합 개념을 이해한다.
- 감축, 아웃소싱, 오프쇼링, 합병과 인수를 설명한다.
- 글로벌 조직의 출현을 설명한다.
- 조직 변화의 필요성을 논의한다.
- 종업원들이 왜 변화에 저항하는지를 이해한다.
- 기업의 사회적 책임 개념을 이해한다.

산업 및 조직심리학, 사회학, 경제학, 정치학 등을 포함하는 많은 학문들이 조직에 대한 연구에 기여했다. 각 학문은 조직에 대하여 각자 특수한 개념을 연구함으로써 서로 다른 기여를 했다. 산업 및 조직심리학에서는 조직이라는 맥락 속에서 개인 행동과 태도를 연구한다. 이 주제를 다루기 전에 먼저 '조직'의 의미를 파악하는 것이 쉽지 않다는 것을 염두에 두어야 한다. 조직은 추상적인 실체이기는 하지만 분명히 존재하고 있고 실제로 '살아 있는' 생명체로 간주할 수 있다. 조직이 부도가 나거나 파산해서 존재가 사라질 때 그 전까지 살아 있던 실체가 "죽었다"고 말하기도 한다. 어떤 연구자들은 조직의 의미를 이해하기 위하여 은유적 표현을 쓰기도 한다(Morgan, 1997). 은유는 보다 쉽게 이해할 수 있는 유사한 다른 개념을 사용하여 어떤 개념에 대한 이해를 향상시키는 비유법이다. 그러나 이러한 비유법을 사용하더라도 조직을 완벽하게 설명할 수 있는 것은 아니다. 조직에 대한 한 가지 은유는 조직을 사람에 비유하는 것이다. 사람은 유기체를 이해하는 데 유용한 생리학적 개념인 골격 구조와 순환 시스템을 가지고 있다. 조직은 사람의 골격과 순환 시스템에 각각 비유될 수 있는 크기와 의사소통 패턴과 같은 특성을 가지고 있다. 하지만 은유를 사용하더라도 어떤 개념을 완벽하게 기술할 수 있는 것은 아니다. 사람과 환경을 구분해 주는 경계 영역은 사람의 피부이다. 반면에 조직은 사람의 피부처럼 외부 환경과 유기체를 구분 짓는 물체를 가지고 있지 않다. 사람과 달리 조직은 외부 환경(법률적, 사회적, 정치적, 경제적 환경)과 조직을 구분하는 경계가 느슨하다. 조직을 하나의 실체로 이해하는 것이 누구에게나 쉬운 일은 아니다. 조직이 과연 무엇인가를 설명하기 위한 유용한 방법을 찾는 것은 조직을 연구하는 모든 학문에서 추구해야 할 과제이다.

제1장에서 다루었듯이, 학문이 탄생한 후 70여 년 동안 '산업(industrial)'심리학이라는 용어를 사용하였다. 산업심리학이 어떤 주제를 다루는지에 대하여 상당한 의견일치가 있었기 때문에 산업심리학은 학문적 정체성을 지니고 있었다. 하지만 많은 사람들이 '산업'이라는 용어가 육체노동, 제조, 공장과 관련된 이미지를 지니고 있어서 학문의 발전이 늦어졌다고 생각했다. 따라서 1973년에 학문의 명칭이 공식적으로 '산업 및 조직'심리학으로 바뀌었다. 언어적으로는 다소 어색하더라도 '조직(organizational)'이라는 단어를 추가함으로써 과학적이고 실용적인 이 학문이 제조와 관련 없는 분야까지도 포함한다는 사실을 일반인들에게 알릴 수 있게 되었다. '조직'심리학에 포함된 지식들은 여러 학문으로부터 유래된 것이라서 '산업'심리학에서 다루는 지식처럼 분명한 학문적 경계가 없다. 실제로 Highhouse(2007)는 "어느 누구도 조직심리학을 구성하는 내용이 무엇인지에 대해 확실히 모르기 때문에 산업 및 조직심리학에서 '조직'과 관련된 역사를 정리하는 것은 어렵다"(p. 331)고 진술하였다. 유래와 정체성이 불분명하더라도 오늘날 '조직'심리학이라는 용어는 학문의 역사상 처음 사용되었던 '산

업'심리학이라는 용어와 결합되어 '산업 및 조직'심리학이라는 학문의 공식 명칭으로 사용되고 있다. Schneider 등(2011)은 조직심리학의 근원을 다음과 같이 기술하였다. "이론이나 분석의 단위로서 개별 종업원들에 초점을 두지 않고 집합적인 인간 특성과 행동에 의해 효과적인 조직을 설계하는 데 초점을 둔 것이다"(pp. 375 - 376). 이 장에서는 조직이 구성원들의 행동에 어떤 영향을 미치고 행동을 어떻게 형성하는지를 설명할 것이다. 이 장에서 다루는 개념(즉 분석 단위)은 개인이 아니라 보다 큰 사회적 집합체이다.

오늘날 산업 및 조직심리학에서 다루는 중요한 주제 중 하나는 변화하는 환경에 맞추어 적응할 필요성이다. 이러한 '필요성'은 개인 수준(예 : 개인의 적응성)과 직무 수준(새로운 업무 수행에 따른 직무의 변화)에서 다루어 왔다. 하지만 변화에 적응할 필요성은 조직 수준에서 특히 시급한 문제이다. 일을 수행하기 위해 조직이 생성된다. 이 장에서 논의하겠지만, 조직은 구조적 요소(작업이 이루어지는 과정)와 사회적 요소(종업원들 간의 상호작용 형태)로 구성되어 있다. 조직 외부로부터의 경제적 압박에 대처하기 위해 조직이 수행하는 일이 변하므로 조직도 구조적 요소와 사회적 요소를 변화시켜야 한다. 조직은 변화하는 환경에 대응하도록 외부로부터 변화에 대한 압력을 끊임없이 받는다. 조직 변화를 도와주는 것은 컨설팅 회사나 기업에서 일하는 산업 및 조직심리학자의 중요 활동 중 하나이다. 이 장에서 보게 되겠지만, 조직의 운영 방식을 변화시키는 것은 쉬운 일이 아니다. 조직 변화라는 주제를 다루기 전에 조직이 어떻게 운영되는지를 먼저 다룰 필요가 있다.

1. 두 가지 조직 이론

조직이 무엇인지를 정의하는 것보다 조직이 왜 존재하는지를 진술하는 것이 아마 더 쉬울 것이다. 간단하게 말하면, 조직은 목적과 목표를 성취하기 위한 수단으로 존재한다. 즉 **조직**(organization)은 각 부분이 서로 독립적으로 작동해서는 그들의 목적을 효과적으로 달성할 수 없는 부분의 집합체이다. 조직화 과정을 연구하는 방법

> **조직** : 재화와 서비스를 생산하기 위하여 업무를 수행하는 사람들의 집합체
>
> **고전 이론** : 조직의 형태와 구조를 기술하기 위해 20세기 초에 개발된 이론

에 따라 조직에 대한 다양한 학파나 이론이 존재한다. 이 중 두 가지 중요한 이론만을 다룰 것이다.

1) 고전 이론

20세기 초반에 나온 **고전 이론**(classical theory)은 주로 조직의 구조적 관계에 초점을 두고 있

다. 고전 이론은 조직의 기본 요소들을 먼저 진술한 다음, 조직이 목적을 가장 잘 달성하기 위하여 어떻게 구성되어야 하는지를 설명한다. 조직에는 다음과 같은 네 가지 기본 요소가 있다.

1. **서로 다른 활동 체계.** 모든 조직은 조직 내에서 수행되는 서로 다른 활동과 기능, 그리고 이러한 활동과 기능 간의 관계로 구성되어 있다. 이러한 활동들이 서로 연결될 때 공식적인 조직이 탄생된다.
2. **사람.** 조직은 활동과 기능으로 구성되어 있지만, 사람이 과업을 수행하고 권한을 행사한다.
3. **목적을 위한 협력.** 단일한 목적을 달성하기 위하여 다양한 활동을 수행하는 사람들 사이에 협력이 존재해야만 한다.
4. **권한.** 권한은 상사와 부하 간의 관계에서 설정되는데, 이러한 권한은 조직의 목적을 추구하는 사람들 사이에 협력을 보장하기 위하여 필요하다.

어떤 조직이든지 네 가지 기본 요소가 근간을 이룬다는 전제하에, 고전 이론은 조직이 목적을 가장 잘 달성하기 위하여 필요한 다양한 특성을 설명하고 있다. 조직 이론의 역사에서 조직 구조에 관한 다음의 네 가지 원칙은 기념비적인 역할을 했다.

기능적 원칙 기능적 원칙(functional principle)은 분업의 배경이 되는 개념이다. 즉 조직은 유사한 기능을 수행하는 부서들로 나뉘어야 한다. 각자 전문화된 영역의 작업을 함으로써 조직의 전반적인 수행이 향상된다. 유사한 작업 활동이 묶여서 부서를 형성하고, 부서

> **기능적 원칙** : 조직을 유사한 기능을 수행하는 부서들로 나누어야 한다는 개념

는 활동을 조정하고 보다 효과적인 감독과 합리적인 작업이 이루어질 수 있게 한다. 기능적 원칙에 따라 작업 기능을 묶어서 생산, 판매, 설계, 재무 등의 부서로 나눈다. 이러한 부서의 명칭은 각 부서 내에서 수행하는 작업의 주요한 속성을 나타낸다. 기능적 원칙은 조직의 수평적 성장과 관련되어 있다. 즉 새로운 기능적 부서가 생긴다는 것은 조직이 수평적 차원에서 커진다는 것을 의미한다.

사다리 원칙 사다리 원칙(scalar principle)은 조직의 수직적 성장을 다루고 조직에 새로운 직급이 추가됨에 따라 명령계통이 늘어나는 것을 말한다. 각 수준은 조직의 목적을 달성하기 위하여 자신의 고유한 권한과 책임을 가지며, 더 높은 수준으로 갈수록 권한과 책임

> **사다리 원칙** : 조직에서 위로 올라갈수록 권위 수준이 높은 수직적 명령계통을 지니도록 조직을 구성해야 한다는 개념

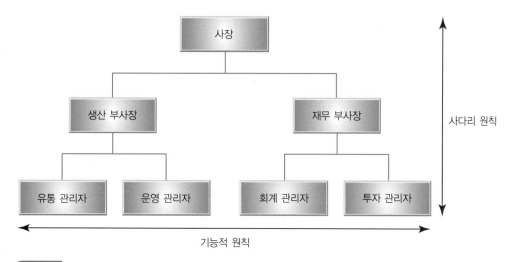

그림 8-1 조직의 기능적 원칙과 사다리 원칙

이 더 커진다. 부하는 오직 한 명의 상사에게 속하게 되는데 이러한 원칙을 **명령계통의 단일화**(unity of command)라고 부른다. 고전 이론가들은 분업에 의해 야기되는 조직의 분열을 극복하는 최상의 방법이 명령계통을 잘 설계하는 것이라고 생각했다. 조직의 위계 구조에서 명령권을 가진 사람이 분업에 의해 야기되는 분열을 조정할 수 있다고 생각했다. 〈그림 8-1〉은 기능적 원칙과 사다리 원칙 둘 다를 도식적으로 보여 주고 있다.

> **명령계통의 단일화** : 오직 한 명의 상사에게 귀속되어야 한다는 개념

라인/스태프 원칙 조직의 작업 기능을 구별하는 한 가지 방법은 라인과 스태프로 구분하는 것이다. **라인 기능**(line function)은 제조 조직의 생산 부서처럼 조직의 중요한 목적을 충족시키기 위하여 가장 중요한 책임을 지고 있다. **스태프 기능**(staff function)은 라인 기능을 보조하는 역할을 하며 전반적인 중요도가 라인 기능보다는 떨어진다. 전형적인 스태프 기능은 인적자원과 품질의 관리이다. 즉 좋은 종업원을 확보하고 제품에 대한 품질을 검사하는 것이 중요하지만, 조직의 주목적이 이처럼 사람들에게 직무를 제공하거나 만들어진 제품을 검사하는 데 있지는 않다. 조직의 주목적은 제품을 생산하는 것(라인 기능)이고, 인적자원과 품질 관리는 이러한 주목적을 지원하는 두 가지 스태프 기능에 해당한다.

> **라인/스태프 원칙**(line/staff principle) : 조직의 업무를 핵심 기능과 지원 기능으로 구분하는 개념
>
> **라인 기능** : 조직의 중요한 목적을 직접적으로 충족시키는 기능
>
> **스태프 기능** : 라인 기능을 지원해 주는 기능

통제의 폭 원칙 통제의 폭 원칙(span-of-control principle)은 관리자가 감독할 책임이 있는 부하의 수와 관련되어 있다. 통제의 폭이 적

> **통제의 폭 원칙** : 관리자가 감독할 책임이 있는 부하의 수를 나타내는 원칙

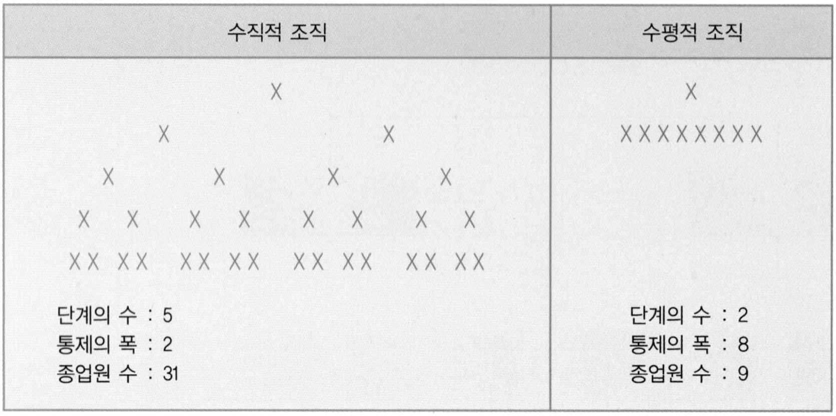

수직적 조직	수평적 조직
X X X X X X X X X X X X X X X XX XX XX X X XX XX XX XX 단계의 수 : 5 통제의 폭 : 2 종업원 수 : 31	X X X X X X X X X 단계의 수 : 2 통제의 폭 : 8 종업원 수 : 9

그림 8-2 통제의 폭이 조직 구조에 미치는 영향

게는 2명에서부터 많게는 15명까지 될 수 있다. 통제의 폭이 크면 수평적 조직(즉 조직의 꼭 대기에서 바닥까지 적은 수의 단계만 있음)이 되고, 작으면 수직적 조직(즉 많은 단계가 있음)이 된다. 〈그림 8-2〉는 통제의 폭이 조직의 형태에 어떤 영향을 미치는지를 나타내고 있다.

고전 이론은 조직의 구조에 관하여 해부학적 지식을 제공하였다. 고전 이론은 조직의 형태와 본질을 포괄적인 방식으로 처음 표현한 중요한 시도였다. 하지만 조직에 대한 이러한 관점에는 '심리학적'인 것이 전혀 포함되어 있지 않다. 실제로 고전적 조직 이론가 중에는 심리학자가 한 사람도 없었다. 그러나 현대 조직 연구자들이 고전 이론을 낡아빠진 것으로 간주하더라도, 고전 이론의 네 가지 원칙은 오늘날 조직의 실제 구조에도 깊게 배어 있다. 라인/스태프 간의 관계, 조직에서 단계의 수, 분업, 조정, 통제의 폭은 여전히 중요한 관심사이다. 조직은 네 가지 고전적 원칙이 제안하는 것보다 더욱 복잡하기 때문에 조직에 대하여 부가적으로 새로운 생각들을 하게 되었다. 조직에 대한 이해를 보다 충실하게 만들고 또한 보다 현실적으로 만들고자 하는 바람으로부터 구조 이론이 탄생하였다.

2) 구조 이론

구조 : 조직에서 효율과 통제를 위해 설계된 업무 기능의 배열

Mintzberg(2008)는 조직이 형태와 모습을 갖추기 위해 어떻게 진화하는지에 관하여 포괄적이고 명쾌한 설명을 제안하여 고전 이론의 내용을 확장하였다. 이러한 특징을 조직의 **구조**(structure) 또는 공식적 요소라고 말한다. 다양한 형태의 구조가 있을 수 있고, 조직은 환경에 가장 잘 부합하는 구조를 찾기 위해 끊임없이 노력한다. 즉 조직의 구조는 조직이 환경 속에서 기능할 수 있도록 해 주는 적응기제이다. 적응하지 못하는 구조를 가진 조직은

궁극적으로 사라져 버릴 것이다. 조직 내에서 개인이 각자 역할을 맡고 있기 때문에 개인(주로 종업원)이 조직 구조의 지속적인 진화에 의해 초래되는 변화를 가장 먼저 느낀다. 이러한 이유 때문에 산업 및 조직심리학이 조직 구조의 문제에 관심을 갖는 것이다.

조직의 일곱 가지 기본 부분 조직은 부분 간의 상호관계를 정의함으로써 구성된다. 〈그림 8 – 3〉에 제시되어 있는 것처럼, Mintzberg(2008)는 모든 조직은 일곱 가지 기본적 부분들로 구성되어 있다고 제안했다.

1. **운영 핵심**(operating core). 조직 운영의 핵심은 조직의 목적을 달성하기 위하여 기본적인 작업을 수행하는 종업원이다. 제품을 만드는 조직에서 운영 핵심은 원재료(예 : 옷감)를 사용하여 판매할 수 있는 제품(예 : 의류)을 만드는 종업원이다. 서비스를 제공하는 조직(예 : 세탁소)에서 운영 핵심은 핵심적인 기능(예 : 더러운 옷을 깨끗하게 세탁하는 작업)을 수행하는 종업원이다.

2. **전략 경영진**(strategic apex). 전략 경영진은 조직 전체의 성공을 책임지는 사람들이다. 전략 경영진은 조직의 최고 경영층에 해당한다. 이러한 사람들은 조직의 목적을 달성하기 위하여 책임과 권한을 가지고 있다. Mintzberg는 전략 경영진을 조직의 "두뇌"라고 불렀다.

3. **중간 관리자**(middle line). 중간 관리자는 전략 경영진이 설정한 조직의 목적을 운영 핵심이 달성하도록 권한을 행사하는 사람들이다. 이들은 상위 관리자부터 일선 감독자까지 여러 계층으로 구성된 중간 관리자들이다. 명령계통은 전략 경영진에서 시작하여 중간 관리자를 거쳐 운영 핵심에서 끝난다. 조직의 위계는 전략 경영진, 운영 핵심, 그리고 이들 사이에 존재하는 다양한 수준의 중간 관리자로 구성된다.

4. **전문 기술 인력**(technostructure). 전문 기술 인력은 조직의 원활한 운영에 필요한 전문적인 기술과 지식을 가지고 있는 종업원으로 이루어져 있다. 이러한 종업원들은 조직이 하는 사업 영역에서 전문가이지만, 조직에서 핵심적인 작업을 수행하는 사람(운영 핵심)이나 최고 경영층(전략 경영진)과는 구분된다. 이러한 전문 기술 분야의 예로 회계, 인사, 정보 기술(IT), 법무 등을 들 수 있다.

5. **지원 스태프**(support staff). 지원 스태프는 조직의 기본적인 사명 완수를 돕는 서비스를 제공하는 사람들로서, 일반적으로 우편 수발, 보안 경비, 건물 관리 등을 한다. 때때로 지원 스태프와 전문 기술 인력을 통틀어 조직의 "스태프"라고 부른다. 하지만 지원 스태프는 전문 기술 인력과 분명히 다르다. 지원 스태프는 조직에 서비스를 제공하는 반면, 전문 기술 인력은 조직에 조언을 제공한다.

6. **이념**(ideology). 모든 조직은 Mintzberg가 이념이라고 부른 여섯 번째 요소를 가지고 있다. 이념은 특정한 가치를 중요하게 여기는 신념 체계를 의미한다. Mintzberg는 매우 강한 이념을 가지고 있는 조직을 "선교적(missionary)" 조직이라고 불렀다. 선교적 조직이라고 해서 반드시 종교적 성격을 띤 조직을 의미하는 것이 아니라, 특별한 사명을 가지고 있고 조직의 모든 행동이 이러한 사명을 추구하는 것과 관련되어 있는 조직을 의미한다. 재난 희생자들을 돕는 조직, 광고 회사나 컴퓨터 소프트웨어 개발 회사처럼 창의적이고 혁신적인 사업을 하는 조직을 예로 들 수 있다. 이념은 조직을 하나로 묶는 '아교'의 역할을 한다. 강한 이념은 높은 내적 응집력을 생성한다. 이러한 조직은 공식적인 규칙이나 규제가 거의 필요 없다. 종업원들은 조직의 이념에 대한 자신들의 신념에 따라 행동하고 상호 독립적으로 작업을 수행한다. 모든 조직은 이념을 가지고 있다. 어떤 조직 이념은 조직의 기능에 영향을 줄 정도로 강하지만, 약한 이념을 가지고 있는 조직

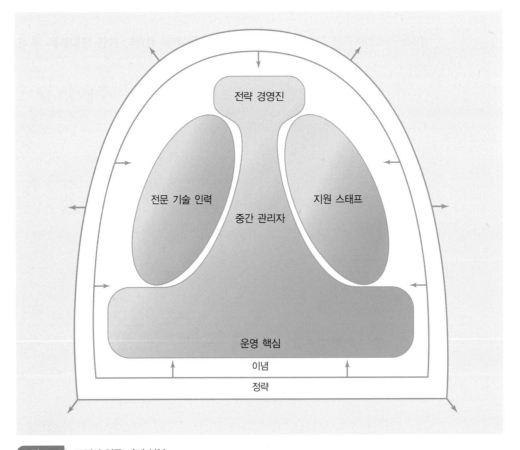

그림 8-3 조직의 일곱 가지 부분

에서는 이념이 개인 행동에 미치는 영향이 크지 않다. 조직에서 이념이 미치는 영향은 〈그림 8-3〉에 조직을 내부적으로 결속하는(내부로 향하는) 화살표로 표시되어 있다.

7. **정략**(politics). Mintzberg가 제안한 일곱 번째 요소인 정략은 이념과 반대 효과를 지니고 있다. 이념은 내적 응집력을 창출하고 조직이 한 가지 목적을 추구하도록 하지만, 정략은 분열과 갈등을 일으킨다. 정략은 조직 붕괴의 원인이 된다. 정략이 발생하는 원인은 조직 내에서 공식적으로 부여되지 않은 비합법적 권한을 사용하는 데 있다. 조직에서 비합법적인 권한을 사용하는 사람들은 합법적인 권한의 기반을 무너뜨릴 목적으로 조직 내 개인과 집단을 서로 반목하게 만든다. 특정 개인과 집단이 합법적인 권한을 약화시킴으로써 비합법적인 권한을 획득할 수 있는 기회를 만든다. Mintzberg는 정략적 권한을 사용하는 책략을 발견하였다. 이러한 책략은 조직의 합법적 권한에 적극적으로 저항하거나 혹은 무시하고 따르지 않기, 강력한 권한을 얻기 위하여 특정인에게 충성을 맹세하기, 조직 내에서 영향력을 행사하기 위하여 자신의 전문지식을 과시하거나 혹은 전문지식이 있는 것처럼 가장하기, 조직 내에서 세력을 얻기 위하여 다른 사람들과 일시적으로 동맹을 맺기 등이다. 이처럼 조직의 다양한 계층에 있는 개인들이 자신의 입지를 강화하려고 하기 때문에 전체 조직은 비합법적 권한이 횡행하는 경연장이 되어 버린다. 이 경우 조직 내부의 정략적인 움직임을 조율하는 데 많은 에너지가 소모되기 때문에 조직이 주요 목적을 달성할 가능성은 현저하게 감소한다. 모든 조직은 정략의 요소를 가지고 있다. 정략이 판을 치는 조직에서는 비합법적 권한을 얻기 위한 지속적인 투쟁이 조직의 소모적 활동이 되어 버린다. 조직에서 정략이 미치는 영향이 〈그림 8-3〉에 조직을 분열시키는(외부로 향하는) 화살표로 표시되어 있다. 조직 내 정치적 행동에 관한 주제는 제10장에서 보다 자세하게 논의할 것이다.

2. 사회적 체계의 구성 요소

사회적 체계(social system)는 사건이나 우연히 발생한 일로 구성되며 조직의 공식적인 기능과는 관련이 없고 공식적인 구조도 가지고 있지 않다. 물리적 또는 생물학적 체계들(자동차나 인간)은 그들이 기능하지 않을 때조차도 눈으로 확인할 수 있는 구조(전기적 구조나

> 사회적 체계 : 개인이나 집단의 행동에 영향을 미치는 작업 조직의 인적 구성 요소

뼈대)를 가지고 있다. 즉 그러한 체계는 해부학적 구조와 생리적 구조를 동시에 지니고 있다. 이러한 의미로 볼 때 사회적 체계는 해부학적 구조를 가지고 있지 않다. 사회적 체계가 기능

을 멈춘다 하더라도 우리는 그 구조를 눈으로 확인할 수 없다. 구체적이고 단순한 구성 요소들로 이루어진 개념을 이해하는 것은 쉬운데, 사회적 체계는 실체를 확인할 수 있는 해부학적 구조를 가지고 있지 않기 때문에 그 실체를 이해하기 힘들다. 사회적 체계는 실제로 구성 요소들을 가지고 있기는 하지만 구체적인 것이 아니다. 때로는 이러한 요소들을 조직의 비공식적 구성 요소라고 부른다. 이러한 요소들이 추상적이기는 하지만 세 가지 구성 요소인 역할, 규범, 조직 문화를 살펴볼 것이다.

1) 역할

역할 : 특정 지위에서 기대되는 적절한 행동

종업원이 조직에 들어가면 조직에서 기대하는 수행 수준, 상사로부터의 인정, 복장 규정, 시간 활용 등을 포함하여 배울 것이 많다. 역할은 이러한 배움의 과정을 쉽게 해 준다. **역할**(role)은 일반적으로 특정 지위에서 기대되는 적절한 행동으로 정의된다. 우리 각자는 동시에 여러 가지 역할(부모, 종업원, 클럽 회원 등)을 수행하지만, 여기서는 직무와 관련된 역할에 초점을 둘 것이다.

역할은 다음과 같이 다섯 가지 중요한 특성을 지니고 있다. 첫째, 역할은 비개인적이다. 즉 역할은 직무에서 기대되는 행동을 나타내는 것이지 개인이 하는 행동을 나타내는 것이 아니다. 둘째, 역할은 과업 행동과 관련되어 있다. 조직에서의 역할은 특정 직무에 대해 기대되는 행동이다. 셋째, 역할은 고정적으로 정의하기가 힘들다. 역할에서 기대하는 것이 무엇인지를 누가 정의하느냐에 따라 역할은 달라질 수 있다. 다른 사람들이 우리의 역할을 정의하기 때문에 우리의 역할이 무엇인지에 대하여 의견이 서로 다를 수 있다. 스스로 생각하는 역할, 다른 사람들이 생각하는 역할, 실제로 하는 행동이 서로 다를 수 있다. 넷째, 역할은 빨리 학습되고 중요한 행동 변화를 가져올 수 있다. 다섯째, 역할과 직무는 같지 않다. 한 직무에서 개인은 여러 가지 역할을 수행할 수도 있다.

역할 갈등 : 개인의 역할 내용과 역할 구성요인들의 상대적 중요성에 대한 지각적 차이로부터 발생하는 결과

역할 모호성 : 역할에서 명시한 행동 또는 역할을 정의하는 경계의 불확실성

역할 갈등(role conflict)은 개인이 양립할 수 없거나 충돌하는 요구에 직면할 때 발생한다. 양립할 수 없는 서로 다른 방향의 요구를 해서 그러한 요구를 모두 충족할 수 없다고 느낄 때 개인은 역할 갈등을 경험한다. 예를 들어, 상사는 일찍 출근하도록 요구하지만 본인은 아이를 학교에 데려다 주어야 할 경우 역할 갈등을 느낄 수 있다. 이 예에서 종업원으로서의 역할과 부모로서의 역할이 갈등을 빚는다. **역할 모호성**(role ambiguity)은 역할에서 명시한 행동 또는 역할을 정의하는 경계가 명확하지 않음을 뜻한다. 처음 부모가 된 사람은 해 본 적이 없는 역할을 잘 해낼 수 있을지 불안해할 수 있다. 다양한 의견이나 태도를 가진 많은 사람들을 대표하는 역할을 맡은 종업원도 역할 모호성을 느낄 수 있다. **역할 과부하**(role overload)는 개인이 과도한 책임을 느낄 때 발생한다. 과부하는 한 가지 역할에서 너무 많은 요구를 감당해야 하거나 일상 생활에서 너무 많은 역할을 맡을 때 발생할 수 있다. 처음 부모가 된 사

역할 과부하 : 지나치게 많은 역할 또는 한 역할에서의 지나치게 많은 책임으로 인한 중압감

람은 역할 모호성을 자주 경험할 뿐만 아니라 때로는 과중한 책임을 느끼는데, 이는 부분적으로 기존 역할에서의 요구 및 책임과 더불어 완전히 새로운 역할에서의 요구 및 책임을 다해야 하기 때문이다. 이러한 추가적인 역할은 개인에게 부여된 책임의 총량을 증가시켜 개인에게 과도한 부담을 준다.

또 다른 측면은 역할 분화이다. 이것은 동일한 하위 집단에 속한 종업원들이 수행하는 역할들이 서로 얼마나 다른지를 나타낸다. 어떤 사람의 직무는 작업 부서 내에서 조정하는 역할처럼 집단 내의 다른 사람들과 좋은 관계를 유지하는 것일 수 있다. 따라서 그의 역할은 다른 사람들에게 정서적 또는 인간적 지원을 제공하는 것이다. 또 다른 사람의 역할은 일반적으로 행정 담당자가 하는 것처럼 계획을 짜고, 회의 안건을 결정하고, 최종 기한을 맞추는 것일 수 있다. 작업 집단에서의 모든 역할이 마치 퍼즐의 부분들처럼 함께 꼭 맞을 때, 결과적으로 서로 무리 없이 부드럽게 운영되어 효과적인 집단이 된다. 하지만 모든 부분이 서로 잘 맞지 않을 수도 있다.

2) 규범

규범(norm)은 적절한 행동에 관하여 공유하고 있는 집단의 기대이다. 역할은 특정 직무에서 적절한 행동을 정의하고 있는 반면에, 규범은 받아들일 수 있는 집단행동을 정의한다. 역할은 사람마다의

규범 : 적절한 행동에 대하여 집단이 공유하고 있는 기대

할 일을 규정하지만, 규범은 언제 종업원들이 휴식 시간을 갖는지, 그들이 얼마나 생산하는지, 언제 하루 일을 끝내는지, 어떤 옷을 입는지와 같이 집단에 있는 모든 사람에게 기대되는 행동을 설정한다. 규범은 행동을 관장하는 비공식적인 규칙이다. 업무 중 휴대전화 사용 금지를 명문화한 회사에서, 규정에도 불구하고 업무 중 휴대전화를 사용한 구성원이 있다면 그러한 행동을 허용하는 규범이 존재한다는 것을 의미한다.

규범은 몇 가지 중요한 특성을 지닌다. 첫째, 규범에는 행동을 규정하는 '의무'와 '당위'가 존재한다. 둘째, 일반적으로 집단에서 중요하다고 판단되는 행동에 대하여 보다 분명한 규범이 존재한다. 종업원들이 점심을 먹기 위해 몇 시에 작업을 멈출지에 관해서는 규범이 존재할 수 있지만, 아마도 종업원들이 무엇을 먹을지에 관해서는 규범이 존재하지 않을 것이다. 셋째, 규범은 집단에 의해 강제성을 띤다. 공식적인 규칙과 절차가 집단구성원들의 많은 행

동들을 통제하거나 강요한다. 그뿐 아니라 규범도 집단구성원들의 행동을 규제한다. 그러나 때로는 공식적인 규칙과 집단 규범이 불일치되기도 한다. 휴대전화 금지 규칙과 휴대전화을 허용하는 집단 규범을 한 가지 예로 들 수 있다. 만약 조직이 휴대전화 사용자(즉 규칙 위반자)에게 제재를 가하지 않는다면 집단 규범이 조직에서 더 우세하게 될 것이다.

규범이 발전하고 전달되는 세 단계 과정이 있다. 먼저 규범이 정의되고 전달되어야 한다. 이러한 과정은 명시적으로("이것이 여기서 우리가 하는 방식이다."라고 말해 줌으로써) 또는 암묵적으로(바람직한 행동의 관찰을 통해) 이루어진다. 둘째, 집단이 행동을 감시할 수 있어야 하고 규범이 지켜지고 있는지를 판단할 수 있어야 한다. 셋째, 규범을 따르는 것에 대해 집단이 보상을 주고, 따르지 않는 것을 처벌할 수 있어야 한다. 규범을 지키는 것은 집단 내 행동에 대한 예측력을 증가시키고 집단의 응집력을 높인다.

규범에 대한 순종은 정적 강화나 처벌에 의해 이루어진다. 정적 강화는 칭찬이나 집단 활동에 참여시켜 주는 것일 수 있다. 처벌은 험악한 인상, 험담 또는 실제적인 신체적 학대가 될 수 있다. 호손 연구에서 생산성에 관한 집단 규범을 어겼던 작업자들은 실제로 처벌을 당했다. 또 다른 형태의 처벌은 집단 활동에서 배제하는 것이다. 집단은 흔히 규범을 따르지 않는 종업원(이탈자)들에게 그들의 행동을 바꾸도록 설득한다. 집단은 언어적 또는 비언어적 의사소통을 증가시킴으로써 이탈자의 견해를 바꾸려고 노력한다. 규범이 보다 명확하고 중요하면 할수록 또한 집단의 응집력이 강하면 강할수록 이러한 압력은 더 커진다. 결국 이탈자는 변화하거나 소외당하게 된다. 만일 따돌림을 당한다면 이탈자는 외톨이가 되어 동조에 대한 압력을 더 이상 받지 않는다. 집단은 과업 수행에서 그 사람이 여전히 필요하기 때문에 고립된 사람을 작업에서는 받아들이지만 집단 활동이나 관계에서 배제하는 형태의 조치를 취하게 된다. 소외된 자는 직무를 그만둘 수 있으며 그의 가치와 더 잘 어울리는 집단을 찾으려고 할 것이다.

마지막으로, 규범이 공식적인 조직의 규칙과 항상 반대의 성격을 띠거나 그것들과 서로 독립적인 것은 아니다. 때때로 규범은 조직의 목적을 달성하는 데 큰 도움을 준다. 예를 들어, 일정량의 작업을 완수하기 전에는 퇴근하지 않는 규범이 있을 수 있다. 퇴근 시간이 오후 5시일지라도 집단은 특정 작업을 완성하기 위하여 종업원들에게 5시 15분이나 5시 30분까지 일하는 것을 기대할 수 있다. 이 경우에 있어서 늦게까지 일하는 집단 규범을 지키지 않고 공식적인 규칙(즉 오후 5시에 퇴근하는 것)을 따르는 사람이 오히려 이탈자로 간주된다. 집단 규범과 조직의 목적이 상호보완적일 때 높은 효율성을 성취할 수 있다.

3) 조직 문화

문화의 개념은 사회를 묘사하기 위해서 원래 인류학자들이 제안하였으나 조직을 묘사하는 데도 유용하다는 것이 밝혀졌다. 산업 및 조직심리학 분야에서 Schein(1965)은 일터에서 인간 행동을 설명하는 데 조직 문화의 중요성을 처음으로 인식한 학자로 간주된다. **문화**(culture)는 조직의 언어, 가치, 태도, 신념, 관습이다. 추론할 수 있는 것처럼, 문화는 총체적으로 각 조직에 독특한 성질을 부여하는 변인들의 복잡한 형태를 나타낸다. 조직 문화에 대하여 몇 가지 정의가 제안되었지만 Deal과 Kennedy(1982)가 제안한 정의가 가장 간단하다. 그들은 조직 문화를 "우리가 여기서 하는 방식"이라고 정의했다. Schneider 등(2011)이 기술한 것처럼, 조직 문화는 리더가 강조하고, 평가하고, 통제하는 것에도 영향을 미친다. 리더가 다른 사람들이 따라 하도록 모범을 보이는 행동과 리더가 보상을 할당하는 기준을 보면 조직 문화를 파악할 수 있다.

> 문화 : 조직의 언어, 가치, 태도, 신념, 관습

Ostroff 등(2003)은 조직 문화를 세 개의 층으로 기술하였다. 이러한 세 개의 층은 기업 조직, 사교 조직(예 : 클럽), 교회 혹은 가정을 포함하여 어떤 사회적 집합체에도 존재한다.

1. **관찰 가능한 인공물**(observable artifact). 인공물은 조직 문화의 가장 바깥층에 존재하는 것으로서, 관찰 가능하고 이를 통해 조직을 해석하거나 조직에 의미를 부여할 수 있다. Trice와 Beyer(1993)는 문화적 인공물의 네 가지 중요한 범주를 발견하였는데, 그것은 **상징물**(예 : 물리적 대상이나 위치), **언어**(예 : 은어, 속어, 제스처, 유머, 소문, 유언비어), **담화**(예 : 조직에 대한 이야기, 전설, 신화), **관행**(예 : 의례 의식, 금기, 행사)이다. 이러한 인공물을 관찰하기는 쉽지만, 이러한 것들을 해석하거나 이해하는 것이 꼭 쉬운 것만은 아니다.

2. **추구 가치**(espoused value). 추구 가치는 경영층이나 조직 전체가 추구하는 고유한 신념이나 개념이다. 조직 그 자체는 가치를 가지고 있지 않지만, 조직의 핵심 리더들은 자신들이 신봉하는 가치가 있다. 예를 들면, "우리 회사에서는 안전이 최우선이다"나 "우리 회사는 모든 종업원들의 의견을 존중한다"와 같은 것이다. **실행 가치**(enacted value)는 이러한 가치가 종업원의 행동으로 나타나는 것이다. 추구 가치와 실행 가치 사이에 지각된 차이는 종업원들 사이에 냉소주의의 근원이 될 수 있다. 예를 들어, 조직의 추구 가치가 안전을 중요하게 여기는 것임에도 불구하고 실제로는 안전을 소홀히 하거나 또는 안전을 강조하는 종업원들이 오히려 비난을 받을 수도 있다.

3. **기본 가정**(basic assumption). 기본 가정은 관찰 가능하지 않고 조직 문화의 가장 중심에

있는 것이다. 기본 가정은 흔히 가치로부터 시작되지만 시간이 지나면서 조직 내에 깊숙이 스며들어서 당연한 것으로 여겨진다. 조직 내에서 모두가 기본 가정을 받아들이고 기본 가정은 좀처럼 변하지 않는다. Ostroff 등에 따르면, "기본 가정은 종업원들이 주의를 기울여야 하는 것이 무엇인지, 정서적으로 어떻게 반응해야 하는지, 다양한 상황에서 어떤 행동을 해야 하는지를 정의하기 때문에 종업원들이 이러한 기본 가정을 따르지 않으면 불안과 불편함을 느끼게 된다"(p. 569). 우리 사회에서 대학이 지니고 있는 교육적 가치에 대하여 의문을 제기하는 것은 교육기관의 기본 가정에 대한 도전을 나타낸다.

문화는 회사 인트라넷, 공식적인 정책, 사명 선언문, 가치 표현을 위한 다른 수단을 통해서도 전달될 수 있다("**소셜 미디어와 산업 및 조직심리학 : 새로운 '냉각수 통'**" 참조).

소셜 미디어와 산업 및 조직심리학
새로운 '냉각수 통'

옛날에는 사람들이 사무실에서 '냉각수 통(water cooler)' 주위에 모여 전날 밤의 TV 프로그램에 대해 이야기하고 직장 내 최근 소문에 대한 자세한 내용을 교환하곤 했다. 이때 이야기 주제와 대화에 적극적으로 참여하는 정도는 기업 문화를 판단하는 한 가지 방법이었다. 즉 유쾌하고 타인을 배려하는 방식으로 대화를 하는지 아니면 경쟁적이고 반감이 섞인 대화를 하는지, 상사가 없을 때만 진솔한 대화를 하는지 아니면 상사가 함께 대화에 적극적으로 참여하는지에 따라 기업 문화를 판단할 수 있었다.

오늘날 '냉각수 통'이라는 표현은 관심이 많은 주제에 대해 잡담을 나눌 수 있는 장소를 나타내는 비유일 뿐이다. 사람들이 이제 더 이상 실제 '냉각수 통' 주위에 모여 대화하지 않지만, 그 대신 커피 메이커, 복사기, 안내 직원의 책상 주위에서 대화를 나누기 때문에 '냉각수 통'과 유사한 개념은 여전히 존재한다. 최근에는 다양한 소셜 미디어에서 온라인 '냉각수 통'이 증가하고 있다. 이와 같은 가상적인 '냉각수 통'에서 직원들이 직장에서 겪는 경험과 직장에 대한 인식을 서로 공유하기 때문에 이를 통해 조직 문화를 파악할 수 있다.

많은 조직은 소셜 미디어를 통해 조직 문화에 대한 직원들의 의견을 파악할 수 있다는 것을 인식하기 시작했다. 예를 들어, 포춘 500대 기업 중 4분의 3이 사용하는 SharePoint와 같은 내부 플랫폼을 통해, 기업은 직원의 의견을 수집하고 직장에 대한 몰입과 만족도를 측정할 수 있다. 또

(계속)

한 조직은 Glassdoor.com 같은 사이트의 정보를 분석함으로써 어떤 주제들이 가장 많이 논의되었는지 그리고 전·현직 종업원들이 회사를 어떻게 보고 있는지를 파악할 수 있다. 따라서 새로운(가상적인) '냉각수 통'을 지속적으로 관찰함으로써 조직은 그들이 지향하는 문화가 실제로 구현되고 있는지 판단할 수 있다.

Schein(1996)은 조직 문화를 이해하는 것이 조직에서 관찰되는 행동의 의미를 아는 데 매우 중요하다고 주장했다. 행동이 일어나는 문화적 맥락을 고려하지 않고 행동을 피상적으로 기술하는 것은 조직을 이해하는 데 제한적인 가치만을 지닌다. 예를 들어, Pratt와 Rafaeli(1997)는 병원에서의 문화를 연구하기 위해 병원 스태프들이 입고 있는 복장 형태를 조사했다. 그들은 스태프들이 옷을 입는 방식이 조직에 대한 정체감을 나타내는 상징이라는 것을 발견하였다. 더 나아가 복장에 관하여 스태프들 간에 매우 다른 견해를 가지고 있었다. 연구자들은 병원에서 일하는 간호사들로부터 얻은 다음과 같은 두 가지 인용문을 제시했다.

재활의학과의 수간호사 : "환자복을 입고 있으면서 의사나 간호사들의 가운을 보는 환자는 스스로를 아픈 사람이라고 생각한다. 만일 환자들과 그들을 돌보는 사람들이 모두 평상복을 입는다면, 환자들은 스스로를 아픔에서 벗어나서 재활하고 있다고 생각할 것이다. 이것이 재활의학의 철학이고, 이것이 재활의학과를 독특하게 만들어 준다."

같은 과에서 야간 근무를 하는 간호사 : "우리는 의학과 건강에 대한 전문가이다. 우리는 전문적인 일을 한다. 우리는 환자들을 돌보며 그들의 체액을 취급하고 분비물을 뒤집어쓸 수도 있다. 따라서 우리는 모두 의학 전문가처럼 보여야 하므로 가운을 입어야 한다"(Pratt & Rafaeli, 1997, p. 862).

조직 문화는 매우 미묘한 방식으로 표현될 수 있다. Brown 등(2005)은 문에 붙어 있는 명패와 사무실 책상 위의 가족사진을 통해 조직에서 자신의 영역을 나타내는 것에 대해 논의하였다. 이러한 것들은 암암리에 '자신의 영역'임을 표시함으로써 조직에 대한 개인의 소속감을 갖게 하는 데 도움을 준다. Baruch(2006)는 서로 다른 회사 사람들이 처음 만났을 때 명함을 교환하는 것에 대해 기술하였다. 명함에는 흔히 그 사람의 이름과 더불어 회사 정체성에 대한 시각적 상징인 회사 로고가 새겨져 있다. 회사 로고는 그 회사의 상징으로서 회사의 이미지를 전달한다. 예를 들어, 회사 로고는 우수성, 엘리트 의식, 혁신의 메시지를 전달할 수 있다.

Anand(2006)는 종업원들이 사무실 문에 붙여 놓은 만화는 조직 문화를 나타낼 뿐만 아니라 조직 문화의 산물이라고 주장하였다. 문에 만화를 붙이는 단순한 행동은 조직에서 이러한 행동(즉 사적인 표현)이 허용된다는 메시지를 관찰자에게 전달한다. 만화는 흔히 냉소주의와 같은 풍자를 표현하기 때문에 종업원들이 붙여 놓은 만화를 보면 그들의 가치를 알 수 있다. Anand는 만화를 조직 문화의 표출로 간주하고, 만화를 통해 종업원들이 조직의 가치를 어떻게 보는지 알 수 있다고 하였다. 하지만 이러한 만화를 해석하기가 쉽지 않기 때문에 보는 사람(수신자)은 붙인 사람(전달자)의 의도와 다른 해석을 할 수 있다. 이러한 미묘함에도 불구하고 만화는 종업원의 가치를 표현하고 나름대로 목적을 가지고 있다.

Cameron과 Quinn(2006)은 조직 문화가 조직의 효과성과 밀접하게 관련되어 있다고 주장하였다. 즉 조직 문화는 조직 운영에 영향을 미치기 때문에 궁극적으로 조직의 성공을 좌우한다. Cameron과 Quinn은 네 가지 종류의 조직을 묘사하기 위하여 경쟁 가치 틀(Competing Values Framework)을 제안하였다. 조직은 서로 다른(혹은 경쟁적) 가치에 의해 운영된다. 이러한 가치들은 조직이 스스로 효과성을 판단할 때 사용하는 지표를 결정하고, 조직에서 무엇이 좋고 적절한 것인지를 판단하는 근거를 제공한다. 네 가지 형태의 조직이 〈그림 8-4〉에 제시되어 있다.

Cameron과 Quinn은 효과성 기준에 기초하여 이러한 틀을 개발했다. 네 가지 형태의 조직은 다른 방식으로 효과성을 정의하고, 다른 유형의 리더를 선호하고, 다른 가치에 의해 운영되고, 서로 다른 문화를 지니고 있다. 경쟁 문화(competing culture)를 지닌 조직은 비즈니스 환경이 호전적이고, 리더는 강인하고 도전적이고, 생산성을 달성하기 위하여 공격적인 전략

	유연성	
내부 초 점	문화 유형 : 협력 조직 유형 : 가족 기업 중요 가치 : 팀워크 선호 리더 : 관계구축자 효과 달성 수단 : 충성심과 전통	문화 유형 : 창의 조직 유형 : 전자제품 산업 중요 가치 : 위험감수 선호 리더 : 혁신자 효과 달성 수단 : 신제품
	문화 유형 : 통제 조직 유형 : 패스트푸드 산업 중요 가치 : 운영 일관성 선호 리더 : 규칙 집행자 효과 달성 수단 : 통제와 표준화	문화 유형 : 경쟁 조직 유형 : 자동차 산업 중요 가치 : 공격성 선호 리더 : 강하고 도전적인 리더 효과 달성 수단 : 경쟁자 타도
	안정성	외부 초 점

그림 8-4 조직 문화에 대한 경쟁 가치 틀

을 사용한다. 경쟁 문화는 자동차 산업을 예로 들 수 있다. 통제 문화(controlling culture)를 지닌 조직은 비즈니스 환경이 안정적이고, 리더는 회사 규정과 절차 준수를 강조하고, 효과성은 통제와 표준화에 의해 달성된다. 통제 문화의 예로 패스트푸드 산업을 들 수 있다. 협력 문화(collaborative culture)를 지닌 조직은 비즈니스 환경이 상호 협조적이고 고객을 파트너로 간주하고, 리더는 관계 구축을 강조하고, 효과성은 충성과 내부 응집력에 의해 달성된다. 협력 문화는 가족이 운영하는 비즈니스처럼 일반적으로 작은 틈새시장에서 운영되는 조직에서 주로 볼 수 있다. 창의 문화(creative culture)를 지닌 조직은 비즈니스 환경이 격변하고 역동적이고, 리더는 혁신과 창의성을 강조하고, 효과성은 새로운 제품과 서비스를 개발함으로써 성취된다. 창의 문화는 최첨단 전자 산업을 예로 들 수 있다. 〈그림 8-4〉에서 보듯이, 문화를 형성하는 핵심 가치가 연속선상에서 서로 반대편에 위치하기 때문에 Cameron과 Quinn은 조직 문화의 이러한 틀을 "경쟁 가치(competing value)"라고 불렀다. 수직적 연속선은 유연성과 안정성 차원이고, 수평적 연속선은 내부 초점과 외부 초점 차원이다. 여기서 어떤 가치가 다른 가치보다 본질적으로 더 우수한 것은 아니다. 조직이 효과적이기 위해서 지녀야 할 가치는 조직에 따라 다르다. 예를 들어, 저돌적이고 경쟁적인 리더는 협력 문화를 지닌 조직에서는 적합하지 않다. 경쟁 가치 틀은 가치에 기반을 둔 조직 문화가 조직의 효과성과 밀접하게 관련되어 있을 뿐만 아니라 효과성을 어떻게 정의할 것인지와도 관련이 있다.

Hartnell 등(2011)은 조직 문화와 조직 효과성 간의 관계에 대한 통합 분석에 근거해 다음과 같은 결론을 내렸다.

> 경영진이 경쟁 우위를 창출하는 문화를 내재화할 방법을 결정할 때, 전략적 계획과 조직 문화 간의 부합 또는 일치를 고려하는 것이 중요하다. 그 후에는 그들이 원하는 문화와 일치하는 가치와 행동을 천명하고, 활성화하고, 보상해야 한다. 이를 위해 조직 문화와 전략은 동일한 미션을 지원할 수 있도록 상호 보완적이어야 한다…(p. 688).

3. 개인-조직 부합

조직 문화에 관한 연구가 입증한 것처럼, 조직은 직원의 행동에 강력한 영향을 주는 가치를 개발하고 있다. 신입사원을 모집하고 선발할 때, 조직은 개인이 조직과 잘 맞는지를 암묵적으로든 명시적으로든 고려한다. 이러한 일치를 **개인-조직 부합**(person-

> **개인-조직 부합** : 직무 지원자와 조직이 가치와 목표에서 서로 일치하는지에 대한 인식

organization fit) 또는 개인-조직 합치(person-organization congruence)라고 부른다. 양자 간의 부합 정도를 판단하는 과정은 양측에서 모두 이루어진다. 조직의 관점에서는 고용 후 행동을 예측하기 위해 지원자의 가치관, 기술, 목표, 성격을 이해하고자 한다. 조직의 가치, 기대, 문화와 지원자가 얼마나 일치하는지를 비교함으로써 부합 정도를 알 수 있다. 개인과 조직 간 부합이 높을 경우에 조직은 지원자에게 일자리를 제안한다. 반면에 지원자는 이 조직이 자신이 원하는 형태의 일자리를 제공하는지의 관점에서 개인-조직 부합을 판단한다. 지원자가 개인-조직 부합을 강하게 인식한다면 일자리 제안을 받아들일 것이다. 그렇지 않다면 지원자는 다른 일자리를 찾거나 얼마 후 떠날 것을 알면서도 입사를 할 것이다(Kristof-Brown & Billsberry, 2013).

조직 문화와 개인-조직 부합 간에는 강력한 연결 고리가 있다. Schneider(1996)는 조직에서 일하고 있는 사람들이 그 조직의 문화를 가장 잘 나타낸다고 믿었다. 즉 사람들(예 : 종업원들)은 기존에 설정되어 있는 문화 속에서 규정된 역할만을 하는 배우가 아니며, 조직의 문화를 만들어 내는 것은 이러한 사람들이 가지고 있는 성격, 가치, 흥미이다. Schneider(1987)는 유인-선발-이탈(attraction-selection-attrition, ASA) 모델이라고 부르는 것을 제안했다. ASA 모델은 유사한 성격과 가치를 가진 사람들이 어떤 조직으로 지원하게 되고(유인), 그들은 이러한 조직에 고용되고(선발), 조직에서 공유되는 가치와 맞지 않는 사람들은 조직을 떠나게 된다(이탈)고 주장한다. 하지만 이러한 과정이 짧은 시간 동안에 당장 일어나는 것이 아니라 오랜 시간에 걸쳐 일어난다.

Ehrhart 등(2014)은 어떤 문화 차원은 조직 전체에 깊숙이 자리 잡고 있는가 하면, 어떤 차원은 특정 부서나 계층에만 해당되고, 또 어떤 차원은 약하게 작용한다고 하였다. 만약 지원자가 조직 전체에 깊숙이 자리 잡은 문화와 다른 가치를 표현한다면, 개인-조직 부합이 낮다고 평가될 것이다. 또한 어떤 지원자는 다른 부서나 지점에 비해 특정 부서나 지점에 더 잘 부합하는 것으로 여겨질 수도 있다. Jansen과 Shipp(2013)은 시간이 개인-조직 부합을 이해하는 핵심이라고 했다. 신입사원이 자신이 속한 집단에 부합하기까지 얼마나 걸리는지, 그리고 상담 요청이나 이직과 같은 행동을 취하기 전에 조직과의 불일치를 얼마나 오래 견디는지에 대해 일치된 의견은 없다. 이런 맥락에서 제5장에서 다룬 '온보딩(onboarding)'은 신입사원이 개인-조직 부합을 느끼는 데 소요되는 시간을 단축하기 위해 조직이 활용하는 절차임을 상기할 필요가 있다. 개인-조직 부합이 이루어지면 적응 과정이 단축되고, 직무수행이 증가하며 이직이 줄어든다.

Ostroff와 Zahn(2012)은 회사 내 특정 직무에 지원한 사람이 조직 전체와 잘 맞는지를 판단하기 위해 모집 담당자가 개인-조직 부합의 개념을 사용한다고 결론 내렸다. 개인-조직 부합에 대한 실증 연구에서, Arthur 등(2006)은 개인 – 조직 부합이 직무수행($r=.15$)보다 이직 ($r=.24$)을 더 잘 예측한다는 것을 발견하였다.

4. 감축, 아웃소싱, 오프쇼링

경제적 압박에 대처하기 위하여 조직을 가장 급진적이고 격동적으로 변화시키는 것을 **감축**(downsizing)이라고 부른다. 조직이 환경에 효과적으로 적응하기에 너무 많은 종업원들이 있다고 생각할 수 있다. 이처럼 직무를 줄이는 결정을 내리는 가장 흔한 이유는 조직이

> 감축 : 조직이 종업원 수를 줄임으로써 조직의 전반적인 효율성을 증가시키는 과정

소수로 더 많은 일을 할 수 있다(즉 소수의 종업원들로 효율성을 더 높일 수 있다)고 결론 내리기 때문이다. 대부분의 조직에서 가장 많은 비중을 차지하는 경비는 종업원들에게 지급하는 임금이나 급여이다. 직무를 없앰으로써 비용을 줄일 수 있다. 따라서 어떤 조직들은 경제적으로 생존하기 위하여 직무를 줄인다. 조직을 떠난 종업원들이 했던 일은 남아 있는 종업원들이나 작업 과정에서의 기술적 변화(예 : 자동화)를 통해 해결해야 할 것이다. 직무를 없애는 이러한 과정을 또 다른 용어로 감원(reduction-in-force)이라고 부른다. 큰 조직에서는 한 번에 수천 명의 종업원을 감원하는 것이 그다지 드문 일이 아니다. 미국 노동부 자료에 기초하여 DeMeuse 등(2011)은 미국에서 2000년부터 2007년까지 평균적으로 하루에 4,650명이 일자리를 잃었다고 보고했다. 2008년 1월부터 2010년 6월까지 30개월 동안 600만 명 이상의 미국 근로자들이 일자리를 잃어서 평균적으로 하루에 거의 1만 명이 실직하였다(U.S. Department of Labor, 2010).

조직 내에서 어떤 직무를 없앨 것인가? 조직의 다섯 가지 기본 부분 모두가 대상이 되는데, 일반적으로 중간 관리자, 전문 기술 인력, 지원 스태프에서 가장 많은 감원이 있게 된다. 직무가 자동화되거나 임금이 낮은 다른 나라로 공장이 이전하면 운영 핵심에 있는 직무들도 없어질 수 있다. 전략 경영진도 줄어들 수 있지만 일반적으로 이 수준에서 가장 적은 감원이 일어난다. 조직 구조 내에서 인력 감축은 수평적 또는 수직적으로 발생할 수 있다. 수평적 감축은 부서 내의 일부 직무를 없애지만 부서 자체는 조직에 남아 있다. 예를 들어, 회계 부서에서 일하는 직원 50명이 있는 경우 부서 인원이 절반으로 줄어들 수 있다. 즉 직원 25명이 일자리를 잃고 25명이 남아 있다. 수직적 감축은 부서 내 모든 직무를 제거한다. 이 경우는 직원 50명의 일자리가 사라진다. 조직은 여전히 회계 기능을 필요로 하지만, 그 일을 자사의 직원이 수행하지 않고 전문 회계 법인에 아웃소싱한다. **아웃소싱**(outsourcing)을 함으로써 동

일한 일을 하는 사람들을 자체적으로 고용하는 것보다 비용을 줄일 수 있다.

직무가 없어지는 또 다른 이유는 **오프쇼링**(offshoring)이다. 국내에서 하던 일(주로 운영 핵심이 하는 직무)을 인건비가 싼 해외에서 하도록 한다. 예를 들어, DeMeuse 등은 미국의 생산 근로자의 평균 임금이 시간당 24달러지만 중국의 생산 근로자의 시간당 임금은 67센트라고 보고했다. 베트남, 라오스, 캄보디아의 노동시장은 이보다 훨씬 저렴하다.

감축에 의해 의사결정 권한이 분산되는 것이 일반적이다. 〈그림 8-5〉는 감축이 이루어지기 전에 제조회사의 조직 편성표에서 관리자층을 나타내는 부분을 보여 주고 있다. 회사는 기능(생산과 판매)과 지역(캘리포니아와 텍사스)으로 구성되어 있다. 이 회사는 통제의 폭이 작다. 사장 밑에 있는 두 사람은 각자 두 명의 부하를 두고 있다. 이러한 조직 형태에서는 조직의 관리자층을 형성하는 데 총 15명이 필요하다. 〈그림 8-6〉은 재조직화(이 경우는 감축) 후의 동일한 회사를 보여 주고 있다. 이러한 재조직화에 의해 총 8개의 직무가 없어졌다. 판매 기능은 하나의 직무로 합쳐졌다. 네 지역 각각에 있는 공장 관리자는 이제 부사장에게 직접 보고한다. 각 공장의 관리자는 판매 관리자에게도 정보를 직접 제공하지만(점선으로 나타낸 것처럼), 행정적으로는 부사장에게 보고한다. 이제 부사장은 통제의 폭이 5명이 된다. 이러한 재조직화에서 없어진 직무들은 하나의 부사장, 세 개의 판매 관리자, 한 개의 층(중간층)에 있던 모든 관리자 직무이다.

이러한 재조직화로부터 어떤 결과를 기대할 수 있을까? 관리 직무들이 없어짐으로써 행정적인 통제가 감소된다. 직접적인 감독이 없어지기 때문에 조직에서의 각 부분들을 서로 조정하는 기제에 대한 필요성이 증가된다. 조직에 살아남은 종업원들은 더 열심히 일해야 하고 조직에서 나간 사람들이 했던 일을 수행할 새로운 방법을 찾아야 한다. 조직 입장에서는 8개의 직무가 폐지되었기 때문에 급여 지출이 줄어들게 된다. 하지만 8명은 일자리를 잃게 된다.

수행이 나빠서 조직으로부터 해고된 사람은 어떤 기분을 느낄까? 아마도 즐겁지는 않겠지만, 동시에 자신의 수행이 그동안 만족스럽지 못했다는 것을 스스로 깨닫게 될 가능성이 있다. 따라서 이 경우는 앞으로 분발하도록 자신의 직무 행동을 변화시키는 효과를 어느 정도 지니고 있다. 하지만 조직의 재구조화로 인해 자신의 직무가 없어져서 일자리를 잃은 사람은 어떤 기분일까? 자신이 모범적인 종업원이었지만 자신의 수행 정도와는 전혀 관계없이 일자리를 잃어버릴 수 있다. 즉 자신의 수행이 나빠서 조직으로부터 쫓겨난 것이 아니라 조직을 보다 효율적으로 만들기 위하여 자신이 담당했던 직무가 없어져서 일자리를 잃게 될 수 있다.

조직의 크기가 축소될 때는 고용에 관한 전반적인 사회적 질서가 변경될 수 있다. 일반적

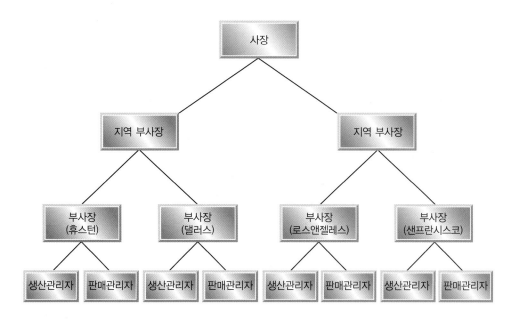

그림 8-5 감축 전의 제조회사 조직편성표의 상층부

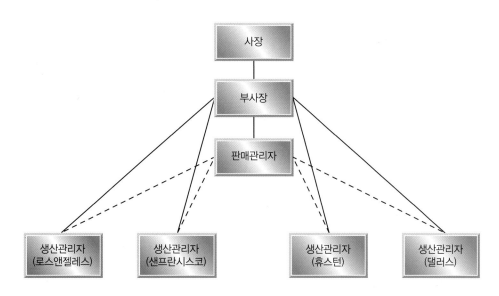

그림 8-6 감축 후의 제조회사 조직편성표의 상층부

으로 조직이 사업 운영에 필요한 중간 관리자의 수를 줄이면, 일자리를 잃은 중간 관리자는 단순히 다른 회사의 중간 관리자가 되기 위하여 새로운 일자리를 찾지 않을 것이다. 중간 관리자 직무는 사회 전반적으로 그 수가 줄어들기 때문에 중간 관리 직무를 담당했던 사람들은 자신이 과거에 했던 것과는 다른 직무를 찾아야만 한다. 이러한 사회적 상황에서 전문적인 재교육과 계속 존재하는 직무를 담당하는 데 필요한 새로운 기술을 가르칠 필요성이 증가한다. 이처럼 조직 구조의 문제는 산업 및 조직심리학에 영향을 미칠 뿐만 아니라 고용에 관한 사회학과 직업 간 이동성에 관한 경제학에도 영향을 미친다.

Feldman과 Ng(2012)는 대량 감원이 단기간 비용 절감은 이루겠지만 장기 수익으로 이어지지는 않는다고 보고하였다. 조직은 일반적으로 제품이나 서비스에 대한 수요가 있을 때는 규모 면에서 성장한다. 수요가 감소하면 직무를 없앨 필요가 생긴다. 그런데 대량 감원보다 덜 고통스럽게 비용을 절감하는 방법이 있다. 한 가지 예로, 조직은 종업원이 조기 퇴직을 하면 근속 1년당 1개월의 추가 퇴직금과 인센티브를 제시할 수 있다. 또 다른 가능성은 자연 감소(예 : 이직)가 발생했을 때 공석을 충원하지 않는 것이다. 대량 감원은 기업의 비용을 줄일 수야 있겠지만, 대규모 사회 질서 붕괴를 유발하기도 한다("**산업 및 조직심리학과 경제 : 실직**" 참조).

산업 및 조직심리학과 경제
실직

해고, 아웃소싱, 오프쇼링, 합병과 인수에 의한 실직은 전례 없이 높은 수준을 기록하고 있다. 이처럼 대규모 인원 감축이 발생한 이유가 여러 가지 있을 수 있지만 여기서는 두 가지로 한정하여 논의하고자 한다.

첫째, 1980년대에는 인원을 감축하는 것이 조직의 수익과 효율성을 높이기 위해 유행처럼 많이 사용한 간편한 방법이었다. 매우 높은 수익 목표를 달성해야 한다는 강한 압박감으로 인하여 인원 감축을 단행하였다. 대부분 회사의 예산에서 단일 비용 항목으로 가장 큰 비중을 차지하는 것이 급여이므로 사람을 줄임으로써 경비를 현저하게 감소시킬 수 있다. 하지만 인원을 감축하는 것이 조직의 재정적 성과를 향상시키기 위한 최선의 방법일까? DeMeuse 등(2004)은 인원 감축을 한 회사들의 재정적 성과와 12년 동안 인원 감축을 하지 않은 회사들의 재정적 성과를 다양한 지표를 사용하여 비교하였다. 그들은 회사가 인원 감축을 한 후에 처음 몇 년 동안은 인원 감축을 하지 않은 회사들에 비해 재정적 성과가 낮아진다는 것을 발견하였다. 약 3년 후에는 인원 감축을 한 회사의 재

(계속)

정적 성과가 인원 감축을 하지 않은 회사와 유사한 수준으로 향상되었다. 연구가 진행된 12년 동안 인원 감축을 한 회사들이 인원 감축을 하지 않은 회사들의 재정적 성과를 넘어선 적은 한 번도 없었다. 다른 연구자들도 이와 유사한 결과를 보고하였다.

이러한 연구 결과가 시사하는 것이 무엇일까? 정말 불필요한 인원을 감축하고 남아 있는 종업원들이 생산성을 향상시킬 수 있다면 인원 감축을 통해 재정적 상태를 향상시킬 수 있다고 해석할 수 있다. 하지만 중요한 질문은 이러한 재정적 이득이 얼마 동안 지속될 것이냐이다. 종업원들의 직무 스트레스와 자발적 이직이 증가함으로써 이러한 이득은 오래가지 못한다. 총체적으로 보면, 조직의 전반적 성과를 향상시키기 위한 여러 가지 방법 중 인원 감축은 이러한 목표를 달성하는 데 바람직한 방법이 아니다. 은유적으로 표현하자면 기업이 인원 감축의 결과로 기업 영양 실조증(corporate anorexia)에 걸려 살이 빠지지만 결코 더 건강해지는 것은 아니다.

둘째, 경제가 안 좋을 때 인원 감축은 일시적으로 조직의 생존 가능성을 증가시킨다. 조직들 간의 관계는 쇠사슬처럼 서로 연쇄적으로 연결되어 있다. 예를 들어, 한 회사가 플라스틱 탁자와 의자를 생산한다고 가정하자. 이 회사는 자기 회사 제품들을 큰 소매상들에게 판매한다. 이 회사는 플라스틱 제품을 만들기 위해 화학원료를 판매하는 업체로부터 원재료를 구입한다. 경제가 불황기에 접어들면 소비자들은 불필요한 지출을 줄인다. 사람들은 플라스틱 탁자와 의자를 생필품으로 여기지 않는다. 따라서 플라스틱 탁자와 의자의 판매가 줄어들고 결과적으로 제품 생산이 감소된다. 주문이 감소되기 때문에 이 회사는 인원을 감축하게 된다. 또한 이 회사는 재료공급 업체로부터의 주문을 줄이게 된다. 이러한 여파로 주문량이 줄기 때문에 재료공급 업체도 역시 종업원을 감축하게 된다. 또한 재료공급 업체에 제품을 판매하던 회사들도 판매량이 줄어들기 때문에 인원을 감축한다. 이처럼 조직들 간의 유기적 연결망에 의하여 실직이 연쇄적으로 발생한다. 경제의 모든 영역에서 파급효과가 발생하여 일자리가 줄어들게 된다. 회사가 크면 클수록 더 많은 일자리가 줄어들 가능성이 크다. 큰 회사들은 장차 상황이 좋아지기를 기대하며 현재의 생존을 위하여 인원을 과감하게 줄일 수 있다. 하지만 작은 회사들은 종업원이 적기 때문에 줄일 수 있는 인원이 많지 않고 경비를 감소할 방안이 많지 않다. 따라서 작은 회사들이 더 큰 위기에 직면하게 된다.

미국 노동부에는 고용과 관련된 통계를 측정하는 노동통계국이 있다. 노동통계국은 처음 생긴 이후로 지난 100년 동안 노동통계를 측정하고 보고하는 일을 담당해 오고 있다. 인원 감축이 실업의 가장 큰 원인이 되었기 때문에 노동통계국은 실업에 대한 새로운 두 가지 통계치를 계산하기 시작했다. 하나는 '월별 대량 해고 통계치(Mass Layoff Statistics)'이고, 다른 하나는 '분기별 대량 해고 통계치(Extended Mass Layoff Statistics)'이다. 경제적 불경기에 대처하기 위해 미국 기업들이 대량 해고를 단행함에 따라 노동통계국은 실업에 대한 새로운 통계치를 측정하여 보고하고 있다.

5. 합병과 인수

환경으로부터의 압박에 대처하기 위하여 조직이 사용할 수 있는 한 가지 전략은 몸집 줄이기, 즉 감축이다. 또 다른 전략은 반대로 몸집을 늘리는 것이다. 기존 조직의 크기를 단순하게 늘리는 것이 아니라 몸집을 늘리기 위하여 다른 조직과 합칠 수 있다. 조직 합병은 사람들 간의 결혼과 유사하다. 두 사람이 결혼함으로써 양자 모두 생활의 전반적 질이 향상된다.

조직 간의 결합 방식에는 합병과 인수가 있다. 합병과 인수 간의 개념적 구분을 정확히 하기는 힘들다. **조직 합병**(organizational merger)은 두 조직이 동등한 지위와 세력을 가지고 합치는 것이다. 이러한 결합은 상호 간의 결정에 의해 이루어진다. 두 조직은 공식적으로 서로 합침으로써 보다 번창할 수 있을 것이라고 생각한다. **인수**(acquisition)는 한 조직이 다른 조직의 자산을 구입하는 것이다. 구매하는 입장에 있는 조직은 지배적이고 더 많은 세력을 가지고 있다. 개인 간의 결혼과는 달리 인수는 쌍방의 동의에 의해서가 아니라 양자 중 한쪽만이 새로운 관계를 맺고자 해서 결합이 이루어진다. 이처럼 지배적인 입장에 있는 조직은 자신의 재정 상태를 향상시키기 위하여 결합을 원치 않는 다른 조직을 인수할 수 있다. 이것을 적대적 인수(hostile takeover)라고 부른다. 다른 형태의 인수는 두 조직 간에 보다 우호적인 관계를 유지하면서 이루어지지만 그래도 여전히 힘이 센 조직이 약한 조직을 취득한다. 취득하는 조직을 모조직(parent)이라고 부르고 취득당하는 조직을 대상조직(target)이라고 부른다. 여기서는 두 조직 사이의 힘의 차이는 고려하지 않고, 두 회사가 합치는 합병과 인수를 함께 다룰 것이다. 이러한 주제에 관하여 이루어진 연구는 비교적 적다. 두 조직의 특성이 결합의 질이나 합쳐진 조직에 대한 종업원들의 반응에 영향을 미치기 때문에 두 조직의 특성에 관하여 주로 연구가 이루어졌다.

> 조직 합병 : 두 조직이 거의 동등한 지위와 세력을 가지고 합치는 것
>
> 인수 : 한 조직이 다른 조직의 자원을 획득 또는 구입하는 과정

Marks(2002)는 합병 과정을 세 단계로 기술하였는데, 세 단계는 결합 전 단계, 결합 단계, 결합 후 단계이다. 결합 전 단계에서는 합병 대상 회사의 가치, 세금 문제, 투자에 대한 기대 이익과 같이 주로 금전적 문제에 초점을 둔다. 심리적 혹은 문화적 이슈에 대해서는 별로 생각하지 않거나 관심을 두지 않는다. 결합 단계에서 사람들은 합병하는 두 회사 간의 차이와 어느 회사가 어느 부분에서 주도권을 잡을지에 관심을 두기 때문에 세력이나 문화의 충돌이 일어날 수 있다. 사소한 문제에서조차도 갈등이 분출할 수 있다. Marks는 다음과 같은 사례를 기술하였다.

건강관리와 관련된 사업을 하는 두 회사 간의 합병에서, 두 회사는 회의 시작 시간에서조차

도 차이가 있었다. 한 회사의 관리자들은 오전 9시 시작 회의에 정확하게 맞추어 온 반면, 다른 회사의 관리자들은 오전 9시 정각에 사무실을 떠나 회의에 사용할 종이를 챙기고 부하 직원들과 잡담을 한 후 커피 한 잔을 들고 회의실에 9시 15분경에 나타났다. 합병 전 문화에 서는 모든 사람이 9시 회의라 하더라도 실제로는 9시 15분에 시작한다는 것을 알고 있었기 때문에 이것은 문제가 되지 않았다. 그러나 다른 조직에 속해 있었던 사람들은 지각을 불명 예스럽고 규율을 벗어난 행동으로 여겼기 때문에 몹시 화가 났다. 반면에 늦게 온 사람들은 정각에 온 다른 회사 출신의 사람들이 지나치게 경직되어 있고 일처리에서 우선순위를 잘못 알고 있다고 여겼다(p. 46).

결합 후 단계에서는 두 문화를 통합하는 것이 매우 중요하다. 결합 후에 종업원 사기와 고 객 만족이 하락할 수도 있다는 사실은 합병이 성공하기 위해 금전적 이득 이외에 다른 요인 들을 고려할 필요가 있다는 것을 의미한다. Marks는 합병 단계들 중에서 결합 후 단계를 신 경이 가장 많이 쓰이는 단계로 기술했고, 합병이 최종적으로 완료되었다고 말할 수 있는 시 기가 정해져 있는 것은 아니라고 언급하였다. 합병에 연루된 모든 사람은 새로운 문화(그리 고 새로운 회사)를 이해하고 새로운 문화에 지속적으로 적응해 나가야 한다.

국제노동기구(2003)는 1990년대 10년 동안 1,000만 명 이상의 노동자들이 합병과 인수로 인해 일자리를 잃었다고 추산했다. 이 숫자에는 대형 매장과 같은 새로운 '거대 조직'과 경쟁 할 수 없어서 폐업한 작은 회사에서 실직한 사람들은 포함되어 있지 않다. DeMeuse 등은 오 늘날의 경제 현실에서 조직과 종업원들 간의 관계를 다음과 같이 적절하게 요약했다.

오래된 회사들은 문을 닫거나 인원을 감축한다. 회사 간에 인수와 합병이 이루어진다. 어떤 회사는 시장에서 우위를 점하거나 경쟁에서 이기기 위하여 다른 회사와 전략적 동반 관계를 형성한다. 비즈니스와 공동체가 바뀌고 종업원들도 자연스럽게 바뀐다. 근로자들이 당면하 는 새로운 현실에서 민첩하고 사업적 기질이 있는 사람들은 과거에 없었던 많은 기회가 새 로 생겼기 때문에 신이 나겠지만, 안정성을 추구하고 현재 상태에 만족하는 사람들에게는 이러한 현실이 잔인할 수 있다(p. 729).

Hewlin(2009)에 따르면 실직에 대한 만성적 두려움 때문에 종업원은 자신의 진짜 가치와 다른 가치를 표방한다. 어떤 종업원은 조직의 정책을 지지하는 것처럼 가장된 행동을 하거나 일자리를 잃지 않기 위하여 솔직하지 않은 행동을 한다. 종업원들은 자신의 가치가 조직이 추구하는 가치와 다르지 않은 것처럼 가장하여 행동한다.

과거 35년 동안, 우리가 거의 알지 못했던 새로운 측면의 조직 행동을 설명해야만 했다. 일에서의 심리학과 관련된 이러한 주제의 깊이와 중요성은 산업 및 조직심리학이라는 학문에 매우 큰 영향을 미쳤다("**현장기록 1 : 실직의 여러 가지 이유**" 참조).

현장기록 1
실직의 여러 가지 이유

산업 및 조직심리학이 처음 생겼을 때부터 종업원의 이직은 산업 및 조직심리학자들의 가장 큰 관심사였다. 종업원은 스스로 그만두기(자발적 이직)도 하고 회사로부터 해고(비자발적 이직)되기도 한다. 산업 및 조직심리학 역사상 처음 70~80년 동안은 비자발적 이직이 주로 다음과 같은 세 가지 방식으로 발생했다.

1. 해고. 한 사람이 해고되고 다른 사람이 그 자리를 채운다.
2. 자동화. 손으로 하던 작업을 자동화된 절차로 한다. 1960년대 후반과 1970년대 초반에 광범위한 상용화를 위한 개인용 컴퓨터가 개발되었다. 그 시대에 많은 작업자들의 탄식은 "컴퓨터가 내 일을 뺏어 갔다"는 것이었다.
3. 회사의 폐업. 지불 불능 상태(파산)나 고용주임의 폐업으로 인하여 회사가 문을 닫는다.

1980년대 비즈니스 세계의 급진적인 변화로 인하여 다음과 같은 실직 이유가 새로 생겼다.

4. 감축이나 감원. 인건비를 줄이기 위하여 인력을 줄인다. 예를 들어, 8명의 작업자 중 2명을 내보낸다. 나머지 6명이 원래 8명이 하던 일을 해야 한다. 감원으로 인해 2명의 작업자가 일자리를 잃게 된다.
5. 아웃소싱. 더 낮은 비용으로 특정 서비스를 제공하는 외부 회사와 용역 계약을 체결함으로써 조직 내 일자리를 없앤다. 경비, 음식 서비스, 건물 관리 등을 예로 들 수 있다.
6. 합병과 인수. 두 회사가 합병하면서 일자리가 없어진다. 새로 합병된 회사는 똑같은 일을 하는 2명의 종업원을 필요로 하지 않는다. 합병과 인수는 20세기 내내 있었지만, 특히 1980년대와 1990년대에 합병이 많이 이루어졌다.
7. 오프쇼링. 국내 직무를 없애고 임금이 낮은 다른 나라에서 그 작업을 하도록 함으로써 비용을 절감한다. 컴퓨터 프로그래밍, 제조, 고객 상담 전화 서비스 등을 예로 들 수 있다.

한 사람이 해고되면 다른 사람이 그 자리에 고용된다. 이 경우, 사회 전체로 보면 실직은 발생하지 않는다. 하지만 나머지 여섯 가지 경우에서는 실직자가 발생할 뿐만 아니라 국내 일자리 자체가 사라진다. 개인 관점에서는 생계를 위해 사람들이 반드시 일자리를 찾아야 한다. 사회적 관점에서는 전체적으로 동일한 고용수준을 유지하기 위해서 없어진 만큼 새로운 일자리를 창출해야 한다. 일자리 창출(job creation)이라는 용어는 사람들에게 일자리를 제공할 수 있는 새로운 산업을 개발하는 것과 관련되어 있다. 어떤 사람이 직무와 잘 부합되는지를 생각하기 이전에 그 사람이 맡을 직무 자체가 먼저 존재해야 한다.

6. 글로벌 조직

전 세계를 상대로 하는 사업이 급증함에 따라 글로벌 조직이라는 새로운 형태의 조직이 생겼다. 글로벌 조직은 조직이 가지고 있는 모든 특성(구조적 요소와 사회적 요소)을 지니고 있을 뿐만 아니라 종업원들이 전 세계에 퍼져 있다는 부가적 특성을 지닌다. 글로벌 조직은 컴퓨터 기술의 발전, 국가 간의 새로운 무역 협정, 냉전의 종식에 따라 비교적 최근인 1990년대에 생겨났다. Chao와 Moon(2005)은 오늘날 일의 세계에서 글로벌 비즈니스 조직의 수에 대해 기술하였다. 대략 63,000개의 다국적기업이 9,000만 명을 고용하고 있다. 이러한 회사들은 인종, 민족성, 종교, 성이 다른 다양한 사람들을 고용하고 있다. 어떤 종류의 사람들이 '다수 집단' 또는 '소수 집단'을 이루고 있는지는 동일한 회사라 하더라도 지리적 위치에 따라 서로 다를 수 있다. Chao와 Moon은 성이나 민족성과 같은 인구통계학적 특성으로 문화를 이해하려고 하는 것은 사람들이 지니고 있는 가치를 설명하는 데 있어서 지나치게 단순한 방법이라고 여겼다. 인구통계학적 특성으로만 문화를 이해하고자 하는 경우에 동일한 집단의 구성원들은 유사한 가치를 가지고 있을 것이라고 생각할 수 있지만 사실은 그렇지 않다. Chao와 Moon은 다국적기업에서 볼 수 있는 '문화적 모자이크'를 인구통계학적 특성보다는 더 심층적인 수준에서 이해해야 한다고 주장했다.

오랫동안 해외 영업(즉 수출이나 수입)을 해 왔던 조직들은 하나의 본사만을 가지고 있으면서 국제무역에 종사하였다. 해외에서의 영업 실적이 증가하면서 모회사는 다른 나라에 지사를 설립하는 것이 중요하다는 것을 느끼게 되었다. 따라서 IBM과 같은 단일 회사는 영국, 프랑스, 호주 등에 독립된 다국적 사업부를 두게 되었다. 이러한 형태의 조직 구조는 내부 서비스의 중복과 지사 간 의사소통 문제와 같은 많은 단점을 초래했다. 인터넷과 같은 새로운 컴퓨터 기반 기술이 개발되면서, 한 조직에 있는 사람들은 전 세계를 상대로 여러 나라에 가상적으로 존재하면서 근무하는 것이 가능해졌다. 이러한 기술은 글로벌 조직 문화, 구조, 의사소통 과정을 가지고 있는 글로벌 조직의 탄생을 가져왔다. 요약하자면, 글로벌 조직은 전 세계에 산재해 있는 회사들을 마치 하나의 회사처럼 운영한다. 따라서 해외 사업을 하는 조직은 국제적 조직에서 다국적 조직으로, 다국적 조직에서 글로벌 조직으로 진화하였다("**현장기록 2 : 언제가 회의하기 좋은 시간일까?**" 참조).

각 나라마다 기업을 운영하는 데 영향을 미치는 문화를 가지고 있다는 것이 Geert Hofstede의 연구를 통하여 분명해졌다. Hofstede는 전 세계 여러 나라에 사무실을 가지고 있는 다국적 조직인 IBM에서 일했다. 각 나라의 종업원들은 회사에 처음 입사할 때 태도 및 의견에 관한 설문에 응답했다. Hofstede는 국가별 자료를 분석하여 설문에 대한 응답에 있어서 국가

현장기록 2

언제가 회의하기 좋은 시간일까?

전 세계적으로 사업을 하려면 여러 지역에 걸쳐 있는 도시들의 시간 차이를 잘 알고 있어야 한다. 전 세계는 24개의 시간대로 나뉘어 있다. 미국이 속한 북미 대륙 내에서도 동부 시간과 서부 시간 사이에 3시간의 시차가 있다. 이러한 시차 때문에 전통적인 근무시간인 오전 8시부터 오후 5시 사이에 서로 다른 시간대에 있는 사람들이 서로 비즈니스를 하기에 번거로움이 있을 수 있다. 하지만 이러한 '번거로움'은 전 세계에 걸쳐 사업을 할 때는 더욱 증폭된다. 전자적 의사소통(전자우편)을 사용함으로써 가상 팀이 비동시적으로 회의를 하는 것이 가능하다. 그러나 때로는 가상 팀 구성원들이 사업상 동시에 의사소통을 해야 할 때도 있다. 즉 서로가 같은 시간에 모두 함께 의사소통을 해야만 한다. 회의 시간을 언제로 잡아야 좋을까?

나는 사무실이 뉴욕, 리우데자네이루, 로마, 시드니에 있는 한 다국적 회사를 알고 있다. 이 회사에서는 팀 구성원들이 서로 함께 이야기할 수 있는 편리한 시간을 선택하는 것이 쉽지 않았다. 그들은 결국 뉴욕 시간으로는 오전 6시, 리우데자네이루 시간으로는 오전 8시, 로마 시간으로는 밤 12시, 시드니 시간으로는 오후 9시에 매주 회의하는 것으로 결정하였다. 뉴욕에 있는 팀 구성원은 너무 이른 회의 시간이 못마땅하였고, 시드니에 있는 팀 구성원은 너무 늦은 시간을 못마땅하게 생각했다. 그러나 어떤 다른 시간을 잡더라도 누군가는 못마땅해할 것이다. 이러한 시간의 문제는 어떤 도시에서는 1년 내내 시간의 조정이 없지만, 어떤 도시에서는 시간 조정(예 : 일광 절약제에 의한 시간 조정)이 있을 때 더욱 복잡해진다. 또한 전 세계의 어떤 도시에서는 시차가 1시간 단위로 다르지 않고 30분 단위로 다르기도 하다. 예를 들어, 뉴욕이 오전 9시일 때 캘커타는 오후 7시 30분이다. 전 세계 대부분의 사람들은 낮에 일하고 밤에 잠을 잔다. 하지만 국제적으로 사업을 할 때는 '낮 시간'과 '밤 시간'이라는 전통적인 의미는 사라지게 된다.

간에 신뢰롭고 의미 있는 차이가 있다는 결론을 내렸다. Hofstede(1980)는 이 연구에 기초하여 문화의 결과(*Culture's Consequences*)라는 책을 저술하였고, 나중에 새로운 연구 결과를 추가하여 책을 개정하였다(Hofstede, 2001). Hofstede는 문화 간 차이를 이해하는 데 유용한 네 가지 중요한 차원을 발견하였다. 앞의 두 차원은 이 책에서 이미 다룬 적이 있다.

1. **세력 차이**(power distance). 세력 차이는 세력을 적게 가지고 있는 조직 구성원이 조직 내에 세력이 얼마나 불균등하게 분포되어 있다고 느끼는지를 나타낸다. 말레이시아는 세력 차이가 가장 크다.

2. **개인주의 - 집합주의**(individualism - collectivism). 개인주의는 한 사회에 속한 사람들이 주로 자신과 자신의 가족 구성원들을 더 중요하게 생각하는 신념을 나타낸다. 집합주의에

서는 사회의 구성원들이 강한 응집력을 지닌 집단으로 통합되고, 일생 동안 집단은 구성원들을 보호하고 구성원들은 집단에 절대적인 충성을 나타낸다. 미국은 전 세계에서 개인주의가 가장 강하다.

3. **남성성 - 여성성**(masculinity-femininity). 남성성은 사회적으로 성역할이 분명한 사회를 나타낸다. 이러한 사회에서는 남자들이 자기주장이 강하고, 강인하고, 물질적 자원에 관심을 둔다. 반면에 여성들은 겸손하고, 부드럽고, 삶의 질에 관심을 둔다. 여성성은 사회적으로 성역할이 중복되는 사회를 나타낸다. 따라서 이러한 사회에서는 남성과 여성 모두 겸손하고, 부드럽고, 삶의 질에 관심을 둔다. 일본은 남성성이 가장 높다.

4. **불확실성 회피**(uncertainty avoidance). 불확실성 회피는 한 문화의 구성원이 불확실하고 잘 알지 못하는 상황에 대하여 두려움을 느끼는 정도를 나타낸다. 그리스는 불확실성 회피에서 가장 높은 점수를 받았다.

Taras 등(2010)은 600개 이상의 개별 연구에 기초하여 Hofstede의 이론에 대한 통합 분석을 실시하였다. 저자들은 사회적 규범의 강도와 사회 내 제재 행동의 정도에 관한 문화적 견고함과 느슨함이 네 가지 요인의 영향력과 관련이 있다는 것을 발견하였다. Hofstede의 네 가지 문화적 요인은 견고한 문화를 지닌 국가에서 개인의 행동에 더 강한 영향력을 발휘했다. 문화적으로 견고한 사회에서는 개인의 선호와 스타일보다 문화적 규범과 제재가 행동을 좌우한다. 느슨한 문화에서는 사람들이 더 자유롭게 행동하기 때문에 네 가지 문화적 요인의 영향력이 적다.

Hofstede의 이론은 몇 가지 측면에서 도전을 받고 있다. 문화는 네 가지 차원 이외에 다른 차원으로도 구분될 수 있다. 단기적 관점과 장기적 관점 중 어느 것을 더 선호하는지에 대한 문화적 가치인 시간 지향성(time orientation) 차원으로 구분할 수도 있다. 가장 강한 비판은 이 이론이 서구적 가치 시스템에 근거하여 문화를 비교함으로써 이론 자체가 편파되어 있다는 것이다(Ailon, 2008). 비판자들은 Hofstede의 문화적 차원들을 사용하면 서구 국가들이 동양 국가들보다 더 긍정적으로 평가된다고 주장한다. 국가들을 비교할 때 다른 문화적 가치를 사용한다면 동양 국가들이 더 긍정적으로 평가될 것이라는 주장도 제기된다("**비교 문화적 산업 및 조직심리학 : 생태적 오류**" 참조).

Marquardt(2002)는 여러 문화에 속한 종업원들로부터 비롯된 다양성과 분화성이 글로벌 회사에서 관심을 기울이지 않으면 쉽게 갈등을 초래하는 조직 내 긴장을 어떻게 유발할 수 있는지를 기술하였다. 글로벌 조직은 국가와 문화를 초월하는 공통 가치, 나라마다 다른 원칙들을 초월하는 보편적 정책, 지리적 경계를 넘어 통용되는 리더십 스타일, 나라마다의 문

비교 문화적 산업 및 조직심리학

생태적 오류

Hofstede와 동료들이 수행한 비교 문화적 가치에 관한 연구는 사람들이 문화에 따라 어떻게 다른지를 이해하는 데 많은 도움을 준다. Hofstede의 연구에서 가치를 측정하는 설문 조사를 전 세계에 걸쳐 수천 명을 대상으로 실시하였다. 국가별로 결과를 수합하여 평균을 구했기 때문에 문화의 각 차원마다 국가별 점수가 산출되었다. 이러한 점수에 의해 문화에 따라 서로 다른 가치를 이해할 수 있었다.

하지만 여러 명의 자료를 합하여 얻은 결과는 잘못 해석될 수 있다. 이러한 해석의 오류를 생태적 오류(ecological fallacy)라고 부른다. 생태적 오류는 집단(즉 국가)으로부터 얻은 결과를 집단 내 개인에게 적용할 때 발생한다. 예를 들어, Hofstede의 연구에서 그리스가 불확실성 회피에서 가장 높은 점수를 기록했다. 이러한 결과에 기초하여, 그리스 관리자를 만났을 때 그 사람의 불확실성 회피 성향이 높을 것이라고 생각할 수 있다. 하지만 이 경우 집단으로부터 얻은 결과를 집단 내 특정 개인에게 적용하는 것은 잘못이기 때문에 생태적 오류를 범하고 있는 것이다. 이 사람이 어느 정도의 불확실성 회피 성향을 가지고 있는지를 처음 봐서는 전혀 알 수 없다. 이 사람이 실제로는 매우 낮은 불확실성 회피 성향을 가지고 있을 수도 있다.

중심 경향성과 변산성 측정치에 의해 생태적 오류를 설명할 수 있다. 평균은 가장 대표적인 점수이지만 평균을 중심으로 변산이 존재한다. 분포 내에서 어떤 개인의 점수는 평균보다 낮거나 높을 수 있다. 자료의 분포에서 변산이 전혀 없는 경우에만 평균으로 모든 사람의 점수를 정확하게 예측할 수 있다.

국적이 다른 두 사람보다 같은 국적을 지닌 두 사람이 더 다를 수 있다. 집단 자료에 기초한 연구 결과를 집단의 모든 사람에게 적용하는 오류를 범해서는 안 된다. 생태적 오류는 통계적 오류가 아니라 해석의 오류이다.

화적 민감성과 다양성을 지니고 있지만 전 세계적으로 실행될 수 있는 운영 방식을 갖추어야 한다. Marquardt는 "글로벌 회사가 지니는 최대 강점과 경쟁 우위의 중요한 근원은 다양성에 있다. 다양한 사람들은 다양한 의견을 제시한다. 이처럼 다양성에 내재된 복잡성 없이는 글로벌 조직이 생존하지 못할 것이다. 다양성이 없는 조직에는 글로벌 환경이라는 혼돈 속에서 성공하고 번창하는 데 필요한 문제 해결 능력을 개발하기 위한 창의성, 에너지, 재능이 결여되어 있다"(pp. 270-271)고 언급했다.

서로 다른 문화에 속한 사람들은 세상을 다르게 본다. 세상을 보는 자신의 관점이 옳다고 믿는 경향이 있고, 이러한 서로 다른 관점은 사람들이 특정 방식으로 생각하고 행동하도록 만든다. 또한 다른 사람들의 사고와 행동 방식이 낯설고, 이상하고, 혹은 어리석다고 믿기도 한다. 예를 들어, 유럽 사람들은 1년에 보통 30일에서 40일까지 유급휴가를 받는다. 미국 근로자들은 더 적은 날짜의 유급휴가를 받고 많은 관리자들은 자신에게 할당된 휴가를 전부 사용하지 않는다. 미국의 관리자들이 최신 전자 장비를 사용하여 휴가 중에 일하는 것은 드문 일이 아니다. Battista 등(2010)은 이러한 관행을 "블랙베리 휴가(BlackBerry vacation)"라고 부르고, 이러한 것들이 주로 미국적 관습에서 관찰된다고 하였다. 다른 문화에 속한 대부분의 사람들은 휴가 중에 일하는 것이 모순이라고 여긴다. 서구 문화(미국, 캐나다, 북유럽, 호주, 뉴질랜드)와 비서구 문화(나머지 나라)는 사고와 행동에 영향을 미치는 서로 다른 가치를 가지고 있다. 〈표 8-1〉에는 이러한 가치 차이들이 제시되어 있다.

Marquardt는 가치에서의 이러한 차이들을 글로벌 조직에 영향을 미치는 다음의 네 가지 주요 차원으로 제시하였다.

표 8-1 서구 가치와 비서구 가치의 예

서구 가치	비서구 가치
개인주의	집합주의, 집단
성취	겸양
동등, 평등	위계
승리	협동, 조화
자부심	체면
결과 중시	지위, 소속 중시
역량 중시	연장자 중시
시간은 돈	시간은 삶
행위, 행동	존재, 인정
체계적, 기계적	인본주의적
과업	관계, 충성
비공식적	공식적
단도직입, 주장	간접
미래, 변화	과거, 전통
통제	운명
구체적, 선형적	총체적
언어적	비언어적

1. **리더십 역할과 기대.** 서구 문화에서는 관리자들에게 민주적인 리더십을 사용하도록 교육한다. 종업원들에게는 조직이 목적을 성취하는 것을 돕기 위해 자신들의 의견을 자유롭게 표현하도록 권장한다. 관리자들 간에 의견 불일치가 종종 일어나며, 종업원들은

적극적으로 자기 주장을 내세우고 관리자의 의견에 의문을 제기하기도 한다. 하지만 비서구권 문화의 관리자들은 종업원들의 의견을 듣기보다는 자신이 스스로 의사결정을 내리는 것에 더 익숙하다. 직위에 근거하여 지위 차이가 존재하고, 자기 주장을 강하게 말하는 낮은 직급의 종업원들을 예의가 없다고 여긴다. 관리자는 공식적인 방식으로 행동하고, 그렇게 하지 않으면 권위를 잃을 수도 있다.

2. **개인주의와 집단.** 미국은 전 세계에서 가장 개인주의적인 문화이다. 독립성에 높은 가치를 부여하고 관계보다는 과업을 중요시한다. 서로 다른 나이, 성별, 인종의 사람들이 함께 섞여 살기 때문에 서구 문화는 동등성과 비공식성(격식을 갖추지 않음)을 중요하게 여긴다. 실제로 미국의 고용법(시민권법, 연령차별 금지법, 장애인 고용법 등)은 이러한 가치를 달성하기 위해 마련된 것이다. 비서구권 문화에서는 집단과 집합주의를 중요하게 여기는 경향이 있다. 집단은 구성원들을 보호하고 구성원들은 집단에 충성한다. 개인의 정체성은 개인이 속한 사회적 네트워크와 관련되어 있다. 지위가 서로 다른 사람들을 함께 섞어 놓으면 관리자는 직장에서 자신의 권위와 세력이 손상된다고 여기고, 당혹감과 지위 상실을 느낀다.

3. **의사소통.** 일부 문화(라틴 아메리카, 중동, 남유럽)에서는 표현적 의사소통 방식을 매우 중요하게 여기고 세련된 것으로 간주한다. 그들이 의사소통 때 전달하는 열정은 사회적 관계를 설정하고 유지하는 데 중요하다고 생각한다. 기쁨, 분노, 흥분과 같은 정서를 나타내기 위하여 목소리를 높이고, 대화에 흔히 포옹이나 신체 접촉이 수반된다. 서구적 의사소통 방식은 대화에 있어서 사실적 정확성을 더 강조한다. 의사소통의 주요 목적은 객관적이고 감정이 개입되어 있지 않은 결론에 도달해서 듣는 사람의 행동을 유발하도록 하는 데 있다. 정서 표현은 전문성과 합리성의 결여를 나타내는 것으로 간주된다. 자기 의견을 말할 때 의사소통 방식에 있어서 문화 간에 큰 차이가 존재한다. 중동에서는 의도적으로 자신의 바람이나 의도를 과장해서 말하고, 아시아 문화에서는 상당한 시간의 침묵과 지체 후에 이야기한다. 요약하자면, 서로 다른 문화에 속한 사람들의 의사소통 방식이 다르기 때문에 서로 오해할 가능성이 충분히 있다.

4. **의사 결정과 갈등 관리.** 서구 문화는 행동을 매우 강조한다. 시간을 낭비하지 않고, 작업을 완수하고, 성취로부터 즐거움을 느낀다. 서구 문화는 갈등을 다룰 때 솔직함과 정직함을 선호한다. 또한 갈등을 자연스럽게 받아들이고 갈등 해결을 위해 세력을 사용한다. 하지만 비서구권 문화에서는 반대 의견이나 비판을 제기할 때 간접적으로 이야기한다. 갈등을 해결하기 위한 방법을 찾는 데 초점을 두기보다는 갈등을 피하는 데 더 초점을 둔다. 명예를 유지하고 수치심을 피하기 위하여 우회적이고 간접적인 의사소통 방식

을 사용한다. 갈등 상황을 피하고자 하는 바람은 예의와 존경으로부터 비롯된다. 집단에서 가장 중요한 사람을 결정하는 데 있어서 흔히 나이가 중요한 요인으로 작용한다.

글로벌 조직에서 문화에 대한 폭넓은 관점은 다음과 같다. 만일 모든 사람이 똑같이 행동한다면 세상에는 오직 하나의 강력한 문화만 존재할 것이다. 이와 반대로 모든 사람이 서로 다르게 행동한다면 우리 행동은 문화적 가치에 의해 전혀 영향을 받지 않을 것이다. 현실은 두 가지 극단의 중간쯤에 존재한다. 글로벌 조직의 시대로 접어들면서 국적이 다른 종업원들이 비즈니스를 성공적으로 하기 위하여 매우 다른 문화로부터 하나의 공통 기반을 마련한다. Erez(2011)가 언급한 것처럼, "세계화의 이면에는 서로 다른 문화를 형성하고 문화적 적응을 위해 다른 방식을 요구하는 문화적 가치, 역사, 정치 체제, 종교, 기후 조건에서 큰 차이가 존재한다"(p. 841). 글로벌 조직의 구성원들은 구성원으로 인정받기 위하여 그 조직의 가치를 받아들여야 한다. 하지만 비즈니스 역할을 벗어난 개인으로서 우리는 조직 문화에 익숙해지기 오래전부터 지녀 왔던 우리 자신의 문화적 정체성을 포기하지 않는다.

7. 조직 변화

이 장의 앞부분에서 조직의 개념과 구성 요소를 다루었다. 이 장의 나머지 부분에서는 산업 및 조직심리학에서 다루는 영역 중에서 추가적으로 확장된 영역인 조직 변화에 영향을 미치는 과정을 논의할 것이다. 먼저 조직이 왜 존재하는지를 살펴보는 것으로부터 이러한 논의를 시작하고자 한다. 조직은 어떤 목적과 목표를 달성하기 위하여 설립된다. 조직은 경제적, 법률적, 사회적 요인으로 구성되어 있는 보다 큰 외부 환경 속에서 존재한다. 따라서 조직은 외부 환경과 조화를 이루어야 한다.

많은 기업 조직들이 20세기 초반부터 중반 사이에 설립되었다. 이러한 조직들은 한동안 비교적 안정적인 외부 환경 속에서 성장해 왔다. 조직이 외부 환경에 민감하게 반응해야 하지만, 1980년대까지는 경제적 및 사회적 여건이 비교적 안정적이었다. 지난 35년 동안 비즈니스 세계에서의 변화는 과거 어느 때보다 빨랐다. 외부 환경이 빠르게 변화하면 조직도 변화해야 한다. 비즈니스 환경에 적응하기 위해 조직을 변화시키는 절차를 **조직 변화**(organizational change)라고 부른다. 변화하는 환경에 적응하기 위해 조직이 변화할 필요성은 다음과 같은 표현에 잘 드러나 있다. "내부의 변화 속도는 외부의 변화 속도보다 빨라야 한

> **조직 변화** : 조직이 긴급한 경제적 및 사회적 상황에 적응하기 위하여 변화하는 절차

다. 그렇지 않으면 페달을 거꾸로 밟고 있는 것이다"(Martins, 2011, p. 691).

제1장에서 논의한 것처럼, 기업 환경은 1980년대에 변화하기 시작하였다. 중요한 변화는 업무에서의 컴퓨터 사용 및 확산, 노동력의 문화적 다양성, 발전된 의사소통 기술의 출현, 사업의 세계화, 경제력의 재편성 등이다. 교육의 필요성을 기술할 때 종종 '나무못과 구멍'의 비유를 사용한다. 사람은 직무의 급격한 변화(구멍)에 맞추어 모양을 바꿀(즉 교육을 시킬) 필요가 있는 나무못에 비유될 수 있다. 최근에는 이러한 비유를 조직으로 더 확장시킬 수 있다. 조직도 마찬가지로 변화하는 사업 환경(구멍)에 맞추어야 하는 '나무못'으로 비유될 수 있다. 환경의 변화에 맞추어 조직도 변해야 할 필요가 있기 때문에, 과거 35년 동안 환경의 변화에 의한 영향력에 대처하기 위하여 대부분의 조직이 변해야 할 필요성이 점점 증가되고 확장되는 것을 목격해 왔다. 35년 전과 비교해 볼 때 오늘날 두드러지게 차이나는 점은 (1) 변화를 촉구하는 외부 압력의 증가, (2) 변화의 속도, (3) 변화에 대한 대응이 지속적으로 이루어지는 조직 과정이라는 인식, (4) 변화하는 외부 환경이 조직에 미치는 영향력의 범위 확산 등이다. 변화 필요성을 느낀다고 하더라도 실제로 변화하는 것은 쉽지 않다.

노스캐롤라이나 주에 아이스크림 가게가 있는데, 90년 전부터 지금까지 변함없이 아이스크림을 팔고 있다. 언뜻 보기에는 이 조그만 가게가 지난 90년 동안 변화에 적응할 필요를 느낀 적이 없었던 것 같다. 이 가게가 소비자들의 변화하는 기호에 맞추기 위해 일반 아이스크림뿐만 아니라 저지방 또는 무지방 아이스크림을 새롭게 구비하여 팔기는 했어도, 크게 보면 외부 환경의 변화에 적응할 필요가 없었던 것 같다. 그러나 오랫동안 변화하지 않았고 그로 인해 지금은 멸종된 공룡처럼, 이 가게는 보기 드문 '공룡과 같은 조직'이었던 셈이다.

Church 등(2002)은 최근의 조직 변화 전략이 순수하게 심리적 본질을 강조하는 개입보다는 사업 전략, 재무지표, 세계화 추세, 고객에 대한 연구를 강조하는 쪽으로 바뀌고 있다는 점을 지적했다. Burke(2008)는 조직 변화를 실행한다는 것이 어떤 것인지에 대해서 솔직하게 기술하였다. "변화 실행 과정은 어수선하다. 원래 계획한 대로 일이 진행되지 않고, 사람들은 계획에 따라 행동하지 않고 각자의 방식대로 하고, 어떤 사람들은 변화에 저항하고 심지어는 고의로 방해하고, 변화를 지지하거나 혹은 반대할 것이라고 예상했던 사람들이 실제로는 정반대로 행동하기도 한다"(p. 12).

Plowman 등(2007)은 의도하지 않았던 과정으로부터 기대하지 않았던 결과가 나오는 것을 포함하여 조직 변화가 실제로 어떻게 일어나는지에 대한 생생한 예를 제시하였다. 예로 든 조직은 교회였다. 일요일 아침 예배에 지루함을 느낀 일부 교인들이 변화의 필요성을 느꼈다. 그래서 그들은 전통적인 일요일 예배에 참가하지 않고 집 없는 사람들에게 일요일 아침 식사를 공짜로 제공하기로 결정했다. 음식을 제공한 지 5주 후에, 그들 중 한 내과 의사는 집 없는 사람들에게 공짜로 의료 상담을 해 주기 시작했다. 더 나아가 이러한 서비스는 안과와 치과로까지 확대되었다. 몇 년이 지나 이 교회는 사회복지기관을 따로 설립하였다. 이 기관은 집 없는 사람들을 보살펴 주는 보호센터를 운영하고, 1년에 약 20만 끼니의 식사를 제공하고, 직무교육을 시키고, 법률적 문제에 대한 도움을 제공하기 위하여 시로부터 지원금을 받았다. 집 없는 사람들은 교회 성가대에서 찬송가를 부르고 일요일 아침 예배 때 안내를 맡아 봉사했다. 이러한 전반적 변화는 단순한 자선 행동으로부터 시작된 것이었다.

Plowman 등이 제시한 이 사례가 조직 변화에서 드문 경우는 아니다. 처음에 의도했던 변화는 일요일 아침에 집 없는 사람들에게 공짜로 아침 식사를 주는 것과 같이 작은 것이었다. 공짜 아침 식사 제공에 대한 반대나 거부감이 없었기 때문에 변화가 쉽게 시작될 수 있었다. 구성원들이 공짜 아침 식사 제공을 반대했다면 후속적인 변화는 일어나지 않았을 것이다. 의도했던 작은 변화가 성공함으로써 보다 급진적인 변화가 일어날 가능성이 증폭되었다. 전체 과정은 마치 눈덩이 불어나듯이 지속적으로 급진적인 변화로 이어졌다.

이 사례로부터 변화에 대한 저항을 어떻게 줄일 수 있는지 알 수 있다. 처음부터 급진적인 변화를 시도한다면 저항 때문에 변화가 시작되기도 전에 실패할 것이다. 하지만 처음에 작은 변화로 시작하고 변화 과정이 탄력을 받아서 변화가 지속적으로 발생하면 변화를 멈추기 위해 저항하기 어렵다. 또한 변화를 위해 어떤 시도를 할 것인지가 중요하지만 이러한 시도를 언제 할 것인지도 마찬가지로 중요하다.

Rousseau와 Batt(2007)는 조직의 변화 필요성뿐만 아니라 사회 전체의 변화 필요성에 대해서도 논의하였다. 21세기에 우리가 당면하고 있는 문제들을 20세기에 사용했던 해법으로 풀기 어렵다. 21세기에는 기대 수명이 늘어났고, 직무 안정성이 낮아졌으며, 가족의 기능에도 많은 변화가 있다. 우리는 옛날 접근과 해법이 더 이상 효과가 없다는 것을 알고 있지만, 그래도 그것들이 우리에게 친숙하기 때문에 더 편하게 느낀다. 새로운 아이디어는 우리에게 친숙하지 않을 뿐만 아니라 옛날 아이디어와 마찬가지로 비효과적일 수도 있다고 생각한다. 요컨대, 변화가 필요하다고 절실하게 느끼더라도 궁극적으로는 더 이로울 가능성이 있는 새로운 것을 시도하기보다는 친숙한 옛날 방식을 고수하려는 경향이 있다. 이것이 조직 변화와 변화에 대한 저항 간에 존재하는 역설이다.

8. 조직 변화 필요성의 예

100년 이상 동안 미국 내 섬유산업은 경제적 호황을 누렸다. 전 세계 사람들은 의복이 필요했기 때문에 섬유제품에 대한 수요는 끊임없이 있었다. 미국 내에서 생산된 면화와 같은 원재료의 공급도 충분했다. 자연의 면화는 면사로 가공되었고, 면사를 짜서 면 옷감을 만들었다. 면직물을 재단하고 재봉해서 셔츠, 바지, 기타 의류 제품을 만들었다. 미국은 오랫동안 문자 그대로 "전 세계 대부분의 옷을 만들었다."는 표현이 어울릴 정도였다. 면사를 만드는 기계나 면직물을 짜는 직기가 복잡하지 않았기 때문에 섬유산업의 근로자들은 수준 높은 기술을 가지고 있을 필요가 없었다. 옷감을 자르고 재봉해서 의류를 만드는 작업도 전문적인 기술을 요구하지는 않았다. 1980년대에 미국 내 섬유산업 근로자들의 평균 임금은 시간당 10달러였다.

섬유산업에 대한 변화의 압력은 새로운 종류의 실에 대한 소비자들의 요구로부터 시작되었다. 이러한 실은 자연으로부터 얻어지는 것이 아니라 면과 합성섬유의 혼합물로부터 만들어졌다. 새로운 실로 만든 옷은 세탁을 해도 덜 줄어들었고, 때도 덜 타고, 오래 입어도 색상이 덜 변했다. 섬유산업에서는 이처럼 혼합된 합성섬유 제품을 생산하기 위하여 새로운 제조 설비를 설계해야만 했다. 새로운 기계를 작동시키기 위하여 보다 전문적인 기술을 가지고 있는 능력 있는 근로자들이 필요하였다. 기존의 섬유 근로자들의 일부는 교육의 필요성을 받아들였지만, 다른 근로자들은 섬유산업을 떠났다. 새로운 섬유 작업 근로자들의 기술을 향상시키기 위하여 새로운 선발 절차를 도입해야만 했다. 이처럼 새로운 형태의 실로 옷감을 만들고 이러한 옷감을 재단하고 재봉해서 옷을 만들었다.

그 이후로 글로벌 경쟁에 의해 또 다른 변화에 대한 압력이 발생했다. 중국은 섬유산업에 새로 진입하는 데 강한 관심을 보였다. 실을 만들기 위해서는 기계가 필요했지만 다른 나라들처럼 중국도 이러한 기계를 쉽게 구입할 수 있었기 때문에 중국에 대규모의 방사 생산 섬유 회사들이 설립되었다. 중국에서 만들어진 방사의 질과 미국에서 만들어진 방사의 질 간에 차이가 없었기 때문에, 고객들은 저렴한 비용 때문에 중국산 방사를 구입하기 시작했다. 중국은 재료나 기계의 비용은 동일했지만 낮은 인건비에 의해 저렴한 방사를 생산할 수 있었다. 중국 섬유산업 근로자들의 평균 임금은 시간당 약 80센트였다.

미국 회사들은 이처럼 낮은 인건비로는 생산이 불가능했기 때문에 중국은 전 세계의 방사 시장을 점유하기 시작했다. 이와 마찬가지로, 다른 나라들은 낮은 인건비로 옷감을 짜는 공장을 세웠다. 섬유산업의 세 번째 단계인 옷감의 재단과 재봉은 아시아 나라들로 넘어갔다. 아시아인들(특히 캄보디아, 베트남, 라오스와 같은 동남아시아의 여성들)은 임금이 낮을 뿐만 아니라 서구인들에 비해 작은 손과 손가락을 가지고 있다. 이러한 신체적 특징은 옷감을 옷으로 만드는 섬세한 작업에 더 이상적이다.

미국 섬유산업은 위기에 직면하였다. 방사 제조에 있어서 중국과 더 이상 경쟁이 되지 않았다. 미국의 섬유산업은 이 문제를 해결하기 위하여 정치적 접근을 시도했다. 미국 섬유산업계는 중국산 제품의 경쟁력을 약화시키기 위하여 중국산 제품에 대하여 수입량 제한과 관세를 부과하도록 미국 정부를 대상으로 로비 활동을 했었다. 미국 정부는 한시적으로 중국산 섬유 제품의 수입량을 제한하고 관세를 부과했다. 미국 정부는 미국 섬유산업이 전 세계적 경제 경쟁으로부터 일시적으로 벗어날 수 있는 기회를 주었다. 당시 미국 섬유산업계는 미국 정부에 이러한 수입량 제한과 관세 부과 기간을 연장해 달라고 요청하였다. 하지만 미국 정부는 국내 섬유산업의 복리를 떠나 다른 걱정거리를 가지고 있다. 미국은 중대하고도 심각한 지정학적 문제에 직면해 있다. 중국은 미국 입장에서 볼 때 중요한 정치적 역할을 하고 있기 때문에 미국은 섬유에 대한 경제적 제재를 연장함으로써 중국을 고립시키는 것을 원치 않는다. 북한은 핵무기를 가지고 있고 미국과의 관계가 적대적이다. 미국은 중국이 북한과의 지리적 및 정치적 동맹 때문에 북한의 행동에 영향을 미칠 수 있다고 믿는다. 이처럼 미국 섬유산업의 운명은 중국과의 호의적 관계를 갖는 것의 전략적 장점을 저울질하는 것에 달려 있다.

미국 섬유산업이 완전히 사라지지는 않았지만 이 산업이 직면하고 있는 변화는 역동적이다. 오늘날 미국 섬유산업에서는 해외에서 만들지 않는 섬유를 만들고 있다. 주도적인 제품 중 하나는 커튼이나 쿠션 등의 실내 장식품에 사용되는 섬유이다. 연방법에 의해 미 육군은 미국에서 만든 섬유 제품(군복이나 텐트 등)을 구입해야 한다. 오늘날 섬유산업에서 재단과 재봉은 거의 해외에서 이루어진다. 미국에서 방사 생산은 해외시장의 요구에 맞지 않는 특수 시장을 위해 한정적으로 이루어진다. 미국 섬유산업에서는 50만 명 이상의 대규모 실직이 발생했다. 아직까지 남아 있는 미국 섬유 회사들은 새로운 제품(예 : 땀 방지 섬유)을 개발하고, 가장 효율적인 최신식 컴퓨터 기반 제조 기법을 사용하고, 과거 세대보다는 훨씬 더 우수한 인력을 선발하고 교육해야 한다. 글로벌 경제 시대에는 바다가 더 이상 보호막이나 장벽이 되지 않는다. 지리적으로는 한 나라가 지구 저 건너편에 존재하더라도 경제적으로는 컴퓨터 마우스를 클릭하면 한 번에 닿을 수 있는 거리에 있다. 조직 변화의 핵심은 빠른 속도로 변화하는 세상에서 조직의 생존을 돕는 것이다.

모든 사람이 옷을 입는 것이 필요했던 시대로부터 다른 나라들이 질 좋은 제품을 더 싸게 만들 수 있는 시대로 접어듦에 따라 미국의 섬유 회사들은 조직 문화를 바꾸어야 한다. 실질적으로 미국의 모든 섬유 회사는 비용을 절감하기 위하여 인원 감축을 단행했다. 남아 있는 종업원들은 직무수행에서 새로운 방식을 찾아야만 했다. 작업을 수행하면서 과거에는 상사에게 맡겼던 의사결정을 이제는 종업원 스스로 내릴 수 있도록 권한을 위임하였다. 조직이 도입하는 변화에 대해 상당한 저항이 존재하기도 한다. 하지만 이러한 저항은 다음과 같은 반론의 여지가 없는 진리에 봉착한다. 우리가 하는 일과 수행하는 방식을 변화시키지 않으면 우리의 일은 해외의 다른 나라로 가 버릴 것이다.

9. 기업의 사회적 책임

산업 및 조직심리학의 발전 단계에서 관심의 초점이 계속 확대되어 왔다. 초기에는 주로 개인에 관심을 두었다. 즉 개인을 어떻게 모집하고 선발하고 교육하고 평가할 것인가에 관심을 가졌다. 비즈니스 세계의 변화는 새로운 방식으로 일하도록 만들었고, 개인들이 하던 일을 목표 달성하기 위해 팀을 이루어 하게 되었다. 팀과 팀워크는 제9장의 주제이다. 하지만 작업 팀은 보다 큰 사회적 집합체인 조직 속에 존재한다. 이 장의 앞에서 논의한 것처럼, 조직심리학의 탄생으로 인하여 우리의 관심이 조직으로 옮겨 갔다. 이처럼 지금까지 지속적으로 확대된 초점의 마지막은 조직이었다. 하지만 가장 최근에 산업 및 조직심리학자들은 관심의 초점을 더 넓혀서 조직이 존재하는 사회나 환경에 어떻게 기여할 것인지에 관심을 가지게 되었다.

이러한 연구영역을 나타내는 용어가 **기업의 사회적 책임**(corporate social responsibility)인데, 이는 이전에 다른 분야에서 다루어 왔지만 산업 및 조직심리학에서는 새로운 영역이다. 기업의 사회적 책임은 여러 가지 형태로 나타날 수 있다. 한 가지 예는 기업의 자원봉사

> 기업의 사회적 책임 : 사회를 발전시키는 데 적극적으로 참여해야 하는 조직의 의무

활동이다. Caligiuri 등(2013)은 대부분의 기업 자원봉사 프로그램은 기업이 봉사에 관심 있는 직원들에게 유급휴가를 주어 적십자와 United Way와 같은 비영리 단체를 돕는 것이라고 하였다. Grant(2012)는 포춘 500대 기업의 90% 이상이 회사 일을 하는 것처럼 돈을 주면서 종업원들에게 지역 사회 봉사를 하도록 하는 자원봉사 활동 프로그램을 운영한다고 하였다. 많은 프로그램은 한 번의 기여가 아닌 지속적인 참여를 필요로 한다. 지난 25년 동안 디즈니의 직원들은 비영리 단체를 돕기 위해 500만 시간 이상을 할애하였다.

그런데 다른 어떤 사회적 이슈보다 지속 가능성이 기업의 사회적 책임의 중요성을 증가시키는 데 결정적 촉매 역할을 했다. Swim 등(2011)은 이 문제를 다음과 같이 정리하였다.

> 세계 기후 변화는 이 세기를 살아가는 인류가 직면한 가장 큰 도전이다. 지구의 기후는 지질학적 시간이 지남에 따라 다양하게 변화하였지만, 지난 한 세기 동안 최초로 인간의 활동이 기후 변화의 주요 원인이 되었다. 화석 연료의 사용, 숲의 벌목 및 소각, 기타 환경에 영향을 미치는 활동을 통해 인간은 지구의 열 평형을 변화시켜 지구 평균 기온이 인류 역사 1만 년 동안 기록된 범위를 벗어나도록 하였다(p. 241).

왜 산업 및 조직심리학이 지속가능성이라는 세계적 문제를 다루어야만 하는가? 지금까지 산업 및 조직심리학은 변화에 저항하는 이유와 변화에 대한 저항을 극복하기 위해 어떻게 해야 하는지를 다루어 왔다. Lowman(2013)에 따르면, 유엔의 세계환경개발위원회는 지속가능성을 "미래 세대의 요구를 충족시키는 능력을 훼손하지 않으면서 현재의 요구를 충족하는 것"(p. 35)이라고 정의하였다. 지속가능성의 목표가 훌륭하고 매우 그럴듯하지만, 달성가능성을 높이기 위해서는 우리의 행동을 바꾸는 데 장애가 되는 심리적 요인들을 이해할 필요가 있다. Gifford(2011)는 다음과 같이 네 가지 장애요인을 제시하였다.

1. **즉시성** – 우리는 현재의 어려움을 유발하는 문제에 더 민감하게 반응한다. 우리는 미래에 영향을 미칠 문제에 대해 조치를 취하는 것을 미룬다.
2. **기술의 구원** – 누군가가 모든 문제를 해결할 방법을 고안해 낼 것이라고 생각한다.
3. **지각된 불공평** – 더 많은 문제를 일으키는 다른 나라 사람들은 생활방식을 바꾸지 않는데 내 생활방식을 바꿔야 한다는 것은 공정하지 않다고 생각한다.
4. **부인** – 사람들의 행동은 기후 변화와 아무 상관도 없고, 기후는 실제로 변화하지 않을 것이라고 여긴다.

산업 및 조직심리학은 변화 과정을 촉진하는 사람들에 의해 변화에 대한 저항이 극복된다는 것을 밝혔다. Sonenshein(2012)은 이런 부류의 사람을 "이슈 판매자(issue seller) – 주요 비즈니스 조직에서 특정 이슈에 관심과 자원을 기울이도록 타인을 설득함으로써 변화촉진자로 활동하는 사람"(p. 49)이라고 언급하였다. 조직의 리더는 말과 행동으로 메시지를 반복적으로 전달함으로써 지속가능성을 최우선 과제로 삼아야 한다. 지속가능 행동을 실천하기 위한 재정 및 인적자원이 없으면, 조직은 다른 사람들에게 "환경보호 기업으로 보이지만" 실제로는 "환경보호 기업"이 아니다(DuBois et al., 2013). 지속가능성을 지니기 위해 반드시 모든 직원을 참여시켜 집단적 주인의식을 갖게 해야 한다. Haddock-Millar 등(2012)은 영국 맥도날드에서 '지구 지킴이(Planet Champion)'라는 프로그램을 만든 사례를 설명했다. 직원들은 지속가능성을 높이기 위해 많은 유용한 아이디어를 생각해 냈다. 이 중에는 그릴을 사용하지 않을 때는 대기모드로 놓아 연간 2만 톤의 이산화탄소 배출량을 절감하는 것도 있다. 영국 맥도날드는 토스터를 대기모드로 놓음으로써 연간 에너지 비용의 30%를 아꼈다. Stern(2011)은 조직이 경영 의사결정을 할 때 생태 영향 기준을 포함하는 것의 중요성을 언급했다. 조직이 에너지를 절약하는 제품을 개발해야 할 뿐만 아니라 개인 또한 기꺼이 에너지 절약 제품을 사용해야 한다. 정부가 환경보호 기업에 인센티브를 제공해야 할지 아니면 환경보호에 동

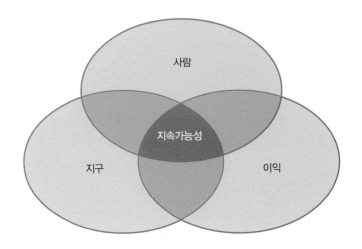

그림 8-7 환경적 지속가능성에 필요한 세 가지 요건(이익, 사람, 지구)

참하지 않는 기업에 공식적으로 벌금을 부과해야 할지는 논쟁거리이다.

Ones와 Dilchert(2012)는 지속가능성의 중요성에 대해 다음과 같이 한마디로 줄여서 말했다. "만약 인류가 자원 고갈(예 : 2050년에 90억 인구를 위한 깨끗한 물과 식량 공급이 끊김)과 환경적 재앙(예 : 기후 변화와 생태계 파괴)에 직면해서 살아남지 못한다면 조직 역시 존재하지 않을 것이다"(p. 89).

Savitz와 Weber(2006)는 〈그림 8-7〉과 같이 지속가능성은 경제('이익'), 사회('사람'), 환경('지구') 세 가지의 교집합이라고 하였다. 우리는 이 세 가지가 정교하게 균형을 이룰 방법을 찾아야 한다(Lombardo et al., 2013). 산업 및 조직심리학이 기업의 사회적 책임에 개입하는 것은 인간 복지 향상이란 심리학자의 윤리 강령에 부합한다. 또한 제1장에서 논의하였던 인도주의 작업심리학의 원리와도 부합한다. Klein과 Huffman(2013)은 산업 및 조직심리학과 조직의 환경적 지속가능성은 "자연스러운 동반자 관계"(p. 3)라고 결론 내렸다.

산업 및 조직심리학에서 기업의 사회적 책임을 인식하기 시작한 것은 2008년 유엔 국제 협약(United Nations Global Compact)과도 관련이 있다. 유엔 국제 협약은 조직이 비즈니스를 함에 있어서 지켜야 할 원칙과 권고 조항이다. 〈표 8-2〉에 유엔 국제 협약이 제시되어 있다. 국제 협약은 인권, 노동, 환경, 반부패에 관한 원칙을 준수함으로써 선(good)을 증진시킬 목적으로 제정되었다. 유엔은 조직이 이러한 원칙과 조항을 준수하도록 강요할 수 있는 권한을 가지고 있지는 않다. 그러나 유엔은 조직이 이러한 원칙들을 지키도록 권고하고 있고, 2014년 현재 145개국의 8,000개 조직들이 이러한 원칙들을 지키겠다고 서명하였다. 그리고 미국 산업 및 조직심리학회(SIOP)도 이 서명에 동참하였다. 최근에 조직이 인간 복지를 향상시키

표 8-2 유엔 국제 협약 10대 원칙

국제 협약은 기업들이 인권, 노동규칙, 환경, 반부패에 관해 지켜야 할 핵심가치를 포함하고 있다. **인권(Human Rights)** 　원칙 1 : 국제적으로 선언된 인권 보호를 지지하고 존중해야 한다. 　원칙 2 : 인권 침해에 연루되지 않도록 한다. **노동규칙(Labour Standards)** 　원칙 3 : 결사의 자유와 단체교섭권을 인정한다. 　원칙 4 : 모든 형태의 강제노동을 배제한다. 　원칙 5 : 아동노동을 효율적으로 철폐한다. 　원칙 6 : 고용 및 직업에서 차별을 철폐한다. **환경(Environment)** 　원칙 7 : 환경문제에 대한 예방책을 마련한다. 　원칙 8 : 환경적 책임을 증진하는 조치를 취한다. 　원칙 9 : 환경친화적 기술의 개발과 확산을 촉진한다. **반부패(Anti-Corruption)** 　원칙 10 : 부당취득 및 뇌물 등을 포함하는 모든 형태의 부패를 방지한다.

기 위한 책임을 인식하기 시작했다. 글로벌 조직과 글로벌 경제를 이야기할 때 반드시 해야 할 행동과 책임이 존재한다. 산업 및 조직심리학도 국가 간의 상호 의존성을 인식하고 다른 학문들과 함께 인류 복지 향상을 위해 노력하고 있다.

08 이 장의 요약

- 조직은 일과 관련된 목표를 달성하기 위하여 설계된 복잡한 사회적 실체이다.
- 고전적 조직 이론은 네 가지 원칙인 기능적 원칙, 사다리 원칙, 라인/스태프 원칙, 통제의 폭 원칙에 의해 조직의 구조를 정의한다.
- Mintzberg는 조직의 일곱 가지 기본적 부분인 운영 핵심, 전략 경영진, 중간 관리자, 전문 기술 인력, 지원 스태프, 이념, 정략으로 구성된 조직 구조 이론을 제안했다.
- 조직은 사회적 체계의 구성 요소인 역할, 규범, 문화에 의해 정의되기도 한다.
- 오늘날 감축, 아웃소싱, 오프쇼링, 합병과 인수에 의해 실직이 발생한다.
- 개인-조직 부합은 지원자와 회사가 서로에게 매력을 느끼는 이유를 이해하는 데 유용한 틀이다.
- 오늘날 경제는 전자 의사소통을 이용하여 시간과 장소에 얽매이지 않고 운영되는 글로벌

조직의 탄생을 가져왔다.

- Hofstede는 전 세계의 문화를 구분하는 데 유용한 네 가지 고전적 차원을 제시했다. 그것은 세력 차이, 개인주의 – 집합주의, 남성성 – 여성성, 불확실성 회피이다.

- 조직은 환경에 적응하기 위하여 끊임없이 변한다. 조직은 중요한 형태의 변화인 감축처럼 갑자기 그리고 고통을 수반하면서 변화하기도 한다.

- 최근에 산업 및 조직심리학은 조직이 자신이 속한 환경에 기여해야 하는 기업의 사회적 책임의 개념을 인식하기 시작했다.

이 장의 학습목표

- 팀 사용이 왜 증가하는지를 설명한다.
- 분석 수준이 무엇인지를 설명한다.
- 팀워크 개념을 설명한다.
- 다양한 팀 유형을 기술한다.
- 시간이 지남에 따라 팀과 팀 구성원이 어떻게 발전하는지를 기술한다.
- 팀 구조와 과정을 기술한다.
- 팀이 어떻게 의사결정을 내리고 정신모델을 공유하는지를 설명한다.
- 인사선발, 교육, 직무수행평가가 팀에 어떻게 적용되는지를 설명한다.

팀워크 개념은 고대로 거슬러 올라간다. Kozlowski와 Ilgen(2006)이 언급한 것처럼, "우리 선조들이 사냥을 하고, 가족을 부양하고, 그들의 공동체를 방어하기 위해 함께 무리 지어 생활해 온 이래로, 공동의 목표를 달성하기 위해 함께 일하는 팀은 인간 사회 조직의 중심에 있어 왔다. 인간의 역사는 대부분 탐험하고, 쟁취하고, 정복하기 위해 함께 일한 사람들의 이야기이다"(p. 77). 그럼에도 불구하고 산업 및 조직심리학자들은 팀보다는 개인을 주로 관심의 대상으로 삼아 왔다. 즉 직무에 가장 적합한 사람을 찾고, 개인을 교육하고, 직무에서 개인의 수행을 측정하는 것에 관심을 두었다. 호손 연구에서 비공식적 작업집단의 존재가 알려졌지만, 집단에 대해서는 주로 사회심리학 분야에서 관심을 가지고 있었다. 하지만 1980년대 이후로 작업수행을 위하여 개인이 아닌 작업집단을 사용하는 것에 대한 관심이 급격하게 늘어나는 추세에 있다.

이전 장에서 논의한 것처럼, 조직은 설립목적을 가지고 있다. 따라서 조직의 전통적 구조(라인과 스태프의 관계, 통제의 폭 등)는 작업을 수행하고 작업 절차를 통제할 수 있도록 만들어진다. 이러한 전통적 조직구조는 20세기 대부분의 시기에는 효과적이었다. 하지만 20세기 후반의 20년 동안은 과학기술, 경제, 인구통계에서의 변화가 휘몰아치면서 조직이 이에 대처할 필요가 생겼다. 이러한 변화에 대해서 제1장에서 논의하였고 이러한 변화는 일의 본질을 변화시켰다. 더욱 치열해진 국가 간 경제적 경쟁과 의사소통 기술에서의 급속한 발전은 조직에서 작업을 수행하는 방식을 변화시켰다. 몇몇 자동차 회사들은 자동차 생산을 위해 전통적인 조립라인 방식과 대조되는 팀 방식을 개발하였다. 제품을 과거보다 훨씬 더 빨리 개발하고 시장에 출품해야 한다. 사업환경이 급격히 변화하기 때문에 조직은 유연성을 지니고 이에 대처해야 한다. 유연성을 증가시키기 위해, 작업의 속도가 과거보다 상대적으로 떨어지더라도 회사를 정형화된 조직구조가 아니라 느슨한 조직구조로 바꾸어야 한다. 조직이 무엇을 어떻게 할 것인지를 빨리 결정하는 것이 매우 중요해졌다. 조직은 이러한 환경으로부터의 영향에 대처할 수 있는 구조로 바뀌기 시작했고, 조직에서 수행하는 일에 대하여 공동으로 책임지는 작업 팀을 사용하기 시작했다(LePine, Hanson, et al., 2000). 이와 동시에, 팀은 과업을 완수하기 위한 구체적 방법을 결정할 수 있는 권한을 가지게 되었다. 팀 구성원들은 작업수행을 위해 누가 무엇을, 어디서, 언제, 어떻게 할 것인지를 팀 내에서 결정해야만 한다.

팀과 팀워크에 대한 관심이 증대되면서 산업 및 조직심리학은 많은 새로운 문제를 해결할 필요가 생겼다. Tannenbaum 등(2012)은 팀은 이제 너무 흔하기 때문에 고용주와 관리자들이 "팀을 당연한 것으로 여기고 당연히 효과적일 것이라고 가정한다"(p. 3)며 개탄하였다. 하지만 팀을 사용할 때가 개인이 작업을 수행할 때보다 수행과 관련된 모든 지표에서 항상 더 효과적으로 나타나는 것은 아니다. 예를 들어, 팀이 개인보다 항상 더 나은 의사결정을 하는 것은 아니다. Naquin과 Tynan(2003)은 팀을 사용하는 회사들이 사용하지 않는 회사들보다 더 효과적이라는 것은 잘못된 미신이라고 주장했다. 팀은 일과 관련된 모든 질병을 치료하는 만병통치약이 아니다. Naquin과 Tynan은 일의 세계에서 "팀 후광효과"가 존재할 수 있다고 믿는다. 사람들이 팀 수행을 이해하려고 할 때 성공 이유를 팀 때문이라고 여기는 경향이 있다. 하지만 팀 수행이 형편없을 때는 그 이유를 집단이 아니라 개인의 탓으로 돌리는 경향이 있다.

일터에서 개인에 대해 알게 된 내용 중 일부는 팀에도 일반화할 수 있지만, 어떤 문제들은 팀에 국한되어 있다. 개인을 단순히 팀으로 전환한다고 해서 특별히 달라지는 것은 없다. 팀은 단지 작업을 수행하기 위한 한 가지 수단에 불과하다. 이 장에서는 작업을 수행하기 위한 한 가지 수단인 팀에 대하여 살펴보고, 팀 수행이 성공하기 위한 요인들에 대해 다룰 것이다.

1. 분석 수준

작업을 수행하는 방식에 대한 관심이 개인에서 팀으로 옮겨 가면서 산업 및 조직심리학의 연구에도 변화가 생겼다. 연구자들은 연구 대상을 바꿀 필요가 생겼다. 역사적으로 산업 및 조직심리학은 개인에게 요구되는 바람직한 KSAO, 교육, 직무수행 기준과 같은 개인 요소에 초점을 맞추었다. 이 경우 **분석 수준**(level of analysis)은 개인이었다. 연구에서 얻어진 결론도 개인에 관한 것이었다. 하지만 연구문제를 팀이나 조직수준에서 다루어야 할 경우도 있다. 조직에 100명의 종업원들이 있다고 가정해 보자. 어떤 연

> **분석 수준** : 연구자가 관심을 가지고 있고 연구에서 얻은 결론이 적용되는 단위 또는 수준(개인, 팀, 조직, 국가 등)

구자가 이 조직에서 일하는 종업원들이 자신의 조직에 대하여 느끼는 일체감과 직무수행 간의 관계를 알아보고자 한다. 개인수준에서 분석하는 경우에는 연구자가 100명 각각의 조직동일시 정도와 직무수행 측정치를 얻은 후, 두 변인 간의 상관을 계산해서 두 변인의 관계에 대해 결론을 내린다. 따라서 이 경우 표본크기는 100이다. 하지만 100명의 종업원들이 4명으로 구성된 25개의 작업 팀으로 나눌 수 있다. 이 경우에 표본의 크기는 25(즉 25개 팀)가 된다. 각 팀의 조직동일시 점수와 작업수행 점수를 측정할 수 있다. 연구자는 25개의 표본크기에 기초하여 두 변인 간의 상관을 구하고, 팀 단위의 분석 수준에서 두 변인 간의 관계에 대하여 결론을 내린다. 조직동일시 정도와 수행 간의 관계를 조직수준에서 분석하는 것도 가능하다. 이 경우에 100명의 종업원으로 구성된 회사가 1개의 표본으로 간주된다. 이 회사 전체를 대표하는 하나의 조직동일시 측정치와 하나의 수행 측정치를 얻는다. 연구자는 다른 조직

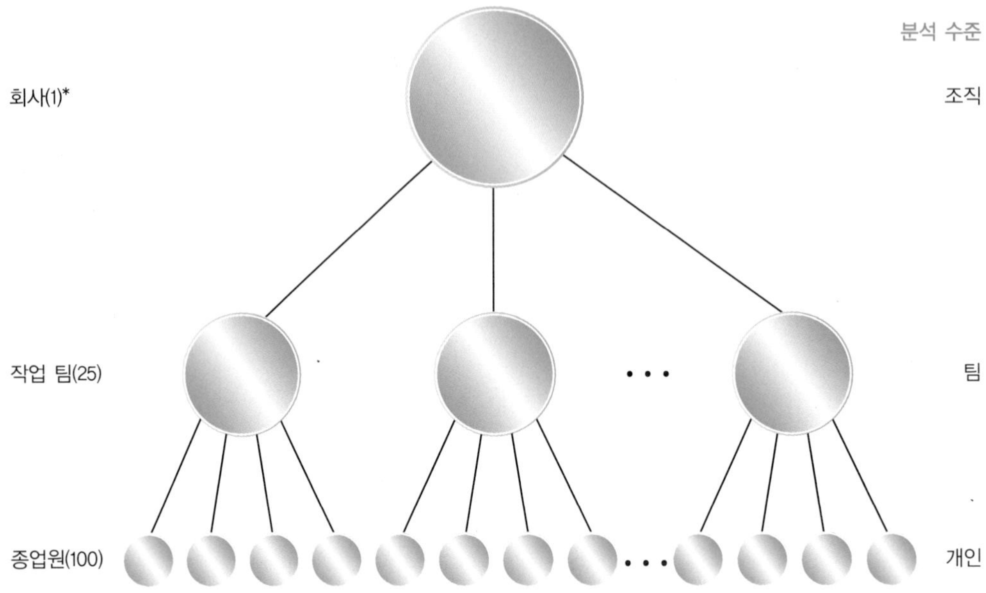

분석 수준

회사(1)*   조직

작업 팀(25)   팀

· · ·

종업원(100)   · · ·   개인

* 이 그림에서 괄호 안의 숫자는 표본의 크기를 나타낸다.

그림 9-1 세 가지 다른 분석 수준

의 자료도 수집해야 한다. 조직 수에 해당하는 표본 크기에 기초하여 연구자는 두 변인 간의 상관을 구하고, 조직단위의 분석 수준에서 두 변인 간의 관계에 대하여 결론을 내린다. 세 가지 다른 분석 수준을 나타내는 그림이 〈그림 9-1〉에 제시되어 있다.

조직에 대한 동일시 정도와 수행 간에 어떤 관계가 존재하는지에 대한 답은 연구자가 관심을 가지고 있는 분석 수준에 따라 달라질 수 있다. 분석 수준을 개인으로 하느냐, 팀으로 하느냐, 조직으로 하느냐에 따라 세 가지 다른 결론에 도달할 수도 있다. 더군다나 어떤 구성개념은 특정 분석 수준에서는 존재하지 않을 수도 있다. 표본의 크기를 한 가지 예로 들 수 있다. 팀과 조직은 그 크기(즉 구성원 수)가 다를 수 있지만, 개인은 모두 똑같이 1명의 표본에 해당한다. 대부분의 경우에 산업 및 조직심리학자들은 조직수준에서의 분석에 그다지 관심을 기울이지 않는다. 조직 전체를 하나의 분석 단위로 하여 여러 조직 간의 관계를 연구하는 것은 전통적으로 사회학 영역에서 주로 해 왔다. 실제로 특정 학문과 그 학문에서 주로 사용하는 분석 수준 간에는 관련성이 존재한다. 경제학에서는 산업(예 : 정유업, 농업, 제조업 등) 수준에서의 분석을 하고, 정치학에서는 국가 수준에서의 분석을 주로 한다.

미시적(micro)이라는 용어는 흔히 개인수준에서의 분석을 나타낼 때 사용하는 반면에, 거시적(macro)이라는 용어는 조직 수준에서의 분석을 나타낼 때 사용한다. 팀수준 연구는 미시와

거시의 중간 정도에 위치한다. Kozlowski와 Bell(2003)이 언급한 것처럼, "다수준 접근방법에 있어서 팀은 중간에 위치해 있기 때문에 개인과 전체 조직시스템 사이에서 연결고리 역할을 한다"(p. 367). Rousseau와 House(1994)는 중간수준의 연구(meso research)라는 용어를 제안했다. 중간수준의 연구는 조직 내에서 두 가지 분석 수준에 대하여 동시에 연구하는 것이다. 따라서 개인과 팀수준 둘 다에서 변인들 간의 관계를 연구하는 산업 및 조직심리학자들은 중간수준의 연구를 수행한다고 말할 수 있다. 다수준 연구와 이론에 관한 분야는 산업 및 조직심리학에서 새롭게 부각되고 있는 영역이다(예 : Klein & Kozlowski, 2000). 이러한 분야는 조직에서의 인간 행동을 이해하는 데 있어서 근본적인 문제들을 설명해 준다. 개인은 조직이라는 보다 큰 사회적 집합체의 구성원인 동시에 팀, 부서, 작업단위와 같은 상대적으로 작은 집합체의 구성원이기도 하다. 따라서 우리가 다루어야 할 어려운 과제는 개인, 팀, 조직처럼 서로 다른 수준에서 인간의 행동을 분석하는 일이다. 제2장에서 논의했던 통합분석은 연구자가 어떤 주제에 대한 결론을 도출하기 위하여 과거에 수행되었던 연구들의 결과를 통합하는 연구방법이다. Ostroff와 Harrison(1999)은 원래 연구들로부터의 결과를 서로 다른 분석 수준에서 합치거나 묶으면 결과를 명확하게 해석할 수 있는 가능성이 낮아지기 때문에 연구자들이 연구의 분석 수준을 분명하게 밝혀야 한다고 주장하였다.

다음에는 팀과 조직 내 팀워크에 대해 논의하고자 한다. 우리가 다룰 첫 번째 질문은 "팀이란 무엇인가"이다.

2. 작업 팀의 특징

우리가 팀에 대해 논의할 때 고려해야 할 첫 번째는 팀과 집단 간 차이이다. 비록 사람들이 종종 집단이라는 용어와 팀이라는 용어를 서로 호환해서 사용하기도 하지만, 팀은 집단과는 다른 독특하고 차별화된 명확한 특징이 있다. West와 Lyubovnikova(2012)는 집단을 팀이라고 부적절하게 명명하는 것은 팀이 지니는 고유한 능력을 무시하는 것이며 팀 구성원들에게 실망감을 안겨 줄 수 있다고 했다. 그럼에도 불구하고 Cannon-Bowers와 Bowers(2011)가 지적한 것처럼, "이름을 정하는 것보다는 구성개념의 특징을 명확하게 정의하는 것이 중요하다"(p. 599). 이 절에서는 팀을 집단과 구분하는 독특한 특징에 대해 논의하고자 한다.

팀(team)은 조직이라는 보다 큰 사회적 체계 속에서 작용하는 사회적 단위이다. 작업 팀은 각각 분명한 소속을 가지고 있고(즉 팀의

> 팀 : 공유된 목표를 달성하기 위하여 공동의 책임을 지고 정기적으로 상호작용하는 사람들로 구성된 사회적 집합체

구성원들은 누가 구성원이고 누가 아닌지를 분명히 알고 있다), 수행할 분명한 과업을 가지고 있다. 과업은 감시, 생산, 봉사, 아이디어 개발, 기타 활동의 수행을 포함한다. 팀에서는 집단 과업을 수행하는 과정에서 구성원들이 정보를 교환하고, 자원을 공유하고, 타인과 협조하고, 타인에 대해 반응함으로써 서로 상호작용하는 것을 필요로 한다. 단순한 집단의 구성원들에 게는 상호의존성이 항상 존재하는 것은 아니지만, 팀 구성원들 간에는 항상 어느 정도의 상호의존성이 존재한다. Kozlowski와 Chao(2012)가 언급한 것처럼, "조각그림 맞추기 퍼즐에서의 다양한 조각과 같이 다양한 특성이 모여서 낱개 조각 혹은 개인일 때는 드러나지 않는 하나의 그림이나 집단이 만들어진다"(p. 347). 다른 관점을 결합하고 개인 구성원의 강점을 활용함으로써 모든 구성원의 능력을 단순하게 합친 것보다 더 나은 결과물을 성취할 수 있다. 이처럼 전체는 부분들의 단순한 합보다 더 커질 수 있다.

또 다른 중요한 점은 팀을 구성하기 위해 몇 명이 필요한가이다. 많은 학자들이 함께 일하는 두 명 혹은 그 이상을 팀으로 간주하는 반면, 또 다른 학자들은 팀은 적어도 세 명으로 구성되어야 하며, 두 명으로 구성된 경우는 팀이 아니라고 주장한다. 그럼에도 불구하고 이 장에서는 두 명인 경우와 세 명 이상인 경우를 모두 팀으로 간주하고 논의하였다.

3. 팀워크 원칙

McIntyre와 Salas(1995)는 미 해군의 전술적 팀에 관한 광범위한 연구를 수행하여 팀을 사용하는 다른 조직들에 도움이 되는 팀워크에 관한 몇 가지 원칙을 발견하였다. 중요한 다섯 가지 원칙이 다음에 제시되어 있다.

원칙 1 : 팀워크는 구성원들이 서로 피드백을 주고받는 것을 내포한다. 팀워크가 효과적이기 위하여 팀 구성원들은 거리낌 없이 피드백을 주어야 한다. 즉 집단 내에서 지위나 권력의 고하에 관계없이 팀 구성원들이 서로 피드백을 줄 수 있는 풍토가 되어야 한다. 효과적인 팀은 자신들의 강점과 약점을 인식하고 과업을 수행한다. 팀 리더가 건설적인 비판을 수용하는 능력을 보여 줄 때 이러한 종류의 비판이 적절하다는 규범이 형성된다.

원칙 2 : 팀워크는 작업과정에서 동료 구성원들을 기꺼이 돕고자 하는 의지, 준비, 성향을 내포한다. 훌륭한 팀은 구성원들이 도움이 필요할 때 기꺼이 뛰어들고, 구성원들은 자신이 나약해서 이러한 도움을 받는다고 지각하지 않는다는 점에서 수행이 낮은 팀과 구별된다. 팀 구성원들은 자신의 고유한 분야에서뿐만 아니라 그들이 직접 상호작용하는 다른 팀 구성원들의 분야에서도 능력을 보여야만 한다.

원칙 3 : 팀워크는 집단구성원들이 그들의 상호작용에 따라 집단의 성공이 좌우된다고 여기는 것을 포함한다. 팀 구성원들은 자신이 하나의 팀에 속해 있다는 것을 분명히 인식해야 한다. 각 구성원은 팀의 성공을 개인의 수행보다 우선하는 것으로 여긴다. 효과적인 팀 구성원들은 자신을 서로 고립된 사람으로 여기지 않고 서로 연결되어 있는 팀 구성원으로 여긴다. 효과적인 팀에서는 모든 팀 구성원이 각자의 수행에 의해 팀 효과성이 결정된다고 믿기 때문에 자신들의 효과성이 곧 팀 효과성이라고 인식한다.

원칙 4 : 팀워크는 팀 내의 상호의존성을 증가시키는 것을 의미한다. 팀의 상호의존성을 증가시킨다는 것은 모든 구성원이 팀의 사명을 달성하도록 하기 위하여 팀이 구성원들에게(팀 내의 지위와 관계없이) 적절하고도 필수적인 가치를 부여하고 있다는 것을 의미한다. 조직의 다른 부분에서 생각하는 것과는 달리 상호의존성은 팀 수행의 필수적인 특성으로 약점이 아니라 미덕으로 여겨진다.

원칙 5 : 팀 리더십에 의해 팀 수행에서 차이가 난다. 팀 리더는 팀 구성원들이 본받을 만한 모델이 된다. 만일 리더가 공개적으로 팀워크를 이루는 데 동참하면, 즉 피드백을 제공하고 받아들이고 돕는 행동을 하면 다른 팀 구성원들도 똑같이 할 가능성이 크다. 팀 리더는 매우 중요하고 팀에 굉장한 영향을 미친다. 만일 팀 리더가 형편없다면 팀도 마찬가지로 형편없을 것이다.

McIntyre와 Salas는 팀 기반 수행을 적용하거나 향상시키고자 할 때 이러한 원칙들이 조직의 운영 철학에 반드시 포함되어야 할 팀워크에 대한 이론을 제공해 준다고 믿는다. 조직이 팀워크를 육성하고 팀워크에 기초하여 운영되는 정도에 따라 조직의 팀워크가 달라질 것이다.

4. 팀 유형

팀이라는 용어는 프로젝트 팀, 영업 팀, 신제품개발 팀, 공정개선 팀, 비용절감 팀 등과 같이 다양한 형태의 작업과정을 나타내는 맥락에서 사용된다("소셜 미디어와 산업 및 조직심리학 : 소셜 미디어 팀" 참조). 팀의 유형을 구분하는 한 가지 방법은 팀의 목표가 무엇인지에 따라 분류하는 것이다. 또한 팀 내의 상호작용 형태(예 : 면대면 또는 가상적 상호작용)에 의해서도 팀을 구분할 수 있다. Larson과 La Fasto(1989)는 세 가지 기본적인 팀(문제해결 팀, 창의적 팀, 전술적 팀)의 유형을 제안했다. 이 세 가지 팀 이외에도 특수 팀과 가상 팀을 추가로 설명하고, 이에 덧붙여서 다중 팀 시스템(혹은 팀들의 팀)의 개념에 대해서도 소개하고자 한다.

소셜 미디어와 산업 및 조직심리학

소셜 미디어 팀

소셜 미디어는 특히 마케팅과 홍보에서 매우 중요해지고 있다. 디지털 사회에서 효과적으로 경쟁하기 위해 조직은 반드시 온라인에서 깨끗하고 강한 이미지를 가지고 있어야만 한다. 어떤 조직에서는 일부 직원들이 겸직으로 온라인 이미지를 유지하는 일을 하지만, 많은 조직들은 조직의 페이스북이나 트위터 계정을 관리하고, 비디오나 사진, 광고 자료를 유튜브, 인스타그램, 핀터레스트, 블로그 등에 올리는 일을 하는 특수 팀을 운영하고 있다. 간단히 말해서, 이러한 소셜 미디어 팀은 디지털 세상에서 조직의 얼굴과 목소리이다.

Ragan/NASDAQ OMX Corporate Solutions가 실시한 설문조사에 따르면, 많은 조직들이 소셜 미디어를 자주 사용하지만, 그들 대부분은 아직도 배울 것과 해야 할 일들이 많다고 느끼고 있다. 하지만 어떤 조직은 소셜 미디어 영역에서 이미 리더가 되었다. 예를 들어, 타코벨의 경우, DigitalCoCo's의 식당부문 소셜 미디어 지수에서 1위를 차지하였다. "사회적 탁월성 센터"라고 부르는 타코벨의 소셜 미디어 팀은 온라인에서 매우 적극적으로 활동하고 있다. 이 팀은 창의적으로 사고하고, 고객과 재미있고 건설적인 방식으로 대화함으로써 열성적인 팔로워들을 많이 확보하고 있다. 이 팀은 다른 유명 브랜드의 소셜 미디어 팀들과 상호작용함으로써 더 많은 팔로워들을 끌어들이고 있다. 예를 들어, 2012년에 남성화장품 브랜드 올드스파이스 소셜 미디어 팀이 타코벨 트위터에 "왜 '불처럼 매운 소스'를 진짜 불로 만들지 않느냐? 그건 거짓 광고 같다"라는 글을 올렸다. 타코벨 소셜 미디어 팀은 바로 "올드스파이스에서 만드는 탈취 화장품은 진짜로 오래된 양념으로 만드느냐"라는 댓글을 트위터에 올렸다. 그러자 이 댓글에 대해 올드스파이스 소셜 미디어 팀은 "그러면 타코벨 너희들은 화산, 탱크, 자유를 양념으로 쓸 생각이 있느냐?(역자 주 : 타코벨 메뉴 중 Volcano, Tanks, Freedom이 있는 것을 빗대서 표현함)"라고 재치 있게 응수했다. 이처럼 트위터와 같은 소셜 미디어를 통해 간단한 대화를 주고받음으로써 두 회사 모두 인지도가 올라갔으며 온라인상에서 존재감도 높아졌다. 소셜 미디어 팀, 화이팅!

문제해결 팀(problem-resolution team)은 특별한 문제나 이슈를 해결하는 것을 목적으로 구성한 팀이다. 각 구성원은 문제를 해결하는 과정에서 서로를 신뢰하고 진실하고 정직한 태도를 보여야 한다. 구성원들은 사전에 결정되어 있는 입장이나 결론에 초점을 두지 않고 해결대상이 되는 문제에 초점을 두며, 문제해결과정에 높은 신뢰감을 가져야 한다. Larson과 La Fasto는 질병통제센터의 진단 팀을 이러한 유형의 대표적인 예로 인용했다.

> **문제해결 팀** : 특별한 문제나 이슈를 해결하는 것을 목적으로 구성된 팀
>
> **창의 팀** : 혁신적인 해결책이나 가능성을 개발하기 위한 목적으로 구성된 팀

창의 팀(creative team)은 새로운 제품이나 서비스를 개발하기 위한 포괄적 목표를 가지고 가능성과 대안을 탐색한다. 팀의 구조상 요구되는 특징은 자율성이다. 창의 팀이 기능을 원활하게 하기 위해서는 체계나 절차에 있어서 자율성이 있어야 할 뿐만 아니라 아이디어가 무르익기도 전에 폐기되지 않도록 하는 수용적인 분위기가 필요하다. 창의 팀은 조직의 과정보다는 달성해야 할 결과에 지속적으로 초점을 맞출 수 있도록 공식적인 조직 구조와는 별도로 존재해야 할 필요가 있다. IBM의 개인용 컴퓨터(PC)는 성공적인 제품이 될 때까지 많은 실패를 겪은 창의적 팀에 의해 개발되었다. 설계 팀은 실패를 용납하지 않는 조직의 전형적인 압력으로부터 해방될 필요가 있었다. PC 개발을 위한 '보육기간'이 수년이 될 정도로 길었고, 타인들이 창의 팀에 걸었던 수행기대에 의해 그 기간이 단축될 수 있는 것도 아니었다.

전술 팀(tactical team)은 잘 정의되어 있는 계획을 실행한다. 이렇게 하기 위해 과업 명료성이 높아야 하고 역할에 대한 정의가 분명해야 한다. 전술 팀의 성공은 팀 구성원들 간의 높은 민감성, 누가 무엇을 하는지에 대한 분명한 이해, 분명한 수행기준에 달려 있다. 전술 팀의 예로 경찰 특공 팀이나 심장수술 팀을 들 수 있다. 각자의 수행절차가 잘 정의되어 있어야 하고, 각각의 과업은 매우 전문화되고 구체적이어야 한다. 더 나아가 탁월한 수행에 관한 기준이 모든 구성원에게 분명해야 하고, 전체 팀 구성원들은 성공과 실패를 측정하는 방식을 잘 이해해야 한다.

> **전술 팀** : 잘 정의된 계획이나 목표를 성취하기 위한 목적으로 구성된 팀
>
> **특수 팀** : 어떤 특수한 문제를 해결하기 위한 목적으로 한시적으로 구성된 팀

네 번째 형태의 팀을 추가할 수도 있는데, 이러한 팀은 매우 한시적인 성격을 지닌다. 이러한 팀을 흔히 특수한 임무수행을 위한 특수 팀이라고 부르는데, 문제해결 팀과 전술 팀의 특성이 혼합된 중간적 성격을 지닌다. **특수 팀**(ad hoc team)은 특수한 목적을 수행하기 위하여 구성된다. 팀 구성원은 조직의 기존 구성원들 중에서 선발되고, 팀이 임무를 완수한 후에는 해체된다. 따라서 팀원으로서의 임기는 한시적이고, 임무가 완수되면 팀 자체가 더 이상 존재하지 않는다. 이러한 형태의 팀은 조직에서 일상적이지 않고 비전형적인 문제를 해결하기 위해 구성된다. 만일 이러한 문제가 반복해서 발생하면, 이러한 팀이 보다 공식적이고 영구적으로 존속하는

부서로 전환될 가능성이 커진다.

마지막으로, 다섯 번째 팀은 **가상 팀**(virtual team) 혹은 "공동의 목표를 달성하기 위한 노력을 하기 위해 전자 매체를 통해 먼 거리에 떨어져 있는 사람들이 오랜 시간에 걸쳐 함께 일하는 팀"(Hoch & Kozlowski, 2014, p. 390)이다. Avolio 등(2001)의 연구에 의하면, 가상 팀을 정의하는 데 사용되는 몇 가지 특성이 있다. 첫째, 팀 구성원들 간의 의사소통은 주로 전자적으로 이루어진다. 전자적 의사소통 과정은 텍스트, 그래픽, 오디오, 비디오에 의한 의사소통과 같이 다수의 의사소통 채널을 사용한다. 둘째, 팀 구성원들은 거의 지역적으로 흩어져 있다. 그들은 다른 도시, 국가, 심지어는 다른 대륙에 있을 수도 있다. 가상 팀의 구성원들은 거의가 직접 얼굴을 맞대고 만나지 않는다. 그렇기 때문에 이런 점들은 일부 사람들에게 극복하기 어려운 장애물이 될 수도 있다("비교 문화적 산업 및 조직심리학 : 가상 팀의 인간적 상호작용" 참조). 셋째, 가상 팀의 구성원들은 서로 동시에 상호작용하기도 하고 혹은 비동시적으로 상호작용하기도 한다. 동시적 상호작용은 채팅이나 화상회의처럼 팀 구성원들이 동시에 의사소통을 할 때 일어난다. 비동시적 상호작용은 이메일이나 전자게시판을 통하여 팀 구성원들이 서로 다른 시간에 의사소통할 때 일어난다. Purvanova(2014)는 출간된 현장연구 결과를 토대로 대부분의 가상 팀은 의사소통을 위해 주로 이메일을 활용하고, 아직까지 화상회의는 "성가시고 비용이 많이 들기 때문"(p. 22)에 의사소통 수단으로 가장 덜 사용된다고 보고하였다. 그러나 지속적인 기술의 발전에 따라 앞으로 이러한 결과는 달라질 수 있을 것이다. Avolio 등은 전통적인 팀과 가상 팀 간의 중요한 차이를 다음과 같이 간결하게 요약하였다. "만일 우리가 팀을 연속선상에 존재하는 것으로 본다면, 한쪽 끝에는 동일한 조직, 동일한 지역에서 규칙적으로 서로 얼굴을 맞대고 상호작용하는 팀이 있다. 반대쪽 끝에는 다른 조직, 다른 지역, 다른 문화, 다른 시간대에서 컴퓨터를 매개체로 상호작용하는 팀이 있다"(p. 340).

Mathieu 등(2001)은 우리의 삶이 일정한 순서에 따라 가동되는 다양한 팀들 간의 상호작용에 의해 어떻게 영향을 받는지를 기술하였다. 이러한 방식을 **다중 팀 시스템**(multiteam system)이라고 부른다. 이러한 시스템은 우리 사회에 이미 정착되어 있다. 한 사람의 생명이 위태로울 정도로 심각한 교통사고가 발생했다고 가정해 보자. 이러한 상황에서 다중 팀들은 순서에 따라 연속적으로 행동을 취한다. 경찰은 경찰서에 사고발생을 알리는 긴급전화를 한다. 경찰서에서는 보고를 받은 후 사고 현장에 소방관들을 보내기 위하여 소방서의 출동센터에 연락을 한다. 경찰관들이 사고 현장 주변의 교통 흐름을 통제하기 위하여 사고 현장에 도착한다. 소방관들은 차량 화재를 진압하거나 차량에서 흘러

> **가상 팀** : 지리적으로 떨어져 있는 구성원들이 직접 만나지 않고 전자적으로 의사소통하는 팀

> **다중 팀 시스템** : 포괄적 시스템 수준의 목표를 달성하기 위하여 상호의존적으로 운영되는 팀들로 구성된 팀

비교 문화적 산업 및 조직심리학
가상 팀의 인간적 상호작용

예측변인들에 관해 제4장에서 다룬 것처럼, 지원자의 채용 적합성을 평가하는 수단으로 면접이 전 세계적으로 가장 많이 사용되고 있다. 수용성과 사용빈도에 있어서 다른 어떤 방법도 면접만큼 인기를 끄는 것이 없다. 선발 결정에 있어서 면접이 가장 정확한 수단은 아니지만, 면접에서는 사람들이 서로 얼굴을 맞대고 인간적 상호작용을 하기 때문에 면접은 여전히 큰 인기를 누리고 있다. 면접이 지니고 있는 인기의 비결이 완전히 밝혀지지는 않았지만, 면접은 우리 사회에 깊숙하게 뿌리를 내리고 있는 방법이다. 가상 팀 구성원들은 이메일, 음성회의, 화상회의 등과 같은 다양한 전자적 의사소통 수단에 의해 상호작용한다. 하지만 이러한 방법들이 팀 구성원들이 직접 만나는 면대면 회의를 대체할 수 있는지에 대해서는 의심할 여지가 있다. Earley와 Gibson(2002)은 베네수엘라에 있는 가상 팀 구성원이 자신의 팀과 전자적으로 의사소통하는 것에 대하여 다음과 같이 표현한 것을 제시하였다. "나는 정말로 우리가 집단으로 함께 모여서 서로 얼굴을 맞대고 워크숍을 할 필요가 있다고 생각한다. 한 방에서 8시간이든 또는 이틀이나 사흘이든 연속적으로 만나고, 전화 회의 때처럼 회의가 끝나면 대화를 그만두는 것이 아니라 음료도 함께 마시며 상호작용을 할 필요가 있다. 가상 팀에서도 어느 시점에서는 이와 같은 면대면 상호작용이 필요하다"(p. 248).

　Earley와 Gibson은 가상 팀을 운영하는 데 있어서 가장 중요하고 어려운 문제는 서로 떨어져 있기 때문에 직접 만나지는 못하더라도 팀 내에서 "인간미"와 "인성"을 잃지 않도록 하는 것이라고 진술했다. "이메일, 화상회의, 기타 전자식 수단에 의해 교류할 때보다 서로 대면해서 직접적으로 상호작용할 때 인간에 대한 매우 중요하고 근본적인 감정을 느끼게 된다"(p. 248). Earley와 Gibson은 팀 구성원들 간에 첫 번째 만남이 있은 이후로 전자적 의사소통이 면대면 만남을 어느 정도 대체할 수 있지만, 전자적 의사소통이 직접적 대면을 완전히 대체할 수는 없다고 믿는다. 채용면접에서처럼, 사람들은 직접 서로 만나는 것을 더 신뢰하지만 직접 만나는 것이 반드시 높은 수준의 결과를 가져오는 것은 아니라는 역설적 결과가 존재한다.

나온 휘발유에 불이 붙지 않도록 화학약품을 뿌린다. 또 다른 팀인 응급의료 팀은 부상자를 사고 차량에서 구출하여 구급차에 싣고 가장 가까운 병원으로 신속하게 옮긴다. 병원에는 이 사람의 생명을 구하기 위하여 또 다른 팀인 외과수술 팀이 대기하고 있다. 외과수술 팀은 외과의사, 간호사, 마취 전문의, 내과의사, 의료장비 기술자 등으로 구성된다. 수술 후에 환자는 병원의 중환자실로 옮겨져서 의사와 간호사로 구성된 회복 팀의 간호를 받는다.

　Zaccaro 등(2011)에 따르면, 다중 팀 시스템은 각 팀의 팀 수준 목표뿐만 아니라 각 팀의 목표를 아우르는 전체 시스템 수준의 목표를 가지고 있기 때문에 팀들 간에 상호의존성이 있다. 교통사고에 대처하는 다섯 개 팀(경찰, 소방, 응급의료, 수술, 회복) 간의 상호연관성과 그 결과를 살펴보자. 각 팀은 특수한 목적을 가지고 있고 업무수행을 할 때 시작과 끝이 분명한 절차를 따른다. 각 팀은 시간적 압박에도 불구하고 업무를 매우 정확하고 효율적으로 수행하기 위하여 특수한 훈련을 받는다. 각 팀은 순서상 선행 팀의 업무가 완료되기 전까지는 자신들의 업무를 수행할 수 없다. Connaughton 등(2011)이 지적한 것처럼, 이러한 팀들은 각 팀별로 다른 문화, 규준, 목표, 과정을 가지고 있음에도 불구하고, 시스템 수준의 목표(예 : 자동차 사고 시 인명 구조)를 달성하기 위해서 반드시 효과적으로 의사소통하고 협력을 해야 한다. Mathieu 등(2001)은 여러 팀들 간의 조정과 의사소통을 포함하는 이러한 "팀들로 구성된 팀" 개념이 학문적으로나 실제적으로 팀에 대한 우리의 이해를 증진시키는 데 큰 기여를 한다고 믿었다.

5. 팀 생애주기

개인이 함께 모여 팀을 이루고, 팀이 발전하면서 거치는 단계를 팀 생애주기라고 한다. 팀이 되는 과정은 개인을 단순하게 함께 집단에 투입하는 것보다 훨씬 더 복잡하다. 개인이 응집력 있고 잘 기능하는 하나의 단위로서 자신을 바라보기 시작하는 데에는 시간이 걸린다.

　팀 발전에 대해 가장 잘 알려진 모형 중 하나는 Tuckman(1965)이 제안하였고, 이후 Tuckman과 Jensen(1977)이 수정하였다. 이 모형은 집단이 다섯 개 예측가능한 단계를 거쳐 팀으로 발전한다고 제안하였다. 첫 단계는 형성(forming) 단계이다. 이 단계에서 개인들은 모여 있지만, 하나의 응집된 단위라기보다는 여전히 개인으로 행동한다. 이 시점에서 개인들은 서로를 알게 되고 갈등을 피하기 위한 행동들을 하게 된다. 이 시점에서 개인들은 여전히 서로를 잘 모르고 다른 사람들이 자신에게 무엇을 기대하는지를 잘 모르기 때문에 상당한 수준의 불확실성이 존재한다. 형성 단계 다음은 격동(storming) 단계이다. 이 단계에서는 집단 내에서의 지위나 직위를 차지하기 위해 상당히 많은 대인 간 다툼이나 갈등이 있다. 그 다음은 규범형성(norming) 단계이다. 이 단계에서는 일단 팀 구성원들이 그들의 역할을 이해하고, 합의된 목표가 있고, 목표달성을 위한 계획을 수립한다. 구성원들은 이제 집단 내에서 자신의 역할을 이해하고 그들의 지위를 받아들이게 된다. 네 번째는 수행(performing) 단계이다. 이

351 제9장 팀과 팀워크

단계에서 팀 구성원들은 자신의 행동을 조정하고, 팀원들이 응집되고 하나의 완전한 단위로 기능한다. 이 단계에서 사람들의 행동은 자연스럽고 서로 협력이 잘되고 수행은 최적화된다. 마지막 단계는 해체(adjourning) 단계이다. 팀은 주어진 과업을 완수한 후 해체되고 팀 구성원들은 자신들의 과거 행동을 돌이켜 본다.

집단 발전의 5단계 모형은 직관적으로 볼 때 매력적으로 보인다. 개인들은 쉽게 자신이 과거 팀의 구성원으로 있었던 때를 생각하고, 그때 경험했던 여러 단계를 생각해 보게 된다. 그러나 이 모형은 모든 팀에 동일하게 적용되지 않으며, 팀은 각기 다른 속도로 모형을 거쳐 발전할 수도 있다. 예를 들어, 어떤 팀은 매우 짧은 형성 단계를 거치고, 갈등을 겪는 격동 단계로 빨리 이동할 수 있다. 또한 5단계 모형의 마지막 두 단계가 모든 팀에 다 동일하게 일어나지 않을 수도 있다. 어떤 팀은 잘 기능하지 못하거나 응집되지 않을 수도 있으며, 어떤 팀은 절대 해체되지 않고 영구적인 팀이 될 수도 있다.

팀의 생애주기는 팀 내 개인의 적응이 팀 자체에 얼마나 영향을 미치는지 혹은 팀에 의해 개인의 적응이 얼마나 영향을 받는지에 대해 팀 내 개인들을 조사함으로써 확인할 수 있다. **사회화**(socialization)는 개인과 팀 간의 관계가 오랜 기간에 걸쳐 변화하는 상호적응 과정이다. 개인이 처음에 자신이 합류할 팀을 물색하고, 팀의 일원이 되고, 궁극적으로는

> **사회화** : 팀과 구성원(특히 새로운 구성원) 간의 상호적응 과정

팀을 떠나는 과정을 의미한다. 이러한 과정을 팀의 입장에서 보면, 팀 구성원이 새로 들어오고, 계속 남아 있다가, 결국은 떠나는 과정이다. 사회화 과정은 팀에 대한 공식적인 오리엔테이션으로부터 선배 팀원과 새로운 구성원 간에 일대일로 진행되는 비공식 과정을 모두 포함한다. 선배 팀원과 새로운 구성원 간의 관계는 제6장에서 논의한 멘토와 지도대상자 간의 관계와 유사하다. 나이가 상대적으로 더 많은 선배 팀원은 새로운 팀 구성원의 행동을 관찰하여 지도를 해 주고, 새로운 구성원은 '어떻게 하면 자기가 이 팀에서 성공할 수 있을지' 그리고 '자신이 이 팀에서 현재 잘하고 있는지'에 관하여 팀의 다른 구성원들에게 피드백을 받고자 한다.

Moreland와 Levine(2001)은 사회화 과정이 어떻게 진행되는지를 설명하는 이론적 틀을 제안하였다. 이러한 틀은 평가, 몰입, 역할 변화와 같은 세 가지 심리적 개념에 기초하고 있다. **평가**(evaluation)는 팀과 개인이 서로의 가치를 평가하고 최대화하려는 시도를 포함한다. 평가는 개인이 팀의 목적을 달성하는 데 기여할 수 있는 것을 찾아내고, 팀에 참여함으로써 자신의 개인적 욕구를 얼마나 충족시킬 수 있을지를 평가하는 과정을 포함한다. 따라서 평가는 개인과 팀 간의 상호 과정이다. **몰입**(commitment)은 개인과 팀 간에 존재하는 충성, 결합, 연합의 감정이다. 개인이 팀에 몰입할 때 팀의 목적을 받아들일 가능성이 크고, 목적을 달성하

기 위하여 열심히 일하고, 팀에 대해 호의적인 감정을 지닌다. 팀이 개인에 대하여 강하게 몰입할 때는 개인의 욕구를 받아들일 가능성이 크고, 욕구를 충족시켜 주기 위해 열심히 노력하고, 개인을 따뜻하게 대해 준다. 몰입 정도의 변화는 팀과 개인 간의 관계를 변화시킨다. 개인이 특정한 몰입수준에 다다르면 팀에서 수행하는 역할에서 변화가 일어난다. 몰입의 정도가 특정 수준에 도달하면 팀과 개인이 모두 **역할 변화**(role transition)를 시도한다. 〈그림 9-2〉는 개인의 팀에 대한 몰입수준이 다섯 단계(탐색, 사회화, 유지, 재사회화, 회고)를 거치면서 달라지는 것을 보여 주고 있다.

탐색 단계에서 팀은 팀 목적을 달성하는 데 공헌할 수 있는 개인을 찾는다. 이와 마찬가지로, 장래에 팀 구성원이 될 가능성이 있는 개인은 자기가 만족할 만한 팀을 찾는다. 만일 개인이 팀에 들어오게 되면, 개인과 팀 모두에서 **사회화** 단계가 시작된다. 이 단계에서는 개인이 팀에 동화되는 것을 경험하고 팀은 개인을 구성원으로 받아들인다. 만일 양자가 서로를 인정하면 개인은 팀의 정식 구성원이 된다. 이처럼 양자 간에 인정이 이루어지는 시기는 사회화 단계가 종결되고 유지 단계가 시작된다는 것을 의미한다. 이러한 단계에서는 양자가 각자의 욕구(팀의 목적 달성과 개인의 만족)를 극대화하려고 노력한다. 이러한 단계는 양자의 욕구가 충족될 때까지 지속된다. 하지만 팀과 개인 간의 몰입 정도가 약화됨에 따라 팀과 개인이 분리되는 것을 경험하면서, 역할 변화가 일어나 **재사회화** 단계로 접어들게 된다. 재사회화 단계에서 팀과 개인은 팀의 욕구를 충족시키기 위하여 서로에게 영향을 미치려고 다시 한 번 노력한다. 만일 재사회화 과정이 실패하면 팀에서 나와 **회고** 단계로 들어가게 된다. 팀은 개인이 팀의 목적 달성에 기여한 바를 회상하고, 개인은 팀에서 겪었던 경험들을 회고한다.

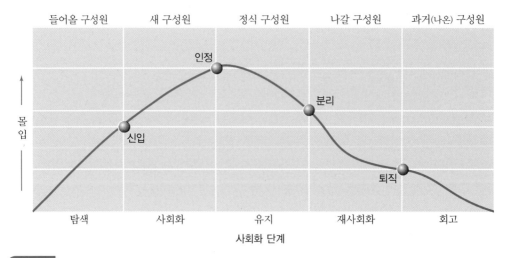

그림 9-2 팀 구성원의 사회화 과정

시간이 지나면서 팀과 개인 간의 몰입감은 흔히 낮은 수준에서 지속적으로 머물게 된다.

Moreland와 Levine이 제시한 사회화 과정은 집단역학의 단계와 집단역학의 오묘함을 잘 보여 준다. 개인과 팀 모두는 동일한 목적을 성취하기 위해 서로에게 영향을 미치려고 한다. 개인과 팀에 따라 걸리는 시간은 다르더라도 사회화 과정은 시간이 흐르면서 정해진 단계를 거치게 된다. 팀 구성원의 사회화 단계에 따라 팀도 유기체처럼 생명력을 지니고, 이러한 사회화 과정은 지속적으로 진화과정을 거친다.

6. 팀 구성

팀 구성은 팀 구성원의 수, 인구통계적 구성, 팀 구성원의 경험과 같은 변인들을 포함한다. 팀 구성에 있어서 가장 관심을 끄는 주제는 구성원들의 다양성이다. 다양성이라는 용어는 사람들의 성, 인종, 문화, 나이와 관련되어 있다. 하지만 이러한 특성들이 팀에서의 다양성을 나타내는 것과 직접적으로 관련되어 있지는 않다. 연구에 따르면, 성공적인 팀은 다양한 사람들로 구성되어 있기는 하지만 여기서 다양성이란 문자 그대로 구성원들이 서로 다르다는 것을 의미한다. 팀 구성원들 간의 다양성을 어떤 방식으로 나타낼 수 있을까? 두 가지 방식으로 나타낼 수 있는데, 그것은 정보 다양성과 가치 다양성이다. **정보 다양성**(information diversity)은 구성원들이 알고 있는 지식과 그들이 가지고 있는 인지적 자원(예 : 사실적 지식, 경험)의 다양성을 나타낸다. 성공적인 팀은 다양한 지식과 경험을 가지고 있는 구성원들로 이루어져 있다. **가치 다양성**(value diversity)은 기호, 선호, 목표, 흥미에 있어서 구성원들의 근본적 차이를 나타낸다. 팀 구성원들이 지니고 있는 가치의 차이는 팀의 목적, 팀에 적극적으로 기여하고자 하는 의지, 임무 완수를 위한 팀에 속해 있다는 자부심 등에 반영된다. Jehn 등(1999)은 정보의 다양성이 팀 수행과 정적 상관을 나타냈지만, 가치의 다양성은 팀에 대한 구성원들의 만족, 팀에 계속 남아있고자 하는 의도, 팀에 대한 몰입을 감소시킨다고 보고하였다. 또한 이러한 연구자들은 다양성이 팀 수행에 미치는 효과가 업무의 형태에 따라 달라진다는 사실을 발견하였다. 빨리 처리해야 할 업무나 구성원들 간의 협조가 요구되는 업무에서는 정보의 다양성이 팀 수행에 부정적인 영향을 미쳤다.

Belbin(1981)은 팀 구성에 대한 초창기 연구를 수행하였다. Belbin은 팀 내 다양성을 다른 역할을 수행하는 구성원들로 나타낼 수 있다고 제안하였다. Belbin은 효과적인 팀은 팀 안에

> **정보 다양성** : 팀 구성원들이 알고 있는 지식과 그들이 가지고 있는 인지적 자원의 다양성
>
> **가치 다양성** : 팀 구성원들이 지니고 있는 기호, 선호, 목표, 흥미의 다양성

서 서로 다른 역할을 수행하는 구성원들로 구성되어 있고, 그들의 역할은 특수한 정신능력과 성격특성에 기초해서 결정된다고 주장하였다. Belbin은 여덟 명으로 구성된 팀을 연구하여 〈그림 9-3〉에 제시되어 있는 것처럼 각자에게 요구되는 역할을 도출하였으며, 이러한 여덟 개의 역할은 (1) 리더십, (2) 작업 수행자, (3) 내부팀 유지/관리, (4) 팀 외부 자원이나 사람들과의 연결이라는 네 개 기능으로 축소될 수 있다.

1. **리더**(leader). 팀의 리더는 팀 전체의 수행에 책임을 지고, 팀의 강점과 약점을 인식하고, 팀 구성원 각자가 최대의 능력을 발휘할 수 있도록 해야 한다.
2. **조성자**(shaper). 팀원들이 목표와 우선적으로 해야 할 일을 설정하는 것에 관심을 기울이도록 하여 팀이 발휘하는 노력을 조율하고, 팀 활동으로부터 발생하는 결과에 의미를 부여한다. 리더와 조성자 두 사람의 역할은 모두 팀의 방향과 성과를 정의하는 것이다.
3. **작업자**(worker). 작업자는 개념과 계획을 실제적인 작업절차로 전환하고, 구성원들이 동의한 계획을 체계적이고 효율적으로 실행하는 일을 한다.
4. **창조자**(creator). 창조자는 주요 이슈에 대해 특별한 관심을 가지고 새로운 아이디어와 전략을 제안하고, 팀이 직면한 문제들을 해결하기 위한 새로운 방법을 찾는다.

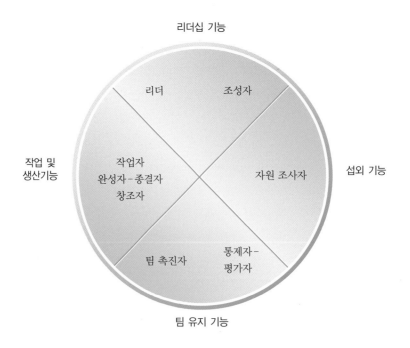

그림 9-3 네 가지 다른 기능에 분포되어 있는 팀원의 여덟 가지 역할

5. **자원 조사자**(resource investigator). 이 역할은 팀 외부에 존재하는 아이디어, 현황, 자원에 관한 보고를 하고, 팀이 활동하는 데 도움이 되는 외부기관이나 사람들과 접촉하여 관계를 형성하는 것이다.

6. **통제자-평가자**(monitor-evaluator). 이 역할은 팀이 수행하는 업무에 집중할 수 있도록 문제를 분석하고 아이디어나 제안을 평가하는 것이다. 이 사람은 흔히 비평가의 역할을 한다. 제안의 수가 많아지고 복잡해질수록 통제자-평가자의 역할은 더 중요해진다.

7. **팀 촉진자**(team facilitator). 팀 촉진자는 구성원들의 강점을 지원해 주고 약점을 보완하는 것을 도와주고, 팀 정신을 고취함으로써 구성원들 간의 의사소통을 향상시킨다.

8. **완성자-종결자**(completer-finisher). 이 역할은 많은 관심을 기울여야 할 작업의 측면들을 적극적으로 찾아내고, 팀 내에 긴박감을 유지하는 것이다.

제8장에서 언급한 것처럼, 이러한 것들은 사람들이 맡는 여덟 가지 다른 역할을 나타내는 것이지 반드시 여덟 명의 사람이 필요하다는 것을 의미하지는 않는다. 즉 이러한 역할 하나하나가 팀이 성공하는 데 중요하기는 하지만 한 사람이 여러 명의 역할을 수행할 수도 있다. 여덟 명 미만으로 구성된 팀에서 어떤 사람은 둘 이상의 역할을 해야 한다. Belbin은 하나의 팀에서 둘 이상의 역할을 수행하는 사람이 있을 수 있다고 주장하였다. 제13장에서 다루겠지만, 한 명 이상의 구성원들이 리더의 역할을 공유할 수도 있다(Zaccaro et al., 2009). 또한 어떤 두 가지 역할은 다른 역할들에 비해 항상 동시에 수행될 가능성이 크다. 즉 어떤 사람은 작업자 역할과 완성자-종결자의 역할을 동시에 잘 수행할 수 있다. 하지만 한 사람이 촉진자의 역할과 통제자-평가자의 역할을 동시에 수행할 가능성은 적다. Fisher 등(1998)은 여덟 명 미만으로 구성된 팀에서 Belbin의 여덟 가지 역할의 타당성을 보여 주었고, 팀원 중에서 복수의 역할을 맡아야 할 때 누가 자신의 원래 역할 이외에 부가적인 역할을 맡을지는 개인의 성격에 의해 좌우된다는 사실을 밝혔다.

7. 팀 과정

팀 기능도 팀의 구성만큼이나 중요하기 때문에 팀을 연구한 대부분의 연구들은 팀이 어떻게 기능하는지 그 과정을 연구해 왔다. 팀워크라는 말 자체는 개인들이 그들의 활동을 조정하고, 대인관계 상호작용을 성공적으로 관리해야 한다는 의미를 내포하고 있다. 팀이 원활하고 효과적으로 기능할 수 있도록 하는 팀 내 활동을 일반적으로 **팀 과정**이라고 부른다. Marks 등

(2001)은 전환 과정(계획과 평가에 초점을 맞추는 행동과 행위), 실행 과정(목표 달성을 촉진하는 행동과 행위), 대인 과정(팀 구성원의 정서와 감정 관리에 관심을 갖는 행동과 행위)과 같이 팀 과정의 3요인 모형을 제안하였다. 비록 팀 과정을 설명하는 다른 모형도 존재하기는 하지만, 연구자들은 다른 경쟁 모형에 비해 이 모형이 팀 과정을 더 잘 설명한다는 것을 발견하였다(LePine et al., 2008).

1) 전환 과정

전환 과정(transition process)은 계획과 평가에 초점을 맞추는 행동과 행위를 포함한다. Marks 등에 따르면, 전환 과정은 직원들의 회의나 휴가처럼 하던 일을 잠시 접어 둘 때 발생한다. 팀이 하나의 프로젝트를 하다가 다른 프로젝트를 하게 되거나 다른 활동을 하는 것으로 전환할 때 주로 일어나기 때문에 Marks 등은 이것을 전환 과정이라고 불렀다. 전환 과정의 활동은 목표 분석, 목표 상세화, 전략 형성과 계획수립을 포함한다.

목표 분석 팀에 과업이 주어졌을 때, 팀 구성원들은 충분한 시간을 가지고 그들에게 주어진 임무가 무엇인지, 과업을 수행하기 위한 가용자원과 제약 조건들을 확인해야 한다. 이러한 요인들을 고려함으로써 팀은 목표 분석을 한다. 분석 과정의 일부로, 팀 구성원들은 과거에 효과가 있었거나 혹은 효과가 없었던 과거의 수행을 살펴보아야 한다. 또한 팀 구성원들은 만약 고려하지 않으면 그들의 과정을 방해할 수 있는 요소는 없는지도 미리 예상해 보아야 한다. Marks 등은 이것이 모든 팀에게 공통적으로 적용될 수 있는 매우 중요한 과정이라고 여겼다. 그들이 말한 것처럼, "목표 분석을 간략하게 하거나 아예 하지 않는 팀들은 만회하기에 너무 늦은 시점까지 그들의 관심과 노력을 잘못된 방향으로 기울이는 위험을 감수하게 된다"(p. 365).

목표 상세화 목표 분석과정과 동시에 팀은 반드시 시간계획을 세우고, 목표의 우선순위를 정해야 한다. 그러나 상황이 변하고 장애물이 나타날 수도 있기 때문에 팀은 일정과 우선순위에 대해서 유연성을 가져야 한다. 이와 마찬가지로, 팀은 과정을 진척시키기 위해서 주기적으로 그들의 목표를 재정의해야 할 필요가 있다. 일반적으로 목표는 상세할수록, 달성이 가능할수록, 그리고 팀 구성원들이 가치 있다고 생각할수록 효과적이다. 목표 설정에 관해서는 제12장에서 좀 더 논의할 것이다.

전략 형성과 계획수립 팀은 반드시 전략적으로 계획을 수립해야 한다. 원래 계획했던 대로 상황이 진행되지 않을 것을 대비하여 팀은 비상 계획을 반드시 가지고 있어야 한다. 팀 구성원들이 문제를 예상하고 문제가 발생했을 때 어떤 조치를 취할 것인가를 더 많이 생각할수록 그들은 발생하는 문제에 좀 더 신속하게 대처할 수 있게 된다. Marks 등은 비상 계획(Plan B)을 미리 수립해 두는 것 이외에도 효과적인 팀은 "원래의 계획을 재고할 것인지, 포기할 것인지, 아니면 조정할 것인지를 그때그때 상황에 맞추어 잘 결정할 수 있어야 한다"(p. 366)고 강조하였다.

2) 실행 과정

실행 과정(action process)은 목표 달성을 촉진하는 행동과 조치를 포함한다. 이것은 실행 과정을 원활하고 효율적으로 하는 모든 활동을 포함한다. 실행 과정에는 조정, 모니터링, 그리고 지원 행동이 있다.

조정 행동 조정 행동은 과업 완수를 위해 정보를 교환하는 것을 포함한다. 조정의 핵심은 의사소통이다. Yeatts와 Hyten(1998)에 따르면, 성공적인 작업 팀에서는 대인 간 의사소통이 개방적이고, 빈번하게 이루어지며, 솔직하다. 매 주마다 잡혀 있는 공식적이고 규칙적인 회의는 팀의 수행진척을 논의하기 위해 열린다. 구체적인 작업 이슈들을 논의하기 위해 팀 구성원들은 매일 비공식적으로 의사소통한다. 수행이 좋은 집단의 팀 구성원들은 자신이 가지고 있는 문제를 이야기하고 자유롭게 조언을 청한다. 그것이 설령 자신의 약점을 드러내는 문제라 하더라도 그들은 좀처럼 숨기지 않는다. 지속적인 의사소통은 팀이 결과를 성취하는 데 도움을 주기 때문에 바람직한 것으로 여겨진다. 그러나 의사소통이 지나치게 많은 것 역시 문제가 된다. Cannon-Bowers와 Bowers(2011)는 "지나치게 의사소통이 적으면 정보를 충분하게 교환하지 못한다. 그러나 의사소통을 지나치게 많이 하는 경우에는 지나치게 많은 업무 부담을 줘서 팀의 수행을 방해한다"(p. 620)고 지적하였다.

모니터링 행동 팀이 목표를 달성하기 위해서 구성원들은 목표 달성이 어느 정도 진척되고 있는지를 알아야 한다. 모니터링 행동은 이를 가능하게 해 준다. 모니터링 행동은 팀이 목표를 달성하기 위해 잘하고 있는지에 관한 정보를 수집 및 해석하고 이러한 정보를 모든 팀 구성원들에게 알려 주는 것을 포함한다. 팀 구성원들이 그들이 해야 하는 것이 무엇인지를 알고 얼마나 잘하고 있는지를 아는 정도에 따라 그들은 목표를 좀 더 쉽게 그리고 효과적으로 달성할 수 있다.

지원 행동 Marks 등에 따르면, 지원 행동은 지지적인 행동이다. 예를 들어, 과업을 완수할 수 있도록 팀 동료를 돕거나, 동료가 과업을 할 수 있도록 코칭을 하거나, 혹은 팀 동료를 위해 실제로 과업을 수행하는 것 모두가 지원 행동이다. McIntyre와 Salas(1995)가 "지원 행동은 팀을 실제로 부분의 합 그 이상으로 움직이도록 만드는 팀워크에서 가장 중요하다"(p. 26)

고 묘사한 것처럼 이러한 행동들은 팀에서 매우 중요하다. 그럼에도 불구하고 팀 내 지원 행동의 단점도 있다. 예를 들어, Barnes 등(2008)은 다른 팀 구성원을 도와줌으로써 비용이 발생할 수 있다고 지적하면서 이것을 "해로운 도움(harmful help)"이라고 불렀다. 팀 구성원들은 만성적으로 낮은 성과를 나타내는 팀원을 돕기 위해 자기 자신의 일을 소홀히 할 수 있다. 또한 다른 사람들이 자기를 도와줄 것이라고 여기는 팀 구성원은 자신의 업무를 열심히 안 할 수 있다. 따라서 이러한 팀 구성원은 자신이 맡은 역할을 수행함에 있어서 '학습된 무기력감'을 느낄 수 있고, 다른 구성원들이 자기 일을 해 줄 것이라고 굳게 믿게 된다. 이것들 외에도 Mueller와 Kamdar(2011)는 팀 동료에게 도움을 주는 것이 도움을 주는 사람들의 낮은 창의성과 연관이 있다는 것을 밝혔다. 따라서 지원 행동에 따른 대가도 고려하는 것이 중요하며, 지원 행동은 부정적인 효과가 최소화되는 경우에만 해야 한다.

3) 대인 과정

Marks 등에 따르면, 대인 과정(interpersonal process)은 팀 구성원들의 정서나 감정을 관리하는 행동이나 행위를 포함한다. 그들은 대인 과정이 갈등 관리, 동기와 자신감 형성, 정서 관리 등을 포함한다고 제안하였다.

갈등 관리 구성원들 간의 갈등은 어느 팀에서나 피할 수 없이 일어난다. Marks 등에 따르면, 갈등 관리 행동은 갈등이 일어나는 것을 막는 행동뿐만 아니라 갈등 상황이 발생했을 때 구성원이 갈등에 대처하는 것을 돕는 행동도 포함한다. 모든 갈등이 다 나쁜 것은 아니라는 것을 아는 것이 중요하다. Yeatts와 Hyten은 갈등을 유익한 갈등과 경쟁적 갈등 두 가지로 구분한다. 유익한 갈등(beneficial conflict)은 두 명 이상의 구성원들이 반대되는 아이디어와 관심을 가지고 있지만 서로의 견해와 관심을 이해하려고 하는 상황을 말한다. 팀 구성원들은 서로의 관점을 이해하려고 노력하고 서로에게 만족을 주는 결정에 도달하려고 한다("**현장기록 1 : 조화된 갈등**" 참조). 장래의 갈등도 해결될 수 있다고 더욱 확신을 가지게 되면서 그러한 경험은 그들의 관계를 더욱 돈독하게 하는 경향이 있다. 반면에 **경쟁적 갈등**(competitive conflict)은 서로 의견이 다른 팀 구성원들이 각자의 입장을 강력하게 주장하고 서로 이기려고 시도하는 상황이다. 그들은 자신의 결론을 수정하려고 하지 않고 다른 사람의 주장의 약점을 찾으려고 한다. 그들은 자신의 해결책이 채택되도록 하기 위하여 상사의 힘을 빌리기도 한다. Yeatts와 Hyten은 높은 수행을 보이는 작업 팀은 경쟁적 갈등이 표출되는 것을 줄이려고 노력한다는 것을 발견하였다.

갈등은 또한 작업 활동에 초점을 둔 과업 갈등(task conflict), 작업 활동을 하는 방식에 초점을 둔 과정 갈등(process conflict), 대인 간 역동에 초점을 둔 관계 갈등(relationship conflict)으로

현장기록 1

조화된 갈등

갈등은 흔히 팀 구성원들에게 부정적인 영향을 미치는 것으로 간주되지만, 항상 그런 것은 아니다. 갈등은 긍정적 가치를 지니기도 한다. 다음의 사례를 고려해 보자. 어떤 대학에서 다양한 용도로 쓸 수 있는 이상적 위치에 땅을 갖게 되었다. 그 자리에 있던 옛날 건물을 허물고 그 자리를 새로운 용도로 쓸 수 있는 기회를 갖게 된 것이다. 학생, 교수, 동문, 재정적 후원자 등은 이 땅을 어떤 용도로 써야 할 것인지에 관하여 서로 다른 의견을 가지고 있었다. 이 대학의 총장은 이 땅을 가장 잘 이용하기 위하여 대학에 공식적인 제안을 해 줄 위원회를 구성하기로 했다. 하지만 총장은 땅의 용도에 대한 논쟁이 학생 또는 교수 어느 한쪽으로 일방적으로 유리하게 진행되는 것을 원치 않았다. 총장이 최종적인 결정을 내리는 데 있어서 어느 한쪽 편을 들고 있다는 인상을 주기 싫었다. 총장은 위원회에서 활동할 교수들을 선정하기로 하였다. 위원으로 활동하겠다는 본인의 의사에 기초하여, 여러 명 중에서 네 명으로 압축하였다. 하지만 이들 중 두 명은 땅의 용도에 관하여 매우 유사한 의견을 강하게 표명하는 사람들이다. 총장은 둘 중 한 명만을 위원으로 선정했다. 사적인 자리에서 누가 총장에게 왜 이들 중 한 명만을 선정했냐고 묻자, 총장은 "그들 둘은 생각이 너무 같아요. 어떨 때는 두 사람이 마치 똑같은 뇌를 가지고 있는 사람들 같아요."라고 대답했다. 이러한 예에서, 집단(위원회) 내 갈등이 증가되는 방향으로 위원이 선정되기는 했지만 궁극적으로는 유익한 효과가 나타날 가능성이 높다.

구분할 수 있다. de Wit 등(2012)은 팀 구성원 갈등과 집단 수행 간 관계에 대한 통합분석을 실시하여 과업 갈등은 높은 수행과 관련이 있었고, 특히 팀 내에 관계 갈등이 없을 때 더욱 그렇다는 것을 발견하였다. 과업 갈등은 특히 재정적 성과와 의사결정의 질적인 측면에서 팀이 수행을 더 잘하는 데 도움이 된다. 팀 구성원들 간에 존재하는 대인관계 갈등은 팀이 원활하게 기능하는 데 방해가 된다. 과업 갈등이 항상 도움이 되는 것은 아니다. Bradley 등(2013)은 팀이 높은 수준의 경험에 대한 개방성과 정서적 안정성을 가진 사람들로 구성되어 있을 때 과업 갈등은 높은 수준의 수행과 관련이 있다는 것을 발견했다. 그러나 팀 구성원들의 경험에 대한 개방성과 정서적 안정성이 낮은 경우, 과업 갈등은 집단 수행에 부정적인 영향을 미쳤다. 이와 같은 맥락에서 Jackson과 Joshi(2011)는 구성원 행동이 왜 팀의 기능을 손상하는지를 이해하기 위해 팀 내 '소집단'의 개념을 제안하였다. 소집단은 팀 내에 존재하는 하위집단을 의미한다. 팀 내 하위집단들은 성과 같은 공통 속성이나 과거 작업 경험에 기반하여 형성된다. 중요한 질문은 하위집단이 얼마나 정보 공유를 방해하고 팀이 잘 기능하는 데 방해가 되는가이다. 일부 팀들은 팀 내 하위집단의 존재와 상관없이 잘 기능하기도 하지만, 어떤 팀에서는 하위집단이 팀 내 갈등을 유발하기도 한다. 예를 들어, Bezrukova 등(2012)은 지식, 기술, 전문성에 기반한 팀 내 하위집단의 존재는 팀 수행의 문제와 관련이 있음을 발견하였다.

동기와 자신감 형성 Marks 등이 기술한 대인관계 과정의 두 번째 범주는 팀 구성원들이 집단적으로 자신감과 동기를 형성하는 것이다. 이러한 과정에서 서로를 격려하거나 구성원들 간에 심리적으로 안전한 느낌을 갖는다. Burke 등(2010)은 팀 내에서 구성원들이 심리적 안전감을 배양하는 것이 중요하다고 하였다. 팀 내에서 구성원들이 서로 비난하지 않고 자유롭게 자신의 아이디어나 의견을 표현할 수 있어야 한다. 이런 분위기가 정착되면 팀의 복리 향상을 위하여 구성원들은 대인관계에서 불편함을 감수하고서라도 자기가 하고 싶은 말을 할 수 있게 된다. 이러한 과정이 성공적으로 이루어지면 **집단 효능감**(collective efficacy) 혹은 팀이 성공할 수 있다는 공유된 믿음이 더 많이 생기게 된다. Bandura(2000)에 따르면, 높은 수준의 집단 효능감을 가지고 있는 팀은 좀 더 도전적인 목표를 세우고, 어려움에 직면하는 상황에서도 포기하지 않고 지속적인 노력을 한다. 간단히 말하면, 팀이 성공할 가능성이 더 높아진다. 그러나 여기서 유의할 점이 있다. Goncalo 등(2010)은 팀 생애주기에서 팀이 지나치게 일찍 집단 효능감을 경험하면 오히려 해가 될 수도 있음을 발견하였다. 그들이 언급한 것처럼, "팀의 지나친 자신감은 복잡한 과업을 수행하는 데 있어 필요한 장기적인 전략이나 절차를 간과하게 할 수도 있기 때문에 팀이 프로젝트를 수행하는 초기에 높은 수준의 집단 효능감은 오히려 문제가 될 수 있다"(p. 15). 따라서 집단 효능감이 팀에 도움이 되기 위해서는 구성원들이 과정이나 전략에 대해 약간의 갈등을 경험하고 난 후에 집단 효능감이 생기는 것이 더 낫다.

정서 관리 대인관계 과정의 마지막 범주는 팀 구성원들의 분노나 좌절 등의 감정을 조절하는 것과 관련되어 있다. Marks 등에 따르면, 대인관계 과정은 스트레스를 받은 팀 구성원들을 진정시키거나 집단 사기와 응집력을 높이고자 하는 행동을 포함한다. Yeatts와 Hyten은 **응집력**(cohesion)을 "팀 구성원들이 자신의 팀에 매력을 느끼고 그 팀에 남으려고 하는 정도"(p. 97)라고 정의했다. 응집력은 두 가지 형태의 매력에 기초하고 있다. 하나는 팀의 과업에 대한 매력이고 다른 하나는 팀 구성원들에 대한 매력이다. 팀의 응집력이 높으면 팀 구성원들 간의 의사소통이 보다 공개적으로 이루어지기 때문에, 즉 팀 구성원들이 서로 다른 견해나 아이디어를 표현하는 데 부담을 느끼지 않기 때문에 팀의 응집력은 의사결정을 용이하게 한다. 팀 수행이 성공한 경우에는 팀 응집력이 더 강해진다는 연구 결과도 있다. 개별적 보상이 팀 구성원들 간의 경쟁을 조장하고 응집력을 약화시키는 반면, 팀 성취에 초점을 두고 있는 보상은 응집력을 높일 가능성이 있다. 조직 내의 다른 팀들과 개인들은 흔히 어떤 팀이 응집력이 높은 팀인지를 알아차리고 때로는 그들이 응집력이 높은 팀의 구성원이 되고 싶다고 말하기도 한다. 응집력이 높은 팀은 응집력이 낮은 팀에 비해 조직의 운영에 더 많은 영향력을 발휘한다는 사실도 발견되었다. 하지만 응집력이 모든 팀의 성공에 결정적인 역할을 하는 것은 아니다. 응집력은 구성원들 간에 매우 효율적이고 동시성을 지닌 상호작용이 요구되는 업무에서 가장 중요한 것 같다(Beal et al., 2003).

정서를 관리하고 응집력을 형성하는 것과 관련된 것은 신뢰의 개념이다. 신뢰는 다른 사람이 나에 대해 하는 행동을 내가 통제할 수 없더라도 그 사람이 나에게 도움이 되는 방식으로 행동을 할 것이라는 믿음으로 정의할 수 있다. Schoorman 등(2007)은 신뢰의 몇 가지 구성요소를 발견하였다. 신뢰는 시간의 흐름에 따라 발전되고, 양자 간에 반드시 상호 호혜적으로 형성되는 것은 아니고, 자신이 신뢰하는 사람이 하는 해로운 행동에 의해 상처를 받을 수도 있다. Colquitt 등(2007)은 신뢰, 신뢰 성향, 신뢰성을 구분하였다. 신뢰(trust)는 신뢰하는 사람에 대한 긍정적인 기대에 기초한 믿음이다. 어느 정도 수준에서 상대방을 신뢰하는지는 사람마다 다르다. 신뢰 성향(trust propensity)은 개인의 성격특성으로서 다른 사람들을 믿는 경향성을 나타낸다. 신뢰성(trustworthiness)은 자신이 신뢰하는 사람이 얼마나 믿을 만한 사람인지에 대한 지각으로서 상대방에 대한 신뢰의 질을 나타낸다. 일반적으로, 신뢰는 안정적인 소속감을 가지고 있는 팀에서조차도 천천히 발전한다. 또한 신뢰는 대인과정들 중에서 가장 깨지기 쉽다. 신뢰는 일단 한 번 깨지고 나면 회복하기가 매우 어렵다. 그럼에도 불구하고 Priem과 Nystrom(2014)은 때로는 불신이 좋을 수도 있다고 주장한다. 예를 들어, 팀에서 중요한 한 명을 신뢰하기 어렵다고 여기면, 나머지 팀 구성원들이 함께 뭉쳐서 신뢰할 수 없는 구성원으로 인해 발생하는 장애물을 극복할 수 있다. 아무것도 모르고 있는 것은 의심의 강점을 살릴 수 없기 때문에 오히려 더 해로울 수 있다. 신뢰하기 힘든 경우에는 감독을 더 철저하게 하거나 행동을 지속적으로 모니터링하게 된다.

8. 팀 인지

앞에서 기술한 것처럼, 팀은 하나의 집합적인 단위로서 계획을 수립하고, 의사결정을 하고, 문제를 해결하고, 사고를 해야 한다. 개인의 사고과정은 행동에 반영되는데, 이러한 사고과정을 인지(cognition)라고 부른다. 팀은 공동의 책임을 지니고 공유된 목표를 달성하기 위하여 정기적으로 상호작용하는 정해진 사람들로 구성된 사회적 집합체이다. 상호작용하는 집합체인 팀의 개념에 심리적 과정인 인지의 개념을 결합하여 팀 인지(team cognition)라는 개념이 탄생하였다. 이러한 개념은 팀이 정보를 어떻게 획득하고, 저장하고, 사용하는지를 잘 나타내 준다(Gibson, 2001). 다음 절에서는 그동안 상당한 관심을 받아 온 팀 인지와 관련된 두 가지 주제인 공유 정신모델과 팀 의사결정에 관해 논의하고자 한다.

1) 공유 정신모델

> 공유 정신모델 : 팀 구성원들이 정보를 어떻게 획득하고, 분석하고, 이러한 정보에 대해 어떻게 반응할 것인지에 관하여 공통적으로 가지고 있는 인지적 과정

공유 정신모델(shared mental model) 개념은 팀 구성원들이 문제에 접근하는 방법과 여러 가지 가능한 해결책들을 평가함에 있어서 어느 정도 유사성을 가지고 있다는 것을 의미한다. 즉 공유 정신모델은 구성원들이 어떠한 과업을 수행해야 하고, 그것을 어떻게 수행해야 할 것인가를 같은 선상에서 이해하고 있는 것을 말한다(Mohammed et al., 2010). 공유 정신모델은 집단구성원들의 행동에 영향을 미친다. 예를 들어, Fisher 등(2012)은 팀이 공유 정신모델을 가지고 있을 때 팀 구성원들은 다른 사람들의 행동을 예상하고, 자발적으로 업무량을 나누고, 서로를 도울 가능성이 크다는 것을 발견하였다. 이러한 암묵적인 협력은 높은 팀 수행과 연관되어 있다.

Cannon-Bowers와 Salas(2001)는 정신모델을 설정함에 있어서 팀 구성원들 사이에 실제로 무엇을 공유하는지에 관한 근원적인 질문에 대한 답을 제공하였다. 〈그림 9-4〉에 제시된 특정 과업에 대한 정보, 과업과 연관된 지식, 팀 구성원들에 대한 지식, 태도와 신념 같은 네 가지 광범위한 범주에서 팀 구성원들이 지식을 공유한다는 것을 발견하였다. 각 범주의 지식

그림 9-4 정신모델에 있어서 네 가지 유형의 공유된 지식의 일반화 가능성

은 다양한 과업에 걸쳐서 광범위하게 적용될 수 있는 일반화 가능성을 지니고 있다. 특정 과업에 대한 정보(task-specific information)는 팀 구성원들이 서로 논의할 필요 없이 행동할 수 있도록 해 주는 그들 간에 공유된 정보이다. 특정 과업에 대한 정보는 과업 수행에 필요한 특정 절차, 순서, 행위, 전략을 포함한다. 이러한 정보는 단지 유사한 과업에만 일반화될 수 있다. 과업과 연관된 지식(task-related knowledge)은 과업과 관련되어 있는 과정에 관한 공통적인 지식으로 이러한 지식은 하나의 과업에만 한정되어 있지 않다. 이러한 지식은 많은 특수한 과업에 사용되는 절차에 관한 지식에 적용될 수 있기 때문에 일반화될 수 있는 가능성이 더 크다. 팀 구성원들에 대한 지식(knowledge of teammates)은 구성원들이 서로의 수행, 장점, 단점, 성향에 대하여 알고 있는 정도를 말한다. 이처럼 팀 구성원들은 팀 내에서 누가 어떤 분야에 관하여 전문적인 지식을 가지고 있는지를 알아야만 한다. 이러한 형태의 공유된 지식은 팀 구성원들 간에 서로의 약점을 보완해 주고, 다른 구성원의 행동을 예측할 수 있게 해 주고, 구성원이 가지고 있는 전문지식에 따라 자원을 할당할 수 있게 해 준다. 마지막 범주인 공유 태도와 신념(shared attitudes and beliefs)은 팀 구성원들이 그들이 직면하고 있는 문제에 대하여 동일한 해석을 하도록 해 준다. 이것은 팀의 응집력, 동기, 의견의 일치 가능성을 높여 준다. 요약하자면, 공유 정신모델은 단일한 개념을 나타내는 것이 아니다. 효과적인 팀에서는 이러한 네 범주에서의 모든 형태의 지식이 구성원들 사이에 공유될 필요가 있다.

〈그림 9-5〉는 팀 내 공유된 지식의 여러 유형을 도식적으로 보여 주고 있다. (a)의 경우처럼, 구성원들이 어떤 지식을 공통적으로 지닐 수 있다. 즉 모든 구성원이 동일한 것을 알 수 있다. 이와 반대로, (c)의 경우처럼, 전문성이나 역할에 대한 팀 구성원들의 지식이 서로 전혀 겹치지 않을 수도 있다. 하지만 현실에서는 대부분 (b)의 경우처럼, 팀 구성원들의 지식이 완전히 동일하거나 완전히 겹치지 않고 어느 정도 공유된다. Cannon-Bowers와 Salas는 팀 구

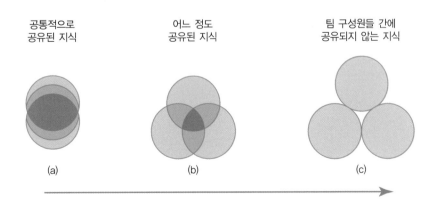

| 공통적으로 | 어느 정도 | 팀 구성원들 간에 |
| 공유된 지식 | 공유된 지식 | 공유되지 않는 지식 |

(a)　　　　　　　　(b)　　　　　　　　(c)

그림 9-5　공유된 지식의 다양한 형태(원은 팀 구성원 각자가 지니고 있는 지식을 나타낸다)

성원들 사이에 지식이 공유되는 방식이 한 가지만 있는 것은 아니라고 언급하였다. 특정 과업에 대한 지식은 팀 구성원 모두가 지녀야 한다. 하지만 다른 형태의 지식은 팀 구성원 모두가 지니고 있는 것이 아니라 팀 구성원들에게 골고루 분배되거나 할당되어 공유되기도 한다. 어떤 지식은 복잡하고 전문적이기 때문에 모든 팀 구성원들이 동일한 수준의 지식을 갖추기가 불가능할 때도 있다. 따라서 중요한 것은 팀 내에 이러한 지식들이 공유되고 있다는 것이지, 팀 구성원 각자가 이러한 모든 지식을 동일한 수준으로 공유하고 있다는 것은 아니다. 공유된 지식은 군대의 전투 팀이나 외과수술 팀에서 흔히 볼 수 있다. 교차교육(팀 구성원들이 다른 사람들의 업무수행을 배우는 것)이 공유 정신모델을 향상시킨다는 것이 밝혀졌다(Marks et al., 2002).

> **집단사고** : 팀 구성원들이 외부로부터 위협을 받고 있다고 느껴서 정보에 대한 인지적 처리를 잘못하는 팀 의사결정 현상

효과적인 팀 수행을 위하여 공유된 정신모델을 구축할 때 잠재적으로 부정적인 면이 나타날 수도 있는데, 그것은 팀 구성원들이 서로 똑같은 생각을 가지게 된다는 것이다. 이러한 현상을 **집단사고**(groupthink)라고 부른다. 역사적으로 볼 때, 집단사고에 의해 문제가 야기된 대표적인 예는 1960년대에 미국이 쿠바의 피그만(Bay of Pigs)을 침공한 것과 1980년대에 우주왕복선 챌린저호의 폭발이다. 집단사고는 외부로부터 위협을 느끼는 팀 구성원들이 인지적 처리를 제대로 하지 못하는 것을 의미한다. 의사결정에서의 결함은 선택 가능한 대안들을 충분히 고려하지 않고, 정보탐색을 소홀히 하고, 선택적으로 정보처리를 하는 데서 비롯된다. 집단사고는 팀 구성원들이 합리적이고 독자적인 사고를 하지 않고 의견의 통일을 더 중요하게 여기는 사고방식이다. Choi와 Kim(1999)은 집단사고가 수행에 부정적인 영향을 미친다는 점을 지적하였다. 집단사고라는 용어는 미국의 쿠바 피그만 침공과 같은 의사결정 실수를 언급할 때 사용된다. 하지만 그들은 집단사고 현상의 어떤 차원들(예 : 다른 의견이 나오지 않도록 압력을 주는 것)은 부정적 팀 수행과 관련되어 있지만, 어떤 차원들(예 : 강한 집단정체감)은 실제로 긍정적인 팀 수행과 관련되어 있다는 사실을 발견하였다.

Turner와 Horvitz(2001)는 강한 사회적 정체성을 느끼는 팀에서 집단사고가 보다 더 자주 발견된다고 결론 내렸다. 이러한 경우에 팀 구성원들은 팀에 대한 평가를 유지하거나 향상시키려고 노력하고 팀의 이미지를 보호하려고 한다. 외부로부터의 위협에 의해 팀의 이미지가 훼손되고 있다고 느낄 때, 구성원들은 이러한 위협이 존재하는 사실에 대해 모든 구성원으로부터 동의를 구하고, 모든 구성원으로부터 전폭적인 지지를 얻고자 한다. 팀 내의 한 구성원이 외부로부터 위협이 있다고 느끼는 경우에는 집단사고가 발생할 가능성은 적다. 팀의 전체 구성원들이 위협상황이라고 느낄 때 집단사고가 일어난다. 요약하자면, 구성원들이 유사하

거나 상호보완적인 지식을 가지고 있을 때 팀은 효과적인 수행을 나타내지만, 팀이 위기상황에 처해 있다고 지각하면 집단사고는 흔히 정반대의 효과를 나타내고 팀이 바람직하지 않은 행동을 하도록 만든다.

공유 정신모델에 관한 연구가 증가하고 있지만, 우리는 '팀 사고방식'이 형성되는 과정과 이러한 팀 사고방식이 팀 수행에 어떤 영향을 미치는지에 대해 여전히 연구해야 할 것이 많다. Marks 등(2000)은 공유 정신모델이 팀이 새로운 환경을 지각하고, 해석하고, 이러한 환경에 반응하는 공통적인 틀을 제공해 준다는 사실을 발견하였다. DeChurch와 Mesmer-Magnus(2010)는 팀 인지가 동기와 응집력보다 팀 효과성에 더 많은 기여를 한다고 추정하였다. 성공적인 팀은 구성원들 간에 정보를 공유하는 시스템을 가지고 있다. 구성원들 간에 지식이 공유되지 않는 상태인 팀 인지 결여는 팀워크와 관련된 다른 어떤 중요한 것들에 의해서도 보충될 수 없다.

2) 팀 의사결정

Guzzo(1995)는 팀에서의 의사결정이 개인 의사결정과 다르다고 주장했다. 흔히 팀에서는 정보가 구성원들 간에 균등하게 분포되어 있지 않기 때문에 정보를 통합해야만 한다. 팀 구성원들이 가지고 있는 다른 관점과 의견을 통합해야만 하기 때문에 대안들 중에서 하나를 선택하는 것은 간단한 일이 아니다. 일반적으로 통합과정에서는 정보의 불확실성, 구성원들 간의 지위 차이로부터 나타나는 효과, 구성원들이 각자 가지고 있는 정보의 중요성을 잘못 평가하는 문제 등을 효과적으로 다루어야 한다. 모호성, 촉박한 시간, 과중한 일의 부담, 기타 요인들이 집단이 과업을 수행하는 능력에 영향을 미치는 스트레스의 출처가 될 수 있다.

Hollenbeck 등(1996)은 팀 의사결정에 관한 다수준 이론의 개발을 기술했다. 효과적인 팀 의사결정이 팀을 구성하는 개인들의 특성, 팀 내의 짝들, 하나의 팀으로 기능하는 방식과 관련되어 있기 때문에 이 이론을 다수준(multilevel) 이론이라고 부른다. 이 이론은 세 가지 개념에 기초하고 있다. 첫째는 팀 구성원들이 결정해야 할 문제에 관해 충분한 정보를 가지고 있는 정도이다. 팀은 어떤 결정에 대해서는 정보를 많이 가지고 있지만 다른 결정에 대해서는 그렇지 못할 수 있다. 팀이 해결해야 할 문제에 관하여 정보를 가지고 있는 일반적 수준을 팀 정보력(team informity)이라고 한다. 둘째, 팀은 정확한 결정을 내릴 수 있는 능력이 서로 다른 사람들로 구성되어 있다. 즉 어떤 사람은 매우 정확한 결정을 내리지만 어떤 사람은 형편없는 결정을 내린다. 구성원 타당성(staff validity)이라는 개념은 정확한 결정을 내릴 수 있는 개별적인 팀 구성원들의 능력의 평균을 말한다. 마지막 개념은 양자 간 민감성(dyadic sensitivity)이다. 팀 리더는 팀 구성원들의 서로 다른 의견이나 권고를 자주 들어야 한다. 리더와 각 구성원은 양자 간 관계를 형성한다. 리더는 최종적인 결정을 내릴 때 팀 구성원들 각각이 권고한 내용의 가치를 평가하는 데 민감해야 한다. 이처럼 효과적인 의사결정을 내리는 팀 리더는 어떤 구성원의 의견을 다른 구성원의 의견보다 더 비중을 두어야 하는지를 알고 있다.

컴퓨터를 이용한 가상적인 군사 명령 및 통제 시나리오를 사용하여 미확인 비행물체가 출현했을 때 이러한 상황이 지니고 있는 위협의 수준을 결정해야 하는 팀 과업을 통해 이 이론이 검증되었다. 그 결과, 팀 정보력, 구성원 타당성, 양자 간 민감성의 세 가지 개념이 다른 개념들보다 팀수준에서의 의사결정의 정확성을 보다 잘 설명하였다. Hollenbeck 등(1996)은 팀 구성원이 정확한 정보를 갖도록 하고, 팀 구성원이 정확한 결정을 내릴 수 있는 능력을 갖추도록 하고, 팀 구성원의 정확한 결정이 팀의 최종적인 결정에 반영되도록 하는 것이 팀에서 효과적인 의사결정을 내리는 데 핵심요건이라고 결론 내렸다.

9. 팀을 위한 인사선발

개인 선발에 관한 연구를 통하여 산업 및 조직심리학자들이 얻은 결과를 팀 구성원의 선발에 그대로 적용할 수는 없다. 전통적인 직무분석 방법들은 개인의 직무수행에 요구되는 지식, 기술, 능력, 기타 특성(KSAO)을 밝혔지만, 이러한 방법들은 작업이 이루어지는 사회적 맥락을 별로 고려하지 않았다. 팀은 보다 큰 사회적 맥락에서 상호작용하는 사회적 실체이다. Klimoski와 Jones(1995)는 개인적 과업에 요구되는 지식, 기술, 능력, 기타 특성에만 기초하여 팀 구성원을 뽑는 것은 최적의 팀 효과성을 달성하기에 충분하지 않다고 믿었다. Salas 등(2002)은 성공적인 팀 구성원이 되기 위해서는 두 가지 종류의 기술이 필요하다고 주장했다. 과업기술(taskwork skill)은 팀 구성원이 실제 업무를 수행하는 데 요구되는 것이다. 팀 구성원들은 팀 내에서 자신의 행동을 조정하고 협력하여 작업해야 하기 때문에 팀워크 기술도 동시에 가지고 있어야 한다. 이러한 기술은 행동적, 인지적, 태도적 기술을 포함한다. Salas 등이 기술한 것과 같이, "과업기술이 업무수행의 기초가 되지만, 팀워크 기술은 팀이 할당된 목표를 성취하기 위하여 팀 구성원들에게 필요한 협응, 통합, 사회적 상호작용의 기초가 된다"(p. 240).

팀 구성원을 성공적으로 선발하려면 효과적인 팀 수행을 위하여 최적의 팀 구성이 어떤 것인지를 찾아내야 한다. 따라서 팀에서 어떤 특정한 사람을 선발할 때는 팀의 다른 구성원들이 가지고 있지 않은 능력을 그 사람이 가지고 있는지를 알아볼 필요가 있다. 즉 최적의 팀 구성을 위해서는 팀원 선발 때 대인 간 조화를 이룰 수 있는 요인들을 고려할 필요가 있다.

팀원을 선발할 때 구성원들 간에 성격과 가치에서의 일치도를 알아보고 측정하는 것이 필요하다. Prieto(1993)는 집단의 수행을 향상시키기 위하여 개인에게 다섯 가지 사회적 기술이 특히 중요하다고 주장했다. 개인은 다음과 같은 능력을 가지고 있어야 한다.

1. 집단으로부터 인정을 받는다.
2. 집단의 결속을 강화시킨다.
3. 집단의식을 갖는다.
4. 집단과의 일체감을 공유한다.
5. 자신에 대한 타인들의 인상을 관리한다.

성격변인과 팀 효과성 간의 관계도 밝혀졌다. Barry와 Stewart(1997)는 팀의 구성원들이 내향적인 사람들보다 외향적인 사람들이 집단의 결과에 더 큰 영향을 미친다고 지각한다는 결과를 보고했다. 이처럼 내향적인 성격을 가지고 있는 사람들은 팀이 그들의 아이디어와 제안을 받아들이도록 하는 것을 잘 못할 수 있다. Janz 등(1997)은 능력에 관하여 이와 관련된 결과를 보고했다. 그들은 매우 능력 있는 팀 구성원들이 상호의존적인 과업에서 능력이 낮은 사람들과 함께 일해야 할 때 좌절감을 느낄 가능성이 크다고 결론 내렸다. Aguinis와 O'Boyle (2014)이 지적한 것처럼, 팀 내 개인의 수행이 균등하지 않기 때문에 더욱 그러하다. 그들은 일을 잘하는 소수의 구성원이 다른 구성원들에 비해 훨씬 더 많은 일을 한다고 주장하였다. 이런 사람들은 팀 동료에 대해 좌절감을 강하게 느낄 것이다. Mumford 등(2008)은 Belbin이 제시한 것과 유사한 팀원 역할에 기초한 선발검사를 개발하였다. 이것은 팀원 역할에 대한 지식을 측정하는 90문항으로 된 상황판단검사(제4장에서 기술했던 검사)였다. 검사 점수는 팀 수행의 다양한 측면에서 변량의 7%에서 20%까지 설명했다.

　일반적으로 이러한 연구 결과들은 외향적이고 어느 정도는 지배적인 성격의 소유자들이 팀의 기능에 강한 영향을 미치지만, 그러한 성격유형들로만 팀을 구성하면 이러한 내부 역학이 오히려 팀 기능을 방해할 수도 있다는 것을 시사한다. 이러한 연구흐름은 성격요인이 팀의 성공에 중요하다는 것을 시사하지만, 그렇다고 해서 능력요인을 무시하거나 경시해서는 안 된다. 인지적 기술과 전문적 기술도 역시 필요하다. Locke 등(2001)은 선도적인 기업의 중역이 다음과 같이 말한 것을 인용했다. "아무리 부지런하고 사람이 좋다 하더라도 무능력한 사람들만 가지고는 성공할 수 없다"(p. 503).

　팀에 관한 연구는 대인관계 기술의 특수한 측면이 팀 수행에 영향을 미치는 것을 밝혔다. LePine, Colquitt 및 Erez(2000)는 많은 경우에 팀이 사전에 예상하지 못했던 상황에 직면하게 된다는 점에 주목했다. 따라서 팀의 성공은 이처럼 변화하는 환경에 대한 적응 능력에 달려 있다. LePine(2003)은 적응력이 높은 팀 구성원들이 좋은 수행을 나타낸다고 보고했다. 이러한 팀 구성원들은 높은 인지능력, 성취에 대한 강한 욕구, 새로운 경험에 대한 개방성을 가지고 있다. 이와 유사하게, 앞서 언급한 것처럼 지원 행동은 팀 내에서 필수적인 지지 행동이다. 팀 구성원들은 자신의 과업에 아주 많은 노력과 자원을 투입하지 않아도 되는 경우에 기꺼이 다른 구성원들에게 도움을 제공해야 한다. Porter 등(2003)에 따르면, 팀에서 어떤 업무는 다른 업무보다 더 많은 작업을 요구할 수도 있기 때문에 업무량이 균등하지 않을 때는 다른 팀 구성원들을 도와줄 필요가 있다. 성실성, 정서적 안정성, 외향성과 같은 세 가지 성격요인은 팀 동료를 기꺼이 도와주려는 경향성을 예측했다. 따라서 팀 구성원을 선발하는 맥락에서 이러한 성격 특성을 중요하게 고려해야 한다.

10. 팀을 위한 교육

팀 교육에 관하여 우리가 알고 있는 많은 것들은 직접 혹은 간접적으로 군대 장면에서의 적용으로부터 나왔다. 군대는 교육에 관한 고급기술(예 : 인공지능형 개인교습 시스템)뿐만 아니라 교차교육(cross-training)과 같은 팀 교육에서의 전략들을 개발했다. 다른 팀 구성원들의 역할에 대해 교육하는 것은 '다른 팀 구성원이 수행하는 과업을 알고 실제로 해 봄으로써 팀 구성원들이 과업 책임과 협력에 관한 지식을 갖출 수 있다'는 가정에 기반하고 있다.

기제(mechanism)는 약간 다르더라도, 팀 교육의 논리는 개인 교육의 논리와 똑같다. 팀 교육도 직무나 과업분석으로부터 시작되지만 팀이 원활하게 기능하도록 하는 데 최종목표를 두고 있다. Salas와 Cannon-Bowers(1997)는 팀 과업분석은 조정이 요구되는 과업들을 분석하기 위하여 전통적 과업분석을 확장한 것이라고 기술하였다. 상호의존성을 가지고 있는 과업에 관한 정보(예 : 난이도와 중요도에 관한 평정)를 얻기 위하여 주제관련 전문가(SME)들을 사용한다. 이렇게 얻은 정보는 팀 교육의 목표를 명시하고 실행하기 위한 현실적인 시나리오를 개발하는 데 사용된다.

팀 과업분석의 결과는 팀 구성원들이 성공하기 위해서 가져야 할 지식, 기술, 태도에 관한 정보를 제공한다. 〈그림 9-6〉에 제시되어 있는 것처럼, Salas와 Cannon-Bowers는 이 세 가지를 팀 교육의 내용에 포함할 필요가 있는 생각하기(thinking), 행동하기(doing), 느끼기(feeling)라고 언급하였다. 팀 효과성을 평가하기 위한 준거를 개발함으로써 팀 교육에서 실제로 이루어지는 교육활동을 결정할 수 있다. 교육활동은 팀 구성원들에게 공유된 정신모델과 지식구

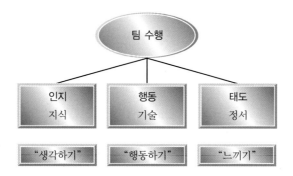

그림 9-6 팀 교육의 구조

조를 제공하는 데 주안점을 둔다. 이러한 활동들은 팀 구성원들이 정보를 분석하고 의사결정을 하는 데 공통적인 방법을 사용하도록 하기 위한 것이다. 팀을 교육하는 것은 앞에서 다루었던 목표 분석, 모니터링과 조정, 지원 행동을 언제 어떻게 해야 하는지를 알게 해 준다.

11. 팀 수행평가

제7장에서는 주로 개별 종업원들의 수행을 평가하는 직무수행관리를 다루었다. 하지만 개인 수준에서의 수행을 분석하지 않고 팀수준에서 수행을 분석할 수도 있다. 팀수준에서의 분석은 개인수준에서는 다루지 않는 부가적인 요인들을 포함한다.

Jackson과 LePine(2003)은 팀 내에서 수행이 나쁜 팀 구성원들에 대한 다양한 반응을 발견하였다. 개인이 통제할 수 없는 이유 때문에 나쁜 수행을 나타내는 종업원에 대해서는 팀 구성원들이 높은 수준의 동정심을 보이는 경향이 있다. 하지만 개인이 통제할 수 있음에도 불구하고 나쁜 수행을 나타내는 팀 구성원에 대해서는 낮은 수준의 동정심을 보인다. 만일 집단이 동정심을 느끼면 수행이 나쁜 구성원을 교육하거나 그 사람의 일을 기꺼이 도와주려고 한다. 그러나 집단이 동정심을 느끼지 않으면 은근한 위협을 통해 수행이 나쁜 구성원에게 자극을 주거나 그 사람을 배척한다.

팀 수행평가에서의 주요 이슈는 팀 상황에서 구성원들이 수행을 느슨하게 할 수도 있다는 것이다. 어떤 팀 구성원은 팀이라는 사회적 맥락 속에서 자신이 요령을 부려도 드러나지 않고, 다른 팀 구성원들이 만족스러운 팀 수행을 달성하기 위하여 열심히 일할 것이라고 가정할 수 있다. 이러한 현상을 **사회적 태만**(social loafing)이라고 부르는데, 이것은 집단

> 사회적 태만 : 팀 내에서 일부 구성원들이 노력을 덜 기울이거나 전체의 성과 달성에 기여하지 않는 현상

이나 팀으로 일할 때 남에게 일을 미루는 것처럼 구성원 각자의 동기가 저하되는 것을 말한다. 팀 전체의 성과를 강조할 때, 개인은 자신들의 기여(시간, 노력, 기술)와 그들이 받는 인정과 보상 간의 관련성을 강하게 지각하지 못한다(Karau & Williams, 2001). 개별 구성원들은 열심히 일할 의욕을 덜 느끼게 된다. Locke 등(2001)은 팀에서 개인에게 개별적인 인센티브를 주지 않음으로써 사회적 태만이 일어날 수 있는 세 가지 경우를 언급하였다.

- **무임승차**(free riding). 어떤 상황에서는 사회적 태만이 타인의 노력에 의해 혜택을 보려는 (무임승차하려는) 욕망 때문에 발생한다. 팀이 수행하는 업무에서 구성원 각자의 기여가 구별되지 않고 보상을 똑같이 공유할 때, 팀 구성원들은 각자의 노력을 감소시키면서도 여전히 결과를 똑같이 공유할 수 있다. 이처럼 사회적 태만은 팀 구성원들이 자신의 기여가 개별적으로 드러나지 않는다고 느낄 때 발생할 가능성이 더 크다.
- **남만큼만 하기 효과**(sucker effect). 팀 구성원들이 무임승차할 수 있는 조건에서는, 구성원들이 다른 구성원들도 무임승차할 것이라고 가정할 수 있다. 이렇게 생각하는 사람들은 다른 사람들보다 더 열심히 하기보다는 자신의 노력을 줄이고 다른 사람들이 하는 만큼의 낮은 수준의 노력을 한다. Mulvey와 Klein(1998)은 대학에서 팀으로 과제물을 수행하는 대학생에 대한 연구에서 이러한 남만큼만 하기 효과를 관찰하였다.
- **무용성 지각**(felt dispensability). 어떤 경우에는 자기가 팀 수행에 기여하지 않아도 무방하다는 느낌을 가질 때 사회적 태만이 초래된다. 팀 구성원들은 업무를 달성하는 데 있어서 능력 있는 팀 구성원들이 많이 있다고 느끼거나, 자신의 기여가 타인들의 기여와 중복되기 때문에 자기가 굳이 노력하지 않아도 된다고 느낄 때 자신은 기여하지 않아도 상관없다고 생각한다. 팀 구성원들이 이러한 무용성을 느낄 때 그들은 흔히 자신의 노력을 감소시킨다.

Locke 등은 이러한 사회적 태만의 세 가지 형태가 다음과 같은 특징을 공유한다는 것을 관찰하였다. (1) 팀 구성원들 각자는 자신의 개인적 기여가 팀 수행에 미치는 효과에 많은 관심을 가지고 있다. (2) 팀 구성원들은 자신들의 노력에 대한 대가를 기대한다. (3) 팀워크는 개인의 노력, 팀 성공에 대한 기여, 개인의 성과 간의 연결고리를 약화시킬 수 있다("**현장기록 2 : 교육 장면의 팀**" 참조). 따라서 효과적인 팀 과정(상호작용, 신뢰, 응집력)이 팀의 성공에 중요하기는 하지만, 팀을 구성하고 있는 것은 개인들이기 때문에 급여나 승진과 같은 조직으로부터 받는 많은 보상들이 개인수준에서 시행되어야 한다.

팀 수행평가에 대한 연구들이 모두 사회적 태만에 관한 것은 아니다. 동료평가는 개인수준에서 효과적일 뿐만 아니라 팀수준에서도 긍정적인 효과를 발휘하는 것 같다. Druskat과

현장기록 2
교육 장면의 팀

당신은 수업에서 팀 프로젝트나 팀 프레젠테이션을 필수적으로 해야 하는 과목을 수강해 본 적이 있는가? 이때 어떠한 경험을 하였는가? 모든 팀 구성원이 만나는 시간을 잡기 위하여 어려움을 겪지는 않았는가? 집단 내에서 누가 어떤 일을 할지를 어떻게 결정하였는가? 팀 구성원 모두가 목표 달성을 위하여 각자 자기가 맡은 몫을 다한다고 느꼈는가? 팀 구성원들 중에서 사회적 태만 현상을 보이는 사람은 없었는가? 팀 구성원들이 최종 산물에 대한 각자의 기여도를 서로 평가한 적은 없는가? 팀이 이룬 성과에 대하여 팀 구성원 모두가 똑같은 학점을 받았는가?

사회에서 팀의 사용이 급증하고 있으며, 사람들은 이러한 현상을 '집단주의(groupism)'라고 부른다. 교육 장면에서 학생들을 가르칠 때도 팀 사용이 증가하고 있다. 만일 당신이 수업에서 팀 프로젝트에 참여해 본 적이 있다면, 이러한 팀은 단지 그 수업의 프로젝트를 위해서만 구성된 것이다. 하지만 어떤 경영대학원에서는 학생들이 하나의 수업에서만이 아니라 학위과정 전체를 팀을 이루어 진행하는 새로운 방식을 사용한다. 이러한 학생들의 집단을 '동료집단(cohort)'이라고 부른다. 매년 함께 입학한 동기들이 동료집단으로 간주되고, 이들 모두는 같은 순서로 똑같은 과목을 수강하고 집단으로 동시에 졸업한다. 학생들은 졸업한 후에도 서로 계속 연락을 하면서 대학원에서 배운 것들을 각자의 경력에서 어떻게 적용하고 있는지에 관해 서로 정보를 교환한다. 교육 장면에서 이러한 동료집단의 개념은 학습과정에서 학생들이 서로의 학습을 촉진하고 졸업한 후에도 이러한 교육을 지속하기 위하여 고안되었다.

Wolff(1999)는 작업 팀에서 동료에게 피드백을 주는 방식(개발의 목적)으로 실시된 동료평가가 팀의 개방적 의사소통, 업무에 대한 집중, 구성원들 간의 관계에 긍정적인 영향을 미친다는 것을 발견하였다. 팀에서의 수행평가에 대한 연구가 계속 증가하고 있기 때문에, 개인에 대한 평가분야에서 지금까지 발견된 연구 결과가 팀 상황에서도 일반화될 수 있는지를 검토할 수 있는 보다 확고한 기반을 갖추게 될 것이다.

팀 수행을 관리하는 것은 확실히 어렵다. 수행관리를 하는 목적이 개인들 간 수행의 차이를 발견해서 그에 따른 보상을 차별화하는 것이라는 것은 제7장에서 다루었다. 팀 구성원들 간 팀워크와 단합을 추구하고자 한다면, 팀 구성원들 중 최고의 수행을 보인 사람에게 다른 구성원들과 다른 보상을 주면 안 된다. 이 경우, 집단을 각각의 개인들이 아닌 하나의 총체적 집합체로 취급하는 평가 및 보상 시스템을 개발해야 한다. 조직이 개인의 직무 수행을 평가하고 그에 따라 보상을 제공한다면, 종업원들 간에 팀워크가 없고 협동심이 부족한 것을 비난해서는 안 된다(Kerr, 1995). 이와 마찬가지로, Aguinis(2013)는 팀에 의존하는 조직은 반드

372 | 산업 및 조직심리학, 제11판

시 팀과 팀 내의 개인 수행을 둘 다 관리하는 계획을 세워야 함을 제안하였다. 그는 팀과 개인 수행 모두를 측정함으로써 개인은 팀의 목표를 달성하기 위해 동기부여될 수 있으며, 동시에 팀 목표 달성에 대한 개인의 기여를 확인할 수도 있다는 점을 지적하였다. O'Leary 등 (2011)은 개인이 다수의 팀에 동시에 속할 수 있음을 강조하였다. 따라서 개인이 여러 다른 팀에 속한 경우, 개인을 어떻게 평가하고 보상을 주어야 하는지가 중요하다.

12. 맺음말

Salas 등(2004)은 개인이 수행하던 일을 팀이 수행하는 추세가 줄어들지 않을 것이라고 주장한다. "팀에 관한 연구와 실천이라는 거센 폭풍우와 회오리로부터 피난처를 찾는 여행자들은 마땅한 은신처를 찾지 못할 것이다. 실제로 열역학의 제2법칙에서 표현하는 것처럼 혼란은 항상 가중된다"(p. 76). 세상이 점점 복잡해짐에 따라 조직은 이러한 복잡성에 적응하기 위하여 새로운 방식을 찾아야만 한다. 팀은 이러한 변화에 적응하기 위한 하나의 방편이다. 작업 장면에서 개인에서 팀으로 관점이 전환됨에 따라 산업 및 조직심리학의 많은 분야에서의 지식들을 재검토할 필요가 있다. 일부 개념들은 개인에서 팀으로 직접 일반화할 수 있지만 어떤 절차들은 그대로 적용할 수 없다(예 : Campion et al., 1996). 산업 및 조직심리학은 팀으로 수행하는 일에서 어떤 새로운 심리학적 개념이 필요한지 그리고 기존의 개념을 팀으로 일반화할 때 어느 정도 타당성을 지니는지를 알아내야 한다(**산업 및 조직심리학과 경제 : 인원 감축과 팀워크** 참조).

　　Salas 등(2007)은 변화하는 세상에 조직이 대응하기 위하여 업무수행에서 팀 사용이 증가하였다고 언급하였다. 지난 30년 동안 산업 및 조직심리학자들은 팀을 이해하고 팀워크가 어떻게 형성되는지에 관해 연구해 왔다. 하지만 산업 및 조직심리학이 탄생하기 오래전부터 작업을 완수하기 위하여 실제로 팀을 사용했었다. 최근에 팀에 관한 새로운 경향은 과거에 개인이 하던 일을 요즘은 팀이 하는 경우가 점점 더 많아졌다는 것이다. Salas 등은 "지난 한 세기 동안 우리가 알게 된 교훈들을 종합해 보면, 산업체, 정부, 조직들이 팀에 의존한다는 것이다. (중략) 세상이 점점 더 복잡해짐에 따라 팀의 유용성이 밝혀지고 팀을 사용하는 경우가 앞으로 계속 증가할 것이다. 팀은 지속적으로 존재할 것이다"(p. 432)라고 언급하였다.

산업 및 조직심리학과 경제

인원감축과 팀워크

인원감축은 경비를 줄이고 효율성을 높이기 위해 조직이 흔히 실시하는 방법이다. 조직이 작업 팀으로 운영될 때는 어떤 종업원을 해고해야 하는지에 대한 결정을 쉽게 하기 힘들다. 예를 들어, 일곱 명으로 구성된 팀에서 두 명의 팀원이 해고된다면 어떤 결과가 초래될까? 두 명의 팀원이 나가면 팀 전체 수행에 큰 영향을 미칠 것이다. 팀 내 다른 사람들이 가지고 있지 않은 지식을 가지고 있던 팀원이 떠나면 팀은 큰 타격을 입을 것이다. 이와 마찬가지로, 집단 내 관계를 돈독하게 유지하는 데 큰 역할을 했던 종업원들이 해고된다면 그 집단도 응집력이 저하될 수 있다. 팀 구성원들이 서로에게 긴밀한 도움을 주고 상호의존적이던 팀에서 팀원의 일부가 해고되면 팀이 이러한 변화에 빨리 적응할 수 있을까?

아마도 조직은 팀 내 특정 개인들을 해고하기보다는 팀원 전부를 해고함으로써 경비를 절감하려고 할 것이다. 왜냐하면 팀 운영이 팀 구성원들 간에 공유된 태도, 행동, 인지에 의해 큰 영향을 받기 때문에 특정 팀원만을 해고하면 팀 전체의 수행이 타격을 입게 되기 때문이다. 일부 팀원이 빠짐으로 인해 팀 전체가 궤멸될 수도 있다. 팀이 해체된 후 해고되지 않은 팀원들은 기존의 다른 팀에 배속될 것이다. 새로운 구성원들이 들어온 팀은 업무를 분장하기 위하여 다시 역할을 분담하고 조정하는 과정을 거쳐야 한다.

팀원의 일부를 해고하더라도 팀은 그대로 두어야 한다는 주장이 있을 수 있다. 하지만 팀을 성공적으로 운영하기 위해 내부 응집력을 키우는 데 소요되는 시간과 노력을 감안하면, 팀 내 특정 개인들보다는 팀원 전체를 해고하는 것이 경제적으로 더 현명하다.

경제적 이득을 얻기 위하여 해고를 통해 경비를 줄이는 전략은 조직들이 지난 35년 동안 실행해 왔던 것이다. 조직에서 팀제로 업무수행 방식을 전환하는 것은 그렇게 쉬운 일이 아니다. 조직은 인원 감축을 통해 인건비를 줄임으로써 경제적 효율성을 달성하고자 한다. 그러나 업무가 팀 구조로 이루어지는 경우에는 팀원의 일부를 해고시키는 것은 운영의 효율성 저하와 직접적으로 관련되어 있다. 종업원들이 팀제로 일하지 않는 조직의 경우에는 인원감축이 초래하는 문제가 상대적으로 덜 복잡하다.

---

09   **이 장의 요약**

- 작업 팀은 변화하는 일의 세계에 조직이 적응하기 위해 만들어졌다.
- 팀은 개인수준과 조직수준 사이에 존재하는 분석 수준이다.

- 팀이 운영되는 과정에 관한 다섯 가지 핵심 원칙이 있다.
- 팀은 목적과 상호작용 형태에 따라 구분될 수 있다.
- 개인은 예측이 가능한 일련의 단계를 거치면서 팀의 일원이 되고 팀 내에서 사회화된다.
- 팀 내에서 구성원들이 가지고 있는 역할들에 의해 팀의 구조를 정의할 수 있다.
- 팀은 계획과 평가, 목표 촉진, 대인관계 관리와 관련된 중요한 과정을 통해 기능을 발휘한다.
- 팀은 모든 구성원이 참여하고 팀의 정신구조를 결정짓는 의사결정에 대해 학습해야 한다.
- 개인과 관련된 인사선발, 교육, 수행평가와 같은 이슈들을 팀에도 동일하게 적용할 수 있다.
- 팀 구성원들의 문화적 배경은 팀의 형성 및 기능과 관련된 사회적 과정에 영향을 미친다.

일터에서 정서, 태도, 행동

이 장의 학습목표

■ 일터에서 정서, 기분, 감정의 역할을 설명한다.
■ 직무만족, 작업몰입, 종업원 몰입, 조직 공
  정성 등의 조직 태도를 설명한다.
■ 조직 시민행동과 반생산적 작업행동의 개념
  을 이해하고, 이러한 개념과 다른 개념들 간
  의 관계를 파악한다.
■ 조직에서 정치적 행동의 개념을 이해한다.
■ 고용에서 심리적 계약의 개념과 변화하는
  속성을 이해한다.

$\mathbf{앞}$ 장에서 조직과 팀을 운영하는 데 필요한 구조적 틀과 사회적 기제 같은 여러 가지 개념적 접근방법을 다루었으며, 이 장에서는 조직에서 나타나는 다양한 심리적 개념을 다룰 것이다. 특히 이론적 가치가 있는 개념뿐만 아니라 작업행동과 관련한 다양한 실제 문제들에 영향을 미치는 것으로 밝혀진 개념도 다룰 것이다. 이 장의 제목인 '일터에서 정서, 태도, 행동'은 이처럼 방대하고 다양한 주제를 반영하고 있다.

1. 정서, 기분, 감정

앞에서 다루었던 일반정신능력 '*g*'에 관한 많은 연구를 통해 알 수 있듯이, 역사적으로 산업 및 조직심리학 연구는 일과 관련된 정서적 차원보다는 인지와 관련한 문제를 다루는 데 주력해 왔다. 하지만 일을 포함한 삶 전반에서 기분과 감정이 중요한 역할을 한다는 것을 부정하기 어렵다. 예를 들면, Fisher와 Ashkanasy(2000)는 "일터에서 감정 연구는 조직에서 인간 행동에 대한 이해를 증진할 수 있다"(p. 123)고 했다. Weiss(2002) 역시 "일터는 … (중략) … 감정처리를 포함한 인간의 복잡하고 다양한 처리과정이 매일 반복되는 공간이다. 일터에서 사람들은 죄책감, 분노, 기쁨, 그리고 불안을 느끼며, 심지어 이러한 감정을 하루에 모두 겪기도 한다. 일터에서 일어나는 사건들은 종업원들의 감정에 큰 영향을 미친다"(p. 1)고 강조했다.

> 정서 : 기분과 감정을 포함한 다양한 느낌으로, 일반적으로 긍정-부정 연속선상에서 나타남
>
> 기분 : 특정 대상과 관련 없이 발생하는 것으로, 일반적이며 오래 지속되는 느낌

기분과 감정은 좀 더 확장된 개념인 **정서**(affect)에 포함된다. 정서는 일반적으로 긍정과 부정의 연속선상에서 폭넓게 나타나는 일종의 느낌을 말한다. 또한 정서는 특성이나 일시적 상태로 구분할 수 있다. 특성 관점에서 정서는 사람들마다 다른 인생관을 갖는 근본적 차이, 보편적 성향, 태도를 의미한다. 긍정적 정서 특성이 높은 사람들은 일반적으로 활동적이며 생기발랄하며 열정적이며 영감에 차 있으며 매사에 관심이 많다. 부정적 정서 특성이 높은 사람들은 이와 반대로, 삶에 대해 마치 '반쯤 차 있는 컵이 아닌 반쯤 비어 버린 컵'이라고 삶에 대해 회의적인 입장을 갖는다. 그들은 차분하고 평온한 감정보다 두려움이나 불안을 느끼게 될 가능성이 크다.

정서는 순간적인 경험이나 일시적 상태로 표현될 수 있는데, 이 경우에는 기분이나 감정이라는 용어를 사용한다. **기분**(mood)은 일반적이고 상대적으로 오래 지속되는 느낌을 말한다. 기분은 특정 대상 때문에 발생하는 것이 아니고 그러한 기분이 왜 발생했는지를 본인도 잘 모른다. Frijda(2009)는 기분이란 "특정한 것이 아닌, 일반적인 세상에 대한 것"(p. 258)이

라고 말했다. Fisher(2000)는 기분이 발생하는 원인이 다양하고 모호하기 때문에 기분을 직접 통제하기는 어렵더라도, 조직은 종업원들의 기분을 좋아지게 할 수 있다고 했다. 예를 들어, 작업 환경에서 좌절감과 짜증을 빈번하게 유발하는 성가시고 귀찮은 일들을 없앰으로써 종업원들의 기분을 좋아지게 할 수 있다.

감정(emotion)은 기분에 비해 좀 더 오래 지속되지 않는 단발적인 상태로, 보통 특정 대상에 대한 느낌이다. Ekkekakis(2012)는 "감정은 어떤 특정한 것에 의해 유발되고, 그것에 대한 반응이고, 그것에 대한 일반적인 느낌"(p. 322)이라고 말했다. Muchinsky(2000)는 Lazarus와 Lazarus(1994)의 연구에 기초하여, 일터에서 발생할 수 있는 감정을 크게 다섯 가지로 분류했다. 다섯 가지 범주가 〈표 10-1〉에 제시되어 있다.

> 감정 : 특정 대상에 국한하여 발생하는 것으로, 오래 지속되지 않는 단발적 느낌

일터에서 개인이 느끼는 감정은 그들의 직무수행에 영향을 줄 수 있다. Shockley 등(2012)은 행복이 높은 수행과 연관되어 있고 슬픔은 낮은 수행과 연관되어 있다는 것을 발견했다. Rodell과 Judge(2009)는 분노는 직장 내 반생산적 행동과 상관이 있음을 보고하였다. 또한 Ilies 등(2013)은 반생산적 행동을 한 것에 대해 죄책감을 느끼는 사람들은 바람직하지 않은 자신의 행동을 만회하고 죄책감을 줄이기 위해 후속적으로 조직에 도움이 되는 행동을 한다는 것을 발견했다.

감정은 의사결정에서 중요한 역할을 한다. Lerner 등(2013)은 "사람들은 감정적인 상태에서 인생에서 가장 중요한 결정을 내린다. 사랑에 빠져 누군가에게 프로포즈를 하거나 결혼을 약속하고, 분노가 치밀어 누군가를 때리고, 재난 상황에서 두려움에 빠져 집을 버리고 피난을 간다"(p. 77)고 말했다. Lerner와 Keltner(2000)는 감정이 상황에 대한 평가에 영향을 미치고(좋은 일이 생겼을 때 누구에게 공을 돌리고, 나쁜 일이 생겼을 때 누구를 탓할 것인지), 자신이 내린 결정에 대한 자신감에 영향을 미치며, 위기를 어떻게 보는지에 영향을 미친다고 했다. Reb 등(2014)은 감정이 우리가 어떤 기억을 회상하고, 정보를 얼마나 처리할 것인지를 결정한다고 지적하면서 직무수행평가 과정에서 감정의 역할을 강조하였다. Murphy(2014)는 필요에 따라 의사결정 과정에서 감정을 이입하는지 혹은 배제하는지에 따라 의사결정자들

표 10-1 인간 감정의 다섯 가지 범주

범주	감정
1. 긍정적	행복 사랑 자부심
2. 부정적	슬픔 절망 낙심
3. 실존적	걱정 죄책감 수치
4. 불쾌한	분노 질투 시기
5. 감정이입적	감사 동정 연민

이 과업과 상황을 바라보는 시각이 달라진다고 제안했다.

제3장에서 일터에서 종업원들은 특정한 감정을 표현해야 하는 **정서노동**(emotional labor)을 빈번하게 한다는 것을 논의하였다. 앞서 다룬 내용처럼, 개인은 실제로 느끼는 진짜 감정을 변화시키지 않고 단지 겉으로 표현하는 감정을 변화시키는 표면 행동을 한다. 이와 달리, 종업원은 그들에게 요구되는 감정을 느끼기 위해 실제 자신이 느끼는 내면의 감정을 바꾸기 위해 노력하는 내면 행동을 할 수도 있다. 이처럼 자신이 느끼는 감정을 바꾸려는 시도를 **정서**

> **정서노동** : 종업원들이 직무를 수행하면서 자신이 느끼는 본래 정서와는 다른 정서를 고객에게 의무적으로 표현해야 하는 행동
>
> **정서조절** : 자신이 느끼는 감정이나 기분을 조절하려는 시도
>
> **정서지능** : 사회적 상황에 따라 정서적 반응을 조절할 수 있는 개인의 능력을 나타내는 구성개념

조절(emotional regulation)이라고 한다. Hülsheger와 Schewe(2011)의 통합분석 연구는 표면 행동이 개인의 웰빙, 일에 대한 태도, 직무수행에 부정적인 영향을 주지만, 내면 행동은 이러한 부정적인 영향이 없다는 것을 밝혔다.

정서 조절과 관련된 개념으로 앞서 제4장에서 다뤘던 **정서지능**(emotional intelligence)이 있다. 정서지능은 지금까지 많은 관심을 받아 왔고, 산업 및 조직심리학 내에서도 여전히 많은 논란이 있다. 정서지능은 자신은 물론 타인의 감정을 인지하며, 자신의 감정을 사회적으로 바람직한 방향으로 통제하는 능력을 뜻한다. O'Boyle 등(2011)의 통합분석 연구는 정서지능이 직무수행과 정적으로 관련되어 있다는 것을 밝혔다. 또한 정서지능은 인지능력과 성격 5요인이 직무수행을 예측하는 부분 이외에 추가적으로 직무수행을 예측했다. Joseph과 Newman(2010)은 통합분석을 실시하여 정서지능이 정서노동을 요구하는 직무에 대한 수행을 가장 잘 예측한다는 것을 발견하였다. 정서지능이 이러한 예측력을 가지고 있음에도 불구하고, 정서지능에 대해서는 여전히 많은 심리학자들 사이에서 의견이 분분하다. 예를 들면, Locke(2005)는 "왜 정서지능은 타당하지 않은 개념인가"라는 제목의 논문에서 정서지능이 지능의 형태라기보다는 습관이나 기술에 가깝다고 주장하였다. 그럼에도 불구하고 정서지능의 개념은 여전히 유효하며, 연구자와 실천가 모두 지속적으로 관심을 보이고 있다.

정서전염(emotional contagion)은 한 사람의 감정이 다른 사람에게 전파되는 것을 말한다. 사람은 누구나 자신이 접하는 사람을 모방하려는 경향이 있는데 여기에는 얼굴 표정이나 습관까지 포함된다.

> **정서전염** : 의식적으로든 무의식적으로든 환경 내 타인들이 갖는 감정과 동일한 감정을 경험하고 표현하는 경향성

이와 마찬가지로 누군가가 화가 났거나 슬플 때, 주변 사람들은 이를 정확히 파악하지 못하더라도 함께 화를 내거나 슬픔을 느낄 수 있다. 긍정적이거나 부정적인 감정 모두 개인들 간의 정서적 수렴이 가능하며, 일터에서 상당히 심각한 결과를 초래할 수 있다. 예를 들어, Westman 등(2013)의 이스라엘 군인들을 대상으로 한 연구에서, 교관은 행복하거나 혹은 고통스런 감정을 지니고 있는 군인처럼 연기하

도록 지시받은 실험협조자와 인터뷰를 했다. 연구 결과에 따르면, 교관들은 자신이 인터뷰했던 군인들과 동일한 감정 상태를 경험했다. 행복한 감정을 연기했던 군인들과 인터뷰했던 교관들은 긍정적인 감정을 느꼈으며, 고통스런 감정을 연기했던 군인들과 인터뷰했던 교관들은 부정적인 감정을 경험했다고 보고했다. 특히 군인과 교관 간의 긍정적 감정 전이는 부정적 감정 전이에 비해 더 강력했는데, 이를 바탕으로 그들은 긍정적 감정이 부정적 감정에 비해 더 강력한 전염성을 갖는다고 주장했다.

1) 긍정적 감정의 확장과 구축 이론

오늘날 심리학은 역사적으로 심리적 역기능과 병리적 측면에 주력했던 것과 달리 긍정적 측면에 대한 관심이 증가하고 있다. 정서 관련 분야에서 크게 주목받는 긍정적 구성개념 중 하나는 바로 Fredrickson(2001)의 **긍정적 감정의 확장과 구축 이론**(broaden-and-build theory of positive emotion)이다. 그녀는 자신의 이론을 통해 부

> **긍정적 감정의 확장과 구축 이론** : 긍정적 감정을 통해 사고와 행동범위가 확장되며 더 많은 자원을 확보하며 기능적으로 향상된다는 이론

정적 감정을 중요하게 다루었던 심리학의 전통에 도전장을 내밀었다. 두려움과 분노 경험은 생존에 꼭 필요한 투쟁이나 도피 기제를 유발하기 때문에 분명히 장점을 갖는다. 그렇다면 행복이나 감사 같은 긍정적 감정은 어떨까? Fredrickson은 긍정적 감정 또한 진화론적 장점을 가지며 생존 확률을 높인다고 주장했다.

확장 및 구축 이론에 따르면, 사람들은 긍정적 감정을 통해 인식의 폭이 넓어지고 좀 더 다양하게 생각하고 행동하게 된다. 부정적 감정은 특정한 결과(투쟁 또는 도피 반응)를 유발하기 위해 사고와 행동의 폭을 좁게 만들지만, 긍정적 감정은 시야를 넓혀 준다. 이러한 과정을 통해 사람들은 더 많은 자원을 확보할 수 있게 된다. 이러한 자원으로는 인지적 자원(지적 복잡성 향상), 사회적 자원(친밀성 증가), 심리적 자원(회복력 증가), 신체적 자원(면역체계 기능 개선)이 있다. 이러한 자원은 사람들이 더 효과적으로 기능할 수 있도록 해 준다. Vacharkulksemsuk과 Fredrickson(2013)은 "긍정적 감정은 단기적으로 집중력과 인식을 확장하며, 장기적으로 생존에 꼭 필요한 개인적 자원을 구축하는 데 영향을 미친다"(p. 45)고 요약하였다.

Fredrickson은 누구나 긍정적 감정을 통해 좋은 결과를 얻으며, 〈그림 10-1〉에서 보듯이 상향 순환구조를 통해 더 긍정적인 감정을 경험하게 되면 더 나은 결과를 얻게 될 것이라고 제안했다. 예를 들어, Fredrickson(2000)은 사람들이 긍정적 감정을 통해 자신의 인생 경험에서 보다 긍정적인 의미를 인지하게 된다는 것을 발견했다. 긍정적 의미는 긍정적 감정을 유발하며, 이와 같은 긍정의 순환은 지속적으로 상승하는 특성을 갖는다. 이 이론은 실증적으

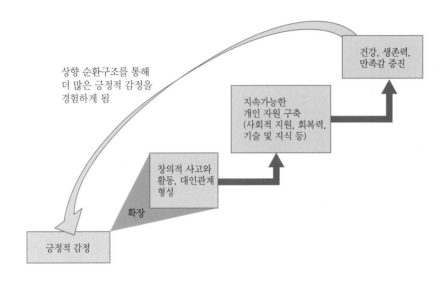

그림 10-1 긍정적 감정의 확장과 구축 이론

로 상당한 지지를 받고 있으며, 일터와 일상의 삶에서 긍정적 감정의 중요성을 보여 주었다 (Fredrickson, 2013).

2. 직무태도

일에 관련된 태도는 종업원들이 자신이 속한 조직, 상사, 직무 같은 다양한 측면을 지속적으로 평가하며 형성된다(Schleicher et al., 2011). Judge 등(2012)에 따르면 직무태도는 인지적 구성요소와 정서적 구성요소를 갖는다. 다시 말해, 직무태도는 일의 영역에 대한 내적 평가 또는 신념(인지적 구성요소)과 대상에 대한 느낌(정서적 구성요소)을 포함하고 있다. 태도는 강도와 선호도 수준에 따라 달라지며 개인의 행동에 영향을 미친다.

여기에서는 자신이 맡은 일에 대해서 종업원들이 갖는 네 가지 중요한 태도를 다루고자 한다. 네 가지는 직무만족, 작업몰입, 종업원 몰입, 조직 공정성이다. 직무만족은 직무태도 중에서 가장 많이 연구된 주제이다. 작업몰입 또한 많은 관심을 받아 왔지만 정의가 정확하게 내려지지 않아서 약간의 혼란이 있다. Klein(2014)은 몰입이 태도의 일종으로 여겨지거나, 혹은 동기의 지표로 쓰이거나, 심지어 일치감과 정체감을 나타내는 것으로도 간주된다고 지적했다. 이와 유사하게 종업원 몰입 역시 태도나 동기의 일종으로 여겨진다. 마지막으로 Ng 와 Feldman(2010) 같은 몇몇 저자들은 공정성 지각을 태도로 보았지만, Judge와 Kammeyer

Mueller(2012) 같은 다른 저자들은 공정성 지각을 태도로 보지 않고 태도의 선행 변인으로 간주하였다. 이 책에서는 이러한 개념들을 태도로 간주하지만, 연구문제나 사용된 측정치에 따라 이러한 개념을 다르게 볼 수도 있다.

1) 직무만족

직무만족(job satisfaction)은 종업원이 자신의 직무에 대해 느끼는 호감도에 대한 내적 평가이다(Judge et al., 2012). 다시 말해 종업원이 자신의 직무로부터 얻는 즐거움의 정도를 뜻한다. 일은 우리 삶 속에서 중

> 직무만족 : 종업원이 자신의 직무로부터 얻는 즐거움의 정도

요한 활동 중 하나이기 때문에, 산업 및 조직심리학자들은 직무만족에 오랫동안 관심을 가져왔다. 오늘날의 근로 기준으로 100년 전의 고용 조건을 받아들이기는 쉽지 않다. 과거에는 안전하지 못한 환경에서 빈번하게 작업이 이뤄졌으며 작업시간은 매우 길고 냉방이 되는 사무실도 없었다. 게다가 유급휴가, 의료보험, 퇴직금과 같이 오늘날 우리가 당연하게 여기는 복지혜택조차 존재하지 않았다. 오늘날 종업원들이 과거보다 훨씬 나아진 작업환경 때문에 자신의 직무에 매우 만족할 것이라고 추측할 수 있지만, 실상은 그렇지 않다. 어떤 종업원들은 자신에게 주어진 일에 만족하며 의미를 발견하지만 많은 사람들이 자신이 맡은 일을 지루하고 고된 것으로 여긴다.

왜 그럴까? 그 해답은 기대하는 바에 대한 개인적 차이, 특히 직무가 개인의 기대 수준을 충족시키는 정도에 대한 개인적 차이에서 답을 얻을 수 있다. Hulin과 Judge(2003)는 직무에 대한 종업원들의 정서적 반응이 직무를 통해 종업원이 기대했던 결과와 실제 결과 간의 비교를 통해 결정된다고 주장하였다. Dawis(2004)는 직무만족이 시간과 상황에 따라 변할 수 있다고 언급하였다. 무엇이 중요한지는 사람마다 다르고, 동일한 사람 내에서도 시간과 상황에 따라 달라질 수 있다. 사람들이 자신의 직무에서 기대하는 것에는 폭넓은 개인차가 있기 때문에 직무에 대한 다양한 반응이 존재할 수 있다. Hulin(1991)은 "책임감에 수반되는 스트레스와 문제점 때문에 어떤 사람들은 책임감이 부여된 직무를 불만족스럽게 여기지만, 어떤 사람들은 책임감을 마치 긍정적 정서의 원천으로 여길 수도 있다. 도전적인 직무는 어려운 임무를 완수한 후 느낄 수 있는 보람 때문에 어떤 사람에게는 만족을 줄 수 있다. 하지만 다른 사람들은 이러한 내적 보상에 별로 관심이 없을 수도 있다"(p. 460)고 언급하였다. 직무 결과에 대한 사람들의 선호 차이는 사람마다 다른 성장 경험과 포부 수준을 갖기 때문이라고 가정한다. 다르게 표현하면, "직무에서 추구하고자 하는 바가 직무에 대한 만족에 영향을 미친다"(Warr & Clapperton, 2010, p. 19).

연구에 따르면, 사람들은 그들의 직무에 대하여 전반적인 느낌을 가지고 있을 뿐만 아니라

그들의 상사, 동료, 승진기회, 급여 등과 같이 직무의 세부 차원이나 국면들에 대해서도 개인적인 느낌을 가지고 있다. 산업 및 조직심리학자들은 이러한 두 가지 수준의 느낌을 각각 전반적 직무만족(global job satisfaction)과 직무 국면 만족(job facet satisfaction)으로 구분한다. 직무만족의 측정에 관하여 오랫동안 상당히 많은 연구가 이루어졌다. 직무만족을 측정하기 위해 45년 넘는 시간 동안 직무기술지표(Job Descriptive Index)(Smith et al., 1969)가 사용되었고, 이것은 산업 및 조직심리학에서 학문적 자존심으로 여겨지기도 한다(Kinicki et al., 2002). 이와 마찬가지로, 미네소타 만족 설문지(Minnesota Satisfaction Questionnaire)(Weiss et al., 1967)도 산업 및 조직심리학에서 중요하게 여겨지고 있다. 미네소타 만족 설문지가 〈그림 10-2〉에 제시되어 있다.

지난 20년간 우리는 직무만족이 객관적 직무 조건뿐만 아니라 정서에 의해서도 결정된다는 사실을 알게 되었다. 객관적 직무조건은 급여수준, 근무시간, 물리적 작업조건처럼 개인의 직무에서 보다 사실적인 것들이다. Brief(1998)는 직무상황에 대한 평가나 해석에 영향을 미치는 두 요소(정서와 객관적 직무 조건)에 기초하여 〈그림 10-3〉에 제시된 직무만족 모델을 제안하였다. 자신이 하는 일에 대한 보수의 적절성 지각, 직무에서의 스트레스 수준, 개인의 기술과 능력이 직무와 부합되는 정도와 같이 다양한 것에 기초하여 해석이 내려진다. 최근 연구는 개인의 직무만족에 영향을 미치는 정서의 타당도를 확인하였다.

Judge 등(2002)은 성격특성과 직무만족 간의 관계를 보고하였다. 직무만족은 신경증과 −.29, 외향성과 .25, 경험에 대한 개방성과 .02, 원만성과 .17, 성실성과 .26의 상관을 보였다. 전체적으로 성격 5요인은 직무만족과 .41의 다중상관을 나타내었다. 이와 유사하게, Ilies와 Judge(2003)는 다른 환경에서 자란 일란성 쌍둥이 연구에 기초하여 직무만족이 유전된다고 주장하였다. 요약하면, 직무만족은 일의 객관적 조건(조직의 통제 아래 있는 것)과 작업자의 성격 모두와 관련되어 있다.

Bowling 등(2005)은 감각과 지각에 관한 연구에 기초하여 직무만족 이론을 제안하였다. 60여 년 전에 이루어진 고전적 연구는 개인들에게 무게가 다른 몇 가지 물건의 무게를 판단하도록 했다. 물건의 무게를 판단하기 전에 개인들은 그 물건보다 상대적으로 무겁거나 또는 가벼운 물건을 먼저 들어 보았다. 그 물건의 무게에 대한 판단은 먼저 들었던 무게에 의해 영향을 받았다. 개인들은 먼저 경험했던 물건의 무게와 비교하여 그 물건에 대한 판단을 조정하였다. 즉 개인이 판단해야 할 물건의 실제 무게는 4온즈인데 만약 먼저 들어 본 물건의 무게가 2온즈였다면 이 물건이 4온즈보다 무겁다고 판단했다. 하지만 먼저 들어 본 물건의 무게가 6온즈였으면 이 물건이 4온즈보다 더 가볍다고 판단했다. 이처럼 우리의 판단은 상황에 따라 상대적이기 때문에 상황을 무시하고 독립적으로 이루어질 수 없다. 저자들은 사람들 스스로에게 물어보자 : 나는 내 직무에서 다음의 측면에 얼마나 만족하고 있는가?

- **매우 만족**은 내 직무에서 다음의 측면에 매우 만족하고 있음을 의미한다.
- **만족**은 내 직무에서 다음의 측면에 만족하고 있음을 의미한다.
- **결정 못함**은 내 직무에서 다음의 측면에 만족하는지 아니면 만족하지 않는지를 결정할 수 없음을 의미한다.
- **불만족**은 내 직무에서 다음의 측면에 불만족하고 있음을 의미한다.
- **매우 불만족**은 내 직무에서 다음의 측면에 매우 불만족하고 있음을 의미한다.

현 직무에서 다음의 측면에 대하여 어떻게 느끼는가?	매우 불만족	불만족	결정 못함	만족	매우 만족
1. 항상 바쁘게 보낼 수 있는 것	☐	☐	☐	☐	☐
2. 직무에서 혼자 일하는 기회	☐	☐	☐	☐	☐
3. 때때로 다른 일을 수행하는 기회	☐	☐	☐	☐	☐
4. 공동체의 일원이 될 수 있는 기회	☐	☐	☐	☐	☐
5. 상사가 부하를 다루는 방식	☐	☐	☐	☐	☐
6. 의사결정에서 내 상사의 역량	☐	☐	☐	☐	☐
7. 양심에 거스르지 않는 일을 할 수 있는 것	☐	☐	☐	☐	☐
8. 직무가 안정된 일자리를 제공하는 점	☐	☐	☐	☐	☐
9. 다른 사람들을 위해 일할 수 있는 기회	☐	☐	☐	☐	☐
10. 사람들에게 무엇을 하라고 말하는 기회	☐	☐	☐	☐	☐
11. 나의 능력을 활용하는 일을 할 수 있는 기회	☐	☐	☐	☐	☐
12. 회사의 정책이 실행되는 방식	☐	☐	☐	☐	☐
13. 임금과 수행하는 일의 양	☐	☐	☐	☐	☐
14. 현 직무에서 승진 기회	☐	☐	☐	☐	☐
15. 자신의 판단을 사용하는 재량	☐	☐	☐	☐	☐
16. 자신만의 직무수행 방법을 시도할 수 있는 기회	☐	☐	☐	☐	☐
17. 작업조건들	☐	☐	☐	☐	☐
18. 내 동료들이 서로 교류하는 방식	☐	☐	☐	☐	☐
19. 훌륭한 직무수행에 대한 칭찬	☐	☐	☐	☐	☐
20. 직무로부터 얻는 성취감	☐	☐	☐	☐	☐

그림 10-2 미네소타 만족 설문지(단축형)

이 그들의 직무에 대해 어떻게 생각하는지도 상황에 따라 달라진다고 믿었다. 개인들은 성격이 서로 다르고, 긍정적이거나 부정적인 사건에 대한 민감성도 다르다.

직무만족에 대하여 Boswell 등(2009)은 "신혼 숙취효과(honeymoon - hangover effect)"에 대한 증거를 제시했다. 그들은 조직에 신규 채용된 인력들을 대상으로 이전 직장에서의 직무만족도를 조사하였다. 그리고 동일한 사람들을 대상으로 재직 3개월, 6개월, 1년이 지난 시점에서 현 직장에 대한 만족도를 조사하였다. 조사에 따르면 응답자들은 3개월이 지난 시점(신

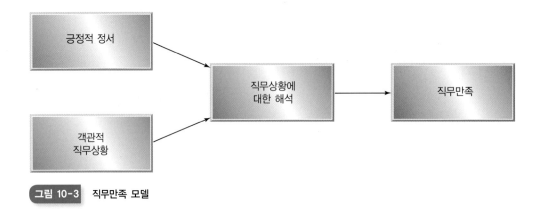

그림 10-3 직무만족 모델

혼 기간)에서 가장 높은 만족도를 보였다. 하지만 그 후로부터는 만족도가 점차 하락하여(시간이 지남에 따라 숙취가 줄어드는 것처럼) 이전 직장에서의 직무만족도 수준으로까지 낮아졌다. 더 나아가 연구자들은 이전 직장에서 직무만족도가 낮았던 사람들은 만족도가 높았던 사람들에 비해 이런 패턴을 겪을 가능성이 더 크다는 것을 발견했다. 이들의 발견은 직무만족에서 일종의 '기준점(set point)'이 존재할 가능성을 시사한다. 이러한 연구 결과는 조직이 장기적으로 종업원들의 직무만족을 개선하기 위해 노력할 필요가 없다는 것을 시사한다. 직무만족이 개선될 수 있지만, 종업원 스스로 새로운 환경에 적응하기 위해 직무만족의 기준을 재조정하기 때문에 직무만족 개선 효과가 오래 유지되기는 어렵다.

직무만족과 중요한 직무관련 준거 간의 관계는 광범위하게 연구되었다. 여기서는 직무만족이 세 가지 직무관련 준거인 수행, 이직, 결근과 어떤 관계가 있는지를 논의할 것이다. 직무만족과 직무수행 간의 관계는 50년 넘게 연구되었다. 이상적으로는 생산성이 높은 사람이 자신의 일에서도 행복감을 느끼리라고 여겨지지만 직무만족과 직무수행 간의 관계가 그렇게 강하게 나타나지는 않는다. Judge 등(2001)은 통합분석을 실시하여 직무만족과 직무수행 간의 상관 추정치가 .30이라고 보고했다. 이 연구 결과에 따르면, 두 개념 간의 공통변량(r^2)이 9%인데, 이는 한 개념이 다른 개념의 변량의 91%를 설명하지 못한다는 것을 의미한다. 이것이 시사하는 점은 만약 조직이 작업자의 만족과 수행 모두를 향상시키려고 시도할 경우 실패할 가능성이 크다는 것이다. 그 이유는 대체로 두 가지 개념이 서로 약하게 관련되어 있기 때문이다. 실제로 생산성을 증가시키기 위한 조직의 시도(예 : 감독을 철저히 함으로써 종업원들을 엄하게 다루는 것)는 직무만족을 감소시킬 수 있다. Riketta(2008)는 직무수행이 직무만족을 유발하는 것이 아니라 직무만족이 직무수행을 유발할 가능성이 더 크다는 통합분석 결과를 보고했다.

이직과 결근은 종업원 자신이 싫어하는 고용 환경으로부터 일시적(결근) 혹은 영구적(이직)으로 벗어나려는 것을 나타내기 때문에 종종 **이탈행동**(withdrawal behavior)으로 불린다. 직무를 좋아하는 정도와 직무에서 이탈하려는 정도 간의 관계는 산업 및 조직심리학자들 사이에서 상당한 관심을 끌었다. 연구를 통해 사람들은 대체로 자신의 직무를 싫어할수록 직무를 그만둘 가능성이 더 크다는 것을 입증했다. 만족과 이직 간의 상관 크기는 평균적으로 약 −.40이다. 그러나 이 둘 간의 관계는 이직 가능성을 포함한 여러 요인들의 영향을 받는다. 사람들은 실직을 택하기보다는 오히려 불만족스러운 직무를 참고 견디려 한다(Hom & Kinicki, 2001). 반면 다른 고용 기회가 주어지면 불만족스러운 직무를 떠날 가능성이 크다(Carsten & Spector, 1987).

직무만족과 결근 간의 상관은 대략 −.25 정도이다(Johns, 1997). 결근은 직무를 얼마나 좋아하는지와 무관하게 통근문제, 가족부양에 대한 책임감 등을 포함한 여러 요인에 의해 발생할 수 있다. 이러한 관계를 설명하기 위해 연구를 설계하는 과정에서 방법론적 문제(예를 들면, 결근 기간에 대한 급여 제공 여부, 결근 종업원에 대한 조직 차원의 징계 여부)를 통제했을 때, 직무만족과 결근 간에는 약하지만 일관된 부적 상관이 나타났다. 이러한 결과의 실무적 시사점은 직무에 만족할 경우에는 직무에 만족하지 않는 경우보다 일을 하기 위해 더 많은 노력 − 예를 들어, 마치 감기에 걸려도 출근하는 것처럼 − 을 기울일 가능성이 더 크다는 것이다.

Judge 등(2012)은 조직 관점에서 직무만족이 명확한 효용가치가 없더라도 반드시 측정해야 할 중요한 태도라고 지적하였다. 그들은 일이 우리 삶에서 중요한 부분을 차지하기 때문에 일에 대해 어떤 평가를 내리는지를 잘 이해하기 위해서는 직무만족을 연구해야 한다고 주장한다. 이와 더불어 직무만족은 삶 전반의 만족을 성취하는 데 중요한 역할을 한다. 따라서 그들은 "자신이 맡은 직무가 끊임없이 힘들고 단조로운 일처럼 느껴지거나, 심한 좌절감을 주거나, 혹은 정신적으로 상당한 만족을 주는 것과 상관없이, 직무만족은 개인이 갖는 중요한 태도 중 하나이다"(p. 519)라고 결론 내렸다. 그럼에도 불구하고 직무만족과 직무수행 결과 간의 미약한 관계로 인해 연구자들은 그들의 관심을 직무만족에서 다른 태도로 돌리기 시작했다.

2) 일 몰입

일 몰입(work commitment)은 종업원이 일을 하면서 하나 또는 그 이상의 대상에 대해 충성심을 느끼는 정도를 말한다. Klein 등(2012)에 따르면, 일 몰입은 "특정 대상에 대한 헌신과 책임이 반영된 자발적이고 심리적인 결속"(p. 137)이다. 이러한 대상은 직업이나 전문분야, 자신이 속한 조직, 작업 팀, 직무의 특정 요소(예 : 좋은 리더가 되는 것) 등을 포함할

> 일 몰입 : 종업원이 자신이 맡은 일에 충성심을 느끼는 정도

수 있다. Klein 등에 따르면, 몰입은 개인과 대상 간에 존재할 수 있는 여러 결속 유형 중 하나이다. 네 가지 유형의 결속이 존재하는데, 상세한 내용은 〈표 10-2〉에 요약되어 있다.

첫째, 다른 대안이 없기 때문에 발생하는 묵인적 결속(acquiescence bond)이 있다. 자신이 가지고 있는 기술에 맞는 직무를 다른 조직에서 찾을 수 없다고 생각하는 종업원은 꼼짝없이 현재 조직에 얽매여 있다고 느끼게 된다. 이들이 조직에 대해 느끼는 결속은 자발적 몰입이라기보다는 오히려 복종과 체념에 더 가깝다. 그다음에는 도구적 결속(instrumental bond)이 있다. 도구적 결속은 대상을 포기할 경우에 발생하는 손실에 초점을 두고 있기 때문에 거래적 속성을 갖는다. 만약 종업원이 지금까지 교육에 투자한 시간, 에너지, 돈 때문에 다른 직업을 선택하지 않고 현재 직업을 그대로 유지한다면, 이 종업원은 도구적 결속을 느끼는 것이다. 현재 자신의 직업을 그만두거나 아니면 그대로 유지하는 것에 대한 비용과 수익을 계산해서 비용보다 수익이 큰 경우에 직업을 그대로 유지한다. 다음으로 몰입적 결속(commitment bond)은 특정 대상에게 헌신하고 책임을 다하려는 개인의 의지가 반영되어 있다. 상사에게 충성하려는 마음을 가지고 있는 종업원은 상사에게 몰입을 느끼고 있는 것이다. 종업원은 이러한 결속을 자신의 의지로 스스로 선택한 것이다. 마지막으로 동일시 결속(identification bond)은 자신과 대상을 마치 하나인 것처럼 여기는 것이다. 조직의 가치가 자신의 가치와 같다고 느끼는 종업원은 조직을 동일시하고, 종업원과 조직이 심리적으로 하나라는 결속감을 느끼게 된다.

지금까지 몰입에 대한 개념적 정의를 다룬 여러 연구 중 하나로, Allen과 Meyer(1990)는 몰입의 세 가지 구성요소를 제안했다. 정서적(affective) 요소는 대상 조직에 대한 종업원의 감정적 애착과 일체감을 나타낸다. 계속적(continuance) 요소는 대상 조직을 떠나면 종업원이 지불하게 될 비용 측면에 기초한 몰입을 뜻한다. 규범적(normative) 요소는 종업원이 대상 조직에 남아 있어야 한다고 느끼는 의무감을 나타낸다. 본질적으로, 정서적 몰입은 대상을 좋아하는 것에 기초한 충성을 나타내고, 계속적 몰입은 더 나은 대안이 없다는 생각에서 발생하는 충성을 나타내며, 규범적 몰입은 대상에 충성해야 한다는 의무감으로부터 나오는 충성을 나타

표 10-2 결속의 여러 유형

	묵인적 결속	도구적 결속	몰입적 결속	동일시 결속
특징	다른 대안이 없음을 인지	그만두는 것에 따른 높은 비용이나 손실	의지, 헌신, 책임감	대상과의 결합
결속에 대한 경험	현실에 대한 체념	비용과 수익에 대한 계산	자발적 선택	자기주도성

낸다. Klein 등은 Allen과 Meyer의 개념적 정의가 몰입을 넘어 다른 결속 유형까지 포함한다고 말하였다. 그럼에도 불구하고 현존하는 작업몰입 관련 연구 대부분이 앞서 설명한 세 가지 관점을 따르고 있다.

오랫동안 일 몰입에 관한 대부분의 연구는 조직에 대한 종업원의 충성인 조직몰입을 주로 다루었다. 하지만 최근 연구(예 : Meyer, 2009)에서는 다른 대상에 대한 몰입도 다루고 있다. 오늘날 일의 세계에서 직무 불안정성은 종업원들의 조직에 대한 몰입 정도를 약화시키고 있다. 인원감축, 아웃소싱, 오프쇼링 등으로 인하여 종업원들은 자기 잘못이 없음에도 불구하고 일자리를 잃을 수 있기 때문에 조직에 대한 몰입이 낮아질 수 있다. 실직을 초래하는 조직 변화가 종업원의 조직몰입을 약화시키지만, 변화된 조직(예 : 인원이 감축된 조직)에서 살아남기 위해서는 조직에 대한 몰입이 매우 중요하기 때문에 Meyer는 이것을 몰입의 역설로 간주하였다. 일자리가 불안정한 오늘날 어떻게 종업원의 몰입을 높일 수 있을지에 대한 딜레마는 아래와 같은 애플컴퓨터의 사례를 통해 어느 정도 답을 찾을 수 있다.

> 여기에 애플이 당신에게 제공할 수 있는 것과 우리가 당신에게 원하는 것이 있습니다. 당신이 우리 회사에 있는 동안 당신의 삶에 정말로 소중한 경험을 제공하겠습니다. 다른 어디에서도 배울 수 없는 것을 가르쳐 드리겠습니다. 그 대가로 우리는 당신이 정말 죽도록 열심히 일하고 우리와 함께 있는 동안 우리와 비전을 공유하기를 원합니다. 우리는 당신을 평생 동안 고용하는 것에는 관심이 없습니다. 왜냐하면 그런 것은 우리가 추구하는 방식이 아니기 때문입니다. 제한된 시간 동안 함께 일하는 것은 당신과 우리 모두에게 좋은 기회가 될 겁니다(Meyer, 2009, pp. 37 - 38).

오늘날 조직들이 추구하는 가치에 암묵적으로 어느 정도 이러한 철학이 담겨 있는 한, 구성원들은 장기고용을 기대하며 조직에 몰입하지 않을 것이다. 따라서 구성원들의 몰입을 유발하는 근원은 조직이 아닌 다른 대상으로 바뀔 필요가 있다. 애플컴퓨터 사례에서 보듯이, 애플에서는 추후 다른 회사로 옮기더라도 도움이 되는 기술과 지식을 배울 수 있다는 비전을 심어 줌으로써 종업원들의 몰입을 이끌어 낸다. Becker 등(2009)은 오늘날 일의 세계에서 몰입의 개념이 더 이상 쓸모없어진 것이 아니라 조직에 대한 몰입이 다른 대상이나 일의 다른 측면에 대한 몰입으로 대체되었다고 지적하였다.

Meyer(1997)는 일반적으로 조직몰입은 종업원과 조직 간의 관계를 나타내며, 종업원이 조직에 계속 남아 있겠다고 결정하는 것에 영향을 미친다고 주장했다. 조직에 몰입하는 종업원들은 몰입하지 않는 종업원들보다 조직에 남아 있을 가능성이 더 크다. 하지만 Solinger 등

(2008)이 지적한 것처럼, 몰입의 개념은 왜 종업원들이 자신이 속한 조직에 남아 있으려는 이유만을 설명하지 않는다. 어떤 행동들(예를 들어, 아침에 일어나서 옷을 입고 출근하는 행동)은 습관적으로 하는 것이라서 몰입과 관련이 없다. 조직몰입을 측정하는 설문지(Dunham et al., 1994) 문항의 예가 〈그림 10-4〉에 제시되어 있다.

Brown(1996)의 통합분석에 기초하면, 조직몰입과 다른 직무관련 구성개념들 간의 평균적인 상관은 전반적인 직무만족과 .53, 이직과는 -.28, 성실성 같은 성격차원과는 .67이었다. Riketta(2002)는 통합분석 연구에 기초하여 조직몰입과 직무수행 간에 .20의 상관이 있다고 추정했다. 이러한 결과들은 일반적으로 직무만족과 조직몰입은 서로 상당히 관련되어 있지만 수행이나 이직과는 그렇게 큰 상관이 없음을 나타낸다. 이처럼 조직에 대한 태도들은 서로 상당히 관련되어 있다. 이직은 부분적으로 조직 외부의 경제적 변인의 영향을 받고, 수행은 능력, 동기, 상황적 제약에 의해 영향을 받는다. 이처럼 조직에 대한 태도와 행동 간의 관계는 개인이 통제할 수 없는 요인들에 의해 영향을 받는다.

3) 종업원 몰입

종업원 몰입 : 종업원 개인이 자신이 맡은 일에 대해 활력을 느끼고 헌신하며 몰두하는 정도

종업원 몰입(employee engagement)은 산업 및 조직심리학의 여러 분야와 관련되어 있는 복잡하고 다양한 특성을 가지고 있는 개념이다. 몰입하는 종업원은 자신이 맡은 일에 대해 매우 높은 에너지, 강한 정체성, 그리고 애착을 갖는다. Macey와 Schneider(2008)에 따르면 몰입은 "바람직한 상태이며, 조직에 대한 목표를 지니고 있으며, 관여, 헌신, 열의, 열정, 노력의 집중, 에너지"(p. 4)를 포함한다.

- 나는 정말로 이 조직의 문제를 내 문제인 것처럼 느낀다.
- 나는 이 조직에 대하여 개인적으로 상당한 의미를 부여하고 있다.
- 만일 지금 내가 이 조직을 떠나고자 결심한다면, 내 인생에서 너무나 많은 부분이 붕괴될 것이다.
- 이 회사를 위해 내가 지속적으로 일하는 중요한 이유 중 하나는 내가 그만둔다면 나에게 상당한 희생이 따를 것이기 때문이다. 다른 조직은 전반적으로 내가 여기서 누리는 정도의 혜택을 제공해 주지 못할 것이다.
- 오늘날 사람들이 이 회사에서 저 회사로 너무나 자주 옮긴다고 생각한다.
- 나는 한 조직에 충성스럽게 계속 남아 있는 것이 가치 있는 것이라고 배웠다.

그림 10-4 조직몰입 설문지 문항 예

종업원 몰입은 세 가지 차원으로 구성되어 있다(Schaufeli et al., 2002). 첫 번째는 일에 대한 개인의 충만한 에너지를 나타내는 **활력**(vigor)이다. 에너지는 하나의 연속선상에 존재하는데 한쪽 끝은 활력이고 반대쪽 끝은 정서적 탈진이다. 두 번째 차원은 자신의 일에 대해 자부심과 도전감을 느끼는 **헌신**(dedication)이다. 마지막 차원인 **몰두**(absorption)는 작업에 푹 빠져 있고 몰입감을 경험하는 상태를 나타낸다. Demerouti와 Cropanzano(2010)는 헌신이나 몰두보다 활력이 직무수행을 더 잘 예측한다는 것을 밝혔다.

종업원 몰입의 개념을 정의하는 방법으로 어떤 학자들은 일에 대한 정서적 반응을 나타내는 연속선상에서 한쪽 끝에 종업원 몰입을 두고 반대쪽 끝에 **탈진**(burnout)을 둔다. 탈진은 정서적 소진, 냉담, 개인적 성취감 감소 등의 특징을 갖는다. Maslach 등(2001)은 에너지, 관여, 효능감을 포함하는 몰입은 탈진과 정반대 개념이라고 제안했다. 하지만 Mills 등(2012)은 몰입이 탈진의 반대 개념이 아니며, 몰입이 정서보다 인지에 더 가까운 속성을 갖는다고 제안했다.

종업원 몰입에서는 조직이 개인들에게 기대하는 것보다 개인들이 조직에 더 생산적으로 기여할 수 있다고 가정한다. 따라서 종업원들이 일을 수행함에 있어서 어느 정도 모험을 감행하는 것을 허용해 주고 설령 결과가 좋지 않더라도 그들을 질책하거나 비난하지 않는다. Spreitzer 등(2010)은 종업원 몰입을 북돋아 주는 작업환경을 조성할 필요성에 대해 다음과 같이 진술하였다. "일에 대해 몰입감을 느끼고 헌신할 수 있는 물리적, 정치적, 재정적, 사회적 자원을 제공해 주면 작업자들은 일에 더 몰입할 것이다"(p. 140). 요약하면, 종업원 몰입은 사람과 일 간의 상호작용으로 간주될 수 있다. 종업원 몰입은 사람과 일이 서로 부합할 때 발생하며, 서로가 잘 맞지 않을 때는 발생하지 않는다. 종업원이 단지 돈을 받기 위해서만 일할 때나 직무에서 의사결정과 행동에 있어서 자유재량권이 없을 때는 종업원 몰입이 발생하지 않는다.

앞에서 언급한 것처럼, 종업원 몰입은 산업 및 조직심리학 분야의 많은 연구 결과를 통합하여 제안된 포괄적인 개념이다. 개인의 직무수행과 조직수행 간 일치에 관한 주제는 제7장에서 논의했다. Mone과 London(2010)은 개인과 조직 수행 간 일치도를 높이고 조직에 활력을 불어넣기 위해 조직이 종업원 몰입을 사용할 수 있다고 하였다. 조직은 조직의 성공에 기여한 종업원들에게 보상을 주는 직무수행평가 시스템을 개발할 수 있다. 좁게 정의된 직무에서 종업원이 어떤 수행을 보이는지를 강조하기보다는 종업원의 수행이 조직수행 향상에 얼마나 기여하는지에 관심을 기울임으로써 개인수행과 조직수행 간의 연관성을 더 높일 수 있다. 제8장에서는 조직 문화가 조직 효과성과 어떻게 관련되어 있는지에 대해 논의하였다. 종업원들이 성장하고 그들의 일에 심리적으로 몰두하기를 원하는 조직은 종업원 몰입이 발생할 수 있는 문화를 창출해야 한다. 제11장에서는 고용을 통해 심리적 건강에 기여하는 많은 요인들을 다루었다. 종업원 몰입의 핵심(예 : 일을 통해 성장하고 개인적 성취감을 경험함)은 심리적으로 건강한 삶을 이룩하는 데 있다. 마지막으로, 제12장에서 다루게 될 여러 작업동기 이론들도 종업원 몰입을 다루는데, 수행을 향상시키기 위한 목표설정 이론, 종업원 몰입이 발생하도록 작업환경을 조성하기 위한 작업설계 이론 등이 종업원 몰입과 깊은 관련성을 지닌다. 요약하면, 종업원 몰입은 개인과 일 간에 높은 수준의 일치가 어떻게 달성되는지를 다룬 심리학 연구들이 발견한 원리와 개념을 모두 포함하고 있다. 종업원 몰입은 작업행동을 설명하기 위한 매우 복합적인 개념이다.

종업원 몰입을 비판하는 사람들은 과거에 이미 존재하던 개념들을 합하여 단지 이름만 새로 붙였기 때문에 이 개념에 새로운 것이 전혀 없다(즉 오래된 술을 단지 새로운 병에 따른 것에 불과하다)고 주장한다. 이러한 비판은 어느 정도 타당하기 때문에 종업원 몰입을 지지하는 사람들이 방어하기가 쉽지 않아 보인다. 만일 종업원 몰입이 새로운 개념으로 인정될 만한 타당도를 보여 주지 못한다면, 종업원 몰입은 한때의 환상으로만 여겨져서 곧 사라져 버릴 것이다. Macey 등(2009)은 종업원 몰입 개념에 대해 주의를 기울일 것을 당부하였다. "몰입은 최소한 평범하지 않고 이례적이고 무언가 새로운 것을 시사한다. 더군다나 몰입은 종업원과 고용주 모두에게 너무 좋은 것이라서 오히려 진실로 받아들여지지 않을 수도 있다"(p. 1). 오늘날 일의 세계는 고용 불안정성이 매우 높기 때문에 사람들이 어떤 일이든 감사하게 여길 수 있다. 하지만 종업원 몰입은 실직이나 실업에 대한 해결책으로 제시된 개념이 아니다. 이 개념은 종업원과 고용주가 고용관계를 유지하는 동안 서로가 상호 간에 최대한의 가치를 이끌어 내기 위한 방안을 나타낸다.

4) 조직 공정성

> **조직 공정성** : 조직 내 구성원에 대한 공정한 대우에 관련된 이론적 개념으로, 분배 공정성, 절차 공정성, 상호작용 공정성으로 구성되어 있음

조직 공정성(organizational justice)은 조직 구성원들을 공정하게 대우하는 것과 관련 있다. Colquitt 등(2001)은 조직 공정성이 지난 20년간 산업 및 조직심리학에서 가장 자주 연구된 주제들 중 하나라고 언급했다. 이러한 이유는 조직 공정성이 수행, 이직, 결근, 신뢰, 직무만족, 조직몰입을 포함하여 산업 및 조직심리학이 다루는 많은 연구주제와 관련되어 있기 때문이다.

수년간 조직 공정성에 대한 다양한 형태의 분류체계가 제안되었다(예 : Greenberg, 1993). 하지만 조직 공정성에 대한 최근 연구와 논의는 〈그림 10-5〉에 제시된 분류체계(Colquitt, 2012)를 따르는데, 크게 분배, 절차, 상호작용 공정성(추후 대인 간 공정성, 정보 공정성으로

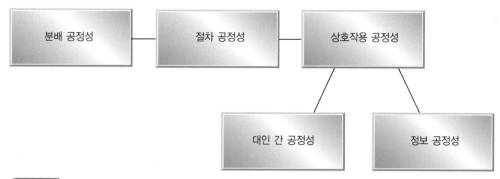

분배 공정성 — 절차 공정성 — 상호작용 공정성

대인 간 공정성   정보 공정성

그림 10-5 조직 공정성의 범주

재분류)으로 구분된다. **분배 공정성**(distributive justice)은 성과, 결과 혹은 성취한 결실을 분배하는 데 있어서의 공정성을 말한다. 공정성에 대해 의견일치를 도출하는 것은 어려우며, 실제로 어떤 것이 공정한 관행인지에 대해 조직마다 서로 다른 견해를 가질 수 있다 ("현장기록 1 : 무엇이 공정한 것인가?" 참조).

> 분배 공정성 : 조직 내 구성원에게 성과물이나 결과를 분배하는 데 있어서의 공정성
>
> 절차 공정성 : 조직 내 결과를 성취하기 위해 사용되는 공정성

공정성의 두 번째 중요한 유형은 결과를 성취하기 위해 사용하는 수단의 공정성을 나타내는 **절차 공정성**(procedural justice)이다. 명칭이 암시하는 것처럼, 이것은 의사결정을 내리는 데 사용하는 정책과 절차에 대하여 지각하고 있는 공정성을 나타낸다. 본질적으로, 분배 공정성과 절차 공정성 간의 구분은 공정성에 대한 많은 철학적 연구방법들에 기초하는 내용과 과정 간의 차이에 근거를 두고 있다. Folger와 Greenberg(1985)에 의하면, 절차 공정성을 개념화하는 두 가지 차원이 있다. 한 차원은 의사결정 과정에서 개인이 말할 기회가 있는 '발언(voice)' 효과를 강조한다. 의사결정 결과에 영향을 받게 될 사람들이 의사결정 과정에 대한 영향력을 갖거나 자신의 뜻을 전할 수 있는 기회를 가질 때 그들은 절차가 더 공정하다고 지각한다. 실제로 Schminke 등(2000)은 종업원들이 의사결정에 참여하는 정도가 높을수록 절차 공정성을 더 높게 지각하는 것을 발견하였다. Gilliland와 Chan(2001)은 수행평가 결과에 대해 소명할 수 있고 결과를 수정할 수 있는 기회를 제공하는 것이 종업원들로 하여금 평가 결과를 받아들이게 되는 중요한 요인이라고 보고했다. 절차 공정성은 절차적 규칙이 지켜졌는지 아니면 위반되었는지에 따라 결정되지만 두 번째 차원은 절차의 구조적 구성요소를 강조한다. 이러한 절차적 규칙은 의사결정 과정이 일관적이며, 개인적 편견이 없으며, 가능한 많은 양의 정확한 정보를 제공하며, 결과가 수정될 수 있다는 여지를 가져야 한다고 제안한다.

예를 들어 절차 공정성의 개념을 인사선발체계에 적용해 보면, 공정한 선발과정이 되기 위해서는 몇 가지 요소를 갖추어야 한다(Gilliland, 1993). 이상적으로 선발검사는 직무와 관련

현장기록 1

무엇이 공정한 것인가?

"공정하다"는 것이 무엇을 의미하는 것인가? 공정성을 고려하는 방법들이 분명히 많이 있는데 나는 공정성에 대한 서로 다른 관점이 첨예하게 대립되었던 상황에 관여된 적이 있었다. 한 부자가 죽었는데 그는 어떤 대학에 다니는 학생들을 지원하기 위해 그 대학에 300만 달러를 유산으로 기증하였다. 그 대학은 300만 달러를 투자하여 매년 6%의 이자, 즉 18만 달러를 벌어들였다. 이에 따라 그 대학은 원래의 기부금인 300만 달러를 전혀 사용하지 않고도 매년 학생들을 위한 장학금으로 18만 달러를 수여할 수 있었다. 대학은 매년 18만 달러를 학생들에게 분배하는 가장 공정한 방법을 결정하기 위해 위원회를 구성하였다. 나는 그 위원회의 일원이었다. 이 돈을 '가장 공정하게' 지출하는 방법이 무엇인지에 대해서 세 가지 서로 다른 관점이 제기되었다.

첫 번째 관점은 이러한 장학금을 학문적으로 가장 뛰어난 학생들에게 수여하자는 것이었다. 고등학교 성적과 표준화된 검사 점수를 고려하여 가장 훌륭한 학생에게 재정적 지원을 해 주자는 것이었다. 그 대학은 주로 여학생보다는 남학생들이 더 흥미를 가지고 있는 전공인, 공학과 농학에서 매우 평판이 좋은 프로그램들을 운영하고 있었다. 이러한 전공을 공부하기 위해 매우 우수한 학생들이 이 대학에 많이 지원하였고 이러한 지원자들의 대부분이 남학생이었기 때문에 장학금 수혜자는 남학생이 될 가능성이 매우 크다.

두 번째 관점을 지지하는 사람들은 대학이 성, 인종, 연령, 장애인 등과 같이 사회 내의 다양한 집단을 모두 포용해야 한다고 주장하였다. 따라서 장학금은 다양한 집단을 대표하는 학생들에게 계획적으로 할당되어야 한다고 주장하였다. 이러한 방식을 사용하면 대학이 다양한 집단의 학생들을 모집하기 위한 지원제도를 가지고 있다는 것을 외부에 알릴 수 있다.

세 번째 관점은 재정적 궁핍성에 기초해서 장학금을 할당하는 것이었다. 장학금을 가장 잘 사용하는 방법은 이러한 돈이 없으면 교육을 받을 기회가 없는 학생들에게 대학교육을 받을 수 있는 수단을 제공하는 것이라고 주장하였다. 따라서 장학금의 수혜자는 재정적으로 가장 어려운 학생들이 될 것이다.

장학금을 주는 '공정한' 방법이 무엇인지에 관하여 기본적으로 다른 세 가지 관점이 있었던 것이다. 나는 어떤 방법을 사용하느냐에 따라 장학금 수혜자가 완전히 달라진다는 것에 놀랐을 뿐만 아니라 각 방법 나름대로의 그럴듯함에 깊은 인상을 받았다. 즉 각 관점이 어떤 직관적인 매력을 가지고 있다고 느꼈으며 각각은 나름대로 일리가 있어 보였다. 서로 다른 관점을 가지고 있는 세 집단은 장학금과 재정적 지원 간의 차이가 무엇인지에 관해 논쟁하였고, 이러한 돈을 기부한 고인의 취지가 무엇이었는지에 관해서도 논쟁하였다. 위원회는 공정성에 대하여 서로 상충되는 기준들을 모두 반영하는 절충안을 채택하였다. 기금의 일정 부분은 경제적 궁핍도에 기초하여 지급하도록 하였다. 나머지 기금은 학업능력에 기초하여 지급하되 다양한 집단의 구성원에게 혜택이 돌아가도록 각 집단에 할당하였다. 이러한 결정은 위원회에 속한 모든 사람이 만족할 만한 것은 아니었지만 그래도 주어진 상황에서는 그런 대로 괜찮은 결정이었다.

만약 당신이 이 위원회에 있었다면, 기금을 지급하는 데 있어서 어떤 입장을 취했을까? 당신이 취한 입장이 왜 '가장 공정'하다고 생각하는가?

이 있어야 하고(또는 지원자가 볼 때 검사가 그럴듯해야 하며), 지원자에게 자신의 실력을 발휘할 기회를 주어야 하고, 모든 지원자에게 일관된 채점기준을 적용해야 한다. 더 나아가 지원자에게 시기적절한 피드백을 주어야 하고, 솔직하게 말해 주어야 하며, 평가과정에서 정중하게 대우해 주어야 한다. 이러한 절차 공정성은 지원자의 합격 또는 불합격에 대한 결과(이것은 분배 공정성의 문제이다)와 관련된 것이 아니라 선발과정과 관련되어 있다는 것에 주목할 필요가 있다. Leventhal(1980)은 절차 공정성을 판단하는 여섯 가지 준거를 제안하였다. 절차가 공정하다고 지각하기 위해서는 절차가 (1) 일관성을 지니고, (2) 편파가 없고, (3) 정확하고, (4) 잘못된 경우에는 수정할 수 있고, (5) 모든 사람의 관심사를 반영하고 있고, (6) 보편적인 윤리적 기준에 부합해야 한다.

조직 공정성의 세 번째 중요한 유형은 **상호작용 공정성**(inter-actional justice)이다. 상호작용 공정성에는 대인 간 공정성과 정보적 공정성과 같은 두 가지 요소가 존재한다. 대인 간 공정성(interpersonal justice)은 개인에게 관심을 보이고 존엄성을 가진 사람으로 존중하는 것에서 찾아볼 수 있다. 예를 들어, 경찰과 법원과 같은 권력기

> **상호작용 공정성** : 조직 내 구성원을 공정하게 대우하며, 정보를 적절한 시기에 제공하고, 정확하고 완전한 정보를 제공하는 공정성

관은 국민들에게 시민으로서의 권리에 대한 예우와 존중을 표면적으로 드러냄으로써 국민들은 공정한 대우를 받고 있다고 지각할 수 있다. Folger와 Skarlicki(2001)가 언급한 것처럼, 다른 사람을 정중하게 대한다고 손해 볼 것이 거의 없다. 종업원들을 무례하게 대우하고, 그들을 배려하지 않고, 그들의 정서적 고통을 헤아리지 못한다면 그들에게 마음의 상처만을 줄 것이다. Folger와 Skarlicki(2001)는 이것을 다음과 같이 간략하게 요약하였다. "타인을 정중하게 대우한다고 손해 볼 일은 생각보다 적고, 타인을 정중하게 대함으로 인해 당신이 생각하는 것보다 훨씬 더 큰 이득이 돌아온다. 간단하게 말하면, 정중함은 반드시 보답을 가져다준다"(p. 116). Greenberg(2007)는 상호작용 공정성을 높임으로써 조직에 많은 긍정적 결과가 나타날 것이라고 믿었다. "종업원들을 고귀하게 여기고 존중해 주면 그들로부터 긍정적인 반응이 나타난다. (중략) 이러한 긍정적 반응은 긍정적 행동을 공개적으로 권장하고 부정적 행동을 강력하게 금지하는 조직 문화를 생성하기 때문에 이러한 긍정적 반응이 타인들에게까지 전이될 가능성이 커진다"(p. 172).

정보 공정성(informational justice)은 사람들이 관심을 가지고 있는 절차들에 대한 지식을 제공하는 것에서 찾아볼 수 있다. 바람직한 성과를 결정하는 데 사용되는 절차들에 대하여 사람들에게 충분한 설명을 해 주어야 한다. 사람들이 이러한 설명이 공정하다고 지각하기 위해서는 설명의 의도가 순수하고(어떤 불순한 동기가 없고), 설명이 올바른 논증에 기초해야 한다. 일반적으로 정보를 공유하는 것이 이러한 유형의 조직 공정성을 촉진하기 때문에 **정보 공**

정성이라는 용어를 사용한다.

Greenberg(1994)의 연구는 대인 간 공정성과 정보 공정성에 관한 실례를 보여 주었다. 대기업 종업원들에게 작업현장에서 금연을 안내하는 두 가지 공고문을 제시하였다. 두 가지 공고문은 금연을 실시하는 이유에 대한 정보의 양과 금연이 개인에게 미치는 영향에 대한 회사의 관심도 차원에서 서로 달랐다. 어떤 종업원에게는 흡연을 금지시킨 이유에 대하여 많은 정보를 제공했지만, 어떤 종업원들에게는 매우 피상적인 정보만 제공했다. 더 나아가 어떤 종업원들은 회사 입장에서 개인을 배려하는 내용이 담긴 메시지("회사는 이러한 새로운 방침이 흡연을 하는 당신에게 심한 고통을 준다는 것을 알고 있다. 흡연은 중독이고 끊기가 매우 힘들다. 회사는 이를 잘 알고 있으며 당신이 고생하는 것을 원치 않는다.")를 받은 반면에, 어떤 종업원들은 상대적으로 개인적 배려가 덜 드러나는 메시지("금연이 어렵다는 것을 알고 있지만 이번 금연 조치를 시행하는 것은 비즈니스를 운영하는 회사 입장에서 매우 중요하다. 그리고 두말할 필요 없이 비즈니스는 우리의 최우선 과제이다.")를 받았다. 금연조치를 공고한 직후에 종업원들에게서 금연조치에 대한 반응을 조사하였다. 담배를 많이 피는 사람들은 금연조치에 대해 그다지 수용적인 태도를 보이지 않았지만 회사가 개인적 배려를 보이며 금연에 대하여 많은 정보를 제공한 경우에는 금연조치에 대한 수용도가 상당히 증가했다. 담배를 피우는 양과 무관하게 모든 흡연자가 회사가 개인을 배려하며 많은 정보를 제공한 경우에는 절차적으로 공정하다고 인식하였다. 반면에 금연조치에 대한 비흡연자의 수용도는 공고에 포함된 내용과 무관하여 전혀 영향을 받지 않았다.

Colquitt 등은 조직 공정성에 관하여 지난 25년 동안 수행되었던 연구들을 통합분석하여 분배 공정성, 절차 공정성, 그리고 두 종류의 상호작용 공정성(대인 간 공정성과 정보 공정성)은 일터에서 공정성 지각에 각각 독자적으로 기여하는 증분 변량을 갖는다고 결론 내렸다. 서로 다른 공정성 차원들이 완벽하게 구별되지 않지만, 각각은 모두 '무엇이 공정한 것인지'에 대한 서로 다른 측면을 나타낸다. Greenberg(2007)는 조직 공정성에 관해 알고 있는 많은 부분이 공정성 위반, 즉 조직 불공정성으로부터 나왔다는 사실을 발견하였다. Greenberg는 공정성이 규범에 기초하고 있기 때문에 규범과 일치하는 행동(즉 공정성)보다는 규범을 벗어난 행동(즉 불공정성)을 연구함으로써 더 많은 정보를 얻을 수 있다고 주장하였다. Simons와 Roberson(2003)은 종업원들에 대한 조직의 공정한 대우는 만족과 몰입과 같은 종업원의 태도와 결근과 시민행동과 같은 종업원의 행동에 중요한 영향을 미친다고 결론 내렸다. Cohen-Charash와 Spector(2001)는 세 가지 중요한 공정성 중에서 절차 공정성이 조직에 대한 태도 및 행동과 가장 밀접한 관계가 있다고 보고했다.

3. 행동

일터에서 사람들은 다양한 행동을 한다. 산업 및 조직심리학자이 대부분의 관심을 과업수행과 연관된 행동에 두었지만 조직 내에서 개인들이 하는 다른 부가적 행동도 연구하고 있다. 이러한 행동 중 일부는 조직에 이롭지만 어떤 것은 조직은 물론 구성원에게 손해를 끼치는 행동도 있다. 지금부터 조직 시민행동, 반생산적 작업행동, 조직 내 정치적 행동을 다루고, 각 행동이 개인과 조직에 어떤 의미를 지니는지도 논의할 것이다.

1) 조직 시민행동

직무의 내용에 대한 고전적인 접근은 직무를 과업의 집합으로 보는 것이다. 실제로 직무분석의 한 가지 목적은 (제3장에서 기술한 것처럼) 이러한 과업들을 설정하거나 알아내는 것이다. 또한 수행평가는 (제7장에서 기술한 것처럼) 종업원들이 그들의 직무를 구성하고 있는 과업들을 얼마나 잘 수행하는지를 평가하는 것이다. 하지만 조직 연구자들은 종업원들 중 일부는 직무에 규정되어 있는 의무 이상의 것을 함으로써 조직의 번영과 효과성에 기여한다는 것을 밝혔다. 즉 그들은 그들에게 요구하거나 기대하지도 않은 부가적인 일을 함으로써 조직에 자발적으로 공헌한다. 이러한 현상을 언급할 때 가장 자주 사용하는 용어가 **조직 시민행동**(organizational citizenship behavior)이다. 이것을 **친사회 행동**(pro-social behavior), **역할 외 행동**(extra-role behavior), 또는 **맥락행동**(contextual behavior)이라고도 부른다. 조직 시민행동은 앞서 제3장에서 준거를 다루며 처음 언급했고, 제5장 인사결정

> **조직 시민행동** : 개인이 자신의 직무에서 요구되는 의무 이상의 행동을 함으로써 조직의 전반적 복리에 기여하는 행동

에서도 다시 다루었다. 제3장에서 언급한 것처럼 조직 시민행동을 타인을 위해서나 혹은 조직을 위해서 할 수 있다. Organ(1994)은 조직 시민행동을 보이는 사람을 "훌륭한 용사(good soldier)"라고 불렀다.

실증적 연구는 다음과 같은 시민행동의 다섯 가지 차원을 밝혔다(LePine et al., 2002).

1. **이타주의**(altruism, 도움행동이라고도 부른다)는 조직과 관련된 과업이나 문제를 가지고 있는 특정한 사람들을 기꺼이 도와주는 것을 말한다.
2. **성실성**(conscientiousness)은 시간을 정확하게 지키고, 집단의 규준보다 모임에 더 많이 참석하고, 회사의 규칙, 규정, 절차를 잘 따르는 것을 말한다.
3. **예의**(courtesy)는 다른 사람들의 권리를 염두에 두고 존중하는 것이다.
4. **스포츠맨십**(sportsmanship)은 불평, 사소한 불만, 험담을 하지 않고, 있지도 않은 문제를

과장해서 이야기하지 않는 것을 말한다.

5. **시민덕목**(civic virtue)은 조직생활에 책임감을 갖고 참여하는 것을 말한다. 시민덕목은 현재 조직의 문제뿐만 아니라 회의참석, 조직 내 의사소통 참여, 의견 제안하기와 같은 보다 일상적인 평범한 문제에도 참여하는 것을 말한다. 시민덕목은 흔히 개인으로 하여 금 자신의 생산적인 효율성을 희생하도록 요구하기 때문에 조직 시민행동 중에서 가장 존경받을 만한 것으로 여겨진다.

친사회적 행동을 나타내는 종업원들은 그들의 관리자들에 의해 높게 평가된다. 정말로 그들은 직무에서의 일반적인 요구와 기대를 초월하여 조직에 기여하기 때문에 높은 평가를 받아 마땅하다. Podsakoff 등(2009)은 종업원들의 조직 시민행동이 개인과 조직에 미치는 영향에 대하여 통합분석을 실시하였다. 조직 시민행동을 더 많이 하는 종업원들이 적게 하는 종업원들에 비해 수행평가 점수를 더 높게 받고 급여 인상률도 높고 결근율은 더 낮았다. 저자들은 여러 다른 조직으로부터의 자료에 기초하여, 조직 시민행동이 객관적으로 측정된 생산성과 .41의 상관을 지니고 비용절감과는 .42의 상관을 나타낸다고 보고했다.

Grant와 Mayer(2009)는 조직 시민행동을 하는 종업원들의 두 가지 동기를 제안했다. 하나는 "선행을 하고자 하는 시민의식"이고, 다른 하나는 "타인에게 잘 보이려는 인상관리"이다. 선행을 하고자 하는 동기는 자기 직무에서의 의무를 초월하여 조직의 복리를 향상시키고자 하는 친사회적 동기에 기초한 것으로서, '훌륭한 군인'처럼 되고자 하는 것이다. 타인에게 잘 보이려는 동기는 다른 사람들에게 자신을 드러내기 위하여 의도적으로 행동하는 것으로서, '훌륭한 연기자'가 되고자 하는 것이다. 종업원들은 동시에 훌륭한 군인과 훌륭한 연기자가 될 수도 있지만, 두 가지 중 한 가지 동기에 의해 행동을 하는 것이 일반적이다. Heilman과 Chen(2005)은 조직 시민행동의 이타주의 차원이 남자 종업원과 여자 종업원의 평가에 미치는 영향을 연구하였다. 직무에서 이타적 행동을 하는 남자들이 이타적 행동을 하지 않는 남자들보다 더 높은 평가를 받았다. 하지만 이타적 행동을 하지 않는 여자들은 이타적 행동을 하지 않는 남자들보다 더 낮은 평가를 받았다. Heilman과 Chen(2005)은 타인의 업무를 돕고 추가로 일을 더 하는 것이 여성에 대한 고정관념이라고 결론 내렸다. 타인을 돕는 여자는 단순히 여성의 전형적인 행동을 하는 사람으로 간주하는 반면, 타인을 돕는 남자는 남성에 대한 고정관념을 벗어난 행동을 하는 사람으로 간주한다. 따라서 성에 기초한 고정관념이 직무에서 남자와 여자에 대한 평가에 영향을 미친다.

조직 시민행동의 발생 근원이 무엇인지에 대해 의문을 제기해 볼 필요가 있다. 즉 이러한 친사회적 행동이 거의 변하지 않는 개인적 성향으로부터 나오는 것인가? 아니면 조직이 종업원들로 하여금 그러한 행동을 자연스럽게 하도록 만드는 것인가? 연구에 따르면 성향(기질)적 결정요인과 상황적 결정요인 모두 조직 시민행동에 영향을 미친다.

성향적 결정요인에 대한 지지 결과는 (제4장에서 논의했던) 성격 5요인 모형을 사용한 연구들에서 찾아볼 수 있다. 5요인 중 두 가지 요인이 조직 시민행동과 관련되어 있다. 하나는 개인이 사람들과 사이 좋게 잘 지내는 정도와 대인관계에서 얼마나 원만한지를 나타내는 원만성이다. 다른 하나는 신뢰성, 믿음직성, 정확성, 규칙준수와 관련된 성실성이다. 연구 결과에 따르면 이러한 성격을 가지고 있는 사람들이 다른 사람들보다 조직 시민행동을 나타낼 가능성이 더 크다. McNeely와 Meglino(1994)가 지적한 것처럼, 조직은 원만성과 성실성 요인에서 점수가 높은 지원자들을 선발함으로써 조직 내 친사회적 행동을 촉진할 수 있다. 관리자들은 종업원들의 직무수행을 평가할 때 조직 시민행동도 평가한다. Organ 등(2011)이 표현한 것처럼, "따라서 조직이 이러한 행동을 보일 가능성이 있는 직무 지원자들을 알아내서 선발하고자 하는 것은 이해가 된다"(p. 314).

조직 시민행동에 대한 두 번째 설명은 상황적 결정요인인 조직 공정성이 조직 시민행동에 영향을 미친다는 것이다. 만약 종업원들이 공정하게 대우받는다고 믿으면 자신이 하는 일에 긍정적 태도를 가질 가능성이 더 클 것이라고 가정한다. Organ(1988)은 종업원들이 조직과의 관계를 사회적 교환으로 정의하도록 장려함으로써 공정성에 대한 지각이 친사회적 행동에 영향을 미칠 수 있다고 가정하였다. 공정하게 대우받는 교환관계를 통해 종업원들이 조직 시민행동을 자발적으로 할 것이라고 가정했다. 하지만 이러한 관계에서 불공정하게 대우받는다고 지각하는 경우에는 경직된 교환관계로 돌아가서 조직 시민행동을 하지 않을 것이다. 이처럼 조직과 신뢰로운 관계를 형성하는 경우에 종업원은 교환관계에서 공식적으로 요구되는 것보다 더 많은 기여를 한다. 하지만 조직에서 공정성이 결여되었다고 지각하는 종업원은 자신이 의무적으로 해야 하는 것만 할 것이다.

조직 시민행동에 대한 또 다른 상황적 결정요인은 역할로 인한 스트레스이다. 여기에는 앞서 제8장에서 다룬 적이 있는 역할갈등, 역할모호성, 역할과부하가 있다. 특히 역할갈등과 모호성이 조직 시민행동과 관련이 깊다. Eatough 등(2011)은 역할갈등이나 역할모호성을 겪는 사람이 조직 시민행동을 할 가능성이 적다는 것을 발견하였다. 한편 역할과부하는 조직 시민행동을 함으로써 나타나는 결과인 것 같다. Bolino 등(2010)은 조직 시민행동을 해야 하는 부담을 갖는 사람은 실제로 친사회적 행동을 더 많이 보였으나 동시에 자신의 역할에 대해 과부하를 느낀다는 것을 발견했다.

상사가 종업원의 시민행동에 직접적으로 영향을 미칠 수도 있는데, Moorman(1991)은 상사들이 종업원과의 상호작용에서 공정성을 높이면 종업원들의 시민행동이 증가할 수 있다고 제안했다. 이와 유사하게 상사는 부하의 역할갈등과 모호성을 최소화하려고 노력할 수 있다. 종업원들이 조직을 공정하다고 지각하고 조직이 종업원들의 바람직한 행동을 인정해 주면 종업원들이 시민행동을 더 많이 하기 때문에 조직 입장에서도 혜택을 볼 수 있다. Zellers와 Tepper(2003)는 다음과 같이 결론 내렸다. "훌륭한 시민이 되는 것을 중요하게 여기는 강한 자기개념을 가지고 있는 사람들은 훌륭한 시민이 되고자 하는 내적 동기를 지니고 있기 때문에, 이러한 사람들을 성공적으로 유인하고 채용하는 조직은 감독에 드는 비용을 줄일 수 있을 것이다"(p. 415).

조직 시민행동의 긍정적 혜택에도 불구하고 유의해야 할 몇 가지가 있다. 예를 들어, Culbertson과 Mills(2011)는 공식적인 수행평가에 시민행동을 포함하게 되면 낮은 과업수행, 부정확한 평정, 평가 공정성에 대한 부정적 반응과 같은 부정적 결과를 초래한다고 했다. 이와 더불어 조직 시민행동은 마치 '좋은 것만 넘쳐나는' 모양새가 될 수 있다고 언급했다. Pierce와 Aguinis(2013)는 조직 시민행동이 개인의 과업수행을 방해한다면 오히려 역효과가 날 수 있다고 지적했다. 하루 일과시간은 제한적인데 만약 주어진 과업을 효과적으로 수행하기 어려울 정도로 친사회적 행동에 치중한다면 시민행동의 이점은 사라질 것이다. 이에 덧붙여 Bergeron 등(2013)은 시민행동보다 실제 과업수행에 시간을 투자하는 것이 승진, 급여인상, 승진속도와 같은 경력 관련 결과와 관련이 있음을 발견했다. 다시 말해, 조직에서 시민행동에 더 많은 시간을 할애한 사람들은 그렇지 않았던 사람들에 비해 급여인상이 적었고 승진도 늦었다. 여기에서 시간관리 기술의 중요성에 주목할 필요가 있다. Rapp 등(2013)은 시간관리에 능숙한 사람들은 도움행동을 함으로써 혜택을 누릴 수 있으나, 시간관리 기술이 부족한 사람들에게는 도움행동이 과업수행에 오히려 부정적인 영향을 미친다는 것을 발견했다.

2) 반생산적 작업행동

> **반생산적 작업행동** : 다른 종업원들이나 조직에 해를 끼치는 종업원의 광범위한 행동

반생산적 작업행동(counterproductive work behavior)은 조직은 물론 구성원에게 부정적인 영향을 주는 다양한 형태의 종업원 행동을 말한다. Spector와 Fox(2005)의 연구에 따르면, 반생산적 작업행동은 자발적 속성을 가지고 있어서 의도적으로 다른 대상에게 해를 끼치는 행동이다. 이와 같은 행동을 직장에서의 무례행동(workplace incivility), 조직 내 일탈행동(organizational deviance), 직장에서의 불량행동(insidious workplace behavior)으로 부르기도 한다(Edwards & Greenberg, 2010). Campbell(2012)은 일탈행동이 조직이나 개인, 심지어는 자기 자신에게도 해가 될 수 있다고 말했다.

반생산적 작업행동을 몇 가지 범주로 구분할 수 있다. 언어적 행동은 무례함, 배척, 유언비

어 유포, 빈정댐 등이다. 신체적 행동은 괴롭힘이나 발로 차거나 때리기, 침 뱉기 같은 폭력행동을 포함한다. 고의적 파괴행동은 조직의 재산, 제품, 고객을 대상으로 이루어질 수 있다. 작업과 관련된 행동은 지각, 과도한 결근, 절도, 천천히 일하기 등을 포함한다("**산업 및 조직 심리학과 경제 : 반생산적 작업행동의 비용**" 참조). 마지막으로 조직 내 일탈행동의 가장 심각한 형태는 직장에서의 살인이다.

반생산적 작업행동은 여러 가지 요인에 의해 발생할 수 있다. Tepper 등(2008)은 종업원들을 깎아내리고 하찮게 여기는 모욕적인 상사는 종업원들의 일탈행동을 야기한다고 보고하였다. 조직 내 일탈행동은 누군가에게 보복하기 위한 목적으로 발생할 수도 있다. 예를 들어, Scott 등(2013)은 종업원들은 자신에게 무례하거나 어떤 행태로든 모욕감을 느끼게 한 사람을 무시하거나 배제시키려 하는 것을 발견했다. 보복행동은 흔히 자신의 작업환경을 바꿀 수 없다고 느끼는 무기력감으로부터 발생한다. Seabright 등(2010)은 보복행동의 한 가지 형태인 태업을 세 가지 차원으로 분류하였다. 태업(sabotage)은 회사의 물건, 제품, 명성을 의도적으로 망가뜨리는 행동이다. 저자들은 태업행동을 심각성(경미한/중대한), 반복가능성(일회적/지속적), 가시성(관찰 가능/불가능)에 따라 구분하였다. 가장 음흉한 태업은 고객으로부터의 전화를 의도적으로 다른 부서로 돌리는 것처럼 경미하지만 지속적이고 관찰하기 힘든 특성을 지닌 것이다. 오늘날 서비스 산업이 증가함에 따라 고객에 대한 종업원들의 태업 행동이 증가하고 있다. Skarlicki 등(2008)은 공항 티켓 카운터에서 오고간 대화를 다음과 같이 묘사하였는데, 이것은 원래 *Sweet Revenge : The Wicked Delights of Getting Even*(Barreca, 1997)이라는 단행본에 실려 있는 내용이다.

> 그는 마지막으로 "만일 이 항공사에 근무하는 모든 사람이 당신처럼 무능하다면 이 항공사는 분명히 망할 거야."라고 말하고는 화가 나서 가 버렸다. 나는 그가 무사히 비행기를 타고 가기를 기원했다.

> 그 사람 뒤에 줄 서 있던 늙고 키 작은 부인은 나와 그 사람 간의 대화를 모두 들은 후, 그 사람의 행동에 대해 내가 어떻게 그렇게 정중함과 쾌활함을 유지할 수 있는지에 대해 상냥하게 물었다. 나는 그녀에게 진실을 말해 주었다. 나는 "그 사람은 캔자스시티로 가는 사람인데 내가 그 사람의 가방을 동경으로 보냈지요."라고 설명해 주었다. 그녀는 웃으며 그 사람에게 골탕을 잘 먹였다고 말했다(p. 133).

이 사례에서 종업원은 자신에게 언어적 폭력을 행사한 고객에게 복수를 하였다. 어떤 경우

산업 및 조직심리학과 경제
반생산적 작업행동의 비용

회사가 만드는 제품과 제공하는 서비스의 가격은 많은 요인에 의해 결정된다. 세 가지 중요한 요인은 인건비, 재료비, 마케팅 비용이다. 조직은 이러한 비용을 신중하게 계산하고 여기다 이윤을 추가하여 고객이 지불할 최종 가격을 결정한다. 여기에 추가적인 비용이 발생하면 가격을 인상하게 된다.

이 장에서 논의한 만성적 지각, 불필요한 결근, 천천히 일하기와 같은 세 가지 형태의 반생산적 작업행동에 대해 생각해 보자. 이러한 세 가지 행동으로 인해 제품을 생산하거나 고객에게 서비스를 제공하는 데 걸리는 시간이 길어지기 때문에 인건비가 증가하게 된다. 시간은 돈이다. 생산 과정에서의 태업은 자동차를 만드는 데 소요되는 시간을 더 걸리게 할 뿐만 아니라 고장을 수리하는 비용을 더 들게 한다. 생산 도구나 부품에 대한 종업원들의 절도는 자동차의 생산 비용을 증가시킨다.

이러한 조직 내 일탈행동이 소비자들이 새 차를 살 때 지불하는 최종 가격에 어떤 영향을 미칠까? 누구도 정확한 비용 증가를 자신 있게 이야기하기는 어렵지만 대략적으로 추정해 볼 수는 있다. 미국에서 신차 구입비용의 평균은 3만 달러이다. 종업원들의 일탈행동으로 인해 차 한 대당 추가되는 비용은 최소로 추정하더라도 500달러는 되는데 이는 차값의 약 1.6%에 해당한다. 미국에서 신차 판매 대수는 1년에 약 1,400만 대이다. 1,400만 대에 500달러를 곱하여 산출된 70억 달러의 불필요한 비용을 소비자들이 차를 구입할 때 지불해야 한다. 이러한 금액은 한 나라의 한 개 산업에서 1년에 발생하는 추가 비용이다. 조직 내 일탈행동은 자동차 제조 공장 종업원들과 자동차 산업에서만 발생하는 문제가 아니다. 모든 산업계의 다양한 직업에서 발생한다.

회사는 사업에서 발생하는 비용을 고객들에게 전가한다. 하지만 이러한 고객들은 각자 다른 회사에서 근무하는 종업원이기도 하다. 전 산업계에서 발생할 수 있는 종업원들의 반생산적 작업행동은 불필요한 비용을 야기하고 그 결과로 고객들은 불필요한 비용을 추가로 지불하게 된다. 그렇기 때문에 조직 내 일탈행동은 역설적 결과를 초래한다. 한 개의 썩은 사과가 주변의 많은 사과를 썩게 하는 것처럼, 조직에서 바람직하지 않은 일탈행동을 하는 일부 종업원들이 우리 모두에게 나쁜 영향을 미친다. 반생산적 작업행동이 산업 및 조직심리학에서 연구되는 주제이지만 그것이 미치는 광범위한 영향은 본질적으로 경제와 관련된 것이다.

에는 종업원이 잘못이 없는 고객에게 화풀이를 할 수도 있다. Skarlicki 등은 종업원의 보복적 반응을 유발할 수 있는 고객들을 조직이 배척할 수 있는 방안을 제안하였다.

Bies 등(1997)은 조직에서 "보복의 열역학"이라고 부르는 것을 기술했다. 이것은 이 장에서 다루는 심리적 계약과 조직 공정성의 위반과 관련되어 있다. 일반적으로 불만이 촉발되는 두 가지 종류의 상황이 있다. 하나는 조직이 규칙, 규범 혹은 약속을 어기는 것이다. 조직이 먼저 자기합리화를 한 후에 의사결정의 규칙이나 기준을 변경한다. 두 번째 상황은 종업원을 궁지에 빠뜨릴 목적으로 파멸적인 비난이나 공개적으로 조롱을 하는 것처럼 종업원의 지위나 세력을 훼손하는 것이다. 이런 경우에 종업원은 흥분하고 분노와 쓰라림을 경험하고 종종 보복을 하기 위해 적개심을 불태운다. 다음으로는 몇 가지 다른 형태를 띨 수 있는 '진정'의 단계로 접어든다. 한 가지 형태는 발산(venting)으로, 종업원이 친구들에게 열변을 토해서 기분 나빴던 감정을 날려 버리고 자신의 감정을 행동으로 나타내지 않기로 마음먹는 것이다. 두 번째는 해소(dissipation)로서, 종업원이 자신에게 고통을 준 사람의 행동을 선의로 해석하고 그 사람이 왜 그런 행동을 했는지에 관해 가능한 설명을 찾는다. 세 번째는 마음속에 간직하는 것(fatigue)으로서, 종업원이 자신의 부정적인 감정을 오랫동안 마음에 품고 있는 것이다. 이러한 사람들은 용서하거나 잊어버리거나 그냥 넘어가지 않는다. 그들은 흔히 강박적으로 아픈 옛 기억을 반추하고 자신에게 피해를 준 사람에게 보복하지 않은 것에 대해 후회한다. 마지막 형태는 폭발(explosion)로서, 자신에 대한 비난이 잘못된 것이었다는 점을 입증하기 위하여 더 열심히 일하거나 자신에게 피해를 준 사람을 반격하기 위한 준비를 하거나 그 사람에게 신체적 폭력을 행사한다.

산업 및 조직심리학에서 직장 내 괴롭힘(workplace bullying)은 상당히 많은 관심을 받고 있다. Tehrani(2012)는 직장 내 괴롭힘은 "여러 사람, 다양한 동기, 배후에 가려진 사안, 오랜 원한관계"(p. 9)로 인해 발생하는 복잡한 현상이라고 했다. 한 사람이 여러 명을 괴롭힐 수도 있고 혹은 여러 명이 단체로 한 사람이나 여러 사람을 괴롭힐 수 있다. Jensen 등(2014)은 수행이 뛰어나거나 부진한 사람 모두 직장 내 공격 대상이 될 수 있으나, 공격의 유형은 서로 다르다고 했다. 그들은 "수행이 부진한 사람에게는 욕설, 고함, 적대적 신체언어, 협박과 같이 '면전에서' 직접적인 공격을 하지만, 수행이 뛰어난 사람에게는 정보나 자원을 공유하지 않거나, 태업하거나, 그 사람을 따돌리는 것과 같이 '뒤에서' 은밀하게 공격할 가능성이 크다"(pp. 304-305)고 했다.

Tehrani는 "종업원들을 억압하고 깎아내리고 모욕하는 조직의 관행과 정책이 직장 내 괴롭힘을 부추길 수 있다"(p. 13)고 했다. 예를 들어, 작업량이 많다는 이유로 작업자에 대한 배려나 동의 없이 작업자를 배정된 교대근무 이상으로 무기한 작업에 투입하는 것은 조직 차원의 괴롭힘이라 할 수 있다. 이와 더불어 조직 문화가 무례한 행동을 부추기는 경우도 있다. Shore와 Coyle-Shapiro(2012)는 자신이 속한 조직이 고의적으로 불필요하게 구성원들에게 해를 끼친다고 믿는 종업원들은 마치 자신이 학대받는 것처럼 느끼게 된다고 했다. 이러한 조직의 학대는 종업원의 건강과 웰빙에 영향을 주고 잠재적으로 종업원들의 보복 행동을 유발할 수 있다.

전통적으로 산업 및 조직심리학은 주로 개인에게 초점을 맞춰 왔다. 조직 내 일탈행동에 관한 주제에서도 전통적 관점은 보복적 행동을 하는 사람을 조직 전체의 물을 흐려 놓는 사람으로 간주하고 그러한 행동을 징계해야 한다고 주장한다. 하지만 Kish-Gephart 등(2010)은 다른 관점을 제안하였는데, 그들은 조직이 먼저 반생산적 작업행동을 할 빌미를 제공하였기 때문에 다양한 형태의 반생산적 작업행동이 발생한다고 주장하였다. 그들은 조직 내 일탈행동이 '조직의 좋은 분위기(good barrels)'를 망치는 '나쁜 사람들(bad apples)'에 의해 발생되기도 하지만, '조직의 나쁜 분위기(bad barrels)'가 종업원들로 하여금 그러한 일탈행동을 하도록 만들기도 한다고 믿는다. 이에 덧붙여 Ramsay 등(2011)은 팀이 만든 규칙 그리고 구성원이 팀과 자신을 얼마나 동일시하는가에 따라 괴롭힘이 증가하거나 감소할 수 있다고 제안하였다. 팀이 구성원들 간 상호존중과 친사회적 상호작용을 중요하게 여기고 구성원들이 이러한 팀에 강한 소속감을 느낄 때, 괴롭힘은 발생하지 않을 것이다. 하지만 팀에서 공격이나 무례한 행동을 허용하고 구성원들이 이러한 팀에 강한 소속감을 느낀다면 구성원들 간에 일탈행동이 발생할 가능성이 클 것이다.

Andersson과 Pearson(1999)은 직장에서 무례행동의 용수철 효과(spiraling effect)를 제안했다. 직장에서 무례행동은 직장에서 상호존중에 대한 규범을 어기고, 분명한 의도 없이 목표대상이 되는 타인에게 해를 끼치고자 하는 강도가 약한 일탈행동이다. 무례한 행동은 거칠고 예의 없고, 타인에 대한 존중이 결여되어 있다. 용수철 효과는 무례행동이 강도가 강한 공격적 행동으로 발전될 가능성을 나타낸다. Glomb 등(2002)은 "강도가 약한 공격적인 행위라 하더라도 계속 반복될 때는 강한 영향력을 지닐 수 있다. (중략) 이처럼 반복되는 효과는 서로에게 영향을 미쳐서 영향력이 증대된다. 결국 약한 공격의 반복은 오랫동안 분노와 위협을 유발하고 상당한 고통과 중압감을 야기한다"(p. 229)고 언급했다. Andersson과 Pearson은 무례행동이 생각 없는 행동이나 거친 말투로부터 시작된다고 진술하였다. 이로부터 악의적인 모욕이 뒤따르고, 이러한 모욕은 상대방으로부터 보복적 모욕을 촉발한다. 이러한 상황이 계속 진행되면, 그다음으로 신체적 공격을 하겠다는 위협이 뒤따르고 결국은 폭력을 유발한다. Andersson과 Pearson은 용수철을 건드리면 튀어 오르는 것처럼 사소한 모욕이 강압적인 행동으로 발전할 수 있다고 생각했다. 직장에서 공격에 대한 통합분석 결과, Hershcovis 등(2007)은 직장에서 상사보다 동료가 공격의 대상이 될 가능성이 크다는 것을 발견했다. 조직 내에 상사보다 동료의 수가 훨씬 더 많고, 동료는 상사보다 보복할 수 있는 권한이 더 적기 때문에 이러한 결과가 나왔다고 해석해 볼 수 있다.

Barclay와 Aquino(2011)는 직장에서 컴퓨터 사용이 증가함에 따라 새로운 형태의 **사이버 공격**(cyberaggression)이 나타났다는 것에 주목하였다. 사이버 괴롭힘(cyberbullying)이라고도 부르는 사이버 공격은 전자매체를 사용하여 의도적으로 다른 사람들에게 해를 끼치

> **사이버 공격 :** 직장에서 전자 매체를 통해 적대적이거나 공격적인 행동을 하는 것

는 행동이다. 사이버 공격의 일반적 형태는 이메일이나 블로그와 같은 전자 수단을 통해 다른 사람들에게 의도적으로 해를 끼치려는 목적으로 욕설이나 심한 표현이 담긴 글을 쓰는 것이다. 소셜 미디어의 발전으로 인해 사이버 괴롭힘은 조직에 심각한 위협을 주는 문제가 되었다(**"소셜 미디어와 산업 및 조직심리학 : 블로그에 의한 사이버 괴롭힘"** 참조). Weatherbee(2010)에 따르면, 사이버 공격은 조직이나 조직과 관련된 이해관계자들에게 해를 끼치기 위해 전자기술을 오용하는 사이버 일탈의 한 가지 형태이다. 사이버 일탈에는 업무시간 중 개인적인 이메일을 보내거나 온라인 쇼핑을 즐기며 시간을 허비하는 사이버 태만(cyberloafing)도 포함된다.

소셜 미디어와 산업 및 조직심리학
블로그에 의한 사이버 괴롭힘

집단 내 괴롭힘 현상은 인류의 시작과 더불어 존재해 왔다. 심지어 만화 "피너츠(Peanuts)"에 등장하는 찰리 브라운 역시 50년 넘는 연재기간 동안 루시의 괴롭힘을 견뎌 내야 했다. 집단 내 괴롭힘 현상은 놀이터와 만화책에 국한된 이야기가 아니다. 이러한 현상은 일터 최전방에서부터 중역회의실까지 어디든 존재한다. 게다가 지금은 즉각적이고 광범위한 영향력을 지닐 뿐만 아니라 익명성이 보장되는 온라인 세상에서도 괴롭힘 현상이 일어나고 있다. 사이버 괴롭힘은 면대면 상황에서 발생하지는 않더라도 그에 못지않은 파괴력을 갖는다.

소셜 미디어는 여러 면에서 일터와 일터가 아닌 장소 간의 경계를 무너뜨린다. 블로그는 이러한 경계를 모호하게 만드는 것 중 하나이다. 1990년대 후반에 등장한 블로그(또는 웹로그)는 접속자들이 특정 주제에 대해 의견을 달 수 있는 기능을 제공한다. 접속자들은 특정 주제에 대해 서로 의견을 나누고 이를 통해 접속자들 간에는 사회적 관계망이 구축된다. 블로거들은 언제든지 자신이 원하는 것에 대해 글을 올리기 때문에 블로그는 일터와 일터가 아닌 장소 간의 경계가 모호한 상황에서 사이버 괴롭힘이 발생할 수 있는 최적의 공간이 될 수 있다. 사이버 괴롭힘으로 간주될 수 있는 글을 직장 밖에서 블로그에 게시한 것이 직장에서 문제가 될 수 있다. 더 나아가 이

(계속)

러한 글은 조직을 어려움에 빠뜨릴 수도 있다.

캘리포니아에 위치한 회사에서 발생한 불미스런 사건을 예로 들어 설명하겠다. 어떤 종업원이 직장 밖에서 자신의 컴퓨터를 사용하여 블로그를 만들었다. 직장 동료들은 태어날 때부터 오른손에 장애를 가지고 있어서 평소에 손을 주머니에 넣어 장애를 숨기려는 이 종업원의 블로그에 그를 경멸하는 글을 올리기 시작했다. 블로그에서 동료들은 그를 '쥐새끼'라고 놀렸고 장애가 있는 오른손을 '갈고리'라고 불렀다. 블로그에 올려진 내용이 매우 천박하고 부적절하였기 때문에 놀림의 대상이 됐던 종업원은 소송을 제기했다. 블로그는 직장 밖에서 만들어졌지만, 직장 동료들은 업무시간에 블로그에 접속했고 고용주 역시 이런 상황을 알고 있었다. 결국 고용주가 이런 사이버 괴롭힘을 알고 있었으나 이를 막기 위해 충분한 조치를 취하지 않았기 때문에 책임을 져야 했다. 배심원들은 괴롭힘의 대상이 되었던 종업원에게 80만 달러가 넘는 금액을 배상하라고 판결했다. 직장 밖에서 발생한 문제가 직장에 영향을 줄 수 있기 때문에 고용주는 사이버 괴롭힘에 대해 유의할 필요가 있다.

3) 조직 내 정치적 행동

> **조직 내 정치적 행동** : 조직 내에서 종업원들이 자기 이익을 추구하기 위하여 하는 행동

조직 내 정치적 행동(organizational politics)은 산업 및 조직심리학 분야에서 비교적 새로운 개념이다. 이것은 조직 내에서 의사결정이 어떻게 그리고 왜 이루어지는지를 설명한다. 이상적인 조직은 오로지 조직의 복리를 향상하기 위하여 합리적이며 논리적인 결정을 내리는 사람들에 의해 운영된다. 즉 조직의 이익을 극대화하기 위하여 종업원들은 개인적으로 이익을 취하지 않거나 이익을 바람직한 방향으로 돌린다. 하지만 현실에서는 조직에 사심이 없는 사람들만 있는 것은 아니다. 조직에서 종업원들은 자신만을 위하여 개인적인 행동을 하고 자기 이익을 포함한 많은 요인을 고려하여 행동한다. 직장에서 승진하기 위해 하는 행동이나 해고당하지 않기 위해 하는 행동을 예로 들 수 있다. 조직 내 정치적 행동 분야는 조직 내에서 개인이 자기 이익을 높이기 위하여 자신의 조직 내 지위를 어떻게 이용하는지를 연구한다.

Vigoda-Gadot와 Drury(2006)는 조직 내 정치적 행동을 조직에서 개인이 자신의 이익을 위하여 권한을 사용하고자 하는 의지와 능력으로 기술하였다. 다른 종업원들의 복리를 향상하면서 동시에 자기 잇속도 차리는 행동이 조직 내 정치적 행동의 기초가 된다. 조직 내 정치적 행동은 근본적으로 "누가 무엇을 언제 어떻게 얻는지"에 대한 문제를 다룬다(Lasswell, 1936). 학자들은 조작, 강요, 기만, 역모와 같은 책략을 포함하여 조직 내 어두운 측면의 행동을 정치적 행동이라고 묘사했다. Hochwarter(2012)는 많은 사람들이 정치라는 단어를 들으면 "타인을 업신여기고, 조종하거나 이간질하며, 오로지 자신의 잇속만을 챙기는 수상한 행동을 떠

올린다"(p. 27)고 언급하였다. 하지만 Ferris와 Treadway(2012)는 조직에서 의사결정이 내려지는 관점에서 볼 때 최근에는 예전과 달리 조직 내 정치적 행동을 중립적으로 혹은 심지어 긍정적으로 바라보는 시각도 있다고 했다("**현장기록 2 : 조직에 득이 되는 정치적 행동**" 참조). 조직에서 정치적 책략이 폭넓게 사용되기 때문에 조직 내 정치적 행동은 조직생활 그 자체로도 간주된다. Buchanan(2008)의 연구에 참가했던 관리자들의 90%가 "만약 성공하길 원한다면, 대부분의 관리자들이 조직에서 어느 정도 정치적 행동을 해야 한다"(p. 57)고 답했다. Ferris와 Hochwater(2011)는 조직 내 정치적 행동을 흔히 볼 수 있다고 하면서 영국의 수상이었던 윈스턴 처칠의 다음과 같은 말을 인용하였다. "사람과 권한을 합치면 정치적 행동이 발생한다"(p. 450). 그럼에도 불구하고 조직은 정치적 행동의 사용 빈도, 강도, 성질에 있어서 서로 다르다.

조직 내 정치적 행동의 세 가지 측면에 주목할 필요가 있다. 첫째는 정치적 행동의 다양한 발생 형태이다. Beugne와 Liverpool(2006)은 원하는 결정을 얻어 내기 위하여 결재 라인을 생략하거나, 서로 도움을 주고 신세를 갚는 규범(즉 내가 전에 도와주었으니 이번에는 당신이 나를 도와 달라는 식의 관행)을 만드는 것과 같은 책략을 보고하였다. Mintzberg(1989)는 조직에서 이루어지는 많은 정치적 게임을 기술하였다. 예산 게임(budgeting game)은 협조나 순종의 대가로 어떤 부서에 가치 있는 자원(돈)을 주는 것이다. 만일 그 부서가 비협조적이면 그 부서의 다음 해 예산이 삭감될 수도 있다. 예산 게임을 하는 사람들은 비즈니스 세계에서 "황금을 가지고 있는 사람들이 지배한다"는 것을 중요한 원칙으로 여긴다. 전문지식 게임(expertise game)은 자신에게 유리한 결정이 내려지도록 영향력을 발휘하기 위하여 자신의 전문지식을 과시하거나 전문지식이 있는 척하는 것이다. 전문지식 게임의 근원은 "지식이 힘이다"는 데 있고, 특수한 전문지식을 가지고 있는 사람은 남에게 알려 주지 않고 필요할 때 정치적으로 사용한다. 경쟁 집단 게임(rival camps game)은 생산부서와 영업부서와 같이 조직 내 두 집단 간에서 발생한다. 한 집단은 두 집단 어디에도 속하지 않은 사람들에게 가치 있는 것을 제공하여 자기 편을 들도록 한다. 하지만 두 집단 간에 다음 번 정치적 싸움 때는 그 사람들이 자신들의 입장을 바꾸어 다른 집단을 지지할 수도 있다. 두 개의 경쟁 집단은 집단에 속하지 않은 사람들로부터 지지를 확보하기 위하여 그들에게 더 많은 혜택을 주고 자기편으로 만들어 경쟁에서 이기려고 한다. Mintzberg가 지적한 것처럼, 앞에서 언급한 많은 게임들이 조직 전체의 목표를 심각하게 저해하는 것은 아니지만 모든 게임은 자신들의 이익을 향상하고자 하는 의도를 지니고 있다.

정치적 행동을 이해하기 위한 두 번째 영역은 개인의 어떤 특성이 조직 내 정치적 행동을 성공적으로 할 수 있도록 하느냐이다. Liu 등(2006)은 정치적 기술의 네 가지 구성요소를 제

현장기록 2
조직에 득이 되는 정치적 행동

조직 내 정치적 행동은 일반적으로 조직 내 다른 사람들과 조직의 전반적 복리를 무시하는 개인의 이기적 행동과 관련되어 있다. 하지만 어떤 경우에는 개인의 이익과 조직의 이익이 명확하게 구분되지 않을 때도 있다.

한 회사가 잠재적 능력을 지닌 세 명의 젊은 종업원을 선발하여 그들에 대한 전문적 교육과 개발을 위해 많은 돈을 투자하기로 결정하였다. 선발된 사람들은 매우 비싼 국내 및 해외 간부교육을 받고 회사 내 고참 리더들이 그들에게 개별 멘토링을 제공하기로 되어 있었다. 이 회사는 다섯 개 부문으로 구성되어 있다. 각 부문의 책임자는 부사장이고 각 부문마다 몇 명씩의 후보자를 추천하였다. 각 부문마다 자기 부문에서 최소 한 명은 최종 교육대상자로 선정되기를 원했지만, 부문은 다섯 부문이고 최종적으로 세 명만 선발하기로 되어 있었기 때문에 두 부문에서는 교육대상자가 나오지 않을 수도 있다. 선발위원회는 사장을 포함하여 세 명으로 구성되었다. 세 명의 교육대상자를 선정함에 있어서 다섯 개 부문 간에 경쟁 분위기가 형성되었다.

한 부문의 부사장이 자기 부문에서 추천한 사람들 중에서 두 명을 뽑아 달라고 선발위원들을 대상으로 은밀하게 로비를 하였고 실제로 그렇게 되었다. 그 결과, 세 부문은 교육대상자를 배출하지 못했다. 로비를 한 부사장은 권모술수에 능하고 자신이 마음먹은 대로 일을 성사시켜서 동료 부사장들에게 좌절감을 안기는 정치적인 사람으로 소문이 나 있었다. 이번에도 자신이 맡고 있는 부문에서 두 명의 최종 교육대상자를 배출하여 자신의 정치적 명성을 드높였다. 약 18개월 동안의 전문 교육 후에 세 사람은 해외 임무에 배치되었다. 세 사람 모두 매우 훌륭한 성과를 나타냈기 때문에 회사는 잘 뽑았다고 확신했다.

조직 내 정치적 행동 관점에서 볼 때, 자기 부문에서 두 명이 선정되도록 로비를 한 부사장이 과연 얼마나 이기적인 행동을 한 것인지에 대해 의문을 제기할 수 있다. 그는 두 명이 선정되도록 함으로써 자신의 명성을 높였고, 회사 내에서 무시할 수 없는 인물로서 자신의 이미지를 굳혔다. 하지만 세 명의 선정자들이 회사의 성공에 기여했기 때문에 그는 궁극적으로 회사의 이익에도 기여했다. 물론 선정된 세 명 이외의 다른 후보자들에게 동일한 기회가 주어졌다면 그들 역시 성공했을 것이라고 주장할 수도 있다.

Andrews 등(2009)은 어떤 상황에서는 정치 수완이 좋은 사람들이 필요하고, 이러한 수완이 없는 사람들은 오히려 별로 도움이 안 된다고 지적했다. 어떤 사람들은 정부에서 일하기 위해 선거에 나선다. 이렇게 선출된 사람을 정치가라고 부른다. Silvester(2008)가 기술한 것처럼, "정치와 정치가는 민주주의의 핵심이다. 그들의 수행은 국가의 경제적 및 사회적 웰빙에 영향을 미친다. 비록 직업 정치인들과 그들의 행동이 인기가 없을지라도, 그들의 정치적 행동은 합법적인 것으로 받아들여지고 그들의 역할에서 중요한 부분이다. 정치가들에게 정치는 비합법적이거나 일탈적 행동이 아니라 본연의 일이다"(pp. 107-108). 요약하자면, 개인의 이익이 타인의 이익과 분명하게 달라서 서로 상충되는 상황이 존재한다. 하지만 또 다른 상황에서는 개인과 타인의 이익이 서로 같아서 명확하게 구분되지 않기도 한다.

시하였다. 첫 번째는 사회적 영악성(social astuteness)이다. 정치적 기술이 있는 사람들은 사회적 단서를 관찰하는 능력이 있고 타인의 동기와 가치관을 파악하는 직관력을 가지고 있다. 두 번째 요소는 대인 간 영향력(interpersonal influence)으로, 타인을 쉽게 통제하는 능력이다. 세 번째 요소인 네트워크 구축과 동맹형성(building networks and forming coalitions)은 조직 내 정치적 행동의 기본이다. 정치적 기술이 있는 사람이 조직에서 변절자나 악당은 아니지만, 원하는 결과를 성취하기 위하여 대인 간 자원을 어떻게 이용하면 되는지를 아는 사람이다. 마지막 요소는 가식적 미덕(projected virtue)이다. 정치적 기술이 있는 사람들은 자신의 진짜 의도를 가장할 수 있고, 다른 사람들에게 자신의 의도가 선한 것으로 비춰지도록 할 수 있다. 그들은 겉으로는 다른 사람들에게 조직의 이익을 위해 하는 것이라고 정서적으로 호소하지만, 진짜 의도는 그렇지 않다. Blickle 등(2011)은 정치적 기술이 성격이나 인지능력 이상으로 직무수행을 예측하는 것을 밝혔다. 또한 Ferris 등(2012)은 정치적 기술을 갖춘 사람이 그렇지 못한 사람에 비해 환경 적응력이 더 뛰어나다고 했다. 정치적 기술이 직무수행과 적응력을 예측할 수 있기 때문에 Ferris 등은 정치적 기술에 대한 측정치가 유용한 선발도구가 될 수 있다고 주장했다.

세 번째 영역은 조직 내 정치적 행동 책략에 대해 다른 사람들이 보이는 반응이다. Cropanzano와 Li(2006)는 조직 내 정치적 행동과 스트레스가 정적으로 관련되어 있다는 것을 발견하였다. 두 가지는 모두 모호성, 예측 불가능성, 전반적 불편함이라는 특징을 지니고 있다. 저자들은 "두 가지 모두 무엇이 언제 발생할지에 대해 예측하기 힘들기 때문에 당혹스러움을 내포하고 있다"(p. 139)고 진술하였다. 조직 내 정치적 행동은 조직 정당성과 공정성 원칙을 저해한다. 조직에서 정치적 행동이 일상화되면 종업원들 사이에 냉소주의와 무관심이 팽배해질 수 있다. 조직 내 정치적 행동이 팽배한 조직 문화에서는 밖으로 드러난 것과 속이 다르고, 의사결정이 밀실 거래에 의해 이루어지고, 공식적으로 발표된 것을 믿는 사람들이 바보라는 인식이 만연할 수 있다. 정치적 행동을 하는 사람으로 낙인찍힌 사람은 의심을 받게 되고, 실제 그들이 자기 잇속을 차리려는 의도가 없을지라도 다른 사람들은 그들의 행동을 의심한다. 정치적 행동을 하는 사람들이 자신이 원하는 것을 얻는 데 있어서 특별한 소질을 가지고 있다고 하더라고 그들의 책략은 다른 종업원들에게 나쁜 영향을 미친다. Chang 등(2009)은 조직 내 정치적 행동 지각과 종업원의 태도 및 행동 간 관계를 연구하였다. 조직 내 정치적 행동 지각은 조직을 떠나려는 의도와 .43의 상관을 나타냈고, 직무만족과는 -.57, 정서적 조직몰입과는 -.54의 상관을 보였다. 이러한 결과는 조직에 대한 불공정성 지각과 종업원의 태도 및 행동 간 관계에서 밝혀진 상관의 방향과 크기와 매우 유사하다.

4. 심리적 계약

Rousseau(1995)는 **심리적 계약**(psychological contract)을 개별 종업원과 조직 간의 교환관계로 기술했다. 이것은 양자 간에 공식적인 문서에 의한 계약이 아니라 상호 기여를 바탕으로 한 암묵적 관계이다. 심리적 계약은 조직과 개인 사이에 존재하는 상호 간의 의무에 대한 종업원의 지각이다. 종업원들은 조직에 대한 자신들의 의무뿐만 아니라 조직이 그들에 대해 가지고 있는 의무에 대해서도 믿음을 가지고 있다. Rousseau(2011)가 관찰한 것처럼, 조직의 의무에 대한 종업원들의 지각은 조직이 종업원들에 대한 처우에 관하여 법적으로 명시한 내용과 다를 수 있다. 즉 조직은 종업원들이 기대하는 것을 모두 제공해야 할 법적 의무는 없다. 종업원들은 조직을 위해 열심히 일하고 충성하는 것에 대한 교환조건으로 조직이 직업안정성과 승진기회를 제공해 준다고 믿는다. 심리적 계약은 미래 지향적이다. 장래에 이루어질 교환에 대한 약속 없이는 어느 쪽도 다른 쪽이 기여하도록 하는 유인을 제공할 수 없으며 양자 간의 관계도 오래 지속되지 않는다. 계약은 어떤 형태의 약속이 이루어져 있다는 믿음으로 구성되며, 계약조건에 대하여 양자가 모두 동의하였다는 것을 의미한다. Conway와 Briner(2009)는 조직에 대한 태도와 행동을 이해하는 데 있어서 심리적 계약이 매우 유용한 개념이라고 하였다. "심리적 계약은 종업원 행동을 두 가지 방식으로 설명하는 데 사용된다. 양자 간의 약속으로 인해 종업원이 조직을 위해 의무적으로 어떤 행동을 하는지를 알 수 있고, 양자 간의 약속이 깨졌을 때 종업원들이 어떤 반응을 보이는지를 알 수 있다"(p. 71).

Dabos와 Rousseau(2004)는 심리적 계약이 **상호성**(mutuality)과 **호혜성**(reciprocity)이라는 두 가지 원칙에 의해 형성된다고 주장했다. 상호성은 종업원과 고용주가 구체적인 교환 조건에 대하여 신념을 공유하는 정도를 나타내고, 호혜성은 서로에 대한 몰입 정도를 나타낸다. Dabos와 Rousseau는 서로에 대한 호혜적인 몰입이 어느 시점에서 달성되는지를 정확하게 알 수 없기 때문에 호혜성보다는 상호성이 더 쉽게 달성될 수 있다고 믿는다. 예를 들어, 고용주는 종업원의 능력을 개발하고 경력 향상을 기꺼이 지원해 주겠다는 의사를 분명히 밝힐 수 있다. 하지만 종업원이 언제 어떻게 고용주에게 호혜적인 기여를 할지는 분명하지 않을 수 있다. 심리적 계약은 한 번에 체결되는 것이 아니라 조직에서 종업원이 재직하는 기간 내내 수정된다. 관계가 오래 지속되고 양자가 상호작용하는 기간이 길수록 계약에 포함되는 기여의 종류가 더 많아진다. Rousseau와 Parks(1993)는 고용 그 자체가 약속(장래의 지속적 고용에 대한 암묵적 계약)으로 지각되고, 종업원의 수행은 기여(약속에 보답하는 방법)로 지각된다는 것을 발견하였다. 인원감축, 아웃소싱, 그리고 기타 실직을 유발하는 상황은 종업원들이 일할 의지와 능력이 있음에도 불구하고 조직이 고용을 철회하는 것이기 때문에 심리적 계약의 심각한 위반을 초래한다.

Rousseau(2011)는 심리적 계약이 거래적 계약에서 관계적 계약에 이르는 연속선상에서 존재한다고 제안했다. 거래적 계약(transactional contract)은 짧은 기간 동안만 지속되고 구체적인 의무사항을 포함하고 있다. 재정적 자원이 교환에서 중요한 매개물이다. 관계적 계약(relational contract)은 관계가 오랫동안 지속되고 구체적이지 않은 의무를 포함한다. 거래적 계약에서는 자신의 전체 이득에 관심을 두는 반면, 관계적 계약에서는 한쪽이 다른 쪽의 이득을 자신의 것보다 먼저 고려해 줌으로써 암묵적으로 관계 그 자체의 가치에 의미를 둔다. 연속선상에서 관계적 계약의 극단에서는 의무들이 뚜렷하지 않으며 지속적으로 변화한다. 이러한 계약은 장기적이고 재정적 자원들뿐만 아니라 충성과 협력과 같은 사회정서적 자원들을 서로 교환한다. Rousseau는 일반적으로 관계적 의무가 좀 더 긍정적 결과와 관련되어 있고 거래적 의무는 부정적 결과와 관련되어 있다고 주장했다. 예를 들어, 〈그림 10-6〉에서 볼 수 있듯이, 관계적 계약은 친사회적 행동과 조직에 대한 몰입과 관련이 있지만, 거래적 계약은 반사회적 행동과 조직으로부터의 소외와 관련되어 있다.

모든 계약 안에는 세력(power)의 요소가 포함되어 있다. 세력은 양자 간에 균등하게(즉 똑같이) 배분될 수도 있고 불균등하게(즉 다르게) 배분될 수도 있다. 고용관계에서는 매우 흔하게 세력의 불균형을 볼 수 있다. 세력의 불균형에 의해 한쪽은 계약 작성자(상대적으로 세력이 있는 사람)가 되고, 다른 한쪽은 계약 수납자(상대적으로 세력이 없는 사람)가 됨으로써 교환관계에 대하여 지각하는 자발성의 정도에 영향을 미친다. 계약 수납자인 종업원은 고용 관계를 쉽게 벗어날 수 없다. 세력의 불균형은 종업원들로 하여금 관계에 대한 통제력 상실을

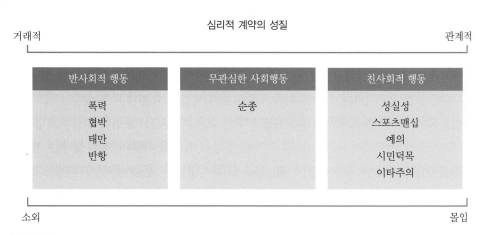

그림 10-6 심리적 계약과 사회적 행동 범위 간의 관계

초래하고, 종업원들이 계약 위반이라고 지각하는 경우에는 잘못된 처우를 받고 있고 공정하지 못하다고 느낄 가능성이 크다. 고용주가 더 힘 있는 쪽이기 때문에 힘이 없는 종업원에게 계약 조건이 불리하게 작성될 수도 있으며, 종업원이 이것을 그대로 받아들이지 않으면 고용계약을 맺지 못하게 된다.

1) 심리적 계약 위반

양자 관계에서 다른 쪽이 약속된 의무를 이행하지 않았다고 지각할 때 심리적 계약이 깨진다. 〈표 10-3〉은 조직에서 전형적인 심리적 계약의 위반과 각 경우에 종업원들로부터 나올 수 있는 말을 나열한 것이다. 한쪽이 다른 쪽에 대한 의무를 이행하지 않으면 양자 간의 관계가 손상되고 상호 간의 의무에 대한 믿음이 깨진다. 고용주에 의한 위반은 종업원이 고용주에게 빚지고 있다는 생각에 부정적인 영향을 미칠 뿐만 아니라 종업원이 고용주에게 보답할 의무가 있다는 생각에도 부정적인 영향을 미칠 수 있다. 심리적 계약의 위반은 관계를 형성하는 데 영향을 미치는 요인들(예 : 신뢰)을 손상시킨다. 만약 고용주가 암묵적인 약속을 어긴다면 고용주의 정직성이 의심받게 된다. Montes와 Zweig(2009)는 종업원 입장에서 조직이 약속을 어겼기 때문에 계약을 위반했다고 느끼는 것이 아니라 조직이 종업원들의 기대를 충족시키지 못했기 때문에 계약을 위반했다고 느낀다고 결론 내렸다. 기대는 과거 작업경험, 규범, 다른 회사와의 비교로부터 형성된다. 위반은 서로 유익한 관계를 설정하고 유지하려고 했던 고용주의 원래 동기가 변질되었거나 처음부터 그럴 생각조차도 없었음을 나타낸다. Cavanaugh와 Noe(1999)와 Turnley와 Feldman(2000)은 심리적 계약 위반이 종업원이 회사에 계속 머물려는 의도와 직무만족에 부정적인 영향을 미친다는 것을 발견하였다. 심리적 계약은 종업원과 고용주를 하나로 묶어 주고, 서로가 본분을 다한다면 이러한 관계가 서로에게 이익이 된다는 것을 보장해 준다. 그렇기 때문에 위반은 둘 간의 결속을 약화시킨다.

심리적 계약 위반에 대한 종업원의 전형적인 반응은 어떤 것일까? Robinson 등(1994)은 심리적 계약에서 관계적 성격이 점점 줄어들고 거래적 성격이 더 늘어나고 있음을 발견하였다. 종업원들은 일에서 사회정서적 측면에 별로 관심을 두지 않고 계약에서의 금전적 이득에 관심을 더 둔다. 이러한 추세는 종업원과 고용주 간의 심리적 거리를 더 멀어지게 하고 양자 간의 계약이 보다 거래적인 성격을 띠도록 만들었다. 위반에 대한 종업원의 다섯 가지 연속적 반응이 밝혀졌다. 첫 번째 반응은 자기 목소리(voice)를 내는 것이다. 종업원은 위반에 대한 우려를 표시하고 계약을 원래상태로 돌리려고 노력한다. Dulebohn(1997)은 종업원들이 자신의 목소리를 내서 항의하는 경우에 경영층으로부터 보복을 받을지도 모른다고 걱정하기 때문에 그들은 공식적으로 항의하는 것을 꺼린다는 사실을 발견하였다. 공식적인 항의절차(불만이나

표 10-3 심리적 계약에 대한 위반 유형

위반 유형	정의	예
교육 및 개발	교육을 전혀 시키지 않거나 시키더라도 약속한 대로 시키지 않음	"마케팅교육에서 중요한 부분으로 판매교육을 하기로 했지만 하지 않았다."
보상	급여, 혜택, 보너스에서 원래 약속한 것과 실제 지급되는 것이 다름	"특별보상을 주기로 약속했었다. 만일 주지 않는다면 나는 받기 위해 싸워야 한다."
승진	승진 또는 진급계획이 약속한 대로 지켜지지 않음	"나는 1년 안에 관리자로 승진될 가능성이 높다고 들었다. 나의 수행평가가 뛰어남에도 불구하고 나는 1년 안에 승진하지 못했다."
직무 안정성	직무 안정성에 대한 약속을 어김	"회사의 교육 후에 누구도 해고시키지 않고 우리 모두를 배치시키겠다고 약속했다. 이러한 직무 안정성 때문에 낮은 급여에 대해서도 받아들였다. 그러나 회사는 결국 교육 후에 네 명을 해고했다."
피드백	피드백과 수행에 대한 검토가 약속한 것과 비교할 때 부적절함	"나는 수행에 대한 피드백을 약속한 대로 받지 못했다."
사람	회사에서 근무하는 사람의 전문지식, 일하는 스타일, 명성에 대하여 고용주가 말한 것이 거짓임	"나는 이 회사가 역동적이고, 도전적인 환경을 제공하고, 업계에서 가장 유능한 사람들을 접할 수 있다고 들었다. 하지만 모두 거짓말이었다. 이 회사는 좋은 회사 순위에서 전국 100위 안에 든다는 처음의 선전이 퇴색되자마자 바로 본색을 드러냈다."

불평 접수 제도)를 사용하는 사람들은 흔히 조직에 대한 불평분자라고 낙인찍히고 보복을 경험한다. 그 대신에 종업원들은 절차 공정성에 영향을 미치기 위해 교묘한 영향력 행사 전략을 사용할 가능성이 크다. 이것이 성공적이지 못하면 자기 목소리를 내던 것이 침묵으로 바뀐다. **침묵**(silence)은 조직에 순종하는 것이 아니라 조직에 몰입하지 않는 것을 내포하고 있다. 침묵 다음으로는 수동성, 태만, 책임회피와 같은 **퇴각행동**(retreat)이 나타난다. 다음으로는 종업원이 절도, 위협, 업무방해를 통하여 고용주에게 보복하는 **파괴**(destruction)가 나타나고 극단적인 경우에는 위반의 주범이라고 여겨지는 사람을 살해할 수도 있다. 마지막으로 **퇴거**(exit) 단계에서는 종업원이 조직을 스스로 그만두거나 조직이 자신을 해고하도록 만든다. 연구에 따르면 공정성 지각이 심리적 계약 위반에 대한 반응에 영향을 미친다. 특히 관계적 계약이 위반되었을 때 절차 공정성이 종업원에게 중요한 영향을 미친다. 조직이 공정하고 형평성을 지

닌 절차를 사용하면 계약 위반이 종업원에게 미치는 영향을 줄일 수 있다.

Zhao 등(2007)은 조직이 약속이나 의무를 이행하지 않았다고 종업원들이 느끼는 심리적 계약 위반에 대하여 통합분석을 실시하였다. 심리적 계약 위반은 높은 불신, 낮은 직무만족, 낮은 조직몰입, 낮은 친사회적 행동, 낮은 직무수행과 관련되어 있었다. 이에 더하여 Ng 등 (2010)은 심리적 계약 위반의 부정적 효과가 시간이 흐름에 따라 점차 강해지는 연쇄효과를 발견하였다. 감축, 아웃소싱, 오프쇼링은 종업원들의 직무 안정성을 낮춘다. 이 경우 종업원 들이 자신의 직무를 성공적으로 수행하더라도 자신의 복리에 가장 중요한 일자리를 잃을 수 도 있다. 다음 장에서 볼 수 있듯이, 자신의 삶을 통제할 수 있다는 것은 행복감의 근원이다. 종업원들이 자신의 직무 안정성을 통제할 수 없다고 지각하면, 고용주에 대해 거래적 관계를 느끼고 고용주에 대한 몰입과 충성도가 낮아진다.

여러 나라에서의 분석에 기초하여, Rousseau와 Schalk(2000)는 약속에 근거한 교환으로서 심리적 계약은 다양한 사회에 광범위하게 일반화될 수 있다고 결론 내렸다. 국제적으로 이 루어지는 사업이 증가함에 따라 심리적 계약에 있어서 문화적 차이의 본질은 앞으로 계속 변 화할 것이다. 예를 들어, 서양문화에서는 사업에서 반복적인 거래를 통하여 관계를 설정하는 것을 선호하는 반면에, 아시아인들은 전통적으로 양자 간에 관계를 먼저 설정한 다음에 사업 적인 거래를 하는 것을 선호한다. 하지만 앞으로는 동·서양의 두 가지 스타일 모두가 새롭 고 다양한 형태로 변화할 가능성이 크다("**비교 문화적 산업 및 조직심리학 : 문화적 차이가 조직에 대한 태도와 행동에 미치는 영향**" 참조).

비교 문화적 산업 및 조직심리학
문화적 차이가 조직에 대한 태도와 행동에 미치는 영향

문화적 차이는 조직에 대한 태도와 행동에 강한 영향을 미친다. 이 장에서 다룬 많은 주제는 각 문화마다 특수한 해석과 적용이 이루어진다는 것을 밝혔다. Lam 등(1999)은 홍콩과 일 본 종업원들이 미국과 호주 종업원들보다 조직 시민행동의 일부를 그들의 직무에서 정의되고 기 대되는 부분이라고 여기는 경향성이 더 크다는 것을 발견하였다. 이처럼 어떤 문화에 속한 종업 원들이 역할 외 행동(꼭 하지 않아도 되는 자유재량이 있는 행동)이라고 여기는 것을 다른 문 화에 속한 종업원들은 역할 내 행동(반드시 하도록 기대되는 행동)이라고 간주한다. 개인주의 - 집합주의 차원에 따라 직무만족에서도 문화 간 차이가 존재한다. 집합주의 문화의 종업원들은 일이 사회적이고 집합적인 특성을 지닐 때 더 만족하는 반면에, 개인주의 문화의 종업원들은 일

(계속)

에서 승진이나 성취의 기회가 있을 때 만족감을 더 느낀다. 자원 분배 방식에 대한 선호가 다르기 때문에 조직 공정성에 있어서도 문화적 차이가 존재한다. 집합주의 문화에서는 자원을 균등하게 배분하는 것이 조화를 가져오기 때문에 자원의 균등 분배를 통해 최대의 공정성을 달성할 수 있다. 개인주의 문화에서는 직무수행에 근거한 차별적 급여인상과 같이 성과에 기초하여 자원을 분배함으로써 최대의 공정성을 달성할 수 있다. 마지막으로 심리적 계약의 개념도 문화에 따라 다르다. Schalk와 Rousseau(2001)는 사회적 및 문화적 신념이 종업원과 고용주 간에 이루어지는 교환의 종류에 어떤 영향을 미치는지를 기술하였다. 문제가 될 가능성이 있기 때문에 미국의 관리자는 친한 친구나 친인척을 채용하는 것을 가급적 회피한다. 다른 문화에서는 평소에 알고 있는 정보가 정확한 채용 결정에 도움을 준다고 생각하기 때문에 친인척이나 친구들을 채용하는 것을 바람직하게 여길 수도 있다. 어떤 나라의 고용관계는 공식적으로 명시되어 있기 때문에 임의로 이루어질 가능성이 희박하다. 반면에 어떤 나라에서는 양자 간 개별적 협상에 의해 고용관계가 이루어질 가능성이 크다. 이 경우에는 공식적인 채용 정책이 없기 때문에 조직이 종업원에 대한 지속적 고용을 보장할 수 없는 문제가 발생할 수 있다. 전 세계 여러 문화에서 나타나는 조직에 대한 태도와 행동은 문화마다 상당히 다르다.

10 이 장의 요약

- 기분과 감정은 전염되고, 조직에서 흔히 발생하며, 개인의 직무수행 및 의사결정에 영향을 준다.
- 조직 내에 있는 개인은 자신이 일하는 조직에 대하여 태도를 형성하고 이와 관련된 행동을 나타낸다.
- 직무만족은 가장 많이 연구된 조직 태도변인 중 하나이다. 사람들이 자기 직무를 얼마나 좋아하는지는 개인의 성격과 그들이 수행하는 일의 객관적 특성과 관련되어 있다.
- 작업몰입은 개인의 직업, 조직, 팀, 또는 직무의 특정 구성요소에 대한 결속이다.
- 많은 관심을 받고 있는 종업원 몰입은 산업 및 조직심리학의 많은 이론에 기반한 혼합적 구성개념이다.
- 사람들은 일터에서 결과, 절차, 상호작용에 대한 공정성을 평가한다. 이러한 평가는 다양한 태도와 행동과 관련되어 있다.
- 종업원들이 자신의 공식적 의무와 책임 이외의 행동을 함으로써 조직의 복리에 기여하는 것을 조직 시민행동이라고 부른다.

- 반생산적 작업행동은 모욕, 협박, 괴롭히기, 거짓말, 절도, 근무태만, 신체적 폭력, 직장 내 살인을 포함한다.
- 조직에서 개인이 자신의 이익을 위해 사용하는 다양한 행동책략을 조직 내 정치적 행동이라고 부른다.
- 심리적 계약은 개인과 조직 간의 교환관계이다. 문서로 작성되지는 않지만, 심리적 계약은 서로에게 기대하는 바에 기초하여 성립된다.
- 심리적 계약의 위반(즉 한쪽이 다른 쪽의 기대를 저버릴 경우)은 양자 간의 관계를 멀어지게 하는 여러 행동을 초래한다.

CHAPTER

11

직장 내 심리적 건강

이 장의 학습목표

- 심리적 건강의 개념과 다섯 가지 주요 요인
  을 이해한다.
- 일에서 스트레스 요인의 여러 유형과 종업
  원에게 미치는 영향을 설명한다.
- 일-가정 갈등과 일-가정 충실을 설명한다.
- 작업일정이 직장 내 심리적 건강에 미치는
  영향을 논의한다.
- 지저분한 일이라는 낙인이 종업원에게 미치
  는 영향을 기술한다.
- 직장에서 알코올 중독과 약물 남용이 미치
  는 영향을 이해한다.
- 실업의 심리적 효과를 이해한다.
- 전 세계에서 아동 노동력 착취를 둘러싼 문
  제를 이해한다.

1. 직장 내 심리적 건강의 기원

제1장에서 다룬 것처럼, 20세기 초에는 과학적 관리 원칙이 작업 수행 방식을 결정했다. 작업은 분리된 세부 과업으로 나뉘었다. 하나의 과업(예 : 볼트에 너트를 끼우기)을 수행하는 것이 작업자 직무의 전부이기도 했다. 여러 사람이 각자 자기가 맡은 과업만을 수행하는 분업을 통해 조직은 하나의 완성된 제품을 만들어 냈다. 이러한 생산방법은 효율적이고, 작업자에 대한 교육시간을 최소화할 수 있고, 특별한 기술을 요구하지 않고, 그만둔 작업자가 있을 경우 새로운 작업자로 쉽게 대체할 수 있었다. 과학적 관리 원칙은 의도적으로 작업자의 생각을 행동과 분리시켰다. 정서가 오히려 생산적인 작업을 방해한다고 가정하였기 때문에 종업원의 정서에 대해서는 특별한 관심을 두지 않았다. 아무 생각도 없이 동일한 과업을 10초마다 기계적으로 반복하는 작업자들은 지루함과 피로를 느꼈다. 그러나 20세기 초에 이러한 것들은 생산 직무를 수행하는 작업자들이 돈을 벌기 위해서 어쩔 수 없이 치러야 할 희생이었다. 이러한 작업수행 방식은 20세기에 오랫동안 지속되었다.

그동안 노동력의 교육수준이 점점 더 높아졌다. 1900년대 초에는 비교적 드물었던 고등학교 졸업자들이 1900년대 중반에는 많이 늘어 고등학교를 졸업하는 것이 일반적인 현상이 되었다. 교육수준이 향상됨에 따라 작업자들은 작업에서 인간적인 요소가 배제되어 있는 직무를 점차 꺼리기 시작했다. 1930년대에 작업과 관련된 정서적이고 감정적인 이슈들이 부각되기 시작했다(이러한 주제를 흔히 '정신위생'이라고 불렀다). 상담심리학에서는 인생에서 적응에 관한 많은 문제들이 일과 관련되어 있다는 사실을 깨닫기 시작했다. 그럼에도 불구하고 주로 작업 생산성에 관심을 두었던 산업심리학과 주로 적응 및 건강에 관심을 두었던 상담심리학 사이에는 여전히 큰 괴리가 존재하였다. 20세기 중반에 **직장 내 심리적 건강**(workplace psychological health) 분야에 대한 관심이 형성되기 시작했다.

> **직장 내 심리적 건강** : 일을 수행함에 있어서 종업원의 정신적, 정서적, 육체적 안녕을 의미하는 포괄적 개념

1965년에 Arthur Kornhauser가 쓴 산업근로자들의 정신건강(*Mental Health of the Industrial Worker*)이 출간되면서 산업 및 조직심리학자들이 직장 내 심리적 건강에 대하여 관심을 가지기 시작했다. 산업 및 조직심리학자인 Kornhauser는 그때까지도 여전히 과학적 관리 원칙에 의해 작업을 수행하고 있었던 400명의 디트로이트 자동차 공장 근로자들을 대상으로 그들의 일에 관하여 면접을 실시하였다. Zickar(2003)는 직장에서 건강심리학 분야가 탄생된 계기를 Kornhauser의 기념비적인 책의 공로로 돌렸다. 책이 출간된 이후로 이 분야는 직장에서의 건강과 일-가정 간의 갈등과 관련된 문제들을 연구하기 시작했다. Zickar에 따르면, Kornhauser의 연구는 그 당시 근로자의 복지에 관심을 가지고 있던 산

업 및 조직심리학자들의 연구를 매우 쉽게 해 주었다. Barling과 Griffiths(2003)가 지적한 것처럼, 20세기 말엽의 직업 건강심리학자들은 20세기 초기의 과학적 관리법에 의해 제기되었던 신념과는 정반대의 신념을 갖게 되었다. 요약하자면, 작업자의 생산성이 작업자의 건강에 달려 있다는 결론에 이르기까지 거의 100년이 걸렸다.

직장에서 건강에 대해 관심을 기울여야 하는 이유는 직장에서 일과 관련된 사망, 사고, 질병에 관한 통계치를 보면 알 수 있다. Kaplan과 Tetrick(2011)은 전 세계에서 1년에 220만 명의 작업자들이 사고나 질환으로 사망한다고 보고했다. Brough 등(2009)은 전 세계의 산업 현장에서 1년에 2억 7천만 건의 치명적이지 않은 사고가 발생하고 1억 6천만 건의 일과 관련된 질환이 발생한다고 추정했다. Brotherton(2003)이 주목한 것처럼, 1970년대에 일터에서의 사고와 질병의 빈도와 강도를 줄이기 위하여 건강과 안전에 대한 기준을 명시한 법이 통과되었다. 예를 들면, 미국의 직업 안전과 건강법(Occupational Safety and Health Act), 영국의 직장 건강과 안전법(Health and Safety at Work Act), 호주의 직업 건강과 안전법(Occupational Health and Safety Act) 등이다. 이러한 법은 주로 일터에서 건강에 관한 부정적인 문제를 줄이는 데 초점을 두었다. 그 시대에 산업 및 조직심리학은 일터에서의 안전행동과 사고를 유발하는 조건을 주로 연구하였다.

20세기 말에 산업 및 조직심리학은 사고와 질병을 줄이는 것보다는 직장에서 심리적 건강을 증진시키는 데 더 많은 관심을 기울일 필요가 있음을 인식하였다. 직장에서 심리적 건강은 정신위생과 직업 안전에 기초를 두고 있고, 조직이 구성원의 웰빙을 향상시키기 위한 작업환경을 적극적으로 창출해야 한다는 개념까지 포함하고 있다. Hofmann과 Tetrick(2003)은 학습하고자 하는 의지가 충만하고, 남에게 구애받지 않을 정도로 독립적이고, 자신감을 지니고 있어서 인생에서 '번영(flourishing)'한 상태를 웰빙이라고 언급하였다. Cleveland와 Colella(2010)는 조직의 성공을 평가하는 준거에 직장 내 심리적 건강 측정치도 포함해야 한다고 주장하였다. "종업원과 그들의 가족, 그리고 지역사회 구성원 모두는 신체 및 정신 건강을 증진시키고 부정적인 결과를 최소화하는 직장을 만드는 데 많은 관심이 있다"(p. 538). Tetrick 등(2010)은 구성원들의 심리적 건강을 향상시키기 위하여 조직이 규정을 수립해야 할 뿐만 아니라 직무지원자를 평가할 때 건강 검사도 해야 한다고 권고하였다. 산업화된 모든 국가는 건강 관리에 가장 많은 비용을 지불하고 있다. 건강이 악화된 후 치료를 위해 쓰는 비용보다 예방을 위해 건강을 향상하는 데 드는 비용이 훨씬 더 적다. 따라서 고용주와 종업원 모두 직장 내 심리적 건강을 향상하는 데 관심을 가질 필요가 있다.

일과 건강 간의 관계는 신조어를 만들어 낼 만큼 관련성이 깊다. 영어로 워커홀릭(worka-holic)은 일을 병적으로 열심히 할 정도로 일에 중독되어 있는 사람을 말한다. 일본말로 가로

시(かろうし)는 과로로 죽는 사람을 뜻하는데 일본에서 1년에 만 명 정도로 추정한다(Brough et al., 2009). 우리는 다른 어떤 단일 활동(예를 들어, 수면)보다 일하는 데 시간을 쏟아붓는다. 직장 내 심리적 건강에 관한 주제를 보면 일과 웰빙 간에는 뗄 수 없는 불가분의 관계가 존재함을 알 수 있다. 제1장에서 산업 및 조직심리학의 주요 관심영역들을 제시했다. 직장 내 심리적 건강은 그러한 영역들 중 작업생활의 질과 관련되어 있다(Hammer & Zimmerman, 2011).

2. 심리적 건강의 개념

직장 내 심리적 건강의 개념을 제대로 알기 위해서, 일반적으로 심리적 건강이 무엇을 의미하는지를 보다 잘 이해하는 것이 중요하다. 심리적 건강이라는 개념은 심리적 질환과는 반대되는 개념으로, 인간의 본성 및 행동의 긍정적인 면에 초점을 두는 심리학 분야에서 비롯되었다. Seligman과 Csikszentmihalyi(2000)에 따르면, 지난 60년간 심리학은 주로 상처받은 것을 치유하고 고쳐 주는 학문으로 자리매김했다. 예를 들어, 임상심리학자들은 주로 정신질환에 관심을 두었고, 사회심리학자들은 착한 사람들이 왜 나쁜 짓을 하고 왜 사람들은 때때로 다른 사람들을 돕지 않는지와 같은 주제에 관심을 두었다. Seligman과 Csikszentmihalyi는 심리학자들이 인생에서 부정적인 사건들에 대처하고 이것을 치료하는 일뿐만 아니라, 무엇이 인생을 살 가치가 있게 만드는지에 대해서도 연구해야 한다고 제안했다. 그들은 심리학자들이 **긍정심리학**(positive psychology)에 관심을 가져야 한다고 주장했다. Luthans(2002)는 "긍정심리학의 목적은 잘못된 점으로부터 잘한 점으로 초점을 옮기는 것이다. 즉 약점보다는 강점에 초점을 두고, 취약성보다는 회복력에 관심을 두며, 병리를 치료하는 것보다는 안녕감, 번영, 행복한 생활을 향상시키고 개발하는 것에 관심을 가지는 것이다"(p. 697)라고 말하였다.

> 긍정심리학 : 인생에서 개인을 즐겁게 해 주고 만족스러운 결과를 초래하는 요인과 조건을 연구하는 분야

긍정심리학에 대한 관심은 심리적 건강에 대한 관심을 가져왔다. 심리적 건강에 대해 한 가지 정의만이 존재하는 것이 아니므로 심리적 건강에 영향을 미치는 요인들을 언급함으로써 심리적 건강의 의미를 보다 쉽게 이해할 수 있다. 심리적 질환에 대하여 의학에서 주장하는 기준뿐만 아니라 사회적 기준(대부분이 현대 서구사회로부터 유래된 것)도 심리적 건강의 개념파악에 기여한다. 이 장에서 심리적 건강을 개념화하기 위해 이처럼 다양한 출처로부터의 다양한 기여를 모두 검토하지는 않을 것이다. 이 장에서는 심리적 건강에 대하여

Warr(2007)가 제안한 전반적인 관점에 의거하여 다섯 가지 중요한 구성요소를 다룬다.

1. **정서적 행복감.** Warr와 Clapperton(2010)은 〈그림 11-1〉에 제시한 것처럼 정서적 행복
   감이 쾌감과 각성이라는 두 가지 독립된 차원을 가지고 있다고 했다. 쾌감과 각성 차원
   에서 높거나 낮은 상태가 결합되어 사분면에서 열정, 안락, 불안, 우울의 감정이 형성된
   다. 예를 들어, 〈그림 11-1〉의 왼쪽 아래에 있는 '우울한' 감정이나 '지루한' 감정은 두
   차원 모두에서 낮은 상태를 나타낸다. 가장 높은 수준의 정서적 행복감은 쾌감과 각성
   이 모두 높은 상태인 오른쪽 상단에 위치하고 있다. '놀라운'이나 '행복한'과 같은 용어
   는 쾌감과 각성 차원 모두에서 높은 상태를 나타낸다. 일반적으로 개인의 정서적 행복
   감은 〈그림 11-1〉에 묘사되어 있는 네 가지 부분 중 주로 어떤 감정을 느끼는지에 의해
   기술될 수 있다. Warr는 심리학자들이 연구에서 행복(happiness)이라는 단어를 잘 쓰지
   않는다고 지적하였다. 그 대신 웰빙(well-being)이나 긍정적 정서(positive affect)라는 전문

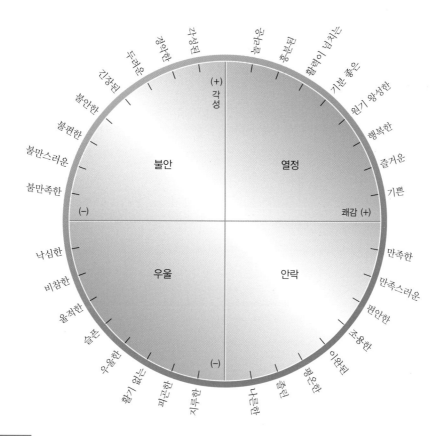

그림 11-1 정서적 행복감에 대한 이차원 모델

적 용어를 자주 쓴다. Warr는 행복이라는 단어가 개념을 설명하는 데 더 유용하다고 믿었다. "행복 혹은 불행이라는 단어를 사용할 때 사람들은 그 개념을 더 잘 이해하고 자신의 행복 수준에 대해서도 더 잘 인식한다"(p. 17). Warr는 47개 나라의 대학생들을 대상으로 실시한 설문조사 결과를 인용했다. 개인이 중요하게 여기는 부, 건강, 사랑과 같은 많은 가치 중에서 행복이 압도적으로 가장 중요한 가치로 평가되었다. 따라서 Warr는 조직에서 종업원들을 대상으로 하는 연구에서 전문적 용어를 사용하지 않고 행복이나 불행이라는 단어를 사용한다면, 이러한 연구로부터 나온 결과가 광범위한 사람들에게 폭넓게 적용될 수 있을 것이라고 주장했다.

2. **역량.** 심리적 건강의 정도는 대인관계, 고용상태, 적응력 등과 같은 다양한 활동에서 개인이 어느 정도나 성공하였는지 또는 어느 정도의 역량을 발휘하고 있는지에 의해 부분적으로 알 수 있다. 역량 있는 사람은 생활에서 당면하는 문제들을 효과적으로 다룰 수 있는 충분한 심리적 자원을 가지고 있다. 심리적 건강이 좋은 사람은 역경에 처했을 때 슬기롭게 헤쳐 나온다. 역경에 성공적으로 대처하기 위해서는 현실을 직시할 수 있는 신념과 의견뿐만 아니라 적절한 적응 기술이 필요하다.

3. **자율.** 자율은 자신의 행동을 결정할 수 있는 자유를 말한다. 심리적으로 건강한 사람은 행동을 선택할 때 자신의 가치와 선호를 표출할 수 있는 능력을 가지고 있다. 자율은 개인이 생활에서 어려움에 처했을 때 느끼는 무기력감과 뚜렷하게 대비된다. 자율이 심리적 건강에 기여한다는 것은 동양사회보다 서양사회에서 더 중요하게 여겨지는 것 같다.

4. **포부.** 심리적으로 건강한 사람은 보다 바람직한 결과를 성취하고자 항상 노력한다. 적극적 노력, 집중, 강한 목표지향성은 사람들로 하여금 에너지를 쏟도록 한다. 개인이 목표를 달성하는 과정에서 고통스러운 상황에 처할 수도 있지만 어떤 사람은 도전감을 불태우며 어려운 목표를 궁극적으로 달성한다. 포부수준이 낮은 사람들은 환경이 불만족스럽더라도 맞서서 활동하지 않고 포기하며 현 상태를 그대로 받아들인다.

5. **통합된 기능.** 심리적 건강의 마지막 요소는 정의하기에 가장 어렵고 다른 네 가지와 성격이 가장 다르다. Warr는 "통합된 기능은 전체로서의 개인에 관심을 갖는다. 심리적으로 건강한 사람들은 균형감이 있고, 조화를 이루고, 내부적으로 모순적인 요소를 찾아보기 힘들다"(p. 59)고 말하였다. 심리적으로 건강한 사람은 두 가지 상반된 요소를 조화시키는 방법을 알고 있기 때문에 통합된 기능은 심리적으로 건강한 사람의 전형적인 특징이다. 우리의 삶에서 상반된 방향으로 끊임없이 밀고 당기기가 발생하기 때문에 통합된 기능은 가장 어려운 목표이기도 하다.

Warr가 묘사한 심리적 건강은 정서적 행복감의 주요한 차원에 대한 포괄적인 평가를 나타내고 있다. 역량, 자율, 포부수준은 환경에 대한 개인 행동의 측면을 반영하고 있고, 이러한 것들은 흔히 개인의 정서적 행복감을 결정짓는다. 예를 들어, 당면한 어려움에 적절하게 대처하지 못하면(역량이 낮으면) 스트레스(낮은 정서적 행복감)가 발생할 것이다. 정서적 행복감은 의학적 기준에 뿌리를 두고 있으며, 개인이 행복하다고 느낀다는 것은 그가 심리적으로나 신체적으로 장애가 없다는 것을 의미한다. 통합된 기능은 나머지 네 가지 요소 간의 서로 관련된 관계를 다루고 있으며 보다 폭넓은 주제를 포함한다.

3. 직장 내 스트레스

스트레스는 한 사람의 직장 생활뿐 아니라 인생 전반에 영향을 미치는 보편적 현상이다. 또한 심리적 건강을 얻는 것은 가장 중요한 목표이다. 개인이 "스트레스를 받는다"고 느낄 때는 높은 수준의 정서적 행복감을 경험하지 못한다. 스트레스 반응은 주로 쾌감 수준이 낮고 각성 수준이 높은 것이 특징이다(그림 11-1 참조). Sonnentag과 Frese(2013)는 일반적으로 직무 스트레스는 낮은 조직몰입, 높은 이직률, 반생산적 작업 행동의 증가와 관련되어 있다고 하였다. 직장에서 스트레스 반응을 일으킬 수 있는 것들은 많다. 이러한 **스트레스 요인**(stressor)은 해고되거나 중요한 고객을 잃는 것과 같은 일회성 사건일 수도 있고, 매일 귀찮

> 스트레스 요인 : 스트레스 반응을 유발하는 것

은 일을 하거나 무례한 동료를 계속 상대하는 것과 같은 지속적인 문제일 수도 있다. 이것은 사람, 기술, 혹은 다른 어떤 것에 의해 일어날 수 있다("**소셜 미디어와 산업 및 조직심리학 : 소셜 미디어로 인한 스트레스 유발 가능성**" 참조). Sonnentag과 Frese는 작업에서의 스트레스 요인을 다음과 같이 여덟 가지 범주로 분류했다.

1. **물리적 스트레스 요인** – 스트레스를 유발하는 환경적 측면. 예) 유해한 작업 환경
2. **과업관련 스트레스 요인** – 스트레스를 유발하는 과업적 측면. 예) 방해, 단조로움, 짧은 시간 안에 너무 많은 일을 해야 한다는 느낌
3. **역할 스트레스 요인** – 스트레스를 유발하는 역할과 관련된 측면. 예) 제8장에서 다룬 역할 갈등, 역할 모호성, 역할 과부하
4. **사회적 스트레스 요인** – 스트레스를 유발하는 대인관계적 측면. 예) 상사와의 갈등, 집단 괴롭힘, 동료의 성희롱

소셜 미디어와 산업 및 조직심리학
소셜 미디어로 인한 스트레스 유발 가능성

어딜 가나 소셜 미디어 이야기를 한다. 우리가 온라인에 접속하지 않더라도 소셜 미디어 세상은 항상 우리가 들어오기를 기다리고 있다. 뉴스 앵커는 해당 뉴스의 트위터 팔로우를 권하고, 기업은 그들의 페이스북에 '좋아요'를 눌러 주길 요청하며, 식당들은 옐프(역자 주 : 미국의 맛집 추천 앱 중 하나)에 좋은 리뷰를 남겨 주기를 바란다.

소셜 미디어는 직장에서 일하는 사람들에게도 불가피하고 불가항력적인 듯하다. Bucher 등(2013)은 소셜 미디어가 정보 과부하, 사생활 침해, 불확실성으로 인해 종업원들에게 스트레스를 유발할 수 있다는 것을 발견했다. 첫째, 다양한 소셜 미디어 출처로부터 정보가 지속적으로 쇄도한다. 이로 인해 사람들은 그들이 접하는 엄청난 정보의 양에 압도된다. 둘째, 사람들은 특히 일과 관련된 소셜 미디어에 지속적으로 노출되는 경우에 사생활이 침해된다고 느낄 수 있다. 그들은 다음과 같이 말한다. "소셜 미디어상의 대화는 멈추지 않으며 직원들은 하루 24시간 휴대용 통신기기를 통해 서로 연결되어 있기 때문에, 소셜 미디어의 출현은 사적 영역과 일의 영역 간의 경계를 모호하게 한다. 이에 따라 업무가 사생활과 여가시간을 침해할 수 있다"(p. 1640). 최근 너무나 많은 소셜 미디어 출처가 상이하거나 상충되는 메시지를 전달할 수 있기 때문에, 무엇이 중요하고 긴급한지를 파악하는 것이 힘들 수 있다. 그러므로 소셜 미디어는 불확실성을 야기하여 업무를 처리하는 종업원들에게 스트레스를 줄 수 있다.

현재까지 소셜 미디어가 스트레스를 덜 유발하도록 하는 방법에 관한 연구는 거의 없는 실정이다. 그러나 소셜 미디어가 스트레스를 유발할 가능성이 있기 때문에 사람들은 소셜 미디어 사용을 가장 잘할 수 있는 방법을 알고 싶어 한다. Bucher 등은 우리가 정보 과부하를 유발하는 소셜 미디어의 영향을 제한하는 방법(예 : 공지 알람 끄기)을 알아 두어야 한다고 제안했다. 즉 소셜 미디어가 나름의 장점과 매력이 있지만 때로는 소셜 미디어로부터 떨어져 있는 것이 건강에 좋다.

5. **작업일정관련 스트레스 요인** – 스트레스를 유발하는 작업시간 배치와 관련된 측면. 예) 교대근무, 초과근무

6. **경력관련 스트레스 요인** – 생계와 관련해서 스트레스를 유발하는 측면. 예) 해고, 실직, 경력 기회의 부족

7. **외상 사건** – 스트레스를 유발하는 큰 사건. 예) 위험 경험, 자연재해, 직장 내 살인

8. 스트레스를 유발하는 변화 과정 – 큰 변화로 인해 발생하는 스트레스 요인. 예) 인수·
합병, 신기술의 광범위한 실행

모든 스트레스 요인이 사람들에게 같은 방식으로 영향을 주는 것은 아니다. 예를 들면, 어떤 스트레스 요인들은 수행을 증가시키는 반면, 어떤 것들은 수행 저하를 초래한다. Cavanaugh 등(2000)은 직무 스트레스 요인을 도전적 스트레스 요인과 방해적 스트레스 요인이라는 두 가지 범주로 나눌 수 있다고 했다. **도전적 스트레스 요인**(challenge stressor)은 성취감이나 충족감과 같은 긍정적 감정을 일으키는 직무 요구나 특성을 의미한다. 여기에는 직무 과부하, 시간 압박 혹은 높은 수준의 책임감과 같은 것들이 포함된다. 반면 **방해적 스트레스 요인**(hindrance stressor)은 목표를 달성하려는 개인의 능력을 저해함으로써 의욕을 꺾고 문제

> 도전적 스트레스 요인 : 성취감이나 충족감과 같은 긍정적 감정을 일으키는 직무 요구나 특성
>
> 방해적 스트레스 요인 : 목표를 달성하려는 개인의 능력을 저해하고 의욕을 꺾는 직무 요구나 특성

를 일으키는 직무 요구나 특성을 의미한다. 여기에는 직무 안정성에 대한 염려와 조직 내 정치적 행동과 같은 것들이 포함된다. LePine 등(2005)은 통합분석을 실시하여 도전적 스트레스 요인은 수행에 긍정적인 영향을 주는 반면, 방해적 스트레스 요인은 수행에 부정적인 영향을 준다는 것을 밝혔다. 이와 유사하게, Podsakoff 등(2007)의 연구에서는 방해적 스트레스 요인이 직무만족 및 조직몰입과는 부적 관련이 있고 이직과는 정적 관련이 있는 반면, 도전적 스트레스 요인은 이러한 결과 변인들과의 관계가 반대로 나타났다.

스트레스 요인이 개인에게 미치는 영향은 개인이 스트레스 요인에 대해 활용할 수 있는 자원에 의해 줄어들 수 있다. Demerouti 등(2001)은 자원이 어떻게 개인이 직면하는 스트레스 요인에 완충 역할을 하는지를 설명하기 위해 **직무 요구-자원 모델**(job demands-resources model)을 개발했다. 개인은 하루 종일 수많은 요구에 직면한다. 이러한 요구에는 어느 정도의 신체적·심리적 손실이 따른다. 예를 들어, 개인에게 수

> 직무 요구-자원 모델 : 자원이 어떻게 직무 요구의 부정적인 신체적·심리적 영향을 완충하는가를 설명하는 모델

행할 업무가 많이 주어지면 체력적으로 지치고 정서적으로 진이 빠지게 된다. 시간이 지나면서 여러 요구와 그에 따른 신체적·심리적 대가는 개인으로 하여금 직무탈진을 겪게 만들 수 있다. **직무탈진**(burnout)은 직업적 스트레스에 지속적으로 노출된 후에 느끼는 극도의 피로와 직무에 대한 흥미 감소를 말한다. Demerouti 등에 따르면, 자원은 스트레스 요인의 영향을 완화하고 개인의 건강과 동기에 미치는 부정적 효과를 최소화할 수 있다. 자원은 개인이 목적을 달성하는 것을 돕고, 직무 요구와 관련된 비용을 줄이고, 개인의 성장 및 개발을 돕는 것을 모두 포함한다. 여기에는 상사의 지원, 보상, 피드백이 포함될 수 있다. Nahrgang 등

(2011)의 통합분석 연구 결과에 따르면, 위험 및 유해 요소와 같은 직무요구는 직무탈진과 관련이 있는 반면, 지원적 환경과 같은 자원은 몰입과 관련이 있었다.

개인 특성 또한 스트레스를 유발하는 사건을 다루는 자원으로서 역할을 할 수 있다. 모든 개인이 스트레스 요인에 동일한 방식 혹은 동일한 정도로 영향을 받는 것은 아니다. 어떤 사람들은 부정적 영향에 대해 회복탄력성이 높은 반면, 어떤 사람들은 이에 대해 쉽게 굴복한다. 어떤 사람들은 바쁜 것을 행복하게 여기지만 다른 사람들은 일이 많은 것에 압도될 수 있다. Tetrick과 Peiró(2012)는 스트레스 반응이 개인의 회복탄력성 수준, 모호성에 대한 내성, 통제감 지각에 따라 사람마다 다르다고 주장했다. 일반적으로, 이러한 특성들이 높은 개인은 스트레스 요인에 대한 부정적인 반응이 약하게 나타나는 경향이 있다.

> **심리적 자본** : 심리적 건강에 영향을 주고 직업 스트레스에 대처하는 것을 도와주는 희망, 낙관, 자기효능감, 회복탄력성으로 구성된 개인적 자원

이용 가능한 또 다른 개인적 자원은 **심리적 자본**(psychological capital)이다. Luthans 등(2007)에 따르면, 심리적 자본의 특징은 "(1) 도전적 과제를 성공적으로 수행하기 위해 필요한 노력을 쏟을 수 있는 자신감(자기효능감), (2) 현재와 미래의 성공에 대한 긍정적 귀인(낙관), (3) 목표를 향해 지속적으로 다가가고 필요한 경우 성공을 위해 목표에 대한 경로를 수정하는 것(희망), (4) 문제나 역경으로 인해 힘들 때에도, 성공을 위해 지속적으로 노력하고 원래 상태로 돌아오고, 심지어는 원래 상태를 뛰어넘는 것(회복탄력성)이다"(p. 3). Avey 등(2009)은 416명의 직장인 표본에서 심리적 자본이 높을수록 직무 스트레스 증상을 적게 경험한다는 것을 발견했다. 또한 통합분석 연구에서 Avey 등(2011)은 심리적 자본이 불안과 직무 스트레스를 감소시킬 뿐만 아니라 심리적 안녕감, 직무만족, 조직몰입, 조직 시민행동, 직무수행을 증가시킨다는 것을 입증했다. 따라서 희망이 부족하고, 스스로에 대한 확신이 없으며, 미래에 대해 비관적이고, 문제에서 벗어나 원래 상태로 돌아오지 못하는 사람들은 스트레스를 더 많이 받고 심리적 건강이 낮은 반면, 심리적 자본을 더 많이 가진 사람들은 스트레스를 덜 받고 심리적 건강이 높을 가능성이 크다.

4. 일과 삶의 균형

지그문트 프로이트는 '정상적인' 사람이 잘할 수 있는 것이 무엇이라고 생각하는지에 관한 질문을 받은 적이 있었다. 이 질문에 대해 그는 "사랑하는 것과 일하는 것"이라고 대답했다(Erickson, 1963, p. 265). 프로이트는 가정을 통해 사랑에 대한 욕구가 충족되고 일은 인간의 삶의 다른 어떤 요소보다도 개인의 생활에 강력한 영향을 미친다고 믿었다. 따라서 프로이트

가 정상인은 사랑하고 일하는 사람이라고 언급한 것은 심리적으로 건강한 삶을 위하여 일과 가정이 매우 중요하다는 것으로 해석할 수 있다(Quick et al., 1992). 우리 생활에서 일의 개념과 일의 역할은 오랫동안 관심을 끌어 왔고 논쟁이 되었던 주제이다("**현장기록 1: 일의 의미**" 참조). 다음에 인용한 세 개의 문장에서 볼 수 있듯이, 일의 다양한 측면에 대해 여러 가지 다른 견해가 있다.

- "일(work)은 무엇이든지 간에 우리가 의무적으로 해야 하는 것으로 구성되어 있다. 놀이 (play)는 무엇이든지 간에 우리가 의무적으로 하지 않아도 되는 것으로 구성되어 있다." - Mark Twain
- "세상은 무엇이든 하고자 하는 사람들로 가득 차 있다. 어떤 사람들은 기꺼이 일을 하고자 하고, 나머지 사람들은 사람들이 일을 하도록 시키고자 한다." - Robert Frost

현장기록 1
일의 의미

사람들이 왜 일을 할까? 이처럼 간단한 질문이 오랫동안 종교학, 경제학, 심리학, 철학을 포함하는 많은 학문에서 논쟁의 대상이 되어 왔다. 초창기에 종교적 교리는 일을 우리의 원죄에 대한 처벌의 한 가지 형태로 간주하였다. 일은 하나님의 나라를 건설하기 위한 의무로 간주되었다. 따라서 일은 좋은 것이며 열심히 일하는 것은 더 좋은 것이라고 생각하였다. 일은 우리에게 짐을 지우고 우리를 더 강건하게 해 주는 고난을 주기 때문에 숭고하게 여겨졌다. 또한 종교적 교리는 일이 우리의 욕정을 통제하고 억누르는 수단임을 강조했다. 일을 하지 않으면, 즉 게으름을 피우면 건강하지 못한 충동이 일어나서 보다 훌륭한 목적을 추구하는 것을 게을리하게 된다고 생각하였다. 따라서 종교적 관점에서 일은 고난의 과정이고, 역경으로 점철되어 있고, 우리의 개인적 발전을 촉진하기 위한 수단으로 여겨졌다. 경제학적 관점에서는

일이 우리에게 생활을 영위할 수 있는 재정적 자원을 제공해 주고 물질적 삶의 질을 향상시키고자 하는 희망을 부여한다고 본다. 일에 대한 가장 공통적인 해석은 돈과 노동을 교환하는 것으로, 경제적 관점을 분명하게 반영하고 있다. 일의 심리적 의미는 일을 통해 개인적 성취감을 느낄 수 있을 뿐만 아니라 자신에 대한 정체감과 타인과의 유대감을 느낄 수 있다는 데 있다. 또한 일은 우리의 삶에 주기적인 리듬을 제공하는 효과도 지닌다. 일은 우리에게 언제 출근해야 하는지 그리고 다른 활동을 하기 위해 언제 퇴근해야 하는지에 관한 시간적 틀을 제공해준다. 마지막으로 일의 철학적 의미는 타인에 대한 서비스 창출과 제공이라는 우리의 삶의 사명을 실천하는 수단이다. 추론할 수 있듯이, 우리가 왜 일하는지에 대한 한 가지 답은 없으며, 일이 왜 이렇게 중요한지를 이해하는 데 서로 다른 다양한 관점이 존재한다.

■ "신경쇠약의 첫 번째 증상은 당신의 일이 매우 중요하다고 생각하기 시작할 때 나타난다." -Milo Bloom

개인이 하는 일과 직업은 개인의 정체감, 자존감, 그리고 심리적 행복감에 매우 중요한 역할을 한다. 대부분의 사람들에게 있어서 일은 삶의 중심이 되고 삶의 성질을 결정한다. 일은 내재적 가치와 도구적 가치를 동시에 지닐 수 있다. 일의 내재적 가치는 일을 하면서 일 그 자체로부터 얻는 가치를 말한다. 일의 도구적 가치는 생활 필수품들을 얻을 수 있게 해 주고 개인의 재능, 능력, 지식을 쓸 수 있는 기회를 제공하는 것이다. 개인이 하는 일과 가정을 분리해서 생각한 기원은 19세기 중반의 산업혁명 시대로부터 찾을 수 있다. 그 당시에는 개인이 가정을 떠나 일하러 간다고 생각했었다.

산업 및 조직심리학자들이 가정과 관련된 문제에 관심을 가지기 시작한 것은 약 30년 전부터였다. 오랫동안 우리는 일과 관련된 문제(예 : 과업, 직무, 직업, 조직 등)에 관심을 두고 가정에 관한 주제는 다른 학문영역에 떠넘긴 경향이 있었다. 하지만 산업 및 조직심리학자들은 일과 가정이라는 두 영역 간에 정당한 연결고리와 관련성이 존재한다는 것을 인식하고 가정의 영역에도 관심을 가지기 시작했다.

Zedeck(1992)은 일-가정 연구에서 대상이 되는 세 가지 주제를 기술하였다.

■ **일이 가정에 미치는 효과.** 이 주제는 일의 어떤 요인들이 가정 문제에 영향을 미치는지를 연구한다. 이러한 관계를 연구하기 위한 설계에서 일은 독립변인이 되고 가정은 종속변인이 된다. 이러한 주제는 산업 및 조직심리학 연구에서 가장 전형적인 것이다.
■ **가정이 일에 미치는 효과.** 이 주제는 바로 앞의 주제와 정반대로서 가정의 구조나 발달 요인들이 작업행동에 어떤 영향을 미치는지를 연구한다. 예를 들어, 일부 연구자들은 가정생활을 '충격흡수장치'로 간주하여 가정생활이 원만하면 일에서의 좌절감을 막아 준다고 생각하였다. 다른 연구자들은 가정에 대한 의무를 일터에서의 결근과 지각의 주요 결정요인이라고 보았다.
■ **일-가정 간의 상호작용.** 세 번째 관점은 일과 가정이 상호작용하기 때문에 일과 가정 간의 문제에는 단순하거나 직접적인 관계가 존재하지 않는다고 보는 것이다. 가정과 일 간의 상호작용에 대한 관점은 가정과 일이 얼마나 조화로운지 혹은 조화롭지 않은지에 관심을 가지고 역할 간의 이동과 같은 다른 과정에 어떤 영향을 미치는지를 연구한다.

일과 가정의 책임과 의무가 서로 방해가 되는지 아니면 이익이 되는지는 일-가정 연구자들이 많은 관심을 가지고 있는 주제이다. 한편으로, 개인의 일과 가정에서의 역할은 서로 방해가 되어 문제를 일으킬 수 있다. 두 가지 영역에서의 일을 제대로 하기에 시간이나 에너지가 너무 부족하다고 느끼면 일에 압도되거나 피폐해질 수 있다. 반면에 일을 해서 번 돈은 가정생활을 보다 편하게 해 준다. 게다가 직업을 가지고 있다는 것은 가정에서 더 관심받는 사람으로 만들어 주고, 사랑하는 이들과 얘기할 거리를 만들어 준다. 따라서 일과 가정 간의 상호작용은 한 영역이 다른 영역을 방해하는 **부정적 파급효과**(negative spillover)를 줄 수도 있고 혹은 한 영역이 다른 영역에 이익을 주는 **긍정적 파급효과**(positive spillover)를 줄 수도 있다. 이러한 두 가지 형태의 영향은 각각 일-가정 갈등과 일-가정 충실을 야기한다. 이 두 개념은 아래에서 보다 자세하게 다룰 것이다.

1) 일-가정 갈등

일-가정 갈등(work-family conflict)은 일에서의 요구와 가정에서의 책임이 충돌함으로써 발생한다. Allen(2013)에 따르면, 일-가정 갈등은 인간이 한정된 양의 자원(시간, 에너지, 주의)을 가지고 있다고 보는 희소성 가설에 이론적 기반이 있다. 어떤 자원이 특정 영역

> **일-가정 갈등**: 일과 가정 간의 충돌하는 요구로 인해 두 영역을 효과적으로 하기 어려워지는 것

에 너무 많이 할당되면, 다른 영역은 손해를 본다. 일을 하는 데 쓰는 시간만큼 가정생활에 쏟을 수 있는 시간이 줄어들게 되는 것이다. 마찬가지로, 가정에서 스트레스를 많이 받는 사람은 직장에서 효과적으로 일할 에너지가 없을 것이다. 이러한 상황으로부터 일-가정 갈등이 발생한다. 이러한 갈등은 일과 가정 모두가 서로를 방해하는 양방향일 수도 있고, 일이 가정에 지장을 주거나 가정이 일에 지장을 주는 일방향일 수도 있다.

또한 연구자들은 일-가정 갈등이 개인의 심리적·신체적 건강에 상당한 부정적 영향을 미칠 수 있음을 입증했다. 일-가정 갈등은 나쁜 식사습관, 몸무게 증가, 낮은 수면의 질과 양, 알코올 남용의 증가와 관련이 있다(Allen & Armstrong, 2006; Wang et al., 2010). 직장인을 대상으로 한 광범위한 전국 조사에 기초하여 Frone(2000)은 일-가정 갈등을 겪는 응답자들은 그렇지 않은 응답자들에 비해 임상적으로 심각한 건강 문제가 있는 경우가 30배에 달한다고 보고했다. 게다가 일-가정 갈등은 일 영역과 가정 영역 모두에서 부정적인 결과를 초래한다. Amstad 등(2011)은 갈등의 시작점(일에서 가정으로 혹은 가정에서 일로)이 결과를 예측할 때 중요하다는 것을 입증했다. 그들은 가정에서 일로의 갈등은 결혼이나 가족에 대한 낮은 만족과 같이 가정 관련 결과변인과 보다 강한 상관이 있었던 반면, 일에서 가정으로의 갈등은 낮은 직무만족, 조직몰입, 직무수행과 같이 일 관련 결과변인들과 더 강한 상관이 있다는 것을 밝혔다. Allen은 갈등의 시작점이 중요한 이유가 갈등이 발생한 책임을 시작점으로

돌리기 때문이라고 말했다. 따라서 갈등이 발생한 원인을 일이라고 여긴다면 일에 대한 만족과 몰입이 낮아질 것이다. 이러한 사실은 산업 및 조직심리학자가 가정이 일에 지장을 주는 것보다 일이 가정에 지장을 주는 것에 더 많은 관심을 가지는 이유를 어느 정도 설명해 준다.

일－가정 갈등의 부정적인 결과와 관련하여, 연구자들은 어떤 사람이 갈등을 경험할 가능성이 큰지, 어떤 환경에서 갈등이 일어날 것인지를 이해하는 데 상당한 관심을 쏟았다. Byron(2005)은 일－가정 갈등의 선행변인에 대한 통합분석을 수행하였는데, 사람들은 갈등을 초래한 영역을 탓한다는 견해와 유사하게, 일에서의 요구는 일에서 가정으로의 갈등과 관련이 있는 반면, 가정에서의 요구는 가정에서 일로의 갈등과 관련이 있음을 발견했다. 또한 Byron은 자녀의 수가 두 가지 방향 모두의 일－가정 갈등을 강하게 예측한다는 것을 밝혔다. Ford 등(2007)은 자녀가 있는 가정에서는 주당 근로 시간과 가족 만족도 간에 강한 부적 관계가 있음을 발견했다. 자녀가 없는 직원들은 장시간의 근무에도 불구하고 보다 만족스러운 가정생활을 유지했다. 추가적으로, Byron은 배우자가 없는 편부모가 결혼한 부부에 비해 더 많은 갈등을 겪는다는 것을 파악했다. 마지막으로, 흔히 여성이 남성보다 일－가정 갈등을 더 많이 경험한다고 생각하지만, Byron의 연구 결과는 사실상 남성과 여성이 매우 유사한 수준의 갈등을 겪는다는 것을 보여 주었다.

MacDermid 등(2002)은 일－가정 갈등을 일시적인 현상으로 간주할 수 있을 때조차도 심리학자들은 갈등의 원인을 인지능력이나 성격과 같은 개인의 지속적인 특성으로 설명하려는 경향이 있다고 지적하였다. 그들은 "우리가 갈등의 존재를 인지적으로 거의 항상 인식하더라도 가끔씩만 이러한 갈등을 실제로 느낀다"(p. 402－403)고 언급하였다. MacDermid 등은 정서(예 : 분노)가 비교적 짧은 시간(몇 시간 또는 며칠)을 주기로 상황마다 달라지는 경향이 있기 때문에 일－가정 갈등의 원인을 설명하기 위해서 정서를 이해할 필요가 있다고 주장하였다. Livingston과 Judge(2008)는 일－가정 갈등 때문에 죄책감을 느낄 수 있다고 결론 내렸다. 유연근무제나 휴가의 증가를 주장하는 한 가지 이유는 정서적 측면에서 이러한 제도들이 일－가정 갈등을 겪는 사람들의 죄책감을 줄여 줄 수 있다는 데 있다.

Casper 등(2007)은 일－가정 갈등에 관하여 우리가 알고 있는 지식의 대부분은 전통적인 가정의 개념에 기초하고 있고, 관리직과 전문직에 종사하는 종업원들로부터 얻어졌다는 것에 주목했다. 우리는 편모 또는 편부 가정과 다른 분야의 직업에 종사하는 사람들의 일과 가정 간의 갈등에 관해서는 잘 모른다. Dierdorff와 Ellington(2008)은 일－가정 갈등에서 직업 간의 차이를 연구하였다. 그들은 일을 하면서 사람들과 상호작용을 많이 하는 직업에서 갈등이 더 크다는 것을 발견하였다. 형사, 소방관, 의사들이 택시기사, 보험조사원, 은행 창구직원들보다 일－가정 갈등을 더 많이 겪었다. 일－가정 갈등이 적은 직무는 직장에서 잠시 자리를 비울 수 있는 직무였다. 저자들은 사람들이 일-가정 갈등을 줄이기 위해 특정 직업을 찾는다고 주장하였다.

2) 일- 가정 충실

긍정심리학에 대한 시류에 발맞춰 일-가정 관련 연구자들은 다양한 역할을 수행하는 것의 이점에 관심을 가졌다. Morganson 등(2013)이 강조했듯이, 일과 가정이 서로를 풍요롭게 해 주고, 질을 높여 주며, 촉진시켜 줄 수 있다는 긍정적 영향에 기 초해서 개인의 일과 사생활 간의 긍정적 관계를 설명하는 여러 가 지 개념이 생겨났다. Crain과 Hammer(2013)는 **일 - 가정 충실**(work - family enrichment)을 "한 역할에서의 경험이 자원이나 긍정적 정

> **일-가정 충실**: 일과 가정에서 의 역할이 서로의 기능을 강화해 주고 촉진하는 정도

서의 전염을 통해 다른 역할에서의 삶의 질을 향상시켜 주는 정도"(p. 305)라고 정의했다. Greenhaus와 Powell(2006)에 따르면, 개인은 여러 역할 경험에서 다양한 자원을 얻게 된다고 한다. 예를 들어, 돈과 같은 물질적 자원뿐 아니라 일 또한 개인이 기술을 얻고, 관점을 넓히 고, 사회적 네트워크를 개발하고, 자기효능감과 같은 심리적 자원을 생성하는 것을 돕는다. 이러한 추가적인 자원을 통해 개인은 다양한 역할 간의 상호작용을 보다 잘 다룰 수 있게 된 다. 또한 일과 가정은 정서적 경로를 통해 둘 다 충실해질 수 있다. 즉 한 영역(예 : 일)에서의 긍정적 정서는 다른 영역에 영향을 미칠 수 있다. 예를 들어, 상사에게 포상을 받은 직원은 긍정적 기분을 갖게 되고 이는 가정생활에도 전이되어 가족과의 상호작용을 충실하게 할 수 있을 것이다.

Crain과 Hammer는 관련 문헌을 개관해서, 가정생활을 지원해 주는 상사와 직무 자원과 같은 일 관련 변인과 배우자의 지지와 지역사회 참여와 같은 일과 관련이 없는 변인이 일- 가정 충실에 영향을 준다고 보고했다. Michel 등(2011)은 성격 5요인과 일-가정 충실 간의 관계를 통합분석해서 외향성, 원만성, 성실성, 경험에 대한 개방성이 높은 수준의 일-가정 충실과 관련이 있다는 것을 밝혔다.

갈등이 발생한 경우 특정 영역을 원인으로 여기는 것처럼, Voydanoff(2005)는 한 역할에서 의 수행향상을 다른 역할에서의 자원 덕분으로 여길 것이라고 하였다. 따라서 부정적 결과는 일-가정 갈등의 근원이 되는 영역과 관련이 있는 반면, 긍정적 결과는 일-가정 충실과 관 련이 있을 것이다. 이와 유사하게, Crain과 Hammer는 가정에서 시작된 충실은 가정 만족과 관련이 있는 반면, 일로부터 시작된 충실은 낮은 이직 의도와 관련이 있다는 것을 발견했다. 그러나 McNall 등(2010)은 어느 곳에서부터 시작되었는지와 상관없이 일-가정 충실은 직무 만족 및 조직몰입과 관련이 있다는 것을 발견했다. 또한 그들은 이러한 일-가정 충실은 신

체적 및 정신적 건강 증진과 관련되어 있다는 것을 발견했다.

Ilies 등(2011)은 "직장에서 있었던 긍정적인 일화에 대해 가정에서 배우자와 이야기를 나누는 활동적인 반응"(p. 118)으로 정의한 '일-가정 인간관계 자본'이라는 개념을 제안했다. 그들은 단지 직장에서 있었던 일을 가정에서 사랑하는 이와 공유하는 것만으로도 사람들은 자신의 자원을 부각하고 자기 가치를 확인할 수 있다고 말했다. 또한 경험을 공유하면서 긍정적인 경험을 다시 느껴 볼 수 있기 때문에 기분이 좋아지게 된다. 이러한 좋은 기분은 배우자에게도 전염되어 궁극적으로는 긍정적인 일-가정 상호작용을 촉진한다. Culbertson 등(2012)은 사람들이 직장에서 있었던 좋은 일에 대해 배우자와 더 많이 얘기할수록 직무에 대한 몰입이 높아져 일-가정 상호작용을 보다 더 촉진한다는 것을 발견하였다. 사랑하는 사람들과 공유를 통해 직무 경험을 자본화할 때, 사람들은 일이 집에서 하는 역할을 효과적으로 할 수 있도록 도와준다고 느끼게 된다.

3) 일-가정 개입

직원이 일-가정 상호작용을 다루는 것을 도와주는 정책은 나라마다 다르다. Hammer와 Zimmerman(2011)은 "산업화된 나라 중에서 미국이 유일하게 아이의 출산이나 입양에 대한 공식적인 유급휴가 프로그램이 없는 나라이다. 예를 들어, 유럽과 일본은 아이가 학교에 들어갈 나이까지 출산 휴가를 가질 수 있다"(p. 403)고 기술하였다. 미국의 가족·의료 휴가법은 출산, 입양, 위탁양육 혹은 자신이나 직계 가족구성원(자녀, 배우자, 부모)의 심각한 건강 문제로 인한 간호를 위해 12개월 중 언제라도 12주까지 무급으로 고용보장휴가를 제공한다. 다른 나라는 부모가 된 경우 14주까지(어떤 경우에는 더 길게) 유급휴가를 준다. 미국은 정부 지원의 보육지원 프로그램과 의무 유급 병가 정책이 다른 나라들에 비해 뒤처져 있다(Allen, 2013). Williams(2010)에 따르면, "공공정책의 실패가 미국인들이 극심한 일-가정 갈등을 겪는 주원인이다"(p. 8).

개인과 조직의 개입은 일-가정 갈등을 줄이고 일-가정 충실을 향상시키는 데 효과적이다. Hornung 등(2008)에 따르면 어떤 사람들은 고용주와 소위 "개별 협상(idiosyncratic deal)"을 하는데, 이는 개인적 요구와 선호를 충족하는 특별한 협의를 의미한다. 예를 들어, 어떤 직원은 자녀를 학교에서 데려오기 위해 출퇴근시간을 당기는 것을 요청할 수 있다. 다른 방법으로는 특별한 워크숍과 같이 다른 직원들에게는 해당되지 않는 연수 기회를 갖기 위해 상사와 협상할 수도 있다. Morganson 등(2013)에 따르면, "개별 협상은 조직 정책과 지원이 부족한 상황에서 개인의 중요한 대처 전략이 된다"(p. 218). 또한 조직은 직원들이 일과 가정에서의 역할을 효과적으로 통합하는 것을 도와줌으로써 영향력을 행사할 수 있다. Baltes와

Heydens-Gahir(2003)는 종업원들의 생활패턴이 사회적으로 변했기 때문에 회사는 이러한 종업원들을 위한 배려를 할 필요가 생겼다고 하였다. 이러한 배려는 일과 가정 사이에서 일어날 수 있는 갈등을 줄이고, 만일 이러한 것에 신경을 쓰지 않는다면 종업원들의 태만, 결근, 이직이 늘어나고 직무수행이 낮아지기 때문에 결국은 직장에서의 효율성이 낮아질 것이다. Frone(2003)은 일과 가정 간의 갈등을 줄이기 위하여 조직이 사용할 수 있는 방안으로 유연근무제, 집중근무제, 재택근무, 휴가 등을 예로 들었다("**현장기록 2 : 인공 에너지**" 참조). Hammer 등(2013)은 설령 직원들이 사용하지 않더라도 단순히 기존의 일-가정 관련 복리후생을 공식화하는 것만으로도 직원들을 유지하고 몰입과 만족을 증가시킬 수 있다고 주장했다.

　일과 가정 간 갈등을 줄이기 위하여 아동양육센터를 직장이나 직장과 가까운 곳에 둘 수 있다. 회사는 이러한 센터를 전적으로 자신의 종업원들만을 위해 개설할 수도 있고 아니면 몇 개 회사 종업원들이 함께 사용하도록 여러 개 회사가 합동으로 만들 수도 있다. 미국에는 회사가 모든 것을 지원하는 이러한 종류의 아동양육센터가 대략 1,400개에 이른다. 그 숫자가 늘고는 있지만 대부분의 경우에 규모가 너무 작은 회사들은 이러한 시설을 운영할 충분한 자원을 가지고 있지 않기 때문에 개설하지 못하고 있다. Spector 등(2007)은 글로벌 조직과

현장기록 2
인공 에너지

일과 가정 간의 갈등을 해결하는 것을 포함하여, 제한된 시간 내에 다양한 요구를 충족시키기 위한 한 가지 방법은 잠자는 시간을 희생하는 것이다. 휴식과 원기회복에 필요한 수면시간은 사람마다 다르지만, 평균적으로 약 8시간 정도이다. 해야 할 모든 일을 완수하기 위해서는 특정 활동에 할애하는 시간을 희생해야 하는데, 이럴 때 우리는 흔히 비생산적인 시간으로 여겨지는 수면 시간을 줄인다. 예를 들어, 회사 일이나 기타 개인적인 일을 하기 위해 수면시간을 한두 시간 줄이는 경우가 많이 있다. 이럴 경우 수면 부족으로 인해 졸리고, 피곤하고, 집중이 잘 안

된다. 최근에 이런 상태를 겪는 사람들이 많아지면서 만성 피로감을 없애는 인위적 각성제가 많이 판매되고 있다. 에너지를 충전하거나 정력을 증진시키는 효과가 있다고 선전하는 카페인 음료가 이러한 제품이다. 음식이나 약의 형태로 판매되는 제품도 있다. 일상생활에서 수면부족을 별로 느끼지 않는다면 이런 제품을 찾는 사람들이 많지 않을 것이다. 하지만 정상적인 생활리듬이 깨지는 경우가 많아지면서 제품에 의해 인공적으로 에너지를 얻으려는 사람들이 많아졌다. 오늘날 판매되고 있는 이런 많은 제품은 과거 30여 년 전에는 시판되지 않았다.

관련된 결과를 보고하였다. 일과 가정 간의 갈등을 줄이기 위하여 근무시간을 유동적으로 운영하고 조직 내에 아동양육센터를 두기도 한다. 하지만 이러한 제도나 시설은 주로 서양 문화권 종업원들의 요구에 기초한 것이다. Spector 등은 아시아, 동유럽, 라틴 아메리카의 나라에서는 종업원의 부모들이 자식, 손자, 손녀들과 가까운 거리에 산다는 것을 발견했다. 종업원의 부모들은 서양 문화권의 종업원들이 쉽게 가질 수 없는 자원이다. 따라서 이런 나라들에서는 조직이 일과 가정 간의 갈등을 줄이기 위한 수단을 제공할 필요성이 더 적다("**비교 문화적 산업 및 조직심리학 : 조직 가부장주의**" 참조).

Major와 Germano(2006)는 끊임없이 변화하는 일의 세계와 일과 가정생활 간 균형을 유지하기 위해 변함없이 요구되는 의무 간 관계에 대하여 언급하였다. "변화하는 일의 세계에서 일과 가정 간 갈등을 항상 종업원이 해결해야 한다는 것은 모순이다. 하지만 작업시간을 줄이고 사적인 시간을 보장하는 사회적 및 정치적 운동이 추진력을 얻기 전까지는, 개별 종업원들이 일과 가정 간의 바람직한 조화를 달성하기 위한 방법을 스스로 강구해야 할 것이다"(p. 32).

비교 문화적 산업 및 조직심리학
조직 가부장주의

서양 문화권은 삶에서 일의 영역과 일이 아닌 영역을 명확히 구분한다. 이론적으로 삶을 두 영역으로 구분할 수 있지만, 현실은 그렇지 않다. 우리는 시간과 에너지를 잘 배분해서 일에서의 역할과 일상생활에서의 역할 모두를 조화롭게 할 필요가 있다. 두 가지 역할이 충돌할 때 이를 역할 갈등이라고 말한다. 전자기술 덕분에 직원들은 사무실에 가지 않고 재택근무나 원격근무를 함으로써 한 장소에서 두 가지 역할을 할 수 있게 되었다.

비서양 문화는 삶을 통합적인 관점으로 파악한다. 즉 일과 일상생활 간의 분리가 명확하지 않다. 아버지라는 뜻의 라틴어 *pater*에서 기원한 **가부장적**(paternalistic) 특성을 지닌 조직은 비서양 문화에서는 전통적인 것이다. Aycan(2000)은 조직 가부장주의(organizational paternalism)를 "상사가 부하의 일과 일 외적 영역 모두를 돌봐 주고, 보호해 주고, 지켜 주는 역할을 하는 것이다"(p. 466)라고 기술했다. Namazie와 Tayeb(2006)은 "직원들은 상사와 우호적인 동료들을 자신들의 사생활과 가정사에 자주 관여하는 열정적인 아버지와 어머니로 여긴다"(p. 29)고 언급했다. 문자 그대로, 집단주의 문화의 가치는 일과 일상생활 영역을 하나로 통합한다.

Aycan과 Gelfand(2012)는 가부장적 조직의 미묘한 인공물(artifact)을 알아냈다. 서양 문화에서

(계속)

종교는 사적인 문제다. 미국의 고용 장면에서, 종교적 휴일과 특정 종교가 법적보호 집단에 속하는지를 알기 위해서만 종교를 물어본다. Aycan과 Gelfand는 라틴 아메리카 문화에서는 종교적 이미지와 조형물을 직장에서 흔하게 볼 수 있다는 것을 관찰했다. 미국은 교회와 정부의 분리에 기초하여 건국되었다. 미국에서는 이와 마찬가지로 직장도 교회와 분리시키고자 한다.

5. 유동적 작업일정

유동적 작업일정은 종업원들에게 언제 어디서 일하는지에 대해 많은 재량권을 부여한다. Allen 등(2010)이 간결하게 언급한 것처럼, "일은 하기만 하면 되는 것이지 굳이 어디서 해야 한다고 장소를 지정할 필요는 없다"(p. 379). 유동적 작업일정은 언제 일을 하는지에 관한 시간적 유연성과 어디서 일을 하는지에 관한 공간적 유연성을 제공한다. 보다 구체적으로, 유동적 작업은 어디서 일하는지, 언제 일하고 언제 끝내는지, 일을 언제 교대하는지, 몇 시간 일하는지를 종업원들이 결정할 수 있도록 한다(Kossek & Michel, 2011). Shockley와 Allen (2012)은 종업원들이 집중할 수 있고 효율적으로 일할 수 있는 유동적 작업 일정이 일과 가정에서의 의무를 유동적으로 할 수 없는 작업 일정보다 종업원들의 동기를 향상시킨다는 것을 발견했다. 유동적 작업은 일-가정 갈등을 줄일 수 있도록 종업원들에게 보다 많은 재량권을 준다.

Kossek과 Michel은 1930년 대공황 때 사용하였던 유동적 작업의 가장 초창기 형태들 중 하나를 인용하였다. 시리얼을 만드는 가장 큰 회사인 켈로그는 하루에 8시간씩 3교대 근무에서 하루에 6시간씩 4교대 근무로 전환함으로써 늘어나는 실업을 줄이려고 했다. 이로 인해 종업원 사기가 높아졌고 사고가 줄어들고 생산성이 향상되었다. 그 후로 수십 년이 지난 오늘날에는 다양한 형태의 유동적 작업 일정이 존재한다. 이러한 것들의 대부분은 최신 전자 기술에 기초한다. 노트북 컴퓨터, 태블릿 PC, 휴대전화의 사용으로 인하여 물리적 위치에 구애받지 않고 일을 수행할 수 있게 되었다. 오늘날 일의 세계를 반영하여, 전자 장비를 사용하여 원래 사무실과 떨어진 위치에서 일하는 사람을 뜻하는 텔레워커(teleworker)나 집, 카페, 심지어 리조트 호텔과 같이 어디든지 일하는 장소를 뜻하는 플렉스플레이스(flexplace)와 같은 신조어가 탄생되었다. Kossek과 Michel은 '유동적 작업'이 매우 빠르게 일상적인 것으로 되었기 때문에 그 의미가 시간의 흐름에 따라 바뀔 수 있음을 시사했다. 유동적 작업이 우리의 삶에 대하여 많은 재량권을 줄 수 있지만 한계점도 지니고 있다. 예를 들어, Golden 등(2008)은 사무실이 아닌 곳에서 일하는 것이 동료 종업원들이나 상사들과 사회적 소외감을 야기한다고 보고했다. 전통적 작업수행 방식의 장점 중 하나는 동료 작업자들과 서로 얼굴을 맞대고 일하고 사회적 네트워크의 구성원이 된다는 것이다. 집처럼 사무실이 아닌 곳에서 일하는 종업원들은 이러한 기회를 쉽게 가질 수 없다.

비전통적인 작업일정은 유연근무제, 집중근무제, 교대작업 등을 포함한다. 각각은 고용주와 종업원 모두에게 긍정적 결과와 부정적 결과를 가져온다.

1) 유연근무제

유연근무제 : 종업원들의 출퇴근 시간을 유동적으로 운영하는 작업일정

작업일정에서의 한 가지 변형은 흔히 **유연근무제**(flextime)라고 알려져 있는 유동적 작업시간이다. Kossek과 Michel에 따르면, 미국 회사의 56%가 종업원들에게 유연근무제를 실시하고 있다. 유연근무제의 주목적은 종업원들이 출퇴근하는 시간을 선택할 수 있도록 함으로써 전통적이고 고정적인 작업일정에 대한 대안을 제시하는 데 있다. 이러한 근무형태에서는 보통 정해진 시간대(핵심시간대)에는 모두가 근무하지만, 다른 시간대(유연시간대)에는 근무에 융통성이 있다. 예를 들어, 핵심시간대를 오전 9시부터 오후 3시까지로 잡고, 유연시간대를 오전 6시부터 오후 6시까지로 설정할 수 있다. 어떤 종업원들은 오전 9시부터 오후 6시까지 일하고, 어떤 종업원들은 오전 6시부터 오후 3시까지 일한다. 그 외에 다른 종업원들은 오전 6시부터 오후 6시 사이에 출퇴근 시간을 정하여 일한다(그림 11-2 참조). 가족, 여가, 부업, 통근, 스트레스와 관련된 문제들이 유동적 작업시간에 의해 경감될 수 있다.

Narayanan과 Nath(1982)는 조직에서 낮은 직급의 종업원들과 전문직 종업원들에게 유연근무제가 미치는 영향을 연구하였다. 그들은 유연근무제가 주로 낮은 직급의 종업원들의 작업일정에 더 많은 유연성을 부여함으로써 혜택을 줄 수 있다고 결론 내렸다. 전문직 종업원들의 경우에 유연근무제 실시는 그들이 회사에서 이미 비공식적으로 유연성을 가지고 근무해 왔던 것을 단순히 공식화하는 것에 불과했다. Dalton과 Mesch(1990)는 유연근무제에 관해 6년 동안 연구를 수행하여, 고정된 정규 시간에 근무하는 통제집단에 비해 유동적으로 근무하는 사람들이 결근을 훨씬 덜 한다는 사실을 발견하였다. 하지만 두 집단의 이직률은 똑

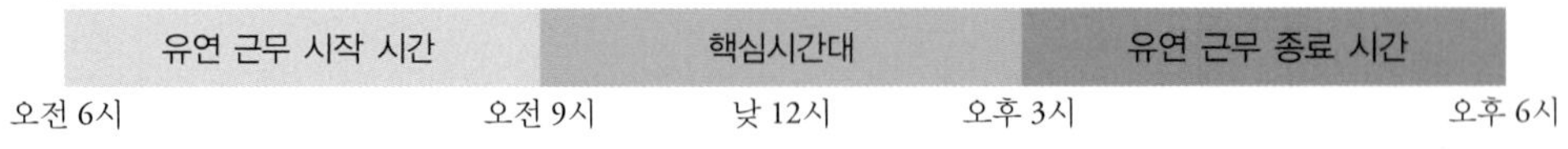

유연 근무 시작 시간	핵심시간대	유연 근무 종료 시간
오전 6시 　　　　　 오전 9시	낮 12시 　　　 오후 3시	오후 6시

그림 11-2 유동적 작업시간 일정

같았다.

　Allen 등(2013)은 통합분석을 실시하여 유연근무제 정책의 이용가능성이 일–가정 갈등의 감소와 상관이 있는 반면, 이러한 정책의 실제 사용은 일–가정 갈등과 상관이 없다는 결과를 발견했다. 그들은 그 이유가 유연근무제가 마련되어 있다는 것 자체가 직원들로 하여금 이 제도 사용 여부에 대한 통제감을 제공하기 때문일 것이라고 추측했다. 이것은 일이 가정생활을 방해한다고 보는 정도에 영향을 미칠 수 있다. 그러나 어떤 직원들은 유연근무제를 선택적으로 이용하지만 다른 직원들은 이를 의무적으로 이용하기 때문에 실제로 이 정책의 이용이 통제감을 증가시킬 수도 있고 감소시킬 수도 있다.

　유연근무제가 개인에게 도움을 준다는 것에 관한 증거는 많이 있지만(Gottlieb et al., 1998), 팀 기능을 저해할 가능성이 크다. 종업원들이 팀을 이루어 일한다면, 유연근무로 인하여 팀원 각자의 근무시간이 다르기 때문에 팀 수행에 장애가 될 수도 있다. 하지만 이 문제에 대해서는 앞으로 추가 연구가 필요하다.

2) 집중근무제

종업원들은 전통적으로 하루에 8시간, 주 5일, 일주일에 40시간을 일한다. 하지만 어떤 종업원들은 4일 동안 하루에 10시간씩 '4/40' 방식으로 일하기도 한다. Kossek과 Michel은 미국 회사들의 15%가 이러한 **집중근무제**(compressed workweek) 방식을 채택하고 있다고 보고했다. 집중근무제는 경찰이나 의료관련 직업에서 가장 흔히 볼 수 있다.

> 집중근무제 : 하루에 더 많은 시간을 일하는 대신에 일주일 동안 일하는 날짜는 더 적은 근무방식

　집중근무가 개인과 조직 모두에게 몇 가지 명백한 도움을 준다. 개인은 3일 동안의 주말을 가지게 되어서 여가를 더 많이 즐길 수 있고, 부업을 가질 수 있고, 가족들과 더 많은 시간을 함께 보낼 수 있다. 하지만 작업자들의 피로, 생산적으로 일하는 시간의 감소, 사고의 증가와 같은 단점도 지니고 있다. Baltes 등(1999)은 통합분석에 근거하여 집중근무제의 효과는 구체적으로 어떤 성과준거를 사용하는지에 따라 달라진다고 결론 내렸다. 예를 들어, 집중근무제는 직무만족을 향상시키지만 결근을 감소시키지는 못한다. 또한 연장근무는 작업자의 식생활 패턴에도 혼란을 줄 수 있다. Caruso 등(2004)은 교대작업이 소화 불량, 심혈관 질환, 체중 증가와 관련이 있음을 발견했다.

　Ronen과 Primps(1981)는 '4/40' 방식에 관한 많은 연구를 개관하여 이러한 방식이 여가와 레크리에이션뿐만 아니라 가정과 가족의 생활에도 긍정적 영향을 미친다고 결론을 내렸다. 하지만 이로 인해 종업원들의 직무수행이 변하지는 않는 것 같다. 마지막으로, 결근에 미치는 효과는 일관되지 않았지만, 작업자의 피로는 분명히 증가하였다.

몇몇 연구는 낮 12시부터 밤 12시까지, 그리고 밤 12시부터 낮 12시까지 근무하는 사람들이 12시간씩 교대로 일하는 방식에 대하여 어떤 반응을 보이는지를 연구하였다. 결과는 일관되지 않았다. Breaugh(1983)는 12시간씩 교대근무를 하는 간호사들이 하루에 일하는 시간이 많기 때문에 피로를 많이 경험한다고 보고했다. 특히 밤 12시부터 낮 12시까지 근무하는 사람들은 낮 12시부터 밤 12시까지 근무하는 사람들보다 생리적 및 사회적 리듬이 더 많이 깨진다고 느꼈다. Pierce와 Dunham(1992)은 8시간씩 순환하는 교대근무를 하다가 고정된 시간에 12시간씩 근무하게 된 경찰관들을 대상으로 연구하여, 그들의 작업일정에 대한 태도, 일반적인 정서, 피로가 긍정적인 방향으로 향상되었다고 보고했다. Duchon 등(1994)은 하루 근무시간을 8시간에서 12시간으로 바꾼 지하 광부들을 대상으로 연구하였다. 광부들의 피로 수준은 예전과 똑같거나 약간 높아질 정도였지만, 광부들이 바뀐 근무시간으로 일할 때 숙면을 취했다고 보고했다. 이러한 연구로부터의 결과는 어떤 직무를 대상으로 연구했는지에 따라 달라질 수 있다.

3) 교대작업

모든 종업원이 월요일부터 금요일까지 매일 오전 8시부터 오후 5시까지 일하는 것은 아니다. 하는 일의 성질에 따라 작업일정이 달라질 수 있다. 경찰관, 소방관, 의료기관 종사자들은 하루 24시간 내내 서비스를 제공해야 한다. 어떤 제조업체에서는 24시간 내내 기계의 작동을 지켜보아야 하는 경우도 있다. 작업자들이 퇴근하기 위해서 용광로, 보일러, 화학처리 공정을 오후 5시에 멈추는 것은 실용적이지 못하다. 이러한 경우에 작업자들이 교대로 작업하는

> 교대작업 : 하루 24시간 운영되는 비전통적 작업방식. 일반적으로 오전 7시부터 오후 3시까지, 오후 3시부터 오후 11시까지, 오후 11시부터 오전 7시까지 8시간을 주기로 교대로 작업하는 근무형태

것이 유리하다. Jex 등(2013)은 미국 근로자의 약 40%가 교대 근무를 하고 있으며, 남성과 소수 인종들은 이러한 비표준적 일정을 더 많이 하고 있다고 보고했다. 심리학자들은 이처럼 다른 근무시간[교대작업(shift work)]이 직업에서의 건강에 어떤 영향을 미치는지에 대해 관심을 갖기 시작했다.

하나의 통일된 교대작업 시간이 있는 것은 아니고, 회사마다 다르다(그림 11-3 참조). 보통은 하루 24시간을 셋으로 나누어 8시간씩 작업하고 교대한다. 예를 들어, 오전 7시부터 오후 3시까지(주간 근무), 오후 3시부터 밤 11시까지(오후 근무), 오후 11시부터 오전 7시(야간 근무)까지 교대로 작업한다. 작업자가 항상 똑같은 시간대에 작업해야만 하는 경우에 일반적으로 오후 근무나 야간 근무를 싫어하기 때문에 많은 회사에서는 작업시간을 순환시킨다. 종업원들이 2주는 주간 근무를 하고, 2주는 오후 근무를 하고, 그다음 2주는 야간 근무를 하게 할 수도 있다. 교대작업을 편성할 때 한 주를 반드시 월요일부터 금

그림 11-3 교대작업 시간 예시

요일까지로 간주할 필요는 없다. 또한 일정 기간을 작업한 후에 작업시간대를 바꿀 때 쉬는 날의 수를 똑같이 하지 않을 수도 있다. 예를 들어, 일정 기간 오후 근무를 한 후에 이틀을 쉬고, 그다음 일정 기간 야간 근무를 한 후에 사흘을 쉴 수도 있다.

교대작업자는 생리적 및 사회적 적응에 있어서 많은 문제를 겪는다. 대부분의 생리적 문제는 신체적 리듬이 깨지는 것과 관련되어 있다. Smith 등(2003)은 신체적 리듬이 인간의 진화와 관련되어 있다고 다음과 같이 설명했다.

> 지구상의 생명체는 태양계의 운동으로부터 야기되는 규칙적이고 분명한 변화에 적응하도록 진화되어 왔다. 지구 자체의 회전에 의해 하루 24시간 동안 밤과 낮이 번갈아 나타나고, 지구가 태양 주위를 돌기 때문에 계절마다 빛과 온도에 있어서 변화가 발생한다. 진화과정 동안 이러한 주기적인 변화가 내재화되었고, 생명체는 '신체 시계'를 가지고 있고, 유기체는 환경의 변화에 단순히 수동적으로 반응하는 것이 아니라 적극적으로 그러한 변화를 예견하고 행동한다는 사실이 오늘날 널리 받아들여지고 있다(p. 164).

대부분의 사람들이 낮에는 일하고 밤에는 잠자기 때문에 교대작업자들은 사회적 문제도 경험하게 된다. 그들은 아이들이나 배우자와의 관계와 여가생활에 있어서 어려움을 겪는다. Smith 등(2003)은 이혼과 별거가 다른 작업자들보다 야간 교대근무 작업자들에게서 50%나 더 빈번하게 발생한다는 사실을 발견했다. 건강 관련 이슈 또한 문제다. 세계보건기구(2007)는 야간 근무가 높은 암 발병률과 관련이 있다고 결론 내렸다. 우리 몸은 수면주기를 조절하고 면역체계를 강화하는 호르몬인 멜라토닌을 생성하여 낮과 밤에 적응한다. 인공조명은 자연광선의 효과를 대신해 줄 수 없고, 낮잠은 밤에 자는 것과 똑같은 효과를 나타내지 못한다. Frost와 Jamal(1979)은 교대작업자들이 욕구충족을 덜 느끼고, 자신의 일을 그만둘 가능성이 더 크고, 자발적으로 가입하는 조직에 덜 참여한다고 보고했다.

연구에 따르면, 교대작업은 이러한 형태로 일하는 사람들의 생활에 강력한 영향을 미친다. 사업을 24시간 운영하는 것이 필요한 상황에서 심리학자들은 개인이 이러한 환경에 적응하는 과정에서 발생될 수 있는 문제점들을 해결하기 위하여 여러 가지 방법을 끊임없이 모색할 것이다. 우리 사회에 존재하는 기존의 체제를 변경함으로써 사회적 문제는 해결될 수 있다. 하지만 생리적 문제를 극복하기는 더 어렵다. Monk 등(1996)은 교대작업자들이 인간의 신체적 주기(biochronology)와 관련된 다음의 세 가지 조건을 지속적으로 극복해야 하는 상황에 직면해 있다고 지적하였다. (1) 일반적으로 사람들은 매일 낮에는 깨어 있고 밤에는 자는 규칙적인 생활을 하고, (2) 햇빛은 사람을 잠에서 깨우는 효과를 가지고 있고, (3) 우리 몸의 체계는 야간 작업에 적응하는 데 시간이 걸린다. 어떤 조직이나 사회는 이러한 조건을 극복해야 하는 교대작업자들을 도와줄 수 있는 정책을 수립해야 한다.

시간대가 다른 작업을 교대로 순환하면서 작업할 때 생리적으로 가장 어려움을 겪는다. 작업자들이 항상 고정된 시간대(예를 들어, 주간, 오후, 야간 중 어느 하나)에만 일한다면, 그들의 행동은 일관성을 지니게 되고 그러한 신체리듬에 적응하게 될 것이다. 어떤 사람들은 오후나 밤에 일하기를 원하기 때문에 이러한 사람들을 선발함으로써 교대문제를 해결할 수 있다. 작업자들이 자신이 일할 시간대를 선택할 수 있고, 각 작업시간대에 적절한 기술수준을 가지고 있는 사람들이 많이 있다면 개인과 조직 모두의 요구가 충족될 수 있다. 근무시간대를 순환하면서 작업하면 여러 가지 적응 문제가 발생한다. 또한 주간 근무에서 야간 근무, 야간 근무에서 오후 근무를 하는 역행순환이 주간 근무에서 오후 근무, 오후 근무에서 야간 근무를 하는 순행순환보다 적응하기에 더 어렵다는 증거가 있다(Knauth, 1996). Barnes와 Wagner(2009)는 특정 날짜를 기점으로 작업시간이 바뀌기 때문에 대부분의 작업자들에게 영향을 미치는 일광절약제의 영향을 연구하였다. 일광절약제가 시작되면 시계를 1시간 더 앞으로 조정하여 수면시간이 1시간 줄어든다. 석탄 광부를 대상으로 24년 동안 실시한 연구 결과에 따르면, 일광절약제가 시작된 다음 첫 번째 월요일에는 다른 날보다 작업장에서 부상자들이 더 많이 발생하고 부상의 정도도 더 심각하였다. 반대로 일광절약제가 해제되어 원래 시간으로 돌아가서 1시간의 수면 시간이 늘어난 다음 첫 번째 월요일에는 다른 날과 비교하여 부상자 수와 부상 정도에서 변화가 없었다.

이러한 결과들은 야간작업에 새롭게 적응하거나 또는 야간작업에서 주간작업으로 전환할 때 초래되는 피로와 적응에 따른 비용을 잘 나타내고 있다. 실제로 Freese와 Okonek(1984)은 작업시간의 순환으로 인하여 정서적, 정신적, 신체적 건강이 훼손된 사람들에게 내과의사들은 그들에게 낮에 일하는 직무를 가지라고 조언한다고 보고했다. Costa(1996)는 작업자들의 20%가 심각한 장애 때문에 교대근무를 단시간에 그만둔다고 추정하였다. 나머지 작업자들은 각자 다른 수준의 적응 및 인내 정도를 나타내었다. Tepas(1993)는 조직이 교대작업자들과 가족들이 이러한 작업일정에 잘 적응할 수 있도록 하기 위하여 그들에게 교육 프로그램을 제공해야 한다고 결론 내렸다.

6. 지저분한 일이라는 낙인

지저분한 일이란 혐오스럽고, 불쾌하며, 저급하기 때문에 대부분의 사람들이 꺼리는 일을 말한다(Ashforth & Kreiner, 1999). 지저분한 일을 하게 되면 오명을 얻게 된다. Ashforth 등(2007)은 더럽거나 위험한 환경과 직접 접촉하고(예 : 환경미화원), 오명을 지닌 사람들과 접촉하고(예 : 노숙자 보호시설 관리자), 일탈적이거나 부도덕해 보이는 활동에 종사하기 때문에(예 : 스트립 댄서) 오명이 발생할 수 있다고 하였다. 오명의 유형은 각각 신체적 오명, 사회적 오명, 도덕적 오명으로 분류된다.

Bergman과 Chalkley(2007)에 따르면, 낙인은 "특정한 사회 맥락에서 평가 절하되어 그것을 가진 사람에 대한 편견을 유발하는 특성이나 표시"(p. 251)이다. 그들은 지저분한 일과 관련된 오명의 유형은 사람들에게 낙인을 찍어서 더 이상 지저분한 일을 하지 않는데도 불구하고 그 사람들을 따라다닐 수 있다고 하였다. 이러한 '교착(stickiness)'은 사람들이 낙인의 원인을 개인의 내재적 특성으로 돌리기 때문에 발생한다. 낙인의 다른 원인(예 : 나이, 장애)들은 개인의 통제 밖이라고 여기지만, 직업은 환경에 따른 결과라기보다는 개인이 선택한 것으로 여긴다(Kreiner et al., 2006). 따라서 오명이 붙은 직업에 종사하기로 한 결정은 그 사람의 의사를 직접적으로 반영한 것으로 여기기 때문에 그 직업을 그만두고 오랜 시간이 지나도 낙인을 제거하기가 힘들다.

Bergman과 Chalkley는 도덕적 오명이 붙은 지저분한 일은 부도덕한 행동을 하는 개인의 실제 성격을 명확하게 보여 주는 것으로 여겨지기 때문에, 다른 유형의 지저분한 일보다 교착이 더 강할 것이라고 제안했다. 신체적 및 사회적 오명은 누군가는 해야 하는 일이지만 다른 사람이 하지 않으려는 일을 기꺼이 하는 것이라서 그 사람을 어느 정도 이타적으로 보이게 하기 때문에 교착의 정도가 약하다. 게다가 사회적 오명은 다른 이를 도우려는 도덕성이 교착을 감소시키기 때문에 낙인의 정도가 훨씬 더 약하다.

Baran 등(2012)은 심지어 일반적으로 지저분해 보이지 않는 직업들도 업무에 따라 지저분한 측면이 있다고 말했다. 그들은 경영 컨설턴트를 예로 들어, "이 직업은 명확한 낙인이 존재하지 않아 일반적으로 지저분한 직업이라고 여겨지지 않는다. 그러나 경영 컨설턴트의 주요 과업이 조직의 직원 해고를 돕는 것(상당한 사회적 및 도덕적 오명을 포함한 업무)이라면, 그 직업은 아마도 지저분한 직업의 특성을 띠게 되어 낙인찍히게 될 것이다"(p. 599)라고 했다. Baran 등은 동물보호소에서 일하는 499명의 직원들을 대상으로 조사했는데, 이 직무는 반드시 지저분한 것은 아니지만 동물을 안락사시키는 것과 같은 지저분할 수 있는 과업을 포함한다. 그들은 동물 안락사를 실행해야 하는 직원들이 그렇지 않은 직원들보다 더 큰 스트레스 반응을 일으킨다는 것을 발견했다. 또한 그들은 그들이 하는 일에 대해 이야기하는 것을 다른 일에 종사하는 사람들보다 더 꺼린다. 그러나 이들은 자신의 일에 보다 많은 심리적 투자를 한다고 보고했는데, 이는 낙인찍힌 일을 하는 것이 정체성의 한 형태임을 시사한다. 즉 같은 직업을 가진 사람들끼리 단합하고 다른 직업을 가진 사람들을 그들과 구분함으로써 정체성을 형성한다. 또한 Lopina 등(2012)은 동물보호소의 안락사 담당 직원들을 연구해서, 고용되기 전에 그 직무 특성에 관한 정보를 많이 가진 사람들은 초기 이직이 더 적다는 것을 발견했다. 또한 그 직무의 가치를 아는 사람은 퇴사를 더 적게 하는 것으로 나타났다.

Adams(2012)는 오명이 붙은 직업과 산업에 대한 관점은 시간이 흐르면서 변할 수 있다고 말했다. 그는 미용성형수술과 문신 산업이 일탈로 여겨지다가 사회에서 상대적 주류로 인정받게 된 것에 대해 언급했다. 과거에는 성형외과 의사들이 종종 "미용 의사"로 묘사되어 평판이 좋지 않았으나, 이제는 성형외과 의사들이 "존경할 만한 의료 전문가로서 새로운 정당성을 가지게 되었다"(p. 156). 이와 유사하게, 그는 문신 역시 예전에는 소수 집단이 하는 단순한 구경거리로 여겨졌지만, 이제는 널리 퍼져서 모든 계층의 사람들이 하고 있다고 했다. 그럼에도 불구하고 문신은 아직까지 전적으로 인정받고 있지는 못한데, 그 예로 채용을 할 때 문신은 적합하지 않은 것으로 여겨진다(Burgess & Clark, 2010). 그러므로 아티스트가 아닌 경우, 문신을 한 사람들은 직장에서 여전히 오명을 얻을 수 있다.

7. 직장 내 알코올 중독과 약물남용

알코올 중독과 약물남용은 우리 삶에 영향을 미치는 문제이다. 미국의 작업자들 중 천만 명 이상이 알코올 중독자로 추정된다. Tyson과 Vaughn(1987)은 신규 노동인력으로 들어오는 사람들의 약 2/3가 불법약물을 사용한 적이 있다고 보고했다. Marlatt와 Witkiewitz(2010)는 "현재 불법약물 복용자와 술꾼의 70% 이상이 풀타임 근무를 하고 있다. 그러므로 미국 내 물질남용자 대다수는 일터에 있는 것이다"(p. 600)라고 말했다. Moore(1994)는 "알코올과 일은 항상 불편한 관계에 있다. 천재가 술 때문에 해고될 수 있다. 보다 평범한 사람은 술 때문에 더 자주 해고될 수 있다"(p. 75)라고 간결하게 언급하였다. 미국 장애인 고용법은 과거에 약물사용 전력이 있는 사람들을 장애인으로 간주하고 이들에 대한 법적 보호 조치를 제공하지만, 현재 약물을 사용하고 있는 사람들에 대해서는 법적 보호를 제공하지 않는다.

물질남용의 문제는 민감하고 은밀한 사안이기 때문에 연구가 많이 이루어져 있지 않고 이에 관한 지식도 충분하지 못하다. 즉 물질남용이 미묘한 문제이기 때문에 이러한 주제에 관하여 신뢰롭고 타당한 자료를 수집하기가 어렵다. 다음에는 이처럼 복잡한 사회적 문제의 주요 차원들의 일부를 간략하게 개관하고자 한다.

물질남용(substance abuse)은 알코올, 처방약, 불법약물과 같은 광범위한 물질의 복용을 포함한다. 어떤 사람들은 피우는 담배와 씹는 담배를 포함하기도 하지만, 우리가 아는 대부분의 지식은 알코올과 불법약물에 관한 것이다. Frone(2013)은 종업원의 물질복용

> 물질남용 : 알코올, 담배, 약물과 같이 개인에게 해로운 영향을 미치는 광범위한 물질의 복용

및 장애와 직장에서의 물질복용 및 장애를 구별하는 것이 중요하다고 주장했다. 종업원의 물질복용 및 장애는 종업원이 직장 밖에서 알코올과 약물을 복용하는 것을 말한다. 일반적으로 산업 및 조직심리학자들은 근무 중에 무슨 일이 있었는지 그리고 무엇이 일터에서의 행동에 영향을 미치는지에 관심이 있다. 즉 일터에서의 물질복용 및 장애, 혹은 출근 직전이나 근무 중에 알코올이나 약물을 복용하여 일에 부정적 영향을 미치는 것에 더 관심이 있다.

Frone은 물질복용 및 남용에 대한 대규모 자료를 개관해서, 직원의 음주는 보편적이지만 평균 92%의 미국인 근로자들이 근무 전이나 근무 중에 술을 마시지 않는다고 응답했기 때문에 미국에서는 일터에서의 음주가 상대적으로 드물다고 결론 내렸다. 게다가 직장에서 음주를 하는 경우에도 가끔 점심 식사 중에 반주를 하는 정도여서 음주가 잦은 것은 아니었다. 이와 유사하게, 그는 불법 약물 복용이 보편적이지 않으며 대략 97%의 근로자들이 근무 중에 혹은 근무를 시작하기 두 시간 이내에 불법 물질을 복용하지 않는다고 보고했다. 그러나 아주 낮은 비율도 숫자로는 많을 수 있다. 예를 들어, 비록 8%의 근로자들만이 근무 전이나 근무 중에 음주를 한다고 보고했지만, 그 규모는 1,030만 명을 약간 넘는다. 이와 유사하게 3%의 근로자들만이 근무 전이나 근무 중에 불법 약물을 복용한다고 보고했지만 그 규모는 400만 명 정도이다. 따라서 어떤 면에서 보더라도, 오늘날 물질남용은 산업현장에 있어서 중요한 문젯거리이다.

Frone은 미국에서 특정 작업집단이 전국 평균보다 훨씬 더 높은 비율로 불법 약물을 사용한다고 보고했다. 예를 들어, 물질복용 및 남용은 남성이 여성보다 흔하고, 직원 및 일터에서의 알코올과 약물복용이 나이가 증가함에 따라 감소하는 경향이 있다. 또한 예술, 엔터테인먼트, 스포츠, 미디어 분야 종사자들이 다른 다양한 직업 종사자들보다 알코올 섭취와 약물

복용을 더 많이 하는 것으로 나타났다.

산업 및 조직심리학자들이 몇 가지 다른 관점에서 물질남용의 주제에 접근할 수 있지만, 가장 중요한 관심사는 수행저하, 즉 물질남용이 직무수행을 저하시키는 정도이다. 많은 종류의 약물이 경계, 감시, 반응시간, 의사결정과 같은 인지적 기술에 부정적인 영향을 미친다. 하지만 우리는 이러한 약물이 이러한 인지기능을 수행하는 데 요구되는 시간을 증가시키는 것인지, 아니면 이러한 약물이 관련 없거나 주의를 분산시키는 자극에 관심을 기울이게 하는 것인지에 대해 알지 못한다. 또한 Frone(2013)은 숙취가 인지 및 정신 운동 기능에 미치는 영향에 관해 알려진 것이 거의 없다고 말했다. 운송업계와 같이 이러한 인지적 기술을 필요로 하는 직무(예 : 비행기 조종사나 철도 기관사)에서는 애석하게도 비극적인 사고를 통해서 이러한 약물의 부정적 효과에 대한 지식을 축적하게 된다. 신진대사를 촉진하는 스테로이드와 같은 약물은 신체적 수행(주로 힘과 속도)을 향상시키지만, 장기적으로는 개인에게 해로운 효과가 있는 것으로 밝혀졌다.

물질남용은 원인이 될 수도 있고 결과가 될 수도 있지만 물질남용과 작업적응 간에는 장기적으로 부정적인 관계가 존재한다. Galaif 등(2001)은 여러 약물(알코올, 마리화나, 코카인) 사용에 관한 종단적 연구를 수행하였다. 그들은 여러 가지 약물 사용이 4년 후의 직무만족의 감소를 예측하고, 해고나 일시해고와 같은 직무 불안정성이 차후의 물질남용을 예측한다는 사실을 발견하였다. Frone은 낮거나 중간 정도의 알코올 섭취 및 약물 복용은 보통 긍정적 정서경험을 유발하지만(그렇기 때문에 나중에도 알코올이나 약물 복용을 반복하게 된다), 높은 수준의 소비량은 특히 처음 하는 사람들에게 부정적 정서경험을 유발한다고 말했다.

일터에서의 물질남용은 몇 가지 요인에 의해 영향을 받는다. Bacharach 등(2002)은 종업원들이 직무 스트레스를 술로 해소하고자 할 뿐만 아니라 조직이 술 마시는 하위문화를 조성할 수도 있다는 사실을 발견하였다. 즉 조직 내에 술 마시는 행동을 조장하는 규범이 존재한다면, 종업원들은 일을 마친 후에 동료들과 자연스럽게 술을 마시는 경우가 많을 것이다. Frone(2008)은 직무 불안정성(즉 실직할지도 모른다는 불안감)과 물질남용 간의 관계를 연구하였다. 직무 불안정성은 음주 빈도와 음주량 모두와 관련성을 지녔고 불법 약물 복용 횟수와도 관련되어 있었다. 작업 시작 전의 물질남용은 작업스트레스를 누그러뜨리거나 잊게 만들고, 작업 후의 물질사용은 스트레스로부터 벗어나게 만든다고 여겨진다. Frone은 음주는 주로 작업이 끝난 후에 하지만, 불법 약물은 작업 전과 후에 모두 사용된다는 것을 발견하였다. 이와 같이 술과 불법 약물의 사용 시간이 다른 이유는 작업 전에 술을 마실 경우 냄새 때문에 작업장에서 발각될 가능성이 있기 때문이라고 여겨진다.

Bennett 등(1994)은 조직이 종업원들의 약물 사용 문제를 두 가지 방식으로 해결한다고 언급하였다. 첫 번째 방법으로 일터에서 약물 사용자들을 배제하기 위해 약물검사를 실시한다. Frone(2013)은 미국 조직의 상당수가 직원들에게 알코올 및 불법 약물검사를 시행하지만 그 수가 감소하고 있는데, 그 이유는 부분적으로 이러한 검사가 근무 중의 복용이나 장애를 찾아낼 수 없기 때문이라고 하였다. 단지 어떤 물질을 근무 중이 아닐 수도 있는 최근 언젠가 복용하였다는 것만을 밝혀 줄 뿐이다. 일터에서 약물 복용 문제를 해결할 수 있는 두 번째 방법은 종업원 지원 프로그램(employee assistance program, EAP)이다. 종업원 지원 프로그램은 제2차 세계대전에 참전한 후 알코올 중독자가 되어 집으로 돌아온 퇴역군인들에게 재활 프로그램을 제공하는 것에서 시작되었다. 베트남 전쟁에 참전하고 약물 중독자가 되어 돌아온 퇴역군인들을 위하여 종업원 지원 프로그램에 약물중독 치료가 추가되었다. 현재의 종업원 지원 프로그램은 작업자들이 겪는 적응의 문제, 스트레스, 가정문제 등 다양한 종류의 문제를 다룬다. 연방정부로부터 정해진 보조금을 받는 모든 종업원에게 연방정부가 이러한 프로그램을 제공하는 것이 법으로 제정되어 있다. Bennett 등은 실업률이 높은 지역에 있는 조직들이 종업원을 고용하기 전에 약물검사를 하는 경우가 더 많았고, 이직률이 낮은 직장에서는 종업원 지원 프로그램을 제공하는 경우가 더 많다는 것을 발견하였다. Cooper 등(2003)은 일과 가정 간의 갈등을 다루기 위하여 조직에서 종업원 지원 프로그램의 역할이 앞으로 더 확대될 것이라고 믿는다. 이러한 프로그램의 운영은 조직이 종업원들에게 투자하고 있다는 것을 의미하고 조직이 종업원들의 건강에 높은 가치를 두고 있다는 것을 시사한다.

산업 및 조직심리학자들이 물질남용에 관하여 수준 높은 양질의 연구를 수행하기는 매우 어렵다. 알코올이나 약물의 효과에 대한 실험은 윤리적인 문제 때문에 매우 제한적인 조건에서만 실행할 수 있다. 자기보고 측정치는 사회적 바람직성에 영향을 받으며 정확하지 않을 수 있기 때문에 자기보고 측정치에만 의존하는 것은 문제가 있다. 미국뿐만 아니라 다른 나라에서도 약물검사는 사생활 침해와 법률적 문제와 관련이 있다. 특히 개인이 약물검사에 대하여 소송을 제기할 가능성이 있다. 매우 복잡한 사회문제를 다룰 때처럼, 이러한 문제를 해결하기 위하여 다양한 학문(예 : 약리학, 독물학, 법학, 유전학)을 하는 연구자나 학자들이 협력하는 학제적인 접근을 취해야 한다. 산업 및 조직심리학자들은 전체에서 단지 일부분에만 기여하겠지만, 우리의 전통적인 두 가지 영역인 개인에 대한 평가와 수행 측정에 있어서는 많은 기여를 할 것이다. 아마도 20년 내에 물질남용을 유발할 수 있는 직무의 특성이나 작업자가 약물이나 알코올을 사용할 가능성이 있는지를 알아낼 수 있는 방법이 마련될 것이다. 우리가 그러한 방법을 마련하든지 못하든지 간에 우리 사회는 산업 및 조직심리학자들에게 우리의 선배 학자들은 상상도 못했던 문제들에 대한 정보를 제공해 주기를 기대할 것이다.

8. 실업의 심리적 효과

제8장에서 논의한 것처럼, 오늘날의 근로자들에 있어서 일자리를 잃을 가능성은 중요한 걱정거리이다. 매년 수많은 종업원들이 감축, 아웃소싱, 오프쇼링, 합병과 인수로 인해 일자리를 잃는다. 위태로운 경제 상태는 국내뿐만 아니라 국제적으로 대규모 실업을 초래하였다. 비자발적 실업의 결과로부터 우리는 일이 개인에게 부여하는 의미를 새삼스럽게 알게 되었다. 이 절에서는 실업의 심리적 효과를 논의하고자 한다.

Jahoda(1981)는 고용되어 있다는 것이 개인에게 의도적인 결과뿐만 아니라 의도하지 않은 잠재적 결과를 초래한다고 주장하였다. 생활에 필요한 돈을 번다는 것이 고용상태로부터 초래되는 가장 분명한 결과이다. 하지만 일이 가지고 있는 중요한 심리적 의미는 의도하지 않은 혹은 잠재적인 결과로부터 나온다. 고용이 초래하는 다섯 가지 중요한 잠재적 결과는 (1) 하루 일과에 규칙적인 시간 부여, (2) 가족 이외의 다른 사람들과 규칙적인 접촉 및 경험 공유, (3) 개인의 생활에 목표 및 목적 부여, (4) 개인의 지위 및 정체감 획득, (5) 활동의 실행 등이다. Jahoda는 고용이 초래하는 이러한 잠재적 결과가 지속적인 인간의 욕구를 반영해 준다고 믿었다. 따라서 실업상태에 있기 때문에 일에서 초래되는 이러한 잠재적 결과를 얻지 못할 때는 인간의 지속적 욕구가 충족되지 않는다. 따라서 우리 사회에서 일자리 제공은 사람들에게 신뢰롭고 효과적으로 심리적 행복감을 주는 것으로 여겨진다. Van Hoye와 Lootens(2013)는 실업기간에도 시간을 짜임새 있게 사용할 수 있는 사람이 더 큰 안녕감을 경험한다는 것을 발견하였다.

Fryer와 Payne(1986)은 실업이 왜 사람을 심리적으로 황폐해지도록 만드는지에 대해 자유재량권의 상실에 기초하여 약간 다른 설명을 제안하였다. 그들의 설명은 실업으로부터 수입이 없어지는 것에 주로 초점을 두고 있다. 대부분의 실업자에게 있어서 금전적 문제는 가장 큰 걱정거리이고, 돈이 없으면 대인관계를 유지하는 데 있어서도 어려움이 있다. 대부분의 실업자는 생활에 필요한 적정 수입이 없고 또한 수입이 없는 상태가 얼마나 더 지속될지에 대해서도 불확실하다. 실업자들은 금전적 재원이 없기 때문에 음식이나 옷을 사는 것과 같이 다양한 선택을 할 수 있는 재량권이나 자유가 없다. 이처럼 실업에 의해 선택행동이 심각하게 제한된다. 부족한 돈으로 이러한 문제를 해결하려고 하면 흔히 해결책의 질이 형편없는 것이 되고 결국 좌절감을 맛보고 자기존중감이 낮아진다. 따라서 금전적 재원의 손실은 개인의 선택을 제한하고 개인의 생활에 대한 통제감을 낮추게 된다. 이러한 상태로부터 결국 심리적 건강도 나빠진다("**산업 및 조직심리학과 경제 : 심리적 안녕감과 경제**" 참조).

산업 및 조직심리학과 경제
심리적 안녕감과 경제

본문에서 다룬 것처럼, 장기적인 실업은 실직자들의 다양한 심리적 질병을 유발한다. 그러나 실직에서 살아남은 자들 또한 떠난 동료로 인해 줄어든 생산성을 만회하기 위해 더 열심히 일해야 하기 때문에 종종 스트레스를 받게 된다. 또한 열심히 일하는 것은 다음에 또 있을지도 모르는 인원감축에서 해고될 가능성을 줄이기 위한 하나의 방법으로 여겨질 것이다. 그러나 경기침체 때는 모두가 큰 대가를 치러야 한다.

의료인들은 인간 행동과 경제 간의 관계를 발견하였다. 실직을 하면 불안감과 우울증이 증가하고, 이에 따라 알코올과 약물 소비가 증가한다. 위기 상담 전화가 증가하고, 위궤양이나 두통과 같은 심리적인 문제로 인한 질병을 호소하는 사람들이 증가한다. 회사가 지원해 주는 종업원 지원 프로그램(EAP)의 활용이 증가하고, 중독 치료를 받고 있는 사람들이 증가한다. 어떤 이들은 전통적인 치료를 포기하고 비용부담이 적은 지지집단, 요가, 명상과 같은 대안을 찾는다. 경제적으로 고통스러운 기간에는 자선단체와 비영리 단체에 대한 경제적 기부가 감소한다.

이러한 시기에는 자살률 또한 증가한다. 유럽의 경제 대공황 동안의 자살률 급등은 '경제적 자살'이라는 새로운 용어를 등장시켰다. 아일랜드에서 있었던 경제적 자살의 유행은 한 모바일 전화 회사가 축구 경기장에 회사 광고판을 설치하는 것을 포기하고 자살 예방 캠페인을 진행하도록 만들었다.

우리 대부분은 생활을 유지하기 위해 일을 해야 한다. 심리적으로 건강한 생활은 일과 일상생활의 조화를 통해 얻어진다. 완전고용은 건강하고 잘 기능하는 사회에 필수적인 것이다.

Wanberg 등(2011)은 실업이 노력과 감정에 대해 상당한 수준의 자기 조절을 요구한다고 했다. 사람들은 채용 거절과 지루한 직업 탐색 과정에도 불구하고, 장기간 동안 노력을 지속해야 한다. 더불어 그들은 그들의 감정을 조절해야 한다. 일자리를 얻기 위해서는 자존심을 굽히고, 푸대접받기도 하고, 나쁘게 평가받기도 하고, 채용을 거절당하기도 한다. 20주 이상 실업 상태에 있는 사람들을 대상으로 실시한 연구에서, Wanberg 등은 실업 상황을 자책하는 부정적인 혼잣말을 가급적 하지 않으려는 사람들이 있음을 발견하였다. 직업 탐색 과정을 지속할 수 있는 전략(예 : 목표 설정)을 가진 사람은 자멸적이거나 동기에 대한 통제력이 부족한 사람보다 정신 건강이 더 양호하고 직업 탐색 강도가 더 높았다. Gowan 등(1999)에 따르면 실업과 관련된 부정적 정서를 관리할 수 있는 사람들은 채용면접에서 안정되고 자신감이 있는 것처럼 보여서 다시 직업을 갖게 될 가능성을 증가시킨다. van Hooft와 Noordzij(2009)는 직업을 찾고 있는 실업자들을 대상으로 유사 실험을 실시하여 두 가지 목표지향성 간의 차이를 비교하였다. 새로운 기술을 획득함으로써 유능성을 증가시키려고 하는 학습목표 지향성과 가상의 고용주로부터 긍정적인 평가를 받기 위하여 현재의 유능성을 보여 주려는 증명목표 지향성을 비교한 결과, 학습목표 지향성을 강조한 집단이 재취업에 더 많이 성공하였다. 저자들은 새로운 직업을 찾는 과정이 학습경험 그 자체이기 때문에 학습목표 지향성이 재취업에 더 강한 영향을 미쳤다고 제안하였다.

Wanberg(1997)는 실업자들을 위한 최고의 개입 프로그램은 직업탐색 기술뿐만 아니라 자존감, 낙관주의, 통제감을 고양시켜 주는 활동을 포함해야 한다고 제안했다. Wanberg 등(2010)은 실업자들의 직업 탐색을 도와주는 측정도구를 개발했다. '미래의 직업 준비하기'라는 측정도구는 구직자들이 그들의 직업 탐색 강도와 명확성, 자신감 수준, 직업 탐색과 관련한 스트레스, 직업 탐색과정에서의 장애요인과 지원, 탐색 방법에 대한 통찰력을 얻을 수 있도록 도와준다. 이러한 측정도구에 관심이 있다면 www.ynj.csom.umn.edu에서 볼 수 있다.

실직과 자원 부족에 따른 어려움을 고려하면, 실업이 낮은 심리적 건강과 일관되게 관련이 있다는 것은 놀랄 일이 아니다. Murphy와 Athanasou(1999)는 고용이 개인의 심리적 건강에 어떤 영향을 미치는지를 종단적으로 연구한 결과들을 통합분석하였다. 그 결과, 취업과 심리적 안녕감의 증진 간에는 평균적으로 .54의 상관이 있었고, 실업과 심리적 건강의 악화 간에는 평균적으로 .36의 상관이 있었다. 또한 McKee-Ryan 등(2005)은 실업 기간 동안의 심리적 및 신체적 안녕감에 관하여 통합분석을 실시하였다. 그들은 "횡단적 연구 결과에 의하면, 실직한 사람들이 직장이 있는 사람들보다 안녕감 수준이 더 낮았다. 종단적 연구 결과에 의하면, 직장이 있다가 실직했을 때는 개인의 안녕감 수준이 감소했지만, 실직했다가 재취업했을 때는 개인의 안녕감 수준이 증가하였다"(p. 67)고 결론 내렸다. 실업자와 재직자를 비교한 통합분석 연구에서 Paul과 Moser(2009)는 위와 유사하게 실업자가 재직자보다 심리적 건강 수준이 상당히 낮은 것을 발견했다. 또한 연구에 참여한 실업자의 상당수가 임상적 고통을 겪고 있었다. Luhmann 등(2014)은 실직이 대인관계에 미치는 영향을 연구한 결과, 실직은 당사자와 배우자 모두의 삶의 만족을 감소시키는 것으로 나타났다. 이러한 삶의 만족 감소는 자녀가 있는 경우에 더욱 심했다. 요컨대 실직과 실업은 가정의 어려움뿐만 아니라 걱정, 불확실성, 경제적 제약을 초래한다.

9. 아동 노동과 착취

직업에서의 건강에 관련된 주제들 중에서 지금까지 산업 및 조직심리학에서 거의 다루지 않았던 한 가지 측면을 논의하면서 이 장을 마치려고 한다. 이것은 일하도록 강요받는 아동들의 건강에 관한 것이다. 비참하고도 마음이 아픈 아동 노동에 대해 관심을 가지게 된 계기는 국제적으로 하는 사업의 증가와 관련되어 있다(Piotrkowski & Carrubba, 1999). 미국에서는 아동 노동이 상대적으로 드물고 대부분의 경우에는 불법이지만, 다른 많은 나라에서는 그렇게 드물지 않고 일부 미국 회사들은 개발도상국에서 자사의 제품을 만들기 위해 아동 노동에 의존하고 있다.

아동 노동(child labor)은 15세 미만의 아동들이 경제적 활동에 참여하는 것을 말한다. 국제노동기구(ILO)는 2012년에 전 세계 1억 6,800만 명의 아동, 즉 전체 아동의 11%가 아동 노동에 참여하는 것으로 추정했다. 게다가 8,500만 명의 아동은 신체적 및 정신적

> **아동 노동** : 15세 미만의 아동들이 그들의 건강과 심리적 안녕감에 해로운 노동에 참여하는 것

건강과 안전을 위협받는 위험한 일을 하고 있다. 아동 노동은 개발도상국에서 가장 흔하며, 특히 아시아, 아프리카, 라틴 아메리카에 있는 나라들에서 흔히 볼 수 있다. 하지만 부유한 나라들에도 아동 노동은 존재한다. 아동 작업자들은 일반적으로 농업에 많이 종사하고, 장시간 일하며, 때로는 비인간적이고 위험한 근로조건에서 매우 적은 임금이나 무임금으로 일한다. 짐바브웨에서 어떤 아동들은 면화나 커피를 따는 데 일주일에 60시간 일을 한다. 네팔에서는 아동들이 차(tea) 농장에서 하루에 14시간까지 일한다. 아동에 대한 노동력 착취의 가장 극단적인 형태는 노예나 강제노동과 같은 형태를 띤다. 이러한 형태의 아동 노동력 착취가 아시아나 아프리카의 일부 국가에서 아직까지 행해지고 있다. 아동들의 부모가 부채를 갚기 위해 자기 자식의 노동을 담보로 할 수도 있고, 아동들이 유괴되고 매춘굴이나 노동착취 공장에 감금될 수도 있고, 가족이 아동들을 포기해 버리거나 팔아 넘길 수도 있다. 미국에서도 대도시의 뒷골목에서 아동들이 마약을 비밀리에 판매하고 있는 데서 아동 노동의 증거를 찾아볼 수 있다.

ILO(2004)는 전 세계 천만 명의 아동들이 개인 집의 하인처럼 노예와 같은 조건에서 일하고 있다고 추정했다. 아프리카, 중미, 아시아의 일부에서 8세 정도의 어린 소녀들이 돈을 거의 받지 못하거나 전혀 받지 못하면서 하루 15시간씩 매일 일하고 있다. 국제노동기구(ILO)는 남아프리카에서 하인으로 일하는 아동들의 수(200만 명 이상)가 가장 많다고 보고했다. 이러한 아동들이 많은 다른 나라는 인도네시아, 브라질, 파키스탄이었다. 하인을 거느리고 있는 것을 사회적 지위의 상징으로 여기는 집에서 일하고 있는 아동들은 때때로 성적으로 학

대를 받기도 한다. 이 연구에 따르면, 이 아동들은 오랫동안 그저 "소년" 또는 "소녀"라고만 불렸기 때문에 일부 아동들은 자신의 이름조차도 기억하지 못했다. 아동들은 나이가 많다고 거리로 쫓겨나더라도 가족을 어디서 그리고 어떻게 찾을지를 전혀 모르기 때문에 거리에서 생활하게 된다.

미국 노동부(2006)는 137개 나라의 아동 노동에 관한 실태 보고서를 발간하였다. 이 보고서에 따르면, 아동 노동이 전 세계 많은 지역에서 이루어지고 있다. 이 보고서는 성인들조차도 꺼리고 싫어하는 가장 열악한 형태의 노동을 아동들이 하는 최악의 아동 노동을 보고하였다. 최악의 아동 노동 형태는 다음과 같다.

A. 물건판매, 빚을 갚기 위한 강제노동, 농노, 군대 강제징집과 같은 노예와 같은 노동
B. 매춘행위, 매춘알선, 포르노와 같은 음란물 제작
C. 마약 제조나 판매와 같은 불법 활동 참여
D. 행위 그 자체나 환경이 아동의 건강, 안전, 윤리에 해로운 작업(p. 1)

소녀들은 주로 불법 성매매나 강제결혼의 대상이 되거나 가정부로 일한다. 소년들은 주로 농업, 광업, 제조, 구걸, 군대에서 인력착취의 희생자가 된다. 2004년 12월 대규모 지진과 해일로 인해 수천 명의 부모가 사망했기 때문에 살아남은 아이들은 불법 착취노동의 위험에 처했다. 해일로 인해 많은 학교가 파괴되었고 아이들은 학업 대신 노동 현장으로 내몰렸다. 이 보고서는 "성인들을 위해 새로운 좋은 일자리를 창출하는 것은 아동들이 가족의 생계를 돕기 위해 위험한 노동에 참여하지 않고 학교에 다닐 수 있는 가능성을 증가시킬 수 있다. (중략) 정부가 가장 열악한 형태의 아동 노동을 없애고 국가의 최우선 과제로 기본 교육을 의무화하는 것은 그 나라의 아동들과 국가 경제의 잠재력 향상에 중요한 투자를 하는 것이다"(p. 9)라고 결론 내렸다.

Piotrkowski와 Carrubba(1999)에 따르면, 아동 노동이 아동들에게 부적절한 신체적 요구와 사회적 요구를 부과함으로써 건강한 발달을 저해하고, 아동들이 신체적 및 심리적으로 해로운 조건에 직접적으로 노출되도록 하고, 아동이 사회적 또는 심리적으로 완전하게 발달하지 못하도록 함으로써 아동들에게 해를 끼친다. 아동들은 정서적으로, 육체적으로, 인지적으로 완전히 성숙하지 못하였기 때문에 위험하거나 스트레스를 유발하는 작업조건에서 상처받을 가능성이 매우 크다. 아동 노동자들은 너무 어리기 때문에 그들이 직면하고 있는 육체적 및 심리적 위험을 깨닫지 못하고, 힘이 없기 때문에 이러한 상황을 벗어나기가 힘들다. 아동에게 강제로 노동을 하도록 만드는 가정의 극심한 빈곤과 범죄의 위험에 노출되어 있는 전 세

계 아동들의 곤경은 국제연합(UN)의 주요 관심사로 다루어져 왔다.

Piotrkowski와 Carrubba는 아동 노동에 대한 개관을 다음과 같은 진지한 결론으로 요약하였다.

> 방어할 능력이 없는 어린 아동들에 대한 경제적 착취와 학대는 인간의 기본권리를 침해하는 것이다. 법적으로 허용될 때조차도 아동 노동은 해로울 수 있다. 아동 노동이 가정의 빈곤과 관련되어 행해지는 한, 이러한 가정의 경제적 궁핍을 고려하지 않고 아동 노동만을 따로 떼어놓고 다룰 수 없다. 비교적 최근에서야 아동들이 경제적 가치를 지니고 있다기보다는 감성적 가치를 지니고 있다고 여기기 시작했다. 부모들은 아동 노동의 폐해를 깨닫지 못할 수 있다. 어쩌면 아동 노동자들의 부모들은 자신들이 가족 구성원들 중에서 쓸 수 있는 모든 인적자원을 사용할 권리를 가지고 있다고 생각할지도 모른다. 한 가족이 하루하루를 살아가기 위하여 아동 노동이 도움을 줄지라도, 궁극적으로 아동 노동은 빈곤의 악순환을 야기한다. 이처럼 아동 노동은 엄청난 사회적 비용을 치르는 것이다. 아동의 권리를 박탈하고 아동을 위태롭게 만들기 때문에, 착취적인 아동 노동은 엄청난 인적 비용을 치르는 것이다(p. 151).

아동 노동이 지니는 사회적 혐오감 때문에, 아동 노동이 산업 및 조직심리학자들 사이에 중요한 이슈로 부각될지에 대해서는 의심의 여지가 있다. 아동 노동이 지니는 의미는 성인 노동의 의미와는 다르다. 노동은 경제적 가치와 수단적 가치를 지닌다. 성인은 자신의 삶의 경제적 지위를 향상시키기 위하여 언제 어떻게 자신의 노동서비스를 제공할지를 결정하는 자유재량권을 가지고 있다. 반면에 아동은 이러한 자유의사를 가지고 있지 않다. 아동은 타인의 경제적 지위를 향상시키기 위하여 강제로 노동하도록 강요받는다.

11 이 장의 요약

- 일과 가정과 관련된 문제들이 모두 우리의 전반적 복지와 관련되어 있다는 것을 알게 되면서 직장 내 심리적 건강이라는 주제가 산업 및 조직심리학에서 나타났다.
- 심리적 건강에 영향을 미치는 다섯 가지 주요 요인이 있다.
- 어떤 사람들은 직장에서 스트레스가 심해 개인과 조직 모두에 부정적 결과를 줄 수 있다.
- 우리 인생에서 일과 가정 간 갈등과 충실을 이해하는 것은 산업 및 조직심리학자들의 중요한 활동이다.

- 조직은 유연하게 근무시간을 적용하고 직장 내에 아동보육센터를 둠으로써 일 – 가정 갈등을 감소시키려고 노력한다.
- 어떤 작업은 24시간 계속해야 한다. 야간 작업자들은 주간 작업자들보다 일반적으로 건강이 더 나쁘다.
- 어떤 직업이나 과업은 혐오스럽고, 불쾌하며, 저급한 것으로 낙인찍혀 부정적 결과를 초래할 수 있다.
- 알코올 중독과 약물남용은 직장 내 수백만 명의 직원들에게 영향을 미칠 수 있다.
- 실업 상태가 오래 지속될 때 실업의 심리적 효과는 매우 심각하다. 실업은 전 세계 모든 나라가 당면한 문제이다.
- 전 세계에 걸쳐 5~14세 사이에 있는 1억 6,800만 명의 아동에 대하여 불법적으로 노동착취가 발생하는 것으로 추정된다.

CHAPTER

12 작업동기

이 장의 학습목표

- 작업동기와 관련되어 있는 다섯 가지 중요한 개념을 설명한다.
- 생물학 기반 이론, 몰입 이론, 자기결정 이론, 기대 이론, 형평 이론, 목표설정 이론, 자기조절 이론, 작업설계 이론과 같은 작업동기 이론의 개념적 기초를 이해하고 이러한 이론이 실증적으로 얼마나 지지되는지를 파악한다.
- 작업동기 이론들을 개관하고 통합한다.
- 작업동기 이론들 간의 수렴점을 이해한다.
- 동기전략을 적용하는 실례를 제시한다.

당신은 수행을 잘하려고 애쓰거나 성공하려고 끊임없이 노력하는 사람을 본 적이 있는 가? 당신 스스로도 이러한 부류의 사람일 수 있다. 이러한 사람들은 다른 사람들보다 더 능력 있는 사람일 수도 있고 그렇지 않은 사람일 수도 있다. 하지만 이들은 다른 사람들 보다 더 열심히 일하고자 하고 더 많은 노력을 기울인다. 노력을 기울이고자 하는 의지는 행 동을 유발하는 동기적 혹은 '하고자 하는(will do)' 요소이다. Diefendorff와 Chandler(2011) 는 "동기는 난해하고, 관찰할 수 없고, 쉽게 변화하는 속성을 가지고 있어서 심리학에서 연 구하기 가장 힘든 개념 중 하나이다"(p. 65)라고 언급하였다. 더 나아가 동기는 특히 채용 장 면에서 측정하기 가장 어려운 개념 중 하나이다(Ployhart, 2008). 직무지원자의 동기를 측정하 는 검사는 종종 거짓으로 응답할 가능성이 있는 질문들을 포함한다. 즉 바람직한 응답이 무 엇인지 명백하게 보여서 지원자들은 채용될 가능성을 높이기 위해 거짓으로 응답한다. 심리 학자들은 이러한 속성이나 특성을 야심 또는 동기라고 부른다. 동기는 직접적으로 관찰할 수 없으므로 행동들의 연속적인 흐름을 분석하여 추론해야만 한다. Mitchell과 Daniels(2003)는 "동기는 중요한 구성개념이다. 조직에서 사람들이 왜 특정 방식으로 행동하는지를 이해하기 위해 동기에 관하여 잘 알고 있어야 한다"(p. 225)고 말했다.

작업동기(work motivation)는 작업에 대한 동기 과정을 말한다. Pinder(2008)는 작업동기를 다음과 같이 정의했다.

> 작업동기는 개인의 작업관련 행동을 일으키며, 작업관련 행동의 형태, 방향, 강도, 지속 기 간을 결정하는 역동적 힘의 집합으로서, 개인 내에서 자생적으로 발생할 수도 있고 외부자 극에 의해 발생할 수도 있다(p. 11).

이 정의에서 주목할 만한 세 가지 중요한 구성요소가 있다. 첫째는 방향(direction)으로, 우 리가 어떤 활동에 노력을 기울일지에 대한 선택을 의미한다. 우리는 어떤 일은 열심히 하려 고 하지만 어떤 일은 열심히 하지 않는다. 예를 들어, 당신이 시험을 잘 보는 것에 동기부여 되어 있다면, 당신은 시험 관련 자료들을 공부하는 데 주의를 집중할 것이다. 반면 동기부여 되어 있지 않다면 당신은 시험공부 이외의 활동들로 인해 주의가 쉽게 산만해질 것이다. 둘 째는 강도(intensity)로, 우리가 선택한 작업에 얼마나 열심히 하는지 혹은 얼마나 많은 노력 을 기울이는지를 의미한다. 당신이 시험을 잘 보는 것에 정말로 동기부여되어 있다면, 당신 은 시험 관련 자료를 이해하기 위해 스스로 열심히 노력할 것이다. 셋째는 지속기간(duration) 또는 지속(persistence)으로, 동기가 얼마 동안이나 지속되는지를 의미한다. 지속기간은 다양한 활동 중 한 가지 활동을 선택하는 방향이나 하나의 과업에 쏟는 노력의 수준을 나타내는 강도와는 다른 요소이다. 이는 관련 책을 읽고 시험을 잘 보기 위해 열심히 노력하는 것만으로는 충분하지 않고 노력을 지속적으로 유지하는 것도 필요하다는 의미이다. 따라서 시험을 잘 보기 위해 정말로 동기부여되어 있다면 시험에서 좋은 성적을 얻기 위해 밤늦은 시간까지 공부에 매진해야 할 것이다. 동기의 세 가지 구성요소는 조직과 개인 모두에게 직접적인 의미를 지닌다. Kanfer 등(2008)이 표현한 것처럼, "행동을 변화시키기 위해서는 먼저 동기를 변화시켜야 한다"(p. 6).

일반적으로 동기는 내적 혹은 외적으로 발생한다. 내적 동기는 하고 싶은 것들을 그저 하기 위해 동기화된 것이다. 여기서 어떤 활동을 하는 이유는 내부로부터 발생한 것이다. 반면 외적 동기는 어떤 도구적 결과에 대한 기대로부터 나오기 때문에 외부로부터 발생한다. 예를 들어, 책을 읽거나 달리기를 하는 사람들은 내적 혹은 외적으로 동기부여되어 있을 수 있다. 어떤 사람이 내적으로 동기부여되어 있다면, 이러한 활동을 단순히 즐기기 위해 책을 읽거나 조깅을 한다. 그러나 어떤 사람은 가치 있는 것을 얻을 목적으로 책을 읽거나 달리기를 한다. 예를 들어, 어떤 사람은 수업에서 책 읽기 과제가 있어서 책 읽기에 따라 학점이 좌우될 때에만 책을 읽는다. 이와 유사하게, 어떤 사람은 체력검사를 통과할 목적으로 달리기를 한다.

Klehe와 Anderson(2007)은 사람들이 자신의 능력을 최대로 발휘하는 최대수행과 평상시에 하는 평소수행 간의 차이점을 발견하였다. 동기개념은 평소수행과 최대수행 간의 차이를 설명할 때 유용하다. 능력이 있는 사람들은 보통수준의 평소수행을 유지할 수 있지만, 동기부여가 충분히 된다면 평소수행보다 훨씬 더 높은 수준의 최대수행을 나타낼 수 있다. 능력이 없기 때문에 성공하기 위해서는 매우 열심히 일해야 하는 사람들과는 확연하게 다르다. 능력이 부족한 사람들이 만족스러운 수행을 나타내기 위하여 열심히 일해야 하는 정도는 직무에 따라 다르다. 능력이 있지만 열심히 일하는 것을 꺼리는 사람들은 많은 노력을 기울일 필요가 없는 직무를 원할 수도 있다. Dalal과 Hulin(2008)은 능력과 동기 간의 복잡한 상호작용을 기술하였다. 어떤 사람들은 타고난 능력이 없기 때문에 열심히 일한다. 일반적으로 일을 성공적으로 완수하여 만족을 느낄 때 그 일을 지속적으로 한다. 따라서 열심히 일하도록 강요하는 상황 요인이 없다면, 일에서 요구되는 필수적인 능력이 부족한 사람들은 그러한 일을 지속적으로 하고자 하지 않을 것이다. 오랜 시간 동안 지속되는 행동에서 능력과 동기 간의 상쇄효과에 대해 아직까지 많이 알려져 있지 않다.

1. 동기에서 중요한 다섯 가지 개념

작업동기에서 중요한 몇몇 개념은 잘못 이해하거나 혼동하기 쉽다. 이 개념들이 항상 분명하게 구분되는 것은 아니며, 종종 그 개념이 명확하지 않을 수 있다. 이 장에서 이러한 개념의 혼동을 피하기 위하여 먼저 다섯 개의 중요한 개념을 설명한다.

- **행동**(behavior). 행동은 동기를 추론할 수 있는 활동이다. 행동은 타이핑 속도, 표적에 대한 소총 사격 등과 같이 다양한 인간 활동을 포함한다.
- **수행**(performance). 수행은 행동에 대한 평가를 포함한다. 관찰의 기본 단위는 행동이지만, 행동을 어떤 기준을 사용하여 평가함으로써 수행이 결정된다. 만일 행동이 1분에 60단어를 타이핑하는 것이라면, 이러한 수행수준이 어떤 직무를 갖기에 적절한지 혹은 부적절한지를 판단해야 한다. 이처럼 행동은 조직의 맥락 속에서 평가되며, 1분에 60단어를 타이핑하는 것이 어떤 직무에서는 적절한 수행이지만 다른 직무에서는 부적절한 수행일 수도 있다. 대부분의 조직이론은 행동이 아니라 수행에 관심을 가지는 경향이 있다. 수행은 행동에 대한 평가를 통해 결정된다.
- **능력**(ability). 능력은 행동의 세 가지 결정 요인 중 첫 번째 결정 요인이다. 능력은 개인이 안정적으로 지니고 있는 것으로 간주되며 지능과 같은 일반적 구성개념이나 신체적 협응과 같은 보다 특수한 구성개념으로 표현된다.
- **상황 요인**(situational factor). 상황 요인은 행동의 두 번째 결정 요인이다. 상황 요인은 행동(궁극적으로 수행)을 촉진하거나 저해하는 환경적 요인이나 기회를 말한다. 예를 들어 도구, 장비, 절차와 같은 것들은 행동을 촉진시키고 이러한 것들이 없으면 행동이 감소된다. 상황에서 제약을 제거하면 행동을 극대화하는 것이 가능하다. 개인의 행동은 개인의 통제 밖에 있는 환경 또는 상황 속에서 일어나며, 이러한 환경 요인은 수행에 영향을 미친다.
- **동기**(motivation). 동기는 행동의 세 번째 결정 요인이다. 능력은 개인이 무엇을 할 수 있는지를 나타내며, 동기는 개인이 어떤 것을 하고자 하는 의지를 나타내고, 상황 요인은 개인에게 부과된 환경 요인을 나타낸다.

이러한 세 가지 결정요인 각각은 행동 표출에 매우 중요하다. 개인이 높은 능력과 높은 동기를 가지고 있고 환경이 그러한 행동을 지원해 줄 때 가장 높은 수준의 행동이 나타난다. 수행이 저조하다고 판단되는 경우, 네 가지 원인을 생각해 볼 수 있다. 첫째, 조직이 개인의 행동을 판단하는 기준을 너무 높게 잡아서 다른 조직에서는 긍정적으로 평가받을 행동이 이 조직에서는 저조한 수행으로 판단될 수 있다. 둘째, 개인이 바람직한 행동을 하는 데 필요한 능력을 갖추지 못해서 저조한 수행이 초래될 수 있다. 셋째, 개인이 바람직한 행동을 하는 데 필요한 동기가 결여되어 있을 수 있다. 넷째, 좋은 수행을 나타내기 위해 개인에게 필요한 자원이나 기회의 부족이 원인이 될 수 있다.

2. 작업동기 이론

과거 50년 동안 많은 작업동기 이론이 제안되었다. 그러나 과거 10년에서 20년 사이에 이러한 이론들에 근거하고 있는 심리적 구성개념의 공통점을 찾아내려는 시도가 이루어졌다. 앞으로 보게 되는 것처럼, 어떤 심리적 구성개념은 다른 구성개념보다 여러 이론에 걸쳐 많은 공통점을 가지고 있다.

동기에 관한 수많은 이론이 있지만, 여기서는 작업동기의 여덟 가지 이론을 제시할 것이다. 이러한 이론들은 동기를 설명하기 위한 심리적 구성개념에서 뚜렷한 차이가 있다. 지금부터 각 이론과 함께 이를 지지하는 경험적 연구들을 제시할 것이다. 마지막 부분에서는 작업동기를 설명하기 위해 제안된 이론들의 기본 관점 사이의 공통점을 논의할 것이다.

1) 생물학 기반 이론

제2장에서 산업 및 조직심리학자들이 조직 신경과학에 초점을 두고 뇌에 대한 영역을 연구하기 시작했다고 기술하였다. 연구자들은 이제 동기를 포함하여 조직에서 발생하는 많은 현상의 생리학적 기초에 대해 탐구하기 시작했다. **생물학 기반 동기 이론**(biological-based theory of motivation)은 동기를 결정하는 생리학적 반응(예 : 뇌에서 뉴런의 활동)과 타고난 특성(예 : 제4장에서 논의한 성격의 5요인)의 역할을 연구한다. 이 이

> 생물학 기반 동기 이론 : 동기가 개인의 생리적 기능과 특성에 의해 유전적으로 결정된다고 가정하는 동기 이론

론에 따르면, 동기는 우리가 통제할 수 없는 생리학적 요소를 지니고 있다. 예를 들어, 연구자들은 사람들이 실수했을 때, 실수한 지 약 50밀리세컨드, 즉 50/1,000초 후에 발생하는 뇌속 뉴런들의 독특한 반응이 있고, 심지어는 사람들이 자신이 실수를 저질렀다고 의식하지 못했을 때에도 뉴런의 반응이 일어난다는 것을 발견했다(Hajcak, 2012). 이런 신경 반응은 뇌의 변연계와 뇌의 전두부와 연결된 전두엽 피질의 일부에서 일어난다. 또한 기본적인 신경 반응들의 변화는 곧이어 교감신경계의 작용을 가져온다. 예를 들어, 실수를 한 직후에 뉴런의 반응에 따른 교감신경계의 작용으로 심장박동이 일시적으로 느려진다(Hajcak et al., 2004).

Hajcak은 "실수는 조직의 안전을 위태롭게 할 수 있다. 따라서 실수는 동기와 관련하여 매우 중요한 사건이다"(p. 102)라고 기술했다. 이와 같이 사람들은 실수를 피하기 위해 생리적 수준에서 동기가 발생한다.

동기의 생물학 기반에 대한 추가적인 증거로, Ridley(1999)는 특히 염색체 11의 구성요소인 *D4DR* 유전인자에 관한 인간 게놈의 구조를 기술하였다. 이 유전인자는 뉴런이 도파민에 대해 얼마나 민감하게 반응할지를 결정하는데, 도파민은 신경전기의 방전을 관장하고 뇌로 들어가는 피의 흐름을 조절한다. Ridley는 "매우 간단하게 이야기하자면, 아마도 도파민은 뇌에서 동기를 일으키는 화학물질인 것 같다. 도파민이 너무 적으면 개인은 주도적이지 못하고 동기가 결여된다. 반면에 도파민이 너무 많으면 쉽게 싫증을 내고 매우 자주 새로운 활동을 하고자 한다. 이러한 도파민의 차이로 사람의 '성격'이 근본적으로 차이가 날 수 있다"(p. 163)고 말했다. Erez와 Eden(2001)은 인간 행동의 근원에 대한 이러한 관점을 다음과 같이 간결하게 요약하였다. "심리학자로서 우리는 화학물질이 성격을 결정짓는 동기에 영향을 미친다는 사실에 약간은 의아해할 수 있지만, 분명히 이러한 경향이 있다. 우리는 '화학에 기초한 동기'라는 악몽을 꾸고 있다"(p. 7).

성격에 대한 최근 해석은 성격 5요인 이론의 틀에서 이루어진다. 산업 및 조직심리학자들이 상당한 관심을 보이고 있는 성격요인은 성실성 요인이다. 성실성의 또 다른 명칭은 "성취 의지"이다(Digman & Takemoto-Chock, 1981). 이러한 명칭은 꼼꼼하고, 규칙을 준수하고, 정직한 사람들이 성취하고자 하는 야심도 높다는 것을 의미한다. 이와 유사하게, Erez와 Isen(2002)은 긍정적 정서를 가지고 있는 사람들이 부정적 정서를 가지고 있는 사람들보다 더 좋은 수행을 나타내고 더 높은 인내심을 보인다는 사실을 발견하였다. 이러한 연구결과들은 기꺼이 노력을 기울이고자 하는 성향이 성격을 결정짓는 한 가지 요소라는 것을 의미한다. Kanfer와 Heggestad(1997)는 이러한 성격 요인을 "성취 특성"이라고 언급하였다.

Becker와 Menges(2013)는 "신경과학 연구의 수가 증가하고 있다는 의미는 일터에서 태도, 정서 그리고 무의식 중에 일어나는 행동을 결정하는 뇌의 처리과정에 대한 연구가 증가하고 있음을 나타낸다"(p. 220)고 언급했다. 이와 같은 맥락에서 Ilies 등(2006)도 유전적 요인이 작업동기에 영향을 미친다는 주장을 지지하는 광범위한 경험적 증거를 제시했다. 요약하면, 우리가 어떤 활동을 할지를 선택하고, 노력을 얼마나 기울이고, 얼마나 오랜 시간 동안 할지는 우리가 지닌 생리적 요인에 의해 달라질 수 있다.

2) 몰입 이론

당신은 어떤 활동에 너무 깊이 몰두한 나머지 다른 것은 모두 잊은 채 그 활동 자체에만 집중해 본 적이 있는가? 아마도 한 번쯤은 밤이 지나 새벽인 줄도 모르고, 새벽 3시에 여전히 책 속에 푹 빠져 있는 자신을 발견한 적이 있을 것이다. 이 예시는 **몰입 이론**(flow theory)을 잘 나타내 준다. "재미있으면 시간이 금방 지나간다"는 것이 이 이론과 딱 들어맞는 표현으로, 어떤 것에 완전히 몰입되어 있는 상태를 나타낸다.

> **몰입 이론**: 명확한 목표와 피드백, 그리고 개인의 기술 수준과 과제의 도전 수준 간 균형을 지닌 활동에 대해 적극적으로 몰두해 있을 때 최상의 즐거움, 집중, 그리고 자의식 상실과 같은 몰입을 경험한다는 동기 이론

몰입은 주의집중, 맑은 정신, 시간 감각 상실, 내적 즐거움을 경험하는 상태로서, 정신적 및 정서적으로 최적화된 감각 상태이다(Csikszentmihalyi, 1990). 몰입은 여러 가지 측면에서 '내적 동기를 더 강하게 해 주는 약'이라고 은유적으로 표현할 수 있다. Csikszentmihalyi는 몰입은 "그저 하고 싶은 것을 하기 위해서라면, 큰 대가가 따르더라도 꼭 할 만큼 그렇게 즐거운 것"(p. 4)이라고 기술했다. 몰입 상태에 있을 때 개인은 몰두함으로써 정신적으로 '무아지경'이 된다. 자신의 행동이 자발적이고 자동적이기 때문에 완전한 통제감을 느낀다.

Nakamura와 Csikszentmihalyi(2009)에 따르면, 몰입을 경험하기 위해서는 다음과 같은 세 개의 전제조건이 필요하다. 첫째, 주어진 과제의 난이도와 주어진 과제를 수행할 수 있는 개인의 기술 사이에 반드시 균형이 존재해야 한다. 만약 주어진 과제가 개인이 보유하고 있는 기술 수준 이상을 요구한다면 좌절과 불안을 느낄 것이다. 또한 만약 보유하고 있는 기술 수준이 주어진 과제에서 요구하는 것보다 더 높으면 지루하거나 흥미를 느끼지 못할 것이다. 이처럼 주어진 과제의 요구와 개인의 능력이 모두 높을 때 몰입이 일어나게 된다. 〈그림 12-1〉은 난이도와 기술 수준의 조합과 각 범주에서의 활동 예를 나타내고 있다.

몰입이 발생하는 두 번째 전제조건은 명확한 목표이다. 사람들은 자신이 어떤 활동을 해야 하는지에 대한 이해가 필요하다. 만약 무엇을 꼭 해야 할지 명확하지 않으면, 몰입을 경험하지 못하고 불확실성을 느끼게 될 것이다. 마지막으로, 몰입을 경험하기 위해서는 주어진 과제에 대한 명확하고 즉각적인 피드백이 반드시 있어야 하다. 사람들은 그들의 주위 환경에 대한 불확실성을 줄이고 이해를 높이고자 한다("**현장기록 1: 이해하기**" 참조). 모호하지 않고 명확한 피드백의 존재는 해당 활동을 계속 수행하게 하고 완전히 몰입하게 해 주어 자신의 행동을 재확인하고 불확실성을 감소시켜 준다.

어떤 사람은 다른 사람들보다 더 쉽게 몰입을 경험할 수 있는 것으로 나타났다. Mosing 등(2012)은 444쌍의 성인 쌍둥이를 대상으로 몰입 경향성에 대해 조사한 결과, 몰입 경험의 유전적인 기초에 대한 증거를 발견했다. Ullén 등(2012)은 몰입 경향성은 정서적 안정성과 성실

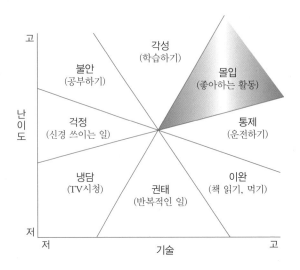

그림 12-1 몰입 이론에서 난이도와 기술 수준의 조합

성과 관련이 있어서 정서적으로 안정적이지 않는 사람은 몰입 경험을 덜 하고, 반대로 성실성이 높은 사람은 몰입을 경험하기 훨씬 더 쉽다는 것을 발견했다.

일터에서 몰입의 유익한 측면을 지지하는 상당수의 증거가 있다. Salanova 등(2006)은 작업 관련 몰입은 높은 자기효능감과 관련이 있다는 것을 발견했다. Kuo와 Ho(2010)는 직장에서 자신들이 몰입 상태에 있다고 지각한 종업원들이 더 높은 수준의 고객만족 수행을 보였다고 보고했다. 그러나 Demerouti(2006)는 몰입과 직무수행 간의 관계는 개인의 성실성에 달려 있다는 것을 발견했다. 구체적으로 살펴보면, 성실성이 높은 종업원들은 몰입이 높은 과업수행 및 시민수행과 관련성이 있었지만, 성실성이 낮은 종업원들에게는 관련성이 없었다. 또한 몰입이 일과 가정 간 상호작용에도 도움을 준다는 증거가 있다. 예를 들어, Demerouti 등(2012)은 83명을 대상으로 연속 4일 동안 실시한 연구를 통해, 직장에서 몰입을 경험한 사람들은 일을 마치고 집에 가서는 일로부터 심리적으로 분리되어, 업무시간 동안 낮은 수준의 몰입을 경험한 사람들에 비해 집에서 보다 활력 있고 덜 피곤해한다는 것을 발견했다.

3) 자기결정 이론

앞서 기술한 바와 같이, 동기는 흔히 내적 동기와 외적 동기로 구분된다. 이와 관련한 아주 오래된 통념과 아주 많이 연구된 개념은 외적 보상이 내적 동기를 약화시키는 효과로, 이는 주어진 과제에 대해 외적 보상이 주어지면 처음에는 즐겁지만 실제로는 보상이 오히려 내적 동기를 감소시킬 수 있다는 것을 의미한다. 평소에 독서를 굉장히 좋아하는 한 학생에 대

현장기록 1

이해하기

Weick(2001)은 *이해하기*(sensemaking)라는 개념을 제안했다. 이 개념은 동기 이론과 직접적인 관련이 없지만 인간 행동의 많은 부분을 설명한다. '이해하기'라는 용어는 말 그대로 우리 생활과 우리가 사는 세상을 이해하는 과정을 뜻한다. 우리는 생활에서 일어나는 현상들을 이해하고자 하고 이해가 안 될 때는 괴로워한다. 우리는 일상생활에서 다음과 같은 말을 자주 한다.

"정말 이해가 안 돼."
"그건 말도 안 돼."
"그 사람은 왜 그렇게 행동하지?"
"그건 앞뒤가 안 맞아."
"난 도저히 이해를 못하겠어."

위의 각 문장은 Weick이 제안한 이해하기의 기본 개념을 나타내고 있다. 우리는 일상생활에서 경험하는 것들에 대하여 그 의미를 찾고 이해하고자 한다. '이해하기' 과정은 이 세상에 존재하는 한 가지 객관적인 진리를 찾아내는 것이라기보다는 처음에는 이해하기 힘들었던 문제를 우리 나름대로 이해함으로써 편안함을 느끼게 되는 과정이다. Fay(1990)는 인생을 "끊임없이 의문을 풀어 나가는 과정"이라고 표현하였고 "우리는 최선을 다해 우리가 경험하는 일들과 우리가 사는 세상을 이해하려고 애쓴다"(p. 38)고 했다.

우리가 이해하려고 애쓰는 세상은 끊임없이 변하고 있고, 과거 35년 동안 비즈니스 세상에서 매우 큰 변화를 목격하고 있다. 제10장에서 다룬 것처럼, 고용에 있어서 전통적인 심리적 계약의 붕괴는 최근의

이러한 격변기가 시작되기 훨씬 이전에 직장에 들어갔던 과거 세대는 경험하지 못했던 것이다. 최근에 조직은 왜 종업원들에게 직무 안정성을 보장해 주는 대가로 그들의 충성심과 근면을 이끌어 내지 못하는 것일까? 오늘날은 종업원들이 고용주에게 몸과 마음을 바쳐 일하더라도 평생고용을 보장받지 못한다. 어떤 경제적 상황(즉 직무 안정성이 있고, 다른 나라와 경제적 교류가 적고, 기업 간 경쟁이 치열하지 않을 때)에서는 전통적인 심리적 계약이 잘 지켜질 수 있다. 하지만 다른 경제적 상황(즉 직무 불안정성이 높고, 국가 간에 경제적 상호의존성이 높고, 인터넷을 통해 보다 싼 물건을 구입할 수 있을 때)에서는 전통적인 심리적 계약이 더 이상 지켜지기 어렵다. 오늘날 종업원들은 능력이 있고 조직에 대한 충성도가 높더라도 실직할 수 있다. 인건비는 회사 경비에서 단일 항목으로는 가장 큰 비중을 차지한다. 글로벌 경제 시대에서 경쟁에 이기기 위해서는 조직이 경비를 줄여야 하고, 이를 위해 종업원의 수를 줄이는 경우가 많이 발생한다.

Weick의 '이해하기'라는 개념은 심리학뿐만 아니라 근본적으로 철학에 뿌리를 두고 있다. 제10장에서 다룬 정보적 공정성은 종업원들에게 공정하고 동등한 방식으로 정보를 제공하는 것이다. 정보적 공정성의 목적은 조직에서 발생하는 일들을 종업원들이 이해하도록 하는 데 있다. 세상을 이해하려고 하는 것은 끝이 없는 지속적인 과정이다. 우리가 어떤 것을 이해하지 못할 때 민감해지고 안절부절못한다. 이럴 때 우리에게 이해하기 위해 노력하는 동기가 발생한다. 노력을 통해 결국 이해하게 되면 안도감을 느끼고 여전히 이해를 못하면 안절부절못한다.

한 예를 들어 보자. 이 학생에게 교수가 학점 취득요건 중의 하나로 정해진 책 한 권을 읽어야 하는 과제를 부여하면, 이 학생은 책 읽기를 평소보다 덜 좋아할 것이다. 다르게 말하면, 외적인 요인들이 학생의 책 읽기에 대한 내적 동기를 저하시켰다고 말할 수 있다. 과연 왜 이럴까? **자기결정 이론**(self-determination theory)은 외적 동기 요인(보상, 인센티브)이 긍정적인 결과를 초래할지 아니면 부정적인 결과를 초래할지에 대한 문제를 이해하는 데

> 자기결정 이론 : 내적 동기를 경험하기 위한 기본 욕구 충족에 기초한 동기 이론

도움을 주는 동기 이론이다. 좀 더 세부적으로 살펴보면, 자기결정 이론은 아래와 같은 내적 동기를 가져오는 세 가지 기본 욕구가 있다고 제안한다.

1. **자율성**(autonomy) : 사람들은 자신이 하고자 하는 것에 대해 자신이 최종결정권을 가지고 있다는 느낌을 원한다. 자신이 선택할 수 있는 결정권을 가지고 있다고 느낄 때 주어진 과제에 대한 즐거움을 얻을 가능성이 더 크다.

2. **유능성**(competence) : 일반적으로, 사람들은 어떤 일을 할 때 자신이 능력이 있다는 느낌을 더 선호한다. 주어진 과제를 성공적으로 수행할 수 있고 탁월한 경험을 쌓을 수 있다고 느낄 때 주어진 과제에 대한 즐거움을 얻을 가능성이 더 크다.

3. **관계성**(relatedness) : 다른 사람들과 연결되어 있다는 느낌이 자기결정 이론의 마지막 기본 욕구이다. 사람들은 다른 사람들과 상호작용하고 소속되길 바라고, 다른 사람과 연결되어 있다고 느낄 때 내적 동기를 경험할 가능성이 더 크다.

이 세 가지 욕구가 충족될 때 내적 동기가 높아지고, 노력에 대한 방향, 강도, 지속이 높아진다. 그러나 Ryan과 Deci(2000)에 따르면, 외적 보상이 이러한 기본 욕구들을 감소시킬 때 내적 동기가 감소할 것이라고 했다. 앞서 다룬 예에서 책 읽기에 내적으로 동기화된 학생은 학점을 따기 위해 책 읽는 과제를 부여받은 이후에는 내적 동기가 감소되었다. 자기결정 이론에 따르면, 그 학생이 평소와 같은 자율성을 지니고 있지 못해서 내적 동기가 감소되었다고 설명할 수 있다. 학생이 책을 선택한 것도 아니고 책을 다 읽어야 할 마감시간도 강사가 정한 것이다. 또한 자신의 능력으로는 마감시간까지 책을 다 읽지 못하거나 책의 내용이 어려워서 이해할 수 없다고 느낄 수 있다. 즉 자신이 책을 선택해서 읽을 때보다 강사가 지정한 책을 읽을 때 유능성에 대한 느낌이 감소해서 내적 동기가 저하되었다고 설명할 수 있다. 요약하면, 이러한 요인들은 그 학생의 기본적인 자기결정성 욕구에 부정적으로 영향을 주어 내적 동기를 저하시켰다.

Ryan과 Deci는 외적 동기요인들이 자율성 정도에 따라, 통제된 동기요인에서부터 자율적

인 동기요인에 이르기까지 연속선상에서 매우 다양할 수 있다고 지적했다. 연속선상의 양극단 중 한쪽 끝에 있는 보상은 외적 보상과 처벌과 같이 외적으로 매우 잘 조절되는 것이다. 예를 들어, 평소에 달리기를 좋아하는 군인은 군대의 체력단련 자격취득을 위해 달리기를 어쩔수 없이 해야 할 수 있다. 달리기에서 기준에 미달하면 부정적인 평가가 따를 것이다. 이런 동기요인이야말로 내적 동기를 저해할 가능성이 가장 높고, 자율성에 대한 느낌은 급격히 감소된다. 연속선상의 양극단 중 또 다른 극단의 끝에 있는 외적 동기요인은 자기 자신의 가치 체계와 통합된 보상요인으로, 자율성에 대한 느낌을 손상할 가능성이 적다. 예를 들어, 건강에 도움이 되기 때문에 달리기를 하는 것이다. 만약 그 사람이 건강에 가치를 두고 있다면, 좋은 몸 상태를 만드는 외적 보상은 자기 자신이 미리 정한 가치와 결부되어 있으므로 달리는 활동을 즐기는 것이 자신에게 전혀 해롭지 않다고 여길 것이다. 외적 보상을 가치와 결부시키는 것의 중요성은 Grant(2008)가 수행한 연구를 통해 살펴볼 수 있다. Grant는 소방관과 기금 모금자들은 내적 동기와 친사회적 가치가 결부되어 상승작용을 할 때, 더 좋은 수행과 더 높은 생산성을 보였고 더 오랜 시간 동안 노력을 기울인다는 것을 발견하였다.

Cerasoli 등(2014)은 40년간의 183개 연구를 포함하여 명확한 통찰을 제공해 주는 통합분석을 했다. 그들은 내적 동기는 직무수행의 질, 즉 누가 어떤 것을 얼마나 더 잘했는지와 더 관련이 있으며, 외적 동기는 직무수행의 양, 즉 누가 얼마나 많이 달성했는지를 더 잘 예측한다는 것을 발견하였다. 또한 그들은 내적 동기는 인센티브가 주어지더라도 전반적인 직무수행과 관련성이 있음을 밝혔다. 이 결과는 앞에서 언급한 외적 보상이 내적 동기를 약화시키는 효과와 상반된다. 하지만 인센티브가 직무수행과 간접적으로 연결(예 : 기본급여와 같이 실제 직무수행 수준과 직접적인 관련성이 없는 보상)되어 있을 때보다 인센티브가 직무수행과 직접적으로 연결(예 : 영업수수료, 성과 보너스)되어 있을 때 내적 동기는 직무수행과의 관련성이 더 낮았다. 이 연구자들은 과제가 단순하고, 생산성이 최대의 관심사이며, 특정 행동을 준수하여 따르는 것이 직무수행과 안전에 핵심일 경우에는 관리자들이 외적 인센티브를 직무수행과 직접 연결시켜 사용해도 된다는 결론을 내렸다. 왜냐하면 직무수행과 인센티브를 직접 연결시키면 인센티브를 받기 위해 구체적인 목표를 달성하는 것에만 집중할 가능성이 크기 때문이다. 하지만 목표 달성을 지나치게 강조하면 창의성, 자율성, 팀워크, 학습 노력이 감소하고, 반대로 비윤리적 행동과 반생산적 행동은 증가할 것이다. 이와 같이 일터에서 인센티브를 제공하고 활용할 때 상쇄효과에 대해 면밀한 검토가 필요하다.

내적 동기와 외적 동기가 공존하기 때문에 일터에서 이 둘 중 어느 한쪽에 초점을 두어야 하는지는 근시안적인 생각이다. 자신의 일을 즐기는 사람들이 드물지 않고, 일을 즐기는 사람들이 제10장에서 논의한 직무만족 수준이 높기 때문에 일에 대해 내적 동기를 지닌 사람들이 있다는 것을 알 수 있다. 그럼에도 불구하고 사람들은 자신의 업무 수행에 대한 대가를 받고자 기대할 뿐만 아니라 조직은 법적으로 반드시 대가를 지불해야 한다. 종업원들에게 인 센티브를 제공해서 그들의 직무수행을 끌어 올리는 것은 수많은 조직에서 적용하고 있는 일 반적인 관행이다. 이처럼 언제, 어떻게 보상과 인센티브를 제공하여 부정적인 결과보다는 긍 정적인 결과를 이끌 수 있는지를 아는 것은 매우 가치 있는 시도이기 때문에 자기결정 이론 은 조직을 연구하는 학자들에게 중요한 시사점을 준다.

4) 기대 이론

> **기대 이론** : 개인이 노력한 정도 와 이러한 노력의 결과로부터 얻 은 성과 간에 존재하는 관계에 대한 지각에 기초한 동기 이론
>
> **기대** : 기대 이론에서 노력이 수 행을 이끌어 낸다는 믿음

기대 이론(expectancy theory)은 Vroom(1964)이 제안한 동기에 대한 인지적 이론으로, 종업원들이 자기가 바라는 보상을 얻을 수 있는 활동에 노력을 기울이는 합리적 의사결정자라고 가정한다. 보다 구체적으로 설명하면, 기대 이론은 (1) 노력은 수행을 이끌어 낼 것 이고, (2) 수행은 성과를 가져올 것이며, (3) 성과는 가치 있을 것이 라는 종업원의 세 가지 믿음에 따라 노력의 정도가 결정된다고 가정한다. 종업원들이 이러한 믿음을 가지고 있으면 노력을 발휘하기 위한 동기가 부여된다.

첫 번째, 노력이 수행을 이끌어 낼 것이라는 믿음을 **기대**(expectancy)라고 하는데, 이것은 "나의 노력이 수행으로 나타날 가능성이 얼마나 되는가?"에 대한 답이다. 어떤 직무에서는 얼마나 열심히 하는지가 얼마나 좋은 수행을 나타낼지와 아무런 관계가 없는 것처럼 보인 다. 반면에 어떤 직무에서는 열심히 노력하면 반드시 더 좋은 수행이 나타날 것이라고 기대 할 수 있다. 기대 이론은 일반적으로 사람들은 자신이 열심히 노력하면 수행이 좋아질 것이 라는 기대를 가져야 한다고 제안한다. 만약 기대가 낮다면 노력과 수행 간에 관계가 없는 것 처럼 보이기 때문에 그들은 열심히 노력하지 않을 것이다. 요약하면, 노력은 헛수고가 될 것 이다. 또한 기대는 어떤 직무들은 왜 개인에게 높은 동기를 부여하고 어떤 직무들은 왜 낮은 동기를 부여하는지를 설명해 준다. 조립라인에서 집단 수행수준은 라인의 속도에 의해 결정 된다. 한 사람이 아무리 열심히 일하더라도 라인에서 다음 물건이 자신에게 오기 전에는 더 많이 만들어 낼 수 없다. 이 사람은 자기가 단지 라인의 속도에만 맞추면 된다는 사실을 곧 알게 된다. 그러므로 이 경우에는 개인의 노력과 수행 간에 아무런 관계가 없다. 반면에 영업 직무에서는 높은 기대가 존재한다. 판매량에 따라 급여를 받는 영업사원은 자신이 열심히 노 력하면 할수록(고객들에게 판매하기 위하여 전화를 많이 할수록), 더 좋은 수행(판매량)이 나타 날 것이라고 생각한다. 기대 이론은 높은 기대를 지닌 직무에서 동기가 가장 높을 것이라고 예언한다.

두 번째, 수행이 성과를 가져올 것이라는 믿음을 **도구성**(instru-mentality)이라고 한다. 도구성은 수행과 성과 획득 간의 관계에 대한 지각으로 정의된다. 이것은 "수행이 어떤 직무 성과를 가져올 가능성이 얼마나 되는가?"에 대한 답이다. 이러한 지각은 종업원의 마음속에 존재한다. 따라서 수행이 어떤 성과를 **실제로** 이끌어 내는지 아닌지는 중요하지 않다. 중요한 것은 수행과 성과 간에 연결 또는 관계가 실제로 존재하는지에 대한 종업원의 믿음에 있다. 예를 들어, 어떤 사람이 급여 인상이 전적으로 직무수행에 달려 있다고 생각한다면, 그 성과(급여 인상)와 관련된 도구성은 매우 높다. 그러나 어떤 사람이 전근이 직무수행과 전혀 관련이 없다고 생각하면, 성과(전근)와 관련된 도구성은 매우 낮을 것이다. 기대 이론에 따르면, 동기가 발생하려면 직무 수행과 성과의 획득 간에 어떤 관계가 존재한다고 믿어야 한다(도구성이 높아야 한다). 만약 어떤 사람이 자신의 수행에 의해 그 성과를 얻을 수 없다고 생각한다면, 노력을 기울이는 것이 가치가 없다고 여기게 될 것이다. 도구성을 높이는데 있어 보상에 대한 관행과 상사가 중요하다. 만일 상사가 "최근 당신의 수행이 아주 좋습니다. 그래서 급여를 올려 주겠습니다(혹은 승진시켜 주겠습니다)."라고 말하면, 종업원은 자신의 훌륭한 수행에 의해 급여가 인상되거나 승진된다는 것을 알게 된다(즉 수행이 자신이 바라는 성과를 얻는 데 도구적인 역할을 한다는 것을 안다). 반대로, 만일 상사가 "우리는 수행에 근거하여 급여 인상이나 승진 결정을 내리지 않고 단지 연공서열에 기초하여 결정을 내립니다."라고 한다면, 종업원은 이러한 성과를 달성하기 위해 수행을 잘하려고 하지 않을 것이다. 아마도 그는 해고되지 않을 정도로만 일할 것이며, 그는 단지 조직에 오래 근무함으로써 결국 이러한 성과를 얻게 될 것이다. 성과가 수행과 직접적으로 관련되어 있고 개인이 이러한 관계를 이해하고 있을 때 기대 이론은 직무수행이 증가될 것이라고 예측한다.

세 번째, 노력을 기울이기 위해 필수적인 것으로서, 성과는 가치 있을 것이라는 믿음을 **유인가**(valence)라고 한다. 유인가는 성과에 대해 종업원들이 느끼는 감정으로서, 흔히 성과가 지니는 매력의 정도 혹은 성과로부터 예상되는 만족으로 정의된다. 유인가는 "직무 성과가 나에게 얼마나 가치 있거나 매력적인가?"에 대한 답이다. 만약 성과를 매력적으로 본다면, 종업원들은 성과에 대해 정적인 유인가를 가질 것이다. 만약 성과를 부적으로 본다면, 부적인 유인가를 지니게 될 것이다. 마지막으로 성과에 대해 종업원이 별 관심이 없으면 유인가를 0으로 평가할 것이다. 성과가 정적일지 부적일지(또는 중립적)는 사람과 상황에 따라 좌우된다. 예를 들어, 관리자는 '이달의 직원'에게 특정 주차 구역을 제공하는 인센티브를 주려고 한다. 어떤 사람들은 이러한 인센티브를 가치 있는 성과로 여길 수 있다. 특히 이용 가능한 주차 구역이

> **도구성** : 기대 이론에서 수행이 성과를 가져온다는 믿음

> **유인가** : 기대 이론에서 성과가 지니는 가치의 정도

제한되어 있다면 더욱 그러할 것이다. 다른 사람들은 이 성과를 가치 있다고 여기지 않을 수 있다. 만약 그들이 출근할 때 대중교통을 이용한다거나 이미 더 좋은 주차 구역을 가지고 있다면 이러한 인센티브는 아주 작은 가치만 지니고 있든지 아니면 최악의 인센티브가 될 것이다. 따라서 유인가는 사람과 상황 그리고 성과에 따라 다르다("**비교 문화적 산업 및 조직심리학 : 인센티브의 문화적 차이**" 참조). 〈그림 12-2〉는 기대 이론에 따라 어떤 사람이 열심히 노력할지를 결정하기 위해 스스로에게 물어보는 세 가지 질문을 보여 준다.

기대 이론은 인간의 동기를 매우 합리적이고 인지적으로 설명하는 이론이다. 이 이론은 노력의 수준을 알아낼 때뿐만 아니라, 이와는 다른 맥락에서 의사결정을 예측하는 데도 사용된다. 또한 이 이론은 사람들이 자신의 직업을 어떻게 선택하는지 그리고 여러 과업 중에서 왜 특정 과업을 선택하는지를 설명할 수도 있다. 사람들은 특정한 직무행동을 보이거나 특정한 노력을 기울여서 기대하는 성과를 최대로 만드는 방식으로 행동한다고 가정한다. 인간이 합리적이고 체계적인 방식으로 성과를 최대화하는 방향으로 행동하지 않는다면, 기대 이론이 지지되지 않을 것이다. 무의식적인 동기가 영향을 미쳐서 의식적인 과정에 관한 지식으로부터 예측된 행동과는 다른 행동이 나타난다면, 기대 이론의 예측은 맞지 않을 것이다. 연구 결과에 따르면, 합리적 과정이 사람들의 행동에 동기를 부여하는 정도는 사람마다 다르다. 이 결과는 저자가 수행한 연구에서도 명확히 나타났다(Muchinsky, 1977). 나는 기대 이론이 대학생들이 수강하는 과목에 노력을 기울이는 양을 어느 정도나 예측하는지를 연구했다. 이 연구는 피험자 내 설계였으며, 모든 학생으로부터 얻은 이 이론의 평균 타당도는 .52였다. 그러나 학생들 개별적으로는 −.08부터 .92까지의 범위를 지니고 있었다. 그러므로 기대 이론

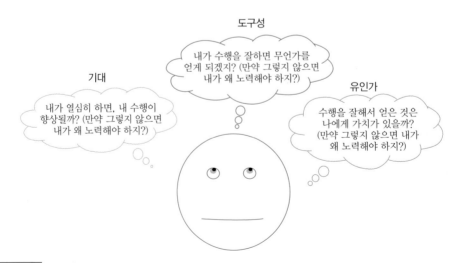

그림 12-2 기대 이론에서 노력할지를 결정하기 위해 묻는 질문의 유형

비교 문화적 산업 및 조직심리학

인센티브의 문화적 차이

가치와 태도에 있어서 문화적 차이를 고려할 때 전 세계의 근로자들이 인센티브와 보상에 대하여 서로 다른 선호를 가지고 있다는 것은 놀랄 만한 사실이 아니다. Sanchez-Runde와 Steers(2003)는 비교 문화적 연구를 통해 발견한 이러한 차이를 기술하였다. 개인 중심의 인센티브 지급 방식(예 : 훌륭한 수행에 대한 금전적 보너스)은 미국에서 흔히 사용된다. 이러한 방식은 종업원들이 받는 보상을 차등적으로 지급하기 위한 것이다. 한 연구는 종업원들에게 동기를 부여하기 위한 전략으로서 이러한 서구적 방식을 사용한 아시아 회사들이 상당한 문제에 봉착한다는 사실을 발견했다. 업적에 따른 보상시스템을 운영하는 경우, 수행이 나빠서 보상을 적게 받는 종업원들은 자신들의 체면이 깎였다고 여겼고 이러한 시스템은 집단 전체의 조화를 깨뜨렸다. 업적에 관계없이 모든 종업원에게 동일한 보너스를 지급하면 인센티브 시스템의 장점이 사라지고 인건비에 대한 부담이 크게 증가된다.

인센티브 지급의 또 다른 방식은 모험적 보상(compensation-at-risk) 방식이다. 고정된 급여 대신 관리자들은 그들의 급여 중 일정 비율을 '모험'에 거는 것을 선택할 수 있다. 이러한 방식을 채택하는 경우 관리자가 좋은 수행을 보이면 그 사람의 총급여는 과거의 고정 급여보다 더 많아질 수 있다. 하지만 반대로 낮은 수행을 보이면 과거의 고정 급여보다 더 적게 받을 수도 있다. 한 연구 결과에 따르면, 미국 관리자들은 모험적 보상 방식을 택하려는 경향이 더 컸고, 어떤 사람들은 급여의 100%를 모험적 보상 방식으로 전환하려고 했다. 유럽 관리자들은 모험적 보상 방식을 회피하려는 경향이 더 컸고, 급여의 10% 이상을 모험적 보상 방식으로 전환하려는 사람들조차도 드물었다.

또 다른 연구에서 스웨덴 사람들은 자신의 훌륭한 수행에 대한 대가로 부가적인 수입(돈)보다는 부가적인 시간(휴가)을 더 선호한 반면에, 일본 종업원들은 금전적 인센티브를 더 선호했다(특히 집단적으로 함께 받는 인센티브를 강하게 선호했다). 일본 종업원들은 자신에게 주어진 모든 휴가를 다 쓰는 것은 집단에 대한 몰입이 낮다는 것을 의미한다고 생각해서 유급 휴가의 반만 사용하는 경향이 있었다. Sanchez-Runde와 Steers는 일본 종업원들은 자신에게 주어진 휴가를 다 쓰거나 초과 근무를 거절하는 사람들을 이기주의적이라는 의미의 일본말로 "와가마마(わがまま)"라고 부른다고 소개했다. "결과적으로, 스웨덴 사람들은 건강하고 행복한 인생을 유지하기 위하여 휴가를 더 갖기를 바라는 반면에, 일본에서는 이와 대조적으로 과로로 인한 사망(일본말로 '가로시')이 심각한 문제이다"(p. 366).

이 어떤 학생들의 노력을 정확하게 예측하였지만, 어떤 학생들에 대해서는 예측하지 못하였다. 이러한 결과는 어떤 사람들은 자신의 행동에 대해 매우 합리적인 기초를 지니고 있어서 기대 이론이 그들의 행동을 잘 예측하지만, 어떤 사람들은 무의식적인 요인들에 의해 동기가 발생하므로 그들에게는 이 이론이 잘 맞지 않는다는 것을 시사한다(Stahl & Harrell, 1981).

또한 이와 관련하여 van Eerde와 Thierry(1996)가 77개의 연구를 통합분석한 결과, 기대 이론은 다른 사람들 간의 동기의 정도를 예측하는 것보다는 한 사람이 서로 다양한 과업에 기울이는 노력의 수준을 예측하는 데 더 유용하다는 것을 발견하였다. 더욱이 그들은 유인가, 도구성, 기대와 같은 세 가지 구성요소를 모두 포함하지 않더라도 세 가지 요소가 모두 포함된 완전한 모델이 예측하는 것만큼 노력의 정도를 정확하게 예측한다고 결론 내렸다. 마지막으로 그들은 기대, 도구성, 유인가에 대한 믿음이 실제적인 성과, 노력, 또는 선택(동기의 행동적 지표)을 예측하는 것보다는 의도와 선호(동기의 심리적 지표)를 더 잘 예측한다는 것을 발견했다.

사람들은 일상생활에서 유인가, 도구성, 그리고 기대에 대한 정확한 값을 꼼꼼히 산출하여 결정하지는 않을 것이다. 이러한 이유로 기대 이론은 너무 계산적이라는 비판을 종종 받고 있다. Grant와 Shin(2012)이 언급했듯이 "비록 이 이론이 동기와 행동을 예측하는 데 꽤 효과적이지만, 이는 어떻게 직원들이 실제로 의사결정을 하고 동기를 경험하는지에 대해 그저 서투른 흉내만 낸 것일 뿐이다"(p. 507). 그럼에도 불구하고 이론적인 간결성과 개념에 내재해 있는 직관적인 호소력으로 말미암아, 기대 이론은 산업 및 조직심리학에서 작업동기를 설명하는 가장 유력한 이론 중 하나로 여전히 남아 있다.

5) 형평 이론

> **형평 이론** : 어떤 상황이 형평한 지를 결정하기 위해 자신과 비교 대상이 되는 타인의 투입과 성과 간 비교에 기초한 동기 이론. 이러한 형평 정도는 후속적으로 일어날 행동에 영향을 준다.

형평 이론(equity theory)은 동기가 사회적 맥락 속에 존재하고, 사람들이 상황과 상호작용을 얼마나 공평하게 보고 있는가에 기초하고 있다고 제안한다. Adams(1963, 1965)가 제안한 이 이론에 따르면, 종업원들이 얼마나 열심히 일할지를 결정하기 위해 자신과 다른 사람들을 비교한다. 여기에서 비교는 상황에 따른 투입(input) 혹은 기여(예 : 노력, 지식, 기술의 수준)와 이로부터 얻게 되는 성과(outcome, 예 : 급여, 인정, 기타 혜택)를 비교하는 것이다. 일반적으로, 투입이 높아지면 이에 따라 성과도 높아져서 투입과 성과 간에는 균형이 존재해야 한다. 요약하면, 개인은 자신의 투입에 대한 성과의 비율과 동료와 같은 다른 사람의 투입에 대한 성과의 비율을 비교한다. 만약 개인이 이 비율이 동일하다고 지각하면 상황이 형평하거나 공평하다고 여길 것이다. 반면에 만약 개인이 투입에 대한 성과의 비율이 일치되지 않는다고 느낀다면 긴장감을 느끼고 이러한 불형평을 줄이기 위해 동기가 발생한다. 예를 들어 당신이 시간당 15달러를 받는 일을 한다고 가정해 보자. 당신은 동료와 이야기를 나누다가 두 사람 모두 같은 일을 하면서 똑같은 돈을 받고 있다는 사실을 알게 되었다. 당신의 투입과 성과가 동료의 투입과 성과와 같은 것이다. 그래서 당신은 이 상황을 공평하다고 지각할 것이다. 이를 형평 이론에서는 당신이 **형평**(equity)을 지각했다고 말한다. 만약 당신의 투입과 성과를 당신보다 경험이 많아서 시간당 20달러를 받는 동료와 비교한다고 가정해 보자. 이 동료가 당신보다 돈을 더 많이(보다 큰 성과) 받더라도, 동료가 당신보다 더 많은 경험이 있다는 것(보다 큰 투입)을 알기 때문에 당신은 여전히 이 상황을 형평하다고 지각할 것이다.

똑같은 양의 일을 하는데 당신보다 동료가 시간당 2달러를 더 번다는 사실을 알게 되었다면 어떻게 될까? 이 경우에 당신의 동료가 똑같은 수준의 투입을 했음에도 불구하고 당신보다 더 많은 성과를 받기 때문에 성과에 대한 투입의 비율이 서로 다르다. 이 상황에서 당신은 **불형평성** 또는 불공평성을 지각하게 된다. 여기에서 비교하는 것이 단순한 투입 또는 성과가 아니라 비율이라는 점을 주목할 필요가 있다. 즉 동료가 당신보다 더 많은 돈을 받긴 하지만 경험이 더 많다면, 당신은 형평하다고 지각할 것이다. 〈그림 12-3〉은 투입에 대한 성과의 비율이 저울 위에서 어떻게 비교되는지를 보여 준다. 저울이 한쪽으로(한 사람의 비율이 다른 사람보다 높아서) 기울어지면 불형평이 있다는 의미이다. 비율이 같을 때에는 저울이 평평해지고 형평을 지각하게 된다.

형평 이론에 따르면, **불형평**(inequity)에 대한 감정은 사람들에게 형평 또는 공평하게 만들려는 동기를 유발한다. 만약 당신이 과소보상을 받는다고 느낀다면(동료와 비교했을 때 당신의 투입에 대한 성과의 비율이 더 작다면), 당신은 형평으로 되돌리기 위해 (1) 투입을 낮추

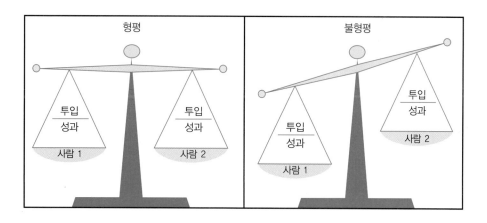

그림 12-3 형평 이론에서 형평과 불형평을 결정하는 투입/성과 비율의 비교

거나(태만한 일 처리), (2) 성과를 증가시키려고(임금 인상 요구 또는 조직의 물건을 훔치는 것과 같은 비윤리적 행동을 함) 할 것이다. 또한 당신은 불형평에 대한 감정을 줄이려고 (3) 상황에 대한 지각을 왜곡할 수도 있다. 예를 들어, 당신이 생각을 바꾸어 그 동료는 당신이 원래 생각했던 것보다 더 많은 일을 했다고 여기는 것이다. 또한 당신의 동료가 누구도 하기 싫어하는 업무를 수행하기 위해 필요하다고 생각할 수도 있다. 다른 대안으로, 동료가 당신보다 돈은 더 많이 받지만, 당신은 동료가 얻지 못하는 다른 혜택(선호하는 업무시간 선택, 주차공간, 업무분야에 대한 더 큰 인정)을 받는다고 생각할 수도 있다. 이렇게 비교에 대한 당신의 생각을 바꿈으로써, 동료의 성과 대비 투입의 비율을 당신의 성과 대비 투입의 비율과 일치하도록 수정한다. 물론 당신의 감정을 더 좋게 하기 위해 (4) 당신과 비교할 대상을 변경하거나, (5) 아예 회사를 그만둠으로써 이 상황을 벗어날 수 있다.

형평 이론을 지지하는 수많은 증거는 제10장에서 다룬 조직 공정성 지각에 대한 기초로부터 나온다. 공정성 지각은 사람들이 성과에 대해서 얼마나 공정하게 지각하는지(분배 공정성), 성과 달성에 관한 의사결정 방법이 공정한지(절차 공정성), 사람들을 대우하는 방식이 공정한지(상호작용 공정성)를 나타낸다.

이 시점에서 분명히 해야 할 점은 상황이 형평한지 또는 형평하지 않은지에 대한 판단은 그들이 비교하는 대상에 달려 있다는 것이다. 비교할 때, 종업원들은 비교 대상으로 다른 사람(동료)을 선택하거나 혹은 자기 자신(현재 직장의 급여와 이전 직장의 급여를 비교)을 선택할 수도 있다. 또한 그들은 비교 대상을 조직 내부(현재 조직에서의 동료) 또는 외부(다른 조직에서의 동료)에서 선택할 수도 있다. 더 나아가 불형평 감정을 일으키는 비교 대상이 반드시 실제 사람일 필요는 없다. Folger(1986)에 따르면 앞으로 "어떤 결과가 나올까"에 대한 기대도 비교의 기초가 될 수 있다고 했다. 만약 종업원들이 자신이 실제로 투입한 수준에 비해 기대에 못 미치는 적은 성과를 받게 될 때, 분노와 같은 형태의 불형평 감정을 느낄 가능성이 크다. 가장 중요한 고려사항은 비교 대상이 현실적이어야 한다는 것이다. 예를 들어, 신입사원이 비교 대상을 자기 회사의 CEO로 한다거나 지나치게 허황된 성과를 비교 기준으로 활용하는 것은 비현실적이다.

지금까지 예에서 과대보상은 많이 다루지 않고 불형평을 과소보상의 틀로만 살펴보았다. 그 이유는 단순하다. 형평 이론에서는 불형평(과소보상 혹은 과대보상 둘 중 어떤 것에 기인한 것)이 존재할 때 형평으로 되돌리기 위해 동기가 유발된다고 제안하지만, 자신에게 유리한 결과를 가져오는 과대보상에 따른 불형평에 대한 경험적 지지는 매우 드물다. 사람들은 자신이 불리할 때 형평으로 되돌아가기 위해 훨씬 더 적극적으로 행동할 가능성이 크다. Huseman 등(1987)에 따르면, 개인마다 형평에 대한 선호도(또는 불형평에 대한 인내. King et al., 1993)가 다르다. 이러한 **형평 민감성**(equity sensitivity)은 사람들이 불형평에 직면했을 때 어떤 행동을 취할지를 예측한다. 연속선상의 한쪽 끝은 마음이 너그러운 혹은 과소보상에 대한 인내력이 훨씬 높은 사람들이다. 반대쪽 끝은 꼬치꼬치 따지는 혹은 과대보상에 대한

> **형평 민감성** : 형평에 대한 선호도(혹은 불형평에 대한 인내)에 대한 개인차

선호도가 훨씬 높은(또는 다른 사람과 비교하여 투입에 대한 성과 비율이 더 높은) 사람들이다. 연속선의 중간에는 형평에 민감한 혹은 똑같은 비율을 더 선호하는 사람들이다. 이러한 관점에서 보면, 마음이 너그러운 종업원들과 형평에 민감한 종업원들은 과다보상으로부터 초래된 불형평을 감소시키려는 행동을 할 가능성이 크지만, 꼬치꼬치 따지는 종업원들은 과다보상을 받아서 불형평이 발생하더라도 이를 줄이기 위해 별 다른 조치를 취하지 않을 것이다.

6) 목표설정 이론

목표설정 이론(goal-setting theory)은 구체적으로 설정된 목표를 성취하기 위하여 노력을 기울이는 동기 이론이다. 이론의 기본 전제는 명확하고 구체적이며 도전적인 목표를 설정하면 수행 동기가 증가함으로써 더 높은 수준의 과업수행을 유발한다는 것이다. 목표

> **목표설정 이론** : 구체적으로 설정된 목표를 성취하기 위하여 노력을 기울이는 동기 이론

는 개인이 의식적으로 얻으려고 하는 대상이나 상태를 말한다. Locke와 Latham(2002)에 의하면, 목표는 동기의 모든 지표인 방향, 강도 그리고 노력에 대한 지속 기간에 영향을 미친다. 목표는 사람들이 어느 방향에 노력을 기울여야 하고, 얼마만큼의 노력이 필요하며, 얼마나 오래 노력을 지속해야 하는지를 결정한다. 또한 목표는 목표를 성취하기 위한 새로운 전략의 개발을 촉진한다.

목표설정 이론은 동기 이론 중에서 가장 폭넓게 연구된 이론 중 하나이다. 무엇이 목표를 효과적 혹은 비효과적이게 만드는가에 대한 연구가 가장 많다. 예를 들어, 구체적인 목표가 모호한 목표보다 더 높은 수행을 초래한다는 것은 꽤 많이 알려져 있다(Locke & Latham, 2002; Mitchell, 1997). 일반적으로 목표는 주의와 행동을 이끌고 의도된 행동의 방향을 알려 준다. 따라서 목표가 구체적일수록 개인이 노력을 기울이는 방향이 보다 명확할 것이다.

또한 어렵고 달성 가능한 목표가 쉽고 달성 불가능한 목표에 비해 더 높은 수준의 수행을 가져온다는 것은 충분히 입증되었다(Locke & Latham, 2002; Mitchell, 1997). 예를 들어, Locke와 Latham(1990)은 연구참가자의 기술 수준이 더 이상 목표를 달성하기에 충분하지 못한(즉 달성할 수 없는) 시점까지 혹은 연구참가자가 목표 성취에 더 이상 몰입하지 않는 시점까지 목표의 난이도와 동기 사이에 정적으로 유의한 관계가 있음을 밝혔다. 또한 그들은 도전적인 목표를 구체화하는 것이 단순히 "최선을 다해라"라는 지시를 할 때보다 더 높은 수준의 동기

를 유발한다고 보고했다. 이렇게 목표의 난이도가 중요한 이유는 어려운 목표를 달성하기 위해서는 보통 더 오랫동안 더 많은 노력을 기울여야 하기 때문이다. 따라서 목표의 난이도는 개인의 노력 강도와 지속 기간에 영향을 줄 수 있다. 또한 목표설정은 과업과 관련된 전략의 개발을 필요로 한다. 사람들이 목표를 가지고 있을 때는 목표 달성을 위한 방법을 고려해야만 한다. 특히 목표가 어려운 것처럼 보일 때는 더욱더 전략이 필요하다. 쉬운 과업보다는 힘든 과업을 달성하기 위해 전략 개발이 더 필요하다.

또한 목표는 구체성과 난이도에 따라 다양한 용어로 불릴 뿐만 아니라 목표의 내용에 따라서도 다르게 불린다. 예를 들어, 목표는 학습목표(개발하는 것이 목표) 또는 수행목표(유능함을 증명하는 것이 목표)로 구분할 수 있다. Schmidt 등(2013)은 "학습목표와 수행목표는 중요할 뿐만 아니라 이 둘 모두 적절한 시기에 올바른 목표를 추구하기 위한 능력이다. 종업원과 조직의 학습목표와 수행목표 간 적절한 균형이 최고의 효과성을 낼 것이다"(p. 316)라고 언급했다. 사람들은 마음속에 특정 목표를 가지고 과업에 접근하는 경향이 있다. 이러한 경향을 **목표 지향성**(goal orientation)이라고 한다. 일반적으로 두 가지 목표 지향성이 있다. 첫 번째는 학습목표 지향성으로 이는 학습할 목적으로 과업에 접근하는 경향성이다. 두

> **목표 지향성** : 개인이 성취 상황에서 목표에 접근 또는 회피하는 경향성

번째는 수행목표 지향성으로 이는 다른 사람들로부터 호의적인 평가를 얻을 목적으로 또는 부정적인 평가를 회피할 목적으로 과업에 접근하거나 회피하는 경향성을 말한다. Payne 등(2007)은 많은 연구를 통합분석해서 높은 학습목표 지향성을 가진 사람들은 (낮은 수준의 학습목표 지향성을 지닌 사람보다) 과업에서 더 좋은 수행을 보이는 경향이 있다는 것을 밝혔다. 한편 그들은 다른 사람들로부터 부정적인 판단을 회피하기 위한 목적으로 과업에 접근하는 경향이 있는 사람들은 그렇지 않은 사람들보다 수행이 좋지 않다는 것을 발견했다.

또한 목표와 수행 간의 관계는 사람들이 얼마나 목표에 몰입하는지에 따라 영향을 받는다. 일반적으로 사람들이 목표에 보다 몰입할 때 더 오랫동안 많은 노력을 할 가능성이 크다. Locke와 Latham(2002)이 언급했듯이, 사람들이 목표를 달성할 수 있다고 믿을 때와 이러한 목표 달성이 중요하다고 여길 때 목표에 대한 몰입이 높아진다. 또한 사람들은 할당된 목표나 외부로 공개하지 않은 목표보다는 자기가 설정하거나 또는 자신이 참여하여 설정한 목표나 공개적으로 표명한 목표에 더 몰입한다. 목표 설정에 자신의 목소리가 들어가 있거나 목표를 다른 사람들에게 공개적으로 알리는 것은 그렇지 않은 것보다 목표가 더 중요하다는 인식을 만들어 준다.

마지막으로 수행에 대한 목표의 효과는 과업의 특성뿐만 아니라 자신의 목표가 얼마나 성취되고 있는지에 대한 피드백에 의해서도 영향을 받는다. 과업의 특성에 대한 연구는 복잡하

고 상호의존적인 과업보다 간단하고 독립적인 과업에서 목표가 더 효과적이라는 것을 밝혔다. 피드백에 관한 연구는 얼마나 잘하고 있는지에 대한 피드백을 받은 사람들이 목표를 달성할 가능성이 크다는 것을 지속적으로 증명하였다. Locke와 Latham(2002)은 피드백은 사람들이 노력의 방향이나 수준을 조정할 필요가 있는지 혹은 목표 달성을 위해 다른 전략을 활용해야 하는지를 아는 데 도움을 주기 때문에 중요하다고 기술했다. 요약하자면, 피드백은 우리의 노력이 '올바른 방향'으로 향해 가고 있는지를 알려 준다.

독자들은 목표설정 이론의 정밀함과 단순함에 깊은 인상을 받았을 것이다. Latham과 Locke(1991)가 관찰한 것처럼, 목표설정 이론은 목적을 가지고 하는 행동을 다룬다. 이 이론은 왜 어떤 사람들이 다른 사람들보다 작업에서 더 나은 수행을 하는지에 대한 물음에 초점을 둔다. 만약 그들의 능력과 환경조건이 동일하다면, 원인은 동기적인 것임에 틀림없다. 이 이론에 따르면, 사람들의 수행이 차이 나는 가장 단순하고 직접적인 이유는 사람들이 서로 다른 수행목표를 가지고 있기 때문이다. 목표의 난이도와 구체성은 피드백의 양과 내용처럼 수행에 영향을 미친다. 할당된 목표와 자기가 선택한 목표는 수행에서 차이가 난다. 또한 사람들마다 선호하는 목표의 형태는 다르지만, 목표설정이 더 나은 수행을 이끌어 낸다는 것은 명백하다.

또한 목표설정이 집단에서도 효과적이라는 증거가 있다(예 : Pritchard et al., 1988). 그러나 많은 경우에 전체 집단의 성공이 개별 구성원들의 성공에만 의존하고 있는 것이 아니므로 집단의 목표를 달성하기가 더 어려울 수 있다. 한 농구팀이 시즌에서 승리할 게임 수에 대하여 목표를 설정할 수 있지만, 팀의 성공이 각 선수들이 획득한 점수에 의해서만 결정되는 것은 아니다. 구성원들의 협력과 융합 또한 고려되어야 한다. 한 선수는 패스로, 다른 선수는 리바운드로, 또 다른 선수는 슈팅으로 팀 승리에 기여할 수 있다.

Locke와 Latham(2002)은 목표설정 이론의 원칙들을 광범위하게 일반화할 수 있다고 주장했다. 구체적이고 어려운 목표를 설정하는 것이 양, 질, 소요 시간 등 다양한 종속변인에 대한 수행을 향상시킨다는 사실은 엄청나게 많은 연구 결과에서 증명되었다. 목표설정 이론의 영향력은 오랫동안 지속되고 있고 이 이론은 개인, 집단, 전체 조직에까지 적용 가능하다. Locke와 Latham은 "목표설정 이론은 조직심리학의 종업원 동기에 관한 이론들 중에서 가장 타당하고 현장 적용성이 높은 이론이다"(p. 714)라고 결론 내린 것은 놀랄 만한 일이 아니다. 그럼에도 불구하고 목표설정 이론에 대한 비판이 전혀 없는 것은 아니다. Ordóñez 등(2009)은 목표설정이 해로운 효과를 가져올 수 있다고 제안했다. 그들은 목표가 너무 도전적인 경우에는 개인의 자기효능감을 상실시키고 동기를 감소시킬 수 있다고 주장했다. 또한 그들은 목표설정이 협력을 방해하고, 시야를 좁히고, 위험 감수와 경쟁을 부추길 수 있다고 지적했다. 이와 유사하게, Van Mierlo와 Kleingeld(2010)는 목표에 의한 시간 압박은 사람들로 하여금 더 많은 위험을 감수하게 하고 상황에 따라 비참한 결과를 가져올 가능성이 있다는 것을 발견했다. 더 나아가 목표는 과다한 경쟁을 증가시켜서 목표설정이 비윤리적 행동을 초래할 수 있다. Schweitzer 등(2004)의 실험실 연구에서 단순히 최선을 다하라고 한 참가자들보다 목표를 준 참가자들이 자신의 생산성을 왜곡할 가능성이 큰 것으로 나타났다. 이러한 결과는 목표를 준 참가자들이 목표 달성을 아깝게 놓쳤을 때 더 강하게 나타났다. 따라서 목표설정이 동기에 많은 이점이 있음에도 불구하고 목표설정은 잠재적으로 해로운 효과도 일부 지니고 있다.

7) 자기조절 이론

자기조절 이론은 단일 이론이라기보다는 기본적으로 공통점을 가지고 있는 이론들의 집합을 나타낸다. Vancouver 등(2010)이 진술했듯이, "자기조절 이론은 특히 응용심리학 분야에서 동기를 이해하는 데 영향력 있는 관점이 되고 있다"(p. 986). 모든 이론을 자세하게 설명하고 이러한 이론들이 구체적으로 서로 어떻게 다른지를 논의하는 것은 이 책의 영역을 벗어나는 것이다. 따라서 **자기조절 이론**(self-regulation theory)의 기본 개념에 대하여 설명하고자 한다.

> 자기조절 이론 : 목표를 달성할 가능성을 높이기 위하여 자기 스스로 목표를 설정하고 정확한 피드백을 받고자 하는 동기 이론

이러한 부류의 이론들을 지칭하는 자기조절 이론은 개인이 자신의 행동을 스스로 관찰하고, 피드백을 얻고자 하고, 피드백에 반응하고, 미래에 자신이 성공할 가능성에 대하여 스스로 의견을 형성하는 데 있어서 적극적인 역할을 한다는 것을 시사한다. 이 이론의 핵심은 목표에 있다. Diefendorff와 Lord(2008)는 이 이론을 다음과 같이 요약하였다. "자기조절은 목표가 어떻게 설정되는지, 목표가 행동에 어떤 영향을 미치는지, 목표 달성 여부에 영향을 미치는 요인이 무엇인지, 목표가 어떻게 수정되고 새로운 목표가 설정되는지를 이해하기 위해 가장 자주 사용된다"(p. 153). 이 이론은 사람들이 의식적으로 자기 스스로 목표를 설정하고, 이러한 목표를 달성하기 위한 방향으로 행동한다고 가정한다. 또한 이 이론은 각자가 설정한 목표의 성취 정도를 수시로 알아보는 자기감시 혹은 자기평가 활동을 한다고 가정한다. 피드백을 통해 자신의 목표가 얼마나 성취되고 있는지를 알게 된다. 피드백은 개인이 목표성취를 위해 목표에 얼마나 성공적으로 다가가고 있는지를 알려 주는 정보이다. 피드백을 통해 목표 달성에 요구되는 바람직한 상태와 개인의 현재 상태 간의 차이를 알 수 있다. 즉 피드백은 목표를 추구함에 있어서 개인이 올바른 궤도를 이탈하여 잘못된 방향으로 가고 있다는 것과 같은 정보를 준다. 이러한 경우, 개인은 피드백에 의해 제공되는 정보에 적절하게 대처하게 된다. 개인은 목표 달성을 위해 바람

직한 상태와 현재 상태 간의 차이를 줄이기 위하여 자신의 행동을 변경할 수도 있다. 반면에 어떤 경우에는 목표 달성을 위한 바람직한 상태와 현재 상태 간에 거의 또는 전혀 차이가 없다는 피드백을 받을 수도 있다. 만일 이러한 차이가 작다면, 개인은 **자기효능감**(self-efficacy), 즉 성공적으로 수행할 수 있다는 자신의 능력에 대한 믿음을 가지게 되고, 목표를

> 자기효능감 : 성공적으로 수행할 수 있다는 자신의 능력에 대한 믿음

달성할 수 있다는 자신감을 강하게 느끼게 된다. 하지만 이러한 차이가 큰 경우에는 자기효능감을 상실하고, 목표를 달성할 수 있다는 자신감이 줄어든다. 이러한 차이가 크면, 개인은 최초의 목표를 덜 어렵거나 덜 도전적인 수준으로 조정하거나 수정하는 과정을 통해 목표를 변경할 수도 있다. 마지막으로, 우리는 인생에서 어떤 목표든지 간에 끊임없이 목표를 추구한다. 우리가 설정한 목표를 성공적으로 달성할 때마다 우리는 강한 자기효능감을 경험하게 된다. 목표를 달성하는 경우, 개인은 과거에 자신이 성공적으로 목표를 달성했기 때문에 미래에도 목표를 성공적으로 달성할 수 있다는 일반화된 자신감을 얻게 된다.

Ilies와 Judge(2005)는 목표설정에서 자기조절의 증거를 발견하였다. 처음에 목표를 설정하지만, 부정적인 피드백을 받으면 목표수준을 낮추고 긍정적인 피드백을 받으면 높인다. 이처럼 피드백은 행동에 대한 자기조절 기제로 작용한다. 예를 들어, 어떤 사람이 음식조절과 운동을 통해 몸무게를 30파운드 빼려는 목표를 세웠다고 가정해 보자. 매 주마다 3파운드씩 10주에 걸쳐 30파운드를 빼려는 계획을 잡았다. 수시로 몸무게를 재어 봄으로써 피드백을 얻을 수 있다. 만일 2주 후에 그 사람이 6파운드를 빼지 못했다면, 다른 방식의 음식조절과 운동을 시도할 수 있다. 만일 이렇게 하고 몇 주가 지나도 원래 세웠던 체중감량 목표를 달성하지 못하는 경우에는, 10주 동안 20파운드만 빼는 것으로 목표를 바꾸든지, 아니면 20주 동안 30파운드를 빼는 것으로 기간을 늘릴 수도 있다. 개인이 체중감량 목표를 성공적으로 달성하게 되면, 체중감량에 대한 자기효능감이 향상되고 미래에도 체중감량을 더 할 수 있다는 자신감을 갖게 된다. 그뿐 아니라 체중감량에 대한 자기효능감은 인생의 다른 목표를 달성하는 데도 일반화될 수 있다.

자기조절 이론은 다양한 목표를 추구하기 위해 개인이 어떻게 동기를 지니게 되는지 그리고 인내심을 가지고 왜 꾸준히 목표를 추구하는지를 이해하기 위한 충실한 개념적 기초를 제공해 준다. 자기조절 이론의 일부 요소는 앞에서 언급한 동기 이론들에서 다루지 않은 것이지만, 자기조절 이론은 다른 이론들과 관련 있는 몇 가지 개념을 포함하고 있다. 목표설정의 중요성과 목표 달성을 위해 노력하는 것은 목표설정 이론에 관한 초기 연구에서 언급된 것이다. 목표 달성을 위한 노력과 궁극적인 목표 달성과의 관련성은 기대 이론에서의 기대의 개념과 유사하다. 또한 목표 달성에 있어서 반복적인 성공이 자기효능감을 높인다는 것은 기

대 이론에서 노력과 수행 간에 강한 관련성을 지각하는 것과 유사하다. 자기조절 이론에 관한 연구에 따르면, 우리는 사소한 목표보다는 매우 의미 있고 중요하다고 여기는 목표를 달성하는 데 더 많은 노력을 기울인다. 요컨대 자기조절 이론의 많은 부분은 과거 동기 이론들의 핵심에 기초하고 있고, 이러한 내용에 다른 이론들이 지니고 있지 않은 새로운 개념(가장 주목할 만한 개념은 기대차이와 피드백을 들 수 있다)(Kluger, 2001)을 추가한 것으로 볼 수 있다. 또한 이 이론은 인지적 과정이 행동으로 어떻게 전환되고 활성화되는지를 강조하고 있다 (Lord & Levy, 1994).

자기조절 이론은 이론에 포함된 다양한 개념만큼이나 다양한 장면에서 검증되었다. 예를 들면, 학교 장면에서 아동들의 학습(Zimmerman, 1995), 경력 선택과 개발(Hackett, 1995), 중독행동에 대한 치료(Marlatt et al., 1995)에 적용되었다. 일반적으로 이러한 결과들은 매우 긍정적이다. 그중에서도 이 이론을 더욱 지지하는 결과는 목표추구에 대하여 개인이 지각하는 통제감의 중요성이다. 자기조절 이론은 개인이 행위의 주체로서 목표를 달성하기 위하여 주도적인 역할을 한다고 주장한다.

이 이론을 기술하면서 처음에 언급한 것처럼, 자기조절 이론이라고 부를 수 있는 많은 유사 이론들이 있다. 그러나 이러한 유사 이론들이 구체적인 상황에서 행동에 대하여 모두 똑같은 예측을 하는 것은 아니다(예 : Phillips et al., 1996). 그럼에도 불구하고 이 이론은 사람들의 행동에 대하여 다음과 같은 결론을 내린다(Bandura & Locke, 2003).

■ 사람들은 목표를 달성하기 위한 계획이나 전략을 짠다.
■ 사람들은 스스로 목표를 설정하고, 앞으로의 행동을 결정하고 동기를 부여하기 위해 이러한 행동이 어떤 결과를 가져올지를 예상한다.
■ 사람들은 개인적 기준을 설정하고, 달성 여부를 지속적으로 관찰하고, 스스로 적절하게 반응함으로써 자신들의 행동을 조절한다.
■ 사람들은 그들의 효율성, 그들의 사고와 행동의 건전성, 그들이 추구하는 목표의 의미를 곰곰이 생각해 보고 필요한 경우에 목표를 수정한다.

자기효능감의 개념은 인간이 다양한 행동에 참여하고, 행동을 수행하고, 그러한 행동을 지속하는 것을 이해하는 데 있어서 매우 유용하고 통찰력을 제공해 준다.

8) 작업설계 이론

작업설계 이론(work design theory)은 열심히 노력하도록 만드는 직무의 차원이나 특성에 관한 동기 이론이다. 이 이론은 직무를 적절하게 설계하면 작업 자체가 개인의 동기를 촉진할 수 있다고 주장한다. 이 관점에 따르면, 동기를 촉진하거나 저해하는 직무 특성이나 속성이 존재한다고 주장한다. 이러한 속성의 수와 속성의 내용을 알아내기 위하여 많은 연구가 이루어졌다. 동기유발 잠재력을 지니도록 직무를 설계하는 과정을 **직무 확충**(job enrichment)이라고 부른다.

> 작업설계 이론 : 열심히 노력하도록 만드는 직무의 차원이나 특성에 관한 동기 이론
>
> 직무 확충 : 작업을 수행하고자 하는 개인의 동기를 향상시킬 수 있도록 직무를 설계하는 과정

Hackman과 Oldham(1976)은 동기에 대한 이러한 접근을 가장 잘 나타내는 직무특성 모델을 제안했다. 이 모델은 산업 및 조직심리학의 역사상 가장 많은 연구가 이루어진 이론이다. 이 모델은 동기를 유발하는 직무특성(직무의 핵심 차원이라고도 부른다)을 구체적으로 제시하였다.

1. **기술 다양성**(skill variety) − 직무에서 요구하는 다양한 활동, 기술, 재능의 정도
2. **과업 정체성**(task identity) − 직무가 하나의 완전하고 확인 가능한 작업을 완수하도록 요구하는 정도. 즉 직무를 시작부터 끝까지 하고 가시적인 결과를 볼 수 있는 정도
3. **과업 중요성**(task significance) − 직무가 조직 안팎의 다른 사람들의 생활이나 작업에 영향을 미치는 정도
4. **자율성**(autonomy) − 자유, 독립성, 작업에서의 시간계획과 직무절차를 결정하는 데 있어서 재량권을 발휘하는 정도
5. **과업 피드백**(task feedback) − 요구된 활동의 수행 효과성에 관하여 직접적이고 분명한 정보를 주는 정도

직무특성 모델은 다섯 가지 핵심적 직무특성이 중요한 심리적 상태를 유발하여 일을 더 의미 있고 풍요롭게 만드는 기초를 제공한다고 제안하였다. 또한 이 모델은 일을 통해 개인적으로 성장하고자 하는 욕구가 강한 사람들이 풍요로워진 일에 대해 다른 사람들보다 더욱 긍정적으로 반응한다고 제안하였다. 직무특성 모델은 일 자체를 동기를 부여하도록 설계할 수 있고 개인의 동기가 작업 환경과 독립적이지 않다는 것을 보여 줌으로써 동기의 개념을 확장하는 데 기여하였다. Grant 등(2011)이 표현한 것처럼, "직무설계는 조직 내에서 실행 가능한 특징을 지니고 있다. 관리자들은 일반적으로 문화, 구조, 관계, 기술, 사람들에 대해 영향력을 발휘하는 것보다 직무설계에 대해 더 많은 영향력과 통제력을 지니고 있다"(p. 419).

직무특성 모델이 측정의 문제 때문에 한계를 지니고 있기는 하지만, 이 모델이 직무설계에 대한 연구를 발전시켰다는 데 역사적 가치가 있다. 종업원들의 지식이나 기술이 지루하고, 단순하고, 정서적으로 무미건조한 일과 잘 어울리지 않을 수 있다. 작업환경이 개인의 동기에 미치는 영향은 개인과 환경 간의 부합에 따라 달라진다. Grant 등은 지루한 일이 종업원들에게 어떤 영향을 미치는지를 알고 있는 콜센터 관리자의 다음과 같은 말을 인용했다. "여기는 어떤 동기도 존재하지 않기 때문에 이곳은 동기를 연구하기에 좋은 장소가 아닐 겁니다"(p. 417).

핵심적 직무특성의 가치는 직무가공(job crafting)이라는 개념에서 잘 나타난다. 많은 직무는 종업원들에게 직무를 수행하는 방법에 대하여 어느 정도 자유재량권을 부여한다. 고용주는 직무에서 달성되는 성과에 관심을 가지고 있지만 종업원들이 어떻게 작업을 하는지에 대해서는 상대적으로 관심을 덜 갖는다. 직무가공은 종업원들에게 더 많은 자율성과 피드백을 제공하기 위하여 그들의 과업이나 대인관계를 스스로 변화시킬 수 있도록 자유재량권을 허용하는 과정을 의미한다. 즉 직무에서 요구하는 성과를 달성하는 데 있어서 개인의 심리적 욕구나 선호에 따라 일을 하는 방법을 변화시킬 수 있도록 허용한다. 요약컨대, 직무가공은 일을 하는 방법에 있어서 종업원들에게 심리적 유연성을 허용하고 그렇게 함으로써 그들의 심리적 건강을 증진시킬 수 있다(Bond et al., 2008). Grant 등(2011)이 표현한 것처럼, "종업원들은 직무를 주는 대로만 받는 수동적 수령인이 아니라 적극적으로 직무를 설계하는 건축가이다"(p. 433).

작업설계 이론은 사람들의 동기를 유발하는 것이 직무나 작업자의 속성이라고 주장한다. 요약하자면, 동기는 사람마다 그 강도를 다르게 지니고 있는 개인의 지속적인 속성이나 특성이 아니라, 작업환경을 적절하게 그리고 의도적으로 잘 설계한다면 향상시킬 수 있는 변화 가능한 속성이라고 주장한다.

조직이 동기가 매우 높은 지원자들을 찾아내어 선발하려고 노력하기보다는, 동기를 조성하거나 촉진하는 방식으로 작업을 설계할 수도 있다. 더욱이 많은 실증적 연구들은 핵심적 직무차원이 동기를 향상시킨다는 것을 보여 주었다. 예를 들어, Humphrey 등(2007)은 직무의 다섯 가지 핵심차원을 다룬 연구들을 대상으로 통합분석을 실시하였다. 그들은 작업의 다섯 가지 동기부여 특성이 직무수행 변량의 25%, 직무만족 변량의 34%, 조직몰입 변량의 24%를 설명한다는 것을 발견하였다. 그들은 작업의 이러한 동기부여 속성(즉 동기를 향상시키는 직무의 특성)들이 산업 및 조직심리학에서 중요한 구성개념에 대하여 의미 있는 시사점을 제공한다고 결론 내렸다. 이 모델이 주는 시사점은 조직이 동기가 높은 종업원들을 찾아내고자 수동적으로 대처할 필요가 없다는 것이다. 그보다는 종업원들의 동기를 유발할 수 있도록 직무를 설계함으로써, 조직이 원하는 수준의 높은 동기를 능동적으로 이끌어 낼 수도 있을 것이다.

어떤 직무는 작업자의 동기를 향상시키기 위하여 재설계할 수 있지만, 어떤 직무는 작업자에게 동기부여를 하기 위해 직무 특성을 변경하기 힘들다는 점에 주목할 필요가 있다("**현장기록 2 : 전구 포장**" 참조). Morgeson과 Humphrey(2006)가 결론 내렸듯이, 작업의 동기적 특성은 작업에서 요구하는 정신적 정보처리 수준과 관련이 있다. 예를 들어, 주차장 관리 직무는 정보처리가 거의 필요 없기 때문에 지루하다. 이 직무는 매우 반복적이고 자극이 별로 없는 직무에 만족하는 종업원에게 맡기면 가장 좋다. 항공 관제사와 같은 직무는 이미 매우 높은 수준의 정보처리를 요구하고 있기 때문에 정보처리를 더 추가하면 오히려 스트레스

현장기록 2
전구 포장

작업설계에 관한 연구에 따르면, 어떤 직무는 작업자들에게 동기, 도전감, 자극을 줄 수 있도록 설계하기가 힘들다. 어떤 직무들은 매우 단조롭고 반복적인 행동만을 포함하고 있기 때문에 작업자들이 지루함을 느낀다. 그러나 이러한 직무들이 매력은 없지만 조직 입장에서는 반드시 필요한 중요한 업무일 수 있다.

한 회사는 전문 사진가들이 주로 사용하는 특수한 종류의 전구를 생산하였다. 이 전구는 매우 섬세하고 깨지기 쉽고 사용 수명도 짧다. 그래서 미리 제작된 개별 케이스에 전구를 한 개씩 넣어서 포장하고, 개별 포장된 네 개의 전구를 다시 큰 케이스에 넣어서 포장했다. 이 회사는 사람의 손을 거치지 않는 자동화된 포장 시스템을 시도해 보았지만 포장 과정에서 전구가 깨지는 비율이 상당히 높았다. 그래서 수작업으로 전구를 포장했는데, 지루한 단순반복 작업 때문에 종업원들의 이직률이 매우 높았다. 이 회사는 전구를 수작업으로 포장하더라도 이러한 단순 업무

에 지루함을 느끼지 않는 작업자를 구할 필요가 있었다. 그래서 이 회사는 지능이 낮은 정신 장애인들의 고용을 알선하는 기관을 접촉하였다. 이러한 기관의 목적은 장애인들에게 일자리를 찾아주는 데 있다. 이 회사는 지적능력에 장애가 있는 여섯 명을 채용하였다. 전구를 포장하는 일은 이 사람들의 낮은 지적능력으로도 해낼 수 있는 작업이었다. 채용 후 8년 동안 여섯 명 중 단지 한 명만 그만두었다. 이러한 이직률은 이 회사의 다른 분야 업무보다 훨씬 더 낮았다. 전구 포장 작업자들은 회사에 대한 자신들의 기여에 자부심을 느꼈고, 회사 역시 이 사람들을 자랑스럽게 여겼다. 전구 포장 작업자들은 회사 내에서 영웅 대접을 받았다.

이 사례는 장애인 고용에 있어서 대표적인 성공담으로 여겨진다. 이 사례에서는 직무를 더 도전적으로 만들기 위하여 직무를 재설계하지 않고 직무를 계속해서 성공적으로 수행할 수 있는 종업원들을 찾아서 문제를 해결하였다.

를 증가시킬 것이다. 또한 직무 특성에 개인의 능력과 임금을 맞출 수도 있다. Campion과 Berger(1990)는 직무의 핵심차원에서 점수가 높은 직무들은 작업자의 높은 능력수준을 요구하고 그러한 직무에 종사하는 작업자들의 임금도 높다고 보고했다. 따라서 작업자들에게 동기부여를 해 줄 수 있는 직무를 만들고자 할 때, 조직은 그러한 직무를 수행할 수 있는 재능과 능력을 가진 사람들이 필요하다는 것을 인식해야만 한다.

요약하면, 작업설계 이론은 일터에서 인간 행동을 이해하기 위한 산업 및 조직심리학의 전통적인 기여를 나타낸다. 나무못의 모양을 바꾸지 않고 구멍의 모양을 바꾸거나 재설계함으로써 나무못과 구멍 간의 훌륭한 부합을 달성할 수 있다.

3. 작업동기 이론의 통합

지금까지 많은 작업동기 이론을 제시하였다. 앞에서 제시한 다양한 이론을 학습한 후에, 이러한 이론들을 통합할 수 있는 하나의 단일한 틀이 없는지 그리고 더 좋은 이론은 없는지에 대해 의문을 가질 수 있다. 그럼 먼저 이론을 통합하는 하나의 틀에 대해 살펴보자. 여기서 분명히 짚고 넘어가야 할 점은 각각의 이론을 아우르는 가장 큰 통합된 틀이 동기의 핵심 요소들을 설명하는 다양한 관점을 포괄할 수 있어야 한다는 점이다. 각각의 이론은 개인의 내부 또는 외부에 존재하는 다양한 요인이 어떻게 행동의 방향, 강도, 지속에 영향을 미치는지를 이해하는 데 도움을 준다.

행동에 대한 개념적 근접성 차원에 따라 지금까지 제시한 작업동기 이론들을 통합할 수 있다. Kanfer(1992)는 이러한 동기 이론들을 이론에서 다루는 구성개념에 따라 원격(즉 먼)에서부터 근접(즉 가까운)까지의 연속선상에 위치시킬 수 있다고 주장했다. 성격과 같은 원격 구성개념은 행동에 대해 간접적인 영향을 미친다. 반면에 개인의 목표와 작업장 특성과 같은 근접 구성개념은 개인의 행동에 직접적인 영향을 미친다. 〈그림 12-4〉는 Kanfer가 제안한 원격-근접의 연속선을 따라 동기의 구성개념들을 배열하고 이러한 동기의 구성개념들과 관련된 이론들을 보여 주고 있다.

Kanfer의 틀에서 동기 이론들을 배열한 것에서 알 수 있듯이, 동기에 대한 설명은 유전적 성향부터 직무 특성에 이르기까지 다양하다. 원격 구성개념의 맨 끝은 유전자/유전의 구성개념이다. 앞에서도 언급했듯이, 이 관점은 동기가 사람들 각자의 타고난 요인들과 대부분 우리의 통제 밖에 있는 것으로 인해 결정된다고 가정한다. 원격 구성개념의 끝에서 그다음에 위치한 이론은 몰입 이론과 자기결정 이론이다. 사람들은 몰입 경험에 대한 경향성이 서로

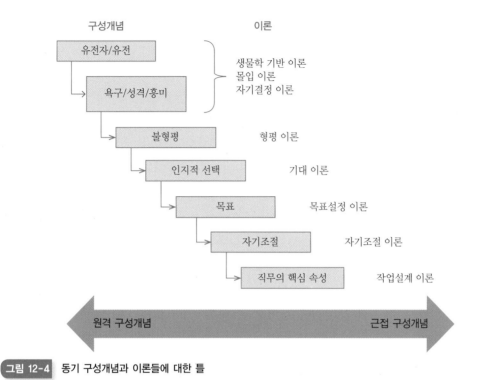

구성개념   이론

유전자/유전
                              생물학 기반 이론
                              몰입 이론
욕구/성격/흥미   자기결정 이론

불형평   형평 이론

인지적 선택   기대 이론

목표   목표설정 이론

자기조절   자기조절 이론

직무의 핵심 속성   작업설계 이론

원격 구성개념   근접 구성개념

그림 12-4 동기 구성개념과 이론들에 대한 틀

다르므로 원격–근접 연속선상에서 몰입 이론은 원격 측면 끝 쪽에 위치한다. 자기결정 이론에 따르면, 동기는 외적 수단에 의해 발생할 뿐만 아니라 활동 자체에 대한 자신의 내적인 흥미(기본 욕구의 충족에 기초를 두고 있음)에 의해서도 발생하기 때문에 자기결정 이론도 마찬가지로 원격 측면 끝 쪽에 위치한다.

연속선에서 근접 구성개념 쪽으로 이동함에 따라, 사람들은 행동에 대한 분명한 동기를 가지고 있고, 얼마나 많은 노력을 기울일지에 대하여 의식적이고, 신중하고, 통제 가능한 선택을 한다는 가정에 점점 더 비중을 둔다. 이것은 동기에 대한 유전적이고 기질적인 접근과는 정반대이다. 근접 이론들은 동기를 설명하기 위하여 인지적 요소에 많은 비중을 둔다. 기대 이론은 개인들이 얻고자 하는 결과나 성과를 인식하고, 그들의 행동과 성과 획득 간의 관계를 지각하고, 그들의 노력과 행동 간의 관계도 지각하고 있다고 가정한다. 이 이론에서는 개인이 의식적으로 선택하는 것으로부터 동기가 발생한다고 간주한다.

형평 이론과 목표설정 이론은 이러한 접근의 또 다른 예이다. 기대 이론과 마찬가지로 형평 이론은 사람들은 자신과 다른 사람들이 어떻게 처우받는지에 기초하여 공평성 지각을 계산하는 합리적 의사결정자라고 가정한다. 사람들의 동기는 이러한 인지적 평가에 대한 직접적인 결과인 것이다. 또한 목표설정 이론은 자기통제 또는 자기조절에 관한 기회로부터 동기가 발생한다고 간주한다. 목표설정 이론은 우리의 생활을 통제할 수 있는 하나의 방법은 우리가 얼마나 열심히 일할지를 스스로 결정하는 것이라고 가정한다. Locke(1991)는 우리의 생활에서 개인의 선택이나 의지가 얼마나 중요한지에 대해 다음과 같은 기술을 했다.

> 예를 들어, 사람들은 다양한 선택을 할 수 있다. (중략) 그들의 욕구가 무엇이고 어떻게 충족할 것인지, 그들이 추구해야 할 가치가 무엇이고 다른 사람들이 그들에게 추구하라고 한 가치가 타당한 것인지, 구체적인 상황에서 그들의 가치를 어떻게 적용할 것인지, 어떤 목표를 설정하고 목표를 달성하기 위한 계획을 어떻게 개발할 것인지, 목표와 계획에 몰입할 것인지, 구체적인 과업을 수행하기 위해 필요한 능력이 무엇이고 어떻게 그것을 향상시킬 것인지, 그들의 수행이 무엇을 의미하고 수행에 대한 책임이 누구에게 있는지, 보상이 얼마나 충분하고 이러한 보상과 그들의 가치 간에 어떤 관계가 존재하는지, 그들의 수행과 보상에 대한 정서적인 반응의 원인이 무엇인지, 이러한 반응을 어떻게 수정할 것인지(예 : 그들의 수행을 변화시킬 것인지 아니면 그들의 가치기준을 변화시킬 것인지) 등을 판단한다(pp. 297–298).

자기조절 이론은 목표설정 이론이 확장되고 수정된 것이다. 자기조절 이론에 따르면, 개인은 의도적으로 목표를 설정하고, 목표 달성 정도에 대한 피드백을 얻고, 이러한 피드백을 이용하여 목표 달성을 위한 행동 방향을 수정하거나 혹은 그대로 유지한다. 자기감시 혹은 자기평가 과정은 앞으로의 행동 방향을 설정하기 위하여 의식적으로, 합리적으로, 그리고 의도적으로 정보를 사용하는 전략이다.

마지막으로, 작업설계 이론은 직무 자체에 동기를 유발하는 차원이나 요소가 존재한다고 가정한다. 이러한 작업설계에 개인이 어떻게 반응하는지에 대해서는 개인차가 있지만, 활성화된 행동을 촉진하는 것은 작업환경 그 자체의 속성이다. 작업설계 이론은 가장 근접한 구성개념을 포함하고 있는데, 이러한 근접 구성개념은 조직이 개인의 동기를 유발하기 위하여 설계하거나 구성할 수 있는 것이다. 이 장에서 논의한 작업동기의 주요 이론들에 대한 일반적인 요약이 〈표 12-1〉에 제시되어 있다.

표 12-1 작업동기 이론들의 요약 및 조직에서의 적용 가능성

이론	동기의 출처	조직에서의 적용 가능성
생물학 기반 이론	생리적 요인과 타고난 특성	**제한적**: 높은 동기와 관련 있는 특성들을 인사선발 장면에서 평가할 수 있음
몰입 이론	명확한 목표, 모호하지 않은 피드백, 그리고 과제의 난이도 수준과 개인의 기술 수준 간의 균형을 이루고 있는 과제에 대한 즐거움	**중간**: 목표를 명확히 하고 피드백을 제공할 수 있는 반면, 모든 과제를 개인의 기술 수준과 서로 맞추기는 힘들기 때문에 몰입을 촉진하는 정도가 제한됨
자기결정 이론	기본적 욕구인 자율성, 유능성, 관계성의 충족에 대한 바람	**강함**: 일터에서 언제 어떻게 인센티브를 부여하는 것이 부정적인 영향보다 긍정적인 효과를 가져올 수 있는지에 대한 정보를 제공함
기대 이론	노력-수행 연계, 수행-보상 연계, 바람직한 성과들 간의 관계	**강함**: 모든 행동이 이론에서 가정한 것처럼 의식적으로 결정되지는 않지만, 이 이론은 사람들이 왜 노력을 기울이는지에 대한 합리적인 근거를 제공함
형평 이론	지각된 불형평에서 유발된 긴장감을 줄이기 위한 추동	**중간보다 강함**: 조직 공정성과 매우 강한 관련성이 있지만 불형평에 대한 감정은 동기보다는 다른 수단을 통해 줄일 수 있음
목표설정 이론	원하는 목표를 달성하는 방향으로 행동하려는 의도	**강함**: 목표를 설정하는 능력은 특정 유형의 사람이나 직무에 국한되어 있지 않음
자기조절 이론	목표 달성 가능성을 높여 주는 피드백에 대한 자기평가	**강함**: 조직이 개인의 목표 달성을 촉진하기 위하여 행동 방향을 제시하는 피드백을 제공함
작업설계 이론	성취욕구가 강한 사람들의 동기를 촉진하는 직무의 속성	**중간**: 모든 직무를 매력적인 특성을 지니거나 동기를 유발하도록 설계할 수는 없음

4. 시간이 작업동기에 미치는 영향

다양한 이론에서 살펴보았듯이, 동기는 변하지 않는 정적인 개념이 아니다. 동기는 변하지 않는 상태로 존재하기보다는 개인과 상황 그리고 이 둘 간의 상호작용에 의해 영향을 받는다. 뿐만 아니라 동기는 시간 요인에 의해서도 영향을 받을 수 있다. 예를 들어, 과제를 완수해야 할 마감시한은 동기에 영향을 미칠 수 있다. 목표는 흔히 마감시한을 가지고 있다. Schmidt 등(2013)은 일반적으로 마감시한이 길 때보다 짧을 때 과제를 더 어렵게 생각하고

긴박감을 느껴서 목표에 대한 몰입도를 증가시킬 수 있다고 했다. 하지만 마감시한은 창의성을 손상시킬 수 있는 문제점도 가지고 있다(Amabile et al., 2002). 또한 앞에서 언급했듯이 시간적 압박은 모험 감행을 증가시킬 수 있다(Van Mierlo & Kleingeld, 2010).

마감시한과 관련된 주제는 지연행동(procrastination)의 개념이다. Steel(2007)에 따르면, 지연행동은 사람들이 "지연으로 인해 더 나빠질 것이라는 것을 예상하고 있음에도 불구하고 계획된 행동을 자발적으로 미루는 것이다"(p. 66). 이런 사람들은 해야 할 특정 과제에 초점을 두기보다는 그 밖의 다른 활동들에 초점을 둔다("**소셜 미디어와 산업 및 조직심리학 : 사이버 태만**" 참조). Steel은 지연행동을 "전형적인 자기조절 실패"(p. 65)라고 언급했고, 이와 같은 지연행동은 수천 년 전부터 만연한 지극히 일반적인 현상이라고 말했다. 지연행동이 발생하는 이유에 대한 설명으로, Steel과 König(2006)는 먼 미래에 발생할 결과는 보다 즉각적으로 발생할 결과에 비해 무시될 가능성이 있기 때문이라고 언급했다. 이처럼 당장 결과가 발생하지 않는 활동들은 나중으로 미루기 쉽다. van Eerde(2003)는 통합분석을 통해 성실성과 자기효능감이 높은 사람들이 둘 다 낮은 사람들에 비해 지연행동을 덜 한다는 것을 발견했다. DeArmond 등(2014)은 사람들이 업무량이 많을 때 지연행동을 할 가능성이 더 크다는 것을 발견했는데, 그 이유는 과도한 업무량이 그들을 지치게 하고 일로부터 심리적으로 분리되도록 만들기 때문이라고 설명하였다. Nguyen 등(2013)은 22,000명 이상으로부터 수집한 자료에서 지연행동이 더 낮은 연봉, 더 짧은 고용 기간, 그리고 더 높은 실직 가능성과 관련이 있음을 발견하였다.

> 계획 오류 : 과제를 완료하는 데 걸리는 시간을 과소평가하는 경향성

불행히도, 사람들은 흔히 과제를 완료하는 데 걸리는 시간을 과소추정하는 경향이 있는데 이런 현상을 **계획 오류**(planning fallacy)라고 한다. Buehler 등(2010)에 따르면, 어떤 활동에 얼마나 오랜 시간이 걸릴지에 대해 사람들이 추정하는 것은 그들이 활동을 끝마칠 때보다 활동을 시작할 때와 관련되어 있다. 그래서 사람들은 과제를 끝마치는 데 아주 오랜 시간이 걸릴 것이라고 생각하지 않으면 과제의 시작을 미룬다. 과제를 수행하는 데 계획보다 시간이 더 오래 걸리는 이유 중 하나는 과제 수행을 도중에 중단하기 때문이다. Schmidt 등(2013)은 "과제 수행을 도중에 중단하면 최선을 다함에도 불구하고 과제 완료가 지연될 수밖에 없다"(p. 327)고 언급했다. 이러한 계획 오류를 줄이기 위한 한 가지 전략은 과제를 하위 과제로 "분리"하는 것이다(Kruger & Evans, 2004). 과제를 구성하고 있는 다양한 하위 요소들을 확인함으로써 사람들은 과제 수행에 얼마나 많은 시간이 걸릴지를 보다 더 정확하게 예측할 수 있다. 또한 Buehler 등(2012)은 사람들이 과제를 자신의 관점보다는 제3자의 관점으로 바라볼 때 계획 오류가 감소된다는 것을 발견했다. 이 연구자들은 사람들이 제3자의 관점으

로 과제를 바라봄으로써 계획에 대해 지나치게 낙관적으로 보는 경향성을 낮추고, 자신의 관점으로는 볼 수 없었던 잠재적 장애요인들을 고려할 수 있다고 주장했다.

소셜 미디어와 산업 및 조직심리학
사이버 태만

2012년 LearnStuff가 발표한 깜작 놀랄 만한 인포그래픽(infographic)에 따르면, 직장인 10명 중 6명은 업무 중에 SNS를 이용하고 있고, 평균적으로 10.5분마다 한 번씩 트윗이나 페이스북 메시지로 인해 일이 중단된다고 한다. 또한 일을 중단한 종업원이 다시 업무로 되돌아오는 데까지는 23분 정도가 걸린다고 한다. 더욱이 회사에서는 이에 따른 생산성 감소로 인해 소셜 미디어 사용자 1인당 평균적으로 연간 4,452달러를 지불하고 있다고 추정했다. 손끝 하나로 정보를 얻고 대규모 소셜 네트워크에 접근할 수 있는 장점을 가지고 있지만, 소셜 미디어는 종업원들의 동기를 떨어뜨릴 수 있다. 이처럼 직장에서 인터넷 사용에 시간을 낭비하는 행위를 사이버 태만(cyberloafing)이라고 한다.

사이버 태만은 낮은 작업 동기의 지표로 간주할 수 있다. 자신의 업무와 관련되어 있지 않은 활동에 노력을 기울이는 사람은 확실히 동기가 부여되지 않은 사람이다. 또한 Wagner 등(2012)에 따르면, 사람들이 평소보다 잠을 잘 못 잤거나 더 적게 잤을 때 사이버 태만이 더 많이 발생한다. 실제로 그들은 서머타임(일광절약제)이 시작되는 월요일에 사이버 태만 수준이 증가한다는 것을 발견하였다. 서머타임이 시작된 월요일에 평소보다 수면시간이 1시간 줄어들었을 때 국가적 수준에서 사이버 태만이 증가하였다!

그렇다면 종업원들이 휴식을 잘 취하기를 바라는 것 이외에 사이버 태만을 줄이고 종업원들이 자기 업무에 집중하도록 조직이 취할 수 있는 조치는 무엇일까? Ugrin과 Pearson(2013)은 단순히 업무 중 소셜 미디어를 사용하지 못하도록 하는 정책만으로는 효과가 없다는 것을 발견했다. 그 대신 업무 중 소셜 미디어 사용이 적발될 가능성이 높고 과거에 실제로 엄중한 징계가 내려진 적이 있다는 것을 종업원들에게 알려 줄 때, 비로소 소셜 미디어 사용을 그만하도록 할 수 있다고 했다. 그럼에도 불구하고 연구자들은 너무 심한 처벌(예 : 해고)로 종업원들을 위협하는 것은 너무 가혹하고 오히려 사기를 저하시킬 위험이 있다고 경고한다.

5. 동기전략의 적용

작업동기에 대한 여덟 가지 접근을 알고 난 후에, 어떤 이론이 가장 큰 실용적 가치를 가지고 있는지, 더 직접적으로는 어떤 이론이 당신에게 도움을 줄 것인지가 상당히 궁금할 것이다. 이 질문에 대한 간단한 답은 없지만, 결정에 도움을 주는 몇 가지 실용적인 지침을 사용할 수 있다. Mitchell(1997)은 이러한 절차를 다양한 조직 맥락에 가장 적합한 동기전략을 찾아내는 과정이라고 언급했다.

Mitchell은 우리가 당면하고 있는 상황이 어떤 것인지를 먼저 파악한 다음에 체계적으로 우리의 관심사를 좁혀 가야 한다고 언급했다. 인간의 행동을 결정하는 세 가지 주요 요인은 능력, 동기, 상황(제약) 요인이다. 이 중 가장 먼저 파악해야 하는 것은 상황적 제약이다. 제약조건은 우리의 행동 범위를 제약하는 장애 또는 방해물이다. 제약조건을 완전히 제거하는 것이 우리의 첫 번째 목표이지만, 그것이 힘들다면 우리의 행동을 제한하는 효과를 최소화한다. 필요한 장비(예 : 컴퓨터)의 부족은 상황적 제약의 한 가지 예이다. 컴퓨터를 사용하면 무작정 열심히 일하는 것보다 훨씬 더 쉽게 작업효율성을 높일 수 있다.

만일 행동을 제약하거나 제한하는 요인이 없다는 것을 알게 되었다면, 그다음 단계는 바라는 행동을 할 수 있는 충분한 기술과 능력이 있는지를 검토해 본다. 컴퓨터가 있더라도 컴퓨터를 사용할 수 있는 지식과 능력이 없거나 혹은 충분한 교육을 받지 않았을 수 있다. 만일 능력에는 문제가 없는 것으로 밝혀지면, 행동의 마지막 결정요인인 동기에 문제가 있다고 결론 내릴 수 있다. 즉 행동을 제약하는 요인이 없고 또 행동을 할 수 있는 능력도 있지만, 행동을 하고자 하는 의지나 관심이 없어서 행동이 일어나지 않는다. 하지만 여러 가지 유형의 동기 문제가 있을 수 있다. 만일 무관심과 권태 현상이 나타난다면, 이 경우의 동기 문제는 낮은 각성 수준에 있다. 만일 관심이 있고 성공하려고 애쓰지만 결과적으로는 실패한다면, 방향 설정이 잘못되었을 수 있다. 목표 달성을 위하여 잘못된 방향으로 간다면, 아무리 열심히 노력해도 성공할 수 없다. 하지만 그래도 성공하기 위해서는 일단 높은 강도의 동기를 지녀야 한다. 그냥 적당히 노력하면 바라는 결과를 얻기 어렵기 때문에 열심히 노력하는 것이 우선적으로 필요하다.

마지막으로, 동기의 지속성 차원이 있다. 어떤 결과는 짧은 동안이지만 많은 에너지를 한꺼번에 쏟아부어야 성취할 수 있다(예 : 시험 전날에 밤을 새며 벼락 공부를 해서 좋은 성적을 얻는 것). 하지만 어떤 결과는 단기간에 갑자기 해서 이루어지지 않고 오랫동안 지속적으로 노력해야 이루어진다. 꾸준한 운동과 다이어트를 통해 좋은 몸매를 유지하는 것은 동기의 지속성 차원에 의해 결과가 달성되는 한 가지 예이다.

　　자기조절 이론은 우리가 행동을 어떻게 긍정적인 방향으로 변화시킬 수 있는지에 대해 통찰력을 제공한다(Diefendorff & Lord, 2008). 첫째, 우리는 실수와 그에 따른 부정적 정서에 대해 곰곰이 생각하기보다는 실수를 하더라도 이것을 배움의 기회로 간주한다. 이러한 개념은 제6장에서 다룬 실수관리 교육의 기초가 된다. 둘째, 정서는 동기를 유지하는 능력에 강한 영향을 미친다. 개인적 목표를 달성했을 때 우리는 긍정적인 정서를 느낌으로써 스스로 보상을 받는다. 반면에 목표를 달성하지 못했을 때는 성취감을 느낄 수 없다. 셋째, 방해요소는 우리의 집중력을 떨어뜨리기 때문에 방해요소를 최소화하기 위하여 작업환경을 바꾸고 시간을 적극적으로 관리해야 한다. 이렇게 함으로써 우리가 지향하는 목표에 집중할 수 있는 가능성을 높인다.

　　Mitchell 등(2008)은 마감시간이 정해져 있는 목표를 달성하기 위하여 시간과 노력을 할당하는 데 있어서 속도조절(pacing)과 자원할당(spacing)의 중요성을 언급하였다. 속도조절은 하나의 목표를 추구함에 있어서 스스로 속도를 조절하는 것과 관련이 있고, 자원할당은 다수의 목표를 추구함에 있어서 시간과 노력을 적절하게 할당하는 것과 관련되어 있다. 마감시간은 일에 대한 시급성과 책임을 포함하고 있기 때문에 저자들은 일을 진행할 때 어렵고 중요한 업무가 무엇인지를 파악하고 일 처리의 우선순위를 결정해야 한다고 주장했다. 업무추진 계획은 예정된 업무 완수 일정과 완수한 업무 간의 차이를 인식하게 함으로써 원래 일정보다 앞서가고 있는지 아니면 지연되고 있는지를 알 수 있게 한다. Vancouver 등(2010)은 목표 선택과 목표 추구에 관한 대부분의 연구가 하나의 목표만을 다루고 있지만, 실생활에서 우리는 동시에 다수의 목표를 추구한다는 것에 주목하였다. 저자들은 다수의 목표를 추구함에 있어서 동기적 자원을 할당할 때 사용하는 전략을 설명하기 위한 공식적인 모델을 제안했다.

　　산업 및 조직심리학 분야가 작업동기에 관한 우리의 지식 수준을 향상시켰지만 아직도 연구할 것이 많이 있다("**산업 및 조직심리학과 경제 : 인플레이션과 작업동기**" 참조). 특히 동기를 어떻게 지속적으로 유지하느냐에 관한 문제는 연구가 많이 이루어지지 않았다. Kanfer(2009)는 단기적 상황과 장기적 상황 간의 차이에 주목하였다. 운동경기 코치는 경기 시작 전에 선수에게 단지 몇 시간만 지속되는 유용한 조언을 해 줄 수 있다. 이러한 상황은 목표 달성을 위해 몇 주 또는 몇 개월 동안 지속적으로 노력해야 하는 대부분의 작업환경과 매우 다르다. 오늘날 일의 세계에서 조직은 매우 변화무쌍한 환경에 처해 있다. 비즈니스 환경 변화로 인하여 조직이 인원을 줄이기 때문에 조직에 남아 있는 종업원들은 지속적으로 동기를 유지할 필요가 있다. Kanfer는 최대수행이 나타나도록 단기간에 동기수준을 극대화하는 것에 대해서는 우리가 어느 정도 알고 있지만, 어떻게 장시간 동안 지속적으로 노력을 기울이도록 할 수 있느냐에 대해서는 상대적으로 덜 알고 있다고 언급했다. Diefendorff와 Chandler(2011)는

산업 및 조직심리학과 경제

인플레이션과 작업동기

작업동기에 관한 주제는 산업 및 조직심리학과 경제 간의 연관성을 또 다른 관점에서 살펴볼 수 있는 기회를 제공한다. 지금까지는 경제 침체가 산업 및 조직심리학에 미치는 영향을 다뤄 왔지만, 또 다른 경제적 상황은 인플레이션이다. 인플레이션은 경제 침체의 반대는 아니지만, 경제학자들은 일반적으로 경제 침체에서 벗어나면 인플레이션 가능성이 증가한다고 주장한다.

인플레이션은 특정 기간(예 : 3개월) 동안 제품과 서비스 가격이 상승하는 것을 의미한다. 가격이 오르면 같은 돈으로 살 수 있는 제품과 서비스가 줄어들므로 인플레이션은 제품과 서비스를 구입할 수 있는 돈의 가치를 떨어뜨린다. 미국에서 인플레이션의 한 가지 지표는 소비자물가지수로서, 특정 품목의 물건을 구입하는 데 드는 비용을 나타낸다. 이러한 물건들을 구입하는 데 드는 비용이 증가하면 소비자물가지수가 올라간다. 인플레이션은 다양한 구매 품목들 전반에 걸쳐 나타난다.

사람들이 일을 하는 이유에 대해서는 여러 가지 다른 학문들이 다양한 설명을 한다(제11장 "**현장기록 1**" 참조). Kaufman(2008)이 기술한 것처럼, 경제학자들은 사람들이 왜 일하는지 그리고 얼마나 열심히 일하는지를 이해하는 데 금전적 인센티브가 중요하다고 주장한다. 우리가 살아가는 데 필요한 제품과 서비스를 구입하기 위해서는 돈이 있어야 한다.

심리학자들은 작업동기를 유발하는 데 있어서 돈의 중요성을 알고 있지만, 다른 요인들이 더 중요하다고 믿는다. 산업 및 조직심리학 연구는 도전적인 일, 개인적 성장의 기회, 목적의식과 성취감이 사람들이 일하는 중요한 이유라는 것을 밝혔다. 하지만 제품과 서비스에 지불하는 비용이 비교적 안정적이고 고정되어 있는 경우에만 작업동기에 대한 이러한 심리적 이유가 설득력을 지닌다. 경제가 인플레이션으로 접어들면 제품과 서비스 가격이 상승한다. 이 경우에 동일한 제품과 서비스를 구입하는 데 더 많은 돈을 지불해야 하기 때문에 사람들에게 돈의 중요성은 더 커진다.

종업원들이 어떻게 하면 자신이 하는 일에서 돈을 더 벌 수 있을까? 대부분의 조직에서 급여 인상은 1년 단위로 이루어진다. 종업원들이 인플레이션으로 인해 돈이 더 많이 필요하다는 이유로 연중에 급여를 올려 달라고 하면 즉각적으로 퇴짜를 맞을 가능성이 크다. 대안은 지출을 줄여 삶의 수준을 낮추는 것이다. 다른 방법은 돈을 더 받는 직무로 이동하는 것이지만 이직에 따른 새로운 비용이 수반된다. 또 다른 전략은 초과근무를 하거나 부업을 함으로써 돈을 더 버는 것이다.

인플레이션이 심한 시기에는 인플레이션 효과를 상쇄하기 위하여 노조는 회사와 연중이라도 급여와 임금을 인상하기 위한 협상을 할 수 있다. 이렇게 해서 임금이 인상되는 것을 '생계비 지수의 상승에 따른 임금 인상(cost-of-living-adjustments, COLAs)'이라고 한다. 성과에 따라 지급되는 일반적인 임금 인상과는 달리, 이러한 임금 인상은 개인의 수행 수준과 관련 없이 지급된

(계속)

다. 제품과 서비스 비용과 종업원들에게 지급하는 임금은 밀접하게 관련되어 있다. 개인 관점에서는 수입과 지출이 분명하게 구분되는 개념이다. 하지만 종업원들의 수입은 조직 관점에서는 사업을 운영하기 위해 종업원들에게 지급하는 지출(즉 인건비)이다. 인플레이션을 상쇄하기 위해 회사가 종업원들에게 돈을 더 많이 주면, 이러한 인건비 상승을 메꾸기 위해 회사가 생산하는 제품이나 서비스의 가격을 올려야 하기 때문에 결과적으로 인플레 수준이 더 올라간다. 상승된 소비자 가격을 상쇄하기 위하여 인건비를 올리게 되면 '임금과 물가의 순환상승(wage-price spiral)'이라고 부르는 결과가 초래된다. 즉 제품과 서비스 가격 인상이 인건비 상승을 초래하고 인건비 상승은 다시 제품과 서비스 가격 인상을 초래하는 과정이 반복된다.

연구들에서 밝혀진 것처럼, 사람들이 왜 일하는지에 대해 다양한 이유가 있다. 돈이 그중 한 가지 이유인 것은 분명하다. 종업원들이나 조직이 경제적 상황에 의해 영향을 받지 않는 무풍지대에 존재하는 것은 아니다. 인플레이션 시대에는 동일한 삶의 수준을 유지하기 위해 돈이 더 많이 필요하기 때문에 돈의 중요성이 증가한다.

"전 세계적으로 경제, 조직, 직무, 회사의 비즈니스 방식 등이 변화하기 때문에 동기를 구성하는 요인이 변화하고 이와 더불어 동기를 향상시키기 위해 조직이 사용하는 방법도 변화할 가능성이 크다"(p. 114)고 결론 내렸다. 동기에 대한 이러한 관점을 산업 및 조직심리학의 다양한 분야에도 동일하게 적용할 수 있다. 21세기 일의 세계에서는 과거에 겪어 보지 못했던 많은 변화가 일어나고 있다.

12 이 장의 요약

- 작업동기는 조직에서 사람들의 행동방식을 이해하는 데 있어서 가장 근본적이고 중요한 이슈 중 하나이다.
- 동기는 매우 복잡한 주제이기 때문에 사람들이 왜 특정 방식으로 행동하는지를 설명하기 위해 많은 이론이 제안되었다.
- 한 부류의 이론은 유전자에서 비롯된 선천적인 성격 차이 때문에 사람들의 동기가 서로 다르다고 주장한다.
- 사람들은 명확한 목표가 있고, 모호하지 않은 피드백을 받고, 과업의 난이도 수준과 개인의 기술 수준이 모두 높은 경우에 몰입이라고 알려진 내적 동기의 강한 상태를 경험할 수 있다.

- 자기결정 이론은 사람들이 자율성, 유능성, 관계성과 같은 기본적인 욕구가 충족되었을 때 내적 동기를 경험할 가능성이 높다고 주장한다.

- 형평 이론에 따르면, 사람들이 상황을 불공평하다고 지각할 때 형평성을 회복하기 위해 동기가 부여된다.

- 동기에 관한 기대 이론은 개인이 무엇을 얻고자 하는지, 자신이 원하는 것을 얻기 위해 얼마나 좋은 수행을 보여야 하는지, 그러한 수행을 보이기 위해 얼마나 열심히 일해야 하는지에 따라 동기가 달라진다고 주장한다.

- 동기에 관한 목표설정 이론은 사람들이 의도적으로 목표를 설정하고 바라는 목표를 달성하기 위한 방향으로 행동한다고 주장한다.

- 동기에 관한 자기조절 이론과 관련된 한 부류의 이론은 사람들이 목표를 설정하고 목표의 달성 정도를 수시로 알아보는 자기평가 활동을 한다고 주장한다. 그들이 받는 피드백을 통해 자신의 목표가 얼마나 달성되었는지를 알게 되고, 목표 달성 정도에 따라 자신의 노력과 행동을 변경한다.

- 동기에 관한 작업설계 이론은 동기를 유발하는 근원이 개인 내에 있는 것이 아니라 작업이 수행되는 환경에 있다고 주장한다. 직무를 수행하는 사람들에게 동기를 부여할 수 있도록 직무를 설계할 수 있다.

- 작업동기에 관한 다양한 이론은 동기 향상에 응용되는 실용적 기법을 제공한다.

- 마감시한이나 지연행동과 같은 시간 요인도 작업동기에 영향을 미친다.

- 동기에 관한 최근 연구는 사람들이 끊임없이 변화하는 직무에 적응하는 과정을 이해하는 데 초점을 두고 있다.

13 리더십

이 장의 개요

이 장의 학습목표

- 리더십 연구에서 중요한 이론적 접근인 특성 접근, 행동 접근, 세력 및 영향력 접근, 상황연계 리더십, 전 범위 리더십 모델, 진정성 리더십, 서번트 리더십, 내현 리더십, 리더십 대체물을 설명한다.
- 서로 다른 리더십 접근들이 수렴하는 공통점을 이해한다.
- 리더십의 어두운 면을 설명한다.
- 팀에서 리더십이 어떻게 발휘되는지를 설명한다.
- 비교 문화적 리더십에 관한 주제를 이해한다.
- 리더십에서 다양성의 주제를 이해한다.
- 기업가 정신의 개념을 이해한다.

리더십을 생각하면 여러 가지가 떠오를 것이다. 세력, 권한, 영향력과 같은 단어가 떠오를 수도 있고 또는 워싱턴, 링컨, 처칠과 같은 실제 인물이 떠오를 수도 있다. 또한 효과적인 리더가 어떤 행동을 하는 사람인지를 생각할 수도 있다. 리더십은 사람들에게 많은 생각을 불러일으키고, 이러한 생각들은 모두 리더십의 원인, 현상, 효과를 어느 정도 설명해 주고 있다. Bennis(2007)는 리더십의 개념에 세 가지 요소가 포함되어 있다고 말하였다. "리더십은 관계에 기초하고 있다. 리더십을 구성하는 세 가지 요소는 리더, 부하 그리고 리더와 부하가 성취하고자 하는 공통목표이다. 이러한 세 가지 요소 중 한 가지라도 빠지면 다른 요소들이 존재할 수 없다"(pp. 3-4).

Barling 등(2011)은 "리더십은 대단히 흥미롭고 논란이 많은 주제로서, 많은 것이 알려져 있는 동시에 여전히 많은 부분에 대해 연구가 필요하다"(p. 183)고 진술하였다. 리더십에 대한 이러한 진술은 제12장에서 다루었던 작업동기와 매우 유사하다. 리더십과 작업동기는 둘 다 산업 및 조직심리학의 초창기부터 관심을 끌어 왔던 주제이다. Birnbaum(2013)은 리더를 효과적으로 만드는 요인과 리더십 주제에 관한 보편적인 관심에 대해 가장 잘 요약하였다. 그는 "리더십이 무엇인지 분명하게 정의 내리지 못하여도, 우리는 리더십이 실제로 존재한다는 것을 알고 있다. 우리는 리더십이 있다면 그것을 느낄 수 있고, 없다면 그것이 없음을 알 수 있다"(p. 261)고 언급하였다. 또한 그는 "집단에서 리더십을 가진 사람이 없다면 집단은 혼란에 빠지고 결국 허물어질 것이다"(p. 263)라고 리더십의 개념과 중요성을 언급하였다. 이 장에서는 산업 및 조직심리학자들이 다양한 리더십 개념을 어떻게 설명하는지를 다루고, 특히 일의 세계에서의 행동과 관련된 리더십에 초점을 둘 것이다.

리더십에 관한 다양한 관점이 존재한다. 어떤 연구자들은 강한 리더들이 어떤 능력, 성격 특성, 기술 등을 가지고 있는지를 연구했다. 부하가 없다면 리더 역시 존재할 수 없기 때문에 어떤 연구자들은 리더와 부하 간의 관계를 연구하였다. '강한' 리더들은 '약한' 리더들이 하지 못하는 것들을 할 수 있기 때문에 어떤 연구자들은 리더십의 효과에 관심을 갖는다. 어떤 연구자들은 리더십이 발휘되는 상황에 관심을 둔다. 예를 들어, 교도소에서 리더에게 요구되는 것이 기업 조직에서 리더에게 요구되는 것과 같은지를 연구하는 데 관심을 둔다. 이외에도 리더십 영역에서 흥미를 끌고 있는 여러 주제가 꾸준히 연구되어 왔다. 리더십과 관련된 이러한 다양한 연구와 관점은 리더십의 본질을 이해하는 데 도움을 주었지만, 한편으로는 리더십을 정확하게 정의하는 것을 어렵게 만들기도 하였다.

'리더십'이 '관리'나 '행정'과 다른 개념인지에 대하여 학자들 간에 논쟁이 있기는 하지만, 역사적으로나 실제적으로 이러한 용어들은 상호 교환적으로 사용되었다. 예를 들어, 우리는 일상생활에서 "회사의 리더는 회사의 자원을 관리하고 회사의 행정을 책임지고 있다"는 말을 쉽게 접한다. 이 말을 약간 변형해서 "회사를 관리한다는 것은 리더십을 발휘함으로써 회사 운영의 행정을 담당하는 것이다"라고 표현할 수 있다. 이러한 세 가지 용어가 정말 동의어인가? 일부 연구자들은 관리에는 행정적 감시가 필요하지만 반드시 리더십이 요구되는 것은 아니기 때문에 이러한 세 용어가 동의어가 아니라고 생각한다. 리더십은 미래에 대한 비전을 제시하고 그러한 비전을 현실로 만드는 방법을 찾을 수 있도록 타인들에게 힘을 불어넣는다. 이처럼 리더십의 많은 요소가 미래 지향적이다. 반면에 관리와 행정은 현재에 초점을 둔 활동을 의미한다. 어떤 학자들은 리더십에는 다른 관련 개념들과 구별되는 영웅적이고 특별한 요소가 내포되어 있다고 믿는다. 이처럼 일부 사람들은 어떤 사람을 관리자가 되도록 교육시킬 수 있지만, 리더가 되기 위해서는 특수한 자질이 필요하므로 모두를 리더로 만들 수 없다고 믿는다. 리더가 타고나는 것인지 아니면 만들어지는 것인지에 대한 논쟁은 이 장에 제시할 몇몇 이론에서 찾아볼 수 있다.

리더십 연구자들은 리더십에서 리더가 얼마나 중요한지에 대한 물음에 관심을 기울여 왔다. 연구자들은 리더의 특성과 행동에 대해 초점을 맞추기도 하였고, 그 특성과 행동이 어떻게 리더의 출현과 효과성에 영향을 미치는지에 대해 초점을 맞추기도 하였다. 그러나 최근 이론가들은 리더뿐만 아니라 부하가 얼마나 중요한지에 대해서도 연구하고 있다. 이런 맥락에서 학자들은 왜 리더십이 특정 사람들에게 더 효과적인지, 그리고 왜 특정 상황에서 더 효과적인 것인지에 대한 질문에 답을 찾고 있다. Hollander(2009)는 리더십을 부하의 욕구 및 목표와 떼려고 해도 뗄 수 없는 불가분의 과정이라고 표현하였다. 그래서 리더들이 어떤 부하와는 더 수월하게 일하는 모습을 쉽게 찾아볼 수 있다.

전반적으로, 산업 및 조직심리학에서 학자들과 실무자들 모두 리더십에 대해 많은 관심을 가지고 있다. 사실 리더십 분야는 학자들과 실무자들이 지식과 정보를 교환하기에 좋은 분야이다. 리더를 찾아내고 그들의 능력을 개발하는 문제는 오늘날의 산업에서 중요한 문제이다. 여러 회사들은 고위층에 있는 사람들을 대상으로 리더로서 성과에 직접적으로 영향을 줄 수 있는 분야들(대인관계, 의사결정, 기획)을 교육시킨다. 노스캐롤라이나 주의 그린즈버러에는 Center for Creative Leadership이라는 기관이 있는데, 이 기관에서는 교육을 통하여 기업의 핵심 간부들의 리더십 능력을 향상시킨다. 기업뿐만 아니라 군대도 리더십에 많은 관심을 가지고 있다. 군대는 리더십 분야에 대한 이해를 증진시킬 수 있는 다양한 연구 프로젝트를 지원해 주고 있다. 요컨대 리더십의 이론과 실제가 균형 있게 발전한 것은 학자들과 실무자들 모두가 리더십에 많은 관심을 가졌기 때문이다.

1. 리더십에 대한 이론적 접근

리더십을 설명하기 위해 많은 이론적 접근이 개발되었다. 과거부터 지금까지 매우 많은 리더십 이론이 존재하지만, 이 책에서는 현재까지도 매우 지배적인 리더십 접근법에 초점을 맞추어 다룰 것이다.

1) 특성 접근

특성 접근 : 리더십을 발휘하는 개인이 지니고 있는 특성이나 성향으로 리더십을 이해하려는 접근

특성 접근(trait approach)은 리더십에 대한 가장 오래된 개념이다. Zaccaro 등(2004)은 리더 특성을 다음과 같이 정의하였다. "리더 특성은 다양한 집단 및 조직 상황에서 일관된 리더십 행동을 나타내는 안정적이고 일관된 성격 특성이다. 이러한 특성들은 성격, 기질, 동기, 인지능력, 기술, 전문성 등에서의 다양한 개인차를 포함한다"(p. 104). Day와 Zaccaro(2007)는 성격 특성이 행동을 초래하는 것이 아니라 행동을 이해하는 데 사용되는 명칭이나 용어라고 언급하였다. 리더십에 대한 특성 접근에 따르면, 효과적인 리더는 리더십 역량과 관련된 특성을 가지고 있는 사람이다. 이러한 특성은 단호한, 역동적인, 외향적인, 주장이 강한, 강력한, 용감한, 설득력 있는 등과 같이 광범위한 성격 특성을 포함한다. 리더가 지닌 또 다른 특성으로 키가 큰, 잘생긴, 침착한, 조리 있는, 자신 있는, 권위 있는 것 등도 언급된다. 한 사람이 지닌 특성의 집합은 그 사람을 '리더가 되기 위해 태어난 사람' 또는 '타고난 리더'로 만든다. Kirkpatrick과 Locke(1991)는 리더의 자리에 있는 사람들이 이러한 특성을 지니고 있기는 하지만, 이러한 특성 자체가 리더로서의 성공을 보장하지는 않는다는 사실을 발견하였다.

리더십에 대한 특성 접근의 확장으로, 어떤 특성은 리더의 행동에 영향을 미치기 때문에 그러한 특성 자체가 리더의 성공에 중요하다는 주장도 있다. McClelland와 그의 동료들(예 : McClelland & Boyatzis, 1982)은 리더의 행동을 이끄는 세 가지 동기 혹은 욕구를 발견하였다. 그것은 권력 욕구, 성취 욕구, 유친 욕구이다. 그들에 따르면, 리더십 특성은 사람들이 지니고 있는 단순한 속성을 나타내는 것이 아니라 사람들이 행동하는 근본적인 이유를 설명할 수 있는 욕구를 나타낸다. 권력 욕구는 타인에게 영향력을 행사하고, 사건을 통제하고, 공식적 권한을 지닌 지위에 있고자 하는 욕구이다. 성취 욕구는 문제를 해결하고, 결과를 성취하고, 목표를 달성하고자 하는 욕구이다. 유친 욕구는 타인과 서로 교류하고, 타인에게 조언과 지원을 제공하고, 타인이 성공하도록 돕는 데서 만족을 느끼고자 하는 욕구이다. 리더 행동을 이끄는 지배적인 욕구의 관점으로 개인의 성격을 정의한다면, 이러한 세 가지 욕구는 성격을 나타내는 가장 대표적인 것들이다.

리더십을 설명하기 위하여 성격에 관한 연구도 수행되었다. Hoffman 등(2011)은 자신감, 지배성, 성취 지향과 같은 다양한 특성이 리더십 효과성에 어떤 영향을 미치는지 연구하였다. 그들은 이런 특성들이 "효과적인 리더와 비효과적인 리더를 구분하며, 이는 리더는 만들어지는 것이 아니라 타고나는 것이라는 가설을 부분적으로 지지하는 증거이다"(p. 365)라고 말했다. 또한 대인관계 기술, 구두 및 서면 의사소통, 의사결정과 같은 개인차를 조사한 결과, 이런 가변적인 특성들 또한 리더십 효과성을 예측한다고 밝혔다. 이는 리더는 만들어질 수 있다는 가설을 뒷받침하는 것이다.

　일반적으로, 특성 접근은 초기 리더십 연구에 주로 사용되었지만 그 후로 오랫동안 그다지 주목받지 못했다. 그러나 최근 들어 성격 측정과 관련된 연구들이 발전함에 따라 다시 관심을 모으고 있다. 리더십에 대한 특성 접근은 사람들이 왜 리더가 되려고 하는지, 그리고 리더가 되었을 때 왜 그렇게 행동하는지를 설명하는 데 많은 도움을 준다. 리더가 가지고 있는 특성이나 기술이 성공을 반드시 보장하는 것은 아니지만, 몇 가지 특성 및 기술은 리더의 성공 가능성을 분명히 높여 준다. 이러한 발전에도 불구하고 특성 자체가 추상적이기 때문에 리더십을 이해하기 위한 특성 접근의 효용성은 제한적이다. 특성은 리더의 행동에 영향을 미치는 상황적 요구나 제약과 상호작용하고, 이와 같은 행동은 집단과정 변인에 영향을 미치는 기타 상황적 요인과 상호작용하며, 집단과정 변인은 집단의 수행에 영향을 미친다. 따라서 리더의 특성이 실제 행동으로 얼마나 표현되는지를 연구하지 않으면, 리더 특성이 부하의 동기나 집단수행에 어떻게 영향을 미치는지를 이해하기 어렵다. 리더십 연구에서 리더의 행동을 강조함에 따라 다음에 제시할 행동 접근이 나오게 되었다.

2) 행동 접근

리더십에 대한 **행동 접근**(behavioral approach)은 리더가 지닌 특성이 아니라 리더가 나타내는 구체적인 행동에 초점을 둔다. 특성 접근이 리더는 태어나는 것이라고 주장하는 반면, 행동 접근은 리더는 만들어지는 것이라고 주장한다.

> **행동 접근** : 리더로서 집단을 이끌어 가는 개인이 나타내는 행동으로 리더십을 이해하려는 접근

　1950년대에 오하이오주립대학교에서 리더십에 대한 행동 접근의 가장 대표적인 연구가 수행되었다. 이 연구는 리더십 현상을 이해하는 데 있어서 대표적인 연구로 간주된다. 연구자들은 작업자들에게 리더십을 발휘하는 상황에서 그들의 상사가 어떤 행동을 하는지를 기술하도록 하였다. 이 결과에 기초하여 두 가지 중요한 리더십 요인이 밝혀졌다. 하나는 리더가 과업을 완수하는 것과 관련되어 있다. 이 요인을 과업주도(initiation of structure)라고 부르는데, 리더가 과업을 완수하기 위하여 부하에게 지시를 하거나 부하를 주도적으로 이끄는 행동

을 포함한다. 두 번째 요인은 리더가 작업자들과 개인적으로 친하게 교류하는 행동을 포함한다. 이 요인을 배려(consideration)라고 부르는데, 타인을 배려하고 관계 지향적인 리더십 행동을 나타낸다. 이런 요인이 밝혀진 지 60년이 지났지만, 연구자들은 아직까지도 이 요인들의 가치에 대한 증거들을 보고하고 있다. Judge 등(2004)은 과업주도와 배려와 같은 두 가지 요인의 타당도를 알아본 연구들을 대상으로 통합분석을 실시하였다. 그 결과, 과업주도 행동은 리더 효과성과 높은 상관이 있었고 배려 행동은 리더에 대한 작업자들의 만족을 가장 잘 예측하였다.

오랫동안 행동 접근은 오하이오주립대 연구에서 처음으로 밝혀진 요인 이외에 추가적인 리더십 차원을 포함하는 것으로 확장되었다. 행동 접근에 의한 연구들은 효과적인 리더십과 관련된 구체적인 리더 행동들을 발견해 왔다. 이러한 두 가지 행동 중 하나는 종업원의 작업을 모니터링하는 것이고, 다른 하나는 모호한 문제에 대하여 명쾌한 해결책을 제시하는 것이다. 모니터링이 중요한 리더십 행동이기는 하지만 이것 하나로는 효과적인 리더십을 모두 설명할 수 없다. 종업원의 작업을 모니터링함으로써 문제점을 발견하더라도 문제점에 대한 해결책을 찾는 것이 필요하다. 또한 다른 종업원에게 업무를 맡김으로써 업무상의 문제를 해결하는 경우에도 그 종업원이 기꺼이 업무를 수락하고 업무를 수행할 수 있는 기술이 있어야만 효과가 있다. 구체적인 리더 행동을 찾아내는 행동 접근은 종업원의 기술 수준과 같은 다른 요인들과 복잡한 방식으로 상호작용한다. 요약하자면, 행동 접근으로 중요한 리더 행동을 발견하더라도, 효과적인 리더가 되기 위해서 단순히 그러한 행동을 하는 것만으로는 불충분하다. 특히 리더가 부하에게 세력과 영향력을 어떻게 행사하는지를 이해하는 것이 중요하다. 이러한 인식으로부터 다음에 제시하는 리더십에 대한 세력과 영향력 접근이 나왔다(**소셜 미디어와 산업 및 조직심리학 : 트위터에서의 리더** 참조).

3) 세력 및 영향력 접근

| 세력 및 영향력 접근 : 집단 내에서 개인이 발휘하는 세력 및 영향력 사용으로 리더십을 이해하려는 접근 |

세력 및 영향력 접근(power and influence approach)은 리더십 개념을 나타내는 또 다른 방식이다. 특성 접근은 리더가 지닌 속성에 초점을 두고, 행동 접근은 리더가 하는 행동에 초점을 둔다. 세력 및 영향력 접근에 따르면, 리더십은 한 사람(리더)이 다른 사람들(부하들)에게 영향력을 행사하는 것이다. 리더가 세력을 행사하는 방식은 부하들의 행동에 영향을 미친다. 따라서 리더십에 대한 세력 및 영향력 접근은 세력의 의미와 영향을 미치는 방법을 다룬다.

세력과 리더의 효과성 다양한 형태의 세력이 존재한다. French와 Raven(1960)은 세력을 보상세력, 강압세력, 합법세력, 전문세력, 참조세력과 같이 다섯 가지로 구분하는 고전적 분류체

소셜 미디어와 산업 및 조직심리학

트위터에서의 리더

"**자**신이 리더라고 생각하지만 따르는 이가 없는 사람은 그냥 홀로 걷고 있는 것이다"라는 유명한 속담이 있다. 전 세계 많은 리더들이 팔로워들과의 소통 방식으로 트위터라는 강력한 플랫폼을 사용하고 있다. 미국 대통령 오바마(@BarackObama)와 인도 수상 나렌드라 모디(@NarendraModi)와 같은 세계적인 지도자들은 수백만의 팔로워를 갖고 있다. 멕시코 대통령(@PresidenciaMX)은 평균적으로 하루에 70개의 트윗을 보낸다. 프란치스코 교황(@Pontifex)이 올린 트윗에는 수천 개의 리트윗이 달린다. 즉 세계적인 리더들은 트위터에서 굉장히 활발히 활동하고 있으며 영향력을 미치고 있다.

기업 리더들 또한 트위터에 참여하기 시작했다. 150만 명 이상의 팔로워를 갖고 있는 허핑턴 포스트 미디어 그룹의 대표이자 편집장인 아리아나 허핑턴(@ariannahuff)은 일과 가정의 균형을 맞출 수 있는 방법을 트위터에 소개하면서 자신의 영향력을 보여 주었다. 거의 16만 명의 팔로워를 보유한 링크드인의 CEO인 제프 와이너(@JeffWeiner)는 기술, 신규 채용정보, 소셜 미디어에 대한 트윗을 올린다. 이 외에도, 스페이스엑스, 페이팔, 솔라시티, 테슬라모터스의 공동 창립자인 엘론 머스크(@ElonMusk)의 경우, 미래의 우주 여행에 대한 트윗을 통해 100만 명에 가까운 팔로워들과 소통한다.

성공적인 리더가 되기 위해서 꼭 트위터 팔로워가 필요한 것은 아니지만, 트위터는 리더들의 영향력을 강화하고 넓히기 위한 또 하나의 방법이다. 트위터와 리더십이 관련되어 있는 많은 사례에서 볼 때, 트위터 팔로워 수는 소셜 미디어 밖에서의 영향력이 반영된 것일지도 모른다. 예를 들어 버크셔 해서웨이의 의장이자 CEO이며, 세계 제일의 부자 중 한 명인 워런 버핏의 경우, 그가 올린 첫 번째 트윗 "집에 있는 워런"을 포함하여 다섯 번밖에 트윗을 올리지 않았지만 87만 명의 팔로워가 생겼다!

계를 제안하였다(그림 13-1 참조).

1. **보상세력**(reward power). 보상세력은 바람직한 행동에 대해 정적인 인센티브를 제공해 줄 수 있는 세력이다. 누군가에게 가치 있는 것을 줄 수 있다면 세력을 갖고 있다고 할 수 있다. 승진, 임금 인상, 휴가, 좋은 임무를 할당해 주는 것을 예로 들 수 있다. 일반적으로, 종업원들을 보상해 줄 수 있는 세력은 상사의 역할에 공식적으로 부여된 권한이다.

다섯 가지 세력의 도식적 표현

2. **강압세력**(coercive power). 강압세력은 바람직하지 않은 행동을 할 경우 처벌할 수 있는 세력이다. 해고, 임금 삭감, 견책, 좋지 않은 임무를 할당해 주는 것을 예로 들 수 있다. 이런 방식으로 다른 종업원에게 제재를 가할 수 있다면 세력을 갖고 있다고 할 수 있다. 보상세력과 마찬가지로, 조직은 공식적 권한과 정책에 근거해서 종업원을 처벌할 수 있는 세력을 가지고 있다.

3. **합법세력**(legitimate power). 합법세력을 권한(authority)이라고 부르기도 하는데, 이것은 조직이 종업원에게 영향력을 미치는 것이 합법적이라는 것을 의미한다. 규준과 기대에 의해 합법세력의 정도가 결정된다. 만일 사장이 시간 외 근무를 요구한다면, 그럴 수 있는 권한이 있기 때문에 합법적이라고 여긴다. 그러나 동료가 사장과 똑같은 요구를 한다면, 그 요구를 거절할 것이다. 개인이 우정의 차원에서 그 요구를 받아들일 수 있을지 몰라도 동료는 그러한 요구를 할 수 있는 합법적인 권한이 없다.

4. **전문세력**(expert power). 전문세력은 어떤 분야에 대한 한 개인의 전문성에 근거한 세력이다. 만약 다른 종업원이 당신의 지식과 판단에 의존한다면 당신은 세력을 가진 것이다. 자문가를 예로 들어 보자. 자문가는 특정 분야에서 전문가로 여겨지기 때문에 문제가 생길 경우에 그들에게 도움을 청한다. 이와 같이 전문세력은 어떤 개인이 가지고 있는 경험, 지식 또는 능력으로부터 나온다. 조직에서 이러한 세력을 공식적으로 부여한 것이 아니다.

5. **참조세력**(reference power). 참조세력은 가장 추상적인 세력 유형이다. 어떤 종업원은 다른 종업원을 존경하고, 그 사람처럼 되고 싶어 하고, 그 사람을 좋아한다. 이때 그 사람은 참조하고 싶은 대상이 된다. 참조세력은 참조대상이 되는 사람의 개인적 자질에서 발생한다. 문화적인 요인이 이러한 개인적 자질에 영향을 줄 수 있다. 젊은 사람들은 자기보다 나이가 많은 사람들을 존경한다. 왜냐하면 나이는 어느 정도 존경심을 일으키는 개인적 자질이기 때문이다. 또한 규범 역시 참조세력을 발생시킬 수 있다. 종업원들은 특정 집단에 대한 정체성을 갖고 싶어 하며 집단의 기대에 어긋나려 하지 않을 것이다.

Yukl(1994)은 영향력 행사가 성공했는지 또는 실패했는지는 영향력의 강도에 달려 있다고 지적하였다. 영향력 행사는 질적으로 서로 다른 세 가지 결과를 발생시킨다. **몰입**(commitment)은 어떤 개인(또는 영향력 수용자)이 다른 사람(영향력 행사자)의 요구를 내적으로 동의하고 그 요구를 효과적으로 이행하기 위하여 많은 노력을 할 때 발생하는 결과이다. **응종**(compliance)은 영향력을 행사하는 사람의 요구는 수용하지만 그 요구 이행에 열정적이지 않고 무관심한 편이고 단지 최소한의 노력만을 할 때 발생하는 결과이다. **저항**(resistance)은 영향력을 행사하는 사람의 요구에 반대하고 그 요구에 단지 무관심한 반응만을 보이는 것이 아니라 그 요구의 이행을 적극적으로 거부할 때 발생하는 결과이다.

어떤 연구자들은 리더들이 세력을 사용하는 방식에 따라 열정적인 몰입, 수동적인 응종, 강력한 저항의 결과가 나타난다고 주장했다. 효과적인 리더들은 부하와의 지위 격차를 최소화하고 부하들의 자존심을 손상시키지 않도록 여러 세력을 절묘하게 조합하여 사용한다. 이와는 반대로, 거만하거나 교활한 방식으로 세력을 사용하는 리더들은 부하들의 저항에 당면할 가능성이 크다.

사람마다 세력을 사용하는 데 있어서 차이가 있다. 권위적인 관리자들은 주로 보상세력이나 강압세력을 사용한다. 참여적인 경향이 있는 관리자들은 전문세력이나 참조세력을 주로 사용한다. 군대 구성원들은 계급에서 나오는 합법세력을 주로 사용한다. Stahelski 등(1989)은 대학의 행정담당자들이 교수들에게 영향력을 행사하기 위하여 합법세력, 보상세력, 강압세력보다는 참조세력과 전문세력을 사용한다고 보고했다.

Ragins와 Sundstrom(1989)은 조직 내에서 세력을 사용하는 데 있어서 성차가 존재하는지를 연구하였다. 그들은 개인이 조직에서 오랫동안 근무함에 따라 많은 자원을 축적하면서 세력이 점차 증가한다고 결론 내렸다. 여성이 세력을 갖기 위해서는 많은 장벽과 장애물이 존재하지만, 남성은 여성에 비해 장애물이 적고 여성에게는 제공되지 않는 지원을 받는다.

4) 상황연계 접근

리더십에 대한 **상황연계 접근**(contingency approach)은 리더의 행동 및 영향력에만 초점을 두었던 것에서 벗어나 리더십이 발생하는 상황도 함께 고려한다. 이 접근에 따르면 가장 효과적인 리더의 특성과 행동은 리더가 처한 환경에 따라 다르다. 상황연계 이론은 리더만을 따로 분리해서 생각하는 것은 충분하지 않다고 가정한다. 그 대신 리더, 부하, 그리고 상황을 함께 고려해야 한다. Barling(2014)은 "리더는 불꽃이고, 부하는 연소재, 상황은 산소이다. 이 세 가지가 적절히 섞이지 않는다면 아무 일도 일어나지 않을 것이다"(p. 292)라고 리더십을 불에 빗대어 표현하였다.

> **상황연계 접근** : 리더십이 발생하는 상황과 리더의 행동을 함께 고려해서 리더십의 효과성을 이해하려는 접근
>
> **Fiedler의 상황연계 모델** : 리더의 효과성은 리더십 유형과 상황의 호의성 간 상호작용에 달려 있다고 주장하는 상황연계적 접근

이러한 상황연계 접근을 가장 잘 이해할 수 있는 리더십 이론은 **Fiedler(1967)의 상황연계 모델**(Fiedler's contingency model)이다. Fiedler는 리더들이 그들의 성격에 기초해서 비교적 고정된 유형의 리더십을 가지고 있다고 주장하였다. Fiedler는 리더의 성향을 알 수 있는 성격 척도를 개발하였다. 리더 성향은 과업 주도적 리더 또는 관계 지향적 리더로 나뉜다(또는 이 두 가지가 혼합된 형태로 나타난다).

이런 리더 성향이 효과적인지 아닌지는 상황에 따라 달라지기 때문에, 리더 성향을 확인한 후 상황의 호의성(favorability)을 고려하는 것이 중요하다. 상황의 호의성을 결정하는 세 가지 요인은 리더-부하 관계, 과업의 구조화 정도, 리더의 지위세력이다. 이 세 가지 요인이 모두 높을 때, 즉 부하들이 리더를 존경하고 신뢰하며, 과업이 명확하고 구조화되어 있으며, 리더의 지위가 권한과 세력을 지니고 있을 때가 가장 호의적인 상황이다. 반대로 이 세 가지 요인들이 모두 낮을 때 가장 비호의적인 상황이라고 말할 수 있다. Fiedler에 따르면, 극도로 호의적이거나 극도로 비호의적인 상황 조건일 때 과업 지향적 리더가 더 효과적이다. 중간 정도의 호의적 또는 비호의적인 상황일 때(예를 들어, 과업 구조와 지위세력은 낮고, 리더-부하 관계가 높은 경우)는 관계 지향적 리더가 더 효과적이다.

리더십에 대하여 상황연계 접근을 하는 다른 리더십 이론들도 있다. 그중 한 이론(예 : 상황적 리더십 이론)은 리더의 효과성이 부하의 능력이나 자신감 수준에 달려 있다고 주장한다. 다른 이론은 부하들이 목표를 달성하도록 하기 위해 리더는 상황에 따라 다른 리더십을 보여주어야 한다고 주장한다. 이런 모든 상황연계적 이론들의 공통점은 리더의 효과성을 알아볼 때 상황을 고려한다는 것이다.

리더십에 대하여 상황연계 접근을 하는 많은 이론들이 수년간 지지를 받아 왔다. 그러나 연구의 주안점이 변화하였고 연구자들은 점점 특정 접근법에 중점을 두지 않게 되었다. 실제로 Rumsey(2013)는 "새로운 리더십 장르"(p. 462)가 나타나면서 특성적, 행동적, 상황연계적

이론에 대해서 점점 관심을 갖지 않게 되었다고 말하였다. 그러나 이런 접근법에 대한 관심이 줄어들어 가는 동안에도 리더, 부하, 상황 간의 상호작용이 중요하다는 인식은 아직 남아 있다. 상황을 이해하는 최근 접근법은 리더의 적응력을 고려하는 것이다. Shamir(2013)를 포함한 많은 이론가들은 리더가 이전보다 "더 다양하고, 복잡하며, 역동적이고, 예측 불가능한 상황 속에 놓여 있다"(p. 348)는 사실을 강조한다. 이처럼 최근에 강조되는 것은 매우 다양한 상황과 환경에 적응할 수 있는 리더의 능력이다. 즉 적응성이 뛰어난 리더가 상황에 관계없이 더 효과적이라는 것이다. 그러나 상황이 중요하지 않다는 것은 아니다. 상황은 끊임없이 변화하고 리더는 이러한 상황에 적응할 필요가 있기 때문에 상황도 마찬가지로 중요하다.

5) 리더-부하 교환 이론

리더십 이론의 또 다른 접근 중 하나는 리더와 부하 간의 관계를 고려하는 것이다. **리더-부하 교환 이론**(leader-member exchange theory, LMX)에 따르면, (1) 부하들의 능력 및 기술, (2) 리더가 부하들을 신뢰하는 정도(특히 리더가 부하들을 감독하지 않는 상황에

> 리더-부하 교환 이론 : 리더와 리더가 이끌어 가는 집단의 구성원들 간 관계의 성질에 기초하고 있는 리더십 이론

서), (3) 부서의 일에 책임을 지려는 부하들의 동기 수준에 따라 리더는 자신의 부하들을 서로 다르게 대우한다(Dansereau et al., 1975). 위의 세 가지 속성을 가지고 있는 부하들(이 이론에서 '구성원'을 의미함)은 리더와 양질의 관계를 맺으며 내집단(in-group)에 속하게 된다. 내집단 구성원들은 공식적인 직무 이상의 일을 하며 집단의 성공에 중요한 영향을 미치는 과업을 수행하는 책임을 떠맡는다. 또한 내집단 구성원들은 리더로부터 더 많은 관심과 지원을 받는다. 앞에서 언급했던 세 가지 속성을 갖지 못한 부하들은 외집단(out-group) 구성원이 된다. 이들은 일상적이며 그다지 중요하지 않은 일들을 하고, 리더와 공식적인 관계만을 유지한다. 리더는 공식적인 권한을 사용하여 외집단에 영향력을 행사하지만, 내집단에는 공식적인 권한을 사용할 필요가 없다. 따라서 부하들이 내집단인지 또는 외집단인지에 따라 리더들이 사용하는 세력의 유형 및 강도가 다르다. Liden 등(1997)은 "매우 단순하게 말하자면, 리더로부터 많은 정보와 지원을 받는 사람들과 도전성과 책임이 요구되는 일을 하는 사람들은 단순히 고용계약에 명시된 수준의 지원을 받는 사람들보다 긍정적인 직무 태도를 가지며 보다 긍정적인 행동을 할 것으로 기대된다"(p. 60)고 표현하였다.

최근 연구들은 LMX 이론이 조직행동 차원을 설명하는 데 유용하다는 것을 발견하였다. Furst와 Cable(2008)은 리더와 부하 간의 교환관계가 강할 때, 종업원들은 관리자들을 신뢰하고 조직 변화에 대한 저항이 적다는 것을 밝혔다. Henderson 등(2008)은 리더와 부하 간 교환관계가 강할수록 개인과 조직을 결속하는 심리적 계약에 대한 종업원의 몰입이 증가한

다고 보고했다.

리더와 구성원들 간의 교환관계에서 조직 내 다른 사람들이 서로 어떤 교환관계를 맺고 있는지를 고려하는 것이 중요하다. Martin 등(2010)은 리더와 부하 간 교환은 일터에서 서로를 볼 수 있는 양방경이라고 제안하였다. 조직 위계 속에서 종업원들은 자신보다 지위가 높거나 낮은 사람들과 함께 지내기 때문에 각각의 관계마다 양방경이 존재한다. 따라서 온갖 형상이 다양하게 보이는 만화경처럼, 조직 내 개인은 여러 개의 렌즈로 다른 사람들을 본다. 이런 관점에서 Hu와 Liden(2013)은 사람들은 리더가 다른 부하들과 맺는 관계와 자신의 LMX 관계를 비교한다는 것을 발견하였다. 사람들은 동료보다 자신이 리더와 더 나은 관계를 맺고 있다고 느낄 때, 자신의 직무수행 능력에 대해 더 자신감을 갖게 되고 이는 더 나은 직무수행과 더 많은 시민 행동, 더 높은 직무 만족으로 이어진다. 동료의 LMX 관계와 더불어 다수의 리더가 존재하는 것 또한 중요한 고려 사항이다. Vidyarthi 등(2014)은 리더가 두 명일 때, 마음속에서 서로에 대한 교환관계가 각각 존재한다고 언급하였다. 두 리더와의 교환관계가 서로 일치하는 경우, 구성원들은 더 만족감을 느끼며 조직을 떠나려고 하지 않을 것이다. 그러나 일치하지 않을 경우, 구성원들은 만족감을 덜 느끼고 조직을 떠날 가능성이 커진다.

다른 리더십 이론과는 달리 LMX 이론은 리더와 부하 간의 관계의 중요성을 강조한다. 최근에 LMX 이론은 리더가 부하와의 관계를 넘어서 다양한 사람들과 관계 및 동맹을 구축하는 것이 필요하다는 것으로 확장되었다. 전통적인 LMX 개념은 리더와 부하 교환관계의 질의 수준이 다양하다는 점에 주목하였다. 양질의 관계를 맺고 있는 리더와 구성원은 서로 돕고 지지해야 한다는 비공식적인 계약을 맺고 있다. Graen(2013)은 *Leader Motivated Xcellence*라는 용어를 사용해서 LMX의 최신 버전을 소개하였다. 이러한 새로운 접근은 리더가 자기 자신과 조직의 목표를 충족하기 위해서 조직 내·외부 사람들과 전략적 동맹관계를 형성한다는 내용을 담고 있다. 따라서 교환관계는 단순히 리더와 부하의 관계를 넘어 리더와 동료, 상사, 그리고 다른 내부와 외부 사람들과의 관계로까지 확장되었다. 그러나 최신 LMX 이론에 대한 연구는 부족한 편이다. 이런 최신 이론이 리더십 연구자들 사이에서 받아들여질지는 시간이 말해 줄 것이다.

6) 전 범위 리더십 이론

다음에 다루고자 하는 리더십 이론은 다른 리더십 이론과 달리 관리자와 리더 간의 차이점을 강조한다. Avolio(2011)는 전 범위 리더십(full-range leadership) 이론을 리더십의 광범한 스펙트럼을 구성하는 세 가지 분리된 행동군으로 표현하였다. 스펙트럼의 최상단에는 변혁적 리더십이 있다. **변혁적 리더십**(transformational leadership)은 조직 변화 과정에서 부하가 리더가 될 수 있도록 권한 위임을 해 줌으로써 리더는 부하를 통해 영향력을 발휘한다. 이 관점에 따르면 성공적인 리더는 구성원들이 스스로를 믿도록 하며, 각자의 능력에 대해 자신감을 갖게 해 주고, 기대 수준을 올려 준다. 즉 변혁적 리더의 성공 지표는 이전보다 더

> 변혁적 리더십 : 집단이 목표를 추구하고 결과를 성취하도록 격려하는 과정을 리더십으로 간주하는 개념

높은 수준의 집단수행 능력이다. 변혁적 리더는 집단 내 능력들을 이용하여 부하들이 성공할 수 있게 도와주고 힘을 촉발시킨다. 이런 전환 과정을 이해하는 것이 변혁적 리더십 연구의 목적이다.

Bass(1998)에 의하면 변혁적 리더는 부하들에게 집단의 성공에 있어서 그들의 중요성과 가치를 인식시켜 준다. 리더는 부하들이 집단의 이익을 위해 자기 이익을 바람직한 방향으로 승화시키기를 바란다. 집단구성원들은 리더에게 신임과 관심을 얻으려고 공통 목표를 성취하기 위해 더 많은 노력과 헌신을 한다.

변혁적 리더는 다음에 제시하는 변혁적 리더십의 다섯 가지 구성 요소 중 한 개 또는 그 이상을 사용하여 더 나은 결과를 얻으려고 한다(Avolio, 2011).

- **부여된 카리스마**(attributed charisma). 카리스마라는 용어는 '우아함의 선물'이란 뜻의 그리스어 *kharisma*에서 유래되었으며, 카리스마 리더는 신이 내린 신성한 선물을 가진 자를 의미한다. 부하들은 리더를 힘 있고 매력적인 사람으로 여기고 자신들의 헌신을 이끌어 낼 수 있을 것이라고 생각한다. 카리스마에는 감정적인 요소가 내포되어 있다. Gardner와 Avolio(1998)에 따르면, 효과적인 카리스마 리더는 부하들의 감정적인 반응을 이끌어 내기 위해 환경을 조성하고 이용할 수 있다고 하였다. 예를 들어, 리더는 부하에게 상징적인 의미를 가진 빌딩 앞에 무대를 만들어 연설을 할 수도 있다("**현장기록 1 : 리더들이 사용하는 소품**" 참조). 이처럼 리더가 카리스마가 있는지 아닌지는 논리적 의사결정과 체계적인 사고 과정보다는 직감과 감정적 유대관계에 의해 결정된다.
- **이상화된 영향력**(idealized influence). 변혁적 리더들은 부하들의 본보기가 될 수 있도록 행동한다. 카리스마와 달리, 이상화된 영향력은 리더의 인간적인 매력으로부터 나오는 것이 아니라 리더가 부하들에게 신념과 가치관을 부여하는 방식으로부터 나온다. 부여된 카리스마는 부하들이 리더를 신성한 존재로 여기는 것이라면, 이상화된 영향력은 리더의 자신감 있는 행동과 리더로서 인정받고, 존경받고, 신뢰를 주는 행동을 의미한다. 요약하자면, 이상화된 영향력은 말한 것을 실제로 실천하거나 자신의 가치와 신념을 실제 행동으로 옮기는 것을 나타낸다.
- **영감적 동기부여**(inspirational motivation). 변혁적 리더들은 부하들에게 일에 대한 의미와 도

현장기록 1
리더들이 사용하는 소품

최근 연구들은 리더들이 의사소통의 효과를 높이기 위해 사용하는 '무대연출'과 소품들을 연구하였다. 미국의 정치 리더들은 몇 가지 소품을 사용하였다. 리처드 닉슨이 미국 부통령으로 재임할 때, 닉슨은 그의 영향력을 이용하여 이익을 챙기려는 사람으로부터 부적절한 선물(뇌물)을 받은 것 때문에 고발되었다. 그는 자신의 입장을 변명하기 위해 그의 애견인 '체커스'를 안고 TV에 나왔다. 그는 자신이 받은 선물 가운데서 함께 나온 애견을 제외한 모든 선물을 되돌려줬다고 해명했다. 그리고 그 애견은 자신의 가족의 일원이 되었다고 하였다. 개를 안고 한 이 TV 연설은 "닉슨의 체커스 연설"이라고 오랫동안 기억되었다.

드와이트 아이젠하워가 대통령일 당시 그는 TV에서 자신의 리더십 철학에 대해 연설한 적이 있었다. 카메라가 그의 정면에서 비추고 있었다. 그는 주머니에서 실을 꺼내 그 실을 잡아당기면 손가락을 따라 올라오고, 실을 내리면 어디론가 사라져 버리는 것을 보여 주었다. 아이젠하워는 실을 미국에 비유하여, 자신이 국가의 번영을 이끌어 갈 것이며 퇴보시키지 않겠다는 의지를 국민들에게 전달하였다.

얼 버츠는 닉슨 정권에서 농무부 장관을 맡고 있었다. 그는 국회에서 농무부 예산에 대해 설명하였다. 그는 국회에서 예산을 설명하면서 하나의 종이봉투에서 여러 조각으로 자른 빵을 꺼냈다. 그리고 꺼낸 빵들을 여러 크기의 봉지에 나누어 넣었다. 그는 농무부 예산을 여러 사업에 어떻게 할당할 것인지를 상징적으로 보여 주었다.

이러한 사례들에서 리더들이 상당히 복잡한 문제를 설명하기 위하여 개, 실, 빵조각을 소품으로 사용하였다. 소품은 사람들이 연설 내용을 다 잊어버린 후에도 그들의 기억에 남는다. 기업 리더들은 극장의 무대감독들이 무대연출을 통하여 쇼의 효과를 극대화하는 기법들을 활용하는 것을 배워야 한다.

전을 제공하여 자신의 주변 사람들에게 동기를 부여한다. 리더들은 부하들이 미래에 대한 매력적인 청사진을 가질 수 있도록 하고, 부하들이 성취하기를 바라는 기대를 분명하게 설정한다.

- **지적 자극**(intellectual stimulation). 변혁적 리더들은 부하들로 하여금 기존 가정에 대하여 의문을 제기하고 문제를 재구조화하고 새로운 방식으로 과거 상황에 접근하도록 함으로써 그들이 혁신적이고 창의적으로 되도록 자극을 준다. 리더들은 부하들이 현재 상황과 본인들이 가지고 있는 기본 가정에 대해 의구심을 가지게 한다. 변혁적 리더들은 부하들에게 새로운 아이디어와 창의적 문제 해결을 요구하며, 부하들이 문제 해결 과정에 참여하도록 한다.

- **개인적 배려**(individual consideration). 변혁적 리더들은 부하들을 개인적으로 지도하면서 부하 개개인의 발전 및 성장에 대한 욕구에 특별한 관심을 기울인다. 부하들과 동료들은 점

차적으로 높은 잠재력을 가지는 수준으로 발전한다. 변혁적 리더들은 부하들의 욕구 및 바람에 대한 개인차를 인식하고 이와 같은 개인차를 수용한다.

전 범위 리더십 이론에서 두 번째 리더십 행동군은 거래적 행동이다. **거래적 리더십**(transactional leadership)은 부하의 행동을 변화시키기 위해서 보상과 처벌에 초점을 두고 있는 관리 및 감독 행동으로 구성되어 있다. 리더와 부하는 얻고자 하는 결과에 대해 서로 분명한 기대를 가지고 있다. 다음은 거래적 리더십을 구성하는 세 가지 요소이다.

> **거래적 리더십** : 부하의 특정 행동에 대한 대가로 보상을 주거나 처벌을 하는 것을 리더십으로 간주하는 개념

- 조건적 보상(contingent reward). 거래적 리더들은 부하와 교환관계를 맺고 있다. 조건적 보상을 사용하는 리더의 경우, 부하가 리더가 원하는 대로 수행하면 보상을 제공한다. 보상은 금전적인 것(예 : 보너스)일 수도 있고, 감정적인 것(예 : 칭찬)일 수도 있고, 가시적인 것(예 : 자격증)일 수도 있다. 비록 이런 리더십이 꽤 효과적이라 할지라도 변혁적 리더십보다는 효과가 작다고 여겨진다.
- 능동적 예외관리(active management-by-exception). 거래적 리더들이 사용하는 교환관계는 능동적 예외관리 경우처럼 처벌에 근거를 둘 수 있다. 리더들은 규칙에 위배되는 것이나 실수를 능동적으로 찾아내고, 문제를 찾아냈을 때 처벌을 가함으로써 시정 조치한다.
- 수동적 예외관리(passive management-by-exception). 가장 낮은 수준의 거래적 리더십이다. 능동적 예외관리와 마찬가지로 리더들은 바람직하지 않은 행동에 대해 처벌을 가한다. 그러나 문제를 능동적으로 찾기보다는 수동적이다. 즉 문제가 발생하기 전까지 개입하지 않는다.

Barling(2014)에 따르면, 거래적 리더십은 "모순이라고 볼 수밖에 없다. 거래적 리더십 중 필요한 행동(예 : 조건적 보상)도 있지만, 그런 행동들을 리더십이라고 볼 수 없다. 이런 행동들은 공식적인 지위에서 비롯된 것이며 단지 좋은 관리 능력을 나타낸다"(p. 9). 전 범위 리더십 스펙트럼의 최하단에는 **자유방임적 리더십**(laissez-faire leadership)이 존재하는데, 이는 리더십 부재를 의미한다. 말 그대로 '자유방임'이라는 단어는 '그냥 내버려 두다'라는 뜻이다. 자유방임적 리더들은 자신의 권위를 포기하고 다른 이들이 의사결정을 하도

> **자유방임적 리더십** : 모든 책임을 회피하고 부하를 그냥 내버려 두는 리더십 부재의 형태

록 내버려 두면서 수수방관한다. 이는 리더십 중 가장 소극적인 방식이며, 리더십이 없는 상태로 여겨지기도 한다. 부하에게 지시를 내리지 않고 책임감을 회피하는 행동은 심지어 좋은

관리 능력이라고도 할 수 없다. Hinkin과 Schriesheim(2008)은 다른 사람들 모두가 조치를 취해야 한다고 생각하는 상황에서 리더가 결정을 내리지 않는 경우 어떤 결과가 초래되는지에 대해 연구하였다. 그들은 상사가 좋은 수행에 대해 보상을 제공하지 못하거나 저조한 수행에 대해 처벌하지 않았을 때 종업원들의 상사에 대한 만족도가 낮다는 것을 발견하였다. 이처럼 리더의 의사결정이 필요한 상황에서 종업원들은 리더가 중요한 결정을 해 주길 바란다.

전 범위 리더십 이론에 대한 문헌들을 요약해서(그림 13-2 참조), Walumbwa와 Wern-sing(2013)은 다양한 상황과 문화에 걸쳐 변혁적 리더십이 종업원 만족 및 수행과 일관되게 관련 있다는 것을 보여 주는 많은 연구들을 인용했다. MacKenzie 등(2001)은 보험 회사 영업 사원들을 대상으로 실시한 연구에서 거래적 리더십 행동보다 변혁적 리더십 행동이 그들의 수행과 시민행동에 더 강한 영향을 준다는 것을 보여 주었다. 예상할 수 있는 것처럼, 능동적 예외관리, 수동적 예외관리, 자유방임적 리더십 행동은 모두 비효과적인 것으로 나타났다.

변혁적 리더십을 지지하는 많은 연구들을 고려해 볼 때 두 가지 요점을 이야기할 수 있다. 첫째, Bass(1985)는 거래적 리더십을 기반으로 변혁적 리더십이 만들어졌다고 했다. 그렇기 때문에 두 가지 리더십을 모두 갖고 있는 리더가 한 가지 리더십을 갖고 있는 리더보다 더 효과적이다. 둘째, Barling(2014)은 리더들이 항상 모든 변혁적 행동을 다 할 필요는 없다고 말했다. 그가 말했듯이, "뛰어난 리더들은 매 순간 올바른 행동을 하는 것은 아니지만, 그들은 적시에 기회를 놓치는 적이 거의 없다"(p. 20).

7) 진정성 리더십

> 진정성 리더십 : 자기 인식이 높고, 다른 사람과의 관계가 투명하며, 편견 없이 의사결정하고, 도덕적인 리더가 신뢰를 더 얻고 더 효과적이라는 개념

변혁적 리더십, 긍정심리학, 윤리학에 뿌리를 둔 새로운 리더십 관점이 바로 **진정성 리더십**(authentic leadership)이다. 진정성 리더십 이론은 리더의 진심 어린 생각과 행동에 관심을 두고 있다. Avolio 등(2007)에 따르면 진정성 리더십은 다음과 같은 네 가지 주요 요소들을 가지고 있다.

1. **자기 인식**(self-awareness) : 리더들은 자기 자신의 강점과 약점을 알고 있어야 하고, 자기 자신의 모습과 다른 사람들이 보는 자기 모습을 비교할 줄 알아야 한다. 자기 인식이 없다면 리더는 자신에게 충실할 수 없다. 따라서 자기 인식은 진정성 리더십의 핵심이다(May et al., 2003).

2. **관계적 투명성**(relational transparency) : 진정성 리더들은 다른 사람들에게 실제 모습보다 더 잘 보이려고 하지 않고 있는 그대로의 모습을 보여 준다. 그들은 실제보다 더 좋게

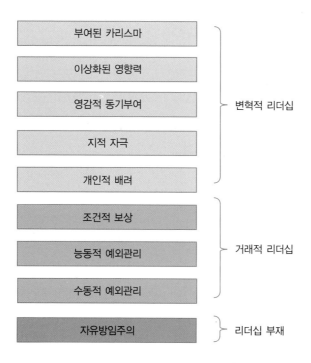

그림 13-2 전 범위 리더십 이론

보이려고 애쓰지 않고, 자신의 강점과 업적뿐만 아니라 자신이 갖고 있는 걱정, 불안, 약점도 부하들에게 알려 준다. 즉 진정성 리더들은 진솔하고 열린 마음으로 부하들을 대한다.

3. **균형 잡힌 정보처리**(balanced processing) : 진정성 리더는 편견 없이 정보를 분석하고 의사 결정한다. 문제를 균형 잡힌 시각으로 보기 위해 리더들은 자신에게 유리한 정보가 아닐지라도 정보를 구한다. 그렇게 함으로써 진정성 리더들은 의사결정에 있어서 높은 진정성을 유지할 수 있다.

4. **내재화된 도덕적 관점**(internalized moral perspective) : 확고한 도덕적 잣대는 진정성 리더들의 핵심이다. 사람들은 내적 기준에 부합하는 가치 체계에 따라 생각하고 행동한다. Walumbwa와 Wernsing(2013)에 따르면, 진정성 리더들은 "매우 발달된 가치 체계에 따라 행동하기 때문에 어려운 윤리적 문제가 발생하더라도 친사회적이고 윤리적으로 생각하고 행동한다"(p. 396).

Barling(2014)에 따르면, "리더들은 단순히 '진정성이 있는 리더'와 '진정성이 없는 리더'로 나뉘지 않는다. 리더는 진정성 수준 정도에 따라 다양하다"(p. 13). Avolio(2010)는 리더들이 진정성이 더 있는 리더가 되도록 개발할 수 있다고 하였다. 자기 고찰 활동과 도덕적 딜레마 관련 사례연구에 대한 토론 활동에 참여함으로써 리더는 자신의 의사결정 결과에 대한 민감성이 향상되고 도덕적으로 의사결정하는 능력에 자신감을 가지게 된다. Wagner(2013)는 그런 훈련을 통해서 리더들이 조직 내 윤리적 문제들에 대해 사전 대책을 세울 수 있다고 하였다.

8) 서번트 리더십

> **서번트 리더십** : 리더 자신의 욕구보다 부하들의 욕구 충족을 우선으로 여기는 리더십

변혁적 리더십, 진정성 리더십, LMX 리더십 이론과 중첩되는 다른 접근법은 바로 **서번트 리더십**(servant leadership) 이론이다. Robert Greenleaf(Greenleaf, 1970)가 처음 소개한 서번트 리더십은 최근 다시 관심을 받고 있다. 서번트 리더는 윤리 그리고 부하와의 관계를 강조한다. 리더들은 부하의 이익을 자신의 이익보다 우선으로 여기며, 조직을 위해서가 아니라 진정으로 종업원들을 돕기 위해서 종업원들을 개발하기 위해 노력한다. Liden 등(2008)에 따르면, 서번트 리더는 부하들에게 권한을 위임하고 부하들이 성장하고 성공할 수 있도록 도와준다. 또한 리더는 조직과 종업원들에게만 관심을 기울이는 것이 아니라, 그들이 살아가는 공동체에 대해 관심을 기울인다.

서번트 리더들이 부하에 대해 갖고 있는 이타심은 긍정적인 결과를 만들어 낸다. 예를 들어, Walumbwa 등(2010)은 815명의 종업원과 123명의 상사를 조사해서, 서번트 리더십이 종업원들에게 다음과 같은 영향을 미친다는 것을 발견하였다. (1) 상사에게 더 헌신적이다. (2) 자신의 업무수행 능력에 더 자신감이 있다. (3) 공정성을 더 높게 지각한다. (4) 조직이 고객 서비스에 더 큰 관심을 두고 있다고 믿는다. 이런 인식과 믿음은 조직 시민행동에 영향을 미쳤다. 즉 서번트 리더들은 종업원들의 태도와 믿음에 영향을 미쳐서 종업원들이 자신의 업무에서 요구된 일 이외에 추가적인 일을 자발적으로 하도록 만들었다.

서번트 리더십은 개인뿐만 아니라 팀과 조직 전체에 영향을 미친다. 예를 들어, Hu와 Liden(2011)은 서번트 리더십이 집단 구성원들을 스스로 매우 유능하다고 느끼게 만들어서 결국 더 높은 수준의 집단 수행이 나타난다는 사실을 밝혔다. Peterson 등(2012)은 CEO의 서번트 리더십 행동을 조사해서 CEO의 서번트 리더십이 회사의 성과로 이어진다는 것을 알아내었다. 즉 회사의 장기적인 번영과 종업원들의 성장에 중점을 둔 CEO가 우수한 재정적 성과를 이루어 내었다. Peterson 등(2012)은 서번트 리더가 자신의 개인적인 성공보다 조직의 성공에 관심을 갖고 있고 이익보다는 정직함에 더 가치를 둔다는 것을 종업원들에게 보여 줌으로써, 종업원들이 헌신하도록 하고 더 나은 수행을 하고 싶어 하도록 하는 분위기를 조성한다고 하였다.

9) 내현 리더십 이론

지금까지 제시했던 이론과는 완전히 다른 견해의 리더십 이론은 리더십을 단지 사람들(주로 부하들)의 마음에 존재하는 것으로 보는 관점이다. 이 관점에서는 '리더십'이라는 것을 어떤 결과에 대해 단순히 이름을 붙인 것에 불과하다고 본다. 즉 여러 조건 및 사건들을 관찰한 후에 거기에 리더십이 발생했거나 존재하는 것으로 생각한다. 이전에 제시했던 리더십 이론들과는 달리 **내현 리더십 이론**(implicit leadership theory)에서는 리더십을 객관적인 실체로 생각하는 것이 아니라 주관적으로 지각된 구성 개념으로 여긴다. 이 이론을 리더십에 대한 귀인이론 또는 사회적 정보 처리 이론이라고도 부른다.

> **내현 리더십 이론** : 타인들이 특정 개인에 대하여 지각하는 현상을 리더십이라고 간주하는 이론

Lord와 그의 동료들은 내현리더십 이론의 발전에 커다란 기여를 하였다. 예를 들어, Lord 등(1982)은 사람들이 원형적(prototypical) 리더(즉 자신들이 생각하는 리더)에 대한 개념을 가지고 있으며 실제 현실의 리더들을 이러한 개념에 따라 평가한다고 결론지었다. 사람들은 자신이 가지고 있는 리더에 대한 개념과 일치하는 리더를 '좋은' 리더라고 판단할 가능성이 크다. 따라서 리더십에서 '효과성'은 객관적으로 판단되는 것이 아니라 사람들의 기대와 일치되는 정도에 따라 결정된다. Phillips와 Lord(1981)는 사람들이 리더 효과성에 대해 전반적인 인상을 먼저 가지게 되고, 리더 행동에 대한 구체적인 차원들을 서술하기 위해 이러한 전반적인 인상을 사용한다는 것을 밝혔다. 따라서 수행평가에서 후광 오류를 범하듯이, 사람들은 관찰할 기회가 없었던 리더 행동에 대하여 자신 있는 판단을 내린다. Meindl과 Ehrlich(1987)는 "리더십에 대한 동경(the romance of leadership)"이라고 명명한 것이 조직수행에 대한 평가와 어떠한 관련이 있는지를 논의했다. 이들의 연구에서 피험자들은 똑같은 수행 결과를 평가함에도 불구하고 이러한 수행을 리더십과 관련 없는 요인에 귀인시킬 때보다 리더십 요인에 귀인시킬 때 더 높게 평가하였다. Meindl과 Ehrlich(1987)는 리더십이 실제는 그렇지 않은데 사실보다 더 대단한 것으로 사람들의 마음속에 자리 잡고 있다고 결론 내렸다. 그들은 리더십이 조직의 운명이나 행운에 대해 사람들이 자신감을 갖게 하는 상징적인 역할을 한다고 주장했다. 따라서 그들은 리더십이 우리가 생각하는 것처럼 조직의 성공에 대해 많은 부분을 설명하지는 않지만, 부하들로부터의 지원을 이끌어 내서 역설적이기는 하지만 결국은 조직의 효과성을 높이는 상징적인 가치를 지니고 있다고 결론 내렸다("**산업 및 조직심리학과 경제 : 경제가 정치 지도자에게 미치는 영향**" 참조).

Lord와 Brown(2004)은 리더십은 부하의 관점에서 볼 때 가장 잘 이해된다고 주장하였다. 리더가 부하들이 스스로를 보는 방식을 변화시키는 과정을 리더십으로 간주한다. 리더십의 성공과 실패는 부하들의 반응과 행동에 의해 결정되기 때문에 부하의 관점에서 리더십을 이

산업 및 조직심리학과 경제

경제가 정치 지도자에게 미치는 영향

리더십과 경제 간의 관계는 정치에 관한 역사적 관점에서 보면 가장 관련이 깊다. 내현 리더십에 관한 연구에서 보았듯이, 사람들은 리더가 우리 삶의 질에 영향을 미칠 수 있는 권한을 가지고 있다고 믿는다. 한 사람의 리더가 정말로 큰 변화를 일으켜서 지속적으로 긍정적인 결과를 만들어 낼 수 있는 힘을 가지고 있는지에 대해서는 논란의 여지가 있다.

선거 때 사람들은 자신의 경제적 상황을 좋게 만들어 줄 것으로 기대되는 사람에게 투표한다. 미국에서 대부분의 대통령들은 4년 임기를 마치고 재선에 성공하였다. 유권자들이 현재 대통령 임기 동안의 경제 상황에 전반적으로 만족한다면 현직 대통령은 재선될 가능성이 크다. 20세기 미국 대통령 중 네 명만이 재선에 실패했다. 이 중 세 명은 경제적 문제 때문에 재선되지 못했고, 한 명은 유권자들의 표를 분산시킨 제3의 후보 때문에 재선에 실패했다. 1932년에 미국을 포함한 전 세계는 대공황에 빠져 있었다. 허버트 후버 대통령은 그 당시 정치적으로 비교적 알려져 있지 않던 프랭클린 루즈벨트에게 져서 재선에 실패하였다. 루즈벨트 대통령은 미국 역사상 최악의 경제적 위기에서 벗어날 수 있는 리더십을 발휘한 업적으로 칭송받는다. 루즈벨트는 1936년, 1940년, 1944년에 연달아 세 번 대통령으로 선출되었다. 루즈벨트의 세 번의 재선을 계기로 미국의 헌법이 바뀌어 이후로는 두 번의 연임만 가능하게 되었다. 1980년 선거에서 현직 대통령이었던 지미 카터는 로널드 레이건에게 패하였다. 그 당시 미국은 경제적으로 최고로 높은 수준의 인플레이션에 처해 있었다. 두 후보가 참여한 TV 토론에서 레이건은 유권자들의 관심을 집중시킨 결정적인 말로 연설을 마무리하였다. 레이건은 시청자들에게 "지난 4년 전에 비해 살림살이가 더 나아졌습니까?"라고 말하였다. 대부분의 사람들은 경제적으로 더 힘들어졌기 때문에 투표에서 카터를 찍지 않았다. 1992년 선거에서 조지 부시 대통령은 클린턴에게 졌다. 부시는 미국과 소련 간의 냉전을 종식시킨 외교적 성과로 인하여 재선에 성공할 수 있으리라고 기대했다. 하지만 그 당시 미국은 경제가 침체되어 있었고, 클린턴의 선거 전략을 맡았던 제임스 카빌은 투표자들의 관심을 국내의 경제적 이슈로 돌림으로써 클린턴이 부시를 물리치고 당선되었다.

사면초가에 몰린 어려운 경제적 상황은 정치적 리더가 출현할 수 있는 기반을 제공한다. 어떤 경우에는 영웅적인 리더가 탄생하기도 하고 어떤 경우에는 국가를 절망으로 빠뜨리는 독재자가 출현하기도 한다. 경쟁이 매우 치열한 사업 환경에서는 회사 주주들이 바라는 재정적 성과를 달성하지 못하여 리더가 교체되기도 한다. 어떤 상황에서는 회사가 경제적으로 파산하는 것을 막기 위해 어느 정도의 부패를 용인해 주기도 한다. 우리 삶의 전반적 질은 경제적 혹은 금전적 풍요로움과 밀접한 관련이 있다. 과거와 비교해서

(계속)

현재 삶이 더 궁핍해졌다고 느낄 때 우리 삶의 질은 저하된다. 우리는 우리 삶을 풍요롭게 해 줄 수 있는 리더를 바라고 그러한 리더에게 우리의 삶을 변화시킬 수 있는 권한을 부여한다.

해하는 것은 통찰력이 있는 접근방식이다. 리더십 행동으로부터 도출되는 결과에 의해 부하들이 자신의 행동을 조절한다는 것이 밝혀졌다. 따라서 리더 효과성을 평가하는 유용한 방법은 부하들의 자기정체성이다. Epitropaki와 Martin(2004)은 리더들은 부하들이 효과적인 리더십을 어떻게 정의하고 있는지를 알아야 한다고 믿었다. 부하들은 민감하고, 지적이고, 헌신적이고, 역동적인(교활하지 않고, 거만하지 않고, 잘난 체하지 않는) 리더를 효과적인 리더라고 여기는 경향이 있다. Epitropaki와 Martin(2004)은 리더들은 부하들이 원하는 리더의 모습을 보일 수 있도록 교육을 받아야 한다고 주장했다.

10) 리더십 대체물

Kerr와 Jermier(1978)는 조직 및 개인의 성과를 최대화하기 위해 종업원에게 필요한 것이 무엇인지 연구했다. 이들은 종업원들이 직장에서 자신이 할 일이 무엇인지를 알고 싶어 하고 또한 다른 사람들로부터 좋은 감정을 얻고자 한다고 결론 내렸다. 일반적으로, 종업원들은 자신에게 부여된 역할이나 과업으로부터 자신이 할 일이 무엇인지를 알게 되고, 타인이 자신을 인정해 줄 때 좋은 감정을 느낄 수 있다. 이들은 직장이 종업원들에게 이러한 요인들을 제공해 주어야 하지만, 반드시 상사가 제공할 필요는 없다고 생각했다. 상사가 아닌 다른 출처들이 이러한 과업수행 지침과 인정을 제공해 줄 수도 있다.

이러한 경우에 공식적 리더십에 대한 필요성은 반감된다. Kerr와 Jermier(1978)는 이러한 것을 **리더십 대체물**(substitutes for leadership)이라고 언급하고 리더는 단순히 이와 같은 서비스를 제공하는 한 가지 수단에 불과하다는 점을 강조했다. 제9장에서 논의한 것처럼, 정말로 몇몇 조직은 감독자의 지위를 없애는 시도를 하고 있으며, 종업원들을 특수한 작업 팀으로 편성하여 전통적인 리더의 역할을 없앴다.

> 리더십 대체물: 공식적인 리더십을 대체하거나 대신할 수 있는 영향력의 출처들이 환경 내에 존재한다는 개념

Podsakoff 등(1996)은 리더들과 리더십 대체물이 작업 집단에 동시에 영향을 미친다고 보고했다. 예를 들어, 리더들이 심사숙고하여 비교적 독자적으로 일을 수행할 수 있는 종업원들을 선발함으로써 공식적인 감독이 덜 필요하도록 만들 수 있다. Podsakoff 등(1996)은 이러한 리더십 대체물이 작업 집단에 매우 중요한 영향을 미치지만, 리더의 역할을 완전히 없애

지는 않는다고 결론지었다. Dionne 등(2002)과 Muchiri와 Cooksey(2011)도 이와 유사하게 리더십 대체물이 리더의 역할을 완전히 대체하지는 못한다고 결론 내렸다.

리더십이 반드시 공식적인 지위로부터 나오는 것은 아니라는 연구 결과가 있다. Howell과 Dorfman(1981)은 리더십 대체물이 리더를 대체할 수 있는지를 검증하였다. 이들은 응집력이 매우 강한 작업집단이나 수행에 관하여 피드백을 제공해 주는 과업이 공식적인 리더를 대체할 수 있는지를 연구하였다. 이들은 리더십이 항상 리더로부터 나오지는 않는다는 것을 밝힘으로써 리더십 대체물을 부분적으로 지지하는 결과를 얻었다. Pierce 등(1984)도 역시 리더십 대체물에 대한 지지 증거를 보여 주었다. 이들은 종업원들이 일을 수행하는 방법에 관하여 정보를 얻을 수 있는 네 가지 환경적 출처인 직무 자체, 테크놀로지, 작업 부서, 리더에 관하여 연구했다. 이들은 처음 세 가지(직무 자체, 테크놀로지, 작업 부서)의 영향이 약한 경우에만 리더가 종업원들에게 많은 영향을 끼침을 발견하였다. 이것은 종업원들이 자신의 환경에서 사람이 아닌 출처로부터도 전형적으로 리더가 제공해 주는 요소(즉 과업주도와 지시)를 얻을 수 있으며, 리더십이 반드시 권한을 가지고 있는 사람으로부터 나오지 않는다는 것을 시사한다. 따라서 직무 자체가 사람들에게 어떤 일을 해야 하는지를 알려 주고(과업주도), 작업집단 구성원들이 서로를 도와주고 신경을 써 주기 때문에(배려) 리더가 없어도 성공적으로 운영되는 집단을 상상해 볼 수 있다.

어떠한 사람들은 스스로를 이끌어 갈 수 있는 능력을 가지고 있다는 연구 결과들이 있는데, 이처럼 스스로를 이끌어 가는 것을 자기리더십(self-leadership)이라고 한다. Manz(1986)는 어떤 종업원들은 자신의 가치나 신념이 조직의 가치나 신념과 일치할 때 스스로를 이끌어 갈 수 있다는 것을 발견하였다. 요약하자면, 리더십 대체물에 관한 연구들은 리더십이 조직 및 개인의 효과성을 촉진하는 일련의 과정 또는 기능이라고 제안한다. 이와 같은 과정 또는 기능이 반드시 공식적인 리더에 의해 이루어질 필요는 없으며, 집단구성원들이 수행하는 작업의 특성으로부터 발생할 수도 있다.

2. 서로 다른 접근들 간 공통점

리더십에 대한 여러 가지 접근과 이와 관련된 실증적 결과들이 많음에도 불구하고, Yukl(1994)은 서로 다른 리더십 연구들에서 얻어진 결과들에 공통점이 있다고 지적하였다. Yukl은 리더십 연구에서 얻어진 결과들에서 세 가지 일치된 주제를 발견하였다.

영향력과 동기부여의 중요성 영향력은 리더십의 핵심이다. Yukl은 리더들이 부하, 동료 그리고 조직외부 사람들의 태도와 행동에 강한 영향을 미친다고 언급하였다. 부하들이 특정 목표와 목적을 추구하도록 유도하기 위하여 리더가 부하에게 영향력을 미칠 수 있는 다양한 방법이 존재한다. 리더들이 세력과 자신의 개인적 욕구를 사용하는 방법은 그들이 사용하는 영향력의 종류에 영향을 미친다. 노련한 리더는 미래에 대한 매력적인 비전을 제공하고 사람들이 그 비전을 추구하도록 만든다.

효과적인 관계 유지의 중요성 Yukl은 리더가 사람들 간의 협조적 관계의 중요성을 인식하고 이러한 결과를 달성하기 위한 기술을 가지고 있어야 한다고 주장했다. 종업원들이 서로 신뢰하고 충성하고 존경하는 분위기에서 일할 때 조직이 더욱 효과적으로 운영된다. 종업원들은 자신의 욕구와 가치에 관심을 가지고 있는 리더에 대해 더 만족한다. 이와 반대로, 조직을 단지 자신의 영달을 위한 장소로만 여기는 리더는 조직의 성공에 기여할 구성원들과 관계가 멀어질 가능성이 크다.

의사결정의 중요성 의사결정은 현재 이루어지지만 그 결과는 미래에 나타난다. 훌륭한 의사결정을 내리는 리더는 미래에 좋은 결과가 발생하도록 한다. 이러한 재능은 훌륭한 리더의 표상이다. 리더십 효과성을 예측하는 몇몇 특성과 기술들이 의사결정과 관련되어 있다. 광범위한 전문지식과 인지적 기술을 가지고 있는 리더들이 더욱더 훌륭한 의사결정을 내릴 가능성이 크다. 이러한 기술들은 문제를 분석하고, 인과적 패턴 및 경향을 알아내고, 목표달성을 위해 서로 다른 전략을 썼을 때 일어날 수 있는 가능한 결과들을 예측하는 데 중요하다. 일반적으로 리더가 현명한 결정을 내리는 데 필요한 모든 정보를 가지고 있는 것은 불가능하다. 따라서 관련 정보를 얻는 능력, 의사결정을 내리기 위해 어떤 정보가 더 중요한지를 판별하는 능력, 의사결정 중 어느 것이 더 좋은 결정인지를 판단하는 능력은 리더가 갖추어야 할 중요한 능력이다. 불확실성과 스트레스에 대한 인내와 자신감은 리더들이 불완전한 정보에 기초하여 매우 중요한 의사결정을 내려야 하는 상황을 슬기롭게 헤쳐 나갈 수 있도록 도움을 준다.

3. 리더십의 어두운 면

Craig와 Kaiser(2013)에 따르면, 리더십 이론들은 전통적으로 리더의 특성, 행동, 또는 부하와의 관계와 같이 리더십을 향상시키는 요인들을 연구했다. 이런 관점은 리더십의 '밝은 면'

을 다루는 접근이다. 그러나 리더십 학자들 사이에서 꾸준히 탄력을 받고 있는 완전히 다른 관점은 리더십의 '어두운 면'을 다루는 접근으로서, 리더가 어떤 요인을 가지고 있지 않을 때 오히려 더 효과적인지를 연구한다. 리더를 파멸로 이르게 하는 것은 단순히 리더십의 '밝은 면'(예 : 카리스마와 관리 행동)이 부족해서만은 아니다. Craig와 Kaiser가 지적한 것처럼, 리더십의 어두운 면은 "바람직한 리더십 과정과 결과를 저해하는 요인의 존재 또는 작용"(p. 440)이다.

제4장에서 다룬 어둠의 3요인에서, 어떤 리더들은 사이코패스 수준이 높아서 "양복 입은 독사"(Babiak & Hare, 2006)로 묘사하였다. 이와 유사하게, 나르시시즘을 가진 사람들은 자신감 수준이 높고 다른 사람들을 짓밟고 앞서려는 의지가 강하기 때문에 조직 안에서 높은 위치에 오르는 경향이 있다. 어두운 성격 특성의 부정적인 영향을 고려해 보면, 왜 모든 리더가 부하들의 이익을 극대화하는 방향으로 행동하지 않는지를 쉽게 알 수 있다. 실제로 Hogan 등(1990)은 카리스마 리더에게 "어두운 면"이 있을 수 있다고 경고했다. 이러한 리더들은 탁월한 사회적 기술을 가지고 있고, 이는 매력 포인트로 여겨지기 때문에 손쉽게 부하들의 호감을 얻어 낼 수 있다. 그러나 호감이라는 얼굴 뒤에 숨겨진 것은 사이코패스와 나르시시즘과 같은 심각한 부적응 문제이다. 이런 사람들이 리더로서 실패하고 나면, 그때서야 우리는 이러한 사람들이 타인들로부터 호감을 얻는 능력을 사용하여 교묘하게 감춰 둔 부적응적인 면이 있었음을 알게 된다.

성격 특성 때문이든지 아니면 부적응 때문이든지 간에 한 가지는 명확하다. 어떤 리더들은 자신의 지시를 따르지 않는 사람에게 스트레스와 피해를 줌으로써 부하들에게 해로운 존재다. 제10장에서 직장 내 괴롭힘에 대해서 논의하면서 괴롭히는 사람이 리더가 될 수 있다는 것을 언급했었다. 모욕적인 상사에 대한 문제 또는 "신체적인 접촉을 하지는 않지만 지속적으로 적대적인 언어와 비언어적 행동을 일삼는 상사"(Tepper, 2000, p. 178)에 대한 문제는 최근 수년간 연구자들 사이에서 많은 관심을 끌었다. 이처럼 많은 관심을 받는 한 가지 이유는 그런 리더가 초래하는 심각한 폐해 때문이다. 예를 들어, Tepper는 모욕적인 상사와 같이 일하는 종업원들은 삶과 직무에 덜 만족하며, 직장-일 갈등을 더 겪으며, 심리적 고통을 더 경험한다는 것을 발견하였다. 또한 그런 부하들이 직장을 그만둘 가능성이 더 컸다. 이와 유사하게, Aryee 등(2007)은 모욕적인 상사와 함께 일하는 종업원들이 조직에 대한 정서적 애착이 낮고 조직 시민행동을 덜 하는 경향이 있다고 밝혔다. Tepper 등(2006)은 미국 내 회사들에서 모욕적인 상사로 인해 발생하는 경제적 비용이 매년 238억 달러에 달할 것으로 추정했다.

제멋대로 굴며 모욕적이고 비윤리적인 리더로 인해 기업은 평판에 손상을 입을 뿐만 아니라 법적인 피해까지 입을 수 있다. 한 사례를 예로 들어 보자. 2011년 아이오와에 있는 QC

마트 편의점에서 정규직원으로 일하는 계산원이 "적대적인 업무 환경과 견딜 수 없는 작업 조건"(Pinto, 2011)으로 인하여 직장을 그만두었다. 고용주가 공지한 "다음에 해고될 계산원 맞히기!"라는 "새로운 경연대회"에 관한 메모(그림 13-3을 참조)를 본 뒤 그녀는 직장을 그만두었다. 메모에는 대회에 대한 규칙과 다음에 해고될 사람을 정확하게 맞히면 10달러를 상으로 주겠다는 내용이 적혀 있었다. 분명히 이 상사는 자신의 권력을 모욕적으로 남용하였다. 이 사례로 인해 법적 소송이 일어났고 해당 편의점은 악평을 받아야 했다. 아마도 이런 상황을 원하는 기업은 없을 것이다.

마지막으로, 리더십의 어두운 면에 대해 논의할 때 부하와 환경의 역할을 고려하는 것이 중요하다. 리더십의 밝은 면을 다루는 이론가들이 부하와 환경의 중요성을 강조하는 것과 마찬가지로, 리더십의 어두운 면을 다루는 학자들도 부하와 환경의 중요성을 강조한다. Padilla 등(2007)은 해롭고 정도에서 벗어난 리더는 자신의 파멸적인 목표를 달성하는 데 도움이 되는 환경과 자신을 잘 따르는 부하를 필요로 한다고 언급하였다. 이러한 리더, 환경, 부하를 "파멸적 리더십의 해로운 삼주체(toxic triangle of destructive leadership)"라고 표현하였

새로운 경연대회
다음에 해고될 계산원 맞히기!!!

이 게임에서 이기려면, 다음에 해고될 것이라고 생각하는 사람의 이름을 종이에 적으세요. 해고될 것이라고 생각하는 사람의 이름, 오늘 날짜와 시간, 그리고 당신의 이름을 적으세요. 종이를 봉투에 넣고 봉해서 관리자에게 주십시오. 게임이 진행되는 방법은 다음과 같습니다. 우리는 시크릿쇼퍼를 두 배로 고용하여 당신의 가게를 일주일에 여러 번 밤낮으로 방문할 것입니다. 시크릿쇼퍼는 계산원이 모자를 쓰고 있는지, 휴대전화로 개인용무 통화를 하는지, QC마트 셔츠를 입고 있는지, 카운터 주변에서 다른 사람과 떠들고 있지는 않는지 등 여러 가지를 체크할 것입니다. 당신의 봉투 안에 있는 그 이름이 정답이라면, 당신은 현찰 10달러를 상금으로 타게 됩니다. 두 사람 이상이 동일한 사람의 이름, 날짜, 시간을 쓰지 않는 이상, 오직 한 명만이 상금을 타게 됩니다. 우리가 한 사람을 해고하면, 모든 봉투를 열어 그 사람을 맞힌 사람에게 상금을 수여하고, 이 경연대회를 다시 시작할 것입니다. Mike Miller는 적지 마세요. 그는 근무 중 모자를 쓰고 있었고 휴대전화를 사용했기 때문에 오늘 오전 11시 30분에 이미 해고되었습니다. 행운을 빕니다!!!!!!

그림 13-3 모욕적인 감독을 하는 편의점 관리자의 메모

다. Thoroughgood 등(2012)에 따르면, 잘 따르는 부하는 동조자 또는 공모자가 될 수 있다. 동조자는 "복종하기 쉬운 사람들이기 때문에 파멸적인 행동에 홀로 참여하지 않지만," 공모자는 "리더가 지시한 임무 수행에 적극적으로 기여한다"(p. 902). 그들은 파멸적인 리더의 영향력을 감소시키는 방법은 "파멸적인 리더에 도전할 수 있는 강하고 독립적인 부하를 육성하고 건강한 조직 내 절차와 관행을 만드는 것"(p. 911)이라고 언급하였다. 이와 유사하게, Nandkeolyar 등(2014)은 성실한 사람들과 적극적 대응을 잘하는 사람들이 모욕적인 상사로부터 부정적인 영향을 덜 받는다는 것을 발견하였다.

4. 팀 내 리더십

리더십은 개인들을 이끄는 방법과 리더가 개인들의 욕구를 충족하기 위해 무엇을 할 수 있는지에 초점을 맞춰 왔다. 그러나 조직 내에서 팀 활용이 증가함에 따라 팀을 이끄는 것에 대한 관심도 같이 증가하고 있다. 제9장에서 개인들에 대해 알고 있는 것의 일부는 팀으로 일반화될 수 있지만 어떤 것들은 일반화될 수 없다고 언급했었다. 리더십에 관한 주제에서도 개인과 팀에서 차이점을 발견할 수 있다.

　팀 내에서 리더는 팀을 구성하는 개인들에게만 초점을 맞출 수 없다. 대신에 리더는 전체로서 팀이 기능하는 것에 초점을 맞춰야 한다. Kozlowski 등(2009)은 팀을 이끄는 것은 적응력을 필요로 한다고 하였다. 팀이 진화하는 것처럼 리더십도 진화해야 하고 팀의 성장에 따라 리더십도 달라져야 한다. 팀이 계획 단계에 있는지 아니면 활발하게 수행하는 단계에 있는지에 따라 리더는 그에 맞는 리더십을 발휘해야 하고 팀의 요구사항을 충족시켜야 한다(Morgeson et al., 2010).

　많은 관심을 받아 온 한 가지 개념은 **공유 리더십**(shared leader-ship)이다. 공유 리더십은 특정 리더보다는 리더십 전반에 초점을 두고 있다(Shuffler et al., 2013). 공유 리더십의 '공유'라는 단어는 팀에서 리더의 역할을 하는 사람이 한 명 이상 존재한다는 의미를 반영하고 있다. 누가 리더인지는 팀이 그 순간 무엇을 경험하고 있는지에 따라 다르다. 리더십은 팀 구성원 모두에게 골고루 분산되어 있고, 팀 구성원들은 필요에 따라 번갈아 리더가 된다. Wang 등(2014)이 실시한 통합분석에 따르면, 공유 리더십을 가지고 있는 팀이 팀에 더 만족하고 더 헌신적이며, 더 많은 협력 행동과 도움 행동을 한다. 또한 그 효과가 강하지 않더라도, 공유 리더십은 주관적인 수행 측정치와 객관적인 수행 측정치 모두와 관련이 있다. 이런 공유 리더십의 효과

> **공유 리더십** : 리더의 역할을 하는 한 사람에게 의지하지 않고 팀 구성원들이 리더의 역할을 나누어 갖는 형태의 리더십

는 특히 업무가 복잡할 때 확실히 드러난다.

팀 리더십의 중요성은 환경에 따라 다르다. Graen(2013)은 팀이 평온한 환경 속에 있을 때 팀 리더십이 덜 중요할 것이라고 말했다. 그러나 팀이 신체적으로나 심리적으로 분명하게 위험에 노출되어 있을 때 팀 리더십은 필수적이다. 예를 들어, 소방관들이 화재 진압에 투입되지 않을 때 소방관들은 소방 행정 업무(예 : 소방시설 점검)를 한다. 그러나 그들이 위험한 상황에 노출되거나 다른 사람들의 생명을 구하기 위해 자신의 생명이 위태로운 상황에서는 팀 내 리더십이 매우 중요하다. Graen에 따르면, 위기 상황에서 다른 팀원들에게 의지하는 것은 "수렵 역사로부터 나온 생존 매커니즘"이라고 하였다. 이와 같이 서로에게 의존하지 않고 믿음이 없었다면 "우리 조상들은 맘모스 사냥에 나가 살아남지 못했을 것이다"(p. 176)라고 말했다.

제9장에서 우리는 다중 팀 시스템, 즉 높은 수준의 목표를 달성하기 위해 서로 교류하는 다중 팀에 대해 논의했었다. Zaccaro 등(2011)에 따르면, 이런 "팀들의 팀"의 리더는 각 팀 내에서 개인들이 다른 사람들과 어떻게 협응하고 협동해야 하는지를 포함하여 각 팀의 기능을 다루어야 할 뿐만 아니라 서로 다른 팀들 간의 상호작용을 관리해야 한다. 이런 상황에서 리더는 자신이 책임을 지고 있는 팀들을 어떻게 다룰 것인지 신중히 생각하는 것이 중요하다. 예를 들어, Luciano 등(2014)은 다중 팀의 리더들이 특정 팀에 관심을 더 가질 때 그 팀은 더 권력이 있다고 느끼고 향후 수행이 더 좋아진다는 것을 발견하였다. Mathieu 등(2001)은 다중 팀 시스템의 리더들은 전체 팀뿐만 아니라 각 팀의 요구사항에 관심을 가져야 한다고 하였다. 만약 리더들이 관심을 별로 기울이지 않거나 개인과 팀 모두의 요구사항을 고려하지 않는다면, 리더는 조정 활동을 효과적으로 하지 못할 것이며 결국 전체 팀 효과성이 저하될 것이다.

5. 비교 문화적 리더십

오랫동안 비교 문화적 리더십에 관해 우리가 알고 있는 지식들의 대부분은 국제 비즈니스로부터 유래되었다. 예를 들어, 한 회사가 미국과 일본에서 비즈니스를 한다고 하자. 연구 결과에 따르면, 어떤 리더십 관행은 두 나라 모두에 적용될 수 있지만 다른 리더십 관행은 두 나라 모두에 일반화하기 어렵다. 하지만 우리는 무역이 전 세계를 대상으로 이루어지는 글로벌 비즈니스 시대에 살고 있다("**현장기록 2 : CEO의 사무실**" 참조). 최근에 리더십과 문화에 관하여 중요한 연구가 수행되었다. 글로벌 리더십과 조직행동 효과성(Global Leadership and

현장기록 2
CEO의 사무실

한 최고경영자(CEO)의 사무실은 비즈니스 세계가 어떻게 변했는지를 잘 보여 주고 있다. 이 CEO는 미국의 대규모 섬유회사의 대표였다. 20년 전에 그 사람의 전임자는 벽에 미국 전국 지도를 걸어 놓고 지도에 색깔 있는 핀을 꽂아 놓았다. 지도에 파란색 핀이 꽂혀 있는 곳은 그의 사무실이 위치하고 있는 회사의 본사를 나타냈다. 빨간색 핀들은 미국의 남동쪽 세 개 주에 위치하고 있는 8개의 생산 시설을 나타냈다. 녹색 핀들은 창고를 나타냈고, 노란색 핀들은 중요한 고객들의 위치를 나타냈다. 이러한 것들은 20년 전 이야기였다.

오늘날 새 CEO는 새로운 두 개의 지도를 벽에 걸어 놓고 있다. 첫 번째 지도는 회사의 본사가 낮 12시일 때 전 세계 다양한 지역의 현지 시간을 나타내는 지도이다. 이 회사는 현재 브라질, 온두라스, 아일랜드, 이스라엘, 남아프리카, 홍콩, 태국과 비즈니스를 하고 있다. 두 번째 지도는 중국 지도이다. 중국과는 현재 다양한 단계의 비즈니스 협상이 이루어지고 있으며, 중국은 미래에 많은 비즈니스가 이루어질 나라이다. 오늘날 회사는 뉴욕, 시카고, 로스앤젤레스가 익숙한 도시인 것처럼 북경, 광주, 상해와 같은 중국 내 주요 도시에 대해서도 익숙하다. 중국 지도에는 철도 노선, 주요 고속도로, 제품들을 공항으로 운반할 때 사용하는 강, 전 세계로 제품을 유통시키기 위한 항구 등이 표시되어 있다. 20년 전에 벽에 걸려 있던 미국 지도에서 알 수 있듯이, 그 당시 이 회사의 초점과 관심 지역은 오로지 미국이었다. 오늘날 이 회사는 글로벌 관점을 가지고 전 세계를 하나의 큰 시장으로 보고 있다. 중국은 가까운 시기에 글로벌 비즈니스의 중심지가 될 것이다. 이 사무실에는 벽에 걸린 미국 지도와 다양한 색깔의 핀들이 더 이상 존재하지 않는다. 과거의 CEO는 글로벌 비즈니스에 관심이 없었지만, 현재의 CEO는 오로지 국내 비즈니스에만 관심을 둘 수가 없다.

Organizational Behavior Effectiveness)의 알파벳 앞 글자를 따서 이 연구를 *GLOBE*라고 부른다. 이 연구 프로젝트의 목적은 문화가 사회적, 조직적 그리고 리더십 효과성과 어떻게 관련되어 있는지를 이해하기 위한 것이었다. 연구자들은 59개 나라(알파벳 순서로 알바니아부터 짐바브웨까지)의 62개 사회에 속한 다양한 업계(금융서비스, 음식가공, 통신 등)의 951개 조직에서 일하는 관리자들의 관행과 가치를 측정하였다. 이 연구의 최초 결과물은 책(House et al., 2004)으로 출간되었고, 이 책을 통해 리더십에서 비교 문화적 이슈에 대해 가장 잘 이해할 수 있다.

House 등(2004)은 세력 차이, 개인주의-집합주의, 불확실성 회피와 같이 Hofstede(2001)가 밝힌 중요한 문화적 차원뿐만 아니라 몇 개의 부가적 차원을 사용하여 결과를 도출하였다. 따라서 연구 결과가 복잡하고 여러 측면을 다루고 있다. 여기서는 중요한 연구 결과만을 소개한다.

- 어떤 문화에서는 리더십 개념을 명예스럽지 못한 것으로 간주한다. 이러한 문화의 구성원들은 권한을 가지고 세력을 남용하는 위치에 있는 사람들을 고운 시선으로 보지 않는다. 이러한 문화에서는 권한을 지닌 사람들이 할 수 있는 것과 할 수 없는 것에 대하여 상당한 제약조건을 둔다. 이와 대조적으로 어떤 문화에서는 리더십 개념이 명예를 지니고 있어서 리더들은 상당한 특권과 지위를 가지고 있고 다른 사람들로부터 많은 존경을 받는다.
- 22개의 리더십 특성은 문화를 초월하여 보편적으로 바람직한 것으로 여겨졌다. 두 가지 예는 결단성과 선견지명이었다.
- 8개의 리더십 특성은 문화를 초월하여 보편적으로 바람직하지 않은 것으로 여겨졌다. 두 가지 예는 화를 잘 내는 것과 무정함이었다.
- 많은 리더십 특성들은 어떤 문화에서는 바람직하지만 다른 문화에서는 바람직하지 않았다. 두 가지 예는 야심과 엘리트 의식이었다.
- 다른 문화에 속한 구성원들은 어떤 것이 효과적 리더십이고 어떤 것이 비효과적 리더십인지에 관해 서로 다른 판단기준과 가치를 가지고 있다. 여섯 가지 리더십 스타일이 발견되었는데, 그것은 카리스마적, 팀 지향적, 참여적, 자율적, 인간적, 자기보호적 리더십 스타일이다. 모든 문화에서 이러한 여섯 가지 리더십 스타일을 인식하고 있지만, 이러한 리더십 스타일이 탁월한 리더십에 기여하는 정도에 대해서는 서로 다른 시각을 가지고 있다. 예를 들어, 앵글로와 북유럽 문화에서는 카리스마적 리더십과 참여적 리더십을 특히 효과적으로 보는 경향이 있다. 아시아와 사하라 사막 이남의 아프리카 문화에서는 인간적 리더십과 자기보호적 리더십을 더 효과적으로 보는 경향이 있다. 중동 문화에서는 성공을 위하여 팀 지향적 리더십과 참여적 리더십을 발휘하는 것에 대해 그다지 높은 가치를 두지 않는다.

연구자들은 사회가 부를 창출하고 분배하는 방식과 구성원들을 배려하는 방식에서 분명한 문화적 차이를 발견했다. 이러한 결과는 정부가 사회의 운영방식을 바꾸려고 할 때나 자원을 분배하는 방식을 바꾸려고 할 때 문화적 이슈를 고려해야 한다는 것을 의미한다. House 등(2004)은 성실성과 같은 특정 리더십 특성은 보편적으로 바람직한 것으로 여겨지지만, 이러한 특성과 관련된 리더의 행동이 모든 문화에서 공통적이라는 것에는 의문을 제기했다. 예를 들어, 한 문화에서 성실성이 높은 리더가 의사결정을 하기 전에 문제에 대해서 깊이 생각하고 심사숙고하는 사람으로 여겨질 수 있다. 하지만 다른 문화에서는 성실성이 높은 리더는 의사결정을 하기 전에 여러 사람으로부터 다양한 의견을 듣는 사람으로 여겨질 수도 있다. Weir(2010)는 리더십 가치에 있어서 서구 문화와 중동 문화 간의 중요한 차이를 기술하였다.

중동에서 대인관계(특히 세력의 지위가 다른 사람들 간의 관계)는 양자 간에 강한 존경감을 형성하고 유지하는 데 기반을 두고 있다. 양자는 상호 공유된 존경감을 주고받고 유지함으로써 장기적인 관계를 구축한다. 서구문화에서 관계는 지각된 도구적 가치(즉 관계로부터 얻는 이득)에 근거한다. 이러한 관계는 양자가 서로 교환을 통해 얻을 수 있는 이득이 존재할 때만 지속되므로 제한된 기간 동안만 유지될 수 있다.

문화적으로 바람직하다고 여겨지는 특성으로부터 나타나는 구체적인 행동이 어떤 것인지는 GLOBE 프로젝트의 추후 연구를 통해 밝혀질 것이다. GLOBE 연구로부터 밝혀진 많은 결과들은 문화가 인간의 행동에 얼마나 광범위한 영향을 미치는지를 훨씬 더 잘 이해할 수 있도록 해 주었다. Lowe와 Gardner(2000)는 대부분의 리더십 연구가 미국에서 얻어진 결과에 기초하고 있다고 언급했다. GLOBE 프로젝트는 전 세계에 걸쳐 다양한 관점에서 리더십을 이해하는 것을 도와줄 것이다("비교 문화적 산업 및 조직심리학 : 참여적 리더십과 세력 차이" 참조).

비교 문화적 산업 및 조직심리학
참여적 리더십과 세력 차이

산업 및 조직심리학자들이 연구한 개념 중에서 태도와 행동에 영향을 주는 문화의 힘을 가장 잘 보여 주는 것은 아마도 리더십일 것이다. GLOBE 프로젝트는 효과적이라고 여겨지는 리더십이 하나가 아니라는 것을 보여 주었다. 문화에 따라 가장 차이가 큰 것은 바로 참여적 리더십이다. 참여적 리더십은 삶에 영향을 미치는 의사결정을 하는 데 있어서 다른 사람들을 참여시키는 것을 의미한다.

서구 문화에서는 참여적 리더십에 대해 매우 수용적이다. 투표할 권리는 사람들이 걱정하는 문제에 대해 목소리를 낼 수 있게 하는 권력의 한 형태이다. 참여적 리더십의 효과성은 어떤 다른 가치보다도 세력 차이의 문화적 가치에 달려 있다. 미국처럼 세력 차이가 작은 국가에서는 전체 인구 중에서 정치적 리더가 선출된다. 이와 유사하게, 비즈니스 리더도 조직 내부에서 승진을 통해 결정된다. 따라서 리더와 리더를 따르는 사람들 간의 세력 차이가 작다.

세력 차이가 큰 문화에서는 참여적 리더십을 효과적인 것으로 간주하지 않는다. 오직 상위에 있는 몇몇 사람들만이 의사결정을 할 권한이 있다. 사회계층 중에서 흔히 왕족이나 귀족과 같은 특정 계층만이 리더가 된다. 그들은 생득권 또는 풍부한 경험, 부, 권력 때문에 리더로서 존경을 받는다. 다른 사람에게 의견을 묻지 않고 스스로 결정하는 것은 그들만의 특권이다.

(계속)

세력 차이가 작다는 것은 서로 동등함을 의미하며, 이것은 참여적 리더십을 수용하기 위한 기본이다. 세력 차이가 크다는 것은 엄청난 불평등을 의미하며, 이것은 참여적 리더십을 수용하기 힘들고 참여적 리더십이 효과적이지 않다고 여긴다는 것을 시사한다.

6. 리더십에서 다양성에 관한 주제

1964년 시민 권리에 관한 법률이 제정된 후로부터 미국은 상당한 경제, 정치, 사회적 변화를 겪어 왔다. 직장에서 여러 형태의 차별이 금지되면서 미국 노동시장은 변화했고 리더십 본질 또한 바뀌었다. 예를 들어, 국가 경제 구조는 제조업 중심에서 서비스업으로 변화했다(Offerman & Gowing, 1990). 더불어 직장의 남성 대 여성 비율이 거의 동등해지는 것과 같이 인구 구성 또한 변화하였다. 숙련된 작업자를 구하기가 점점 더 어려워지고 재능 있는 사람을 채용하기 위한 경쟁이 더욱 심화되어 왔다. 제8장에서 지적하였듯이, 조직이 축소될수록 중간 관리자의 수가 줄어들고 일선 관리자의 책임이 확대될 것이다.

노동시장이 변화함에 따라 특정 집단 구성원에 대한 장벽은 더 분명해졌다. 예를 들어, 직장에서 여성 중 관리자는 찾아보기 힘들고, 특히 최고 경영진 자리로 갈수록 더욱 그렇다(O'Neil et al., 2008). 그러나 문제는 경영층에만 국한되어 있지 않다. Eagly와 Carli(2007)는 여성이 직장의 모든 단계에서 마주하는 장애물들을 "유리 미로(glass labyrinth)"라고 표현하였다. 이는 여성이 남성과 동등하게 나아가다가 갑자기 예상치 못하게 승진 장벽을 마주하는 것을 암시하는 "유리 천장(glass ceiling)"과는 상반된 것이다. 또한 Hoobler 등(2014)은 여성관리자와 남성관리자 모두 여성 부하의 경력 동기가 낮다고 여긴다는 것을 발견하였다. 이것은 "남성이 경영에 관한 경력에 더 적합하다"(p. 720)는 관점을 지지하는 결과이다.

Chemers와 Murphy(1995)는 문화가 리더십에서의 성차를 설명할 수 있다고 주장했다. 이러한 관점은 여성들이 가족을 돌보는 역할 때문에 감수성이 예민하고, 아이들을 양육하고, 타인을 배려해 주도록 사회화되었다고 주장한다. 여성들이 이렇게 사회화된 역할을 조직에서 자신이 맡은 역할에서 발휘할 때 여성들은 온정적이고, 사려 깊고, 민주적인 리더가 될 가능성이 크다. Rosette와 Tost(2010)는 성역할이 리더십 스타일 지각에 어떤 영향을 미치는지를 설명하였다. 남성적 성역할은 유능하고, 공격적이고, 독립적이고, 결단력 있고, 단호한 리더로 지각되었다. 여성적 성역할은 친절하고, 걱정해 주고, 타인의 요구를 잘 들어주는 것으로 지각되었다. 리더십 개념은 일반적으로 남성적 특성으로 정의된다. Rosette와 Tost는 남성적 특성을 발휘하는 여성 리더에 대해 반발이 있을 수 있다는 점을 지적했다. 남성들은 여성적 리더십 특성을 가지지 말아야 하지만 여성들은 여성적 리더십 특성뿐만 아니라 남성적 리더십 특성을 가져야 한다는 이중 잣대가 존재할 수 있다. Ayman과 Korabik(2010)은 리더들에게 여성적 리더십 스킬의 중요성이 점점 부각되고 있다는 점을 관찰하였다. 서구적 리더십 스타일은 성취를 강조하지만, 동양적 리더십 스타일은 관계의 중요성에 더 높은 가치를 두고 있다. 글로벌 비즈니스 시대에 조직이 성공하기 위해서는 타인들과 협력하고 긴밀한 관계를 구축하는 것이 중요하다. 따라서 리더십에서 여성적 성역할이 과거보다 더 요구된다.

　　Lyness와 Heilman(2006)은 최고 경영층의 직무에 상대적으로 소수의 여성만이 있는 것을 설명하기 위해 '적합성 결여(lack of fit)'에 주목하였다. 우리는 남성에 대해서 힘 있고, 성취 지향적이고, 강인하다는 고정관념이 있다. 반면에 여성에 대해서는 남을 돌보아 주고, 관계 지향적이고, 친절하다는 고정관념이 있다. 따라서 남성들이 최고 경영층에 더 잘 어울린다고 지각한다. Lyness와 Heilman은 남성과 여성에 대한 수행평가와 승진을 비교했다. 승진한 여성들은 승진한 남성들보다 수행평가 결과가 더 높았다. 이러한 결과는 승진을 위한 기준을 여성들에게 더 까다롭게 적용한다는 것을 시사한다. 미국에서 높은 위치의 직무에 여성 수가 불공평하게 작다고 주장할 만한 실증적 자료는 없는 것 같다. Eagly 등(2003)은 리더십에서 단지 작은 남녀 차이만을 발견했다. 더군다나 여성의 전형적인 리더십 스타일은 남성보다 더 변혁적이고, 이러한 변혁적 리더십은 리더 효과성을 예측한다고 밝혀졌다. Lyness(2002)는 왜 여성과 소수민족들이 리더십 개발 활동에 참여하는 데 어려움을 겪는지에 대한 이유를 제시하였다. 이러한 이유는 그들이 승진이 잘 되지 않는 직무에서 일하고 있고, 영향력 있는 멘토나 후원자를 얻는 데 어려움이 있고, 중요한 정보와 경력기회를 얻을 수 있는 비공식적 네트워크에서 배제되는 것 등이었다. Lyness는 "나는 여성과 유색인종들이 장애물을 어떻게 잘 극복하는지에 대해 알고 놀랐지만 그보다는 그들에게 장애물이 얼마나 많은지를 알고 더 놀랐다"고 언급하였다(p. 265).

7. 기업가 정신

기업가 정신 : 개인이 새로운 일자리를 창출하고 비즈니스를 성장시키기 위한 기회를 추구하고 자원을 조직화하는 과정

모든 기업 조직은 '좋은 아이디어'를 가지고 있는 사람이 창업한다. 이러한 비즈니스를 처음으로 시작한 사람을 기업가라고 부르고, 기업가 정신은 비즈니스 창출이라는 개념에 기반을 두고 있다. **기업가 정신**(entrepreneurship)은 100년 넘게 다뤄졌지만, 최근에 우리 사회에서 대규모 실직이 발생하면서 새롭게 관심을 받고 있다(Baron & Henry, 2011). 비즈니스가 어떻게 창출되는지를 심층적으로 이해하면 지속적으로 성장하고 번창할 가능성이 있는 새로운 조직(흔히 "창업 회사"라고 부른다)을 설립할 수 있다. 이러한 조직은 서비스와 제품을 제공함으로써 사회에 기여할 뿐만 아니라 고용 창출에도 기여한다. 하지만 모든 기업가적 활동이 사회복지를 향상시키는 것은 아니다. Gottschalk(2009)는 여러 다른 문화에서 조직적 범죄가 합법적인 사업에서 성공적인 기업가 정신의 기본 원칙과 얼마나 유사한지를 기술하였다. Gottschalk는 단 한 가지 차이는 범죄를 저지르는 기업가는 목표달성을 위해 물리적 폭력도 서슴지 않는다는 것이다. 합법적 기업과 불법적 기업 간의 또 다른 유사성은 사업의 성공을 위한 조직의 구조이다. Levitt과 Dubner(2005)는 런던의 12평방 블록 내 지역에서 코카인을 팔던 갱단인 *Black Disciples*에 속한 한 구성원의 다음과 같은 말을 인용했다.

> "갱단이 어떻게 운영되는지 압니까? 실제로 대부분의 미국 기업과 엄청나게 유사하고, 아마 맥도날드의 운영과도 비슷할 겁니다. 맥도날드 조직도와 Black Disciples 조직도를 비교해 보면 차이를 발견하기 어려울 겁니다"(p. 99).

기업가 정신이 우리 사회에서 부각되고 있고 산업 및 조직심리학이 기업가 정신을 이해하는 데 많은 도움을 줄 수 있기 때문에, 최근에 산업 및 조직심리학자들이 기업가 정신에 대하여 연구하기 시작했다. 성공적인 기업가와 성공적인 리더의 특성이 완전히 동일하지는 않더라도 이들 간에는 많은 공통점이 있다. 기업가 정신의 핵심은 혁신으로, 현재 존재하는 기회로부터 가치를 창출하기 위하여 새로운 방식이나 방법을 생각하는 것을 말한다. Shane(2003)은 기업가 정신의 기초가 되는 여섯 단계의 과정을 기술하였다.

1. **기회의 존재.** 바라는 제품이나 서비스를 새롭게 제공하거나 혹은 현재 존재하고 있는 것들을 개선할 수 있는 기회가 존재해야만 한다.
2. **기회의 발견.** 존재하는 이러한 기회를 개인이 인식해야만 한다. 만일 인식하지 못한다면 이러한 기회는 날아간다. 실제로 기회가 없음에도 불구하고 기회가 있다고 인식한다면 이러한 인식은 착각이다.
3. **기회를 추구하려는 결정.** 이러한 기회가 시간, 돈, 기술을 투자하여 추구할 충분한 가치가 있는지에 대해 결정해야만 한다.
4. **자원의 획득.** 이 기회를 추구하기로 결정했다면 필요한 자원을 동원해야 한다.
5. **기업 전략.** 전략은 필요한 자원을 활용하여 이 기회를 다른 사람들이 가치 있다고 여기

는 제품이나 서비스로 변환할 수 있는 과정이다.

6. **조직화 과정.** 조직화 과정은 기업 전략을 실행하는 수단이다. 이것은 새로운 조직을 설립하거나 과거에 존재하지 않았던 기회를 추구하는 다른 과정을 포함한다.

우리가 처한 환경에서 자연적으로 발생하는 객관적인 기회의 존재를 제외한 나머지 다섯 단계는 모두 인간적 요소를 포함하고 있다. 즉 기회를 인식하고, 그 기회를 잡기로 결정하고, 필요한 자원을 획득하고, 전략을 개발하고, 새로운 제품이나 서비스를 창출하기 위하여 조직화 과정을 개발하는 다섯 가지 단계는 모두 사람이 하는 것이다. 산업 및 조직심리학자들은 기업가 정신에 포함된 이러한 강력한 인간적 요소에 관심을 가지고 있다. 기업가 정신이라는 주제에는 다양한 학문 분야가 관련되어 있다. 한 가지 과학적 학문만으로 다양한 학문 분야와 관련된 주제를 이해하는 것은 효과적이지 못하다. 예를 들어, 네 번째 단계인 자원 획득은 기회를 추구하는 데 필요한 돈을 조달하는 것이다. 이 단계는 전형적인 투자관리의 영역이다. 기업 활동에 필요한 자금을 제공해 주는 사람들이 있다. 이러한 사람들을 '창업 투자가'라고 부르는데, 이들의 목적은 수익을 창출할 가능성이 있는 사업을 찾아내서 그곳에 자본을 투자하고, 사업이 성공하면 이익을 나누어 갖는 데 있다. Shane이 지적한 것처럼, 기업가 정신의 금전적 차원만을 강조한 연구는 좋은 아이디어를 가지고 있는 기업가의 중요성을 간과할 수 있다. 마찬가지로 성공적인 기업가의 심리적 특성(예 : 지능, 성격, 가치관 등)만을 연구하면 기업과 관련된 상황적 요인을 간과할 수 있다. 기업이 성공하기 위해서는 기업가의 개인적 특성과 상황적 요인이 서로 잘 맞아떨어져야 한다.

기업가 정신이 리더십과 정말 다른 것인지에 대해 산업 및 조직심리학 내에서 의견이 일치하지 않고 있다(Antonakis & Autio, 2007). Vecchio(2003)는 기업가 정신이 기업 조직에서 발현되는 리더십에 불과하다고 주장하였다. 하지만 혁신을 주도하는 매우 창의적인 사람이 대인관계 기술과 같은 리더십 차원에서 반드시 뛰어난 사람이 아니라는 증거가 있다. 또한 Zhao와 Seibert(2006)는 전통적인 관리자와 기업가 간에 차이가 나는 성격 요인을 다룬 연구들을 대상으로 통합분석을 실시하였다. 그 결과, 기업가들은 관리자들보다 더 성실하고 새로운 경험에 대해 개방적인 성격을 가지고 있었다.

기업가에 관한 연구에서 주목할 만한 결과는 창업이 실패할 확률이 매우 높다는 것이다. Shane은 창업한 사람 중 거의 절반이 6단계인 조직화 과정을 성공하지 못한다고 보고했다. 모든 사업의 목표는 성장과 번영이다. 하지만 무엇보다 첫 번째 목적은 일단 생존하는 것인데, 연구에 따르면 조직이 생존하기가 생각보다 매우 어렵다. 기업이 실패하는 이유는 Shane이 제안한 여섯 단계 모두에 존재한다. 기업가 정신을 금전적 관점에서 이해한다면 산업 및 조직심리학이 기여하는 부분은 없지만, 인간적 관점에서 이해하려고 한다면 산업 및 조직심리학 지식이 기여하는 부분이 있다. 기업가 정신을 이해하기 위해서는 다양한 분야의 지식을 모두 사용할 필요가 있다. Baron 등(2007)은 "요컨대 산업 및 조직심리학과 기업가 정신이 긴밀한 관계를 유지하면 서로 혜택을 볼 수 있을 것이다. 이러한 긴밀한 협력관계에 의해 두 분야는 모두 상당히 많은 이득을 볼 수 있다"(p. 369)고 결론 내렸다.

8. 맺음말

앞에서 논의한 것처럼, 때로는 산업 및 조직심리학자들이 관심을 가지고 있는 중요한 주제들을 결합하여 연구하기도 한다. 주목할 만한 예로, 리더십을 발휘하고자 하는 동기를 설명하기 위하여 Chan과 Drasgow(2001)의 동기와 리더십을 결합한 연구를 들 수 있다. Chan과 Drasgow는 사람들이 왜 리더가 되고자 하는지를 설명하기 위하여 개인차 개념을 제안하였다. 그들은 정교한 분석방법을 사용하여 타인들을 이끌어 가고자 하는 사람들의 세 가지 유형을 발견하였다. 첫 번째 유형은 자기 스스로 리더십 자질이 있다고 생각하는 사람들이다. 이들은 사교적이고 외향적이고, 경쟁과 성취에 높은 가치를 두고, 자기 자신의 리더십 능력에 자신감을 가지고 있다. 두 번째 유형은 다른 사람들을 이끌어 감으로써 받게 되는 보상이나 특권을 기대하지 않고, 단지 남들과 잘 어울리는 자신의 성격 때문에 리더 역할을 한다. 이러한 사람들은 자신의 리더십 경험이나 자기효능감과는 상관없이 단지 집단의 화합에 높은 가치를 둔다. 세 번째 유형은 자기 스스로가 리더십 자질을 지니고 있다고 간주하지 않지만, 사회적 의무감 또는 책임감 때문에 타인들을 이끌어 가려고 한다. 이 연구는 타인들을 이끌어 가려는 동기가 단일 차원의 개념이 아니고, 사람들이 서로 다른 이유 때문에 리더 역할을 하게 된다는 것을 보여 주었다.

Hackman과 Wageman(2007)은 리더십 연구가 리더십의 복잡한 속성을 고려하지 못하고 단순한 질문에 대한 답만을 추구하였기 때문에 발전하지 못했다고 주장한다. 그들은 리더십에 관하여 연구자들이 얻는 답은 질문의 질에 따라 달라지기 때문에 올바른 질문을 던지는 것이 필요하다고 믿는다. 예를 들어, 리더의 특성이 무엇인지를 연구하기보다는 바람직한 결과를 얻기 위하여 리더의 개인적 속성이 상황적 특성과 어떻게 상호작용하는지를 연구할 필요가 있다. 가장 쓸모 있고 통찰력 있는 연구문제를 제기하기 위해서는 리더십의 각 요소들을 독립적으로 다루지 말고 리더십의 다양한 요소를 동시에 고려해야 한다. 리더십을 이해하기 위해 여러 접근이 사용되었지만, 이러한 접근들은 모두 리더십이 조직 내에서 일을 추진해 나가는 데 있어서 매우 중요한 과정이라는 것에 동의한다. 이 장에서는 리더들이 조직구성원들에게 활력을 불어넣기 위해 사용하는 과정뿐만 아니라 공식적 리더십이 언제 가장 효과적인지에 관해 다루었다. 리더십에 관한 최근의 추세는 리더를 영웅으로만 간주하지 않고 영웅을 만드는 사람으로 간주하기도 한다. 그러므로 리더십은 상위수준의 지위에만 국한되어 있는 현상이 아니라, 조직 내 모든 수준에서 발휘되어 널리 퍼져 나가는 과정이라고 볼 수 있다. 조직에서 리더를 필요로 할 뿐만 아니라 우리의 삶에서도 리더가 필요하다. 강력하고 효과적인 리더십을 가지고 있으면서도 쉽게 다가갈 수 있는 리더는 우리에게 편안함을 주고, 우리는 그들을 신뢰한다(Dirks & Ferrin, 2002). 이 장에서 다룬 주제의 다양함은 리더십의 복잡성을 잘 나타내고 있다. 인류문명의 역사에 있어서 리더십은 우리의 관심을 지속적으로 끌어온 현상이다.

13 이 장의 요약

- 리더십은 고대로부터 인류의 관심을 끌어온 주제이다.
- 리더십에 대한 특성 접근은 효과적인 리더는 그들을 효과적으로 만드는 특정 성격 특성을 가지고 있다고 주장한다.
- 리더십에 대한 행동 접근은 리더십은 학습된 기술이고 중요한 행동을 나타내는 것이 효과적인 리더십의 기초가 된다고 주장한다.
- 리더십에 대한 세력 및 영향력 이론은 리더십은 양자 간에 공유된 관계로부터 발생하는 과정이고, 리더십은 이러한 관계를 효과적으로 다루는 것과 관련되어 있다고 주장한다.
- 상황연계 접근은 리더의 효과성이 리더가 처한 환경에 따라 다르므로 상황을 고려해야 한다고 주장한다.
- 리더-부하 교환 이론은 리더와 부하가 서로 관계를 형성하는 것을 말하며, 리더가 부하에게 제공하는 신뢰, 지원, 책임의 종류는 리더와 부하 간의 관계의 질에 기초하고 있다고 주장한다.
- 전 범위 리더십 이론은 리더십 행동이 넓은 범위의 스펙트럼을 가지고 있다고 주장한다. 스펙트럼의 범위는 자유방임주의 행동(리더십 부재의 형태)에서부터 거래적 행동(수행에 따라 보상 또는 처벌을 하는 교환에 기초한 행동), 변혁적 행동(부하들이 이전보다 더 나은 수행을 할 수 있도록 변화시키는 고차원적인 행동)에 이르기까지 폭넓다.
- 진정성 리더십 이론은 리더의 자기 인식, 진실한 사고와 행동, 편파적이지 않은 의사결정, 강력한 내면의 가치를 강조한다.

- 서번트 리더십 이론은 효과적인 리더는 자신의 욕구보다 부하들의 욕구 충족을 더 중요하게 여기고, 부하들이 성장하고 성공할 수 있도록 도와주며, 자신이 속해 있는 공동체에 대해 깊은 관심을 갖고 있다고 주장한다.

- 내현 리더십 이론은 리더십이라는 개념이 주로 부하의 마음속에 존재하고 있다고 주장한다. 따라서 리더십은 행동이나 의사결정 등에서 외현적으로 드러나는 것이 아니라 부하가 주관적으로 지각하고 있는 구성개념이다. 사람들은 자신을 보호하고 도와줄 강력한 리더를 가지고 있다는 생각만으로도 편안함을 느끼고 그러한 리더의 존재에 합법성을 부여한다.

- 리더십 대체물의 개념은 리더십이 제공하는 기능들을 반드시 사람이 할 필요는 없다는 것이다. 작업의 특성들이 리더를 대체할 수 있다고 주장한다.

- 리더를 효과적이지 않도록 만드는 요인들이 있으며, 이러한 요인들은 부하들에게 부정적인 영향을 주는 해롭고 모욕적인 형태의 리더십을 초래할 수 있다.

- 팀을 이끌기 위해서는 팀원 개개인의 기능뿐만 아니라 팀 전체 기능에도 관심을 가져야 하며 다른 팀들과의 협력도 필요하다.

- 사람들이 리더에게 바라는 기대와 어떤 리더십 유형을 선호하는지는 문화에 따라 큰 차이가 있다.

- 개인의 성별, 인종, 기타 집단 특성으로 인해 그들이 리더십을 발휘하는 데 장벽이 존재할 수 있다.

- 기업가 정신은 혁신을 통하여 새로운 일자리를 창출하는 리더십과 관련되어 있다.

용어해설

가상 팀(virtual team) : 지리적으로 떨어져 있는 구성원들이 직접 만나지 않고 전자적으로 의사소통하는 팀

가상현실교육(virtual reality training) : 컴퓨터가 구현하는 3차원 영상을 사용하는 컴퓨터 기반 교육

가치 다양성(value diversity) : 팀 구성원들이 지니고 있는 기호, 선호, 목표, 흥미에서의 다양성

감정(emotion) : 특정 대상에 국한하여 발생하는 것으로, 오래 지속되지 않는 단발적 느낌

감축(downsizing) : 조직이 종업원의 수를 줄임으로써 조직의 전반적인 효율성을 증가시키는 과정

개념준거(conceptual criterion) : 연구자가 연구를 통하여 이해하고자 하는 이론적인 기준

개발(development) : 종업원에게 필요하지만 즉각적으로 활용하지는 않는 지식과 기술을 향상시키는 과정

개인분석(person analysis) : 누가 교육을 받을 필요가 있는지를 밝히는 교육 필요성 분석의 한 부분

개인 - 조직 부합(person - organization fit) : 직무 지원자와 조직이 가치와 목표에서 서로 일치하는지에 대한 인식

객관적 관점(etic perspective) : 어떤 문화를 이해하기 위하여 연구자의 객관적인 관점으로부터 얻은 지식을 강조하는 접근법

객관적 수행준거(objective performance criteria) : 상대적으로 객관적이거나 사실적인 성격을 지니는 직무수행을 평가할 때 사용하는 요인

거래적 리더십(transactional leadership) : 부하의 특정 행동에 대한 대가로 보상을 주거나 처벌을 하는 것을 리더십으로 간주하는 개념

거짓말 탐지기(polygraph) : 질문에 대하여 거짓응답을 하는지를 알아내기 위하여 인간의 자율신경계의 특성(심장박동, 호흡, 발한 등)을 측정하는 도구

거짓응답(faking) : 직무지원자들이 좋게 보이려고 성격검사 문항에 거짓으로 응답하는 행동

검사 - 재검사 신뢰도(test - retest reliability) : 검사를 반복해서 실시했을 때 얻어지는 검사점수의 안정성을 나타내는 신뢰도의 한 가지 종류

결과준거(results criteria) : 직무에서 보이는 새로운 행동으로 인하여 조직에 이익을 주는 경제적 가치에 의해 교육의 효과를 판단하는 기준

경영게임(business game) : 교육생들이 따라야 할 규정과 달성할 구체적인 목표를 설정하고 기업을 가상적으로 운영해 보도록 하는 교육방법

계획 오류(planning fallacy) : 과제를 완료하는 데 걸리는 시간을 과소평가하는 경향성

고전 이론(classical theory) : 조직의 형태와 구조를

기술하기 위해 20세기 초에 개발된 이론

공유 리더십(shared leadership) : 리더의 역할을 하는 한 사람에게 의지하지 않고 팀 구성원들이 리더의 역할을 나누어 갖는 형태의 리더십

공유 정신모델(shared mental model) : 팀 구성원들이 정보를 어떻게 획득하고, 분석하고, 이러한 정보에 대해 어떻게 반응할 것인지에 관하여 공통적으로 가지고 있는 인지적 과정

과업(task) : 작업의 기본요소로서, 작업연구에서 가장 낮은 수준의 분석 단위

과업분석(task analysis) : 교육이 필요로 하는 과업을 밝히는 교육 필요성 분석의 한 부분

과업 지향적 절차(task-oriented procedure) : 수행하는 작업을 이해하기 위하여 작업에서 중요하거나 자주 수행하는 과업들을 찾아내는 작업분석 절차

과학자-실천가 간 괴리(scientist-practitioner gap) : 조직에 관한 과학적 연구 결과와 그러한 결과의 실제 적용 간의 차이

과학자-실천가 모델(scientist-practitioner model) : 과학적 원리와 연구로부터 얻어진 결과들을 이해하고 이러한 원리와 연구 결과들을 실제로 어떻게 적용하는지를 가르치는 교육의 모델 혹은 틀

관대화 오류(leniency error) : 평가자가 평가대상자의 진짜 수행수준과는 달리 지나치게 많은 사람들의 수행을 높게 평가하거나(정적 관대화) 또는 낮게 평가하는(부적 관대화) 평정오류

관리능력 개발(management development) : 관리직이나 리더의 위치에 있는 사람들이 보다 나은 직무수행을 하도록 그들의 능력을 향상시키는 과정

관찰(observation) : 연구자가 종업원들의 행동과 문화를 이해하기 위한 목적으로 그들을 관찰하는 연구방법

광역화(banding) : 일정한 범위 내에 있는 검사점수들은 크기가 다르더라도 똑같은 점수로 해석하는 방법

교대작업(shift work) : 하루 24시간 운영되는 비전통적 작업방식. 일반적으로 오전 7시부터 오후 3시까지, 오후 3시부터 오후 11시까지, 오후 11시부터 오전 7시까지 8시간을 주기로 교대로 작업하는 근무형태

교육(training) : 즉각적으로 직무 혹은 역할을 수행하기 위해 필요한 종업원들의 지식과 기술을 향상시키는 과정

교육의 전이(transfer of training) : 교육에서 배운 지식과 기술을 실제 직무에 적용하는 것

교육 필요성 분석(training needs assessment) : 교육 필요성을 밝혀내고 구체화하는 체계적인 과정으로 조직분석, 과업분석, 개인분석으로 구성되어 있음

구성타당도(construct validity) : 검사가 측정하고자 하는 구성개념을 얼마나 정확하고 충실하게 측정하고 있는지를 나타내는 정도

구조(structure) : 조직에서 효율과 통제를 위해 설계된 업무 기능의 배열

구조화된 면접(structured interview) : 모든 지원자에게 똑같은 질문을 하는 면접 방식

군대 베타(Army Beta) : 제1차 세계대전 때 글을 읽고 쓰지 못하는 사람들의 징집을 위하여 산업 및 조직심리학자들이 개발한 문맹자용 비언어적 지능 검사

군대 알파(Army Alpha) : 제1차 세계대전 때 군대 인력의 선발과 배치를 위하여 산업 및 조직심리학자들이 개발한 지능 검사

군대복무 직업적성검사집(Armed Services Vocational Aptitude Battery, ASVAB) : 1980년대에 군대 인력의 선발과 배치를 위하여 산업 및 조직심리학자들이 개발한 검사

군대일반분류검사(Army General Classification Test, AGCT) : 제2차 세계대전 동안 군대 인력의 선발과 배치를 위하여 산업 및 조직심리학자들이 개발한 검사

귀납적 방법(inductive method) : 연구 대상이 되는 특수한 구성원들에 대한 지식에 기초하여 일반적인 부류의 사물이나 사람들에 대한 결론을 도출하는 연구 과정

규범(norm) : 적절한 행동에 대하여 집단이 공유하고 있는 기대

긍정심리학(positive psychology) : 인생에서 개인을 즐겁게 해 주고 만족스러운 결과를 초래하는 요인과 조건을 연구하는 분야

긍정적 감정의 확장과 구축 이론(broaden-and-build theory of positive emotion) : 긍정적 감정을 통해 사고와 행동범위가 확장되며 더 많은 자원을 확보하며 기능적으로 향상된다는 이론

기능적 원칙(functional principle) : 조직을 유사한 기능을 수행하는 부서들로 나누어야 한다는 개념

기능적 직무분석(functional job analysis, FJA) : 직무의 내용을 사람, 자료, 사물에 의해 기술하는 작업분석 방법

기대(expectancy) : 기대 이론에서 노력이 수행을 이끌어 낸다는 믿음

기대 이론(expectancy theory) : 개인이 노력한 정도와 이러한 노력의 결과로부터 얻은 성과 간에 존재하는 관계에 대한 지각에 기초한 동기 이론

기분(mood) : 특정 대상과 관련 없이 발생하는 것

으로, 일반적이며 오래 지속되는 느낌

기업가 정신(entrepreneurship) : 개인이 새로운 일자리를 창출하고 비즈니스를 성장시키기 위한 기회를 추구하고 자원을 조직화하는 과정

기업의 사회적 책임(corporate social responsibility) : 사회를 발전시키는 데 적극으로 참여해야 하는 조직의 의무

기초율(base rate) : 현재 종업원들 중에서 성공적으로 직무를 수행한다고 판단되는 종업원의 비율

내용타당도(content validity) : 검사문항이 검사가 측정하고자 하는 영역의 지식을 대표하는 문항으로 구성되었는지에 대해 주제관련 전문가들이 동의하는 정도

내적일치 신뢰도(internal-consistency reliability) : 검사 내 문항들 간의 동질성을 나타내는 신뢰도의 한 가지 종류

내적타당도(internal validity) : 특정 연구에서 변인들 간의 관계가 정확하거나 진실이라고 믿을 수 있는 정도

내현 리더십 이론(implicit leadership theory) : 타인들이 특정 개인에 대하여 지각하는 현상을 리더십이라고 간주하는 이론

다양성(diversity) : 사회의 인구통계적 다양성이 조직의 인력구성에 반영되도록 충원하는 것

다양성 교육(diversity training) : 대인관계 민감성과 종업원 차이에 대한 인식을 개선하는 교육 방법

다양성-타당도 딜레마(diversity-validity dilemma) : 조직이 가장 능력 있는 지원자들을 선발하면서 동시에 사회의 다양한 인구통계적 집단 구성원들을 선발하지 못하는 패러독스

다중 상관(multiple correlation) : 두 개 이상의 변인에 기초하여 준거를 예측할 때 예측가능성

의 정도를 나타내기 위해 사용하는 통계적 지수
(0~1.00의 범위를 지님)

다중 팀 시스템(multiteam system) : 포괄적 시스템
수준의 목표를 달성하기 위하여 상호의존적으로
운영되는 팀들로 구성된 팀

대비 오류(contrast error) : 평가자들이 매우 나쁜(혹
은 좋은) 수행을 보인 다른 사람과 비교를 함으
로써 평가대상자의 실제 수행보다 더 좋은(혹은
나쁜) 평가를 하는 평정오류

데이터 마이닝(data mining) : 방대한 데이터 집합에
서 측정한 문항들 간의 연관된 형태를 파악하는
산업 및 조직심리학에서 떠오르고 있는 이차적
연구방법

도구성(instrumentality) : 기대 이론에서 수행이 성
과를 가져온다는 믿음

도전적 스트레스 요인(challenge stressor) : 성취감이
나 충족감과 같은 긍정적 감정을 일으키는 직무
요구나 특성

독립변인(independent variable) : 종속변인의 값을
예측하기 위하여 연구자가 조작하는 변인

동등형 신뢰도(equivalent-form reliability) : 두 개의
검사점수 간 동등성을 나타내는 신뢰도의 한 가
지 종류

동료순위(peer ranking) : 집단 구성원 각각의 직무
행동을 주어진 차원에서 순위를 매김으로써 동
료의 수행을 평가하는 방법

동료지명(peer nomination) : 집단 구성원들 중에서
우수한 사람을 지명함으로써 동료의 수행을 평
가하는 방법

동료평가(peer assessment) : 개인이 자신의 동료의
행동을 평가하는 방법

동료평정(peer rating) : 집단 구성원 각각의 직무행

동을 주어진 차원에서 평정함으로써 동료의 수
행을 평가하는 방법

라인 기능(line function) : 조직의 중요한 목적을 직
접적으로 충족시키는 기능

라인/스태프 원칙(line/staff principle) : 조직의 업무
를 핵심 기능과 지원 기능으로 구분하는 개념

**리더-부하 교환 이론(leader-member exchange
theory)** : 리더와 리더가 이끌어 가는 집단의 구
성원들 간 관계의 성질에 기초하고 있는 리더십
이론

리더십 대체물(substitutes for leadership) : 공식적인
리더십을 대체하거나 대신할 수 있는 영향력의
출처들이 환경 내에 존재한다는 개념

멘토(mentor) : 경험이 적은 사람(지도대상자)을 전
문적으로 교육하고 개발하는 나이가 많거나 경
험이 많은 사람

면허(licensure) : 일반인들을 보호하기 위하여 직업
적으로 개업하는 데 요구되는 개인의 자격기준
을 법률로 규정하는 과정

명령계통의 단일화(unity of command) : 오직 한 명
의 상사에게 귀속되어야 한다는 개념

모집(recruitment) : 사람들을 직무에 지원하도록 끌
어들이는 과정

목표설정 이론(goal-setting theory) : 구체적으로 설
정된 목표를 성취하기 위하여 노력을 기울이는
동기 이론

목표 지향성(goal orientation) : 개인이 성취 상황에
서 목표에 접근 또는 회피하는 경향성

몰입 이론(flow theory) : 명확한 목표와 피드백, 그
리고 개인의 기술 수준과 과제의 도전 수준 간의
균형을 지닌 활동에 대해 적극적으로 몰두해 있
을 때 최상의 즐거움, 집중, 그리고 자의식 상실

과 같은 몰입을 경험한다는 동기 이론

문제해결 팀(problem-resolution team) : 특별한 문제나 이슈를 해결하는 것을 목적으로 구성된 팀

문화(culture) : 조직의 언어, 가치, 태도, 신념, 관습

물질남용(substance abuse) : 알코올, 담배, 약물과 같이 개인에게 해로운 영향을 미치는 광범위한 물질의 복용

민속학(ethnography) : 한 사회의 문화를 연구하기 위하여 그들의 삶의 현장을 관찰하는 연구 방법

반생산적 작업행동(counterproductive work behavior) : 다른 종업원이나 조직에 해를 끼치는 종업원의 광범위한 행동

반응준거(reaction criteria) : 교육을 받은 사람들이 교육에 대하여 느끼는 감정이나 반응을 통해 교육의 효과를 판단하는 기준

방해적 스트레스 요인(hindrance stressor) : 목표를 달성하려는 개인의 능력을 저해하고 의욕을 꺾는 직무 요구나 특성

배치(placement) : 하나의 검사점수에 기초하여 사람들을 직무로 배정하는 과정

범주 변인(categorical variable) : 본질적으로 수량적 값을 지니고 있지 않은 연구 대상

벤치마킹(benchmarking) : 자기 회사의 제품이나 절차를 동종 업계에서 앞서가는 회사의 제품이나 절차와 비교해 보는 과정

변인(variable) : 둘 이상의 다양한 값을 지닐 수 있는 연구대상

변혁적 리더십(transformational leadership) : 집단이 목표를 추구하고 결과를 성취하도록 격려하는 과정을 리더십으로 간주하는 개념

보복적 성희롱(quid pro quo harassment) : 조직에서 구체적인 보상을 받기 위한 대가로 성적 호의

를 억지로 요구하는 성희롱을 나타내는 법률적 용어

보호대상 집단(protected group) : 인종, 성, 국적, 피부색, 종교, 나이, 장애와 같은 인구통계적 특성들에 의해 법적인 보호를 받도록 지정된 집단.

분류(classification) : 두 개 이상의 검사점수에 기초하여 사람들을 직무로 배정하는 과정

분류체계(taxonomy) : 분류하고자 하는 대상들에 대한 이해를 증진시키기 위한 구분체계

분배 공정성(distributive justice) : 조직 내 구성원에게 성과물이나 결과를 분배하는 데 있어서의 공정성

분석 수준(level of analysis) : 연구자가 관심을 가지고 있고 연구에서 얻은 결론이 적용되는 단위 또는 수준(개인, 팀, 조직, 국가 등)

불공평 처우(disparate treatment) : 채용과정에서 다수집단 구성원에 비해 보호대상 집단의 구성원을 차별적으로 대우하는 불공정한 차별의 형태

불리효과(adverse impact) : 특정 인사선발 방법을 사용하여 선발한 결과, 다수집단 구성원들에 비해 보호대상 집단의 구성원들이 적게 선발되는 불이익을 당하는 불공정한 차별의 형태

비교 문화적 심리학(cross-cultural psychology) : 심리적 개념과 연구 결과들이 서로 다른 문화나 사회의 사람들에게 얼마나 일반화될 수 있는지를 연구하는 분야

비구조화된 면접(unstructured interview) : 모든 지원자에게 서로 다른 질문을 하는 면접 방식

사다리 원칙(scalar principle) : 조직에서 위로 올라갈수록 권위 수준이 높은 수직적 명령계통을 지니도록 조직을 구성해야 한다는 개념

사이버 공격(cyberaggression) : 직장에서 전자 매체

를 통해 적대적이거나 공격적인 행동을 하는 것

사회적 체계(social system) : 개인이나 집단의 행동에 영향을 미치는 작업조직의 인적 구성요소

사회적 태만(social loafing) : 팀 내에서 일부 구성원들이 노력을 덜 기울이거나 전체의 성과 달성에 기여하지 않는 현상

사회화(socialization) : 팀과 구성원(특히 새로운 구성원) 간의 상호 적응 과정

산업 및 조직심리학(I/O Psychology) : 일의 세계에서 심리학적 개념과 원리를 설명하기 위하여 과학적인 연구를 수행하고 연구로부터 얻은 지식을 실제로 적용하는 학문

산업 및 조직심리학회(Society for Industrial and Orga-nizational Psychology, SIOP) : 미국의 산업 및 조직심리학자들로 구성된 학회

상관계수(correlation coefficient) : 두 변인 간 관계의 정도를 나타내는 통계지수

상호작용 공정성(interactional justice) : 조직 내 구성원을 공정하게 대우하며, 정보를 적절한 시기에 제공하고, 정확하고 완전한 정보를 제공하는 공정성

상호작용적 멀티미디어 교육(interactive multimedia training) : 교육생에게 현실적이면서도 위협적이지 않은 환경을 제공하기 위하여 시각 정보와 청각 정보를 함께 사용하는 컴퓨터 기반 교육

상황 면접(situational interview) : 지원자들에게 가상적 문제 상황을 제시하고 어떻게 대처할지를 묻는 면접 방식

상황연계 접근(contingency approach) : 리더십이 발생하는 상황과 리더의 행동을 함께 고려해서 리더십의 효과성을 이해하려는 접근

상황연습(situational exercise) : 지원자에게 문제 상황을 제시하고 어떻게 대처할지를 물어서 지원자를 평가하는 방식

상황판단 검사(situational judgment test) : 검사대상자에게 문제 상황을 제시하고 이에 대한 여러 가지 가능한 해결책의 실현가능성이나 적용가능성을 평정하도록 하는 검사

생물학 기반 동기 이론(biological-based theory of motivation) : 동기가 개인의 생리적 기능과 특성에 의해 유전적으로 결정된다고 가정하는 동기 이론

생활사 정보(biographical information) : 과거 활동, 흥미, 일상생활에서의 행동에 관한 정보에 기초하여 개인을 평가하는 방법

서번트 리더십(servant leadership) : 리더 자신의 욕구보다 부하들의 욕구 충족을 우선으로 여기는 리더십

선발률(selection ratio, SR) : 조직에 필요한 사람을 충원할 때 얼마나 선택적으로 하는지를 나타내는 수리적 지표. 0~1 사이의 값을 지니며, 어떤 직무에 채용한 사람 수를 그 직무에 지원한 전체 사람 수로 나눈 값

선언적 지식(declarative knowledge) : 사실이나 사물에 관한 지식

설문조사(questionnaire) : 조사 대상자들이 설문지에 제시된 질문에 응답하는 연구방법

성격 5요인 이론(Big 5 personality theory) : 성격을 정서적 안정성, 외향성, 경험에 대한 개방성, 원만성, 성실성과 같은 다섯 개의 중요한 요인으로 정의하는 이론

성희롱(sexual harassment) : 상대방이 원치 않는 성적 접근, 성적인 호의를 베풀도록 요구하는 것, 기타 성과 관련된 언어적 또는 신체적 행위를 함

으로써 작업환경을 적대적이거나 모욕적으로 만드는 것

세력 및 영향력 접근(power and influence approach) : 집단 내에서 개인이 발휘하는 세력 및 영향력의 사용에 의해 리더십을 이해하려는 접근

순서 위치 오류(serial position error) : 평가자들이 순서상 처음과 마지막에 제시된 정보를 더 많이 회상하고 중간에 제시된 정보를 가장 잘 회상하지 못하는 평정오류

스태프 기능(staff function) : 라인 기능을 지원해 주는 기능

스트레스 요인(stressor) : 스트레스 반응을 유발하는 것

시민행동(citizenship behavior) : 개인이 자신의 직무에서 요구되는 의무 이상의 행동을 함으로써 조직의 전반적 복리에 기여하는 행동

신뢰도(reliability) : 검사점수의 일관성, 안정성, 동등성에 의해 검사를 평가하는 기준

실수 관리 교육(error management training) : 종업원들에게 실수를 권장하고 실수로부터 배우도록 하는 교육시스템

실제준거(actual criterion) : 연구자가 측정하거나 평가하는 데 사용하는 조작적 혹은 실제적 기준

실험실 실험(laboratory experiment) : 연구자가 독립 변인을 조작하고 피험자를 실험조건과 통제조건에 할당하는 연구방법

심리적 계약(psychological contract) : 종업원과 조직 간에 존재하는 암묵적 교환관계

심리적 자본(psychological capital) : 심리적 건강에 영향을 주고 직업 스트레스에 대처하는 것을 도와주는 희망, 낙관, 자기효능감, 회복탄력성으로 구성된 개인적 자원

심리측정(psychometric) : 심리평가 도구의 질을 측정할 때 사용하는 기준

아동 노동(child labor) : 15세 미만의 아동들이 그들의 건강과 심리적 안녕감에 해로운 노동에 참여하는 것

아웃소싱(outsourcing) : 다른 조직과 용역에 관한 계약을 체결하여 조직 내 직무를 없애는 과정

안면타당도(face validity) : 검사문항들이 검사용도에 적절한지에 대하여 검사를 받는 사람들이 느끼는 정도

약물검사(drug testing) : 지원자의 불법약물 사용을 탐지하기 위해 소변을 분석하는 검사

양적 변인(quantitative variable) : 본질적으로 수량적 값을 지니고 있는 연구 대상

어둠의 3요인(dark triad) : 마키아벨리즘, 나르시시즘, 사이코패스과 같은 반생산적 작업 행동과 관련되어 있는 세 가지 성격 장애군

역동적 직무수행 준거(dynamic performance criteria) : 시간의 경과에 따라 개인의 직무수행이 변하기 때문에 미래의 수행을 예측하기 힘든 직무수행

역량모델링(competency modeling) : 조직에서 성공적인 수행을 하는 데 필요한 인적 특성(즉 역량)을 찾아내는 과정

역할(role) : 특정 지위에서 기대되는 적절한 행동

역할 갈등(role conflict) : 개인의 역할 내용과 역할 구성요인들의 상대적 중요성에 대한 지각적 차이로부터 발생하는 결과

역할 과부하(role overload) : 지나치게 많은 역할 또는 한 역할에서의 지나치게 많은 책임으로 인한 중압감

역할 모호성(role ambiguity) : 역할에서 명시한 행동

또는 역할을 정의하는 경계의 불확실성

역할 연기(role playing) : 교육참가자들이 집단적으로 이루어지는 활동에서 다양한 역할을 해 봄으로써 대인관계 기술을 향상시키는 교육방법

연고주의(nepotism) : 출생이나 결혼으로 맺어진 친인척에게 혜택을 주는 인사선발 방법

연관 분석(linkage analysis) : 작업에서 수행하는 과업과 그 작업을 수행하는 데 요구되는 인적 속성 간의 관련성을 설정하는 작업분석 기법

연구(research) : 지식을 창출하고 이해하는 공식적 과정

연구 설계(research design) : 관심을 가지고 있는 현상을 이해하기 위한 목적으로 과학적 연구를 수행하는 계획

연역적 방법(deductive method) : 연구 대상이 되는 일반적인 사물이나 사람들에 대한 지식에 기초하여 그 부류에 속한 특수한 사물이나 사람들에 대한 결론을 도출하는 과정

예측변인(predictor variable) : 준거변인을 예측하는 데 사용되는 변인

예측변인 합격점(predictor cutoff) : 합격자와 불합격자를 구분하는 검사점수

오프쇼링(offshoring) : 인건비가 싼 해외에서 작업이 이루어지도록 함으로써 조직 내 직무를 없애는 과정

올바른 불합격자(true negative) : 검사에서 불합격점을 받아서 떨어뜨렸고 채용하였더라도 불만족스러운 직무수행을 나타냈을 사람들

올바른 합격자(true positive) : 검사에서 합격점을 받아서 채용되었고 채용된 후에도 만족스러운 직무수행을 나타내는 사람들

외적타당도(external validity) : 특정 연구에서 얻은 변인들 간의 관계를 다른 맥락이나 장면에 일반화시킬 수 있는 정도

유사 실험(quasi-experiment) : 연구자가 실험실이 아닌 현장상황에서 독립변인을 조작하여 연구를 수행하는 방법

유연근무제(flextime) : 종업원들의 출퇴근 시간을 유동적으로 운영하는 작업일정

유인가(valence) : 기대 이론에서 성과가 지니는 가치의 정도

이론(theory) : 관심의 대상이 되는 현상들 간의 관계를 설명하기 위해 제안된 진술

이차적 연구방법(secondary research method) : 일차적 연구방법을 사용한 연구에서 얻은 기존 정보들을 분석하는 연구방법

인공지능형 개인교습 시스템(intelligent tutoring system) : 개인에게 맞춤형 학습을 제공하기 위하여 인공지능을 사용하는 정교화된 컴퓨터 기반 교육

인도주의 작업 심리학(Humanitarian work psychology) : 전 인류의 고용을 증진하는 사회적 목표를 지향하는 산업 및 조직심리학의 새로운 흐름

인사선발(personnel selection) : 지원자들 중에서 누구를 뽑고 누구를 떨어뜨릴지를 결정하는 과정

인수(acquisition) : 한 조직이 다른 조직의 자원을 획득 또는 구입하는 과정

일-가정 갈등(work-family conflict) : 일과 가정 간의 충돌하는 요구로 인해 두 영역을 효과적으로 하기 어려워지는 것

일-가정 충실(work-family enrichment) : 일과 가정에서의 역할이 서로의 기능을 강화해 주고 촉진하는 정도

일 몰입(work commitment) : 종업원이 자신이 맡은 일에 충성심을 느끼는 정도

일반화가능성(generalizability) : 한 연구로부터 도출된 결론을 규모가 큰 전집에 적용할 수 있는 정도

일차적 연구방법(primary research method) : 특정 연구문제에 관한 새로운 정보를 창출하는 연구방법

임원 코칭(executive coaching) : 전문적인 교육자(코치)가 회사의 임원들을 개별적으로 지도하는 개발과정

자기결정 이론(self-determination theory) : 내적 동기를 경험하기 위한 기본 욕구 충족에 기초한 동기 이론

자기조절 교육(self-regulation training) : 종업원이 교육 기간 동안 자신의 행동과 반응을 관찰하고 조절하는 교육시스템

자기조절 이론(self-regulation theory) : 목표를 달성할 가능성을 높이기 위하여 자기 스스로 목표를 설정하고 정확한 피드백을 받고자 하는 동기 이론

자기평가(self-assessment) : 개인이 자기 자신의 행동을 평가하는 방법

자기효능감(self-efficacy) : 성공적으로 수행할 수 있다는 자신의 능력에 대한 믿음

자유방임적 리더십(laissez-faire leadership) : 모든 책임을 회피하고 부하를 그냥 내버려 두는 리더십 부재의 형태

작업분석(work analysis) : 작업에서 수행하는 활동과 작업을 수행하는 데 필요한 인적 속성을 분석함으로써 작업 내용을 정의하는 공식적인 절차

작업설계 이론(work design theory) : 열심히 노력하도록 만드는 직무의 차원이나 특성에 관한 동기 이론

작업자 지향적 절차(worker-oriented procedure) : 수행하는 작업을 이해하기 위하여 작업에서 중요하거나 자주 사용하는 인적 속성들을 찾아내는 작업분석 절차나 과정

작업표본(work sample) : 지원자가 직무에서 수행하는 대표적인 작업을 얼마나 능숙하게 처리할 수 있는지 알아보기 위해 실제로 작업을 시켜보는 방식의 인사선발 검사

잘못된 불합격자(false negative) : 검사에서 불합격점을 받아서 떨어뜨렸지만 채용하였다면 만족스러운 직무수행을 나타냈을 사람들

잘못된 합격자(false positive) : 검사에서 합격점을 받아서 채용되었지만 채용된 후에는 불만족스러운 직무수행을 나타내는 사람들

적대적 환경에 의한 성희롱(hostile-environment hara-ssment) : 작업환경을 적대적으로 만드는 성희롱(예 : 원치 않는 신체적 접촉이나 상스러운 농담)을 나타내는 법률적 용어

적응행동(adaptive behavior) : 종업원들이 조직 변화에 효과적으로 대처하는 행동

전술 팀(tactical team) : 잘 정의된 계획이나 목표를 성취하기 위한 목적으로 구성된 팀

절차 공정성(procedural justice) : 조직 내 결과를 성취하기 위해 사용되는 공정성

절차적 지식(procedural knowledge) : 어떤 주제를 설명하거나 문제를 해결하기 위하여 정보를 어떻게 사용해야 하는지에 관한 지식

정보 다양성(information diversity) : 팀 구성원들이 알고 있는 지식과 그들이 가지고 있는 인지적 자원에서의 다양성

정서(affect) : 기분과 감정을 포함한 다양한 느낌으로, 일반적으로 긍정-부정 연속선상에서 나타남

정서노동(emotional labor) : 종업원들이 직무를 수행하면서 자신이 느끼는 본래 정서와는 다른 정서를 고객에게 의무적으로 표현해야 하는 행동

정서전염(emotional contagion) : 의식적으로든 무의식적으로든 환경 내 타인들이 갖는 감정과 동일한 감정을 경험하고 표현하는 경향성

정서조절(emotion regulation) : 자신이 느끼는 감정이나 기분을 조절하려는 시도

정서지능(emotional intelligence) : 사회적 상황에 따라 정서적 반응을 조절할 수 있는 개인의 능력을 나타내는 구성개념

정직성 검사(integrity test) : 지원자의 정직성이나 진실성을 평가하는 검사

조직(organization) : 재화와 서비스를 생산하기 위하여 업무를 수행하는 사람들의 집합체

조직 공정성(organizational justice) : 조직 내 구성원에 대한 공정한 대우에 관련된 이론적 개념으로, 분배 공정성, 절차 공정성, 상호작용 공정성으로 구성되어 있음

조직 내 정치적 행동(organizational politics) : 조직 내에서 종업원들이 자기 이익을 추구하기 위하여 하는 행동

조직 변화(organizational change) : 조직이 긴급한 경제적 및 사회적 상황에 적응하기 위하여 변화하는 절차

조직분석(organizational analysis) : 조직의 전략적 목표와 자원 및 지원의 사용 가능성을 밝히는 교육 필요성 분석의 한 부분

조직 시민행동(organizational citizenship behavior) : 개인이 자신의 직무에서 요구되는 의무 이상의 행동을 함으로써 조직의 전반적 복리에 기여하는 행동

조직 신경과학(organizational neuroscience) : 조직에서 인간의 태도와 행동에 대한 증거로써 신경 활동을 과학적으로 연구하는 학문

조직 합병(organizational merger) : 두 조직이 거의 동등한 지위와 세력을 가지고 합치는 것

종속변인(dependent variable) : 독립변인의 값에 의해 그 값이 예측되는 변인

종업원 몰입(employee engagement) : 종업원 개인이 자신이 맡은 일에 대해 활력을 느끼고 헌신하며 몰두하는 정도

주관적 관점(emic perspective) : 어떤 문화를 이해하기 위하여 그 문화 속의 구성원들로부터 얻은 지식을 강조하는 접근법

주관적 수행준거(subjective performance criteria) : 사람들(예 : 상사나 동료)의 주관적인 평정에 의해 직무수행을 평가할 때 사용하는 요인

주제관련 전문가(subject matter expert, SME) : 어떤 주제에 대하여 잘 알고 있기 때문에 정보를 제공해 줄 수 있는 자격을 갖춘 사람

준거(criteria) : 사물, 사람 혹은 사건을 평가할 때 사용하는 기준

준거결핍(criterion deficiency) : 개념준거의 영역 중에서 실제준거에 의해 측정되지 않는 부분

준거관련 타당도(criterion-related validity) : 검사가 준거를 예측하거나 준거와 통계적으로 관련되어 있는 정도

준거변인(criterion variable) : 연구에서 관심의 대상이 되는 변인. 예측 변인에 의해 예측되는 변인

준거오염(criterion contamination) : 실제준거가 개념준거와 관련되어 있지 않은 부분

준거적절성(criterion relevance) : 실제준거와 개념준거가 일치되거나 유사한 정도

준거 합격점(criterion cutoff) : 성공적인 수행과 성공적이지 못한 수행을 구분하는 기준

중대사건(critical incident) : 좋거나 나쁜 직무수행을 나타내는 구체적인 행동

중앙집중 오류(central-tendency error) : 평가자가 평가대상자의 진짜 수행수준과는 달리 지나치게 많은 사람들의 수행을 분포의 중간이나 보통이라고 평가하는 평정오류

지도대상자(protégé) : 경험이 많은 사람(멘토)으로부터 경력개발에 대한 도움을 받는 젊고 경험이 적은 사람

지식 통합(knowledge compilation) : 학습의 결과로 획득된 지식

직무(job) : 조직 내에서 유사한 직위들의 집합

직무군(job family) : 조직 내에서 유사한 직무들의 집합

직무만족(job satisfaction) : 종업원이 자신의 직무로부터 얻는 즐거움의 정도

직무수행관리(performance management) : 조직이 높은 성과를 달성하기 위하여 모든 자원을 관리하고 정렬하는 절차

직무 요구-자원 모델(job demands-resources model) : 자원이 어떻게 직무 요구의 부정적인 신체적·심리적 영향을 완충하는가를 설명하는 모델

직무 확충(job enrichment) : 작업을 수행하고자 하는 개인의 동기를 향상시킬 수 있도록 직무를 설계하는 과정

직위(position) : 단일 종업원이 수행하는 과업의 집합

직위분석설문지(Position Analysis Questionnaire, PAQ) : 약 200개 문항으로 구성된 설문지를 사용하여 직무의 내용을 파악하는 작업분석 방법

직장 내 심리적 건강(workplace psychological health) : 일을 수행함에 있어서 종업원의 정신적, 정서적, 육체적 안녕을 의미하는 포괄적 개념

진정성 리더십(authentic leadership) : 자기 인식이 높고, 다른 사람과의 관계가 투명하며, 편견 없이 의사결정하고, 도덕적인 리더가 신뢰를 더 얻고 더 효과적이라는 개념

질적 연구(qualitative research) : 연구자가 연구하고자 하는 대상들과 적극적으로 상호작용하는 연구방법

집단사고(groupthink) : 팀 구성원들이 외부로부터 위협을 받고 있다고 느껴서 정보에 대한 인지적 처리를 잘못하는 팀 의사결정 현상

집중근무제(compressed workweek) : 하루에 더 많은 시간을 일하는 대신에 일주일 동안 일하는 날짜는 더 적은 근무방식

차별수정 조치(affirmative action) : 보호대상 집단의 구성원들을 적극적으로 모집하고 채용해야 한다고 주장하는 사회정책

참조의 틀 교육(frame-of-reference training) : 평가자들의 평정 정확성을 높이기 위해 모든 평가자가 공통된 관점과 기준을 설정하도록 평가자들을 교육하는 과정

창의 팀(creative team) : 혁신적인 해결책이나 가능성을 개발하기 위한 목적으로 구성된 팀

최하 등급 축출법(top-grading) : 조직에 대한 종업원들의 전반적 기여에 근거하여 등급을 매기고 매년 하위 10%에 해당하는 종업원들을 해고하는 직무수행 관리 방법

컴퓨터 기반 교육(computer-based training, CBT) : 지식과 기술 습득을 향상시키기 위하여 컴퓨터

를 사용하는 교육방법

컴퓨터 사용 검사(computerized adaptive testing, CAT) : 난이도가 다른 문제들이 미리 마련되어 있어서 한 질문에 대한 정답 여부에 따라 다음 질문이 결정되도록 컴퓨터를 사용하여 검사하는 방식

타당도(validity) : 검사점수로부터 도출되는 추론의 정확성과 적절성에 의해 검사를 평가하는 기준

타당도 계수(validity coefficient) : 두 변인 간의 관련성 정도를 나타내는 통계지수(흔히 상관계수를 사용하여 표현함)

타당도 일반화(validity generalization) : 예측변인의 타당도가 입증된 직무가 아닌 다른 직무나 다른 맥락까지 그 예측변인의 타당도를 일반화할 수 있는 정도를 나타내는 개념

통제의 폭 원칙(span-of-control principle) : 관리자가 감독할 책임이 있는 부하의 수를 나타내는 원칙

통합분석(meta-analysis) : 실증적인 일차적 연구에서 얻은 결과들을 요약하고 통합하기 위한 수량적인 이차적 연구방법

특수 팀(ad hoc team) : 어떤 특수한 문제를 해결하기 위한 목적으로 한시적으로 구성된 팀

특성 접근(trait approach) : 리더십을 발휘하는 개인이 지니고 있는 특성이나 성향에 의해 리더십을 이해하려는 접근

팀(team) : 공유된 목표를 달성하기 위하여 공동의 책임을 지고 정기적으로 상호작용하는 사람들로 구성된 사회적 집합체

평가센터(assessment center) : 구조화되어 있고, 집단으로 진행되는 활동을 통해 평가자가 직무지원자들을 평가하는 방식

평가자 간 신뢰도(inter-rater reliability) : 두 명 이상의 평가자로부터의 평가가 일치하는 정도를 나타내는 신뢰도의 한 종류

평가자 동기(rater motivation) : 평가자들의 평가를 왜곡하도록 만드는 조직의 압력을 일컫는 개념

평가자 오류 교육(rater error training) : 후광 오류, 관대화 오류, 중앙집중 오류의 빈도를 줄여서 평가자들이 수행평정을 보다 정확하게 하도록 평가자들을 교육하는 과정

프로그램화된 교육(programmed instruction) : 교육생이 학습 진도를 조절할 수 있는 가장 기본적인 컴퓨터 기반 교육

학습(learning) : 교육이나 경험을 통해 지식이나 기술에서 변화가 일어나는 과정

학습준거(learning criteria) : 교육을 통해 습득한 새로운 지식, 기술, 능력의 양에 의해 교육의 효과를 판단하는 기준

해외 파견근무자(expatriate) : 정해진 기간 동안 다른 나라에서 파견 근무를 하는 사람

행동기준 평정척도(behaviorally anchored rating scale, BARS) : 직무수행평가에 사용되는 평정척도로서, 척도 점수나 값에 해당하는 행동진술문이 함께 제시되어 있는 척도

행동 모델링(behavior modeling) : 인간 행동을 수정하기 위하여 모방학습과 강화를 사용하는 교육방법

행동 접근(behavioral approach) : 리더로서 집단을 이끌어 가는 개인이 나타내는 행동에 의해 리더십을 이해하려는 접근

행동준거(behavioral criteria) : 교육의 결과로 직무에서 나타나는 새로운 행동에 의해 교육의 효과를 판단하는 기준

형평 민감성(equity sensitivity) : 형평에 대한 선호도 (혹은 불형평에 대한 인내)에 대한 개인차

형평 이론(equity theory) : 어떤 상황이 형평한지를 결정하기 위해 자신과 비교 대상이 되는 타인의 투입과 성과 간의 비교에 기초한 동기 이론. 이러한 형평 정도는 후속적으로 일어날 행동에 영향을 준다.

호손 연구(Hawthorne study) : 조직 내에서 작업행동이 어떤 형태로 표출될 수 있는지에 대하여 산업 및 조직심리학자들의 관심을 끌었던 일련의 연구

효용성(utility) : 인사결정이 지니는 경제적 가치를 나타내는 개념

후광 오류(halo error) : 평가자가 평가대상자의 수행에 대하여 제한된 지식을 가지고 있음에도 불구하고 다양한 수행차원 모두에서 획일적으로 좋거나 또는 나쁜 수행을 나타낸다고 평가하는 평정오류

360도 피드백(360-degree feedback) : 일반적으로 상사, 동료, 부하, 자기 자신과 같이 다수의 평정 출처를 사용하여 종업원을 평가하는 과정

Fiedler의 상황연계 모델(Fiedler's contingency model) : 리더의 효과성은 리더십 유형과 상황의 호의성 간 상호작용에 달려 있다고 주장하는 상황연계적 접근

g : 대부분의 직무에서의 성공을 예측하는 것으로 밝혀진 '일반정신능력'을 나타내는 기호

KSAO : 지식(K), 기술(S), 능력(A), 기타 특성(O)을 나타내는 영어 약자

O*NET : Occupational Information Network의 약자로서, 직무에 관한 정보를 컴퓨터를 통하여 온라인으로 제공해 주는 시스템

참고문헌

Ackerman, P. L. (1987). Individual differences in skill learning: An integration of psychometric and information processing perspectives. *Psychological Bulletin, 102,* 3–27.

Ackerman, P. L. (1992). Predicting individual differences in complex skill acquisition: Dynamics of ability determinants. *Journal of Applied Psychology, 77,* 598–614.

Ackerman, P. L., & Kanfer, R. (1993). Integrating laboratory and field study for improving selection: Development of a battery for predicting air traffic controller success. *Journal of Applied Psychology, 78,* 413–432.

Adams, J. (2012). Cleaning up the dirty work: Professionalization and the management of stigma in the cosmetic surgery and tattoo industries. *Deviant Behavior, 33,* 149–167.

Adams, J. S. (1963). Toward an understanding of inequity. *Journal of Abnormal and Social Psychology, 67,* 422–436.

Adams, J. S. (1965). Inequity in social exchange. In L. Berkowitz (Ed.), *Advances in experimental social psychology* (Vol. 2, pp. 267–299). New York: Academic Press.

Adis, C. S., & Thompson, J. C. (2013). A brief primer on neuroimaging methods for industrial/organizational psychology. In J. M. Cortina & R. S. Landis (Eds.), *Modern research methods for the study of behavior in organizations* (pp. 405–442). New York: Routledge.

Aguinis, H. (2009). An expanded view of performance management. In J. W. Smither & M. London (Eds.), *Performance management* (pp. 1–44). San Francisco: Jossey-Bass.

Aguinis, H. (2013). *Performance management* (3rd ed.). Upper Saddle River, NJ: Pearson.

Aguinis, H., & Henle, C. A. (2002). Ethics in research. In S. G. Rogelberg (Ed.), *Handbook of research methods in industrial and organizational psychology* (pp. 34–56). Malden, MA: Blackwell.

Aguinis, H., & O'Boyle, E., Jr. (2014). Star performers in twenty-first century organizations. *Personnel Psychology, 67,* 313–350.

Ailon, G. (2008). Mirror, mirror on the wall: *Culture's Consequences* in a value test of its own design. *Academy of Management Review, 33,* 885–904.

Allen, N. J., & Meyer, J. P. (1990). The measurement and antecedents of affective, continuance, and normative commitment to the organization. *Journal of Occupational Psychology, 63,* 1–18.

Allen, T. D. (2013). The work-family role interface: A synthesis of the research from industrial and organizational psychology. In N. Schmitt, & S. Highhouse (Eds.), *Handbook of psychology* (Vol. 12): *Industrial and organizational psychology* (pp. 698–718). New York: John Wiley & Sons.

Allen, T. D., & Armstrong, J. (2006). Further examination of the link between work-family conflict and physical health: The role of health-related behaviors. *American Behavioral Scientist, 49,* 1204–1221.

Allen, T. D., Eby, L. T., Poteet, M. L., Lentz, E., & Lima, L. (2004). Career benefits associated with mentoring for protégés: A meta-analysis. *Journal of Applied Psychology, 89,* 127–136.

Allen, T. D., Johnson, R. C., Kiburz, K. M., & Shockley, K. M. (2013). Work-family conflict and flexible work arrangements: Deconstructing flexibility. *Personnel Psychology, 66,* 345–376.

Allen, T. D., Shockley, K. M., & Biga, A. (2010). Work and family in a global context. In K. Lundby (Ed.), *Going global* (pp. 377–401). San Francisco: Jossey-Bass.

Alliger, G. M., Lilienfeld, S. O., & Mitchell, K. E. (1995). The susceptibility of overt and covert integrity tests to coaching and faking. *Psychological Science, 7,* 32–39.

Amabile, T., Hadley, C. N., & Kramer, S. J. (2002). Creativity under the gun. *Harvard Business Review, 80,* 52–61.

American Psychological Association (2010). 2010 amendments to the 2002 "Ethical Principles of Psychologists and Code of Conduct." *American Psychologist, 65,* 493.

Amstad, F. T., Meier, L. L., Fasel, U., Elfering, A., & Semmer, N. K. (2011). A meta-analysis of work-family conflict and various outcomes with a special emphasis on cross-domain versus matching-domain relations. *Journal of Occupational Health Psychology, 16,* 151–169.

Anand, N. (2006). Cartoon displays as autoproduction of organizational culture. In A. Rafaeli & M. G. Pratt (Eds.), *Artifacts and organizations* (pp. 85–100). Mahwah, NJ: Erlbaum.

Anderson, C. D., Warner, J. L., & Spencer, C. C. (1984). Inflation bias in self-assessment examinations: Implications for valid employee selection. *Journal of Applied Psychology, 69*, 574–580.

Anderson, J. R. (1985). *Cognitive psychology and its implications* (2nd ed.). New York: Freeman.

Anderson, L. J., & Jones, R. G. (2000). Affective, behavioral, and cognitive acceptance of feedback: Individual difference moderators. In N. M. Ashkanasy & C. E. Haertel (Eds.), *Emotions in the workplace: Research, theory, and practice* (pp. 130–140). Westport, CT: Quorum.

Andersson, L. M., & Pearson, C. M. (1999). Tit for tat? The spiraling effect of incivility in the workplace. *Academy of Management Review, 24*, 452–471.

Andrews, M. C., Kacmar, K. M., & Harris, K. J. (2009). Got political skill? The impact of justice on the importance of political skill for job performance. *Journal of Applied Psychology, 94*, 1427–1437.

Andrews, R., Boyne, G. A., Meier, K. J., O'Toole, L. J., & Walker, R. M. (2012). Vertical strategic alignment and public service performance. *Public Administration, 90*, 77–98.

Antonakis, J., & Autio, E. (2007). Entrepreneurship and leadership. In J. R. Baum, M. Frese, & R. A. Baron (Eds.), *The psychology of entrepreneurship* (pp. 189–208). Mahwah, NJ: Erlbaum.

Arnold, D. W. (2001). Seventh circuit rules favorably regarding use of banding. *The Industrial-Organizational Psychologist, 39*(1), 153.

Arthur, W. A., Jr., & Bennett, W. (1995). The international assignee: The relative importance of factors perceived to contribute to success. *Personnel Psychology, 48*, 99–114.

Arthur, W. A., Jr., & Day, E. A. (2011). Assessment centers. In S. Zedeck (Ed.), *APA handbook of industrial and organizational psychology* (Vol. 2, pp. 205–235). Washington, DC: APA.

Arthur, W. A., Jr., & Villado, A. J. (2008). The importance of distinguishing between constructs and methods when comparing predictors in personnel selection research and practice. *Journal of Applied Psychology, 93*, 435–442.

Arthur, W. A., Jr., & Woehr, D. (2013). No steps forward, two steps back: The fallacy of trying to "eradicate" adverse impact? *Industrial and Organizational Psychology, 6*, 438–442.

Arthur, W. A., Jr., Bell, S. T., Villado, A. J., & Doverspike, D. (2006). The use of person-fit in employment decision making: An assessment of its criterion-related validity. *Journal of Applied Psychology, 91*, 786–801.

Arthur, W. A., Jr., Bennett, W., Edens, P. S., & Bell, S. T. (2003). Effectiveness of training in organizations: A meta-analysis of design and evaluation features. *Journal of Applied Psychology, 88*, 234–245.

Aryee, S., Chen, Z. X., Sun, L., & Debrah, Y. A. (2007). Antecedents and outcomes of abusive supervision: Test of a trickle-down model. *Journal of Applied Psychology, 92*, 191–201.

Ashford, S. J., & Cummings, L. L. (1985). Proactive feedback seeking: The instrumental use of the information environment. *Journal of Occupational Psychology, 58*, 67–79.

Ashford, S. J., & Northcraft, G. B. (1992). Conveying more (or less) than we realize: The role of impression-management in feedback seeking. *Organizational Behavior and Human Decision Processes, 53*, 310–334.

Ashford, S. J., Blatt, R., & VandeWalle, D. (2003). Reflections on the looking glass: A review of research on feedback-seeking behavior in organizations. *Journal of Management, 29*, 773–799.

Ashforth, B. E., & Kreiner, G. E. (1999). How do you do it? Dirty work and the challenge of constructing a positive identity. *Academy of Management Review, 24*, 413–434.

Ashforth, B. E., Kreiner, G. E., Clark, M. A., & Fugate, M. (2007). Normalizing dirty work: Managerial tactics for countering occupational taint. *Academy of Management Journal, 50*, 149–174.

Austin, J. T., & Villanova, P. (1992). The criterion problem: 1917–1992. *Journal of Applied Psychology, 77*, 836–874.

Avery, D. P., McKay, P. F., & Hunter, E. M. (2012). Demography and disappearing merchandise: How older workers influence retail shrinkage. *Journal of Organizational Behavior, 33*, 105–120.

Avey, J. B., Luthans, F., & Jensen, S. M. (2009). Psychological capital: A positive resource for combating employee stress and turnover. *Human Resource Management, 48*, 677–693.

Avey, J. B., Reichard, R. J., Luthans, F., & Mhatre, K. H. (2011). Meta-analysis of the impact of positive psychological capital on employee attitudes, behaviors, and performance. *Human Resource Development Quarterly, 22*, 127–152.

Avolio, B. J. (2010). Pursuing authentic leadership development. In N. Nohria & R. Khurana (Eds.), *Handbook of leadership theory and practice* (pp. 739–768). Boston, MA: Harvard Business Press.

Avolio, B. J. (2011). *Full range leadership development*. Los Angeles: Sage.

Avolio, B. J., Gardner, W. L., & Walumbwa, F. O. (2007). *Authentic leadership scale* (ALQ version 1.0 self). Redwood City, CA: Mind Garden.

Avolio, B. J., Kahai, S., Dumdum, R., & Sivasubramaniam, N. (2001). Virtual teams: Implications for e-leadership and team development. In M. London (Ed.), *How people evaluate others in organizations* (pp. 337–358). Mahwah, NJ: Erlbaum.

Aycan, Z. (Ed.) (2000). *Management, leadership, and human resource practices in Turkey*. Ankara: Turkish Psychological Association Press.

Aycan, Z., & Gelfand, M. J. (2012). Cross-cultural organizational psychology. In S. W. J. Kozlowski (Ed.), *The Oxford handbook of organizational psychology* (Vol. 2, pp. 1103–1160). New York: Oxford University Press.

Aycan, Z., & Kanungo, R. N. (2001). Cross-cultural industrial and organizational psychology: A critical appraisal of the field and future directions. In N. Anderson, D. S. Ones, H. K. Sinangil, & C. Viswesvaran (Eds.), *Handbook of industrial, work, and organizational psychology* (Vol. 1, pp. 385–408). London: Sage.

Ayman, P., & Korabik, K. (2010). Leadership: Why gender and culture matter. *American Psychologist, 65,* 157–170.

Babiak, P., & Hare, R. D. (2006). *Snakes in suits: When psychopaths go to work*. New York: ReganBooks.

Bacharach, S. B., Bamberger, P. A., & Sonnenstuhl, W. J. (2002). Driven to drink: Managerial control, work-related risk factors, and employee problem drinking. *Academy of Management Journal, 45,* 637–658.

Baker, T. N., & Gebhardt, D. L. (2012). The assessment of physical capabilities in the workplace. In N. Schmitt (Ed.) *The Oxford handbook of personnel assessment and selection* (pp. 274–296). New York: Oxford University Press.

Baldwin, T. T., & Ford, J. K. (1988). Transfer of training: A review and directions for future research. *Personnel Psychology, 41,* 63–105.

Baldwin, T. T., Ford, J. K., & Blume, D. B. (2009). Transfer of training 1998–2008: An updated review and agenda for future research. In G. P. Hodgkinson & J. L. Ford (Eds.), *International review of industrial and organizational psychology* (Vol. 24, pp. 41–70). Chichester, UK: Wiley-Blackwell.

Baltes, B. B., & Heydens-Gahir, H. A. (2003). Reduction of work-family conflict through the use of selection, optimization, and compensation behaviors. *Journal of Applied Psychology, 88,* 1005–1018.

Baltes, B. B., Briggs, T. E., Huff, J. W., Wright, J. A., & Neuman, G. A. (1999). Flexible and compressed workweek schedules: A meta-analysis of their effects on work-related criteria. *Journal of Applied Psychology, 84,* 496–513.

Balzer, W. K., & Sulsky, L. M. (1992). Halo and performance appraisal research. *Journal of Applied Psychology, 77,* 975–985.

Balzer, W. K., Greguras, G. J., & Raymark, P. H. (2004). Multisource feedback. In J. C. Thomas (Ed.), *Comprehensive handbook of psychological assessment* (Vol. 4, pp. 390–411). Hoboken, NJ: Wiley.

Bandura, A. (2000). Exercise of human agency through collective efficacy. *Current Directions in Psychological Science, 9,* 75–78.

Bandura, A., & Locke, E. A. (2003). Negative self-efficacy and goal effects revisited. *Journal of Applied Psychology, 87,* 87–99.

Bangerter, A., Roulin, N., & Konig, C. J. (2012). Personnel selection as a signaling game. *Journal of Applied Psychology, 97,* 719–738.

Banks, G. C., & McDaniel, M. A. (2012). Meta-analysis as a validity summary tool. In N. Schmitt (Ed.), *The Oxford handbook of personnel assessment and selection* (pp. 156–175). New York: Oxford University Press.

Baran, B. E., Rogelberg, S. G., Lopina, E. C., Allen, J. A., Spitzmüller, C., & Bergman, M. (2012). Shouldering a silent burden: The toll of dirty tasks. *Human Relations, 65,* 597–626.

Baranowski, L. E., & Anderson, L. E. (2006). Examining rating source variation in work behavior and KSA linkages. *Personnel Psychology, 58,* 1041–1054.

Barclay, L. J., & Aquino, K. (2011). Workplace aggression and violence. In S. Zedeck (Ed.), *APA handbook of industrial and organizational psychology* (Vol. 3, pp. 615–640). Washington, DC: APA.

Barling, J. (2014). *The science of leadership: Lessons from research for organizational leaders*. New York, NY: Oxford University Press.

Barling, J., & Griffiths, A. (2003). A history of occupational health psychology. In J. C. Quick & L. E. Tetrick (Eds.), *Handbook of organizational health psychology* (pp. 19–34). Washington, DC: American Psychological Association.

Barling, J., Christie, A., & Hoption, C. (2011). Leadership. In S. Zedeck (Ed.), *APA handbook of industrial and organizational psychology* (Vol. 1, pp. 183–240). Washington, DC: APA.

Barnes, C. M., & Wagner, D. T (2009). Changing to daylight saving time cuts into sleep and increases workplace injuries. *Journal of Applied Psychology, 94,* 1305–1317.

Barnes, C. M., Hollenbeck, J. R., Wagner, D. T., DeRue, D. S., Nahrgang, J. D., & Schwind, K. M. (2008). Harmful help: The costs of backing-up behavior in teams. *Journal of Applied Psychology, 93,* 529–539.

Barnes-Farrell, J. L. (2001). Performance appraisal: Person perception processes and challenges. In M. London (Ed.), *How people evaluate others in organizations* (pp. 135–154). Mahwah, NJ: Erlbaum.

Baron, R. A. (1990). Countering the effects of destructive criticism: The relative efficacy of four interventions. *Journal of Applied Psychology, 75,* 235–245.

Baron, R. A., & Henry, R. A. (2011). Entrepreneurship: The genesis of organizations. In S. Zedeck (Ed.), *APA handbook of industrial and organizational psychology* (Vol. 1, pp. 241–273). Washington, DC: APA.

Baron, R. A., Frese, M., & Baum, J. R. (2007). Research gains: Benefits of closer links between I/O psychology and entrepreneurship. In J. R. Baum, M. Frese, & R. A. Baron (Eds.), *The psychology of entrepreneurship* (pp. 347–373). Mahwah, NJ: Erlbaum.

Barreca, R. (1997). *Sweet revenge: The wicked delights of getting even.* New York: Berkley.

Barrick, M. R., & Mount, M. K. (1991). The Big Five personality dimensions and job performance: A meta-analysis. *Personnel Psychology, 44,* 1–26.

Barrick, M. R., & Mount, M. K. (2012). Nature and use of personality in selection. In N. Schmitt (Ed.), *The Oxford handbook of personnel assessment and selection* (pp. 225–251). New York: Oxford University Press.

Barrick, M. R., Shaffer, J. A., & DeGrassi, S. W. (2009). What you see may not be what you get: Relationships among self-presentation tactics and ratings of interview and job performance. *Journal of Applied Psychology, 94,* 1394–1411.

Barrick, M. R., Swider, B. W., & Stewart, G. L. (2010). Initial evaluations in the interview: Relationships with subsequent interviewer evaluations and employment offers. *Journal of Applied Psychology, 95,* 1163–1172.

Barry, B., & Stewart, G. L. (1997). Composition, process, and performance in self-managed groups: The role of personality. *Journal of Applied Psychology, 82,* 62–78.

Bartram, D. (2005). The great eight competencies: A criterion-centric approach to validation. *Journal of Applied Psychology, 90,* 1185–1203.

Bartram, D., & Burke, E. (2013). Industrial/organizational testing case studies. In J. A. Wollack & J. J. Fremer (Eds.), *Handbook of test security* (pp. 313–332). New York: Routledge.

Baruch, Y. (2006). On logos and business cards: The case of UK universities. In A. Rafaeli & M. G. Pratt (Eds.), *Artifacts and organizations* (pp. 181–198). Mahwah, NJ: Erlbaum.

Bass, B. M. (1985). *Leadership and performance beyond expectations.* New York: Free Press.

Bass, B. M. (1998). *Transformational leadership.* Mahwah, NJ: Erlbaum.

Battista, M., Pedigo, P., & Desrosiers, E. (2010). Navigating the complexities of a global organization. In K. Lundby (Ed.), *Going global* (pp. 1–21). San Francisco: Jossey-Bass.

Bazerman, M. H. (2005). Conducting influential research: The need for prescriptive implications. *Academy of Management Research, 30,* 25–31.

Beal, D. J., Cohen, R. R., Burke, M. J., & McLendon, C. L. (2003). Cohesion and performance in groups: A meta-analytic clarification of construct relations. *Journal of Applied Psychology, 88,* 989–1004.

Beal, D. J., Trougakos, J. P., Weiss, H. M., & Green, S. G. (2006). Episodic processes in emotional labor: Perceptions of affective delivery and regulation strategies. *Journal of Applied Psychology, 91,* 1053–1065.

Becker, T. E., & Colquitt, A. L. (1992). Potential versus actual faking of a biodata form: An analysis along several dimensions of item type. *Personnel Psychology, 45,* 389–406.

Becker, T. E., Klein, H. J., & Meyer, J. P. (2009). Commitment in organizations: Accumulated wisdom and new directions. In H. J. Klein, T. E. Becker, & J. P. Meyer (Eds.), *Commitment in organizations* (pp. 419–452). New York: Taylor & Francis.

Becker, W. J., & Cropanzano, R. (2010). Organizational neuroscience: The promise and prospects of an emerging discipline. *Journal of Organizational Behavior, 31,* 1055–1059.

Becker, W. J., & Menges, J. I. (2013). Biological implicit measures in HRM and OB: A question of how not if. *Human Resource Management Review, 23,* 219–228.

Beehr, T. A., Ivanitskaya, L., Hansen, C. P., Erofeev, D., & Gudanowski, D. M. (2001). Evaluation of 360 degree feedback ratings: Relationships with each other and with performance and selection predictors. *Journal of Organizational Behavior, 22,* 775–788.

Behnke, S. H., & Moorehead-Slaughter, O. (2012). Ethics, human rights, and interrogation. In J. H. Lawrence & M. D. Matthews (Eds.), *The Oxford handbook of military psychology* (pp. 50–62). New York: Oxford University Press.

Beier, M. E., & Kanfer, R. (2010). Motivation in training and development: A phase perspective. In S. W. J. Kozlowski & E. Salas (Eds.), *Learning, training, and development in organizations* (pp. 65–98). New York: Routledge.

Belbin, R. M. (1981). *Management teams.* New York: Wiley.

Bell, B. S., & Federman, J. E. (2010). Self-assessments of knowledge: Where do we go from here? *Academy of Management Learning & Education, 9,* 342–347.

Bell, B. S., & Kozlowski, S. W. J. (2010). Toward a theory of learner-centered training design: An integrative framework of active learning. In S. W. J. Kozlowski & E. Salas (Eds.), *Learning, training, and development in organizations* (pp. 263–300). New York: Routledge.

Benjamin, L. T., Jr. (1997). Organized industrial psychology before Division 14: The ACP and the AAAP (1930–1945). *Journal of Applied Psychology, 82,* 459–466.

Benjamin, L. T., Jr. (2006). Hugo Münsterberg's attack on the application of scientific psychology. *Journal of Applied Psychology, 91*, 414–425.

Bennett, G. K. (1980). *Test of mechanical comprehension.* New York: Psychological Corporation.

Bennett, N., Blum, T. C., & Roman, P. M. (1994). Pressure of drug screening and employee assistance programs: Exclusive and inclusive human resource management practices. *Journal of Organizational Behavior, 15*, 549–560.

Bennis, W. (2007). The challenges of leadership in the modern world. *American Psychologist, 62*, 2–5.

Berdahl, J. L., & Aquino, K. (2009). Sexual behavior at work: Fun or folly? *Journal of Applied Psychology, 94*, 34–47.

Berdahl, J. L., & Raver, J. L. (2011). Maintaining, expanding, and contracting the organization. In S. Zedeck (Ed.), *APA handbook of industrial and organizational psychology* (Vol. 3, pp. 641–669). Washington, DC: American Psychological Association.

Bergeron, D. M., Shipp, A. J., Rosen, B., & Furst, S. A. (2013). Organizational citizenship behavior and career outcomes: The cost of being a good citizen. *Journal of Management, 39*, 958–984.

Bergman, M. E., & Chalkley, K. M. (2007). "Ex" marks a spot: The stickiness of dirty work and other removed stigmas. *Journal of Occupational Health Psychology, 12*, 251–265.

Bernardin, H. J., Cooke, D. K., & Villanova, P. (2000). Conscientiousness and agreeableness as predictors of rating leniency. *Journal of Applied Psychology, 85*, 232–236.

Bernardin, H. J., Hagan, C. M., Kane, J. S., & Villanova, P. (1998). Effective performance management. In J. W. Smither (Ed.), *Performance appraisal* (pp. 3–48). San Francisco: Jossey-Bass.

Bernichon, T., Cook, K. E., & Brown, J. D. (2003). Seeking self-evaluative feedback: The interactive role of global self-esteem and specific self-views. *Journal of Personality and Social Psychology, 84*, 194–204.

Berry, C. M., & Sackett, P. R. (2009). Faking in personnel selection: Tradeoffs in performance versus fairness resulting from two cut-score strategies. *Personnel Psychology, 62*, 835–863.

Berry, C. M., Ones, D. S., & Sackett, P. R. (2007). Interpersonal deviance, organizational deviance, and their common correlates: A review and meta-analysis. *Journal of Applied Psychology, 92*, 410–424.

Berry, C. M., Sackett, P. R., & Wiemann, S. (2007). A review of recent developments in integrity test research. *Personnel Psychology, 60*, 271–301.

Beugne, C. D., & Liverpool, P. R. (2006). Politics as determinants of fairness perceptions in organizations. In E. Vigoda-Gadot & A. Drory (Eds.), *Handbook of organizational politics* (pp. 122–135). Cheltenham, UK: Edward Elgar.

Bezrukova, K., Thatcher, S. M. B., Jehn, K. A., & Spell, C. S. (2012). The effects of alignments: Examining group faultlines, organizational cultures, and performance. *Journal of Applied Psychology, 97*, 77–92.

Bhutta, C. B. (2012). Not by the book: Facebook as a sampling frame. *Sociological Methods & Research, 41*, 57–88.

Biddle, D. A. (2008). Are the Uniform Guidelines outdated? Federal guidelines, professional standards, and validity generalization (VG). *The Industrial-Organizational Psychologist, 45*(4), 17–23.

Bies, R. J., Tripp, T. M., & Kramer, R. M. (1997). At the breaking point. In R. A. Giacalone & J. Greenberg (Eds.), *Antisocial behavior in organizations* (pp. 18–36). Thousand Oaks, CA: Sage.

Bingham, W. V. (1917). Mentality testing of college students. *Journal of Applied Psychology, 1*, 38–45.

Binning, J. F., & Barrett, G. V. (1989). Validity of personnel decisions: A conceptual analysis of the inferential and evidential bases. *Journal of Applied Psychology, 74*, 478–494.

Birnbaum, R. (2013). Genes, memes, and the evolution of human leadership. In M. G. Rumsey (Ed.), *The Oxford handbook of leadership* (pp. 243–266). New York: Oxford University Press.

Blanchard, P. M., & Thacker, J. W. (2004). *Effective training: Systems, strategies, and practices* (2nd ed.). Upper Saddle River, NJ: Prentice Hall.

Blickle, G., Kramer, J., Schneider, P. B., Meurs, J. A., Ferris, G. R., Mierke, J., Witzki, A. H., & Momm, T. D. (2011). Role of political skill in job performance prediction beyond general mental ability and personality in cross-sectional and predictive studies. *Journal of Applied Social Psychology, 41*, 488–514.

Blum, M. L., & Naylor, J. C. (1968). *Industrial psychology: Its theoretical and social foundations.* New York: Harper & Row.

Bobko, P., & Roth, P. L. (2010). An analysis of the methods for assessing and indexing adverse impact: A disconnect between academic literature and some practice. In J. L. Outtz (Ed.), *Adverse impact: Implications for organizational staffing and high stakes selection* (pp. 29–49). New York: Routledge.

Bobko, P., & Roth, P. L. (2012). Reviewing, categorizing, and analyzing the literature on black-white mean differences for predictors of job performance: Verifying some perceptions and updating/correcting others. *Personnel Psychology, 66*, 91–126.

Bolino, M. C., Klotz, A. C., Turnley, W. H., & Harvey, J. (2013). Exploring the dark side of organizational citizenship behavior. *Journal of Organizational Behavior, 34*, 542–559.

Bolino, M. C., Turnley, W. H., Gilstrap, J. B., & Suazo, M. M. (2010). Citizenship under pressure: What's a "good soldier" to do? *Journal of Organizational Behavior, 31*, 835–855.

Bond, F. W., Flaxman, P. E., & Bunce, D. (2008). The influence of psychological flexibility on work redesign: Mediated moderation of a work reorganization intervention. *Journal of Applied Psychology, 93*, 645–654.

Bono, J. E., Purvanova, R. K., Towler, A. J., & Peterson, D. B. (2009). A survey of executive coaching practices. *Personnel Psychology, 62*, 361–404.

Boswell, W. R., Shipp, A. J., Payne, S. C., & Culbertson, S. S. (2009). Changes in newcomer job satisfaction over time: Examining the pattern of honeymoons and hangovers. *Journal of Applied Psychology, 94*, 844–858.

Boutelle, C. (2004). New *Principles* encourage greater accountability for test users and developers. *The Industrial-Organizational Psychologist, 41*(3), 20–21.

Bowling, N. A., Beehr, T. A., Wagner, S. H., & Libkuman, T. M. (2005). Adaptation-level theory, opponent process theory, and dispositions: An integrated approach to the stability of job satisfaction. *Journal of Applied Psychology, 90*, 1044–1053.

Bracken, D. W., Dalton, M. A., Jako, R. A., McCauley, C. D., & Pollman, V. A. (1997). *Should 360-degree feedback be used only for developmental purposes?* Greensboro, NC: Center for Creative Leadership.

Bradley, B. H., Klotz, A. C., Postlethwaite, B. E., & Brown, K. G. (2013). Ready to rumble: How team personality composition and task conflict interact to improve performance. *Journal of Applied Psychology, 98*, 385–392.

Brand, C. (1987). The importance of general intelligence. In S. Modgil & C. Modgil (Eds.), *Arthur Jensen: Consensus and controversy* (pp. 251–265). New York: Falmer.

Brandon, S. E. (2011). Impacts of psychological science on national security agencies post-9/11. *American Psychologist, 66*, 495–506.

Brannick, M. T., & Levine, E. L. (2002). *Job analysis.* Thousand Oaks, CA: Sage.

Brannick, M. T., Levine, E. L., & Morgeson, F. P. (2007). *Job and work analysis* (2nd ed.). Thousand Oaks, CA: Sage.

Breaugh, J. A. (1983). The 12-hour work day: Differing employee reactions. *Personnel Psychology, 36*, 277–288.

Breaugh, J. A. (2012). Employee recruitment: Current knowledge and suggestions for future research. In N. Schmitt (Ed.), *The Oxford handbook of personnel assessment and selection* (pp. 68–87). New York: Oxford University Press.

Breaugh, J. A., Macan, T. J., & Grambow, D. M. (2008). Employee recruitment: Current knowledge and directions for future research. In G. P. Hodgkinson & J. L. Ford (Eds.), *International review of industrial and organizational psychology* (Vol. 23, pp. 45–82). Chichester, UK: Wiley-Blackwell.

Brett, J. M., & Stroh, L. K. (2003). Working 60 plus hours a week: Why do managers do it? *Journal of Applied Psychology, 88*, 67–78.

Brief, A. P. (1998). *Attitudes in and around organizations.* Thousand Oaks, CA: Sage.

Brotherton, C. (2003). The role of external policies in shaping organizational health and safety. In D. A. Hofmann & L. E. Tetrick (Eds.), *Health and safety in organizations* (pp. 372–396). San Francisco: Jossey-Bass.

Brough, P., O'Driscoll, M., Kalliath, T., Cooper, C. L., & Poelmans, S. A. (2009). *Workplace psychological health: Current research and practice.* Cheltenham, UK: Elgar.

Brown, G., Lawrence, T. B., & Robinson, S. L. (2005). Territoriality in organizations. *Academy of Management Review, 30*, 577–594.

Brown, K. G., & Sitzmann, T. (2011). Training and employee development for improved performance. In S. Zedeck (Ed.), *APA handbook of industrial and organizational psychology* (Vol. 2, pp. 469–504). Washington, DC: APA.

Brown, S. P. (1996). A meta-analysis and review of organizational research in job involvement. *Psychological Bulletin, 120*, 235–255.

Brutus, S., Gill, H., & Duniewicz, K. (2010). State of science in industrial and organizational psychology: A review of self-reported limitations. *Personnel Psychology, 63*, 907–936.

Bryan, W. L. (1904). Theory and practice. *Psychological Review, 11*, 71–82.

Bryan, W. L., & Harter, N. (1897). Studies in the physiology and psychology of the telegraphic language. *Psychological Review, 4*, 27–53.

Bryan, W. L., & Harter, N. (1899). Studies of the telegraphic language. *Psychological Review, 6*, 345–375.

Buchanan, D. (2008). You stab my back, I'll stab yours: Management experience and perceptions of organizational political behaviour. *British Journal of Management, 19*, 49–64.

Bucher, E., Fieseler, C., & Suphan, A. (2013). The stress potential of social media in the workplace. *Information, Communication & Society, 16*, 1639–1667.

Buehler, R., Griffin, D., Lam, K. C. H., & Deslauriers, J. (2012). Perspective on prediction: Does third-person imagery improve task completion estimates? *Organizational Behavior and Human Decision Processes, 117*, 138–149.

Buehler, R., Peetz, J., & Griffin, D. (2010). Finishing on time: When do predictions influence completion times? *Organizational Behavior and Human Decision Processes, 111*, 23–32.

Buhrmester, M., Kwang, T., & Gosling, S. D. (2011). Amazon's Mechanical Turk: A new source of inexpensive, yet high quality, data? *Perspectives on Psychological Science, 6*, 3–5.

Burgess, M., & Clark, L. (2010). Do the "savage origins" of tattoos cast a prejudicial shadow on contemporary tattooed individuals? *Journal of Applied Social Psychology, 40*, 746–764.

Burghart, G., & Finn, C. A. (2011). *Handbook of MRI scanning.* St. Louis: Elsevier Mosby.

Burke, C. S., Shuffler, M. L., Salas, E., & Gelfand, M. (2010). Multicultural teams: Critical team processes and guidelines. In K. Lundby (Ed.), *Going global* (pp. 46–82). San Francisco: Jossey-Bass.

Burke, W. W. (2008). *Organizational change: Theory and practice* (2nd ed.). Thousand Oaks, CA: Sage.

Buster, M. A., Roth, P. L., & Bobko, P. (2005). A process for content validation of education and experienced-based minimum qualifications: An approach resulting in federal court approval. *Personnel Psychology, 58*, 771–799.

Byron, K. (2005). A meta-analytic review of work-family conflict and its antecedents. *Journal of Vocational Behavior, 62*, 169–198.

Caligiuri, P., & Hippler, T. (2010). Maximizing the success and retention of international assignees. In K. Lundby (Ed.), *Going global* (pp. 333–376). San Francisco: Jossey-Bass.

Caligiuri, P., Mencin, A., & Hang, K. (2013). Win-win-win: The influence of company-sponsored volunteerism programs on employees, NGOs, and business units. *Personnel Psychology, 66*, 825–860.

Callinan, M., & Robertson, I. T. (2000). Work sample testing. *International Journal of Selection and Assessment, 8*, 248–260.

Cameron, K. L., & Quinn, R. E. (2006). *Diagnosing and changing organizational cultures* (rev. ed.). San Francisco: Jossey-Bass.

Campbell, J. P. (1990). The role of theory in industrial and organizational psychology. In M. D. Dunnette & L. M. Hough (Eds.), *Handbook of industrial and organizational psychology* (2nd ed., Vol. 1, pp. 39–74). Palo Alto, CA: Consulting Psychologists Press.

Campbell, J. P. (1996). Group differences and personnel decisions: Validity, fairness, and affirmative action. *Journal of Vocational Behavior, 49*, 122–158.

Campbell, J. P. (2007). Profiting from history. In L. L. Koppes (Ed.), *Historical perspectives in industrial and organizational psychology* (pp. 441–457). Mahwah, NJ: Erlbaum.

Campbell, J. P. (2012). Behavior, performance, and effectiveness in the twenty-first century. In S. W. J. Kozlowski (Ed.), *The Oxford handbook of organizational psychology*, (Vol. 1, pp. 159–194). New York: Oxford University Press.

Campbell, J. P., & Knapp, D. J. (2010). Project A: 12 years of R & D. In J. L. Farr & N. T. Tippins (Eds.), *Handbook of employee selection* (pp. 865–886). New York: Routledge.

Campion, J. E. (1972). Work sampling for personnel selection. *Journal of Applied Psychology, 56*, 40–44.

Campion, M. A. (1991). Meaning and measurement of turnover: Comparison of alternative measures and recommendations for research. *Journal of Applied Psychology, 76*, 199–212.

Campion, M. A., Fink, A. A., Ruggeberg, B. J., Carr, L., Phillips, G. M., & Odman, R. B. (2011). Doing competencies well: Best practices in competence modeling. *Personnel Psychology, 64*, 225–262.

Campion, M. A., & Berger, C. J. (1990). Conceptual integration and empirical test of job design and compensation relationships. *Personnel Psychology, 43*, 525–554.

Campion, M. A., Papper, E. M., & Medsker, G. J. (1996). Relations between work team characteristics and effectiveness: A replication and extension. *Personnel Psychology, 49*, 429–452.

Cannon-Bowers, J. A., & Bowers, C. (2010). Synthetic learning environments: On developing a science of simulation, games, and virtual worlds for training. In S. W. J. Kozlowski & E. Salas (Eds.), *Learning, training, and development in organizations* (pp. 229–262). New York: Routledge.

Cannon-Bowers, J. A., & Bowers, C. (2011). Team development and functioning. In S. Zedeck (Ed.), *APA handbook of industrial and organizational psychology* (Vol. 1, pp. 597–650). Washington, DC: APA.

Cannon-Bowers, J. A., & Salas, E. (2001). Reflections on shared cognition. *Journal of Organizational Behavior, 22*, 195–202.

Cappelli, P., & Keller, J. (2013). Classifying work in the new economy. *Academy of Management Review, 38*, 575–596.

CareerBuilder (2013). Thirty-eight percent of workers have dated a co-worker, finds CareerBuilder survey. Retrieved August 12, 2014, from http://www.careerbuilder.com/share/aboutus/pressreleasesdetail.aspx?id=pr803&sd=2/13/2014&ed=02/13/2014

Carr, S. C., MacLachlan, M., & Furnham, A. (Eds.) (2012). *Humanitarian work psychology.* New York: Palgrave Macmillan.

Carsten, J. M., & Spector, P. E. (1987). Unemployment, job satisfaction, and employee turnover: A meta-analytic test of the Muchinsky model. *Journal of Applied Psychology, 72*, 374–381.

Caruso, C. C., Hitchcock, E. M., Dick, R. B., Russo, J. M., & Schmit, J. M. (2004). *Overtime and extended work shifts: Recent findings on illnesses, injuries, and health behaviors.* Cincinnati, OH: U. S. Department of Health and Human Services, Centers for Disease Control and Prevention, National Institute for Occupational Safety and Health. DHHS (NIOSH) Publication No. 2004–143.

Cascio, W. F. (2007). Evidence-based management and the marketplace of ideas. *Academy of Management Journal, 50*, 1009–1012.

Cascio, W. F., & Aguinis, H. (2008). Research in industrial and organizational psychology from 1963 to 2007: Changes, choices, and trends. *Journal of Applied Psychology, 93*, 1062–1081.

Cascio, W. F., & Fogli, L. (2010). The business value of employee selection. In J. L. Farr & N. T. Tippins (Eds.), *Handbook of employee selection* (pp. 235–252). New York: Routledge.

Cascio, W. F., Alexander, R. A., & Barrett, G. V. (1988). Setting cutoff scores: Legal, psychometric, and professional issues and guidelines. *Personnel Psychology, 41*, 1–24.

Casper, W. J., Eby, L. T., Bordeaux, C., Lockwood, A., & Lambert, D. (2007). A review of research methods in IO/OB work-family research. *Journal of Applied Psychology, 92*, 28–41.

Cassell, C., & Symon, G. (2011). Assessing "good" qualitative research in the work psychology field: A narrative analysis. *Journal of Occupational and Organizational Psychology, 84*, 633–650.

Cavanaugh, M. A., & Noe, R. A. (1999). Antecedents and consequences of relational components of the new psychological contract. *Journal of Organizational Behavior, 20*, 323–340.

Cavanaugh, M. A., Boswell, W. R., Roehling, M. V., & Boudreau, J. W. (2000). An empirical examination of self-reported work stress among U.S. managers. *Journal of Applied Psychology, 85*, 65–74.

Cawley, B. D., Keeping, L. M., & Levy, P. E. (1998). Participation in the performance appraisal process and employee reactions: A meta-analytic review of field investigations. *Journal of Applied Psychology, 83*, 615–633.

Cederblom, D. (1982). The performance appraisal interview: A review, implications and suggestions. *Academy of Management Review, 7*, 219–227.

Cederblom, D., & Lounsbury, J. W. (1980). An investigation of user acceptance of peer evaluations. *Personnel Psychology, 33*, 567–580.

Cerasoli, C. P., Nicklin, J. M., & Ford, M. T. (2014). Intrinsic motivation and extrinsic incentives jointly predict performance: A 40-year meta-analysis. *Psychological Bulletin, 140*, 980–1008.

Chan, K. Y., & Drasgow, F. (2001). Toward a theory of individual differences and leadership: Understanding the motivation to lead. *Journal of Applied Psychology, 86*, 481–498.

Chang, C. H., Rosen, C. C., & Levy, P. E. (2009). The relationship between perceptions of organizational politics and employee attitudes, strain, and behavior: A meta-analytic examination. *Academy of Management Journal, 52*, 779–801.

Chao, G. T., & Moon, H. (2005). The cultural mosaic: A metatheory for understanding the complexity of culture. *Journal of Applied Psychology, 90*, 1128–1140.

Chemers, M. M., & Murphy, S. E. (1995). Leadership and diversity in groups and organizations. In M. M. Chemers, S. Oskamp, & M. A. Costanzo (Eds.), *Diversity in organizations: New perspectives for a changing workforce* (pp. 157–188). Thousand Oaks, CA: Sage.

Choi, J. N., & Kim, M. U. (1999). The organizational applications of groupthink and its limitations in organizations. *Journal of Applied Psychology, 84*, 297–306.

Christian, M. S., Edwards, B. D., & Bradley, J. C. (2010). Situational judgment tests: Constructs assessed and a meta-analysis of their criterion-related validities. *Personnel Psychology, 63*, 83–117.

Chrobot-Mason, D., & Quiñones, M. A. (2002). Training for a diverse workplace. In K. Kraiger (Ed.), *Creating, implementing, and managing effective training and development* (pp. 117–159). San Francisco: Jossey-Bass.

Church, A. H. (2001). Is there a method to our madness? The impact of data collection methodology on organizational survey results. *Personnel Psychology, 54*, 937–969.

Church, A. H., Waclawski, J., & Berr, S. A. (2002). Voices from the field: Future directions for organization development. In. J. Waclawski & A. H. Church (Eds.), *Organization development* (pp. 321–336). San Francisco: Jossey-Bass.

Clark, R. C., & Mayer, R. E. (2008). *e-Learning and the science of instruction* (2nd ed.). San Francisco: Pfeiffer.

Clause, C. S., Mullins, M. E., Nee, M. T., Pulakos, E., & Schmitt, N. (1998). Parallel test form development: A procedure for alternative predictors and an example. *Personnel Psychology, 51*, 193–208.

Cleveland, J. N., & Colella, A. (2010). Criterion validity and criterion deficiency: What we measure well and what we ignore. In J. L. Farr & N. T. Tippins (Eds.), *Handbook of employee selection* (pp. 551–567). New York: Routledge.

Cleveland, J. N., Murphy, K. R., & Williams, R. E. (1989). Multiple uses of performance appraisal: Prevalence and correlates. *Journal of Applied Psychology, 74*, 130–135.

Clifford, J. P. (1994). Job analysis: Why do it, and how should it be done? *Public Personnel Management, 23*, 321–338.

Cohen-Charash, Y., & Spector, P. E. (2001). The role of justice in organizations: A meta-analysis. *Organizational Behavior and Human Decision Processes, 86*, 278–321.

Cohn, L. D., & Becker, B. J. (2003). How meta-analysis increases statistical power. *Psychological Methods, 8*, 243–253.

Colella, A. J., McKay, P. F., Daniels, S. R., & Signal, S. M. (2012). Employment discrimination. In S. W. J. Koz-lowski (Ed.), *The Oxford handbook of organizational psychology* (Vol. 2, pp. 1034–1102). New York: Oxford University Press.

Collins, J. M., & Schmidt, F. L. (1993). Personality, integrity, and white collar crime: A construct validity study. *Personnel Psychology, 46*, 295–311.

Colquitt, J. A. (2012). Organizational justice. In S. W. J. Kozlowski (Ed.), *The Oxford handbook of organizational psychology*, (Vol. 1, pp. 526–547). New York: Oxford University Press.

Colquitt, J. A., Conlon, D. E., Wesson, M. J., Porter, C. O., & Ng, K. Y. (2001). Justice at the millennium: A meta-analytic review of 25 years of organizational justice research. *Journal of Applied Psychology, 86*, 425–445.

Colquitt, J. A., Scott, B. A., & LePine, J. A. (2007). Trust, trustworthiness, and trust propensity: A meta-analytic test of their unique relationships with risk taking and job performance. *Journal of Applied Psychology, 92*, 909–927.

Connaughton, S. L., Williams, E. A., & Shuffler, M. L. (2011). Social identity issues in multi-team systems: Considerations for future research. In S. J. Zaccaro, M. A. Marks, & L. A. DeChurch (Eds.), *Multiteam systems: An organizational form for dynamic and complex environments* (pp. 109–140). New York: Taylor & Francis.

Connelly, B. S., & Ones, D. S. (2010). An other perspective on personality: Meta-analytic interpretation of observers' accuracy and predictive validity. *Psychological Bulletin, 136*, 1092–1122.

Conway, N., & Briner, R. B. (2009). Fifty years of psychological contract research: What do we know and what are the main challenges? In G. P. Hodgkinson & J. L. Ford (Eds.), *International review of industrial and organizational psychology* (Vol. 24, pp. 71–130). Chichester, UK: Wiley-Blackwell.

Cooke, N. J., Gorman, J. C., & Rowe, L. J. (2009). An ecological perspective on team cognition. In E. Salas, G. F. Goodwin, & C. S. Burke (Eds.), *Team effectiveness in complex organizations* (pp. 157–182). New York: Taylor & Francis.

Cooper, C. L., Dewe, P., & O'Driscoll, M. (2003). Employee assistance programs. In J. C. Quick & L. E. Tetrick (Eds.), *Handbook of organizational health psychology* (pp. 289–304). Washington, DC: American Psychological Association.

Cooper, W. H. (1981). Ubiquitous halo. *Psychological Bulletin, 90,* 218–244.

Costa, G. (1996). The impact of shift and night work on health. *Applied Ergonomics, 27,* 9–16.

Costa, P. T. (1996). Work and personality: Use of the NEO-PI-R in industrial/organizational psychology. *Applied Psychology: An International Review, 45,* 225–241.

Côté, S., van Kleef, G. A., & Sy, T. (2013). The social effects of emotional regulation in organizations. In A. A. Grandey, J. M. Diefendorff, & D. E. Rupp (Eds.), *Emotional labor in the 21st century* (pp. 79–100). New York: Routledge.

Courtright, S. H., McCormick, B. W., Postlethwaite, B. E., Reeves, C. J., & Mount, M. K. (2013). A meta-analysis of sex differences in physical ability: Revised estimates and strategies for reducing differences in selection contexts. *Journal of Applied Psychology, 98,* 623–641.

Craig, S. B., & Kaiser, R. B. (2013). Destructive leadership. In M. G. Rumsey (Ed.), *The Oxford handbook of leadership* (pp. 439–454). New York: Oxford University Press.

Crain, T. L., & Hammer, L. B. (2013). Work-family enrichment: A systematic review of antecedents, outcomes, and mechanisms. In A. B. Bakker (Ed.), *Advances in positive organizational psychology*, (Vol. 1, pp. 303–328). Bingley, UK: Emerald.

Crook, T. R., Todd, S. Y., Combs, J. G., & Woehr, D. J. (2011). Does human capital matter? A meta-analysis of the relationship between human capital and firm performance. *Journal of Applied Psychology, 96,* 443–456.

Cropanzano, R., & Li, A. (2006). Organizational politics and workplace stress. In E. Vigoda-Gadot & A. Drory (Eds.), *Handbook of organizational politics* (pp. 139–160). Cheltenham, UK: Edward Elgar.

Crosby, F. J., & VanDeVeer, C. (Eds.). (2000). *Sex, race, & merit.* Ann Arbor: University of Michigan Press.

Csikszentmihalyi, M. (1990). *Flow: The psychology of optimal experience.* New York: Harper and Row.

Csikszentmihalyi, M. (1997). *Finding flow: The psychology of engagement with everyday life.* New York: Basic Books.

Culbert, S. A., & Rout, L. (2010). *Get rid of the performance review! How companies can stop intimidating, start managing – and focus on what really matters.* New York: Business Plus.

Culbertson, S. S. (2011). The academic's forum: I-O coverage in general psychology courses. *The Industrial and Organizational Psychologist, 49*(2), 62–65.

Culbertson, S. S., & Mills, M. J. (2011). Negative implications for the inclusion of citizenship performance in ratings. *Human Resource Development International, 14,* 23–38.

Culbertson, S. S., Krome, L. R., McHenry, B. J., Stetzer, M. W., & van Ittersum, K. (2013). Performance appraisals: Mend them, don't end them. In M. Paludi (Ed.), *The psychology for business success* (Vol. 4, pp. 35–51). Westport, CT: Praeger Press.

Culbertson, S. S., Mills, M. J., & Fullagar, C. J. (2012). Work engagement and work-family facilitation: Making homes happier through positive affective spillover. *Human Relations, 65,* 1155–1177.

Cullen, M. J., Muros, J. P., Rasch, R., & Sackett, P. R. (2013). Individual differences in the effectiveness of error management training for developing negotiation skills. *International Journal of Selection and Assessment, 21,* 1–21.

Cunningham, M. R., Wong, D. T., & Barbee, A. P. (1994). Self-presentation dynamics on overt integrity tests: Experimental studies of the Reid Report. *Journal of Applied Psychology, 79,* 643–658.

Dabos, G. E., & Rousseau, D. M. (2004). Mutuality and reciprocity in the psychological contracts of employees and employers. *Journal of Applied Psychology, 89,* 52–72.

Daft, R. L. (1983). Learning the craft of organizational research. *Academy of Management Review, 8,* 539–546.

Dalal, R. S., & Hulin, C. L. (2008). Motivation for what? A multivariate dynamic perspective of the criterion. In R. Kanfer, G. Chen, & R. D. Pritchard (Eds.), *Work motivation: Past, present, and future* (pp. 63–100). New York: Routledge.

Dalton, D. R., & Mesch, D. J. (1990). The impact of flexible scheduling on employee attendance and turnover. *Administrative Science Quarterly, 35,* 370–387.

Dalton, D. R., Aguinis, H., Dalton, C. M., Bosco, F. A., & Pierce, C. A. (2012). Revisiting the file drawer problem in meta-analysis: An assessment of published and nonpublished correlation matrices. *Personnel Psychology, 65,* 221–249.

Daniel, M. H. (1997). Intelligence testing. *American Psychologist, 52,* 1038–1045.

Danielson, C. C., & Wiggenhorn, W. (2003). The strategic challenge for transfer: Chief learning officers speak out. In E. F. Holton & T. T. Baldwin (Eds.), *Improving learning transfer in organizations* (pp. 16–38). San Francisco: Jossey-Bass.

Dansereau, F., Graen, G., & Haga, W. (1975). A vertical dyad linkage approach to leadership in formal organizations. *Organizational Behavior and Human Performance, 13,* 46–78.

Dawis, R. V. (2004). Job satisfaction. In J. C. Thomas

(Ed.), *Comprehensive handbook of psychological assessment* (Vol. 4, pp. 470–481). Hoboken, NJ: Wiley.

Day, D. V., & Zaccaro, S. J. (2007). Leadership: A critical historical analysis of the influence of leader traits. In L. L. Koppes (Ed.), *Historical perspectives in industrial and organizational psychology* (pp. 383–405). Mahwah, NJ: Erlbaum.

De Angelis, K., & Segal, D. R. (2012). Minorities in the military. In J. H. Laurence & M. D. Matthews (Eds.), *The Oxford handbook of military psychology* (pp. 325–343). New York: Oxford University Press.

De Corte, W., Sackett, P. R., & Lievens, F. (2011). Designing Pareto-optimal selection systems: Formalizing the decisions required for selection system development. *Journal of Applied Psychology, 96*, 907–926.

de Wit, F. R. C., Greer, L. L., & Jehn, K. A. (2012). The paradox of intragroup conflict: A meta-analysis. *Journal of Applied Psychology, 97*, 360–390.

Deal, T., & Kennedy, A. (1982). *Corporate cultures.* Reading, MA: Addison-Wesley.

DeArmond, S., Matthews, R. A., & Bunk, J. (2014). Workload and procrastination: The roles of psychological detachment and fatigue. *International Journal of Stress Management, 21*, 137–161.

DeChurch, L. A., & Mesmer-Magnus, J. R. (2010). The cognitive underpinnings of effective teamwork: A meta-analysis. *Journal of Applied Psychology, 95*, 32–53.

Demerouti, E. (2006). Job characteristics, flow, and performance: The moderating role of conscientiousness. *Journal of Occupational Health Psychology, 11*, 266–280.

Demerouti, E., & Cropanzano, R. (2010). From thought to action: Employee work engagement and job performance. In A. B. Bakker & M. P. Leiter (Eds.), *Work engagement: A handbook of essential theory and research* (pp. 147–163). New York: Psychology Press.

Demerouti, E., Bakker, A. B., Nachreiner, F., & Schaufeli, W. B. (2001). Job demands-resources model of burnout. *Journal of Applied Psychology, 86*, 499–512.

Demerouti, E., Bakker, A. B., Sonnentag, S., & Fullagar, C. J. (2012). Work-related flow and energy at work and at home: A study on the role of daily recovery. *Journal of Organizational Behavior, 33*, 276–295.

DeMeuse, K. P., Bergmann, T. J., Vanderheiden, P. A., & Roraff, C. E. (2004). New evidence regarding organizational downsizing and a firm's financial performance: A long-term analysis. *Journal of Managerial Issues, 16*, 155–177.

DeMeuse, K. P., Marks, M. L., & Dai, G. (2011). Organizational downsizing, mergers and acquisitions, and strategic alliances: Using theory and research to enhance practice. In S. Zedeck (Ed.), *APA handbook of industrial and organizational psychology* (Vol. 3, pp. 729–768). Washington, DC: APA.

den Hartog, D. N., Boselie, P., & Paauwe, J. (2004). Performance management: A model and research agenda. *Applied Psychology: An International Review, 53*, 556–569.

DeNisi, A. S., & Peters, L. H. (1996). Organization of information in memory and the performance appraisal process: Evidence from the field. *Journal of Applied Psychology, 81*, 717–737.

DeNisi, A. S., & Pritchard, R. D. (2006). Performance appraisal, performance management and improving individual performance: A motivational framework. *Management and Organization Review, 2*, 253–277.

DeNisi, A. S., & Sonesh, S. (2011). The appraisal and management of performance at work. In S. Zedeck (Ed.), *APA handbook of industrial and organizational psychology* (Vol. 2, pp. 255–279). Washington, DC: APA.

Dickinson, T. L. (1993). Attitudes about performance appraisal. In H. Schuler, J. L. Farr, & M. Smith (Eds.), *Personnel selection and assessment* (pp. 141–162). Hillsdale, NJ: Erlbaum.

Diefendorff, J. M., & Chandler, M. M. (2011). Motivating employees. In S. Zedeck (Ed.), *APA handbook of industrial and organizational psychology* (Vol. 3, pp. 65–136). Washington, DC: APA.

Diefendorff, J. M., & Lord, R. G. (2008). Goal-striving and self-regulation processes. In R. Kanfer, G. Chen, & R. D. Pritchard (Eds.), *Work motivation: Past, present, and future* (pp. 151–196). New York: Routledge.

Dierdorff, E. C., & Ellington, J. K. (2008). It's the nature of work: Examining behavior-based sources of work-family conflict across occupations. *Journal of Applied Psychology, 93*, 883–892.

Dierdorff, E. C., & Morgeson, F. P. (2009). Effects of descriptor specificity and observability on incumbent work analysis ratings. *Personnel Psychology, 62*, 601–628.

Dierdorff, E. C., & Surface, E. A. (2007). Placing peer ratings in context: Systematic influences beyond ratee performance. *Personnel Psychology, 60*, 93–126.

Digman, J. M., & Takemoto-Chock, N. K. (1981). Factors in the natural language of personality: Re-analysis and comparison of six major studies. *Multivariate Behavioral Research, 16*, 149–170.

Dineen, B. R., & Soltis, S. M. (2011). Recruitment: A review of research and emerging directions. In S. Zedeck (Ed.), *APA handbook of industrial and organizational psychology* (Vol. 2, pp. 43–66). Washington, DC: APA.

Dionne, S. D., Yammarino, F. J., Atwater, L. E., & James, L. R. (2002). Neutralizing substitutes for leadership theory: Leadership effects and common-source bias. *Journal of Applied Psychology, 87*, 454–464.

Dipboye, R. L., Macan, T., & Shahani-Denning, C. (2012). The selection interview from the interviewer and applicant perspectives: Can't have one without the other. In N. Schmitt (Ed.), *The Oxford handbook of personnel assessment and selection* (pp. 323–352). New York: Oxford University Press.

Dirks, K. T., & Ferrin, D. L. (2002). Trust in leadership: Meta-analytic findings and implications for research and practice. *Journal of Applied Psychology, 87*, 611–628.

Dobrow, S. R. (2013). Dynamics of calling: A longitudinal study of musicians. *Journal of Organizational Behavior, 34*, 431–452.

Dobrow, S. R., & Tosti-Kharas, J. (2011). Calling: The development of a scale measure. *Personnel Psychology, 64*, 1001–1049.

Dominick, P. G. (2009). Forced rankings: Pros, cons, and practices. In J. W. Smither & M. London (Eds.), *Performance management* (pp. 411–444). San Francisco: Jossey-Bass.

Dorsey, D. W., Cortina, J. M., & Luchman, J. (2010). Adaptive and citizenship-related behaviors at work. In J. L. Farr & N. T. Tippins (Eds.), *Handbook of employee selection* (pp. 463–488). New York: Routledge.

Doverspike, D., & Arthur, W. A., Jr. (2012). The role of job analysis in test selection and development. In M. A. Wilson, W. Bennett, S. G. Gibson, & G. M. Alliger (Eds.), *The handbook of work analysis* (pp. 381–399). New York: Routledge.

Dovidio, J. F., & Gaertner, S. L. (1996). Affirmative action, unintentional racial biases, and intergroup relations. *Journal of Social Issues, 52*, 51–75.

Druskat, V. A., & Wolff, S. B. (1999). Effects and timing of developmental peer appraisals in self-managing work groups. *Journal of Applied Psychology, 84*, 58–74.

DuBois, C. L., Astakhova, M. N., & DuBois, D. A. (2013). Motivating behavior change to support organizational environmental sustainability goals. In A. H. Huffman & S. R. Klein (Eds.), *Green organizations: Driving change with I-O psychology* (pp. 186–207). New York: Routledge.

DuBois, D. A. (2002). Leveraging hidden expertise: Why, when, and how to use cognitive task analysis. In K. Kraiger (Ed.), *Creating, implementing, and managing effective training and development* (pp. 80–114). San Francisco: Jossey-Bass.

Duchon, J. C., Keran, C. M., & Smith, T. J. (1994). Extended workdays in an underground mine: A work performance analysis. *Human Factors, 36*, 258–268.

Dudley-Meislahn, N., Vaughn, E. D., Sydell, E. J., & Seeds, M. A. (2013). Advances in knowledge measurement. In J. M. Cortina & R. S. Landis (Eds.), *Modern research methods for the study of behavior in organizations* (pp. 443–481). New York: Routledge.

Dulebohn, J. H. (1997). Social influences in justice evaluations of human resources systems. In G. R. Ferris (Ed.), *Research in personnel and human resources management* (Vol. 15, pp. 241–292). Greenwich, CT: JAI Press.

Dunham, R. B., Grube, J. A., & Castaneda, M. B. (1994). Organizational commitment: The utility of an integrated definition. *Journal of Applied Psychology, 79*, 370–380.

Eagly, A. H., & Carli, L. L. (2007). *Through the labyrinth: The truth about how women become leaders.* Boston, MA: Harvard Business School Press.

Eagly, A. H., Johannesen-Schmidt, M. C., & van Engen, M. L. (2003). Transformation, transactional, and laissez-faire leadership styles: A meta-analysis comparing women and men. *Psychological Bulletin, 129*, 569–591.

Earley, P. C., & Gibson, C. B. (2002). *Multinational work teams.* Mahwah, NJ: Erlbaum.

Eatough, E. M., Chang, C. H., Miloslavic, S. A., & Johnson, R. E. (2011). Relationship of role stressors with organizational citizenship behavior: A meta-analysis. *Journal of Applied Psychology, 96*, 619–632.

Ebel, R. L. (1972). *Essentials of educational measurement.* Englewood Cliffs, NJ: Prentice Hall.

Eby, L. T. (2011). Mentoring. In S. Zedeck (Ed.), *APA handbook of industrial and organizational psychology* (Vol. 2, pp. 503–526). Washington, DC: APA.

Eby, L. T. (2012). Workplace mentoring: Past, present, and future perspectives. In S. W. J. Kozlowski (Ed.), *The Oxford handbook of organizational psychology* (Vol. 1, pp. 615–642). New York: Oxford University Press.

Eby, L. T., Allen, T. D., Hoffman, B., Baranik, L. E., Sauer, J. B., Baldwin, S., Morrison, A., Kinkade, K. M., Maher, C. P., Curtis, S., & Evans, S. C. (2013). An interdisciplinary meta-analysis of the potential antecedents, correlates, and consequences of protégé perceptions of mentoring. *Psychological Bulletin, 139*, 441–476.

Edwards, J. R., & Bagozzi, R. P. (2000). On the nature and direction of relationships between constructs and measure. *Psychological Methods, 5*, 155–174.

Edwards, M. S., & Greenberg, J. (2010). What is insidious workplace behavior? In J. Greenberg (Ed.), *Insidious workplace behavior* (pp. 3–28). New York: Routledge.

Ehrhart, M. G., Schneider, B., & Macey, W. H. (2014). *Organizational climate and culture.* New York: Routledge.

Ekkekakis, P. (2012). Affect, mood, and emotion. In G. Tenenbaum, R. C. Eklund, & A. Kamata (Eds.), *Measurement in sport and exercise psychology* (pp. 321–332). Champaign, IL: Human Kinetics.

Ellis, S., Mendel, R., & Nir, M. (2006). Learning from successful and failed experience: The moderating role of kind of after-event review. *Journal of Applied Psychology, 91,* 669–680.

Epitropaki, O., & Martin, R. (2004). Implicit leadership theories in applied settings: Factor structure, generalizability, and stability over time. *Journal of Applied Psychology, 89,* 293–310.

Equal Employment Opportunity Commission. (1980). Discrimination because of sex under Title VII of the Civil Rights Act of 1964, as amended; adoption of interim interpretive guidelines. *Federal Register, 45,* 25024–25025.

Erez, A., & Isen, A. M. (2002). The influence of positive affect on the components of expectancy motivation. *Journal of Applied Psychology, 87,* 1055–1067.

Erez, M. (2011). Cross-cultural and global issues in organizational psychology. In S. Zedeck (Ed.), *APA handbook of industrial and organizational psychology* (Vol. 3, pp. 807–854). Washington, DC: APA.

Erez, M., & Eden, D. (2001). Introduction: Trends reflected in work motivation. In M. Erez, U. Kleinbeck, & H. Thierry (Eds.), *Work motivation in the context of a globalizing economy* (pp. 1–8). Mahwah, NJ: Erlbaum.

Erickson, E. H. (1963). *Childhood and society* (2nd ed.). New York: Norton.

Estrada, A. X. (2012). Gay service personnel in the U.S. military. In J. H. Laurence & M. D. Matthews (Eds.), *The Oxford handbook of military psychology* (pp. 344–364). New York: Oxford University Press.

Evans, D. C. (2003). A comparison of other-directed stigmatization produced by legal and illegal forms of affirmative action. *Journal of Applied Psychology, 88,* 121–130.

Fan, J., & Wanous, J. P. (2008). Organizational and cultural entry: A new type of orientation program for multiple boundary crossings. *Journal of Applied Psychology, 93,* 1390–1400.

Fan, J., Gao, D., Carroll, S. A., Lopez, F. J., Tian, T. S., & Meng, H. (2012). Testing the efficacy of a new procedure for reducing faking on personality tests within selection contexts. *Journal of Applied Psychology, 97,* 866–880.

Farr, J. L., & Tesluk, P. E. (1997). Bruce V. Moore: First president of Division 14. *Journal of Applied Psychology, 82,* 478–485.

Farrell, J. N., & McDaniel, M. A. (2001). The stability of validity coefficients over time: Ackerman's (1988) model and the general aptitude test battery. *Journal of Applied Psychology, 86,* 60–79.

Fay, B. (1990). Critical realism? *Journal for the Theory of Social Behaviour, 20,* 33–41.

Feldman, D. C., & Ng, T. W. (2012). Selecting out: How firms choose workers to lay off. In N. Schmitt (Ed.), *The Oxford handbook of personnel assessment and selection* (pp. 849–864). New York: Oxford University Press.

Ferguson, C. J., & Brannick, M. T. (2012). Publication bias in psychological science: Prevalence, methods for identifying and controlling, and implications for the use of meta-analyses. *Psychological Methods, 17,* 120–128.

Ferris, G. R., & Hochwarter, W. A. (2011). Organizational politics. In S. Zedeck (Ed.), *APA handbook of industrial and organizational psychology* (Vol. 3, pp. 435–459). Washington, DC: APA.

Ferris, G. R., & Treadway, D. C (2012). Politics in organizations: History, construct specification, and research directions. In G. R. Ferris & D. C. Treadway (Eds.), *Politics in organizations: Theory and research considerations* (pp. 3–26). New York: Routledge.

Ferris, G. R., Treadway, D. C., Brouer, R. L., & Munyon, T. P. (2012). Political skill in the organizational sciences. In G. R. Ferris & D. C. Treadway (Eds.), *Politics in organizations: Theory and research considerations* (pp. 487–528). New York: Routledge.

Fetterman, D. M. (1998). Ethnography. In L. Bickman & D. J. Rog (Eds.), *Handbook of applied social research methods* (pp. 473–504). Thousand Oaks, CA: Sage.

Fiedler, F. E. (1967). *A theory of leadership effectiveness.* New York: McGraw-Hill.

Fine, S. A., & Cronshaw, S. F. (1999). *Functional job analysis.* Mahwah, NJ: Erlbaum.

Fisher, C. D. (2000). Mood and emotions while working: Missing pieces of job satisfaction? *Journal of Organizational Behavior, 21,* 185–202.

Fisher, C. D., & Ashkanasy, N. M. (2000). The emerging role of emotions in work life: An introduction. *Journal of Organizational Behavior, 21,* 123–129.

Fisher, D. M., Bell, S. T., Dierdorff, E. C., & Belohlav, J. A. (2012). Facet personality and surface-level diversity as team mental model antecedents: Implications for implicit coordination. *Journal of Applied Psychology, 97,* 825–841.

Fisher, S. G., Hunter, T. A., & Macrosson, W. D. (1998). The structure of Belbin's team roles. *Journal of Occupational & Organizational Psychology, 71,* 283–288.

Fleishman, E. A., & Quaintance, M. K. (1984). *Taxonomies of human performance.* Orlando, FL: Academic Press.

Fletcher, C. (2008). *Appraisal, feedback, and development* (4th ed.). New York: Routledge.

Folger, R. (1986). Rethinking equity theory: A referent cognitions model. In H. W. Bierhoff, R. L. Cohen, &

J. Greenberg (Eds.), *Justice in social relations* (pp. 145–162). New York: Plenum Press.

Folger, R., & Greenberg, J. (1985). Procedural justice: An interpretive analysis of personnel systems. In K. Rowland & G. Ferris (Eds.), *Research in personnel and human resources management* (Vol. 3, pp. 141–183). Greenwich, CT: JAI Press.

Folger, R., & Skarlicki, D. P. (2001). Fairness as a dependent variable: Why tough times can lead to bad management. In R. Cropanzano (Ed.), *Justice in the workplace* (Vol. 2, pp. 97–120). Mahwah, NJ: Erlbaum.

Ford, J. K., & Kraiger, K. (1995). The application of cognitive constructs and principles to the instructional systems model of training: Implications for needs assessment, design, and transfer. In C. L. Cooper & I. T. Robertson (Eds.), *International review of industrial and organizational psychology* (Vol. 10, pp. 1–48). New York: Wiley.

Ford, J. K., Quiñones, M., Sego, D., & Speer, J. (1991). *Factors affecting the opportunity to use trained skills on the job*. Paper presented at the 6th annual conference of the Society for Industrial and Organizational Psychology, St. Louis.

Ford, M. T., Heinen, B. A., & Langkamer, K. L. (2007). Work and family satisfaction and conflict: A meta-analysis of cross-domain relations. *Journal of Applied Psychology, 92*, 57–80.

Foster, D. (2013). Security issues in technology-based testing. In J. A. Wollack & J. J. Fremer (Eds.), *Handbook of test security* (pp. 39–83). New York: Routledge.

Foster, J., Gaddis, B., & Hogan, J. (2012). Personality-based job analysis. In M. A. Wilson, W. Bennett, S. G. Gibson, & G. M. Alliger (Eds.), *The handbook of work analysis* (pp. 247–264). New York: Routledge.

Fredrickson, B. L. (2000). Cultivating positive emotions to optimize health and well-being. *Prevention & Treatment, 3*, 1–25.

Fredrickson, B. L. (2001). The role of positive emotions in positive psychology: The broaden-and-build theory. *American Psychologist, 56*, 218–226.

Fredrickson, B. L. (2013). Updated thinking on positive ratios. *American Psychologist, 68*, 814–822.

Fredrickson, B. L., & Cohn, M. A. (2008). Positive emotions. In M. Lewis, J. M. Haviland-Jones, & L. F. Barrett (Eds.), *Handbook of emotions* (3rd ed., pp. 777–796). New York: Guilford Press.

Freese, M., & Okonek, K. (1984). Reasons to leave shiftwork and psychological and psychosomatic complaints of former shiftworkers. *Journal of Applied Psychology, 69*, 509–514.

French, J. R. P., & Raven, B. (1960). The basis of social power. In D. Cartwright & A. F. Zander (Eds.), *Group dynamics* (2nd ed., pp. 607–623). Evanston, IL: Row Peterson.

Frijda, N. H. (2009). Mood. In D. Sender & K. R. Scherer (Eds.), *The Oxford companion to emotion and the affective sciences* (pp. 258–259). New York: Oxford University Press.

Frone, M. R. (2000). Work-family conflict and employee psychiatric disorders: The national comorbidity survey. *Journal of Applied Psychology, 85*, 888–895.

Frone, M. R. (2003). Work-family balance. In J. C. Quick & L. E. Tetrick (Eds.), *Handbook of organizational health psychology* (pp. 143–162). Washington, DC: American Psychological Association.

Frone, M. R. (2008). Employee substance use? The importance of temporal context in assessments of alcohol and illicit drug use. *Journal of Applied Psychology, 93*, 199–206.

Frone, M. R. (2013). *Alcohol and illicit drug use in the workforce and workplace*. Washington, DC: American Psychological Association.

Frost, P. J., & Jamal, M. (1979). Shift work, attitudes and reported behaviors: Some association between individual characteristics and hours of work and leisure. *Journal of Applied Psychology, 64*, 77–81.

Fryer, D., & Payne, R. (1986). Being unemployed: A review of the literature on the psychological experience of unemployment. In C. L. Cooper & I. Robertson (Eds.), *International review of industrial and organizational psychology* (Vol. 1, pp. 235–278). London: Wiley.

Furst, S. A., & Cable, D. M. (2008). Employee resistance to organizational change: Managerial influence tactics and leader-member exchange. *Journal of Applied Psychology, 93*, 453–462.

Galaif, E. R., Newcomb, M. D., & Carmona, J. V. (2001). Prospective relationships between drug problems and work adjustment in a community sample of adults. *Journal of Applied Psychology, 86*, 337–350.

Gardner, W. L., & Avolio, B. J. (1998). The charismatic relationship: A dramaturgical perspective. *Academy of Management Review, 23*, 32–58.

Gebhardt, D. L., & Baker, T. A. (2010). Physical performance tests. In J. L. Farr & N. T. Tippins (Eds.), *Handbook of employee selection* (pp. 277–298). New York: Routledge.

Gelfand, M. J., Raver, J. L., & Ehrhart, K. H. (2002). Methodological issues in cross-cultural organizational research. In S. G. Rogelberg (Ed.), *Handbook of research methods in industrial and organizational psychology* (pp. 216–246). Malden, MA: Blackwell.

George, G., Haas, M., & Pentland, A. (2014). Big data and management. *Academy of Management Journal, 57*, 321–326.

Gephart, R. P., Jr. (2013). Doing research with words: Qualitative methodologies in industrial/organizational psychology. In J. M. Cortina & R. S. Landis (Eds.), *Modern research methods for the study of behavior in organizations* (pp. 265–317). New York: Routledge.

Gettman, H. J., & Gelfand, M. J. (2007). When the customer shouldn't be king: Antecedents and consequences of sexual harassment by clients and customers. *Journal of Applied Psychology, 62*, 757–770.

Ghiselli, E. E., & Brown, C. W. (1955). *Personnel and industrial psychology.* New York: McGraw-Hill.

Gibson, C. B. (2001). From knowledge accumulation to accommodation: Cycles of collective cognition in work groups. *Journal of Organizational Behavior, 22*, 121–134.

Gifford, R. (2011). The dragons of inaction: Psychological barriers that limit climate change mitigation and adaptation. *American Psychologist, 37*, 589–615.

Gilliland, S. W. (1993). The perceived fairness of selection systems: An organizational justice perspective. *Academy of Management Review, 18*, 694–734.

Gilliland, S. W., & Chan, D. (2001). Justice in organizations: Theory, methods, and applications. In N. Anderson, D. S. Ones, H. K. Sinangil, & C. Viswesvaran (Eds.), *Handbook of industrial, work, and organizational psychology* (Vol. 2, pp. 143–165). London: Sage.

Gilliland, S. W., & Steiner, D. D. (2012). Applicant reactions to testing and selection. In N. Schmitt (Ed.), *The Oxford handbook of personnel assessment and selection* (pp. 629–666). New York: Oxford University Press.

Glomb, T. M., Steele, P. D., & Arvey, R. D. (2002). Office sneers, snipes, and stab wounds: Antecedents, consequences, and implications of workplace violence and aggression. In R. G. Lord, R. J. Klimoski, & R. Kanfer (Eds.), *Emotions in the workplace* (pp. 227–259). San Francisco: Jossey-Bass.

Gloss, A. E., & Thompson, L. F. (2013). I-O psychology without borders: The emergence of humanitarian work psychology. In J. Olson-Buchanan, L. K. Bryan, & L. F. Thompson (Eds.), *Using industrial-organizational psychology for the greater good: Helping those who help others* (pp. 353–393). New York: Routledge.

Golden, T. D., Veiga, J. F., & Dino, R. N. (2008). The impact of professional isolation on teleworker job performance and turnover intentions: Does time spent teleworking, interacting face-to-face, or having access to communication-enhancing technology matter? *Journal of Applied Psychology, 93*, 1412–1421.

Goncalo, J. A., Polman, E., & Maslach, C. (2010). Can confidence come too soon? Collective efficacy, conflict and group performance over time. *Organizational Behavior and Human Decision Processes, 113*, 13–24.

Gorman, C. A., & Rentsch, J. R. (2009). Evaluating frame-of-reference rater training effectiveness using performance schema accuracy. *Journal of Applied Psychology, 94*, 1336–1344.

Gottfredson, L. S. (2009). Logical fallacies used to dismiss the evidence on intellectual testing. In R. P. Phelps (Ed.), *Correcting fallacies about educational and psychological testing* (pp. 11–65). Washington, DC: APA.

Gottlieb, B. H., Kelloway, E. K., & Barham, E. (1998). *Flexible work arrangements.* Chichester: Wiley.

Gottschalk, P. (2009). *Entrepreneurship and organised crime: Entrepreneurs in illegal business.* Cheltenham, UK: Edward Elgar.

Gowan, M. A., Riordan, C. M., & Gatewood, K. D. (1999). Test of a model of coping with involuntary job loss following a company closing. *Journal of Applied Psychology, 84*, 75–86.

Graen, G. B. (2013). Overview of future research directions for team leadership. In M. G. Rumsey (Ed.), *The Oxford handbook of leadership* (pp. 167–183). New York: Oxford University Press.

Grandey, A. A., Fisk, G. M., & Steiner, D. D. (2005). Must "service with a smile" be stressful? The moderating role of personal control for American and French employees. *Journal of Applied Psychology, 90*, 893–904.

Grant, A. M. (2008). Does intrinsic motivation fuel the prosocial fire? Motivational synergy in predicting persistence, performance, and productivity. *Journal of Applied Psychology, 93*, 48–58.

Grant, A. M. (2012). Giving time, time after time: Work design and sustained employee participation in corporate volunteering. *Academy of Management Review, 37*, 589–615.

Grant, A. M., & Shin, J. (2012) Work motivation: Directing, energizing, and maintaining effort (and research). In R. M. Ryan (Ed.), *The Oxford handbook of human motivation* (pp. 505–519). New York, NY: Oxford University Press.

Grant, A. M., Cavanagh, M. J., Parker, H. M., & Passmore, J. (2010). The state of play in coaching today: A comprehensive review of the field. In G. P. Hodgkinson & J. L. Ford (Eds.), *International review of industrial and organizational psychology* (Vol. 25, pp. 125–167). Chichester, UK: Wiley-Blackwell.

Grant, A. M., Fried, Y., & Juillerat, T. (2011). Work matters: Job design in classic and contemporary perspectives. In S. Zedeck (Ed.), *APA handbook of industrial and organizational psychology* (Vol. 1, pp. 417–454). Washington, DC: APA.

Grant, D. M., & Mayer, D. M. (2009). Good soldiers and good actors: Prosocial and impression management mo-tives as interactive predictors of affiliative citizenship behavior. *Journal of Applied Psychology, 94*, 900–912.

Greenberg, J. (1986). Determinants of perceived fairness of performance evaluations. *Journal of Applied Psychology, 71*, 340–342.

Greenberg, J. (1993). The social side of fairness: Interpersonal and informational classes of organizational justice. In R. Cropanzano (Ed.), *Justice in the workplace: Approaching fairness in human resource management* (pp. 79–103). Hillsdale, NJ: Erlbaum.

Greenberg, J. (1994). Using socially fair treatment to promote acceptance of a work site smoking ban. *Journal of Applied Psychology, 79*, 288–297.

Greenberg, J. (2007). Positive organizational justice: From fair to fairer—and beyond. In J. E. Dutton & B. R. Ragins (Eds.), *Exploring positive relationships at work* (pp. 159–178). Mahwah, NJ: Erlbaum.

Greenberg, J., & Scott, K. S. (1996). Why do workers bite the hands that feed them? Employee theft as a social exchange process. In B. M. Staw & L. L. Cummings (Eds.), *Research in organizational behavior* (Vol. 18, pp. 111–156). Greenwich, CT: JAI.

Greenhaus, J. H., & Powell, G. N. (2006). When work and family are allies: A theory of work-family enrichment. *Academy of Management Review, 31*, 72–92.

Greenleaf, R. K. (1970). *The servant as leader.* Newton Centre, MA: The Robert K. Greenleaf Center.

Gregori, A., & Baltar, F. (2013). Ready to complete the survey on Facebook. Web 2.0 as a research tool in business studies. *International Journal of Marketing Research, 55*, 131–148.

Greguras, G. J., Robie, C., Schleicher, D. J., & Goff, M. (2003). A field study of the effects of rating purpose on the quality of multisource ratings. *Personnel Psychology, 56*, 1–22.

Griepentrog, B. K., Harold, C. M., Holtz, B. C., Klimoski, R. J., & Marsh, S. M. (2012). Interpreting social identity and the theory of planned behavior: Predicting withdrawal from an organizational recruitment process. *Personnel Psychology, 65*, 723–753.

Griffith, R. L., & Robie, C. (2013). Personality testing and the "F-word." In N. D. Christiansen & R. P. Tett (Eds.), *Handbook of personality at work* (pp. 253–280). New York: Routledge.

Griffith, R. L., & Wang, M. (2010). The internationalization of I-O psychology: We're not in Kansas anymore. *The Industrial-Organizational Psychologist, 48*(1), 41–45.

Groth, M., Hennig-Thurau, T., & Walsh, G. (2009). Customer reactions to emotional labor: The roles of employee acting strategies and customer detection accuracy. *Academy of Management Journal, 52,* 958–974.

Groth, M., Hennig-Thurau, T., & Wang, K. (2013). The customer experience of emotional labor. In A. A. Grandey, J. M. Diefendorff, & D. E. Rupp (Eds.), *Emotional labor in the 21st century* (pp. 127–152). New York: Routledge.

Gruman, J. A., & Saks, A. M. (2011). Performance management and employee engagement. *Human Resource Management Review, 21,* 123–136.

Guenole, N. (2014). Maladaptive personality at work: Exploring the darkness. *Industrial and Organizational Psychology, 7,* 85–97.

Guion, R. M. (1998a). *Assessment, measurement, and prediction for personnel decisions.* Mahwah, NJ: Erlbaum.

Guion, R. M. (1998b). Some virtues of dissatisfaction in the science and practice of personnel selection. *Human Resource Management Review, 8,* 351–366.

Gutman, A. (2003). The *Grutter, Gratz, & Costa* rulings. *The Industrial-Organizational Psychologist, 41(2),* 117–127.

Gutman, A. (2004). Ground rules for adverse impact. *The Industrial-Organizational Psychologist, 41(3),* 109–119.

Gutman, A. (2012). Legal constraints on personnel selection decisions. In N. Schmitt (Ed.), *The Oxford handbook of personnel assessment and selection* (pp. 686–720). New York: Oxford University Press.

Gutman, A., & Dunleavy, E. M. (2012). Documenting work analysis projects: A review of strategy and legal defensibility for personnel selection. In M. A. Wilson, W. Bennett, S. G. Gibson, & G. M. Alliger (Eds.), *The handbook of work analysis* (pp. 139–167). New York: Routledge.

Guzzo, R. A. (1995). Introduction: At the intersection of team effectiveness and decision making. In R. A. Guzzo & E. Salas (Eds.), *Team effectiveness and decision making in organizations* (pp. 1–8). San Francisco: Jossey-Bass.

Hackett, G. (1995). Self-efficacy in career choice and development. In A. Bandura (Ed.), *Self-efficacy in changing societies* (pp. 232–258). New York: Cambridge.

Hackman, J. R., & Oldham, G. R. (1976). Motivation through the design of work: Test of a theory. *Organizational Behavior and Human Performance, 16,* 250–279.

Hackman, J. R., & Wageman, R. (2007). Asking the right questions about leadership. *American Psychologist, 62,* 43–47.

Haddock-Millar, J., Muller-Camen, M., & Miles, D. (2012). Human resource development initiatives for managing environmental concerns at McDonald's UK.

In S. E. Jackson, D. S. Ones, & S. Dilchert (Eds.), *Managing human resources for environmental sustainability* (pp. 341–361). San Francisco: Jossey-Bass.

Hajcak, G. (2012). What we've learned from mistakes: Insights from error-related brain activity. *Current Directions in Psychological Science, 21,* 101–106.

Hajcak, G., McDonald, N., & Simons, R. (2004). Error-related psychophysiology and negative affect. *Brain and Cognition, 56,* 189–197.

Haladyna, T. M. (1999). *Developing and validating multiple-choice test items* (2nd ed.). Mahwah, NJ: Erlbaum.

Hall, G. S. (1917). Practical relations between psychology and the war. *Journal of Applied Psychology, 1,* 9–16.

Hall, G. S., Baird, J. W., & Geissler, L. R. (1917). Foreword. *Journal of Applied Psychology, 1,* 5–7.

Hambrick, D. C. (2007). The field of management's devotion to theory: Too much of a good thing? *Academy of Management Journal, 50,* 1346–1352.

Hammer, L. B., & Zimmerman, K. L. (2011). Quality of work life. In S. Zedeck (Ed.), *APA handbook of industrial and organizational psychology* (Vol. 3, pp. 399–431). Washington, DC: APA.

Hammer, L. B., Van Dyck, S. E., & Ellis, A. M. (2013). Organizational policies supportive of work-life integration. In D. Major & R. Burke (Eds.), *Handbook of work-life integration among professionals: Challenges and opportunities* (pp. 288–309). Cheltenham, UK: Edward Elgar.

Hanges, P. J., & Wang, M. (2012). Seeking the Holy Grail in organizational science: Uncovering causality through research design. In S. W. J. Kozlowski (Ed.), *The Oxford handbook of organizational psychology* (Vol. 1, pp. 79–116). New York: Oxford University Press.

Harms, P. D., & Lester, P. B. (2012). Boots on the ground: A first-hand account of conducting psychological research in combat. *The Industrial-Organizational Psychologist, 49(3),* 15–21.

Harrell, T. W. (1992). Some history of the Army General Classification Test. *Journal of Applied Psychology, 77,* 875–878.

Harris, L. (2000). Procedural justice and perceptions of fairness in selection practice. *International Journal of Selection and Assessment, 8,* 148–157.

Harris, W. G., Jones, J. W., Klion, R., Arnold, D. W., Camara, W., & Cunningham, M. R. (2012). Test publishers' perspective on "An updated meta-analysis:" Comment on Van Iddekinge, Roth, Raymark, and Odle-Dusseau (2012). *Journal of Applied Psychology, 97*, 531–536.

Hartnell, C. A., Ou, A. Y., & Kinicki, A. (2011). Organizational culture and organizational effectiveness: A meta-analytic investigation of the competing values framework's theoretical suppositions. *Journal of Applied Psychology, 96*, 677–694.

Harvey, R. J., & Lozada-Larsen, S. R. (1988). Influence of amount of job descriptive information on job analysis rating accuracy. *Journal of Applied Psychology, 73*, 457–461.

Hauenstein, N. M. A. (1998). Training raters to increase the accuracy of appraisals and the usefulness of feedback. In J. W. Smither (Ed.), *Performance appraisal* (pp. 404–444). San Francisco: Jossey-Bass.

Hausknecht, J. P., & Langevin, A. M. (2010). Selection for service and sales jobs. In. J. L. Farr & N. T. Tippins (Eds.), *Handbook of employee selection* (pp. 765–780). New York: Routledge.

Hausknecht, J. P., & Wright, P. M. (2012). Organizational strategy and staffing. In N. Schmitt (Ed.), *The Oxford handbook of personnel assessment and selection* (pp. 147–155). New York: Oxford University Press.

Hausknecht, J. P., Halpert, J. A., Di Paolo, N. T., & Gerrard, M. O. (2007). Retesting in selection: A meta-analysis of coaching and practice effects for tests of cognitive ability. *Journal of Applied Psychology, 92*, 373–385.

Hayles, V. R. (1996). Diversity training and development. In R. L. Craig (Ed.), *The ASTD training and development handbook: A guide to human resource development* (3rd ed., pp. 104–123). New York: McGraw-Hill.

Hedge, J. W., & Kavanagh, M. J. (1988). Improving the accuracy of performance evaluations: Comparison of three methods of performance appraisal training. *Journal of Applied Psychology, 73*, 68–73.

Hedlund, J., & Sternberg, R. J. (2000). Practical intelligence: Implications for human resources research. In G. R. Ferris (Ed.), *Research in personnel and human resources management* (Vol. 19, pp. 1–52). New York: Elsevier.

Heilman, M. E. (1996). Affirmative actions' contradictory consequences. *Journal of Social Issues, 52*(4), 105–109.

Heilman, M. E., & Alcott, V. B. (2001). What I think you think of me: Women's reactions to being viewed as beneficiaries of preferential selection. *Journal of Applied Psychology, 86*, 574–582.

Heilman, M. E., & Chen, J. J. (2005). Same behavior, different consequences: Reactions to men's and women's altruistic citizenship behavior. *Journal of Applied Psychology, 90*, 431–441.

Heilman, M. E., Block, C. J., & Lucas, J. A. (1992). Presumed incompetent? Stigmatization and affirmative action efforts. *Journal of Applied Psychology, 77*, 536–544.

Hemphill, H., & Haines, R. (1997). *Discrimination, harassment, and the failure of diversity training.* Westport, CT: Quorum.

Henderson, D. J., Wayne, S. J., Shore, L. M., Bommer, W. H., & Tetrick, L. E. (2008). Leader-member exchange, differentiation, and psychological contract fulfillment: A multi-level examination. *Journal of Applied Psychology, 93*, 1208–1219.

Henrich, J., Heine, S. J., & Norenzayan, A. (2010). The weirdest people in the world? *Behavioral and Brain Sciences, 33*, 61–135.

Hershcovis, M. S., Turner, N., Barling, J., Arnold, K. A., Dupre, K. E., Inness, M., LeBlanc, M. M., & Sivanathan, N. (2007). Predicting workplace aggression: A meta-analysis. *Journal of Applied Psychology, 92*, 228–238.

Hesketh, B. (2001). Adapting vocational psychology to cope with change. *Journal of Vocational Behavior, 59*, 203–212.

Hewlin, P. F. (2009). Wearing the cloak: Antecedents and consequences of creating facades of conformity. *Journal of Applied Psychology, 94*, 727–741.

Highhouse, S. (2007). Applications of organizational psychology: Learning through failure or failure to learn? In L. L. Koppes (Ed.), *Historical perspectives in industrial and organizational psychology* (pp. 331–352). Mahwah, NJ: Erlbaum.

Highhouse, S. (2008). Stubborn reliance on intuition and subjectivity in employee selection. *Industrial and Organizational Psychology, 1*, 333–342.

Highhouse, S. (2011). Was the addition of sex to Title VII a joke? *The Industrial-Organizational Psychologist, 48*(3), 102–107.

Highhouse, S., & Nolan, K. P. (2012). One history of the assessment center. In D. J. Jackson, C. E. Lance, &

B. J. Hoffman (Eds.), *The psychology of assessment centers* (pp. 25–44). New York: Routledge.

Highhouse, S., Stierwalt, S., Bachiochi, P., Elder, A. E., & Fisher, G. (1999). Effects of advertised human resource management practices on attraction of African American applicants. *Personnel Psychology, 52*, 425–442.

Hinkin, T. R., & Schriesheim, C. A. (2008). An examination of "nonleadership:" From laissez-faire leadership to leader reward omission and punishment omission. *Journal of Applied Psychology, 93*, 1234–1248.

Hoch, J. E., & Kozlowski, S. W. J. (2014). Leading virtual teams: Hierarchical leadership, structural supports, and shared team leadership. *Journal of Applied Psychology, 99*, 390–403.

Hochwarter, W. A. (2012). The positive side of organizational politics. In G. R. Ferris & D. C. Treadway (Eds.), *Politics in organizations: Theory and research considerations* (pp. 27–65). New York: Routledge.

Hoffman, B. J., & Woehr, D. J. (2009). Disentangling the meaning of multisource performance rating source and dimension factors. *Personnel Psychology, 62*, 735–765.

Hoffman, B. J., Lance, C. E., Bynum, B., & Gentry, W. A. (2010). Rater source effects are alive and well after all. *Personnel Psychology, 63*, 119–151.

Hoffman, B. J., Woehr, D. J., Maldagen-Youngjohn, R., & Lyons, B. D. (2011). Great man or great myth? A quantitative review of the relationship between individual differences and leader effectiveness. *Journal of Occupational and Organizational Psychology, 84*, 347–381.

Hoffman, C. C., & McPhail, S. M. (1998). Exploring options for supporting test use in situations precluding local validation. *Personnel Psychology, 51*, 987–1003.

Hofmann, D. A., & Tetrick, L. E. (2003). The etiology of the concept of health: Implications for "organizing" individuals and organizational health. In D. A. Hofmann & L. E. Tetrick (Eds.), *Health and safety in organizations* (pp. 1–26). San Francisco: Jossey-Bass.

Hofstede, G. (1980). *Culture's consequences: International differences in work-related values.* Beverly Hills, CA: Sage.

Hofstede, G. (2001). *Culture's consequences* (2nd ed.): *Comparing values, behaviors, institutions, and organizations across nations.* Thousand Oaks, CA: Sage.

Hofstee, W. K. (2001). Intelligence and personality: Do they mix? In J. M. Collis & S. Messick (Eds.), *Intelligence and personality: Bridging the gap in theory and measurement* (pp. 43–60). Mahwah, NJ: Erlbaum.

Hogan, R. T. (1991). Personality and personality measurement. In M. D. Dunnette & L. M. Hough (Eds.), *Handbook of industrial and organizational psychology* (2nd ed.,

Vol. 2, pp. 873–919). Palo Alto, CA: Consulting Psychologists Press.

Hogan, R. T., & Hogan, J. (1992). *Hogan Personality Inventory.* Tulsa, OK: Hogan Assessment Systems.

Hogan, R. T., Raskin, R., & Fazzini, D. (1990). The dark side of charisma. In K. E. Clark & M. B. Clark (Eds.), *Measures of leadership* (pp. 343–354). West Orange, NJ: Leadership Library of America.

Hollander, E. P. (2009). *Inclusive leadership: The essential leader-follower relationship.* New York: Routledge.

Hollenbeck, J. R., LePine, J. A., & Ilgen, D. R. (1996). Adapting to roles in decision-making teams. In K. R. Murphy (Ed.), *Individual differences and behaviors in organizations* (pp. 300–333). San Francisco: Jossey-Bass.

Holton, E. F., & Baldwin, T. T. (2003). Making transfer happen: An active perspective on learning transfer systems. In E. F. Holton & T. T. Baldwin (Eds.), *Improving learning transfer in organizations* (pp. 3–15). San Francisco: Jossey-Bass.

Hom, P. W., & Kinicki, A. J. (2001). Toward a greater understanding of how dissatisfaction drives employee turnover. *Academy of Management Journal, 44*, 975–987.

Hom, P. W., Mitchell, T. R., Lee, T. W., & Griffeth, R. W. (2012). Reviewing employee turnover: Focusing on proximal withdrawal states and an expanded criterion. *Psychological Bulletin, 138*, 831–858.

Honts, C. R. (1991). The emperor's new clothes: Application of polygraph tests in the American workplace. *Forensic Reports, 4*, 91–116.

Honts, C. R., & Amato, S. L. (2002). Countermeasures. In M. Kleiner (Ed.), *Handbook of polygraph testing* (pp. 251–264). San Diego: Academic Press.

Hoobler, J. M., Lemmon, G., & Wayne, S. J. (2014). Women's managerial aspirations: An organizational development perspective. *Journal of Management, 40*, 703–730.

Hornung, S., Rousseau, D. M., & Glaser, J. (2008). Creating flexible work arrangements through idiosyncratic deals. *Journal of Applied Psychology, 93*, 655–664.

Hough, L., & Dilchert, S. (2010). Personality: Its measurement and validity for employee selection. In J. L. Farr & N. T. Tippins (Eds.), *Handbook of employee selection* (pp. 299–320). New York: Routledge.

House, R. J., Hanges, P. J., Javidan, M., Dorman, P. W., & Gupta, V. (Eds.). (2004). *Culture, leadership, and organizations: The GLOBE study of 62 societies.* Thousand Oaks, CA: Sage.

Howard, A., & Lowman, R. L. (1985). Should industrial/organizational psychologists be licensed? *American Psychologist, 40*, 40–47.

Howell, J. P., & Dorfman, P. W. (1981). Substitutes for leadership: Test of a construct. *Academy of Management Journal, 24,* 714–728.

Howell, W. C., & Cooke, N. J. (1989). Training the human information processor: A review of cognitive models. In I. L. Goldstein (Ed.), *Training and development in organizations* (pp. 121–182). San Francisco: Jossey-Bass.

Hu, J., & Liden, R. C. (2011). Antecedents of team potency and team effectiveness: An examination of goal and process clarity and servant leadership. *Journal of Applied Psychology, 96,* 851–862.

Hu, J., & Liden, R. C. (2013). Relative leader-member exchange within team contexts: How and when social comparison impacts individual effectiveness. *Personnel Psychology, 66,* 127–172.

Huang, J. L., Ryan, A. M., Zabel, K. L., & Palmer, A. (2014). Personality and adaptive performance at work: A meta-analytic investigation. *Journal of Applied Psychology, 99,* 162–179.

Huffcutt, A. I., & Culbertson, S. S. (2011). Interviews. In S. Zedeck (Ed.), *APA handbook of industrial and organizational psychology* (Vol. 2, pp. 185–203). Washington, DC: APA.

Huffcutt, A. I., Conway, J. M., Ruth, P. L., & Stone, N. J. (2001). Identification and meta-analytic assessment of psychological constructs measured in employment interviews. *Journal of Applied Psychology, 86,* 897–913.

Huffman, A. H., Watrous-Rodriguez, K. M., Henning, J. B., & Berry, J. (2009). "Working" through environmental issues: The role of I/O psychologists. *The Industrial-Organizational Psychologist, 47*(2), 27–36.

Hulin, C. L. (1991). Adaptation, persistence, and commitment in organizations. In M. D. Dunnette & L. M. Hough (Eds.), *Handbook of industrial and organizational psychology* (2nd ed., Vol. 2, pp. 445–505). Palo Alto, CA: Consulting Psychologists Press.

Hulin, C. L. (2014). Work and being: The meanings of work in contemporary society. In J. K. Ford, J. R. Hollenbeck, & A. M. Ryan (Eds.), *The nature of work* (pp. 9–33). Washington, DC: APA.

Hulin, C. L., & Judge, T. A. (2003). Job attitudes. In W. C. Borman, D. R. Ilgen, & R. J. Klimoski (Eds.), *Handbook of psychology* (Vol. 12): *Industrial and organizational psychology* (pp. 255–276). Hoboken, NJ: Wiley.

Hülsheger, U. R., & Schewe, A. F. (2011). On the costs and benefits of emotional labor: A meta-analysis spanning three decades of research. *Journal of Occupational Health Psychology, 16,* 361–389.

Humphrey, S. E., Nahrgang, J. D., & Morgeson, F. P. (2007). Integrating motivational, social, and contextual work design features: A meta-analytic summary of theoretical extensions of the work design literature. *Journal of Applied Psychology, 92,* 1332–1356.

Hunter, J. E., & Schmidt, F. L. (1990). *Method of meta-analysis: Correcting error and bias in research findings.* Newbury Park, CA: Sage.

Huseman, R. C., Hatfield, J. D., & Miles, E. W. (1987). A new perspective on equity theory: The equity sensitivity construct. *Academy of Management Review, 12,* 222–234.

Ilgen, D. R., & Davis, C. A. (2000). Bearing bad news: Reactions to negative performance feedback. *Applied Psychology: An International Review, 49,* 550–565.

Ilgen, D. R., Peterson, R. B., Martin, B. A., & Boeschen, D. A. (1981). Supervisor and subordinate reactions to performance appraisal sessions. *Organizational Behavior and Human Performance, 28,* 311–330.

Ilies, R., & Judge, T. A. (2003). On the heritability of job satisfaction: The mediating role of personality. *Journal of Applied Psychology, 88,* 750–759.

Ilies, R., & Judge, T. A. (2005). Goal regulation across time: The effects of feedback and affect. *Journal of Applied Psychology, 90,* 453–467.

Ilies, R., Arvey, R. D., & Bouchard, T. J. (2006). Darwinism, behavioral genetics, and organizational behavior: A review and agenda for future research. *Journal of Organizational Behavior, 27,* 121–141.

Ilies, R., Keeney, J., & Scott, B. A. (2011). Work-family interpersonal capitalization: Sharing positive work events at home. *Organizational Behavior and Human Decision Processes, 114,* 115–126.

Ilies, R., Peng, A. C., Savani, K., & Dimotakis, N. (2013). Guilty and helpful: An emotion-based reparatory model of voluntary work behavior. *Journal of Applied Psychology, 98,* 1051–1059.

International Labour Organization (2003). *The employment effects of mergers and acquisitions in commerce.* Geneva: Author.

International Labour Organization. (2004). *Helping hands or shackled lives? Understanding child domestic labour and responses to it.* Geneva: Author.

Internetworldstats (2014). *www.internetworldstats.com/stats.htm.* Accessed January 20, 2014.

Jackson, C. L., & LePine, J. A. (2003). Peer responses to a team's weakest link: A test and extension of LePine and Van Dyne's model. *Journal of Applied Psychology, 88,* 459–475.

Jackson, S. E., & Joshi, A. (2011). Work team diversity. In S. Zedeck (Ed.), *APA handbook of industrial and organizational psychology* (Vol. 1, pp. 651–686). Washington, DC: APA.

Jaffe, S. R., Strait, L. B., & Odgers, C. L. (2012). From correlates to causes: Can quasi-experimental studies and statistical innovations bring us closer to identifying the causes of anti-social behavior? *Psychological Bulletin, 138*, 272–295.

Jahoda, M. (1981). Work, employment, and unemployment: Values, theories and approaches in social research. *American Psychologist, 36*, 184–191.

James L. R., & McIntyre, H. H. (2010). Situational specificity and validity generalization. In J. L. Farr & N. T. Tippins (Eds.), *Handbook of employee selection* (pp. 909–920). New York: Routledge.

Jansen, K. J., & Shipp, A. J. (2013). A review and agenda for incorporating time in fit research. In A. L. Kristof-Brown & J. Billsberry (Eds.), *Organizational fit: Key issues and new directions* (pp. 195–221). Malden, MA: Wiley.

Janz, B. D., Colquitt, J. A., & Noe, R. A. (1997). Knowledge worker team effectiveness: The role of autonomy, interdependence, team development, and contextual support variables. *Personnel Psychology, 50*, 877–904.

Jawahar, I. M., & Williams, C. R. (1997). Where all the children are above average: The performance appraisal purpose effect. *Personnel Psychology, 50*, 905–925.

Jayne, M. E., & Rauschenberger, J. M. (2000). Demonstrating the value of selection in organizations. In J. F. Kehoe (Ed.), *Managing selection in changing organizations* (pp. 123–157). San Francisco: Jossey-Bass.

Jeanneret, P. R., D'Egidio, E. L., & Hanson, M. A. (2004). Assessment and development opportunities using the Occupational Information Network (O*NET). In J. C. Thomas (Ed.), *Comprehensive handbook of psychological assessment* (Vol. 4, pp. 192–202). Hoboken, NJ: Wiley.

Jehn, K. A., Northcraft, G. B., & Neale, M. A. (1999). Why differences make a difference: A field study of diversity, conflict, and performance in workgroups. *Administrative Science Quarterly, 44*, 741–763.

Jenkins, J. G. (1946). Validity for what? *Journal of Consulting Psychology, 10*, 93–98.

Jensen, J. M., Patel, P. C., & Raver, J. L. (2014). Is it better to be average? High and low performance as predictors of employee victimization. *Journal of Applied Psychology, 99*, 296–309.

Jex, S. M., Swanson, N., & Grubb, P. (2013). Healthy workplaces. In N. Schmitt, & S. Highhouse (Eds.), *Handbook of psychology* (Vol. 12): *Industrial and organizational psychology* (pp. 615–642). New York: John Wiley & Sons.

Jobvite (2012). *Jobvite social recruiting survey.* Retrieved September 1, 2014 from http://web.jobvite.com/Social_Recruiting_Survey-2012–13.html

Johns, G. (1994). How often were you absent? A review of the use of self-reported absence data. *Journal of Applied Psychology, 79*, 574–591.

Johns, G. (1997). Contemporary research on absence from work: Correlates, causes, and consequences. In C. L. Cooper & I. T. Robertson (Eds.), *International review of industrial and organizational psychology* (Vol. 12, pp. 115–173). Chichester: Wiley.

Jones, D. A., Willness, C. R., & Madey, S. (2014). Why are job seekers attracted by corporate social performance? Experimental and field tests of three signal-based mechanisms. *Academy of Management Journal, 57*, 383–404.

Jones, R. G. (Ed.) (2012). *Nepotism in organizations.* New York: Routledge.

Jonsen, K., & Ozbilgin, M. (2014). Models of global diversity management. In B. M. Ferdman & B. R. Deane (Eds.), *Diversity at work: The practice of inclusion* (pp. 364–390). San Francisco: Jossey-Bass.

Joseph, D. L., & Newman, D. A. (2010). Emotional intelligence: An integrative meta-analysis and cascading model. *Journal of Applied Psychology, 95*, 54–78.

Judge, T. A., & Kammeyer-Mueller, J. D. (2012). Job attitudes. *Annual Review of Psychology, 63*, 341–367.

Judge, T. A., Heller, D., & Mount, M. K. (2002). Five-factor model of personality and job satisfaction: A meta-analysis. *Journal of Applied Psychology, 87*, 530–541.

Judge, T. A., Higgins, C. A., Thoresen, C. J., & Barrick, M. R. (1999). The big five personality traits, general mental ability, and career success across the life span. *Personnel Psychology, 52*, 621–652.

Judge, T. A., Hulin, C. L., & Dalal, R. S. (2012). Job satisfaction and job affect. In S. W. J. Kozlowski (Ed.), *The Oxford handbook of organizational psychology* (Vol. 1, pp. 496–525). New York: Oxford University Press.

Judge, T. A., Piccolo, R. F., & Ilies, R. (2004). The forgotten ones? The validity of consideration and initiating structure in leadership research. *Journal of Applied Psychology, 89*, 36–51.

Judge, T. A., Thoresen, C. J., Bono, J. E., & Patton, G. K. (2001). The job satisfaction–job performance relationship: A qualitative and quantitative review. *Psychological Bulletin, 127*, 376–407.

Kagitcibasi, C., & Berry, J. W. (1989). Cross-cultural psychology: Current research and trends. *Annual Review of Psychology, 40*, 493–531.

Kane, J. S., Bernardin, H. J., Villanova, P., & Peyrefitte, J. (1995). Stability of rater leniency: Three studies. *Academy of Management Journal, 38*, 1036–1051.

Kanfer, R. (1992). Work motivation: New directions in theory and research. In C. L. Cooper & I. T. Robertson (Eds.), *International review of industrial and organizational psychology* (Vol. 7, pp. 1–53). London: Wiley.

Kanfer, R. (2009). Work motivation: Identifying new use-inspired research directions. *Industrial and Organizational Psychology: Perspectives on Science and Practice, 2*, 77–93.

Kanfer, R., & Ackerman, P. L. (1989). Motivation and cognitive abilities: An integrative/aptitude–treatment interaction approach to skill acquisition. *Journal of Applied Psychology, 74*, 657–690.

Kanfer, R., & Heggestad, E. D. (1997). Motivational traits and skills: A person-centered approach to work motivation. In B. M. Staw & L. L. Cummings (Eds.), *Research in organizational behavior* (Vol. 19, pp. 1–56). Greenwich, CT: JAI Press.

Kanfer, R., Chan, G., & Pritchard, R. D. (2008). The three C's of work motivation: Content, context, and change. In R. Kanfer, G. Chen, & R. D. Pritchard (Eds.), *Work motivation: Past, present, and future* (pp. 1–16). New York: Routledge.

Kaplan, S., & Tetrick, L. E. (2011). Workplace safety and accidents: An industrial and organizational psychology perspective. In S. Zedeck (Ed.), *APA handbook of industrial and organizational psychology* (Vol. 1, pp. 455–472). Washington, DC: APA.

Kapp, K. M., & O'Driscoll, T. (2010). *Learning in 3D*. San Francisco: Pfeiffer.

Karau, S. J., & Williams, K. D. (2001). Understanding individual motivation in groups: The collective effort model. In M. E. Turner (Ed.), *Groups at work* (pp. 113–142). Mahwah, NJ: Erlbaum.

Katzell, R. A., & Austin, J. T. (1992). From then to now: The development of industrial-organizational psychology in the United States. *Journal of Applied Psychology, 77*, 803–835.

Kaufman, B. E. (2008). Work motivation: Insights from economics. In R. Kanfer, G. Chen, & R. D. Pritchard (Eds.), *Work motivation: Past, present, and future* (pp. 588–600). New York: Routledge.

Kavanagh, P., Benson, J., & Brown, M. (2007). Understanding performance appraisal fairness. *Asia Pacific Journal of Human Resources, 45*(2), 132–150.

Keeping, L. M., & Levy, P. E. (2000). Performance appraisal reaction: Measurement, modeling, and method bias. *Journal of Applied Psychology, 85*, 708–723.

Kehoe, J. F. (2002). General mental ability and selection in private sector organizations. A commentary. *Human Performance, 15*, 96–106.

Keith, N., & Frese, M. (2008). Effectiveness of error management training: A meta-analysis. *Journal of Applied Psychology, 93*, 59–69.

Kerr, S. (1995). On the folly of rewarding A, while hoping for B. *Academy of Management Executive, 9*, 7–14.

Kerr, S., & Jermier, J. M. (1978). Substitutes for leadership: Their meaning and measurement. *Organizational Behavior and Human Performance, 22*, 375–403.

Khanna, C., Medsker, G. J., & Ginter, R. (2013). 2012 income and employment survey results for the Society for Industrial and Organizational Psychology. *The Industrial-Organizational Psychologist, 51*(1), 18–31.

Kidd, S. A. (2002). The role of qualitative research in psychological journals. *Psychological Methods, 7*, 126–138.

King, W. C., Miles, E. W., & Day, D. D. (1993). A test and refinement of the equity sensitivity construct. *Journal of Organizational Behavior, 14*, 301–317.

Kinicki, A. J., Jacobson, K. J. L., Peterson, S. J., & Prussia, G. E. (2013). Development and validation of the Performance Management Behavior Questionnaire. *Personnel Psychology, 66*, 1–45.

Kinicki, A. J., McKee-Ryan, F. M., Schriesheim, C. A., & Carson, K. P. (2002). Assessing the construct validity of the Job Descriptive Index: A review and meta-analysis. *Journal of Applied Psychology, 87*, 14–32.

Kinicki, A. J., Prussia, G. E., Wu, B., & McKee-Ryan, F. M. (2004). A covariance structure analysis of employees' response to performance feedback. *Journal of Applied Psychology, 89*, 1057–1069.

Kirkpatrick, D. L. (1976). Evaluation of training. In R. L. Craig (Ed.), *Training and development handbook: A guide to human resource development* (2nd ed., pp. 1–26). New York: McGraw Hill.

Kirkpatrick, S. A., & Locke, E. A. (1991). Leadership: Do traits matter? *Academy of Management Executive, 5*(2), 48–60.

Kish-Gephart, J. J., Harrison, D. A., & Trevino, L. K. (2010). Bad apples, bad cases, and bad barrels: Meta-analytic evidence about sources of unethical decisions at work. *Journal of Applied Psychology, 95*, 1–31.

Klahr, D., & Simon, H. A. (1999). Studies of scientific discovery: Complementary approaches and convergent findings. *Psychological Bulletin, 125,* 524–543.

Klehe, U.-C., & Anderson, N. (2007). Working hard and working smart: Motivation and ability during typical and maximum performance. *Journal of Applied Psychology, 92,* 978–992.

Klein, H. J. (2014). Distinguishing commitment bonds from other attachments in a target-free manner. In J. K. Ford, J. R. Hollenbeck, & A. M. Ryan (Eds.), *The nature of work* (pp. 117–146). Washington, DC: American Psychological Association.

Klein, H. J., Molloy, J. C., & Brinsfield, C. T. (2012). Reconceptualizing workplace commitment to redress a stretched construct: Revisiting assumptions and removing confounds. *Academy of Management Review, 37,* 130–151.

Klein, K. J., & Kozlowski, S. W. J. (2000). *Multilevel theory, research, and methods in organizations.* San Francisco: Jossey-Bass.

Klein, S. R., & Huffman, A. H. (2013). I-O psychology and environmental sustainability in organizations: A natural partnership. In A. H. Huffman & S. R. Klein (Eds.), *Green organizations: Driving change with I-O psychology* (pp. 3–16). New York: Routledge.

Klimoski, R. J., & Inks, L. (1990). Accountability forces in performance appraisal. *Organizational Behavior and Human Decision Processes, 45,* 194–208.

Klimoski, R. J., & Jones, R. G. (1995). Staffing for effective group decision making: Key issues in marketing people and teams. In R. A. Guzzo & E. Salas (Eds.), *Team effectiveness and decision making in organizations* (pp. 291–332). San Francisco: Jossey-Bass.

Klimoski, R. J., & Strickland, W. J. (1977). Assessment centers—Valid or merely prescient? *Personnel Psychology, 30,* 353–361.

Kluger, A. N. (2001). Feedback-expectation discrepancy, arousal and locus of cognition. In M. Erez, U. Kleinbeck, & H. Thierry (Eds.), *Work motivation in the context of a globalizing economy* (pp. 111–120). Mahwah, NJ: Erlbaum.

Kluger, A. N., & DeNisi, A. (1996). The effects of feedback interventions on performance: A historical review, a meta-analysis, and a preliminary feedback intervention theory. *Psychological Bulletin, 119,* 254–284.

Kluger, A. N., Reilly, R. R., & Russell, C. J. (1991). Faking biodata tests: Are option-keyed instruments more resistant? *Journal of Applied Psychology, 76,* 889–896.

Knauth, P. (1996). Designing better shift systems. *Applied Ergonomics, 27,* 39–44.

Kolmstetter, E. (2003). I-O's making an impact: TSA transportation security screener skill standards, selection system, and hiring process. *The Industrial-Organizational Psychologist, 40*(4), 39–46.

Komaki, J. L. (1986). Toward effective supervision: An operant analysis and comparison of managers at work. *Journal of Applied Psychology, 71,* 270–279.

Komaki, J. L. (1998). When performance improvement is the goal: A new set of criteria for criteria. *Journal of Applied Behavior Analysis, 31,* 263–280.

Komar, S., Brown, D. J., Komar, J. A., & Robie, C. (2008). Faking and the validity of conscientiousness: A Monte Carlo investigation. *Journal of Applied Psychology, 93,* 140–154.

Koppes, L. L. (1997). American female pioneers of industrial and organizational psychology during the early years. *Journal of Applied Psychology, 82,* 500–515.

Koppes, L. L. (2002). The rise of industrial-organizational psychology: A confluence of dynamic forces. In D. K. Freedheim (Ed.), *History of psychology* (pp. 367–389). New York: Wiley.

Koppes, L. L. (Ed.) (2007). *Historical perspectives in industrial and organizational psychology.* Mahwah, NJ: Erlbaum.

Koppes, L. L., & Pickren, W. (2007). Industrial and organizational psychology: An evolving science and practice. In L. L. Koppes (Ed.), *Historical perspectives in industrial and organizational psychology* (pp. 3–35). Mahwah, NJ: Erlbaum.

Kornhauser, A. W. (1965). *Mental health of the industrial worker: A Detroit study.* New York: Wiley.

Kossek, F. R., & Michel, J. S. (2011). Flexible work schedules. In S. Zedeck (Ed.), *APA handbook of industrial and organizational psychology* (Vol. 1, pp. 535–572). Washington, DC: APA.

Kotter, J. P. (1988). *The leadership factor.* New York: Free Press.

Kozlowski, S. W. J., & Bell, B. S. (2003). Work groups and teams in organizations. In W. C. Borman, D. R. Ilgen, & R. J. Klimoski (Eds.), *Handbook of psychology* (Vol. 12): *Industrial and organizational psychology* (pp. 333–375). Hoboken, NJ: Wiley.

Kozlowski, S. W. J., & Chao, G. T. (2012). The dynamics of emergence: Cognition and cohesion in work teams. *Managerial and Decision Economics, 33,* 335–354.

Kozlowski, S. W. J., & Ilgen, D. (2006). Enhancing the effectiveness of work groups and teams. *Psychological Science in the Public Interest, 7*, 77–124.

Kozlowski, S. W. J., Chao, G. T., & Morrison, R. F. (1998). Games raters play: Politics, strategies, and impression management in performance appraisal. In J. W. Smither (Ed.), *Performance appraisal* (pp. 163–208). San Francisco: Jossey-Bass.

Kozlowski, S. W. J., Watola, D. J., Jensen, J. M., Kim, B. H., & Botero, I. C. (2009). Developing adaptive teams: A theory of dynamic team leadership. In E. Salas, G. F. Goodwin, & C. S. Burke (Eds.), *Team effectiveness in complex organizations: Foundations, extensions, and new directions* (pp. 113–155). San Francisco: Jossey-Bass.

Kraiger, K. (2008). Transforming our models of learning and development: Web-based instruction as enabler of third-generation instruction. *Industrial and Organizational Psychology, 1*, 454–467.

Kraiger, K., & Culbertson, S. S. (2013). Understanding and facilitating learning: Advancements in training and development. In N. Schmitt, & S. Highhouse (Eds.), *Handbook of psychology* (Vol. 12): *Industrial and organizational psychology* (pp. 244–261). New York: John Wiley & Sons.

Kraiger, K., & Jung, K. M. (1997). Linking training objectives to evaluation criteria. In M. A. Quiñones & A. Ehrenstein (Eds.), *Training for a rapidly changing workplace* (pp. 151–176). Washington, DC: American Psychological Association.

Kram, K. E. (1985). *Mentoring at work*. Glenview, IL: Scott Foresman.

Krapohl, D. J. (2002). The polygraph in personnel screening. In M. Kleiner (Ed.), *Handbook of polygraph testing* (pp. 217–236). San Diego: Academic Press.

Kraut, A. I. (2010). Foreword. In K. Lundby (Ed.), *Going global* (pp. xi–xiii). San Francisco: Jossey-Bass.

Kravitz, D. A., & Klineberg, S. L. (2000). Reactions to two versions of affirmative action among Whites, Blacks, and Hispanics. *Journal of Applied Psychology, 85*, 597–611.

Kreiner, G. E., Ashforth, B. E., & Sluss, D. M. (2006). Identity dynamics in occupational dirty work: Integrating social identity and system justification perspectives. *Organization Science, 17*, 619–636.

Kristof-Brown, A. L., & Billsberry J. (2013). Fit for the future. In A. L. Kristof-Brown & J. Billsberry (Eds.), *Organizational fit: Key issues and new directions* (pp. 1–18). Malden, MA: Wiley.

Kruger, J., & Evans, M. (2004). If you don't want to be late, enumerate: Unpacking reduces the planning fallacy. *Journal of Experimental Social Psychology, 40*, 586–598.

Kuncel, N. R., & Sackett, P. R. (2014). Resolving the assessment center validity problem (as we know it). *Journal of Applied Psychology, 99*, 38–47.

Kuo, T. H., & Ho, L. A. (2010). Individual difference and job performance: The relationships among personal factors, job characteristics, flow experience, and service quality. *Social Behavior and Personality, 38*, 531–552.

Lam, S. S., Hui, C., & Law, K. S. (1999). Organizational citizenship behavior: Comparing perspectives of supervisors and subordinates across four international samples. *Journal of Applied Psychology, 84*, 594–601.

Landers, R. N., Sackett, P. R., & Tuzinski, K. A. (2011). Retesting after initial failure, coaching rumors, and warnings against faking in online personality measures for selection. *Journal of Applied Psychology, 96*, 202–210.

Landy, F. J. (1992). Hugo Münsterberg: Victim or visionary? *Journal of Applied Psychology, 77*, 787–802.

Landy, F. J. (1997). Early influences on the development of industrial and organizational psychology. *Journal of Applied Psychology, 82*, 467–477.

Landy, F. J., & Vasey, J. (1991). Job analysis: The composition of SME samples. *Personnel Psychology, 44*, 27–50.

Larson, C. E., & La Fasto, F. M. (1989). *Teamwork*. Newbury Park, CA: Sage.

Lasswell, H. (1936). *Politics: Who gets what, when, how?* New York: Whittlesey.

Latham, G. P. (1986). Job performance and appraisal. In C. L. Cooper & I. T. Robertson (Eds.), *International review of industrial and organizational psychology* (Vol. 1, pp. 117–155). London: Wiley.

Latham, G. P., & Kinne, S. B. (1974). Improving job performance through training in goal setting. *Journal of Applied Psychology, 59*, 187–191.

Latham, G. P., & Locke, E. A. (1991). Self-regulation through goal-setting. *Organizational Behavior and Human Decision Processes, 50*, 212–247.

Lawler, E. E. (2007). Why HR practices are not evidence-based. *Academy of Management Journal, 50*, 1033–1036.

Lazarus, R. S., & Lazarus, B. N. (1994). *Passion and reason: Making sense of our emotions*. New York: Oxford.

LearnStuff (2012). Social media at work. Retrieved August 12, 2014, from http://www.learnstuff.com/social-media-at-work/

Lee, N., Senior, C., & Butler, M. J. (2012). The domain of organizational cognitive neuroscience: Theoretical and empirical challenges. *Journal of Management, 38*, 921–931.

Lee, T. W., Mitchell, J. R., & Harman, W. S. (2011). Qualitative research strategies in industrial and organizational psychology. In S. Zedeck (Ed.), *APA handbook of industrial and organizational psychology* (Vol. 1, pp. 73–83). Washington, DC: APA.

Lefkowitz, J. (2003). *Ethics and values in industrial-organizational psychology.* Mahwah, NJ: Erlbaum.

Lefkowitz, J. (2012). From humanitarian to humanistic work psychology. In S. C. Carr, M. MacLachlan, & A. Furnham (Eds.), *Humanitarian work psychology* (pp. 103–125). New York: Palgrave Macmillan.

LePine, J. A. (2003). Team adaptation and postchange performance: Effects of team composition in terms of members' cognitive ability and personality. *Journal of Applied Psychology, 88,* 27–39.

LePine, J. A., Colquitt, J. A., & Erez, A. (2000). Adaptability to changing task contexts: Effects of general cognitive ability, conscientiousness, and openness to experience. *Personnel Psychology, 53,* 563–593.

LePine, J. A., Erez, A., & Johnson, D. E. (2002). The nature and dimensionality of organizational citizenship behavior: A critical review and meta-analysis. *Journal of Applied Psychology, 87,* 52–65.

LePine, J. A., Hanson, M. A., Borman, W. C., & Motowidlo, S. J. (2000). Contextual performance and teamwork: Implications for staffing. In G. R. Ferris (Ed.), *Research in personnel and human resources management* (Vol. 19, pp. 53–90). New York: Elsevier.

LePine, J. A., Piccolo, R. F., Jackson, C. L., Mathieu, J. E., & Saul, J. R. (2008). A meta-analysis of teamwork processes: Tests of a multidimensional model and relationships with team effectiveness criteria. *Personnel Psychology, 61,* 273–307.

LePine, J. A., Podsakoff, N. P., & LePine, M. A. (2005). A meta-analytic test of the challenge stressor-hindrance stressor framework: An explanation for inconsistent relationships among stressors and performance. *Academy of Management Journal, 48,* 764–775.

Lerner, J. S., & Keltner, D. (2000). Beyond valence: Toward a model of emotion-specific influences on judgment and choice. *Cognition and Emotion, 14,* 473–493.

Lerner, J. S., Li, Y., & Weber, E. U. (2013). The financial costs of sadness. *Psychological Science, 24,* 72–79.

Levashina, J., Hartwell, C. J., Morgeson, F. P., & Campion, M. A. (2014). The structured employment interview: Narrative and quantitative review of the research literature. *Personnel Psychology, 67,* 241–293.

Levashina, J., Morgeson, F. P., & Campion, M. A. (2012). Tell me some more: Exploring how verbal ability and item verifiability influence responses to biodata questions in a high-stakes selection context. *Personnel Psychology, 65,* 359–383.

Leventhal, G. S. (1980). What should be done with equity theory? New approaches to the study of fairness in social relationships. In K. Gergen, M. Greenberg, & R. Willis (Eds.), *Social exchange: Advances in theory and research* (pp. 27–55). New York: Plenum Press.

Levine, E. L., & Sanchez, J. I. (2012). Evaluating work analysis in the 21st century. In M. A. Wilson, W. Bennett, S. G. Gibson, & G. M. Alliger (Eds.), *The handbook of work analysis* (pp. 127–138). New York: Routledge.

Levine, E. L., Ash, R. A., & Levine, J. D. (2004). Judgmental assessment of job-related experience, training, and education for use in human resource staffing. In J. C. Thomas (Ed.), *Comprehensive handbook of psychological assessment* (Vol. 4, pp. 269–296). Hoboken, NJ: Wiley.

Levine, J. D., & Oswald, F. L. (2012). O*NET: The Occupational Information Network. In M. A. Wilson, W. Bennett, S. G. Gibson, & G. M. Alliger (Eds.), *The handbook of work analysis* (pp. 281–301). New York: Routledge.

Levitt, S. D., & Dubner, S. J. (2005). *Freakonomics: A rogue economist explores the hidden side of everything.* London: Allen Lane.

Liden, R. C., Sparrowe, R. T., & Wayne, S. J. (1997). Leader–member exchange theory: The past and potential for the future. In G. R. Ferris (Ed.), *Research in personnel and human resources management* (Vol. 15, pp. 47–120). Greenwich, CT: JAI Press.

Liden, R. C., Wayne, S. J., Zhao, H., & Henderson, D. (2008). Servant leadership: Development of a multidimensional measure and multi-level assessment. *The Leadership Quarterly, 19,* 161–177.

Lievens, F., & Chan, D. (2010). Practical intelligence, emotional intelligence, and social intelligence. In J. L. Farr & N. T. Tippins (Eds.), *Handbook of employee selection* (pp. 339–355). New York: Routledge.

Lievens, F., & Klimoski, R. J. (2001). Understanding the assessment centre process: Where are we now? In C. L. Cooper & I. T. Robertson (Eds.), *International review of industrial and organizational psychology* (Vol. 16, pp. 245–286). West Sussex, England: Wiley.

Lievens, F., & Patterson, F. (2011). The validity and incremental validity of knowledge tests, low-fidelity simulations, and high-fidelity simulations for predicting job performance in advanced-level high-stakes selection. *Journal of Applied Psychology, 96,* 927–940.

Lievens, F., & Sackett, P. R. (2012). The validity of interpersonal skills assessment via situational judgment tests for predicting academic success and job performance. *Journal of Applied Psychology, 97,* 460–468.

Lievens, F., Sanchez, J. I., Bartram, D., & Brown, A. (2010). Lack of consensus among competence ratings of the same occupations: Noise or substance? *Journal of Applied Psychology, 95*, 562–571.

Lilienfeld, S. O. (2012). Public skepticism of psychology. *American Psychologist, 67*, 111–129.

Lindsey, A., King, E., McCausland, T., Jones, K., & Dunleavy, E. (2013). What we know and don't: Eradicating employment discrimination 50 years after the Civil Rights Act. *Industrial and Organizational Psychology, 6*, 391–413.

Liu, Y., Ferris, G. R., Treadway, D. C., Prati, M. L., Perrewé, P. L., & Hochwarter, W. A. (2006). The emotion of politics and the politics of emotions. In E. Vigoda-Gadot & A. Drory (Eds.), *Handbook of organizational politics* (pp. 161–186). Cheltenham, UK: Edward Elgar.

Livingston, B. A., & Judge, T. A. (2008). Emotional responses to work-family conflict: An examination of gender role orientation among working women. *Journal of Applied Psychology, 93*, 207–216.

Locke, E. A. (1991). The motivation sequence, the motivation hub, and the motivation core. *Organizational Behavior and Human Decision Processes, 50*, 288–299.

Locke, E. A. (2005). Why emotional intelligence is an invalid concept. *Journal of Organizational Behavior, 26*, 425–431.

Locke, E. A., & Latham, G. P. (1990). *A theory of goal setting and task performance.* Englewood Cliffs, NJ: Prentice Hall.

Locke, E. A., & Latham, G. P. (2002). Building a practically useful theory of goal setting and task motivation: A 35-year odyssey. *American Psychologist, 57*, 705–717.

Locke, E. A., Jirnauer, D., Roberson, Q., Goldman, B., Latham, M. E., & Weldon, E. (2001). The importance of the individual in an age of groupism. In M. E. Turner (Ed.), *Groups at work* (pp. 501–528). Mahwah, NJ: Erlbaum.

Locke, K., & Golden-Biddle, K. (2002). An introduction to qualitative research: Its potential for industrial and organizational psychology. In S. G. Rogelberg (Ed.), *Handbook of research methods in industrial and organizational psychology* (pp. 99–118). Malden, MA: Blackwell.

Lombardo, M. M., & McCauley, C. D. (1988). *The dynamics of management derailment* (Tech. Report No. 134). Greensboro, NC: Center for Creative Leadership.

Lombardo, T., Schneider, S., & Bryan, L. K. (2013). Corporate leaders of sustainable organizations: Balancing profit, planet, and people. In J. Olson-Buchanon, L. K. Bryan, & L. F. Thompson (Eds.), *Using industrial-organizational psychology for the greater good: Helping those who help others* (pp. 75–109). New York: Routledge.

London, M., & Smither, J. W. (2002). Feedback orientation, feedback culture, and the longitudinal performance management process. *Human Resource Management Review, 12*, 81–100.

Lopina, E. C., Rogelberg, S. G., & Howell, B. (2012). Turnover in dirty work occupations: A focus on pre-entry individual characteristics. *Journal of Occupational and Organizational Psychology, 85*, 396–406.

Lord, R. G., & Brown, D. L. (2004). *Leadership processes and follower self-identity.* Mahwah, NJ: Erlbaum.

Lord, R. G., & Levy, P. E. (1994). Moving from cognition to action: A control theory perspective. *Applied Psychology: An International Review, 43*, 335–367.

Lord, R. G., Foti, R. J., & Phillips, J. S. (1982). A theory of leadership categorization. In J. G. Hunt, U. Sekaran, & C. Schriesheim (Eds.), *Leadership: Beyond establishment views* (pp. 104–121). Carbondale, IL: Southern Illinois University Press.

Lowe, K. B., & Gardner, W. L. (2000). Ten years of *The Leadership Quarterly*: Contributions and challenges for the future. *The Leadership Quarterly, 11*, 459–514.

Lowman, R. L. (2013). Is sustainability an ethical responsibility of I/O and consulting psychologists? In A. H. Huffman & S. R. Klein (Eds.), *Green organizations: Driving change with I-O psychology* (pp. 34–54). New York: Routledge.

Lubinski, D., & Dawis, R. V. (1992). Aptitudes, skills, and proficiencies. In M. D. Dunnette & L. M. Hough (Eds.), *Handbook of industrial and organizational psychology* (2nd ed., Vol. 3, pp. 1–59). Palo Alto, CA: Consulting Psychologists Press.

Luciano, M. M., Mathieu, J. E., & Ruddy, T. M. (2014). Leading multiple teams: Average and relative external leadership influences on team empowerment and effectiveness. *Journal of Applied Psychology, 99*, 322–331.

Luhmann, M., Weiss, P., Hosoya, G., & Eid, M. (2014). Honey, I got fired! A longitudinal dyadic analysis of the effect of unemployment on life satisfaction in couples. *Journal of Personality and Social Psychology, 107*, 163–180.

Luria, G., & Kalish, Y. (2013). A social network approach to peer assessment: Improving predictive validity. *Human Resource Management, 52*, 537–560.

Luthans, F. (2002). The need for and meaning of positive organization behavior. *Journal of Organization Behavior, 23*, 695–706.

Luthans, F., Youssef, C. M., & Avolio, B. J. (2007). *Psychological capital: Developing the human competitive edge.* New York, NY: Oxford University Press.

Lyness, K. S. (2002). Finding the key to the executive suite: Challenges for women and people of color. In R. Silzer (Ed.), *The 21st century executive* (pp. 229–273). San Francisco: Jossey-Bass.

Lyness, K. S., & Heilman, M. E. (2006). When fit is fundamental: Performance evaluations and promotions of upper-level female and male managers. *Journal of Applied Psychology, 91,* 777–785.

MacDermid, S. M., Seery, B. L., & Weiss, H. M. (2002). An emotional examination of the work-family interface. In R. G. Lord, R. J. Klimoski, & R. Kanfer (Eds.), *Emotions in the workplace* (pp. 402–427). San Francisco: Jossey-Bass.

Macey, B. (2002). The licensing of I-O psychologists. *The Industrial-Organizational Psychologist, 39*(3), 11–13.

Macey, W. H., & Schneider, B. (2008). The meaning of employee engagement. *Industrial and Organizational Psychology: Perspectives on Science and Practice, 1,* 3–30.

Macey, W. H., Schneider, B., Bandera, K. M., & Young, S. A. (2009). *Employee engagement.* Malden, MA: Wiley-Blackwell.

Machin, M. A. (2002). Planning, managing, and optimizing transfer of training. In K. Kraiger (Ed.), *Creating, implementing, and managing effective training and development* (pp. 263–301). San Francisco: Jossey-Bass.

MacKenzie, S. B., Podsakoff, P. M., & Rich, G. A. (2001). Transformational and transactional leadership and salesperson performance. *Journal of the Academy of Marketing Science, 29,* 115–134.

Madera, J. M., Hebl, M. R., & Martin, R. C. (2009). Gender and letters of recommendation for academia: Agentic and communal differences. *Journal of Applied Psychology, 94,* 1591–1599.

Madill, A., & Gough, B. (2008). Qualitative research and its place in psychological science. *Psychological Methods, 13,* 254–271.

Mael, F. A. (1991). A conceptual rationale for the domain and attributes of biodata items. *Personnel Psychology, 44,* 763–792.

Mael, F. A., Connerly, M., & Morath, R. A. (1996). None of your business: Parameters of biodata invasiveness. *Personnel Psychology, 49,* 613–650.

Mainiero, L. A., & Jones, K. J. (2013). Sexual harassment versus workplace romance: Social media spillover and textual harassment in the workplace. *Academy of Management Perspectives, 27,* 187–203.

Major, D. A., & Germano, L. M. (2006). The changing nature of work and its impact on the work-home interface. In F. Jones, R. J. Burke, & M. Westman (Eds.), *Work-life balance: A psychological perspective* (pp. 13–38). Hove, UK: Taylor & Francis.

Malos, S. B. (1998). Current legal issues in performance appraisal. In J. W. Smither (Ed.), *Performance appraisal* (pp. 49–94). San Francisco: Jossey-Bass.

Manz, C. C. (1986). Self-leadership: Toward an expanded theory of self-influence. *Academy of Management Review, 11,* 585–600.

Marchant, G., & Robinson, J. (1999). Is knowing the tax code all it takes to be a tax expert? On the development of legal expertise. In R. J. Sternberg & J. A. Howath (Eds.), *Tacit knowledge in professional practice* (pp. 3–20). Mahwah, NJ: Erlbaum.

Marks, M. A., Mathieu, J. E., & Zaccaro, S. J. (2001). A temporally based framework and taxonomy of team processes. *Academy of Management Review, 26,* 356–376.

Marks, M. A., Sabella, M. J., Burke, C. S., & Zaccaro, S. J. (2002). The impact of cross-training on team effectiveness. *Journal of Applied Psychology, 87,* 3–13.

Marks, M. A., Zaccaro, S. J., & Mathieu, J. E. (2000). Performance implications of leader briefings and team-interaction training for team adaptation to novel environments. *Journal of Applied Psychology, 85,* 971–986.

Marks, M. L. (2002). Mergers and acquisitions. In J. W. Hedge & E. D. Pulakos (Eds.), *Implementing organizational interventions: Steps, processes, and best practices* (pp. 43–77). San Francisco: Jossey-Bass.

Marlatt, G. A., & Witkiewitz, K. (2010). Update on harm-reduction policy and intervention research. *Annual Review of Clinical Psychology, 6,* 591–606.

Marlatt, G. A., Baer, J. S., & Quigley, L. A. (1995). Self-efficacy and addictive behavior. In A. Bandura (Ed.), *Self-efficacy in changing societies* (pp. 289–315). New York: Cambridge.

Marler, L. E., McKee, D., Cox, S., Simmering, M., & Allen, D. (2012). Don't make me the bad guy: Self-monitoring, organizational norms, and the Mum Effect. *Journal of Managerial Issues, 24,* 97–116.

Marquardt, M. (2002). Around the world: Organization development in the international context. In J. Waclawski & A. H. Church (Eds.), *Organization development: A data-driven approach to organizational change* (pp. 266–285). San Francisco: Jossey-Bass.

Martin, B. O., Kolomitro, K., & Lam, T. C. M. (2014). Training methods: A review and analysis. *Human Resource Development Review, 13,* 11–35.

Martin, R., Epitropaki, O., Thomas, G., & Topakas, A. (2010). A review of leader-member exchange research: Future prospects and directions. In G. P. Hodgkinson & J. L. Ford (Eds.), *International review of industrial and organizational psychology* (Vol. 25, pp. 35–88). Chichester, UK: Wiley-Blackwell.

Martin, S. L., & Terris, W. (1991). Predicting infrequent behavior: Clarifying the impact on false-positive rates. *Journal of Applied Psychology, 76,* 484–487.

Martins, L. L. (2011). Organizational change and development. In S. Zedeck (Ed.), *APA handbook of industrial and organizational psychology* (Vol. 3, pp. 691–728). Washington, DC: APA.

Martocchio, J. J., & Harrison, D. A. (1993). To be there or not to be there: Questions, theories, and methods in absenteeism research. In G. R. Ferris (Ed.), *Research in personnel and human resources management* (Vol. 11, pp. 259–329). Greenwich, CT: JAI Press.

Maslach, C., Schaufeli, W. B., & Leiter, M. P. (2001). Job burnout. *Annual Review of Psychology, 52,* 397–422.

Mateer, F. (1917). The moron as a war problem. *Journal of Applied Psychology, 1,* 317–320.

Mathieu, J. E., Marks, M. A., & Zaccaro, S. J. (2001). Multi-team systems. In N. Anderson, D. S. Ones, H. K. Sinangil, & C. Viswesvaran (Eds.), *Handbook of industrial, work, & organizational psychology* (Vol. 2, pp. 289–313). London: Sage.

Maurer, T. J., & Solamon, J. M. (2006). The science and practice of a structured employment interview coaching program. *Personnel Psychology, 59,* 433–456.

Maxwell, J. A. (1998). Designing a qualitative study. In L. Bickman & D. J. Rog (Eds.), *Handbook of applied social research methods* (pp. 69–100). Thousand Oaks, CA: Sage.

May, D. R., Chan, A. Y. L., Hodges, T. D., & Avolio, B. J. (2003). Developing the moral component of authentic leadership. *Organizational Dynamics, 32,* 247–260.

Mayer, J. D., Salovey, P., & Caruso, D. R. (2002). *Mayer-Salovey-Caruso Emotional Intelligence Test (MSCEIT)* User's manual. Toronto: MHS Publishers.

Mayer, J. D., Salovey, P., & Caruso, D. R. (2008). Emotional intelligence: New ability or eclectic traits? *American Psychologist, 63,* 503–517.

McCall, M. W., & Bobko, P. (1990). Research methods in the service of discovery. In M. D. Dunnette & L. M. Hough (Eds.), *Handbook of industrial and organizational psychology* (2nd ed., Vol. 1, pp. 381–418). Palo Alto, CA: Consulting Psychologists Press.

McCarthy, J. M., Van Iddekinge, C. H., Lievens, F., Kung, M.-C., Sinar, E. F., & Campion, M. A. (2013). Do candidate reactions relate to job performance or affect criterion-related validity? A multi-study investigation of relations among reactions, selection, test scores, and job performance. *Journal of Applied Psychology, 98,* 701–719.

McClelland, D. C., & Boyatzis, R. E. (1982). Leadership motive pattern and long term success in management. *Journal of Applied Psychology, 67,* 737–743.

McCormick, E. J., & Jeanneret, P. R. (1988). Position Analysis Questionnaire (PAQ). In S. Gael (Ed.), *The job analysis handbook for business, industry, and government* (Vol. 2, pp. 825–842). New York: Wiley.

McCrae, R. R., & Costa, P. T. (1987). Validation of the five-factor model of personality across instruments and observers. *Journal of Personality & Social Psychology, 56,* 586–595.

McCrae, R. R., & Costa, P. T. (1997). Personality trait structure as a human universal. *American Psychologist, 52,* 509–516.

McDaniel, M. A., Hartman, N. S., Whetzel, D. L., & Grubb, W. L., III. (2007). Situational judgment tests, response instructions, and validity: A meta-analysis. *Personnel Psychology, 60,* 63–91.

McDaniel, M. A., Kepes, S., & Banks, G. C. (2011). The *Uniform Guidelines* are a detriment to the field of personnel selection. *Industrial and Organizational Psychology, 4,* 494–514.

McDaniel, M. A., Morgeson, F. P., Finnegan, E. B., Campion, M. A., & Brauerman, E. P. (2001). Use of situational judgment tests to predict job performance: A clarification of the literature. *Journal of Applied Psychology, 86,* 730–740.

McDaniel, M. A., Rothstein, H. R., & Whetzel, D. L. (2006). Publication bias: A case study of four test vendors. *Personnel Psychology, 59,* 927–953.

McDaniel, M. A., Whetzel, D. L., Schmidt, F. L., & Maurer, S. D. (1994). The validity of employment interviews: A comprehensive review and meta-analysis. *Journal of Applied Psychology, 79,* 599–616.

McFarland, L. A. (2013). Applicant reactions to personality tests: Why do applicants hate them? In N. D. Christiansen & R. P. Tett (Eds.), *Handbook of personality at work* (pp. 281–298). New York: Routledge.

McGrath, R. E., Mitchell, M., Kim, B. H., & Hough, L. (2010). Evidence for response bias as a source of error variance in applied settings. *Psychological Bulletin, 136,* 450–470.

McIntyre, R. M., & Salas, E. (1995). Measuring and managing for team performance: Lessons from complex environments. In R. A. Guzzo & E. Salas (Eds.), *Team effectiveness and decision making in organizations* (pp. 9–45). San Francisco: Jossey-Bass.

McKee-Ryan, F. M., Song, Z., Wanberg, C. R., & Kinicki, A. J. (2005). Psychological and physical well-being during unemployment: A meta-analytic study. *Journal of Applied Psychology, 90,* 53–76.

McManus, M. A., & Brown, S. H. (1995). Adjusting sales results measures for use as criteria. *Personnel Psychology, 48*, 391–400.

McNall, L. A., Nicklin, J. M., & Masuda, A. D. (2010). A meta-analytic review of the consequences associated with work-family enrichment. *Journal of Business Psychology, 25*, 381–396.

McNeely, B. L., & Meglino, B. M. (1994). The role of dispositional and situational antecedents in prosocial organizational behavior: An examination of the intended beneficiaries of prosocial behavior. *Journal of Applied Psychology, 79*, 836–844.

Meindl, J. R., & Ehrlich, S. B. (1987). The romance of leadership and the evaluation of organizational performance. *Academy of Management Journal, 30*, 91–109.

Mero, N. P., Guidice, R. M., & Brownlee, A. L. (2007). Accountability in a performance appraisal context: The effect of audience and form of accounting on rater response and behavior. *Journal of Management, 33*, 223–252.

Meyer, H. H. (1980). Self-appraisal of job performance. *Personnel Psychology, 33*, 291–296.

Meyer, H. H., Kay, E., & French, J. R. P., Jr. (1965). Split roles in performance appraisal. *Harvard Business Review, 43*, 123–129.

Meyer, J. P. (1997). Organizational commitment. In C. L. Cooper & I. T. Robertson (Eds.), *International review of industrial and organizational psychology* (Vol. 12, pp. 175–228). Chichester, England: Wiley.

Meyer, J. P. (2009). Commitment in a changing world of work. In H. J. Klein, T. E. Becker, & J. P. Meyer (Eds.), *Commitment in organizations* (pp. 37–68). New York: Routledge.

Michel, J. S., Clark, M. A., & Jaramillo, D. (2011). The role of the Five Factor model of personality in the perceptions of negative and positive forms of work-nonwork spillover: A meta-analytic review. *Journal of Vocational Behavior, 79*, 191–203.

Mills, M. J. (2012). The beginnings of industrial psychology: The life and work of Morris Viteles. *The Industrial-Organizational Psychologist, 49*(3), 39–44.

Mills, M. J., Culbertson, S. S., & Fullagar, C. J. (2012). Conceptualizing and measuring engagement: An analysis of the Utrecht Work Engagement Scale. *Journal of Happiness Studies, 13*, 519–545.

Mintzberg, H. (1979). *Structuring of organizations*. Upper Saddle River, NJ: Pearson Education.

Mintzberg, H. (1989). *Mintzberg on management: Inside our strange world of organizations*. New York: Free Press.

Mintzberg, H. (2008). *Structure in sevens*. Upper Saddle River, NJ: Prentice-Hall.

Mitchell, J. L., & McCormick, E. J. (1990). *Professional and managerial position questionnaire*. Logan, UT: PAQ Services.

Mitchell, T. R. (1997). Matching motivational strategies with organizational contexts. In B. M. Staw & L. L. Cummings (Eds.), *Research in organizational behavior* (Vol. 19, pp. 57–149). Greenwich, CT: JAI Press.

Mitchell, T. R., & Daniels, D. (2003). Motivation. In W. C. Borman, D. R. Ilgen, & R. J. Klimoski (Eds.), *Handbook of psychology* (Vol. 12): *Industrial and organizational psychology* (pp. 225–254). Hoboken, NJ: Wiley.

Mitchell, T. R., Harman, W. S., Lee, T. W., & Lee, D.-Y. (2008). Self-regulation and multiple deadline goals. In R. Kanfer, G. Chen, & R. D. Pritchard (Eds.), *Work motivation: Past, present, and future* (pp. 197–231). New York: Routledge/Taylor Francis.

Mohammed, S., Ferzandi, L., & Hamilton, K. (2010). Metaphor no more: A 15-year review of the team mental model construct. *Journal of Management, 36*, 876–910.

Molloy, J. C., & Noe, R. A. (2010). "Learning" a living: Continuous learning for survival in today's talent market. In S. W. J. Kozlowski & E. Salas (Eds.), *Learning, training, and development in organizations* (pp. 333–362). New York: Routledge.

Mone, E. M., & London, M. (2010). *Employee engagement through effective performance management*. New York: Routledge.

Monk, T. H., Folkard, S., & Wedderburn, A. I. (1996). Maintaining safety and high performance on shiftwork. *Applied Ergonomics, 27*, 17–23.

Montes, S. D., & Zweig, D. (2009). Do promises matter? An exploration of the role of promises in psychological contract breach. *Journal of Applied Psychology, 94*, 1243–1260.

Moon, H., Choi, B., & Jung, J. (2012). Previous international experience, cross-cultural training, and expatriates' cross-cultural adjustment: Effects of cultural intelligence and goal orientation. *Human Resource Development Quarterly, 23*, 285–330.

Moore, D. A. (1994). Company alcohol policies: Practicalities and problems. In C. L. Cooper & S. Williams (Eds.), *Creating healthy work organizations* (pp. 75–96). Chichester, England: Wiley.

Moorman, R. H. (1991). Relationship between organizational justice and organizational citizenship behaviors: Do fairness perceptions influence employee citizenship? *Journal of Applied Psychology, 76*, 845–855.

Moreland, R. L., & Levine, J. M. (2001). Socialization in organizations and work groups. In M. E. Turner (Ed.), *Groups at work* (pp. 69–112). Mahwah, NJ: Erlbaum.

Morgan, G. (1997). *Images of organizations*. Thousand Oaks, CA: Sage.

Morganson, V. J., Culbertson, S. S., & Matthews, R. A. (2013). Individual strategies for navigating the work-life interface. In D. Major & R. Burke (Eds.), *Handbook of work-life integration among professionals: Challenges and opportunities* (pp. 205–224). Cheltenham, UK: Edward Elgar.

Morgeson, F. P., & Campion, M. A. (1997). Social and cognitive sources of potential inaccuracy in job analysis. *Journal of Applied Psychology, 82*, 627–655.

Morgeson, F. P., & Dierdorff, E. C. (2011). Work analysis: From technique to theory. In S. Zedeck (Ed.), *APA handbook of industrial and organizational psychology* (Vol. 2, pp. 3–41). Washington, DC: APA.

Morgeson, F. P., & Humphrey, S. E. (2006). The work design questionnaire (WDQ): Developing and validating a comprehensive measure for assessing job design and the nature of work. *Journal of Applied Psychology, 91*, 1321–1339.

Morgeson, F. P., Campion, M. A., Dipboye, R. L., Hollenbeck, J. R., Murphy, K., & Schmitt, N. (2007). Reconsidering the use of personality tests in personnel selection contexts. *Personnel Psychology, 60*, 683–729.

Morgeson, F. P., DeRue, D. S., & Karam, E. P. (2010). Leadership in teams: A functional approach to understanding leadership structures and processes. *Journal of Management, 36*, 5–39.

Mosing, M. A., Magnusson, P. K. E., Pedersen, N. L., Nakamura, J., Madison, G., & Ullén, F. (2012). Heritability of proneness for psychological flow experiences. *Personality and Individual Differences, 53*, 699–704.

Mosley, E. (2013). *The crowdsourced performance review: How to use the power of social recognition to transform employee performance*. New York: McGraw-Hill.

Motowidlo, S. J., Hanson, M. A., & Crafts, J. L. (1997). Low-fidelity simulations. In D. L. Whetzel & G. R. Wheaton (Eds.), *Applied measurement methods in industrial psychology* (pp. 241–260). Palo Alto, CA: Consulting Psychologists Press.

Mount, M. K. (1984). Psychometric properties of subordinate ratings of managerial performance. *Personnel Psychology, 37*, 687–702.

Muchinsky, P. M. (1977). A comparison of within- and across-subjects analyses of the expectancy-valence model for predicting effort. *Academy of Management Journal, 20*, 154–158.

Muchinsky, P. M. (2000). Emotions in the workplace: The neglect of organizational behavior. *Journal of Organizational Behavior, 21*, 801–805.

Muchinsky, P. M. (2004). Mechanical aptitude and spatial ability testing. In J. C. Thomas (Ed.), *Comprehensive handbook of psychological assessment* (Vol. 4, pp. 21–34). Hoboken, NJ: Wiley.

Muchinsky, P. M. (2013). Three bold ideas. *The Industrial-Organizational Psychologist, 51*(2), 152–157.

Muchinsky, P. M., & Raines, J. M. (2013). The overgeneralized validity of validity generalization. *Journal of Organizational Behavior, 34*, 1057–1060.

Muchiri, M. K., & Cooksey, R. W. (2011). Examining the effects of substitutes for leadership on performance outcomes. *Leadership & Organization Development Journal, 32*, 817–836.

Mueller, J. S., & Kamdar, D. (2011). Why seeking help from teammates is a blessing and a curse: A theory of help seeking and individual creativity in team contexts. *Journal of Applied Psychology, 96*, 263–276.

Mulvey, P. W., & Klein, H. J. (1998). The impact of perceived loafing and collective efficacy in group goal processes and group performance. *Organizational Behavior & Human Decision Processes, 74*, 62–87.

Mumford, M. D., & Stokes, G. S. (1992). Developmental determinants of individual action: Theory and practice in applying background measures. In M. D. Dunnette & L. M. Hough (Eds.), *Handbook of industrial and organizational psychology* (2nd ed., Vol. 3, pp. 61–138). Palo Alto, CA: Consulting Psychologists Press.

Mumford, T. V., Van Iddekinge, C. H., Morgeson, F. P., & Campion, M. A. (2008). The team role test: Development and validation of a team role knowledge situational judgment test. *Journal of Applied Psychology, 93*, 250–267.

Münsterberg, H. (1913). *Psychology and industrial efficiency*. Boston: Houghton Mifflin.

Murphy, G. C., & Athanasou, J. A. (1999). The effect of unemployment on mental health. *Journal of Occupational & Organizational Psychology, 72*, 83–99.

Murphy, K. R. (1996). Individual differences and behavior in organizations: Much more than g. In K. R. Murphy (Ed.), *Individual differences and behavior in organizations* (pp. 3–30). San Francisco: Jossey-Bass.

Murphy, K. R. (1997). Meta-analysis and validity generalization. In N. Anderson & P. Herriot (Eds.), *International handbook of selection and assessment* (pp. 323–342). Chichester, England: Wiley.

Murphy, K. R. (1999). The challenge of staffing a post-industrial workplace. In D. R. Ilgen & E. D. Pulakos (Eds.), *The changing nature of performance* (pp. 295–324). San Francisco: Jossey-Bass.

Murphy, K. R. (2003). The logic of validity generalization. In K. R. Murphy (Ed.), *Validity generalization: A critical review* (pp. 1–30). Mahwah, NJ: Erlbaum.

Murphy, K. R. (2009). Content validation is useful for many things, but validity isn't one of them. *Industrial and Organizational Psychology, 2*, 453–464.

Murphy, K. R. (2014). Apollo, Dionysus, or both?: The evolving models and concerns of JDM. In S. Highhouse, R. S. Dalal, & E. Salas (Eds.), *Judgment and decision making at work* (pp. 347–361). New York: Routledge.

Murphy, K. R., & Anhalt, R. L. (1992). Is halo error a property of the rater, ratees, or the specific behaviors observed? *Journal of Applied Psychology, 77*, 494–500.

Murphy, K. R., & Cleveland, J. N. (1995). *Understanding performance appraisal: Social, organizational, and goal-based perspectives.* Thousand Oaks, CA: Sage.

Murphy, K. R., Cronin, B. E., & Tam, A. P. (2003). Controversy and consensus regarding the use of cognitive ability testing in organizations. *Journal of Applied Psychology, 88*, 660–671.

Murphy, K. R., Deckert, P. J., & Hunter, S. T. (2013). What personality does and does not predict and why: Lessons learned and future directions. In N. D. Christiansen & R. P. Tett (Eds.), *Handbook of personality at work* (pp. 633–650). New York: Routledge.

Murphy, K. R., Dziewczynski, J. L., & Zhang, Y. (2009). Positive manifold limits the relevance of content-matching strategies for validating selection test batteries. *Journal of Applied Psychology, 94*, 1018–1031.

Murphy, K. R., Osten, K., & Myors, B. (1995). Modeling the effects of banding in personnel selection. *Personnel Psychology, 48*, 61–84.

Murphy, K. R., Thornton, G. C., & Prue, K. (1991). Influence of job characteristics on the acceptability of employee drug testing. *Journal of Applied Psychology, 76*, 447–453.

Murray, H. A., & MacKinnon, D. W. (1946). Assessment of OSS personnel. *Journal of Consulting Psychology, 10*, 76–80.

Naglieri, J. A., Drasgow, F., Schmit, M., Handler, L., Prifitera, A., Margolis, A., & Velasquez, R. (2004). Psychological testing on the Internet: New problems, old issues. *American Psychologist, 59*, 150–162.

Nahrgang, J. D., Morgeson, F. P., & Hofmann, D. A. (2011). Safety at work: A meta-analytic investigation of the link between job demands, job resources, burnout, engagement, and safety outcomes. *Journal of Applied Psychology, 96*, 71–94.

Nakamura, J., & Csikszentmihalyi, M. (2009). Flow theory and research. In S. J. Lopez & C. R. Snyder (Eds.), *The Oxford handbook of positive psychology* (2nd ed., pp. 195–206). New York: Oxford University Press.

Nam, K. A., Cho, Y., & Lee, M. (2014). West meets East? Identifying the gap in current cross-cultural training research. *Human Resource Development Review, 13*, 36–57.

Namazie, P., & Tayeb, M. (2006). Human resource management in Iran. In P. S. Budhwar & K. Mellahi (Eds.), *Managing human resources in the Middle East* (pp. 20–39). New York: Routledge.

Nandkeolyar, A. K., Shaffer, J. A., Li, A., Ekkirala, S., & Bagger, J. (2014). Surviving an abusive supervisor: The joint roles of conscientiousness and coping strategies. *Journal of Applied Psychology, 99*, 138–150.

Naquin, C. E., & Tynan, R. O. (2003). The team halo effect: Why teams are not blamed for their failures. *Journal of Applied Psychology, 88*, 332–340.

Narayanan, V. K., & Nath, R. (1982). Hierarchical level and the impact of flextime. *Industrial Relations, 21*, 216–230.

Nease, A. A., Mudgett, B. O., & Quiñones, M. A. (1999). Relationships among feedback sign, self-efficacy, and acceptance of performance feedback. *Journal of Applied Psychology, 84*, 806–814.

Newell, S., & Tansley, C. (2001). International uses of selection methods. In C. L. Cooper & I. T. Robertson (Eds.), *International review of industrial and organizational psychology* (Vol. 16, pp. 195–213). Chichester, England: Wiley.

Newman, D. A., Jacobs, R. R., & Bartram, D. (2007). Choosing the best method for local validity estimation: Relative accuracy of meta-analysis versus a local study versus Bayes-analysis. *Journal of Applied Psychology, 92*, 1394–1413.

Newton, P. E., & Shaw, S. D. (2013). Standards for talking and thinking about validity. *Psychological Methods, 18*, 301–319.

Ng, K. Y., Koh, C., Ang, S., Kennedy, J. C., & Chan, K. Y. (2011). Rating leniency and halo in multisource feedback ratings: Testing cultural assumptions of power distance and individualism-collectivism. *Journal of Applied Psychology, 96*, 1033–1044.

Ng, T. W. H., & Feldman, D. C. (2010). The relationships of age with job attitudes: A meta-analysis. *Personnel Psychology, 63*, 677–718.

Ng, T. W. H., Feldman, D. C., & Simon, S. K. (2010). Psychological contract breaches, organizational commitment, and innovation-related behaviors: A latent growth modeling approach. *Journal of Applied Psychology, 9*, 744–751.

Nguyen, B., Steel, P., & Ferrari, J. R. (2013). Procrastination's impact in the workplace and the workplace's impact on procrastination. *International Journal of Selection and Assessment, 21*, 388–399.

Nickels, B. J. (1994). The nature of biodata. In G. S. Stokes, M. D. Mumford, & W. A. Owens (Eds.), *Biodata handbook: Theory, research, and use of biographical information in selection and performance prediction* (pp. 1–16). Palo Alto, CA: Consulting Psychologists Press.

Noe, R. A. (2010). *Employee training and development* (5th ed.). Alexandria, VA: ASTD Press.

Noe, R. A., & Ford, J. K. (1992). Emerging issues and new directions for training research. In K. Rowland & G. Ferris (Eds.), *Research in personnel and human resource management* (Vol. 10, pp. 345–384). Greenwich, CT: JAI Press.

Normand, J., Salyards, S. D., & Mahoney, J. J. (1990). An evaluation of preemployment drug testing. *Journal of Applied Psychology, 75,* 629–639.

Nyfield, G., & Baron, H. (2000). Cultural context in adopting selection practices across borders. In J. F. Kehoe (Ed.), *Managing selection in changing organizations* (pp. 242–268). San Francisco: Jossey-Bass.

O'Boyle, E. H., Jr., Forsyth, D. R., Banks, G. C., & McDaniel, M. A. (2012). A meta-analysis of the dark triad and work behavior: A social exchange perspective. *Journal of Applied Psychology, 97,* 557–579.

O'Boyle, E. H., Jr., Humphrey, R. H., Pollack, J. M., Hawver, T. H., & Story, P. A. (2011). The relation between emotional intelligence and job performance: A meta-analysis. *Journal of Organizational Behavior, 32,* 788–818.

O'Brien, K. E., Biga, A., Kessler, S. R., & Allen, T. D. (2010). A meta-analytic investigation of gender differences in mentoring. *Journal of Management, 36,* 537–554.

O'Keeffe, J. (1994). Disability, discrimination, and the Americans with Disabilities Act. In S. M. Bruyere & J. O'Keeffe (Eds.), *Implications of the Americans with Disabilities Act for psychology* (pp. 1–14). New York: Springer.

O'Leary, M., Mortensen, M., & Woolley, A. (2011). Multiple team memberships: A theoretical model of its effects on productivity and learning for individuals and teams. *Academy of Management Review, 36,* 461–478.

O'Neil, D. A., Hopkins, M. M., & Bilimoria, D. (2008). Women's careers at the start of the 21st century: Patterns and paradoxes. *Journal of Business Ethics, 80,* 727–743.

Offerman, L. R., & Basford, T. E. (2014). Inclusive human resource management. In B. M. Ferdman & B. R. Deane (Eds.), *Diversity at work: The practice of inclusion* (pp. 229–259). San Francisco: Jossey-Bass.

Offerman, L. R., & Gowing, M. K. (1990). Organizations of the future. *American Psychologist, 45,* 95–108.

Oh, I.-S., Wang, G., & Mount, M. K. (2011). Validity of observer ratings of the five-factor model of personality traits: A meta-analysis. *Journal of Applied Psychology, 96,* 762–773.

Ones, D. S., & Dilchert, S. (2012). Employee green behaviors. In S. E. Jackson, D. S. Ones, & S. Dilchert (Eds.), *Managing human resources for environmental sustainability* (pp. 85–116). San Francisco: Jossey-Bass.

Ordóñez, L. D., Schweitzer, M. E., Galinsky, A. D., & Bazerman, M. H. (2009). Goals gone wild: The systematic side effects of overprescribing goal setting. *Academy of Management Perspectives, 23,* 6–16.

Organ, D. W. (1988). *Organizational citizenship behavior: The good soldier syndrome.* Lexington, MA: Lexington Books.

Organ, D. W. (1994). Organizational citizenship behavior and the good soldier. In M. G. Rumsey, C. B. Walker, & J. H. Harris (Eds.), *Personnel selection and classification* (pp. 53–68). Hillsdale, NJ: Erlbaum.

Organ, D. W., Podsakoff, P. M., & Podsakoff, N. P. (2011). Expanding the criterion domain to include organizational citizenship behavior: Implications for employee selection. In S. Zedeck (Ed.), *APA handbook of industrial and organizational psychology* (Vol. 2, pp. 281–323). Washington, DC: APA.

Osicki, M., & Kulkarni, M. (2010). Recruitment in a global workplace. In K. Lundby (Ed.), *Going global* (pp. 113–142). San Francisco: Jossey-Bass.

Ostroff, C., & Fulmer, A. (2014). Variance as a construct: Understanding variability beyond the mean. In J. K. Ford, J. R. Hollenbeck, & A. M. Ryan (Eds.), *The nature of work* (pp. 185–210). Washington, DC: APA.

Ostroff, C., & Harrison, D. A. (1999). Meta-analysis, level of analysis, and best estimates of population correlations: Cautions for interpreting meta-analytic results in organizational behavior. *Journal of Applied Psychology, 84,* 260–270.

Ostroff, C., & Zhan, Y. (2012). Person-environment fit in the selection process. In N. Schmitt (Ed.), *The Oxford handbook of personnel assessment and selection* (pp. 252–273). New York: Oxford University Press.

Ostroff, C., Kinicki, A. J., & Tamkins, M. M. (2003). Organizational culture and climate. In W. C. Borman, D. R. Ilgen, & R. J. Klimoski (Eds.), *Handbook of psychology* (Vol. 12): *Industrial and organizational psychology* (pp. 565–593). Hoboken, NJ: Wiley.

Oswald, F. L., & Hough, L. M. (2011). Personality and its assessment in organizations. Theoretical and empirical assessments. In S. Zedeck (Ed.), *APA handbook of industrial and organizational psychology* (Vol. 2, pp. 153–184). Washington, DC: APA.

Outtz, J. L. (2011). The unique origins of advancements in selection and personnel psychology. In S. Zedeck (Ed.),

APA handbook of industrial and organizational psychology (Vol. 2, pp. 445–465). Washington, DC: APA.

Overton, R. C., Harms, H. J., Taylor, L. R., & Zickar, M. J. (1997). Adapting to adaptive testing. *Personnel Psychology, 50,* 171–185.

Padilla, A., Hogan, R., & Kaiser, R. B. (2007). The toxic triangle: Destructive leaders, susceptible followers, and conducive environments. *The Leadership Quarterly, 18,* 176–194

Parks, J. M., & Kidder, D. L. (1994). Till death do us part . . . : Changing work relationships in the 1990s. In C. L. Cooper & D. M. Rousseau (Eds.), *Trends in organizational behavior* (Vol. 1, p. 111–136). New York: Wiley.

Paul, K. I., & Moser, K. (2009). Unemployment impairs mental health: Meta-analyses. *Journal of Vocational Behavior, 74,* 264–282.

Payne, S. C., & Pariyothorn, M. M. (2007). I-O psychology in introductory psychology textbooks: A survey of authors. *The Industrial-Organizational Psychologist, 44*(4), 37–42.

Payne, S. C., Youngcourt, S. S., & Beaubien, J. M. (2007). A meta-analytic examination of the goal orientation nomological net. *Journal of Applied Psychology, 92,* 128–150.

Pearlman, K. (2009). Unproctored internet testing: Practical, legal, and ethical concerns. *Industrial and Organizational Psychology, 2,* 14–19.

Pearlman, K., & Barney, M. F. (2000). Selection for a changing workplace. In J. F. Kehoe (Ed.), *Managing selection in changing organizations* (pp. 3–72). San Francisco: Jossey-Bass.

Pearlman, K., & Sanchez, J. I. (2010). Work analysis. In J. L. Farr & N. T. Tippins (Eds.), *Handbook of employee selection* (pp. 73–98). New York: Routledge.

Pendry, L. F., Driscoll, D. M., & Field, S. C. T. (2007). Diversity training: Putting theory into practice. *Journal of Occupational and Organizational Psychology, 80,* 27–50.

Perrewé, P. L., & Spector, P. E. (2002). Personality research in the organizational sciences. In G. R. Ferris & J. J. Martocchio (Eds.), *Research in personnel and human resources management* (Vol. 21, pp. 1–63). Kidlington, UK: Elsevier.

Peterson, D. B. (2002). Management development: Coaching and mentoring programs. In K. Kraiger (Ed.), *Creating, implementing, and managing effective training and development* (pp. 160–191). San Francisco: Jossey-Bass.

Peterson, D. B. (2011). Executive coaching: A critical review and recommendations for advancing practice. In S. Zedeck (Ed.), *APA handbook of industrial and organizational psychology* (Vol. 2, pp. 527–566). Washington, DC: APA.

Peterson, N. G., & Jeanneret, P. R. (1997). Job analysis. In D. L. Whetzel & G. R. Wheaton (Eds.), *Applied measurement methods in industrial psychology* (pp. 13–50). Palo Alto, CA: Consulting Psychologists Press.

Peterson, N., & Sager, C. E. (2010). *The Dictionary of Occupational Titles* and the Occupational Information Network. In J. L. Farr & N. T. Tippins (Eds.), *Handbook of employee selection* (pp. 887–908). New York: Routledge.

Peterson, S. J., Galvin, B. M., & Lange, D. (2012). CEO servant leadership: Exploring executive characteristics and firm performance. *Personnel Psychology, 65,* 565–596.

Pfeffer, J. (2007). A modest proposal: How we might change the process and product of managerial research. *Academy of Management Journal, 50,* 1334–1345.

Pfeffer, J., & Veiga, J. F. (1999). Putting people first for organizational success. *Academy of Management Executive, 13,* 37–48.

Phillips, J. M., Gully, S. M., McCarthy, J. E., Castellano, W. G., & Kim, M. S. (2014). Recruiting global travelers: The role of global travel recruitment messages and individual differences in perceived fit, attraction, and job pursuit intentions. *Personnel Psychology, 67,* 153–201.

Phillips, J. M., Hollenbeck, J. R., & Ilgen, D. R. (1996). Prevalence and prediction of positive discrepancy creation: Examining a discrepancy between two self-regulation theories. *Journal of Applied Psychology, 81,* 498–511.

Phillips, J. S., & Lord, R. G. (1981). Causal attribution and prescriptions of leadership. *Organizational Behavior and Human Performance, 28,* 143–163.

Pierce, J. L., & Aguinis, H. (2013). The too-much-of-a-good-thing effect in management. *Journal of Management, 39,* 313–338.

Pierce, J. L., & Dunham, R. B. (1992). The 12-hour work day: A 48-hour, four-day week. *Academy of Management Journal, 35,* 1086–1098.

Pierce, J. L., Dunham, R. B., & Cummings, L. L. (1984). Sources of environmental structuring and participant responses. *Organizational Behavior and Human Performance, 33,* 214–242.

Pinder, C. C. (2008). *Work motivation in organizational behavior* (2nd ed.). New York: Psychology Press.

Pinto, B. (2011, October 6). Q-C Mart employee wins court decision over 'Guess who will be fired!!!' context. *ABC News.* Retrieved from http://abcnews.go.com/Business/mart-employee-wins-court-decision-guess-wholl-fired/story?id=14677100

Piotrkowski, C. S., & Carrubba, J. (1999). Child labor and exploitation. In J. Barling & E. K. Kelloway (Eds.), *Young workers: Varieties of experience* (pp. 129–157). Washington, DC: American Psychological Association.

Plowman, D. A., Baker, L. T., Beck, T. E., Kulkari, M., Solansky, S. T., & Travis, D. V. (2007). Radical change accidentally: The emergence and amplification of small change. *Academy of Management Journal, 50*, 515–543.

Ployhart, R. E. (2008). The measurement and analysis of motivation. In R. Kanfer, G. Chen, & R. D. Pritchard (Eds.), *Work motivation: Past, present, and future* (pp. 17–62). New York: Routledge.

Ployhart, R. E. (2012). Personnel selection: Ensuring sustainable organizational effectiveness through the acquisition of human capital. In S. W. J. Kozlowski (Ed.), *The Oxford handbook of organizational psychology* (Vol. 1, pp. 221–246). New York: Oxford University Press.

Ployhart, R. E. (2014). The study of phenomena that matter. In J. K. Ford, J. R. Hollenbeck, & A. M. Ryan (Eds.), *The nature of work* (pp. 259–275). Washington, DC: APA.

Ployhart, R. E., & MacKenzie, W. I. (2011). Situational judgment tests: A critical review and agenda for the future. In S. Zedeck (Ed.), *APA handbook of industrial and organizational psychology* (Vol. 2, pp. 237–252). Washington, DC: APA.

Ployhart, R. E., & Ryan, A. M. (1998). Applicants' reactions to the fairness of selection procedures: The effects of positive rule violations and time of measurement. *Journal of Applied Psychology, 83*, 3–16.

Ployhart, R. E., & Schneider, B. (2012). The social and organizational context of personnel selection. In N. Schmitt (Ed.), *The Oxford handbook of personnel assessment and selection* (pp. 48–67). New York: Oxford University Press.

Ployhart, R. E., Weekley, J. A., Holtz, B. C., & Kemp, C. (2003). Web-based and pencil-and-paper testing of applicants in a proctored setting: Are personality, biodata, and situational judgment tests comparable? *Personnel Psychology, 56*, 733–752.

Podlesny, J. A., & Truslow, C. M. (1993). Validity of an expanded-issue (Modified General Question) polygraph technique in a simulated distributed-crime-roles context. *Journal of Applied Psychology, 78*, 788–797.

Podsakoff, N. P., LePine, J. A., & LePine, M. A. (2007). Differential challenge stressor-hindrance stressor relationships with job attitudes, turnover intention, turnover, and withdrawal behavior: A meta-analysis. *Journal of Applied Psychology, 92*, 438–454.

Podsakoff, N. P., Whiting, S. W., Podsakoff, P. M., & Blume, B. D. (2009). Individual- and organizational-level consequences of organizational citizenship behaviors: A meta-analysis. *Journal of Applied Psychology, 94*, 122–141.

Podsakoff, P. M., MacKenzie, S. B., & Bommer, W. H. (1996). Meta-analysis of the relationship between Kerr and Jermier's substitutes for leadership and employee job attitudes, role perceptions, and performance. *Journal of Applied Psychology, 81*, 380–399.

Porah, N., & Porah, L. (2012). What are assessment centers and how can they enhance organizations? In D. J. Jackson, C. E. Lance, & B. J. Hoffman (Eds.), *The psychology of assessment centers* (pp. 3–24). New York: Routledge.

Porter, C. O., Hollenbeck, J. R., Ilgen, D. R., Ellis, A. P., West, B. J., & Moon, H. (2003). Backing up behaviors in teams: The role of personality and legitimacy of need. *Journal of Applied Psychology, 88*, 391–403.

Potosky, D., & Bobko, P. (2004). Selection testing via the internet: Practical considerations and exploratory empirical findings. *Personnel Psychology, 57*, 1003–1034.

Pratt, M. G., & Rafaeli, A. (1997). Organizational dress as a symbol of multilayered social identities. *Academy of Management Journal, 40*, 862–898.

Priem, R. L., & Nystrom, P. C. (2014). Exploring the dynamics of workgroup fracture: Common ground, trust-with-trepidation, and warranted distrust. *Journal of Management, 40*, 764–795.

Prieto, J. M. (1993). The team perspective in selection and assessment. In H. Schuler, J. L. Farr, & M. Smith (Eds.), *Personnel selection and assessment* (pp. 221–234). Hillsdale, NJ: Erlbaum.

Primoff, E. S., & Fine, S. A. (1988). A history of job analysis. In S. Gael (Ed.), *The job analysis handbook for business, industry, and government* (pp. 14–29). New York: Wiley.

Pritchard, R. D., Jones, S. D., Roth, P. L., Stuebing, K. K., & Ekeberg, S. E. (1988). Effects of group feedback, goal setting, and incentives on organizational productivity. *Journal of Applied Psychology, 73*, 337–358.

Pugh, S. D., Diefendorff, J. M., & Moran, C. M. (2013). Emotional labor: Organizational level influences, strategies, and outcomes. In A. A. Grandey, J. M. Diefendorff, & D. E. Rupp (Eds.), *Emotional labor in the 21st century* (pp. 199–221). New York: Routledge.

Pulakos, E. D. (1997). Ratings of job performance. In D. L. Whetzel & G. R. Wheaton (Eds.), *Applied measurement methods in industrial psychology* (pp. 291–318). Palo Alto, CA: Consulting Psychologists Press.

Pulakos, E. D. (2009). *Performance management: A new approach for driving business results*. West Sussex, UK: Wiley-Blackwell.

Pulakos, E. D., & O'Leary, R. S. (2011). Why is performance management broken? *Industrial and Organizational Psychology: Perspectives on Science and Practice, 4*, 146–164.

Pulakos, E. D., & Schmitt, N. (1995). Experience-based and structured interview questions: Studies of validity. *Personnel Psychology, 48*, 289–308.

Pulakos, E. D., Mueller-Hanson, R. A., & Nelson, J. K. (2012). Adaptive performance and trainability as criteria in selection research. In N. Schmitt (Ed.), *The Oxford handbook of personnel assessment and selection* (pp. 595–613). New York: Oxford University Press.

Purvanova, R. K. (2014). Face-to-face versus virtual teams: What have we really learned? *The Psychologist-Manager Journal, 17*, 2–29.

Putka, D. J., & Hoffman, B. J. (2013). Clarifying the contribution of assessee-, dimension-, exercise-, and assessor-related effects to reliable and unreliable variance in assessment center ratings. *Journal of Applied Psychology, 98*, 114–133.

Pyburn, K. M., Ployhart, R. E., & Kravitz, D. A. (2008). The diversity-validity dilemma: Overview and legal content. *Personnel Psychology, 61*, 143–151.

Quick, J. C., Murphy, L. R., Hurrell, J. J., & Orman, D. (1992). The value of work in the risk of distress and the power of prevention. In J. C. Quick, L. R. Murphy, & J. J. Hurrell (Eds.), *Stress and well-being at work* (pp. 3–13). Washington, DC: American Psychological Association.

Quiñones, M. A., Ford, J. K., & Teachout, M. S. (1995). The relationship between work experience and job performance: A conceptual and meta-analytic review. *Personnel Psychology, 48*, 485–509.

Ragins, B. R., & Sundstrom, E. (1989). Gender and power in organizations: A longitudinal perspective. *Psychological Bulletin, 105*, 51–88.

Ramsay, S., Troth, A., & Branch, S. (2011). Work-place bullying: A group processes framework. *Journal of Occupational and Organizational Psychology, 84*, 799–816.

Rapp, A. A., Bachrach, D. G., & Rapp, T. L. (2013). The influence of time management skill on the curvilinear relationship between organizational citizenship behavior and task performance. *Journal of Applied Psychology, 98*, 668–677.

Raver, J. L., Jensen, J. M., Lee, J., & O'Reilly, J. (2012). Destructive criticism revisited: Appraisals, task outcomes, and the moderating role of competitiveness. *Applied Psychology: An International Review, 61*, 177–203.

Raymark, P. H., Schmit, M. J., & Guion, R. M. (1997). Identifying potentially useful personality constructs for employee selection. *Personnel Psychology, 50*, 723–736.

Reb, J., Greguras, G. J., Luan, S., & Daniels, M. A. (2014). Performance appraisals as heuristic judgments under uncertainty. In S. Highhouse, R. S. Dalal, & E. Salas (Eds.), *Judgment and decision making at work* (pp. 13–36). New York: Routledge.

Ree, M. J., Earles, J. A., & Teachout, M. S. (1994). Predicting job performance: Not much more than g. *Journal of Applied Psychology, 79*, 518–524.

Reeve, C. L., & Hakel, M. D. (2002). Asking the right questions about g. *Human Performance, 15*, 47–74.

Reichman, W., & Berry, M. O. (2012). The evolution of industrial and organizational psychology. In S. C. Carr, M. MacLachlan, & A. Furnham (Eds.), *Humanitarian work psychology* (pp. 34–51). New York: Palgrave Macmillan.

Rennie, D. L. (2012). Qualitative research as methodological hermeneutics. *Psychological Methods, 17*, 385–398.

Reynolds, D. (2010). A primer on privacy: What every psychologist needs to know about data protection. *The Industrial-Organizational Psychologist, 48*(2), 27–32.

Reynolds, S. J. (2008). Moral attentiveness: Who pays attention to the moral aspects of life? *Journal of Applied Psychology, 93*, 1027–1041.

Rhodes, S. R., & Steers, R. M. (1990). *Managing employee absenteeism.* Reading, MA: Addison-Wesley.

Richards, J. (2012). What has the Internet ever done for employees? A review, map and research agenda. *Employee Relations, 34*, 22–43.

Ridley, M. (1999). *Genome: The autobiography of a species in 23 chapters.* New York: Harper Collins.

Riketta, M. (2002). Attitudinal organizational commitment and job performance: A meta-analysis. *Journal of Organizational Behavior, 23*, 257–266.

Riketta, M. (2008). The causal relation between job attitudes and performance: A meta-analysis of panel studies. *Journal of Applied Psychology, 93*, 472–481.

Roberson, L., Kulik, C. T., & Tan, R. Y. (2012). Effective diversity training. In S. W. J. Kozlowski (Ed.), *The Oxford handbook of organizational psychology* (Vol. 1, pp. 341–365). New York: Oxford University Press.

Roberson, Q. M. (2012). Managing diversity. In S. W. J. Kozlowski (Ed.), *The Oxford handbook of organizational psychology* (Vol. 2, pp. 1011–1033). New York: Oxford University Press.

Robinson, S. L., & Rousseau, D. M. (1994). Violating the psychological contract: Not the exception but the norm. *Journal of Organizational Behavior, 15*, 245–259.

Robinson, S. L., Kraatz, M. S., & Rousseau, D. M. (1994). Changing obligations and the psychology contract: A longitudinal study. *Academy of Management Journal, 37*, 137–152.

Roch, S. G., Woehr, D. J., Mishra, V., & Kieszczynska, U. (2012). Rater training revisited: An updated meta-analytic review of frame-of-reference training. *Journal of Occupational and Organizational Psychology, 85*, 370–395.

Rodell, J. B., & Judge, T. A. (2009). Can "good" stressors spark "bad" behaviors? The mediating role of emotions in links of challenge and hindrance stressors with citizenship and counterproductive behaviors. *Journal of Applied Psychology, 94*, 1438–1451.

Rogelberg, S. G., Luong, A., Sederburg, M. E., & Cristol, D. S. (2000). Employee attitude surveys: Examining the attitudes of noncompliant employees. *Journal of Applied Psychology, 85*, 284–293.

Ronen, S., & Primps, S. B. (1981). The compressed work week as organizational change: Behavioral and attitudinal outcomes. *Academy of Management Review, 6*, 61–74.

Rosen, S., & Tesser, A. (1970). On reluctance to communicate undesirable information: The MUM effect. *Sociometry, 33*, 253–263.

Rosenthal, R. (1991). *Meta-analytic procedures for social research* (2nd ed.). Newbury Park, CA: Sage.

Rosette, A. S., & Tost, L. P. (2010). Agentic women and communal leadership: How role prescriptions confer advantage to top women leaders. *Journal of Applied Psychology, 95*, 221–235.

Roth, P. L., & BeVier, C. A. (1998). Response rates in HRM/OB survey research: Norms and correlates, 1990–1994. *Journal of Management, 24*, 97–117.

Rotundo, M., & Spector, P. E. (2010). Counterproductive work behavior and withdrawal. In. J. L. Farr & N. T. Tippins (Eds.), *Handbook of employee selection* (pp. 489–512). New York: Routledge.

Rousseau, D. M. (1995). *Psychological contracts in organizations: Understanding written and unwritten agreements.* Thousand Oaks, CA: Sage.

Rousseau, D. M. (2011). The individual-organizational relationship: The psychological contract. In S. Zedeck (Ed.), *APA handbook of industrial and organizational psychology* (Vol. 3, pp. 191–220). Washington, DC: APA.

Rousseau, D. M., & Batt, R. (2007). Global competition's perfect storm: Why business and labor cannot solve their problems alone. *Academy of Management Perspectives, 21*(2), 16–23.

Rousseau, D. M., & House, R. J. (1994). Meso organizational behavior: Avoiding three fundamental biases. In C. L. Cooper & D. M. Rousseau (Eds.), *Trends in organizational behavior* (Vol. 1, pp. 13–30). New York: Wiley.

Rousseau, D. M., & Parks, J. M. (1993). The contracts of individuals and organizations. In B. M. Staw & L. L. Cummings (Eds.), *Research in organizational behavior* (Vol. 15, pp. 1–43). Greenwich, CT: JAI.

Rousseau, D. M., & Schalk, R. (2000). Learning from cross-national perspectives on psychological contracts. In D. M. Rousseau & R. Schalk (Eds.), *Psychological contracts in employment: Cross-national perspectives* (pp. 283–304). Thousand Oaks, CA: Sage.

Rumsey, M. G. (2012). Military selection and classification in the United States. In J. H. Laurence & M. D. Matthews (Eds.), *The Oxford handbook of military psychology* (pp. 129–147). New York: Oxford University Press.

Rumsey, M. G. (2013). The elusive science of leadership. In M. G. Rumsey (Ed.), *The Oxford handbook of leadership* (pp. 455–466). New York: Oxford University Press.

Rupp, D. E., & Spencer, S. (2006). When customers lash out: The effects of customer interactional justice on emotional labor and the mediating role of discrete emotions. *Journal of Applied Psychology, 91*, 971–978.

Russell, J. S., & Goode, D. L. (1988). An analysis of managers' reactions to their own performance appraisal feedback. *Journal of Applied Psychology, 73*, 63–67.

Ryan, A. M., & Powers, C. (2012). Workplace diversity. In N. Schmitt (Ed.), *The Oxford handbook of personnel assessment and selection* (pp. 814–831). New York: Oxford University Press.

Ryan, R. M., & Deci, E. L. (2000). Self-determination theory and the facilitation of intrinsic motivation, social development, and well-being. *American Psychologist, 55*, 68–78.

Rynes, S., & Rosen, B. (1995). A field survey of factors affecting the adoption and perceived success of diversity training. *Personnel Psychology, 48*, 247–270.

Rynes, S. L. (2012). The research practice gap in I/O psychology and related fields: Challenges and potential solutions. In S. W. J. Kozlowski (Ed.), *The Oxford handbook of organizational psychology* (Vol. 1, pp. 409–452). New York: Oxford University Press.

Rynes, S. L., Brown, K. G., & Colbert, A. E. (2002). Seven common misconceptions about human resource practices: Research findings versus practitioner beliefs. *Academy of Management Executive, 16*(3), 92–103.

Sackett, P. R., & Laczo, R. M. (2003). Job and work analysis. In W. C. Borman, D. R. Ilgen, & R. J. Klimoski (Eds.), *Handbook of psychology* (Vol. 12): *Industrial and organizational psychology* (pp. 21–37). Hoboken, NJ: Wiley.

Sackett, P. R., & Wanek, J. E. (1996). New developments in the use of measures of honesty, integrity, conscientiousness, dependability, trustworthiness, and reliability for personnel selection. *Personnel Psychology, 49,* 787–829.

Sackett, P. R., Bonneman, M. J., & Connelly, B. S. (2008). High-stakes testing in higher education and employment. *American Psychologist, 63,* 215–227.

Sackett, P. R., Schmitt, N., Ellingson, J. E., & Kabin, M. B. (2001). High-stakes testing in employment, credentialing, and higher education: Prospects in a post-affirmative-action world. *American Psychologist, 56,* 302–318.

Salanova, M., Bakker, A. B., & Llorens, S. (2006). Flow at work: Evidence for an upward spiral of personal and organizational resources. *Journal of Happiness Studies, 7,* 1–22.

Salas, E., & Cannon-Bowers, J. A. (1997). Methods, tools, and strategies for team training. In M. A. Quiñones & A. Ehrenstein (Eds.), *Training for a rapidly changing workplace* (pp. 249–280). Washington, DC: American Psychological Association.

Salas, E., & Kozlowski, S. W. J. (2010). Learning, training, and development in organizations: Much progress and a peek over the horizon. In S. W. J. Kozlowski & E. Salas (Eds.), *Learning, training, and development in organizations* (pp. 461–476). New York: Routledge.

Salas, E., Burke, C. S., & Cannon-Bowers, J. A. (2002). What we know about designing and delivering team training: Tips and guidelines. In K. Kraiger (Ed.), *Creating, implementing, and managing effective training and development* (pp. 234–259). San Francisco: Jossey-Bass.

Salas, E., DeRouin, R. E., & Gade, P. A. (2007). The military's contribution to our science and practice: People, places, and findings. In L. L. Koppes (Ed.), *Historical perspectives in industrial and organizational psychology* (pp. 169–189). Mahwah, NJ: Erlbaum.

Salas, E., Priest, H. A., Stagl, K. C., Sims, D. E., & Burke, C. S. (2007). Work teams in organizations: A historical reflection and lessons learned. In L. L. Koppes (Ed.), *Historical perspectives in industrial and organizational psychology* (pp. 407–438). Mahwah, NJ: Erlbaum.

Salas, E., Stagl, K. C., & Burke, C. S. (2004). 25 years of team effectiveness in organizations: Research, themes, and emerging needs. In C. L. Cooper & I. T. Robertson (Eds.), *International review of industrial and organizational psychology* (Vol. 19, pp. 47–91). West Sussex: Wiley.

Salas, E., Weaver, S. J., & Shuffler, M. L. (2012). Learning, training, and development in organizations. In S. W. J. Kozlowski (Ed.), *The Oxford handbook of organizational psychology* (Vol. 1, pp. 330–372). New York: Oxford University Press.

Salgado, J. F. (1997). The five factor model of personality and job performance in the European Community. *Journal of Applied Psychology, 82,* 30–43.

Salgado, J. F. (1998). Sample size in validity studies of personnel selection. *Journal of Occupational & Organizational Psychology, 71,* 161–164.

Salgado, J. F. (2000). Personnel selection at the beginning of the new millennium. *International Journal of Selection and Assessment, 8,* 191–193.

Salgado, J. F., Anderson, N. R., & Hülsheger, U. R. (2010). Employee selection in Europe: Psychotechnics and the forgotten history of modern scientific employee selection. In J. L. Farr & N. T. Tippins (Eds.), *Handbook of employee selection* (pp. 921–941). New York: Routledge.

Salisbury, M. (2009). *iLearning.* San Francisco: Pfeiffer.

Salovey, P., & Mayer, J. D. (1990). Emotional intelligence. *Imagination, Cognition, and Personality, 9,* 185–211.

Sanchez, J. I. (2000). Adopting work analysis to a fast-paced and electronic business world. *International Journal of Selection and Assessment, 8,* 207–215.

Sanchez, J. I., & Levine, E. L. (2001). The analysis of work in the 20th and 21st centuries. In N. Anderson, D. S. Ones, H. K. Sinangil, & C. Viswesvaran (Eds.), *Handbook of industrial, work, and organizational psychology* (Vol. 1, pp. 71–89). London: Sage.

Sanchez, J. I., & Medkik, N. (2004). The effects of diversity awareness training on differential treatment. *Group & Organization Management, 29,* 517–536.

Sanchez-Runde, C. J., & Steers, R. M. (2003). Cultural influences in work motivation and performance. In L. W. Porter, G. A. Bigley, & R. M. Steers (Eds.), *Motivation and work behavior* (7th ed., pp. 357–398). Boston: McGraw-Hill Irwin.

Santuzzi, A. M., Waltz, P. R., Finkelstein, L. M., & Rupp, D. E. (2014). Invisible disabilities: Unique challenges for employees and organizations. *Industrial and Organizational Psychology, 7,* 204–219.

Savitz, A. W., & Weber, K. (2006). *The triple bottom line.* San Francisco: Jossey-Bass.

Schalk, K., & Rousseau, D. M. (2001). Psychological contracts in employment. In N. Anderson, D. S. Ones, H. K. Sinangil, & C. Viswesvaran (Eds.), *Handbook of industrial, work, and organizational psychology* (Vol. 2, pp. 133–142). London: Sage.

Schaufeli, W. B., Salanova, M., Gonzalez-Romá, V., & Bakker, A. B. (2002). The measurement of engagement and burnout: A confirmative analytic approach. *Journal of Happiness Studies, 3,* 71–92.

Schein, E. H. (1965). *Organizational psychology.* Englewood Cliffs, NJ: Prentice-Hall.

Schein, E. H. (1996). Culture: The missing concept in organizational studies. *Administrative Science Quarterly, 41,* 229–240.

Scherbaum, C. A., Goldstein, H. W., Yusko, K. P., Ryan, R., & Hanges, P. H. (2012). Intelligence 2.0: Reestablishing a research program on *g* in I-O psychology. *Industrial and Organizational Psychology, 5,* 128–148.

Schiemann, W. A. (2009). Aligning performance management with organizational strategy, values, and goals. In J. W. Smither & M. London (Eds.), *Performance management* (pp. 45–88). San Francisco: Jossey-Bass.

Schippmann, J. S. (1999). *Strategic job modeling: Working at the core of integrated human resources.* Mahwah, NJ: Erlbaum.

Schippmann, J. S., Ash, R. A., Battista, M., Carr, L., Eyde, L. D., Hesketh, B., Kehoe, J., Pearlman, K., Prien, E. P., & Sanchez, J. I. (2000). The practice of competency modeling. *Personnel Psychology, 53,* 703–740.

Schippmann, J. S., Prien, E. P., & Katz, J. A. (1990). Reliability and validity of in-basket performance measures. *Personnel Psychology, 43,* 837–859.

Schleicher, D. J., Hansen, S. D., & Fox, K. E. (2011). Job attitudes and work values. In S. Zedeck (Ed.), *APA handbook of industrial and organizational psychology* (Vol. 3, pp. 137–190). Washington, DC: APA.

Schleicher, D. J., Van Iddekinge, C. H., Morgeson, F. P., & Campion, M. R. (2010). If at first you don't succeed, try, try, again: Understanding race, age, and gender differences in retesting score improvement. *Journal of Applied Psychology, 95,* 603–617.

Schmidt, A. M., Beck, J. W., & Gillespie, J. Z. (2013). Motivation. In N. Schmitt, & S. Highhouse (Eds.), *Handbook of psychology* (Vol. 12): *Industrial and organizational psychology* (pp. 311–340). New York: John Wiley & Sons.

Schmidt, F. L., & Hunter, J. E. (1978). Moderator research and the law of small numbers. *Personnel Psychology, 31,* 215–232.

Schmidt, F. L., & Hunter, J. E. (1980). The future of criterion-related validity. *Personnel Psychology, 33,* 41–60.

Schmidt, F. L., & Hunter, J. E. (1981). Employment testing: Old theories and new research findings. *American Psychologist, 36,* 1128–1137.

Schmidt, F. L., & Hunter, J. E. (2001). Meta-analysis. In N. Anderson, D. S. Ones, H. K. Sinangil, & C. Viswesvaran (Eds.), *Handbook of industrial, work, and organizational psychology* (Vol. 1, pp. 51–70). London: Sage.

Schmidt, F. L., & Oh, I.-S. (2013). Methods for second order meta-analysis and illustrative applications. *Organizational Behavior and Human Decision Processes, 121,* 204–218.

Schminke, M., Ambrose, M. L., & Cropanzano, R. S. (2000). The effect of organizational structure on perceptions of procedural fairness. *Journal of Applied Psychology, 85,* 294–304.

Schmitt, N., & Landy, F. J. (1993). The concept of validity. In N. Schmitt & W. C. Borman (Eds.), *Personnel selection in organizations* (pp. 275–309). San Francisco: Jossey-Bass.

Schmitt, N., & Quinn, A. (2010). Reductions in measured subgroup mean differences: What is possible? In J. L. Outtz (Ed.), *Adverse impact: Implications for organizational staffing and high stakes selection* (pp. 425–452). New York: Routledge.

Schmitt, N., Arnold, J. D., & Neiminen, L. (2010). Validation strategies for primary studies. In J. L. Farr & N. T. Tippins (Eds.), *Handbook of employee selection* (pp. 51–71). New York: Routledge.

Schneider, B. (1987). The people make the place. *Personnel Psychology, 40,* 437–454.

Schneider, B. (1996). When individual differences aren't. In K. R. Murphy (Ed.), *Individual differences and behaviors in organizations* (pp. 548–572). San Francisco: Jossey-Bass.

Schneider, B., Ehrhart, M. G., & Macey, W. H. (2011). Perspectives on organizational climate and culture. In S. Zedeck (Ed.), *APA handbook of industrial and organizational psychology* (Vol. 1, pp. 373–414). Washington, DC: APA.

Schoenfeldt, L. F. (1999). From dust bowl empiricism to rational constructs in biographical data. *Human Resource Management Review, 9,* 147–167.

Schoorman, F. D., Mayer, R. C., & Davis, J. H. (2007). An integrative model of organizational trust: Past, present, and future. *Academy of Management Review, 35,* 344–354.

Schuler, H. (1993). Social validity of selection situations: A concept and some empirical results. In H. Schuler, J. L. Farr, & M. Smith (Eds.), *Personnel selection and assessment* (pp. 11–26). Hillsdale, NJ: Erlbaum.

Schweitzer, M., Ordóñez, L. D., & Douma, B. (2004). The dark side of goal setting: The role of goals in motivating unethical behavior. *Academy of Management Journal, 47,* 422–432.

Scott, J. C., & Lezotte, D. V. (2012). Web-based assessments. In N. Schmitt (Ed.), *The Oxford handbook of personnel assessment and selection* (pp. 485–513). New York: Oxford University Press.

Scott, K. L., Restubog, S. L. D., & Zagenczyk, T. J. (2013). A social exchange-based model of antecedents of workplace exclusion. *Journal of Applied Psychology, 98,* 37–48.

Scott, W. D. (1903). *The theory of advertising*. Boston: Small, Maynard.

Scott, W. D. (1908). *The psychology of advertising*. New York: Arno Press.

Scott, W. D. (1911a). *Increasing human efficiency in business*. New York: Macmillan.

Scott, W. D. (1911b). *Influencing men in business*. New York: Ronald Press.

Scullen, S. E., Bergey, P. K., & Aiman-Smith, L. (2005). Forced distribution rating systems and the improvement of workplace potential: A baseline simulation. *Personnel Psychology, 58*, 1–32.

Scullen, S. W., Mount, M. K., & Goff, M. (2000). Understanding the latent structure of job performance ratings. *Journal of Applied Psychology, 85*, 956–970.

Seabright, M. A., Ambrose, M. L., & Schminke, M. (2010). Two images of workplace sabotage. In J. Greenberg (Ed.), *Insidious workplace behavior* (pp. 77–99). New York: Routledge.

Seligman, M. E., & Csikszentmihalyi, M. (2000). Positive psychology: An introduction. *American Psychologist, 55*, 5–14.

Senders, J. W., & Moray, N. P. (1991). *Human error: Cause, prediction, and reduction*. Hillsdale, NJ: Erlbaum.

Shadish, W. R. (2002). Revisiting field experimentation: Field notes for the future. *Psychological Methods, 7*, 3–18.

Shamir, B. (2013). Commentary: Leadership in context and context in leadership studies. In M. G. Rumsey (Ed.), *The Oxford handbook of leadership* (pp. 343–355). New York: Oxford University Press.

Shane, S. (2003). *A general theory of entrepreneurship*. Cheltenham, UK: Edward Elgar.

Sharf, J. C. (2011). Equal employment versus equal opportunity: A naked political agenda covered by a scientific fig leaf. *Industrial and Organizational Psychology, 4*, 537–539.

Sharf, J. C., & Jones, D. P. (2000). Employment risk management. In J. F. Kehoe (Ed.), *Managing selection in changing organizations* (pp. 271–318). San Francisco: Jossey-Bass.

Sheldon, O. J., Dunning, D., & Ames, D. R. (2014). Emotionally unskilled, unaware, and uninterested in learning more: Reactions to feedback about deficits in emotional intelligence. *Journal of Applied Psychology, 99*, 125–137.

Shen, W., Kiger, T. B., Davies, S. E., Rasch, R. L., Simon, K. M., & Ones, D. S. (2011). Samples in applied psychology: Over a decade of research in review. *Journal of Applied Psychology, 96*, 1055–1064.

Shockley, K. M., & Allen, T. D. (2012). Motives for flexible work arrangement use. *Community, Work & Family, 15*, 217–231.

Shockley, K. M., Ispas, D., Rossi, M. E., & Levine, E. L. (2012). A meta-analytic investigation of the relationship between state affect, discrete emotions, and job performance. *Human Performance, 25*, 377–411.

Shore, L. M., & Coyle-Shapiro, J. A-M. (2012). Perceived organizational cruelty: An expansion of the negative employee-organization relationship domain. In L. M. Shore, J. A-M. Coyle-Shapiro, & L. E. Tetrick (Eds.), *The employee-organization relationship* (pp. 139–168). New York: Routledge.

Shore, T. H., Shore, L. M., & Thornton, G. C. (1992). Construct validity of self- and peer evaluations of performance dimensions in an assessment center. *Journal of Applied Psychology, 77*, 42–54.

Shuffler, M. L., Burke, C. S., Kramer, W. S., & Salas, E. (2013). Leading teams: Past, present, and future perspectives. In M. G. Rumsey (Ed.), *The Oxford handbook of leadership* (pp. 144–166). New York: Oxford University Press.

Silver, R. C. (2011). An introduction to "9/11: Ten years later." *American Psychologist, 66*, 427–428.

Silvester, J. (2008). The good, the bad, and the ugly: Politics and politicians at work. In G. P. Hodgkinson & J. L. Ford (Eds.), *International review of industrial and organizational psychology* (Vol. 23, pp. 107–148). Chichester, UK: Wiley-Blackwell.

Simons, T., & Roberson, Q. (2003). Why managers should care about fairness: The effects of aggregate justice perceptions on organizational outcomes. *Journal of Applied Psychology, 88*, 432–443.

Sitzmann, T., & Ely, K. (2010). Sometimes you need a reminder: The effects of prompting self-regulation on regulatory processes, learning, and attrition. *Journal of Applied Psychology, 95*, 132–144.

Sitzmann, T., Brown, K. G., Casper, W. I., Ely, K., & Zimmerman, R. D. (2008). A review and meta-analysis of the nomological network of trainee reactions. *Journal of Applied Psychology, 93*, 280–295.

Sitzmann, T., Brown, K. G., Ely, K., Kraiger, K., & Wisher, R. A. (2009). A cyclical model of motivational constructs in Web-based courses. *Military Psychology, 21*, 534–551.

Skarlicki, D. P., van Jaarsveld, D. D., & Walker, D. D. (2008). Getting even for customer mistreatment: The role of moral identity in the relationship between customer interpersonal injustice and employee sabotage. *Journal of Applied Psychology, 93*, 1335–1347.

Smart, B. (2005). *Topgrading: How leading companies win by hiring, coaching, and keeping the best people.* New York: Penguin.

Smith, C. S., Folkard, S., & Fuller, J. A. (2003). Shiftwork and working hours. In J. C. Quick & L. E. Tetrick (Eds.), *Handbook of organizational health psychology* (pp. 163–184). Washington, DC: American Psychological Association.

Smith, E. M., Ford, J. K., & Kozlowski, S. W. J. (1997). Building adaptive expertise: Implications for training design strategies. In M. A. Quiñones & A. Ehrenstein (Eds.), *Training for a rapidly changing workplace* (pp. 89–118). Washington, DC: American Psychological Association.

Smith, P. B., Fischer, R., & Sale, N. (2001). Cross-cultural industrial/organizational psychology. In C. L. Cooper & I. T. Robertson (Eds.), *International review of industrial and organizational psychology* (Vol. 16, pp. 147–193). West Sussex, England: Wiley.

Smith, P. C., Kendall, L., & Hulin, C. L. (1969). *The measurement of satisfaction in work and retirement.* Chicago: Rand McNally.

Smither, J. W. (2012). Performance management. In S. W. J. Kozlowski (Ed.), *The Oxford handbook of organizational psychology* (Vol. 1, pp. 285–329). New York, NY: Oxford University Press.

Society for Human Resource Management (2013). SHRM Survey Findings: Workplace Romance. Retrieved August 12, 2014, from http://www.shrm.org/research/surveyfindings/articles/pages/shrm-workplace-romance-findings.aspx

Society for Industrial and Organizational Psychology (2003). *Principles for the validation and use of personnel selection procedures* (4th ed.). Bowling Green, OH: Author.

Solinger, O. N., Van Olffen, W., & Roe, R. A. (2008). Beyond the three-component model of organizational commitment. *Journal of Applied Psychology, 93*, 70–83.

Sonenshein, S. (2012). Being a positive social change agent through issue selling. In K. Golden-Biddle & J. E. Dutton (Eds.), *Using a positive lens to explore social change and organizations* (pp. 49–69). New York: Routledge.

Sonnentag, S., & Frese, M. (2012). Dynamic performance. In S. W. J. Kozlowski (Ed.), *The Oxford handbook of organizational psychology* (Vol. 1, pp. 548–575). New York: Oxford University Press.

Sonnentag, S., & Frese, M. (2013). Stress in organizations. In N. Schmitt, & S. Highhouse (Eds.), *Handbook of psychology* (Vol. 12): *Industrial and organizational psychology* (pp. 560–592). New York: John Wiley & Sons.

Spector, P. E., & Fox, S. (2005). The stressor-emotion model of counterproductive work behavior. In S. Fox & P. E. Spector (Eds.), *Counterproductive work behavior: Investigations of actors and targets* (pp. 151–174). Washington, DC: American Psychological Association.

Spector, P. E., Allen, T. D., Poelmans, S. A., Lapierre, L. M., Cooper, C. L., O'Driscoll, M., Sanchez, J. I., Abarca, N., Alexandrova, M., Beham, B., Brough, P., Ferreiro, P., Fraile, G., Lu, C. Q., Lu, L., Moreno-Velazquez, I., Pagon, M., Pitariu, H., Salamatov, V., Shima, S., Simoni, A. S., Siu, O. L., & Widerszal-Bazyl, M. (2007). Cross-national differences in relationships of work demands, job satisfaction, and turnover intentions with work-family conflict. *Personnel Psychology, 60*, 805–835.

Speer, A. B., Christiansen, N. D., Goffin, R. D., & Goff, M. (2014). Situational bandwidth and the criterion-related validity of assessment center ratings: Is cross-exercise convergence always desirable? *Journal of Applied Psychology, 99*, 282–295.

Spence, J. R., & Keeping, L. (2011). Conscious rating distortion in performance appraisal: A review, commentary, and proposed framework for research. *Human Resource Management Review, 21*, 85–95.

Sperry, L. (2013). Executive coaching and leadership assessment: Past, present, and future. *Consulting Psychology Journal: Practice and Research, 65*, 284–288.

Spreitzer, G. M., Lam, C. F., & Fritz, C. (2010). Engagement and human thriving: Complementary perspectives on energy and connections to work. In A. B. Bakker & M. P. Leiter (Eds.), *Work engagement: A handbook of essential theory and research* (pp. 132–146). New York: Psychology Press.

Stahelski, A. J., Frost, D. E., & Patch, M. E. (1989). Use of socially dependent bases of power: French and Raven's theory applied to workgroup leadership. *Journal of Applied Psychology, 19*, 283–297.

Stahl, G. K., & Caligiuri, P. (2005). The effectiveness of expatriate coping strategies: The moderating role of cultural distance, position level, and time on the international assignment. *Journal of Applied Psychology, 90*, 603–615.

Stahl, M. J., & Harrell, A. M. (1981). Modeling effort decisions with behavioral decision theory: Toward an individual differences model of expectancy theory. *Organizational Behavior and Human Performance, 27*, 303–325.

Stanisavljevic, J., & Djuric, D. (2013). The application of programmed instruction in fulfilling the physiology course requirements. *Journal of Biological Education, 47,* 29–38.

Stanton, J. M. (1998). An empirical assessment of data collection using the Internet. *Personnel Psychology, 51,* 709–725.

Stanton, J. M. (2013). Data mining: A practical introduction for organizational researchers. In J. M. Cortina & R. S. Landis (Eds.), *Modern research methods for the study of behavior in organizations* (pp. 199–230). New York: Routledge.

Stanton, J. M., & Rogelberg, S. G. (2002). Beyond online surveys: Internet research opportunities for industrial-organizational psychology. In S. G. Rogelberg (Ed.), *Handbook of research methods in industrial and organizational psychology* (pp. 275–294). Malden, MA: Blackwell.

Steel, P. (2007). The nature of procrastination: A meta-analytic and theoretical review of quintessential self-regulatory failure. *Psychological Bulletin, 133,* 65–94.

Steel, P., & König, C. J. (2006). Integrating theories of motivation. *Academy of Management Review, 31,* 889–913.

Steele-Johnson, D., Osburn, H. G., & Pieper, K. F. (2000). A review and extension of current models of dynamic criteria. *International Journal of Selection and Assessment, 8,* 110–136.

Steelman, L., Levy, P., & Snell, A. F. (2004). The feedback environment scale (FES): Construct definition, measurement, and validation. *Education and Psychological Measurement, 64,* 165–184.

Steiner, D. D. (2012). Personnel selection across the globe. In N. Schmitt (Ed.), *The Oxford handbook of personnel assessment and selection* (pp. 740–767). New York: Oxford University Press.

Stern, P. C. (2011). Contributions of psychology to limiting climate change. *American Psychologist, 66,* 303–314.

Sternberg, R. J., & Horvath, J. A. (Eds.) (1999). *Tacit knowledge in professional practice.* Mahwah, NJ: Erlbaum.

Stone-Romero, E. F. (2011). Research strategies in industrial and organizational psychology: Nonexperimental, quasi-experimental, and randomized experimental research in special purpose and nonspecial purpose settings. In S. Zedeck (Ed.), *APA handbook of industrial and organizational psychology* (Vol. 1, pp. 37–72). Washington, DC: APA.

Streufert, S., Pogash, R. M., Roache, J., Gingrich, D., Landis, R., Severs, W., Lonardi, L., & Kantner, A. (1992). Effects of alcohol intoxication on risk taking, strategy, and error rate in visuomotor performance. *Journal of Applied Psychology, 77,* 515–524.

Strickler, L. J. (2000). Using just noticeable differences to interpret test scores. *Psychological Methods, 5,* 415–424.

Sturman, M. C. (2007). The past, present, and future of dynamic performance research. In J. J. Martocchio (Ed.), *Research in personnel and human resources management* (Vol. 26, pp. 49–110). Bingley, UK: Emerald Group Publishing, Ltd.

Suddaby, R., Hardy, C., & Huy, Q. N. (2011). Where are the new theories of organization? *Academy of Management Review, 36,* 236–246.

Sulsky, L. M., & Balzer, W. K. (1988). Meaning and measurement of performance rating accuracy: Some methodological and theoretical concerns. *Journal of Applied Psychology, 73,* 497–506.

Sulsky, L. M., & Day, D. V. (1992). Frame-of-reference training and cognitive categorization: An empirical investigation of rater memory issues. *Journal of Applied Psychology, 77,* 501–510.

Sung, S. Y., & Choi, J. N. (2014). Do organizations spend wisely on employees? Effects of training and development investments on learning and innovation in organizations. *Journal of Organizational Behavior, 35,* 393–412.

Surface, E. A. (2012). Training needs assessment: Aligning learning and capability with performance requirements and organizational objectives. In M. A. Wilson, W. Bennett, S. Gibson, & G. M. Alliger (Eds.), *The handbook of work analysis: The methods, systems, applications and science of work measurement in organizations* (pp. 439–464). New York: Routledge.

Swim, J. K., Stern, P. C. Doherty, T. J., Clayton, S., Reser, J. P., Weber, E. V., Gifford, R., & Howard, G. S. (2011). Psychology's contributions to understanding and addressing global climate change. *American Psychologist, 66,* 241–250.

Tannenbaum, S. I. (2002). A strategic view of organizational training and learning. In K. Kraiger (Ed.), *Creating, implementing, and managing effective training and development* (pp. 10–52). San Francisco: Jossey-Bass.

Tannenbaum, S. I., Beard, R. L., McNall, L. A., & Salas, E. (2010). Informal learning and development in organizations. In S. W. J. Kozlowski & E. Salas (Eds.), *Learning, training, and development in organizations* (pp. 303–332). New York: Routledge.

Tannenbaum, S. I., Mathieu, J. E., Salas, E., & Cohen, D. (2012). Teams are changing: Are research and practice evolving fast enough? *Industrial and Organizational Psychology: Perspectives on Science and Practice, 5,* 2–24.

Taras, V., Kirkman, B. L., & Steele, P. (2010). Examining the impact of *Culture's Consequences*: A three-decade meta-analytic review of Hofstede's cultural value dimensions. *Journal of Applied Psychology, 95,* 405–439.

Taylor, F. W. (1911). *The principles of scientific management.* New York: Harper.

Taylor, P. J., Russ-Eft, D. F., & Chen, D. W. (2005). A meta-analytic review of behavior modeling training. *Journal of Applied Psychology, 90,* 692–709.

Tehrani, N. (2012). Introduction to workplace bullying. In N. Tehrani (Ed.), *Workplace bullying: Symptoms and solutions* (pp. 1–17). New York: Routledge.

Tepas, D. I. (1993). Educational programmes for shiftworkers, their families, and prospective shiftworkers. *Ergonomics, 36,* 199–209.

Tepper, B. J. (2000). Consequences of abusive supervision. *Academy of Management Journal, 43,* 178–190.

Tepper, B. J., Duffy, M. K., Henle, C. A., & Lambert, L. S. (2006). Procedural injustice, victim precipitation, and abusive supervision. *Personnel Psychology, 59,* 101–123.

Tepper, B. J., Henle, C. A., Lambert, L. S., Giacalone, R. A., & Duffy, M. K. (2008). Abusive supervisors and subordinates' organization deviance. *Journal of Applied Psychology, 93,* 721–732.

Tesluk, P. E., & Jacobs, R. R. (1998). Toward an integrated model of work experience. *Personnel Psychology, 51,* 321–355.

Tetrick, L. E., & Peiró, J. M. (2012). Occupational safety and health. In S. W. J. Kozlowski (Ed.), *The Oxford handbook of organizational psychology* (Vol. 2, pp. 1228–1244). New York: Oxford University Press.

Tetrick, L. E., Perrewé, P. L., & Griffin, M. (2010). Employee work-related health, stress, and safety. In J. L. Farr & N. T. Tippins (Eds.), *Handbook of employee selection* (pp. 531–550). New York: Routledge.

ployee work-related health, stress, and safety. In J. L. Farr & N. T. Tippins (Eds.), *Handbook of employee selection* (pp. 531–550). New York: Routledge.

Tharenou, P. (1997). Managerial career advancement. In C. L. Cooper & I. T. Robertson (Eds.), *International review of industrial and organizational psychology* (Vol. 12, pp. 39–94). New York: Wiley.

Theeboom, T., Beersma, B., & van Vianen, A. E. M. (2013). Does coaching work? A meta-analysis on the effects of coaching on individual level outcomes in an organizational context. *Journal of Positive Psychology, 9,* 1–18.

Thompson, L. F., Surface, E. A., Martin, D. L., & Sanders, M. G. (2003). From paper to pixels: Moving personnel surveys to the Web. *Personnel Psychology, 56,* 197–227.

Thoroughgood, C. N., Padilla, A., Hunter, S. T., & Tate, B. W. (2012). The susceptible circle: A taxonomy of followers associated with destructive leadership. *The Leadership Quarterly, 23,* 897–917.

Tippins, N. T., Beaty, J., Drasgow, F., Gibson, W. M., Pearlman, K., Segall, D. O., & Shepard, W. (2006). Unproctored internet testing in employment settings. *Personnel Psychology, 59,* 189–225.

Tokar, D. M., Fisher, A. R., & Subich, L. M. (1998). Personality and vocational behavior: A selective review of the literature, 1993–1997. *Journal of Vocational Behavior, 53,* 115–153.

Tonidandel, S., Quiñones, M. A., & Adams, A. A. (2002). Computer-adaptive testing: The impact of test characteristics on perceived performance and test takers reactions. *Journal of Applied Psychology, 87,* 320–332.

Tornow, W. W. (1993). Perceptions or reality: Is multiperspective measurement a means or an end? *Human Resource Management, 32,* 221–230.

Tourangeau, R., & Yan, T. (2007). Sensitive questions in surveys. *Psychological Bulletin, 133,* 859–883.

Tracey, J. B., Tannenbaum, S. I., & Kavanagh, M. J. (1995). Applying trained skills on the job: The importance of the work environment. *Journal of Applied Psychology, 80,* 239–252.

Trice, H. M., & Beyer, J. M. (1993). *The cultures of work organizations.* Upper Saddle River, NJ: Prentice-Hall.

Trougakas, J. P., Jackson, C. L., & Beal, D. J. (2011). Service without a smile: Comparing the consequences of neutral and positive display rules. *Journal of Applied Psychology, 96,* 350–362.

Truxillo, D. M., & Bauer, T. N. (2011). Applicant reactions to organizations and selection systems. In S. Zedeck (Ed.), *APA handbook of industrial and organizational psychology* (Vol. 2, pp. 379–397). Washington, DC: APA.

Tuckman, B. W. (1965). Developmental sequences in small groups. *Psychological Bulletin, 63,* 384–399.

Tuckman, B. W., & Jensen, M. C. (1977). Stages of small-group development revisited. *Group and Organization Studies, 2*, 419–427.

Turner, M. E., & Horvitz, T. (2001). The dilemma of threat: Group effectiveness and ineffectiveness under adversity. In M. E. Turner (Ed.), *Groups at work* (pp. 445–470). Mahwah, NJ: Erlbaum.

Turnley, W. H., & Feldman, D. C. (2000). Re-examining the effects of psychological contract violations: Unmet expectations and job dissatisfaction as mediators. *Journal of Applied Psychology, 84*, 594–601.

Tyson, P. R., & Vaughn, R. A. (1987, April). Drug testing in the work place: Legal responsibilities. *Occupational Health and Safety*, 24–36.

U. S. Department of Labor (2006). *The Department of Labor's 2005 findings on the worst forms of child labor.* Washington, DC: Bureau of International Labor Affairs.

U. S. Department of Labor (2010). Mass layoff statistics. Bureau of Labor Statistics. *www.usdol.gov.* Accessed July 25, 2010.

U. S. Department of Labor (2014). *www.bls.gov/ooh/fastest-growing.htm.* Accessed January 16, 2014.

U. S. Safe Harbor Framework (2014). *www.export.gov/safeharbor.* Accessed January 12, 2014.

Uggerslev, K. L., & Sulsky, L. M. (2008).Using frame-of-reference training to understand the implications of rater idiosyncrasy for rating accuracy. *Journal of Applied Psychology, 93*, 711–719.

Ugrin, J. C., & Pearson, J. M. (2013). The effects of sanctions and stigmas on cyberloafing. *Computers in Human Behavior, 29*, 812–820.

Ullén, F., de Manzano, Ö., Almeida, R., Magnusson, P. K. E., Pedersen, N. L., Nakamura, J., Csikszentmihalyi, M., & Madison, G. (2012). Proneness for psychological flow in everyday life: Associations with personality and intelligence. *Personality and Individual Differences, 52*, 167–172.

United Nations Global Compact (2008). *United Nations Global Compact.* Retrieved September 15, 2010 from *http://www.unglobalcompact.org*

Vacharkulksemsuk, T., & Fredrickson, B. L. (2013). Looking back and glimpsing forward: The broaden-and-build theory of positive emotions as applied to organizations. In A. B. Bakker (Ed.), *Advances in positive organizational psychology,* (Vol. 1, pp. 45–60). Bingley, UK: Emerald.

Van Buren, M. (2001). *The 2001 ASTD state of the industry report.* Alexandria, VA: ASTD.

Van De Water, T. J. (1997). Psychology's entrepreneurs and the marketing of industrial psychology. *Journal of Applied Psychology, 82*, 486–499.

van der Rijt, J., van de Wiel, M. W. J., Van den Bossche, P., Segers, M. S. R., & Gijselaers, W. H. (2012). Contextual antecedents of informal feedback in the workplace. *Human Resource Development Quarterly, 23*, 233–257.

van Dyck, C., Frese, M., Baer, M., & Sonnentag, S. (2005). Organizational error management culture and its impact on performance: A two-study replication. *Journal of Applied Psychology, 90*, 1228–1240.

van Eerde, W. (2003). A meta-analytically derived nomological network of procrastination. *Personality and Individual Differences, 35*, 1410–1418.

van Eerde, W., & Thierry, H. (1996). Vroom's expectancy models and work-related criteria: A meta-analysis. *Journal of Applied Psychology, 81*, 575–586.

van Hooft, E. A., & Noordzij, G. (2009). The effects of goal orientation on job search and reemployment: A field experiment among unemployed job seekers. *Journal of Applied Psychology, 94*, 1581–1590.

Van Hoye, G., & Lievens, F. (2009). Tapping the grapevine: A closer look at word-of-mouth as a recruitment source. *Journal of Applied Psychology, 94*, 341–352.

Van Hoye, G., & Lootens, H. (2013). Coping with unemployment: Personality, role demands, and time structure. *Journal of Vocational Behavior, 82*, 85–95.

Van Iddekinge, C. H., Ferris, G. R., Perrewé, P. L., Perryman, A. A., Blass, F. R., & Heetderks, T. D. (2009). Effects of selection and training on unit-level performance over time: A latent growth modeling approach. *Journal of Applied Psychology, 94*, 829–843.

Van Iddekinge, C. H., Morgeson, F. P., Schleicher, D. J., & Campion, M. A. (2011). Can I retake it? Exploring subgroup differences and criterion-related validity in promotion retesting. *Journal of Applied Psychology, 96*, 941–955.

Van Iddekinge, C. H., Putka, D. J., & Campbell, J. P. (2011). Reconsidering vocational interests for personnel selection: The validity of an interest-based selection test in relation to job knowledge, job performance, and continuance intentions. *Journal of Applied Psychology, 96*, 13–33.

Van Iddekinge, C. H., Roth, P. L., Raymark, P. H., & Odle-Dusseau, H. N. (2013). The criterion-related validity of integrity tests: An updated meta-analysis. *Journal of Applied Psychology, 97*, 499–530.

van Jaarsveld, D., & Poster, W. R. (2013). Call centers: Emotional labor over the phone. In A. A. Grandey, J. M. Diefendorff, & D. E. Rupp (Eds.), *Emotional labor in the 21st century* (pp. 153–173). New York: Routledge.

Van Mierlo, H., & Kleingeld, A. (2010). Goals, strategies, and group performance: Some limits of goal setting in groups. *Small Group Research, 41*, 524–555.

Vancouver, J. B. (2005). The depth of history and explanation as benefit and bane for psychological content theories. *Journal of Applied Psychology, 90*, 38–52.

Vancouver, J. B., & Morrison, E. W. (1995). Feedback inquiry: The effect of source attributes and individual differences. *Organizational Behavior and Human Decision Processes, 62*, 276–285.

Vancouver, J. B., Weinhardt, J. M., & Schmidt, A. M. (2010). A formal, computational theory of multiple-goal pursuit: Integrating goal-choice and goal-striving processes. *Journal of Applied Psychology, 95*, 985–1008.

Vecchio, R. P. (2003). Entrepreneurship and leadership: Common trends and common threads. *Human Resources and Management Review, 13*, 303–327.

Vidyarthi, P. R., Erdogan, B., Anand, S., Liden, R. C., & Chaudhry, A. (2014). One member, two leaders: Extending leader-member exchange theory to a dual leadership context. *Journal of Applied Psychology, 99*, 468–483.

Vigoda-Gadot, E., & Drory, A. (2006). Preface. In E. Vigoda-Gadot & A. Drory (Eds.), *Handbook of organizational politics* (pp. ix-xx). Cheltenham, UK: Edward Elgar.

Vinchur, A. J., & Bryan, L. L. (2012). A history of personnel selection and assessment. In N. Schmitt (Ed.), *The Oxford handbook of personnel assessment and selection* (pp. 9–30). New York: Oxford University Press.

Vinchur, A. J., & Koppes, L. L. (2011). A historical survey of research and practice in industrial and organizational psychology. In S. Zedeck (Ed.), *APA handbook of industrial and organizational psychology* (Vol. 1, pp. 3–36). Washington, DC: APA.

Viswesvaran, C., & Schmidt, F. L. (1992). A meta-analytic comparison of the effectiveness of smoking cessation methods. *Journal of Applied Psychology, 77*, 554–566.

Viteles, M. S. (1932). *Industrial psychology*. New York: W. W. Norton.

Voydanoff, P. (2005). Social integration, work-family conflict and facilitation, and job and marital quality. *Journal of Marriage and Family, 67*, 666–679.

Vroom, V. H. (1964). *Work and motivation*. New York: Wiley.

Wagner, D. T., Barnes, C. M., Lim, V. K. G., & Ferris, D. L. (2012). Lost sleep and cyberloafing: Evidence from the laboratory and a Daylight Saving Time quasi-experiment. *Journal of Applied Psychology, 97*, 1068–1076.

Wagner, S. H. (2013). Leadership and responses to organizational crises. *Industrial and Organizational Psychology: Perspectives on Science and Practice, 6*, 140–144.

Wainer, H. (2000). *Computerized adaptive testing* (2nd ed.). Mahwah, NJ: Erlbaum.

Wallace, S. R. (1965). Criteria for what? *American Psychologist, 20*, 411–417.

Walumbwa, F. O., & Wernsing, T. (2013). From transactional and transformational to authentic leadership. In M. G. Rumsey (Ed.), *The Oxford handbook of leadership* (pp. 392–400). New York: Oxford University Press.

Walumbwa, F. O., Hartnell, C. A., & Oke, A. (2010). Servant leadership, procedural justice climate, service climate, employee attitudes, and organizational citizenship behavior: A cross-level investigation. *Journal of Applied Psychology, 95*, 517–529.

Wanberg, C. R. (1997). Antecedents and outcomes of coping behaviors among unemployed and re-employed individuals. *Journal of Applied Psychology, 82*, 731–744.

Wanberg, C. R., Brasbug, G., Van Hooft, E. A., & Samtani, A. (2012). Navigating the black hole: Explicating layers of job search context and adaptational responses. *Personnel Psychology, 65*, 887–926.

Wanberg, C. R., Welsh, E. T., & Hezlett, S. A. (2003). Mentoring research: A review and dynamic process model. In J. J. Martocchio & G. R. Ferris (Eds.), *Research in personnel and human resources management* (Vol. 22, pp. 39–124). Kidlington, UK: Elsevier.

Wanberg, C. R., Zhang, Z., & Diehn, E. W. (2010). Development of the Getting Ready for Your Next Job inventory for unemployed individuals. *Personnel Psychology, 63*, 439–478.

Wanberg, C. R., Zhu, J., Kanfer, R., & Zhang, Z. (2011). After the pink slip: Applying dynamic motivation frameworks to the job search experience. *Academy of Management Journal, 55*, 261–284.

Wang, D., Waldman, D. A., & Zhang, Z. (2014). A meta-analysis of shared leadership and team effectiveness. *Journal of Applied Psychology, 99*, 181–198.

Wang, M., Liu, S., Zhan, Y., & Shi, J. (2010). Daily work-family conflict and alcohol use: Testing the cross-level moderation effects of peer drinking norms and social support. *Journal of Applied Psychology, 95*, 377–386.

Wang, X. M. W., Wong, K. F. E., & Kwong, J. Y. Y. (2010). The roles of rater goals and rater performance levels in the distortion of performance ratings. *Journal of Applied Psychology, 95*, 546–561.

Warr, P. B. (2007). *Work, happiness, and unhappiness*. Mahwah, NJ: Erlbaum.

Warr, P. B., Allan, C., & Birdi, K. (1999). Predicting three levels of training outcome. *Journal of Occupational and Organizational Psychology, 72*, 351–375.

Warr, P. B., & Clapperton, G. (2010). *The joy of work? Jobs, happiness, and you*. New York: Routledge.

Wasserman, R. (2013). Ethical issues and guidelines for conducting data analysis in psychological research. *Ethics & Behavior, 23*, 3–15.

Weatherbee, T. G. (2010). Counterproductive use of technology at work: Information & communications technologies and cyberdeviancy. *Human Resource Management Review, 20*, 35–44.

Wee, S., Newman, D. A., & Joseph, D. L. (2014). More than *g*: Selection quality and adverse impact implications of considering second-stratum cognitive abilities. *Journal of Applied Psychology, 99*, 547–563.

Weekley, J. A., & Gier, J. A. (1989). Ceilings in the reliability and validity of performance ratings: The case of expert raters. *Academy of Management Journal, 32*, 213–222.

Weick, K. E. (2001). *Making sense of the organization*. Maldon, MA: Blackwell.

Weir, T. (2010). Developing leadership in global organizations. In K. Lundby (Ed.), *Going global* (pp. 203–230). San Francisco: Jossey-Bass.

Weiss, D. J., Dawis, R. V., England, G. W., & Lofquist, L. H. (1967). *Manual for the Minnesota Satisfaction Questionnaire*. Minneapolis: Industrial Relations Center, University of Minnesota.

Weiss, H. M. (1990). Learning theory and industrial and organizational psychology. In M. D. Dunnette & L. M. Hough (Eds.), *Handbook of industrial and organizational psychology* (2nd ed., Vol. 1, pp. 171–221). Palo Alto, CA: Consulting Psychologists Press.

Weiss, H. M. (2002). Antecedents of emotional experiences at work. *Motivation and Emotion, 26*, 1–2.

Werner, J. M., & Bolino, M. C. (1997). Explaining U.S. court of appeals decisions involving performance appraisal: Accuracy, fairness, and validation. *Personnel Psychology, 50*, 1–24.

West, M. A., & Lyubovnikova, J. (2012). Real teams or pseudo teams? The changing landscape needs a better map. *Industrial and Organizational Psychology: Perspectives on Science and Practice, 5*, 25–28.

Westman, M., Shadach, E., & Keinan, G. (2013). The crossover of positive and negative emotions: The role of state empathy. *International Journal of Stress Management, 20*, 116–133.

Wherry, R. J. (1957). The past and future of criterion evaluation. *Personnel Psychology, 10*, 1–5.

Whetten, D. A., & Cameron, K. S. (1991). *Developing management skills* (2nd ed.). New York: HarperCollins.

White, F. A., Charles, M. A., & Nelson, J. K. (2008). The role of persuasive arguments in changing affirmative action attitudes and expressed behavior in higher education. *Journal of Applied Psychology, 93*, 1271–1286.

Wiesen, J. P. (1999). *WTMA: Wiesen Test of Mechanical Aptitude* (PAR edition). Odessa, FL: Psychological Assessment Resources.

Wildman, J. L., Xavier, L. F., Tindall, M., & Salas, E. (2010). Best practices for training intercultural competence in global organizations. In K. Lundby (Ed.), *Going global* (pp. 256–300). San Francisco: Jossey-Bass.

Wille, B., De Fruyt, F., & De Clerq, B. (2013). Expanding and reconceptualizing aberrant personality at work: Validity and five-factor model of aberrant personality tendencies to predict career outcomes. *Personnel Psychology, 66*, 175–225.

Williams, C. R., & Livingstone, L. P. (1994). Another look at the relationship between performance and voluntary turnover. *Academy of Management Journal, 37*, 269–298.

Williams, J. (2010). *Reshaping the work-family debate: Why men and class matter*. Cambridge, MA: Harvard University Press.

Williams, K. M., & Crafts, J. L. (1997). Inductive job analysis. In D. L. Whetzel & G. R. Wheaton (Eds.), *Applied measurement methods in industrial psychology* (pp. 51–88). Palo Alto, CA: Consulting Psychologists Press.

Wilson, M.A. (2007). A history of job analysis. In L. L. Koppes (Ed.), *Historical perspectives in industrial and organizational psychology* (pp. 210–241). Mahwah, NJ: Erlbaum.

Winkler, S., Konig, C. J., & Kleinman, M. (2010). Single-attribute utility analysis may be futile, but this can't be the end of the story: Causal chain analysis as an alternative. *Personnel Psychology, 63*, 1041–1065.

Winters, M-F. (2014). From diversity to inclusion: An inclusion equation. In B. M. Ferdman & B. R. Deane (Eds.), *Diversity at work: The practice of inclusion* (pp. 205–228). San Francisco: Jossey-Bass.

Wong, K. F. E., & Kwong, J. Y. Y. (2007). Effects of rater goals on rating patterns: Evidence from an experimental field study. *Journal of Applied Psychology, 92*, 577–585.

World Health Organization (2007). Carcinogenicity of shift-work, painting, and fire-fighting. *The Lancet Oncology, 8*, 1065–1066.

Wu, J., & LeBreton, J. M. (2011). Reconsidering the dispositional basis of counterproductive work behavior: The role of aberrant personality. *Personnel Psychology, 64*, 593–626.

Wurtz, O. (2014). An empirical investigation of the effectiveness of pre-departure and in-country cross-cultural training. *International Journal of Human Resource Management, 25*, 2088–2101.

Yeatts, D. E., & Hyten, C. (1998). *High-performing self-managed work teams*. Thousand Oaks, CA: Sage.

Yoo, T. Y., & Muchinsky, P. M. (1998). Utility estimates of job performance as related to the Data, People, and Things parameters of work. *Journal of Organizational Behavior, 19,* 353–370.

Yost, E. (1943). *American women of science.* New York: Stokes.

Yukl, G. (1994). *Leadership in organizations* (3rd ed.). Englewood Cliffs, NJ: Prentice Hall.

Yukl, G., Wall, S., & Lepsinger, R. (1990). Preliminary report on validation of the management practices survey. In K. E. Clark & M. B. Clark (Eds.), *Measures of leadership* (pp. 223–238). West Orange, NJ: Leadership Library of America.

Zaccaro, S. J., Heinen, B., & Shuffler, M. (2009). Team leadership and team effectiveness. In E. Salas, G. F. Goodwin, & C. S. Burke (Eds.), *Team effectiveness in complex organizations* (pp. 83–112). New York: Taylor & Francis.

Zaccaro, S. J., Kemp, C., & Bader, P. (2004). Leader traits and attributes. In J. Antonakis, R. Sternberg, & A. Ciancola (Eds.), *The nature of leadership* (pp. 101–124). Thousand Oaks, CA: Sage.

Zaccaro, S. J., Marks, M. A., & DeChurch, L. A. (2011). Multiteam systems: An introduction. In S. J. Zaccaro, M. A. Marks, & L. A. DeChurch (Eds.), *Multiteam systems: An organizational form for dynamic and complex environments* (pp. 3–32). New York: Taylor & Francis.

Zakon, R. H. (2004). *Hobbes' internet timeline* (v7.0). Retrieved February 10, 2004, from *http://www.zakon.org/robert/internet/timeline*

Zedeck, S. (1992). Introduction: Exploring the domain of work and family careers. In S. Zedeck (Ed.), *Work, families, and organizations* (pp. 1–32). San Francisco: Jossey-Bass.

Zedeck, S. (2010). Adverse impact: History and evolution. In J. L. Outtz (Ed.), *Adverse impact: Implications for organizational staffing and high stakes selection* (pp. 3–28). New York: Routledge.

Zedeck, S., & Cascio, W. F. (1982). Performance appraisal decisions as a function of rater training and purpose of the appraisal. *Journal of Applied Psychology, 67,* 752–758.

Zellers, K. L., & Tepper, B. J. (2003). Beyond social exchange: New directions for organizational citizenship behavior theory and research. In J. J. Martocchio & G. R. Ferris (Eds.), *Research in personnel and human resources management* (Vol. 22, pp. 395–424). Kidlington, UK: Elsevier.

Zhao, H., & Seibert, S. E. (2006). The big five personality dimensions and entrepreneurial status: A meta-analytic review. *Journal of Applied Psychology, 91,* 259–271.

Zhao, H., Wayne, S. J., Glibkowski, B. C., & Bravo, J. (2007). The impact of psychological contract breach on work-related outcomes: A meta-analysis. *Personnel Psychology, 60,* 647–680.

Zickar, M. J. (2003). Remembering Arthur Kornhauser: Industrial psychology's advocate of worker well-being. *Journal of Applied Psychology, 88,* 363–369.

Zickar, M. J., & Gibby, R. E. (2007). Four persistent themes throughout the history of I-O psychology in the United States. In L. L. Koppes (Ed.), *Historical perspectives in industrial and organizational psychology* (pp. 61–80). Mahwah, NJ: Erlbaum.

Zieky, M. J. (2001). So much has changed: How the setting of cutscores has evolved since the 1980s. In G. J. Cizek (Ed.), *Setting performance standards: Concepts, methods, and perspectives* (pp. 19–52). Mahwah, NJ: Erlbaum.

Zimmerman, B. J. (1995). Self-efficacy and educational development. In A. Bandura (Ed.), *Self-efficacy in changing societies* (pp. 202–231). New York: Cambridge.

찾아보기

ㅊ

ㅋ

ㅌ

기타

| 저자 소개 |

故 **Paul M. Muchinsky**

폴 뮤친스키는 코네티컷에서 태어나 그곳에서 자랐다. 게티스버그대학에서 심리학 학사학위를 받았으며, 캔자스주립대학교에서 산업 및 조직심리학 석사학위를, 퍼듀대학교에서 산업 및 조직심리학 박사학위를 받았다. 20년 동안 아이오와주립대학교에서 교수를 역임하였고 1993년에 그린즈버러에 있는 노스캐롤라이나대학교 경영학과의 Joseph M. Bryan 수훈교수(Distinguished Professor)가 되었다. 2004년에 미국 산업 및 조직심리학회로부터 탁월한 산업 및 조직심리학 교재를 저술한 공로를 인정받아 학회에서 제정한 우수교육 공로상(Distinguished Teaching Contribution Award)의 첫 번째 수상자가 되었다. 2008년에 게티스버그대학으로부터 명예박사학위를 받았다. 미국 산업 및 조직심리학회, 미국 심리학교육학회, 미국 컨설팅심리학회, 미국 상담심리학회 등 미국 심리학회 4개 분과학회의 특별회원(fellow)이다. 미국 심리학전문가협회가 수여하는 산업 및 조직심리 전문가 자격증과 면허를 가지고 있는 심리학자로서 산업 및 조직심리학의 다양한 분야에서 학문적 활동을 매우 활발하게 하였다. 이 책에 제시되어 있는 많은 사례와 개념에 관한 예들은 그가 전문적으로 자문을 해 온 경험에서 얻은 것이다. 산업 및 조직심리학자로 일하지 않는 여가시간에는 뉴욕 양키스의 열렬한 팬으로서 야구 경기를 즐겼다. 폐섬유증으로 2015년 9월 향년 67세로 별세했다.

Satoris S. Culbertson

(이메일 : sculbertson@hypergraphicpress.com)

새토리스 '토리' 컬버트슨은 둘 다 미국 공군에서 근무한 부모님의 자랑스러운 딸로 미국 중서부에서 태어나 그곳에서 자랐다. 센트럴 미주리대학교에서 심리학 및 홍보 전공 학사학위를 받았으며, 미주리주립대학교에서 산업 및 조직심리학 석사학위를, 텍사스 A&M대학교에서 산업 및 조직심리학 박사학위를 받았다. 박사 취득 후, 글로벌 리더십 솔루션 컨설팅 회사의 시카고 지사에서 컨설턴트로 근무했다. 그 후 다시 학교로 돌아와 위스콘신-리버폴스대학교에서 1년간 가르치고 캔자스주립대학교 심리학과 교수가 되었다. 2012년 캔자스대학교 인문과학대학에서 주는 William L. Stamey 우수 강의상을 받았다. 현재는 캔자스주립대학교 경영학과 교수로 재직하고 있다. 주요 연구관심사는 채용면접, 직무수행평가와 피드백, 일-가정 이슈, 판단 및 의사결정이며, 이러한 분야에 많은 논문을 게재하고 공동으로 저술한 여러 권의 책에서 많은 장을 집필하였으며, 미국 산업 및 조직심리학회 회원으로 활발하게 활동하고 있다. 산업 및 조직심리학자로 일하지 않을 때에는 남편 Jimmy, 두 아들 Matthew, Ryan과 즐거운 시간을 보낸다.

| 역자 소개 |

유태용

홈페이지 : http://tyy.kw.ac.kr
이메일 : tyyoo@kw.ac.kr

약력

성균관대학교 경상대학 산업심리학과 졸업(학사)

성균관대학교 대학원 심리학과 졸업(석사)

아이오와주립대학교 대학원 심리학과 졸업(Ph.D., 산업 및 조직심리학 전공)

현재 광운대학교 산업심리학과 교수

광운대학교 디지털경영연구소 소장, 사회과학대학 학장(2010-2011, 2014),

한국 산업 및 조직심리학회장(2008), 학술위원장, 제도위원장,

한국 심리학회 국제담당 이사, 홍보이사, 선임이사 역임

주요 논문

- The incremental validity of honesty-humility over cognitive ability and the big five personality traits(2014). *Human Performance*, 27, 206-224.
- Psychometric properties of scores on the French and Korean versions of the HEXACO Personality Inventory(2004). *Educational and Psychological Measurement*, 64, 992-1006.
- Impact of elaboration on socially desirable responding and the validity of biodata measures(2003). *Journal of Applied Psychology*, 88, 979-988.
- Utility estimates of job performance as related to the data, people, and things parameters of work(1998). *Journal of Organizational Behavior*, 19, 353-370.
- 동료의 인상관리행동이 종업원의 조직 내 행동에 미치는 영향: 인상관리 동기의 매개효과와 내적 통제소재의 조절효과(2015). 한국심리학회지: 산업 및 조직, 제28권 제1호, 75-97.
- 직업정체성 척도개발과 직업정체성의 선행 및 결과변인들 간 관계 검증(2014). 한국심리학회지: 산업 및 조직, 제27권 제4호, 617-642.
- 면접에서 지원자의 인상관리 전략이 성격 평정에 미치는 영향(2014). 한국심리학회지: 산업 및 조직, 제27권 제1호, 137-164.

주요 저서

현대 심리학의 이해(공저, 2015, 학지사)

한국인의 일자리 선택과 직업가치(공저, 2015, 도서출판 그린)

인적자원관리 프론티어(공저, 2007, 박영사)

직업심리 및 상담(공저, 2000, 학지사)